Statistik-Taschenbuch

Von
Professor Dr. Karl Bosch

3., verbesserte Auflage

R. Oldenbourg Verlag München Wien

Zum Andenken an meinen Sohn Jürgen.

Die Deutsche Bibliothek - CIP-Einheitsaufnahme

Bosch, Karl:
Statistik-Taschenbuch / von Karl Bosch. – 3., verb. Aufl. – München ;
Wien : Oldenbourg, 1998
ISBN 3-486-24670-4

Rosenheimer Straße 145, D-81671 München
Telefon: (089) 45051-0, Internet: http://www.oldenbourg.de

Gedruckt auf säure- und chlorfreiem Papier
Druck: Grafik + Druck, München
Bindung: R. Oldenbourg Graphische Betriebe GmbH, München

ISBN 3-486-24670-4

Kapitelverzeichnis

Inhaltsverzeichnis

Vorwort zur dritten Auflage

Bei den Neuauflagen wurde die Grundkonzeption des Buches nicht verändert. Beseitigt wurden nur Fehler im Text und in den Formeln. Denjenigen Personen, die mich auf Fehler aufmerksam gemacht haben, möchte ich recht herzlich danken.

Karl Bosch

Vorwort zur ersten Auflage

Mit diesem Statistik-Taschenbuch möchten Autor und Verlag kein Lehrbuch der Statistik im klassischen Sinne schaffen. Das Buch ist zunächst als **Handbuch** und **Nachschlagewerk** für diejenigen Personen gedacht, die sich mit statistischen Methoden bzw. Ergebnissen der Wahrscheinlichkeitsrechnung beschäftigen müssen. Die meisten Ergebnisse und Formeln werden nicht kochrezeptartig mitgeteilt, sondern soweit wie möglich hergeleitet. Zum besseren Verständnis sollen Plausibilitätsbetrachtungen und Interpretationsregeln beitragen. Daher dient das Buch auch Studierenden als vorlesungsbegleitendes, vertiefendes **Lehrbuch**. Es kann aber auch zum Selbststudium benutzt werden. Die in der Ausbildung und im Beruf stehenden Personen können es zu Prüfungsvorbereitungen, zur Wiederholung und Vertiefung sowie Erweiterung ihrer Statistikkenntnisse benutzen. Die Inhaltsangabe und das ausfühliche Register sollen das Suchen bestimmter Formeln erleichtern.

Nach ihrer Herleitung werden die wichtigsten Ergebnisse am Ende nochmals übersichtlich in Kästen zusammengestellt. Dadurch wird dem Anwender ein zeitaufwendiges Suchen erspart. Wer sich mit den entsprechenden Formeln näher auseinandersetzen will oder daran interessiert ist, weshalb und unter welchen Voraussetzungen die entsprechende Formel benutzt werden darf, sollte sich mit den unmittelbar vor dieser Formel dargestellten Ausführungen bzw. der angegebenen Literatur ausführlicher beschäftigen.

Das Taschenbuch ist von einem einzigen Autor geschrieben worden. Dadurch ist die Homogenität gewährleistet. So kommt es z. B. nicht vor, daß in verschiedenen Abschnitten plötzlich Bezeichnungen geändert werden.

In der **beschreibenden (deskriptiven) Statistik** in **Kap. I** soll Datenmaterial aufbereitet und in Tabellen bzw. graphischen Darstellungen übersichtlich dargestellt werden. Ferner werden Kenngrößen (Parameter) bestimmt.

Kap. II bis **Kap. VI** dient der **Wahrscheinlichkeitstrechnung**. Mit ihrer Hilfe werden dann Formeln aus der **beurteilenden (schließenden) Statistik** in **Kap. VII** bis **Kap. XI** hergeleitet. Eine korrekte Auswertung und sinnvolle Interpretation statistischer Ergebnisse ist nur mit Hilfe der Wahrscheinlichkeitsrechnung möglich.

In **Kap. II** werden die verschiedenen **Wahrscheinlichkeitsbegriffe** dargestellt sowie Verfahren zur Berechnung von Wahrscheinlichkeiten angegeben. Dazu dienen vor allem die Formeln der **Kombinatorik**.
In **Kap. III** bis **Kap. V** werden ein-, zwei- und mehrdimensionale **diskrete, stetige** und **allgemeine Zufallsvariable** und deren **Verteilungen** untersucht.
Kap. VI beschäftigt sich mit **Grenzwertsätzen**, deren Anwedungen in der beurteilenden Statistik sehr wichtig sind. Der bedeutendste ist der **zentrale Grenzwertsatz**. In ihm wird nachgewiesen, daß viele in der Praxis vorkommende Zufallsvariablen wenigstens näherungsweise normalverteilt sind.
In **Kap. VII** werden die wichtigsten **allgemeinen Methoden der Statistik** zusammengestellt. Speziell werden behandelt: Punkt-Schätzung eines Parameters, Konfidenzintervalle und Konfidenzbereiche für Parameter, Parametertests, allgemeine Anpassungstests, Unabhängigkeits- und Homogenitätstests (Kontingenztafeln).
In **Kap. VIII** werden die statistischen Methoden aus Kap. VII bei **speziellen Parametern** und **Verteilungen** bzw. **Zufallsvariablen** angewandt.
In **Kap. IX** werden Modelle der **einfachen** und **doppelten Varianzanalyse** bei festen, zufälligen und gemischten Effekten dargestellt. Unter speziellen Modellvoraussetzungen werden dabei gemeinsame Einflußfaktoren untersucht, insbesondere werden dabei unabhängige Meßreihen miteinander verglichen.
Kap. X beschäftigt sich in der **Regressionsanalyse** mit einer bestimmten funktionalen Abhängigkeitsstruktur eines Merkmals von anderen. Insbesondere wird die einfache lineare Regression (Regressionsgerade) und die einfache quadratische Regression (Regressionsparabel) sowie die multiple lineare Regression behandelt.
In **Kap. XI** werden die wichtigsten **nichtparametrischen (verteilungsfreien) statistischen Methoden** zusammengestellt. Bei diesen Verfahren benötigt man im allgemeinen außer der Stetigkeit der Verteilungsfunktion keine weitere Voraussetzung über die Verteilung der entsprechenden Zufallsvariablen.

In zahlreichen Diskussionen mit den Mitarbeitern unseres Instituts erhielt ich laufend wertvolle Hinweise und Verbesserungsvorschläge. Dafür möchte ich ihnen recht herzlich danken. Bedanken möchte ich mich auch beim Verlag für die hervorragende Zusammenarbeit während der Entstehungsphase dieses Buches, besonders bei Herrn Diplom-Volkswirt M. Weigert.

Jedem Benutzer dieses Taschenbuchs wünsche ich viel Erfolg, vor allem daß er mit der Konzeption des Buches schnell vertraut wird, so daß es ihm während seines Studiums und im Berufsleben bei der Lösung statistischer Probleme ein wertvolles Hilfsmittel und ein ständiger Begleiter wird. Jedem Leser bin ich für Hinweise und Verbesserungsvorschläge sehr dankbar.

Karl Bosch

Kapitel I : Beschreibende (deskriptive) Statistik

In der beschreibenden Statistik sollen Untersuchungsergebnisse (Stichproben) übersichtlich dargestellt werden. Ferner werden aus den Stichproben eine oder mehrere Kenngrößen berechnet, die über das vorliegende Stichprobenmaterial möglichst viel Information liefern sollen. Mit diesen Kenngrößen können jedoch ohne weitere Untersuchungen nur Aussagen über die Ausgangsstichprobe gemacht werden. Solche Aussagen dürfen nicht ohne weiteres auf größere Grundgesamtheiten übertragen werden. Dazu müssen bestimmte Voraussetzungen bezüglich der Stichprobenentnahme erfüllt sein. Es muß sich um eine sog. repräsentative Stichprobe handeln. Diese Thematik wird in der beurteilenden Statistik (ab Kap. VII) behandelt.

1. Eindimensionale Darstellungen

In diesem Abschnitt soll nur ein einziges Merkmal untersucht werden. Die Beobachtungsreihen bestehen dann aus eindimensionalen Größen. Falls die Merkmalswerte reelle Zahlen sind, können die Werte auf dem eindimensionalen Zahlenstrahl dargestellt werden. Die Häufigkeiten werden in einem zweidimensionalen Koordinatensystem auf der Ordinatenachse (senkrecht nach oben) abgetragen.

1.1. Merkmalstypen

Bei einer statistischen Erhebung interessiert man sich meistens für ein oder gleichzeitig für mehrere verschiedene **Merkmale**. Die verschiedenen Ergebnisse, welche bei der Beobachtung eines bestimmten Merkmals auftreten können, heißen **Merkmalsausprägungen**.

Beispiele:
Das Merkmal "Geschlecht" besitzt nur die beiden Ausprägungen männlich und weiblich.

Das Merkmal "Farbe eines Gegenstands" besitzt die Ausprägungen rot, weiß, grün, blau, schwarz,... (sämtliche Farben).

Bei einer Qualitätskontrolle soll nur festgestellt werden, ob ein Werkstück fehlerhaft oder brauchbar ist. Dann gibt es bezüglich dieses Beobachtungsmerkmals nur die beiden Ausprägungen fehlerhaft und brauchbar.

Das Merkmal "Beruf einer Person" besitzt sehr viele verschiedene Ausprägungen, z.B. Verkäuferin, Kaufmann, Automechaniker oder Lehrer. Sämtliche Berufe aufzuzählen, dürfte kaum möglich sein.

Beim Werfen eines Würfels interessiere als Versuchsergebnis die geworfene Augenzahl mit den Merkmalsausprägungen $1, 2, 3, 4, 5, 6$.

Von Zuckerpaketen werde als interessierendes Merkmal das Gewicht festgestellt. Dann sind als Merkmalsausprägungen alle reellen Zahlen in einem bestimmten Bereich (Intervall) möglich.

Bei den Beobachtungsmerkmalen unterscheidet man verschiedene Merkmalstypen. Unterschieden wird nach der Art des Merkmals und nach der Anzahl der möglichen Merkmalsausprägungen.

Quantitative (zahlenmäßige) Merkmale sind solche, die in gewissen Einheiten gemessen werden können. Zwischen verschiedenen Ausprägungen eines quantitativen Merkmals besteht immer eine Größer-Kleiner-Beziehung, also eine Rangordnung (Reihenfolge). Ihre Ausprägungen lassen sich stets durch Zahlen kennzeichnen. Die Ausprägungen eines quantitativen Merkmals unterscheiden sich ferner durch ihre Größe. Der Unterschied zwischen zwei Merkmalsausprägungen läßt sich bei quantitativen Merkmalen quantifizieren (messen). Beim Messen oder Wiegen wird z.B. ein quantitatives Merkmal festgestellt.

Qualitative (artmäßige) Merkmale sind Merkmale, welche nicht quantitativ sind. Solche Merkmale werden qualitativ (verbal) beschrieben. Sie lassen sich nicht direkt durch Zahlen kennzeichnen, zwischen denen eine natürliche Reihenfolge (Größer-Kleiner-Beziehung) besteht. Die Ausprägungen eines qualitativen Merkmals unterscheiden sich durch ihre Art.
Formal könnte man zwar allen Ausprägungen eines qualitativen Merkmals Zahlen zuordnen. Dadurch geht das qualitative Merkmal jedoch nicht in ein quantitatives über, es bleibt qualitativ.

Beispiele: Qualitative Merkmale sind: Das Geschlecht, die Haarfarbe, der Beruf, die Wahl einer Partei, der Familienstand.
Bei der Notenskala sehr gut, gut, befriedigend, ausreichend, mangelhaft, ungenügend handelt es sich zunächst um ein qualitatives Merkmal. Zwischen den Ausprägungen ist eine natürliche Rangordnung vorgegeben. Den einzelnen Noten werden unter Berücksichtigung dieser Rangordnung die Zahlen $1, 2, 3, 4, 5, 6$ zugeordnet. Da im allgemeinen auch Zwischennoten vergeben werden, kann durch diese Zuordnung das Merkmal quantifiziert werden.

Skalierung (statistische Maßzahlen): Die Ausprägungen eines Merkmals können in verschiedenen Skalen gemessen werden.

Nominalskala: Eine Nominalskala liegt vor, wenn durch sie nur die Verschiedenheit der Ausprägungen eines Merkmals zum Ausdruck gebracht werden soll. Merkmale, deren Ausprägungen nur einer solchen Skala genügen, heißen **nominale Merkmale.** Nominalskalen sind Skalen qualitativer Merkmale, bei denen es keine natürliche Rangordnung gibt. Solche Skalen sagen am wenigsten über die Merkmalsausprägungen aus.

Ordinalskala (Rangskala): Eine Ordinalskala (Rangskala) liegt vor, wenn die unterscheidbaren Merkmalsausprägungen in eine natürliche Rangordnung (Reihenfolge) gebracht werden können. Ordinal skalierte Merkmale heißen **ordinale Merkmale.** Abstände zwischen verschiedenen Ausprägungen ordinaler Merkmale sind jedoch nicht quantifizierbar (nicht interpretierbar). Durch die Rangordnung können den Ausprägungen zwar Zahlen zugeordnet werden, doch sagen diese Zuordnungszahlen nichts über die Abstände der Merkmalsausprägungen aus.

Quantitative Merkmale können immer angeordnet werden. Qualitative Merkmale können evtl. angeordnet werden, sie müssen es aber nicht. Die Merkmale "Farbe" oder "Steuerklasse" können nicht angeordnet werden, sie sind also nicht ordinal. Dagegen besteht bei den Merkmalen Güteklassen bei Lebensmitteln, Tabellenplatz einer Fußballiga oder Intelligenzquotient eine natürliche Rangordnung. Ihre Ausprägungen lassen sich also anordnen, obwohl es sich um kein quantitatives Merkmal handelt.
Bei den Merkmalen Farbe oder Beruf gibt es keine natürliche Rangordnung.

Metrische Skala (Kardinalskala): Eine metrische Skala oder Kardinalskala liegt vor, wenn zwischen den Merkmalsausprägungen nicht nur eine Reihenfolge (Rangordnung) besteht, sondern auch die Abstände zwischen den Merkmalsausprägungen miteinander verglichen werden können. Metrische Skalen sind Skalen quantitativer Merkmale. Beispiele für metrisch skalierte Merkmale sind: Längen, Gewichte, Stromstärken sowie monetäre und physikalische Größen. Die metrischen Skalen sind im allgemeinen bis auf die Wahl der Maßeinheit eindeutig bestimmt.

Diskrete Merkmale sind solche, die nur endlich viele oder höchstens abzählbar unendlich viele verschiedene Merkmalsausprägungen besitzen. "Endlich viele" bedeutet dabei, daß die Merkmalsausprägungen der Reihe nach von 1 an bis zu einer endlichen ganzen Zahl durchnumeriert werden können. "Abzählbar unendlich" bedeutet, daß es zwar unendlich viele verschiedene Merkmalsausprägungen gibt, die jedoch wie die natürlichen Zahlen von 1 an ohne Ende durchnumeriert werden können. Beim Zählen werden diskrete Merkmale untersucht.

Stetige Merkmale sind solche Merkmale, deren Ausprägungen ein ganzes Intervall der Zahlengeraden bilden. Ihre Ausprägungen gehen also im Gegensatz zu diskreten Merkmalen fließend ineinander über. Beim Messen oder Wiegen werden Ausprägungen stetiger Merkmale festgestellt.

Beispiele:
Das Gewicht, die Körpergöße oder der Blutdruck einer Person sind stetige Merkmale.
Das Alter ist ein stetiges Merkmal, falls es genau gemessen wird (reelle Zahlen). Bei der Angabe des Alters auf ganze Jahre (Abrundung) handelt es sich um ein diskretes Merkmal (natürliche Zahlen).

1.2. Häufigkeitsverteilungen bei diskreten Merkmalen

Ein diskretes Merkmal besitze m verschiedene Ausprägungen $a_1, a_2, \dots, a_m$. An n Beobachtungseinheiten werde jeweils die Ausprägung dieses Merkmals festgestellt. Die Merkmalsausprägung der i-ten Beobachtungseinheit bezeichnen wir mit x_i für $i = 1, 2, \dots, n$. Jeder Beobachtungswert x_i stimmt also mit einer der m Merkmalsausprägungen überein. Die n Beobachtungswerte werden zu einem n-tupel $x = (x_1, x_2, \dots, x_n)$ zusammengefaßt. Man nennt dieses n-tupel **Beobachtungsreihe, Urliste** oder **Stichprobe.**

1.2.1. Absolute und relative Häufigkeiten

Die Anzahl derjenigen von den n Beobachtungseinheiten der Urliste, welche die gleiche Merkmalsausprägung a_j besitzen, heißt die **absolute Häufigkeit** von a_j. Sie wird mit $h_n(a_j)$ bezeichnet. Damit gilt

$$h_n(a_j) = \text{Anzahl der Beobachtungswerte, die mit } a_j \text{ übereinstimmen.}$$

Die absolute Häufigkeit 70 ist bei einem Versuchsumfang n = 80 sehr groß, während sie bei einem Versuchsumfang n = 1000 sehr klein ist. Aus diesem Grund muß sie in Relation zum Versuchsumfang n gesetzt werden. Division der absoluten Häufigkeit durch n ergibt eine Größe, die vom Versuchsumfang n unabhängig ist.

$$r_n(a_j) = \frac{1}{n} \cdot h_n(a_j), \quad j = 1, 2, \dots, m$$

heißt die **relative Häufigkeit** von a_j in der Urliste .

$100\, r_n(a_j)$ % der Beobachtungswerte besitzen die Merkmalsausprägung a_j.

Die relative Häufigkeit beschreibt den **prozentualen Anteil** der entsprechenden Merkmalsausprägung. Sie liegt immer zwischen Null und Eins. Je größer sie ist, um so öfters ist in der Beobachtungsreihe der entsprechende Merkmalswert eingetreten. Die relative Häufigkeit beschreibt damit die absolute Häufigkeit unabhängig vom Versuchsumfang n. Allgemein gelten für die absoluten und die relativen Häufigkeiten folgende Eigenschaften:

$$0 \le h_n(a_j) \le n\,; \quad h_n(a_1) + h_n(a_2) + \ldots + h_n(a_m) = \sum_{j=1}^{m} h_n(a_j) = n\,;$$

$$0 \le r_n(a_j) \le 1\,; \quad r_n(a_1) + r_n(a_2) + \ldots + r_n(a_m) = \sum_{j=1}^{m} r_n(a_j) = 1\,.$$

Absolute und relative Häufigkeiten können sowohl bei qualitativen als auch bei quantitativen Merkmalen bestimmt werden.

1.2.2. Strichliste und Häufigkeitstabelle

In der Urliste sind die Beobachtungswerte im allgemeinen ungeordnet und damit sehr unübersichtlich. Aus diesem Grund versucht man, die Beobachtungswerte in einer Tabelle übersichtlich darzustellen.

In der ersten Spalte der Tabelle stehen die verschiedenen Merkmalsausprägungen. Für jeden Beobachtungswert der Urliste wird in die zweite Spalte hinter dem entsprechenden Merkmalswert ein senkrechter Strich | eingetragen, wobei der Übersicht halber jeweils fünf Striche durch ~~||||~~ dargestellt werden. Der fünfte Strich wird also waagrecht durch die vorangehenden vier Striche gezogen. So entstehen Fünferblöcke mit einem Rest.

Falls es sehr viele verschiedene Merkmalsausprägungen gibt, z. B. abzählbar unendlich viele, müssen in der Häufigkeitstabelle verschiedene Werte zusammengefaßt werden, vor allem solche, die selten vorkommen.

In zwei weiteren Spalten werden die absoluten bzw. relativen Häufigkeiten der jeweiligen Merkmalswerte eingetragen.

Durch die Übertragung der Urliste in eine Häufigkeitstabelle geht wesentliche Information über die Urliste verloren, da die Reihenfolge, in der die Beobachtungswerte auftreten, in der Tabelle nicht mehr feststellbar ist.

Beispiel (Zensuren): Bei einer Prüfung ergaben sich folgende Noten

3 5 4 3 2 3 4 6 1 2 3 3 4 5 2 1 3 4 2 4 3 1 2 3 4 .

In der ersten Spalte der nachfolgenden Tabelle stehen die möglichen Zensuren (Merkmalsausprägungen). Die Urliste wird in die zweite Spalte in Form von Strichen übertragen. Danach werden die absoluten Häufigkeiten abgezählt. Division dieser absoluten Häufigkeiten durch den Versuchsumfang n = 25 ergeben die relativen Häufigkeiten. Multiplikation mit 100 liefert schließlich den prozentualen Anteil.

Zensur	Strichliste	absolute Häufigkeit	relative Häufigkeit	prozentualer Anteil [%]
1	III	3	0,12	12
2	𝍸	5	0,20	20
3	𝍸 III	8	0,32	32
4	𝍸 I	6	0,24	24
5	II	2	0,08	8
6	I	1	0,04	4
	Summen	25	1,00	100

Die Merkmalsausprägungen $a_1, a_2, \ldots, a_m$ nennt man zusammen mit der Folge der Zahlen $h_n(a_1), h_n(a_2), \ldots, h_n(a_m)$ die **absolute Häufigkeitsverteilung** und mit $r_n(a_1), r_n(a_2), \ldots, r_n(a_m)$ die **relative Häufigkeitsverteilung.**

1.2.3. Graphische Darstellungen

Eine in einer Häufigkeitstabelle dargestellte Beobachtungsreihe ist in einer graphischen Darstellung noch besser überschaubar.

Stabdiagramm (Balkendiagramm): Auf der Abszissenachse werden die verschiedenen Ausprägungen des diskreten Merkmals eingetragen. Über den einzelnen Merkmalswerten werden senkrecht nach oben Stäbe angetragen, deren Längen die absoluten bzw. relativen Häufigkeiten sind. Im Stabdiagramm für die absoluten Häufigkeiten besitzen alle Stäbe zusammen die vom Versuchsumfang abhängige Länge n. Beim Stabdiagramm der relativen Häufigkeiten ist die Gesamtlänge aller Stäbe zusammen gleich Eins unabhängig von Umfang n. Aus diesem Grund kann bei Stabdiagrammen für die relativen Häufigkeiten immer der gleiche Maßstab gewählt werden.

Häufigkeitspolygon: Falls man in einem Stabdiagramm die Endpunkte (oberen) Punkte der Stäbe geradlinig miteinander verbindet, ensteht ein sog. Häufigkeitspolygon.

Histogramm (Säulendiagramm): In einem Histogramm werden die absoluten bzw. relativen Häufigkeiten durch Flächeninhalte von Rechtecken senkrecht über den einzelnen Merkmalsausprägungen dargestellt. Falls alle Rechtecke gleich breit sind, können als Höhen jeweils die Häufigkeiten bzw. das gleiche Vielfache davon benutzt werden (**flächenproportionale Darstellung**).

Beispiel (Zensuren): Für das bereits behandelte Beispiel der Zensuren sind folgende graphische Darstellungen zusammengestellt:
a) Stabdiagramme für die absoluten und die relativen Häufigkeiten.
b) Häufigkeitspolygon und Histogramm für die relativen Häufigkeiten.

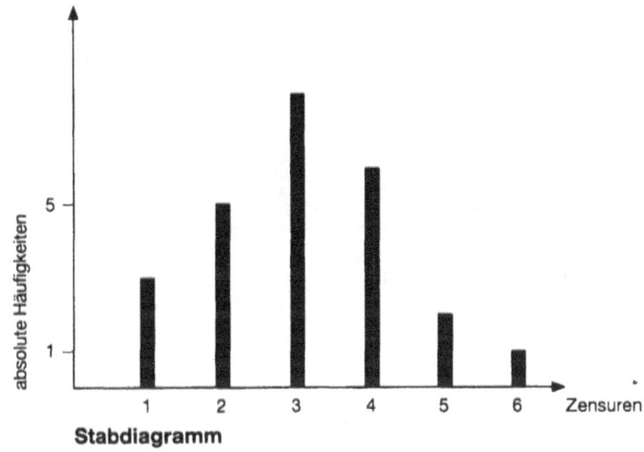

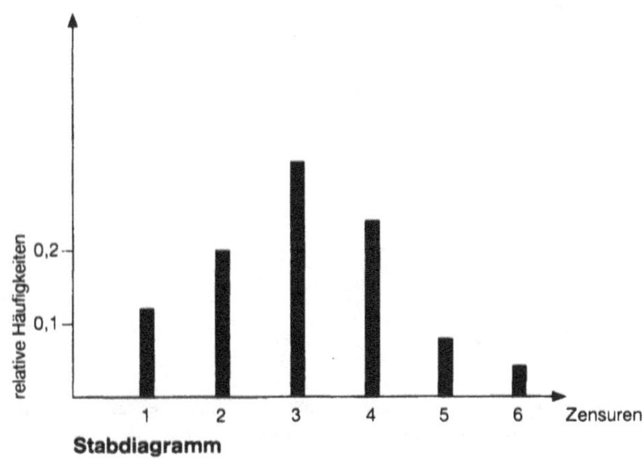

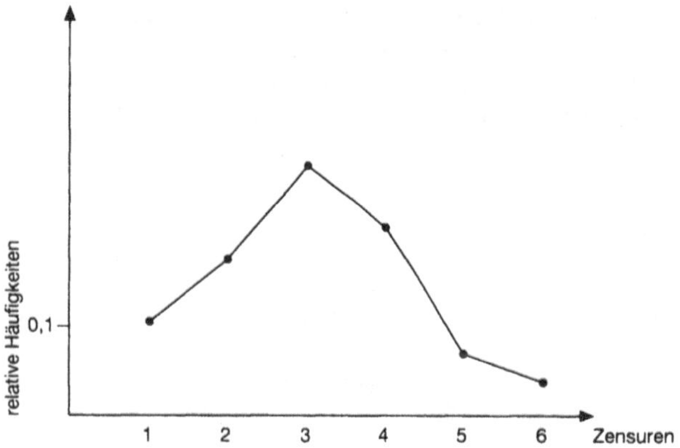

Häufigkeitspolygon

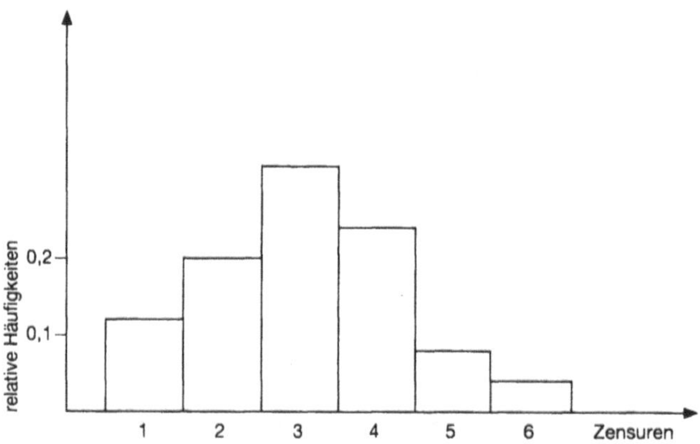

Histogramm

Kreisdiagramm: Zur graphischen Darstellung kann auch ein Kreisdiagramm benutzt werden. Zu jeder Merkmalsausprägung wird ein **Kreissektor** gebildet, wobei die Flächen der Sektoren und damit auch die Innenwinkel proportional zu den Häufigkeiten gewählt werden. Anstelle eines Kreises könnte man aber auch eine **beliebige Fläche** z.B. ein Rechteck wählen und diese Fläche im Verhältnis der Häufigkeiten aufteilen.

Solche Kreisdiagramme sind besonders zur graphischen Darstellung von Häufigkeiten diskreter **qualitativer Merkmale** geeignet. Man könnte zwar prinzipiell auch in diesem Fall Stabdiagramme oder Histogramme verwenden. Dann müßten jedoch die nichtquantitativen Merkmalsausprägungen auf der Zahlenachse dargestellt werden. Durch die Anordnung auf dem Zahlenstrahl könnte jedoch fälschlicherweise eine Größer-Kleiner-Beziehung (Reihenfolge) zwischen den Merkmalsausprägungen vermutet werden.

Beispiel (Wahlergebnisse): Bei der Landtagswahl in Baden-Württemberg im Jahre 1988 erhielten die einzelnen Parteien die in der nachfolgenden Tabelle angegebenen Stimmenanteile bzw. Mandate.

Partei	Stimmenzahl in %	Anzahl derMandate
CDU	49,0	66
SPD	32,9	42
Grüne	7,9	10
FDP/DVP	5,9	7
Sonstige	4,3	0
Summe	100,0	125

Die prozentualen Stimmenanteile werden in einem Stabdiagramm und die Anzahl der jeweiligen Mandate in einem Kreisdiagramm dargestellt.

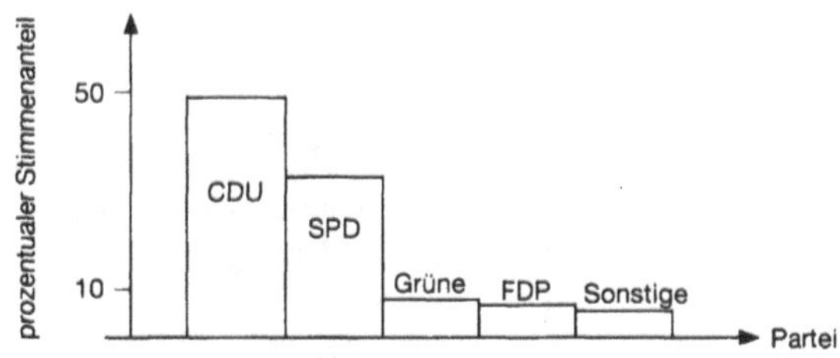

Stabdiagramm

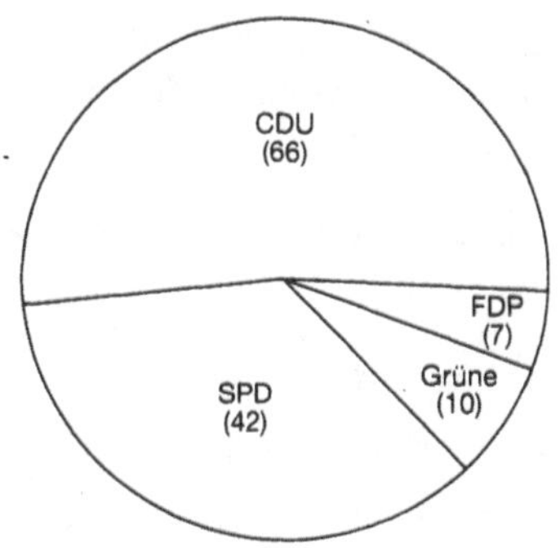

Kreisdiagramm

1.2.4. Die empirische Verteilungsfunktion

Bei vielen Problemen möchte man wissen, wie viele der Beobachtungswerte eine bestimmte Grenze nicht überschreiten. Eine solche Fragestellung ist nur bei **quantitativen Merkmalen** sinnvoll, deren Ausprägungen reelle Zahlen sind.

Die verschiedenen Ausprägungen des diskreten Merkmals seien der Größe nach geordnet durch

$$a_1 < a_2 < a_3 < \ldots\ldots < a_m \,.$$

Die Anzahl der Beobachtungswerte, die kleiner oder höchstens gleich einem festen Zahlenwert x sind, erhält man dadurch, daß die absoluten Häufigkeiten derjenigen Merkmalsausprägungen aufaddiert werden, die kleiner oder höchstens gleich x, also nicht größer als x sind. Die Funktion

$$H_n(x) = \sum_{j:a_j \leq x} h_n(a_j)$$

heißt die **absolute Summenhäufigkeitsfunktion.**

Anstelle der absoluten Häufigkeiten könnte man auch die relativen Häufigkeiten aufsummieren. Dadurch erhält man die sog. **relative Summenhäufigkeitsfunktion** oder **empirische Verteilungsfunktion**

$$F_n(x) = \sum_{j:a_j \leq x} r_n(a_j) = \tfrac{1}{n} \cdot H_n(x).$$

Sowohl bei $H_n(x)$ als auch bei $F_n(x)$ handelt es sich um monoton nicht fallende Treppenfunktionen. Sie springen an den Merkmalsausprägungsstellen um die absolute bzw. relative Häufigkeit nach oben. Die empirische Verteilungsfunktion $F_n(x)$ steigt von Null auf Eins an. Links vom kleinsten Beobachtungswert verschwindet sie, vom größten Beobachtungswert an ist sie immer gleich Eins.

Beispiel (Zensuren): Für die in der Häufigkeitstabelle dargestellten Zensuren erhält man die Verteilungsfunktion

$$\begin{aligned}
F_{25}(x) &= 0 && \text{für } x < 1\,; \\
F_{25}(x) &= 0{,}12 && \text{für } 1 \leq x < 2\,; \\
F_{25}(x) &= 0{,}32 && \text{für } 2 \leq x < 3\,; \\
F_{25}(x) &= 0{,}64 && \text{für } 3 \leq x < 4\,; \\
F_{25}(x) &= 0{,}88 && \text{für } 4 \leq x < 5\,; \\
F_{25}(x) &= 0{,}96 && \text{für } 5 \leq x < 6\,; \\
F_{25}(x) &= 1 && \text{für } x \geq 6\,.
\end{aligned}$$

Diese Funktion ist in der nachfolgenden Abbildung graphisch dargestellt.

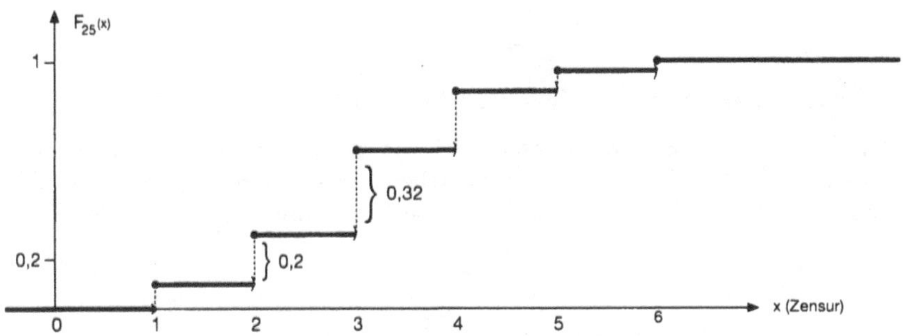

Empirische Verteilungsfunktion

1.3. Häufigkeitsverteilungen bei Klassenbildungen

Falls ein stetiges Merkmal erhoben wird, sind die in der Urliste vorkommenden Beobachtungswerte im allgemeinen alle voneinander verschieden, wenn nur genau genug gemessen wird. Auch beim Runden werden wenige Werte übereinstimmen. Eine Häufigkeitsverteilung ist in einem solchen Fall nicht übersichtlich. Das gleiche Problem tritt auch bei diskreten Merkmalen mit sehr vielen Ausprägungen auf.

1.3.1. Klasseneinteilung

Falls die Merkmalswerte reelle Zahlen sind, bietet sich in einem solchen Fall eine **Klasseneinteilung** an. Dazu wird das Intervall, in dem sämtliche Beobachtungswerte liegen, in mehrere Teilintervalle zerlegt. Diese Teilintervalle nennt man **Klassen** oder **Gruppen**. Jede Klasse ist durch eine linke und eine rechte Klassengrenze bestimmt, wobei eindeutig festgelegt werden muß, zu welcher der beiden angrenzenden Klassen der entsprechende Grenzpunkt gehört. Als Klassenintervalle wählt man im allgemeinen halboffene Intervalle. Die **Klassenmitte** ist das arithmetische Mittel der beiden Grenzen. Eine ideale Klasseneinteilung ist eine solche mit lauter gleichen Klassenbreiten. In einem solchen Fall sind die Klassengrenzen äquidistant. Bei einer äquidistanten Einteilung sind häufig manche Klassen, vor allen die Klassen an den Rändern sehr schwach besetzt. Dann ist es sinnvoll, diese Randklassen breiter zu machen. Da Verwechslungen mit der Anzahl der

Merkmalswerte nicht zu befürchten sind, wird die Anzahl der Klassen wieder mit m bezeichnet werden. Die einzelnen Klassen seien der Reihe nach

$$K_1, K_2, K_3, \dots, K_{m-1}, K_m .$$

Die zugehörigen **Klassenbreiten** bezeichnen wir mit $b_1, b_2, \dots, b_m$.

Aus einer Klasseneinteilung lassen sich die Beobachtungswerte nicht mehr genau feststellen. Man weiß nur, zwischen welchen Grenzen die jeweiligen Beobachtungswerte liegen. Daher ist eine Klassenbildung mit einem gewissen **Informationsverlust** verbunden.

1.3.2. Häufigkeiten bei Klassenbildungen

Die Anzahl der Beobachtungswerte, welche in der Klasse K_j enthalten sind, heißt die **absolute Klassenhäufigkeit**. Man bezeichnet sie mit

$$h_j = h_n(K_j) = \text{Anzahl der Beobachtungswerte in der Klasse } K_j .$$

Division durch den Versuchsumfang

$$n = h_1 + h_2 + \dots + h_m = \sum_{j=1}^{m} h_j$$

ergibt die **relative Klassenhäufigkeit**

$$r_j = \frac{1}{n} \cdot h_j \quad \text{mit} \quad r_1 + r_2 + \dots + r_m = \sum_{j=1}^{m} r_j = 1.$$

1.3.3. Histogramme bei Klassenbildungen

Über jeder Klasse wird ein Rechteck gebildet, dessen Flächeninhalt proportional zur absoluten bzw. relativen Klassenhäufigkeit ist. Nur wenn sämtliche Klassen gleich breit sind, dürfen als Höhen unmittelbar die Klassenhäufigkeiten benutzt werden. Sonst müssen andere Höhen gewählt werden. Beim Histogramm für die relativen Klassenhäufigkeiten verwendet man die

$$\text{Rechteckshöhe für die Klasse } K_j = \frac{r_j}{b_j} = \frac{\text{relative Klassenhäufigkeit}}{\text{Klassenbreite}} .$$

Dabei ist es sinnvoll, auf beiden Achsen verschiedene Maßstäbe zu wählen. Das gesamte Histogramm besitzt dann den Flächeninhalt Eins.

Beispiel (Geschwindigkeiten): Bei einer Radarkontrolle in einer Stadt wurden die Geschwindigkeiten derjenigen Fahrzeuge registriert, welche die zulässige Geschwindigkeit von 55 km/h überschritten. Die ersten 100 Verkehrssünder sind in der nachfolgenden Tabelle zusammengestellt, wobei niemand schneller als 100 km/h gefahren ist.

Für die Höhe des Verwarnungsgeldes wurden drei Klassen gebildet.

Klasse 1: die Geschwindigkeit ist größer als 55, aber höchstens 60 km/h
Klasse 2: die Geschwindigkeit ist größer als 60, aber höchstens 70 km/h
Klasse 3: die Geschwindigkeit ist größer als 70, aber höchstens 100 km/h.

Klasse	Klassengrenzen	absolute Häufigkeit	relative Häufigkeit
K_1	(55; 60]	58	0,58
K_2	(60; 70]	30	0,30
K_3	(70; 100]	12	0,12
	Summen	100	1,00

Für die absoluten Klassenhäufigkeiten soll ein flächenproportionales Histogramm gezeichnet werden. Die Höhen der einzelnen Rechtecke erhält man mit den Klassenbreiten 5, 10 und 30 der Reihe nach als

$$\frac{58}{5} = 11{,}6\ ;\ \frac{30}{10} = 3;\ \frac{12}{30} = 0{,}4.$$

Im nachfolgenden Histogramm sind auf beiden Achsen verschiedene Maßstäbe gewählt worden. Die absoluten Klassenhäufigkeiten erhält man durch Multiplikation der Rechtecksbreiten mit den Rechteckshöhen.

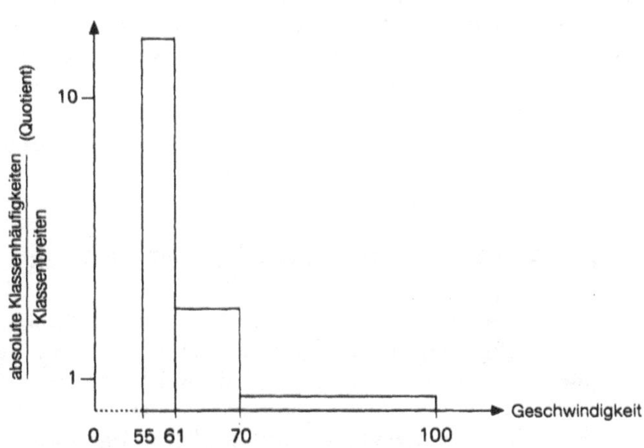

Flächenproportionales Histogramm

1.3.4. Empirische Verteilungsfunktion bei einer Klassenbildung

Aus einer Klassenbildung können die Beobachtungswerte x_i nicht mehr genau festgestellt werden. Man sieht nur, wie viele der Werte in den einzelnen Klassen liegen. Daher läßt sich auch die empirische Verteilungsfunktion nicht exakt angeben.
Man kennt allerdings die Werte der empirischen Verteilungsfunktion an den Klassengrenzen. Wir nehmen an, alle Klassen seien links offen und rechts abgeschlossen mit der Darstellung

$$K_j = (u_{j-1}, u_j] = \{x | u_{j-1} < x \leq u_j\}; j = 1, 2, ..., m.$$

Damit wird die Klasseneinteilung durch die Randpunkte $u_0, u_1, ..., u_m$ bestimmt. Die Anzahl der Beobachtungswerte, welche kleiner oder gleich u_k sind, ist dann gleich der Summe der absoluten Häufigkeiten der links von diesem Wert liegenden Klassen. Damit kann der Wert der empirischen Verteilungsfunktion an den Grenzstellen u_k angegeben werden durch

$$F_n(u_0) = 0; \quad F_n(u_k) = r_1 + ... + r_k = \sum_{j=1}^{k} r_j \quad \text{für } k = 1, 2, ..., m.$$

Setzt man die Funktion zwischen diesen Stellen konstant, so erhält man eine Treppenfunktion, die als Näherung für die empirische Verteilungsfunktion benutzt werden kann. Diese Näherung ist umso besser, je feiner die Klasseneinteilung gewählt wird. Bei diesem Vorgehen tut man so, als ob **sämtliche Werte einer Klasse am rechten Randpunkt** liegen würden.

Eine andere Möglichkeit besteht darin, sämtliche Beobachtungswerte einer Klasse mit der **Klassenmitte** zu identifizieren. Für die Merkmalswerte der Klassenmitten und den zugehörigen Klassenhäufigkeiten wird dann die empirische Verteilungsfunktion bestimmt, die als Näherung für die empirische Verteilungsfunktion der Beobachtungsreihe benutzt wird. Auch diese Näherung wird sehr gut, falls die Klasseneinteilung nur fein genug gewählt wird. Sie ist besonders dann zu empfehlen, wenn man davon ausgehen kann, daß die Werte einer Klasse ungefähr symmetrisch zur Klassenmitte liegen.

1.4. Lageparameter von Häufigkeitsverteilungen

Bei vielen Problemstellungen ist es nicht sinnvoll, die ganze Beobachtungsreihe bzw. deren Häufigkeitsverteilung zu untersuchen. Man wird daher versuchen, nur eine oder wenige Größen anzugeben, welche die Beobachtungsreihe gut beschreiben. Solche Größen nennt man **Parameter** oder **Kenngrößen** der Stichprobe. Von der Vielzahl der möglichen Parameter läßt sich nicht sagen, welcher allgemein der beste ist. Ein Parameter, der für ein

Problem brauchbar ist, kann für ein anderes Problem völlig ungeeignet sein. In diesem Abschnitt werden zunächst Parameter behandelt, welche die Lage der Beobachtungsreihe beschreiben.

1.4.1. Der Modalwert (häufigster Wert)

Eine Merkmalsausprägung, welche in der Beobachtungsreihe die größte absolute Häufigkeit besitzt, heißt **Modalwert** (**Modus** oder **häufigster Wert**). Wir bezeichnen einen Modalwert mit x_{Mod}. Es ist möglich, daß die maximale Häufigkeit gleichzeitig von mehreren Ausprägungen angenommen wird. Dann gibt es mehrere Modalwerte. Der Modus ist nicht immer eindeutig bestimmt. Für die absoluten Häufigkeiten des Modus gilt

$$h_n(x_{Mod}) \geq h_n(a_j) \quad \text{für alle Merkmalsausprägungen } a_j .$$

Beispiel (Zensuren): Hier ist die Note 3 der einzige Modalwert.

Der Modalwert ist bei **nominal skalierten Merkmalen**, bei denen es keine Rangordnung gibt, der einzige sinnvolle Lageparameter.

1.4.2. Das arithmetische Mittel (Mittelwert)

Die Merkmalsausprägungen seien **metrisch skaliert**, also reelle Zahlen, deren Abstände meßbar sind. Dann heißt

$$\bar{x} = \frac{1}{n} \cdot (x_1 + x_2 + \ldots + x_n) = \frac{1}{n} \sum_{i=1}^{n} x_i$$

$$= \frac{1}{n} \sum_{j=1}^{m} h_n(a_j) \cdot a_j = \sum_{j=1}^{m} r_n(a_j) \cdot a_j$$

mit $h_n(a_j)$ = absolute, $r_n(a_j)$ = relative Häufigkeit von a_j

das **arithmetische Mittel** (**Mittelwert** oder **Durchschnittswert**) der Urliste bzw. der Häufigkeitsverteilung. Man nennt $\bar{x}$ meistens den Mittelwert und läßt den Zusatz arithmetisch weg.

Falls die Werte nur in Form einer Urliste gegeben sind, wird zur Berechnung des Mittelwertes die erste Gleichung benutzt. Die zweite verwendet man bei Häufigkeitsverteilungen. Wegen

$$\boxed{n \cdot \bar{x} = x_1 + x_2 + \ldots + x_n = \sum_{i=1}^{n} x_i}$$

beschreibt das arithmetische Mittel die Gesamtsumme. Bei vielen Problemstellungen wird nur der Durchschnittswert $\overline{x}$ angegeben, z.B. der Pro-Kopf-Verbrauch oder das Durchschnittseinkommen. Multipliziert man diesen Durchschnittswert mit der Anzahl, bezüglich derer der Durchschnitt gebildet wurde, so erhält man den Gesamtverbrauch bzw. Gesamtverdienst. Würde z. B. die gesamte Lohnsumme eines Betriebs unter allen Betriebsangehörigen gleichmäßig aufgeteilt, so müßte jede Person diesen Durchschnittswert erhalten.

Beispiel (Zensuren): Für das Beispiel der Zensuren erhält man die Durchschnittsnote

$$\overline{x} = \frac{1}{25} \cdot (3 \cdot 1 + 5 \cdot 2 + 8 \cdot 3 + 6 \cdot 4 + 2 \cdot 5 + 1 \cdot 6) = 3{,}08.$$

Obwohl bei den Zensuren zunächst nur eine Ordinalskala vorliegt, wird der Mittelwert der zugeordneten Zahlen häufig für Vergleichszwecke benutzt.

Beispiel (Durchschnittspreis beim Kauf gleicher Mengen zu verschiedenen Preisen): Von einer Ware werde n-mal die gleiche Menge M, allerdings zu verschiedenen Preisen gekauft. Die Preise je Mengeneinheit seien der Reihe nach $p_1, p_2, \ldots, p_n$. Der Preis für die insgesamt gekaufte Menge $n \cdot M$ beträgt damit

$$G = M \cdot (p_1 + p_2 + \ldots.. + p_n).$$

Den Durchschnittspreis pro Mengeneinheit bezeichnen wir mit $\overline{p}$. Die Bedingung $G = n \cdot M \cdot \overline{p}$ ergibt den Durchschnittspreis als

$$\overline{p} = \frac{1}{n} \cdot (p_1 + p_2 + \ldots. + p_n).$$

Falls zu verschiedenen Preisen jeweils die gleiche Menge gekauft wird, ist das arithmetische Mittel der Einzelpreise der Durchschnittspreis .

Der Mittelwert ist empfindlich gegenüber sog. **Ausreißern**, die entweder viel größer oder viel kleiner als die übrigen Stichprobenwerte sind. Durch den Mittelwert werden die Beobachtungswerte in zwei Gruppen zerlegt, die im speziellen Fall verschieden groß sein können. Im Extremfall kann es sogar vorkommen, daß auf der einen Seite vom Mittelwert nur ein einziger Beobachtungswert liegt, während alle übrigen auf der anderen Seite sind.

Lineare Transformation

Die Beobachtungswerte x_i werden gemäß

$$y_i = a + b x_i, \quad a, b \text{ reelle Zahlen}$$

linear transformiert. Dann lautet der Mittelwert der transformierten Stichprobe $y = (y_1, y_2, \ldots, y_n)$

$$\bar{y} = \frac{1}{n}\cdot(y_1 + y_2 + \dots + y_n) = \frac{1}{n}\sum_{i=1}^{n}(a + b\,x_i)$$
$$= \frac{1}{n}\cdot n\cdot a + b\cdot\frac{1}{n}\sum_{i=1}^{n} x_i = a + b\cdot\bar{x}\,.$$

Damit transformiert sich auch der Mittelwert $\bar{y}$ nach dem gleichen Gesetz. Es gilt also

$$\overline{a + b x} = a + b\bar{x}\ ;\ a, b \in \mathbb{R}.$$

Aus einer **Klasseneinteilung** kann der Mittelwert nicht mehr exakt berechnet werden. In diesem Fall identifiziert man alle Werte einer Klasse mit der Klassenmitte und berechnet davon den Mittelwert. Dadurch erhält man einen Näherungswert für den tatsächlichen Mittelwert.

1.4.3. Gewichtete (gewogene) arithmetische Mittel

Gibt man sich allgemein Zahlen (**Gewichte**) $w_1, w_2, \dots, w_n$ vor mit

$$0 \le w_i \le 1 \text{ für alle } i \text{ und } \sum_{i=1}^{n} w_i = 1,$$

so heißt

$$\bar{x}^w = \sum_{i=1}^{n} w_i\cdot x_i$$

ein **gewichtetes (gewogenes) arithmetisches Mittel.**

Mit $w_1 = w_2 = \dots = w_n = \frac{1}{n}$ erhält man das gewöhnliche arithmetische Mittel.

Der **Mittelwert** $\bar{x}$ ist das arithmetische Mittel aller n Beobachtungswerte $x_1, x_2, \dots, x_n$, jedoch das mit den einzelnen relativen Häufigkeiten gewichtete arithmetische Mittel der m Merkmalsausprägungen $a_1, a_2, \dots, a_m$.

Beispiel (Durchschnittspreis beim Kauf verschiedener Mengen zu verschiedenen Preisen): Von einer Ware werden jeweils M_i Einheiten zum Preis p_i pro Mengeneinheit gekauft für $i = 1, 2, \dots, n$. Dann erhält man

$$\text{Gesamtmenge: } \sum_{i=1}^{n} M_i\ ;\quad \text{Gesamtpreis: } G = \sum_{i=1}^{n} M_i\cdot p_i\,.$$

Division des Gesamtpreises durch die Gesamtmenge ergibt den Durchschnittspreis

$$\bar{p}^w = \frac{\sum_{i=1}^{n} M_i\cdot p_i}{\sum_{k=1}^{n} M_k} = \sum_{i=1}^{n} w_i\cdot p_i\,.$$

Er ist das gewichtete arithmetische Mittel der Einzelpreise mit den Gewichten

$$w_i = \frac{M_i}{\sum_{k=1}^{n} M_k} \quad \text{für } i = 1, 2, ..., n \; ; \quad \sum_{i=1}^{n} w_i = 1.$$

Zusammenfassung von Beobachtungsreihen

Gegeben seien m verschiedene Beobachtungsreihen mit verschiedenen Umfängen und berechneten Mittelwerten und zwar besitze die k-te Beobachtungsreihe y_k vom Umfang n_k den Mittelwert $\bar{y}_k$ für $k = 1, 2, ..., m$. Alle m Beobachtungsreihen werden zu einer einzigen Reihe x zusammengefaßt. Für diese Reihe gilt

Gesamtumfang: $n = \sum_{k=1}^{m} n_k$;

Summe aller n Beobachtungswerte: $S = \sum_{k=1}^{m} n_k \cdot \bar{y}_k$.

Damit besitzt die vereinigte Beobachtungsreihe den Mittelwert

$$\bar{x} = \frac{S}{n} = \sum_{k=1}^{m} \frac{n_k}{n} \cdot \bar{y}_k = \sum_{k=1}^{m} w_k \cdot \bar{y}_k \quad \text{mit } w_k = \frac{n_k}{n}, \; \sum_{k=1}^{m} w_k = 1.$$

Der Gesamtmittelwert ist also gleich dem gewichteten arithmetischen Mittel der m Einzelmittelwerte $\bar{y}_k$. Die Gewichte sind proportional zu den jeweiligen Umfängen n_k. Nur wenn alle m Beobachtungsreihen den gleichen Umfang besitzen, also für $n_1 = n_2 = ... = n_m$ ist der Mittelwert der vereinigten Beobachtungsreihe gleich dem arithmetischen Mittel der einzelnen Mittelwerte.

1.4.4. Der Median (Zentralwert)

Der **Median** oder **Zentralwert** $\tilde{x}$ der Beobachtungsreihe $x_1, x_2, ..., x_n$ kann jeweils durch eine der beiden nachfolgenden gleichwertigen Eigenschaften erklärt werden:

a) Mindestens die Hälfte der Beobachtungswerte sind kleiner oder gleich und mindestens die Hälfte größer oder gleich dem Median $\tilde{x}$.

b) Höchstens die Hälfte der Beobachtungswerte sind kleiner und höchstens die Hälfte größer als der Median $\tilde{x}$.

Falls der Median mit einem Beobachtungswert übereinstimmt, wird er in a) zu keiner der beiden Gruppen, in b) dagegen zu beiden Gruppen gezählt.

Der Median kann nur von **ordinal** oder **metrisch skalierten Merkmalen** berechnet werden. Zwischen den Merkmalsausprägungen muß eine Rangordnung (Größer-Kleiner-Beziehung) vorgegeben sein.

Bestimmung des Medians aus der Urliste

Zunächst werden die Beobachtungswerte der Größe nach geordnet. Diese geordneten Werte bezeichnet man der Reihe nach mit

$$x_{(1)} \leq x_{(2)} \leq x_{(3)} \leq \dots\dots \leq x_{(n)} .$$

Bei **ungeradem n** ist der Median der in der Mitte der geordneten Reihe stehende Beobachtungswert, also

$$\tilde{x} = x_{\left(\frac{n+1}{2}\right)}, \quad \text{falls n ungerade ist.}$$

Bei ungeradem Umfang n wird somit der Median von einer Merkmalsausprägung angenommen.

Bei **geradem n** erfüllt jeder Wert zwischen $x_{\left(\frac{n}{2}\right)}$ und $x_{\left(\frac{n}{2}+1\right)}$, die Grenzen eingeschlossen die Bedingung eines Medians.
Jeder dieser Zwischenwerte könnte somit als Median definiert weden. Im allgemeinen wählt man jedoch das arithmetische Mittel dieser beiden Werte als Median, also

$$\tilde{x} = \frac{1}{2}\cdot\left(x_{\left(\frac{n}{2}\right)} + x_{\left(\frac{n}{2}+1\right)}\right) \quad \text{für gerades n.}$$

Damit gilt für den Median allgemein

$$\tilde{x} = \begin{cases} x_{\left(\frac{n+1}{2}\right)} & \text{, falls n ungerade ist;} \\ \frac{1}{2}\left(x_{\left(\frac{n}{2}\right)} + x_{\left(\frac{n}{2}+1\right)}\right) & \text{, falls n gerade ist .} \end{cases}$$

Die Bestimmung des Medians für gerades n ist bei nur ordinal skalierten Merkmalen wegen der Mittelwertbildung problematisch. Die Bildung des arithmetischen Mittels ist nur dann möglich, wenn die Merkmalswerte zahlenmäßg verschlüsselt vorliegen.
Stimmen bei geradem n die beiden Beobachtungswerte $x_{\left(\frac{n}{2}\right)}$ und $x_{\left(\frac{n}{2}+1\right)}$ überein, so ist dieser Merkmalswert der Median. Eine Mittelwertbildung ist in diesem Fall nicht nötig. Falls diese Werte verschieden und die ordinal skalierten Merkmalswerte zahlenmäßig nicht verschlüsselt sind, wird die Beobachtungsreihe durch diese beiden Werte in zwei gleich große Teile zerlegt. In diesem Fall gilt folgende Aussage:

Kleiner oder gleich $x_{(\frac{n}{2})}$ und größer oder gleich $x_{(\frac{n}{2}+1)}$ sind jeweils genau die Hälfte der Beobachtungswerte.

Bestimmung des Medians aus der Häufigkeitstabelle

a) Springt die relative Summenhäufigkeit (empirische Verteilungsfunktion) bei einem Merkmalswert von unter 0,5 auf über 0,5, so ist dieser Merkmalswert der Median.

b) Ist die relative Summenhäufigkeit (empirische Verteilungsfunktion) eines Merkmalswerts gleich 0,5, so ist der Median gleich dem arithmetischen Mittel aus diesem und dem nächstgrößeren Merkmalswert.

Beispiel (Zensuren): Bei dem Beispiel der Zensuren ist $\tilde{x} = 3$ der Median. Bei dem ordinal skalierten Merkmal der Zensuren ist der Median $\tilde{x}$ dem Mittelwert $\bar{x}$ vorzuziehen.

Bestimmung des Medians aus der empirischen Verteilungsfunktion

Die Bestimmung des Medians aus der Häufigkeitstabelle ergibt unmittelbar die folgende Eigenschaft:

a) Falls die empirische Verteilungsfunktion auf einer Treppenstufe den Wert 0,5 annimmt, ist der Median gleich dem Abszissenwert des Mittelwertes dieser Treppenstufe.

b) Falls die empirische Verteilungsfunktion den Wert 0,5 nicht annimmt, ist der Median gleich dem kleinsten Merkmalswert, an dem die Verteilungsfunktion größer als 0,5 ist.

Beispiel: Aus der nachfolgenden empirischen Verteilungsfunktion auf der linken Seite erhält man den Median $\tilde{x} = 3{,}5$. Rechts ist die empirische Verteilungsfunktion der Zensuren dargestellt mit $\tilde{x} = 3$.

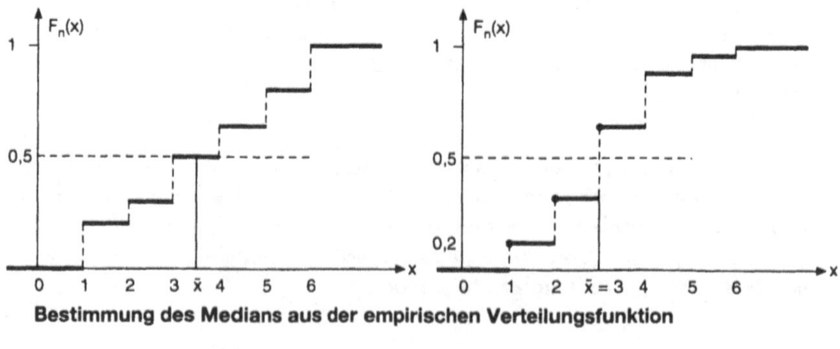

Bestimmung des Medians aus der empirischen Verteilungsfunktion

Lineare Transformation

Bei einer linearen Transformation $y = a + bx$ wird auch der Median linear transformiert.

Aus $y_i = a + bx_i$ folgt $\tilde{y} = a + b\tilde{x}$.

Aus einem **Histogramm** läßt sich der Median nicht mehr exakt bestimmen. Man kann nur diejenige Klasse K_l feststellen, in welcher der Median enthalten ist. Für die Mediananklasse K_l gilt

$$\sum_{j=1}^{l-1} r_n(a_j) < 0{,}5 \quad \text{und} \quad \sum_{j=1}^{l} r_n(a_j) \geq 0{,}5 \quad \text{mit} \quad \sum_{j=1}^{0} r_n(a_j) = 0 .$$

Als Näherungswert für den Median kann noch derjenige Punkt aus der Medianklasse gewählt werden, der die Gesamtfläche des Histogramms für die relativen Häufigkeiten in zwei gleich große Teile mit dem jeweiligen Flächeninhalt 0,5 teilt.

Die Medianklasse K_l besitze den linken Randpunkt u_{l-1} und die Breite b_l. Der gesuchte Punkt sei $u_{l-1} + c \cdot b_l$. Der Fächeninhalt links von diesem Punkt beträgt dann

$$\sum_{j=1}^{l-1} r_j + c \cdot r_l = \frac{1}{2} \quad \text{mit} \quad c = \frac{\frac{1}{2} - \sum_{j=1}^{l-1} r_n(a_j)}{r_l} .$$

Damit erhält man für den Median den Näherungswert

$$\tilde{x} \approx u_{l-1} + \frac{\frac{1}{2} - \sum_{j=1}^{l-1} r_n(a_j)}{r_l} \cdot b_l .$$

Für $\sum_{j=1}^{l} r_n(a_j) = 0{,}5$ erhält man $\tilde{x} \approx u_l =$ rechte Klassengrenze. In diesem Fall liegen in der l-ten Klasse oder links davon genau die Hälfte der Stichprobenwerte.

Beispiel (Geschwindigkeiten, s. Abschnitt 1.3.3): Der Median liegt in der ersten Klasse, weil in ihr der 50. und 51. der Beobachtungswerte liegen, welche der Größe nach geordnet sind. Einen Näherungswert erhält man in

$$\tilde{x} \approx 55 + \frac{0{,}5}{0{,}58} \cdot 5 = 55 + \frac{5}{1{,}16} \approx 59{,}31 \text{ km/h}.$$

Falls die Beobachtungswerte der Größe nach geordnet werden, liegt der Median im Zentrum (ungefähr in der Mitte) dieser Werte. Er ist weniger empfindlich gegenüber Ausreißern. Werte, die weit von den übrigen entfernt sind, haben kaum einen Einfluß auf den Median im Gegensatz zum Mittelwert.

1.4.5. Quantile

Mindestens 50 % der Beobachtungswerte sind nicht größer als der Median und mindestens 50 % nicht kleiner. Bei vielen Problemen möchte man wissen, wie viele der Beobachtungswerte zu den 10 oder 20 % kleinsten bzw. größten Beobachtungswerten gehören. Falls ein Schüler zu den 10 % besten gehört, liegt seine Leistung unter den 10 % größten Werten der Zensuren. Eine schlechtere Note als er müssen dann mindestens 90 % der Schüler haben. Allgemein werden solche Zerlegungen der geordneten Beobachtungsreihen durch Quantile beschrieben.

Ein **α-Quantil** $\tilde{x}_\alpha$ wird durch die beiden gleichwertigen Eigenschaften definiert:

a) Mindestens $100 \cdot \alpha$ % der Beobachtungswerte sind kleiner oder gleich und mindestens $100 \cdot (1-\alpha)$ % größer oder gleich $\tilde{x}_\alpha$.

b) Höchstens $100 \cdot \alpha$ % der Beobachtungswerte sind kleiner und höchstens $100 \cdot (1-\alpha)$ % größer als $\tilde{x}_\alpha$.

Falls das α-Quantil mit keinem Beobachtungswert übereinstimmt, teilt es die aufsteigend geordnete Reihe der Beobachtungswerte im Verhältnis α zu $1-\alpha$.

Wie der Median können Quantile nur von **ordinal** oder **metrisch skalierten Merkmalen** berechnet werden.

Die Beobachtungswerte seien der Größe nach geordnet durch

$$x_{(1)} \leq x_{(2)} \leq x_{(3)} \leq \dots\dots \leq x_{(n)} \ .$$

Dann bestimmt man das **α-Quantil** oder das **100 α %-Quantil** $\tilde{\mathbf{x}}_\alpha$ folgendermaßen:

a) $n \cdot \alpha$ sei **nicht ganzzahlig**: k sei die auf $n \cdot \alpha$ folgende ganze Zahl, d. h. die kleinste ganze Zahl, die größer als $n \cdot \alpha$ ist. Dann gilt

$$\tilde{x}_\alpha = x_{(k)},\ k = \text{kleinste ganze Zahl mit } k > n \cdot \alpha \text{ (nicht ganzzahlig).}$$

b) $n \cdot \alpha = k$ sei **ganzzahlig**. Dann könnte jeder Wert zwischen $x_{(k)}$ und $x_{(k+1)}$ als α-Quantil definiert werden. Im allgemeinen wählt man jedoch das arithmetische Mittel dieser beiden Werte, also

$$\tilde{x}_\alpha = \frac{1}{2}\cdot\left(x_{(k)} + x_{(k+1)}\right) \quad \text{für} \quad k = n\cdot\alpha \text{ (ganzzahlig).}$$

Im Fall a) nimmt die empirische Verteilungsfunktion $F_n(x)$ den Wert α nicht an. Dann ist das α-Quantil $\tilde{x}_\alpha$ der kleinste Merkmalswert, an dem die empirische Verteilungsfunktion größer als α ist.

Im Fall b) nimmt die empirische Verteilungsfunktion $F_n(x)$ den Wert α auf einer ganzen Treppenstufe an. Dann ist das α-Quantil $\tilde{x}_\alpha$ gleich dem Abszissenwert des Mittelwerts dieser Treppenstufe.

Damit lautet das α-Quantil allgemein

$$\tilde{x}_\alpha = \begin{cases} x_{(k)} & , n\cdot\alpha \text{ nicht ganzzahlig, k folgt auf } n\cdot\alpha , \\ \frac{1}{2}\cdot\left(x_{(k)}+x_{(k+1)}\right) & , k = n\cdot\alpha \text{ ganzzahlig .} \end{cases}$$

$\alpha = 0{,}5$ ergibt als Spezialfall den Median, also $\tilde{x}_{0,5} = \tilde{x}$.

Die 0,25- und 0,75-Quantile bezeichnet man auch als **Quartile**.

Beispiel (Zensuren): Die 25 Zensuren betragen der Reihe nach

1 1 1 2 2 2 2 2 3 3 3 3 3 3 3 3 4 4 4 4 4 4 5 5 6

Der Median lautet $\tilde{x} = 3$.
Gesucht ist das 0,25-Quantil, also das untere Quartil. $n\cdot 0{,}25 = 6{,}25$ ist nicht ganzzahlig. Damit ist $\tilde{x}_{0,25} = x_{(7)} = 2$ das 0,25-Quantil.
Das 0,75-Quantil erhält man wegen $n\cdot 0{,}75 = 18{,}75$ als $\tilde{x}_{0,75} = x_{(19)} = 4$.

Welches Quantil ist der Wert 4,5? Kleiner als 4,5 sind 22 und größer drei Beobachtungswerte. Daher gilt $n\cdot\alpha = 25\cdot\alpha = 22$. Hieraus erhält man den Wert $\alpha = 22/25 = 0{,}88$. Die Zahl 4,5 ist also das 88 % -Quantil.

Bei einer **Klasseneinteilung** lassen sich die Quantile nicht mehr genau feststellen, sondern nur noch diejenige Klasse K_l, in der das entsprechende Quantil liegt. Für die Quantilklasse K_l gilt

$$\sum_{j=1}^{l-1} r_n(a_j) < \alpha \quad \text{und} \quad \sum_{j=1}^{l} r_n(a_j) \geq \alpha \quad \text{mit} \quad \sum_{j=1}^{0} r_n(a_j) = 0 .$$

Als Näherungswert kann man ähnlich wie beim Median diejenige Stelle der Mediananklasse bestimmen, von der die Gesamtfläche des Histogramms der relativen Häufigkeiten so zerlegt wird, daß links von ihr der Flächeninhalt α und rechts der Flächeninhalt $1-\alpha$ entsteht. Mit der linken Klassengrenze u_{l-1}, der Klassenbreite b_l und der relativen Klassenhäufigkeit erhält man für das α-Quantil den Näherungswert

$$\tilde{x}_\alpha \approx u_{l-1} + \frac{\alpha - \sum_{j=1}^{l-1} r_n(a_j)}{r_l} \cdot b_l \ .$$

Für $\sum_{j=1}^{l} r_n(a_j) = \alpha$ erhält man $\tilde{x}_\alpha \approx u_l$ = rechte Klassengrenze. In diesem Fall liegen in der l-ten Klasse oder links davon genau $100 \cdot \alpha$ % der Stichprobenwerte.

1.4.6. Das geometrische Mittel

Das geometrische Mittel kann nur für Beobachtungswerte erklärt werden, die alle positiv sind, also für $x_i > 0$ für $i = 1, 2, \dots, n$. Zur Berechnung werden alle n Beobachtungswerte miteinander multipliziert. Aus diesem Produkt wird dann die n-te Wurzel gezogen.

Das **geometrische Mittel** der n Beobachtungswerte lautet

$$\bar{x}_g = \sqrt[n]{x_1 \cdot x_2 \cdot \ldots \cdot x_n} = \sqrt[n]{a_1^{h_n(a_1)} \cdot a_2^{h_n(a_2)} \cdot \ldots \cdot a_m^{h_n(a_m)}} ,$$

$$= a_1^{r_n(a_1)} \cdot a_2^{r_n(a_2)} \cdot \ldots \cdot a_m^{r_n(a_m)} ,$$

$h_n(a_j)$ = absolute, $r_n(a_j)$ = relative Häufigkeit von a_j , $j=1, 2, \dots, m$.

Mit Hilfe der linken Seite wird das geometrische Mittel aus einer Urliste, mit den rechten Seiten aus einer Häufigkeitstabelle berechnet.

Beispiel (mittlere Preissteigerung): Während n Jahren stiegen die Preise für eine bestimmte Ware der Reihe nach um $p_1, p_2, \dots, p_n$%. Prozentuale Preissteigerung bedeutet, daß der zu Beginn des i-ten Jahres gültige Preis am Ende des Jahres mit dem **Preissteigerungsfaktor** $q_i = 1 + p_i/100$ multipliziert werden muß. Mit dem Ausgangspreis A erhält man nach n Jahren den Endpreis $E_1 = A \cdot q_1 \cdot q_2 \cdot \ldots\ldots \cdot q_n$. Die mittlere Preissteigerung p ist die jährlich gleiche Preissteigerung, die nach n Jahren zum gleichen Endpreis geführt hätte wie die verschiedenen Preissteigerungen. Mit dem gleichen Preissteigerungsfaktor $q = 1 + p/100$ erhält man den Endpreis

$$E_2 = A \cdot q^n = A \cdot (1 + \frac{p}{100})^n.$$

Gleichsetzen von E_1 und E_2 ergibt

$$q^n = q_1 \cdot q_2 \cdot \ldots\ldots \cdot q_n \ ; \quad q = \sqrt[n]{q_1 \cdot q_2 \cdot \ldots \cdot q_n} \ .$$

Der **mittlere Preissteigerungsfaktor ist also das geometrische Mittel der einzelnen Preissteigerungsfaktoren.** Hieraus erhält man die mittlere prozentuale Preissteigerung als $100 \cdot (q-1)$ %.
Mit Hilfe des geometrischen Mittels können also mittlere prozentuale Steigerungen berechnet werden.

1.4.7. Gewichtete (gewogene) geometrische Mittel

Mit den Gewichten w_i, $0 \le w_i \le 1$ für alle i und $\sum_{i=1}^{n} w_i = 1$ erhält man das **gewichtete (gewogene) geometrische Mittel**

$$\bar{x}_g^w = x_1^{w_1} \cdot x_2^{w_2} \cdot \ldots \cdot x_n^{w_n} \quad \text{für } x_i > 0 \text{ für alle i.}$$

$w_1 = w_2 = \ldots = w_n = \frac{1}{n}$ ergibt das gewöhnliche geometrische Mittel.

Das gewöhnliche geometrische Mittel $\bar{x}_g$ sämtlicher n Werte $x_1, x_2, \ldots, x_n$ der Urliste stimmt überein mit dem mit den relativen Häufigkeiten gewichteten geometrischen Mittel der verschiedenen Merkmalsausprägungen $a_1, a_2, \ldots, a_m$.

Zusammenfassen von Beobachtungsreihen

Gegeben sind m verschiedene Beobachtungsreihen mit den Umfängen n_k und den geometrischen Mitteln $\bar{y}_{g,k}$ für $k = 1, 2, \ldots, m$. Die Beobachtungsreihen werden zu einer einzigen Reihe x zusammengefaßt mit

Gesamtumfang: $\quad n = \sum_{k=1}^{m} n_k$

Produkt aller n Beobachtungswerte: $(\bar{y}_{g,1})^{n_1} \cdot (\bar{y}_{g,2})^{n_2} \cdot \ldots \cdot (\bar{y}_{g,m})^{n_m}$.

Zieht man hieraus die n-te Wurzel, so erhält man das geometrische Mittel der gesamten Reihe x als gewichtetes geometrisches Mittel der geometrischen Mittel der einzelnen Teilreihen mit den Gewichten $w_k = \frac{n_k}{n}$, also

$$\bar{x}_g = (\bar{y}_{g,1})^{w_1} \cdot (\bar{y}_{g,2})^{w_2} \cdot \ldots \cdot (\bar{y}_{g,m})^{w_m} \quad \text{mit } w_k = \frac{n_k}{n},\ n = \sum_{k=1}^{m} n_k .$$

Beispiel (mittlere Preissteigerung): Für ein bestimmtes Produkt betrug während 4 Jahren die mittlere Preissteigerung 3,1 %, während der nachfolgenden 5 Jahre 3,45 % und in den letzten 6 Jahren 3,61 %. Gesucht ist die mittlere Preissteigerung in den gesamten 15 Jahren.
Die mittleren Preissteigerungsfaktoren betragen der Reihe nach 1,031; 1,0345 und 1,0361. Hier handelt es sich um die geometrischen Mittel von drei Beobachtungsreihen, die zu einer gesamten Reihe vereinigt werden sollen. Mit $n_1 = 4$; $n_2 = 5$; $n_3 = 6$; $n = 15$ lautet nach der obigen Formel

der über die 15 Jahre gemittelte mittlere Preissteigerungsfaktor

$$\bar{q}_g = 1{,}031^{\frac{4}{15}} \cdot 1{,}0345^{\frac{5}{15}} \cdot 1{,}0361^{\frac{6}{15}} \approx 1{,}0342.$$

Die mittlere Preissteigerung betrug somit während der 15 Jahre ungefähr 3,42 % pro Jahr.

1.4.8 Das harmonische Mittel

Das harmonische Mittel kann nur berechnet werden, wenn die n Beobachtungswerte entweder alle positiv oder alle negativ sind. Es ist erklärt durch

$$\bar{x}_h = \frac{n}{\sum_{i=1}^{n} \frac{1}{x_i}} = \frac{n}{\sum_{j=1}^{m} \frac{h_n(a_j)}{a_j}} = \frac{1}{\sum_{j=1}^{m} \frac{r_n(a_j)}{a_j}},$$

$h_n(a_j)$ = absolute, $r_n(a_j)$ = relative Häufigkeit von a_j.

Das harmonische Mittel ist der Kehrwert (reziproke Wert) des arithmetischen Mittels der reziproken Beobachtungswerte.

Beispiel (Durchschnittspreis beim Kauf für gleiche Beträge zu verschiedenen Preisen): Von einer Ware werde n-mal zu verschiedenen Preisen für den gleichen Betrag c gekauft. Zwischen den gekauften Mengen M_i und den zugehörigen Preisen p_i pro Mengeneinheit gilt also die Beziehung $M_i \cdot p_i = c$ (konstant). In Abhängigkeit vom Preis lautet dann die Menge $M_i = c/p_i$. Damit gilt

Gesamtpreis: $n \cdot c$

Gesamtmenge: $M = \sum_{i=1}^{n} M_i = \sum_{i=1}^{n} \frac{c}{p_i}$.

Hieraus erhält man den Durchschnittspreis

$$\frac{n \cdot c}{M} = \frac{n}{\frac{1}{p_1} + \frac{1}{p_2} + \ldots + \frac{1}{p_n}} = \bar{p}_h .$$

Beim Kauf zu verschiedenen Preisen für **jeweils gleiche Beträge** ist der Durchschnittspreis das **harmonische Mittel** der n Einzelpreise.

1.4.9. Gewichtete harmonische Mittel

Mit den Gewichten w_i, $0 \leq w_i \leq 1$ für alle i und $\sum_{i=1}^{n} w_i = 1$ heißt

$$\bar{x}_h^w = \frac{1}{\sum_{i=1}^{n} \frac{w_i}{x_i}}$$

ein **gewichtetes (gewogenes) harmonisches Mittel.**

$w_1 = w_2 = \ldots = w_n = \frac{1}{n}$ ergibt das gewöhnliche harmonische Mittel.
Das harmonische Mittel aller n Beobachtungswerte $x_1, x_2, \ldots, x_n$ ist gleich dem mit den relativen Häufigkeiten gewichteten harmonischen Mittel der m verschiedenen Merkmalsausprägungen $a_1, a_2, \ldots, a_m$.

Zusammenfassung von Beobachtungsreihen

Gewichtete harmonische Mittel treten bei der Zusammenfassung von Urlisten auf.
Gegeben seien m Beobachtungsreihen mit den Umfängen $n_1, n_2, \ldots, n_m$ und berechneten harmonischen Mitteln. Diese m Reihen werden zu einer gesamten Reihe x vereinigt. Dann ist das harmonische Mittel der Gesamtreihe gleich dem gewichteten harmonischen Mittel der harmonischen Mittelwerte der einzelnen Teilreihen. Die Gewichte lauten dabei

$$w_k = \frac{n_k}{n}, \quad k = 1,2,\ldots,m \quad \text{mit } n = \sum_{k=1}^{m} n_k,$$

sie sind also proportional zu den Umfängen der einzelnen Teilreihen.

1.4.10. Vergleich der verschiedenen Mittelwerte

Direkt miteinander vergleichen lassen sich nur das harmonische, das geometrische und das arithmetische Mittel, falls sämtliche Beobachtungswerte positiv sind. Dabei gilt

$\bar{x}_h < \bar{x}_g < \bar{x}$, falls nicht alle Beobachtungswerte gleich sind mit $x_i > 0$;
$\bar{x}_h = \bar{x}_g = \bar{x} = x_1$ für $x_1 = x_2 = \ldots = x_n > 0$.

Die gleiche Beziehung gilt auch für die entsprechenden gewichteten Mittelwerte, falls bei allen drei Mittelwertsbildungen die gleichen Gewichte benutzt werden.

Der Median läßt sich mit den übrigen Mittelwerten nicht vergleichen. Er kann größer oder kleiner als das arithmetische, geometrische oder harmonische Mittel sein.

1.5. Streuungsmaße (Streuungsparameter) von Häufigkeitsverteilungen

Die in Abschnitt 1.4 behandelten Lageparameter allein liefern noch nicht genügend Information über die Häufigkeitsverteilung. Die meisten dieser Lageparameter liegen zwar im "Zentrum" der Verteilung, sie machen jedoch keine Aussage darüber, ob alle oder wenigstens die meisten der Beobachtungswerte in ihrer Nähe oder weiter weg liegen. Man möchte jedoch gerne wissen, wie stark die Beobachtungswerte um diese Lageparameter streuen. Die Abweichungen der Beobachtungswerte von einem Lageparameter werden durch sog. **Streuungsparameter** (**Streuungsmaße**) beschrieben. Sie können nur von Beobachtungswerten quantitativer Merkmale berechnet werden, deren Ausprägungen metrisch skaliert sind (reelle Zahlen). Je kleiner diese Streuungsmaße sind, umso besser wird die Häufigkeitsverteilung durch den entsprechenden Lageparameter beschrieben.

1.5.1. Die Spannweite

Die **Spannweite (Range)** R einer Beobachtungsreihe ist der Abstand des größten vom kleinsten Beobachtungswert, also

$$R = x_{(n)} - x_{(1)} = \text{größter minus kleinster Beobachtungswert.}$$

Beispiel (Zensuren): Hier lautet die Spannweite $R = 6 - 1 = 5$.

Die Spannweite beschreibt den gesamten Streubereich der Beobachtungswerte und ist für Maßstabsbetrachtungen auf der x-Achse wichtig. Die Spannweite hängt vom kleinsten und größten Beobachtungswert ab. Sie ist daher sehr empfindlich gegenüber Ausreißern.

Die Spannweite ist nur für **metrisch** oder **ordinal skalierte Merkmale** berechenbar, falls den ordinal skalierten Merkmalen Zahlen zugeordnet werden.

1.5.2. Der Quartilsabstand und Quantilsabstände

Zwichen dem oberen Quartil, dem 75 %-Quantil und dem unteren Quartil, dem 25 %-Quantil liegen mindestens 50 % der Beobachtungswerte. Daher beschreibt der **Quartilsabstand**

$$\tilde{x}_{0,75} - \tilde{x}_{0,25}$$

die Länge des Bereichs, in dem mindestens 50 % der Beobachtungswerte liegen. Im Gegensatz zur Spannweite ist der Quartilsabstand nicht empfindlich gegenüber Ausreißern.

Zwischen dem 5 %- und dem 95 %-Quantil liegen mindestens 90 % der Beobachtungswerte. Somit beschreibt die Differenz

$$\tilde{x}_{0,95} - \tilde{x}_{0,05}$$

die Größe des Bereichs, in dem mindestens 90 % der Werte liegen.

Die **Quantilsdifferenz**

$$\tilde{x}_{1-\alpha} - \tilde{x}_{\alpha}\,,\quad 0 < \alpha < 0{,}5$$

ergibt die Länge eines Bereichs, der mindestens $100 \cdot (1-2\alpha)$ % aller Werte der Urliste enthält.

1.5.3. Mittlere Abstände

Mittlere Abstände lassen sich nur bei quantitativen Merkmalen bestimmen. Von einem festen Zahlenwert c hat der Beobachtungswert x_i den Abstand $|x_i - c|$. Der **mittlere Abstand** (**mittlere absolute Abweichung**) von c ist

$$d_c = \frac{1}{n}\sum_{i=1}^{n} |x_i - c| = \frac{1}{n}\sum_{j=1}^{m} h_n(a_j) \cdot |a_j - c| = \sum_{j=1}^{m} r_n(a_j) \cdot |a_j - c|$$

mit $h_n(a_j)$ = absolute, $r_n(a_j)$ = relative Häufigkeit von a_j.

Für $c = \bar{x}$ erhält man den **mittleren Abstand vom Mittelwert** $\bar{x}$ als

$$d_{\bar{x}} = \frac{1}{n}\sum_{i=1}^{n} |x_i - \bar{x}| = \frac{1}{n}\sum_{j=1}^{m} h_n(a_j) \cdot |a_j - \bar{x}| = \sum_{j=1}^{m} r_n(a_j) \cdot |a_j - \bar{x}|$$

mit $h_n(a_j)$ = absolute, $r_n(a_j)$ = relative Häufigkeit von a_j.

$c = \tilde{x}$ ergibt den **mittleren Abstand vom Median**

$$d_{\tilde{x}} = \frac{1}{n}\sum_{i=1}^{n} |x_i - \tilde{x}| = \frac{1}{n}\sum_{j=1}^{m} h_n(a_j) \cdot |a_j - \tilde{x}| = \sum_{j=1}^{m} r_n(a_j) \cdot |a_j - \tilde{x}|$$

mit $h_n(a_j)$=absolute, $r_n(a_j)$=relative Häufigkeit von a_j.

Für die mittleren Abweichungen gilt allgemein

$d_{\tilde{x}} \le d_c$ für jede beliebige Konstante c .

Der mittlere Abstand ist bezüglich des Medians am kleinsten. Insbesondere gilt $d_{\tilde{x}} \le d_{\bar{x}}$.

Beispiel (Zensuren): Bei den Zensuren erhält man den mittleren Abstand vom Mittelwert $\bar{x} = 3{,}08$ als

$$d_{\bar{x}} = \frac{1}{25}(3 \cdot 2{,}08 + 5 \cdot 1{,}08 + 8 \cdot 0{,}08 + 6 \cdot 0{,}92 + 2 \cdot 1{,}92 + 1 \cdot 2{,}92) = 0{,}9824.$$

Der mittlere Abstand vom Median $\tilde{x} = 3$ beträgt

$$d_{\tilde{x}} = \frac{1}{25}(3 \cdot 2 + 5 \cdot 1 + 8 \cdot 0 + 6 \cdot 1 + 2 \cdot 2 + 1 \cdot 3) = 0{,}96.$$

1.5.4. Varianz und Standardabweichung

Das wohl am häufigsten benutzte Streuungsmaß ist die Varianz bzw. die Standardabweichung. Zu ihrer Berechnung werden nicht die Abstände, sondern die Quadrate der Abstände vom Mittelwert $\bar{x}$ benutzt. Zunächst wäre es naheliegend, die Summe der Abstandsquadrate durch n zu teilen, also die mittlere quadratische Abweichung vom Mittelwert zu berechnen. Aus Anwendungsgründen dividiert man die Quadratsumme jedoch nicht durch n, sondern durch n−1. Der Hauptgrund dafür liegt in der Tatsache, daß in der beurteilenden Statistik die unbekannte Varianz einer Zufallsvariablen durch die Varianz einer geeigneten Beobachtungsreihe geschätzt wird. Bei der Division durch n−1 ist diese Schätzung erwartungstreu. Dann erhält man im Mittel richtige Schätzwerte. Division durch n würde im Mittel einen zu kleineren Wert liefern. Bei einem großen Beobachtungsumfang n ist es jedoch unwesentlich, ob durch n oder durch n−1 dividiert wird. Wichtig ist dieser Unterschied bei kleinen Umfängen n. Bei einer Division durch 4 anstatt durch 5 erhält man einen um 25 % größeren Wert (vgl. Kap. VIII Abschnitt 2).

Die **Varianz** s^2 einer Beobachtungsreihe $x_1, x_2, \dots, x_n$ ist erklärt durch

$$\begin{aligned} s^2 &= \frac{1}{n-1}\sum_{i=1}^{n}(x_i-\bar{x})^2 = \frac{1}{n-1}\left(\sum_{i=1}^{n}x_i^2 - n\bar{x}^2\right) \\ &= \frac{1}{n-1}\sum_{j=1}^{m}h_n(a_j)\cdot(a_j-\bar{x})^2 = \frac{1}{n-1}\left(\sum_{j=1}^{m}h_n(a_j)\cdot a_j^2 - n\bar{x}^2\right), \end{aligned}$$

$\bar{x}$ = Mittelwert; $h_n(a_j)$ = absolute Häufigkeit von a_j.

Die Gleichheit der beiden Ausdrücke der ersten Zeile läßt sich durch Ausquadrieren und Zusammenfassen beweisen. Der Vorteil bei der Benutzung des rechten Ausdrucks besteht darin, daß zur Berechnung der Varianz mit einem Rechner die Beobachtungswerte nicht gespeichert werden müssen. Es genügt, die Werte der Reihe nach einzugeben und nur ihre Summen und Quadratsummen zu bilden. Die Summe der Beobachtungswerte wird anschließend durch n dividiert, was den Mittelwert $\bar{x}$ ergibt. Mit Hilfe der Quadratsummen berechnet man dann nach der rechten Seite der ersten Zeile die Varianz. Die Berechnung nach der zweiten Zeile erfolgt bei Häufigkeitsverteilungen.

Die Varianz verschwindet genau dann, wenn alle n Beobachtungswerte übereinstimmen. Dann tritt in der gesamten Urliste n-mal der gleiche Merkmalswert auf, der dann mit sämtlichen Mittelwerten übereinstimmt. In einem solchen Fall gibt es keine Streuung.

Die quadratischen Abstandssummen sind bezüglich des Mittelwertes $\bar{x}$ an kleinsten im Gegensatz zum mittleren Abstand, der bezüglich des Medians $\tilde{x}$ minimal wird. Für jede beliebige Zahl c gilt allgemein

$$\sum_{i=1}^{n}(x_i-c)^2 = \sum_{i=1}^{n}[(x_i-\bar{x}) + (\bar{x}-c)]^2$$

$$= \sum_{i=1}^{n}(x_i-\bar{x})^2 + 2\underbrace{\sum_{i=1}^{n}(x_i-\bar{x})\cdot(\bar{x}-c)}_{=0} + n\cdot(\bar{x}-c)^2 ,$$

also der

Steinersche Verschiebungssatz

$$\sum_{i=1}^{n}(x_i-c)^2 = \sum_{i=1}^{n}(x_i-\bar{x})^2 + n\cdot(\bar{x}-c)^2 \quad \text{für jede Konstante c.}$$

Für $c = \tilde{x}$ folgt hieraus folgt

$$\frac{1}{n-1}\sum_{i=1}^{n}(x_i-\tilde{x})^2 > \frac{1}{n-1}\sum_{i=1}^{n}(x_i-\bar{x})^2 = s^2 \quad \text{für } \tilde{x} \neq \bar{x} .$$

Die **Standardabweichung (Streuung)**

$$s = \sqrt{\frac{1}{n-1}\sum_{i=1}^{n}(x_i-\bar{x})^2}$$

ist die (positive) Quadratwurzel aus der Varianz. Sie besitzt die gleiche Dimension wie die Beobachtungswerte x_i und der Mittelwert $\bar{x}$.

Beispiel (Zensuren): Mit dem Mittelwert $\bar{x} = 3{,}08$ besitzen die Zensuren die Varianz

$$s^2 = \frac{1}{24}\cdot(3\cdot1^2 + 5\cdot2^2 + 8\cdot3^2 + 6\cdot4^2 + 2\cdot5^2 + 1\cdot6^2 - 25\cdot3{,}08^2) = 1{,}66$$

und die Standardabweichung $s \approx 1{,}28841$.

Lineare Transformation

Die Beobachtungsreihe $x_1, x_2, \dots, x_n$ besitze den Mittelwert $\bar{x}$ und die Varianz s_x^2. Die linear transformierte Reihe $y_i = a + bx_i$ für $i = 1, 2, \dots, n$

hat dann wegen $\bar{y} = a + b\bar{x}$ die Varianz

$$\begin{aligned} s_y^2 &= \frac{1}{n-1} \sum_{i=1}^{n} (y_i - \bar{y})^2 = \frac{1}{n-1} \sum_{i=1}^{n} (a + bx_i - a - b\bar{x})^2 \\ &= b^2 \cdot \frac{1}{n-1} \sum_{i=1}^{n} (x_i - \bar{x})^2 = b^2 \cdot s_x^2 . \end{aligned}$$

Damit gilt

$$s_{a+bx}^2 = b^2 \cdot s_x^2 ; \quad s_{a+bx} = |b| \cdot s_x ; \quad a, b \in \mathbb{R}.$$

Eine Parallelverschiebung (a beliebig, $b = 1$) ändert die Varianz und Standardabweichung nicht. Falls alle Werte mit b multipliziert werden, ändert sich die Varianz um den Faktor b^2 und die Standardabweichung um den Faktor $|b|$.

Zusammenfassung von Beobachtungsreihen

Gegeben seien m Beobachtungsreihen mit den Umfängen $n_1, n_2, \ldots, n_m$, den Mittelwerten $\bar{y}_1, \bar{y}_2, \ldots, \bar{y}_m$ und den Varianzen $s_1^2, s_2^2, \ldots, s_m^2$. Diese m Beobachtungsreihen werden zu einer einzigen Reihe x zusammengefaßt. Nach Abschnitt 1.4.3 besitzt die Gesamtreihe den Mittelwert

$$\bar{x} = \sum_{k=1}^{m} \frac{n_k}{n} \cdot \bar{y}_k \quad \text{mit} \quad n = \sum_{k=1}^{m} n_k .$$

Ihre Varianz lautet

$$s^2 = \frac{1}{n-1} \left(\sum_{k=1}^{m} (n_k - 1) \cdot s_k^2 + \sum_{k=1}^{m} n_k \cdot \bar{y}_k^2 - n \cdot \bar{x}^2 \right) .$$

Diese Formel ist elementar beweisbar.

Aus einer **Klasseneinteilung** läßt sich die Varianz nicht mehr exakt bestimmen, da keine Information über die Verteilung der Werte innerhalb der Klassen vorliegt. Wie bei der Mittelwertbildung könnte man für sämtliche Werte einer Klasse die Klassenmitte wählen und die Varianz $\tilde{s}^2$ dieser Werte als Näherungswert für die Varianz der Urliste benutzen. Im allgemeinen erhält man bei dieser Näherung jedoch zu große Werte, d.h. die Varianz der Urliste wird hierdurch überschätzt. Bei gleichen Klassenbreiten b kann diese Überschätzung jedoch korrigiert werden durch die sog.

Sheppardsche Korrektur $b^2/12$ mit

$$s^2_{korr.} = \tilde{s}^2 - \frac{b^2}{12}, \; b = \text{konstante Klassenbreite.}$$

Mit diesen korrigierten Varianzen dürfen jedoch **keine statistischen Tests** durchgeführt werden.

1.5.5. Der Variationskoeffizient

Die Standardabweichung s wird bezüglich des Mittelwertes $\bar{x}$ berechnet. Sie beschreibt, wie stark die Beobachtungswerte um den Mittelwert schwanken. Die tatsächliche Größe des Mittelwertes spielt dabei keine Rolle. Jede Parallelverschiebung der Beobachtungswerte ergibt die gleiche Standardabweichung, auch wenn dabei der Mittelwert noch so groß wird. Daher ist es manchmal sinnvoll, die Standardabweichung in Relation zum Mittelwert zu setzen. Für positive Merkmalswerte lautet der

Variationskoeffizient: $v = \frac{s}{\bar{x}}$.

Der Variationskoeffizient bleibt als dimensionslose Größe von Maßstabsänderungen unberührt.

1.5.6. Vergleich des mittleren Abstands mit der Standardabweichung

Aus der Cauchy–Schwarzschen Ungleichung

$$\sum_{i=1}^{n} |a_i| \cdot |b_i| \leq \sqrt{\sum_{i=1}^{n} a_i^2} \cdot \sqrt{\sum_{i=1}^{n} b_i^2}$$

erhält man mit $|a_i| = |x_i - \bar{x}|$ und $|b_i| = 1$ für alle i die Ungleichung

$$\sum_{i=1}^{n} |x_i - \bar{x}| \leq \sqrt{\sum_{i=1}^{n} (x_i - \bar{x})^2} \cdot \sqrt{n} = \sqrt{n \cdot \sum_{i=1}^{n} (x_i - \bar{x})^2}.$$

Division durch n ergibt für den mittleren Abstand vom Mittelwert $\bar{x}$ die Ungleichung

$$d_{\bar{x}} = \frac{1}{n} \sum_{i=1}^{n} |x_i - \bar{x}| \leq \sqrt{\frac{1}{n} \sum_{i=1}^{n} (x_i - \bar{x})^2} < \sqrt{\frac{1}{n-1} \sum_{i=1}^{n} (x_i - \bar{x})^2} = s.$$

Damit gilt für jede beliebige Stichprobe die Ungleichung

$$\boxed{d_{\bar{x}} < s \quad \text{für } s > 0.}$$

Die mittlere Abweichung vom Mittelwert ist also kleiner als die Standardabweichung. Nur wenn die Standardabweichung verschwindet, sind beide Abweichungsmaße gleich Null.

1.5.7. Momente einer Häufigkeitsverteilung

Das **r-te Moment bezüglich der Zahl c** einer Stichprobe $x = (x_1, x_2, \dots, x_n)$ ist definiert durch

$$m_r(c) = \frac{1}{n}\sum_{i=1}^{n}(x_i - c)^r, \; r = 1, 2, \dots$$

Für $c = 0$ erhält man sog. **Anfangsmomente**

$$m_r(0) = \frac{1}{n}\sum_{i=1}^{n} x_i^r \quad \text{mit} \quad m_1(0) = \bar{x}.$$

Momente bezüglich des Mittelwerts $\bar{x}$ heißen **zentrale Momente**. Die zentralen Momente bezeichnet man üblicherweise mit

$$m_r = m_r(\bar{x}) = \frac{1}{n}\sum_{i=1}^{n}(x_i - \bar{x})^r.$$

Dabei gilt $m_2 = \frac{n-1}{n}s^2 \approx s^2$ für große n. Bei symmetrischen Verteilungen verschwinden alle zentralen Momente ungerader Ordnung (mit ungeradem r).

1.5.8. Die Schiefe einer Häufigkeitsverteilung

Bei symmetrischen Häufigkeitsverteilungen verschwinden alle zentralen Momente ungerader Ordnung. Bei nichtsymmetrischen Verteilungen könnte man das dritte zentrale Moment m_3 als Maß für die Abweichung von der Symmetrie, also als Maß für die "Schiefe" benutzen. Diese Größe ist jedoch maßstabsabhängig. Division durch $\hat{s}^3$ ergibt die vom Maßstab unabhängige

Schiefe

$$v_1 = \frac{\frac{1}{n}\sum_{i=1}^{n}(x_i - \bar{x})^3}{\sqrt{\left(\frac{1}{n}\sum_{i=1}^{n}(x_i - \bar{x})^2\right)^3}} = \frac{\frac{1}{n}\sum_{j=1}^{m} h_n(a_j)\cdot(a_j - \bar{x})^3}{\sqrt{\left(\frac{1}{n}\sum_{j=1}^{m} h_n(a_j)\cdot(a_j - \bar{x})^2\right)^3}}$$

$h_n(a_j)$ = absolute Häufigkeit von a_j.

Bei symmetrischen Verteilungen verschwindet die Schiefe. Für $v_1 < 0$ ist die Verteilung linksschief, für $v_1 > 0$ rechtsschief. Je größer der Betrag der vorzeichenbehafteten Schiefe ist, umso schiefer ist die Verteilung.

Beispiel (Zensuren): Für das Beispiel der Zensuren erhält man mit den Häufigkeiten in der Formel für die Schiefe den Zähler

$$\frac{1}{25}[3\cdot(-2{,}08)^3+5\cdot(-1{,}08)^3+8\cdot(-0{,}08)^3+6\cdot(0{,}92)^3+2\cdot(1{,}92)^3+(2{,}92)^3]$$
$$= 0{,}417024.$$

Der Nenner kann aus der Varianz $s^2 = 1{,}66$ berechnet werden. Da unter der Wurzel durch n und nicht wie bei der Varianz durch n−1 dividiert wird, lautet der Nenner

$$\sqrt{(\tfrac{24}{25}\cdot s^2)^3} = \sqrt{(0{,}96\cdot 1{,}66)^3} \approx 2{,}0117.$$

Hieraus erhält man die Schiefe $v_1 \approx \dfrac{0{,}417024}{2{,}0117} \approx 0{,}2073.$

Die Häufigkeitsverteilung ist etwas rechtsschief.

1.5.9. Der Exzeß einer Häufigkeitsverteilung

Der **Exzeß** (die **Wölbung**) ist erklärt durch

$$v_2 = \frac{\frac{1}{n}\sum\limits_{i=1}^{n}(x_i-\bar{x})^4}{\left(\frac{1}{n}\sum\limits_{i=1}^{n}(x_i-\bar{x})^2\right)^2} - 3 = \frac{\frac{1}{n}\sum\limits_{j=1}^{m}h_n(a_j)\cdot(a_j-\bar{x})^4}{\left(\frac{1}{n}\sum\limits_{j=1}^{m}h_n(a_j)\cdot(a_j-\bar{x})^2\right)^2} - 3\,,$$

$h_n(a_j)$ = absolute Häufigkeit von a_j .

Der Exzeß vergleicht eine eingipflige Verteilung mit der Dichte der Normalverteilung. Ist der Exzeß positiv, so ist das Maximum der Häufigkeitsverteilung größer als das der Normalverteilung. Bei negativem Exzeß ist es kleiner. Im ersten Fall ist die Häufigkeitsverteilung "spitzer" als eine Normalverteilung, im zweiten Fall "stumpfer".

1.6. Konzentrationsmaße

Falls zu einem bestimmten Zeitpunkt ein relativ kleiner Anteil der Bevölkerung einen hohen Anteil an einem Gesamtbestand (z.B. Einkommen, Vermögen oder Wertpapierbesitz) hat, spricht man von einer Konzentration. Allgemein soll die Aufteilung der Summe der n Beobachtungswerte $x_1, x_2, \dots, x_n$ auf die verschiedenen Merkmalsträger untersucht werden. Dabei möchte man vor allem wissen, ob diese Summe ungefähr gleichmäßig verteilt ist oder ob sie auf wenige Merkmalsträger konzentriert ist. Die einzelnen Beobachtungswerte dürfen dabei nicht negativ sein. Das untersuchte Merkmal muß dabei quantitativ sein.

1.6.1. Die Lorenzkurve

Ein wichtiges graphisches Hilfsmittel zur Feststellung einer Konzentration ist die sog. **Lorenzkurve**. Sie soll in den nachfolgenden Unterabschnitten für eine Beobachtungsreihe, Häufigkeitsverteilung und Klasseneinteilung behandelt werden.

1.6.1.1. Die Lorenzkurve bei Einzelwerten (einer Beobachtungsreihe)

Die Beobachtungswerte seien bereits der Größe nach geordnet mit positiver Summe

$$0 \leq x_1 \leq x_2 \leq \dots \leq x_n \quad \text{mit} \quad \sum_{i=1}^{n} x_i > 0 .$$

Die Träger der ersten k Beobachtungswerte besitzen den relativen Anteil an den gesamten n Merkmalsträger von

$$u_k = \frac{k}{n} \quad \text{für } k = 1, 2, \dots, n .$$

Der relative Anteil dieser k Merkmalsträger an der Gesamtsumme $\sum_{i=1}^{n} x_i$ beträgt

$$v_k = \frac{\sum_{i=1}^{k} x_i}{\sum_{i=1}^{n} x_i} \quad \text{für } k = 1, 2, \dots, n .$$

Multipliziert man diese beiden Werte mit 100, so erhält man jeweils den prozentualen Anteil.

In einem Koordinatensystem mit der Abszisse u und der Ordinate v werden die Punkte (u_k, v_k) eingetragen. Der Koordinatenursprung $(0,0)$ wird noch zusätzlich hinzugenommen. Dadurch erhält man n+1 Punkte mit den Koordinaten

$$(0,0),\ (u_1, v_1),\ (u_2, v_2), \dots, (u_{n-1}, v_{n-1}),\ (u_n, v_n) = (1,1).$$

Auf beiden Koordinatenachsen werden also die relativen Anteile eingetragen. Manchmal wählt man auch die prozentualen Anteile, was nur den Maßstab ändert.
Verbindet man diese n+1 Punkte durch einen Streckenzug, so entsteht die sog. **Lorenzkurve** für die Einzelwerte.

Beispiel: 10 verschiedene Betriebe stellen von einem Produkt jährlich folgende Mengen (in Millionen Tonnen) her

5 5 5 10 10 20 25 30 50 90 .

Auf der u–Achse werden die relativen Anteile der ersten k Merkmalsträger an der Gesamtmenge der 10 Merkmalsträger eingetragen, also die Zahlen 0,1; 0,2; ... ; 0,9; 1. Die Gesamtproduktion beträgt 250 (Mio t). Die relativen Anteile der ersten k Merkmalsträger an dieser Gesamtsumme erhält man als

$$v_k = \frac{1}{250} \sum_{i=1}^{k} x_i \quad \text{für } k = 1, 2, \ldots, 10.$$

Die 11 Punkte, die als Streckenzug die Lorenzkurve ergeben, lauten der Reihe nach

(0 ; 0), (0,1 ; 0,02), (0,2 ; 0,04), (0,3 ; 0,06), (0,4 ; 0,1), (0,5 ; 0,14),
(0,6 ; 0,22), (0,7 ; 0,32), (0,8 ; 0,44), (0,9 ; 0,64), (1 ; 1).

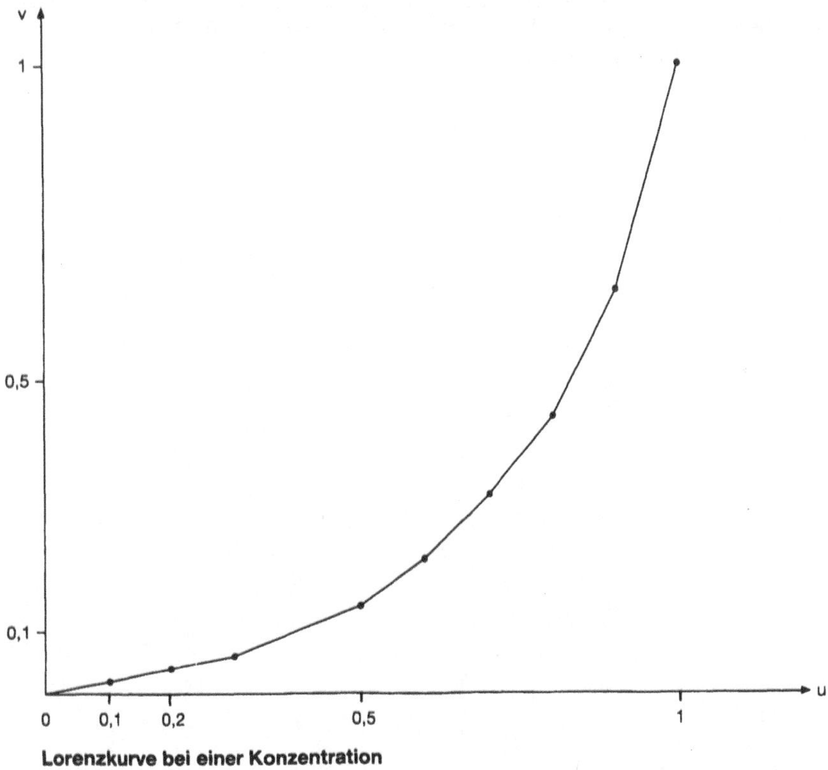

Lorenzkurve bei einer Konzentration

Die Lorenzkurve verläuft zunächst sehr flach und steigt am Ende steil an. Der Grund dafür liegt in der Tatsache, daß bei den letzten beiden Betrieben eine Konzentration stattfindet. Diese beiden Betriebe produzieren zusammen 56 %, der letzte allein gar 36 % der Gesamtproduktion.

Eigenschaften der Lorenzkurve

Der Punkt (u_k, v_k) der Lorenzkurve bedeutet, daß auf die $100 \cdot u_k$ % ersten Beobachtungswerte $100 \cdot v_k$ % der Gesamtsumme entfällt. Falls mehrere aufeinanderfolgende Punkte (u_k, v_k) auf einer Geraden liegen, sind die Beobachtungswerte dieser Merkmalsträger identisch. Ist (u_k, v_k) eine Knickstelle, so ist der nachfolgende Beobachtungswert x_{k+1} größer als x_k. Dann entfällt auf die k Merkmalsträger mit den k kleinsten Werten $100 \cdot v_k$ % der Gesamtsumme.

Falls alle n Beobachtungswerte gleich sind, also für $x_1 = x_2 = \ldots = x_n$, haben alle n Merkmalsträger den gleichen Anteil. Dann liegt **keine Konzentration** vor. Die Lorenzkurve stimmt in diesem Fall überein mit der Diagonalen, die vom Punkt (0,0) zum Punkt (1,1) führt.

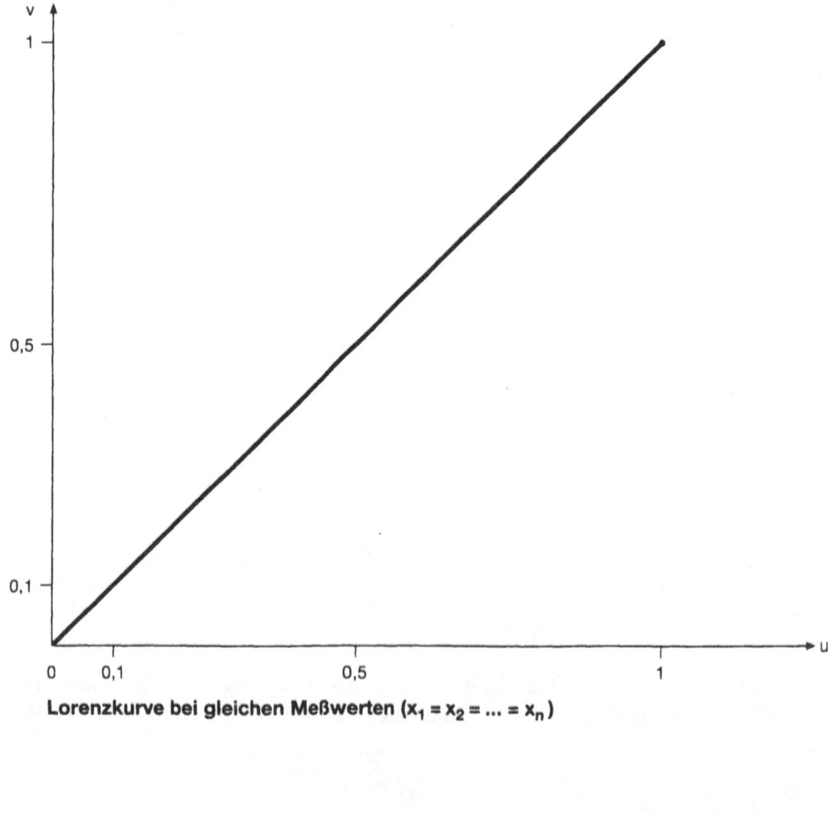

Lorenzkurve bei gleichen Meßwerten ($x_1 = x_2 = \ldots = x_n$)

Wenn nicht alle Beobachtungswerte gleich sind, liegt die Lorenzkurve unterhalb dieser Diagonalen.
Bei großer Konzentration ist die Lorenzkurve am Anfang sehr flach und steigt an Ende stärker an. Je mehr sie von der Diagonalen abweicht, umso größer ist die Konzentration. Ein zugehöriges Maß wird in Abschnitt 1.6.2 angegeben.

Im Falle $x_1 = x_2 = \ldots\ldots = x_{n-1} = 0$ und $x_n > 0$ ist die gesamte Summe beim letzten Merkmalsträger konzentriert. Bei dieser vollständigen (maximalen) Konzentration ist die Lorenzkurve bis zur Stelle $v_{n-1} = \frac{n-1}{n}$ identisch gleich Null und steigt danach geradlinig auf 1 an.

1.6.1.2. Die Lorenzkurve bei Häufigkeitsverteilungen (gruppierten Daten)

Die m verschiedenen Merkmalswerte seien der Größe nach geordnet durch

$$a_1 < a_2 < a_3 < \ldots < a_m .$$

$h_n(a_j)$ sei die absolute und $r_n(a_j)$ die relative Häufigkeit von a_j .

In Analogie zur Bezeichnung aus Abschnitt 1.6.1.1 ist dann

$$u_k = \sum_{j=1}^{k} r_n(a_j) = \frac{1}{n} \sum_{j=1}^{k} h_n(a_j) \quad \text{für } k = 1, 2, \ldots, m$$

der relative Anteil derjenigen von den n Merkmalsträgern mit den k kleinsten Ausprägungen. Diese Merkmalsträger haben an der Gesamtsumme den relativen Anteil·

$$v_k = \frac{\sum_{j=1}^{k} h_n(a_j) \cdot a_j}{\sum_{j=1}^{m} h_n(a_j) \cdot a_j} \qquad \text{für } k = 1, 2, \ldots, m .$$

Die m+1 Punkte $(0,0), (u_1,v_1), (u_2,v_2), \ldots, (u_{m-1},v_{m-1}), (1,1)$ werden geradlinig miteinander verbunden. Der so entstehende Streckenzug ist dann die **Lorenzkurve.**

1.6.1.3. Die Lorenzkurve bei Klasseneinteilungen

In der amtlichen Statistik werden oft Klasseneinteilungen bekanntgegeben, die neben Klassenhäufigkeiten auch noch die Summen der Werte (Merkmalssummen) der einzelnen Klassen enthalten. Mit Hilfe der absoluten bzw. relativen Klassenhäufigkeiten läßt sich für jeden Klassenendpunkt (rechter Randpunkt) der Wert der Lorenzfunktion berechnen. Dazu benötigt man folgende Werte

$$u_k = \text{Summe der ersten k relativen Klassenhäufigkeiten};$$

$$v_k = \frac{\text{Summe der Beobachtungswerte der ersten k Klassen}}{\text{Summe sämtlicher Beobachtungswerte}}.$$

Mit diesen Größen wird wie in Abschnitt 1.6.1.1 und 1.6.1.2 die Lorenzkurve gezeichnet.

1.6.2. Der Gini-Koeffizient (das Lorenzsche Konzentrationsmaß)

Je stärker die Lorenzkurve von der Diagonalen abweicht, je mehr sie also "durchhängt", umso größer ist die Konzentration. Sie hängt vom Inhalt der von der Lorenzkurve und der Diagonalen aufgespannten Fläche ab. Diese Fläche heißt **Konzentrationsfläche.** Im nachfolgenden Bild ist auf der rechten Seite die Lorenzkurve bei einer vollständigen Konzentration dargestellt.

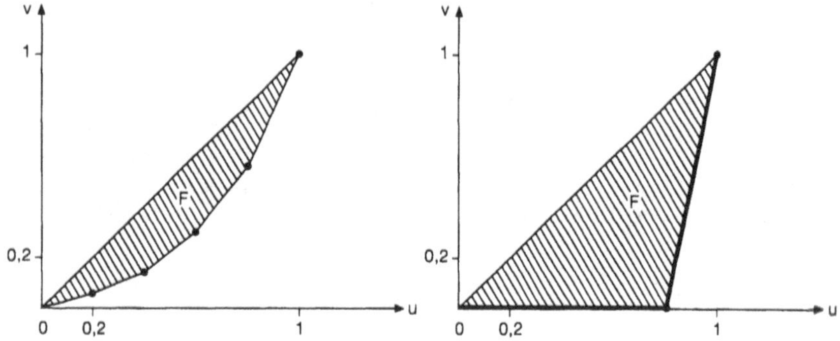

Konzentrationsflächen

Als **Konzentrationsmaß** wählt man nicht den Inhalt der Konzentrationsfläche, sondern setzt diese Fläche in Beziehung zur Gesamtfläche unterhalb der Diagonalen. Diese Gesamtfläche besitzt den Inhalt 0,5. Der **Gini-Koeffizient** ist definiert durch

$$G = \frac{\text{Inhalt der Fläche zwischen der Diagonalen und der Lorenzkurve}}{\text{Inhalt der Fläche unterhalb der Diagonalen}}$$

$$= 2F\ ,\ F = \text{Flächeninhalt zwischen Lorenzkurve und Diagonalen.}$$

Bei einer vollständigen Konzentration liegt unterhalb der Lorenzkurve ein rechtwinkliges Dreieck mit der Grundseite $\frac{1}{n}$ und der Höhe 1, also mit dem Flächeninhalt $\frac{1}{2n}$. Zwischen der Diagonalen und der Kurve liegt somit die

Fläche mit dem Inhalt 1/2 – 1/2n. Diese Lorenzkurve besitzt dann den maximalen Gini-Koeffizienten

$$G_{max} = 2\cdot(\tfrac{1}{2} - \tfrac{1}{2n}) = \tfrac{n-1}{n}.$$

Falls keine Konzentration vorhanden ist, also im Falle gleichmäßiger Verteilung, verschwindet der Gini-Koeffizient. Allgemein gilt daher

$$0 \le G \le \tfrac{n-1}{n}.$$

Elementare Rechnung ergibt die Darstellung

$$G = \frac{2\sum_{i=1}^{n} i\,x_i}{n\sum_{i=1}^{n} x_i} - \frac{n+1}{n} \quad \text{(bei einer Beobachtungsreihe)}$$

$$= \sum_{k=1}^{m}\left(\left(u_{k-1} + u_k\right)\cdot\frac{h_n(a_k)\cdot a_k}{\sum_{j=1}^{m} h_n(a_j)\cdot a_j}\right) - 1 \quad \text{(bei Häufigkeitsverteilungen).}$$

Beispiel: Für die Beobachtungsreihe

5 5 5 10 10 20 25 30 50 90

erhält man den Gini-Koeffizienten

$$G = \frac{2\cdot 2005}{10\cdot 250} - \frac{11}{10} = 0{,}504.$$

2. Zweidimensionale Darstellungen

In diesem Abschnitt sollen gleichzeitig zwei Merkmale am gleichen Individuum untersucht werden. Die Beobachtungsreihe (Urliste) besteht dann aus Paaren von Merkmalswerten, die zweidimensional dargestellt werden können. Dabei interessiert vor allem, ob die beiden Merkmale voneinander abhängig sind, ob sie sich also gegenseitig beeinflussen oder nicht. Die Abhängigkeit zweier Merkmale wird in der **Korrelationsrechnung** untersucht. In der **Regressionsrechnung** soll festgestellt werden, ob ein vorhandener Zusammenhang in funktionaler Form beschrieben werden kann.

2.1. Zweidimensionale Häufigkeitsverteilungen

2.1.1. Zweidimensionale Beobachtungsreihen

An n Beobachtungseinheiten (Individuen oder Merkmalsträger) werden die Ausprägungen von zwei Merkmalen festgestellt. Das erste Merkmal wird mit X oder A, das zweite mit Y oder B bezeichnet. Beim i-ten Merkmalsträger besitze das Merkmal X die Ausprägung x_i und das Merkmal Y die Ausprägung y_i für $i = 1, 2, ..., n$. Diese Merkmalswerte können übersichtlich dargestellt werden in der Tabelle

Beobachtungseinheit	1	2	....	i	....	n
x_i (Ausprägung des Merkmals X)	x_1	x_2	....	x_i	....	x_n
y_i (Ausprägung des Merkmals Y)	y_1	y_2	....	y_i	....	y_n

Da beide Merkmalsausprägungen x_i und y_i jeweils am gleichen Merkmalsträger gemessen wurden, gehören sie zusammen. Man nennt sie auch **verbundene Werte.** Diesen Zusammenhang bringt man dadurch zum Ausdruck, daß beide Werte zu einem geordneten Paar (x_i, y_i) zusammengefaßt werden. Alle n Paare zusammen bilden die
zweidimensionale Beobachtungsreihe (**Urliste** oder **Stichprobe**)

$$(x, y) = ((x_1, y_1), (x_2, y_2), ..., (x_n, y_n)) .$$

Beispiel (Körperlänge und Körpergewicht): Von 20 zufällig ausgewählten Personen wurde die Körperlänge x (in cm) und das Körpergewicht y (in Kg) festgestellt. Die auf ganze Zahlen gerundeten Meßwerte sind in der nachfolgenden Tabelle zusammengestellt.

Nr.	Körpergröße [cm]	Körpergewicht [Kg]	Nr.	Körpergröße [cm]	Körpergewicht [Kg]
1	170	74	11	160	59
2	162	61	12	167	69
3	171	68	13	171	72
4	178	81	14	163	65
5	175	73	15	179	76
6	165	62	16	170	75
7	169	71	17	173	71
8	173	73	18	168	72
9	182	83	19	177	75
10	176	78	20	166	71

Da beide Merkmale quantitativ sind, können die Zahlenpaare als Punkte in einem kartesischen Koordinatensystem dargestellt werden. Dabei werden auf der Abszisse die Ausprägungen des Merkmals X, also die Körpergrößen und auf der Ordinate die Ausprägungen des Merkmals Y, die Gewichte abgetragen. Die Beobachtungseinheit mit der Nummer i liefert das Wertepaar (x_i, y_i) in dieser Merkmalsebene. Diese Darstellung als Punktwolke nennt man auch **Streuungsdiagramm**.

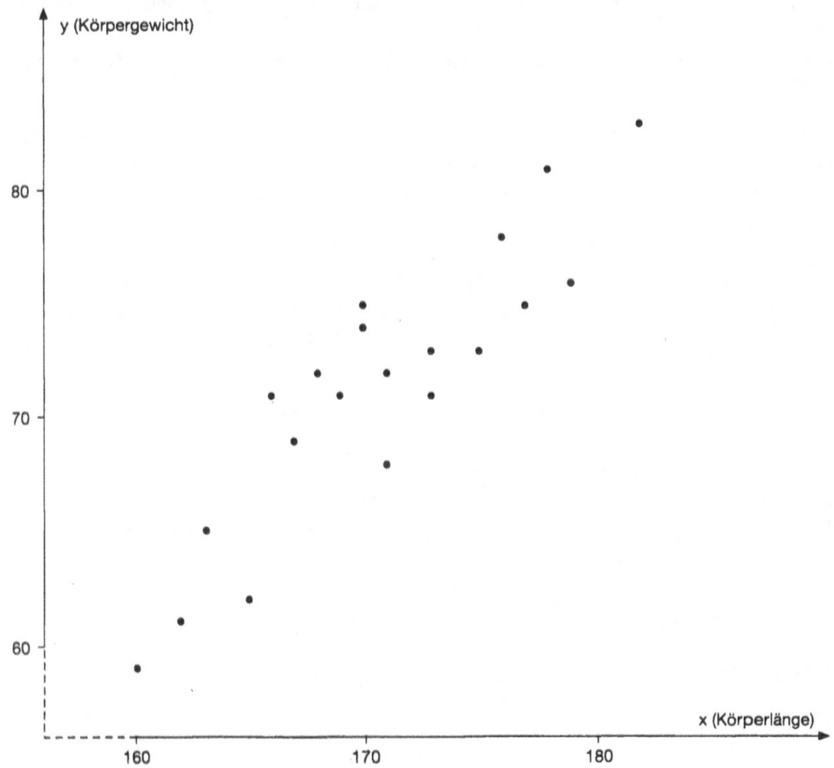

Streuungsdiagramm

Falls beide Merkmale quantitativ oder wenigstens ordinal skaliert sind, ist eine Darstellung der zweidimensionalen Beobachtungsreihe in einem solchen Streuungsdiagramm nur dann sinnvoll, wenn von den Beobachtungspaaren kaum welche übereinstimmen. Dies ist bei stetigen Merkmalen der Fall, falls die Merkmalsausprägungen nur genau genug gemessen werden. Beim Runden werden immer wieder gleiche Paare auftreten, besonders dann, wenn der Versuchsumfang n sehr groß ist. Falls mehrere Meßpaare gleich sind, tritt in der Merkmalsebene der gleiche Punkt öfters auf. Dies muß evtl. durch Angabe der Häufigkeit besonders festgehalten werden.

2.1.2. Häufigkeitstabellen (Kontingenztafeln)

Falls beide Merkmale jeweils nur endlich viele Ausprägungen besitzen, werden insbesondere bei großem Umfang n in der Beobachtungsreihe gleiche Paare auftreten. Wie bei der Behandlung eines einzigen Merkmals ist es in einem solchen Fall sinnvoll, die Beobachtungsreihe in einer Häufigkeitstabelle übersichtlich darzustellen.

Das Merkmal X (A) besitze die m Ausprägungen $a_1, a_2, \dots, a_m$ und das Merkmal Y (B) die l Ausprägungen $b_1, b_2, \dots, b_l$. Dann gibt es insgesamt $m \cdot l$ verschiedene geordnete Merkmalspaare, nämlich

$$(a_j, b_k) \text{ für } j = 1, 2, \dots, m \text{ und } k = 1, 2, \dots, l.$$

Jedes Paar aus der Beobachtungsliste stimmt dann mit einem dieser Paare überein. Die Anzahl derjenigen Paare aus der Beobachtungsreihe, die mit (a_j, b_k) übereinstimmen, heißt die **absolute Häufigkeit** von (a_j, b_k). Man bezeichnet sie mit

$$h_n(a_j, b_k) = h_{jk} \quad \text{für } j = 1, 2, \dots, m\,;\ k = 1, 2, \dots, l\,.$$

Der Übersicht halber läßt man den Index n weg. Die absolute Häufigkeit des Merkmalpaares (a_j, b_k) ist also die Anzahl derjenigen Paare (x_i, y_i) der Urliste, für die $x_i = a_j$ und $y_i = b_k$ ist. Division durch n ergibt die **relative Häufigkeit**

$$r_{jk} = r_n(a_j, b_k) = \frac{h_{jk}}{n} = \frac{h_n(a_j, b_k)}{n} \quad \text{für } j = 1, 2, \dots, m;\ k = 1, 2, \dots, l.$$

Für die Summen aller $m \cdot l$ Häufigkeiten (Doppelsummen) gilt allgemein

$$\sum_{j=1}^{m} \sum_{k=1}^{l} h_{jk} = n \quad \text{und} \quad \sum_{j=1}^{m} \sum_{k=1}^{l} r_{jk} = 1\,.$$

Die Paare der Merkmalsausprägungen zusammen mit ihren absoluten bzw. relativen Häufigkeiten heißt **Häufigkeitsverteilung der beiden Merkmale**.

Eine Häufigkeitsverteilung läßt sich in einem rechteckigen Schema, der sog. **Kontingenztafel** übersichtlich darstellen.

Dazu trägt man in die erste Spalte die m Ausprägungen $a_1, a_2, \dots, a_m$ des Merkmals X (A), also des **Spaltenmerkmals** und in die erste Zeile die l Ausprägungen $b_1, b_2, \dots, b_l$ des **Zeilenmerkmals** Y (B) ein. Dadurch entstehen in dem Schema $m \cdot l$ Plätze für die absoluten Häufigkeiten h_{jk} bzw. die relativen Häufigkeiten r_{jk}. Dabei werden diese Häufigkeiten an der Stelle eingetragen, an der sich die Zeile von a_j mit der Spalte von b_k kreuzt.

	b_1	b_2	...	b_k	...	b_l	Summe
a_1	h_{11}	h_{12}	...	h_{1k}	...	h_{1l}	$h_{1\cdot}$
a_2	h_{21}	h_{22}	...	h_{2k}	...	h_{2l}	$h_{2\cdot}$
$\vdots$	$\vdots$	$\vdots$		$\vdots$		$\vdots$	$\vdots$
a_j	h_{j1}	h_{j2}	...	h_{jk}	...	h_{jl}	$h_{j\cdot}$
$\vdots$	$\vdots$	$\vdots$		$\vdots$		$\vdots$	$\vdots$
a_m	h_{m1}	h_{m2}	...	h_{mk}	...	h_{ml}	$h_{m\cdot}$
Summe	$h_{\cdot 1}$	$h_{\cdot 2}$	...	$h_{\cdot k}$	...	$h_{\cdot l}$	$h_{\cdot\cdot} = n$

Kontingenztafel für die absoluten Häufigkeiten.

	b_1	b_2	...	b_k	...	b_l	Summe
a_1	r_{11}	r_{12}	...	r_{1k}	...	r_{1l}	$r_{1\cdot}$
a_2	r_{21}	r_{22}	...	r_{2k}	...	r_{2l}	$r_{2\cdot}$
$\vdots$	$\vdots$	$\vdots$		$\vdots$		$\vdots$	$\vdots$
a_j	r_{j1}	r_{j2}	...	r_{jk}	...	r_{jl}	$r_{j\cdot}$
$\vdots$	$\vdots$	$\vdots$		$\vdots$		$\vdots$	$\vdots$
a_m	r_{m1}	r_{m2}	...	r_{mk}	...	r_{ml}	$r_{m\cdot}$
Summe	$r_{\cdot 1}$	$r_{\cdot 2}$	...	$r_{\cdot k}$	...	$r_{\cdot l}$	$r_{\cdot\cdot} = 1$

Kontingenztafel für die relativen Häufigkeiten.

Strichliste

Wie im eindimensionalen Fall läßt sich auch hier eine Strichliste anfertigen. Dazu benutzt man das Schema der Kontingenztafel und trägt für jeden Beobachtungswert einen Strich ein und zwar an derjenigen Stelle, an welcher die absolute Häufigkeit steht.

Randverteilungen

Aus den gemeinsamen Häufigkeiten lassen sich die Häufigkeiten der Ausprägungen der einzelnen Merkmale sehr einfach berechnen. Die Merkmalsausprägung a_j tritt in der zweidimensionalen Beobachtungsreihe genau dann auf, wenn $x_i = a_j$ ist. Die Häufigkeiten dieser Paare stehen alle in der j-ten Zeile der Kontingenztafel, also neben a_j. Summation dieser Häufigkeiten ergibt die Häufigkeiten für a_j.

Absolute Häufigkeit von a_j:

$$h_n(a_j) = \sum_{k=1}^{l} h_{jk} = h_{j\cdot} \quad \text{(Zeilensummen)} \quad \text{für } j = 1, 2, \ldots, m.$$

Relative Häufigkeit von a_j:

$$r_n(a_j) = \sum_{k=1}^{l} r_{jk} = r_{j\cdot} \quad \text{(Zeilensummen)} \quad \text{für } j = 1, 2, \ldots, m.$$

Absolute Häufigkeit von b_k:

$$h_n(b_k) = \sum_{j=1}^{m} h_{jk} = h_{\cdot k} \quad \text{(Spaltensummen)} \quad \text{für } k = 1, 2, \ldots, l.$$

Relative Häufigkeit von b_k:

$$r_n(b_k) = \sum_{j=1}^{m} r_{jk} = r_{\cdot k} \quad \text{(Spaltensummen)} \quad \text{für } k = 1, 2, \ldots, l.$$

Bei der Summation über den Zeilenindex k (Zeilensummen) wird dieser Index durch einen Punkt ersetzt. Entsprechend wird bei der Summation über den Spaltenindex j (Spaltensummen) verfahren. Diese Bezeichnung hat den Vorteil, daß sie sehr übersichtlich ist. Summation über beide Indizes ergibt die Summe aller $m \cdot l$ Häufigkeiten mit

$$h_{\cdot\cdot} = \sum_{j=1}^{m} h_{j\cdot} = \sum_{k=1}^{l} h_{\cdot k} = \sum_{j=1}^{m} \sum_{k=1}^{l} h_{jk} = n \quad \text{(Gesamtsumme)};$$

$$r_{\cdot\cdot} = \sum_{j=1}^{m} r_{j\cdot} = \sum_{k=1}^{l} r_{\cdot k} = \sum_{j=1}^{m} \sum_{k=1}^{l} r_{jk} = 1 \quad \text{(Gesamtsumme)}.$$

In der letzten Spalte der Kontingenztafeln sind die absoluten bzw. relativen Häufigkeiten des Spaltenmerkmals X und in der letzten Zeile die des Zeilenmerkmals Y eingetragen. Die Summen dieser Spalte und Zeile ist immer gleich $h_{\cdot\cdot} = n$ bzw. $r_{\cdot\cdot} = 1$.

Beispiel (Mathematik- und Statistikzensuren): 100 Studierende schrieben jeweils eine Klausur in Mathematik und Statistik. Für beide Klausuren wurden die Noten 1, 2, 3, 4, 5 verteilt. Beide Merkmale X (Zensur in Mathematik) und Y (Zensur in Statistik) besitzen also die gleichen fünf Ausprägungen. Die Ergebnisse der beiden Zensuren für die 100 Teilnehmer sind in der nachfolgenden Kontingenztafel für die absoluten Häufigkeiten zusammengestellt.

X	Y Zensur in Statistik 1	2	3	4	5	Summe
1	2	3	2	1	0	8
2	6	9	5	3	0	23
3	2	12	14	8	2	38
4	0	6	8	9	3	26
5	2	1	1	1	0	5
Summe	12	31	30	22	5	100

Kontingenztafel für die absoluten Häufigkeiten

In der letzten Spalte stehen als Zeilensummen die Häufigkeiten der Mathematikzensuren, in der letzten Zeile als Spaltensummen die Häufigkeiten der Statistikzensuren. Die Summe dieser Häufigkeiten ergibt jeweils die Gesamtanzahl n = 100.

Klasseneinteilung: Falls eines oder beide Merkmale sehr viele verschiedene Ausprägungen besitzen wie z. B. bei stetigen Merkmalen, benutzt man wie in Abschnitt 1.3 für das entsprechende Merkmal eine Klasseneinteilung. Dabei kann es durchaus vorkommen, daß nur für eines der beiden Merkmale eine Klassenbildung möglich oder sinnvoll ist wie z.B. bei der Untersuchung der Körpergröße in Abhängigkeit vom Geschlecht. Anstelle der einzelnen Merkmalswerte benutzt man dann die Merkmalsklassen und stellt dafür wie in Abschnitt 2.1.2 Kontingenztafeln auf.

Vierfeldertafel: Falls beide Merkmale jeweils nur zwei Ausprägungen besitzen, gibt es insgesamt vier gemeinsame Häufigkeiten. Dann nennt man die zugehörige Kontingenztafel eine **Vierfeldertafel.**

Beispiel: Von 1000 ausgewählten Personen ließen sich 190 gegen Grippe impfen. Von den geimpften erkrankten danach 16 und von den nicht geimpften 121 an Grippe. Hier werden also gleichzeitig zwei Merkmale untersucht mit den Ausprägungen G (geimpft) und $\bar{G}$ (nicht geimpft) sowie E (erkrankt) und $\bar{E}$ (nicht erkrankt). Nachfolgend ist die Vierfeldertafel für die absoluten Häufigkeiten dargestellt.

	E (erkrankt)	$\bar{E}$ (nicht erkrankt)	Summe
G (geimpft)	16	174	190
$\bar{G}$ (nicht geimpft)	121	689	810
Summe	137	863	1000

2.1.3. Bedingte Häufigkeitsverteilungen

Bei einem der beiden Merkmale interessiere man sich nur noch für eine bestimmte fest vorgegebene Ausprägung, während die Ausprägungen des anderen Merkmals beliebig sein dürfen. Weil die Ausprägung des einen Merkmals dann immer konstant ist, erhält man eine eindimensionale Häufigkeitsverteilung. Man nennt eine solche Verteilung eine **bedingte Häufigkeitsverteilung** und zwar die Verteilung eines Merkmals unter der Bedingung, daß die Ausprägungen des anderen Merkmal gleich einem vorgegebenem Wert sind.

In der Urliste oder Häufigkeitstabelle sollen nur noch diejenigen Paare betrachtet werden, bei denen das Spaltenmerkmal X immer die Ausprägung a_j besitzt. Variabel sind dann nur die Ausprägungen des Merkmals Y. Die absoluten Häufigkeiten der Ausprägungen des Merkmals Y unter der Bedingung, daß X den festen Wert a_j annimmt, stehen in der j-ten Zeile (neben a_j) der Kontingenztafel. Die **bedingte absolute Häufigkeit** des Y-Merkmalswertes b_k unter der Bedingung, daß X die die Ausprägung a_j annimmt, bezeichnen wir mit $h_n(b_k | a_j)$. Damit gilt

$$h_n(b_k | a_j) = h_{jk} \quad \text{für } k = 1,2,\ldots,l \text{ und jedes } j \text{ mit } 1 \leq j \leq m.$$

Betrachtet man nur noch diejenigen Wertepaare, bei denen das Zeilenmerkmal Y die Ausprägung b_k besitzt, so stehen die bedingten Häufigkeiten der Ausprägungen des Merkmals X unter der Bedingung, daß die Ausprägung des Merkmals Y gleich b_k ist, in der k–ten Spalte (unter b_k) mit

$$h_n(a_j | b_k) = h_{jk} \quad \text{für } j = 1,2,\ldots,m \text{ und jedes } k \text{ mit } 1 \leq k \leq l.$$

Während die bedingten absoluten Häufigkeiten unmittelbar aus der entsprechenden Zeile bzw. Spalte übernommen werden können, müssen die **bedingten relativen Häufigkeiten** umgerechnet werden und zwar aus folgendem Grund: Falls man nur die Merkmalsausprägung a_j betrachtet, reduziert sich der Umfang n der Urliste auf den neuen Umfang

$$h_n(a_j) = h_{j\cdot} = \sum_{k=1}^{l} h_{jk} \, .$$

Zur Berechnung der bedingten relativen Häufigkeiten müssen also die bedingten absoluten Häufigkeiten durch diesen geänderten Versuchsumfang dividiert werden. Dadurch erhält man die

bedingte relative Häufigkeit von b_k unter der Bedingung a_j

$$r_n(b_k \mid a_j) = \frac{h_n(a_j, b_k)}{h_n(a_j)} = \frac{h_{jk}}{h_{j\cdot}} = \frac{h_{jk}/n}{h_{j\cdot}/n} = \frac{r_{jk}}{r_{j\cdot}} = \frac{r_n(a_j, b_k)}{r_n(a_j)}$$

$$\text{für } k = 1, 2, \ldots, l \quad \text{und jedes } j \text{ mit } 1 \leq j \leq m$$

und die **bedingte relative Häufigkeit von a_j unter der Bedingung b_k**

$$r_n(a_j \mid b_k) = \frac{h_n(a_j, b_k)}{h_n(b_k)} = \frac{h_{jk}}{h_{\cdot k}} = \frac{h_{jk}/n}{h_{\cdot k}/n} = \frac{r_{jk}}{r_{\cdot k}} = \frac{r_n(a_j, b_k)}{r_n(b_k)}$$

$$\text{für } j = 1, 2, \ldots, m \quad \text{und jedes } k \text{ mit } 1 \leq k \leq l.$$

Für diese eindimensionalen Häufigkeitsverteilungen können alle Parameter aus Abschnitt 1 berechnet werden, insbesondere die Lage- und Streuungsparameter. Man nennt sie **bedingte Parameter** und bezeichnet sie ähnlich wie die bedingten relativen Häufigkeiten, z. B.

bedingte Mittelwerte:

$$\bar{y}|a_j = \bar{y}|(X = a_j) = \frac{\sum_{k=1}^{l} h_n(b_k) \cdot b_k}{h_n(a_j)} = \frac{\sum_{k=1}^{l} h_{jk} \cdot b_k}{h_{j\cdot}}$$

(Mittelwert von Y unter der Bedingung, daß X gleich a_j ist) ;

$$\bar{x}|b_k = \bar{x}|(Y = b_k) = \frac{\sum_{j=1}^{m} h_n(a_j) \cdot a_j}{h_n(b_k)} = \frac{\sum_{j=1}^{m} h_{jk} \cdot a_j}{h_{\cdot k}}$$

(Mittelwert von X unter der Bedingung, daß Y gleich b_k ist) .

Trägt man bei metrisch skalierten Merkmalen diese Punkte in die Merkmalsebene ein, so erhält man die sog. **bedingten Mittelwertslinien** bzgl. X und bzgl. Y.

Entsprechend sind die **bedingten Mediane**

$$\tilde{y}|\,a_j \quad \text{und} \quad \tilde{x}|\,b_k$$

definiert. Analog können die **bedingten Varianzen** berechnet werden.

Beispiel (Mathematik- und Statistikzensuren s. Abschnitt 2.1.2**):**
Beschränkt man sich bei den Zensuren auf diejenigen Prüflinge, welche in Mathematik die Note 3 erreicht haben, so erhält man die Häufigkeitsverteilung der Zensuren in Statistik, falls die Mathematiknote gleich 3 ist als

Note in Mathematik	1	2	3	4	5	Summe
abs. Häufigkeiten	2	12	14	8	2	38
rel. Häufigkeiten	$\frac{2}{38}$	$\frac{12}{38}$	$\frac{14}{38}$	$\frac{8}{38}$	$\frac{2}{38}$	1

Bedingte Häufigkeitsverteilung (Mathematiknote = 3)

Für diese bedingte Häufigkeitsverteilung lautet der

bedingte Median $\tilde{y}|(X{=}3) = 3$ und der bedingte Mittelwert

$$\bar{y}|(X{=}3) = \frac{1}{38} \cdot (2 \cdot 1 + 12 \cdot 2 + 14 \cdot 3 + 8 \cdot 4 + 2 \cdot 5) \approx 2{,}895.$$

Betrachtet man nur die Kandidaten mit der Statistiknote 2, so erhält man die bedingte Häufigkeitsverteilung für die Statistikzensur aus der zweiten Spalte der Kontingenztafel als

Note in Mathematik	1	2	3	4	5	Summe
abs. Häufigkeiten	3	9	12	6	1	31
rel. Häufigkeiten	$\frac{3}{31}$	$\frac{9}{31}$	$\frac{12}{31}$	$\frac{6}{31}$	$\frac{1}{31}$	1

Bedingte Häufigkeitsverteilung (Statistiknote = 2)

Für diese bedingte Häufigkeitsverteilung erhält man den

bedingten Median $\tilde{x}|(Y{=}2) = 3$

und den bedingten Mittelwert

$$\bar{x}|(Y{=}2) = \frac{1}{31} \cdot (3 \cdot 1 + 9 \cdot 2 + 12 \cdot 3 + 6 \cdot 4 + 1 \cdot 5) \approx 2{,}774.$$

In der nachfolgenden Tabelle sind in den letzten beiden Spalten und Zeilen sämtliche bedingte Mediane und Mittelwerte angegeben.

	Y Zensur in Statistik						bedingter	
X	1	2	3	4	5	Summe	Median	Mittelwert
1	2	3	2	1	0	8	2	2,25
2	6	9	5	3	0	23	2	2,22
3	2	12	14	8	2	38	3	2,89
4	0	6	8	9	3	26	3	3,35
5	2	1	1	1	0	5	2	2,20
Summe	12	31	30	22	5			
Median	2	3	3	3	4	(bedingter Median)		
Mittel	2,5	2,77	3,03	3,27	3,60	(bedingter Mittelwert)		

2.2. Korrelationsrechnung

In der Korrelationsrechnung soll untersucht werden, ob zwischen den Ausprägungen zweier Merkmale ein **Zusammenhang**, also eine Abhängigkeit besteht. Dabei werden beide Merkmale **symmetrisch** behandelt. Kausalitätsuntersuchungen werden nicht gemacht. Es interessiert also nicht, ob eines der beiden Merkmale Einfluß auf das andere hat oder ob der gemeinsame Einfluß auf andere Merkmale zurückzuführen ist.

In diesem Abschnitt gehen wir von einer zweidimensionalen Beobachtungsreihe

$$(x,y) = \big((x_1,y_1),(x_2,y_2),\dots,(x_n,y_n)\big)$$

oder von einer in einer Kontingenztafel dargestellten gemeinsamen Häufigkeitsverteilung (s. Abschnitt 2.1.2) aus. Durch Trennung der Komponenten erhält man zwei eindimensionale Beobachtungsreihen

$$x = (x_1,x_2,\dots,x_n) \quad \text{und} \quad y = (y_1,y_2,\dots,y_n)$$

bzw. die absoluten Häufigkeiten (Randverteilungen) der einzelnen Merkmalsausprägungen als $h_n(a_j) = h_{j\cdot}$ und $h_n(b_k) = h_{\cdot k}$.

Falls beide Merkmale metrisch skaliert sind, besitzen diese beiden getrennten Beobachtungsreihen folgende Kenngrößen:

Parameter der x-Werte:

$$\text{Mittelwert:} \quad \bar{x} = \frac{1}{n}\sum_{i=1}^{n} x_i = \frac{1}{n}\sum_{j=1}^{m} h_n(a_j)\,a_j = \frac{1}{n}\sum_{j=1}^{m} h_{j\cdot}\,a_j\,;$$

Varianz: $$s_x^2 = \frac{1}{n-1}\sum_{i=1}^{n}(x_i-\bar{x})^2 = \frac{1}{n-1}\Big(\sum_{i=1}^{n}x_i^2 - n\bar{x}^2\Big)$$
$$= \frac{1}{n-1}\sum_{j=1}^{m}h_{j\cdot}(a_j-\bar{x})^2 = \frac{1}{n-1}\Big(\sum_{j=1}^{m}h_{j\cdot}a_j^2 - n\bar{x}^2\Big).$$

Parameter der y-Werte:

Mittelwert: $$\bar{y} = \frac{1}{n}\sum_{i=1}^{n}y_i = \frac{1}{n}\sum_{k=1}^{l}h_n(b_k)\,b_k = \frac{1}{n}\sum_{k=1}^{l}h_{\cdot k}\,b_k\,;$$

Varianz: $$s_y^2 = \frac{1}{n-1}\sum_{i=1}^{n}(y_i-\bar{y})^2 = \frac{1}{n-1}\Big(\sum_{i=1}^{n}y_i^2 - n\bar{y}^2\Big)$$
$$= \frac{1}{n-1}\sum_{k=1}^{l}h_{\cdot k}(b_k-\bar{y})^2 = \frac{1}{n-1}\Big(\sum_{k=1}^{l}h_{\cdot k}b_k^2 - n\bar{y}^2\Big).$$

2.2.1. Kovarianz und Korrelationskoeffizient

Falls beide Merkmale X und Y quantitativ sind, heißt

$$s_{xy} = \frac{1}{n-1}\sum_{i=1}^{n}(x_i-\bar{x})(y_i-\bar{y}) = \frac{1}{n-1}\Big(\sum_{i=1}^{n}x_i y_i - n\,\bar{x}\,\bar{y}\Big)$$
$$= \frac{1}{n-1}\sum_{j=1}^{m}\sum_{k=1}^{l}h_{jk}(a_j-\bar{x})(b_k-\bar{y})$$
$$= \frac{1}{n-1}\Big(\sum_{j=1}^{m}\sum_{k=1}^{l}h_{jk}\,a_j\,b_k - n\,\bar{x}\,\bar{y}\Big)$$

die **Kovarianz** der zweidimensionalen Beobachtungsreihe. Die Kovarianz kann sowohl negativ als auch positiv sein.

Lineare Transformation

Die Beobachtungswerte werden linear transformiert durch $a_1+b_1x_i$ und $a_2+b_2y_i$ für $i = 1,2,\dots,n$. Dadurch entsteht die transformierte Stichprobe

$$(a_1+b_1x,\ a_2+b_2y) = ((a_1+b_1x_1,\ a_2+b_2y_1),\dots,(a_1+b_1x_n,\ a_2+b_2y_n)).$$

Sie besitzt die ebenfalls linear transformierten Mittelwerte

$$\overline{a_1+b_1x} = a_1+b_1\bar{x} \quad\text{und}\quad \overline{a_2+b_2y} = a_2+b_2\bar{y}\,.$$

Die Kovarianz dieser transformierten Beobachtungsreihe lautet

$$s_{(a_1+b_1x,\ a_2+b_2y)} = \sum_{i=1}^{n}(a_1+b_1x_i-a_1-b_1\bar{x})\cdot(a_2+b_2y_i-a_2-b_2\bar{y})$$
$$= \sum_{i=1}^{n}b_1(x_i-\bar{x})\cdot b_2(y_i-\bar{y}) = b_1\cdot b_2\cdot s_{xy}\,.$$

Die Kovarianz ist zwar invariant gegen Parallelverschiebungen (Nullpunktsverschiebungen) ($b_1 = b_2 = 1$), jedoch nicht gegenüber Maßstabsveränderungen ($b_1 \neq 1$ bzw. $b_2 \neq 1$). Aus diesem Grund ist die Kovarianz als Maß für den Zusammenhang der Komponenten der Meßreihe nicht geeignet. Division der Kovarianz durch die Standardabweichungen der beiden Einzelreihen ergibt den

Korrelationskoeffizienten (nach Bravais-Pearson)

$$r = r_{xy} = \frac{s_{xy}}{s_x \cdot s_y} = \frac{\sum_{i=1}^{n} (x_i - \bar{x})(y_i - \bar{y})}{\sqrt{\left(\sum_{i=1}^{n} (x_i - \bar{x})^2\right) \cdot \left(\sum_{i=1}^{n} (y_i - \bar{y})^2\right)}}$$

$$= \frac{\sum_{i=1}^{n} x_i y_i - n\,\bar{x}\,\bar{y}}{\sqrt{\left(\sum_{i=1}^{n} x_i^2 - n\,\bar{x}^2\right) \cdot \left(\sum_{i=1}^{n} y_i^2 - n\,\bar{y}^2\right)}}$$

$$= \frac{\sum_{j=1}^{m} \sum_{k=1}^{l} h_{jk}(a_j - \bar{x})(b_k - \bar{y})}{\sqrt{\left(\sum_{j=1}^{m} h_{j\cdot}(a_j - \bar{x})^2\right) \cdot \left(\sum_{k=1}^{l} h_{\cdot k}(b_k - \bar{y})^2\right)}}$$

$$= \frac{\sum_{j=1}^{m} \sum_{k=1}^{l} h_{jk}\, a_j\, b_k - n\,\bar{x}\,\bar{y}}{\sqrt{\left(\sum_{j=1}^{m} h_{j\cdot}\, a_j^2 - n\,\bar{x}^2\right) \cdot \left(\sum_{k=1}^{l} h_{\cdot k}\, b_k^2 - n\,\bar{y}^2\right)}} \; ;$$

h_{jk} = absolute Häufigkeit von (a_j, b_k).

Der Korrelationskoeffizient nach Bravais-Pearson wird üblicherweise als der Korrelationskoeffizient bezeichnet. Er kann nur dann berechnet werden, wenn beide Standardabweichungen s_x und s_y nicht verschwinden. Falls eine der Standardabweichungen gleich Null ist, sind alle Beobachtungswerte des entsprechenden Merkmals identisch.

Lineare Transformation

Für den Korrelationskoeffizienten der linear transformierten Beobachtungsreihen

$$(a_1+b_1x,\ a_2+b_2y) = \big((a_1+b_1x_1,\ a_2+b_2y_1),\ \ldots,\ (a_1+b_1x_n,\ a_2+b_2y_n)\big)$$

folgt aus

$$s_{(a_1+b_1x,\ a_2+b_2y)} = b_1 \cdot b_2 \cdot s_{xy} \,,$$

$$s_{a_1+b_1x} = |b_1| \cdot s_x \;;\; s_{a_2+b_2y} = |b_2| \cdot s_y$$

$$r_{(a_1+b_1x)(a_2+b_2y)} = \frac{b_1 \cdot b_2}{|b_1| \cdot |b_2|} \cdot \frac{s_{xy}}{s_x \cdot s_y} = \pm\, r_{xy} .$$

Falls b_1 und b_2 gleiches Vorzeichen besitzen, bleibt der Korrelationskoeffizient r bei dieser linearen Transformation unverändert. Im Gegensatz zur Kovarianz s_{xy} ist der Korrelationskoeffizient r damit invariant gegenüber Maßstabsänderungen (b_1 und b_2 positiv).

Für den Korrelationskoeffizienten r gelten folgende Eigenschaften:

a) allgemein gilt $|r| \leq 1$, d.h. $-1 \leq r \leq +1$;

b) $|r| = 1$ ist genau dann erfüllt, wenn alle Punkte auf der sog.

Regressionsgeraden $y - \bar{y} = \frac{s_{xy}}{s_x^2} \cdot (x - \bar{x})$ liegen (s. Abschnitt 2.3.1).

Im Falle $r = +1$ ist die Steigung dieser Geraden positiv,

für $r = -1$ ist ihre Steigung negativ.

Beweis:

$$0 \leq \frac{1}{n-1} \sum_{i=1}^{n} \left[(y_i - \bar{y}) - \frac{s_{xy}}{s_x^2} \cdot (x_i - \bar{x})\right]^2 \quad \text{(Ausquadrieren)}$$

$$= \frac{1}{n-1} \sum_{i=1}^{n} (y_i - \bar{y})^2 - 2 \cdot \frac{s_{xy}}{s_x^2} \cdot \frac{1}{n-1} \sum_{i=1}^{n} (x_i - \bar{x}) \cdot (y_i - \bar{y})$$

$$+ \frac{s_{xy}^2}{s_x^4} \cdot \frac{1}{n-1} \sum_{i=1}^{n} (x_i - \bar{x})^2$$

$$= s_y^2 - 2 \cdot \frac{s_{xy}^2}{s_x^2} + \frac{s_{xy}^2}{s_x^2} = s_y^2 - \frac{s_{xy}^2}{s_x^2}$$

$$= s_y^2 \cdot \left(1 - \frac{s_{xy}^2}{s_x^2 \cdot s_y^2}\right) = s_y^2 \cdot (1 - r^2) .$$

Dieser Ausdruck ist wegen $s_y^2 > 0$ nur dann nicht negativ, wenn $r^2 \leq 1$ ist. Damit gilt $|r| \leq 1$. Gleichwertig damit ist $-1 \leq r \leq 1$.

Für $|r| = 1$ verschwindet der letzte Ausdruck. Dann muß aber auch in der ersten Zeile das Gleichheitszeichen stehen, d.h. die Summe der Quadrate muß gleich Null sein. Dies ist nur dann möglich, wenn sämtliche Summanden verschwinden, also für

$$(y_i - \bar{y}) = \frac{s_{xy}}{s_x^2} \cdot (x_i - \bar{x}) \quad \text{für alle } i = 1, 2, \ldots, n.$$

Damit liegen alle Punkte auf der Regressionsgeraden

$$y - \bar{y} = \frac{s_{xy}}{s_x^2} \cdot (x - \bar{x}) \quad (\text{ s. Abschnitt 2.3.1}) .$$

Für $r = +1$ ist die Kovarianz s_{xy} und damit auch die Steigung $\frac{s_{xy}}{s_x^2}$ positiv. Für $r = -1$ ist sie negativ.
Damit sind die Behauptungen bewiesen.

Aus den obigen Umformungen folgt

$$\sum_{i=1}^{n} [(y_i - \bar{y}) - \frac{s_{xy}}{s_x^2} \cdot (x_i - \bar{x})]^2 = (n-1) \cdot s_y^2 \cdot (1 - r^2).$$

Auf der linken Seite steht die Summe der vertikalen Abstandsquadrate der n Beobachtungswerte (x_i, y_i), $i = 1, 2, \ldots, n$ von der Regressionsgeraden.

Je näher r bei $+1$ oder -1 ist, umso kleiner wird diese quadratische Abweichungssumme.

Der Korrelationskoeffizient r ist ein **Maß für den linearen Zusammenhang** der Ausprägungen zweier Merkmale. Je größer $|r|$ ist, umso mehr sind die Merkmalspaare in der Nähe einer Geraden konzentriert. Aus einem solchen Zusammenhang kann jedoch keineswegs geschlossen werden, daß eines der beiden Merkmale vom anderen abhängt. Die Ursache für einen solchen Zusammenhang könnte nämlich ein drittes Merkmal sein, von dem beide abhängig sind. Dann spricht man von einer **Scheinkorrelation.**

Für $r > 0$ heißen die Beobachtungspspaare **positiv korreliert.** Die Punktwolke verläuft dann von links nach rechts mit steigender Tendenz. Für $r < 0$ sind die Beobachtungspaare **negativ korreliert.** Die Punktwolke hat dann von links nach rechts fallende Tendenz. Die Beobachtungspaare sind **unkorreliert,** wenn $r = 0$ ist. Im Falle der Unkorreliertheit lassen die Punkte keine einheitliche Tendenz erkennen. Liegt r in der Nähe von 0, so heißen die Beobachtungspaare **schwach korreliert.**

In den nachfolgenden Abbildungen sind einige Punktwolken mit den dazugehörigen Korrelationskoeffizienten abgebildet.

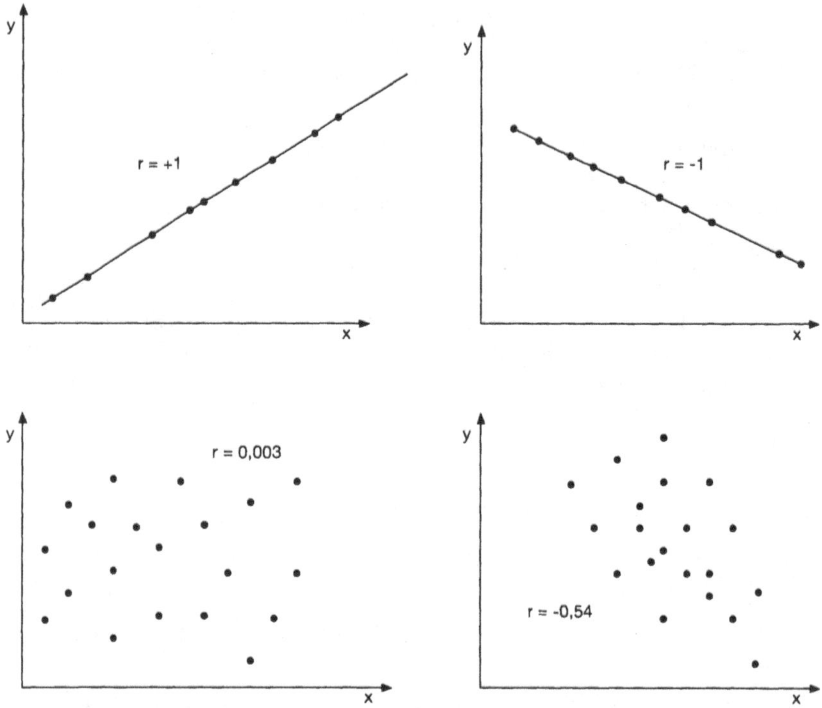

Streuungsdiagramme mit verschiedenen Korrelationskoeffizienten

Beispiel (Körpergröße und Körpergewicht s. Abschnitt 2.1.1): Hier erhält man folgende Parameter

$\bar{x} = 170{,}75$; $s_x \approx 5{,}964$; $\bar{y} = 71{,}45$; $s_y \approx 6{,}236$.
Kovarianz: $s_{xy} \approx 33{,}54$;
Korrelationskoeffizient: $r \approx 0{,}902$.

Der Korrelationskoefizient liegt nahe bei Eins. Die beiden Merkmale sind stark positiv korreliert. Die Punkte liegen sehr nahe auf einer steigenden Geraden. Diese Regressionsgerade ist in Abschnitt 2.3.2 abgebildet.

2.2.2. Der Rangkorrelationskoeffizient von Spearman

Bei Merkmalen, die nur nach einer ordinalen und nicht nach einer metrischen Skala geordnet werden können, kann man den Korrelationskoeffizienten von Bravais-Pearson nicht verwenden. Der Rangkorrelationskoeffizient von Spearman benutzt nicht die Merkmalsausprägungen x_i und y_i selbst, sondern die ihnen zugeordneten Rangzahlen.

2.2.2.1. Bestimmung der Rangzahlen

Die eindimensionale Beobachtungsreihe $z = (z_1, z_2, \dots, z_n)$ bestehe aus Ausprägungen eines ordinal skalierten Merkmals, so daß zwischen ihnen eine natürliche Rangordnung (Reihenfolge) besteht. Bezüglich dieser Rangordnung werden die Werte wie bei der Bestimmung des Medians der Größe nach aufsteigend geordnet

$$z_{(1)} \leq z_{(2)} \leq z_{(3)} \leq \dots\dots \leq z_{(n)} \,.$$

Jedem Beobachtungswert z_i wird als **Rang** $R_i = R(z_i)$ die Platznummer zugewiesen, die z_i in der geordneten Reihe einnimmt. Falls alle n Werte z_i verschieden sind, ist diese Rangzuordnung aus den Platznummern $1, 2, \dots, n$ eindeutig. Tritt jedoch eine Merkmalsausprägung öfters auf, so wird jeder Ausprägung dieser Gruppe das arithmetische Mittel derjenigen Ränge zugewiesen, welche die gleichen Beobachtungswerte einnehmen. In einem solchen Fall spricht man von sog. **Bindungen.**

Beispiel: Die Beobachtungsreihe $z = (8; 5; 4; 3; 9; 2; 7; 1)$

geht über in die geordnete Reihe	1	2	3	4	5	7	8	9
mit den Platznummern	1	2	3	4	5	6	7	8.

Daraus erhält man die eindeutig bestimmten Rangzahlen

$R_1 = R(8) = 7$; $R_2 = R(5) = 5$; $R_3 = R(4) = 4$; $R_4 = R(3) = 3$;

$R_5 = R(9) = 8$; $R_6 = R(2) = 2$; $R_7 = R(7) = 6$; $R_8 = R(1) = 1$.

b) Die Beobachtungsreihe $z = (2; 4; 1; 2; 1; 5)$

geht über in die geordnete Reihe	1	1	2	2	4	5
mit den Platzziffern	1	2	3	4	5	6
und den gemittelten Rangzahlen	1,5	1,5	3,5	3,5	5	6.

Hieraus erhält man die Rangzahlen

$R_1 = R(2) = 3{,}5$; $R_2 = R(4) = 5$; $R_3 = R(1) = 1{,}5$;

$R_4 = R(2) = 3{,}5$; $R_5 = R(1) = 1{,}5$; $R_6 = R(5) = 6$.

2.2.2.2. Allgemeine Formel für den Rangkorrelationskoeffizienten

Gegeben sei eine Beobachtungsreihe zweier ordinal skalierter Merkmale

$$(x, y) = ((x_1, y_1), (x_2, y_2), ..., (x_n, y_n)).$$

Zunächst werden in jeder der beiden getrennten Reihen

$$x = (x_1, x_2, ..., x_n) \quad \text{und} \quad y = (y_1, y_2, ..., y_n)$$

die Rangzahlen $R_i = R(x_i)$ und $R_i' = R(y_i)$ der einzelnen Merkmalsausprägungen berechnet. Für die Rangsummen der n Beobachtungswerte erhält man allgemein, also auch bei mittleren Rängen (Bindungen)

$$\sum_{i=1}^{n} R(x_i) = \sum_{i=1}^{n} R(y_i) = 1 + 2 + 3 + ... + n = \frac{n \cdot (n+1)}{2}.$$

Division durch n ergibt den Mittelwert der Ränge als

$$\bar{R}(x) = \bar{R}(y) = \frac{n+1}{2}.$$

Berechnet man den gewöhnlichen Korrelationskoeffizienten (nach Bravais-Pearson) von den Rangpaaren, also von der metrisch skalierten zweidimensionalen Reihe

$$(R(x), R(y)) = ((R(x_1), R(y_1)), (R(x_2), R(y_2)), ..., (R(x_n), R(y_n))),$$

so erhält man den

Spearmanschen Rangkorrelationskoeffizienten

$$r_S = r_{R(x)R(y)} = \frac{\sum_{i=1}^{n} R(x_i)R(y_i) - n\bar{R}(x)\bar{R}(y)}{\sqrt{\left(\sum_{i=1}^{n} R^2(x_i) - n[\bar{R}(x)]^2\right)\cdot\left(\sum_{i=1}^{n} R^2(y_i) - n[\bar{R}(x)]^2\right)}}$$

$$= \frac{\sum_{i=1}^{n} R(x_i)R(y_i) - \frac{n}{4}(n+1)^2}{\sqrt{\left(\sum_{i=1}^{n} R^2(x_i) - \frac{n}{4}(n+1)^2\right)\cdot\left(\sum_{i=1}^{n} R^2(y_i) - \frac{n}{4}(n+1)^2\right)}}.$$

Da der Spearmansche Rangkorrelationskoeffizient r_S gleich dem Bravais-Pearsonschen Korrelationskoeffizienten der Rangpaare ist, gilt

$$-1 \leq r_S \leq +1.$$

$r_S = +1$ ist genau dann erfüllt, wenn die Ränge völlig gleichsinnig verlaufen also für $R(x_i) = R(y_i)$ für $i = 1, 2, ..., n$.

Im Falle $r_S = -1$ verhalten sich die Rangnummern vollständig gegensinnig. Falls sie bei den x-Werte steigen, fallen sie bei den y-Werten und umgekehrt.

Liegt r_S in der Nähe von $+1$, so liegt eine starke positive Rangkorrelation vor. Wenn x_i einen hohen (niedrigen) Rangplatz hat, so hat meistens auch y_i einen hohen (niedrigen) Rangplatz und umgekehrt.

Falls r_S in der Nähe von -1 liegt, so ist eine starke negative Rangkorrelation vorhanden. Hohen (niedrigen) Rängen der x-Werte entsprechen dann meistens niedrige (hohe) Ränge der y-Werte und umgekehrt.

Ist r_S ungefähr gleich Null, so besteht fast keine Rangkorrelation.

Der Rangkorrelationskoeffizient ist ein **Maß für den linearen Zusammenhang der Rangzahlen** der beiden beobachteten Merkmalswerte.

Beispiel (Mathematik- und Statistikzensuren, s. Abschnitt 2.1.2): Zur Berechnung des Rangkorrelationskoeffizienten müssen zunächst die Rangnummern der Zensuren bestimmt werden. Da eine Häufigkeitstabelle gegeben ist, sind für die einzelnen Gruppen Durchschnittsränge zu berechnen. Der Durchschnittsrang einer Merkmalsausprägung ist das arithmetische Mittel aus der ersten und der letzten Platzziffer der entsprechenden Gruppe. Bei der Mathematikzensur besitzt z. B. die Note 4 die erste Platzziffer 8+23+38+1= 70 und die letzte Platzziffer 70+25= 95. Das arithmetische Mittel dieser beiden Zahlen 82,5 ist der mittlere Rang für diese Merkmalsausprägung. In den nachfolgenden Tabellen sind alle mittlere Ränge angegeben.

a) Durchschnittsränge der Noten in Mathematik:

Zensur	1	2	3	4	5
Häufigkeiten	8	23	38	26	5
mittlerer Rang	4,5	20	50,5	82,5	98

b) Durchschnittsränge der Noten in Statistik:

Zensur	1	2	3	4	5
Häufigkeiten	12	31	30	22	5
mittlerer Rang	6,5	28	58,5	84,5	98

Zur Berechnung des Rangkorrelationskoeffizienten dürfen in der Formel für den gewöhnlichen Korrelationskoeffizienten (nach Bravais-Pearson) nicht die Merkmalswerte selbst, sondern deren Rangzahlen eingegeben werden.

Elementare Rechnung ergibt den
Spearmanschen Rangkorrelationskoeffizienten $r_S \approx 0{,}307$.

Die Zensuren selbst ergeben den
Korrelationskoeffizienten von Bravais-Pearson $r \approx 0{,}281$.

Diese beiden Korrelationskoeffizienten unterscheiden sich nicht wesentlich.

2.2.2.3. Praktische Berechnung von r_S bei Rangzahlen ohne Bindungen

Falls beide Merkmalsausprägungen jeweils nur **verschiedene Rangzahlen** besitzen (Rangzahlen ohne Bindung), läßt sich der Rangkorrelationskoeffizient wesentlich einfacher berechnen. Für diesem Fall kann die obige Formel nach einigen Umformungen übergeführt werden in die einfachere Formel

$$r_S = 1 - \frac{6\sum_{i=1}^{n}[R(x_i) - R(y_i)]^2}{n(n^2-1)}, \text{ falls \underline{keine} \underline{Bindungen} vorhanden sind.}$$

Beispiel: Bei einem Tanzturnier mußten sich zwei Wertungsrichter A und B bei zehn Tanzpaaren für eine eindeutig bestimmte Wertungsreihenfolge entscheiden. Dabei vergaben sie folgende Plätze:

Paar Nr.	1	2	3	4	5	6	7	8	9	10
$R(x_i)$ von A	8	10	6	1	4	9	5	7	3	2
$R(y_i)$ von B	6	10	8	3	2	7	1	9	5	4
$R(x_i)-R(y_i)$	2	0	−2	−2	2	2	4	−2	−2	−2

Der Spearmansche Rangkorrelationskoeffizient lautet

$$r_S = 1 - \frac{6 \cdot 48}{10 \cdot (100-1)} \approx 0{,}709.$$

2.2.2.4. Formel beim Auftreten von Bindungen

Falls Bindungen vorhanden sind, also Durchschnittsränge auftreten, darf die obige Formel nicht verwendet werden. Beim Auftreten von Durchschnittsrängen bleibt zwar die Summe aller Ränge gleich $\frac{n(n+1)}{2}$. Weil jedoch Ränge übereinstimmen, wird deren Quadratsumme und somit ihre Varianz kleiner. Aus diesem Grund muß die obige Formel korrigiert werden. Die Korrektur hängt von der Anzahl der Bindungen und den Häufigkeiten für gleiche Ränge ab. Falls bei großem Umfang n nur wenige Bindungen vorhanden sind, liefert die obige Formel noch einen brauchbaren Näherungswert. Bei mehreren Bindungen muß jedoch die nachfolgende Formel benutzt werden.

Falls **Bindungen (gleiche Durchschnittsränge)** auftreten, gilt

$$r_S = \frac{n(n^2-1) - 6\sum_{i=1}^{n}[R(x_i) - R(y_i)]^2 - \frac{1}{2}(B_x + B_y)}{\sqrt{[n(n^2-1) - B_x]\cdot[n(n^2-1) - B_y]}}$$

mit

$$B_x = \sum_j b_j(b_j^2 - 1) \;;\; B_y = \sum_k c_k(c_k^2 - 1) \;;$$

b_j = Anzahl der x- Werte mit gleichem Rang in der j-ten Gruppe ;

c_k = Anzahl der y- Werte mit gleichem Rang in der k-ten Gruppe.

Summiert wird über die Anzahl der Gruppen mit Bindungen.

Beispiel: Die Klausuren von 10 Studierenden wurden unabhängig voneinander von zwei Dozenten bewertet. Dabei wurden die in der nachfolgenden Tabelle angegebenen Punkte vergeben. Die Punkte des ersten Dozenten sind bereits der Größe nach sortiert. Da die vergebene Punktzahl doch etwas willkürlich sein kann, sollen für die Bewertungen nur die Ränge, also die Leistungsreihenfolge benutzt werden.

Dozent A	14	14	18	22	22	22	25	25	30	39
Dozent B	12	15	21	21	21	21	27	27	32	41
$R(x_i)$ (A)	1,5	1,5	3	5	5	5	7,5	7,5	9	10
$R(y_i)$ (B)	1	2	4,5	4,5	4,5	4,5	7,5	7,5	9	10
$R(x_i)-R(y_i)$	0,5	−0,5	−1,5	0,5	0,5	0,5	0	0	0	0

Die Quadratsumme der Rangdifferenzen beträgt

$$\sum_{i=1}^{n}[R(x_i) - R(y_i)]^2 = 3{,}5 \,.$$

Beim Dozenten A gibt es drei Gruppen mit Bindungen mit den Umfängen 2, 3 und 2, beim Dozenten B zwei Gruppen mit den Umfängen 4 und 2. Daraus ergeben sich die Korrekturgrößen

$$B_x = 2 \cdot 3 + 3 \cdot 8 + 2 \cdot 3 = 36; \;\; B_y = 4 \cdot 15 + 2 \cdot 3 = 66.$$

Mit $n(n^2 - 1) = 10 \cdot 99 = 990$ erhält man den Rangkorrelationskoeffizienten

$$r_S = \frac{990 - 6 \cdot 3{,}5 - 0{,}5 \cdot (36 + 66)}{\sqrt{[990 - 36] \cdot [990 - 66]}} \approx 0{,}9778.$$

Es liegt also eine sehr starke positive Rangkorrelation vor. Die Leistungsabstufungen sind somit bei beiden Dozenten fast gleich.

2.2.3. Der Rangkorrelationskoeffizient von Kendall (Kendalls τ)

Der Rangkorrelationskoeffizient von Kendall kann von ordinal skalierten Merkmalswerten berechnet werden. Er benutzt wie der Spearmansche Korrelationskoeffizient nur die Rangzahlen. Zur Berechnung des Kendallschen Rangkorrelationskoeffizienten müssen die n Beobachtungspaare (x_i, y_i) zunächst nach steigenden x-Werten, also nach den Rangzahlen der x-Werte geordnet werden. Um nicht unnötig viele Bezeichnungen einführen zu müssen, gehen wir davon aus, daß die Beobachtungsreihe bereits in dieser Reihenfolge dargestellt ist. Die zweidimensionale Reihe

$$(x_1, y_1), (x_2, y_2), \ldots, (x_i, y_i), \ldots, (x_n, y_n)$$

sei also bereits nach aufsteigenden x-Werten, also nach wachsenden Rangzahlen der x-Werte geordnet mit

$$x_1 \leq x_2 \leq \ldots \leq x_i \leq \ldots \leq x_n \qquad \text{(aufsteigende x-Werte).}$$

Im allgemeinen sind darin die y-Werte nicht der Größe nach geordnet. $R(y_i)$ sei der Rang von y_i für $i = 1, 2, \ldots, n$.

Die Formel für den Kendallschen Korrelationskoeffizienten hängt davon ab, ob bei den Rangzahlen Bindungen (Durchschnittsränge) vorkommen oder ob die Rangzahlen der jeweiligen Merkmalsausprägungen alle verschieden sind.

2.2.3.1. Kendalls τ bei Rangzahlen ohne Bindung

In diesem Abschnitt setzen wir voraus, daß sowohl die Rangzahlen der x-Werte als auch die der y-Werte jeweils alle verschieden sind. Dies ist im allgemeinen bei stetigen Merkmalen der Fall, falls genau genug gemessen wird. Dann können keine Bindungen auftreten. In der obigen Beobachtungsreihe gelte

$$x_1 < x_2 < \ldots < x_n \text{ , d.h. } R(x_1) < R(x_2) < \ldots < R(x_n) .$$

Für jeden Beobachtungswert y_i sind die folgenden Größen interessant:

P_i ist die Anzahl der y-Werte, deren Rangzahlen größer als $R(y_i)$ sind und die in der obigen Anordnung rechts von y_i stehen. Es ist immer $P_n = 0$.

Q_i ist die Anzahl der y-Werte, deren Ränge kleiner als $R(y_i)$ sind und in der obigen Anordnung rechts von y_i stehen. Dabei gilt immer $Q_n = 0$.

Von diesen Werten werden die Summen gebildet

$$P = \sum_{i=1}^{n} P_i \; ; \quad Q = \sum_{i=1}^{n} Q_i .$$

Von den y-Werten werden alle möglichen Paare (y_j, y_k) für $j \neq k$ betrachtet. Dann ist P die Anzahl aller Paare (y_j, y_k) mit $R(y_j) < R(y_k)$, die Anzahl der sog. **Proversionen** und Q die Anzahl der Paare mit $R(y_j) > R(y_k)$, die Anzahl der sog. **Inversionen**. Nach Voraussetzung sind sämtliche Ränge der y-Werte verschieden. Somit werden in der Gesamtsumme P+Q alle $\binom{n}{2} = \frac{n(n-1)}{2}$ möglichen Paare von y-Werten genau einmal gezählt. Dann gilt

$$\boxed{P + Q = \frac{n(n-1)}{2} .}$$

Falls in der obigen Anordnung auch die Rangzahlen $R(y_i)$ <u>streng</u> <u>monoton</u> <u>wachsend</u> sind, ist $P_1 = n-1$, $P_2 = n-2$, ... , $P_{n-1} = 1$ und $Q_i = 0$ für alle i. Summation ergibt für diesem Fall

$$P = 1 + 2 + 3 + \ldots + (n-1) = \frac{n(n-1)}{2} = \binom{n}{2} \; ; \quad Q = 0 .$$

Bei <u>streng</u> <u>monoton</u> <u>fallenden</u> Rangzahlen ist es genau umgekehrt. Hier gilt

$$P = 0 \quad \text{und} \quad Q = \frac{n(n-1)}{2} = \binom{n}{2} .$$

Daraus erhält man die Abschätzung

$$\boxed{-\frac{n(n-1)}{2} \leq P - Q \leq \frac{n(n-1)}{2} .}$$

Durch "Normierung" dieser Differenz erhält man den

Rangkorrelationskoeffizienten von Kendall (Kendalls τ) bei Beobachtungsreihen **ohne Bindungen**

$$\tau = \frac{P-Q}{P+Q} = \frac{P-Q}{\frac{1}{2}\cdot n(n-1)} = \frac{2(P-Q)}{n(n-1)}.$$

Mit $P + Q = \frac{n(n-1)}{2}$ erhält man die beiden gleichwertigen Darstellungen

$$\tau = 1 - \frac{4Q}{n(n-1)} \quad \text{und} \quad \tau = \frac{4P}{n(n-1)} - 1.$$

Aus der obigen Ungleichung für die Differenz $P - Q$ folgt sofort

$$-1 \leq \tau \leq +1.$$

$\tau = 1$ ist genau dann erfüllt, wenn $Q = 0$ ist. Dann müssen alle Q_i verschwinden, d.h. alle y-Werte mit einem kleineren Rang als $R(y_i)$ müssen auch links von y_i liegen. Somit sind die Rangzahlen der y-Werte genauso wie die der x-Werte der Reihe nach steigend. Nur bei völlig gleichgerichteten Rangzahlen ist τ gleich Eins.

$\tau = -1$ ist genau dann erfüllt, wenn P verschwindet. Dann sind die Ränge der y-Werte im Gegensatz zu denen der x-Werte der Reihe nach fallend. Die Ränge verhalten sich dann völlig gegensinnig.

$\tau = 0$ ist gleichwertig mit $P = Q$. In diesem Fall ist zwischen den Rängen kein Zusammenhang erkennbar.

Beispiel: Wir betrachten nochmals die Rangordnungen der Tanzpaare aus Abschnitt 2.2.2.3

Rang von A	1	2	3	4	5	6	7	8	9	10
Rang von B	3	4	5	2	1	8	9	6	7	10
P_i	7	6	5	5	5	2	1	2	1	0
Q_i	2	2	2	1	0	2	2	0	0	0

Hieraus folgt $Q = \sum_{i=1}^{n} Q_i = 11$ und $\tau = 1 - \frac{4\cdot 11}{90} \approx 0{,}51$.

2.2.3.2. Kendalls τ^* bei Bindungen in der y-Reihe

Nur bei einer der beiden Meßreihen sollen Bindungen auftreten. Durch evtl. Umbenennung kann immer erreicht werden, daß die Bindungen in der y-Reihe auftreten. Dann sind die Rangzahlen der x-Werte wie in Abschnitt 2.2.3.1 echt wachsend, während Rangzahlen verschiedener y-Werte übereinstimmen können. Bei der Untersuchung aller Paare von y-Werten treten neben den Proversionen und Inversionen noch sog. **Ambiversionen** auf. Darunter versteht man Zahlenpaare (y_j, y_k) mit gleichen Rangplätzen, also mit $R(y_j) = R(y_k)$. Ihre Anzahl bezeichnen wir mit $A = A(y)$.

Bestimmung der Anzahl der Ambiversionen

Die k-te Bindungsgruppe bestehe aus c_k gleichen y-Werten. Dann gibt es aus dieser Gruppe

$$\binom{c_k}{2} = \frac{1}{2} c_k (c_k - 1)$$

verschiedene Paare von y-Werten (Ambiversionen). Summation über alle Bindungsgruppen liefert die Anzahl der Ambiversionen

$$A = A(y) = \frac{1}{2} \sum_k c_k (c_k - 1) \quad \text{mit}$$

c_k = Anzahl der y-Werte mit gleichem Rang in der k-ten Gruppe (summiert wird über die Anzahl der Gruppen mit Bindungen).

Somit gilt

$$\boxed{P + Q + A = \binom{n}{2} = \frac{n(n-1)}{2}.}$$

Damit lautet der

bindungskorrigierte Kendallsche Rangkorrelationskoeffizient
bei Bindungen in den y-Werten

$$\tau^* = \frac{P - Q}{P + Q}.$$

mit

$$P - Q = \frac{n(n-1)}{2} - 2Q - A = 2P + A - \frac{n(n-1)}{2};$$

$$P + Q = \frac{n(n-1)}{2} - A;$$

$$A = \frac{1}{2} \sum_k c_k (c_k - 1) \quad \text{(Anzahl der Ambiversionen);}$$

c_k = Anzahl der y-Werte mit gleichem Rang in der k-ten Gruppe.

$\tau^* = +1$ (= − 1) ist genau dann erfüllt, wenn die Rangzahlen der y-Werte bis auf die Bindungsgruppen, in denen sie konstant sind, streng wachsend (fallend) sind.

Beispiel: Gegeben sind die Rangzahlen

$R(x_i)$	1	2	3	4	5	6	7	8	9	10
$R(y_i)$	2	4	8,5	8,5	5	8,5	2	6	8,5	2
P_i	7	6	0	0	3	0	2	1	0	0
Q_i	0	2	4	4	2	3	0	1	1	0

Damit gilt: P = 19 ; Q = 17. Hieraus erhält man $A(y) = \frac{n(n-1)}{2} - P - Q$ $= 45 - 19 - 17 = 9$ und den Kendallschen Rangkorrelationskoeffizienten $\tau^* = \frac{2}{19+17} \approx 0{,}056.$
Die Rangzahlen sind also schwach korreliert.

Beispiel: In der nachfolgenden Tabelle gibt es in den y-Werten zwei Bindungsgruppen.

$R(x_i)$	1	2	3	4	5	6	7	8	9	10
$R(y_i)$	1	2	4	4	4	6	8	8	8	10
P_i	9	8	5	5	5	4	1	1	1	0
Q_i	0	0	0	0	0	0	0	0	0	0

P = 39; Q = 0; $A = \frac{1}{2} \cdot (3 \cdot 2 + 3 \cdot 2) = 6$; Probe: P+Q+A =45 = $\frac{10 \cdot 9}{2}$.
Hieraus erhält man $S^* = P - Q = 39$; $S^*_{max} = 39$; $\tau^* = 1$.

2.2.3.3. Kendalls τ^{**} bei Bindungen in beiden Reihen

In diesem Abschnitt wird vorausgesetzt, daß sowohl bei den x- als auch bei den y-Werten Bindungen auftreten. Die j-te Bindungsgruppe der x-Werte umfasse b_j gleiche Werte, während die k-te Bindungsgruppe der y-Werte c_k identische Werte enthalte.

Für diesen Fall wird der Kendallsche Rangkorrelationskoeffizient τ^{**} folgendermaßen berechnet:

1.) In den Bindungsgruppen der x-Werte werden die y-Werte aufsteigend angeordnet. Die übrigen y-Werte bleiben dabei unverändert. Für diese Anordnung wird nach Abschnitt 2.2.3.2 der Zählerwert $P_+ - Q_+$ berechnet.

2.) In den Bindungsgruppen der x-Werte werden die y-Werte fallend angeordnet, während die übrigen y-Werte nicht verändert werden. Für diese y-Werte wird nach Abschnitt 2.2.3.2 der Zählerwert $P_- - Q_-$ berechnet.

Von diesen beiden Werten berechnet man das arithmetische Mittel

$$S^{**} = \frac{1}{2}((P_+ - Q_+) + (P_- - Q_-)).$$

Nach Kendall, M. G. [1970] ist S^{**}_{max} das geometrische Mittel der nach Abschnitt 2.2.3.2 für die x-Reihe und die y-Reihe berechneten maximalen Größen. Damit lautet der

bindungskorrigierte Kendallsche Rangkorrelationskoeffizient
bei Bindungen in beiden Reihen

$$\tau^{**} = \frac{S^{**}}{\sqrt{[\frac{1}{2}n(n-1) - A(x)] \cdot [\frac{1}{2}n(n-1) - A(y)]}};$$

$$S^{**} = \frac{1}{2}((P_+ - Q_+) + (P_- - Q_-)) \text{ (s. oben).}$$

$$A(x) = \frac{1}{2}\sum_j b_j(b_j - 1) \text{ (Anzahl der Ambiversionen der x-Werte);}$$

$$A(y) = \frac{1}{2}\sum_k c_k(c_k - 1) \text{ (Anzahl der Ambiversionen der y-Werte);}$$

b_j = Anzahl der x-Werte mit gleichem Rang in der j-ten Gruppe;

c_k = Anzahl der y-Werte mit gleichem Rang in der k-ten Gruppe;

Summiert wird über die Anzahl der Gruppen mit Bindungen.

Der Kendallsche Rangkorrelationskoeffizient τ^{**} ist bei Bindungen in beiden Reihen genau dann gleich + 1 (bzw. −1), wenn die Bindungsgruppen beider Reihen übereinstimmen und die beiden Rangfolgen völlig gleichsinnig (gegensinnig) verlaufen.

Praktische Berechnung von S^{**}

Nach 1.) seien P_+ und Q_+ für die y-Reihe berechnet, bei der nur in den Bindungsgruppen der x-Werte die y-Werte wachsend angeordnet wurden.

Nach 2.) werden nur in den Bindungsgruppen der x-Werte die y-Werte fallend angeordnet. Durch diese Umordnung gehen in dieser Gruppe die Proversionen in Inversionen über und umgekehrt, während die Ambiversionen unverändert bleiben. Die j-te Bindungsgruppe der x-Werte enthalte b_j gleiche x-Werte. Dann gibt es in diesem Block $\binom{b_j}{2} = \frac{1}{2}b_j(b_j - 1)$ Paare von y-Werten. A_j von diesen y-Paaren seien Ambiversionen, also Paare von gleichen y-Werten. Durch die Umordnung der y-Werte in der j-ten Gruppe verkleinert sich die Anzahl der Proversionen um $\frac{1}{2}b_j(b_j - 1) - A_j$, während sich die Anzahl der Inversionen um diese Zahl vergrößert. Summation über alle Gruppen ergibt

$$P_- = P_+ - \frac{1}{2}\sum_j b_j(b_j - 1) + \sum_j A_j ;$$

$$Q_- = Q_+ + \frac{1}{2}\sum_j b_j(b_j - 1) - \sum_j A_j .$$

Subtraktion liefert

$$P_- - Q_- = P_+ - Q_+ - \sum_j b_j(b_j - 1) + 2 \cdot \sum_j A_j .$$

Hieraus erhält man die praktische Formel

$$S^{**} = \frac{1}{2}[(P_+ - Q_+) + (P_- - Q_-)]$$

$$= (P_+ - Q_+) - \frac{1}{2}\sum_j b_j(b_j - 1) + \sum_j A_j$$

A_j = Anzahl der ranggleichen Paare von y-Werten in der j-ten Bindungsgruppe der x-Werte.

Beispiel (s. Abschnitt 2.2.2.4): Wir betrachten nochmals die Ränge der Punktzahlen des Beispiels aus Abschnitt 2.2.2.4. In der ersten x-Bindungsgruppe sind die beiden y-Ränge bereits steigend angeordnet. In den beiden anderen sind die y-Werte jeweils gleich.

$R(x_i)$	1,5	1,5	3	5	5	5	7,5	7,5	9	10
$R(y_i)$	1	2	4,5	4,5	4,5	4,5	7,5	7,5	9	10
$P_{+,i}$	9	8	4	4	4	4	2	2	1	0
$Q_{+,i}$	0	0	0	0	0	0	0	0	0	0

Hieraus folgt $P_+ = \sum_{i=1}^{10} P_{+,i} = 38$; $Q_+ = 0$;

$A(x) = \frac{1}{2}(2 \cdot 1 + 3 \cdot 2 + 2 \cdot 1) = 5$; $A(y) = \frac{1}{2}(4 \cdot 3 + 2 \cdot 1) = 7$.

Die Anzahl der jeweils gleichen y-Werte in den x-Bindungsgruppen lautet $A_1 = 0$; $A_2 = \binom{3}{2} = 3$; $A_3 = \binom{2}{2} = 1$. Damit erhält man aus der obigen Formel

$$S^{**} = 38 - 5 + 4 = 37 \quad \text{und} \quad \text{mit} \quad \tfrac{1}{2} \cdot n(n-1) = 45$$

$$\tau^{**} = \frac{37}{\sqrt{(45-5)\cdot(45-7)}} \approx 0{,}949.$$

Beispiel:

$R(x_i)$	2	2	2	7	7	7	7	7	7	7
$R(y_i)$	1	3	3	3	6	6	6	9	9	9
$P_{+,i}$	9	6	6	6	3	3	3	0	0	0
$Q_{+,i}$	0	0	0	0	0	0	0	0	0	0

Hieraus folgt $P_+ = \sum_{i=1}^{10} P_{+,i} = 36$; $Q_+ = 0$;

$A(x) = \frac{1}{2}(3 \cdot 2 + 7 \cdot 6) = 24$; $A(y) = \frac{1}{2}(3 \cdot 3 \cdot 2) = 9$; $\frac{1}{2}\, n(n-1) = 45$.

$A_1 = 1$; $A_2 = 2 \cdot \binom{3}{2} = 6$.

$$\tau^{**} = \frac{36 - 24 + 7}{\sqrt{[45-24]\cdot[45-9]}} \approx 0{,}691.$$

Beispiel:

$R(x_i)$	2	2	2	5	5	5	8,5	8,5	8,5	8,5
$R(y_i)$	2	2	2	5	5	5	8,5	8,5	8,5	8,5
$P_{+,i}$	7	7	7	4	4	4	0	0	0	0
$Q_{+,i}$	0	0	0	0	0	0	0	0	0	0

$P_+ = \sum_{i=1}^{10} P_{+,i} = 33$; $Q_+ = 0$; $A(x) = A(y) = \frac{1}{2}(3 \cdot 2 + 3 \cdot 2 + 4 \cdot 3) = 12$;

$A_1 = A_2 = \binom{3}{2} = 3$; $A_3 = \binom{4}{2} = 6$.

$$\tau^{**} = \frac{33 - 12 + 12}{\sqrt{[45-12]\cdot[45-12]}} = 1.$$

2.3. Regressionsrechnung

Während bei der Korrelationsrechnung durch die symmetrische Behandlung beider Merkmale der Grad des Zusammenhangs untersucht wird, steht bei der Regressionsrechnung die Kausalitätsfrage im Vordergrund. Mit Hilfe einer "funktionalen" Abhängigkeit möchte man gerne von einem Merkmal auf das andere schließen, im allgemeinen von x auf y. Dann ist x die unabhängige Einflußgröße (**Regressor**) und y die abhängige Zielgröße (**Regressand**). Der Idealfall wäre natürlich eine vollständige funktionale Abhängigkeit $y = f(x)$. In diesem Fall könnte man von x eindeutig auf y schließen. Sämtliche Wertepaare müßten dann auf der Kurve f liegen.

Wenn die Beobachtungswerte als Ergebnisse eines Zufallsexperiments gewonnen werden, wird ein solcher Fall jedoch kaum vorkommen. Bei vielen Problemen kann man aber davon ausgehen, daß die Beobachtungswerte in der Nähe einer **Regressionsfunktion** $y = f(x)$ liegen. Dann liegen die Werte des Streuungsdiagramms meistens in der Nähe dieser Kurve. So lernt man z.B. in der Fahrschule, daß der Bremsweg quadratisch mit der Geschwindigkeit wächst. Die Regressionsfunktion ist in diesem Fall eine Parabel. Dabei werden selbstverständlich mehr oder weniger große Abweichungen von dieser Parabel auftreten. Ursachen dafür gibt es viele, z.B. der Zustand der Bremsen und des Straßenbelags oder das persönliche Fahrverhalten.

In der Regressionsrechnung bei zweidimensionalen Beobachtungsreihen soll dem Streuungsdiagramm eine möglichst einfache Funktion, z. B. eine Gerade, Parabel oder Exponentialfunktion angepaßt werden. Die Parameter, welche den Funktionstyp genau festlegen, werden nach dem **Prinzip der kleinsten (vertikalen) Abweichungsquadrate** optimal bestimmt.

2.3.1. Die Regressionsgerade von y bezüglich x

Der zweidimensionalen Punktwolke

$$(x,y) = ((x_1,y_1),(x_2,y_2),\ldots,(x_n,y_n))$$

soll möglichst gut eine Gerade

$$\hat{y} = a + bx$$

angepaßt werden. Nach dem Prinzip der kleinsten Quadrate könnte man die Werte a und b so bestimmen, daß die Summe der Abstandsquadrate der Punkte (x_i, y_i) von dieser Geraden minimal wird. Die Berechnung nach diesem Prinzip ist etwas kompliziert. Da man aus den x-Werten die y-Werte schätzen möchte, ist es besser, die **Summe der vertikalen Abstands-**

quadrate zu minimieren. Dieses Prinzip stammt von dem deutschen Mathematiker C.F. **Gauß** (1777 - 1855).

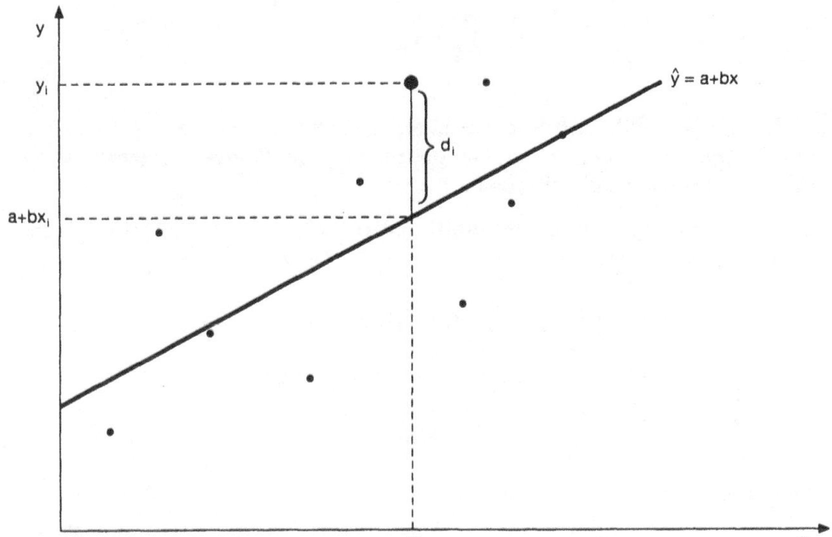

Regressionsgerade

An der Stelle x_i nimmt die Gerade den Wert $a + bx_i$ an. Damit lautet der vertikale Abstand des Punktes (x_i, y_i) von der Geraden

$d_i = |y_i - a - bx_i|$ und das Abstandsquadrat $d_i^2 = (y_i - a - bx_i)^2$.

Summation ergibt die Summe der vertikalen Abstandsquadrate

$$Q(a, b) = \sum_{i=1}^{n} (y_i - a - bx_i)^2 = \min.$$

Zu minimieren ist somit die von a und b abhängige Funktion Q(a, b). Zur Lösung des Problems werden die beiden partiellen Ableitungen der Funktion Q(a, b) nach a und b gebildet und gleich Null gesetzt.

$$\frac{\partial Q(a, b)}{\partial a} = -2\sum_{i=1}^{n} (y_i - a - bx_i) = 0$$

$$\frac{\partial Q(a, b)}{\partial b} = -2\sum_{i=1}^{n} (y_i - a - bx_i)\, x_i = 0 .$$

Mit $\sum_{i=1}^{n} x_i = n \cdot \bar{x}$ und $\sum_{i=1}^{n} y_i = n \cdot \bar{y}$ erhält man hieraus das

Gleichungssystem

$$(1) \qquad a + \bar{x} \cdot b = \bar{y}$$

$$(2) \qquad n\bar{x} \cdot a + \sum_{i=1}^{n} x_i^2 \cdot b = \sum_{i=1}^{n} x_i y_i \ .$$

Die Lösung b heißt **Regressionskoeffizient** (Steigung) und a der **Achsenabschnitt.** Die damit berechnete Gerade nennt man **Regressionsgerade** von y bezüglich x oder **Ausgleichsgerade.**

Die Gleichung (1) wird mit $n\bar{x}$ multipliziert und von der Gleichung (2) subtrahiert. Dann erhält man

$$\left(\sum_{i=1}^{n} x_i^2 - n\bar{x}^2\right) \cdot b = \sum_{i=1}^{n} x_i y_i - n\bar{x}\bar{y} \text{ , also}$$

$$s_x^2 \cdot b = s_{xy} \quad (= \text{Kovarianz}) \quad \text{mit der Lösung}$$

$$b = \frac{s_{xy}}{s_x^2} = r \cdot \frac{s_y}{s_x} \quad (r = \text{Korrelationskoeffizient}) \ .$$

Aus (1) folgt

$$a = \bar{y} - b \cdot \bar{x} = \bar{y} - \frac{s_{xy}}{s_x^2} \cdot \bar{x} \ .$$

Zusammenfassung:

$$b = \frac{\sum_{i=1}^{n} (x_i - \bar{x})(y_i - \bar{y})}{\sum_{i=1}^{n} (x_i - \bar{x})^2} = \frac{s_{xy}}{s_x^2} = r \cdot \frac{s_y}{s_x} \quad (\textbf{Regressionskoeffizient});$$

$$a = \bar{y} - b\bar{x} \quad (\textbf{Achsenabschnitt}) \ ;$$

Regressionsgerade von y bzgl. x:

$$\hat{y} - \bar{y} = b \cdot (x - \bar{x}) = \frac{s_{xy}}{s_x^2} \cdot (x - \bar{x}) \ .$$

Die Regressionsgerade geht durch den Punkt $(\bar{x}, \bar{y})$ der beiden Mittelwerte. Mit jedem beobachteten Wert y_i kann der entsprechende Wert auf der berechneten Regressionsgeraden verglichen werden. Diesen Wert bezeichnen wir mit $\hat{y}_i$, also

$$\hat{y}_i = a + bx_i = \bar{y} + b \cdot (x_i - \bar{x}) = \bar{y} + \frac{s_{xy}}{s_x^2} \cdot (x_i - \bar{x}) \ .$$

Summation ergibt

$$\sum_{i=1}^{n} \hat{y}_i = n\bar{y} + b \cdot \sum_{i=1}^{n} (x_i - \bar{x}) = n\bar{y} + 0 = n\bar{y}.$$

Division durch den Versuchsumfang n liefert den Mittelwert

$$\bar{\hat{y}} = \frac{1}{n} \sum_{i=1}^{n} \hat{y}_i = \bar{y} .$$

Hieraus folgt

$$\sum_{i=1}^{n} (y_i - \hat{y}_i) = n\bar{y} - n\bar{\hat{y}} = 0.$$

Die auf der Regressionsgeraden berechneten Werte $\hat{y}_i$ besitzen somit den gleichen Mittelwert wie die y-Werte der Beobachtungsreihe. Positive und negative Differenzen der Beobachtungswerte von den auf der Regressionsgeraden berechneten Werten heben sich bei der Summenbildung gegenseitig auf.

Bei vorgegebenem x-Wert wird der y Wert auf der Regressionsgeraden als **Schätzwert** für die Ausprägung des Y-Merkmals benutzt. Eine solche Schätzung ist gut, wenn die Beobachtungspaare in der Nähe der Regressionsgeraden liegen.

Summe der vertikalen Abstandsquadrate

Die Summe der vertikalen Abstandsquadrate aller Punkte von der Regressionsgeraden wurde bereits bei der Behandlung des Korrelationskoeffizienten r in Abschnitt 2.2.1 berechnet als

Summe der (vertikalen) Abstandsquadrate:

$$\sum_{i=1}^{n} (y_i - \hat{y}_i)^2 = Q(a,b) = (n-1) \cdot s_y^2 \cdot (1 - r^2) .$$

Dabei ist r der Korrelationskoeffizient.

Das Bestimmtheitsmaß

Als Maß für die Güte der Anpassung des Streuungsdiagramms durch die Regressionsgerade ist die Summe der Abstandsquadrate Q(a, b) nicht geeignet, da diese Summe mit n unbeschränkt wächst. Dividiert man diese Summe durch $n-1$ (bzw. durch n), so erhält man als mittleren Abstand einen Wert, der maßstabsabhängig und somit als Maß ebenfalls nicht geeignet ist. Es soll nun ein maßstabsunabhängiges Abweichungsmaß hergeleitet werden, das zwischen 0 und 1 liegt. Dazu betrachten wir die Zerlegung

$$y_i - \bar{y} = (y_i - \hat{y}_i) + (\hat{y}_i - \bar{y}) .$$

Dabei heißen die Differenzen $y_i - \hat{y}_i$ zwischen den beobachteten und den auf der Regressionsgeraden geschätzten Werten die **Residuen**. Hieraus folgt

$$(y_i - \bar{y})^2 = (\hat{y}_i - \bar{y})^2 + (y_i - \hat{y}_i)^2 + 2(\hat{y}_i - \bar{y})(y_i - \hat{y}_i)$$

$$\sum_{i=1}^{n} (y_i - \bar{y})^2 = \sum_{i=1}^{n} (\hat{y}_i - \bar{y})^2 + \sum_{i=1}^{n} (y_i - \hat{y}_i)^2 + 2\sum_{i=1}^{n} (\hat{y}_i - \bar{y})(y_i - \hat{y}_i).$$

Aus der Gleichung für die Werte auf der Regressionsgeraden

$$\hat{y}_i = a + b x_i = \bar{y} + b(x_i - \bar{x})$$

erhält man

$$\hat{y}_i - \bar{y} = b(x_i - \bar{x})$$

und zusammen mit der obigen Differenzendarstellung

$$y_i - \hat{y}_i = (y_i - \bar{y}) - (\hat{y}_i - \bar{y}) = (y_i - \bar{y}) - b(x_i - \bar{x}).$$

Damit lautet die Summe der gemischten Produkte

$$\sum_{i=1}^{n} (\hat{y}_i - \bar{y})(y_i - \hat{y}_i) = \sum_{i=1}^{n} b(x_i - \bar{x})[(y_i - \bar{y}) - b(x_i - \bar{x})]$$

$$= \sum_{i=1}^{n} b(x_i - \bar{x})(y_i - \bar{y}) - b^2 \sum_{i=1}^{n} (x_i - \bar{x})^2$$

$$= (n-1)(b s_{xy} - b^2 s_x^2) = (n-1)\left(\frac{s_{xy}^2}{s_x^2} - \frac{s_{xy}^2}{s_x^2}\right) = 0.$$

Weil diese Summe verschwindet, erhält man mit $\bar{y} = \bar{\hat{y}}$ aus der obigen Darstellung

$$\underbrace{\frac{1}{n-1} \sum_{i=1}^{n} (y_i - \bar{y})^2}_{= s_y^2} = \underbrace{\frac{1}{n-1} \sum_{i=1}^{n} (\hat{y}_i - \bar{\hat{y}})^2}_{= s_{\hat{y}}^2} + \underbrace{\frac{1}{n-1} \sum_{i=1}^{n} (y_i - \hat{y}_i)^2}_{\text{Varianz der Residuen}}.$$

Die Gesamtvarianz der beobachteten y-Werte s_y^2 läßt sich also additiv zerlegen in die Varianz der durch die Regressionsgerade geschätzten Werte $\hat{y}_i$ und die Varianz der Residuen.

Division dieser Gleichung durch s_y^2 ergibt

$$1 = \frac{\sum_{i=1}^{n} (\hat{y}_i - \bar{\hat{y}})^2}{\sum_{i=1}^{n} (y_i - \bar{y})^2} + \frac{\sum_{i=1}^{n} (y_i - \hat{y}_i)^2}{\sum_{i=1}^{n} (y_i - \bar{y})^2} = B + U.$$

$$B = \frac{\sum_{i=1}^{n} (\hat{y}_i - \bar{\hat{y}})^2}{\sum_{i=1}^{n} (y_i - \bar{y})^2} = \frac{s_{\hat{y}}^2}{s_y^2}$$ heißt das **Bestimmtheitsmaß.**

Das Bestimmtheitsmaß liegt zwischen Null und Eins. Es stellt den Anteil der Varianz der geschätzten Werte an der Varianz der beobachteten Werte dar. Aus

$$\hat{y}_i - \bar{\hat{y}} = \hat{y}_i - \bar{y} = b(x_i - \bar{x})$$

folgt

$$B = \frac{\frac{1}{n-1} b^2 \sum_{i=1}^{n} (x_i - \bar{x})^2}{s_y^2} = \frac{b^2 s_x^2}{s_y^2} = \frac{s_{xy}^2 s_x^2}{s_x^2 s_x^2 s_y^2} = r^2 .$$

> Für das Bestimmtheitsmaß B gilt allgemein
>
> $B = r^2$ (r = gewöhnlicher Korrelationskoeffizient).

Je größer das Bestimmtheitsmaß $B = r^2$ ist, umso besser wird die zweidimensionale Beobachtungsreihe durch die Regressionsgerade angepaßt. Bei großem B liegen die beobachteten Werte y_i in der Nähe der Schätzwerte $\hat{y}_i$. $B = |r| = 1$ ist genau dann erfüllt, wenn sämtliche n Beobachtungswerte auf der Regressionsgeraden liegen. Aus diesem Grund ist r ein **Maß für den linearen Zusammenhang der beiden Merkmalswerte.**

$U = 1 - B = 1 - r^2$ heißt das **Unbestimmtheitsmaß.**

2.3.2. Die Regressionsgerade von x bzgl. y

Mit Hilfe der Regressionsgerade von x bzgl. y sollen aus den y-Werten die x-Werte geschätzt werden. Zur Berechnung der Geradengleichung darf die in 2.3.1 bestimmte Regressionsgerade von y bzgl. x nicht einfach nach x aufgelöst werden. Die gesuchte Regressionsgerade kann man sehr einfach dadurch erhalten, daß man in 2.3.1 die beiden Merkmale vertauscht. Diese Vertauschung bedeutet, daß die Summe der Quadrate der horizontalen Abstände minimiert wird. Dadurch erhält man unmittelbar die

Regressionsgerade von x bezüglich y:

$$\hat{x} - \bar{x} = \frac{s_{xy}}{s_x^2} \cdot (y - \bar{y}) \;;\; \text{Regressionskoeffizient } \tilde{b} = \frac{s_{xy}}{s_y^2} \;;$$

Summe der horizontalen Abstandsquadrate $= (n-1) \cdot {s_x}^2 \cdot (1 - r^2)$.

Bestimmtheitsmaß: $B = r^2$.

Beide Regressionsgeraden schneiden sich im Punkt mit den Koordinaten $\bar{x}$ und $\bar{y}$. Für die Steigung b der Regressionsgeraden von y bzüglich x und der Steigung $\tilde{b}$ der Regressionsgeraden von x bzüglich y gilt die Produktdarstellung

$$b \cdot \tilde{b} = \frac{s_{xy}}{s_x^2} \cdot \frac{s_{xy}}{s_y^2} = r^2.$$

Beispiel (Körpergröße und Körpergewicht, s. Abschnitt 2.1.1 und 2.2.1): Für das Beispiel der Körpergröße und des Körpergewichts erhält man folgende Parameter:

$$\bar{x} = 170{,}75; \; \bar{y} = 71{,}45; \; s_{xy} = 33{,}5403; \; s_x^2 = 35{,}5658; \; s_y^2 = 38{,}8923.$$

Die Regressionsgerade von y bezüglich x lautet wegen

$$b = 0{,}943 \text{ und } a = -\,89{,}575$$

$$\hat{y} - 71{,}45 = 0{,}943\,(x - 170{,}75) \text{ bzw. } \hat{y} = -89{,}575 + 0{,}943\,x\,.$$

Das Bestimmtheitsmaß beträgt

$$B = (0{,}9018)^2 \approx 0{,}813.$$

Die Regressionsgerade von x bezüglich y besitzt die Steigung $\tilde{b} = 0{,}862$ und die Gleichung

$$\hat{x} - 170{,}75 = 0{,}862\,(y - 71{,}45) \text{ bzw. } \hat{x} = 109{,}16 + 0{,}862\,y\,.$$

In der nachfolgenden Abbildung sind beide Regressionsgeraden eingezeichnet. Die Koordinaten des Schnittpunktes sind die Mittelwerte $\bar{x} = 170{,}75$ und $\bar{y} = 71{,}45$.

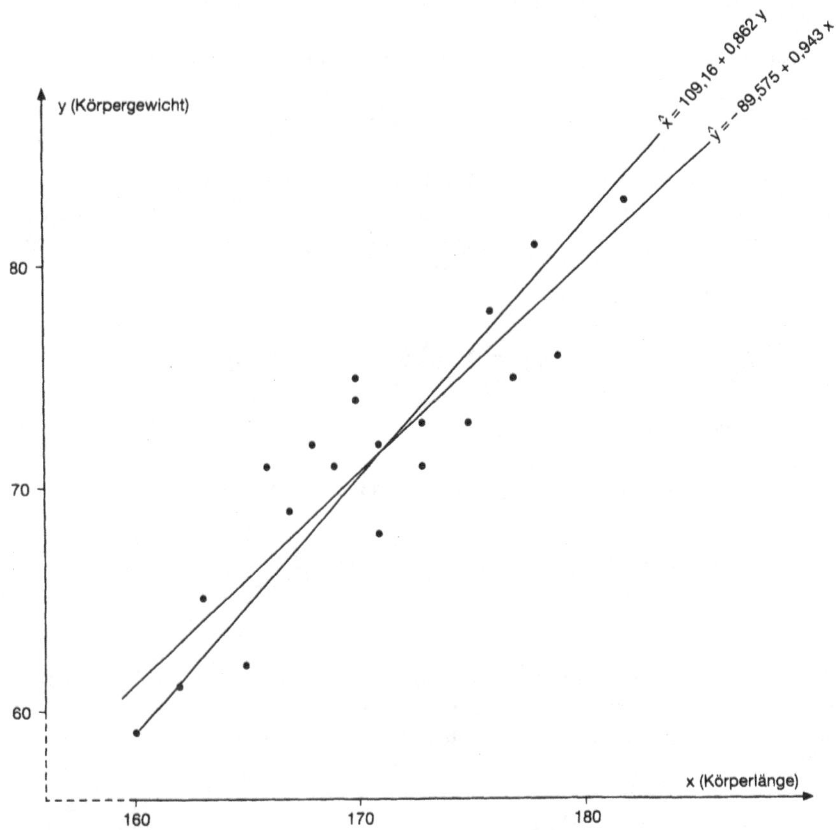

Streuungsdiagramm

2.3.3. Regressionsgerade durch einen vorgegebenen Punkt

Bei vielen Problemen ist bekannt, daß die Regressionsgerade durch einen bestimmten Punkt gehen muß, z.B. durch den Koordinatenursprung.

Gesucht ist die Gleichung der Regressionsgeraden von y bezüglich x, die durch den Punkt mit den Koordinaten x_0 und y_0 geht. Sie besitzt die Gleichung

$$\hat{y} - y_0 = c \cdot (x - x_0) .$$

Der einzige Parameter c wird nach der Methode der kleinsten vertikalen Abstandsquadrate bestimmt. Der Punkt (x_i, y_i) besitzt von dieser Geraden das vertikale Abstandsquadrat

$$d_i^2 = [(y_i - y_0) - c\cdot(x_i - x_0)]^2 .$$

Damit lautet die Summe der vertikalen Abstandsquadrate

$$Q(c) = \sum_{i=1}^{n} [(y_i - y_0) - c\cdot(x_i - x_0)]^2 .$$

Differentiation nach c ergibt die Bestimmungsgleichung für c

$$-2\sum_{i=1}^{n} [(y_i - y_0) - c\cdot(x_i - x_0)]\cdot(x_i - x_0) \quad = \quad 0$$

mit

$$\sum_{i=1}^{n} (y_i - y_0)(x_i - x_0) \quad - c\cdot\sum_{i=1}^{n} (x_i - x_0)^2 \quad = \quad 0.$$

Damit erhält man die

Gleichung der Regressionsgeraden durch den Punkt (x_0, y_0) :

$$\hat{y} - y_0 = c\cdot(x - x_0) \qquad \text{mit} \qquad c = \frac{\sum_{i=1}^{n} (y_i - y_0)(x_i - x_0)}{\sum_{i=1}^{n} (x_i - x_0)^2} .$$

Die Formel für die Steigung c unterscheidet sich von derjenigen für den Regressionskoeffizienten b nur dadurch, daß anstelle der Mittelwerte $\bar{x}$ und $\bar{y}$ die Koordinaten x_0 und y_0 des vorgegebenen Punktes stehen.

2.3.4. Regressionspolynome

Dem Streuungsdiagramm soll ein Regressionspolynom p-ten Grades angepaßt werden. Dabei beschränken wir uns auf die Behandlung der Regression von y bezüglich x (andernfalls müssen die Variablen vertauscht werden). Anstelle einer Geraden macht man den Polynomansatz

$$\hat{y} = b_0 + b_1 x + b_2 x^2 + \dots + b_p x^p = \sum_{k=0}^{p} b_k x^k .$$

Die p + 1 Parameter $b_0, b_1, \dots, b_p$ werden nach dem Prinzip der kleinsten vertikalen Abstandsquadrate bestimmt. Die Summe aller n Abstandsquadrate ist

$$Q(b_0, b_1, \dots, b_p) = \sum_{i=1}^{n} [y_i - b_0 - b_1 x_i - b_2 x_i^2 - \dots - b_p x_i^p]^2 .$$

Die partiellen Ableitungen dieser Funktion nach den p + 1 Variablen werden gleich 0 gesetzt, also

$$\frac{\partial Q(b_0, b_1, \dots, b_p)}{\partial b_k} = 0 \text{ für } k = 0, 1, 2, \dots, p.$$

Dadurch entsteht ein lineares Gleichungssystem mit p + 1 Gleichungen für die p + 1 Unbekannten b_0, $b_1, \dots, b_p$. In den Summen wird jeweils von 1 bis n summiert.

$$\begin{array}{llllll}
b_0 \cdot n & + b_1 \cdot \sum x_i & + b_2 \cdot \sum x_i^2 & + \dots & + b_p \cdot \sum x_i^p & = \sum y_i \\
b_0 \cdot \sum x_i & + b_1 \cdot \sum x_i^2 & + b_2 \cdot \sum x_i^3 & + \dots & + b_p \cdot \sum x_i^{p+1} & = \sum x_i y_i \\
b_0 \cdot \sum x_i^2 & + b_1 \cdot \sum x_i^3 & + b_2 \cdot \sum x_i^4 & + \dots & + b_p \cdot \sum x_i^{p+2} & = \sum x_i^2 y_i \\
b_0 \cdot \sum x_i^3 & + b_1 \cdot \sum x_i^4 & + b_2 \cdot \sum x_i^5 & + \dots & + b_p \cdot \sum x_i^{p+3} & = \sum x_i^3 y_i \\
\dots & & & & & \\
b_0 \cdot \sum x_i^p & + b_1 \cdot \sum x_i^{p+1} & + b_2 \cdot \sum x_i^{p+2} & + \dots & + b_p \cdot \sum x_i^{2p} & = \sum x_i^p y_i
\end{array}$$

2.3.5. Regressionsparabel

Setzt man im Regressionspolynom p = 2, so erhält man als Spezialfall die Regressionsparabel

$$y = b_0 + b_1 x + b_2 x^2$$

mit dem Gleichungssystem

$$\boxed{\begin{array}{llll}
b_0 \cdot n & + b_1 \cdot \sum x_i & + b_2 \cdot \sum x_i^2 & = \sum y_i \\
b_0 \cdot \sum x_i & + b_1 \cdot \sum x_i^2 & + b_2 \cdot \sum x_i^3 & = \sum x_i y_i \\
b_0 \cdot \sum x_i^2 & + b_1 \cdot \sum x_i^3 & + b_2 \cdot \sum x_i^4 & = \sum x_i^2 y_i
\end{array}}$$

Die Lösung dieses Gleichungssystems kann in geschlossener Form angegeben werden mit

$$\begin{aligned}
D = {} & n \cdot (\sum x_i^2) \cdot (\sum x_i^4) + 2(\sum x_i) \cdot (\sum x_i^2) \cdot (\sum x_i^3) \\
& - (\sum x_i)^2 \cdot (\sum x_i^4) - (\sum x_i^2)^3 - n \cdot (\sum x_i^3)^2 ;
\end{aligned}$$

$$\begin{aligned} D_1 = {} & (\sum y_i)\cdot\Big((\sum x_i^2)\cdot(\sum x_i^3) - (\sum x_i)\cdot(\sum x_i^4)\Big) \\ & + (\sum x_i y_i)\cdot\Big(n\cdot(\sum x_i^4) - (\sum x_i^2)^2\Big) \\ & + (\sum x_i^2 y_i)\cdot\Big((\sum x_i)\cdot(\sum x_i^2) - n\cdot(\sum x_i^3)\Big) \ ; \\ D_2 = {} & (\sum y_i)\cdot\Big((\sum x_i)\cdot(\sum x_i^3) - (\sum x_i^2)^2\Big) \\ & + (\sum x_i y_i)\cdot\Big((\sum x_i)\cdot(\sum x_i^3) - n\cdot(\sum x_i^3)\Big) \\ & + (\sum x_i^2 y_i)\cdot\Big(n\cdot(\sum x_i^2) - (\sum x_i)^2\Big) \ . \end{aligned}$$

Mit diesen Hilfsgrößen erhält man die Lösung

$$b_1 = \frac{D_1}{D} \ ; \ b_2 = \frac{D_2}{D} \ ; \ D, D_1, D_2 \ \text{s. oben.}$$
$$b_0 = \frac{1}{n}\cdot\Big(\sum y_i - (\sum x_i)\cdot b_1 - (\sum x_i^2)\cdot b_2\Big) \ .$$

2.3.6. Regressionspolynom durch einen vorgegebenen Punkt

Falls das Regressionspolynom durch den Punkt (x_0, y_0) gehen soll, benutzt man sinnvollerweise den Ansatz:

$$\hat{y} = y_0 + c_1(x-x_0) + c_2(x-x_0)^2 + \ldots + c_p(x-x_0)^p = y_0 + \sum_{k=1}^{p} c_k(x-x_0)^k.$$

Summe der vertikalen Abstandsquadrate:

$$Q(c_1,c_2,\ldots,c_p) = \sum_{k=1}^{p} [(y_i - y_0) - c_1(x_i-x_0) - c_2(x_i-x_0)^2 - \ldots - c_p(x_i - x_0)^p]^2.$$

Werden die partiellen Ableitungen nach allen p Variablen gleich Null gesetzt, so erhält man p lineare Gleichungen, wobei die Summation von 1 bis n läuft.

$$c_1 \sum (x_i-x_0)^2 + c_2 \sum (x_i-x_0)^3 + \ldots + c_p \sum (x_i-x_0)^{p+1} = \sum (x_i-x_0)(y_i-y_0)$$

$$c_1 \sum (x_i-x_0)^3 + c_2 \sum (x_i-x_0)^4 + \ldots + c_p \sum (x_i-x_0)^{p+2} = \sum (x_i-x_0)^2(y_i-y_0)$$

$$c_1 \sum (x_i-x_0)^4 + c_2 \sum (x_i-x_0)^5 + \ldots + c_p \sum (x_i-x_0)^{p+3} = \sum (x_i-x_0)^3(y_i-y_0)$$

....

$$c_1 \sum (x_i-x_0)^{p+1} + c_2 \sum (x_i-x_0)^{p+2} + \ldots + c_p \sum (x_i-x_0)^{2p} = \sum (x_i-x_0)^p(y_i-y_0)$$

2.3.7. Beliebige von Parametern abhängige Regressionsfunktionen

Es gibt Streuungsdiagramme, die sich durch ein Regressionspolynom sehr schlecht anpassen lassen. Beim exponentiellen Wachstum liegen die Punkte des Streuungsdiagramms meistens in der Nähe einer Funktion mit der Gleichung

$$y = a - b \cdot e^{-cx} \quad \text{mit } a, b, c > 0 .$$

Diese Funktion nähert sich immer mehr der "Sättigungsgrenze" a. Die drei Parameter a, b und c sollen wieder so bestimmt werden, daß das Streuungsdiagramm möglichst gut durch diese Funktion angepaßt wird.

Allgemein betrachten wir eine von den l Parametern $a_1, a_2, \dots, a_l$ abhängige Regressionsfunktion

$$\hat{y} = f(a_1, a_2, \dots, a_l, x) .$$

Mit den l Parameterwerten ist die Regressionsfunktion dann eindeutig bestimmt. Nach dem Gaußschen Prinzip der kleinsten Quadrate erhält man die optimalen Parameter durch die Minimierung der Summe der vertikalen Abstandsquadrate

$$Q(a_1, a_2, \dots, a_l) = \sum_{i=1}^{n} [y_i - f(a_1, a_2, \dots, a_l, x_i)]^2 .$$

Falls die Funktion f nach allen l Parametern stetig differenzierbar ist, erhält man die Parameter evtl. durch Auflösen des Gleichungssystems

$$\frac{\partial Q}{\partial a_k} = \sum_{i=1}^{n} [y_i - f(a_1, a_2, \dots, a_l, x_i)] \cdot \frac{\partial f(a_1, a_2, \dots, a_l, x_i)}{\partial a_k} = 0 \quad \text{für } k = 1, 2, \dots, l.$$

Beispiel (exponentielles Wachstum): Für die Regressionsfunktion beim exponentiellen Wachstum (s. oben)

$$y = f(a, b, c, x) = a - b \cdot e^{-cx}$$

lauten die partiellen Ableitungen

$$\frac{\partial f}{\partial a} = 1 ; \quad \frac{\partial f}{\partial b} = -e^{-cx} ; \quad \frac{\partial f}{\partial c} = b \cdot x \cdot e^{-cx} .$$

Hiermit erhält man die nichtlinearen Gleichungen

$$na - b \cdot \sum e^{-cx_i} - \sum y_i = 0$$

$$a \cdot \sum e^{-cx_i} - b \cdot \sum e^{-2cx_i} - \sum y_i \cdot e^{-cx_i} = 0$$

$$ab \cdot \sum x_i \cdot e^{-cx_i} - b^2 \cdot \sum x_i \cdot e^{-2cx_i} - b \cdot \sum x_i y_i \cdot e^{-cx_i} = 0.$$

Dieses nichtlineare Gleichungssystem ist nicht geschlossen lösbar. Man kann es allerdings mit Hilfe numerischer Verfahren (Iterationsverfahren) auf einem Computer lösen.

2.3.8. Transformationen

Durch eine geeignete Transformation (Substitution) kann die Berechnung einer Regressionsfunktion manchmal so vereinfacht werden, daß für die transformierten Beobachtungswerte eine bereits bekannte einfachere Formel benutzt werden kann.

Beispiel (Rückführung auf eine Regressionsgerade):
a) Zur Bestimmung der Parameter der Regressionsfunktion

$$\hat{y} = a + bx^5$$

muß nicht das umfangreiche Gleichungssystem für Polynome fünften Grades ($r = 5$) gelöst werden. Durch Einführung der neuen Variablen $z = x^5$ geht die Regressionsfunktion über in die Regressionsgerade

$$\hat{y} = a + bz.$$

Für die transformierten Werte $z_i = x_i^5$ können nach Abschnitt 2.3.1 unmittelbar die Parameter der Regressionsgeraden von y bezüglich z berechnet und in die obige Formel übernommen werden.

b) Die Parameter der Regressionsfunktion

$$\hat{y} = a + \frac{b}{x^2}$$

können mit Hilfe der Transformation $z = \frac{1}{x^2}$ ebenfalls aus der Regressionsgeraden bestimmt werden.

Beispiel (Logarithmieren): Zur Bestimmung der beiden Parameter c und b der Regressionsfunktion

$$\hat{y} = cx^b; \quad c, x > 0$$

könnte man beide Seiten logarithmieren mit

$$\ln \hat{y} = \ln c + b \cdot \ln x .$$

Mit den beiden transformierten Variablen $\hat{w} = \ln \hat{y}$ und $z = \ln x$ geht die obige Potenzfunktion über in die Geradengleichung

$$\hat{w} = \ln c + b z = a + b z.$$

Falls die beiden Parameter aus der Formel für die Regressionsgeraden bestimmt werden, entsteht bei der Rücktransformation ein gewisses Problem. Den logarithmierten Werten wird nach dem Prinzip der kleinsten vertikalen Abstandsquadrate eine Gerade optimal angepaßt. Der Parameter a könnte zwar prinzipiell zurücktransformiert werden auf $c = e^a$. Die so entstandene Potenzfunktion

$$\hat{y} = e^a \cdot x^b$$

besitzt jedoch nicht mehr die Eigenschaft, daß die Summe der vertikalen Abstandsquadrate der Beobachtungspaare (x_i, y_i) von dieser Kurve minimal ist. Diese Eigenschaft geht bei dieser Transformation des Logarithmierens verloren. Man könnte die rücktransformierte Funktion höchstens als **Näherung für die gesuchte Regressionsfunktion** verwenden.

Kapitel II : Wahrscheinlichkeiten

Die Wahrscheinlichkeit eines Ereignisses ist ein Maß für die Chance des Eintretens des Ereignisses bei der Durchführung des entsprechenden Zufallsexperiments. Ereignisse mit einer großen Wahrscheinlichkeit werden im allgemeinen oft, Ereignisse mit einer kleinen Wahrscheinlichkeit entsprechend selten eintreten.

1. Zufallsexperimente und zufällige Ereignisse

Unter einem **Zufallsexperiment** versteht man ein Experiment, bei dem vor jeder Durchführung nicht mit absoluter Sicherheit vorausgesagt werden kann, welches der möglichen Ergebnisse bei der bevorstehenden Versuchsdurchführung tatsächlich eintreten wird. Die Ergebnisse eines Zufallsexperiments werden mit kleinen Buchstaben bezeichnet z.B. mit a, b, c oder ω. Die **Ergebnismenge** Ω besteht aus allen möglichen Ergebnissen des Zufallsexperiments. Bereits vor der Versuchsdurchführung muß die Ergebnismenge eindeutig feststehen. Von einem Zufallsexperiment verlangt man im allgemeinen, daß es beliebig oft wiederholbar ist.

Ein **(zufälliges) Ereignis** ist eine Zusammenfassung von bestimmten Versuchsergebnissen, also eine Teilmenge der Ergebnismenge Ω. Der Zusatz zufällig wird meistens weggelassen. Unter einem Ereignis versteht man also immer ein zufälliges Ereignis. Ereignisse bezeichnet man mit großen Buchstaben. Ein Ereignis, das nur ein einziges Element enthält, heißt **Elementarereignis**. Das Elementarereignis $E = \{x\}$ ist eine einelementige Menge. Es darf nicht mit dem Element (Ergebnis) x verwechselt werden.

Man sagt: Bei der Versuchsdurchführung **tritt das Ereignis A ein**, wenn das Ergebnis ω des Zufallsexperiments Element von A ist, also für $\omega \in A$.

Das Ereignis Ω enthält alle möglichen Versuchergebnisse. Es tritt immer ein und heißt daher das **sichere Ereignis**. Die leere Menge $\emptyset$ enthält kein Versuchsergebnis. Aus diesem Grund heißt $\emptyset$ das **unmögliche Ereignis**, das nie eintreten kann.

In der Sprache der Ereignisse lassen sich die Operationen der Mengenlehre anschaulich interpretieren.

Das Ereignis $A \cap B = AB$ (**"A und B"**, der **Durchschnitt** von A und B) tritt genau dann ein, wenn sowohl A als auch B, also beide gleichzeitig eintreten. Es gilt $A \cap B = \{\omega | \; \omega \in A \text{ und } \omega \in B\}$.

Das Ereignis $A \cup B$ (**"A oder B"** oder die **Vereinigung** von A und B) tritt genau dann ein, wenn mindestens eines der beiden Ereignisse A und B eintritt. Es ist $A \cup B = \{\omega | \; \omega \in A \text{ oder } \omega \in B\} = \{\omega | \; \omega$ liegt in mindestens einer der beiden Mengen A und B$\}$. Bei der hier benutzten "oder"-Beziehung handelt es sich nicht um ein ausschließendes "oder". Man läßt auch zu, daß ω gleichzeitig zu beiden Mengen A und B gehört.

Das Ereignis $\bar{A}$ (**"A nicht"**, das **Komplement** bzw. das **Komplementärereignis** von A) tritt genau dann ein, wenn A nicht eintritt. Dabei gilt

$$\bar{A} = \{\omega \mid \omega \in \Omega \text{ und } \omega \notin A\}.$$

Das Ereignis $A \backslash B = A \cap \bar{B}$ (**"A, aber B nicht"**, die **Differenz** von A und B) tritt genau dann ein, wenn A, aber nicht B eintritt mit

$$A \backslash B = \{\omega \in A \text{ und } \omega \notin B\}.$$

$A \subset B$ (**"A zieht B nach sich"** oder A ist **Teilmenge** von B) bedeutet, daß mit dem Ereignis A auch das Ereignis B eintritt. Aus $\omega \in A$ folgt $\omega \in B$.

A und B heißen **unvereinbar** (**disjunkt** oder **elementenfremd**), wenn sie beide nicht gleichzeitig eintreten können. Dies ist genau dannn der Fall, wenn gilt $A \cap B = \emptyset$.

Das Ereignis $\bigcap_{i=1}^{n} A_i = A_1 \cap A_2 \cap .... \cap A_n$ (**Durchschnitt von n Ereignissen**) tritt genau dann ein, wenn alle n Ereignisse gleichzeitig eintreten. Es ist

$$\bigcap_{i=1}^{n} A_i = \{\omega | \; \omega \in A_i \text{ für } i = 1, 2, \dots, n\}.$$

Das Ereignis $\bigcup_{i=1}^{n} A_i = A_1 \cup A_2 \cup .... \cup A_n$ (**Vereinigung von n Ereignissen**) tritt genau dann ein, wenn von den n Ereignissen $A_1, A_2, \dots, A_n$ mindestens eines eintritt. Es ist

$$\bigcup_{i=1}^{n} A_i = \{\omega | \; \omega \in A_i \text{ für mindestens ein } i\}.$$

Entsprechend wird der Durchschnitt und die Vereinigung von abzählbar unendlich vielen Ereignissen definiert als

$$\bigcap_{i=1}^{\infty} A_i = A_1 \cap A_2 \cap .... \cap A_i \cap .... \quad (\text{alle } A_i \text{ treten ein}) \; ;$$

$$\bigcup_{i=1}^{\infty} A_i = A_1 \cup A_2 \cup .... \cup A_i \cup .... \quad (\text{mindestens ein } A_i \text{ tritt ein}).$$

In der Sprache der Ereignisse lassen sich z. B. die **Regeln von de Morgan** sehr anschaulich erklären.

Das Ereignis $\overline{A \cup B}$ tritt genau dann ein, wenn das Ereignis $A \cup B$ nicht eintritt. Dann darf von den beiden Ereignissen A und B keines eintreten. Somit müssen $\bar{A}$ und $\bar{B}$ gleichzeitig, also der Durchschnitt $\bar{A} \cap \bar{B}$ eintreten. Damit gilt

$$\overline{A \cup B} = \bar{A} \cap \bar{B}.$$

Das Ereignis $\overline{A \cap B}$ tritt genau dann ein, wenn das Ereignis $A \cap B$ nicht eintritt. Beide Ereignisse A und B dürfen also gleichzeitig nicht eintreten. Somit muß mindestens eines nicht eintreten. Dies ist nur dann der Fall, wenn die Vereinigung $\bar{A} \cup \bar{B}$ eintritt. Daher gilt

$$\overline{A \cap B} = \bar{A} \cup \bar{B}.$$

Nachfolgend sind einige Regeln für die Mengenoperationen zusammengestellt

$$A \cup B = B \cup A\,; \quad A \cap B = B \cap A\,;$$

$$(A \cup B) \cup C = A \cup (B \cup C)\,; \ (A \cap B) \cap C = A \cap (B \cap C)\,;$$

$$A \cap (B \cup C) = (A \cap B) \cup (A \cap C)\,;$$

$$\overline{A \cup B} = \bar{A} \cap \bar{B}\,; \ \overline{A \cap B} = \bar{A} \cup \bar{B} \quad \text{(Regeln von de Morgan)}\,;$$

$$A \cap \bar{A} = \emptyset\,; \ A \cup \bar{A} = \Omega\,;$$

$$A = AB \cup A\bar{B} = (A \cap B) \cup (A \cap \bar{B})\,;$$

$$A = \bigcup_i AB_i, \quad \text{falls die } B_i \text{ paarweise unvereinbar sind,}$$

$$\text{d.h. für } B_i \cap B_k = \emptyset \text{ für } i \neq k \text{ und } \bigcup_i B_i = \Omega\,.$$

Ein **Ereignissystem** ist eine Menge von Teilmengen von Ω. Falls die Ergebnismenge Ω endlich oder abzählbar unendlich ist, können alle Teilmengen von Ω in das Ereignissystem aufgenommen werden. Bei Ergebnismengen mit überabzählbar vielen Elementen ist es jedoch aus mathematischen Gründen oft nicht möglich, sämtliche Teilmengen von Ω als Ereignisse zuzulassen. Man kann jedoch immer ein Ereignissystem auswählen, das alle Ereignisse enthält, für die man sich praktisch interessiert. Im stetigen Fall gibt es z. B. immer zulässige Ereignissysteme, welche die Intervalle enthalten und abgeschlossen sind gegenüber den Operationen der Komplementbildung und der Durchschnitts- und Vereinigungsbildung von endlich oder abzählbar unendlich vielen Ereignissen. Solche Systeme nennt man **Sigma-Algebren**.

2. Relative Häufigkeiten von Ereignissen

Das gleiche Zufallsexperiment werde n-mal durchgeführt. Bei jedem Einzelversuch soll festgestellt werden, ob das Ereignis A oder dessen Komplement $\bar{A}$ eingetreten ist. Wie in Kapitel I Abschnitt 1.2.1 ist die **absolute Häufigkeit** $h_n(A)$ des Ereignisses A die Anzahl der Versuche, bei denen A eingetreten ist.

Die **relative Häufigkeit** $r_n(A) = \frac{h_n(A)}{n}$ stellt den relativen Anteil der Versuche dar, bei denen A eingetreten ist. $100 \cdot r_n(A)$ ist der prozentuale Anteil dieser Versuche in der Gesamtserie.

Die relative Häufigkeit besitzt folgende Eigenschaften:

$0 \le r_n(A) \le 1$ für jedes Ereignis A (**Nichtnegativität**) ;

$r_n(\Omega) = 1$ (**Normierung**) ;

$r_n(A \cup B) = r_n(A) + r_n(B)$, falls $A \cap B = \emptyset$

(**Additivität bei unvereinbaren (disjunkten) Ereignissen**) ;

$r_n(\bigcup_{i=1}^{\infty} A_i) = \sum_{i=1}^{\infty} r_n(A_i)$ für paarweise unvereinbare Ereignisse

mit $A_i \cap A_k = \emptyset$ für $i \neq k$ (**σ-Additivität**) .

Die relative Häufigkeit einer Vereinigung paarweise disjunkter Ereignisse ist gleich der Summe der relativen Häufigkeiten.

Stabilisierung der relativen Häufigkeiten

Falls das gleiche Zufallsexperiment sehr oft unabhängig und unter denselben Bedingungen durchgeführt wird, stellt man in den meisten Versuchsserien einen gewissen **Stabilisierungseffekt** fest. Die relativen Häufigkeiten $r_n(A)$ schwanken für große n in der Regel sehr wenig um einen festen Zahlenwert. Diesen Sachverhalt, der schon seit langer Zeit bekannt ist, nennt man **Gesetz der großen Zahlen**. Doch wird es immer wieder Ausnahmeserien geben, auch wenn der Versuchsumfang n noch so groß gewählt wird. Solche Ausnahmeserien sind zwar immer möglich, sie treten jedoch im allgemeinen mit wachsendem n seltener auf. Ganz ausschließen kann man sie jedoch nicht.

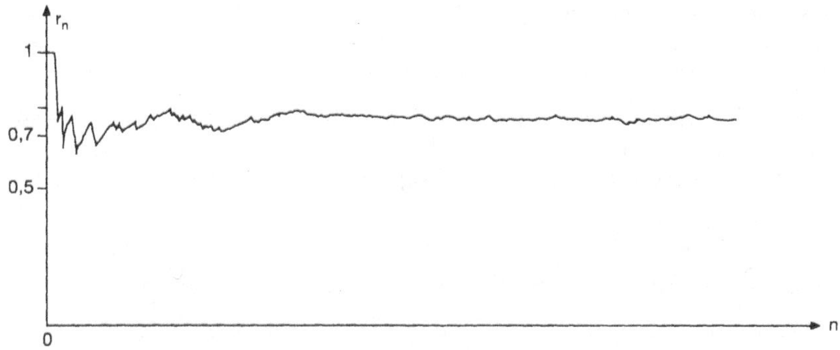

Stabilisierungseffekt

3. Wahrscheinlichkeiten von Ereignissen

In diesem Abschnitt sollen die verschiedenen Wahrscheinlichkeitsbegriffe zusammengestellt werden.

3.1. Die historische Entwicklung des Wahrscheinlicheitsbegriffs

Bereits vor 200 Jahren benutzten vor allem französische Mathematiker einen Wahrscheinlichkeitsbegriff zur Untersuchung der Chancen bei Glücksspielen. Dabei handelt sich um die sog. **klassische Wahrscheinlichkeit.** Die Wahrscheinlichkeit eines Ereignisses A wurde nach folgender Formel berechnet: "Anzahl der für A günstigen Fälle geteilt durch die Anzahl der insgesamt möglichen Fälle".

Ebenfalls wurden schon seit langer Zeit Wahrscheinlichkeiten mit Hilfe der Längen- und Flächenberechnung bestimmt. Dabei handelt es sich um sog. **geometrische Wahrscheinlichkeiten.**

Bei stetigen Merkmalen hat schon der deutsche Mathematiker **C.F Gauß** (1777-1855) bei der Fehler- und Ausgleichsrechnung Wahrscheinlichkeiten berechnet. Die von ihm benutzte Methode ist bekannt unter dem Namen **Gaußsche Glockenkurve.**

Es gibt also schon seit einiger Zeit verschiedene Begriffe der Wahrscheinlichkeit. Dennoch konnte man mit ihrer Hilfe sehr viele Probleme nicht lösen wie z. B. die Berechnung von Wahrscheinlichkeiten beim Werfen eines verfälschten Würfels. Aus diesem Grund wurde immer wieder versucht, den Wahrscheinlichkeitsbegriff zu erweitern.

Zuerst wollte **Richard von Mises** (1883-1953) im Jahre 1931 auf Grund des bekannten Stabilisierungseffekts die Wahrscheinlichkeit P(A) eines Ereignisses A als Grenzwert der relativen Häufigkeiten definieren durch

$$P(A) = \lim_{n \to \infty} r_n(A) .$$

Der Ansatz war aus folgenden Gründen zum Scheitern verurteilt:

a) Dieser Grenzwert existiert im mathematischen Sinne gar nicht.

b) Auch wenn dieser Grenzwert existieren würde, könnte man ihn mit Hilfe einer Beobachtungsreihe auch gar nicht bestimmen. Irgendwann müßte ja jede Versuchsserie abgebrochen werden ohne sicher zu sein, daß die relativen Häufigkeiten nahe genug bei dem Grenzwert sind. Aus verschiedenen Serien würde man dann auch verschiedene "Wahrscheinlichkeiten" für das gleiche Ereignis A erhalten. Zur Entwicklung einer mathematisch fundierten Theorie benötigt man jedoch eine objektive, eindeutig bestimmte Wahrscheinlichkeit.

Im Jahre 1933 ist es dem russischen Mathematiker **A.N. Kolmogorow** (1909-1987) erstmals gelungen, den Wahrscheinlichkeitsbegriff mathematisch widerspruchsfrei zu verallgemeinern. Dabei verlangt man von einer solchen Verallgemeinerung, daß ihre Einschränkung auf bereits bekannte Modelle den dort bereits verwendeten Wahrscheinlichkeitsbegriff ergibt. Kolmogorow hat die Wahrscheinlichkeit axiomatisch eingeführt. Ähnlich wie in der Geometrie verlangt er von einer allgemeinen Wahrscheinlichkeit, daß sie gewisse Eigenschaften (**Axiome**) erfüllt. Mit Hilfe dieser Axiome kann man zwar den genauen Wert einer Wahrscheinlichkeit noch nicht berechnen, doch ist es möglich, mit ihrer Hilfe eine Theorie zu entwickeln, mit der unbekannte Wahrscheinlichkeiten beliebig genau geschätzt werden können. Dies geschieht in der **beurteilenden Statistik**. Als Axiome werden typische Eigenschaften benutzt, welche die relativen Häufigkeiten sowie die klassische und die geometrische Wahrscheinlichkeit erfüllen.

Zuerst soll dieser axiomatische allgemeine Wahrscheinlichkeitsbegriff behandelt werden. Durch Spezialisierung (Einschränkung) erhält man dann daraus die klassische und die geometrische Wahrscheinlichkeit.

3.2. Wahrscheinlichkeiten

In diesem Abschnitt sollen die verschiedenen Wahrscheinlichkeitsbegriffe und Methoden zu ihrer Berechnung zusammengestellt werden.

3.2.1. Axiomatische Definition einer Wahrscheinlichkeit

Eine auf einem System von Ereignissen definierte reellwertige Mengenfunktion P heißt eine **Wahrscheinlichkeit**, wenn sie die folgenden Bedingungen (**Axiome**) erfüllt:

(K1) $0 \leq P(A) \leq 1$ für jedes Ereignis A (**Nichtnegativität**) ;

(K2) $P(\Omega) = 1$ (**Normierung**) ;

(K3) $P(A \cup B) = P(A) + P(B)$, falls $A \cap B = \emptyset$ (**Additivität**) ;

(K3') $P(\bigcup_{i=1}^{\infty} A_i) = \sum_{i=1}^{\infty} P(A_i)$ für paarweise unvereinbare Ereignisse $A_i \cap A_k = \emptyset$ für $i \neq k$ (**σ-Additivität**).

Die Wahrscheinlichkeit der Vereinigung abzählbar vieler paarweise unvereinbarer Ereignisse ist gleich der Summe der Wahrscheinlichkeiten dieser Ereignisse.

Bemerkungen:

1.) Falls man gleichzeitig nur endlich viele Ereignisse betrachtet, genügt das Axiom (K3) der Additivität bei zwei unvereinbaren Ereignissen. Damit kommt man bei endlichen Ergebnismengen Ω aus.

2.) Das Axiom (K3') benötigt man zur gleichzeitigen Betrachtung von abzählbar unendlich vielen Ereignissen, falls die Ergebnismenge Ω nicht endlich ist.

3.) Aus dem Axiomensystem können die Wahrscheinlichkeiten von Ereignissen nicht direkt berechnet werden. Es ist jedoch möglich, mit ihrer Hilfe eine allgemeine mathematische Theorie zu entwickeln, mit der Wahrscheinlichkeiten beliebig genau geschätzt werden können.

Interpretation einer Wahrscheinlichkeit

Das Ereignis A besitze bei einem Einzelexperiment die Wahrscheinlichkeit $p = P(A)$. Das Zufallsexperiment werde n-mal unabhängig unter den gleichen Bedingungen durchgeführt. Dann tritt für große n im allgemeinen das

Ereignis A ungefähr $n \cdot p$-mal ein. Damit liegt die relative Häufigkeit des Ereignisses A in der Nähe von p. Für große n gilt also in der Regel die Näherung

$$r_n(A) \approx P(A).$$

Aus diesem Grund kann eine unbekannte Wahrscheinlichkeit p durch die relative Häufigkeit in einer genügend großen unabhängigen Versuchsserie geschätzt werden. Aussagen über die Güte solcher Schätzungen werden in der beurteilenden Statistik gemacht.

Folgerungen aus den Axiomen

Aus den den drei Axiomen (K1), (K2) und (K3) können unmittelbar die folgenden Eigenschaften abgeleitet weden:

$P(\emptyset) = 0$;

$P(\bar{A}) = 1 - P(A)$;

aus $A \subset B$ folgt $P(A) \leq P(B)$ (**Monotonie**) ;

$P(A \cup B) = P(A) + P(B) - P(A \cap B)$ für beliebige Ereignisse ;

$P(A \setminus B) = P(A) - P(A \cap B)$ für beliebige Ereignisse;

$P(A \setminus B) = P(A) - P(B)$, falls $B \subset A$;

$P(\bigcup_{i=1}^{n} A_i) = \sum_{i=1}^{n} P(A_i)$ für paarweise unvereinbare Ereignisse mit $A_i \cap A_k = \emptyset$ für $i \neq k$

(**endliche Additivität** bei paarweise unvereinbaren Ereignissen).

Bemerkung: Aus der Additivität (K3) für die Wahrscheinlichkeit zweier unvereinbarer Ereignisse kann mit Hilfe des Prinzips der vollständigen Induktion auch die endliche Additivität bei paarweise unvereinbaren Ereignissen bewiesen werden. Aus der endlichen Additivität folgt aber noch keineswegs die σ-Additivität (K3'). Definitionsgemäß gilt

$$P(\bigcup_{i=1}^{\infty} A_i) = P(\lim_{n\to\infty} \bigcup_{i=1}^{n} A_i) ; \qquad \sum_{i=1}^{\infty} P(A_i) = \lim_{n\to\infty} \sum_{i=1}^{n} P(A_i).$$

Aus der Gleichheit

$$P(\bigcup_{i=1}^{n} A_i) = \sum_{i=1}^{n} P(A_i) \quad \text{für jedes } n$$

folgt jedoch noch keineswegs die Gleichheit der beiden Grenzwerte

$$P(\lim_{n\to\infty} \bigcup_{i=1}^{n} A_i) \quad \text{und} \quad \lim_{n\to\infty} \sum_{i=1}^{n} P(A_i).$$

Denn hier müßte die "Funktionswertbildung" P mit der Grenzwertbildung vertauschbar sein. Diese Eigenschaft ist nicht bei allen Funktionen P erfüllt. Funktionen mit dieser Eigenschaft heißen **σ- stetig**.

Falls neben der endlichen Additivität (K3) noch die σ-Stetigkeit von P erfüllt ist, folgt aus beiden Eigenschaften zusammen die σ-Additivität, also (K3'). In seiner Orginalarbeit hat Kolmogorow anstelle von (K3') die endliche Additivität und gleichzeitig die σ-Stetigkeit gefordert. Dabei forderte er noch mehrere Eigenschaften, die aber überflüsssig sind, da ihre Gültigkeit aus den obigen Axiomen abgeleitet werden können.

Wahrscheinlichkeiten bei endlichen Ergebnismengen

Falls die Ergebnismenge $\Omega = \{\omega_1, \omega_2, \dots, \omega_i, \dots, \omega_m\}$ nur aus m verschiedenen Versuchsergebnissen besteht, genügt die Angabe der Wahrscheinlichkeiten der m Elementarereignisse durch

$$p_i = P(\{\omega_i\}) \geq 0 \quad \text{für } i = 1, 2, \dots, m \quad \text{mit} \quad \sum_{i=1}^{m} p_i = 1.$$

Die Wahrscheinlichkeit für ein beliebiges Ereignis $A = \{\omega_{i_1}, \omega_{i_2}, \dots, \omega_{i_r}\}$ erhält man durch Summenbildung

$$P(A) = \sum_{k=1}^{r} p_{i_k}.$$

Solche Modelle werden bei diskreten Zufallsvariablen mit endlichem Wertevorrat in Kapitel III Abschnitt 2 behandelt. Falls alle m Wahrscheinlichkeiten gleich sind, erhält man die sog. klassische Laplace-Wahrscheinlichkeit (s. Abschnitt 3.2.2).

Wahrscheinlichkeiten bei abzählbar unendlichen Ergebnismengen

Besitzt die Ergebnismenge $\Omega = \{\omega_1, \omega_2, \dots, \omega_i, \dots\}$ abzählbar unendlich viele Elemente, so benötigt man die Wahrscheinlichkeiten von abzählbar unendlich vielen Elementarereignissen

$$p_i = P(\{\omega_i\}) \geq 0 \quad \text{für } i = 1, 2, \dots \quad \text{mit} \quad \sum_{i=1}^{\infty} p_i = 1.$$

Die Wahrscheinlichkeit für ein beliebiges Ereignis $A = \{\omega_{i_1}, \omega_{i_2}, \omega_{i_3}, \dots\}$ erhält man durch Summenbildung

$$P(A) = \sum_{k} p_{i_k}.$$

Falls A nur endlich viele Versuchsergebnisse enthält, handelt es sich dabei um eine endliche, sonst um eine unendliche Summe. Bei diskreten Zufallsvariablen mit einem abzählbar unendlichen Wertevorrat werden derartige Modelle behandelt (s. Kap. III Abschnitt 2.1).

Auf einer Ergebnismenge Ω, die abzählbar unendlich viele Elemente besitzt, gibt es keine klassische Laplace-Wahrscheinlichkeit. Bei einer klassischen Wahrscheinlichkeit müßte jedes Elementarereignis die gleiche Wahrscheinlichkeit p besitzen. Im Falle $p > 0$ hätte dann das sichere Ereignis Ω die Wahrscheinlichkeit ∞, während für $p = 0$ die Wahrscheinlichkeit des sicheren Ereignisses gleich Null wäre. Beide Fälle sind daher nicht möglich.

Wahrscheinlichkeiten bei einem stetigen Merkmal

Bei einem stetigen Merkmal besteht die Ergebnismenge Ω aus einem ganzen Intervall. Dann besitzt jedes Elementarereignis die Wahrscheinlichkeit Null. Bei einem solchen Modell interessieren Wahrscheinlichkeiten für Intervalle. Sie werden bei den stetigen Zufallsvariablen (Kap. IV Abschnitt 1.1) als Inhalt zwischen der Dichte und der x-Achse über dem entsprechenden Bereich berechnet. Falls alle Intervalle gleicher Länge auch die gleiche Wahrscheinlichkeit besitzen, erhält man den Spezialfall der geometrischen Wahrscheinlichkeit auf einem Intervall. In diesem Fall sind die Versuchsergebnisse in Ω "gleichmäßig verteilt". Solche Modelle werden in Abschnitt 3.2.4 behandelt.

3.2.2. Der klassische Wahrscheinlichkeitsbegriff nach Laplace

Der klassische Wahrscheinlichkeitsbegriff wurde bereits vom französischen Mathematiker **P. S. Laplace** (1749-1827) zur Beurteilung der Chancen bei Glücksspielen benutzt. Zur Anwendung dieses Wahrscheinlichkeitsbegriffs benötigt man die beiden Voraussetzungen:

(L1) Bei dem Zufallsexperiment gibt es nur endlich viele verschiedene Versuchsergebnisse, d.h. die Ergebnismenge Ω ist endlich.

(L2) Keines der möglichen Versuchsergebnisse darf bevorzugt auftreten, d.h. alle Elementarereignisse sind gleichwahrscheinlich.

Die erste Bedingung ist bei vielen Zufallsexperimenten erfüllt. Die zweite Bedingung der Chancengleichheit sämtlicher Versuchsergebnisse ist oft rein äußerlich nicht erkennbar. Doch kann man bei vielen Experimenten auf Grund der Konstruktion des Zufallsgeräts und der Versuchsdurchführung von einer solchen Chancengleichheit ausgehen. So kann man z. B. bei einem aus homogenem Material angefertigten Würfel diese Chancengleichheit annehmen, allerdings nur dann, wenn die entsprechende Person bei der Versuchsdurchführung keine Manipulationen vornimmt. Letztendlich kann die Chancengleichheit nur mit Hilfe statistischer Methoden überprüft werden.

Ein Zufallsexperiment, bei dem die beiden Voraussetzungen (L1) und (L2) erfüllt sind, nennt man ein **Laplace-Experiment.** Der bei diesem Modell benutzte Wahrscheinlichkeitsbegriff heißt **klassische** oder **Laplace-Wahrscheinlichkeit.**

Die Ergebnismenge $\Omega = \{\omega_1, \omega_2, \dots, \omega_m\}$ besitze m Elemente. Jedes Elementarereignis hat wegen (L2) die gleiche Wahrscheinlichkeit p. Wegen der Additivität und der Normierung folgt dann aus

$$\Omega = \bigcup_{i=1}^{m} \{\omega_i\}$$

$$1 = P(\Omega) = \sum_{i=1}^{m} P(\{\omega_i\}) = m \cdot p \quad \text{mit } p = \frac{1}{m} .$$

Die Wahrscheinlichkeit für ein beliebiges Ereignis $A = \{\omega_{i_1}, \omega_{i_2}, \dots, \omega_{i_r}\}$ erhält man durch Summenbildung als

$$P(A) = r \cdot \frac{1}{m} = \frac{r}{m} = \frac{|A|}{|\Omega|} = \frac{\text{Anzahl der für A günstigen Fälle}}{\text{Anzahl der insgesamt möglichen Fälle}} .$$

Die Berechnung einer Laplace-Wahrscheinlichkeit wird also auf ein Abzählproblem zurückgeführt. Zur Bestimmung der Anzahl der günstigen und der möglichen Fälle können Formeln aus der Kombinatorik benutzt werden, die in Abschnitt 3.2.3 zusammengestellt sind.

Beispiel (Roulette): Beim Roulette wird eine der 37 Zahlen 0,1,2,...,35,36 ausgespielt, es ist also $|\Omega| = 37$. Die Chancengleichheit aller 37 Zahlen dürfte dann gegeben sein, wenn der Roulette-Teller homogen ist und alle 37 Kreissektoren gleich groß sind. Ferner muß gewährleistet sein, daß am Roulette-Teller keine Manipulationen vorgenommen wurden und daß der Croupier die Kugel "korrekt" rollen läßt. Dann erhält man folgende Laplace-Wahrscheinlichkeiten

P(ungerade Zahl) = P(rot) = P(schwarz) = $\frac{18}{37}$. Bei einfachen Chancen (Ereignisse, die aus 18 Zahlen bestehen) ist daher die Gewinnwahrscheinlichkeit kleiner als $\frac{1}{2}$.

P(1.Dutzend) = P({1,2,3,...,11,12}) = $\frac{12}{37}$; P(Querreihe 31,32,33) = $\frac{3}{37}$.

3.2.3. Kombinatorik

Zur Berechnung der Anzahl der möglichen und der günstigen Fälle können geeignete Formeln aus der Kombinatorik benutzt werden. Diese Formeln dürfen jedoch nur dann zur Berechnung klassischer Wahrscheinlichkeiten herangezogen werden, wenn sichergestellt ist, daß sämtliche Fälle gleichwahrscheinlich sind. Welche Formel zur Lösung eines Problems geeignet ist, hängt von der speziellen Versuchsdurchführung ab. Eine kleine Veränderung der Versuchsbedingungen hat oft auch eine Änderung des kombinatorischen Modells zu Folge und führt so zu anderen Wahrscheinlichkeiten. Zu beachten ist, daß sowohl die Berechnung der Anzahl der möglichen als auch die der günstigen Fälle immer nach demselben Modell der Kombinatorik erfolgen muß. In der Kombinatorik werden vor allem verschiedene Anordnungs- und Auswahlmöglichkeiten behandelt.

3.2.3.1. Produktregel der Kombinatorik (das allgemeine Zählprinzip)

Ein **k-stufiges Zufallsexperiment** entsteht dadurch, daß k Zufallsexperimente nacheinander oder gleichzeitig durchgeführt werden.
Die einzelnen Teilexperimente sollen der Reihe nach die Ergebnismengen $\Omega_1, \Omega_2, \dots, \Omega_k$ besitzen. Dann sind die Ergebnisse des Gesamtexperiments (geordnete) k-tupel $(\omega_1, \omega_2, \dots, \omega_k)$, wobei an der i-ten Stelle das Ergebnis ω_i des i-ten Zufallsexperiments steht, also $\omega_i \in \Omega_i$.

Die Ergebnismenge Ω des Gesamtexperiments ist die Menge aller k-tupel, also das direkte Produkt der einzelnen Ergebnismengen

$$\Omega = \Omega_1 \times \Omega_2 \times \dots \times \Omega_k.$$

Daraus erhält man die

Produktregel der Kombinatorik:
$\lvert\Omega\rvert = \lvert\Omega_1\rvert \cdot \lvert\Omega_2\rvert \cdot \dots \cdot \lvert\Omega_k\rvert$.
Falls es für die i-te Stufe n_i Besetzungsmöglichkeiten gibt für $i = 1, 2, \dots, k$, besitzt das k stufige Gesamtexperiment Ω $n = n_1 \cdot n_2 \cdot \dots \cdot n_k$ verschiedene Ergebnisse (k-tupel) .

Mit Hilfe dieses allgemeinen Zählprinzips lassen sich viele Formeln der Kombinatorik sehr einfach herleiten.

3.2.3.2. Anordnungsmöglichkeiten (Permutationen)

Unter einer Permutation von n Elementen versteht man eine Anordnung der Elemente. Allgemein gilt:

n verschiedene Dinge lassen sich auf $n! = 1 \cdot 2 \cdot \ldots \cdot n$ verschiedene Arten **anordnen** (Anzahl der Permutationen).

Von n Dingen seien jeweils $n_1, n_2, \ldots, n_r$ gleich.

Dann gibt es für diese n Dinge insgesamt

$$\frac{n!}{n_1! \cdot n_2! \cdot \ldots \cdot n_r!}, \quad n = n_1 + n_2 + \ldots + n_r$$

verschiedene **Anordnungsmöglichkeiten.**

3.2.3.3. Auswahlmöglichkeiten unter Berücksichtigung der Reihenfolge

Aus n verschiedenen Dingen sollen k Stück nacheinander ausgewählt werden. Dabei spiele die Reihenfolge der Ziehung der einzelnen Elemente eine Rolle. Man spricht dann vom Ziehen unter **Berücksichtigung der Reihenfolge (Anordnung).** Beim Ziehen **ohne Zurücklegen (ohne Wiederholung)** werden die gezogenen Elemente vor dem nächsten Zug nicht mehr zu den übrigen zurückgelegt. Beim Ziehen **mit Zurücklegen (mit Wiederholung)** werden die ausgewählten Elemente nur registriert und vor dem nächsten Zug wieder zur Grundmenge zurückgelegt.

Aus n verschiedenen Dingen werden **unter Berücksichtigung der Reihenfolge** k Stück ausgewählt. Dann beträgt die Anzahl der Auswahlmöglichkeiten:

a) beim Ziehen **ohne Zurücklegen (ohne Wiederholung)**

$$n \cdot (n-1) \cdot (n-2) \cdot \ldots \cdot (n-k+1) \qquad \text{für } k \leq n;$$

b) beim Ziehen **mit Zurücklegen (mit Wiederholung)**

$$n^k \qquad \text{für beliebiges } k.$$

Beispiel (Erzeugung von Zufallszahlen): Eine Urne enthalte 10 Kugeln mit den aufgezeichneten Ziffern $0, 1, 2, \ldots, 9$. Daraus werden nacheinander vier Kugeln ausgewählt. Das Ergebnis sei die aus den vier Ziffern in der Reihenfolge der Ziehung gebildete Zahl.

a) Beim Ziehen ohne Zurücklegen gibt es $10 \cdot 9 \cdot 8 \cdot 7 = 5040$ verschiedene Möglichkeiten. Dabei entstehen mindestens dreistellige Zahlen, deren Ziffern alle voneinander verschieden sind.

b) Beim Ziehen mit Zurücklegen erhält man alle $10^4 = 10000$ höchstens vierstelligen Zahlen $0, 1, 2, \ldots, 9999$.

Beispiel (Geburtstagsproblem): Gesucht ist die Wahrscheinlichkeit dafür, daß von n zufällig ausgewählten Personen mindestens zwei am gleichen Tag Geburtstag haben.
Zur Berechnung der Wahrscheinlichkeit machen wir die Modellannahme: Das Jahr habe 365 Tage, die als Geburtstage für jede der n Personen gleichwahrscheinlich sind.
Das entsprechende Ereignis bezeichnen wir mit A_n. Für $n > 365$ müssen mindestens zwei Personen am gleichen Tag Geburtstag haben. Dann gilt

$$P(A_n) = 1 \quad \text{für } n > 365.$$

Für $n \leq 365$ läßt sich die Anzahl der für A_n günstigen Fälle auf direktem Weg sehr schwer berechnen. Aus diesem Grund soll zuerst die Wahrscheinlichkeit für das Komplementärereignis $\bar{A}_n$ berechnet werden. Dieses Ereignis tritt ein, wenn alle n Personen an verschiedenen Tagen Geburtstag haben. Die Personen werden durchnumeriert. Die Anzahl der möglichen Fälle ist dann 365^n. Die Anzahl der günstigen Fälle erhält man durch folgende Überlegung: Für die erste Person kommen 365, für die zweite 364, für die dritte 363, ..., für die n-te $365 - n + 1$ Tage in Frage. Für $\bar{A}_n$ gibt es nach dem Multiplikationsprinzip dann insgesamt $365 \cdot 364 \cdot ... \cdot (365 - n + 1)$ günstige Fälle. Damit gilt

$$P(\bar{A}_n) = \frac{365 \cdot 364 \cdot ... \cdot (365 - n + 1)}{365^n} .$$

Hieraus folgt

$$P(A_n) = 1 - P(\bar{A}_n) = 1 - \frac{365 \cdot 364 \cdot ... \cdot (365 - n + 1)}{365^n} \quad \text{für } n \leq 365.$$

Für $n = 23$ erhält man den etwas überraschenden Wert

$$P(A_{23}) \approx 0{,}507.$$

Dadurch, daß die Schaltjahre unberücksichtigt bleiben, ist die berechnete Wahrscheinlichkeit etwas zu groß. Die Gleichverteilung der Geburtstage auf alle 365 Tage ist auch nicht ganz realistisch. Eine ungleichmäßige Verteilung würde die Wahrscheinlichkeit etwas erhöhen.

3.2.3.4. Auswahlmöglichkeiten ohne Berücksichtigung der Reihenfolge

Aus n verschiedenen Dingen sollen k ausgewählt werden, wobei die Reihenfolge, in der die Elemente gezogen werden, keine Rolle spielt. Beim Ziehen ohne Zurücklegen könnte man die k Elemente auch gleichzeitig ziehen. Hier gilt:

Aus n verschiedenen Dingen werden **ohne Berücksichtigung der Reihenfolge** k Stück ausgewählt. Dann lautet die Anzahl der Auswahlmöglichkeiten:

a) beim Ziehen **ohne Zurücklegen (ohne Wiederholung)**

$$\binom{n}{k} = \frac{n \cdot (n-1) \cdot (n-2) \cdot \ldots \cdot (n-k+1)}{1 \cdot 2 \cdot \ldots \cdot k} = \frac{n!}{k! \cdot (n-k)!} \quad \text{für } k \leq n\,;$$

b) beim Ziehen **mit Zurücklegen (mit Wiederholung)**

$$\binom{n+k-1}{k} = \frac{(n+k-1)!}{k! \cdot (n-1)!} \quad \text{für beliebiges } k\,.$$

Dabei ist $\binom{n}{k}$ ein **Binomialkoeffizient** mit $\binom{n}{0} = 0$ und $0! = 1$.

Allgemein gilt die Symmetrieeigenschaft $\binom{n}{k} = \binom{n}{n-k}$.

3.2.3.5. Zusammenstellung der Formeln aus der Kombinatorik

Aus n verschiedenen Dingen sollen k ausgewählt werden. Dann erhält man für die Anzahl der verschiedenen Auswahlmöglichkeiten in Abhängigkeit vom Auswahlverfahren die vier in der nachfolgenden Tabelle zusammengestellten Werte

	mit Berücksichtigung der Reihenfolge (geordnet)	**ohne** Berücksichtigung der Reihenfolge (ungeordnet)
ohne Wiederholung (ohne Zurücklegen) $k = 1, 2, \ldots, n$	$n \cdot (n-1) \cdot \ldots \cdot (n-k+1)$	$\binom{n}{k}$
mit Wiederholung (mit Zurücklegen) $k = 1, 2, 3, \ldots$	n^k	$\binom{n+k-1}{k}$

Beispiel: Aus 20 Personen sollen zwei zufällig ausgewählt werden, die jeweils einen Preis erhalten. Die Anzahl der Verteilungsmöglichkeiten hängt davon ab, ob beide Preise verschieden oder gleich sind und ob die gleiche Person höchstens einen Preis oder auch gleichzeitig beide Preise erhalten kann.

Bei verschiedenen Preisen ist die Reihenfolge der Auswahl wichtig, bei zwei gleichen Preisen dagegen nicht. Falls die gleiche Person höchstens einen Preis erhalten darf, muß die Ziehung ohne Wiederholung (ohne Zurücklegen), sonst mit Wiederholung erfolgen. Insgesamt gibt es vier verschiedene Fallunterscheidungen. In der nachfolgenden Tabelle sind alle vier Fälle mit der jeweiligen Anzahl der verschiedenen Auswahlmöglichkeiten zusammen gestellt:

	verschiedene Preise (geordnet)	**gleiche** Preise (ungeordnet)
die gleiche Person kann **höchstens einen Preis** erhalten	$20 \cdot 19 = 380$	$\binom{20}{2} = 190$
die gleiche Person kann **beide Preise** erhalten	$20^2 = 400$	$\binom{21}{2} = 210$

3.2.3.6. Urnenmodelle

Eine Grundmenge bestehe aus N verschiedenen Elementen, von denen genau M eine bestimmte Eigenschaft besitzen. Bei Personen könnte z. B. die Aufteilung nach dem Geschlecht vorgenommen werden. Bei der Qualitätskontrolle interessiert zunächst nur, ob ein Werkstück fehlerhaft ist oder nicht. Hier erfolgt die Einteilung nach fehlerhaften und fehlerfreien Stücken.

Aus der gesamten Grundmenge sollen n Stück zufällig ausgewählt werden. Zur Versuchsdurchführung und zur Berechnung gesuchter Wahrscheinlichkeiten bei einer solchen zufälligen Auswahl eignen sich die sog. Urnenmodelle. Anstelle der N Elemente betrachtet man N Kugeln, von denen genau M schwarz sind. Den Ausgangselementen mit der interessierenden Eigenschaft werden also schwarze Kugeln zugeordnet. Den restlichen $N - M$ Elementen ordnet man meistens weiße Kugeln zu. Mit diesem Hilfsmodell erhält man folgende Aussage:

Urnenmodelle:
Eine Urne enthalte N Kugeln, von denen M schwarz und die restlichen $N-M$ weiß sind. Dabei gelte $1 \leq M < N$. Aus dieser Urne werden n Kugeln zufällig ausgewählt.
p_k sei die Wahrscheinlichkeit dafür, daß sich unter den n ausgewählten Kugeln genau k schwarze befinden. Diese Wahrscheinlichkeit lautet

a) beim **Ziehen ohne Zurücklegen**

$$p_k = \frac{\binom{M}{k} \cdot \binom{N-M}{n-k}}{\binom{N}{n}} \quad \text{für } 0 \leq k \leq \min(n,M)$$
$$0 \leq n-k \leq N-M \ ; \ n \leq N \ ;$$

b) beim **Ziehen mit Zurücklegen**

$$p_k = \binom{n}{k} \cdot \left(\frac{M}{N}\right)^k \cdot \left(1 - \frac{M}{N}\right)^{n-k} \quad \text{für } k = 0, 1, 2, \ldots, n \ ; \ n \text{ beliebig} .$$

Bemerkungen zum Ziehen ohne Zurücklegen

Beim Ziehen ohne Zurücklegen können die n Kugeln einzeln oder auch gleichzeitig gezogen werden. Falls eine der angegebenen Bedingungen für k nicht erfüllt ist, verschwindet im Zähler der entsprechende Binomialkoeffizient, da die untere Zahl dann größer ist als die obere.

Beweis der Formel: Im Nenner steht die Anzahl der möglichen und im Zähler nach dem Multiplikationsprinzip die Anzahl der für das Ziehen von k schwarzen Kugeln günstigen Fälle.

Bemerkungen zum Ziehen mit Zurücklegen

Beim Ziehen mit Zurücklegen müssen die Elemente einzeln gezogen werden. Nach jedem Einzelzug wird das ausgewählte Element registriert und vor dem nächsten Zug wieder zur Grundmenge zurückgelegt. Bei jedem den n Züge wird bei diesem Modell aus der gesamten Grundmenge mit N Elementen gezogen. Dabei darf n beliebig sein.

Beweis der Formel: Das untersuchte Ereignis (k schwarze Kugeln werden gezogen) tritt z.B. ein, wenn bei den ersten k Zügen jeweils eine schwarze und bei den restlichen n−k Zügen immer eine weiße Kugel gezogen wird, also z. B. bei der Serie

$$\underbrace{s, s, s, \ldots\ldots, s, s}_{k \text{ Stück}}, \ \underbrace{w, w, w, \ldots\ldots, w, w}_{n-k \text{ Stück}} .$$

Für die Serie in dieser Reihenfolge gibt es insgesamt $M^k \cdot (N-M)^{n-k}$ günstige Fälle. Jede andere Reihenfolge, bei der k-mal s auftritt, hat ebensoviel günstige Fälle. Die Anzahl der verschiedenen Serien erhält man, indem aus n Plätzen k Stück für die Belegung mit s ausgewählt werden, was auf $\binom{n}{k}$ verschiedene Arten möglich ist. Damit gibt es insgesamt

$$\binom{n}{k} \cdot M^k \cdot (N-M)^{n-k} \text{ günstige und } N^n \text{ mögliche Serien.}$$

Daraus folgt

$$p_k = \binom{n}{k} \cdot \frac{M^k \cdot (N-M)^{n-k}}{N^n} = \binom{n}{k} \cdot \left(\frac{M}{N}\right)^k \cdot \left(1 - \frac{M}{N}\right)^{n-k}.$$

Dabei ist der Quotient $p = \frac{M}{N}$ die Wahrscheinlichkeit dafür, daß man bei einem Einzelzug eine schwarze Kugel auswählt.

Beispiel (Zahlenlotto 6 aus 49): Beim Zahlenlotto werden aus den Zahlen $1, 2, 3, \ldots, 48, 49$ sechs Gewinnzahlen und eine Zusatzzahl ausgewählt. Ein Spieler muß in jeder getippten Reihe 6 Zahlen ankreuzen. Dafür gibt es

$$\binom{49}{6} = \frac{49 \cdot 48 \cdot 47 \cdot 46 \cdot 45 \cdot 44}{1 \cdot 2 \cdot 3 \cdot 4 \cdot 5 \cdot 6} = 13\,983\,816$$

verschiedene Auswahlmöglichkeiten.

Die Wahrscheinlichkeit, mit einer einzigen Reihe 6 Richtige zu erzielen, beträgt damit

$$P(6 \text{ Richtige}) = \frac{1}{13\,983\,816} \approx 0{,}0000000715\,.$$

Um "5 Richtige mit Zusatzzahl" in einer Reihe getippt zu haben, müssen die einzige Zusatzzahl und von den 6 Richtigen fünf Zahlen angekreuzt sein. Dafür gibt es insgesamt $1 \cdot \binom{6}{1} = 6$ verschiedene Möglichkeiten mit

$$P(5 \text{ Richtige mit Zusatzzahl}) = \frac{6}{13\,983\,816} \approx 0{,}000000429\,.$$

Bei "5 Richtigen ohne Zusatzzahl" müssen von den 6 Gewinnzahlen fünf angekreuzt sein. Die sechste Zahl muß auch von der Zusatzzahl verschieden sein, sie kann also aus $49 - 6 - 1 = 42$ Zahlen ausgewählt werden. Insgesamt gibt also

$\binom{6}{5} \cdot 42 = 252$ verschiedene Möglichkeiten mit

$$P(5 \text{ Richtige ohne Zusatzzahl}) = \frac{252}{13\,983\,816} \approx 0{,}00001802.$$

Für vier Richtige gibt es insgesamt

$$\binom{6}{4}\cdot\binom{43}{2} = 13\,545 \text{ verschiedene Möglichkeiten mit}$$

$$P(4 \text{ Richtige}) = \frac{13\,545}{13\,983\,816} \approx 0{,}0009686\,.$$

Für drei Richtige gibt es insgesamt

$$\binom{6}{3}\cdot\binom{43}{3} = 246\,820 \text{ verschiedene Möglichkeiten mit}$$

$$P(3 \text{ Richtige}) = \frac{246\,820}{13\,983\,816} \approx 0{,}01765.$$

Zusammenfassung:

Anzahl der Tippmöglichkeiten:

Insgesamt gibt es 13 983 816 verschiedene Tippmöglichkeiten.

Wenn jemand sämtliche 13 983 816 Reihen tippt, so hat er

1 mal	6 Richtige
6 mal	5 Richtige mit Zusatzzahl
252 mal	5 Richtige ohne Zusatzzahl
13 545 mal	4 Richtige
246 820 mal	3 Richtige .

3.2.4. Geometrische Wahrscheinlichkeiten und Simulationen

Geometrische Wahrscheinlichkeiten erhält man mit Hilfe von Längen-, Flächen- oder Volumenberechnungen. Nur die ersten beiden Fälle sollen hier behandelt werden.

3.2.4.1. Geometrische Wahrscheinlichkeiten auf Intervallen

Die Ergebnisse eines Zufallsexperiments seien die Ausprägungen eines stetigen Merkmals, wobei die Ergebnismenge Ω ein ganzes Intervall $[a, b]$ ist. Jedes einzelne Elementarereignis $\{\omega\}$ besitzt dann die Wahrscheinlichkeit Null. Trotzdem hat das sichere Ereignis $\Omega = [a, b]$ die Wahrscheinlichkeit Eins. Diese Normierung ist möglich, weil die Ergebnismenge Ω überabzählbar ist. Bei vielen solchen Zufallsexperimenten kann man davon ausgehen, daß keine Teilbereiche von Ω bevorzugt auftreten. Darunter versteht man folgendes: Die Wahrscheinlichkeit dafür, daß das Versuchsergebnis ω in einem bestimmten Teilintervall liegt, hängt nicht von der speziellen Lage, sondern nur von der Länge dieses Intervalls ab. Hierfür sagt man auch, die Ergebnisse sind im Intervall $[a, b]$ **gleichmäßig verteilt.** Damit erhält man eine

geometrische Wahrscheinlichkeit auf einem Intervall $[a, b]$:

$\Omega = [a, b]$ mit $a < b$ sei ein Intervall auf der Zahlengeraden $\mathbb{R}$. $A = [c, d] \subset \Omega$ sei ein Teilintervall von Ω mit der Länge $d - c$. Dann besitzt A die **geometrische Wahrscheinlichkeit**

$$P(A) = \frac{\text{Länge von } A}{\text{Länge von } \Omega} = \frac{d-c}{b-a} = \frac{|A|}{|\Omega|}.$$

Eine Wahrscheinlichkeit darf nur dann nach der Formel für geometrische Wahrscheinlichkeiten berechnet werden, wenn auf Grund des Zufallsexperiments davon ausgegangen werden kann, daß alle Intervalle gleicher Länge auch die gleiche Wahrscheinlichkeit besitzen. Jeder einzelne Punkt x besitzt die geometrische Wahrscheinlichkeit 0, es gilt also

$$P(\{x\}) = 0 \text{ für jedes } x \in [a, b].$$

Beispiel (Glücksrad): Mit dem nebenstehenden Glücksrad können die Zahlen 1,2,3,4,5,6 zufällig erzeugt werden. Entscheidend für die Wahrscheinlichkeiten $p_i = P(\{i\})$ der einzelnen Zahlen sind die Zentriwinkel. Es kann das Modell der geometrischen Wahrscheinlichkeit auf dem Gesamtwinkel von 360 Grad benutzt werden. Aus den Innenwinkeln erhält man die Wahrscheinlichkeiten

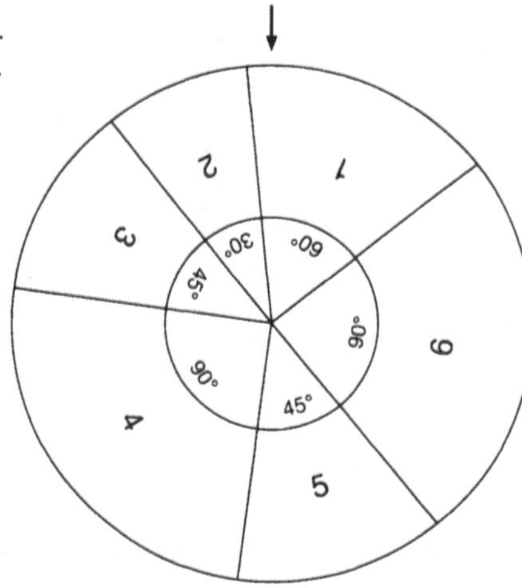

$p_1 = \frac{1}{6}$; $p_2 = \frac{1}{12}$; $p_3 = \frac{1}{8}$;

$p_4 = \frac{1}{4}$; $p_5 = \frac{1}{8}$; $p_6 = \frac{1}{4}$.

3.2.4.2. Erzeugung von Zufallszahlen

Bei der Durchführung eines Zufallsexperiments, bei dem geometrische Wahrscheinlichkeiten benutzt werden, muß gewährleistet sein, daß die Ergebnisse im gesamten Intervall gleichmäßig verteilt sind. Es dürfen keine Bereiche bevorzugt ausgewählt werden. Falls man z. B. einen Stab an beiden Enden festhält und ihn so durchbricht, ist die Bruchstelle nicht gleichmäßig verteilt. Sie wird sehr oft im mittleren Bereich und ganz selten am Rand liegen. Aus diesem Grund benutzt man anstelle der Versuchsdurchführung sehr oft **Zufallszahlen**, die von einem Computer berechnet werden. Das Zufallsexperiment wird dadurch auf einem Rechner **simuliert.** Vom Computer werden die Zahlen allerdings nach einer bestimmten Rechenvorschrift erzeugt. Aus diesem Grund handelt es sich gar nicht um echte Zufallszahlen, sondern nur um sog. Pseudozufallszahlen. Die meisten Zufallszahlengeneratoren liefern **Standardzufallszahlen** r aus dem Intervall $[0;1]$, die annähernd gleichmäß verteilt und fast unabhängig sind.

Mit der Transformation

$$z = a + (b-a) \cdot r$$

erhält man **Zufallszahlen aus dem Intervall $[a,b]$** für $a < b$.

Multipliziert man die Standardzufallszahlen r mit der ganzen Zahl $m+1$ und nimmt man davon den ganzzahligen Anteil $INT[(m+1) \cdot r]$, so erhält man ganzzahlige Zufallszahlen aus der Menge $\Omega = \{0, 1, 2, ..., m\}$. Addition einer ganzen Zahl k liefert **Zufallszahlen aus $\Omega = \{k, k+1, ..., k+m\}$**. Damit lassen sich Laplace-Experimente simulieren.

Mit den von einem Rechner erzeugten Standardzufallszahlen r können sehr bequem **Bernoulli-Experimente**, also unabhängige Versuchsserien simuliert werden, bei denen in jedem Versuchsschritt nur festgestellt wird, ob ein Ereignis A mit der Wahrscheinlichkeit $p = P(A)$ eintritt oder nicht. Im Falle $r \leq p$ entscheidet man sich für das Ereignis A, sonst für das Komplementärereignis $\bar{A}$.

3.2.4.3. Geometrische Wahrscheinlichkeiten in der Ebene

Bei einem (zweistufigen) Zufallsexperiment sollen die Ergebnispaare (x, y) Ausprägungen zweier stetiger Merkmale sein. Die Ergebnismenge sei ein bestimmter Bereich $\Omega \subset \mathbb{R}^2$ der Zahlenebene mit endlichem Flächeninhalt $F(\Omega)$. Eine **gleichmäßige Verteilung der Ergebnispaare in Ω** bedeutet, daß die Wahrscheinlichkeit, mit der das Ergebnis in einer Teilmenge $A \subset \Omega$ liegt, nur vom Flächeninhalt von A und nicht von der speziellen Lage des Ereignisses A abhängt. Dann erhält man eine

geometrische Wahrscheinlichkeit auf einem Gebiet $\Omega \subset \mathbb{R}^2$:

$\Omega \subset \mathbb{R}^2$ sei ein Gebiet der zweidimensionalen Zahlenebene mit dem endlichen Flächeninhalt $F(\Omega)$. $A \subset \Omega$ sei ein Teilgebiet mit dem Flächeninhalt $F(A)$. Dann besitzt A die **geometrische Wahrscheinlichkeit**

$$P(A) = \frac{F(A)}{F(\Omega)} = \frac{\text{Flächeninhalt von } A}{\text{Flächeninhalt von } \Omega} .$$

Geometrische Wahrscheinlichkeiten in der Ebene dürfen nur dann zur Berechnung von Wahrscheinlichkeiten benutzt werden, wenn auf Grund des Zufallsexperiments gewährleistet ist, daß alle Teilgebiete von Ω mit gleichem Flächeninhalt auch gleichwahrscheinlich sind. Die geometrische Wahrscheinlichkeit einer Kurve ist gleich Null.

Beispiel (Begegnungsproblem): Zwei Autofahrer wollen sich aus zwei verschiedenen Richtungen ankommend auf einem Parkplatz treffen. Sie verabreden, daß sie zwischen 13 und 14 Uhr ankommen, daß aber jeder nicht länger als 30 Minuten auf den anderen wartet. Gesucht ist die Wahrscheinlichkeit dafür, daß sie sich bei dieser Verabredung tatsächlich treffen. Dabei sei vorausgesetzt, daß die Ankunftszeiten beider Autofahrer voneinander unabhängig zwischen 13 und 14 Uhr gleichmäßig verteilt sind.

Die Menge der Paare (x,y) der möglichen Ankunftszeiten Ω ist ein Quadrat. Die Seitenlänge und der Flächeninhalt sind gleich Eins. Beide Fahrer treffen sich, falls das Paar der Ankunftszeiten im schraffierten Bereich A liegt. Dieses Gebiet besitzt den Flächeninhalt 0,75. Damit erhält man die gesuchte Wahrscheinlichkeit P(A) = 0,75.

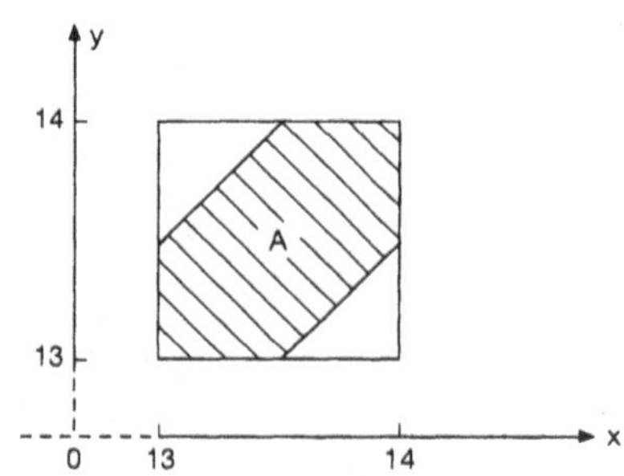

3.2.4.4. Flächenberechnungen mit Hilfe von Simulationen

Zufallsexperimente, bei denen geometrische Wahrscheinlichkeiten benutzt werden dürfen, kann man mit Hilfe von unabhängigen Paaren von Zufallszahlen **simulieren.** Dabei werden nur Zahlenpaare aus der Ergebnismenge Ω zugelassen. Das Ereignis A tritt dann ein, wenn das Zahlenpaar im entsprechenden Bereich A liegt. Meistens liegt bei großem Versuchsumfang n die Wahrscheinlichkeit

$P(A) = \frac{F(A)}{F(\Omega)}$ in der Nähe der relativen Häufigkeit $r_n(A)$. Dann gilt die

$$\text{Approximation:} \quad F(A) \approx r_n(A) \cdot F(\Omega).$$

Bei bekanntem Flächeninhalt $F(\Omega)$ können damit durch Simulationen von Zufallsexperimenten Flächeninhalte näherungsweise bestimmt werden.

Beispiel (statistische Bestimmung der Zahl π): Mit Hilfe eines Zufallszahlengenerators werden Paare unahhängiger Zufallszahlen x, y aus dem Intervall [0 ; 1] erzeugt. Die Paare sind dann im Einheitsquadrat Ω mit dem Flächeninhalt Eins gleichmäßig verteilt. A sei der eingezeichnete Viertelskreis mit dem Fächeninhalt $\frac{\pi}{4}$. In einer Simulationsreihe vom Umfang n sei $r_n(A)$ die relative Häufigkeit der Versuche, bei denen das Zahlenpaar in A liegt, also die Bedingung

$$x^2 + y^2 \leq 1$$

erfüllt. Dann gilt die Näherung

$$\pi \approx 4 \cdot r_n(A).$$

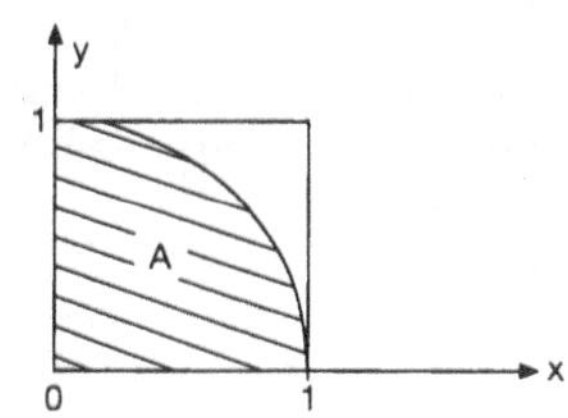

Zahlenbeispiel: Von 100 000 Zahlenpaaren lagen 78 593 auf der Fläche des Viertelkreises. Daraus erhält man

$$\pi \approx 3{,}14372.$$

4. Bedingte Wahrscheinlichkeiten

Die in Abschnitt 3 behandelte sog. **absolute Wahrscheinlichkeit** P(A) darf als Maß für die Chance des Eintretens des Ereignisses A nur dann benutzt werden, wenn das Zufallsexperiment noch nicht begonnen hat oder wenn über das laufende bzw. bereits beendete Zufallsexperiment keinerlei Information vorliegt. Sind jedoch bereits Teilinformationen über den Ausgang bekannt, so weiß man, daß gewisse Ereignisse nicht eingetreten sein können. Durch eine solche Information ändert sich die Ergebnismenge und eventuell auch manche Wahrscheinlichkeit. Die vom **Informationsstand** abhängigen Wahrscheinlichkeiten heißen **bedingte Wahrscheinlichkeiten**. Manchmal interessiert man sich auch nur für die Wahrscheinlichkeit eines Ereignisses A unter der Bedingung, daß ein bestimmtes Ereignis B eintritt. Auch hier handelt es sich um eine bedingte Wahrscheinlichkeit. Bedingte Wahrscheinlichkeiten sind Schätzwerte für die entsprechenden bedingten relativen Häufigkeiten.

4.1 Bedingte relative Häufigkeiten

In einer Versuchsserie vom Umfang n besitzen die beiden Ereignisse A und B die alsoluten Häufigkeiten $h_n(A)$ und $h_n(B)$ mit $h_n(B) > 0$. In der Gesamtserie vom Umfang n sollen nur noch diejenigen Versuche betrachtet werden, bei denen das Ereignis B eingetreten ist. Durch diese Einschränkung reduziert sich der Versuchsumfang von n auf $h_n(B)$. In dieser Teilserie ist das Ereignis A eingetreten, wenn in der Ausgangsserie vom Umfang n der Durchschnitt $A \cap B$ eingetreten ist. Somit besitzt das Ereignis A in dieser reduzierten Teilserie die absolute Häufigkeit $h_n(A \cap B)$ und die relative Häufigkeit

$$\frac{h_n(A \cap B)}{h_n(B)} = \frac{h_n(A \cap B)/n}{h_n(B)/n} = \frac{r_n(A \cap B)}{r_n(B)} = r_n(A \mid B) .$$

$r_n(A \mid B)$ heißt die **bedingte relative Häufigkeit von A unter der Bedingung, daß B eintritt** (eingetreten ist). Für diese relative Häufigkeit gelten folgende Eigenschaften:

$0 \leq r_n(A \mid B) \leq 1$ für jedes Ereignis A (**Nichtnegativität**) ;

$r_n(B \mid B) = 1$ (**Normierung**) ;

$r_n((A \cup C) \mid B) = r_n(A \mid B) + r_n(C \mid B)$, falls $A \cap C = \emptyset$

(**Additivität bei unvereinbaren (disjunkten) Ereignissen**) ;

$r_n\left(\left(\bigcup_{i=1}^{\infty} A_i\right) \mid B\right) = \sum_{i=1}^{\infty} r_n(A_i \mid B)$ für paarweise unvereinbare Ereignisse mit $A_i \cap A_k = \emptyset$ für $i \neq k$ (**σ-Additivität**) .

Bei festgehaltenem Ereignis B gelten also für die bedingten relativen Häufigkeiten die gleichen Eigenschaften wie für die relativen Häufigkeiten, allerdings mit dem Unterschied, daß $r_n(B \mid B) = 1$ ist. An die Stelle des sicheren Ereignisses Ω tritt hier das Ereignis B. Dies ist auch plausibel, da ja nur noch diejenigen Versuche betrachtet werden, bei denen das Ereignis B eingetreten ist. Somit findet eine Restriktion (Einschränkung) auf die neue Grundmenge (Ergebnismenge) B statt. Bei zweidimensionalen Häufigkeitsverteilungen wurden bedingte relative Häufigkeiten bereits in Kap. I Abschnitt 2.1.3 behandelt.

4.2 Definition der bedingten Wahrscheinlichkeit

Beispiel: Gegeben sind 200 weiße Lose, von denen 30 gewinnen und 300 rote mit ebenfalls 30 Gewinnen. Sämtliche 500 Lose werden gemischt. Aus der Gesamtmenge wird zufällig ein Los gezogen, ohne daß man beim Ziehen die Farbe feststellen kann. Die Ereignisse G: "das gezogene Los gewinnt"; W: "das Los ist weiß" und R: "das Los ist rot" besitzen die Wahrscheinlichkeiten

$$P(G) = \frac{60}{500}\,;\ P(W) = \frac{200}{500}\,;\ P(R) = \frac{300}{500}\,;\ P(G \cap R) = \frac{30}{500}\,.$$

Ein rotes Los sei gezogen, aber noch nicht geöffnet worden. Damit ist das Ereignis R eingetreten. Die Wahrscheinlichkeit, daß dieses Los gewinnt, ist die **bedingte Wahrscheinlichkeit** des Ereignisses G unter der Bedingung, daß R eingetreten ist. In Analogie zur bedingten relativen Häufigkeit bezeichnet man diese bedingte Wahrscheinlichkeit mit $P(G\,|\,R) = \frac{30}{300} = 0{,}1$. Division von Zähler und Nenner durch 500 ergibt

$$P(G\,|\,R) = \frac{30}{300} = \frac{30/500}{300/500} = \frac{P(G \cap R)}{P(R)}\,.$$

Diese Eigenschaft gilt immer und kann zur allgemeinen Definition der bedingten Wahrscheinlichkeit benutzt werden.

Definition der bedingten Wahrscheinlichkeit:

$$P(A|B) = \frac{P(A \cap B)}{P(B)} \quad \text{mit } P(B) > 0 \text{ heißt die}$$

bedingte Wahrscheinlichkeit des Ereignisses A unter der Bedingung B. Es ist die Wahrscheinlichkeit dafür, daß A eintritt unter der Bedingung, daß B eintritt (eingetreten ist).

Bei festem Ereignis B und variablem A ist $P(A\,|\,B)$ wieder eine Wahrscheinlichkeit, die auf B (bedingte Grundmenge) eingeschränkt ist. Dabei gelten die

Eigenschaften der bedingten Wahrscheinlichkeit:
Das Ereignis B mit $P(B) > 0$ wird festgehalten. Die durch

$$P_B(A) = P(A \mid B) = \frac{P(A \cap B)}{P(B)}$$

definierte Ereignisfunktion P_B ist dann eine Wahrscheinlichkeit auf den Teilereignissen von B mit den Eigenschaften (einer Wahrscheinlichkeit):

$0 \leq P_B(A) \leq 1$ für jedes Ereignis A **(Nichtnegativität)** ;

$P_B(B) = 1$ **(Normierung)** ;

$P_B(A \cup C) = P_B(A) + P_B(C)$, falls $A \cap C = \emptyset$ **(Additivität)** ;

$P_B\left(\bigcup\limits_{i=1}^{\infty} A_i\right) = \sum\limits_{i=1}^{\infty} P_B(A_i)$ für paarweise unvereinbare Ereignisse $A_i \cap A_k = \emptyset$ für $i \neq k$ **(σ-Additivität)** .

Bei festhaltenem B dürfen daher sämtliche Eigenschaften einer Wahrscheinlichkeit auf die Ereignisfunktion P_B angewandt werden. $B = \Omega$ ergibt die absolute Wahrscheinlichkeit $P(A) = P(A \mid \Omega)$.

Bei variablem B und festgehaltenem A erhält man jedoch keine Wahrscheinlichkeit. Im allgemeinen ist $P(A \mid (B_1 \cup B_2)) \neq P(A \mid B_1) + P(A \mid B_2)$ für $B_1 \cap B_2 = \emptyset$.

Manchmal ist eine bedingte Wahrscheinlichkeit $P(A \mid B)$ sehr einfach zu berechnen wie bei dem obigen Beispiel der Lose. Dann benutzt man zur Berechnung von $P(A \cap B)$ den unmittelbar aus der Definition der bedingten Wahrscheinlichkeit folgenden

Multiplikationssatz bei bedingten Wahrscheinlichkeiten:

$$P(A \cap B) = P(A \mid B) \cdot P(B) = P(B \mid A) \cdot P(A) \quad \text{für } P(A), P(B) > 0.$$

Beispiel: Unter 20 Werkstücken befinden sich 3 fehlerhafte. Daraus werden nacheinander zwei Stück zufällig ausgewählt. F_1 (F_2) sei das Ereignis, daß das zuerst (zuletzt) ausgewählte Werkstück fehlerhaft ist. Dann gilt

$$P(F_1) = \frac{3}{20}\,;\; P(F_2 \mid F_1) = \frac{2}{19}\,;\; P(\bar{F}_1) = \frac{17}{20}\,;\; P(\bar{F}_2 \mid \bar{F}_1) = \frac{16}{19}\,.$$

Hieraus erhält man die Wahrscheinlichkeiten

$$P(\text{beide fehlerhaft}) = P(F_2 \cap F_1) = P(F_2 \mid F_1) \cdot P(F_1) = \frac{2}{19} \cdot \frac{3}{20} = \frac{3}{190}\,;$$

$$P(\text{beide brauchbar}) = P(\bar{F}_2 \cap \bar{F}_1) = P(\bar{F}_2 \mid \bar{F}_1) \cdot P(\bar{F}_1) = \frac{16}{19} \cdot \frac{17}{20} = \frac{68}{95}\,.$$

Diese Wahrscheinlichkeiten können auch mit dem Urnenmodell ohne Zurücklegen berechnet werden.

Beispiel (Lotto-Vollsystem mit 8 Zahlen): Bei einem Vollsystem mit 8 Zahlen, wählt ein Spieler 8 Zahlen aus. Aus diesen 8 Zahlen werden dann sämtliche

$$\binom{8}{6} = \binom{8}{2} = 28$$

Auswahlmöglichkeiten für 6 Zahlen getippt. Dann hat der Spieler garantiert sechs Richtige, falls sich unter den 8 ausgewählten Zahlen tatsächlich alle sechs Gewinnzahlen befinden.
S sei das Ereignis, daß man mit dem Vollsystem aus 8 Zahlen sechs Richtige erzielt und B das Ereignis, daß sich unter den 8 ausgewählten Zahlen alle sechs Gewinnzahlen befinden. Dann gilt

$$P(S \mid B) = 1 \text{ und } P(S \mid \bar{B}) = 0.$$

Hieraus folgt

$$P(S) = P(S \mid B) \cdot P(B) = P(B).$$

Das Ereignis B tritt ein, wenn bei der Ausspielung von diesen 8 Zahlen alle sechs Gewinnzahlen gezogen werden. Die Wahrscheinlichkeit dafür ist

$$P(B) = \frac{\binom{8}{6}}{\binom{49}{6}} = \frac{28}{\binom{49}{6}} = \frac{28}{13\,983\,816} \approx 0{,}00000200.$$

Diese Wahrscheinlichkeit ist das 28-fache der Wahrscheinlichkeit, mit einer einzigen zufällig ausgewählten Reihe 6 Richtige zu erzielen. Die Chance für sechs Richtige ist bei diesem System also auch nicht größer als bei 28 beliebig ausgewählten verschiedenen Reihen.

Mit $A = A_1$ und $B = A_2 \cap A_3$ erhält man durch zweimalige Anwendung des Multiplikationssatzes

$$\begin{aligned} P(A_3 \cap A_2 \cap A_1) &= P(A_3 \mid A_2 \cap A_1) \cdot P(A_2 \cap A_1) \\ &= P(A_3 \mid A_2 \cap A_1) \cdot P(A_2 \mid A_1) \cdot P(A_1). \end{aligned}$$

Mehrmalige Anwendung ergibt:

allgemeiner Produktsatz bei bedingten Wahrscheinlichkeiten:

$$\begin{aligned} P(A_n \cap A_{n-1} \cap \ldots \cap A_1) = P(A_n \mid A_{n-1} \cap \ldots \cap A_1) \cdot P(A_{n-1} \mid A_{n-2} \cap \ldots \cap A_1) \cdot \\ \cdot \ldots\ldots \cdot P(A_3 \mid A_2 \cap A_1) \cdot P(A_2 \mid A_1) \cdot P(A_1). \end{aligned}$$

Falls $A_1, A_2, \ldots, A_n$ Ereignisse aus den einzelnen Stufen eines n-stufigen Zufallsexperiments sind, können sie in einem Pfad eines Baumdiagramms eingetragen werden. Trägt man auf den einzelnen Zweigen die bedingten (Übergangs-) Wahrscheinlichkeiten ein, so erhält man die Wahrscheinlichkeit des Gesamtereignisses als Produkt dieser bedingten Wahrscheinlichkeiten. Die so erhaltene Regel heißt auch **Pfadregel.**

Beispiel (vgl. obiges Beispiel): In dem vorangehenden Beispiel werden drei Werkstücke zufällig ausgewählt. Gesucht ist die Wahrscheinlichkeit dafür, daß a) keines, b) alle drei fehlerhaft sind.

Die entsprechenden Pfade des Baumdiagramms sind

a) $\xrightarrow{17/20} \overline{F} \xrightarrow{16/19} \overline{F} \xrightarrow{15/18} \overline{F}$

$$\text{mit } p = \frac{17}{20} \cdot \frac{16}{19} \cdot \frac{15}{18} \approx 0{,}5965\,;$$

b) $\xrightarrow{3/20} \overline{\overline{F}} \xrightarrow{2/19} \overline{\overline{F}} \xrightarrow{1/18} \overline{\overline{F}}$

$$\text{mit } p = \frac{3}{20} \cdot \frac{2}{19} \cdot \frac{1}{18} \approx 0{,}000877.$$

4.3 Satz von der totalen Wahrscheinlichkeit und Bayessche Formel

$A_1, A_2, \ldots, A_n$ seien paarweise unvereinbare Ereignisse mit positiven Wahrscheinlichkeiten, von denen bei jeder Versuchsdurchführung eines eintreten muß, also mit $\bigcup_{i=1}^{n} A_i = \Omega$, $A_i \cap A_k = \emptyset$ für $i \neq k$ und $P(A_i) > 0$ für alle i. Diese Ereignisse bilden eine Zerlegung von Ω. Man nennt sie eine **vollständige Ereignisdisjunktion.** Für jedes beliebige Ereignis B gilt dann

$$B = B \cap \Omega = B \cap \Big(\bigcup_{i=1}^{n} A_i \Big) = \bigcup_{i=1}^{n} BA_i \quad \text{(paarweise disjunkt).}$$

Aus der endlichen Additivität der Wahrscheinlichkeit fogt hieraus

$$P(B) = \sum_{i=1}^{n} P(B\,A_i).$$

Wendet man auf jeden Summanden den Multiplikationssatz für bedingte Wahrscheinlichkeiten an, so erhält man den

Satz von der totalen (vollständigen) Wahrscheinlichkeit:

$A_1, A_2, \dots, A_n$ sei eine vollständige Ereignisdisjunktion mit $P(A_i) > 0$ für alle i. Dann gilt für jedes beliebige Ereignis B

$$P(B) = \sum_{i=1}^{n} P(B \mid A_i) \cdot P(A_i) .$$

Die absolute Wahrscheinlichkeit P(B) ist das **gewichtete arithmetische Mittel** der n bedingten Wahrscheinlichkeiten $P(B \mid A_i)$ und zwar mit den Gewichten $P(A_i)$ für $i = 1, 2, \dots, n$.

Beispiel: Die gleichen Produkte werden von drei Maschinen hergestellt. Die erste Maschine erzeuge 20 %, die zweite 30 % und die dritte 50 % von der Gesamtproduktion. Die erste Maschine hat einen Ausschußanteil von 3%, die zweite einen von 5 % und die dritte 8 % Ausschuß. Aus der nicht nach Maschinen sortierten Gesamtproduktion werde ein Werkstück zufällig ausgewählt. Mit welcher Wahrscheinlichkeit ist es fehlerhaft?

M_i sei das Ereignis: "das Werkstück wurde von der i-ten Maschine produziert" und F: "das Werkstück ist fehlerhaft". Dann sind folgende Wahrscheinlichkeiten gegeben:

$$P(M_1) = 0{,}2 \; ; \; P(M_2) = 0{,}3 \; ; \; P(M_3) = 0{,}5 \; ;$$

$$P(F \mid M_1) = 0{,}03 \; ; \; P(F \mid M_2) = 0{,}05 \; ; \; P(F \mid M_3) = 0{,}08 \; .$$

Da die Ereignisse M_1, M_2, M_3 eine vollständige Ereignisdisjunktion bilden, erhält man aus dem Satz von der totalen Wahrscheinlichkeit

$$P(F) = \sum_{i=1}^{3} P(F \mid M_i) \cdot P(M_i) = 0{,}03 \cdot 0{,}2 + 0{,}05 \cdot 0{,}3 + 0{,}08 \cdot 0{,}5 = 0{,}061.$$

Beispiel (Ziehen ohne Zurücklegen): Eine Urne enthalte 6 schwarze und 14 weiße Kugeln. Daraus werden nacheinander zwei Kugeln ohne Zurücklegen gezogen. S_2 sei das Ereignis, daß beim zweiten Zug eine schwarze Kugel gezogen wird, ohne daß das Ergebnis des ersten Zuges bekannt ist. Gesucht ist die absolute Wahrscheinlichkeit $P(S_2)$. Diese Wahrscheinlichkeit kann zur Prognose über den Ausgang des zweiten Zuges vor Versuchsbeginn benutzt werden. Das Experiment könnte folgendermaßen durchgeführt werden: Zunächst wird eine Kugel verdeckt gezogen und deren Farbe nicht festgestellt. Danach wird eine zweite Kugel gezogen, wobei als Ergebnis des Gesamtexperiments nur die Farbe dieser Kugel gewertet wird.

S_1 sei das Ereignis, daß die zuerst gezogene Kugel schwarz ist. Mit der Ereignisdisjunktion $S_1, \bar{S}_1$ erhält man die gesuchte absolute Wahrscheinlichkeit aus dem Satz von der totalen Wahrscheinlichkeit

$$P(S_2) = P(S_2 | S_1) \cdot P(S_1) + P(S_2 | \bar{S}_1) \cdot P(\bar{S}_1) = \frac{5}{19} \cdot \frac{6}{20} + \frac{6}{19} \cdot \frac{14}{20} = \frac{6}{20} = P(S_1).$$

Die absolute Wahrscheinlichkeit, beim zweiten Zug eine schwarze Kugel zu ziehen, ist also genauso groß wie die für den ersten Zug. Diese Eigenschaft gilt allgemein bei Ziehen ohne Zurücklegen. Die absoluten Wahrscheinlichkeiten sind für alle Züge gleich. Sie dürfen jedoch nicht mit den bedingten Wahrscheinlichkeiten $P(S_2 | S_1)$ und $P(S_2 | \bar{S}_1)$ verwechselt werden, bei denen das Ergebnis des ersten Zugs berücksichtigt wird.

Es sei $P(B) > 0$. Dann gilt nach Definition der bedingten Wahrscheinlichkeiten, dem Multiplikationssatz und dem Satz von der totalen Wahrscheinlichkeit für jedes Ereignis A_k einer vollständigen Ereignisdisjunktion

$$P(A_k | B) = \frac{P(B \cap A_k)}{P(B)} = \frac{P(B | A_k) \cdot P(A_k)}{P(B)} = \frac{P(B | A_k) \cdot P(A_k)}{\sum_{i=1}^{n} P(B | A_i) \cdot P(A_i)},$$

also die

Bayessche Formel:
Es sei $A_1, A_2, \ldots, A_n$ eine vollständige Ereignisdisjunktion mit $P(A_i) > 0$ für alle i und B ein beliebiges Ereignis mit $P(B) > 0$. Dann gilt

$$P(A_k | B) = \frac{P(B | A_k) \cdot P(A_k)}{P(B)} = \frac{P(B | A_k) \cdot P(A_k)}{\sum_{i=1}^{n} P(B | A_i) \cdot P(A_i)} \quad \text{für } k = 1, 2, \ldots, n.$$

Beispiel (vgl. obiges Beispiel): Im obigen Beispiel sei das zufällig ausgewählte Werkstück fehlerhaft. Gesucht sind die Wahrscheinlichkeiten dafür, daß es von der k-ten Maschine produziert wurde.

Mit $P(F) = 0{,}061$ erhält man

$$P(M_1 | F) = \frac{P(F | M_1) \cdot P(M_1)}{P(F)} = \frac{0{,}03 \cdot 0{,}2}{0{,}061} \approx 0{,}0984 ;$$

$$P(M_2 | F) = \frac{P(F | M_2) \cdot P(M_2)}{P(F)} = \frac{0{,}05 \cdot 0{,}3}{0{,}061} \approx 0{,}2459 ;$$

$$P(M_3 | F) = \frac{P(F | M_3) \cdot P(M_3)}{P(F)} = \frac{0{,}08 \cdot 0{,}5}{0{,}061} \approx 0{,}6557 \quad (\text{Summe} = 1).$$

5. Unabhängige Ereignisse

In diesem Abschnitt soll die Unabhängigkeit von zwei und von mehreren Ereignissen erklärt werden.

5.1 Unabhängigkeit bei zwei Ereignissen

Die (stochastische) Unabhängigheit von zwei Ereignissen kann auf verschiedene Arten definiert werden. Die plausibelste ist die folgende:

Das Ereignis A heißt **unabhängig** vom Ereignis B mit $0 < P(B) < 1$, wenn das Eintreten des Ereignisses B die Chance für das Eintreten des Ereignisses A nicht ändert. Dann besitzt das Ereignis A immer die gleiche Chance, unabhängig davon, ob B eintritt oder nicht. Dies ist genau dann der Fall, wenn gilt

$$P(A \mid B) = P(A \mid \bar{B}) .$$

Falls diese Bedingung nicht erfüllt ist, heißt das Ereignis A vom Ereignis B **abhängig**.

Diese Definition ist zunächst asymmetrisch. Aus ihr folgt sofort, daß dann auch A von $\bar{B}$ unabhängig ist. Falls A von B unabhängig ist, ist zur Berechnung der Wahrscheinlichkeit des Ereignisses A die Information, daß B eingetreten ist, wertlos. Sie ändert die Wahrscheinlichkeit nicht.

Dann gilt für die entsprechenden bedingten relativen Häufigkeiten die Näherung

$$r_n(A \mid B) \approx r_n(A \mid \bar{B}) \approx r_n(A) .$$

Die obige Definitionsgleichung ist gleichwertig mit

$$P(A \mid B) = P(A).$$

Auch hierdurch könnte man die Unabhängigkeit des Ereignisses A von B definieren.

Beispiel: Aus einem Kartenspiel mit 32 Karten zieht eine Person zufällig eine Karte und gibt das Ergebnis nicht bekannt.
Das Ereignis K: "die gezogene Karte ist ein König" besitzt für eine außenstehende Person auch nach der Ziehung, aber vor Bekanntgabe des Ergebnisses die absolute Wahrscheinlichkeit $P(K) = 1/8$.

a) Die Person gebe bekannt, daß keine Dame gezogen wurde. Nach Eintritt dieses Ereignisses $\bar{D}$ kann ein König nur aus 28 Karten gezogen worden sein, unter denen sich zwar keine Dame, aber alle vier Könige befinden. Damit besitzt K die bedingte Wahrscheinlichkeit $P(K \mid \bar{D}) = 1/7$. Wegen $P(K \mid \bar{D}) \neq P(K)$ ist das Ereignis K nicht unabhängig von $\bar{D}$.

b) Die Person gebe bekannt, daß die gezogene Karte die Farbe Pik hat. Nach Eintritt dieses Ereignisses C besitzt das Ereignis K die bedingte Wahrscheinlichkeit $P(K \mid C) = 1/8 = P(K)$. Daher ist das Ereignis K vom Ereignis C unabhängig.

Aus dem Produktsatz für bedingte Wahrscheinlichkeiten ergibt sich unmittelbar der

Produktsatz für unabhängige Ereignisse:
Das Ereignis A ist vom Ereignis B mit $P(B) > 0$ genau dann unabhängig, wenn gilt

$$P(A \cap B) = P(A) \cdot P(B).$$

Dieser spezielle Produktsatz wird häufig zur Definition unabhängiger Ereignisse benutzt. Die Einführung über bedingte Wahrscheinlichkeiten ist jedoch etwas anschaulicher. Aus der Produktdarstellung erhält man sofort die Symmetrie der Unabhängigkeit. Wenn A von B unabhängig ist, dann ist auch B von A unabhängig.

Mit der obigen Definition folgt unmittelbar, daß mit den Ereignissen A, B auch $\bar{A}$, B sowie A, $\bar{B}$ und $\bar{A}$, $\bar{B}$ jeweils voneinander unabhängig sind.

5.2 Unabhängigkeit bei mehreren Ereignissen

Bei mehr als zwei Ereignissen kommt man oft mit dem Begriff der paarweisen Unabhängigkeit aus. Das bedeutet, daß jeweils zwei der Ereignisse voneinander unabhängig sind.

Bei der vollständigen Unabhängigkeit genügt es nicht, die Produktformel auf den Durchschnitt aller Ereignisse zu übertragen. Zusätzlich muß noch gefordert werden, daß diese Produktdarstellung für alle Teilmengen gilt.

Paarweise Unabhängigkeit:
Die n Ereignisse $A_1, A_2, \dots, A_n$ heißen paarweise unabhängig, wenn für alle Paare A_i, A_k mit $i \neq k$ gilt

$$P(A_i \cap A_k) = P(A_i) \cdot P(A_k) .$$

Vollständige Unabhängigkeit:
Die n Ereignisse $A_1, A_2, \dots, A_n$ heißen vollständig unabhängig, wenn für jede Auswahl von $r \leq n$ verschiedenen Ereignissen $A_{i_1}, A_{i_2}, \dots, A_{i_r}$ mit verschiedenen Indizes die Produktdarstellung gilt

$$P(A_{i_1} \cap A_{i_2} \cap \dots \cap A_{i_r}) = P(A_{i_1}) \cdot P(A_{i_2}) \cdot \dots \cdot P(A_{i_r}).$$

6. Unabhängige mehrstufige Zufallsexperimente

In diesem Abschnitt sollen mehrere Zufallsexperimente untersucht werden, die voneinander unabhängig durchgeführt und zu einem mehrstufigen Gesamtexperiment zusammengesetzt werden.

6.1. Unabhängige zweistufige Zufallsexperimente

Gegeben sind zwei Zufallsexperimente mit den Ergebnismengen Ω_1 und Ω_2 und den Wahrscheinlichkeiten P_1 und P_2. Falls beide Zufallsexperimente gleichzeitig oder nacheinander durchgeführt werden, sind die Versuchsergebnisse dieses zweistufigen Zufallsexperiments geordnete Paare (ω_1, ω_2) mit $\omega_1 \in \Omega_1$ und $\omega_2 \in \Omega_2$.

Oft interessiert man sich nur dafür, ob beim ersten Experiment ein Ereignis $A_1 \subset \Omega_1$ und beim zweiten ein Ereignis $A_2 \subset \Omega_2$ eintritt. Dieses Gesamtereignis bezeichnet man mit (A_1, A_2). Es stellt den Durchschnitt der beiden Ereignisse (A_1, Ω_2) und (Ω_1, A_2) dar, also

$$(A_1, A_2) = (A_1, \Omega_2) \cap (\Omega_1, A_2) .$$

Für die Wahrscheinlichkeit P des zweistufigen Gesamtexperiments gilt

$$P(A_1, \Omega_2) = P_1(A_1) \quad \text{und} \quad P(\Omega_1, A_2) = P_2(A_2).$$

Die beiden Ereignisse (A_1, Ω_2) und (Ω_1, A_2) sind im Gesamtexperiment (stochastisch) **unabhängig**, wenn die Produktdarstellung

$$P((A_1,\Omega_2)\cap(\Omega_1,A_2)) = P(A_1,\Omega_2)\cdot P(\Omega_1,A_2) = P_1(A_1)\cdot P_2(A_2)$$

gilt. Diese Eigenschaft ergibt die Definition der

Unabhängigkeit zweier Zufallsexperimente:
Zwei Zufallsexperimente mit den Ergebnismengen Ω_1, Ω_2 und den Wahrscheinlichkeiten P_1, P_2 heißen **unabhängig**, wenn für alle Ereignisse $A_1 \subset \Omega_1$ und $A_2 \subset \Omega_2$ bezüglich der Wahrscheinlichkeit P des Gesamtexperiments die Produktdarstellung

$$P(A_1,A_2) = P_1(A_1)\cdot P_2(A_2)$$

gilt, wenn also die Ereignisse (A_1,Ω_2) und (Ω_1,A_2) unabhängig sind. Darunter versteht man allgemein die Unabhängigkeit der beiden Ereignisse A_1 und A_2 .

Zwei Zufallsexperimente, bei denen das Ergebnis des einen Experiments keinen Einfluß auf den Ausgang des anderen hat, sind unabhängig.

Beispiel (Ziehen mit und ohne Zurücklegen): Eine Urne enthalte 6 schwarze und 14 weiße Kugeln. Daraus werden nacheinander zwei Kugeln gezogen. S_1 (S_2) sei das Ereignis, daß die Kugel beim ersten (zweiten) Zug schwarz ist mit $P(S_1) = P(S_2) = \frac{6}{20}$.

a) Ziehen ohne Zurücklegen: Beim Ziehen ohne Zurücklegen gilt nach dem Multiplikationssatz für bedingte Wahrscheinlichkeiten

$$P(S_1,S_2) = P(S_2\,|\,S_1)\cdot P(S_1) = \frac{5}{19}\cdot\frac{6}{20} \neq P(S_1)\cdot P(S_2)\,.$$

Die beiden Zufallsexperimente sind nicht unabhängig.

b) Ziehen mit Zurücklegen: Beim Ziehen mit Zurücklegen gilt wegen

$$P(S_2\,|\,S_1) = \frac{6}{20} = P(S_2)$$

$$P(S_1,S_2) = \frac{6}{20}\cdot\frac{6}{20} = P(S_1)\cdot P(S_2)\,.$$

Diese Produktdarstellung gilt auch für alle anderen Ereignispaare. Damit sind die beiden einzelnen Zufallsexperimente beim Ziehen mit Zurücklegen unabhängig.

6.2. Unabhängige mehrstufige Zufallsexperimente

Es sollen n verschiedene Zufallsexperimente mit den Ergebnismengen Ω_i und den Wahrscheinlichkeiten P_i für $i = 1,2,\dots,n$ entweder gleichzeitig oder nacheinander durchgeführt werden. Das Ereignis $A_i \subset \Omega_i$ sei nur durch das i-te Zufallsexperiment bestimmt. $(A_1, A_2, \ldots, A_n)$ bzw. $A_1, A_2, \ldots, A_n$ sei das Ereignis, daß beim i-ten Experiment das Ereignis A_i eintritt für $i = 1, 2, \ldots, n$. Aus dem allgemeinen Produktsatz für bedingte Wahrscheinlichkeiten (s. Abschnitt 4.2) erhält man

$$P(A_1, A_2, \ldots, A_n) = P(A_n | A_{n-1}, \ldots, A_1) \cdot P(A_{n-1} | A_{n-2}, \ldots, A_1) \cdot \ldots$$
$$\ldots \cdot P(A_3 | A_2, A_1) \cdot P(A_2 | A_1) \cdot P(A_1) .$$

Unabhängigkeit der Einzelexperimente soll bedeuten, daß für jedes k das Ereignis A_k unabhängig ist von $(A_1, A_2, \ldots, A_{k-1})$ mit

$$P(A_k | A_{k-1}, \ldots, A_1) = P_k(A_k).$$

Dann gilt allgemein die Produktdarstellung

$$P(A_1, A_2, \ldots, A_n) = P_1(A_1) \cdot P_2(A_2) \cdot \ldots \cdot P_n(A_n) .$$

Setzt man hier $A_i = \Omega_i$ für manche Indizes, so erhält man die **vollständige Unabhängigkeit** der Ereignisse $A_1, A_2, \ldots, A_n$. Daraus erhält man die Denition der

Unabhängigkeit von n Zufallsexperimenten:
Die n Einzelexperimente mit den Ergebnismengen Ω_i und den Wahrscheinlichkeiten P_i für $i = 1, 2, \ldots, n$ heißen **unabhängig**, falls im Gesamtexperiment alle Ereignisse $A_1, A_2, \ldots, A_n$ mit $A_i \subset \Omega_i$, $i=1, 2, \ldots, n$ vollständig unabhängig sind. Dann gilt die Produktdarstellung

$$P(A_1, A_2, \ldots, A_n) = P_1(A_1) \cdot P_2(A_2) \cdot \ldots \cdot P_n(A_n) .$$

6.3. Unabhängige Wiederholungen eines Zufallexperiments

Das gleiche Zufallsexperiment mit der Eregebnismenge Ω und der Wahrscheinlichkeit P werde öfters unter denselben Bedingungen unabhängig durchgeführt und zu einem Gesamtexperiment zusammengefügt.
$(A_1, A_2, \ldots, A_n)$ sei das Ereignis, daß bei der i-ten Versuchsdurchführung das Ereignis $A_i \subset \Omega$ eintritt für $i = 1, 2, \ldots, n$. Wegen der Unabhängigkeit gilt die Produktdarstellung

$$P(A_1, A_2, \ldots, A_n) = P(A_1) \cdot P(A_2) \cdot \ldots \cdot P(A_n) .$$

Beispiel (Tennis auf drei Gewinnsätze): Beim Tennis gewinne ein Spieler gegen einen anderen einen einzelnen Satz mit Wahrscheinlichkeit p. Das Match werde auf drei Gewinnsätze gespielt. Mit welcher Wahrscheinlichkeit gewinnt der Spieler das Match unter der Modellannahme, daß er jeden einzelnen Satz mit der gleichen Wahrscheinlichkeit p unabhängig vom Ausgang der anderen gewinnt?
Mit G bezeichnen wir das Ereignis, daß der Spieler den einzelnen Satz gewinnt. Der Spieler gewinnt das Match, falls folgendes Ereignis eintritt

$$S = \{(G,G,G),(\bar{G},G,G,G),(G,\bar{G},G,G),(G,G,\bar{G},G),(\bar{G},\bar{G},G,G,G),$$
$$(\bar{G},G,\bar{G}G,G),(\bar{G},G,G,\bar{G},G),(G,\bar{G},\bar{G},G,G),(G,\bar{G},G,\bar{G},G),(G,G,\bar{G},\bar{G},G)\}.$$

Wegen $P(G) = p$ und $P(\bar{G}) = 1 - p$ folgt hieraus

$$\begin{aligned} P(S) &= p^3 + 3 \cdot p^3 \cdot (1 - p) + 6 \cdot p^3 \cdot (1 - p)^2 \\ &= p^3 \cdot (10 - 15p + 6p^2). \end{aligned}$$

Für $p = 0{,}5$ ist auch die Gewinnwahrscheinlichkeit P(S) gleich 0,5, während sie für $p = 0{,}75$ gleich 0,896 ist. Für $p > 0{,}5$ gilt $P(S) > p$. Der bessere Spieler gewinnt also beim Spiel auf drei Gewinnsätze mit einer größeren Wahrscheinlichkeit als bei nur einem Satz.

6.4. Spezielle Verteilungen

In diesem Abschnitt werden zwei spezielle Verteilungen behandelt, die bei unabhängigen Wiederholungen des gleichen Zufallsexperiments auftreten.

6.4.1. Die Binomialverteilung

Ein Zufallsexperiment werde n-mal unabhängig durchgeführt. Dabei soll in jeder Stufe nur untersucht werden, ob das Ereignis A oder das Komplement $\bar{A}$ eintritt. Dadurch entsteht eine **Bernoulli-Kette vom Umfang n**. Als Ergebnis des Gesamtexperiments wird die Anzahl derjenigen Versuche bestimmt, bei denen das Ereignis A eintritt. Das Versuchsergebnis ist also der Zahlenwert der absoluten Häufigkeit $h_n(A)$ des Ereignisses A. Die Ergebnismenge lautet damit $\Omega = \{0, 1, 2, \ldots, n\}$.

Es sei A_k sei das Ereignis, daß in der Gesamtserie vom Umfang n das Ereignis A genau k-mal eintritt. Gesucht sind die Wahrscheinlichkeiten $p_k = P(A_k)$ für $k = 0, 1, 2, \ldots, n$. Bei einem Einzelversuch besitze das Ereignis A die Wahrscheinlichkeit $p = P(A)$.

Das Ereignis A_k tritt z. B. ein, wenn bei den ersten k Versuchen jeweils A und bei den restlichen n−k Versuchen immer $\bar{A}$ eintritt, also bei der speziellen Serie

$$\underbrace{A, A, \ldots, A, A}_{k\text{-mal}}, \underbrace{\bar{A}, \bar{A}, \ldots, \bar{A}, \bar{A}}_{(n-k)\text{-mal}} .$$

Diese Serie besitzt unter Berücksichtigung der Reihenfolge die Wahrscheinlichkeit $p^k \cdot (1-p)^{n-k}$. Jede andere Serie, bei der an k beliebigen Stellen A und an den restlichen Stellen $\bar{A}$ steht, besitzt die gleiche Wahrscheinlichkeit. Die Anzahl der verschiedenen Serien kann dadurch bestimmt werden, daß von den n Plätzen der Serie k Stück zur Belegung mit dem Ereignis A ausgewählt werden. Dafür gibt es insgesamt $\binom{n}{k}$ verschiedene Möglichkeiten mit

$$p_k = P(A_k) = \binom{n}{k} \cdot p^k \cdot (1-p)^{n-k} \quad \text{für } k = 0, 1, 2, \ldots, n.$$

Damit gilt

> **Binomialverteilung:**
> Ein Zufallsexperiment werde n-mal unabhängig durchgeführt, wobei das Ereignis A bei jeder einzelnen Versuchsdurchführung die gleiche Wahrscheinlichkeit $p = P(A)$ besitze mit $0 < p < 1$. Dann gilt
>
> $$p_k = P(\text{A tritt genau k-mal ein}) = \binom{n}{k} \cdot p^k \cdot (1-p)^{n-k} \quad \text{für } k = 0, 1, 2, \ldots, n.$$
>
> Dabei ist $a^0 = 1$ und $\binom{n}{0} = 1$.
>
> Die Gesamtheit aller Paare (k, p_k), $k = 0, 1, 2, \ldots, n$ nennt man eine Binomialverteilung.

Bemerkungen:

1.) In der Binomialentwicklung $[p + (1-p)]^n = \sum_{k=0}^{n} \binom{n}{k} \cdot p^k \cdot (1-p)^{n-k} = \sum_{k=0}^{n} p_k$ treten als Summanden die Wahrscheinlichkeiten p_k auf.

2.) Das Urnenmodell beim Ziehen mit Zurücklegen (s. Abschnitt 3.2.3.6) ergibt diese Formel mit $p = \frac{M}{N}$. Bei diesem Modell wird n-mal das gleiche Zufallsexperiment "Ziehen einer Kugel" durchgeführt. Dabei ist p die Wahrscheinlichkeit, bei einem Einzelzug eine schwarze Kugel zu ziehen.

Allgemein gilt für $0 < p < 1$

$$\begin{aligned} p_{k+1} &= \binom{n}{k+1} \cdot p^{k+1} \cdot (1-p)^{n-k-1} \\ &= \frac{n \cdot (n-1) \cdot \ldots \cdot (n-k+1) \cdot (n-k)}{1 \cdot 2 \cdot \ldots \cdot k \cdot (k+1)} \cdot \frac{p}{1-p} \cdot p^k \cdot (1-p)^{n-k} \\ &= \frac{n-k}{k+1} \cdot \frac{p}{1-p} \cdot \binom{n}{k} \cdot p^k \cdot (1-p)^{n-k} = \frac{n-k}{k+1} \cdot \frac{p}{1-p} \cdot p_k \,. \end{aligned}$$

Damit erhält man die für die praktische Rechnung nützliche

Rekursionsformel:

Mit $p_0 = (1-p)^n$ gilt $p_{k+1} = \frac{n-k}{k+1} \cdot \frac{p}{1-p} \cdot p_k$ für $k = 0, 1, 2, \ldots, n-1$.

Beispiel (Multiple-Choice): Bei einer Prüfung sind 10 Fragen vorgegeben. Bei jeder der 10 Fragen sind in zufälliger Reihenfolge fünf Antworten angegeben, von denen genau eine richtig ist. Wie viele richtige Antworten müssen zum Bestehen der Prüfung mindestens verlangt werden, damit jemand durch zufälliges Ankreuzen jeweils einer Antwort, also durch Raten die Prüfung höchstens mit Wahrscheinlichkeit 0,01 besteht?

Mit Wahrscheinlichkeit $p = 0{,}2$ trifft man durch zufälliges Ankreuzen bei einer Frage die richtige Antwort. Mit $\frac{p}{1-p} = \frac{0{,}2}{0{,}8} = \frac{1}{4}$ erhält man aus der Rekursionsformel die Wahrscheinlichkeiten p_k, mit denen man durch zufälliges Ankreuzen k richtige Antworten erreicht als

$$\begin{aligned} p_0 &= (0{,}8)^{10} && \approx 0{,}10737\,; \\ p_1 &= \tfrac{10}{1} \cdot \tfrac{1}{4} \cdot p_0 && \approx 0{,}26844\,; \\ p_2 &= \tfrac{9}{2} \cdot \tfrac{1}{4} \cdot p_1 && \approx 0{,}30199\,; \\ p_3 &= \tfrac{8}{3} \cdot \tfrac{1}{4} \cdot p_2 && \approx 0{,}20133\,; \\ p_4 &= \tfrac{7}{4} \cdot \tfrac{1}{4} \cdot p_3 && \approx 0{,}08808\,; \qquad \text{Summe} \approx 0{,}967 < 0{,}99 \\ p_5 &= \tfrac{6}{5} \cdot \tfrac{1}{4} \cdot p_5 && \approx 0{,}02642\,; \qquad \text{Summe} \approx 0{,}994 > 0{,}99\,. \end{aligned}$$

Hieraus folgt $p_6 + p_7 + p_8 + p_9 + p_{10} < 0{,}01$. Es müssen also mindestens 6 richtige Antworten verlangt werden. Dann besteht jemand die Prüfung durch zufälliges Ankreuzen höchstens mit Wahrscheinlichkeit 0,006.

6.4.2. Die geometrische Verteilung

Ein Zufallsexperiment werde so lange unabhängig durchgeführt, bis das Ereignis A erstmals eintritt. Als Ergebnis des Gesamtexperiments wird die Anzahl der notwendigen Versuche gezählt. Hier erhält man die Ergebnismenge $\Omega = \{1, 2, 3, ...\}$. Genau i Versuche werden benötigt, wenn bei den ersten $i-1$ Versuchen jeweils das Komplement $\bar{A}$ und beim i-ten Versuch das Ereignis A eintritt, also bei der Serie

$$\underbrace{\bar{A}, \bar{A}, ..., \bar{A}, \bar{A}}_{(i-1)\text{-mal}}, A .$$

Mit $p = P(A)$ besitzt diese Serie die Wahrscheinlichkeit $(1-p)^{i-1} \cdot p$.
Damit gilt

Geometrische Verteilung:
Bei einem Zufallsexperiment besitze das Ereignis A die Wahrscheinlichkeit $p = P(A)$ mit $0 < p < 1$. Das Zufallsexperiment werde so lange unabhängig durchgeführt, bis das Ereignis A erstmals eintritt. Dann gilt:

$p_i = P(\text{genau i Versuche werden benötigt}) = p \cdot (1-p)^{i-1}$ für $i = 1, 2, ...$

$P(\text{mindestens k Versuche sind notwendig}) = (1-p)^{k-1}$ für $k = 1, 2, ...$

Die Menge der Paare (i, p_i), $i = 1, 2, ...$ heißt geometrische Verteilung.

Dabei gilt die für die praktische Berechnung nützliche

Rekursionsformel: $p_{i+1} = (1-p) \cdot p_i$ für $i = 1, 2, ...$ mit $p_1 = p$.

Bemerkung:

Die Wahrscheinlichkeiten $p_i = p \cdot (1-p)^{i-1}$, $i = 1, 2, ...$ bilden eine geometrische Folge mit der Summe

$$\sum_{i=1}^{\infty} p_i = p \cdot \sum_{i=1}^{\infty} (1-p)^{i-1} = p \cdot \sum_{k=0}^{\infty} (1-p)^k = \frac{p}{1-(1-p)} = 1.$$

7. Das Bernoullische Gesetz der großen Zahlen

In einem Bernoulli-Experiment von Umfang n sei $h_n(A)$ die absolute Häufigkeit des Ereignisses A. Diese absolute Häufigkeit hängt vom Zufall ab und kann alle Werte aus $\Omega = \{0, 1, 2, ..., n\}$ annehmen. Das Ereignis A besitze bei die Wahrscheinlichkeit $p = P(A)$.

Nach Abschnitt 6.4.1 ist die Wahrscheinlichkeit dafür, daß das Ereignis A genau k-mal eintritt, gleich

$$p_k = P(\text{A tritt genau k-mal ein}) = \binom{n}{k} \cdot p^k \cdot (1-p)^{n-k} .$$

Die Wahrscheinlichkeit dafür, daß die absolute Häufigkeit $h_n(A)$ bei der Versuchsdurchführung den Wert k annimmt, ist deswegen gleich p_k.

Dann nimmt die relative Häufigkeit $r_n(A)$ den Wert $\frac{k}{n}$ an. Der Zahlenwert der relativen Häufigkeit $r_n(A)$ ist Realisierung einer Zufallsgröße, die wir mit $R_n(A)$ bezeichnen. Für diese Zufallsgröße gilt

$$P\left(R_n(A) = \frac{k}{n}\right) = \binom{n}{k} \cdot p^k \cdot (1-p)^{n-k} \quad \text{für } k = 0, 1, 2, \ldots, n.$$

Zu einer fest vorgegebenen Zahl $\varepsilon > 0$ ist

$$P(|R_n(A) - p| \leq \varepsilon) = P(p - \varepsilon \leq R_n(A) \leq p + \varepsilon)$$

die Wahrscheinlichkeit dafür, daß die Zufallsgröße der relativen Häufigkeit von dem Zahlenwert p um höchstens ε abweicht.

Zur Berechnung dieser Wahrscheinlichkeit muß die Summe aller Wahrscheinlichkeiten p_k der Binomialverteilung gebildet werden, für die gilt

$$n(p-\varepsilon) \leq k \leq n(p+\varepsilon).$$

Damit erhält man

$$P(|R_n(A) - p| \leq \varepsilon) = \sum_{n(p-\varepsilon) \leq k \leq n(p+\varepsilon)} \binom{n}{k} \cdot p^k \cdot (1-p)^{n-k} .$$

Nach einigen Umformungen und Abschätzungen erhält man

$$P(|R_n(A) - p| \leq \varepsilon) \geq 1 - \frac{p \cdot (1-p)}{n \cdot \varepsilon^2} \quad \text{für jedes } \varepsilon > 0.$$

Dann gilt für die Wahrscheinlichkeit des Komplementärereignisses

$$P(|R_n(A) - p| > \varepsilon) \leq \frac{p \cdot (1-p)}{n \cdot \varepsilon^2} \quad \text{für jedes } \varepsilon > 0.$$

Diese Ungleichung folgt auch unmittelbar aus dem schwachen Gesetz der großen Zahlen (s. Kap. VI Abschnitt 1).

Weil die unbekannte Wahrscheinlichkeit p zwischen 0 und 1 liegt, gilt für sie allgemein

$$p \cdot (1-p) \leq \frac{1}{4} .$$

Damit erhält man aus der obigen Ungleichung

$$P(|R_n(A) - p| > \varepsilon) \leq \frac{1}{4 \cdot n \cdot \varepsilon^2} \quad \text{für jedes } \varepsilon > 0.$$

Die rechte Seite wird beliebig klein, wenn n nur groß genug gewählt wird. Die Wahrscheinlichkeit, daß die relative Häufigkeit eines Ereignisses A von dem Wert $p = P(A)$ um mehr als ε abweicht, kann somit beliebig klein gemacht werden, wenn der Versuchsumfang n nur groß genug gewählt wird. Diese Eigenschaft ist der Grund für den **Stabilisierungseffekt** der relativen Häufigkeiten. Diesen Sachverhalt nennt man

Das Bernoullische Gesetz der großen Zahlen für eine Wahrscheinlichkeit:
Die Zufallsgröße $R_n(A)$ beschreibe in einem Bernoulli-Experiment, d.h. in einer unabhängigen Versuchsserie vom Umfang n die relative Häufigkeit des Ereignissses A. Dieses Ereignis A besitze bei jeder einzelnen Versuchsdurchführung die Wahrscheinlichkeit p mit $0 < p < 1$.
Dann gilt für jedes noch so kleine $\varepsilon > 0$

$$P(|R_n(A) - p| > \varepsilon) \leq \frac{p \cdot (1-p)}{n \cdot \varepsilon^2} \leq \frac{1}{4 \cdot n \cdot \varepsilon^2};$$

$$P(|R_n(A) - p| \leq \varepsilon) \geq 1 - \frac{p \cdot (1-p)}{n \cdot \varepsilon^2} \geq 1 - \frac{1}{4 \cdot n \cdot \varepsilon^2}.$$

$$\lim_{n \to \infty} P(|R_n(A) - p| > \varepsilon) = 0; \quad \lim_{n \to \infty} P(|R_n(A) - p| \leq \varepsilon) = 1.$$

Interpretation: Wegen des Bernoullischen Gesetzes der großen Zahlen liegt die relative Häufigkeit $r_n(A)$ in unabhängigen Versuchsserien mit großem Umfang n meistens in der Nähe der Wahrscheinlichkeit des Ereignisses A. Daher erhält man in

$$P(A) \approx r_n(A)$$

in der Regel recht brauchbare Schätzwerte für eine unbekannte Wahrscheinlichkeit.

Kapitel III : Diskrete Zufallsvariable

Bei vielen Zufallsexperimenten tritt als Versuchsergebnis unmittelbar eine reelle Zahl auf wie z. B. beim Messen oder Wiegen zufällig ausgewählter Gegenstände. Falls die Versuchsergebnisse keine Zahlen sind, interessiert man sich oft nicht für das spezielle eingetretene Versuchsergebnis, sondern nur für einen dadurch bestimmten Zahlenwert.

Beispiele dafür sind die absoluten Häufigkeiten in einer unabhängigen Versuchsserie vom Umfang n als Realisierungen von Binomialverteilungen aus Kapitel II Abschnitt 6.4.1 sowie die Realisierungen der geometrischen Verteilungen aus Kap. II Abschnitt 6.4.2. Durch die Zuordnung einer reellen Zahl $X(\omega)$ kann die Ausprägung eines qualitativen Merkmals durch ein quantitatives Merkmal beurteilt werden.

1. Definition einer Zufallsvariablen

Bei einem Zufallsexperiment werde dem Versuchsergebnis $\omega \in \Omega$ eine reelle Zahl $X(\omega) \in \mathbb{R}$ zugeordnet. X stellt also eine Abbildung der Ergebnismenge Ω in die Menge der reellen Zahlen dar. Mit Hilfe einer solchen Abbildung möchte man zugleich die auf dem betrachteten Ereignissystem erklärte Wahrscheinlichkeit auf bestimmte Teilmengen der reellen Zahlen übertragen. Dazu verlangt man, daß die Urbildmengen von festen Punkten und Intervallen in dem Ereignissystem von Ω enthalten sind. Eine Abbildung mit diesen Eigenschaften heißt **Zufallsvariable.**

Für jede reelle Zahl $x \in \mathbb{R}$ soll die **Urbildmenge**

$$A_x = \{\omega \in \Omega \mid X(\omega) = x\}$$

zum Ereignissystem von Ω gehören. Dann besitzt dieses Ereignis die durch das Zufallsexperiment festgelegte Wahrscheinlichkeit

$$P(A_x) = P(\{\omega \in \Omega \mid X(\omega) = x\}).$$

Bei der Durchführung des Zufallsexperiments nimmt die Zufallsvariable X die sog. **Realisierung** x an, wenn das Ereignis A_x eintritt. Die Wahrscheinlichkeit, mit der die Realisierung x der Zufallsvariablen X eintritt, lautet somit

$$P(X = x) = P(\{\omega \in \Omega \mid X(\omega) = x\}) = P(A_x).$$

Entsprechend nimmt X eine Realisierung aus dem Intervall [a,b], a < b an, wenn das Ereignis

$$A_{[a,b]} = \{\omega \in \Omega \mid a \leq X(\omega) \leq b\} \text{ eintritt.}$$

Auch von solchen Urbildmengen abgeschlossener Intervalle wird verlangt, daß sie zum Ereignissystem von Ω gehören. Die Wahrscheinlichkeit, daß bei einer Versuchsdurchführung die Realisierung der Zufallsvariablen X im Intervall [a, b] liegt, lautet dann

$$P(a \leq X \leq b) = P(\{\omega \in \Omega \mid a \leq X(\omega) \leq b\}) = P(A_{[a,b]}) .$$

Durch diese sog. Meßbarkeitsforderung wird die auf einem Ereignissystem von Ω definierte Wahrscheinlichkeit P auf bestimmte Mengen der reellen Zahlen übertragen.

Der **Wertebereich (Wertevorrat)** der Zufallsvariablen X sei

$$W(X) = X(\Omega) = \{x \mid x = X(\omega), \omega \in \Omega\} .$$

Unterschieden wird im wesentlichen zwischen **diskreten** und **stetigen** Zufallsvariablen. Bei diskreten Zufallsvariablen ist der Wertebereich endlich oder höchstens abzählbar unendlich, bei stetigen (Kap. IV) stellt er ein ganzes Intervall oder die gesamte reelle Achse dar, wobei gleichzeitig jeder einzelne Punkt die Wahrscheinlichkeit Null besitzen muß. Daneben gibt es noch Zufallsvariable, die weder diskret noch stetig sind. Solche **allgemeine Zufallsvariable** werden in Kap. V behandelt.

2. Eindimensionale diskrete Zufallsvariable

Eine Zufallsvariable X, deren Wertevorrat endlich oder höchsten abzählbar unendlich ist, heißt **diskret**. Die möglichen Realisierungen einer diskreten Zufallsvariablen können beginnend mit einem Wert der Reihe nach aufgezählt werden. Bei endlichem Wertevorrrat bricht diese Reihe irgendwann einmal ab, bei abzählbar unendlichem Wertebereich dagegen nicht. Der Wertebereich besitze die Darstellung

$$W = W(X) = X(\Omega) = \{x_1, x_2, x_3, ...\}.$$

Alle Punkte außerhalb dieses Wertevorrats besitzen die Wahrscheinlichkeit Null. Es gilt also

$$P(X = x) = 0 \text{ für } x \notin W.$$

2.1. Verteilung einer diskreten Zufallsvariablen

Die Realisierung $x_i \in W$ der diskreten Zufallsvariablen X besitze die Wahrscheinlichkeit

$$P(X=x_i) = P(\{\omega \in \Omega \mid X(\omega) = x_i\}) > 0 .$$

Dann heißt die Gesamtheit aller Zahlenpaare $(x_i, P(X=x_i))$, $x_i \in W$ die **Verteilung (Wahrscheinlichkeitsverteilung)** der diskreten Zufallsvariablen.

Die Verteilung kann (vor allem bei endlichem Wertebereich) sehr übersichtlich dargestellt werden in dem nachfolgenden Schema

Werte von X	x_1	x_2	x_3	....
Wahrscheinlichkeiten	$P(X=x_1)$	$P(X=x_2)$	$P(X=x_3)$	....

Für diese Wahrscheinlichkeiten muß gelten

$$P(X = x_i) > 0 \ ; \quad \sum_i P(X = x_i) = 1 .$$

Falls W endlich ist, handelt es sich dabei um eine endliche, sonst um eine unendliche Summe. Aus der Verteilung lassen sich die Wahrscheinlichkeiten für Intervalle berechnen, z. B.

$$P(a \leq X \leq b) = \sum_{i: a \leq x_i \leq b} P(X = x_i) .$$

Entsprechend erhält man

$$P(a < X \leq b) = \sum_{i: a < x_i \leq b} P(X = x_i) .$$

Summiert wird dabei über alle Werte x_i aus dem entsprechenden Bereich.

Graphische Darstellungen

Wie die Häufigkeitsverteilung bei diskreten Merkmalen kann auch die Verteilung einer diskreten Zufallsvariablen graphisch dargestellt werden. Anstelle der Merkmalsausprägungen wählt man die Realisierungen der Zufallsvariablen. Die relativen (bzw. absoluten) Häufigkeiten in der deskriptiven Statistik werden durch die Wahrscheinlichkeiten der Zufallsvariablen X ersetzt. Mit dieser Modifizierung können die in Kapitel I Abschnitt 1.2 dargestellten **Stabdiagramme, Histogramme, Wahrscheinlichkeitspolygone** und entsprechende **Klasseneinteilungen** auch für die Verteilung einer diskreten Zufallsvariablen erstellt werden.

Beispiel (Augensumme zweier idealer Würfel): Zwei ideale Würfel, bei denen die Wahrscheinlichkeiten für alle Augenzahlen gleich sind, werden gleichzeitig geworfen. Zur Berechnung der Wahrscheinlichkeiten für die Augensunmmen benutzen wir ein Hilfsmodell: Die Würfel werden unterscheidbar gemacht und zwar soll einer rot und der andere weiß sein. Dann tritt als Versuchsergebnis ein Zahlenpaar (i, j) auf, wobei i die Augenzahl des roten und j die des weißen Würfels ist. Insgesamt gibt es 36 geordnete Paare.

Augenpaare	Augensumme
(1, 1)	2
(2, 1) (1, 2)	3
(3, 1) (2, 2) (1, 3)	4
(4, 1) (3, 2) (2, 3) (1, 4)	5
(5, 1) (4, 2) (3, 3) (2, 4) (1, 5)	6
(6, 1) (5, 2) (4, 3) (3, 4) (2, 5) (1, 6)	7
(6, 2) (5, 3) (4, 4) (3, 5) (2, 6)	8
(6, 3) (5, 4) (4, 5) (3, 6)	9
(6, 4) (5, 5) (4, 6)	10
(6, 5) (5, 6)	11
(6, 6)	12

Da alle 36 Paare gleichwahrscheinlich sind, erhält man für die Zufallsvariable der Augensumme die Verteilung

x_i	2	3	4	5	6	7	8	9	10	11	12
$P(X = x_i)$	$\frac{1}{36}$	$\frac{2}{36}$	$\frac{3}{36}$	$\frac{4}{36}$	$\frac{5}{36}$	$\frac{6}{36}$	$\frac{5}{36}$	$\frac{4}{36}$	$\frac{3}{36}$	$\frac{2}{36}$	$\frac{1}{36}$

Das Stabdiagramm dieser Verteilung ist in der nachfolgenden Abbildung graphisch dargestellt.

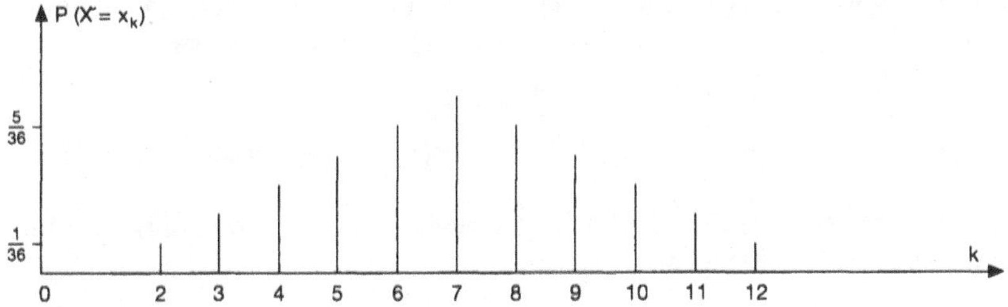

Stabdiagramm

Alle Stäbe haben wie beim Stabdiagramm der relativen Häufigkeiten zusammen die Länge Eins. Die Verteilung ist **symmetrisch** zu s = 7. Dieser Wert besitzt auch die größte Wahrscheinlichkeit.

2.2. Verteilungsfunktion einer diskreten Zufallsvariablen

Häufig interessiert man sich für die Wahrscheinlichkeit dafür, daß bei der Versuchsdurchführung die Realisierung der Zufallsvariablen X nicht größer als ein fest vorgegebener Zahlenwert x ist. Zur Berechnung dieser Wahrscheinlichkeit F(x) müssen die Wahrscheinlichkeiten aller Werte x_i addiert werden, die kleiner oder höchstens gleich x sind, also

$$F(x) = P(X \leq x) = P(\{\omega | X(\omega) \leq x\}) = \sum_{i : x_i \leq x} P(X = x_i) .$$

Die für jedes $x \in \mathbb{R}$ definierte Funktion F heißt die **Verteilungsfunktion** der diskreten Zufallsvariablen X.

Die Verteilungsfunktion einer diskreten Zufallsvariablen hat die gleichen Eigenschaften wie die empirische Verteilungsfunktion einer Beobachtungsreihe eines diskreten Merkmals (Kap. I Abschnitt 1.2.4).

Sie ist eine **monoton nicht fallende Treppenfunktion**, die von Null auf Eins steigt. Falls es im Wertebereich der Zufallsvariablen einen kleinsten Wert gibt, verschwindet die Funktion links von dieser Stelle. Gibt es einen größten Wert, so ist sie von dieser Stelle an immer gleich Eins. Die Verteilungsfunktion ist an jeder Stelle x **rechtsseitig stetig**. Für jedes $x \in \mathbb{R}$ gilt

$$\lim_{h \to 0, h > 0} F(x+h) = F(x).$$

An jeder Stelle $x_i \in W$ macht die Verteilungsfunktion einen Sprung der Höhe $P(X = x_i)$. Für $P(X = x_i) > 0$ muß dort muß als Funktionswert der rechtsseitige Grenzwert, also der Wert der oberen Treppenstufe genommen werden. Die Funktion ist an dieser Stelle nicht linksseitig stetig.

Für jedes $x_i \in W$ mit $P(X = x_i) > 0$ gilt somit

$$\lim_{h \to 0,\, h>0} F(x_i - h) = F(x_i - 0) \neq F(x_i) \; ; \quad F(x_i) - F(x_i - 0) = P(X = x_i) \, .$$

An allen Stellen außerhalb des Wertebereichs ist die Verteilungsfunktion stetig mit $F(x) = F(x-0)$.

Ferner gilt

$$\lim_{x \to -\infty} F(x) = 0 \; ; \qquad \lim_{x \to \infty} F(x) = 1.$$

Aus der Verteilungsfunktion F lassen sich die Wahrscheinlichkeiten für Intervalle berechnen. Es gilt

$$P(a < X \leq b) = F(b) - F(a) \; ;$$

$$P(a < X < b) = F(b-0) - F(a); \; P(a \leq X \leq b) = F(b) - F(a-0) \; ;$$

$$P(X \leq x) = F(x) \; ; \; P(X < x) = F(x-0);$$

$$P(X = x) = F(x) - F(x-0) \; ;$$

$$P(X > x) = 1 - F(x) \, .$$

Dabei ist $F(x-0) = \lim\limits_{\substack{h \to 0 \\ h > 0}} F(x - h)$ der linksseitige Grenzwert.

Beispiel (Augensumme zweier idealer Würfel): Für das oben behandelte Beispiel der Augensumme zweier idealer Würfel ist die Verteilungsfunktion graphisch dargestellt. An der Stelle x = 7 macht sie den größten Sprung.

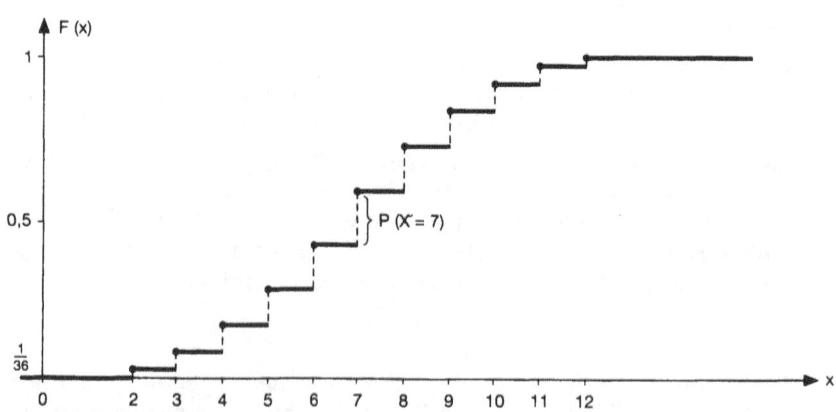

Verteilungsfunktion

2.3. Lageparameter diskreter Zufallsvariabler

Wie bei der deskriptiven Statistik die Häufigkeitsverteilungen sollen die Verteilungen von Zufallsvariablen durch Lageparameter beschrieben werden. Dabei werden sogar die entsprechenden Bezeichnungen (s. Kap. I Abschnitt 1.4) unmittelbar übernommen.

Führt man das gleiche Zufallsexperiment n-mal unabhängig durch, so bilden die Realisierungen der Zufallsvariablen eine Beobachtungsreihe (Stichprobe vom Umfang n) eines quantitativen Merkmals. Wegen des Bernoullischen Gesetzes der großen Zahlen liegen dann bei großem Stichprobenumfang n im diskreten Fall die relativen Häufigkeiten in der Nähe der Wahrscheinlichkeiten. Aus diesem Grund sind dann die Lageparameter der Häufigkeitsverteilungen ungefähr gleich den entsprechenden Parametern der Wahrscheinlichkeitsverteilung der diskreten Zufallsvariablen X.

2.3.1. Modalwert einer diskreten Zufallsvariablen

Jeder Wert $x_i \in W$, für den die Wahrscheinlichkeit $P(X = x_i)$ maximal ist, heißt **Modalwert** (**Modus** oder **wahrscheinlichster Wert**) von X. Er ist im allgemeinen nicht eindeutig bestimmt.

Beim Beispiel der Augensumme zweier idealer Würfel ist 7 der einzige Modalwert. Beim Werfen eines einzigen idealen Würfels sind alle sechs Wahrscheinlichkeiten gleich. Daher ist jede Augenzahl Modalwert.

2.3.2. Erwartungswert einer diskreten Zufallsvariablen

Der Wertevorrat $W = \{x_1, x_2, x_3, \ldots, x_m\}$ der diskreten Zufallsvariablen sei endlich. Das zugehörige Zufallsexperiment werde n-mal unabhängig durchgeführt, wobei die n Realisierungen der Zufallsvariablen X zu einer Stichprobe vom Umfang n zusammengefaßt werden. Diese Stichprobe kann dann in einer Häufigkeitstabelle für die m Merkmalsausprägungen $x_1, x_2, \ldots, x_m$ dargestellt werden mit den relativen Häufigkeiten $r_n(x_i)$. Diese Stichprobe besitzt nach Kap. I Abschnitt 1.4.2 den Mittelwert

$$\bar{x} = \sum_{i=1}^{m} x_i \cdot r_n(x_i) .$$

Wegen $r_n(x_i) \approx P(X = x_i)$ für alle i gilt dann bei großem Umfang n die Näherung

$$\bar{x} \approx \sum_{i=1}^{m} x_i \cdot P(X = x_i) .$$

Die rechte Seite hängt gar nicht mehr von der Stichprobe ab, sondern nur von der Verteilung der Zufallsvariablen X. Man nennt diese Summe den **Erwartungswert** von X. Der Erwartungswert einer beliebigen diskreten Zufallsvariablen wird folgendermaßen definiert

Erwartungswert der diskreten Zufallsvariablen X:
Die diskrete Zufallsvariable X besitze die Verteilung $\big(x_i, P(X = x_i)\big)$, $i = 1, 2, \ldots$. Dann heißt

$$E(X) = \mu = \sum_i x_i \cdot P(X = x_i)$$

der **Erwartungswert** von X, falls $\sum_i |x_i| \cdot P(X = x_i) < \infty$ ist.

Bemerkung: Bei endlichem Wertevorrat ist die angegebene Bedingung der absoluten Konvergenz $\sum |x_i| \cdot P(X = x_i) < \infty$ immer erfüllt, da es sich dann um eine endliche Summe handelt. Bei abzählbar unendlichem Wertebereich kann auf die absolute Konvergenz nicht verzichtet werden. Diese Bedingung gewährleistet nämlich, daß die Summe $\sum x_i \cdot P(X = x_i)$ endlich ist und daß bei jeder beliebigen Summationsreihenfolge die gleiche Summe entsteht.

Interpretation des Erwartungswertes

Das entsprechende Zufallsexperiment werde sehr oft unabhängig durchgeführt, wobei die Realisierungen der Zufallsvariablen X zu einer Stichprobe x zusammengefaßt werden. Dann gilt für das arithmetische Mittel $\bar{x}$ dieser Stichprobe für große n die Näherung

$$\bar{x} \approx E(X).$$

Beispiel (Roulette): Beim Roulette setze ein Spieler jeweils eine Einheit gleichzeitig auf k Zahlen, sofern dies möglich ist. Für $k = 1$ setzt er auf eine einzige Zahl, für $k = 2$ auf zwei benachbarte, für $k = 3$ auf eine Querreihe, für $k = 12$ auf ein Dutzend und für $k = 18$ auf eine einfache Chance. Im Falle eines Gewinns erhält er das $36/k$-fache seines Einsatzes ausgezahlt, so daß ihm ein Reingewinn von $36/k - 1$ Einheiten verbleibt. Andernfalls verliert er seinen Einsatz. Die Sonderregelung bei einfachen Chancen $(k = 18)$ soll hier unberücksichtigt bleiben. Die Wahrscheinlichkeit, daß der Spieler bei einem Spiel gewinnt, ist $p = \frac{k}{37}$. Damit besitzt die Zufallsvariable X_k des Reingewinns die Verteilung

Werte von X_k	-1	$\frac{36}{k} - 1$
Wahrscheinlichkeiten	$1 - \frac{k}{37}$	$\frac{k}{37}$

Daraus erhält man den Erwartungswert von X_k (Gewinnerwartung)

$$E(X_k) = -1 \cdot \left(1 - \frac{k}{37}\right) + \left(\frac{36}{k} - 1\right) \cdot \frac{k}{37} = -1 + \frac{k}{37} + \frac{36}{37} - \frac{k}{37} = -\frac{1}{37}.$$

Diese Gewinnerwartung hängt gar nicht mehr von k ab. Unabhängig davon wie man setzt, im Mittel wird man auf Dauer pro Spiel den 37. Teil des Einsatzes verlieren.

Obwohl die Gewinnerwartung bei allen Strategien gleich ist, ist das Risiko verschieden groß. Bei einfachen Chancen ist es am kleinsten, beim Einsatz auf eine einzige Zahl ($k = 1$) am größten. Dieses Risiko wird durch die Varianz bzw. die Standardabweichung der Zufallsvariablen X (s. Abschnitt 2.4.1) beschrieben.

Deterministische Zufallsvariable

Eine Zufallsvariable, welche nur eine einzige Realisierung besitzt, heißt **deterministisch**. Dann stimmt der Erwartungswert mit diesem einzigen Wert überein.

Indikatorvariable

Es sei A ein beliebiges Ereignis, das die Wahrscheinlichkeit P(A) besitzt. Durch

$$I_A(\omega) = \begin{cases} 1 & \text{für } \omega \in A; \\ 0 & \text{für } \omega \notin A \end{cases}$$

wird eine Zufallsvariable, die sog. **Indikatorvariable** des Ereignisses A definiert. Ihre Realisierung ist gleich Eins, falls das Ereignis A eintritt. Tritt $\bar{A}$ ein, so ist die Realisierung gleich Null. Diese Zufallsvariable besitzt den Erwartungswert

$$\boxed{E(I_A) = P(A).}$$

Die Wahrscheinlichkeit eines Ereignisses A ist gleich dem Erwartungswert der zugehörigen Indikatorvariablen.

Funktion einer diskreten Zufallsvariablen

Eine beliebige reellwertige Funktion $y = g(x)$ bilde den Wertebereich W der Zufallsvariablen X ab auf $\hat{W} = \{y_1, y_2, ...\}$. Dann ensteht durch

$$P(Y = y_j) = \sum_{i:g(x_i)=y_j} P(X = x_i)$$

die Verteilung einer diskreten Zufallsvariablen Y mit den Realisierungen $Y(\omega) = g(X(\omega))$. Diese Zufallsvariable bezeichnet man mit $Y = g(X)$. Sie besitzt einen Erwartungswert, falls folgende Reihen absolut konvergieren:

$$\begin{aligned} E(Y) &= \sum_j y_j \cdot P(Y = y_j) = \sum_j y_j \cdot \sum_{i:g(x_i)=y_j} P(X = x_i) \\ &= \sum_j \sum_{i:g(x_i)=y_j} g(x_i) \cdot P(X = x_i) = \sum_i g(x_i) \cdot P(X = x_i) . \end{aligned}$$

Damit gilt allgemein der

Funktionssatz:
Es sei X eine diskrete Zufallsvariable mit dem Wertebereich W. Ferner sei $y = g(x)$ eine beliebige reelle Funktion. Dann besitzt die Zufallsvariable $\mathbf{Y = g(X)}$ genau dann einen **Erwartungswert** und zwar

$$E(Y) = E(g(X)) = \sum_i g(x_i) \cdot P(X = x_i) ,$$

falls diese Reihe absolut konvergiert mit

$$\sum_i |g(x_i)| \cdot P(X = x_i) < \infty .$$

Lineare Transformation

Alle Realisierungen x_i der Zufallsvariablen X werden gemäß $y_i = a + bx_i$, $a,b \in \mathbb{R}$ linear transformiert. Durch die Übertragung der Wahrscheinlichkeiten $P(Y = y_i) = P(Y = a + bx_i) = P(X = x_i)$ erhält man eine diskrete Zufallsvariable Y. Sie heißt **lineare Transformation**. Man bezeichnet sie mit $Y = a + bX$. Ihre Verteilung lautet $(y_i = a + bx_i \,;\, P(X = x_i))$, $x_i \in W(X)$.

Falls X den Erwartungswert E(X) besitzt, erhält man den Erwartungswert der linearen Transformation als

$$\begin{aligned} E(Y) &= E(a+bX) = \sum_i (a+bx_i) \cdot P(X=x_i) = a \underbrace{\sum_i P(X=x_i)}_{=1} + b \underbrace{\sum_i x_i \cdot P(X=x_i)}_{=E(X)} \\ &= a + b \cdot E(X) . \end{aligned}$$

Damit wird auch der Erwartungswert linear transformiert durch

$$E(a+bX) = a + b \cdot E(X).$$

Erwartungswert einer Summe

Aus dem Ergebnis ω des Zufallsexperiments werden gleichzeitig die Realisierungen zweier Zufallsvariabler $X(\omega)$ und $Y(\omega)$ berechnet. Dann wird durch $Z(\omega) = X(\omega) + Y(\omega)$ eine neue Zufallsvariable Z erklärt. $Z = X + Y$ ist die Summe der beiden Zufallsvariablen X und Y. Die Verteilung der Summenvariablen Z kann aus der gemeinsamen Verteilung der beiden Zufallsvariablen X und Y (s. Abschnitt 3.1) bestimmt werden. Zur Berechnung des Erwartungswertes von Z benötigt man jedoch die gemeinsame Verteilung nicht. Wenn X den Wert x_i und Y den Wert y_j annimmt, so ist die Realisierung von $X+Y$ gleich der Summe $x_i + y_j$. Allgemein ist der Erwartungswert einer Summe gleich der Summe der Erwartungswerte. Die **Additivität** des Erwartungswertes kann auf mehrere Summanden übertragen werden. Zusammen mit den Eigenschaften der linearen Transformation gelten allgemein die

Eigenschaften des Erwartungswertes:
Die Zufallsvariablen X und Y sollen die Erwartungswerte E(X) und E(Y) besitzen. Dann besitzt auch die Summenvariable $X+Y$ einen Erwartungswert und es gilt

$E(X+Y) = E(X) + E(Y)$ (**Additivität des Erwartungswertes**);

$E(aX+bY) = a \cdot E(X) + b \cdot E(Y)$ für $a, b \in \mathbb{R}$

(**Linearität des Erwartungswertes**);

$E\left(\sum_{i=1}^{n} X_i\right) = \sum_{i=1}^{n} E(X_i)$, falls die einzelnen Erwartungswerte $E(X_i)$ existieren für $i = 1, 2, \ldots, n$.

Beispiel (Augensummen): a) Beim Werfen eines idealen Würfels beschreibe die Zufallsvariable X die Augenzahl mit $P(X = i) = 1/6$ für $i=1, 2, \ldots, 6$. Die Zufallsvariable X besitzt den Erwartungswert

$$E(X) = \frac{1}{6} \cdot (1 + 2 + 3 + 4 + 5 + 6) = 3{,}5.$$

Der Erwartungswert 3,5 gehört nicht zum Wertebereich von X.

b) Mit n idealen Würfeln werde gleichzeitig oder mit einem Würfel n-mal nacheinander geworfen. Die Zufallsvariable S_n der Augensumme läßt sich darstellen als Summe

$$S_n = \sum_{i=1}^{n} X_i\,,\quad X_i \text{ beschreibt die Augenzahl beim i-ten Wurf.}$$

Aus $E(X_i) = 3{,}5$ und der Additivität des Erwartungswertes erhält man

$$E(S_n) = 3{,}5 \cdot n\,.$$

Symmetrische Verteilungen
Die Verteilung der diskreten Zufallsvariablen X heißt **symmetrisch** bezüglich des Punktes $x = s$, wenn der Wertevorrat zu dieser Stelle symmetrisch liegt, und die beiden von s gleich weit entfernten Werte die gleiche Wahrscheinlichkeit besitzen. Dann läßt sich der Wertebereich darstellen in der Form $W = \{s \pm z_1, s \pm z_2, s \pm z_3, ...\}$ mit $P(X = s + z_i) = P(X = s - z_i)$ für alle symmetrisch zu s gelegenen Wertepaare.

Der Erwartungswert E(X) der zu s symmetrisch verteilten Zufallsvariablen X existiere. Dann besitzen die beiden Zufallsvariablen $X - s$ und $-(X - s)$ die gleiche Verteilung und somit auch den gleichen Erwartungswert. Aus

$$E(X - s) = -E(X - s)$$

folgt

$$0 = E(X - s) = E(X) - s\,, \quad \text{also } E(X) = s.$$

Damit gilt

$E(X) = s$, s = Symmetrie-Stelle, falls $E(X)$ existiert.

Daß man bei symmetrischen Verteilungen auf die Existenz des Erwartungswertes nicht verzichten kann, zeigt das

Beispiel (symmetrische Verteilung ohne Erwartungswert): Die diskrete Zufallsvariable X besitze die Verteilung

$$W = \{\pm\, 2^n, n = 1, 2, 3, ...\};\ P(X = 2^n) = P(X = -2^n) = \frac{1}{2^{n+1}}$$

für alle n. Sie ist symmetrisch zu $s = 0$. Wegen

$$\sum_{n=1}^{\infty} \frac{1}{2^{n+1}} = \frac{1}{4} \cdot \sum_{k=0}^{\infty} \frac{1}{2^k} = \frac{1}{4} \cdot 2 = \frac{1}{2}$$

besitzen alle Werte zusammen die Wahrscheinlichkeit Eins. Aus

$$2^n \cdot P(X = 2^n) = \frac{1}{2}\,;\ (-2^n) \cdot P(X = -2^n) = -\frac{1}{2}$$

folgt

$$\sum_i |x_i| \cdot P(X = x_i) = \infty .$$

Die in der Definition des Erwartungswertes geforderte Bedingung der absoluten Konvergenz ist hier nicht erfüllt. Durch verschiedene Summationsreihenfolgen der Produkte $x_i \cdot P(X = x_i)$ können verschiedene Summenwerte erzeugt werden.

a) Falls man jeweils einen positiven und einen negativen Wert paarweise zusammenfaßt, enstehen lauter Nullen als Summanden. Dann verschwindet auch die Summe. Der Erwartungswert würde in diesem Fall mit dem Symmetriepunkt $s = 0$ übereinstimmen.

b) Nimmt man in der Summationsreihenfolge zuerst k positive (bzw. negative) Werte und danach paarweise jeweils einen positiven und einen negativen, so erhält man als Summe den Wert $k/2$ (bzw. $-k/2$).

c) Faßt man jeweils zwei positive und einen negativen Wert zusammen, so entsteht die Summe ∞.

d) Durch Zusammenfassen von jeweils zwei negativen und einem positiven Wert entsteht die Summe $-\infty$.

Durch verschiedene Summationsreihenfolgen entstehen verschiedene Summen. Damit kann die Zufallsvariable X keinen Erwartungswert besitzen, da dieser von der Summationsreihenfolge unabhängig sein sollte.

2.3.3. Der Median einer diskreten Zufallsvariablen

Der Erwartungswert E(X) einer diskreten Zufallsvariablen ist wie der Mittelwert $\bar{x}$ einer Beobachtungsreihe empfindlich gegenüber einem **Ausreißer**, falls dieser nicht eine sehr kleine Wahrscheinlichkeit besitzt und damit in der entsprechenden Stichprobe sehr selten vorkommt. Aus diesem Grund führt man auch bei Zufallsvariablen den Median ein, der mehr im Zentrum der Wahrscheinlichkeitsmasse liegt.

Der Zahlenwert $\tilde{\mu}$ heißt **Median (Zentralwert)** der Zufallsvariablen X, wenn die beiden gleichwertigen Bedingungen erfüllt sind:

a) $P(X \le \tilde{\mu}) \ge \frac{1}{2}$ und $P(X \ge \tilde{\mu}) \ge \frac{1}{2}$.

b) $P(X < \tilde{\mu}) \le \frac{1}{2}$ und $P(X > \tilde{\mu}) \le \frac{1}{2}$.

Interpretation des Medians

a) Mindestens die Hälfte der Wahrscheinlichkeitsmasse ist auf Werte konzentriert, die kleiner oder gleich dem Median sind und mindestens die Hälfte der Wahrscheinlichkeitsmasse liegt bei den Werten, die größer oder gleich dem Median sind.

b) Höchstens die halbe Wahrscheinlichkeitsmasse liegt bei den Werten links vom Median und höchstens die halbe Wahrscheinlichkeitsmasse bei Werten rechts vom Median.

Bestimmung des Medians aus der Verteilungsfunktion

a) Die Verteilungsfunktion F(x) nehme an keiner Stelle den Wert 0,5 an. Dann ist der Median eindeutig bestimmt. Derjenige Wert $\tilde{\mu}$ ist der Median der Zufallsvariablen, bei dem die Verteilungsfunktion von unter 0,5 auf über 0,5 springt.

b) Die Verteilungsfunktion nehme an der Stelle x_0 den Wert 0,5 an, es gelte also $F(x_0) = 0{,}5$. Dann erfüllt jeder Zahlenwert zwischen x_0 und dem nächstgrößeren Wert aus dem Wertebereich W die Bedingungen eines Medians. Alle Werte auf der entsprechenden Treppenstufe könnte man dann als Median nehmen. Im allgemeinen wählt man jedoch den Mittelpunkt, also das arithmetische Mittel der beiden Randpunkte als Median.

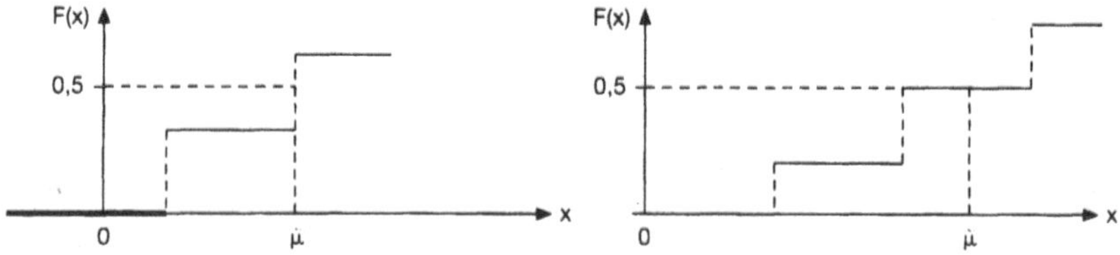

Bestimmung des Medians $\tilde{\mu}$ aus der Verteilungsfunktion

Bei **symmetrischen** Verteilungen ist der Median gleich dem Symmetriepunkt s, also $\tilde{\mu} = s$. Falls der Erwartungswert E(X) einer symmetrisch verteilten Zufallsvariablen X existiert, stimmt er mit dem Median überein. Dann gilt $\tilde{\mu} = E(X)$.

Beispiel (Augensumme): Bei dem obigen Beispiel der Augensumme zweier idealer Würfel lautet der Median $\tilde{\mu} = 7$. Beim Werfen eines einzigen Würfels ist der Median $\tilde{\mu} = 3{,}5$. Da die Verteilungen symmetrisch sind, stimmt der Median jeweils mit dem Erwartungswert überein.

Im Gegensatz zum Erwartungswert existiert der Median bei jeder Zufallsvariablen X. Er ist unempfindlich gegenüber **Ausreißern** und liegt ungefähr im Zentrum der Wahrscheinlichkeitsmaße.

2.3.4. Quantile einer diskreten Zufallsvariablen

In Analogie zu den Quantilen einer Beobachtungsreihe führt man die Quantile einer Zufallsvariablen ein.

Der Zahlenwert ξ_α heißt **α-Quantil** oder **$100\,\alpha$ %-Quantil** der Zufallsvariablen X, wenn eine der beiden gleichwertigen Bedingungen erfüllt ist:

$$\text{a) } P(X \le \xi_\alpha) \ge \alpha \quad \text{und} \quad P(X \ge \xi_\alpha) \ge 1-\alpha\,;$$

$$\text{b) } P(X < \xi_\alpha) \le \alpha \quad \text{und} \quad P(X > \xi_\alpha) \le 1-\alpha\,.$$

a) Mindestens $100\,\alpha$ % der Wahrscheinlichkeitsmasse ist auf Werte konzentriert, welche kleiner oder gleich dem α-Quantil sind und mindestens $100 \cdot (1\text{-}\alpha)$ % der Wahrscheinlichkeitsmasse liegt bei den Werten, die größer oder gleich dem α-Quantil sind.

b) Höchstens $100\,\alpha$ % der Wahrscheinlichkeitsmasse liegt links vom α-Quantil und höchstens $100 \cdot (1-\alpha)$ % der Wahrscheinlichkeitsmasse rechts vom α-Quantil.

Der **Median** ist das 0,5 - Quantil. Es gilt also $\tilde{\mu} = \xi_{0,5}$.

Bestimmung der Quantile aus der Verteilungsfunktion

a) Die Verteilungsfunktion F(x) besitze an keiner Stelle den Wert α. Dann ist das α-Quantil ξ_α eindeutig bestimmt. Es ist derjenige Wert der Zufallsvariablen, bei dem die Verteilungsfunktion von unter α auf über α springt.

b) Die Verteilungsfunktion nehme an der Stelle x_0 den Wert α an, es gelte also $F(x_0) = \alpha$. Dann erfüllt jeder Zahlenwert zwischen x_0 und dem nächstgrößeren Wert aus dem Wertebereich W die Bedingungen eines α-Quantils. Alle Werte auf der entsprechenden Treppenstufe könnte man dann als α-Quantil wählen. Im allgemeinen wählt man jedoch den Mittelpunkt dieser Treppenstufe, also das arithmetische Mittel der beiden Randpunkte als α-Quantil.

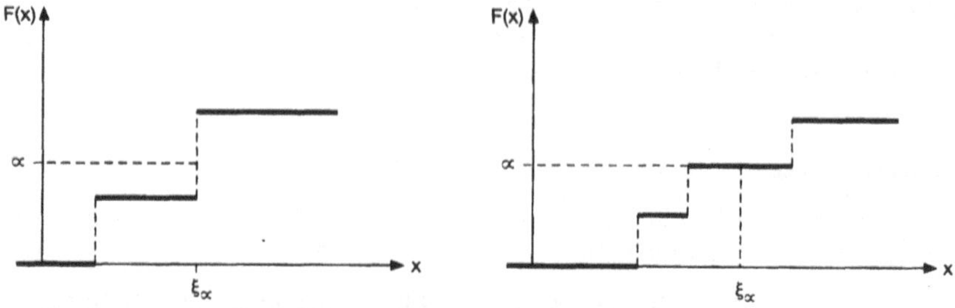

Bestimmung des Quantils ξ_α aus der Verteilungsfunktion F

Beispiel (Multiple-Choice, s. Kap. II Abschnitt 6.4.1): Bei dem Multiple-Choice-Test beschreibe die Zufallsvariable X die Anzahl der richtigen Antworten, die man durch zufälliges Ankreuzen jeweils einer Antwort erhält.

Die Zufallsvariable X besitzt den Median $\tilde{\mu} = 2$.

Das 0,25-Quantil lautet $\xi_{0,25} = 1$.

Das 0,99-Quantil wurde dort bereits berechnet als $\xi_{0,99} = 5$.

2.4. Streuungsparameter

Wie bei Häufigkeitsverteilungen in der deskriptiven Statistik führt man auch für die Verteilung einer diskreten Zufallsvariablen Streuungsparameter ein. Analog zu Kap. I Abschnitt 1.5.3 könnte man die Abstände der Werte x_i vom Erwartungswert $\mu = E(X)$ oder vom Median $\tilde{\mu}$ berechnen und davon den Erwartungswert bilden, also

$$E(|X - \mu|) = \sum_i |x_i - \mu| \cdot P(X = x_i) \ ;$$

$$E(|X - \tilde{\mu}|) = \sum_i |x_i - \tilde{\mu}| \cdot P(X = x_i) \ .$$

Diese Streuungsmaße machen zwar Aussagen über die Abweichungen der Werte der Zufallsvariablen von dem entsprechenden Lageparameter, sie besitzen aber im Gegensatz zur Varianz kaum Eigenschaften, die für die Anwendungen nützlich sind. Aus diesem Grund ist das am häufgsten verwendete Abweichungsmaß die Varianz bzw. die daraus berechnete Standardabweichung. Dabei zeigt sich wie in der deskriptiven Statistik, daß die Erwartungswerte der Abweichungen $E(|X-\mu|)$ und $E(|X-\tilde{\mu}|)$ immer kleiner als die Standardabweichung sind. Mit der Standardabweichung stimmen sie nur dann überein, wenn die Zufallsvariable X nur eine einzige Realisierung besitzt, also bei deterministischen Zufallsvariablen.

2.4.1. Varianz und Standardabweichung

Die diskrete Zufallsvariable X besitze die Verteilung $(x_i, P(X = x_i))$, $x_i \in W$ und den Erwartungswert $\mu = E(X)$. Dann heißt im Falle der Existenz

$$Var(X) = D^2(X) = \sigma^2 = \sum_i (x_i-\mu)^2 \cdot P(X = x_i)$$

die **Varianz** und die positive Quadratwurzel $\sigma = _+\sqrt{\sigma^2}$ die **Standardabweichung** der diskreten Zufallsvariablen X.

Die Varianz ist gleich dem Erwartungswert der Zufallsvariablen $(X-\mu)^2$, also

$$Var(X) = E\left((X-\mu)^2\right).$$

Nur bei deterministischen Zufallsvariablen verschwindet die Varianz. Durch Umformung erhält man

$$\begin{aligned} Var(X) &= \sum_i \left(x_i^2 - 2\mu x_i + \mu^2\right) \cdot P(X = x_i) \\ &= \sum_i x_i^2 \cdot P(X = x_i) - 2\mu \underbrace{\sum_i x_i \cdot P(X = x_i)}_{=\mu} + \mu^2 \underbrace{\sum_i P(X = x_i)}_{=1} \\ &= \sum_i x_i^2 \cdot P(X = x_i) - \mu^2 . \end{aligned}$$

Damit gilt die für die praktische Rechnung nützliche Formel

$$\boxed{Var(X) = \sigma^2 = \sum_i x_i^2 \cdot P(X = x_i) - \mu^2 = E(X^2) - [E(X)]^2 .}$$

Mit Hilfe eines Rechners kann die Varianz nach dieser Formel berechnet werden, ohne daß die Daten gespeichert werden müssen. Dazu gibt man der Reihe nach die Werte x_i mit den zugehörigen Wahrscheinlichkeiten in den Rechner ein. In je einem Speicher werden die Produkte $x_i \cdot P(X = x_i)$ sowie $x_i^2 \cdot P(X = x_i)$ aufaddiert. Die erste Summe ergibt den Erwartungswert μ. Von der zweiten Summe muß μ^2 subtrahiert werden, was die Varianz liefert.

Beispiel (Roulette s. Abschnitt 2.3.2): Die Varianz der in Abschnitt 2.3.2 behandelten Zufallsvariablen X_k des Reingewinns beim Einsatz einer Geldeinheit auf k Zahlen lautet

$$\begin{aligned}\sigma_k^2 &= (-1)^2\cdot\left(1-\tfrac{k}{37}\right)+\left(\tfrac{36}{k}-1\right)^2\cdot\tfrac{k}{37}-\left(-\tfrac{1}{37}\right)^2\\ &= \frac{36^2}{37\cdot k}-\frac{35}{37}-\frac{1}{37^2}\,.\end{aligned}$$

Die Varianz und die Standardabweichung ist für $k = 1$ am größten und wird mit wachsendem k kleiner. Für $k = 1$ erhält man $\sigma_k \approx 5{,}8378$ und für $k = 18$ lautet die Standardabweichung $\sigma_k \approx 0{,}9996$.

Lineare Transformation

Die Zufallsvariable X besitze den Erwartungswert μ und die Varianz σ^2. Dann besitzt die lineare Transformation $Y = a + bX$ den Erwartungswert $a + b\mu$ und die Varianz

$$\begin{aligned}\mathrm{Var}(a+bX) &= \sum_i (a+bx_i-a-b\mu)^2\cdot P(X=x_i)\\ &= b^2\sum_i (x_i-\mu)^2\cdot P(X=x_i) = b^2\cdot\sigma^2.\end{aligned}$$

Damit gilt allgemein

$$\boxed{\mathrm{Var}(a+bX) = b^2\cdot \mathrm{Var}(X)\ ;\quad a,b\in\mathbb{R}\,.}$$

Durch eine Parallelverschiebung (a beliebig, $b = 1$) bleibt die Varianz und damit die Standardabweichung unverändert. Multiplikation der Werte einer Zufallsvariablen mit b bewirkt eine Multiplikation der Varianz mit b^2 und der Standardabweichung mit $|b|$ (b könnte ja negativ sein).

Standardisierung einer Zufallsvariablen

Die Zufallsvariable X besitze den Erwartungswert μ und die Standardabweichung $\sigma \neq 0$. Dann heißt die linear transformierte Zufallsvariable

$$X^* = \frac{X-\mu}{\sigma}$$

die **Standardisierte** (oder **Standardisierung**) von X mit

$$E(X^*) = 0 \quad\text{und}\quad \mathrm{Var}(X^*) = E(X^{*2}) = 1.$$

Die Varianz einer Summe

Die Zufallsvariablen X und Y sollen die Erwartungswerte $\mu_X = E(X)$ und $\mu_Y = E(Y)$ besitzen. Dann erhält man die Varianz der Summe

$$\begin{aligned} Var(X+Y) &= E([X+Y-\mu_X-\mu_Y]^2) \\ &= E\Big((X-\mu_X)^2+(Y-\mu_Y)^2+2(X-\mu_X)\cdot(Y-\mu_Y)\Big) \\ &= Var(X)+Var(Y)+2\cdot[E(X\cdot Y)-E(X)\cdot E(Y)] \\ &= Var(X)+Var(Y)+2\cdot \underbrace{Cov(X,Y)}_{=\text{ Kovarianz}}\ . \end{aligned}$$

Die Varianz ist damit genau dann additiv, wenn die Kovarianz der beiden Zufallsvariablen verschwindet, also für unkorrelierte Zufallsvariable (s. Abschnitt 3.6). Bei unabhängigen Zufallsvariablen X und Y gilt nach Abschnitt 3.5.1 die Produktdarstellung $E(X\cdot Y) = E(X)\cdot E(Y)$. Damit verschwindet die Kovarianz bei unabhängigen Zufallsvariablen. Allgemein gilt

> **Varianz einer Summe:**
> Für die Varianz einer Summe gilt
>
> $Var(X+Y) = Var(X)+Var(Y)+2\cdot Cov(X,Y)$, X und Y beliebig;
>
> $Var(X+Y) = Var(X)+Var(Y)$ für **unabhängige (unkorrelierte)** X,Y;
>
> $Var\left(\sum_{i=1}^{n} X_i\right) = \sum_{i=1}^{n} Var(X_i)$, falls $X_1, X_2, \ldots, X_n$ **paarweise unabhängig (unkorreliert)** sind.

2.4.2. Die Tschebyscheffsche Ungleichung

X sei eine diskrete Zufallsvariable mit dem Erwartungswert μ und der Varianz $\sigma^2 = Var(X)$. Dann gilt für jede Zahl $a > 0$ unabhängig von der Verteilung der Zufallsvariablen X die Ungleichung

$$P(|X-\mu| \geq a) \leq \frac{Var(X)}{a^2} \quad \textbf{(Tschebyscheffsche Ungleichung).}$$

Beweis: Die Varianz wird dadurch verkleinert, daß nicht mehr über sämtliche Werte, sondern nur noch über diejenigen mit $|x_i - \mu| \geq a$ summiert wird. Diese Realisierungen besitzen die Wahrscheinlichkeit $P(|X-\mu| \geq a)$. Damit gilt

$$\operatorname{Var}(X) = \sum_i (x_i-\mu)^2 \cdot P(X = x_i) \geq \sum_{i:\,|x_i-\mu| \geq a} (x_i-\mu)^2 \cdot P(X = x_i)$$

$$\geq \sum_{i:\,|x_i-\mu| \geq a} a^2 \cdot P(X = x_i) = a^2 \cdot P(|X-\mu| \geq a)\,.$$

Division dieser Ungleichung durch a^2 ergibt die Behauptung.

Durch Komplementbildung erhält man

$$P(|X-\mu| < a) = 1 - P(|X-\mu| \geq a) \geq 1 - \frac{\operatorname{Var}(X)}{a^2}\,.$$

Mit $a = k\,\sigma$ geht die Tschebyscheffsche Ungleichung über in

$$P(|X-\mu| \geq k\,\sigma) \leq \frac{1}{k^2}\,;$$

$$P(|\,X-\mu| < k\,\sigma) = P(\mu - k\,\sigma < X < \mu + k\,\sigma) \geq 1 - \frac{1}{k^2}\,.$$

Interpretation

Im Intervall $(\mu - k\,\sigma;\ \mu + k\,\sigma)$ liegt also mindestens $100 \cdot (1 - \frac{1}{k^2})$ % der Wahrscheinlichkeitsmasse jeder Zufallsvariablen X.

Spezielle Werte:

$$P(\mu - 2\sigma < X < \mu + 2\sigma) \geq \frac{3}{4}\,;$$

$$P(\mu - 3\sigma < X < \mu + 3\sigma) \geq \frac{8}{9}\,;$$

$$P(\mu - 4\sigma < X < \mu + 4\sigma) \geq \frac{15}{16}\,.$$

2.4.3. Momente einer diskreten Zufallsvariablen

Im Falle der Existenz heißt

$$E\left(X^k\right) = \sum_i x_i^k \cdot P(X = x_i)$$

das **k-te Moment** der diskreten Zufallsvariablen X. Das erste Moment ist der Erwartungswert. Entsprechend heißt

$$\eta_k = E\left((X-\mu)^k\right) = \sum_i (x_i-\mu)^k \cdot P(X = x_i)$$

das **k-te zentrale Moment** der diskreten Zufallsvariablen X. Das zweite zentrale Moment ist die Varianz.

Bei symmetrischen Verteilungen verschwinden im Falle der Existenz alle zentralen Momente ungerader Ordnung (k ungerade).

2.4.4. Der Variationskoeffizient einer diskreten Zufallsvariablen

In Analogie zur beschreibenden Statistik (Kap. I Abschnitt 1.5.5) lautet für $\mu \neq 0$ der

Variationskoeffizient: $$\frac{\sigma}{\mu} = \frac{\sqrt{\mathrm{Var}(X)}}{\mathrm{E}(X)} = \frac{\sqrt{\sum_i (x_i-\mu)^2 \cdot P(X = x_i)}}{\sum_i x_i \cdot P(X = x_i)} .$$

Er beschreibt die Standardabweichung relativ zum Erwartungswert und ist als dimensionslose Größe vom Maßstab unabhängig.

2.4.5. Die Schiefe der Verteilung einer diskreten Zufallsvariablen

Wie in der deskriptiven Statistik (Kap. I Abschnitt 1.5.8) lautet die

Schiefe einer Verteilung

$$\frac{\mathrm{E}\big((X-\mu)^3\big)}{\sigma^3} = \frac{\sum_i (x_i-\mu)^3 \cdot P(X = x_i)}{\Big(\sqrt{\sum_i (x_i-\mu)^2 \cdot P(X = x_i)}\,\Big)^3}$$

Im Zähler steht das dritte zentrale Moment der Verteilung und im Nenner die dritte Potenz der Standardabweichung. Die Schiefe ist eine dimensionslose, maßstabsunabhängige Größe.

Bei symmetrischen Verteilungen nimmt die Schiefe den Wert Null an. Bei einer positiven Schiefe ist die Verteilung rechtsschief, sonst linksschief. Je größer der Betrag der Schiefe ist, umso schiefer ist die Verteilung der diskreten Zufallsvariablen X.

2.4.6. Der Exzeß der Verteilung einer diskreten Zufallsvariablen

In Analogie zur deskriptiven Statistik (Kap. I Abschnitt 1.5.9) lautet der

Exzeß (die **Wölbung**) einer Verteilung

$$\frac{\mathrm{E}\big((X-\mu)^4\big)}{\sigma^4} - 3 = \frac{\sum_i (x_i-\mu)^4 \cdot P(X = x_i)}{\Big(\sum_i (x_i-\mu)^2 \cdot P(X = x_i)\Big)^2} - 3 .$$

Der Exzeß vergleicht das Histogramm der Verteilung der diskreten Zufallsvariablen mit der Dichte der Normalverteilung, bei welcher der Exzeß verschwindet. Bei positivem Exzeß ist das Maximum der Verteilung größer als das der Normalverteilung, bei negativer Wölbung ist es kleiner.

3. Paare diskreter Zufallsvariabler

In diesem Abschnitt werden auf der gleichen Ergebnismenge Ω gleichzeitig zwei diskrete Zufallsvariable betrachtet.

3.1. Die gemeinsame Verteilung

Auf der Ergebnismenge Ω seien gleichzeitig zwei diskrete Zufallsvariable X und Y definiert. Jedem Versuchsergebnis $\omega \in \Omega$ wird dadurch ein Zahlenpaar $(X(\omega), Y(\omega)) \in \mathbb{R}^2$ zugeordnet. Die jeweiligen Wertebereiche bezeichnen wir mit $W_X = \{x_1, x_2, x_3, ... \}$ und $W_Y = \{y_1, y_2, y_3, ... \}$. Auf das Wertepaar (x_i, y_j), $x_i \in W_X$, $y_j \in W_Y$ wird das Ereignis

$$\{\omega \mid X(\omega) = x_i \text{ und } Y(\omega) = y_j\} = \{\omega \mid X(\omega) = x_i\} \cap \{\omega \mid Y(\omega) = y_j\} \subset \Omega$$

abgebildet. Diese Ereignisse sollen zum Ereignissystem von Ω gehören.

Durch

$$p_{ij} = P(X = x_i, Y = y_j) = P(\{\omega \mid X(\omega) = x_i\} \cap \{\omega \mid Y(\omega) = y_j\})$$

wird die Wahrscheinlichkeit P von Ω auf die Paare der Realisierungen der beiden Zufallsvariablen übertragen. Dabei gilt

$$\sum_i \sum_j p_{ij} = \sum_i \sum_j P(X = x_i, Y = y_j) = 1.$$

Die Gesamtheit $\big((x_i, y_j), P(X = x_i, Y = y_j)\big)$, $x_i \in W_X$, $y_j \in W_Y$ nennt man die **gemeinsame Verteilung** der beiden diskreten Zufallsvariablen X und Y oder die Verteilung der **zweidimensionalen diskreten Zufallsvariablen** (X, Y).

Wie die gemeinsame Häufigkeitsverteilung in der deskriptiven Statistik (Kap. I Abschnitt 2.1.2) kann die gemeinsame Verteilung zweier diskreter Zufallsvariabler in einer Kontingenztafel übersichtlich dargestellt werden, besonders dann, wenn beide Wertebereiche endlich sind.

Aus der gemeinsamen Verteilung lassen sich die Verteilungen der beiden einzelnen Zufallsvariablen, die sog. **Randverteilungen** durch Summenbildung berechnen durch

$$P(X = x_i) = \sum_j P(X = x_i, Y = y_j) = \sum_j p_{ij} = p_{i\cdot} \quad \text{für jedes } x_i \in W_X;$$

$$P(Y = y_j) = \sum_i P(X = x_i, Y = y_j) = \sum_i p_{ij} = p_{\cdot j} \quad \text{für jedes } y_j \in W_Y.$$

	y_1	y_2	$\cdots$	y_j	$\cdots$	Summe
x_1	p_{11}	p_{12}	$\cdots$	p_{1j}	$\cdots$	$p_{1\cdot}$
x_2	p_{21}	p_{22}	$\cdots$	p_{2j}		$p_{2\cdot}$
$\vdots$	$\vdots$	$\vdots$		$\vdots$		$\vdots$
x_i	p_{i1}	p_{i2}	$\cdots$	p_{ij}	$\cdots$	$p_{i\cdot}$
$\vdots$	$\vdots$	$\vdots$		$\vdots$	$\vdots$	$\vdots$
Summe	$p_{\cdot 1}$	$p_{\cdot 2}$	$\cdots$	$p_{\cdot j}$	$\cdots$	$p_{\cdot\cdot} = 1$

Kontingenztafel für die gemeinsame Verteilung

Beispiel (Roulette): Beim Roulette setze ein Spieler gleichzeitig eine Einheit auf das erste Dutzend $A = \{1, 2, \ldots, 12\}$ und eine Einheit auf den Sechserblock $B = \{10, 11, 12, 13, 14, 15\}$. Die Reingewinne aus beiden Strategien werden durch die Zufallsvariablen X (Gewinn aus A) und Y (Gewinn aus B) beschrieben. Falls das Ereignis A eintritt, ist die Realisierung von X gleich 2 (Auszahlung minus Einsatz), beim Eintritt von B ist die Realisierung von Y gleich 5. Sonst ist der jeweilige Einsatz verloren mit der Realisierung −1. Die gemeinsamen Wahrscheinlichkeiten lauten

$$P(X = 2, Y = 5) = P(A \cap B) = P(\{10, 11, 12\}) = \frac{3}{37};$$

$$P(X = 2, Y = -1) = P(\{1, 2, 3, 4, 5, 6, 7, 8, 9\}) = \frac{9}{37};$$

$$P(X = -1; Y = 5) = P(\{13, 14, 15\}) = \frac{3}{37};$$

$$P(X = -1; Y = -1) = P(\{0, 16, 17, 18, \ldots, 35, 36\}) = \frac{22}{37} \text{ (Summe = 1).}$$

Die gemeinsame Verteilung ist in der nachfolgenden Vierfeldertafel dargestellt

x_i	y_j: -1	5	Summe
-1	$\frac{22}{37}$	$\frac{3}{37}$	$\frac{25}{37}$
2	$\frac{9}{37}$	$\frac{3}{37}$	$\frac{12}{37}$
Summe	$\frac{31}{37}$	$\frac{6}{37}$	1

In der letzten Spalte stehen die Wahrscheinlichkeiten der Zufallsvariablen X, in der letzten Zeile die der Zufallsvariablen Y.

3.2. Die gemeinsame Verteilungsfunktion

Die durch

$$F(x,y) = P(X \leq x, Y \leq y) = \sum_{x_i \leq x} \sum_{y_j \leq y} P(X = x_i, Y = y_j), \; (x, y) \in \mathbb{R}^2$$

definierte Funktion F heißt die **gemeinsame Verteilungsfunktion** der beiden diskreten Zufallsvariablen X und Y. Für jedes Paar (x,y) ist $F(x,y)$ die Wahrscheinlichkeit dafür, daß die zweidimensionale Zufallsvariable (X,Y) bei der Durchführung des Zufallsexperiments eine Realisierung aus der im nachfolgenden Bild schraffierten Halbebene annimmt.

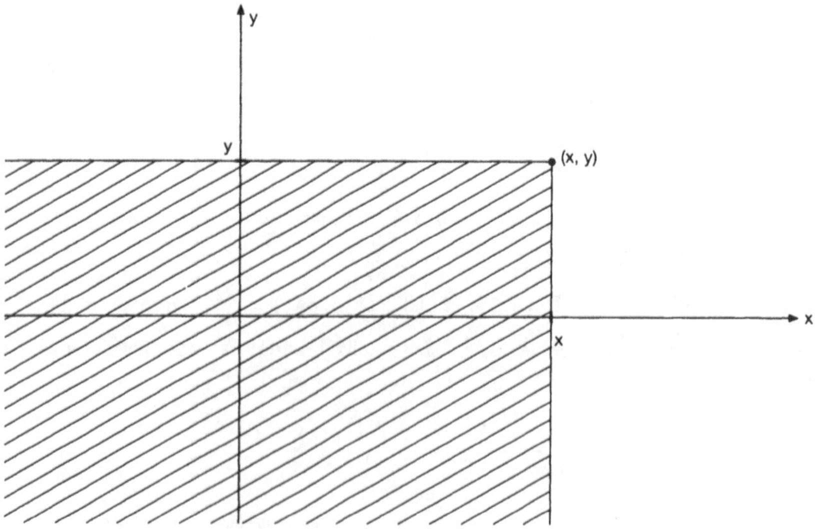

Die Wahrscheinlichkeit dafür, daß die Realisierung in dem schraffierten Rechteck der nachfolgenden Abbildung liegt, lautet

$$P(a_1 < X \leq b_1, a_2 < Y \leq b_2) = F(b_1, b_2) - F(a_1, b_2) - F(b_1, a_2) + F(a_1, a_2).$$

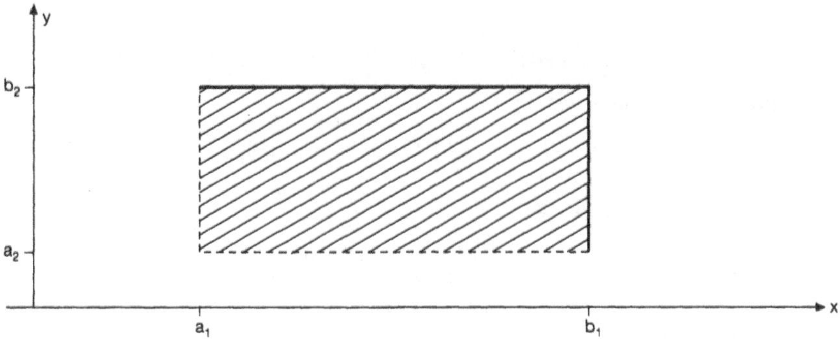

Die Verteilungsfunktion ist in beiden Variablen x und y jeweils monoton nicht fallend und rechtsseitig stetig. Ferner gilt für jedes x und y

$$\lim_{x \to -\infty} F(x, y) = F(-\infty, y) = 0 \; ; \; \lim_{y \to -\infty} F(x, y) = F(x, -\infty) = 0$$

sowie

$$\lim_{x \to \infty;\, y \to \infty} F(x, y) = F(+\infty, +\infty) = 1.$$

Durch Grenzwertbildung erhält man aus der gemeinsamen Verteilungsfunktion die Verteilungsfunktionen der beiden einzelnen Zufallsvariablen

$$P(X \leq x) = F_1(x) = \lim_{y \to \infty} F(x, y) = F(x, +\infty) \; ;$$

$$P(Y \leq y) = F_2(y) = \lim_{x \to \infty} F(x, y) = F(+\infty, y) \, .$$

3.3. Bedingte Verteilungen und bedingte Erwartungswerte

Mit Hilfe der bedingten Wahrscheinlichkeiten

$$P(Y = y_j \mid X = x_i) = \frac{P(X = x_i, Y = y_j)}{P(X = x_i)} = \frac{p_{ij}}{p_{i\cdot}}$$

lassen sich Verteilungen für sog. bedingte Zufallsvariable erklären. Von sämtlichen Realisierungspaaren werden nur noch diejenigen mit festem x_i betrachtet. Dann sind diese Paare (x_i, y_j), $y_j \in W_Y$ Realisierungen einer diskreten Zufallsvariablen. Diese sog. **bedingte Zufallsvariable** bezeichnen wir mit $Y \mid (X = x_i)$. Es handelt sich um die Zufallsvariable Y unter der Bedingung $(X = x_i)$.

Sie besitzt die **bedingte Verteilung** $\left(y_j, \frac{p_{ij}}{p_{i\cdot}}\right)$, $j = 1, 2, \ldots$ und den **bedingten Erwartungswert**

$$E(Y \mid (X = x_i)) = \sum_j y_j \cdot \frac{p_{ij}}{p_{i\cdot}} \quad \text{für jedes i mit } x_i \in W_X.$$

Entsprechend erhält man mit

$$P(X = x_i \mid Y = y_j) = \frac{P(X = x_i, Y = y_j)}{P(Y = y_j)} = \frac{p_{ij}}{p_{\cdot j}}$$

die bedingte Zufallsvariable $X \mid (Y = y_j)$ mit der

bedingten Verteilung $\left(x_i, \frac{p_{ij}}{p_{\cdot j}}\right)$, $i = 1, 2, \ldots$ und dem

bedingten Erwartungswert

$$E(X \mid (Y = y_j)) = \sum_i x_i \cdot \frac{p_{ij}}{p_{\cdot j}} \quad \text{für jedes j mit } y_j \in W_Y.$$

Elementare Rechnung ergibt

$$E(Y) = \sum_i E(Y \mid (X = x_i)) \cdot P(X = x_i);$$

$$E(X) = \sum_j E(X \mid (Y = y_j)) \cdot P(Y = y_j).$$

Jeder einzelne Erwartungswert ist das mit den Wahrscheinlichkeiten der anderen Zufallsvariablen gewichtete arithmetische Mittel der bedingten Erwartungswerte.

3.4. Unabhängige diskrete Zufallsvariable

Die Unabhängigkeit zweier diskreter Zufallsvariabler X und Y wird auf die Unabhängigkeit der Urbilder ihrer Werte zurückgeführt, also auf die Unabhängigkeit aller Ereignispaare $A_i = \{\omega \mid X(\omega) = x_i\}$ und $B_j = \{\omega \mid Y(\omega) = y_j\}$. Diese Ereignisse sind genau dann unabhängig, wenn die Produktdarstellung $P(A_i \cap B_j) = P(A_i) \cdot P(B_j)$ gilt. Damit erhält man die Definition:

Zwei diskrete Zufallsvariable X und Y sind (stochastisch) **unabhängig**, wenn für alle Wertepaare (x_i, y_j), $x_i \in W_X, y_j \in W_Y$ gilt

$$P(X = x_i, Y = y_j) = P(X = x_i) \cdot P(Y = y_j).$$

Zwei Zufallsvariable, die nicht unabhängig sind, heißen **abhängig**.

Bei unabhängigen Zufallsvariablen ist die gemeinsame Verteilung durch die Verteilungen der beiden einzelnen Zufallsvariablen eindeutig bestimmt. Man kann die beiden Randverteilungen in eine Kontingenztafel eintragen und erhält die gemeinsamen Wahrscheinlichkeiten p_{ij} als Produkt der in der gleichen Zeile und gleichen Spalte stehenden Randwahrscheinlichkeiten $p_{i\cdot}$ und $p_{\cdot j}$ für die Werte der einzelnen Zufallsvariablen.

Die beiden Zufallsvariablen sind genau dann unabhängig, wenn die gemeinsame Verteilungsfunktion gleich dem Produkt der einzelnen Verteilungsfunktionen ist. Es gilt

$$F(x, y) = P(X \leq x, Y \leq y) = P(X \leq x) \cdot P(Y \leq y) = F_1(x) \cdot F_2(y),$$

falls X und Y unabhängig sind.

Im Falle der Unabhängigkeit stimmen alle bedingten Verteilungen mit den absoluten überein. Das gleiche gilt für die bedingten Erwartungswerte, also

$$E(Y | X = x_i)) = E(Y) \quad \text{für alle } x_i \in W_X,$$

$$E(X | Y = y_j)) = E(X) \quad \text{für alle } y_j \in W_Y,$$

falls X und Y voneinander unabhängig sind.

Falls die beiden unabhängigen Zufallsvariablen X und Y einen Erwartungswert besitzen, hat auch die Produktvariable einen Erwartungswert und es gilt nach Abschnitt 3.5.1

$$E(X \cdot Y) = E(X) \cdot E(Y) \quad \text{bei unabhängigen Zufallsvariablen.}$$

3.5. Funktionen zweier diskreter Zufallsvariabler

X und Y seien zwei diskrete Zufallsvariable mit der gemeinsamen Verteilung $((x_i, y_j), P(X = x_i, Y = y_j))$, $x_i \in W_X, y_j \in W_Y$. Ferner sei $g(x, y)$ eine beliebige reellwertige Funktion in den beiden Veränderlichen x und y. Dann wird durch

$$Z(\omega) = g(X(\omega), Y(\omega))$$

eine eindimensionale diskrete Zufallsvariable $Z = g(X, Y)$ erklärt. Ihr Wertebereich $W = \{z_1, z_2, z_3, ...\}$ besteht aus allen Funktionswerten $g(x_i, y_j)$. Die Zufallsvariable Z besitzt genau dann einen Erwartungswert, wenn folgende Reihe absolut konvergiert

$$E(Z) = \sum_k z_k \cdot P(Z = z_k) = \sum_k z_k \cdot \sum_{i,j: g(x_i,y_j) = z_k} P(X = x_i, Y = y_j)$$

$$= \sum_k \sum_{i,j: g(x_i,y_j) = z_k} z_k \cdot P(X = x_i, Y = y_j) = \sum_{ij} g(x_i, y_j) \cdot P(X = x_i, Y = y_j).$$

Damit gilt der

Funktionssatz:
X und Y seien zwei diskrete Zufallsvariable mit der gemeinsamen Verteilung$\left((x_i, y_j), P(X = x_i, Y = y_j)\right), i = 1, 2, ...; j = 1, 2, ...$ Ferner sei $g(x, y)$ eine beliebige reellwertige Funktion in den beiden Veränderlichen x und y. Dann besitzt die Zufallsvariable $\mathbf{Z = g(X, Y))}$ genau dann einen **Erwartungswert** und zwar

$$E(Z) = E(g(X, Y)) = \sum_{ij} g(x_i, y_j) \cdot P(X = x_i, Y = y_j),$$

falls diese Reihe absolut konvergiert mit

$$\sum_{ij} |g(x_i, y_j)| \cdot P(X = x_i, Y = y_j) < \infty.$$

3.5.1. Das Produkt zweier diskreter Zufallsvariabler

Die Zufallsvariable des Produkts $Z = X \cdot Y$ wird durch

$$Z(\omega) = X(\omega) \cdot Y(\omega)$$

definiert. Ihr Wertebereich besteht aus allen möglichen Produkten $x_i \cdot y_j$. Der Erwartungswert $E(Z)$ existiert nach dem Funktionssatz aus Abschnitt 3.5 genau dann, wenn folgende Reihe absolut konvergiert

$$E(X \cdot Y) = \sum_{ij} x_i \cdot y_j \cdot P(X = x_i, Y = y_j).$$

Diese Summe läßt sich im allgemeinen Fall nicht mehr vereinfachen. Es gilt jedoch der Satz:

Die beiden Zufallsvariablen X und Y seien **unabhängig** und besitzen die Erwartungswerte $E(X)$ und $E(Y)$. Dann besitzt auch das Produkt $X \cdot Y$ einen Erwartungswert und es gilt

$$E(X \cdot Y) = E(X) \cdot E(Y).$$

Beweis: Wegen der Produktdarstellung

$$P(X = x_i, Y = y_j) = P(X = x_i) \cdot P(Y = y_j) \quad \text{für alle } i, j$$

geht die obige Formel über in

$$\begin{aligned} E(X \cdot Y) &= \sum_i \sum_j x_i \cdot y_j \cdot P(X = x_i) \cdot P(Y = y_j) \\ &= \sum_i x_i \cdot P(X = x_i) \cdot \sum_j y_j \cdot P(Y = y_j) = E(X) \cdot E(Y). \end{aligned}$$

3.5.2. Die Summe zweier diskreter Zufallsvariabler

Die Zufallsvariable der Summe $Z = X + Y$ ist definiert durch

$$Z(\omega) = X(\omega) + Y(\omega).$$

Der Wertebereich der Summenvariablen $X + Y$ besteht aus allen möglichen Summen $x_i + y_j$. Falls manche Summen übereinstimmen, müssen die entsprechenden Wahrscheinlichkeiten addiert werden. Nach dem Funktionssatz aus Abschnitt 3.5 lautet im Falle der Existenz der Erwartungswert

$$\begin{aligned} E(X+Y) &= \sum_i \sum_j (x_i + y_j) \cdot P(X = x_i, Y = y_j) \\ &= \sum_i \sum_j x_i \cdot P(X = x_i, Y = y_j) + \sum_i \sum_j y_j \cdot P(X = x_i, Y = y_j) \\ &= \sum_i x_i \sum_j P(X = x_i, Y = y_j) + \sum_j y_j \sum_i P(X = x_i, Y = y_j) \\ &= \sum_i x_i \cdot P(X = x_i) + \sum_j y_j \cdot P(Y = y_j) = E(X) + E(Y). \end{aligned}$$

Damit wurde die in Abschnitt 2.3.2 angegebene Additivität des Erwartungswertes nachträglich nachgewiesen.

Beispiel (Roulette, s. Abschnitt 3.1**):** Aus der in Abschnitt 3.1 angegebenen gemeinsamen Verteilung der beiden Zufallsvariablen X und Y erhält man durch Summenbildung die Verteilung der Summe X + Y als

Werte von X + Y	-2	1	4	7
Wahrscheinlichkeiten	$\frac{22}{37}$	$\frac{9}{37}$	$\frac{3}{37}$	$\frac{3}{37}$

Hieraus kann direkt der Erwartungswert der Summe berechnet werden als

$$E(X + Y) = -2 \cdot \frac{22}{37} + 1 \cdot \frac{9}{37} + 4 \cdot \frac{3}{37} + 7 \cdot \frac{3}{37} = -\frac{2}{37} = E(X) + E(Y).$$

Wegen der Additivität des Erwartungswertes muß der Erwartungswert der Summenvariablen gleich der Summe der beiden einzelnen Erwartungswerte sein. Diese sind ja nach Abschnitt 2.3.2 immer gleich $-\frac{1}{37}$.

Falls der Spieler beide Einsätze gleichzeitig an demselben Spieltisch setzt, sind die Zufallsvariablen X und Y abhängig.

Setzt der Spieler jedoch die einzelnen Einsätze an zwei verschiedenen Tischen, so sind die entsprechenden Zufallsvariablen X und Y unabhängig.

3.6. Kovarianz und Korrelationskoeffizient

Auch die in der deskriptiven Statistik (Kap. I Abschnitt 2.2.1) verwendeten Begriffe Kovarianz und Korrelationskoeffizient werden auf die Zufallsvariablen übertragen.

Die Zufallsvariablen X und Y sollen die Erwartungswerte $E(X) = \mu_X$ und $E(Y) = \mu_Y$ sowie die Varianzen $Var(X) = \sigma_X^2$ und $Var(Y) = \sigma_Y^2$ besitzen. Dann ist die **Kovarianz** von X und Y erklärt durch

$$\begin{aligned} Cov(X, Y) &= \sigma_{XY} = E\big([X-E(X)]\cdot[Y-E(Y)]\big) \\ &= \sum_i \sum_j (x_i-\mu_X)\cdot(y_j-\mu_Y)\cdot P(X = x_i, Y = y_j)\,. \end{aligned}$$

X = Y ergibt speziell

$$Cov(X, X) = \sigma_X^2\,.$$

Durch Umformen erhält man

$$\begin{aligned} Cov(X,Y) &= \sum_i \sum_j (x_i y_j - \mu_X y_j - \mu_Y x_i + \mu_X \mu_Y)\cdot P(X = x_i, Y = y_j) \\ &= \sum_i \sum_j x_i y_j P(X = x_i, Y = y_j) - \sum_i \sum_j \mu_X y_j P(X = x_i, Y = y_j) \\ &\quad - \sum_i \sum_j \mu_Y x_i P(X = x_i, Y = y_j) + \sum_i \sum_j \mu_X \mu_Y P(X = x_i, Y = y_j) \\ &= \sum_i \sum_j x_i y_j P(X = x_i, Y = y_j) - \mu_X \mu_Y - \mu_X \mu_Y + \mu_X \mu_Y \\ &= \sum_i \sum_j x_i y_j P(X = x_i, Y = y_j) - \mu_X \mu_Y \\ &= E(X\cdot Y) - E(X)\cdot E(Y). \end{aligned}$$

Damit gilt allgemein

$$\boxed{Cov(X, Y) = E\big([X-E(X)]\cdot[Y-E(Y)]\big) = E(X\cdot Y) - E(X)\cdot E(Y).}$$

Elementare Rechnung ergibt für die Kovarianz folgende Eigenschaften

$$\mathrm{Cov}(a_1 + b_1 X,\ a_2 + b_2 Y) = b_1 \cdot b_2 \cdot \mathrm{Cov}(X, Y) \quad \text{für } a_1, a_2, b_1, b_2 \in \mathbb{R} ;$$

$$\mathrm{Cov}(X_1 + X_2, Y) = \mathrm{Cov}(X_1, Y) + \mathrm{Cov}(X_2, Y) ;$$

$$\mathrm{Cov}(X, Y_1 + Y_2) = \mathrm{Cov}(X, Y_1) + \mathrm{Cov}(X, Y_2) .$$

Die Kovarianz ist als dimensionsbehaftete Größe vom Maßstab abhängig. Der **Korrelationskoeffizient** ρ der beiden Zufallsvariablen ist definiert durch

$$\rho = \rho(X, Y) = \frac{\mathrm{Cov}(X, Y)}{\sqrt{\mathrm{Var}(X)} \cdot \sqrt{\mathrm{Var}(Y)}} = \frac{\sigma_{XY}}{\sigma_X \cdot \sigma_Y} \quad \text{für } \sigma_X, \sigma_Y > 0 .$$

Aus $\mathrm{Var}(a + b Z) = b^2 \cdot \mathrm{Var}(Z)$ und der obigen Eigenschaft für die Kovarianz folgt für $b_1, b_2 \neq 0$ unmittelbar

$$\rho(a_1 + b_1 X,\ a_2 + b_2 Y) = \frac{b_1 \cdot b_2}{|b_1 \cdot b_2|} \cdot \rho(X, Y) = \pm \rho(X, Y) .$$

Dabei steht + für $b_1 \cdot b_2 > 0$ und − für $b_1 \cdot b_2 < 0$.

Im Gegensatz zur Kovarianz ist der Korrelationskoeffizient als dimensionslose Größe unabhängig vom Maßstab ($b_1, b_2 > 0$).

Zwei Zufallsvariable, deren Kovarianz verschwindet, heißen **unkorreliert**.

Bei **unkorrelierten** Zufallsvariablen X und Y gilt allgemein
$E(X \cdot Y) = E(X) \cdot E(Y)$; $\mathrm{Var}(X+Y) = \mathrm{Var}(X) + \mathrm{Var}(Y)$.

Unabhängige Zufallsvariable sind auch unkorreliert. Aus der Unkorreliertheit folgt jedoch nicht ohne weiteres die Unabhängigkeit. Dazu das

Beispiel (unkorrelierte, aber nicht unabhängige Zufallsvariable): Die beiden Zufallsvariablen X und Y sollen die in der nachfolgenden Kontingenztafel dargestellte Verteilung besitzen:

X \ Y	1	2	3	Summe
1	0	$\frac{1}{4}$	0	$\frac{1}{4}$
2	$\frac{1}{4}$	0	$\frac{1}{4}$	$\frac{1}{2}$
3	0	$\frac{1}{4}$	0	$\frac{1}{4}$
Summe	$\frac{1}{4}$	$\frac{1}{2}$	$\frac{1}{4}$	1

Hier gilt:

$E(X) = E(Y) = 2$;

$E(X \cdot Y) = 4$;

$\mathrm{Cov}(X, Y) = 0$.

Die Zufallsvariablen sind abhängig, aber unkorreliert.

Mit Hilfe der Standardisierungen $X^* = \frac{X-\mu_X}{\sigma_X}$ und $Y^* = \frac{Y-\mu_Y}{\sigma_Y}$ kann der Korrelationskoeffizient ρ dargestellt werden in der Form

$$\rho(X,Y) = E\left(\frac{X-\mu_X}{\sigma_X}\cdot\frac{Y-\mu_Y}{\sigma_Y}\right) = E(X^*\cdot Y^*)\,.$$

Mit $E(X^{*2}) = E(Y^{*2}) = 1$ erhält man

$$\begin{aligned} 0 \le E\left((Y^*-\rho\cdot X^*)^2\right) &= E\left(Y^{*2}-2\rho\cdot X^*\cdot Y^* + \rho^2\cdot X^{*2}\right) \\ &= E\left(Y^{*2}\right) - 2\rho\cdot E\left(X^*\cdot Y^*\right) + \rho^2\cdot E\left(X^{*2}\right) \\ &= 1-2\rho^2+\rho^2 = 1-\rho^2. \end{aligned}$$

Hieraus folgt $\rho^2 \le 1$, also $-1 \le \rho \le 1$.

$\rho^2 = 1$ ergibt $E\left((Y^*-\rho\cdot X^*)^2\right) = 0$. Dann kann die Zufallsvariable $Y^*-\rho\cdot X^*$ mit Wahrscheinlichkeit Eins nur den Wert Null annehmen. Mit Wahrscheinlichkeit Eins gilt dann $Y^*-\rho\cdot X^* = 0$, d. h.

$$P\left(\{\omega \mid Y^*(\omega)-\rho\cdot X^*(\omega) = 0\}\right) = 1.$$

Für $\rho = +1$ besteht (mit Wahrscheinlichkeit Eins) die lineare Beziehung

$$Y^* = X^*, \text{ also } Y-\mu_Y = \frac{\sigma_Y}{\sigma_X}\cdot(X-\mu_X)\,.$$

$\rho = -1$ ergibt entsprechend

$$Y^* = -X^*, \text{ also } Y-\mu_Y = -\frac{\sigma_Y}{\sigma_X}\cdot(X-\mu_X).$$

Für $|\rho| = 1$ liegen daher die Wertepaare (mit Wahrscheinlichkeit Eins) auf einer Geraden.

Umgekehrt folgt aus $Y = a + bX$

$$\rho(X, a+bX) = \frac{Cov(X, a+bX)}{\sqrt{Var(X)}\cdot\sqrt{Var(a+bX)}} = \frac{b\cdot Var(X)}{|b|\cdot Var(X)} = \begin{cases} +1 \text{ für } b > 0; \\ -1 \text{ für } b < 0. \end{cases}$$

Damit gelten allgemein die

Eigenschaften des Korrelationskoeffizienten diskreter Zufallsvariabler:
Für den Korrelationskoeffizienten ρ gilt allgemein $-1 \le \rho \le 1$.
$|\rho| = 1$ ist genau dann erfüllt, wenn alle Wertepaare der gemeinsamen Verteilung der beiden diskreten Zufallsvariablen auf einer Geraden $y = a+bx$ liegen mit $P(\{\omega \mid Y(\omega) = a+bX(\omega)\}) = 1$.
Für $\rho = +1$ ist die Steigung b positiv, für $\rho = -1$ ist sie negativ.

Interpretation des Korrelationskoeffizienten

Der Korrelationskoeffizient $\rho(X, Y)$ ist ein **Maß für den linearen Zusammenhang** der beiden Zufallsvariablen X und Y. Je größer der Betrag $|\rho|$ ist, umso mehr ist die Wahrscheinlichkeitsmasse der gemeinsamen Verteilung in der Nähe einer Geraden konzentriert (vgl Abschnitt 3.7). Für $\rho > 0$ sind die Zufallsvariablen **positiv korreliert.** Die Wertepaare weisen dann von links nach rechts eine steigende Tendenz auf, bei **negativ korrelierten** Zufallsvariablen ($\rho < 0$) ist die Tendenz von links nach rechts fallend. Bei unkorrelierten besteht keine Tendenz.

3.7. Die Regressionsgerade

In Analogie zur Regressionsgeraden einer zweidimensionalen Beobachtungsreihe (Kap. I Abschnitt 2.3.1) wird die Zufallsvariable der Regressionsgeraden von Y bezüglich X

$$\hat{Y} = \alpha + \beta X ,$$

so bestimmt, daß der Erwartungswert der Zufallsvariablen $(Y-\hat{Y})^2$ minimal ist. Die Zufallsvariable $(Y-\hat{Y})^2$ beschreibt die quadratische vertikale Abweichung der Zufallsvariablen Y von der Regressionsgeraden $\hat{Y}$. Ihre Realisierung ist $(Y(\omega) - \alpha - \beta X(\omega))^2$, also das Quadrat des vertikalen Abstands des Realisierungspaares $(X(\omega), Y(\omega))$ von der Geraden $\hat{y} = \alpha + \beta x$.

Der von α und β abhängige Erwartungswert lautet

$$Q(\alpha, \beta) = E\big((Y - \alpha - \beta X)^2\big) = \sum_i \sum_j (y_j - \alpha - \beta x_i)^2 \cdot P(X = x_i, Y = y_j).$$

Das Minimum dieser Funktion erhält man dadurch, daß die partiellen Ableitungen nach α und β gleich Null gesetzt werden.

$$\frac{\partial Q(\alpha, \beta)}{\partial \alpha} = -2 \cdot \sum_i \sum_j (y_j - \alpha - \beta x_i) \cdot P(X = x_i, Y = y_j) = 0$$

$$\frac{\partial Q(\alpha, \beta)}{\partial \beta} = -2 \cdot \sum_i \sum_j (y_j - \alpha - \beta x_i) \cdot x_i \cdot P(X = x_i, Y = y_j) = 0 .$$

Hieraus erhält man das lineare Gleichungssystem

$$\begin{aligned} \alpha \;+\; E(X) \cdot \beta &= E(Y) \\ E(X) \cdot \alpha \;+\; E(X^2) \cdot \beta &= E(X \cdot Y) \end{aligned}$$

mit der Lösung

$$\beta = \frac{E(X \cdot Y) - E(X) \cdot E(Y)}{E(X^2) - [E(X)]^2} = \frac{\text{Cov}(X, Y)}{\text{Var}(X)} = \rho(X, Y) \cdot \frac{\sqrt{\text{Var}(Y)}}{\sqrt{\text{Var}(X)}} \ ;$$

$$\alpha = E(Y) - E(X) \cdot \beta \ .$$

Elementare Rechnung ergibt den Erwartungswert des quadratischen Abstands als $Q(\alpha, \beta) = \text{Var}(Y) \cdot (1 - \rho^2)$. Damit gilt

> Die **Regressionsgerade** von Y bezüglich X lautet:
>
> $$\hat{Y} - \mu_Y = \frac{\text{Cov}(X, Y)}{\text{Var}(X)} \cdot (X - \mu_X) \ ; \quad \mu_X = E(X); \quad \mu_Y = E(Y) \ .$$
>
> Die Steigung $\beta = \dfrac{\text{Cov}(X, Y)}{\text{Var}(X)}$ heißt **Regressionskoeffizient.**
>
> Die geschätzte Zufallsvariable $\hat{Y}$ hat wegen $E(\hat{Y}) = \mu_Y = E(Y)$ den gleichen Erwartungswert wie die Ausgangsvariable Y.
>
> Der Erwartungswert des vertikalen Abstandquadrates lautet:
>
> $Q(\alpha, \beta) = E\big((Y - \hat{Y})^2\big) = \text{Var}(Y) \cdot (1 - \rho^2)$.

Das Bestimmtheitsmaß

Das Bestimmtheitsmaß wird ähnlich wie in der beschreibenden Statistik (Kap. I Abschnitt 2.3.1) berechnet mit Hilfe der Zerlegung

$$\begin{aligned}(Y - \mu_Y)^2 &= [(Y - \hat{Y}) + (\hat{Y} - \mu_Y)]^2 \\ &= (Y - \hat{Y})^2 + (\hat{Y} - \mu_Y)^2 + 2(Y - \hat{Y}) \cdot (\hat{Y} - \mu_Y).\end{aligned}$$

Mit $Y - \hat{Y} = Y - \mu_Y - \beta(X - \mu_X)$ und $\hat{Y} - \mu_Y = \beta(X - \mu_X)$ erhält man für das gemischte Produkt

$$(Y - \hat{Y}) \cdot (\hat{Y} - \mu_Y) = \beta\,(Y - \mu_Y) \cdot (X - \mu_X) - \beta^2\,(X - \mu_X)^2 \ ;$$

$$\begin{aligned}E\Big((Y - \hat{Y}) \cdot (\hat{Y} - \mu_Y)\Big) &= \beta \cdot \text{Cov}(X, Y) - \beta^2 \cdot \text{Var}(X) \\ &= \frac{(\text{Cov}(X, Y))^2}{\text{Var}(X)} - \frac{(\text{Cov}(X, Y))^2}{\text{Var}(X)} = 0.\end{aligned}$$

Damit erhält man aus der obigen Zerlegung

$$\begin{aligned}\text{Var}(Y) = E\big((Y - \mu_Y)^2\big) &= E\Big((\hat{Y} - \mu_Y)^2\Big) + E\Big((Y - \hat{Y})^2\Big). \\ &= \text{Var}(\hat{Y}) \ + \ \text{Varianz der } \textbf{Residuen}.\end{aligned}$$

Division durch Var(Y) ergibt

$$1 = \frac{\mathrm{Var}(\hat{Y})}{\mathrm{Var}(Y)} + \frac{\text{Varianz der Residuen}}{\mathrm{Var}(Y)} = B + U\,.$$

Dabei ist $B = \frac{\mathrm{Var}(\hat{Y})}{\mathrm{Var}(Y)}$ das **Bestimmtheitsmaß**. Es stellt den Anteil der durch die Regressionsgerade geschätzten Zufallsvariablen $\hat{Y}$ an der Gesamtvarianz der Zufallsvariablen Y dar. Wegen

$$B = \frac{E\left((\hat{Y}-\mu_Y)^2\right)}{\mathrm{Var}(Y)} = \frac{E\left(\beta^2\cdot(X-\mu_X)\right)}{\mathrm{Var}(Y)} = \beta^2\cdot\frac{\mathrm{Var}(X)}{\mathrm{Var}(Y)} = \rho^2$$

ist das **Bestimmtheitsmaß** gleich dem Quadrat des Korrelationskoeffizienten der beiden Zufallsvariablen X und Y. U ist das **Unbestimmtheitsmaß.**

3.8. Regressionsfunktionen

Weitere Regressionsfunktionen wie z. B. **Regressionsparabeln** oder **Regressionspolynome** können ebenfalls nach der in Abschnitt 3.7 benutzen Methode der Minimierung des Erwartungswertes des Quadrats des vertikalen Abstands, also durch Minimierung von $E\left((Y-\hat{Y})^2\right)$ bestimmt werden. Die in Kap. I Abschnitt 2.3 behandelten Modelle der deskriptiven Statistik können direkt auf Zufallsvariable übertragen werden. Dabei müssen die Parameter der Stichprobe ersetzt werden durch die entsprechenden Parameter der Zufallsvariablen.

4. Mehrdimensionale diskrete Zufallsvariable

Durch das Ergebnis ω eines Zufallsexperiments sollen gleichzeitig die Realisierungen $X_k(\omega)$, $k = 1, 2, \ldots, n$ von n Zufallsvariablen bestimmt sein. Die n Realisierungen stellen ein n-tupel $(X_1(\omega), X_2(\omega), \ldots, X_n(\omega)) \in \mathbb{R}^n$ dar. Durch die gemeinsamen Wahrscheinlichkeiten

$$P(X_1 = x_1, X_2 = x_2, \ldots, X_n = x_n) = P\left(\bigcap_{i=1}^{n} \{\omega \in \Omega \mid X(\omega) = x_i\}\right)$$

für alle möglichen Wertekombinationen ist die **gemeinsame Verteilung** der n Zufallsvariablen bestimmt.

Bei der Bestimmung der Randverteilungen für die einzelnen Zufallsvariablen treten (n – 1) - fache Summen auf, die im allgemeinen sehr unübersichtlich sind. In der Regel benutzt man zur übersichtlicheren Darstellung die

gemeinsame Verteilungsfunktion

$$F(x_1, x_2, \dots, x_n) = P(X_1 \leq x_1, X_2 \leq x_2, \dots, X_n \leq x_n) = P(\bigcap_{i=1}^{n} \{\omega | X(\omega) \leq x_i\}.$$

Läßt man in dieser Funktion n – 1 Variable gegen unendlich gehen, so erhält man die Verteilungsfunktion der einzelnen Zufallsvariablen, also

$$F_1(x_1) = F(x_1, +\infty, \dots, +\infty), \; F_2(x_2) = F(+\infty, x_2, +\infty, \dots, +\infty),$$
$$\dots, F_n(x_n) = F(+\infty, \dots, +\infty, x_n).$$

Die n Zufallsvariablen $X_1, X_2, \dots, X_n$ sind **unabhängig**, wenn die gemeinsame Verteilungsfunktion gleich dem Produkt der einzelnen Verteilungsfunktionen ist, also für

$$F(x_1, x_2, \dots, x_n) = F_1(x_1) \cdot F_2(x_2) \cdot \dots \cdot F_n(x_n).$$

Gleichwertig damit ist bei diskreten Zufallsvariablen die Bedingung

$$P(X_1 = x_1, X_2 = x_2, \dots, X_n = x_n) = P(X_1 = x_1) \cdot \dots \cdot P(X_n = x_n)$$

für alle möglichen Wertekombinationen.

5. Erzeugende Funktionen

Erzeugende Funktionen können nur von Zufallsvariablen berechnet werden, deren Wertevorrat aus nichtnegativen ganzen Zahlen besteht. Falls die ganze Zahl k nicht zum Wertevorrat gehört, setzt man $P(X = k) = 0$. Damit ist W darstellbar als $W = \{0, 1, 2, 3, \dots\}$. Die Zufallsvariable X besitze die Verteilung $(k, P(X = k))$, $k = 0, 1, 2, \dots$ Durch

$$G(x) = \sum_{k=0}^{\infty} x^k \cdot P(X = k), \; x \in \mathbb{R}$$

wird die sog. **erzeugende Funktion** der Zufallsvariablen X definiert.

Für $|x| \leq 1$ ist

$$|G(x)| \leq \sum_{k=0}^{\infty} P(X = k) = 1.$$

Die erzeugende Funktion ist somit für $|x| \leq 1$ definiert. Wegen $x^0 = 1$ gilt

$$G(0) = P(X = 0).$$

Differentiation der erzeugenden Funktion nach x ergibt

$$G'(x) = \sum_{k=1}^{\infty} k \cdot x^{k-1} \cdot P(X = k) .$$

Hieraus folgt $G'(0) = P(X = 1)$.

Durch nochmalige Differentiation erhält man

$$G''(x) = \sum_{k=2}^{\infty} k \cdot (k-1) \cdot x^{k-2} \cdot P(X = k) ;$$

$$G''(0) = 2! \cdot P(X = 2).$$

n-fache Differentiation liefert

$$G^{(n)}(x) = \sum_{k=n}^{\infty} k \cdot (k-1) \cdot (k-2) \cdot \ldots \cdot (k-n+1) \cdot x^{k-n} \cdot P(X = k) .$$

Mit $x = 0$ folgt hieraus unmittelbar

$$P(X = n) = \frac{G^{(n)}(0)}{n!} \quad \text{für } n = 0, 1, 2, \ldots .$$

Alle Wahrscheinlichkeiten der Zufallsvariablen X erhält man aus den Ableitungen der erzeugenden Funktion an der Stelle $x = 0$. Die Verteilung der Zufallsvariablen X ist also durch ihre erzeugende Funktion eindeutig bestimmt.

Mit $G^{(n)}(1)$ bezeichnet man im Falle der Existenz die n-te linksseitige Ableitung an der Stelle 1. Die erste Ableitung ergibt

$$G'(1) = \sum_{k=1}^{\infty} k \cdot P(X = k) = E(X).$$

Nach dem Abelschen Grenzwertsatz existiert diese linksseitige Ableitung genau dann, wenn der Erwartungswert E(X) existiert. Die zweite Ableitung liefert

$$G''(1) = \sum_{k=2}^{\infty} k \cdot (k-1) \cdot P(X = k) = \sum_{k=2}^{\infty} k^2 \cdot P(X = k) - \sum_{k=2}^{\infty} k \cdot P(X = k)$$

$$= \sum_{k=1}^{\infty} k^2 \cdot P(X = k) - \sum_{k=1}^{\infty} k \cdot P(X = k) = E(X^2) - E(X).$$

Hieraus folgt im Falle der Existenz

$$E(X^2) = G''(1) + E(X) = G''(1) + G'(1).$$

$$Var(X) = E(X^2) - [E(X)]^2 = G''(1) + G'(1) - [G'(1)]^2.$$

Zusammenfassung:

> Aus der erzeugenden Funktion G(x) erhält man
>
> $$P(X = n) = \frac{G^{(n)}(0)}{n!} \quad \text{für } n = 0, 1, 2, \dots ;$$
>
> $E(X) = G'(1)$ (linksseitige Ableitung) ;
>
> $Var(X) = G''(1) + G'(1) - [G'(1)]^2.$

Mit Hilfe weiterer Ableitungen lassen sich im Falle der Existenz alle Momente der Zufallsvariablen X berechnen. Aus diesem Grund nennt man die erzeugende Funktion auch **momenterzeugende** Funktion.

Erzeugende Funktionen von Summen unabhängiger Zufallsvariabler

Die beiden diskreten Zufallsvariablen X und Y seien unabhängig mit den Verteilungen $(k, P(X=k)), k=1,2,\dots$ und $(j, P(Y=j)), j=1,2,\dots$ Dann besitzt die Summe $Z = X+Y$ ebenfalls den Wertebereich $W = \{0, 1, 2, \dots\}$, wobei manche dieser Werte die Wahrscheinlichkeit Null besitzen können. Wegen der vorausgesetzten Unabhängigkeit von X und Y gilt

$$P(X+Y=m) = \sum_{k+j=m} P(X=k) \cdot P(Y=j) = \sum_{k=0}^{m} P(X=k) \cdot P(Y=m-k) .$$

$$G_X(x) = \sum_{k=0}^{\infty} x^k \cdot P(X = k) \quad \text{und} \quad G_Y(x) = \sum_{j=0}^{\infty} x^j \cdot P(Y = j)$$

seien die erzeugenden Funktionen von X und Y. Dann besitzt die Summenvariable $Z = X+Y$ die erzeugende Funktion

$$G_Z(x) = \sum_{m=0}^{\infty} x^m \cdot P(Z = m) = \sum_{m=0}^{\infty} x^m \cdot \sum_{k+j=m} P(X=k) \cdot P(Y=j)$$

$$= \sum_{m=0}^{\infty} \sum_{k+j=m} x^k \cdot P(X=k) \cdot x^j \cdot P(Y=j)$$

$$= \sum_{k=0}^{\infty} x^k \cdot P(X=k) \cdot \sum_{j=0}^{\infty} y^j \cdot P(Y=j) = G_X(x) \cdot G_Y(x) .$$

Diese Eigenschaft gilt auch für mehrere Summanden.

Die erzeugende Funktion einer Summe $X+Y$ zweier unabhängiger diskreter Zufallsvariabler X und Y ist gleich dem Produkt der beiden einzelnen erzeugenden Funktionen:

$$G_{X+Y}(x) = G_X(x) \cdot G_Y(x) .$$

Die erzeugende Funktion einer Summe $\sum_{i=1}^{n} X_i$ von n unabhängigen diskreten Zufallsvariablen ist gleich dem Produkt ihrer erzeugenden Funktionen:

$$G_{\sum_{i=1}^{n} X_i}(x) = \prod_{i=1}^{n} G_{X_i}(x) .$$

Zur Bestimmung asymptotischer Verteilungen, also von Grenzwerten von Verteilungen eignet sich der allgemein gültige

Konvergenzsatz:
Die Folge der erzeugenden Funktionen $G_n(x)$ der Zufallsvariablen X_n, $n=1,2,3,\ldots$ konvergiere gegen die erzeugende Funktion G(x) einer Zufallsvariablen X. Dann konvergiert die Folge der Verteilungsfunktionen $F_n(x)=P(X_n \leq x)$ gegen die Verteilungsfunktion $F(x) = P(X \leq x)$.

6. Charakteristische Funktionen

Im Gegensatz zu erzeugenden Funktionen ist die charakteristische Funktion für jede beliebige diskrete Zufallsvariable erklärt. Bezüglich des Wertebereichs muß keine Einschränkung gemacht werden. Während die erzeugende Funktion eine reellwertige Funktion ist, handelt es sich bei der charakteristischen Funktion um eine komplexwertige Funktion.

Die diskrete Zufallsvariable X besitze die Verteilung $(x_k, P(X=x_k)), k=1,2,\ldots$ Dann ist die **charakteristische Funktion** definiert durch

$$\psi_X(t) = \psi(t) = \sum_k e^{i t x_k} \cdot P(X=x_k) , \; t \in \mathbb{R} .$$

Dabei ist i die imaginäre Einheit mit $i^2 = -1$. Oft wird die charakteristische Funktion auch mit $\varphi(t)$ bezeichnet. Wir benutzen jedoch diese Bezeichnung ψ, um Verwechslungen mit der Dichte der Standard-Normalverteilung φ auszuschließen. Die charakteristische Funktion $\psi(t)$ ist eine komplexwertige Funktion der reellen Variablen t.

Wegen $|e^{itx_k}| = 1$ konvergiert die Summe für jedes t absolut mit

$$|\psi(t)| \leq \sum_k |e^{itx_k}| \cdot P(X = x_k) = \sum_k P(X = x_k) = 1.$$

Dabei gilt

$$\psi(0) = \sum_k P(X = x_k) = 1.$$

Die charakteristische Funktion $\psi(t)$ ist für alle reellen Werte t eine **(gleichmäßig) stetige** Funktion in t.

Falls der Erwartungswert E(X) der Zufallsvariablen X existiert, ist die charakteristische Funktion nach t differenzierbar mit

$$\psi'(t) = \sum_k i x_k e^{itx_k} \cdot P(X = x_k);$$

$$\psi'(0) = \sum_k i x_k P(X = x_k) = i \cdot E(X).$$

Im Falle der Existenz des n-ten Moments $E(X^n)$ ist die charakteristische Funktion n-mal differenzierbar mit

$$\psi^{(n)}(t) = \sum_k i^n x_k^n e^{itx_k} \cdot P(X = x_k);$$

$$\psi^{(n)}(0) = \sum_k i^n x_k^n \cdot P(X = x_k) = i^n \cdot E(X^n) \quad \text{für } n = 1, 2, \ldots$$

Damit gilt

Falls die ersten n Momente der diskreten Zufallsvariablen X existieren, ist die charakteristische Funktion n-mal differenzierbar mit

$$\psi^{(k)}(0) = i^k \cdot E(X^k) \quad \text{für } k = 1, 2, \ldots, n.$$

Charakteristische Funktion einer linearen Transformation

Die diskrete Zufallsvariable X besitze die charakteristische Funktion $\psi_X(t)$. Dann lautet die charakteristische Funktion der linearen Transformation $Y = a + bX$

$$\psi_Y(t) = \sum_k e^{it(a+bx_k)} \cdot P(X = x_k)$$

$$= e^{ita} \cdot \sum_k e^{itbx_k} \cdot P(X = x_k) = e^{ita} \cdot \psi_X(bt).$$

Damit gilt für eine lineare Transformation

$$\psi_{a+bX}(t) = e^{ita} \cdot \psi_X(bt), \quad a, b \in \mathbb{R}, \; b \neq 0 .$$

Charakteristische Funktionen von Summen unabhängiger Zufallsvariabler

Die diskreten Zufallsvariablen X und Y seien unabhängig mit den charakteristischen Funktionen $\psi_X(t)$, $\psi_Y(t)$. Dann lautet die charakteristische Funktion der Summe $Z = X + Y$

$$\psi_{X+Y}(t) = \sum_k \sum_j e^{it(x_k + y_j)} \cdot P(X = x_k) \cdot P(Y = y_j)$$

$$= \sum_k e^{itx_k} \cdot P(X = x_k) \cdot \sum_j e^{ity_j} \cdot P(Y = y_j) = \psi_X(t) \cdot \psi_Y(t) .$$

Die charakteristische Funktion einer Summe $X + Y$ zweier unabhängiger diskreter Zufallsvariabler X und Y ist gleich dem Produkt der beiden einzelnen charakteristischen Funktionen. Es gilt also

$$\psi_{X+Y}(t) = \psi_X(t) \cdot \psi_Y(t) \text{, falls X und Y unabhängig sind.}$$

Die charakteristische Funktion der Summe $\sum_{k=1}^{n} X_k$ von n unabhängigen diskreten Zufallsvariablen ist gleich dem Produkt ihrer charakteristischen Funktionen mit

$$\psi_{\sum\limits_{k=1}^{n} X_k}(t) = \prod_{k=1}^{n} \psi_{X_k}(t) \text{, falls } X_1, X_2, \ldots, X_n \text{ unabhängig sind.}$$

Durch die Verteilung der diskreten Zufallsvariablen ist ihre charakteristische Funktion $\psi(t)$ eindeutig bestimmt. Es gilt aber auch die Umkehrung. Aus der charakteristischen Funktion läßt sich die Verteilung der Zufallsvariablen zurückgewinnen. Allgemein gilt der

Umkehrsatz:
Die Verteilungsfunktion und damit die Verteilung einer diskreten Zufallsvariablen X ist durch ihre charakteristische Funktion eindeutig bestimmt.

Für jedes x_k aus dem Wertebereich W gilt die Umkehrformel

$$P(X = x_k) = F(x_k) - F(x_k - 0) = \lim_{T \to \infty} \int_{-T}^{+T} e^{-itx_k} \cdot \psi_X(t) \, dt .$$

Zur Bestimmung asymptotischer Verteilungen, also von Grenzwerten von Verteilungsfunktionen eignet sich der allgemein gültige

Konvergenzsatz:
Die Folge der Verteilungsfunktionen $F_n(x) = P(X_n \leq x)$, n=1, 2, 3, ... konvergiert genau dann gegen eine Verteilungsfunktion F(x) an jeder Stetigkeitsstelle dieser Grenzfunktion F(x), wenn die charakterstischen Funktionen $\psi_n(t)$ der Zufallsvariablen X_n, n = 1, 2, ... gegen eine an der Stelle t = 0 stetige Funktion $\psi(t)$ konvergieren. Dann ist $\psi(t)$ die charakteristische Funktion von F(x) bzw. der Zufallsvariablen X mit dieser Verteilungsfunktion.

7. Spezielle diskrete Verteilungen

In diesem Abschnitt werden einige diskrete Zufallsvariable behandelt, die in der Praxis häufig vorkommen.

7.1. Die gleichmäßge Verteilung

Alle m Werte von $W = \{1, 2, 3, \dots, m\}$ seien gleichwahrscheinlich mit

$$P(X = k) = \frac{1}{m} \text{ für } k = 1, 2, \dots, m.$$

Die **Verteilungsfunktion** lautet

$$F(x) = \begin{cases} 0 & \text{für } x < 1; \\ \frac{k}{m} & \text{für } k \leq x < k+1 \; ; \; 1 \leq k < m; \\ 1 & \text{für } x \geq m. \end{cases}$$

Den **Erwartungswert** erhält man als

$$\mu = E(X) = \frac{1}{m}(1 + 2 + 3 + \dots + m) = \frac{1}{m} \cdot \frac{m \cdot (m+1)}{2} = \frac{m+1}{2}.$$

Er ist gleich dem arithmetischen Mittel aus dem kleinsten und dem größten Wert. Das zweite Moment lautet

$$E(X^2) = \frac{1}{m}(1 + 2^2 + 3^2 + \dots + m^2) = \frac{1}{m} \frac{m(m+1)(2m+1)}{6} = \frac{(m+1)(2m+1)}{6}.$$

Daraus erhält man die

Varianz

$$\sigma^2 = \mathrm{Var}(X) = E(X^2) - \mu^2 = \frac{(m+1)(2m+1)}{6} - \frac{(m+1)^2}{4}$$

$$= \frac{(m+1)(4m+2-3m-3)}{12} = \frac{(m+1)(m-1)}{12} = \frac{m^2-1}{12}.$$

Damit gilt

Eine auf $\{1,2,3,\ldots,m\}$ **gleichmäßig** verteilte Zufallsvariable X mit $P(X=k) = \frac{1}{m}$ für $k = 1,2,\ldots,m$ besitzt die Parameter

Erwartungswert: $E(X) = \frac{m+1}{2}$

Varianz: $\mathrm{Var}(X) = \frac{m^2-1}{12}$.

7.2. Die Binomialverteilung

In einer unabhängigen Versuchserie vom Umfang n beschreibe die Zufallsvariable X die Anzahl der Versuche, bei denen das Ereignis A eintritt. X beschreibt also die absolute Häufigkeit des Ereignisses A. Der Wertebereich der Zufallsvariablen X ist $W = \{0,1,2,\ldots,n\}$. Bei jedem Einzelexperiment besitze das Ereignis A die Wahrscheinlichkeit $p = P(A)$. Die Zufallsvariable X heißt **binomialverteilt** mit den Parametern n und p, abkürzend nennt man sie auch b(n, p)-verteilt. Nach Kap. II Abschnitt 6.4.1 lauten die Wahrscheinlichkeiten

$$P(X=k) = \binom{n}{k} \cdot p^k \cdot (1-p)^{n-k} \quad \text{für } k = 0,1,\ldots,n.$$

Für für $0 < p < 1$ gilt danach die

Rekursionsformel:

$$P(X=k+1) = \frac{n-k}{k+1} \cdot \frac{p}{1-p} \cdot P(X=k)$$

für $k = 0,1,2,\ldots,n-1$ mit $P(X=0) = (1-p)^n$.

Erwartungswert und Varianz können zwar mit Hilfe einiger Umformungen direkt berechnet werden. Einfacher wird die Berechnung jedoch durch folgende Zerlegung:

Die Zufallsvariable X_i nehme als Realisierung den Wert Eins an, falls beim i-ten Versuch das Ereignis A eintritt, sonst nehme X_i den Wert Null an mit

$$X_i = \begin{cases} 1, & \text{falls beim i-ten Versuch A eintritt} \\ 0, & \text{sonst;} \end{cases} \qquad \text{für } i = 1, 2, \ldots, n.$$

Die Zufallsvariablen $X_1, X_2, \ldots, X_n$ sind unabhängig mit

$$E(X_i) = E(X_i^2) = p.$$

Daraus folgt

$$Var(X_i) = E(X_i^2) - [E(X_i)]^2 = p - p^2 = p(1-p).$$

Mit $X = X_1 + X_2 + \ldots + X_n$ erhält man aus der Additivität des Erwartungswertes und der Additivität der Varianz bei unabhängigen Zufallsvariablen

$$E(X) = \sum_{i=1}^{n} E(X_i) = np \;;\quad Var(X) = \sum_{i=1}^{n} Var(X_i) = np(1-p).$$

Allgemein gilt somit:

Eine mit den Parametern n und p **binomialverteilte Zufallsvariable** X mit $P(X = k) = \binom{n}{k} \cdot p^k \cdot (1-p)^{n-k}$ für $k = 0, 1, 2, \ldots, n$
besitzt die Parameter

Erwartungswert: $E(X) = n \cdot p$

Varianz: $Var(X) = n \cdot p \cdot (1-p)$.

Spezialfall: Im **Urnenmodell beim dem Ziehen mit Zurücklegen** (Kap. II Abschnitt 3.2.3.6) beschreibe die Zufallsvariable X die Anzahl der schwarzen Kugeln in der gezogenen Stichprobe vom Umfang n. Dann ist X binomialverteilt mit den Parametern n und $p = M/N$.
Die Kenngrößen lauten

$$E(X) = n \cdot \frac{M}{N} \;;\quad Var(X) = n \cdot \frac{M}{N} \cdot \left(1 - \frac{M}{N}\right).$$

Nachfolgend sind für $n = 5$ und $p = 0{,}2$; $0{,}5$ und $0{,}8$ die Histogramme der entsprechenden Binomialverteilungen graphisch dargestellt.

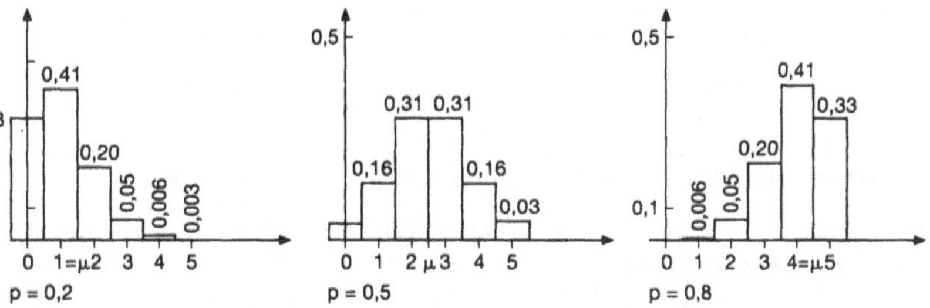

Histogramme von Binomialverteilungen mit n = 5

Die erzeugende Funktion der Binomialverteilung

Die Zufallsvariable

$$X_i = \begin{cases} 1, & \text{falls beim i-ten Versuch A eintritt ;} \\ 0, & \text{sonst} \end{cases}$$

besitzt die erzeugende Funktion $G_{X_i}(x) = xp + 1 - p$. Aus dem Produktsatz erhält man die erzeugende Funktion der binomialverteilten Zufallsvariablen X

$$\begin{aligned} G_X(x) &= G(x) = (px + 1 - p)^n ; \\ G'(x) &= np(px + 1 - p)^{n-1} ; \; G'(1) = E(X) = np ; \\ G''(x) &= n(n-1)p^2(px + 1 - p)^{n-2} ; \; G''(1) = n(n-1)p^2 ; \\ Var(X) &= G''(1) + G'(1) - [G'(1)]^2 = np(1-p). \end{aligned}$$

Die Charakteristische Funktion der Binomialverteilung

Die Zufallsvariablen

$$X_i = \begin{cases} 1, & \text{falls beim i-ten Versuch A eintritt ;} \\ 0, & \text{sonst} \end{cases}$$

besitzen die charakteristischen Funktionen

$$\psi_{X_i}(t) = (1-p) + pe^{it} \quad \text{für } i = 1, 2, \dots, n.$$

Die binomialverteilte Zufallsvariable X besitzt als Summe dieser n unabhängigen Zufallsvariablen X_i als charakteristische Funktion die n-te Potenz dieser charakteristischen Funktion mit

$$\psi_X(t) = \psi(t) = (pe^{it} + 1 - p)^n .$$

Ihre Ableitungen lauten

$$\psi'(t) = inpe^{it}(pe^{it} + 1 - p)^{n-1} \quad \text{mit} \quad \psi'(0) = inp = iE(X) ;$$

$$\psi''(t) = i^2 n p e^{it}(pe^{it}+1-p)^{n-1} + i^2 n(n-1)p^2 e^{2it}(pe^{it}+1-p)^{n-2}$$

$$\text{mit } \psi''(0) = -(np + n(n-1)p^2) = -E(X^2).$$

Auch hiermit erhält man $E(X) = np$ und $Var(X) = np(1-p)$.

Mit Hilfe der dritten Ableitung erhält man durch elementare Rechnung das dritte zentrale Moment

$$\eta_3 = E\big((X-\mu)^3\big) = np(1-p)(1-2p)$$

und hieraus die

$$\textbf{Schiefe} \quad \frac{E\big((X-\mu)^3\big)}{\sigma^3} = \frac{1-2p}{\sqrt{np(1-p)}}\ .$$

Für $p = \frac{1}{2}$ verschwindet die Schiefe; die Verteilung ist dann symmetrisch. Für $p < \frac{1}{2}$ ist sie rechtsschief und für $p > \frac{1}{2}$ linksschief.

Entsprechend erhält man das vierte zentrale Moment

$$\eta_4 = E\big((X-\mu)^4\big) = 3n^2p^2(1-p)^2 + np(1-p)(1-6p+6p^2)$$

und hieraus den

$$\textbf{Exzeß} \qquad \frac{E\big((X-\mu)^4\big)}{\sigma^4} - 3 = \frac{1-6p(1-p)}{np(1-p)}\ .$$

Beide Größen konvergieren für $n \to \infty$ gegen Null, also gegen die entsprechenden Größen der Normalverteilung.

Für unabhängige Binomialverteilungen gilt der

Additionssatz für Binomialverteilungen:
X und Y seien unabhängige binomialverteilte Zufallsvariable mit dem gleichen Parameter p und den Parametern n_1 bzw. n_2. Dann ist die Summe X + Y ebenfalls binomialverteilt mit den Parametern p sowie $n = n_1 + n_2$.

Beweis: Die Behauptung kann sehr einfach mit Hilfe der charakteristischen Funktion bewiesen werden. Die beiden Zufallsvariablen besitzen die charakteristischen Funktionen

$$\psi_X(t) = (pe^{it}+1-p)^{n_1}\ ; \quad \psi_Y(t) = (pe^{it}+1-p)^{n_2}\ .$$

Dann besitzt wegen der Unabhängigkeit die Summenvariable X + Y als charakteristische Funktion das Produkt

$$\psi_{X+Y}(t) = (pe^{it}+1-p)^{n_1+n_2}\ .$$

Dies ist aber die charakteristische Funktion einer Binomialverteilung mit den Parametern p und $n = n_1 + n_2$. Da die Verteilung einer Zufallsvariablen durch die charakteristische Funktion eindeutig bestimmt ist, muß X + Y binomialverteilt sein mit den Parametern p und $n_1 + n_2$.

Die Behauptung kann aber auch elementar bewiesen werden. Die Zufallsvariablen X und Y beschreiben in zwei unabhängigen Versuchsserien mit den Umfängen n_1 und n_2 jeweils die absolute Häufigkeit des Ereignisses A, dessen Wahrscheinlichkeit gleich p ist. Dann können aber beide Serien zu einer Gesamtserie vom Umfang $n = n_1 + n_2$ vereinigt werden. Die Zufallsvariable X + Y beschreibt in dieser Serie die absolute Häufigkeit des Ereignisses A. Sie ist binomialverteilt mit den Parametern p und $n_1 + n_2$.

Approximation der Binomialverteilung durch die Normalverteilung

Die mit den Parametern n und p binomialverteilte Zufallsvariable X_n hat die Standardisierung

$$X_n^* = \frac{X - np}{\sqrt{np(1-p)}} \quad \text{mit } E(X_n^*) = 0 \text{ und } Var(X_n^*) = 1.$$

Wegen des zentralen Grenzwertsatzes (vgl. Kap. VI Abschnitt 3) konvergiert die Folge der Verteilungsfunktionen $F_n(x) = P(X_n^* \leq x)$ gegen die Verteilungsfunktion der Standard-Normalverteilung (Kap. IV Abschnitt 5.7.1), also

$$\lim_{n \to \infty} P\left(\frac{X - np}{\sqrt{np(1-p)}} \leq x\right) = \Phi(x) = \frac{1}{\sqrt{2\pi}} \int_{-\infty}^{x} e^{-\frac{u^2}{2}} du.$$

Daher kann die Binomialverteilung durch eine Normalverteilung approximiert werden. Für große n ist die Zufallsvariable X_n näherungsweise normalverteilt und zwar $N(np; np(1-p))$-verteilt. Als Faustregel genügt $np(1-p) > 9$. Für $p = \frac{1}{2}$ muß $n > 36$ sein. Falls p in der Nähe von Null oder Eins liegt, muß für die Approximation n entsprechend größer gewählt werden. Die Zufallsvariable X_n ist diskret, die normalverteilte dagegen stetig. Daher benutzt man für ganzzahlige k_1, k_2 und k die

Stetigkeitskorrektur

$$P(k_1 \leq X_n \leq k_2) = P(k_1 - \tfrac{1}{2} \leq X_n \leq k_2 + \tfrac{1}{2});$$

$$P(X_n = k) = P(k - \tfrac{1}{2} \leq X_n \leq k + \tfrac{1}{2}).$$

Über die Standardisierung erhält man dann mit der Verteilungsfunktion Φ der Standard-Normalverteilung die

globale Approximation für $n\,p\,(1-p) > 9$:

$$P(k_1 \le X_n \le k_2) \approx \Phi\left(\frac{k_2 - np + 0{,}5}{\sqrt{np(1-p)}}\right) - \Phi\left(\frac{k_1 - np - 0{,}5}{\sqrt{np(1-p)}}\right), 0 \le k_1 \le k_2 \le n;$$

$$P(X = k) \approx \Phi\left(\frac{k - np + 0{,}5}{\sqrt{np(1-p)}}\right) - \Phi\left(\frac{k - np - 0{,}5}{\sqrt{np(1-p)}}\right), \; 0 \le k \le n.$$

Φ ist die Verteilungsfunktion der **Standard-Normalverteilung.**

Beispiel (Münzwurf): Eine ideale Münze werde 1000-mal geworfen. Die Zufallsvariable X beschreibe dabei die Anzahl der Wappen mit

$$E(X) = 1000 \cdot \tfrac{1}{2} = 500 \; ; \quad Var(X) = 1000 \cdot \tfrac{1}{2} \cdot \tfrac{1}{2} = 250.$$

Gesucht ist eine Konstante c mit

$$P(500 - c \le X \le 500 + c) \approx 0{,}95.$$

Die Standardisierung liefert mit Hilfe der Approximation durch die Normalverteilung

$$0{,}95 \approx P(500 - c \le X \le 500 + c) \approx \Phi\left(\frac{c + 0{,}5}{\sqrt{250}}\right) - \Phi\left(-\frac{c + 0{,}5}{\sqrt{250}}\right)$$

$$= 2 \cdot \Phi\left(\frac{c + 0{,}5}{\sqrt{250}}\right) - 1 \; ; \quad \Phi\left(\frac{c + 0{,}5}{\sqrt{250}}\right) \approx \frac{1{,}95}{2} = 0{,}975.$$

$\dfrac{c + 0{,}5}{\sqrt{250}} \approx 1{,}96$; Hieraus erhält man den gerundeten Wert $c \approx 30{,}5$.

Damit erhält man

$$P(470 \le X \le 530) \approx 2 \cdot \Phi\left(\frac{30{,}5}{\sqrt{250}}\right) - 1 \approx 0{,}9463;$$

$$P(469 \le X \le 531) \approx 2 \cdot \Phi\left(\frac{31{,}5}{\sqrt{250}}\right) - 1 \approx 0{,}9537.$$

Aus dem Mittelwertsatz der Integralrechnung folgt mit der Dichte der Normalverteilung

$$P(X_n = k) \approx \frac{1}{\sqrt{2\pi np(1-p)}} \int_{k-0{,}5}^{k+0{,}5} e^{-\frac{(u-np)^2}{2np(1-p)}}\, du$$

$$\approx \frac{1}{\sqrt{2\pi np(1-p)}} \cdot e^{-\frac{(k-np)^2}{2np(1-p)}}.$$

Damit gilt die

lokale Approximation für $n\,p(1-p) > 9$:

$$P(X_n = k) = \binom{n}{k} p^k (1-p)^{n-k} \approx \frac{1}{\sqrt{2\pi n p(1-p)}} \cdot e^{-\frac{(k-np)^2}{2np(1-p)}}$$

für $k = 0, 1, 2, \dots, n$.

Wegen dieser Eigenschaft kann das Histogramm der Binomialverteilung für große n durch die Dichte einer Normalverteilung approximiert werden. Dies ist die Aussage des lokalen Grenzwertsatzes.

Approximation der Binomialverteilung durch die Poissonverteilung

Falls die Wahrscheinlichkeit p klein ist, kann für große n die Binomialverteilung durch eine Poisson-Verteilung approximiert werden (vgl. Abschnitt 7.6). In der Binomialverteilung konvergiere n gegen unendlich und zwar so, daß $n\,p = \lambda$ immer konstant bleibt. Aus $n \to \infty$ folgt dann $p \to 0$. Damit erhält man für die charakteristische Funktionen $\psi_n(t)$ der binomialverteilten Zufallsvariablen X_n mit $p = \frac{\lambda}{n}$ den Grenzwert

$$\lim_{\substack{n\to\infty \\ n\,p=\lambda}} (p e^{it} + 1 - p)^n = \lim_{n\to\infty} \left(1 + \frac{\lambda}{n}(e^{it} - 1)\right)^n = e^{\lambda \cdot (e^{it} - 1)} .$$

Die Folge der charakteristischen Funktionen konvergiert somit gegen die charakteristische Funktion der Poisson - Verteilung mit dem Parameter λ.

Für große n und kleine p gilt die Näherung

$$\binom{n}{k} \cdot p^k \cdot (1-p)^{n-k} \approx \frac{(np)^k}{k!} \cdot e^{-np} \quad \text{für } k = 0, 1, 2, 3, \dots..$$

Diese Approximation ist für $n \geq 50$ und $p \leq 0{,}1$ brauchbar .

Darstellung der Binomialverteilung durch die F-Verteilung

Die Verteilungsfunktion der Binomialverteilung lautet an jeder ganzzahligen Stelle m

$$F(m, p) = \sum_{k=0}^{m} \binom{n}{k} \cdot p^k \cdot (1-p)^{n-k} \quad \text{für } m = 0, 1, \dots, n.$$

Differentiation nach dem Parameter p ergibt

$$\frac{dF(m,p)}{dp} = \sum_{k=1}^{m} k\binom{n}{k}p^{k-1}(1-p)^{n-k} - \sum_{k=0}^{m}(n-k)\binom{n}{k}p^{k}(1-p)^{n-k-1}$$

$$= \sum_{k=1}^{m} \frac{n!}{(k-1)!\,(n-k)!}\,p^{k-1}(1-p)^{n-k} - \sum_{k=0}^{m} \frac{n!}{k!\,(n-k-1)!}\,p^{k}(1-p)^{n-k-1}$$

$$= \sum_{k=0}^{m-1} \frac{n!}{k!\,(n-k-1)!}\,p^{k}(1-p)^{n-k-1} - \sum_{k=0}^{m} \frac{n!}{k!\,(n-k-1)!}\,p^{k}(1-p)^{n-k-1}$$

$$= -\frac{n!}{m!\,(n-m-1)!}\,p^{m}(1-p)^{n-m-1}\,.$$

Nach Kap. IV Abschnitt 5.8.3 läßt sich die Verteilungsfunktion $F(m,p)$ der Binomialverteilung mit Hilfe der F-Verteilung mit $2(m+1)$ und $2(n-m)$ Freiheitsgraden darstellen. Damit gilt allgemein

An jeder Stelle $m = 0, 1, 2, \ldots, n$ gilt für die Verteilungsfunktion der Binomialverteilung

$$F(m,p) = \sum_{k=0}^{m} \binom{n}{k}\cdot p^{k}\cdot(1-p)^{n-k} \quad \text{die Darstellung}$$

$$\frac{dF(m,p)}{dp} = -\frac{n!}{m!\,(n-m-1)!}\,p^{m}(1-p)^{n-m-1}\,;$$

$$F(m,p) = 1 - F_{2(m+1)\,;\,2(n-m)}\left(\frac{n-m}{m+1}\cdot\frac{p}{1-p}\right).$$

Für die Wahrscheinlichkeiten der Binomialverteilung folgt hieraus

$$P(X=m) = \binom{n}{m}\cdot p^{m}\cdot(1-p)^{n-m}$$

$$= F_{2m\,;\,2(n-m+1)}\left(\frac{n-m}{m+1}\cdot\frac{p}{1-p}\right) - F_{2(m+1)\,;\,2(n-m)}\left(\frac{n-m}{m+1}\cdot\frac{p}{1-p}\right)$$

für $m = 0, 1, \ldots, n$.

7.3. Die geometrische Verteilung

Eine unabhängige Versuchsserie werde so lange durchgeführt, bis das Ereignis A erstmals eintritt. Bei einem Einzelversuch besitze A die Wahrscheinlichkeit $p = P(A) > 0$. Die Realisierung der Zufallsvariablen X sei die Anzahl der dazu benötigten Versuche.

Der Wertebereich $W = \{1, 2, 3, ...\}$ ist abzählbar unendlich. Nach Kap. II Abschnitt 6.4.2 gilt

$$P(X = k) = p \cdot (1-p)^{k-1} \quad \text{für } k = 1, 2, ...$$

Die Zufallsvariable X heißt **geometrisch verteilt** mit dem Parameter p. Den Erwartungswert und die Varianz von X berechnet man mit Hilfe der **erzeugenden Funktion** aus Abschnitt 5. Sie lautet

$$\begin{aligned} G(x) &= \sum_{k=1}^{\infty} x^k p(1-p)^{k-1} = px \cdot \sum_{k=1}^{\infty} [x(1-p)]^{k-1} \\ &= px \cdot \sum_{k=0}^{\infty} [x(1-p)]^k = \frac{px}{1-(1-p)x} . \end{aligned}$$

Differentiation ergibt

$$G'(x) = \frac{[1-(1-p)x] \cdot p + p(1-p)x}{[1-(1-p)x]^2} = \frac{p}{[1-(1-p)x]^2} ;$$

$$G''(x) = \frac{2p(1-p)}{[1-(1-p)x]^3} ;$$

$$G'(1) = \frac{1}{p} ; \quad G''(1) = \frac{2(1-p)}{p^2} .$$

Daraus erhält man

$$\begin{aligned} E(X) &= G'(1) = \frac{1}{p} ; \\ Var(X) &= G''(1) + G'(1) - [G'(1)]^2 = \frac{2(1-p)}{p^2} + \frac{1}{p} - \frac{1}{p^2} \\ &= \frac{2-2p+p-1}{p^2} = \frac{1-p}{p^2} . \end{aligned}$$

Das Ereignis $(X > n)$ tritt genau dann ein, wenn bei den ersten n Versuchen jeweils das Komplement $\bar{A}$ eintritt, also bei der Serie $\underbrace{\bar{A}, \bar{A}, ..., \bar{A}}_{\text{n-mal}}$.

Damit gilt

$$P(X > n) = (1-p)^n \quad \text{und} \quad F(n) = P(X \leq n) = 1 - (1-p)^n, \; n = 1, 2, ...$$

Zusammenfassung:

> Eine mit dem Parameter p **geometrisch** verteilte Zufallsvariable X mit
>
> $$P(X = k) = p \cdot (1-p)^{k-1} \text{ für } k = 1, 2, 3, \ldots.$$
>
> besitzt die Kenngrößen
>
> **Erwartungswert:** $E(X) = \frac{1}{p}$;
>
> **Varianz:** $Var(X) = \frac{1-p}{p^2}$;
>
> **Verteilungsfunktion:** $F(n) = P(X \leq n) = 1 - (1-p)^n$, $n = 1, 2, 3, \ldots$

Beispiel ("Mensch ärgere Dich nicht"): Beim Spiel "Mensch ärgere Dich nicht" darf man erst starten, wenn die erste Sechs geworfen wird. Die Zufallsvariable X, welche die Anzahl der benötigten Würfe beschreibt, ist geometrisch verteilt mit $p = \frac{1}{6}$, falls der Würfel ideal ist. Die Wahrscheinlichkeiten lauten: $P(X = 1) = \frac{1}{6}$; $P(X = k+1) = \frac{5}{6} \cdot P(X = k), k = 2,3,\ldots.$
In der nachfolgenden Abbildung ist das Stabdiagramm dieser geometrischen Verteilung graphisch dargestellt. Wegen $E(X) = 6$ muß man im Mittel bis zum Start sechsmal werfen.

Die Wahrscheinlichkeit, daß mehr als 10 Würfe benötigt werden, lautet
$P(X > 10) = \left(\frac{5}{6}\right)^{10} \approx 0{,}1615.$

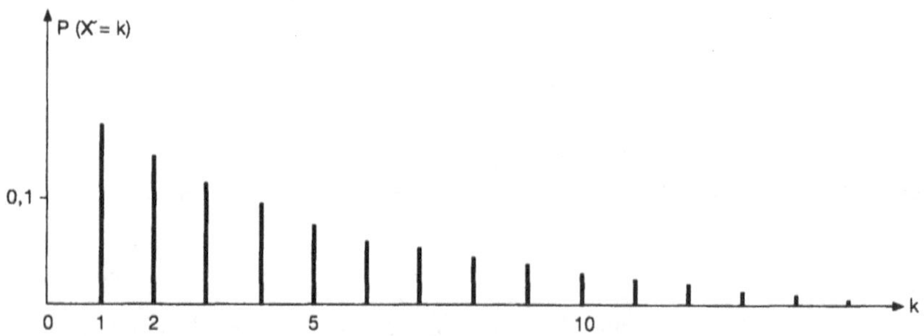

Stabdiagramm einer geometrischen Verteilung

Mit Hilfe der dritten und vierten Ableitung der erzeugenden Funktion erhält man die

$$\textbf{Schiefe}: \quad \frac{E\left((X-\mu)^3\right)}{\sigma^3} = \frac{2-p}{\sqrt{1-p}} \,.$$

Sie verschwindet nur für $p = \frac{1}{2}$. Dann ist die Verteilung symmetrisch zum Punkt $s = \frac{n}{2}$.

Entsprechend erhält man den

Exzeß: $$\frac{E((X-\mu)^4)}{\sigma^4} - 3 = 6 + \frac{p^2}{1-p}.$$

7.4. Die negative Binomialverteilung

Bei einem Einzelexperiment besitze das Ereignis A die Wahrscheinlichkeit $p = P(A)$ mit $0 < p < 1$. Das Experiment werde so lange unabhängig durchgeführt, bis das Ereignis A r-mal eingetreten ist. Die Zufallsvariable X beschreibe die Anzahl der dazu benötigten Versuche. Im Falle $r = 1$ handelt es sich um die geometrische Verteilung.

Der Wertevorrat der Zufallsvariablen X ist $W(X) = \{r, r+1, r+2, \ldots\}$. Genau $k+r$ Versuche sind notwendig, wenn beim $(k+r)$-ten Versuch das Ereignis A eintritt und bei den vorangehenden $k+r-1$ Versuchen das Ereignis A genau $(r-1)$-mal eintritt und somit k-mal nicht eintritt. Die Wahrscheinlichkeit dafür, daß bei den ersten $k+r-1$ Versuchen das Ereignis A genau $(r-1)$-mal eintritt, erhält man aus der Formel der Binomialverteilung als

$$p_{r-1} = \binom{k+r-1}{r-1} p^{r-1}(1-p)^k = \binom{k+r-1}{k} p^{r-1}(1-p)^k.$$

Mit Wahrscheinlichkeit p tritt beim r-ten Versuch das Ereignis A ein.

Wegen der Unabhängigkeit der Versuche erhält man damit

$$P(X = k+r) = \binom{k+r-1}{k} p^r (1-p)^k \quad \text{für } k = 0, 1, 2, \ldots$$

Mit den allgemeinen Binomialkoeffizienten

$$\binom{-r}{k} = \frac{(-r)\cdot(-r-1)\cdot\ldots\cdot(-r-k+1)}{1\cdot 2\cdot\ldots\cdot k}$$

$$= (-1)^k \frac{r\cdot(r+1)\cdot\ldots\cdot(r+k-1)}{1\cdot 2\cdot\ldots\cdot k} = (-1)^k \binom{r+k-1}{k}$$

und der Binomial-Entwicklung

$$\frac{1}{p^r} = p^{-r} = (1-(1-p))^{-r} = \sum_{k=0}^{\infty} \binom{-r}{k} (-(1-p))^k$$

erhält man für die Summe aller Wahrscheinlichkeiten

$$\sum_{k=0}^{\infty} P(X=k+r) = p^r \sum_{k=0}^{\infty} \binom{k+r-1}{k}(1-p)^k$$

$$= p^r \sum_{k=0}^{\infty} \binom{-r}{k}(-(1-p))^k = \frac{p^r}{p^r} = 1.$$

Die durch die obigen Wahrscheinlichkeiten definierte Verteilung heißt **negative Binomialverteilung der Ordnung r**, weil ihre Wahrscheinlichkeiten durch die Glieder der Binomialreihe von $p^r(1-(1-p))^{-r}$ gegeben sind.

Den Erwartungswert der negativen Binomialverteilung erhält man durch Umformung der Binomialkoeffizienten als

$$E(X) = \sum_{k=0}^{\infty}(r+k)\binom{k+r-1}{r-1}p^r(1-p)^k = \frac{r}{p}\cdot \underbrace{\sum_{k=0}^{\infty}\binom{k+r}{r}p^r(1-p)^k}_{=1} = \frac{r}{p}.$$

Die **erzeugende Funktion** der negativen Binomialverteilung lautet

$$G(x) = \sum_{k=0}^{\infty} x^{k+r} P(X=k+r) = x^r p^r \sum_{k=0}^{\infty}\binom{k+r-1}{k}((1-p)x)^k$$

$$= x^r p^r \sum_{k=0}^{\infty}\binom{-r}{k}(-(1-p)x)^k = \frac{x^r p^r}{(1-(1-p)x)^r} = \left(\frac{xp}{1-(1-p)x}\right)^r.$$

Diese erzeugende Funktion ist die r-te Potenz der erzeugenden Funktion der geometrischen Verteilung, also gleich der erzeugenden Funktion einer Summe von r unabhängigen mit dem gleichen Parameter p geometrisch verteilten Zufallsvariablen.

Zusammenfassung:

> Ein Zufallsexperiment werde solange unabhängig durchgeführt, bis das Ereignis A mit $p = P(A)$ erstmals r-mal eingetreten ist. Die Zufallsvariable X beschreibe die Anzahl der dazu benötigten Versuche mit
>
> $$P(X=k+r) = \binom{k+r-1}{k}p^r(1-p)^k \quad \text{für } k = 0,1,2,.....$$
>
> X besitzt eine **negative Binomialverteilung der Ordnung r**. Die Zufallsvariable X läßt sich als Summe von r unabhängigen mit dem gleichen Parameter p geometrisch verteilten Zufallsvariablen darstellen. Daraus erhält man unmittelbar die Parameter der negativen Binomialverteilung
>
> $$E(X) = \frac{r}{p} \quad \text{und} \quad Var(X) = \frac{r(1-p)}{p^2}.$$

7.5. Die hypergeometrische Verteilung

Die Elemente einer Grundgesamtheit sollen nur danach beurteilt werden, ob sie eine bestimmte Eigenschaft besitzen oder nicht. Eine zufällige Auswahl kann mit dem in Kap. II Abschnitt 3.2.3.6 beschriebenen Urnenmodell simuliert werden. Jedem Element, das die interessierende Eigenschaft besitzt, wird eine schwarze, den übrigen eine weiße Kugel zugeordnet. Damit erhält man das nachfolgende Urnenmodell:

Eine Urne enthalte N Kugeln. Davon seien M schwarz und die restlichen $N-M$ weiß mit $1 \leq M < N$. Aus dieser Urne werden ohne zwischenzeitliches Zurücklegen $n \leq N$ Kugeln zufällig ausgewählt. Die Zufallsvariable X beschreibe die Anzahl der schwarzen Kugeln unter den n ausgewählten. Sie besitzt die Wahrscheinlichkeiten

$$P(X=k) = \frac{\binom{M}{k}\cdot\binom{N-M}{n-k}}{\binom{N}{n}} \quad \text{für } 0 \leq k \leq \min(n,M)$$
$$0 \leq n-k \leq N-M \; ; \; n \leq N \, .$$

Man nennt die Zufallsvariable X **hypergeometrisch verteilt** mit den Parametern N, M und n.

Zur Berechnung des Erwartungswertes und der Varianz wird ähnlich wie bei der Binomialverteilung die Zufallsvariable X additiv zerlegt. Dazu denkt man sich die schwarzen Kugeln von 1 bis M durchnumeriert. Jeder schwarzen Kugel wird folgende Zufallsvariable zugeordnet:

$$X_i = \begin{cases} 1, & \text{falls die i-te schwarze Kugel unter den n ausgewählten ist} \\ 0, & \text{sonst} \end{cases}$$

für $i = 1, 2, \ldots, M$. Damit gilt

$$X = \sum_{i=1}^{M} X_i \, .$$

Die i-te schwarze Kugel wird genau dann ausgewählt, wenn die restlichen $n-1$ Kugeln aus der Menge der übrigen $N-1$ Kugeln gezogen werden. Für die Auswahl der i-ten schwarzen Kugel gibt es nur eine Möglichkeit. Damit erhält man die Wahrscheinlichkeiten

$$P(X_i = 1) = \frac{\binom{N-1}{n-1}}{\binom{N}{n}} = \frac{\frac{n}{N}\cdot\binom{N}{n}}{\binom{N}{n}} = \frac{n}{N} \, ;$$
$$P(X_i = 0) = 1 - P(X_i = 1) = 1 - \frac{n}{N} \, .$$

Hieraus folgt $E(X_i) = E(X_i^2) = \frac{n}{N}$ für $i = 1, 2, \ldots, M$.

Mit der allgemein gültigen Additivität des Erwartungswertes erhält man

$$E(X) = \sum_{i=1}^{M} E(X_i) = M \cdot \frac{n}{N} = n \cdot \frac{M}{N}\ .$$

Der Erwartungswert stimmt mit dem beim Ziehen mit Zurücklegen überein. Zur Berechnung der Varianz muß berücksichtigt werden, daß die Zufallsvariablen $X_1, X_2, \ldots, X_M$ nicht unabhängig sind. Deswegen ist die Varianz nicht additiv. Allgemein gilt

$$\begin{aligned} X^2 &= (X_1 + X_2 + \ldots\ldots + X_n) \cdot (X_1 + X_2 + \ldots\ldots + X_n) \\ &= \sum_{k=1}^{M} X_k^2 + \sum_{i \neq j} X_i \cdot X_j\ . \end{aligned}$$

Für $i \neq j$ kann die Produktvariable $X_i \cdot X_j$ nur die beiden Werte 1 und 0 annehmen. Das Ereignis $(X_i \cdot X_j = 1)$ tritt genau dann ein, wenn die beiden schwarzen Kugeln i und j ausgewählt werden. Dann müssen die restlichen $n-2$ Kugeln aus den übrigen $N-2$ Kugeln ausgewählt werden. Daher gilt

$$P(X_i \cdot X_j = 1) = \frac{\binom{N-2}{n-2}}{\binom{N}{n}} = \frac{\frac{n(n-1)}{N(N-1)} \cdot \binom{N}{n}}{\binom{N}{n}} = \frac{n(n-1)}{N(N-1)};$$

$$P(X_i \cdot X_j = 0) = 1 - P(X_i \cdot X_j = 1) = 1 - \frac{n(n-1)}{N(N-1)} \quad \text{für } i \neq j\ ;$$

$$E(X_i \cdot X_j) = P(X_i \cdot X_j = 1) = \frac{n(n-1)}{N(N-1)} \quad \text{für } i \neq j\ .$$

Aus der Additivität des Erwartungswertes folgt mit der obigen Darstellung

$$E(X^2) = \sum_{k=1}^{M} E(X_k^2) + \sum_{i \neq j} E(X_i \cdot X_j) = M \cdot \frac{n}{N} + M(M-1) \cdot \frac{n(n-1)}{N(N-1)}$$

(in der Summation gibt es $M(M-1)$ Paare mit $i \neq j$).

Daraus folgt

$$\begin{aligned} Var(X) &= E(X^2) - [E(X)]^2 = M \cdot \frac{n}{N} + M(M-1) \cdot \frac{n(n-1)}{N(N-1)} - M^2 \cdot \frac{n^2}{N^2} \\ &= n \cdot \frac{M}{N} \cdot \left(1 + \frac{(M-1)\cdot(n-1)}{N-1} - n \cdot \frac{M}{N}\right) \\ &= n \cdot \frac{M}{N} \cdot \frac{N^2 - N + NMn - NM - Nn + N - nNM + nM}{N(N-1)} \end{aligned}$$

$$= n \cdot \frac{M}{N} \cdot \frac{(N-M)(N-n)}{N(N-1)} = n \cdot \frac{M}{N} \cdot \left(1 - \frac{M}{N}\right) \cdot \frac{N-n}{N-1} .$$

Diese Varianz unterscheidet sich von der beim Ziehen mit Zurücklegen (Binomialverteilung) um den Faktor $\frac{N-n}{N-1}$. Für $n > 1$ ist dieser Faktor kleiner als Eins. Beim Ziehen ohne Zurücklegen ist die Varianz kleiner als beim Ziehen mit Zurücklegen. Diese Eigenschaft ist auch plausibel, da man beim Ziehen ohne Zurücklegen mehr Information über die Grundgesamtheit erhält als beim Ziehen mit Zurücklegen. Beim Ziehen mit Zurücklegen können ja gleiche Elemente öfters gezogen werden.

Für $n = N$ verschwindet beim Ziehen ohne Zurücklegen die Varianz. Dabei handelt es sich um eine Totalerhebung, bei der die Realisierung der Zufallsvariablen immer gleich M ist (deterministische Zufallsvariable). Die Erwartungswerte sind für $n \leq N$ in beiden Modellen gleich.

Zusammenfassung:

Die Zufallsvariable X sei **hypergeometrisch** verteilt mit

$$P(X = k) = \frac{\binom{M}{k} \cdot \binom{N-M}{n-k}}{\binom{N}{n}} \quad \text{für } 0 \leq k \leq \min(n,M)$$
$$0 \leq n-k \leq N - M \; ; \; n \leq N .$$

Dann besitzt X die Kenngrößen

Erwartungswert: $E(X) = n \cdot \frac{M}{N}$;

Varianz: $Var(X) = n \cdot \frac{M}{N} \cdot \left(1 - \frac{M}{N}\right) \cdot \frac{N-n}{N-1}$.

Vergleich der hypergeometrischen Verteilung mit der Binomialverteilung

Bei sehr großen Grundgesamtheiten spielt es kaum eine Rolle, ob ohne oder mit Zurücklegen gezogen wird, da sich ja die Zusammensetzung der Grundgesamtheit nach den einzelnen Zügen kaum ändert. Dann kann die hypergeometrische Verteilung durch die Binomialverteilung approximiert werden. Bei festgehaltenem n gilt nämlich für $N \to \infty$ mit $\frac{M}{N} = p$ fest

$$\lim_{\substack{N \to \infty \\ M = Np}} \frac{\binom{M}{k} \cdot \binom{N-M}{n-k}}{\binom{N}{n}} = \binom{n}{k} \cdot p^k \cdot (1-p)^{n-k} \quad \text{für } k = 0, 1, \ldots, n.$$

7.6. Die Poisson-Verteilung

Falls in einer Binomialverteilung n sehr groß und p sehr klein ist, können die Wahrscheinlichkeiten der Binomialverteilung durch die einer Poisson-Verteilung approximiert werden. Es gilt der

Grenzwertsatz für Binomialverteilungen:
In der Binomialverteilung konvergiere n gegen unendlich und zwar so, daß $np = \lambda$ immer konstant bleibt. Aus $n \to \infty$ folgt daher $p \to 0$. Dann gilt

$$\lim_{\substack{n\to\infty \\ np=\lambda}} \binom{n}{k} \cdot p^k \cdot (1-p)^{n-k} = \frac{\lambda^k}{k!} \cdot e^{-\lambda} \quad \text{für } k = 0,1,2,3,.....$$

Für große n und kleine p gilt somit die Näherung

$$\binom{n}{k} \cdot p^k \cdot (1-p)^{n-k} \approx \frac{(np)^k}{k!} \cdot e^{-np} \quad \text{für } k = 0,1,2,3,.....$$

Diese Approximation ist brauchbar für $n \geq 50$ und $p \leq 0{,}1$.

Beweis: Mit $p = \frac{\lambda}{n}$ gilt für jedes k

$$\binom{n}{k} \cdot p^k \cdot (1-p)^{n-k} = \frac{n(n-1)...(n-k+1)}{k!} \cdot \frac{\lambda^k}{n^k} \cdot \left(1 - \frac{\lambda}{n}\right)^{n-k}$$

$$= \frac{n(n-1)...(n-k+1)}{n \cdot n \cdot ... \cdot n} \cdot \frac{\lambda^k}{k!} \cdot \left(1 - \frac{\lambda}{n}\right)^n \cdot \left(1 - \frac{\lambda}{n}\right)^{-k}$$

$$= 1 \cdot \left(1 - \frac{1}{n}\right) \cdot .... \cdot \left(1 - \frac{k-1}{n}\right) \cdot \left(1 - \frac{\lambda}{n}\right)^{-k} \cdot \frac{\lambda^k}{k!} \cdot \left(1 - \frac{\lambda}{n}\right)^n.$$

Für festes k gilt

$$\lim_{n\to\infty} \left(1 - \frac{i}{n}\right) = 0 \quad \text{für jedes } i = 1,2,...,k-1.$$

$$\lim_{n\to\infty} \left(1 - \frac{\lambda}{n}\right)^{-k} = 1 \text{ und } \lim_{n\to\infty} \left(1 - \frac{\lambda}{n}\right)^n = e^{-\lambda}.$$

Daraus folgt unmittelbar die Behauptung

$$\lim_{\substack{n\to\infty \\ np=\lambda}} \binom{n}{k} \cdot p^k \cdot (1-p)^{n-k} = \frac{\lambda^k}{k!} \cdot e^{-\lambda} \quad \text{für } k = 0,1,2,3,....$$

Wegen $\sum_{k=0}^{\infty} \frac{\lambda^k}{k!} \cdot e^{-\lambda} = e^{\lambda} \cdot e^{-\lambda} = 1$

werden durch

$$P(X = k) = \frac{\lambda^k}{k!} \cdot e^{-\lambda} \quad \text{für } k = 0, 1, 2, 3, \ldots..$$

Wahrscheinlichkeiten einer diskreten Zufallsvariablen X definiert mit dem abzählbar unendlichen Wertebereich $W = \{0, 1, 2, 3, \ldots.\}$. Die Zufallsvariable X mit der

Verteilung $\left(k, \frac{\lambda^k}{k!} \cdot e^{-\lambda}\right)$, $k = 0, 1, 2, 3, \ldots..$ heißt **Poisson-verteilt** mit dem Parameter λ. Sie ist nach dem französischen Mathematiker **S. D. Poisson** (1781- 1840) benannt.

Zur Berechnung der Wahrscheinlichkeiten eignet sich die

Rekursionsformel:

$$P(X = k+1) = \frac{\lambda}{k+1} \cdot P(X = k) \quad \text{für } k = 0, 1, 2, \ldots \quad \text{mit} \quad P(X = 0) = e^{-\lambda}.$$

Die Zufallsvariable X besitzt den Erwartungswert

$$E(X) = \sum_{k=1}^{\infty} k \cdot \frac{\lambda^k}{k!} \cdot e^{-\lambda} = e^{-\lambda} \cdot \lambda \cdot \underbrace{\sum_{k=1}^{\infty} \frac{\lambda^{k-1}}{(k-1)!}}_{= e^{\lambda}} = \lambda.$$

Ferner gilt wegen $k^2 = k(k-1) + k$

$$\begin{aligned} E(X^2) &= \sum_{k=1}^{\infty} k^2 \cdot \frac{\lambda^k}{k!} \cdot e^{-\lambda} = \sum_{k=1}^{\infty} (k(k-1)+k) \cdot \frac{\lambda^k}{k!} \cdot e^{-\lambda} \\ &= \sum_{k=2}^{\infty} k(k-1) \cdot \frac{\lambda^k}{k!} \cdot e^{-\lambda} + \underbrace{\sum_{k=1}^{\infty} k \cdot \frac{\lambda^k}{k!} \cdot e^{-\lambda}}_{= E(X) = \lambda} \\ &= e^{-\lambda} \cdot \lambda^2 \cdot \underbrace{\sum_{k=2}^{\infty} \frac{\lambda^{k-2}}{(k-2)!}}_{= e^{\lambda}} + \lambda = \lambda^2 + \lambda. \end{aligned}$$

Hieraus folgt $Var(X) = E(X^2) - [E(X)]^2 = \lambda$. Bei der Poisson-Verteilung stimmen also Erwartungswert und Varianz überein.

Zusammenfassung:

Eine mit dem Parameter $\lambda > 0$ **Poisson-verteilte** Zufallsvariable X hat die Verteilung

$$\left(k, \frac{\lambda^k}{k!} \cdot e^{-\lambda}\right), \quad k = 0, 1, 2, 3, \ldots..$$

und die Kenngrößen

Erwartungswert: $E(X) = \lambda$; **Varianz:** $Var(X) = \lambda$.

Nach dem obigen Grenzwertsatz kann eine Binomialverteilung mit kleinem p und großem n durch die Poisson-Verteilung mit $\lambda = np$ approximiert werden. Aus diesem Grund beschreibt eine Poisson-Verteilung oft die Häufigkeit, mit der ein bestimmtes Ereignis innerhalb einer bestimmten Zeitspanne eintritt. Meistens handelt es sich dabei um seltene Ereignisse. Daher bezeichnet man die Poisson-Verteilung auch als **Verteilung seltener Ereignisse**. Der Parameter λ hängt dabei von der gewählten Zeitspanne ab.

Er wird geschätzt durch den Mittelwert $\bar{x}$ einer unabhängigen Stichprobe.

Viele Zufallsvariable, die in den Praxis vorkommen, sind näherungsweise Poisson-verteilt z. B.
- die Anzahl der während einer bestimmten Zeiteinheit an einem Post- oder Bankschalter ankommenden Kunden;
- die Anzahl der bei einem Gewitter innerhalb von fünf Minuten gezählten Blitze;
- die Anzahl der pro Zeiteinheit zerfallenden Atome eines bestimmten spaltbaren Materials;
- die Anzahl der während eines Fußballspiels geschossenen Tore.

Beispiel: Die Zufallsvariable X der Anzahl der in einer Telefonzentrale zu einer bestimmten Tageszeit während einer Minute ankommenden Anrufe sei Poisson-verteilt mit dem Erwartungswert E(X) = 4,1. Die Wahrscheinlichkeiten lauten dann

$$P(X = k) = \frac{(4{,}1)^k}{k!} \cdot e^{-4{,}1} \quad \text{für } k = 0, 1, 2, 3, \ldots..$$

Mit $P(X = 0) = e^{-4{,}1} = 0{,}0166$ (gerundet) erhält man mit Hilfe der Rekursionsformel

$$P(X = k+1) = \frac{4{,}1}{k+1} \cdot e^{-4{,}1}$$

die gerundeten Wahrscheinlichkeiten

Werte k	0	1	2	3	4
Wahrscheinlichkeiten	0,0166	0,0679	0,1393	0,1904	0,1951

5	6	7	8	9	10	11
0,1600	0,1093	0,0640	0,0328	0,0150	0,0061	0,0023

Die Wahrscheinlichkeit dafür, daß pro Minute mehr als 5 Gespräche ankommen, beträgt

$$P(X > 5) = 1 - P(X \leq 5) \approx 0{,}2305.$$

Das Stabdiagramm der Verteilung ist in der nachfolgenden Abbildung graphisch dargestellt.

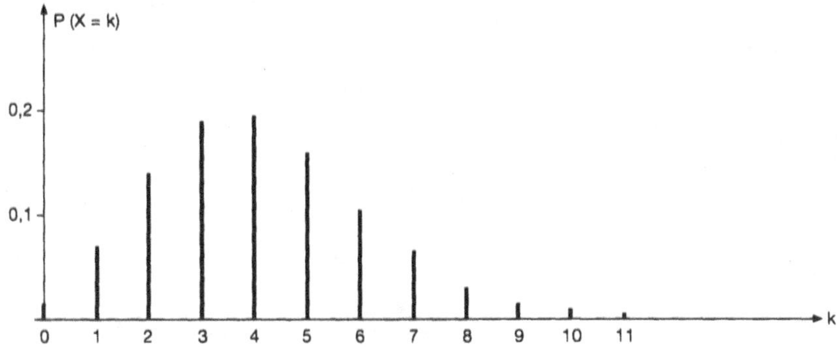

Stabdiagramm einer Poisson-Verteilung

Die Summe zweier unabhängiger Poisson-verteilter Zufallsvariabler ist wieder Poisson-verteilt.

Summen unabhängiger Poisson-Verteilungen:
X und Y seien unabhängige Poisson-verteilte Zufallsvariable mit den Pametern $E(X) = \lambda$ und $E(Y) = \mu$. Dann ist die Summe $Z = X + Y$ ebenfalls Poisson-verteilt mit dem Parameter $\lambda + \mu$.

Beweis: Der Wertevorrat von Z ist $W = \{0, 1, 2, 3, ...\}$. Aus der vorausgesetzten Unabhängigkeit folgt

$$P(X = k, Y = j) = P(X = k) \cdot P(Y = j) \text{ für alle } k, j.$$

Für jedes $m \in W$ gilt

$$P(X + Y = m) = \sum_{k+j=m} P(X = k, Y = j)$$

$$= \sum_{k+j=m} P(X = k) \cdot P(Y = j) = \sum_{k=0}^{m} P(X = k) \cdot P(Y = m - k)$$

$$= \sum_{k=0}^{m} \frac{\lambda^k}{k!} \cdot e^{-\lambda} \cdot \frac{\mu^{m-k}}{(m-k)!} \cdot e^{-\mu} = e^{-(\lambda+\mu)} \cdot \sum_{k=0}^{m} \frac{\lambda^k \cdot \mu^{m-k}}{k! \cdot (m-k)!} .$$

Mit der Binomialentwicklung

$$(\lambda + \mu)^m = \sum_{k=0}^{m} \binom{m}{k} \cdot \lambda^k \cdot \mu^{m-k} = \sum_{k=0}^{m} \frac{m!}{k! \cdot (m-k)!} \cdot \lambda^k \cdot \mu^{m-k}$$

folgt aus der obigen Gleichung unmittelbar die Behauptung

$$P(X+Y=m) = \frac{(\lambda+\mu)^m}{m!} \cdot e^{-(\lambda+\mu)} \quad \text{für } m = 0, 1, 2, \ldots .$$

Die Poisson-Verteilung besitzt die

charakteristische Funktion

$$\psi(t) = \sum_{k=1}^{\infty} e^{itk} \cdot \frac{\lambda^k}{k!} \cdot e^{-\lambda} = \sum_{k=1}^{\infty} \frac{(\lambda e^{it})^k}{k!} \cdot e^{-\lambda}$$

$$= e^{\lambda e^{it}} \cdot e^{-\lambda} = e^{\lambda(e^{it}-1)}$$

und die

erzeugende Funktion

$$G(x) = \sum_{k=1}^{\infty} x^k \cdot \frac{\lambda^k}{k!} \cdot e^{-\lambda} = \sum_{k=1}^{\infty} \frac{(x\lambda)^k}{k!} \cdot e^{-\lambda} = e^{\lambda x} \cdot e^{-\lambda} = e^{\lambda(x-1)} .$$

Aus der erzeugenden und charakteristischen Funktion folgt unmittelbar das oben direkt bewiesene Additionstheorem für unabhängige Poisson-Verteilungen.

Mit Hilfe der Ableitungen der erzeugenden bzw. der charakteristischen Funktion erhält man ebenfalls den Erwartungswert, die Varianz sowie die

Schiefe: $\dfrac{E((X-\mu)^3)}{\sigma^3} = \dfrac{1}{\sqrt{\lambda}}$

und den

Exzeß : $\dfrac{E((X-\mu))^4}{\sigma^4} - 3 = \dfrac{1}{\lambda}$.

Darstellung der Poisson-Verteilung durch die Chi-Quadrat-Verteilung

Für jedes ganzzahlige $m = 0, 1, 2, \ldots$ lautet die Verteilungsfunktion der Poisson-Verteilung

$$F(m, \lambda) = \sum_{k=0}^{m} \frac{\lambda^k}{k!} \cdot e^{-\lambda} .$$

Differentiation nach λ ergibt

$$\frac{dF(m,\lambda)}{d\lambda} = \sum_{k=1}^{m} \frac{k \cdot \lambda^{k-1}}{k!} \cdot e^{-\lambda} - \sum_{k=0}^{m} \frac{\lambda^k}{k!} \cdot e^{-\lambda}$$

$$= \sum_{k=1}^{m} \frac{\lambda^{k-1}}{(k-1)!} \cdot e^{-\lambda} - \sum_{k=0}^{m} \frac{\lambda^k}{k!} \cdot e^{-\lambda}$$

$$= \sum_{k=0}^{m-1} \frac{\lambda^k}{k!} \cdot e^{-\lambda} - \sum_{k=0}^{m} \frac{\lambda^k}{k!} \cdot e^{-\lambda} = - \frac{\lambda^m}{m!} \cdot e^{-\lambda} .$$

Wegen $\lim\limits_{\lambda\to\infty} F(m,\lambda) = F(m,+\infty) = 0$ folgt hieraus

$$\int_{\lambda}^{\infty} \frac{dF(m,\lambda)}{d\lambda} = 0 - F(m,\lambda) = -\int_{\lambda}^{\infty} \frac{z^m}{m!}\cdot e^{-z}\, dz .$$

Mit der Gamma-Funktion $\Gamma(m+1) = m!$ und der Substitution $x = 2z$ geht dieses Integral über in

$$F(m,\lambda) = \int_{\lambda}^{\infty} \frac{z^m}{m!}\cdot e^{-z}\, dz = \frac{1}{\Gamma(m+1)}\cdot\frac{1}{2^{m+1}}\int_{2\lambda}^{\infty} x^m\cdot e^{-\frac{x}{2}}\, dx$$

$$= \frac{1}{\Gamma(\frac{2m+2}{2})}\cdot\frac{1}{2^{\frac{2m+2}{2}}}\int_{2\lambda}^{\infty} x^{\frac{2m+2}{2}-1}\cdot e^{-\frac{x}{2}}\, dx$$

$$= 1 - \int_{-\infty}^{2\lambda} g_{2(m+1)}(x)\, dx .$$

Dabei ist $g_{2(m+1)}(x)$ die Dichte der Chi-Quadrat-Verteilung mit 2(m+1) Freiheitsgraden (s. Kap. IV Abschnitt 5.8.1).

Zusammenfassung:

An jeder Stelle $m = 0, 1, 2, \ldots$ gilt für die Verteilungsfunktion

$F(m,\lambda) = \sum\limits_{k=0}^{m} \frac{\lambda^k}{k!}\cdot e^{-\lambda}$ der Poisson-Verteilung die Darstellung

$$F(m,\lambda) = P(X \le m) = 1 - P(\chi^2_{2(m+1)} \le 2\lambda) .$$

Dabei ist die Zufallsvariable $\chi^2_{2(m+1)}$ Chi-Quadrat-verteilt mit 2(m+1) Freiheitsgraden.

Kapitel IV:

Stetige Zufallsvariable

Bei diskreten Zufallsvariablen ist der Wertevorrat endlich oder höchstens abzählbar unendlich. Der Wertevorrat stetiger Zufallsvariabler ist dagegen überabzählbar unendlich. Er enthält ganze Intervalle der reellen Zahlengeraden. Dabei besitzt jede einzelne Realisierung $X(\omega)$ einer stetigen Zufallsvariablen die Wahrscheinlichkeit Null. Stetige Zufallsvariable treten vor allem bei der Beurteilung stetiger Merkmale auf.

1. Eindimensionale stetige Zufallsvariable

In diesem Abschnitt wird nur eine einzige stetige Zufallsvariable betrachtet. An die Stelle der Verteilung einer diskreten Zufallsvariablen tritt die Dichte $f(x)$ der stetigen Zufallsvariablen. Die im diskreten Fall auftretenden Summen werden durch Integrale ersetzt. Dadurch können alle für diskrete Zufallsvariable eingeführte Größen unmittelbar auf stetige Zufallsvariable übertragen werden. Aus der Additivität bzw. der Linearität des Integrals erhält man auch für die stetigen Zufallsvariablen die Linearität des Erwartungswertes.

1.1. Dichte einer stetigen Zufallsvariablen

Eine über ganz $\mathbb{R}$ integrierbare Funktion f heißt **Dichte (Dichtefunktion** oder **Wahrscheinlichkeitsdichte)**, wenn sie folgende Bedingungen erfüllt:

a) $f(x) \geq 0$ für alle $x \in \mathbb{R}$;

b) $\int\limits_{-\infty}^{+\infty} f(x)\,dx = 1$.

Der Graph der Dichte verläuft oberhalb oder auf der x-Achse (reelle Zahlengeraden). Die Fläche zwischen der Dichte f und der x-Achse hat den Inhalt Eins.

Eine Zufallsvariable X heißt **stetig mit der Dichte** f, wenn für alle $a < b$ gilt

$$P(a \leq X \leq b) = P(\{\omega \in \Omega | a \leq X(\omega) \leq b\}) = \int_a^b f(x)\,dx\,.$$

Die Wahrscheinlichkeit dafür, daß die Realisierung der Zufallsvariablen X im Intervall $[a, b]$ liegt, ist gleich dem Inhalt der Fläche, den die Dichte mit der x-Achse über diesem Intervall einschließt.

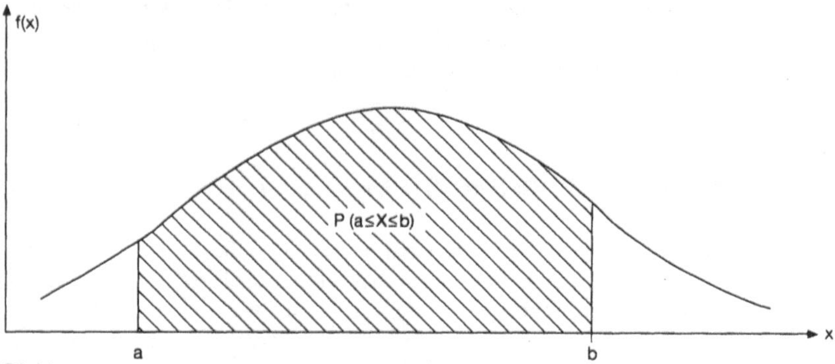

Dichte

Mit $a = b = x$ folgt hieraus unmittelbar

$$P(X = x) = 0 \quad \text{für jedes } x \in \mathbb{R}.$$

Jede einzelne Realisierung einer stetigen Zufallsvariablen tritt somit nur mit Wahrscheinlichkeit Null ein. Trotzdem muß bei der Durchführung des entsprechenden Zufallsexperiments als Realisierung der Zufallsvariablen X einer dieser Werte auftreten. Das Ereignis $(X = x) = \{\omega \in \Omega | X(\omega) = x\}$ besitzt zwar die Wahrscheinlichkeit Null. Es ist jedoch vom unmöglichen Ereignis $\emptyset$ verschieden. Das sichere Ereignis $\{\omega | -\infty < X(\omega) < +\infty\} = \Omega$ besitzt trotzdem die Wahrscheinlichkeit Eins. Der Grund für diesen zunächst etwas überraschend erscheinenden Sachverhalt ist die Tatsache, daß der Wertebereich der stetigen Zufallsvariablen X überabzählbar ist.

Da jeder Punkt die Wahrscheinlichkeit Null hat, können bei der Berechnung von Wahrscheinlichkeiten für Intervalle die Grenzen dazugenommen oder weggelassen werden, ohne daß sich dadurch die Wahrscheinlichkeit ändert. Es gilt also

$$P(a \leq X \leq b) = P(a < X \leq b) = P(a \leq X < b) = P(a < X < b) = \int_a^b f(x)\,dx\,.$$

Im Falle $f(x) > 0$ stellt der Funktionswert $f(x)$ nicht die Wahrscheinlichkeit dafür dar, daß die Realisierung von X gleich dem Wert x ist. Abgesehen davon, daß die Werte einer Dichte auch größer als Eins sein können, liegt die Begründung in der Tatsache, daß jede Realisierung die Wahrscheinlichkeit Null besitzt. **Dichten sind keine Wahrscheinlichkeiten.**

Wegen der Integraldarstellung beschreibt die Dichte f global (über Intervalle) Wahrscheinlichkeiten einer Zufallsvariablen. Sie kann aber auch Wahrscheinlichkeiten lokal beschreiben. Ist f an der **Stelle x_0 stetig,** so gilt für kleine Δx die Näherung

$$P(x_0 \leq X \leq x_0+\Delta x) \approx f(x_0)\cdot\Delta x \quad \text{für kleine } \Delta x.$$

Die Näherung wird umso besser, je kleiner die Länge Δx des Intervalls ist.

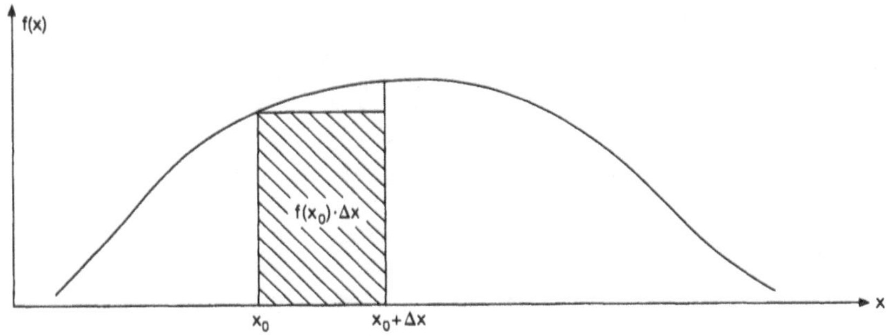

Bei vielen stetigen Zufallsvariablen verschwindet die Dichte außerhalb eines beschränkten Bereichs. Dann kann die Integration auf diesen sog. **Variationsbereich** der Zufallsvariablen X beschränkt werden.

1.2. Die Verteilungsfunktion einer stetigen Zufallsvariablen

Die stetige Zufallsvariable X besitze die Dichte f. Dann heißt die durch

$$F(x) = P(X \leq x) = P(\{\omega \in \Omega | X(\omega) \leq x\}) = \int_{-\infty}^{x} f(u)\,du \; ; \quad x \in \mathbb{R}$$

definierte Funktion F die **Verteilungsfunktion** der stetigen Zufallsvariablen X. Dabei stellt der Funktionswert F(x) den Inhalt der Fläche zwischen der Dichte f und der x-Achse links von der Stelle x dar.

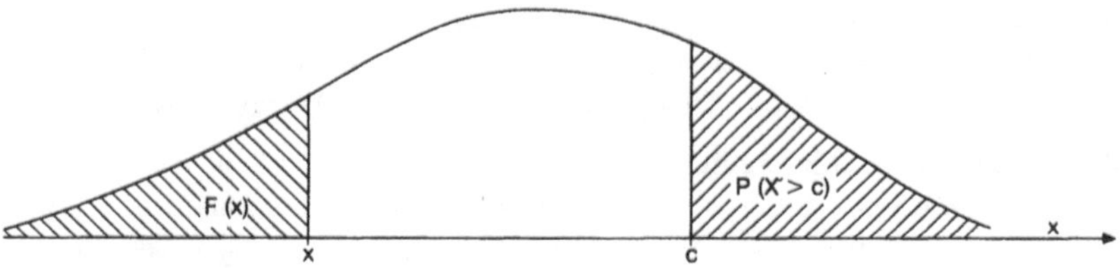

Die Verteilungsfunktion F einer stetigen Zufallsvariablen X besitzt folgende Eigenschaften:

1.) F ist monoton nicht fallend, d.h. aus $x_1 < x_2$ folgt $F(x_1) \leq F(x_2)$.

2.) F ist an jeder Stelle x stetig.

3) Es gilt $\lim_{x \to -\infty} F(x) = F(-\infty) = 0$ und $\lim_{x \to +\infty} F(x) = F(+\infty) = 1$.

4) Falls die Dichte f(x) an der Stelle x_0 stetig ist, so ist die Verteilungsfunktion an dieser Stelle differenzierbar mit

$$F'(x_0) = \lim_{h \to 0} \frac{F(x_0 + h) - F(x_0)}{h} = f(x_0),$$

falls x_0 Stetigkeitspunkt der Dichte f ist.

Die Verteilungsfunktion einer stetigen Zufallsvariablen hat im Gegensatz zur Verteilungsfunktion einer diskreten Zufallsvariablen keine Sprungstellen. Aus der Verteilungsfunktion F erhält man unmittelbar die Wahrscheinlichkeiten

$$P(a \leq X \leq b) = P(a < X < b) = \int_a^b f(x)\,dx = F(b) - F(a), \quad a \leq b;$$

$$P(X \geq x) = P(X > x) = 1 - P(X \leq x) = 1 - F(x), \quad x \in \mathbb{R}.$$

Die Wahrscheinlichkeitsverteilung einer stetigen Zufallsvariablen X heißt **stetige Verteilung.** Durch die Angabe der Dichte bzw. der Verteilungsfunktion ist die Wahrscheinlichkeitsverteilung eindeutig bestimmt.

Beispiel (Dreiecksverteilung): Die in der nachfolgenden Abbildung gezeichnete Funktion f ist Dichte, da sie nicht negativ ist und mit der x-Achse ein Dreieck mit dem Flächeninhalt Eins bildet. Sie besitzt die Darstellung

$$f(x) = \begin{cases} x & \text{für } 0 \leq x \leq 1; \\ 2 - x & \text{für } 1 \leq x \leq 2; \\ 0 & \text{sonst.} \end{cases}$$

Der Variationsbereich ist das Intervall [0 ; 2]. Zur Berechnung der Verteilungsfunktion F(x) benötigt man Fallunterscheidungen bezüglich x:

$x \leq 0$: Aus $f(u) = 0$ für $u \leq 0$ folgt $F(x) = 0$ für $x \leq 0$.

$0 < x \leq 1$: $F(x) = \int_0^x u\,du = \frac{1}{2}u^2 \Big|_{u=0}^{u=x} = \frac{x^2}{2}$.

$1 < x \leq 2$: $F(x) = F(1) + \int_1^x (2-u)\,du = \frac{1}{2} + (2u - \frac{u^2}{2}) \Big|_{u=1}^{u=x}$

$= \frac{1}{2} + 2x - \frac{x^2}{2} - 2 + \frac{1}{2} = 2x - \frac{x^2}{2} - 1.$

$x \geq 2$: $F(x) = 1$ für $x \geq 2$.

Neben der Dichte f ist in der nachfolgenden Abbildung die Verteilungsfunktion F skizziert. F ist überall differenzierbar, da die Dichte f an jeder Stelle stetig ist.

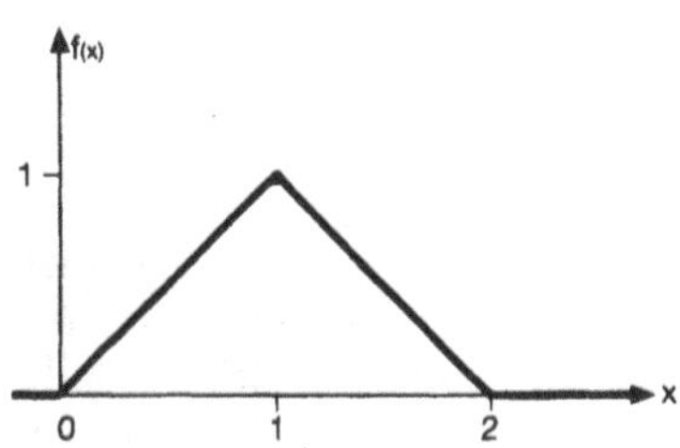

Dichte

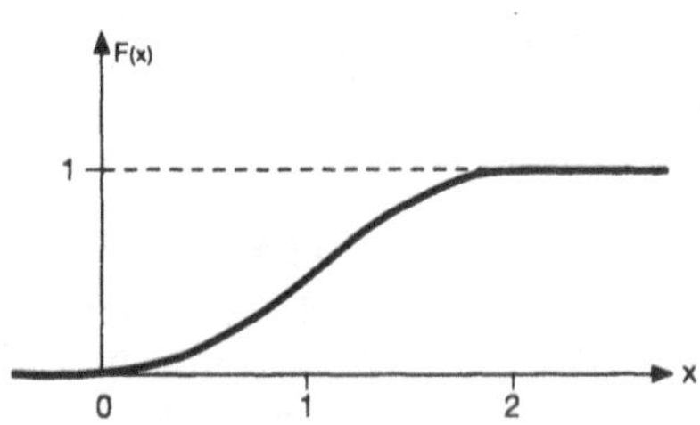

Verteilungsfunktion

1.3. Lageparameter stetiger Zufallsvariabler

Die für eine diskrete Zufallsvariable definierten Lageparameter können unmittelbar auf stetige Zufallsvariable übertragen werden.

1.3.1. Der Modalwert einer stetigen Zufallsvariablen

Jeder Wert $x_{Mod} \in \mathbf{R}$, für den die Dichte f(x) maximal ist, heißt **Modalwert** oder **Modus** der stetigen Zufallsvariablen X. Der Modus ist im allgemeinen nicht eindeutig bestimmt. Falls die Dichte an der Stelle des Modalwerts stetig ist, besitzen Intervalle mit gleicher, aber sehr kleiner Länge in der Nähe des Modalwerts die größte Wahrscheinlichkeit. Bei kleinem Δx ist die Wahrscheinlichkeit $P(x \leq X \leq x+\Delta x)$ für $x = x_{Mod}$ am größten, falls f an der Stelle x_{Mod} stetig ist. Die Wahrscheinlichkeitsmasse ist in der Nähe des Modus stärker konzentriert als in anderen Bereichen. Falls es nur einen einzigen Modalwert gibt, heißt die Verteilung **eingipflig** oder **unimodal.**

Bei dem oben behandelten Beispiel der Dreiecksverteilung ist $x_{Mod} = 1$ der einzige Modalwert. Die Verteilung ist eingipflig.

1.3.2. Der Erwartungswert einer stetigen Zufallsvariablen

Die Zufallsvariable X besitze die Dichte f(x). Dann heißt

$$\mu = E(X) = \int_{-\infty}^{+\infty} x\, f(x)\, dx$$

der **Erwartungswert** von X, falls das Integral absolut konvergiert, also für

$$\int_{-\infty}^{+\infty} |x| \cdot f(x)\, dx < \infty .$$

Falls die Dichte f(x) außerhalb eines beschränkten Intervalls verschwindet, also bei beschränktem Variationsbereich, existiert der Erwartungswert immer. Die absolute Konvergenz des Integrals muß nur für solche Zufallsvariable gefordert werden, bei denen der Variationsbereich nicht beschränkt ist. Die Bedingung der absoluten Konvergenz ist genau dann erfüllt, wenn gilt

$$\int_{0}^{+\infty} x f(x)\, dx < \infty \quad \text{und} \quad \int_{0}^{-\infty} x f(x)\, dx = - \int_{-\infty}^{0} x f(x)\, dx < \infty.$$

Die absolute Konvergenz des Integrals hat zur Folge, daß das Integral

$\int_{-\infty}^{+\infty} x f(x)\, dx$ immer den gleichen endlichen Wert ergibt, unabhängig davon, in welcher Reihenfolge Integrationswege zusammengefaßt werden.

Beipiel: $f(x) = \begin{cases} 2x & \text{für } 0 \le x \le 1; \\ 0 & \text{sonst} \end{cases}$ ist Dichte einer Zufallsvariablen X.

Sie besitzt den Erwartungswert

$$E(X) = \int_0^1 2x^2\, dx = \frac{2}{3} .$$

Beispiel (Cauchy-Verteilung; Zufallsvariable ohne Erwartungswert):

Die Dichte der Cauchy-Verteilung lautet

$$f(x) = \frac{1}{\pi(1+x^2)}, \; x \in \mathbb{R} \quad \text{mit} \quad \int_{-\infty}^{+\infty} f(x)\,dx = 1.$$

Es gilt

$$\int_0^{+\infty} x f(x)\,dx = \int_0^{+\infty} \frac{x}{\pi(1+x^2)}\,dx = \lim_{a\to\infty} \frac{1}{2\pi} \cdot \int_0^a \frac{2x}{1+x^2}\,dx$$

$$= \frac{1}{2\pi} \cdot \lim_{a\to\infty} \left(\ln(1+a^2) - \ln 1\right) = \infty\,.$$

Entsprechend ist $\displaystyle\int_{-\infty}^{0} \frac{x}{\pi(1+x^2)}\,dx = -\infty\,.$

Daher besitzt die Zufallsvariable X mit dieser Dichte $f(x)$ keinen Erwartungswert. Die Funktion $x \cdot f(x)$ ist ungerade. Daher gilt für jedes $a > 0$

$$\int_{-a}^{+a} x f(x)\,dx = \int_{-a}^{+a} \frac{x}{\pi(1+x^2)}\,dx = 0.$$

Damit erhält man zwar den sog. Cauchyschen Hauptwert des Integrals als

$$\lim_{a\to\infty} \int_{-a}^{+a} \frac{x}{\pi(1+x^2)}\,dx = 0.$$

Dieser Hauptwert kann jedoch nicht der Erwartungswert der Zufallsvariablen X sein, da eine andere Zusammensetzung des Intergrationsweges einen anderen Integralwert ergibt, z. B.

$$\lim_{a\to\infty} \int_{-a}^{+2a} \frac{x}{\pi(1+x^2)}\,dx = \infty \quad \text{und} \quad \lim_{a\to\infty} \int_{-2a}^{a} \frac{x}{\pi(1+x^2)}\,dx = -\infty.$$

Interpretation des Erwartungswertes

Das entsprechende Zufallsexperiment werde sehr oft unabhängig durchgeführt, wobei die Realisierungen der Zufallsvariablen X zu einer Stichprobe x zusammengefaßt werden. Dann gilt für das arithmetische Mittel $\bar{x}$ dieser Stichprobe für große n die Näherung

$$\boxed{\bar{x} \approx E(X)\,.}$$

Funktion einer stetigen Zufallsvariablen

Es sei $y = g(x)$ eine reelle Funktion. Durch $Y = g(X)$ wird eine Zufallsvariable Y erklärt, falls für jedes $y \in \mathbb{R}$ das Ereignis $\{\omega \in \Omega | \, g(X(\omega)) \leq y\}$ eine Wahrscheinlichkeit besitzt. Dann lautet die Verteilungsfunktion von Y

$$G(y) = P(Y \leq y) = P(\{\omega \in \Omega | \, g(X(\omega)) \leq y\}).$$

Die Zufallsvariable $Y = g(X)$ muß nicht stetig sein. Falls z. B. die Funktion $g(x)$ auf $A \subset \mathbb{R}$ mit $P(X \in A) > 0$ konstant ist, ensteht durch eine solche "Zusammenfassung" ein diskreter Anteil der Zufallsvariablen Y. Allgemein muß $Y = g(X)$ weder stetig noch diskret sein. Sie kann aus einem diskreten und stetigen Anteil zusammengesetzt sein (vgl. Kap.V Abschnitt 1).

Transformationssatz:
Die Zufallsvariable X sei stetig mit der Dichte $f(x)$. Ferner sei die Funktion $y = g(x)$ im Variationsbereich von X stetig differenzierbar und stelle dort eine eineindeutige Transformation dar. Dies ist z. B. der Fall, wenn $g(x)$ stückweise streng monoton ist.

Dann besitzt die Zufallsvariable $Y = g(X)$ die **Dichte**

$$f(g^{-1}(y)) \cdot \left| \frac{dg^{-1}(y)}{dy} \right| = f(h(y)) \cdot |h'(y)|$$

mit der Umkehrfunktion $x = h(y) = g^{-1}(y) \Leftrightarrow y = g(x)$.

Die Zufallsvariable $Y = g(X)$ besitzt genau dann einen **Erwartungswert** und zwar

$$E(Y) = E(g(X)) = \int_{-\infty}^{+\infty} g(x) f(x) dx ,$$

falls dieses Integral absolut konvergiert mit

$$\int_{-\infty}^{+\infty} |g(x)| \cdot f(x) dx < \infty .$$

Beweis: Im Intervall $[x_1, x_2]$ sei $g'(x) \neq 0$. Dann erhält man mit Hilfe der Substitution
$y = g(x)$; $y_1 = g(x_1)$; $y_2 = g(x_2)$; $x = g^{-1}(y) = h(y)$; $dx = h'(y) dy$

$$P(x_1 \leq X \leq x_2) = \int_{x_1}^{x_2} f(x) dx = \int_{y_1}^{y_2} f(h(y)) \cdot h'(y) dy .$$

a) Im Intervall $[x_1, x_2]$ sei $g'(x) > 0$. Dann ist auch $h'(y) > 0$ und $y_2 > y_1$ mit

$$\int_{y_1}^{y_2} f(h(y)) \cdot h'(y)\,dy = P(y_1 \leq Y \leq y_2).$$

b) Falls $g'(x) < 0$ ist auch $h'(y) < 0$. Dann ist $y_2 < y_1$ mit

$$\int_{y_1}^{y_2} f(h(y)) \cdot h'(y)\,dy = -\int_{y_2}^{y_1} f(h(y)) \cdot h'(y)\,dy$$

$$= \int_{y_2}^{y_1} f(h(y)) \cdot |h'(y)|\,dy = P(y_2 \leq Y \leq y_1).$$

In a) ist $h'(y)$ positiv und kann somit durch den Betrag ersetzt werden. Damit ist $f(h(y)) \cdot |h'(y)|$ Dichte von Y.

Im Falle der Existenz lautet der Erwartungswert der Zufallsvariablen Y

$$E(Y) = E(g(X)) = \int_{-\infty}^{+\infty} y \cdot f(h(y)) \cdot |h'(y)|\,dy\ .$$

Mit der obigen Substitution $y = g(x)$; $x = g^{-1}(y) = h(y)$; $dx = h'(y)\,dy$ geht dieses Integral über in

$$E(g(X)) = \int_{-\infty}^{+\infty} g(x) \cdot f(x)\,dx\ .$$

Wenn dieses Integral absolut konvergiert, besitzt die Zufallsvariable Y diesen Erwartungswert. Damit ist der Satz bewiesen.

Falls bei einer Funktion $y = g(x)$ eine beliebige Zufallsvariable $Y = g(X)$ entsteht, besitzt diese Zufallsvariable Y nach Kap. V Abschnitt 1.2.1 den Erwartungswert

$$E(Y) = \int_{-\infty}^{+\infty} g(x) \cdot dF(x),$$

wenn dieses Integral absolut konvergiert. Bei stetigen Zufallsvariablen mit der Dichte $f(x)$ ist jedoch $dF(x) = f(x)\,dx$. Damit gilt allgemein:

Die stetige Zufallsvariable X besitze die Dichte f(x). Ferner sei y = g(x) eine solche **reelle Funktion**, so daß Y = g(X) eine Zufallsvariable ist. Dann besitzt die Zufallsvariable Y = g(X) genau dann einen **Erwartungswert** und zwar

$$E(Y) = E(g(X)) = \int_{-\infty}^{+\infty} g(x) f(x)\,dx ,$$

falls dieses Integral absolut konvergiert mit

$$\int_{-\infty}^{+\infty} |g(x)| \cdot f(x)\,dx < \infty .$$

Lineare Transformation

Durch die lineare Transformation $y = a + bx$, $b \neq 0$ geht die stetige Zufallsvariable X über in $Y = a + bX$ mit der Verteilungsfunktion

$$G(y) = P(Y \le y) = P(a + bX \le y).$$

Dabei gilt

$$G(y) = P(Y \le y) = \begin{cases} P(X \le \frac{y-a}{b}) = F(\frac{y-a}{b}) & \text{für } b > 0, \\ P(X \ge \frac{y-a}{b}) = 1 - F(\frac{y-a}{b}) & \text{für } b < 0. \end{cases}$$

Hieraus erhält man durch Differentiation die Dichte

$$g(y) = \begin{cases} \frac{1}{b} \cdot f(\frac{y-a}{b}) & \text{für } b > 0 \\ -\frac{1}{b} \cdot f(\frac{y-a}{b}) & \text{für } b < 0 . \end{cases}$$

Wegen $-\frac{1}{b} = \frac{1}{|b|}$ für $b < 0$ besitzt die Dichte die Darstellung

$$g(y) = \frac{1}{|b|} \cdot f(\frac{y-a}{b}) \quad \text{für } b \neq 0.$$

Diese Dichte erhält man auch direkt aus dem oben angegebenen Transformationssatz.

Falls X den Erwartungswert E(X) besitzt, erhält man mit $g(x) = a + bx$ aus der obigen Formel den Erwartungswert der linearen Transformation

$$E(Y) = E(a+bX) = \int_{-\infty}^{+\infty} (a+bx)f(x)\,dx = \int_{-\infty}^{+\infty} a f(x)\,dx + \int_{-\infty}^{+\infty} b x f(x)\,dx$$

$$= a \cdot \underbrace{\int_{-\infty}^{+\infty} f(x)\,dx}_{=1} + b \cdot \underbrace{\int_{-\infty}^{+\infty} x f(x)\,dx}_{=E(X)} = a + b\,E(X).$$

Damit wird auch bei stetigen Zufallsvariablen der Erwartungswert linear transformiert durch $E(a+bX) = a + b\,E(X)$.

Zusammenfassung:

Dichte und Erwartungswert einer linearen Transformation:
Die stetige Zufallsvariable X besitze die Dichte $f(x)$ und den Erwartungswert $E(X)$.
Dann besitzt die linear transformierte Zufallsvariable $Y = a+bX$, $b \neq 0$ die **Dichte**

$$g(y) = \frac{1}{|b|} \cdot f\left(\frac{y-a}{b}\right)$$

und den **Erwartungswert** $E(Y) = E(a+bX) = a+b \cdot E(X)$.

Standardisierung einer stetigen Zufallsvariablen

Die Zufallsvariable X besitze die Dichte $f(x)$, die Verteilungsfunktion $F(x)$, den Erwartungswert μ und die Standardabweichung $\sigma > 0$ (s. Abschnitt 1.4.1). Dann besitzt die **Standardisierte** von X

$$X^* = \frac{X - \mu}{\sigma}$$

den Erwartungswert $E(X^*) = 0$, die Varianz $Var(X^*) = E(X^{*2}) = 1$, die Verteilungsfunktion

$$G(y) = P(X^* \leq y) = P(X \leq \mu + \sigma y) = F(\mu + \sigma y)$$

und die Dichte

$$g(y) = \sigma \cdot f(\mu + \sigma y).$$

Erwartungswert bei symmetrischen Dichten

Die Dichte $f(x)$ ist **symmetrisch** zur parallel zur y-Achse verlaufenden Achse $x = s$, wenn gilt

$$f(s+u) = f(s-u) \quad \text{für alle Werte } u \in \mathbb{R}.$$

Dann heißt s Symmetrie-Stelle der Dichte. Falls die stetige Zufallsvariable X die Dichte $f(x)$ besitzt, hat die transformierte Zufallsvariable $Y = X - s$ nach der obigen Formel die Dichte $f(y+s)$. Die transformierte Zufallsvariable $-Y = -X + s$ besitzt aber die gleiche Dichte $f(y+s)$ (dies folgt mit $b = -1$ und $a = s$). Wenn die beiden Zufallsvariablen Y und $-Y$ die gleiche Dichte haben, müssen auch ihre Erwartungswerte übereinstimmen.

Aus $E(Y) = E(-Y) = -E(Y)$ folgt $E(Y) = 0$. Mit $X = Y + s$ erhält man hieraus den Erwartungswert

$E(X) = s$, falls $E(X)$ existiert und s **Symmetrie-Stelle** der Dichte f ist.

Falls eine Zufallsvariable mit einer symmetrischen Dichte einen Erwartungswert besitzt, stimmt er mit dem Symmetrie-Punkt überein. Auf die Bedingung der Existenz des Erwartungswertes kann nicht verzichtet werden. Dazu das

Beispiel (Cauchy-Verteilung): Die oben behandelte Cauchy-Verteilung ist zwar symmetrisch zu $s = 0$. Sie besitzt jedoch keinen Erwartungswert.

Beispiel (Dreiecksverteilung): Die in Abschnitt 1.2 behandelte Dreiecksverteilung besitzt die Symmetrie-Stelle $s = 1$. Da die Dichte außerhalb des Intervalls $[0;2]$ verschwindet, besitzt die Zufallsvariable den Erwartungswert $E(X) = 1$.

Erwartungswert einer Summe stetiger Zufallsvariabler

Sind X und Y stetige Zufallsvariable, so ist die durch $Z(\omega) = X(\omega) + Y(\omega)$ definierte Summe $Z = X + Y$ ebenfalls eine stetige Zufallsvariable. Die Dichte von Z kann aus der gemeinsamen Dichte der beiden Zufallsvariablen X und Y bestimmt werden (s. Abschnitt 2.5.2). Wie bei diskreten Zufallsvariablen benötigt man jedoch zur Berechnung des Erwartungswertes von Z die gemeinsame Dichte nicht. Auch bei stetigen Zufallsvariablen ist der Erwartungswert einer Summe gleich der Summe der Erwartungswerte.

Die **Additivität** des Erwartungswertes kann ebenfalls auf mehrere Summanden übertragen werden. Zusammen mit den Eigenschaften der linearen Transformation gelten allgemein die

Eigenschaften des Erwartungswertes:
Die stetigen Zufallsvariablen X und Y sollen die Erwartungswerte E(X) und E(Y) besitzen. Dann besitzt auch die Summenvariable X + Y einen Erwartungswert und es gilt

$$E(X+Y) = E(X) + E(Y) \quad \textbf{(Additivität des Erwartungswertes)}.$$

$$E(aX+bY) = a \cdot E(X) + b \cdot E(Y) \text{ für } a, b \in \mathbb{R}$$
(Linearität des Erwartungswertes) .

Entsprechend gilt

$$E\Big(\sum_{i=1}^{n} X_i\Big) = \sum_{i=1}^{n} E(X_i); \quad E\Big(\sum_{i=1}^{n} b_i X_i\Big) = \sum_{i=1}^{n} b_i E(X_i), \; b_i \in \mathbb{R},$$

falls die Erwartungswerte $E(X_i)$ für $i = 1, 2, \ldots, n$ existieren.

1.3.3. Der Median einer stetigen Zufallsvariablen

Da die Verteilungsfunktion F(x) einer stetigen Zufallsvariablen X stetig ist, nimmt sie jeden Wert zwischen Null und Eins an mindestens einer Stelle an. Aus diesem Grund ist die Bestimmung und die Interpretation des Medians und der Quantile bei stetigen Zufallsvariablen wesentlich einfacher als bei diskreten. Jeder Zahlenwert $\tilde{\mu}$ mit

$$F(\tilde{\mu}) = P(X < \tilde{\mu}) = P(X \le \tilde{\mu}) = \tfrac{1}{2}$$

heißt **Median (Zentralwert)** der stetigen Zufallsvariablen X.

Ist die Verteilungsfunktion an der Stelle x_0 mit $F(x_0) = \frac{1}{2}$ streng monoton wachsend, so ist der Median $\tilde{\mu} = x_0$ eindeutig bestimmt. Diese Bedingung ist erfüllt, falls die Dichte f an der Stelle x_0 stetig und positiv ist.
Falls die Verteilungsfunktion an der Stelle x_0 mit $F(x_0) = \frac{1}{2}$ nicht streng monoton wachsend ist, nimmt die Verteilungsfunktion F in einem ganzen Intervall den Wert $\frac{1}{2}$ an, so daß jeder Wert aus diesem Intervall als Median erklärt werden kann. Im allgemeinen nimmt man in einem solchen Fall als Median die Intervallmitte.

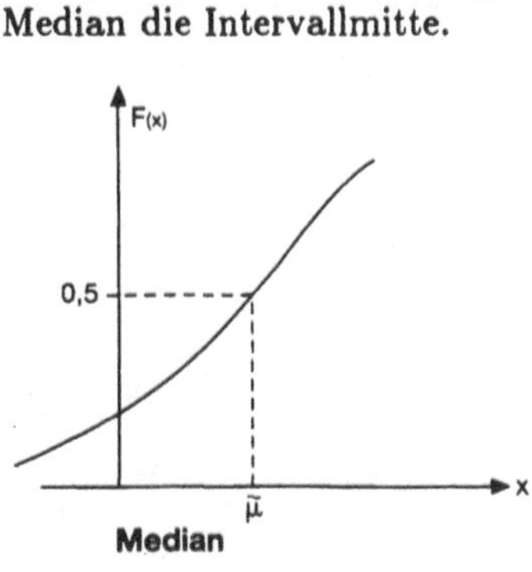

Median

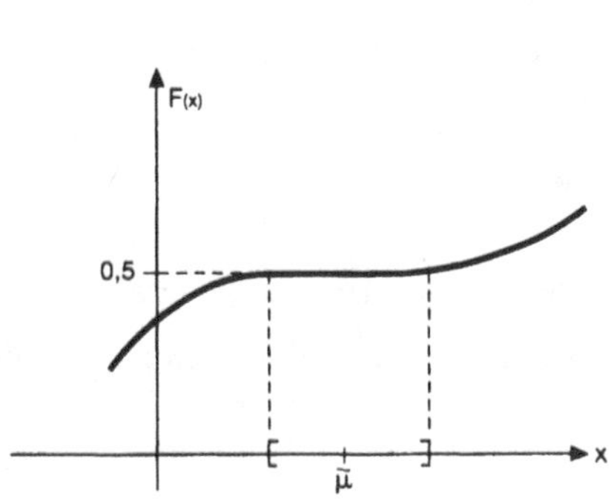

Interpretation des Medians

Bei stetigen Zufallsvariablen halbiert der Median die Wahrscheinlichkeitsmasse. Wegen $P(X = \tilde{\mu}) = 0$ liegt genau die Hälfte der Wahrscheinlichkeitsmasse links und die andere Hälfte rechts vom Median.

Bei **symmetrischen** Verteilungen ist der Median gleich dem Symmetriepunkt s, also $\tilde{\mu} = s$. Falls der Erwartungswert μ existiert, stimmt er bei symmetrischen Verteilungen mit dem Median überein.

Im Gegensatz zum Erwartungswert existiert der Median bei jeder Zufallsvariablen. Er ist unempfindlich gegenüber **Ausreißern** und liegt genau im Zentrum der Wahrscheinlichkeitsmaße.

Beispiel (Cauchy-Verteilung): Die Dichte $f(x) = \frac{1}{\pi(1+x^2)}$ der Cauchy-Verteilung ist wegen $f(-x) = f(x)$ symmetrisch zur y-Achse. Damit ist die Symmetrie-Stelle $s = 0$ der Median. Der Erwartungswert existiert nicht.

1.3.4. Quantile einer stetigen Zufallsvariablen

Die stetige Zufallsvariable X besitze die (stetige) Verteilungsfunktion F(x). Für $0 < \alpha < 1$ heißt in Analogie zum Median jeder Zahlenwert ξ_α mit

$$F(\xi_\alpha) = P(X \leq \xi_\alpha) = \alpha$$

α-Quantil bzw. **100α %-Quantil** oder **α-Fraktil** der Verteilung von X.

Links vom α-Quantil liegt $100 \cdot \alpha$ % und rechts davon $100 \cdot (1-\alpha)$ % der Wahrscheinlichkeitsmasse.

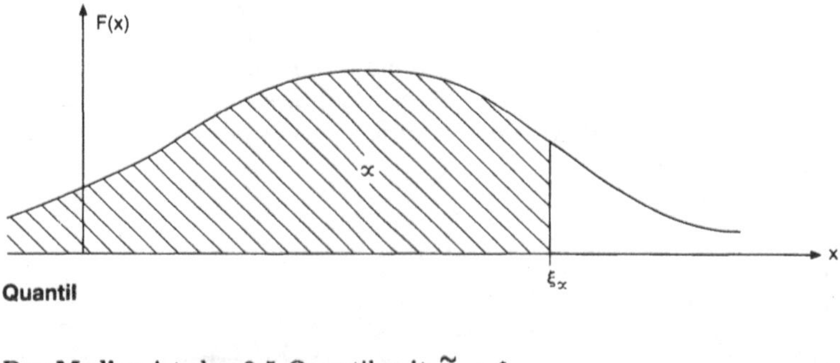

Quantil

Der **Median** ist das 0,5-Quantil mit $\tilde{\mu} = \xi_{0,5}$.

Falls die Verteilungsfunktion an der Stelle x_0 mit $F(x_0) = \alpha$ streng monoton wächst, ist das Quantil ξ_α eindeutig bestimmt. Andernfalls nimmt die Funktion den Wert α in einem ganzen Intervall an, so daß jeder Wert aus diesem Intervall als α-Quantil erklärt werden kann. Im allgemeinen legt man sich in einem solchen Fall wie beim Median auf die Intervallmitte fest.

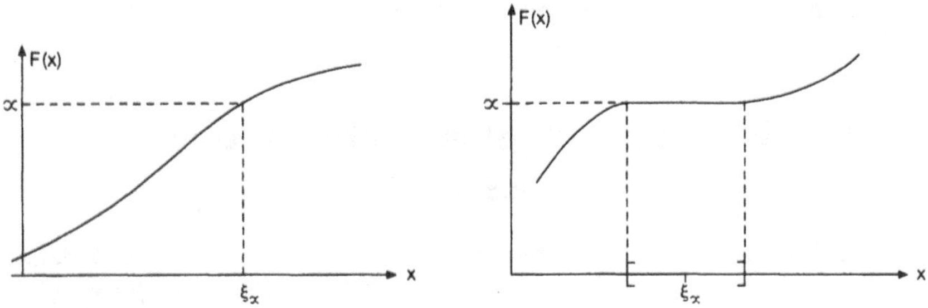

Quantile

Quantile bei symmetrischen Verteilungen

Die Dichte f(x) sei symmetrisch zur Achse x = s. Dann sind die beiden Quantile ξ_α und $\xi_{1-\alpha}$ gleich weit von s entfernt mit $\xi_\alpha - s = s - \xi_{1-\alpha}$.

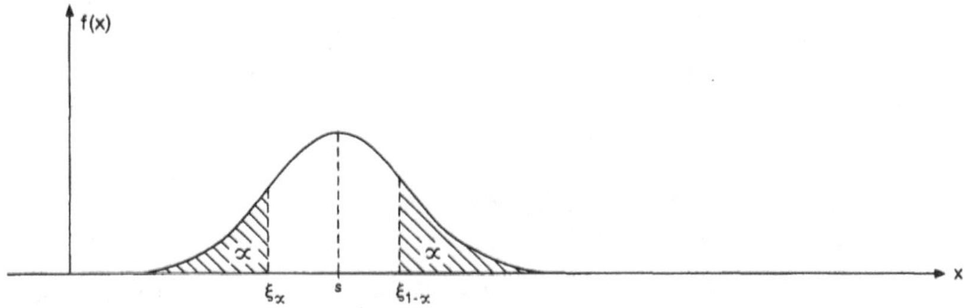

Quantile bei symmetrischer Dichte

Hieraus folgt

$\xi_{1-\alpha} \;=\; 2s - \xi_\alpha$, falls s **Symmetrie**-Stelle ist.

Beispiel (Dreiecksverteilung): Die Verteilungsfunktion der in Abschnitt 1.2 behandelten Dreiecksverteilung lautet

$F(x) = \frac{1}{2}x^2$ für $0 \leq x \leq 1$ und $F(x) = 2x - \frac{1}{2}x^2 - 1$ für $1 < x \leq 2$.

Für $0 < \alpha \leq \frac{1}{2}$ erhält man das Quantil aus $\frac{1}{2} \cdot \xi_\alpha^2 = \alpha$ als $\xi_\alpha = \sqrt{2\alpha}$.

Für $\frac{1}{2} \leq \alpha < 1$ ergibt $2\xi_\alpha - \frac{1}{2}\xi_\alpha^2 - 1 = \alpha$ das Quantil $\xi_\alpha = 2 - \sqrt{2(1-\alpha)}$. Zahlenbeispiel $\xi_{0,05} = \sqrt{0,1}$; $\xi_{0,95} = 2 - \sqrt{0,1}$. Diese beiden Quantile liegen symmetrisch zum Symmetrie-Punkt $s = 1$.

1.4. Streuungsparameter stetiger Zufallsvariabler

Wie bei diskreten Zufallsvariablen könnte man auch bei stetigen Zufallsvariablen als Abstandsmaß den Erwartungswert des Abstandes der Zufallsvariablen vom Mittelwert bzw. Median verwenden, also

$$E(|X - \mu|) = \int_{-\infty}^{+\infty} |x - \mu| \cdot f(x)\,dx \, ;$$

$$E(|X - \tilde{\mu}|) = \int_{-\infty}^{+\infty} |x - \tilde{\mu}| \cdot f(x)\,dx \, .$$

Aus Anwendungsgründen benutzt man jedoch auch hier die Varianz bzw. Standardabweichung.

1.4.1. Varianz und Standardabweichung einer stetigen Zufallsvariablen

Die stetige Zufallsvariable X besitze die Dichte $f(x)$ und den Erwartungswert $\mu = E(X)$. Dann heißt im Falle der Existenz

$$\operatorname{Var}(X) = D^2(X) = \sigma^2 = E\big((X-\mu)^2\big) = \int_{-\infty}^{+\infty} (x-\mu)^2 f(x)\,dx$$

die **Varianz** und die positive Quadratwurzel $\sigma = {}_{+}\sqrt{\sigma^2}$ die **Standardabweichung** der stetigen Zufallsvariablen X. Umrechnung ergibt

$$\operatorname{Var}(X) = \int_{-\infty}^{+\infty} (x^2 - 2\mu x + \mu^2) f(x)\,dx$$

$$= \underbrace{\int_{-\infty}^{+\infty} x^2 f(x)\,dx}_{= E(X^2)} - 2\mu \cdot \underbrace{\int_{-\infty}^{+\infty} x f(x)\,dx}_{= \mu} + \mu^2 \cdot \underbrace{\int_{-\infty}^{+\infty} f(x)\,dx}_{= 1} \, .$$

Damit gilt wie bei diskreten Zufallsvariablen die für die praktische Rechnung nützliche Formel

$$\boxed{\operatorname{Var}(X) = \sigma^2 = \int_{-\infty}^{+\infty} x^2 f(x)\,dx - \mu^2 = E(X^2) - [E(X)]^2 .}$$

Eine Zufallsvariable, deren Dichte einen **beschränkten Variationsbereich** hat, besitzt immer eine Varianz. Falls nämlich die Dichte f außerhalb des beschränkten Intervalles $[a, b]$ verschwindet, gilt in diesem Bereich

$$x^2 \leq \max(a^2, b^2) .$$

Daraus folgt

$$0 \leq E(X^2) = \int_a^b x^2 f(x)\,dx \leq \max(a^2, b^2) \cdot \int_a^b f(x)\,dx \leq \max(a^2, b^2) .$$

Neben dem Erwartungswert E(X) existiert somit auch $E(X^2)$ und nach der obigen Formel auch die Varianz σ^2.

Beispiel (Dreiecksverteilung): Die Dreiecksverteilung aus Abschnitt 1.2 mit der Dichte

$$f(x) = \begin{cases} x & \text{für } 0 \leq x \leq 1 ; \\ 2-x & \text{für } 1 \leq x \leq 2 ; \\ 0 & \text{sonst} \end{cases}$$

besitzt den Erwartungswert $\mu = 1$ (Symmetrie-Stelle). Es gilt

$$E(X^2) = \int_0^1 x^3\,dx + \int_1^2 x^2 \cdot (2-x)\,dx = \frac{x^4}{4}\Big|_{x=0}^{x=1} + \left(\frac{2x^3}{3} - \frac{x^4}{4}\right)\Big|_{x=1}^{x=2}$$

$$= \frac{1}{4} + \frac{16}{3} - 4 - \frac{2}{3} + \frac{1}{4} = \frac{7}{6} .$$

Hieraus folgt $\sigma^2 = \operatorname{Var}(X) = E(X^2) - \mu^2 = \frac{7}{6} - 1 = \frac{1}{6}$.

Lineare Transformation

Die stetige Zufallsvariable X besitze den Erwartungswert μ und die Varianz σ^2. Dann besitzt die lineare Transformation $Y = a + bX$ den Erwartungswert $a + b\mu$ und die Varianz

$$\operatorname{Var}(a + bX) = \int_{-\infty}^{+\infty} (a + bx - a - b\mu)^2 f(x)\,dx$$

$$= b^2 \int_{-\infty}^{+\infty} (x-\mu)^2 f(x)\,dx = b^2 \cdot \mathrm{Var}(X).$$

Wie bei diskreten gilt also auch bei stetigen Zufallsvariablen

$$\mathrm{Var}(a + b\,X) = b^2 \cdot \mathrm{Var}(X) \quad \text{für } a, b \in \mathbb{R}\ .$$

Allgemein gelten für die Varianz folgende Eigenschaften:

> $\mathrm{Var}(a + b\,X) = b^2 \cdot \mathrm{Var}(X)$ für $a, b \in \mathbb{R}$;
>
> $\mathrm{Var}(X+Y) = \mathrm{Var}(X) + \mathrm{Var}(Y) + 2 \cdot \mathrm{Cov}(X,Y)$ für beliebige X und Y;
>
> $\mathrm{Var}(X + Y) = \mathrm{Var}(X) + \mathrm{Var}(Y)$ für **unabhängige (unkorrelierte)** X, Y (s. Abschnitt 2.3 und 2.6);
>
> $\mathrm{Var}(\sum_{i=1}^{n} X_i) = \sum_{i=1}^{n} \mathrm{Var}(X_i)$, falls $X_1, X_2, \ldots, X_n$ **paarweise unabhängig (unkorreliert)** sind.
>
> $\mathrm{Cov}(X,Y)$ = **Kovarianz** (s. Abschnitt 2.6).

1.4.2. Die Tschebyscheffsche Ungleichung

Auch für stetige Zufallsvariable gilt folgende Abschätzung:

> Es X sei eine beliebige stetige Zufallsvariable mit dem Erwartungswert μ und der Varianz Var(X). Dann gelten folgende Ungleichungen
>
> $$P(|X-\mu| \geq a) \leq \frac{\mathrm{Var}(X)}{a^2}$$ (**Tschebyscheffsche Ungleichung**);
>
> $$P(|X-\mu| < a) \geq 1 - \frac{\mathrm{Var}(X)}{a^2}$$ für jede Konstante $a > 0$;
>
> $$P(|X-\mu| \geq k\sigma) \leq \frac{1}{k^2};$$
>
> $$P(|X-\mu| < k\sigma) = P(\mu - k\sigma < X < \mu + k\sigma) \geq 1 - \frac{1}{k^2}.$$

Interpretation

In dem Intervall $(\mu - k\sigma;\ \mu + k\sigma)$ liegt bei jeder beliebigen Verteilung mindestens $100 \cdot (1 - \frac{1}{k^2})$ % der Wahrscheinlichkeitsmasse.

Beweis: Wie beim Beweis für diskrete Zufallsvariable wird die Varianz dadurch verkleinert, daß nicht mehr über ganz $\mathbb{R}$, sondern nur noch über den Bereich $\{x \mid |x-\mu| \geq a\}$ integriert wird. Dadurch erhält man

$$\mathrm{Var}(X) = \int_{-\infty}^{+\infty} (x-\mu)^2 f(x)\,dx \geq \int_{|x-\mu| \geq a} (x-\mu)^2 f(x)\,dx$$

$$\geq \int_{|x-\mu| \geq a} a^2 f(x)\,dx = a^2 \cdot P(|X-\mu| \geq a) .$$

Division dieser Ungleichung durch a^2 ergibt die Tschebyscheffsche Ungleichung. Die zweite Ungleichung erhält man durch Komplementbildung, die dritte und vierte mit $a = k\sigma$.

1.4.3. Momente einer stetigen Zufallsvariablen

Im Falle der Existenz heißt

$$E(X^k) = \int_{-\infty}^{+\infty} x^k f(x)\,dx$$

das **k-te Moment** der stetigen Zufallsvariablen X. Das erste Moment ist der Erwartungswert. Entsprechend heißt

$$\eta_k = E\left((X-\mu)^k\right) = \int_{-\infty}^{+\infty} (x-\mu)^k f(x)\,dx$$

das **k-te zentrale Moment** der stetigen Zufallsvariablen. Das zweite zentrale Moment ist die Varianz, also $\eta_2 = \sigma^2$.

1.4.4. Der Variationskoeffizient einer stetigen Verteilung

Analog zum diskreten Fall lautet für $\mu \neq 0$ der

Variationskoeffizient: $$\frac{\sigma}{\mu} = \frac{\sqrt{\mathrm{Var}(X)}}{E(X)} = \frac{\sqrt{\int_{-\infty}^{+\infty} (x-\mu)^2 f(x)\,dx}}{\int_{-\infty}^{+\infty} x f(x)\,dx} .$$

Er beschreibt die Standardabweichung relativ zum Erwartungswert und ist als dimensionslose Größe vom Maßstab unabhängig.

1.4.5. Die Schiefe einer stetigen Verteilung

Eine stetige Verteilung besitzt die

Schiefe:

$$\frac{E((X-\mu)^3)}{\sigma^3} = \frac{\int_{-\infty}^{+\infty} (x-\mu)^3 f(x)\,dx}{\left(\sqrt{\int_{-\infty}^{+\infty} (x-\mu)^2 f(x)\,dx}\right)^3} .$$

Bei symmetrischen Dichten nimmt die Schiefe den Wert Null an. Bei einer positiven Schiefe ist die Dichte **rechtsschief**, sonst **linksschief**. Je größer der Betrag der Schiefe ist, umso schiefer ist die Dichte der stetigen Zufallsvariablen X.

1.4.6. Der Exzeß einer stetigen Verteilung

Eine stetige Verteilung besitzt den

Exzeß (die **Wölbung**)

$$\frac{E((X-\mu)^4)}{\sigma^4} - 3 = \frac{\int_{-\infty}^{+\infty} (x-\mu)^4 f(x)\,dx}{\left(\int_{-\infty}^{+\infty} (x-\mu)^2 f(x)\,dx\right)^2} - 3 .$$

Der Exzeß vergleicht die Dichte f(x) der stetigen Zufallsvariablen X mit der Dichte der Normalverteilung. Bei positivem Exzeß ist das Maximum der Dichte größer als das der Normalverteilung, bei negativer Wölbung ist es kleiner. Bei einer Normalverteilung verschwindet der Exzeß.

1.5. Gestutzte Verteilungen

Viele Zufallsvariable sind wegen des zentralen Grenzwertsatzes wenigstens näherungsweise normalverteilt, wie z. B. Gewichte abgefüllter Pakete oder Längen bzw. Durchmesser von Werkstücken. Exakt normalverteilt können diese Größen jedoch nicht sein, da jede Normalverteilung evtl. mit sehr kleiner, aber dennoch positiver Wahrscheinlichkeit negative Werte annehmen kann. Daher ist es manchmal sinnvoll, die Normalverteilung nach unten zu stutzen. Durch Aussortieren derjenigen Merkmalswerte, die kleiner als eine untere Schranke a und größer als eine obere Schranke b sind, entsteht eine Grundgesamtheit mit einer geänderten Verteilung. Der Wertebereich dieser gestutzten Zufallsvariablen ist dann nur noch das abgeschlossene Intervall $[a, b]$.

Die stetige Zufallsvariable X besitze die Dichte $f(x)$ und die Verteilungsfunktion $F(x)$. Von den Realisierungen der Zufallsvariablen X sollen nur noch diejenigen betrachtet werden, die im Intervall $[a, b]$, $a < b$ liegen mit

$$P(a \le X \le b) = F(b) - F(a) > 0.$$

Damit findet eine Einschränkung (Restriktion) auf das Intervall $[a, b]$ statt. Unter dieser Bedingung $B = \{\omega \mid a \le X(\omega) \le b\}$ lautet die

bedingte Verteilungsfunktion der Zufallsvariablen X

$$\tilde{F}(x) = P(X \le x \mid a \le X \le b) = \begin{cases} 0 & \text{für } x < a, \\ \dfrac{F(x) - F(a)}{F(b) - F(a)} & \text{für } a \le x \le b, \\ 1 & \text{für } x > b. \end{cases}$$

$\tilde{F}(x)$ ist eine Verteilungsfunktion mit $\tilde{F}(a) = 0$ und $\tilde{F}(b) = 1$. Man nennt sie eine **gestutzte Verteilungsfunktion**. Die Zufallsvariable $\tilde{X}$, welche die Verteilungsfunktion $\tilde{F}$ mit $\tilde{F}(x) = P(\tilde{X} \le x)$ besitzt, heißt gestutzte Zufallsvariable. Sie besitzt die **gestutzte Dichte**

$$\tilde{f}(x) = \begin{cases} \dfrac{f(x)}{F(b) - F(a)} & \text{für } a \le x \le b, \\ 0 & \text{sonst.} \end{cases}$$

Der Wertebereich der gestutzten Zufallsvariablen $\tilde{X}$ ist das abgeschlossene Intervall $[a, b]$. Die gestutzte Dichte entsteht aus der Ausgangsdichte $f(x)$ dadurch, daß sie außerhalb der Ränder gleich Null gesetzt und sonst mit $\dfrac{1}{F(b) - F(a)}$ multipliziert wird. Dann besitzt die von $\tilde{f}(x)$ und der x-Achse eingeschlossene Fläche den Inhalt Eins.

Mit $b = \infty$ und $F(\infty) = 1$ erhält man eine Verteilung, die an der Stelle a nur **einseitig nach unten** gestutzt ist. Der Wertebereich der an der Stelle a nach unten gestutzten Zufallsvariablen $\tilde{X}$ ist das Intervall $[a, \infty)$. Sie besitzt die

nach unten gestutzte Verteilungsfunktion

$$\tilde{F}(x) = P(X \leq x | a \leq X) = \begin{cases} 0 & \text{für } x < a, \\ \dfrac{F(x) - F(a)}{1 - F(a)} & \text{für } x \geq a \end{cases}$$

und die nach unten gestutzte Dichte

$$\tilde{f}(x) = \begin{cases} 0 & \text{für } x < a, \\ \dfrac{f(x)}{1 - F(a)} & \text{für } x \geq a. \end{cases}$$

Eine an der Stelle b nur **nach oben gestutzte Verteilung** erhält man mit $a = -\infty$ und $F(-\infty) = 0$. Der Wertebereich der an der Stelle b nach oben gestutzten Zufallsvariablen $\tilde{X}$ ist das Intervall $(-\infty, b]$. Sie besitzt die

nach oben gestutzte Verteilungsfunktion

$$\tilde{F}(x) = P(X \leq x | X \leq b) = \begin{cases} \dfrac{F(x)}{F(b)} & \text{für } x \leq b, \\ 1 & \text{für } x > b \end{cases}$$

und die nach oben gestutzte Dichte

$$\tilde{f}(x) = \begin{cases} \dfrac{f(x)}{F(b)} & \text{für } x \leq b, \\ 1 & \text{für } x > b. \end{cases}$$

In der nachfolgenden Abbildung sind zwei- und einseitig gestutzte Dichten dargestellt.

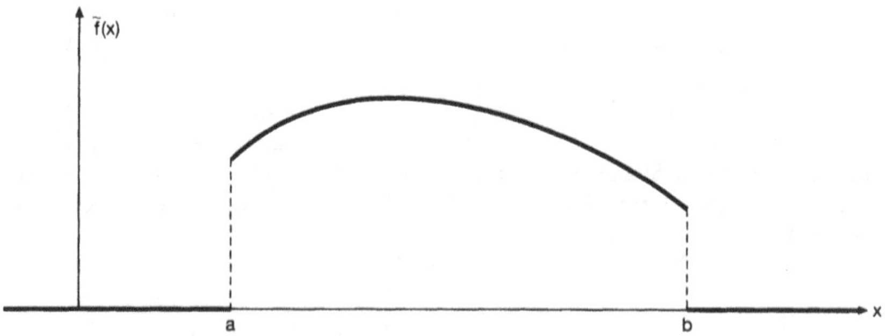

Zweiseitig gestutzte Dichte

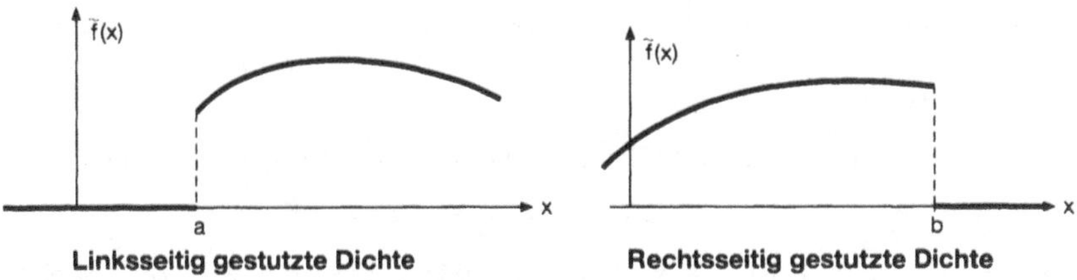

Erwartungswert und Varianz einer beidseitig gestutzten Zufallsvariablen $\tilde{X}$ lauten

$$E(\tilde{X}) = \frac{1}{F(b)-F(a)} \int_a^b x f(x)\,dx \;;$$

$$Var(\tilde{X}) = \frac{1}{F(b)-F(a)} \int_a^b \left(x - E(\tilde{X})\right)^2 f(x)\,dx$$

$$= \frac{1}{F(b)-F(a)} \int_a^b x^2 f(x)\,dx - [E(\tilde{X})]^2 = E(\tilde{X}^2) - [E(\tilde{X})]^2 .$$

Entsprechend erhält man die Parameter der einseitig gestutzten Verteilungen.

1.6. Mischverteilungen

Ein bestimmter Abfüllvorgang werde von zwei verschiedenen Maschinen durchgeführt, die nicht gleich gut arbeiten. Die Zufallsvariable der Füllmenge besitze bei der ersten Maschine die Verteilungsfunktion $F_1(x)$ und die Dichte $f_1(x)$, bei der zweiten Maschine dagegen $F_2(x)$ und $f_2(x)$. Die erste Maschine fülle m_1 % der Gesamtproduktion, die zweite Maschine den Rest ab. Die abgefüllten Produkte werden gemischt, so daß nicht mehr feststellbar ist, von welcher der beiden Maschinen der Abfüllvorgang durchgeführt wurde. Die Zufallsvariable X beschreibe die Füllmenge eines zufällig aus der Gesamtmenge ausgewählten Produkts.

A_i sei das Ereignis, daß die Abfüllung eines zufällig ausgewählten Produkts von der i-ten Maschine durchgeführt wurde mit

$$a_1 = P(A_1) = \frac{m_1}{100} \;;\; a_2 = P(A_2) = 1 - a_1 .$$

Mit der vollständigen Ereignisdisjunktion A_1, A_2 erhält man aus dem Satz von der vollständigen Wahrscheinlichkeit die Verteilungsfunktion F der Zufallsvariablen X in der Form

$$F(X) = P(X \leq x) = P(X \leq x | A_1) \cdot P(A_1) + P(X \leq x | A_2) \cdot P(A_2)$$
$$= a_1 F_1(x) + a_2 F_2(x) .$$

Wegen $a_1 + a_2 = 1$ ist die Verteilungsfunktion F(x) der Mischung gleich der mit den Mischungsverhältnissen gebildeten Linearkombination der beiden einzelnen Verteilungsfunktionen. Hieraus erhält man die Dichte der Mischung als

$$f(x) = a_1 f_1(x) + a_2 f_2(x) , \; a_1 > 0, \; a_2 > 0, \; a_1 + a_2 = 1.$$

Eine Verteilung mit einer solchen Dichte nennt man **Mischverteilung** von zwei stetigen Verteilungen. Im nachfolgenden Bild ist die Dichte einer Mischverteilung zweier Normalverteilungen dargestellt. Sie ist im Gegensatz zu den beiden Ausgangsverteilungen **zweigipflig.**

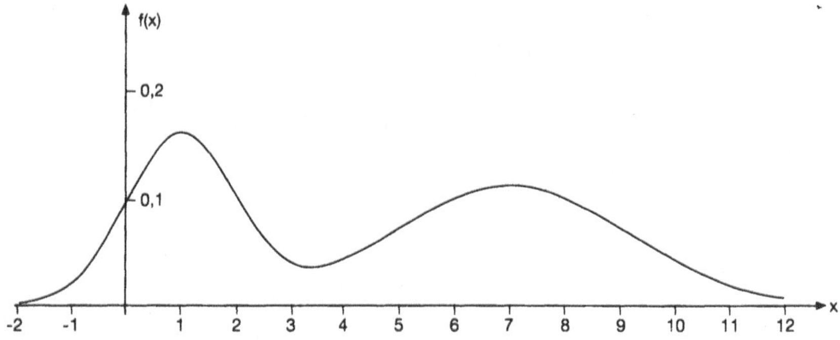

Mischungen zweier Normalverteilungen

Diese Mischung von zwei Komponenten kann unmittelbar auf n Komponenten übertragen werden.

Gegeben seien die Dichten $f_i(x)$ mit den zugehörigen Verteilungsfunktionen $F_i(x)$ von n stetigen Zufallsvariablen X_i für $i = 1, 2, \ldots, n$. Dann heißt

$$f(x) = \sum_{i=1}^{n} a_i f_i(x) \quad \text{mit } a_i > 0 \quad \text{und } \sum_{i=1}^{n} a_i = 1$$

Dichte einer **Mischverteilung** und die zugehörige Verteilungsfunktion

$$F(x) = \sum_{i=1}^{n} a_i F_i(x)$$

Verteilungsfunktion einer **Mischverteilung.**

Die Zufallsvariablen X_i sollen den Erwartungswert $\mu_i = E(X_i)$ und die Varianz $\sigma_i^2 = Var(X_i) = E(X_i^2) - \mu_i^2$ besitzen für $i = 1, 2, \dots, n$. Dann hat die Zufallsvariable X der Mischverteilung die Kenngrößen

$$\mu = E(X) = \sum_{i=1}^{n} a_i \int_{-\infty}^{\infty} x\, f_i(x)\,dx = \sum_{i=1}^{n} a_i \mu_i ;$$

$$E(X^2) = \sum_{i=1}^{n} a_i \int_{-\infty}^{\infty} x^2 f_i(x)\,dx = \sum_{i=1}^{n} a_i E(X_i^2) ;$$

$$\sigma^2 = Var(X) = E(X^2) - \mu^2 = \sum_{i=1}^{n} a_i E(X_i^2) - \mu^2$$

$$= \sum_{i=1}^{n} a_i (\sigma_i^2 + \mu_i^2) - \mu^2 = \sum_{i=1}^{n} a_i \sigma_i^2 + \sum_{i=1}^{n} a_i \mu_i^2 - \mu^2 .$$

Aus der Cauchy-Schwarzschen Ungleichung folgt

$$\mu^2 = \left(\sum_{i=1}^{n} a_i \mu_i\right)^2 = \left(\sum_{i=1}^{n} \sqrt{a_i} \cdot \left(\sqrt{a_i}\, \mu_i\right)\right)^2 \le \left(\underbrace{\sum_{i=1}^{n} a_i}_{=1}\right) \cdot \left(\sum_{i=1}^{n} a_i \mu_i^2\right).$$

Damit gilt

$$\mu^2 = \left(\sum_{i=1}^{n} a_i \mu_i\right)^2 \le \sum_{i=1}^{n} a_i \mu_i^2 .$$

Dabei gilt das Gleichheitszeichen nur dann, wenn alle n Erwartungswerte μ_i gleich sind. In diesem Fall lautet die Varianz

$$\sigma^2 = Var(X) = \sum_{i=1}^{n} a_i \sigma_i^2 = \sum_{i=1}^{n} a_i Var(X_i), \quad \text{falls } E(X_1) = ... = E(X_n).$$

Falls nicht alle Erwartungswerte $E(X_i)$ gleich sind, ist

$$\sigma^2 = Var(X) > \sum_{i=1}^{n} a_i Var(X_i) .$$

Zusammenfassung:

Kenngrößen von Mischverteilungen
Die Zufallsvariablen X_i sollen die Ewartungswerte $\mu_i = E(X_i)$ und die Varianzen $\sigma_i^2 = Var(X_i)$ besitzen für $i = 1, 2, \dots, n$. Die Zufallsvariable X der Mischverteilung habe die Dichte

$$f(x) = \sum_{i=1}^{n} a_i f_i(x) \quad \text{mit } a_i > 0 \quad \text{und} \quad \sum_{i=1}^{n} a_i = 1.$$

Dann lauten die Kenngrößen von X :

$$\mu = E(X) = \sum_{i=1}^{n} a_i E(X_i) ;$$

$$\sigma^2 = Var(X) = \sum_{i=1}^{n} a_i Var(X_i) + \underbrace{\sum_{i=1}^{n} a_i \mu_i^2 - \mu^2}_{\geq 0} \geq \sum_{i=1}^{n} a_i Var(X_i).$$

$Var(X) = \sum_{i=1}^{n} a_i Var(X_i)$ gilt nur für $E(X_1) = E(X_2) = \dots\dots = E(X_n)$.

2. Zweidimensionale stetige Zufallsvariable

In diesem Abschnitt werden gleichzeitig zwei stetige Zufallsvariable X und Y betrachtet. Dabei werden jedoch nicht beliebige Paare von stetigen Zufallsvariablen behandelt, sondern nur solche, die eine gemeinsame Dichte $f(x, y)$ besitzen. Keine gemeinsame Dichte besitzen z. B. stetige Zufallsvariable X und Y, bei denen $Y = g(X)$ eine Funktion der Zufallsvariablen X ist. Bei einer solchen funktionalen Abhängigkeit genügt jedoch die Untersuchung der Zufallsvariablen X.

2.1. Die gemeinsame Dichte

Eine in ganz $\mathbb{R}^2$ integrierbare Funktion $f(x,y)$ heißt **zweidimensionale Dichte (Dichtefunktion** oder **Wahrscheinlichkeitsdichte)**, wenn sie folgende Bedingungen erfüllt:

a) $f(x,y) \geq 0$ für alle $(x,y) \in \mathbb{R}^2$;

b) $$\int_{-\infty}^{+\infty} \int_{-\infty}^{+\infty} f(x,y)\,dx\,dy = 1 .$$

Die Dichtefunktion f(x,y) spannt über der x-y-Ebene eine Fläche auf. Der Körper, den diese Fläche mit der x-y-Ebene einschließt, besitzt das Volumen Eins. In der nachfolgenden Abbildung ist die Dichte einer zweidimensionalen Normalverteilung dargestellt.

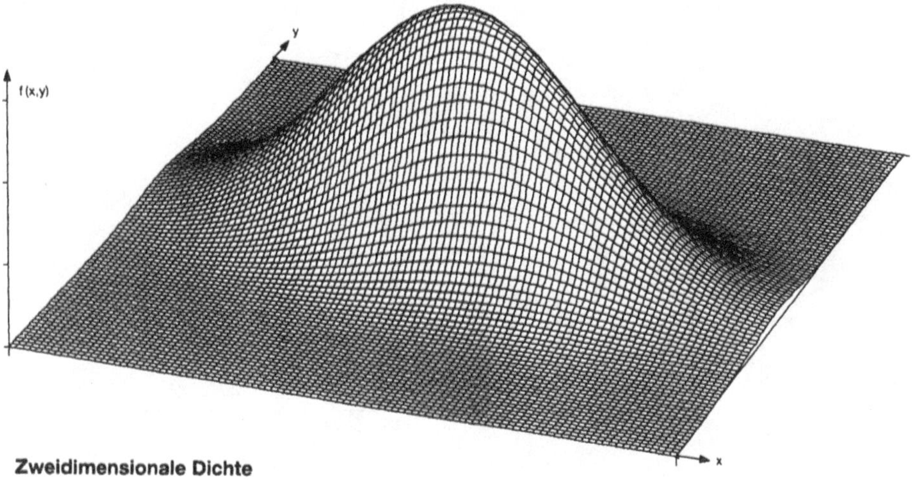

Zweidimensionale Dichte

Die zweidimensionale Zufallsvariable (X,Y) heißt **stetig mit der gemeinsamen Dichte**, wenn alle Gebiete $G \in \mathbb{R}^2$, für welche die gemeinsame Wahrscheinlichkeit $P(\{\omega \in \Omega | (X(\omega),Y(\omega)) \in G\})$ erklärt ist, folgende Wahrscheinlichkeit besitzen

$$P(\{\omega \in \Omega | (X(\omega),Y(\omega)) \in G\}) = \iint_G f(x,y)\,dx\,dy \quad .$$

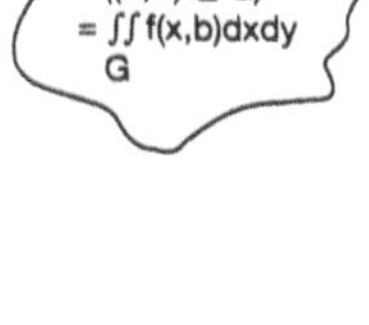

Diese gemeinsame Wahrscheinlichkeit lautet für jedes Rechteck

$$P(a_1 \leq X \leq a_2, b_1 \leq Y \leq b_2) = \int_{a_1}^{a_2} \int_{b_1}^{b_2} f(x,y)\,dx\,dy$$

für alle $a_1 < a_2$ und $b_1 < b_2$.

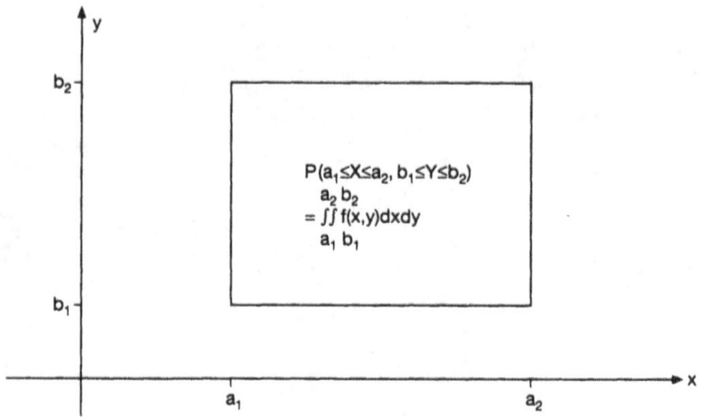

Die Wahrscheinlichkeit dafür, daß die Realisierung der zweidimensionalen stetigen Zufallsvariablen (X,Y) auf einer fest vorgegebenen Kurve L liegt, verschwindet. Es gilt also

$$P((X,Y) \in L) = 0 \text{ für jede Kurve } L \subset \mathbb{R}^2 .$$

Falls die gemeinsame Dichte an der Stelle (x_0, y_0) stetig ist, gilt für kleine Δx und Δy die Näherung

$$P(x_0 \leq X \leq x_0 + \Delta x, y_0 \leq Y \leq y_0 + \Delta y) \approx f(x_0, y_0)\,\Delta x\,\Delta y.$$

2.2. Die gemeinsame Verteilungsfunktion

Die zweidimensionale stetige Zufallsvariable (X,Y) besitze die gemeinsame Dichte $f(x,y)$. Dann heißt die durch

$$F(x,y) = P(X \leq x, Y \leq y) = \int_{-\infty}^{x} \int_{-\infty}^{y} f(u,v)\,du\,dv\ , \quad (x,y) \in \mathbb{R}^2$$

definierte Funktion F die **gemeinsame Verteilungsfunktion** der zweidimensionalen stetigen Zufallsvariablen (X, Y). Der Funktionswert $F(x,y)$ stellt das Volumen des Körpers dar, den die Dichtefunktion $f(x,y)$ links von x und unterhalb von y mit der x-y-Ebene einschließt. Es ist also die Wahrscheinlichkeit dafür, daß die Realisierung der zweidimensionalen Zufallsvariablen (X,Y) in der von (x, y) begrenzten Halbebene liegt.

Die gemeinsame Verteilungsfunktion F zweier stetiger Zufallsvariabler besitzt folgende Eigenschaften:

1.) $F(x,y)$ ist in beiden Variablen monoton nicht fallend, d.h. aus $x_1 < x_2$ und $y_1 < y_2$ folgt $F(x_1,y) \leq F(x_2,y)$ und $F(x,y_1) \leq F(x,y_2)$ für alle x, y.

2.) $F(x,y)$ ist in beiden Variablen stetig mit

$$\lim_{h \to 0} F(x+h,y) = F(x,y)\,; \quad \lim_{k \to 0} F(x,y+k) = F(x,y)\,.$$

3.) Für alle x und y gilt

$$\lim_{x \to -\infty} F(x,y) = F(-\infty,y) = 0 \quad \text{und} \quad \lim_{y \to -\infty} F(x,y) = F(x,-\infty) = 0\,.$$

4.) Es gilt

$$\lim_{x \to +\infty} \lim_{y \to +\infty} F(x,y) = F(+\infty, +\infty) = 1\,.$$

5.) Falls die Dichte $f(x,y)$ an der Stelle (x_0,y_0) stetig ist, so ist die Verteilungsfunktion an dieser Stelle nach beiden Variablen differenzierbar mit

$$\left.\frac{\partial^2 F(x,y)}{\partial x\, \partial y}\right|_{(x,y)=(x_0,y_0)} = f(x_0,y_0)\,; \quad (x_0,y_0) \text{ Stetigkeitsstelle von f.}$$

Für beliebige Rechtecke erhält man die gemeinsame Wahrscheinlichkeit in der Form

$$P(a_1 \leq X \leq a_2, b_1 \leq Y \leq b_2) = F(a_2,b_2) - F(a_2,b_1) - F(a_1,b_2) + F(a_1,b_1).$$

Wie im diskreten Fall erhält man die Verteilungsfunktionen der beiden einzelnen Zufallsvariablen X und Y durch Grenzwertbildung

$$P(X \leq x) = F_1(x) = \lim_{y\to\infty} F(x, y) = F(x, +\infty);$$

$$P(Y \leq y) = F_2(y) = \lim_{x\to\infty} F(x, y) = F(+\infty, y).$$

Damit gilt

$$F_1(x) = \int_{-\infty}^{x} \int_{-\infty}^{+\infty} f(u,v)\,dv\,du; \quad F_2(y) = \int_{-\infty}^{+\infty} \int_{-\infty}^{y} f(u,v)\,dv\,du.$$

Aus dieser Darstellung erhält man unmittelbar die **Randdichten**:

$$\text{Dichte der Zufallsvariablen X: } f_1(x) = \int_{-\infty}^{+\infty} f(x,y)\,dy.$$

$$\text{Dichte der Zufallsvariablen Y: } f_2(y) = \int_{-\infty}^{+\infty} f(x,y)\,dx.$$

Beispiel (Stabproblem I): Ein Stab der Länge Eins werde an zwei voneinander unabhängig, zufällig ausgewählten Stellen markiert und dort durchgebrochen. A sei das Ereignis, daß durch dieses Zufallsexperiment drei Teilstücke entstehen, aus denen ein Dreieck gebildet werden kann. Zur Berechnung der Wahrscheinlichkeit des Ereignisses A werden zwei verschiedene Modelle betrachtet.

Modell A: Die Markierungen sollen nacheinander erfolgen. Die Zufallsvariable X_1 beschreibe die erste Markierungsstelle x, während die Realisierung der Zufallsvariablen Y_1 die zweite Markierungsstelle y darstellt.

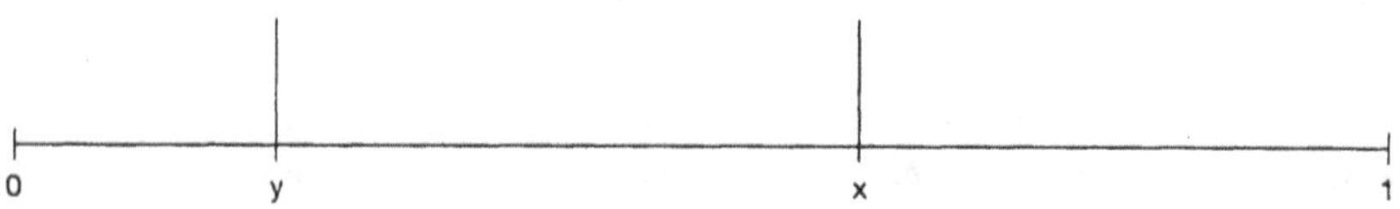

Dann ist die zweidimensionale Zufallsvariable (X_1,Y_1) stetig mit der gemeinsamen Dichte

$$f(x,y) = \begin{cases} 1 \text{ für } 0 \leq x,y \leq 1 \\ 0 \text{ sonst}. \end{cases}$$

In dem Einheitsquadrat Q ist die Dichte gleich Eins, außerhalb davon verschwindet sie. Das Ereignis A tritt ein, wenn für die drei Teilstücke die Dreiecksungleichung erfüllt ist: Jede der drei Seiten muß kürzer sein als die beiden anderen zusammen.

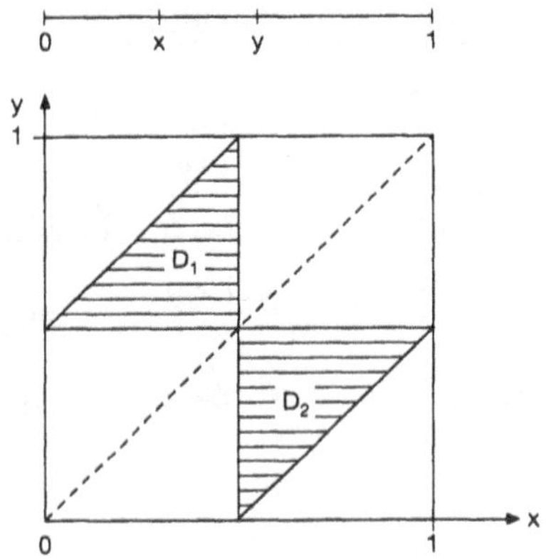

1. Fall $x < y$:
Hier müssen folgende Bedingungen erfüllt sein:

$x < 1-x$; $y-x < x+1-y$; $1-y < y$ also $x < \frac{1}{2}$; $y < x+\frac{1}{2}$; $y > \frac{1}{2}$. Die Lösungsmenge dieses Ungleichungssystems ist das Innere des Dreicks D_1.

2. Fall $y < x$: Vertauschung von x und y ergibt das Innere des Dreiecks D_2.

Da die Dichte in Q konstant gleich Eins ist, erhält man als Wahrscheinlichkeit des Ereignisses A den Inhalt der beiden Flächen, also

$$P(A) = \frac{1}{4} .$$

Modell B: Die Zufallsvariable X_2 beschreibe die linke Markierungsstelle x und Y_2 die rechte Markierungsstelle y. Die gemeinsame Dichte $f(x, y)$ dieser beiden Zufallsvariablen (X_2, Y_2) ist in dem eingezeichneten Dreieck D konstant, während sie außerhalb von D verschwindet. Weil das Dreieck D den Flächeninhalt $\frac{1}{2}$ hat, muß die Dichte dort den Wert 2 annehmen, also

$$f(x,y) = \begin{cases} 2 & \text{für } 0 \leq x \leq y \leq 1 \\ 0 & \text{sonst.} \end{cases}$$

Das Ereignis A tritt ein, wenn (x, y) im Innern des Dreiecks D_1 liegt. Dies folgt unmittelbar aus dem 1.Fall von Modell A.

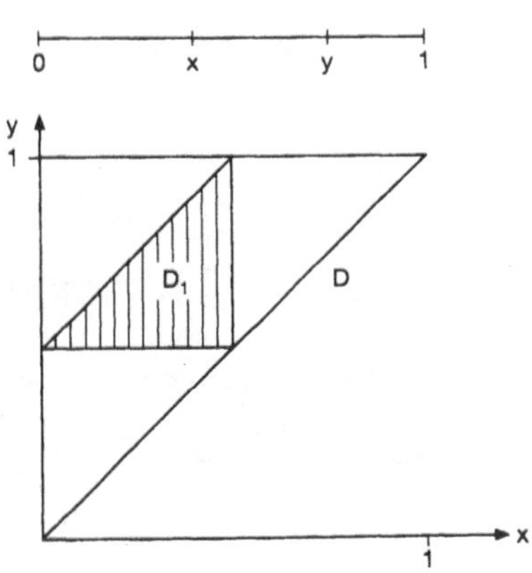

Damit erhält man ebenfalls

$$P(A) = 2 \cdot \frac{1}{8} = \frac{1}{4}.$$

Bestimmung der Randdichten:

Modell A:

$$f(x,y) = \begin{cases} 1 \text{ für } 0 \le x, y \le 1 \\ 0 \text{ sonst} \end{cases} \qquad \text{für das Paar } (X_1,Y_1).$$

Hier erhält man die beiden Randdichten für X_1 bzw. Y_1

$$f_1(x) = \begin{cases} 1 & \text{für } 0 \le x \le 1 \\ 0 & \text{sonst} \end{cases} \quad ; \quad f_2(y) = \begin{cases} 1 & \text{für } 0 \le y \le 1 \\ 0 & \text{sonst.} \end{cases}$$

Daraus ergeben sich die Erwartungswerte

$$E(X_1) = E(Y_1) = \int_0^1 x\,dx = \frac{1}{2}.$$

Modell B:

$$f(x,y) = \begin{cases} 2 & \text{für } 0 \le x \le y \le 1 \\ 0 & \text{sonst} \end{cases} \qquad \text{für das Paar } (X_2,Y_2).$$

Für $0 \le x \le 1$ erhält man $f_1(x) = \int_x^1 2\,dy = 2(1-x)$.

$0 \le y \le 1$ ergibt $f_2(y) = \int_0^y 2\,dx = 2y$.

Außerhalb dieser Bereiche verschwinden die Dichten. Damit lauten die Randdichten für X_2 bzw. Y_2

$$f_1(x) = \begin{cases} 2(1-x) & \text{für } 0 \le x \le 1 \\ 0 & \text{sonst} \end{cases} \quad ; \quad f_2(y) = \begin{cases} 2y & \text{für } 0 \le y \le 1 \\ 0 & \text{sonst.} \end{cases}$$

Daraus ergeben sich die beiden Erwartungswerte

$$E(X_2) = \int_0^1 2x(1-x) = \left[x^2 - \frac{2}{3}x^3\right]_{x=0}^{x=1} = \frac{1}{3};$$

$$E(Y_2) = \int_0^1 2y^2\,dy = \frac{2}{3}.$$

2.3. Unabhängige stetige Zufallsvariable

Zwei stetige Zufallsvariable X und Y mit der gemeinsamen Verteilungsfunktion $F(x,y) = P(X \le x, Y \le y)$ und den einzelnen Verteilungsfunktionen $F_1(x) = P(X \le x)$ und $F_2(y) = P(Y \le y)$ heißen **unabhängig**, falls die gemeinsame Verteilungsfunktion gleich dem Produkt der einzelnen Verteilungsfunktionen ist, also für

$$F(x,y) = P(X \leq x, Y \leq y) = P(X \leq x) \cdot P(Y \leq y) = F_1(x) \cdot F_2(y)$$

für alle Paare $(x,y) \in \mathbb{R}^2$.

Wegen

$$\int_{-\infty}^{x} \int_{-\infty}^{y} f(u,v)\,dv\,du = \int_{-\infty}^{x} f_1(u)\,du \cdot \int_{-\infty}^{y} f_2(v)\,dv$$

muß an allen Stetigkeitsstellen die gemeinsame Dichte gleich dem Produkt der Randdichten sein, also

$$\boxed{f(x,y) = f_1(x) \cdot f_2(y)\,.}$$

Falls diese Produktdarstellung überall gilt, sind die beiden Zufallsvariablen X und Y unabhängig. Aus diesem Grund wird die Produktdarstellung der Dichten häufig als Definition der Unabhängigkeit zweier stetiger Zufallsvariabler verwendet.

Sind $f_1(x)$ und $f_2(y)$ Dichten zweier stetiger Zufallsvariabler, so wird durch $f(x,y) = f_1(x) \cdot f_2(y)$ eine gemeinsame Dichte der zweidimensionalen Zufallsvariablen (X,Y) erklärt. Die beiden Zufallsvariablen sind dann voneinander unabhängig.

Beispiel (Stabproblem I): Die beiden Zufallsvariablen X_1 und Y_1 aus dem Modell A in Abschnitt 2.2 sind voneinander unabhängig, nicht jedoch die Zufallsvariablen X_2 und Y_2 aus dem Modell B. Im beiden Modellen erfolgen zwar die Markierungen unabhängig voneinander. Weil im Modell A die beiden Zufallsvariablen diese unabhängigen Markierungsstellen direkt beschreiben, sind sie auch unabhängig.

Im Modell B beschreibt X_2 das Minimum und Y_2 das Maximum der beiden Markierungsstellen. Dadurch entsteht eine Abhängigkeit durch

$X_2 = \min(X_1, Y_1)$ und $Y_2 = \max(X_1, Y_1)$.

2.4. Bedingte Dichten und bedingte Erwartungswerte

Die beiden stetigen Zufallsvariablen X und Y besitzen die gemeinsame Dichte $f(x,y)$ sowie die Randdichten

$$f_1(x) = \int_{-\infty}^{+\infty} f(x,y)\,dy\,; \quad f_2(y) = \int_{-\infty}^{+\infty} f(x,y)\,dx\,.$$

Für $P(x \le X \le x+\Delta x) > 0$ erhält man definitionsgemäß die bedingte Wahrscheinlichkeit

$$P(Y \le y \mid x \le X \le x+\Delta x) = \frac{P(x \le X \le x+\Delta x, Y \le y)}{P(x \le X \le x+\Delta x)} = \frac{\int_x^{x+\Delta x}\int_{-\infty}^{y} f(u,v)\,dv\,du}{\int_x^{x+\Delta x} f_1(u)\,du}\,.$$

Falls die Dichte $f(u,v)$ an der Stelle x stetig ist mit $f_1(x) \neq 0$, folgt hieraus nach der Regel von Bernoulli-L'Hospital und dem Mittelwertsatz der Integralrechnung mit dem Grenzübergang $\Delta x \to 0$ die Beziehung

$$F(y \mid X=x) = \lim_{\Delta x \to 0} P(Y \le y \mid x \le X \le x+\Delta x) = \frac{\int_{-\infty}^{y} f(x,v)\,dv}{f_1(x)} = \int_{-\infty}^{y} \frac{f(x,v)}{f_1(x)}\,dv.$$

Für $f_1(x) \neq 0$ heißt die so definierte Funktion $F(y \mid X=x) = P(Y \le y \mid X=x)$ die **bedingte Verteilungsfunktion von Y** unter der Bedingung $(X = x)$. Bei festem x stellt sie eine Verteilungsfunktion dar. Ihre Dichte

$f(y \mid x) = \dfrac{f(x,y)}{f_1(x)}$ heißt **bedingte Dichte von Y** unter der Bedingung $(X = x)$.

Entsprechend ist im Falle der Existenz

$$\begin{aligned} F(x \mid Y=y) &= P(X \le x \mid Y=y) \\ &= \lim_{\Delta y \to 0} P(X \le x \mid y \le Y \le y+\Delta y) = \int_{-\infty}^{x} \frac{f(u,y)}{f_2(y)}\,du \end{aligned}$$

die **bedingte Verteilungsfunktion von X** unter der Bedingung $(Y=y)$ und

$f(x \mid y) = \dfrac{f(x,y)}{f_2(y)}$ die **bedingte Dichte** von X unter der Bedingung $(Y=y)$.

Definitionsgemäß gilt

$$F_2(y) = P(Y \le y) = \int_{-\infty}^{y} f_2(v)\,dv = \int_{-\infty}^{y}\int_{-\infty}^{+\infty} f(x,v)\,dx\,dv$$

$$= \int_{-\infty}^{+\infty} \left\{ \int_{-\infty}^{y} f(x,v)\,dv \right\} dx = \int_{-\infty}^{+\infty} f_1(x) \left\{ \int_{-\infty}^{y} \frac{f(x,v)}{f_1(x)}\,dv \right\} dx$$

$$= \int_{-\infty}^{+\infty} F(y|X=x) \cdot f_1(x)\,dx.$$

Entsprechend erhält man

$$F_1(x) = P(X \le x) = \int_{-\infty}^{+\infty} F(x|Y=y) \cdot f_2(y)\,dy.$$

Zusammenfassung:

Die zweidimensionale stetige Zufallsvariable (X,Y) besitze die gemeinsame Dichte $f(x,y)$ und die Randdichten $f_1(x)$ bzw. $f_2(y)$. Ferner seien

$$P(Y \le y|X=x) = \int_{-\infty}^{y} \frac{f(x,v)}{f_1(x)}\,dv \quad \text{und} \quad P(X \le x|Y=y) = \int_{-\infty}^{x} \frac{f(u,y)}{f_2(y)}\,du$$

die **bedingten Verteilungsfunktionen**. Dann gilt

$$F_1(x) = P(X \le x) = \int_{-\infty}^{+\infty} P(X \le x|Y=y) \cdot f_2(y)\,dy\,;$$

$$F_2(y) = P(Y \le y) = \int_{-\infty}^{+\infty} P(Y \le y|X=x) \cdot f_1(x)\,dx.$$

Im Falle der Existenz sind

$$E(Y|X=x) = \int_{-\infty}^{+\infty} y \cdot f(y|x)\,dy = \frac{1}{f_1(x)} \int_{-\infty}^{+\infty} y \cdot f(x,y)\,dy\,,$$

$$E(X|Y=y) = \int_{-\infty}^{+\infty} x \cdot f(x|y)\,dx = \frac{1}{f_2(y)} \int_{-\infty}^{+\infty} x \cdot f(x,y)\,dx$$

die **bedingten Erwartungswerte** von Y unter der Bedingung $(X=x)$ bzw. von X unter der Bedingung $(Y=y)$.

Mit Hilfe der hieraus folgenden Identität

$$\int_{-\infty}^{+\infty} y \cdot f(x,y)\,dy = f_1(x) \cdot E(Y|X=x)$$

erhält man

$$E(Y) = \int_{-\infty}^{+\infty} y \cdot f_2(y)\,dy = \int_{-\infty}^{+\infty}\int_{-\infty}^{+\infty} y \cdot f(x,y)\,dy\,dx = \int_{-\infty}^{+\infty} E(Y|X=x) \cdot f_1(x)\,dx.$$

Analog gilt

$$E(X) = \int_{-\infty}^{+\infty} E(X|Y=y) \cdot f_2(y)\,dy.$$

Zusammenfassung:

Die stetigen Zufallsvariablen X und Y besitzen die Dichten $f_1(x)$ und $f_2(y)$. Ferner seien

$E(X|Y=y)$ und $E(Y|X=x)$ die **bedingten Erwartungswerte**. Dann gilt

$$E(X) = \int_{-\infty}^{+\infty} E(X|Y=y) \cdot f_2(y)\,dy\ ;$$

$$E(Y) = \int_{-\infty}^{+\infty} E(Y|X=x) \cdot f_1(x)\,dx.$$

Bemerkung: Bei **unabhängigen** stetigen Zufallsvariablen stimmen im Falle der Existenz die in diesem Abschnitt berechneten bedingten Größen mit den absoluten überein, also

$P(Y \le y|X=x) = P(Y \le y)$ und $E(Y|X=x) = E(Y)$ für alle x,

$P(X \le x|Y=y) = P(X \le x)$ und $E(X|Y=y) = E(X)$ für alle y,

falls X und Y unabhängig sind.

Beispiel (Stabproblem I, vgl. Abschnitt 2.2**):**

Modell A: $f(x,y) = \begin{cases} 1 \text{ für } 0 \le x,y \le 1 \\ 0 \text{ sonst}. \end{cases}$

Randdichten:

$f_1(x) = \begin{cases} 1 \text{ für } 0 \le x \le 1 \\ 0 \text{ sonst} \end{cases}$; $f_2(y) = \begin{cases} 1 \text{ für } 0 \le y \le 1 \\ 0 \text{ sonst}. \end{cases}$

Daraus erhält man die bedingten Dichten

$$f(y|x) = 1 \quad \text{für } 0 \le x,y \le 1$$

und die die bedingten Erwartungswerte

$$E(Y_1 \mid X_1 = x) = E(X_1 \mid Y_1 = y) = \tfrac{1}{2} = E(X_1) \quad \text{für } 0 \le x\,,\, y \le 1.$$

Modell B: $f(x,y) = \begin{cases} 2 & \text{für } 0 \le x \le y \le 1 \\ 0 & \text{sonst.} \end{cases}$

Randdichten:

$$f_1(x) = \begin{cases} 2(1-x) & \text{für } 0 \le x \le 1 \\ 0 & \text{sonst} \end{cases} \quad ; \quad f_2(y) = \begin{cases} 2y & \text{für } 0 \le y \le 1 \\ 0 & \text{sonst.} \end{cases}$$

Daraus ergeben sich die bedingten Dichten

$$f(y|x) = \frac{1}{1-x} \quad \text{und} \quad f(x|y) = \frac{1}{y} \quad \text{für } 0 < x \le y < 1$$

sowie die bedingten Erwartungswerte

$$E(Y_2 \mid X_2 = x) = \int_x^1 \frac{y}{1-x}\,dy = \frac{1-x^2}{2(1-x)} = \frac{1+x}{2} \quad \text{für } 0 \le x \le 1\,;$$

$$E(X_2 \mid Y_2 = y) = \int_0^y \frac{x}{y}\,dx = \frac{y}{2} \quad \text{für } 0 \le y \le 1.$$

Die beiden bedingten Erwartungswertlinien als Funktionen von x bzw. von y sind in der nachfolgenden Abbildung eingetragen.

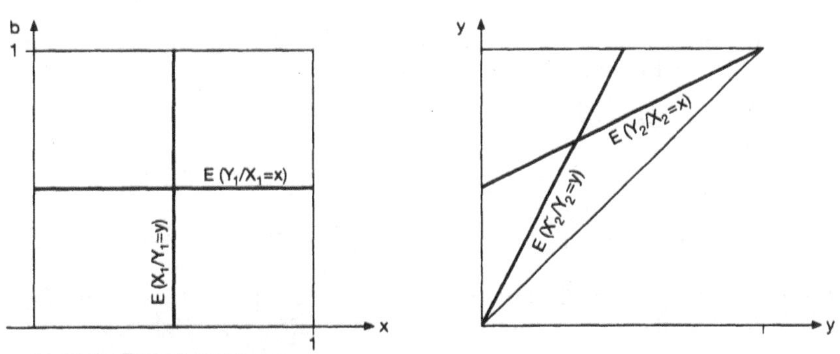

bedingte Erwartungswerte

Beispiel (Stabproblem II) : Ein Stab der Länge Eins soll durch das folgende Zufallsexperiment in drei Teile zerlegt werde: Zuerst wird der Stab an einer zufällig gewählten Stelle durchgebrochen. Danach wird eines der beiden Teilstücke zufällig (gleichwahrscheinlich) ausgewählt. Dieses Teilstück wird nochmals an einer zufällig gewählten Stelle durchgebrochen. Die

Wahrscheinlichkeit dafür, daß bei diesem Modell aus den drei Teilstücken ein Dreieck gebildet werden kann, muß kleiner sein als beim Modell I. Falls nämlich das kürzere Stück ausgewählt wird, ist keine Dreiecksbildung möglich, weil in diesem Fall das nichtausgewählte Stück länger ist als die beiden anderen Teilstücke zusammen. Mit Wahrscheinlichkeit 0,5 tritt dieser bedingte Fall jedoch ein.
Die gesuchte Wahrscheinlichkeit P(A) kann mit Hilfe bedingter Erwartungswerte berechnet werden.

Die Zufallsvariable X beschreibe die Länge x des ausgewählten Teilstabes. X ist im Intervall [0, 1] gleichmäßig verteilt mit der Dichte $f_1(x) = 1$ für $0 \le x \le 1$. Im Falle $x \le 0{,}5$ ist keine Dreiecksbildung möglich, so daß wir uns auf den Bereich $x > 0{,}5$ beschränken können.
Die Zufallsvariable Y beschreibe die (zweite) Markierungsstelle y auf diesem ausgewählten Teilstab der Länge x. Sie besitzt die bedingte Verteilungsfunktion

$$P(Y \le y \mid X = x) = \frac{y}{x} \quad \text{für} \quad 0 \le y \le x.$$

Im Falle $x > 0{,}5$ ist eine Dreiecksbildung nur dann möglich, wenn die beiden Teilstücke der Länge y und $x-y$ jeweils kürzer sind als die beiden restlichen Stücke zusammen. Damit erhält man die Bedingungen

$$y < 1 - y\,, \text{ also } y < 0{,}5 \quad \text{und}$$

$$x - y < y + 1 - x\,, \text{ also } y > x - 0{,}5.$$

Unter der Bedingung $X = x > 0{,}5$ lautet die bedingte Wahrscheinlichkeit dafür, daß eine Dreiecksbildung möglich ist

$$\begin{aligned} P(A \mid X = x) &= P(x - 0{,}5 < Y < 0{,}5 \mid X = x) \\ &= P(Y < 0{,}5 \mid X = x) - P(Y \le x - 0{,}5 \mid X = x) \\ &= \frac{0{,}5}{x} - \frac{x - 0{,}5}{x} = \frac{1 - x}{x} \quad \text{für } x > 0{,}5. \end{aligned}$$

Wegen $P(A \mid X = x) = 0$ für $x \le 0{,}5$ erhält man die Wahrscheinlichkeit dafür, daß bei diesem Stabproblem eine Dreiecksbildung möglich ist

$$P(A) = \int_{0,5}^{1} \frac{1-x}{x}\,dx = \int_{0,5}^{1} \left(\frac{1}{x} - 1\right) dx = (\ln x - x)\Big|_{x=0,5}^{x=1}$$

$$= \ln 1 - \ln\frac{1}{2} - 1 + \frac{1}{2} = -\frac{1}{2} + \ln 2 \approx 0{,}1931\,.$$

2.5. Funktionen einer stetigen zweidimensionalen Zufallsvariablen

Die beiden stetigen Zufallsvariablen X und Y sollen die gemeinsame Dichte $f(x,y)$ besitzen. Ferner sei $g(x,y)$ eine beliebige Funktion in den beiden Veränderlichen x und y. Dann wird durch $Z(\omega) = g(X(\omega),Y(\omega))$ eine eindimensionale Zufallsvariable definiert, falls für jedes $z \in \mathbb{R}$ die Wahrscheinlichkeit $P(Z \leq z) = P(\{\omega \in \Omega \mid g(X(\omega),Y(\omega)) \leq z\})$ berechenbar ist. Diese Bedingung ist z. B. erfüllt, wenn $g(x,y)$ eine zweidimensionale Treppenfunktion oder eine in beiden Variablen stetige Funktion ist.

Für beliebige Funktionen $g(x,y)$ erhält man im Falle der Existenz den Erwartungswert der Zufallsvariablen Z aus Kap. V Abschnitt 1.2.1 mit der Darstellung $dF(x,y) = f(x,y)\,dx\,dy$. Damit gilt der allgemeine

Funktionssatz:
Die zweidimensionale stetige Zufallsvariable (X,Y) besitze die Dichte $f(x,y)$. Dann besitzt die Zufallsvariable $Z = g(X,Y)$ die

Verteilungsfunktion

$$P(Z \leq z) = \iint\limits_{\{(x,y) \mid f(x,y) \leq z\}} f(x,y)\,dx\,dy.$$

Die Zufallsvariable Z besitzt genau dann einen **Erwartungswert** und zwar

$$E(Z) = \int_{-\infty}^{+\infty}\int_{-\infty}^{+\infty} g(x,y)\cdot f(x,y)\,dx\,dy\,,$$

falls dieses Integral absolut konvergiert mit

$$\int_{-\infty}^{+\infty}\int_{-\infty}^{+\infty} |g(x,y)|\cdot f(x,y)\,dx\,dy < \infty\,.$$

2.5.1. Das Produkt zweier stetiger Zufallsvariabler

Das Produkt $Z = X \cdot Y$ zweier stetiger Zufallsvariabler (X,Y) mit der gemeisamen Dichte f ist eine stetige Zufallsvariable. Ihre Verteilungsfunktion lautet

$$G(z) = P(Z \leq z) = P(X \cdot Y \leq z) = \iint\limits_{x \cdot y \leq z} f(x,y)\,dx\,dy.$$

Zur Berechnung des Integrals benutzen wir folgende Fallunterscheidungen:

a) $y < 0$: aus $xy < z$ folgt hier $x > \frac{z}{y}$;

b) $y > 0$: aus $xy < z$ folgt dann $x < \frac{z}{y}$.

Das Integral über die Gerade $y = x$ verschwindet. Damit erhält man für die Verteilungsfunktion $G(z)$ die Darstellung

$$\iint\limits_{x \cdot y \leq z} f(x,y)\,dx\,dy = \int_{-\infty}^{0}\left(\int_{\frac{z}{y}}^{+\infty} f(x,y)\,dx\right)dy + \int_{0}^{+\infty}\left(\int_{-\infty}^{\frac{z}{y}} f(x,y)\,dx\right)dy\,.$$

Mit der Substitution $x = \frac{v}{y}$; $xy = v$; $dx = \frac{1}{y}dv$ geht dieses Integral über in

$$\begin{aligned} G(z) &= \int_{-\infty}^{0}\left(\int_{z}^{-\infty} f(\tfrac{v}{y},y)\tfrac{1}{y}dv\right)dy + \int_{0}^{+\infty}\left(\int_{-\infty}^{z} f(\tfrac{v}{y},y)\tfrac{1}{y}dv\right)dy \\ &= \int_{-\infty}^{0}\left(-\int_{-\infty}^{z} f(\tfrac{v}{y},y)\tfrac{1}{y}dv\right)dy + \int_{0}^{+\infty}\left(\int_{-\infty}^{z} f(\tfrac{v}{y},y)\tfrac{1}{y}\,dv\right)dy \\ &= \int_{-\infty}^{+\infty}\left(\int_{-\infty}^{z} f(\tfrac{v}{y},y)\frac{1}{|y|}\,dv\right)dy = \int_{-\infty}^{z}\left(\int_{-\infty}^{+\infty} f(\tfrac{v}{y},y)\frac{1}{|y|}\,dy\right)dv\,. \end{aligned}$$

Somit lautet die Dichte $h(z)$ der Produktvariablen $Z = X \cdot Y$

$$h(z) = \int_{-\infty}^{\infty} f(\tfrac{z}{y},y)\frac{1}{|y|}dy\,.$$

Die Substitution $y = \frac{u}{x}$ ergibt eine zweite äquivalente Darstellung mit

Dichte von $Z = X \cdot Y$: $\quad h(z) = \int_{-\infty}^{+\infty} f(\frac{z}{y},y)\cdot\frac{1}{\lvert y\rvert}\,dy = \int_{-\infty}^{+\infty} f(x,\frac{z}{x})\cdot\frac{1}{\lvert x\rvert}\,dx\,.$

Falls der Erwartungswert der Produktvariablen existiert, erhält man ihn mit $g(x,y) = x \cdot y$ aus dem allgemeinen Funktionssatz in der Form

$$E(X \cdot Y) = \int_{-\infty}^{+\infty}\int_{-\infty}^{+\infty} x\,y\,f(x,y)\,dx\,dy\,.$$

Falls X und Y unabhängig sind mit den Randdichten $f_1(x)$ und $f_2(y)$, gilt

$$E(X \cdot Y) = \int_{-\infty}^{+\infty}\int_{-\infty}^{+\infty} x\,y\,f_1(x)\,f_2(y)\,dx\,dy = \int_{-\infty}^{+\infty} x\,f_1(x)\,dx \cdot \int_{-\infty}^{+\infty} y\,f_2(y)\,dy$$

$$= E(X)\cdot E(Y).$$

Damit gilt analog zu diskreten Zufallsvariablen folgende Eigenschaft:

> Die beiden stetigen Zufallsvariablen X und Y seien **unabhängig** und besitzen die Erwartungswerte E(X) und E(Y). Dann besitzt auch die Produktvariable $X \cdot Y$ einen Erwartungswert und zwar
>
> $$E(X \cdot Y) = E(X)\cdot E(Y).$$

2.5.2. Die Summe zweier stetiger Zufallsvariabler

X und Y seien stetige Zufallsvariable mit der gemeinsamen Dichte $f(x,y)$ und den Erwartungswerten E(X) und E(Y). Die Funktion $g(x,y) = x+y$ ist in beiden Variablen stetig. Daher ist die Summe $Z = X+Y$ ebenfalls eine stetige Zufallsvariable.

Für die Verteilungsfunktion der Summenvariablen Z erhält man

$$P(Z \le z) = P(X+Y \le z) = \iint_{x+y \le z} f(x,y)\,dx\,dy = \int_{-\infty}^{z} h(u)\,du\,.$$

Integriert wird dabei über die unterhalb der Geraden $x+y = z$ liegende Halbebene.

Mit der Substitution $y = u-x$ erhält man

$$P(Z \le z) = \int_{-\infty}^{+\infty}\left\{\int_{-\infty}^{z-x} f(x,y)\,dy\right\}dx = \int_{-\infty}^{+\infty}\left\{\int_{-\infty}^{z} f(x,u-x)\,du\right\}dx$$

$$= \int_{-\infty}^{z}\left\{\int_{-\infty}^{+\infty} f(x,u-x)\,dx\right\}du.$$

Damit besitzt die Zufallsvariable $Z = X+Y$ die

Dichte $h(z) = \int_{-\infty}^{+\infty} f(x,z-x)\,dx$. Entsprechend erhält man

$$h(z) = \int_{-\infty}^{+\infty} f(z-y, y)\, dy \,.$$

Damit gilt:

Die beiden stetigen Zufallsvariablen besitzen die gemeinsame Dichte $f(x,y)$. Dann hat die Summe $Z = X + Y$ die Dichte

$$h(z) = \int_{-\infty}^{+\infty} f(x, z-x)\, dx = \int_{-\infty}^{+\infty} f(z-y, y)\, dy \,.$$

Bei **unabhängigen** stetigen Zufallsvariablen X und Y mit den Dichten $f(x)$ und $g(y)$ ist die Dichte $h(z)$ der Summe $Z = X + Y$ gleich der **Faltung** der beiden Einzeldichten f und g.

Die stetigen Zufallsvariablen X und Y seien **unabhängig** mit den Dichten $f(x)$ und $g(y)$. Dann besitzt die Summe $Z = X + Y$ die Dichte

$$h(z) = f{*}g\,(z) = \int_{-\infty}^{+\infty} f(x) \cdot g(z-x)\, dx = \int_{-\infty}^{+\infty} f(z-y) \cdot g(y)\, dy \,.$$

Beispiel (Stabproblem I vgl. Abschnitt 2.2**):** Bei beiden Modellen ist der Wertebereich der Summe Z das Intervall $[0,2]$.

Modell A: $f(x,y) = \begin{cases} 1 & \text{für } 0 \le x, y \le 1 \\ 0 & \text{sonst}\,. \end{cases}$

In $h_1(z) = \int_{-\infty}^{+\infty} f(x, z-x)\, dx$ muß über den Bereich $0 \le x \le 1;\ 0 \le z-x \le 1$, also über $0 \le x \le z \le 1+x\ ;\ 0 \le x \le 1$ integriert werden.

1. Fall: $0 \le z \le 1$: Hier lautet der Integrationsbereich: $0 \le x \le z$ mit

$$h_1(z) = \int_0^z dx = z.$$

2. Fall: $1 \le z \le 2$: Der Integrationsbereich ist hier $z-1 \le x \le 1$ mit

$$h_1(z) = \int_{z-1}^{1} dx = 1-(z-1) = 2-z.$$

Somit lautet die Dichte von $X_1 + Y_1$: $h_1(z) = \begin{cases} z & \text{für } 0 \le z \le 1 \\ 2-z & \text{für } 1 \le z \le 2. \end{cases}$

Die Summe $X_1 + Y_1$ besitzt somit eine **Dreiecksverteilung** in $[0,2]$.

Modell B: $f(x,y) = \begin{cases} 2 & \text{für } 0 \leq x \leq y \leq 1 \\ 0 & \text{sonst.} \end{cases}$

In $h_2(z) = \int\limits_{-\infty}^{+\infty} f(x, z-x)\,dx$ muß über den Bereich $0 \leq x \leq 1;\ 0 \leq x \leq z;$

$x \leq z - x \leq 1$ integriert werden.

1. Fall: $0 \leq z \leq 1$: Zu integrieren ist über den Bereich $0 \leq x \leq \frac{z}{2}$ mit

$$h_2(z) = \int\limits_0^{\frac{z}{2}} 2\,dx = z.$$

2. Fall: $1 \leq z \leq 2$: Der Integrationsbereich ist $z - 1 \leq x \leq \frac{z}{2}$ mit

$$h_2(z) = \int\limits_{z-1}^{\frac{z}{2}} 2\,dx = z - 2z + 2 = 2 - z.$$

Damit besitzt die Summe $X_2 + Y_2$ die gleiche Dichte wie $X_1 + Y_1$, also

$$\text{Dichte von } X_2 + Y_2: \quad h_2(z) = \begin{cases} z & \text{für } 0 \leq z \leq 1 \\ 2 - z & \text{für } 1 \leq z \leq 2. \end{cases}$$

Für die beiden Zufallspaare gilt $X_1 + Y_1 = X_2 + Y_2$. Aus diesem Grund müssen auch die Dichten h_1 und h_2 der jeweiligen Summen übereinstimmen.

Falls die beiden Zufallsvariablen X und Y die Erwartungswerte E(X) und E(Y) besitzen, erhält man mit $g(x,y) = x + y$ aus der allgemeinen Formel des Funktionssatzes den Erwartungswert

$$\begin{aligned}
E(X+Y) &= \int\limits_{-\infty}^{+\infty}\int\limits_{-\infty}^{+\infty} (x+y)\,f(x,y)\,dx\,dy \\
&= \int\limits_{-\infty}^{+\infty}\int\limits_{-\infty}^{+\infty} x\,f(x,y)\,dx\,dy + \int\limits_{-\infty}^{+\infty}\int\limits_{-\infty}^{+\infty} y\,f(x,y)\,dx\,dy \\
&= \int\limits_{-\infty}^{+\infty} x \left\{ \int\limits_{-\infty}^{+\infty} f(x,y)\,dy \right\} dx + \int\limits_{-\infty}^{+\infty} y \left\{ \int\limits_{-\infty}^{+\infty} f(x,y)\,dx \right\} dy \\
&= \int\limits_{-\infty}^{+\infty} x\,f_1(x)\,dx + \int\limits_{-\infty}^{+\infty} y\,f_2(y)\,dy = E(X) + E(Y).
\end{aligned}$$

Damit ist die Additivität des Erwartungswertes bei beliebigen stetigen Zufallsvariablen nachgewiesen.

Die Varianz der Summenvariablen erhält man mit $\mu_X = E(X)$; $\mu_Y = E(Y)$

$$\mathrm{Var}(X+Y) = \int_{-\infty}^{+\infty}\int_{-\infty}^{+\infty} (x+y-\mu_X-\mu_Y)^2 f(x,y)\,dx\,dy$$

$$= \int_{-\infty}^{+\infty}\int_{-\infty}^{+\infty} (x-\mu_Y)^2 f(x,y)\,dx\,dy + \int_{-\infty}^{+\infty}\int_{-\infty}^{+\infty} (y-\mu_Y)^2 f(x,y)\,dx\,dy$$

$$+ 2\cdot\int_{-\infty}^{+\infty}\int_{-\infty}^{+\infty} (x-\mu_X)(y-\mu_Y) f(x,y)\,dx\,dy\,.$$

Dabei ist

$$\mathrm{Cov}(X,Y) = \int_{-\infty}^{+\infty}\int_{-\infty}^{+\infty} (x-\mu_X)(y-\mu_Y) f(x,y)\,dx\,dy$$

$$= \int_{-\infty}^{+\infty}\int_{-\infty}^{+\infty} x\,y\,f(x,y)\,dx\,dy - \mu_X\,\mu_Y = E(X\cdot Y) - E(X)\cdot E(Y)$$

die Kovarianz der beiden Zufallsvariablen. Bei unabhängigen bzw. unkorrelierten Zufallsvariablen (s. Abschnitt 2.3 und 2.6) verschwindet die Kovarianz. Damit gilt allgemein

$$\mathrm{Var}(X+Y) = \mathrm{Var}(X) + \mathrm{Var}(Y) + 2\cdot\mathrm{Cov}(X,Y)\,;$$

$$\mathrm{Var}(X+Y) = \mathrm{Var}(X) + \mathrm{Var}(Y)$$

bei **unabhängigen (unkorrelierten) Zufallsvariablen**.

2.5.3. Der Quotient zweier stetiger Zufallsvariabler

Die zweidimensionale Zufallsvariable (X, Y) besitze die Dichte f(x, y). Gesucht ist die Dichte der Zufallsvariablen $Z = \frac{X}{Y}$. Wie beim Produkt berechnet man zunächst die Verteilungsfunktion des Quotienten

$$G(z) = P(Z \le z) = P\left(\frac{X}{Y} \le z\right) = \iint\limits_{\frac{x}{y}\le z} f(x,y)\,dx\,dy.$$

Zur Berechnung des Integrals benötigt man die Fallunterscheidungen:

a) $y < 0$: aus $\frac{x}{y} < z$ folgt $x > zy$.

b) $y > 0$: aus $\frac{x}{y} < z$ folgt $x < zy$.

Das Integral über die x-Achse ($y = 0$) verschwindet. Damit geht das obige Integral über in

$$\iint_{\frac{x}{y} \leq z} f(x,y)\,dx\,dy = \int_{-\infty}^{0} \left(\int_{zy}^{+\infty} f(x,y)\,dx \right) dy + \int_{0}^{+\infty} \left(\int_{-\infty}^{zy} f(x,y)\,dx \right) dy .$$

Mit der Substitution $\frac{x}{y} = v$; $x = yv$; $dx = y\,dv$ erhält man

$$\begin{aligned} G(z) &= \int_{-\infty}^{0} \left(\int_{z}^{-\infty} f(yv,y)\,y\,dv \right) dy + \int_{0}^{+\infty} \left(\int_{-\infty}^{z} f(yv,y)\,y\,dv \right) dy \\ &= \int_{-\infty}^{0} \left(-\int_{-\infty}^{z} f(yv,y)\,y\,dv \right) dy + \int_{0}^{+\infty} \left(\int_{-\infty}^{z} f(yv,y)\,y\,dv \right) dy \\ &= \int_{-\infty}^{+\infty} \left(\int_{-\infty}^{z} f(yv,y)\,|y|\,dv \right) dy = \int_{-\infty}^{z} \left(\int_{-\infty}^{+\infty} f(yv,y)\,|y|\,dy \right) dv . \end{aligned}$$

Damit lautet die

> **Dichte** der Zufallsvariablen $Z = \frac{X}{Y}$: $h(z) = \int_{-\infty}^{\infty} f(y \cdot z, y) \cdot |y|\,dy$.

Der Erwartungswert des Quotienten $\frac{X}{Y}$ muß direkt über die Dichte berechnet werden durch

$$E\left(\frac{X}{Y}\right) = \int_{-\infty}^{+\infty} z \cdot h(z)\,dz .$$

Im Gegensatz zum Produkt ist auch bei unabhängigen Zufallsvariablen X und Y keine Vereinfachung möglich. Der Erwartungswert des Quotienten ist im allgemeinen auch bei unabhängigen Zufallsvariablen vom Quotienten der beiden Erwartungswerte verschieden.

Durch Vertauschen der beiden Variablen erhält man unmittelbar die

Dichte der Zufallsvariablen $U = \frac{Y}{X}$: $h(u) = \int\limits_{-\infty}^{\infty} f(x, x \cdot u) \cdot |x| \, dx$.

2.5.4. Zweidimensionale Funktionen

Wir betrachten zwei Funktionen $u = g_1(x, y)$ und $v = g_2(x, y)$. Falls die beiden Funktionen $U = g_1(X, Y)$ und $V = g_2(X, Y)$ Zufallsvariable sind, entsteht durch die gleichzeitige Betrachtung eine zweidimensionale Zufallsvariable

$$(U, V) = (g_1(X, Y), g_2(X, Y)).$$

Die stetige zweidimensionale Zufallsvariable (X, Y) habe die Dichte f(x, y).

Der Transformationssatz aus Abschnitt 1.3.2 kann auf zwei Variable übertragen werden. Dabei benutzt man Eigenschaften allgemeiner Substitutionsregeln bei Doppelintegralen.

Im Variationsbereich der zweidimensionalen Zufallsvariablen (X, Y) sollen folgende Eigenschaften erfüllt sein:
Die beiden Funktionen $g_1(x, y)$ und $g_2(x, y)$ stellen zusammen eine eineindeutige Bereichsabbildung dar und besitzen stetige partielle Ableitungen.

Die Umkehrtransformation werde durch $x = h_1(u, v)$ und $y = h_2(u, v)$ beschrieben mit der Funktionaldeterminante

$$J = \begin{vmatrix} \frac{\partial x}{\partial u} & \frac{\partial y}{\partial u} \\ \frac{\partial x}{\partial v} & \frac{\partial y}{\partial v} \end{vmatrix} = \frac{\partial x}{\partial u} \cdot \frac{\partial y}{\partial v} - \frac{\partial y}{\partial u} \cdot \frac{\partial x}{\partial v}.$$

Dann besitzt die zweidimensionale Zufallsvariable (U, V) die

Dichte $k(u, v) = f(h_1(u, v), h_2(u, v)) \cdot |J|$.

Dabei ist $|J|$ der Betrag der Funktionaldeterminante J.

Beispiel (Quotient, s. Abschnitt 2.5.3): Die in Abschnitt 2.5.3 berechnete Dichte des Quotienten $U = \frac{Y}{X}$ kann mit Hilfe einer zweidimensionalen Transformation sehr einfach berechnet werden. Dazu setzt man V = X und erhält aus X = X und Y = X · U die Funktionaldeterminante

$$J = \begin{vmatrix} \frac{\partial x}{\partial u} & \frac{\partial y}{\partial u} \\ \frac{\partial x}{\partial x} & \frac{\partial y}{\partial x} \end{vmatrix} = \begin{vmatrix} 0 & x \\ 1 & u \end{vmatrix} = -x; \quad |J| = |x|.$$

Damit lautet die Dichte der zweidimensionalen Zufallsvariablen (U, X)

$$f(x, x \cdot u) \cdot |x|.$$

Integration über x ergibt als Randdichte die

Dichte der Zufallsvariablen $U = \frac{Y}{X}$ als $h(u) = \int_{-\infty}^{\infty} f(x, x \cdot u) \cdot |x| \, dx$,

also die in Abschnitt 2.5.3 hergeleitete Dichte.

Bemerkung: Mit der in diesem Beispiel benutzten Methode können allgemein Dichten einer einzigen Funktion, z. B. die von $X \cdot Y$ entsprechend berechnet werden.

2.5.5. Die Differenz zweier stetiger Zufallsvariabler

Zur Berechnung der Dichte der Zufallsvariablen $U = X - Y$ setzt man in Abschnitt 2.5.4 $U = X - Y$ und $V = X$. Mit $X = V$ und $Y = X - U$ erhält man die Funktionaldeterminante

$$J = \begin{vmatrix} \frac{\partial x}{\partial u} & \frac{\partial y}{\partial u} \\ \frac{\partial x}{\partial x} & \frac{\partial y}{\partial x} \end{vmatrix} = \begin{vmatrix} 0 & -1 \\ 1 & 1 \end{vmatrix} = 1.$$

Damit besitzt die zweidimensionale Zufallsvariable (U, X) die gemeinsame Dichte $f(x, x - u)$. Integration über x ergibt die

Dichte von $U = X - Y$ als $h(u) = \int_{-\infty}^{\infty} f(x, x - u) \, dx$.

Entsprechend besitzt die Zufallsvariable $Z = Y - X$ die Dichte

$$w(z) = \int_{-\infty}^{\infty} f(y - z, y) \, dy.$$

2.6. Kovarianz und Korrelationskoeffizient

Die zweidimensionale stetige Zufallsvariable (X,Y) besitze die gemeinsame Dichte $f(x, y)$. Die einzelnen Zufallsvariablen X und Y sollen die Erwartungswerte $E(X) = \mu_X$ und $E(Y) = \mu_Y$ und die Varianzen $Var(X) = \sigma_X^2$ und $Var(Y) = \sigma_Y^2$ besitzen.

Dann ist die **Kovarianz** der beiden stetigen Zufallsvariablen X und Y erklärt durch

$$\mathrm{Cov}(X,Y) = \sigma_{XY} = \int_{-\infty}^{+\infty}\int_{-\infty}^{+\infty} (x-\mu_X)(y-\mu_Y)\,f(x,y)\,dx\,dy$$

$$= \int_{-\infty}^{+\infty}\int_{-\infty}^{+\infty} x\,y\,f(x,y)\,dx\,dy - \mu_X\int_{-\infty}^{+\infty} y\Bigg\{\underbrace{\int_{-\infty}^{+\infty} f(x,y)\,dx}_{=f_2(y)}\Bigg\}dy$$

$$-\mu_Y\int_{-\infty}^{+\infty} x\Bigg\{\underbrace{\int_{-\infty}^{+\infty} f(x,y)\,dy}_{=f_1(x)}\Bigg\}dx + \mu_X\mu_X\underbrace{\int_{-\infty}^{+\infty}\int_{-\infty}^{+\infty} f(x,y)\,dx\,dy}_{=1}$$

$$= \int_{-\infty}^{+\infty}\int_{-\infty}^{+\infty} x\,y\,f(x,y)\,dx\,dy - \mu_X\mu_Y = E(X\cdot Y) - E(X)\cdot E(Y)\,.$$

Damit gilt auch für zweidimensionale stetige Zufallsvariable

$$\boxed{\mathrm{Cov}(X,\,Y) = E(X\cdot Y) - E(X)\cdot E(Y).}$$

Entsprechend erhält man

$$\mathrm{Cov}(a_1+b_1X\,,\,a_2+b_2Y) = b_1\cdot b_2\cdot\mathrm{Cov}(X,\,Y) \text{ für } a_1\,,a_2\,,b_1\,,b_2\in\mathbb{R}\,;$$

$$\mathrm{Cov}(X_1+X_2\,,Y) = \mathrm{Cov}(X_1\,,Y) + \mathrm{Cov}(X_2\,,Y)\,;$$

$$\mathrm{Cov}(X,Y_1+Y_2) = \mathrm{Cov}(X,Y_1) + \mathrm{Cov}(X,Y_2)\,.$$

Der **Korrelationskoeffizient** ρ der beiden Zufallsvariablen ist definiert durch

$$\rho = \rho(X,Y) = \frac{\mathrm{Cov}(X,Y)}{\sqrt{\mathrm{Var}(X)}\cdot\sqrt{\mathrm{Var}(Y)}} = \frac{\sigma_{XY}}{\sigma_X\cdot\sigma_Y} \quad \text{für } \sigma_X, \sigma_Y > 0.$$

Beispiel (Stabproblem I, vgl. Abschnitt 2.2**)**: Beim Stabproblem I sind im Modell A die beiden Zufallsvariablen X_1 und Y_1 unabhängig. Damit gilt $\mathrm{cov}(X_1,Y_1) = \rho(X_1,Y_1) = 0$.

Beim Modell B besitzen die beiden Zufallsvariablen X_2 und Y_2 die gemeinsame Dichte $f(x,y) = \begin{cases} 2 & \text{für } 0 \le x \le y \le 1 \\ 0 & \text{sonst} \end{cases}$

und die beiden Randdichten

$$f_1(x) = \begin{cases} 2(1-x) & \text{für } 0 \le x \le 1 \\ 0 & \text{sonst} \end{cases}; \quad f_2(y) = \begin{cases} 2y & \text{für } 0 \le y \le 1 \\ 0 & \text{sonst} \end{cases}$$

sowie die Erwartungswerte $E(X_2) = \frac{1}{3}$ und $E(Y_2) = \frac{2}{3}$. Aus

$$E(X_2^2) = \int_0^1 2x^2(1-x) = \left[\frac{2x^3}{3} - \frac{1}{2}x^4\right]_{x=0}^{x=1} = \frac{1}{6}; \quad E(Y_2^2) = \int_0^1 2y^3 dy = \frac{1}{2}$$

folgt

$$\operatorname{Var}(X_2) = \frac{1}{6} - \frac{1}{9} = \frac{1}{18}; \quad \operatorname{Var}(Y_2) = \frac{1}{2} - \frac{4}{9} = \frac{1}{18}.$$

$$E(X_2 \cdot Y_2) = \int_0^1 \left\{ \int_x^1 2xy\,dy \right\} dx = \int_0^1 2x \cdot \left(\frac{1}{2} - \frac{x^2}{2}\right) dx = \frac{1}{2} - \frac{1}{4} = \frac{1}{4}.$$

Daraus erhält man

$$\operatorname{Cov}(X_2, Y_2) = E(X_2 \cdot Y_2) - E(X_2) \cdot E(Y_2) = \frac{1}{4} - \frac{1}{3} \cdot \frac{2}{3} = \frac{1}{36};$$

$$\rho(X_2, Y_2) = \frac{1/36}{1/18} = \frac{1}{2}.$$

Wie bei diskreten gilt auch bei stetigen Zufallsvariablen

$$\rho(a_1 + b_1 X, a_2 + b_2 Y) = \frac{b_1 \cdot b_2}{|b_1 \cdot b_2|} \cdot \rho(X, Y) = \pm \rho(X, Y)$$

für $a_1, a_2, b_1, b_2 \in \mathbb{R}$, $b_1, b_2 \neq 0$.

Dabei steht + für $b_1 \cdot b_2 > 0$ und − für $b_1 \cdot b_2 < 0$.

Die in Kap. III Abschnitt 3.6 angegebene Abschätzung für den Korrelationskoeffizienten kann dierekt übernommen werden, da sie nur die Linearität des Erwartungswertes benutzt.

Für die Standardisierungen $X^* = \frac{X-\mu_X}{\sigma_X}$ und $Y^* = \frac{Y-\mu_Y}{\sigma_Y}$ gilt allgemein

$$\rho(X, Y) = E\left(\frac{X-\mu_X}{\sigma_X} \cdot \frac{Y-\mu_Y}{\sigma_Y}\right) = E(X^* \cdot Y^*)$$

und

$$0 \le E\left((Y^* - \rho \cdot X^*)^2\right) = 1 - \rho^2.$$

Hieraus folgt

$$\rho^2 \leq 1, \text{ also } -1 \leq \rho \leq 1.$$

Für $\rho^2 = 1$ erhält man $E\big((Y^* - \rho \cdot X^*)^2\big) = 0$. Dann kann die Zufallsvariable $Y^* - \rho \cdot X^*$ mit Wahrscheinlichkeit Eins nur den Wert Null annehmem. Mit Wahrscheinlichkeit Eins gilt dann $Y^* - \rho \cdot X^* = 0$. Gleichbedeutend damit ist die lineare Beziehung $Y = \mu_Y + \frac{\sigma_Y}{\sigma_X} \cdot (X - \mu_X) = a + bX$. Das bedeutet

$$P(\{\omega \in \Omega |\ Y(\omega) = a + bX(\omega)\} = 1.$$

Außerhalb der Geraden $y = a + bx$ liegt dann keine Wahrscheinlichkeitsmasse. Dann kann die zweidimensionale Zufallsvariable (X,Y) aber **nicht stetig** sein. Im Stetigkeitsfall müßte sie eine gemeinsame Dichte $f(x, y)$ besitzen. Das Doppelintegral über eine Dichte längs einer Geraden verschwindet jedoch. Damit wären alle Integrale über die Dichte gleich Null. In einem solchen Fall spricht man von einer **entarteten zweidimensionalen Verteilung.** Solche Verteilungen werden allgemein in Kap. V Abschnitt 2 behandelt.

Beispiel (entartete zweidimensionale Verteilung): Es sei X eine beliebige stetige Zufallsvariable mit der Dichte $f(x)$, dem Erwartungswert $E(X)$ und der Varianz $Var(X)$. Die Zufallsvariable Y sei gleich X, also $Y = X$. Die beiden Komponenten der Realisierungen der zweidimensionalen Zufallsvariablen (X,Y) sind wegen $(X(\omega),Y(\omega)) = (X(\omega),X(\omega))$ immer gleich. Damit liegen die Realisierungen der zweidimensionalen Zufallsvariablen mit Wahrscheinlichkeit Eins auf der Geraden $y = x$. Die zweidimensionale Zufallsvariable (X,Y) ist nach der in Abschnitt 2.1 gegebenen Definition nicht stetig, obwohl es sich um ein Paar stetiger Zufallsvariabler handelt.

Zusammenfassung:

Eigenschaften des Korrelationskoeffizienten:
Für den Korrelationskoeffizienten ρ gilt $-1 \leq \rho \leq 1$.
$|\rho| = 1$ ist genau dann erfüllt, wenn zwischen den Zufallsvariablen X und Y mit Wahrscheinlichkeit Eins eine lineare Beziehung $Y = a + bX$ besteht, d. h.

$$P(\{\omega \mid Y(\omega) = a + bX(\omega)\}) = 1.$$

Für $\rho = +1$ ist die Steigung b positiv, für $\rho = -1$ ist sie negativ.
Die gemeinsame Verteilung der beiden Zufallsvariablen ist in diesem Fall auf der Geraden $a + bx$ **entartet**.
(X,Y) ist dann keine stetige zweidimensionale Zufallsvariable .

Interpretation des Korrelationskoeffizienten

Auch bei stetigen zweidimensionalen Zufallsvariablen ist der Korrelationskoeffizient $\rho(X, Y)$ ein **Maß für den linearen Zusammenhang.** Je größer der Betrag $|\rho|$ ist, umso mehr ist die gemeinsame Dichte in der Nähe einer Geraden konzentriert. Für $\rho > 0$ sind die Zufallsvariablen **positiv korreliert.** Die Gerade, um welche die Dichte konzentriert ist, besitzt dann eine positive Steigung. Bei **negativ korrelierten** Zufallsvariablen ($\rho < 0$) ist die Steigung der entsprechenden Geraden negativ. Das Gesamtvolumen des Körpers zwischen der gemeinsamen Dichte $f(x,y)$ und der x-y-Ebene muß bei stetigen zweidimensionalen Zufallsvariablen immer gleich Eins sein. Aus diesem Grund muß die Dichte bei großem $|\rho|$ in der Nähe dieser Geraden sehr große Werte annehmen. Im Grenzfall $|\rho| \to 1$ müssen diese Werte der Dichte gegen unendlich konvergieren. Dadurch enststeht die **Entartung.**

2.7. Die Regressionsgerade zweier stetiger Zufallsvariabler

In Analogie zur Regressionsgeraden zweier diskreter Zufallsvariabler nach Kap. III Abschnitt 3.7 wird bei einer zweidimensionalen stetigen Zufallsvariablen (X,Y) die Zufallsvariable der Regressionsgeraden von Y bezüglich X

$$\hat{Y} = \alpha + \beta X ,$$

so bestimmt, daß der Erwartungswert der Zufallsvariablen $(Y - \hat{Y})^2$ minimal ist. Dieser Erwartungswert lautet

$$Q(\alpha, \beta) = E\left((Y - \alpha - \beta X)^2\right) = \int_{-\infty}^{+\infty} \int_{-\infty}^{+\infty} (y - \alpha - \beta x)^2 \cdot f(x, y)\, dx\, dy.$$

Das Minimum dieser Funktion erhält man dadurch, daß die partiellen Ableitungen nach α und β gleich Null gesetzt werden.

Damit entsteht wie im diskreten Fall das lineare Gleichungssystem

$$\begin{aligned} \alpha \;+\; E(X) \cdot \beta &= E(Y) \\ E(X) \cdot \alpha \;+\; E(X^2) \cdot \beta &= E(X \cdot Y) \end{aligned}$$

mit der Lösung

$$\beta = \frac{E(X \cdot Y) - E(X) \cdot E(Y)}{E(X^2) - [E(X)]^2} = \frac{Cov(X, Y)}{Var(X)} = \rho(X, Y) \cdot \frac{\sqrt{Var(Y)}}{\sqrt{Var(X)}};$$

$$\alpha = E(Y) - E(X) \cdot \beta .$$

Für die so bestimmten Werte α und β beträgt der Erwartungswert der quadratischen Abweichung

$$Q(\alpha, \beta) = E\big((Y - \hat{Y})^2\big) = E\big((Y - \alpha - \beta X)^2\big) = Var(Y) \cdot (1 - \rho^2).$$

Zusammenfassung:

Die **Regressionsgerade** von Y bezüglich X lautet:

$$\hat{Y} - \mu_Y = \frac{Cov(X, Y)}{Var(X)} \cdot (X - \mu_X) \; ; \; \mu_X = E(X); \; \mu_Y = E(Y) .$$

Die Steigung $\beta = \dfrac{Cov(X, Y)}{Var(X)} = \rho(X, Y) \cdot \dfrac{\sqrt{Var(Y)}}{\sqrt{Var(X)}}$

heißt der **Regressionskoeffizient.**

Die geschätzte Zufallsvariable $\hat{Y}$ hat wegen $E(\hat{Y}) = \mu_Y = E(Y)$ den gleichen Erwartungswert wie die Ausgangsvariable Y.

Der Erwartungswert der quadratischen vertikalen Abweichung lautet

$Q(\alpha, \beta) = E\big((Y - \hat{Y})^2\big) = Var(Y) \cdot (1 - \rho^2)$.

Das **Bestimmtheitsmaß** ist wie im diskreten Fall $B = \rho^2$.

3. Mehrdimensionale stetige Zufallsvariable

Der Übergang auf stetige n-dimensionale Zufallsvariable geschieht mit Hilfe einer Dichte als Funktion von n Variablen. Die Doppelintegrale aus dem zweidimensionalen Fall gehen dann über in n-fache Integrale.

Die Funktion $f(x_1, x_2, x_3, \ldots, x_n)$ heißt **Dichte** (**Dichtefunktion** oder **Wahrscheinlichkeitsdichte**), wenn sie folgende Eigenschaften erfüllt:

a) $f(x_1, x_2, x_3, \ldots, x_n) \geq 0 \quad$ für alle $(x_1, x_2, \ldots, x_n) \in \mathbb{R}^n$;

b) $\displaystyle\int_{-\infty}^{+\infty} \cdots \int_{-\infty}^{+\infty} f(x_1, x_2, x_3, \ldots, x_n)\, dx_1\, dx_2 \ldots dx_n = 1 .$

Die **n-dimensionale Zufallsvariable** $(X_1, X_2, X_3, \ldots, X_n)$ heißt **stetig mit der Dichte** $f(x_1, x_2, x_3, \ldots, x_n)$, wenn für alle Bereiche $G \in \mathbb{R}^n$, für welche die gemeinsame Wahrscheinlichkeit $P(\{\omega \mid (X_1(\omega), X_2(\omega), \ldots, X_n(\omega)) \in G\})$ erklärt ist, gilt

$$P(\{\omega \mid (X_1(\omega), X_2(\omega), \ldots, X_n(\omega)) \in G\}) = \int \ldots \int_G f(x_1, x_2, \ldots, x_n)\, dx_1 dx_2 \ldots dx_n.$$

Die gemeinsame Wahrscheinlichkeit muß für jeden Quader erklärt sein durch

$$P(a_1 \le X_1 \le b_1, \ldots, a_n \le X_n \le b_n) = \int_{a_1}^{b_1} \ldots \int_{a_n}^{b_n} f(x_1, x_2, \ldots, x_n)\, dx_1 dx_2 \ldots dx_n \, .$$

für alle $a_i < b_i$, $i = 1, 2, \ldots, n$.

Aus der Dichte erhält man die **Verteilungsfunktion** der n-dimensionalen Zufallsvariablen $(X_1, X_2, \ldots, X_n)$

$$F(x_1, x_2, x_3, \ldots, x_n) = P(X_1 \le x_1, X_2 \le x_2, \ldots, X_n \le x_n) =$$

$$= P\left(\bigcap_{i=1}^{n} \{\omega \mid X(\omega) \le x_i\}\right) = \int_{-\infty}^{x_1} \ldots \int_{-\infty}^{x_n} f(u_1, u_2, \ldots, u_n)\, du_1 du_2 \ldots du_n \, .$$

Die Verteilungsfunktion $F(x_1, x_2, x_3, \ldots, x_n)$ der n-dimensionalen stetigen Zufallsvariablen besitzt folgende Eigenschaften:

1.) $F(x_1, x_2, x_3, \ldots, x_n)$ ist in jeder Variablen monoton nicht fallend.

2.) $F(x_1, x_2, x_3, \ldots, x_n)$ ist in jeder Variablen stetig.

3.) $\lim\limits_{x_i \to -\infty} F(x_1, x_2, x_3, \ldots, x_n) = 0$ für jedes i.

Die Verteilungsfunktion verschwindet, wenn mindestens eine der n Variablen gegen $-\infty$ konvergiert.

4.) $\lim\limits_{x_i \to +\infty,\, i=1,2,\ldots,n} F(x_1, x_2, x_3, \ldots, x_n) = F(+\infty, +\infty, \ldots, +\infty) = 1.$

5.) Falls die Dichte $f(x_1, x_2, x_3, \ldots, x_n)$ an der Stelle $(x_1, x_2, x_3, \ldots, x_n)$ stetig ist, so ist die Verteilungsfunktion an dieser Stelle nach allen n Variablen differenzierbar mit

$$\frac{\partial^n F(x_1, x_2, x_3, \ldots, x_n)}{\partial x_1 \partial x_2 \ldots \partial x_n} = f(x_1, x_2, x_3, \ldots, x_n)\, .$$

Falls die gemeinsame Dichte an der Stelle $(x_1, x_2, \ldots, x_n)$ in allen Variablen stetig ist, gilt für kleine Δx_i die Näherung

$$P(x_1 \le X_1 + \Delta x_1, \dots, x_n \le X_n \le x_n + \Delta x_n) \approx f(x_1, x_2, \dots, x_n)\Delta x_1 \dots \Delta x_n.$$

Läßt man in der gemeinsamen Verteilungsfunktion jeweils $n-1$ Variable gegen unendlich gehen, so erhält man die Verteilungsfunktionen der einzelnen Zufallsvariablen (Randverteilungen)

$$F_1(x_1) = F(x_1, +\infty, \dots, +\infty) \; ; \; F_2(x_2) = F(+\infty, x_2, +\infty, \dots, +\infty) \; ;$$
$$\dots\dots \; ; \; F_i(x_i) = F(+\infty, \dots, +\infty, x_i, +\infty, \dots, +\infty) \; ;$$
$$\dots\dots \; ; \; F_n(x_n) = F(+\infty, \dots, +\infty, x_n) \, .$$

Die Randdichte der Zufallsvariablen X_i entsteht dadurch, daß in der gemeinsamen Dichte über alle übrigen Werte integriert wird. Damit erhält man die Dichte von X_i als $(n-1)$-faches Integral

$$f_i(x_i) = \int_{-\infty}^{+\infty} \dots \int_{-\infty}^{+\infty} f(x_1, x_2, x_3, \dots, x_n)\, dx_1 \dots dx_{i-1}\, dx_{i+1} \dots dx_n.$$

Läßt man in der gemeinsamen Verteilungsfunktion $F(x_1, x_2, \dots, x_n)$ $r < n$ Variable gegen unendlich gehen, so erhält man die gemeinsame Verteilungsfunktion der übrigen $n-r$ Zufallsvariablen. Ihre gemeinsame Dichte erhält man aus der Gesamtdichte durch Integration über die restlichen Variablen.

Die n Zufallsvariablen $X_1, X_2, \dots, X_n$ sind **unabhängig,** wenn die gemeinsame Verteilungsfunktion gleich dem Produkt der einzelnen Verteilungsfunktionen ist, also für

$$F(x_1, x_2, x_3, \dots, x_n) = F_1(x_1) \cdot F_2(x_2) \cdot \dots \cdot F_n(x_n) \, .$$

Bei unabhängigen Zufallsvariablen muß die gemeinsame Dichte an allen Stetigkeitsstellen gleich dem Produkt der Randdichten sein, also

$$f(x_1, x_2, x_3, \dots, x_n) = f_1(x_1) \cdot f_2(x_2) \cdot \dots \cdot f_n(x_n)$$

an jeder Stetigkeitsstelle von f.

Durch Multiplikation von n einzelnen Dichten erhält man die gemeinsame Dichte einer n-dimensionalen stetigen Zufallsvariablen. Dabei sind die einzelnen Zufallsvariablen voneinander unabhängig.

Funktion einer n-dimensionalen stetigen Zufallsvariablen

Durch die Funktion $y = g(x_1, x_2, \dots, x_n)$ werde eine eindimensionale Zufallsvariable $Z = g(X_1, X_2, \dots, X_n)$ definiert.

Wie im zweidimensionalen Fall gilt für den Erwartungswert von Z der

Funktionssatz:
Die Zufallsvariable $Z = g(X_1, X_2, \dots, X_n)$ besitzt genau dann einen **Erwartungswert** und zwar

$$E(Z) = \int_{-\infty}^{+\infty} \dots \int_{-\infty}^{+\infty} g(x_1, x_2, x_3, \dots, x_n) \cdot f(x_1, x_2, x_3, \dots, x_n)\, dx_1\, dx_2 \dots dx_n,$$

wenn dieses Integral absolut konvergiert mit

$$\int_{-\infty}^{+\infty} \dots \int_{-\infty}^{+\infty} |g(x_1, x_2, x_3, \dots, x_n)| \cdot f(x_1, x_2, x_3, \dots, x_n) dx_1\, dx_2 \dots dx_n < \infty .$$

4. Charakteristische Funktionen

Es sei X eine stetige Zufallsvariable mit der Dichte f(x). Dann ist die sog. **charakteristische Funktion** dieser Zufallsvariablen definiert durch

$$\psi_X(t) = \psi(t) = \int_{-\infty}^{+\infty} e^{itx} f(x)\, dx , \ t \in \mathbb{R} .$$

Dabei ist i die imaginäre Einheit mit $i^2 = -1$. Die charakteristische Funktion wird häufig mit $\varphi(t)$ bezeichnet. Um Verwechslungen mit der Dichte der Standard-Normalverteilung auszuschließen, wählen wir eine andere Bezeichnung. Die charakteristische Funktion $\psi(t)$ einer stetigen Zufallsvariablen ist wie die einer diskreten Zufallsvariablen (Kap. III Abschnitt 6) eine komplexwertige Funktion der reellen Variablen t, $-\infty < t < \infty$. Im stetigen Fall ist sie die **Fouriertransformierte** der Dichte f(x) und stellt den Erwartungswert der komplexwertigen Zufallsvariablen e^{itX} dar, also

$$\psi(t) = E(e^{itX}) = E(\cos tX) + i \cdot E(\sin tX) , \ t \in \mathbb{R} .$$

Wegen $|e^{itx}| = 1$ konvergiert das Integral für jedes t absolut mit

$$|\psi(t)| \le \int_{-\infty}^{+\infty} |e^{itx}| f(x)\, dx = \int_{-\infty}^{+\infty} f(x)\, dx = 1.$$

Dabei gilt

$$\psi(0) = \int_{-\infty}^{+\infty} f(x)\, dx = 1.$$

Die charakteristische Funktion ist in t **(gleichmäßig) stetig.**

Durch die charakteristische Funktion $\psi(t)$ ist die Dichte eindeutig bestimmt. Allgemein gilt die

Umkehrformel:
Ist $\psi(t)$ die charakteristische Funktion einer Zufallsvariablen X mit

$$\int_{-\infty}^{\infty} |\psi(t)|\,dt < \infty ,$$

so ist X eine stetige Zufallsvariable mit der Dichte

$$f(x) = \frac{1}{2\pi}\int_{-\infty}^{\infty} \psi(t)e^{-itx}dt .$$

Falls der Erwartungswert E(X) der Zufallsvariablen X existiert, ist die charakteristische Funktion nach t differenzierbar. Dabei ist die Integration mit der Differentiation vertauschbar. Dann gilt

$$\psi'(t) = \int_{-\infty}^{+\infty} ixe^{itx}f(x)\,dx ;$$

$$\psi'(0) = \int_{-\infty}^{+\infty} ix\,f(x)\,dx = i\cdot E(X).$$

Falls das k-te Moment $E(X^k)$ existiert, ist die charakteristische Funktion k-mal differenzierbar mit

$$\psi^{(k)}(t) = \frac{d^k\psi(t)}{dt^k} = i^k\cdot\int_{-\infty}^{+\infty} x^k e^{itx}f(x)\,dx ;$$

$$\psi^{(k)}(0) = i^k\cdot\int_{-\infty}^{+\infty} x^k f(x)\,dx = i^k\cdot E(X^k) .$$

Zusammenfassung:

Falls die ersten n Momente der Zufallsvariablen X existieren, ist die charakteristische Funktion n-mal differenzierbar mit

$$\psi^{(k)}(0) = i^k\cdot E(X^k) \quad \text{für } k=1,2,\dots,n .$$

Dabei ist i die imaginäre Einheit mit $i^2 = -1$.

Charakteristische Funktion einer linearen Transformation

Die Zufallsvariable X besitze die Dichte f(x) und die charakteristische Funktion $\psi_X(t)$. Die linear transformierte Zufallsvariable $Y = a + b X$ mit $a, b \in \mathbb{R}$, $b \neq 0$ besitzt die Dichte $g(y) = \frac{1}{|b|} \cdot f(\frac{y-a}{b})$. Mit der Substitution $y = a + bx$ erhält man die charakteristische Funktion der linear transformierten Zufallsvariablen

$$\psi_Y(t) = \int_{-\infty}^{+\infty} e^{ity} f(\frac{y-a}{b}) \frac{1}{|b|} dy = \int_{-\infty}^{+\infty} e^{it(a+bx)} f(x)\, dx$$

$$= \int_{-\infty}^{+\infty} e^{ita} \cdot e^{ibtx} f(x)\, dx = e^{ita} \cdot \psi_X(bt).$$

Damit gilt

$$\boxed{\psi_{a+bX}(t) = e^{ita} \cdot \psi_X(bt); \quad a, b \in \mathbb{R}, b \neq 0 .}$$

Charakteristische Funktionen von Summen unabhängiger Zufallsvariabler

Es seien X und Y unabhängige Zufallsvariable mit den Dichten f(x), g(y) und den charakteristischen Funktionen $\psi_X(t)$, $\psi_Y(t)$. Die Summe $Z = X + Y$ besitzt die Dichte

$$h(z) = \int_{-\infty}^{+\infty} f(x) \cdot g(z-x)\, dx .$$

Daraus erhält man die charakteristische Funktion der Summe

$$\psi_Z(t) = \int_{-\infty}^{+\infty} e^{itz} h(z)\, dz = \int_{-\infty}^{+\infty} e^{itz} \int_{-\infty}^{+\infty} f(x) \cdot g(z-x)\, dx\, dz .$$

Mit der Substitution $y = z - x$ geht dieses Integral über in

$$\psi_Z(t) = \int_{-\infty}^{+\infty} e^{it(x+y)} \int_{-\infty}^{+\infty} f(x) \cdot g(y)\, dx\, dy$$

$$= \int_{-\infty}^{+\infty} e^{itx} f(x)\,dx \cdot \int_{-\infty}^{+\infty} e^{ity} g(y)\,dy = \psi_X(t)\cdot\psi_Y(t)\,.$$

Durch vollständige Induktion erhält man die entsprechende Produktdarstellung bei n Summanden.

Zusammenfassung:

Die charakteristische Funktion einer **Summe** $X+Y$ zweier unabhängiger Zufallsvariabler X und Y ist gleich dem Produkt der beiden einzelnen charakteristischenFunktionen, also

$$\psi_{X+Y}(t) = \psi_X(t)\cdot\psi_Y(t)\,.$$

Die charakteristische Funktion der Summe $\sum_{i=1}^{n} X_i$ von n unabhängigen Zufallsvariablen ist gleich dem Produkt ihrer charakteristischen Funktionen

$$\psi_{\sum\limits_{i=1}^{n} X_i}(t) = \prod_{i=1}^{n} \psi_{X_i}(t)\,.$$

Die **Linearkombination** $\sum_{i=1}^{n} b_i X_i$, $b_i \in \mathbb{R}$ von n unabhängigen Zufallsvariablen besitzt die charakteristische Funktion

$$\psi_{\sum\limits_{i=1}^{n} b_i X_i}(t) = \prod_{i=1}^{n} \psi_{X_i}(b_i t)\,.$$

5. Spezielle stetige Verteilungen

In diesem Abschnitt werden einige stetige Zufallsvariable behandelt, die in der Praxis häufig vorkommen.

5.1. Die gleichmäßige Verteilung

Die Zufallsvariable X heißt **gleichmäßig verteilt** in $[a, b]$, $a < b$, falls sie folgende Dichte besitzt

$$f(x) = \begin{cases} \frac{1}{b-a} & \text{für } a \le x \le b;\ a<b, \\ 0 & \text{sonst.} \end{cases}$$

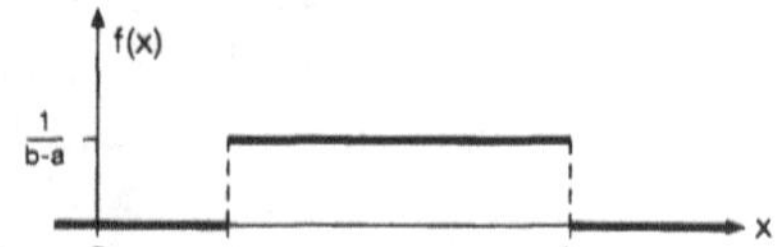

Dichte

Ihre Verteilungsfunktion lautet

$$F(x) = \begin{cases} 0 & \text{für } x < a, \\ \frac{x-a}{b-a} & \text{für } a \le x \le b, \\ 1 & \text{für } x > b\,. \end{cases}$$

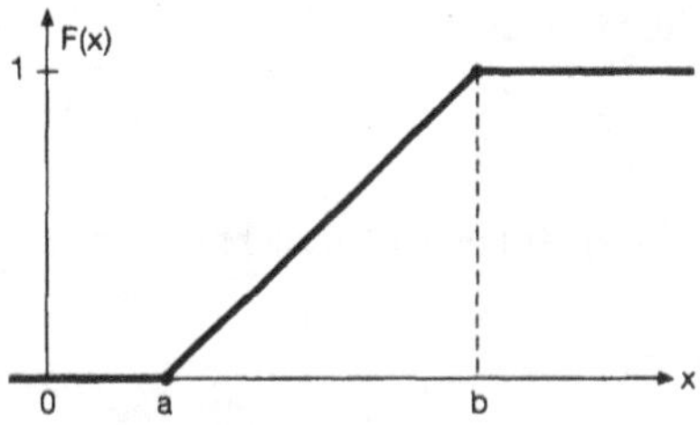

Verteilungsfunktion

Wegen der Symmetrie der Dichte f zurAchse $s = \frac{a+b}{2}$ sind **Erwartungswert** μ und **Median** $\widetilde{\mu}$ gleich mit

$$E(X) = \mu = \widetilde{\mu} = \frac{a+b}{2}\ .$$

Ferner erhält man das **k-te zentrale Moment** als

$$E\Big((X-\mu)^k\Big) = \frac{1}{b-a}\int_a^b\Big(x-\frac{a+b}{2}\Big)^k dx$$

$$= \frac{1}{b-a}\cdot\frac{1}{k+1}\left[\Big(x-\frac{a+b}{2}\Big)^{k+1}\right]_{x=a}^{x=b}$$

$$= \frac{1}{b-a}\cdot\frac{1}{k+1}\left[\Big(\frac{b-a}{2}\Big)^{k+1} - \Big(\frac{a-b}{2}\Big)^{k+1}\right].$$

Für ungerades k gilt $\Big(\frac{a-b}{2}\Big)^{k+1} = \Big(\frac{b-a}{2}\Big)^{k+1}$. In diesem Fall verschwindet das zentrale Moment.

Für gerades k gilt $\Big(\frac{a-b}{2}\Big)^{k+1} = -\Big(\frac{b-a}{2}\Big)^{k+1}$. Dann lautet das zentrale Moment

$$E\Big((X-\mu)^k\Big) = \frac{1}{k+1}\Big(\frac{b-a}{2}\Big)^k \text{ für gerades k.}$$

Somit gilt allgemein

$$E\Big((X-\mu)^k\Big) = \begin{cases} \frac{1}{k+1}\Big(\frac{b-a}{2}\Big)^k & \text{für gerades k ;} \\ 0 & \text{für ungerades k.} \end{cases}$$

$k = 2$ ergibt die Varianz $\operatorname{Var}(X) = \frac{(b-a)^2}{12}$.

Zusammenfassung:

> Eine in $[a, b]$, $a < b$ gleichmäßig verteilte Zufallsvariable X besitzt die Kenngrößen
>
> **Erwartungswert** und **Median**: $E(X) = \tilde{\mu} = \frac{a+b}{2}$;
>
> **Varianz**: $Var(X) = \frac{(b-a)^2}{12}$;
>
> **zentrale Momente**: $E\left((X-\mu)^k\right) = \begin{cases} \frac{1}{k+1}\left(\frac{b-a}{2}\right)^k & \text{für gerades } k; \\ 0 & \text{für ungerades } k. \end{cases}$

Summen unabhängiger in [0, 1] gleichmäßig verteilter Zufallsvariabler

Behandelt wird zunächst der Spezialfall der gleichmäßgen Verteilung zwischen Null und Eins. Der allgemeine Fall wird daraus mit Hilfe einer linearen Transformation abgeleitet.

Die Zufallsvariablen $X_1, X_2, \ldots, X_n$ seien unabhängig und jeweils in $[0, 1]$ gleichmäßig verteilt mit der Dichte

$$f_i(x) = \begin{cases} 1 & \text{für } 0 \leq x \leq 1, \\ 0 & \text{sonst} \end{cases} \qquad \text{für } i = 1, 2, \ldots, n.$$

Der Wertebereich der Summenvariablen $Z_n = \sum_{i=1}^{n} X_i$ ist das Intervall $[0, n]$ für $n = 1, 2, \ldots$

Mit $E(X_i) = \frac{1}{2}$, $Var(X_i) = \frac{1}{12}$ erhält man wegen der Unabhängigkeit der Summanden die Kenngrößen

$$E(Z_n) = \frac{n}{2}; \quad Var(Z_n) = \frac{n}{12} \quad \text{für } n = 1, 2, \ldots$$

Gesucht sind die Dichten $h_n(z)$ der Summen Z_n mit $h_1(z) = f_1(z)$. Außerhalb von $[0, n]$ verschwindet die Dichte $h_n(z)$. Sie ist die n-fache Faltung der Dichte $f_1(x)$.

a) $n = 2$: Die Dichte $h_2(z)$ ist die Faltung von f_1 mit sich selbst, also

$$h_2(z) = \int_{-\infty}^{+\infty} f_1(x) \cdot f_1(z-x)\, dx.$$

Für $0 \leq z \leq 1$ erhält man $\quad h_2(z) = \int\limits_0^z dx \; = z.$

$1 \leq z \leq 2$ ergibt $\quad h_2(z) = \int\limits_{z-1}^{1} dx = 2 - z.$

Damit gilt

$$h_2(z) = \begin{cases} z & \text{für } \; 0 \leq z \leq 1, \\ 2 - z & \text{für } \; 1 \leq z \leq 2, \\ 0 & \text{sonst}. \end{cases}$$

$h_2(z)$ ist die Dichte der **Dreiecksverteilung** im Intervall $[0,2]$.

Für $n = 3$ erhält man durch elementare Rechnung

$$h_3(z) = \begin{cases} \frac{z^2}{2} & \text{für } 0 \leq z \leq 1, \\ -z^2 + 3z - \frac{3}{2} & \text{für } 1 \leq z \leq 2, \\ \frac{z^2}{2} - 3z + \frac{9}{2} & \text{für } 2 \leq z \leq 3, \\ 0 & \text{sonst.} \end{cases}$$

Die Dichten $h_1(z) = f_1(z)$, $h_2(z)$ und $h_3(z)$ sind in der nachfolgenden Abbildung graphisch dargestellt.

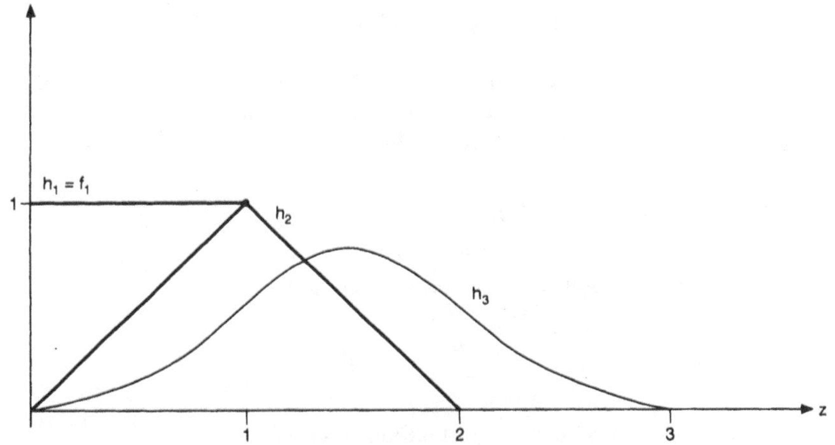

Dichten von Summen unabhängiger gleichmäßiger Verteilungen

Nach Feller W., Band II [1971] S. 27 besitzt die Dichte $h_n(z)$ die geschlossene Darstellung:

$$h_n(z) = \frac{1}{(n-1)!}\sum_{i=0}^{k-1} (-1)^i \cdot \binom{n}{i} \cdot (z-i)^{n-1} \text{ für } k-1 \leq z \leq k;\ k=1,2,\dots,n.$$

$h_n(z) = 0$ für $z \notin [0,n]$.

Summen unabhängiger, in [a, b] gleichmäßig verteilter Zufallsvariabler

Falls die unabhängigen Zufallsvariablen X_i im Intervall $[a,b]$ mit $a<b$ gleichmäßig verteilt sind mit der Dichte

$$f_i(x) = \begin{cases} \frac{1}{b-a} & \text{für } a \leq x \leq b, \\ 0 & \text{sonst,} \end{cases}$$

erhält man die die n-fache Faltung in der Form

$$\hat{h}_n(z) = \frac{1}{(n-1)! \cdot (b-a)^n}\sum_{i=0}^{k-1} (-1)^i \cdot \binom{n}{i} \cdot (z - i \cdot (b-a))^{n-1}$$

$$\text{für } (k-1) \cdot (b-a) \leq z \leq k \cdot (b-a)\ ;\ k = 1,2,\dots,n.$$

$\hat{h}_n(z) = 0$ für $z \notin [a, a+n(b-a)]$.

5.2. Die Exponentialverteilung

Durch die Exponentialverteilung wird häufig die Lebensdauer eines Geräts oder Maschinenteils beschrieben. Aus diesem Grund bezeichnen wir die Realisierungen der Zufallsvariablen nicht mit x, sondern mit t. Die Zufallsvariable T mit der Dichte

$$f(t) = \begin{cases} 0 & \text{für } t<0, \\ \lambda \cdot e^{-\lambda t} & \text{für } t \geq 0,\ \lambda>0 \end{cases}$$

heißt **exponentialverteilt mit dem Parameter λ.** Wegen

$$\int_0^\infty \lambda \cdot e^{-\lambda t} dt = e^{-\lambda t} \Big|_{t=0}^{t=\infty} = 1 \text{ für } \lambda > 0$$

ist $f(t)$ tatsächlich Dichte. Die Verteilungsfunktion lautet

$$F(t) = \begin{cases} 0 & \text{für } t<0, \\ 1-e^{-\lambda t} & \text{für } t \geq 0. \end{cases}$$

Mit der partiellen Integration erhält man den **Erwartungswert**

$$E(T) = \int_0^\infty \lambda t e^{-\lambda t} dt = -\left[t e^{-\lambda t} + \frac{1}{\lambda} e^{-\lambda t}\right]_0^\infty = \frac{1}{\lambda}.$$

Nochmalige partielle Integration ergibt hiermit

$$E(T^2) = \int_0^\infty t \cdot \lambda t e^{-\lambda t} dt$$

$$= -\underbrace{\left[t^2 e^{-\lambda t} + \frac{1}{\lambda} t e^{-\lambda t}\right]_0^\infty}_{=0} + \int_0^\infty \left[t e^{-\lambda t} + \frac{1}{\lambda} e^{-\lambda t}\right] dt$$

$$= -\left[\frac{1}{\lambda} t e^{-\lambda t} + \frac{1}{\lambda^2} e^{-\lambda t} + \frac{1}{\lambda^2} e^{-\lambda t}\right]_0^\infty = \frac{2}{\lambda^2}.$$

Hieraus folgt

$$\mathrm{Var}(T) = E(T^2) - [E(T)]^2 = \frac{1}{\lambda^2}.$$

Die Dichte f nimmt an der Stelle $t = 0$ den größten Wert an. Daher ist der

Modalwert $t_{Mod.} = 0.$

Den **Median** $\tilde{\mu}$ erhält man aus der Verteilungsfunktion durch

$$1 - e^{-\lambda \tilde{\mu}} = \frac{1}{2}\ ;\ e^{-\lambda \tilde{\mu}} = \frac{1}{2}\ ;\ -\lambda \tilde{\mu} = \ln\left(\frac{1}{2}\right) = -\ln 2\ ;\ \tilde{\mu} = \frac{\ln 2}{\lambda}\ .$$

Für $\lambda = 0{,}5$; 1 und 2 sind die Dichten in der nachfolgenden Abbildung graphisch dargestellt.

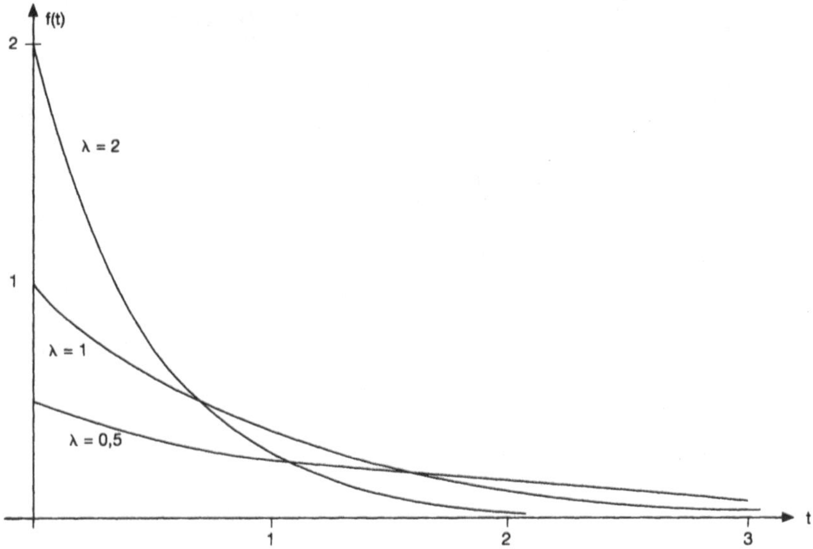

Dichten von Exponentialverteilungen

Eigenschaften der Exponentialverteilung

Für jedes t und $h>0$ folgt aus der Definition der bedingten Wahrscheinlichkeit

$$P(T \le t+h \mid T \ge t) = \frac{P(t \le T \le t+h)}{P(T \ge t)} = \frac{\int_t^{t+h} \lambda \cdot e^{-\lambda u} du}{1-F(t)}$$

$$= \frac{\int_t^{t+h} \lambda \cdot e^{-\lambda u} du}{e^{-\lambda t}} = \int_t^{t+h} \lambda \cdot e^{-\lambda (t+u)} du \ .$$

Mit der Substitution $t+u = v$, $du = dv$, geht dieses Integral über in

$$\int_0^h \lambda \cdot e^{-\lambda v} dv = P(0 \le T \le h) = F(h) - F(0) .$$

Damit gilt für eine exponentialverteilte Zufallsvariable T

$$P(T \le t+h \mid T \ge t) = P(0 \le T \le h) \quad \text{für jedes } h>0 \text{ und } t \ge 0.$$

Falls die Zufallsvariable T die **Lebensdauer** eines Geräts oder eines Maschinenteils beschreibt, besagt diese Gleichung folgendes: Beim Erreichen eines jeden Alters t ist die bedingte Verteilung der weiteren Lebensdauer gleich der Verteilung der Lebensdauer eines neuen Geräts. Die bedingte Verteilung der weiteren Lebensdauer ist also unabhängig vom erreichten Alter. Bei solchen Geräten findet somit **keine Alterung** statt.

Mit $h = \Delta t > 0$ geht die obige Gleichung über in

$$P(T \le t+\Delta t \mid T \ge t) = \frac{P(t \le T \le t+h)}{P(T \ge t)} = \frac{F(t+\Delta t) - F(t)}{1 - F(t)} = F(\Delta t) - F(0).$$

Division durch Δt ergibt

$$\frac{F(t+\Delta t) - F(t)}{\Delta t[1 - F(t)]} = \frac{F(\Delta t) - F(0)}{\Delta t}.$$

Grenzübergang $\Delta t \to 0$ liefert

$$\frac{F'(t)}{1 - F(t)} = \frac{f(t)}{1 - F(t)} = F'(0) = f(0) = \lambda .$$

Dabei ist $F'(0) = f(0)$ die rechtsseitige Ableitung.

Umgekehrt ist jede nichtnegative Zufallsvariable T mit einer stetigen Dichte, welche diese Differentialgleichung erfüllt, exponentialverteilt. Zum Beweis dafür nehmen wir an, die Zufallsvariable T besitze die Verteilungsfunktion $G(t)$ mit $G(0) = 0$ und der stetigen Dichte $g(t) = G'(t)$ mit

$$\frac{g(t)}{1 - G(t)} = g(0) = \lambda .$$

Integration ergibt für $t > 0$

$$\int_0^t \frac{g(u)}{1 - G(u)}\, du = \int_0^t \lambda\, du .$$

Wegen $G(0) = 0$ erhält man hieraus

$-\ln[1 - G(t)] = \lambda t$ mit der Lösung

$$G(t) = 1 - e^{-\lambda t} \text{ für } t \ge 0.$$

Da die Zufallsvariable T nichtnegativ ist, gilt $G(t) = 0$ für $t < 0$. Damit ist die Behauptung bewiesen.

Für kleine Δt gilt für eine exponentialverteilte Zufallsvariable T die Näherung

$$P(t \le T \le t+\Delta t | T \ge t) = \frac{P(t \le T \le t+\Delta t)}{P(T \ge t)} \approx \lambda \cdot \Delta t .$$

Die Wahrscheinlichkeit dafür, daß die Realisierung der Zufallsvariablen T im nachfolgenden Intervall der Länge Δt eintritt, ist bei kleinen Δt ungefähr proportional zur Länge Δt. Dies ist eine typische Eigenschaft der Exponentialverteilung. λ ist die konstante zeitunabhängige **Ausfallrate.**

Auf Grund dieser Eigenschaft sind viele Zufallsvariable wenigstens näherungsweise exponentialverteilt.

Beispiele dafür sind:

- die Lebensdauer (Betriebsdauer) elektronischer Geräte, die kaum einem mechanischen Verschleiß ausgesetzt sind
- die Dauer von Telefongesprächen
- die Differenz der Ankunftszeiten zweier nacheinander an einem Bankschalter ankommenden Kunden.

Die Exponentialverteilung spielt in der Theorie der Warteschlangen eine wichtige Rolle.

Charakteristische Funktion der Exponentialverteilung

Da die Realisierungen der Zufallsvariablen T mit t bezeichnet wurden, sei u die Variable in der charakteristischen Funktion. Sie lautet

$$\psi(u) = \int_0^{+\infty} e^{iut} \lambda \cdot e^{-\lambda t} dt = \lambda \int_0^{+\infty} e^{-(\lambda - iu)t} dt$$

$$= -\frac{\lambda}{\lambda - iu} e^{-(\lambda - iu)t} \Big|_{t=0}^{t=\infty} = \frac{\lambda}{\lambda - iu} .$$

Differentiation ergibt

$$\psi'(u) = \frac{i\lambda}{(\lambda - iu)^2} ; \quad \psi^{(k)}(u) = \frac{k! \cdot i^k \cdot \lambda}{(\lambda - iu)^{k+1}} ;$$

$$\psi^{(k)}(0) = \frac{k! \cdot i^k}{\lambda^k} = i^k \cdot E(T^k) \quad \text{für } k = 1, 2, 3, \ldots .$$

Hieraus erhält man die Momente

$$E(T^k) = \frac{k!}{\lambda^k} \quad \text{für } k = 1, 2, 3, \ldots .$$

Durch elementare Rechnung erhält man die

Schiefe: $\lambda^3 \cdot E\left((T-\frac{1}{\lambda})^3\right) = 2$

und den

Exzeß: $\lambda^4 \cdot E\left((T-\frac{1}{\lambda})^4\right) - 3 = 6\,.$

Summen $\sum_{i=1}^{n} T_i$ unabhängiger mit dem gleichen Parameter λ exponentialverteilter Zufallsvariabler sind **Erlang-verteilt** (s. Abschnitt 5.4). Für $\lambda = \frac{1}{2}$ ist diese Summe **Chi-Quadrat-verteilt** mit 2n Freiheitsgraden (s. Abschnitt 5.8.1).

Zusammenfassung:

> Eine mit dem Parameter $\lambda > 0$ exponentialverteilte Zufallsvariable T besitzt die Kenngrößen:
>
> **Erwartungswert:** $E(T) = \frac{1}{\lambda}$; **Median:** $\tilde{\mu} = \frac{\ln 2}{\lambda}$;
>
> **Varianz:** $Var(T) = \frac{1}{\lambda^2}$; **Modalwert:** $t_{Mod.} = 0$;
>
> **k-tes Moment:** $E(T^k) = \frac{k!}{\lambda^k}$ für $k = 1, 2, 3, \ldots$
>
> **Schiefe** = 2 ; **Exzeß** = 6.

5.3. Die Gammaverteilung

Eine Zufallsvariable T mit der zweiparametrigen Dichte

$$f(t) = \begin{cases} 0 & \text{für } t \leq 0; \\ \frac{\lambda^n}{\Gamma(n)} \cdot t^{n-1} \cdot e^{-\lambda t} & \text{für } t > 0;\ \lambda, n > 0 \end{cases}$$

heißt **gammaverteilt**. Dabei ist

$$\Gamma(n) = \int_0^\infty u^{n-1} \cdot e^{-u} du$$

die Gammafunktion. Dabei muß n nicht ganzzahlig sein.

Mit der Substitution u = λt, du = λdt, geht dieses Integral über in

$$\Gamma(n) = \int_0^\infty \lambda^n \cdot t^{n-1} \cdot e^{-\lambda t} dt .$$

Daher ist f(t) tatsächlich eine Dichte mit $\int_0^\infty f(t)\,dt = 1$.

Für n = 1 ist die Gammaverteilung die in Abschnitt 5.2. behandelte Exponentialverteilung. Die **charakteristische Funktion** der Gammaverteilung lautet

$$\psi(u) = \frac{\lambda^n}{\Gamma(n)} \cdot \int_0^\infty t^{n-1} e^{-(\lambda - iu)t} dt .$$

Mit der Substitution $(\lambda - iu)t = x$, $(\lambda - iu)dt = dx$ geht dieses Integral über in

$$\psi(u) = \frac{\lambda^n}{\Gamma(n)} \cdot \frac{1}{(\lambda - iu)^n} \cdot \underbrace{\int_0^\infty x^{n-1} \cdot e^{-x}\, dx}_{=\Gamma(n)} = \left(1 - \frac{iu}{\lambda}\right)^{-n} .$$

Differentiation ergibt

$$\psi'(u) = \frac{n \cdot i}{\lambda} \cdot \left(1 - \frac{iu}{\lambda}\right)^{-n-1} ; \qquad \psi'(0) = i \cdot \frac{n}{\lambda} ;$$

$$\psi''(u) = \frac{n(n+1) \cdot i^2}{\lambda^2} \cdot \left(1 - \frac{iu}{\lambda}\right)^{-n-2} ; \qquad \psi''(0) = i^2 \cdot \frac{n(n+1)}{\lambda^2} .$$

Die k-te Ableitung lautet allgemein

$$\psi^{(k)}(u) = \frac{n \cdot (n+1) \cdot \ldots \cdot (n+k-1) \cdot i^k}{\lambda^k} \cdot \left(1 - \frac{iu}{\lambda}\right)^{-n-k}$$

mit

$$\psi^{(k)}(0) = i^k \cdot \frac{n \cdot (n+1) \cdot \ldots \cdot (n+k-1)}{\lambda^k} = i^k \cdot E(T^k) .$$

Zusammenfassung

Eine mit den Parametern n und λ gammaverteilte Zufallsvariable T besitzt die Kenngrößen:

k-tes Moment : $E(T^k) = \frac{n \cdot (n+1) \cdot \ldots \cdot (n+k-1)}{\lambda^k}$ für k = 1, 2, 3,...

Erwartungswert: $E(T) = \frac{n}{\lambda}$; **Varianz**: $Var(T) = \frac{n}{\lambda^2}$.

5.4. Die Erlang-Verteilung

Die Zufallsvariablen $T_1, T_2, \dots, T_n$ seien unabhängig und alle mit dem gleichen Parameter λ exponentialverteilt . Dann heißt die Summe

$$T = \sum_{i=1}^{n} T_i$$

Erlang-verteilt mit den Parametern n und λ. Nach Abschnitt 5.2 besitzen die Zufallsvariablen T_i die charakteristische Funktion

$$\psi_{T_i}(u) = \frac{\lambda}{\lambda - iu} \quad \text{für } i = 1, 2, \dots, n.$$

Wegen der Unabhängigkeit ist die **charakteristische Funktion** der Summe T gleich dem Produkt der einzelnen charakteristischen Funktionen, also

$$\psi_T(u) = \left(\frac{\lambda}{\lambda - iu}\right)^n = \left(1 - \frac{iu}{\lambda}\right)^{-n}.$$

Dies ist aber gerade die charakteristische Funktion der Gamma-Verteilung aus Abschnitt 5.3 mit ganzzahligem n. $\Gamma(n) = (n-1)!$ ergibt die Dichte der Erlang-Verteilung

$$f_n(t) = \begin{cases} 0 & \text{für } t \leq 0 \,, \\ \dfrac{\lambda^n}{(n-1)!} \cdot t^{n-1} \cdot e^{-\lambda t} & \text{für } t > 0;\ \lambda, n > 0 \,. \end{cases}$$

Die Verteilungsfunktion lautet

$$F_n(t) = \begin{cases} 0 & \text{für } \quad t \leq 0 \,, \\ 1 - e^{-\lambda t} \cdot [1 + \frac{\lambda t}{1!} + \frac{(\lambda t)^2}{2!} + \dots + \frac{(\lambda t)^n}{n!}] & \text{für } t > 0 \,. \end{cases}$$

Die Kenngrößen erhält man aus Abschnitt 5.3

$$\boxed{E(T) = \frac{n}{\lambda}; \qquad Var(T) = \frac{n}{\lambda^2} \,.}$$

Für $\lambda = \frac{1}{2}$ ist die Erlang-Verteilung eine **Chi-Quadrat-Verteilung** mit 2n Freiheitsgraden (s. Abschnitt 5.8.1).

5.5. Allgemeine Lebensdauerverteilungen

Die Zufallsvariable T beschreibe eine Lebensdauer. Sie besitze die Verteilungsfunktion $P(T \leq t) = F(t)$ mit $F(0) = 0$. $F(t)$ sei mit Ausnahme der Stelle $t = 0$ überall stetig differenzierbar mit der Dichte $F'(t) = f(t)$. Im Punkt 0 existiere die rechtsseitige Ableitung $f(0)$. In der Darstellung in Abschnitt 5.2 der Exponentialverteilung soll anstelle der Konstanten $\lambda > 0$ eine beliebige nichtnegative, integrierbare Funktion $a(t)$ gewählt werden mit

$$\lim_{t \to \infty} \int_0^t a(u)\,du = \infty .$$

Damit erhält man für die Verteilungsfunktion F(t) die Bedingung

$$P(T \leq t + \Delta t | T \geq t) = \frac{F(t+\Delta t) - F(t)}{1 - F(t)} = a(t) \cdot \Delta t + o(\Delta t)$$

$$\text{mit} \quad \lim_{\Delta t \to 0} \frac{o(\Delta t)}{\Delta t} = 0.$$

Die Funktion $a(t)$ heißt **Ausfallrate.** Bei einer Exponentialverteilung (Abschnitt 5.2) ist die Ausfallrate konstant, also $a(t) = \lambda$ für alle t.

Falls ein Ausfall zum Zeitpunkt t noch nicht stattgefunden hat, ist die Wahrscheinlichkeit dafür, daß der Ausfall im nachfolgenden Zeitintervall der Länge Δt stattfindet, ungefähr gleich $a(t) \cdot \Delta t$.

Mit $\Delta t \to 0$ erhält man aus der obigen Gleichung die Differentialgleichung

$$\frac{F'(t)}{1 - F(t)} = \frac{f(t)}{1 - F(t)} = a(t) .$$

$F(0) = 0$ ergibt

$$\int_0^t \frac{f(u)}{1 - F(u)} du = \int_0^t a(u)\,du; \quad -\ln[1 - F(t)] = \int_0^t a(u)\,du$$

mit der Lösung

$$F(t) = 1 - e^{-\int_0^t a(u)\,du} \quad \text{für } t \geq 0 \text{ und } F(t) = 0 \text{ für } t < 0.$$

Häufig wird die Funktion

$$a(t) = \lambda + \beta \cdot e^{\gamma t} \text{ mit } \gamma > 0;\ \lambda, \beta \geq 0$$

verwendet. Mit ihr erhält man die Verteilungsfunktion der Lebensdauer

$$F(t) = \begin{cases} 0 & \text{für } t < 0\,, \\ 1 - e^{-\lambda t - \frac{\beta}{\gamma}(e^{\gamma t} - 1)} & \text{für } t \geq 0\,. \end{cases}$$

$\beta = 0$ ergibt als Spezialfall die **Exponentialverteilung.**

Die Funktion

$$a(t) = \lambda + \beta \cdot t^{\gamma}\,,\ \lambda \geq 0,\ \beta > 0,\ \gamma > -1$$

ergibt die Verteilungsfunktion

$$F(t) = \begin{cases} 0 & \text{für } t < 0\,, \\ 1 - e^{-\lambda t - \frac{\beta}{1+\gamma} t^{\gamma+1}} & \text{für } t \geq 0\,. \end{cases}$$

Für $\lambda = 0$ erhält man die in Abschnitt 5.6 behandelte Weibull-Verteilung

5.6. Die Weibull-Verteilung

Eine stetige Zufallsvariable T heißt **Weibull-verteilt** mit den Parametern $\delta > 0$ und $\eta > 0$, falls sie die Verteilungsfunktion

$$F(t) = \begin{cases} 0 & \text{für } t < 0, \\ 1 - e^{-\delta t^{\eta}} & \text{für } t \geq 0 \end{cases}$$

und die Dichte

$$f(t) = \begin{cases} 0 & \text{für } t < 0, \\ \delta \eta t^{\eta - 1} \cdot e^{-\delta t^{\eta}} & \text{für } t \geq 0 \end{cases}$$

besitzt. Weibull-Verteilungen treten häufig bei der Untersuchung von Ermüdungserscheinungen bei Werkstoffen auf. Mit Hilfe der Substitution $\delta t^{\lambda} = u,\ \delta \lambda t^{\lambda - 1} dt = du$ und der Gammafunktion

$$\Gamma(x) = \int_0^{\infty} u^{x-1} \cdot e^{-u} du$$

erhält man

$$E(T) = \int_0^{\infty} t \delta \eta t^{\eta - 1} \cdot e^{-\delta t^{\eta}} dt = \int_0^{\infty} \left(\frac{u}{\delta}\right)^{\frac{1}{\eta}} \cdot e^{-u} du = \frac{\Gamma(\frac{1}{\eta} + 1)}{\delta^{\frac{1}{\eta}}}\,;$$

$$E(T^2) = \int_0^\infty t^2 \delta\eta t^{\eta-1} \cdot e^{-\delta t^\eta} dt = \int_0^\infty \left(\frac{u}{\delta}\right)^{\frac{2}{\eta}} \cdot e^{-u} du = \frac{\Gamma(\frac{2}{\eta}+1)}{\delta^{\frac{2}{\eta}}} .$$

Damit lauten die Kenngrößen der Weibull-Verteilung

$$E(T) = \frac{\Gamma(\frac{1}{\eta}+1)}{\delta^{\frac{1}{\eta}}}; \qquad Var(T) = \frac{\Gamma(\frac{2}{\eta}+1) - [\Gamma(\frac{1}{\eta}+1)]^2}{\delta^{\frac{2}{\eta}}} .$$

5.7. Normalverteilungen

Binomialverteilungen lassen sich für große n (Faustregel $np(1-p) > 9$) durch Normalverteilungen approximieren. Viele Zufallsvariable aus der Praxis sind wegen des zentralen Grenzwertsatzes (s. Kap. VI Abschnitt 3) wenigstens näherungsweise normalverteilt. Eine Normalverteilung entsteht durch additives Zusammenwirken vieler unabhängiger Zufallsgrößen, von denen keine dominierend sein darf. Jede Normalverteilung kann durch die Standardisierung auf die Standard-Normalverteilung zurückgeführt werden. Daher können die Werte der Verteilungsfunktionen und die Quantile aller Normalverteilungen aus dieser Standard-Normalverteilung berechnet werden.

5.7.1. Die Standard-Normalverteilung - N(0;1) - Verteilung

Eine Zufallsvariable Z heißt **standard-normalverteilt** oder kurz **N(0;1)-verteilt**, wenn sie die Dichte

$$\varphi(z) = \frac{1}{\sqrt{2\pi}} \cdot e^{-\frac{z^2}{2}}$$

besitzt. Das Integral

$$I = \int_{-\infty}^{\infty} e^{-\frac{z^2}{2}} dz \text{ berechnet man über das Quadrat}$$

$$I^2 = \int_{-\infty}^{\infty} e^{-\frac{z^2}{2}} dz \cdot \int_{-\infty}^{\infty} e^{-\frac{u^2}{2}} du = \int_{-\infty}^{\infty}\int_{-\infty}^{\infty} e^{-\frac{1}{2}(z^2+u^2)} dz\,du .$$

Mit den Polarkoordinaten $z = r\cos\varphi$, $u = r\sin\varphi$; $dz\,du = r\,dr\,d\varphi$ geht dieses Doppelintegral über in

$$I^2 = \int_0^{2\pi} d\varphi \cdot \int_0^{\infty} r e^{-\frac{r^2}{2}} dr = -2\pi e^{-\frac{r^2}{2}} \Big|_{r=0}^{r=\infty} = 2\pi.$$

Daraus folgt

$$I = \int_{-\infty}^{\infty} e^{-\frac{z^2}{2}} dz = \sqrt{2\pi} \;;$$

$$\int_{-\infty}^{\infty} \varphi(z)\,dz = \frac{1}{\sqrt{2\pi}} \cdot \int_{-\infty}^{\infty} e^{-\frac{z^2}{2}} dz = 1.$$

Damit ist die sog. **Gaußsche Glockenkurve** $\varphi(z)$ tatsächlich Dichte einer stetigen Zufallsvariablen Z. Sie ist symmetrisch zur y-Achse. Daher lautet der **Median** $\tilde{\mu} = 0$. Da die Dichte φ an der Stelle $z = 0$ das Maximum hat, ist $z_{Mod} = 0$ der **Modalwert**.

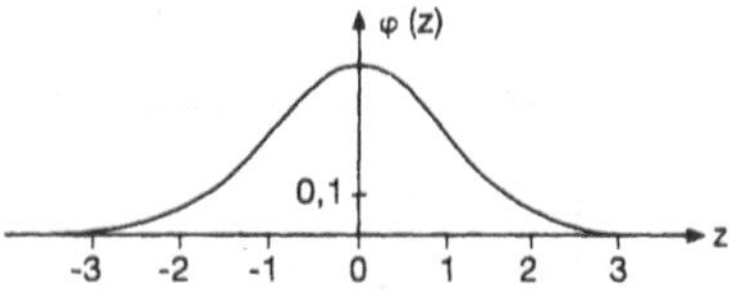

Dichte der Standard-Normalverteilung

Für die Dichte $\varphi(z)$ läßt sich keine Stammfunktion in geschlossener Form angeben. Aus diesem Grund müssen die Werte der Verteilungsfunktion

$$\Phi(z) = P(Z \le z) = \int_{-\infty}^{z} \varphi(u)\,du = \frac{1}{\sqrt{2\pi}} \cdot \int_{-\infty}^{z} e^{-\frac{u^2}{2}} du$$

mit Hilfe numerischer Methoden berechnet werden. Wegen der Symmetrie der Dichte φ zur y-Achse ist $\Phi(0) = 0{,}5$. Aus Symmetrie-Gründen genügt es, die Verteilungsfunktion Φ für nichtnegative Werte zu tabellieren (s. Tabelle 1 im Anhang). Unterhalb der Dichte φ liegt rechts von z und links von $-z$ jeweils eine Fläche mit dem gleichen Inhalt mit

$$\Phi(-z) = P(Z \le -z) = P(Z \ge z) = 1 - P(Z \le z) = 1 - \Phi(z).$$

Damit gilt

$$\Phi(-z) = 1 - \Phi(z) \quad \text{für jedes } z\,.$$

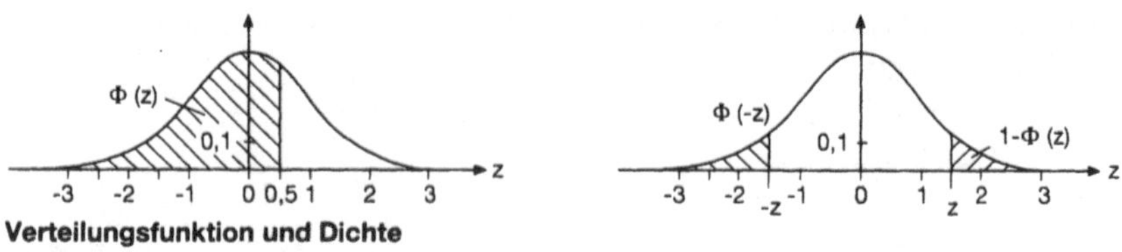

Verteilungsfunktion und Dichte

Für die α-Quantile z_α mit $\Phi(z_\alpha) = \alpha$ gilt wegen der Symmetrie zum Nullpunkt

$$z_{1-\alpha} = -z_\alpha \quad \text{für } 0 < \alpha < 1.$$

Daher genügt die Vertafelung der rechtsseitigen Quantile (Tabelle 2 im Anhang).

Allgemein gilt

$$P(a \le Z \le b) = \Phi(b) - \Phi(a)$$

und speziell

$$P(-z \le Z \le z) = \Phi(z) - \Phi(-z) = \Phi(z) - [1 - \Phi(z)] = 2\Phi(z) - 1.$$

Aus der Tabelle der Verteilungsfunktion folgt

$$\begin{aligned} P(-1 \le Z \le 1) &= 2\Phi(1) - 1 \approx 0{,}683 \approx \tfrac{2}{3}; \\ P(-2 \le Z \le 2) &= 2\Phi(2) - 1 \approx 0{,}954; \\ P(-3 \le Z \le 3) &= 2\Phi(3) - 1 \approx 0{,}997. \end{aligned}$$

Die Kenngrößen der Zufallsvariablen Z erhält man mit Hilfe der Integrale

$$\int_0^\infty z \cdot e^{-\frac{z^2}{2}} dz = -e^{-\frac{z^2}{2}} \Big|_0^\infty = 1; \quad \int_{-\infty}^0 z \cdot e^{-\frac{z^2}{2}} dz = -e^{-\frac{z^2}{2}} \Big|_\infty^0 = -1.$$

Damit existiert der Erwartungswert $E(Z) = 0$ (Symmetrie-Stelle).

Durch partielle Integration erhält man

$$\int_{-\infty}^0 z^2 \cdot e^{-\frac{z^2}{2}} dz = \int_0^\infty z^2 \cdot e^{-\frac{z^2}{2}} dz = \int_0^\infty z \cdot z \cdot e^{-\frac{z^2}{2}} dz$$

$$= \underbrace{-z \cdot e^{-\frac{z^2}{2}} \Big|_0^\infty}_{=0} + \int_0^\infty e^{-\frac{z^2}{2}} dz = \frac{\sqrt{2\pi}}{2}.$$

Damit gilt

$$\operatorname{Var}(Z) = E(Z^2) = \frac{1}{\sqrt{2\pi}} \cdot \int_{-\infty}^{\infty} z^2 \cdot e^{-\frac{z^2}{2}} dz = 1.$$

Die Zufallsvariable Z besitzt die **charakteristische Funktion**

$$\psi_Z(t) = \psi(t) = \frac{1}{\sqrt{2\pi}} \cdot \int_{-\infty}^{\infty} e^{itz} \cdot e^{-\frac{z^2}{2}} dz$$

$$= \frac{1}{\sqrt{2\pi}} \cdot \int_{-\infty}^{\infty} e^{-\frac{(z-it)^2+t^2}{2}} dz = e^{-\frac{t^2}{2}} \cdot \frac{1}{\sqrt{2\pi}} \cdot \int_{-\infty}^{\infty} e^{-\frac{(z-it)^2}{2}} dz$$

$$= e^{-\frac{t^2}{2}} \cdot \frac{1}{\sqrt{2\pi}} \cdot \int_{-\infty-it}^{\infty-it} e^{-\frac{u^2}{2}} du = e^{-\frac{t^2}{2}} \cdot \frac{1}{\sqrt{2\pi}} \cdot \underbrace{\int_{-\infty}^{\infty} e^{-\frac{u^2}{2}} du}_{=\sqrt{2\pi}}$$

$$= e^{-\frac{t^2}{2}} \cdot \frac{1}{\sqrt{2\pi}} \cdot \sqrt{2\pi} = e^{-\frac{t^2}{2}}.$$

Dabei wurde die Substitution $u = z - it$ benutzt. Die Identität

$$\int_{-\infty-it}^{\infty-it} e^{-\frac{u^2}{2}} du = \int_{-\infty}^{\infty} e^{-\frac{u^2}{2}} du$$

folgt aus dem Residuensatz der Funktionentheorie. Somit lautet die **charakteristische Funktion** der N(0 ; 1) - Verteilung:

$$\psi_Z(t) = \psi(t) = e^{-\frac{t^2}{2}}.$$

Aus $\psi_Z^{(k)}(0) = i^k \cdot E(Z^k)$ erhält man durch elementare Rechnung das k-te Momente

$$E(Z^k) = \begin{cases} 0 & \text{für ungerades } k\,; \\ 1 \cdot 3 \cdot \ldots \cdot (k-1) & \text{für gerades } k\,. \end{cases}$$

Da der Erwartungswert E(Z) verschwindet, ist das k-te Moment gleich dem zentralen k-ten Moment. Wegen $E(Z^3) = 0$ verschwindet auch die **Schiefe.** Die N(0 ; 1)-Verteilung besitzt wegen $E(Z^4) = 3$ und $\sigma^2 = 1$ den

Exzeß : $E(Z^4) - 3 = 3 - 3 = 0.$

Zusammenfassung:

Die Zufallsvariable Z der Standard-N(0;1)-Normalverteilung besitzt die

Dichte $\varphi(z) = \frac{1}{\sqrt{2\pi}} \cdot e^{-\frac{z^2}{2}}$.

Für die **Verteilungsfunktion** Φ gilt für jedes z $\Phi(-z) = 1 - \Phi(z)$

und für die Quantile

$$z_\alpha = -z_{1-\alpha} \quad \text{für } 0 < \alpha < 1.$$

Z besitzt die Größen:

charakteristische Funktion $\psi_Z(t) = e^{-\frac{t^2}{2}}$;

Erwartungswert: $E(Z) = 0$; **Median:** $\tilde{\mu} = 0$; **Varianz:** $\operatorname{Var}(Z) = 1$;

Schiefe = **Exzeß** = 0.

5.7.2. Die allgemeine Normalverteilung

Ist Z eine N(0;1)-verteilte Zufallsvariable mit der Dichte φ, so besitzt für $\sigma > 0$, $\mu \in \mathbb{R}$ (beliebig) die lineare Transformation $X = \mu + \sigma Z$ nach Abschnitt 1.3.2 und 1.4.1 die Kenngrößen

$$E(X) = E(\mu + \sigma Z) = \mu + \sigma E(Z) = \mu;$$
$$\operatorname{Var}(X) = \sigma^2 \operatorname{Var}(Z) = \sigma^2$$

und die Dichte

$$f(x) = \frac{1}{\sigma}\varphi\left(\frac{x-\mu}{\sigma}\right) = \frac{1}{\sqrt{2\pi}\cdot\sigma}\cdot e^{-\frac{(x-\mu)^2}{2\sigma^2}}$$

Eine Zufallsvariable X mit dieser Dichte f heißt **normalverteilt** mit dem Erwartungswert μ und der Varianz σ^2 oder kurz $N(\mu;\sigma^2)$-verteilt. Die Dichte f ist symmetrisch zur Achse $x = \mu$. Sie besitzt an der Stelle μ das Maximum (Modalwert). An den Stellen $\mu \pm \sigma$ hat f Wendepunkte. Bei einer Normalverteilung ist **μ gleichzeitig der Erwartungswert, der Median und der Modalwert.** In der nachfolgenden Abbildung sind verschiedene Dichten graphisch dargestellt.

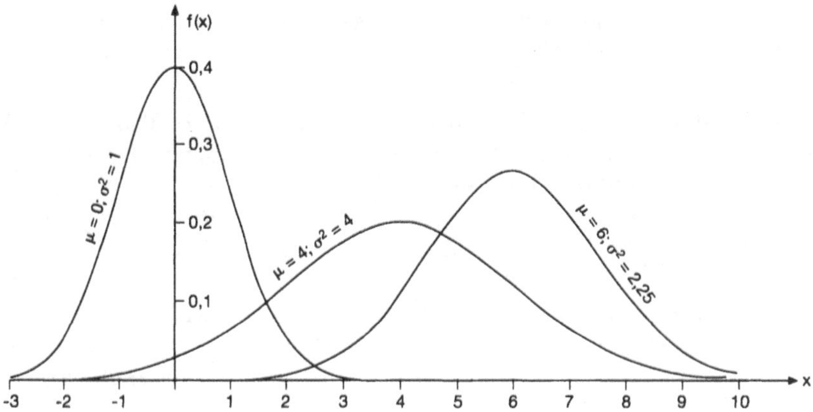

Dichten von Normalverteilungen

Die Standardisierung der Zufallsvariablen X ergibt die N(0;1)-verteilte Zufallsvariable

$$Z = \frac{X - \mu}{\sigma}.$$

Für die Verteilungsfunktion F der $N(\mu;\sigma^2)$-verteilten Zufallsvariablen X gilt

$$F(x) = P(X \le x) = P\Big(\frac{X-\mu}{\sigma} \le \frac{x-\mu}{\sigma}\Big) = P\Big(Z \le \frac{x-\mu}{\sigma}\Big) = \Phi\Big(\frac{x-\mu}{\sigma}\Big).$$

Dabei ist Φ die Verteilungsfunktion der N(0;1)-verteilten Zufallsvariablen. Für beliebiges $k > 0$ erhält man

$$P(|X-\mu| \le k\sigma) = P(\mu - k\sigma \le X \le \mu + k\sigma) = F(\mu + k\sigma) - F(\mu - k\sigma)$$

$$= \Phi\Big(\frac{\mu + k\sigma - \mu}{\sigma}\Big) - \Phi\Big(\frac{\mu - k\sigma - \mu}{\sigma}\Big) = \Phi(k) - \Phi(-k) = 2\,\Phi(k) - 1.$$

Für k = 2 heißt diese Regel die **Zwei-Sigma-Regel**, für k = 3 die **Drei-Sigma-Regel.** Aus der Tabelle der Standard-Normalverteilung erhält man die gerundeten Werte

$P(\|X-\mu\| \le \sigma)$	$\approx$ 0,683 ;	$P(\|X-\mu\| \ge \sigma)$	$\approx$ 0,317 ;
$P(\|X-\mu\| \le 2\sigma)$	$\approx$ 0,954 ;	$P(\|X-\mu\| \ge 2\sigma)$	$\approx$ 0,046 ;
$P(\|X-\mu\| \le 3\sigma)$	$\approx$ 0,997 ;	$P(\|X-\mu\| \ge 3\sigma)$	$\approx$ 0,003 .

Zwischen $\mu - 2\sigma$ und $\mu + 2\sigma$ liegt also ungefähr 95,4 % der Wahrscheinlichkeitsmasse der Zufallsvariablen X, zwischen $\mu - 3\sigma$ und $\mu + 3\sigma$ sogar etwa 99,7 %.

Die **charakteristische Funktion** der $N(\mu;\sigma^2)$-verteilten Zufallsvariablen X erhält man aus der charakteristischen Funktion der Standard-Normalverteilung mit der Formel für die lineare Transformation

$$\psi_X(t) = \psi_{\mu+\sigma Z}(t) = e^{it\mu}\psi_Z(\sigma t) = e^{it\mu}e^{-\frac{(\sigma t)^2}{2}} = e^{it\mu - \frac{\sigma^2 t^2}{2}}$$

Die **zentralen Momente** der allgemeinen Normalverteilung lauten

$$\eta_k = E\left((X-\mu)^k\right) = \begin{cases} 0 & \text{für ungerades } k; \\ 1\cdot 3\cdot \ldots \cdot (k-1)\cdot \sigma^k & \text{für gerades } k. \end{cases}$$

Die **Schiefe** der Normalverteilung verschwindet. Ebenfalls der **Exzeß** wegen

$$\frac{E\left((X-\mu)^4\right)}{\sigma^4} - 3 = \frac{3\sigma^4}{\sigma^4} - 3 = 0.$$

Additionstheorem der Normalverteilung:
Die Zufallsvariablen X_i seien unabhängig und $N(\mu_i;\, \sigma_i^2)$-verteilt für $i = 1, 2, \ldots, n$. Dann ist die Linearkombination

$$X = \sum_{i=1}^{n} c_i X_i \quad \text{mit reellen Konstanten } c_i \in \mathbb{R}$$

ebenfalls normalverteilt mit dem
Erwartungswert $E(X) = \sum_{i=1}^{n} c_i \mu_i$ und der Varianz $Var(X) = \sum_{i=1}^{n} c_i^2 \sigma_i^2$.

Beweis: Diese Behauptung kann mit Hilfe der charakteristischen Funktion bewiesen werden. Die Zufallsvariable X_i besitzt die charakteristische Funktion

$$\psi_{X_i}(t) = e^{it\mu_i - \frac{\sigma_i^2 t^2}{2}}.$$

Dann lautet die charakteristische Funktion der Zufallsvariablen $c_i X_i$ nach der Formel für die lineare Transformation

$$\psi_{c_i X_i}(t) = \psi_{X_i}(c_i t) = e^{i t c_i \mu_i - \frac{c_i^2 \sigma_i^2 t^2}{2}} .$$

Die charakteristische Funktion einer Summe unabhängiger Zufallsvariabler ist gleich dem Produkt der einzelnen charakteristischen Funktionen. Damit gilt

$$\psi_X(t) = \prod_{i=1}^{n} e^{i t c_i \mu_i - \frac{c_i^2 \sigma_i^2 t^2}{2}} = e^{i t \sum_{i=1}^{n} c_i \mu_i - \frac{t^2 \sum_{i=1}^{n} c_i^2 \sigma_i^2}{2}}$$

Diese charakteristische Funktion ist die charakteristische Funktion einer normalverteilten Zufallsvariablen mit den oben angegebenen Kenngrößen. Die Dichte ist aber andererseits durch die charakteristische Funktion eindeutig bestimmt. Damit ist die Behauptung bewiesen.

Lineare Transformation einer Normalverteilung

Die Zufallsvariable X sei $N(\mu; \sigma^2)$-verteilt mit der charakteristischen Funktion

$$\psi_X(t) = e^{i t \mu - \frac{\sigma^2 t^2}{2}} .$$

Dann besitzt die lineare Transformation $Y = a + bX$ die charakteristische Funktion

$$\psi_Y(t) = \psi_{a+bX}(t) = e^{ita} \cdot \psi_X(bt) = e^{it(a+b\mu) - \frac{b^2 \sigma^2 t^2}{2}} .$$

Dies ist die charakteristische Funktion einer normalverteilten Zufallsvariablen mit dem Erwartungswert $a + b\mu$ und der Varianz $b^2 \sigma^2$. Damit gilt

Lineare Transformation einer Normalverteilung:
Die Zufallsvariable X sei normalverteilt mit dem Erwartungswert μ und der Varianz σ^2, also $N(\mu;\sigma^2)$-verteilt. Dann ist für $b \neq 0$ die linear transformierte Zufallsvariable $Y = a + bX$ ebenfalls normalverteilt mit dem Erwartungswert $E(Y) = a + b\mu$ und der Varianz $Var(Y) = b^2 \cdot \sigma^2$, also $N(a + b\mu; b^2 \sigma^2)$-verteilt.

Zusammenfassung:

Die Zufallsvariable X der $N(\mu;\sigma^2)$-Normalverteilung besitzt die Größen:

Dichte $f(x) = \frac{1}{\sqrt{2\pi}\cdot\sigma}\cdot e^{-\frac{(x-\mu)^2}{2\sigma^2}}$;

Verteilungsfunktion $F(x) = P(X \le x) = \Phi\left(\frac{x-\mu}{\sigma}\right)$;

Φ = Verteilungsfunktion der Standard-Normalverteilung;

charakteristische Funktion $\psi_X(t) = e^{it\mu - \frac{\sigma^2 t^2}{2}}$;

Erwartungswert: $E(X) = \mu$; **Median:** $\tilde{\mu} = \mu$; **Modalwert:** $x_{Mod} = \mu$;

Varianz: $Var(X) = \sigma^2$; **Schiefe = Exzeß** = 0.

5.7.3. Die gestutzte Normalverteilung

Die Zufallsvariable X sei $N(\mu;\sigma^2)$-verteilt mit der Dichte

$$f(x) = \frac{1}{\sigma}\cdot\varphi\left(\frac{x-\mu}{\sigma}\right) = \frac{1}{\sqrt{2\pi}\cdot\sigma}\cdot e^{-\frac{(x-\mu)^2}{2\sigma^2}}$$

Wie in Abschnitt 1.5 werde die Verteilung an den beiden Stellen a und b mit a < b gestutzt. Die gestutzte Zufallsvariable $\tilde{X}$ besitzt die Dichte

$$\tilde{f}(x) = \begin{cases} \dfrac{\frac{1}{\sigma}\cdot\varphi\left(\frac{x-\mu}{\sigma}\right)}{\Phi\left(\frac{b-\mu}{\sigma}\right) - \Phi\left(\frac{a-\mu}{\sigma}\right)} & \text{für } a \le x \le b\,, \\ 0 & \text{sonst.} \end{cases}$$

Zur Berechnung der Kenngrößen der gestutzten Zufallsvariablen $\tilde{X}$ erhält man mit der Dichte φ der Standard-Normalverteilung

$$\varphi(z) = \frac{1}{\sqrt{2\pi}}\cdot e^{-\frac{z^2}{2}}$$

die Stammfunktionen:

$$\int z\,\varphi(z)\,dz = \frac{1}{\sqrt{2\pi}}\int z\,e^{-\frac{z^2}{2}}dz = -\varphi(z)\,;$$

$$\int z^2\varphi(z)\,dz = \int \underset{f}{z}\cdot \underbrace{z\varphi(z)}_{g'}\,dz = -z\varphi(z) + \int \varphi(z)\,dz = -z\varphi(z) + \Phi(z)\,.$$

Ferner werden folgende Abkürzungen benutzt

$$D = F(b) - F(a) = \Phi\left(\frac{b-\mu}{\sigma}\right) - \Phi\left(\frac{a-\mu}{\sigma}\right); \quad d = \varphi\left(\frac{b-\mu}{\sigma}\right) - \varphi\left(\frac{a-\mu}{\sigma}\right).$$

$$A = \frac{b-\mu}{\sigma}\varphi\left(\frac{b-\mu}{\sigma}\right) - \frac{a-\mu}{\sigma}\varphi\left(\frac{a-\mu}{\sigma}\right)$$

Mit der Substitution $\frac{x-\mu}{\sigma} = z$; $x = \mu + \sigma z$; $dx = \sigma\, dz$; erhält man

$$E(\tilde{X}) = \frac{1}{D}\cdot\frac{1}{\sqrt{2\pi}\cdot\sigma}\int_a^b x\, e^{-\frac{(x-\mu)^2}{2\sigma^2}}\,dx = \frac{1}{D}\cdot\frac{1}{\sqrt{2\pi}}\int_{\frac{a-\mu}{\sigma}}^{\frac{b-\mu}{\sigma}} (\mu + \sigma z)\, e^{-\frac{z^2}{2}}\,dz$$

$$= \frac{1}{D}[\mu\cdot D - \sigma\cdot d] = \mu - \sigma\cdot\frac{d}{D}\,.$$

$$E(\tilde{X}^2) = \frac{1}{D}\cdot\frac{1}{\sqrt{2\pi}\cdot\sigma}\int_a^b x^2 e^{-\frac{(x-\mu)^2}{2\sigma^2}}\,dx$$

$$= \frac{1}{D}\cdot\frac{1}{\sqrt{2\pi}}\int_{\frac{a-\mu}{\sigma}}^{\frac{b-\mu}{\sigma}} (\mu^2 + 2\mu\sigma z + \sigma^2 z^2)\, e^{-\frac{z^2}{2}}\,dz$$

$$= \frac{1}{D}\Big[\mu^2 D - 2\mu\sigma d - \sigma^2\cdot\underbrace{\left(\frac{b-\mu}{\sigma}\varphi\left(\frac{b-\mu}{\sigma}\right) - \frac{a-\mu}{\sigma}\varphi\left(\frac{a-\mu}{\sigma}\right)\right)}_{=A} + \sigma^2 D\Big]\,.$$

Hieraus folgt

$$\mathrm{Var}(\tilde{X}) = E(\tilde{X}^2) - [E(\tilde{X})]^2$$

$$= \mu^2 - \frac{2\mu\sigma d}{D} + \sigma^2 - \sigma^2\frac{A}{D} - \mu^2 + \frac{2\mu\sigma d}{D} - \frac{d^2}{D^2}\sigma^2 = \sigma^2\left(1 - \frac{A}{D} - \frac{d^2}{D^2}\right).$$

Einsetzen dieser Werte ergibt:

Die Zufallsvariable X sei $N(\mu;\sigma^2)$-verteilt. Dann besitzt die in [a, b] **gestutzte Normalverteilung** die Größen

Dichte: $$\tilde{f}(x) = \begin{cases} \dfrac{\frac{1}{\sigma}\cdot\varphi(\frac{x-\mu}{\sigma})}{\Phi\left(\frac{b-\mu}{\sigma}\right) - \Phi\left(\frac{a-\mu}{\sigma}\right)} & \text{für } a \le x \le b\,, \\ 0 & \text{sonst.} \end{cases}$$

Verteilungsfunktion: $$\tilde{F}(x) = \begin{cases} \dfrac{\Phi\left(\frac{x-\mu}{\sigma}\right) - \Phi\left(\frac{a-\mu}{\sigma}\right)}{\Phi\left(\frac{b-\mu}{\sigma}\right) - \Phi\left(\frac{a-\mu}{\sigma}\right)} & \text{für } a \le x \le b, \\ 0 & \text{sonst.} \end{cases}$$

Erwartungswert: $$E(\tilde{X}) = \mu - \sigma\cdot\frac{\varphi(\frac{b-\mu}{\sigma}) - \varphi(\frac{a-\mu}{\sigma})}{\Phi\left(\frac{b-\mu}{\sigma}\right) - \Phi\left(\frac{a-\mu}{\sigma}\right)}\,;$$

Varianz: $Var(\tilde{X}) =$

$$\sigma^2\left\{1 - \frac{\frac{b-\mu}{\sigma}\varphi(\frac{b-\mu}{\sigma}) - \frac{a-\mu}{\sigma}\varphi(\frac{a-\mu}{\sigma})}{\Phi\left(\frac{b-\mu}{\sigma}\right) - \Phi\left(\frac{a-\mu}{\sigma}\right)} - \left(\frac{\varphi(\frac{b-\mu}{\sigma}) - \varphi(\frac{a-\mu}{\sigma})}{\Phi\left(\frac{b-\mu}{\sigma}\right) - \Phi\left(\frac{a-\mu}{\sigma}\right)}\right)^2\right\}$$

Beispiel: Die Längen (in mm) bestimmter Schrauben werden näherungsweise durch eine N(50; 1)-verteilte Zufallsvariable X beschrieben. In der Produktion werden alle Schrauben aussortiert, deren Länge nicht zwischen 49 und 51 mm liegt. Die Verteilung wird also an den beiden Stellen 49 und 51 gestutzt. Mit Wahrscheinlichkeit

$$P(B) = \Phi(\frac{51-50}{1}) - \Phi(\frac{49-50}{1}) = 2\Phi(1) - 1 \approx 0{,}6827$$

muß eine zufällig ausgewählte Schraube nicht aussortiert werden. Insgesamt werden also ungefähr 31,73 % aussortiert. Die gestutzte Dichte

$$\tilde{f}(x) = \frac{\varphi(x-50)}{0{,}6827} \quad \text{für } 49 \le x \le 51$$

ist in der nachfolgenden Abbildung graphisch dargestellt.

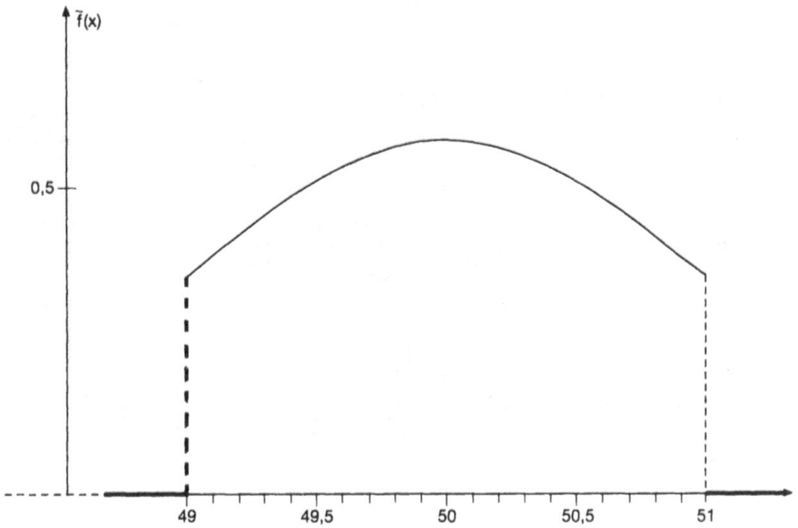

Dichte einer gestutzten Normalverteilung

Da die Stutzung symmetrisch zum Erwartungswert $\mu = 50$ erfolgt ist, hat die gestutzte Verteilung den gleichen Erwartungswert $E(\tilde{X}) = 50$. Wegen $\varphi(-1) = \varphi(1)$ erhält man die Varianz der gestutzten Zufallsvariablen als

$$\mathrm{Var}(\tilde{X}) = 1 - \frac{\varphi(1) + \varphi(-1)}{0{,}6827} = 1 - \frac{2\varphi(1)}{0{,}6827} \approx 0{,}2911.$$

Die Werte für einseitig gestutzte Normalverteilungen erhält man aus der zweiseitig gestutzten Verteilung mit den Grenzen $\Phi(\infty) = 1$; $\Phi(-\infty) = 0$; $\varphi(\infty) = \varphi(-\infty) = 0$; $\lim\limits_{z \to \infty} z \cdot \varphi(z) = \lim\limits_{z \to -\infty} z \cdot \varphi(z) = 0$.

Linksseitig gestutzte Verteilung (an der Stelle a):

links von a **gestutzte Dichte** $\tilde{f}(x) = \begin{cases} \dfrac{\frac{1}{\sigma} \cdot \varphi\left(\frac{x-\mu}{\sigma}\right)}{1 - \Phi\left(\frac{a-\mu}{\sigma}\right)} & \text{für } x \geq a\,, \\ 0 & \text{sonst.} \end{cases}$

Gestutzte Verteilungsfunktion $\tilde{F}(x) = \begin{cases} \dfrac{\Phi\left(\frac{x-\mu}{\sigma}\right) - \Phi\left(\frac{a-\mu}{\sigma}\right)}{1-\Phi\left(\frac{a-\mu}{\sigma}\right)} & \text{für } x \geq a \\ 0 & \text{sonst.} \end{cases}$

Erwartungswert: $$E(\tilde{X}) = \mu + \sigma \cdot \frac{\varphi(\frac{a-\mu}{\sigma})}{1-\Phi\left(\frac{a-\mu}{\sigma}\right)}.$$

Varianz:
$$\mathrm{Var}(\tilde{X}) = \sigma^2 \cdot \left\{ 1 + \frac{\frac{a-\mu}{\sigma}\varphi(\frac{a-\mu}{\sigma})}{1-\Phi\left(\frac{a-\mu}{\sigma}\right)} - \left(\frac{\varphi(\frac{a-\mu}{\sigma})}{1-\Phi\left(\frac{a-\mu}{\sigma}\right)} \right)^2 \right\}.$$

Rechtsseitig gestutzte Verteilung (an der Stelle b):

Mit $a \to -\infty$ erhält man für die rechts von b gestutzte Zufallsvariable $\tilde{X}$ die Werte

rechts von b **gestutzte Dichte** $\tilde{f}(x) = \begin{cases} \dfrac{\frac{1}{\sigma} \cdot \varphi(\frac{x-\mu}{\sigma})}{\Phi\left(\frac{b-\mu}{\sigma}\right)} & \text{für } x \leq b\,, \\ 0 & \text{sonst.} \end{cases}$

Gestutzte Verteilungsfunktion $\tilde{F}(x) = \begin{cases} \dfrac{\Phi\left(\frac{x-\mu}{\sigma}\right)}{\Phi\left(\frac{b-\mu}{\sigma}\right)} & \text{für } x \leq b\,, \\ 0 & \text{sonst.} \end{cases}$

Erwartungswert: $$E(\tilde{X}) = \mu - \sigma \cdot \frac{\varphi(\frac{b-\mu}{\sigma})}{\Phi\left(\frac{b-\mu}{\sigma}\right)}\;;$$

Varianz: $$\mathrm{Var}(\tilde{X}) = \sigma^2 \cdot \left\{ 1 - \frac{\frac{b-\mu}{\sigma}\varphi(\frac{b-\mu}{\sigma})}{\Phi\left(\frac{b-\mu}{\sigma}\right)} - \left(\frac{\varphi(\frac{b-\mu}{\sigma})}{\Phi\left(\frac{b-\mu}{\sigma}\right)} \right)^2 \right\}.$$

5.7.4. Die logarithmische Normalverteilung

Viele Zufallsvariable wie z. B. Längen oder Gewichte können keine negativen Werte annehmen. Falls ihre Verteilung nicht symmetrisch, sondern rechtsschief ist, kann sie durch keine Normalverteilung approximiert werden. Oft sind jedoch die logarithmierten Merkmalswerte ungefähr normalverteilt. Dies ist z. B. dann der Fall, wenn viele nichtdominierende, unabhängige nichtnegative Zufallsgrößen multiplikativ zusammenwirken. Durch Logarithmieren geht das Produkt in eine Summe unabhängiger Zufallsgrössen über, die nach dem zentralen Grenzwertsatz ungefähr normalverteilt sind.

Eine Zufallsvariable X, deren Realisierungen nicht negativ sind, heißt **logarithmisch normalverteilt**, wenn die durch Logarithmieren entstehende Zufallsvariable **Y = ln X normalverteilt ist.** Logarithmisch normalverteilt sind viele Zufallsvariable, deren Realisierungen mit dem natürlichen Wachstum in Zusammenhang stehen.

Die Zufallsvariable $Y = \ln X$ sei $N(\mu;\sigma^2)$-verteilt mit der Verteilungsfunktion

$$G(y) = P(Y \le y) = \frac{1}{\sqrt{2\pi}\cdot\sigma}\cdot\int_{-\infty}^{y} e^{-\frac{(v-\mu)^2}{2\sigma^2}}\,dv = \Phi\left(\frac{y-\mu}{\sigma}\right).$$

Die beiden Parameter dieser Normalverteilung sind die Kenngrößen der logarithmierten Zufallsvariablen Y, also

$$\mu = E(Y) = E(\ln X); \quad \sigma^2 = \operatorname{Var}(Y) = \operatorname{Var}(\ln X).$$

Aus der Verteilungsfunktion G erhält man die Verteilungsfunktion F der logarithmisch verteilten Zufallsvariablen X für $x > 0$ in der Form

$$F(x) = P(X \le x) = P(\ln X \le \ln x) = P(Y \le \ln x) = \Phi\left(\frac{\ln x - \mu}{\sigma}\right).$$

Mit $\frac{d}{dx}\ln x = \frac{1}{x}$ für $x > 0$ erhält man hieraus durch Differentiation die Dichte der Zufallsvariablen X

$$f(x) = F'(x) = \Phi'\left(\frac{\ln x - \mu}{\sigma}\right)\cdot(\ln x)' = \varphi\left(\frac{\ln x - \mu}{\sigma}\right)\cdot\frac{1}{\sigma}\cdot\frac{1}{x} \quad \text{für } x > 0\,.$$

Somit besitzt die logarithmisch normalverteilte Zufallsvariable X die

Dichte

$$f(x) = \begin{cases} \frac{1}{\sqrt{2\pi}\cdot\sigma}\cdot\frac{1}{x}\cdot e^{-\frac{(\ln x-\mu)^2}{2\sigma^2}} & \text{für } x > 0, \\ 0 & \text{für } x \le 0\,. \end{cases}$$

Die logarithmische Normalverteilung ist eine einseitige rechtsschiefe Verteilung (s. nachfolgende Abbildung).

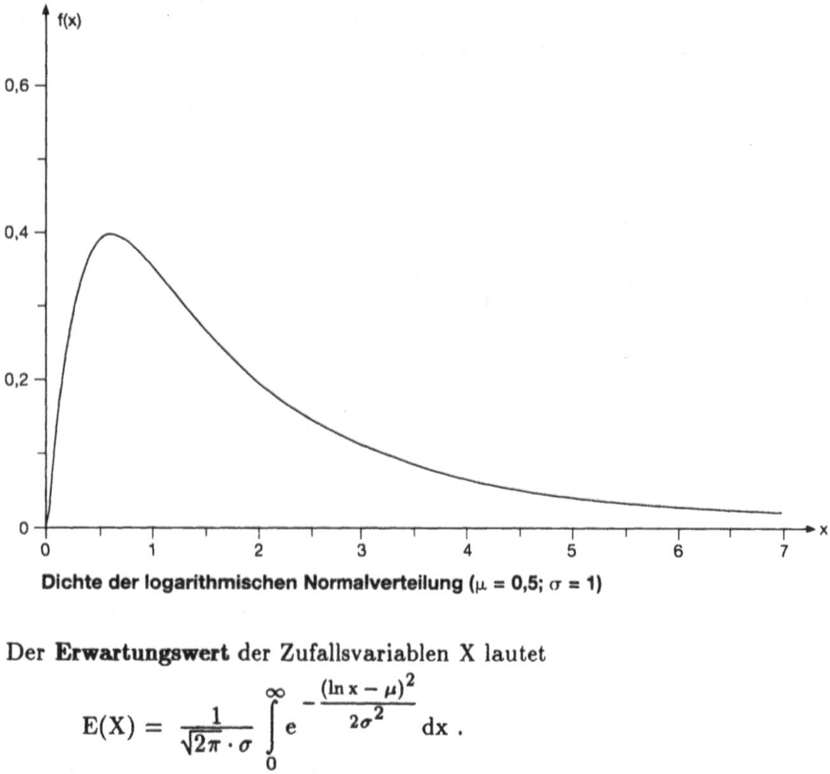

Dichte der logarithmischen Normalverteilung (μ = 0,5; σ = 1)

Der **Erwartungswert** der Zufallsvariablen X lautet

$$E(X) = \frac{1}{\sqrt{2\pi}\cdot\sigma}\int_0^{\infty} e^{-\frac{(\ln x-\mu)^2}{2\sigma^2}}\,dx\,.$$

Mit der Substitution $\frac{\ln x-\mu}{\sigma} = z$; $\ln x = \mu+\sigma z$; $x = e^{\mu+\sigma z}$; $dx = \sigma e^{\mu+\sigma z}\,dz$ geht dieses Integral über in

$$E(X) = \frac{1}{\sqrt{2\pi}}\int_{-\infty}^{\infty} e^{\mu+\sigma z-\frac{z^2}{2}}dz = \frac{1}{\sqrt{2\pi}}e^{\mu}\int_{-\infty}^{\infty} e^{-\frac{1}{2}(z^2-2\sigma z)}\,dz$$

$$= \frac{1}{\sqrt{2\pi}}e^{\mu}\int_{-\infty}^{\infty} e^{-\frac{1}{2}(z-\sigma)^2+\frac{\sigma^2}{2}}\,dz = \frac{1}{\sqrt{2\pi}}e^{\mu+\frac{\sigma^2}{2}}\int_{-\infty}^{\infty} e^{-\frac{1}{2}(z-\sigma)^2}\,dz$$

$$= \frac{1}{\sqrt{2\pi}}e^{\mu+\frac{\sigma^2}{2}}\int_{-\infty}^{\infty} e^{-\frac{1}{2}u^2}du = \frac{1}{\sqrt{2\pi}}\cdot e^{\mu+\frac{\sigma^2}{2}}\cdot\sqrt{2\pi} = e^{\mu+\frac{\sigma^2}{2}}\,.$$

Mit der gleichen Substitution erhält man

$$E(X^2) = \frac{1}{\sqrt{2\pi}\cdot\sigma}\int_0^\infty x\cdot e^{-\frac{(\ln x-\mu)^2}{2\sigma^2}}\,dx = \frac{1}{\sqrt{2\pi}}\int_{-\infty}^{\infty} e^{2\mu+2\sigma z-\frac{z^2}{2}}dz$$

$$= \frac{1}{\sqrt{2\pi}}e^{2\mu}\int_{-\infty}^{\infty} e^{-\frac{1}{2}(z^2-4\sigma z)}\,dz = \frac{1}{\sqrt{2\pi}}e^{2\mu+2\sigma^2}\underbrace{\int_{-\infty}^{\infty} e^{-\frac{1}{2}(z-2\sigma)^2}\,dz}_{=\sqrt{2\pi}}$$

$$= e^{2\mu+2\sigma^2}.$$

Daraus folgt $\mathrm{Var}(X) = E(X^2) - [E(X)]^2$

$$= e^{2\mu+2\sigma^2} - e^{2\mu+\sigma^2} = e^{2\mu+\sigma^2}\cdot(e^{\sigma^2}-1).$$

Analog erhält man die **k-ten Momente**

$$E(X^k) = e^{k\mu+\frac{k^2\sigma^2}{2}} \quad \text{für } k = 1, 2, \ldots$$

Der Median ist e^{μ} und der Modalwert ist gleich $e^{\mu-\sigma^2}$.

Zusammenfassung:

Kenngrößen der logarithmischen Normalverteilung:
Die Zufallsvariable $Y = \ln X$ sei normalverteilt mit dem Erwartungswert μ und der Varianz σ^2, also $N(\mu;\sigma^2)$-verteilt. Dann besitzt die logarithmisch verteilte Zufallsvariable $X = e^Y$ die

$$\textbf{Dichte } f(x) = \begin{cases} \frac{1}{\sqrt{2\pi}\cdot\sigma}\cdot\frac{1}{x}\cdot e^{-\frac{(\ln x-\mu)^2}{2\sigma^2}} & \text{für } x > 0, \\ 0 & \text{für } x \le 0 \end{cases}$$

und die Kenngrößen

Erwartungswert: $E(X) = e^{\mu+\frac{\sigma^2}{2}}$; **Varianz:** $\mathrm{Var}(X) = e^{2\mu+\sigma^2}\cdot(e^{\sigma^2}-1)$.

k-tes Moment: $E(X^k) = e^{k\mu+\frac{k^2\sigma^2}{2}}$ für $k = 1, 2, \ldots$

Median: $\tilde{\mu} = e^{\mu}$; **Modalwert:** $x_{Mod} = e^{\mu-\sigma^2}$.

5.7.5. Die zweidimensionale Normalverteilung

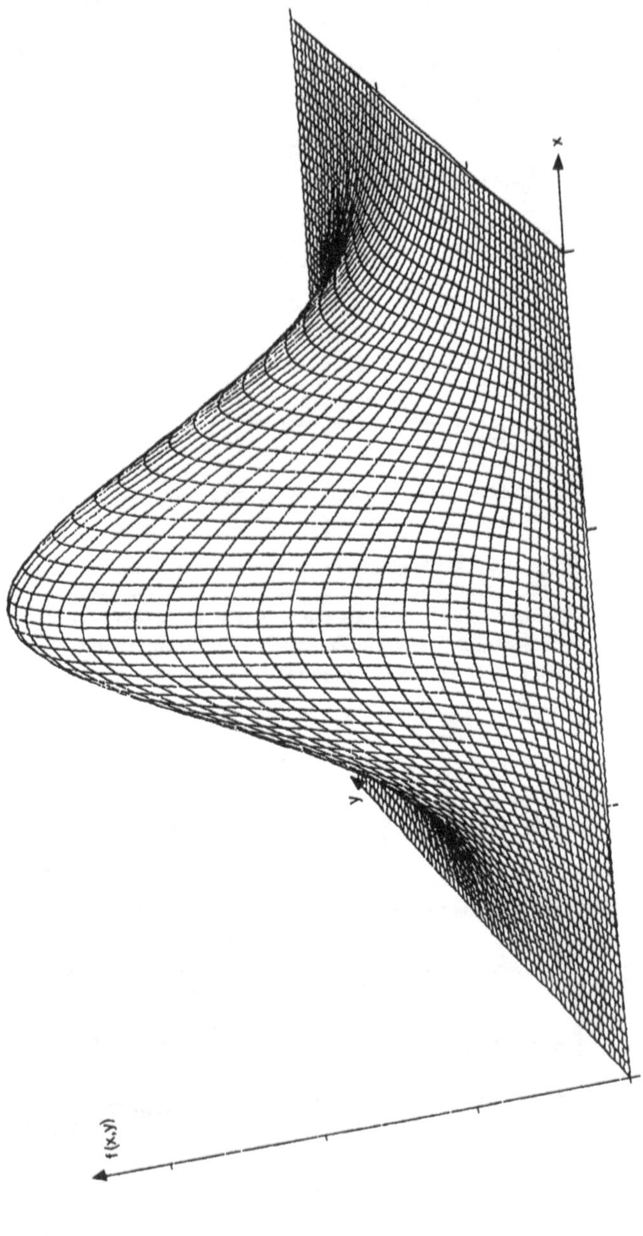

Die zweidimensionale Zufallsvariable (X, Y) heißt **normalverteilt**, wenn sie die folgende Dichte besitzt

$$f(x,y) = \frac{1}{2\pi\sigma_1\sigma_2\sqrt{1-\rho^2}} \cdot e^{-\frac{1}{2(1-\rho^2)}\left(\frac{(x-\mu_1)^2}{\sigma_1^2} - 2\rho\frac{(x-\mu_1)}{\sigma_1}\frac{(y-\mu_2)}{\sigma_2} + \frac{(y-\mu_2)^2}{\sigma_2^2}\right)},$$

$$-\infty < x, y < \infty;\ \sigma_1, \sigma_2 > 0;\ \mu_1, \mu_2 \in \mathbb{R};\ -1 < \rho < 1.$$

Die Funktion f(x, y) ist nicht negativ. Zum Nachweis dafür, daß das Integral über die Dichte gleich Eins ist, benutzen wir die Variablentransformation

$$u = \frac{x-\mu_1}{\sigma_1};\ v = \frac{1}{\sqrt{1-\rho^2}}\cdot\left(\frac{y-\mu_2}{\sigma_2} - \rho\frac{x-\mu_1}{\sigma_1}\right).$$

Damit gilt

$$u^2 + v^2 =$$

$$= \frac{1}{1-\rho^2}\left[\frac{(x-\mu_1)^2}{\sigma_1^2}(1-\rho^2) + \frac{(y-\mu_2)^2}{\sigma_2^2} - 2\rho\frac{x-\mu_1}{\sigma_1}\frac{y-\mu_2}{\sigma_2} + \rho^2\frac{(x-\mu_1)^2}{\sigma_1^2}\right]$$

$$= \frac{1}{1-\rho^2}\left[\frac{(x-\mu_1)^2}{\sigma_1^2} + \frac{(y-\mu_2)^2}{\sigma_2^2} - 2\rho\frac{x-\mu_1}{\sigma_1}\frac{y-\mu_2}{\sigma_2}\right].$$

Für diese Transformation erhält man nach Abschnitt 2.5.4 die Funktionaldeterminante

$$\frac{\partial(u,v)}{\partial(x,y)} = \begin{vmatrix} \frac{1}{\sigma_1} & 0 \\ -\frac{\rho}{\sigma_1\sqrt{1-\rho^2}} & \frac{1}{\sigma_2\sqrt{1-\rho^2}} \end{vmatrix} = \frac{1}{\sigma_1\sigma_2\sqrt{1-\rho^2}}.$$

$$\frac{\partial(x,y)}{\partial(u,v)} = \sigma_1\sigma_2\sqrt{1-\rho^2}.$$

Damit erhält man nach Abschnitt 2.5.4 die Integraltransformation

$$\int_{-\infty}^{\infty}\int_{-\infty}^{\infty} f(x,y)\,dx\,dy = \int_{-\infty}^{\infty}\int_{-\infty}^{\infty} f(x(u,v), y(u,v))\frac{\partial(x,y)}{\partial(u,v)}\,du\,dv$$

$$= \frac{1}{2\pi} \int\limits_{-\infty}^{\infty} \int\limits_{-\infty}^{\infty} e^{-\frac{1}{2}(u^2+v^2)} du\,dv = \frac{1}{2\pi} \underbrace{\int\limits_{-\infty}^{\infty} e^{-\frac{1}{2}u^2} du}_{=\sqrt{2\pi}} \cdot \underbrace{\int\limits_{-\infty}^{\infty} e^{-\frac{1}{2}v^2} dv}_{=\sqrt{2\pi}} = 1.$$

Damit ist die Funktion f tatsächlich eine zweidimensionale Dichte.

Die beiden gemäß der obigen Transformation durch

$$U = \frac{X-\mu_1}{\sigma_1}; \; V = \frac{1}{\sqrt{1-\rho^2}} \cdot \left(\frac{Y-\mu_2}{\sigma_2} - \rho \frac{X-\mu_1}{\sigma_1} \right)$$

definierten Zufallsvariablen U und V besitzen nach der obigen Berechnung die gemeinsame Dichte

$$g(u,v) = \frac{1}{\sqrt{2\pi}} \cdot e^{-\frac{u^2}{2}} \cdot \frac{1}{\sqrt{2\pi}} \cdot e^{-\frac{v^2}{2}}.$$

Dies ist das Produkt der Dichten zweier N(0;1)-verteilter Zufallsvariabler. Damit sind die beiden transformierten Zufallsvariablen U und V voneinander unabhängig und beide N(0;1)-verteilt.

Aus dieser Transformationsgleichung erhält man

$$\frac{X-\mu_1}{\sigma_1} = U \qquad \text{bzw.} \quad X = \mu_1 + \sigma_1 U\,;$$

$$\frac{Y-\mu_2}{\sigma_2} = \sqrt{1-\rho^2}\, V + \rho U \qquad \text{bzw.} \quad Y = \mu_2 + \sigma_2 \sqrt{1-\rho^2}\, V + \rho \sigma_2 U.$$

Da U standard-normalverteilt ist, ist auch X normalverteilt mit dem Erwartungswert μ_1 und der Varianz σ_1^2.

Die standardisierte Zufallsvariable $\frac{Y-\mu_2}{\sigma_2}$ ist als Linearkombination der beiden unabhängigen standard-normalverteilten Zufallsvariablen U und V nach Abschnitt 5.7.2 ebenfalls normalverteilt mit dem Erwartungswert Null und der Varianz

$$\operatorname{Var}\left(\frac{Y-\mu_2}{\sigma_2} \right) = (1-\rho^2) \cdot \underbrace{\operatorname{Var}(V)}_{=1} + \rho^2 \cdot \underbrace{\operatorname{Var}(U)}_{=1} = 1\,.$$

Damit ist auch Y normalverteilt mit dem Erwartungswert μ_2 und der Varianz σ_2^2.

Den Korrelationskoeffizienten von X und Y erhält man in der Form

$$\rho(X,Y) = E\Big(\frac{X-\mu_1}{\sigma_1}\cdot\frac{Y-\mu_2}{\sigma_2}\Big) = E(U\cdot(\sqrt{1-\rho^2}\cdot V + \rho\cdot U))$$

$$= \sqrt{1-\rho^2}\cdot\underbrace{E(U\cdot V)}_{=0} + \rho\cdot\underbrace{E(U^2)}_{=1} = \rho.$$

Die Zufallsvariablen U und V sind voneinander unabhängig. Daher gilt $E(U\cdot V) = E(U)\cdot E(V) = 0$.

Damit haben wir folgende Eigenschaften nachgewiesen:

Die zweidimensionale Zufallsvariable (X,Y) sei normalverteilt mit der obigen Dichte $f(y,y)$. Dann folgt aus dieser Darstellung:

1.) Die Zufallsvariable X ist normalverteilt mit dem Erwartungswert μ_1 und der Varianz σ_1^2, also $N(\mu_1;\sigma_1^2)$-verteilt mit der Randdichte

$$f_1(x) = \frac{1}{\sqrt{2\pi}\cdot\sigma_1}\cdot e^{-\frac{(x-\mu_1)^2}{2\sigma_1^2}}$$

2.) Die Zufallsvariable Y ist normalverteilt mit dem Erwartungswert μ_2 und der Varianz σ_2^2, also $N(\mu_2;\sigma_2^2)$-verteilt mit der Randdichte

$$f_2(y) = \frac{1}{\sqrt{2\pi}\cdot\sigma_2}\cdot e^{-\frac{(y-\mu_2)^2}{2\sigma_2^2}}$$

3.) Der Parameter ρ ist der Korrelationskoeffizient der beiden Zufallsvariablen X und Y mit

$$\rho = \rho(X, Y) = \frac{Cov(X, Y)}{\sqrt{Var(X)}\cdot\sqrt{Var(Y)}} = \frac{E(X\cdot Y) - E(X)\cdot E(Y)}{\sigma_1\cdot\sigma_2}\ .$$

4.) Jede zweidimensionale normalverteilte Zufallsvariable (X, Y) kann aus zwei unabhängigen standard-normalverteilten Zufallsvariablen U und V gewonnen werden mit Hilfe der Transformationen

$$X = \mu_X + \sigma_X U\ ;$$
$$Y = \mu_Y + \sigma_Y\sqrt{1-\rho^2}\,V + \rho\sigma_Y U$$

mit $\mu_X = E(X)$; $\sigma_X = \sqrt{Var(X)}$; $\mu_Y = E(Y)$; $\sigma_Y = \sqrt{Var(Y)}$;

$\rho = \rho(X,Y)$ ist der Korrelationskoeffizient von X und Y.

Falls die beiden Zufallsvariablen X und Y **unkorreliert** sind, geht wegen $\rho = 0$ die gemeinsame Dichte über in

$$f(x,y) = \frac{1}{\sqrt{2\pi}\cdot\sigma_1}\cdot e^{-\frac{(x-\mu_1)^2}{2\sigma_1^2}} \cdot \frac{1}{\sqrt{2\pi}\cdot\sigma_2}\cdot e^{-\frac{(y-\mu_2)^2}{2\sigma_2^2}} = f_1(x)\cdot f_2(y)\,,$$

also in das Produkt der beiden Randdichten. Bei Normalverteilungen folgt somit aus der Unkorreliertheit auch die Unabhängigkeit. Andererseits sind unabhängige Zufallsvariable immer unkorreliert. Damit sind bei Normalverteilungen die beiden Begriffe der Unahängigkeit und Unkorreliertheit gleichwertig. Es gilt also

> Zwei normalverteilte Zufallsvariable X und Y sind dann und nur dann voneinander **unabhängig**, wenn sie **unkorreliert** sind.

Nach Abschnitt 2.4 lautet die **bedingte Dichte** $f(y|x) = \frac{f(x,y)}{f_1(x)}$. Mit der gemeinsamen Dichte und der Randdichte erhält man

$$f(y|x) = \frac{1}{\sqrt{2\pi}\,\sigma_2\sqrt{1-\rho^2}}\cdot e^{-\frac{1}{2\sigma_2^2(1-\rho^2)}\cdot\left[(y-\mu_2)-\rho\frac{\sigma_2}{\sigma_1}(x-\mu_1)\right]^2}$$

Bei festgehaltenem x ist dies die Dichte einer Normalverteilung mit dem Erwartungswert $\mu(x) = \mu_2 + \rho\frac{\sigma_2}{\sigma_1}(x-\mu_1)$. Dies ist der bedingte Erwartungswert $E(Y|X{=}x)$. Durch Vertauschen der Indizes erhält man unmittelbar den bedingten Erwartungswert $E(X|Y{=}y)$. Damit lauten die

bedingten Erwartungswerte:

$$E(Y|X{=}x) = \mu_2 + \rho\,\frac{\sigma_2}{\sigma_1}(x-\mu_1) = E(Y) + \rho\frac{\sqrt{Var(Y)}}{\sqrt{Var(X)}}\,(x - E(X))\,;$$

$$E(X|Y{=}y) = \mu_1 + \rho\,\frac{\sigma_1}{\sigma_2}(y-\mu_2) = E(X) + \rho\frac{\sqrt{Var(X)}}{\sqrt{Var(Y)}}\,(y - E(Y))\,.$$

Diese bedingten Erwartungswerte als Funktionen von x bzw. y stimmen bei Normalverteilungen mit den entsprechenden Regressionsgeraden überein (vgl. Abschnitt 2.7).

Aus dieser Darstellung erhält man unmittelbar

$$\int_{-\infty}^{\infty} E(Y|X{=}x)\,f_1(x)\,dx = E(Y) + \rho\frac{\sqrt{Var(Y)}}{\sqrt{Var(X)}}\cdot\underbrace{\int_{-\infty}^{\infty}[x - E(X)]f_1(x)\,dx}_{=0}$$

$$= E(Y)\,.$$

Diese allgemein gültige Eigenschaft wurde bereits in Abschnitt 2.4 gezeigt.

Darstellung der Dichte in Matrizenschreibweise

Mit der positiv definiten quadratischen Form

$$Q(x,y) = \frac{1}{1-\rho^2}\left(\frac{(x-\mu_1)^2}{\sigma_1^2} + \frac{(y-\mu_2)^2}{\sigma_2^2} - 2\rho\,\frac{x-\mu_1}{\sigma_1}\,\frac{y-\mu_2}{\sigma_2}\right)$$

läßt sich die gemeinsame Dichte darstellen als

$$f(x,y) = \frac{1}{2\pi\sigma_1\sigma_2\sqrt{1-\rho^2}}\cdot e^{-\frac{1}{2}Q(x,y)}\,.$$

Mit den Vektoren $\vec{x} = \begin{pmatrix} x \\ y \end{pmatrix}$; $\vec{\mu} = \begin{pmatrix} \mu_1 \\ \mu_2 \end{pmatrix}$ und der symmetrischen Matrix

$$A = \begin{pmatrix} \frac{1}{(1-\rho^2)\sigma_1^2} & -\frac{\rho}{(1-\rho^2)\sigma_1\sigma_2} \\ -\frac{\rho}{(1-\rho^2)\sigma_1\sigma_2} & \frac{1}{(1-\rho^2)\sigma_2^2} \end{pmatrix} = \frac{1}{1-\rho^2}\cdot\begin{pmatrix} \frac{1}{\sigma_1^2} & -\frac{\rho}{\sigma_1\sigma_2} \\ -\frac{\rho}{\sigma_1\sigma_2} & \frac{1}{\sigma_2^2} \end{pmatrix}$$

erhält man

$$Q(x,y) = (\vec{x} - \vec{\mu})^T A\,(\vec{x} - \vec{\mu})\,.$$

Dabei wird mit T der transponierte Vektor bezeichnet.

Die Matrix A besitzt die Determinante

$$\det(A) = \frac{1}{(1-\rho^2)\sigma_1^2\sigma_2^2} > 0\,.$$

Damit läßt sich die Dichte der zweidimensionalen Normalverteilung darstellen in der Form

$$f(x,y) = \frac{\sqrt{\det(A)}}{2\pi} \cdot e^{-\frac{1}{2}(\vec{x}-\vec{\mu})^T A (\vec{x}-\vec{\mu})} .$$

Höhenlinien der gemeinsamen Dichtefunktion $f(x,y)$ sind Kurven auf der Fläche, die den gleichen Funktionswert besitzen. Für eine solche Höhenlinie muß der Exponent in der Funktionsgleichung konstant sein, also

$$\left(\frac{x-\mu_1}{\sigma_1}\right)^2 + \left(\frac{y-\mu_2}{\sigma_2}\right)^2 - 2\rho\left(\frac{x-\mu_1}{\sigma_1}\right)\left(\frac{y-\mu_2}{\sigma_2}\right) = c > 0.$$

Im Falls $|\rho| \neq 1$ stellt diese Gleichung für jedes $c > 0$ in der x-y-Ebene eine **Ellipse** dar mit dem Mittelpunkt $M(\mu_1, \mu_2)$. Die Größe der Ellipse hängt von c ab. Die Achsen besitzen dabei immer die gleiche Richtung. Sie können mit Hilfe der Hauptachsentransformation quadratischer Formen bestimmt werden.

Nur für $\rho = 0$, also bei unabhängigen Normalverteilungen, verlaufen die Hauptachsen der Ellipsen parallel zu den Koordinatenachsen. In diesem Fall lauten die Ellipsengleichungen

$$\left(\frac{x-\mu_1}{\sigma_1}\right)^2 + \left(\frac{y-\mu_2}{\sigma_2}\right)^2 = c .$$

5.7.6. Die n-dimensionale Normalverteilung

Die für den zweidimensionalen Fall in Abschnitt 5.7.5 angegebene Matrizendarstellung der Dichte kann unmittelbar auf mehrere Zufallsvariable übertragen werden.

Eine n-dimensionale Zufallsvariable $(X_1, X_2, \ldots, X_n)$ heißt **normalverteilt**, wenn ihre Dichte folgende Gestalt besitzt:

$$f(x_1, x_2, \ldots, x_n) = \frac{\sqrt{\det(A)}}{(\sqrt{2\pi})^n} \cdot e^{-\frac{1}{2}(\vec{x}-\vec{\mu})^T A (\vec{x}-\vec{\mu})}$$

Dabei ist

$$A = \begin{pmatrix} a_{11} & a_{12} & \cdots & a_{1n} \\ a_{21} & a_{22} & \cdots & a_{2n} \\ \vdots & \vdots & & \vdots \\ a_{n1} & a_{n2} & \cdots & a_{nn} \end{pmatrix}$$

eine quadratische n-reihige symmetrische positiv definite Matrix mit positiver Determinante $\det(A) > 0$. $\vec{x}$ und $\vec{\mu}$ sind n-dimensionale Spaltenvektoren mit den transponierten Vektoren

$$\vec{x}^T = (x_1, x_2, \dots, x_n) \quad \text{und} \quad \vec{\mu}^T = (\mu_1, \mu_2, \dots, \mu_n).$$

Im Exponent der Dichte steht bis auf den Faktor $-\frac{1}{2}$ die positiv definite quadratische Form

$$Q(x_1, x_2, \dots, x_n) = \sum_{i=1}^{n} \sum_{k=1}^{n} a_{ik}(x_i - \mu_i)(x_k - \mu_k).$$

Die Funktion f ist nicht negativ. Zum Nachweis für

$$I = \int_{-\infty}^{\infty} \dots \int_{-\infty}^{\infty} f(x_1, x_2, \dots, x_n)\, dx_1\, dx_2 \dots dx_n = 1$$

wird wie im zweidimensionalen Fall eine Variablentransformation durchgeführt.

Die Matrix A ist nach Voraussetzung symmetrisch mit $\det(A) > 0$. Deswegen gibt es eine orthogonale Transformation $\vec{z} = B(\vec{x} - \vec{\mu})$ mit

$$B^T A B = \Lambda = \begin{pmatrix} \lambda_1 & 0 & \cdots & 0 \\ 0 & \lambda_2 & \cdots & 0 \\ \vdots & \vdots & \vdots & \vdots \\ 0 & 0 & \cdots & \lambda_n \end{pmatrix} \quad \text{mit } \lambda_i > 0 \text{ für } i = 1, 2, \dots, n.$$

Damit gilt für den Exponenten

$$(\vec{x} - \vec{\mu})^T A (\vec{x} - \vec{\mu}) = \vec{z}^T \Lambda \vec{z} = \sum_{i=1}^{n} \lambda_i z_i^2.$$

Wegen $\det(B) = 1$ gilt $\det(A) = \prod_{i=1}^{n} \lambda_i$. Die Funktionaldeterminante der Transformation ist gleich Eins. Damit geht das Integral über in

$$I = \frac{\sqrt{\prod_{i=1}^{n} \lambda_i}}{(\sqrt{2\pi})^n} \int_{-\infty}^{\infty} \dots \int_{-\infty}^{\infty} e^{-\frac{1}{2} \sum_{i=1}^{n} \lambda_i z_i^2} dz_1 \dots dz_n.$$

Mit der Substitution $\sqrt{\lambda_i}\, z_i = u_i$; $\sqrt{\lambda_i}\, dz_i = du_i$ geht dieses Integral über in

$$I = \prod_{i=1}^{n} \left\{ \frac{1}{\sqrt{2\pi}} \cdot \int_{-\infty}^{\infty} e^{-\frac{u_i^2}{2}} dz \right\} = 1.$$

$f(x_1, x_2, \ldots, x_n)$ erfüllt also die Bedingungen einer n-dimensionalen Dichte.

Die durch $\vec{z} = B(\vec{x} - \vec{\mu})$ definierten n Zufallsvariablen $Z_1, Z_2, \ldots, Z_n$ sind wegen der obigen Produktdarstellung **unabhängige normalverteilte Zufallsvariable** mit

$$E(Z_i) = 0 \text{ und } \operatorname{Var}(Z_i) = \lambda_i^2 \text{ für } i = 1, 2, \ldots, n.$$

Aus der Transformationsgleichung $(\vec{x} - \vec{\mu})^T = \vec{z} B^{-T}$ erhält man die Beziehung

$$(X_1 - \mu_1, X_2 - \mu_2, \ldots, X_n - \mu_n) = (Z_1, Z_2, \ldots, Z_n) B^{-T}.$$

Aus der Linearität des Erwartungswertes und $E(Z_i) = 0$ für alle i folgt unmittelbar

$$E(X_i) = \mu_i \quad \text{für } i = 1, 2, \ldots, n.$$

Nach Schmetterer L. [1966], S. 166 ist die **Kovarianzmatrix** gleich der inversen Matrix von A, also

$$\Sigma = \begin{pmatrix} \sigma_{11} & \sigma_{12} & \cdots & \sigma_{1n} \\ \sigma_{21} & \sigma_{22} & \cdots & \sigma_{2n} \\ \vdots & \vdots & \vdots & \vdots \\ \sigma_{n1} & \sigma_{n2} & \cdots & \sigma_{nn} \end{pmatrix} = A^{-1}$$

mit

$$\sigma_{ik} = \operatorname{Cov}(X_i, X_k) = E[(X_i - \mu_i)(X_k - \mu_k)] \quad \text{für } i, k = 1, 2, \ldots, n;$$

$$\sigma_{ii} = \operatorname{Var}(X_i), \; i = 1, 2, \ldots, n.$$

Damit können für eine n-dimensionale Normalverteilung die einzelnen Erwartungswerte und die Kovarianzmatrix Σ vorgeben werden. Mit $A = \Sigma^{-1}$ ist dann die Dichte eindeutig bestimmt.

In der oben durchgeführten Transformation $\vec{z} = B(\vec{x} - \vec{\mu})$ sind die n Zufallsvariablen $Z_1, Z_2, \ldots, Z_n$ unabhängig und normalverteilt. Wegen

$$(X_1 - \mu_1, X_2 - \mu_2, \ldots, X_n - \mu_n) = (Z_1, Z_2, \ldots, Z_n) B^{-T}$$

sind dann alle Zufallsvariablen $X_i - \mu_i$ für $i = 1, 2, \ldots, n$ Linearkombinationen unabhängiger normalverteilter Zufallsvariabler. Nach dem Additionstheorem für Normalverteilungen aus Abschnitt 5.7.2 sind solche Linearkombinationen ebenfalls wieder normalverteilt. Dann sind auch die Zufallsvariablen X_i normalverteilt und zwar $N(\mu_i; \sigma_i^2)$-verteilt (diese Parameter wurden oben schon angegeben).

Falls die Zufallsvariablen $X_1, X_2, \dots, X_n$ **paarweise unkorreliert**, also **paarweise unabhängig** sind, besitzt wegen $\sigma_{ik} = \mathrm{Cov}(X_i, X_k) = 0$ für $i \neq k$; $\sigma_i^2 = \sigma_{ii}$ die Kovarianzmatrix die Darstellung

$$\Sigma = \begin{pmatrix} \sigma_1^2 & 0 & \cdots & 0 \\ 0 & \sigma_2^2 & \cdots & 0 \\ \vdots & \vdots & \vdots & \vdots \\ 0 & 0 & \cdots & \sigma_n^2 \end{pmatrix} \quad \text{mit } \sigma_i^2 > 0 \text{ für } i = 1, 2, \dots, n.$$

Dann ist $A = \Sigma^{-1}$ ebenfalls eine Diagonalmatrix mit den Elementen $\frac{1}{\sigma_i^2}$ und der Determinanten

$$\det(A) = \frac{1}{\sigma_1^2 \cdot \sigma_2^2 \cdot \ldots \cdot \sigma_n^2}.$$

Damit geht die Dichte über in

$$f(x_1, x_2, \dots, x_n) = \prod_{i=1}^{n} \frac{1}{\sqrt{2\pi}\,\sigma_i} e^{-\frac{(x_i - \mu_i)^2}{2\sigma_i^2}},$$

also in das Produkt der n Randdichten. Bei Normalverteilungen folgt also aus der paarweisen Unkorreliertheit (Unabhängigkeit) die vollständige Unabhängigkeit.

5.8. Testverteilungen

In diesem Abschnitt werden stetige Verteilungen angegeben, die in der beurteilenden Statistik eine wichtige Rolle spielen.

5.8.1. Die Chi-Quadrat-Verteilung

Sind $Z_1, Z_2, \dots, Z_n$ unabhängige $N(0;1)$-verteilte Zufallsvariable, so heißt die Zufallsvariable

$$\chi_n^2 = Z_1^2 + Z_2^2 + \dots + Z_n^2 = \sum_{i=1}^{n} Z_i^2$$

Chi-Quadrat-, kurz **χ^2-verteilt- mit n Freiheitsgraden**. Bei der Verteilung der Zufallsvariablen χ_n^2 handelt es sich um die sog. zentrale Chi-Quadrat-Verteilung. Es ist eine einseitige Verteilung, da die Realisierungen dieser Zufallsvariablen nicht negativ sind.

Für die N(0;1)-verteilten Zufallsvariablen Z_k gilt

$$E(Z_k^2) = Var(Z_k) = 1.$$

Nach Abschnitt 5.7.1 ist $E(Z_k^4) = 3$. Daraus folgt

$$Var(Z_k^2) = E(Z_k^4) - [E(Z_k^2)]^2 = 2.$$

Aus der Unabhängigkeit der Zufallsvariablen Z_k^2 erhält man hieraus unmittelbar die

> **Parameter der Chi-Quadrat-verteilten Zufallsvariablen:**
> Für jedes n gilt $E(\chi_n^2) = n$; $Var(\chi_n^2) = 2n$.

Für n = 1 erhält man für x > 0 die Werte der Verteilungsfunktion

$$G_1(x) = P(\chi_1^2 \le x) = P(Z^2 \le x) = P(-\sqrt{x} \le Z \le \sqrt{x})$$

$$= \frac{1}{\sqrt{2\pi}} \int_{-\sqrt{x}}^{\sqrt{x}} e^{-\frac{z^2}{2}} dz = \frac{2}{\sqrt{2\pi}} \int_0^{\sqrt{x}} e^{-\frac{z^2}{2}} dz .$$

Durch die Substitution $z^2 = u$; $z = \sqrt{u}$; $dz = \frac{1}{2\sqrt{u}} du$ geht dieses Integral über in

$$G_1(x) = \frac{1}{\sqrt{2\pi}} \int_0^x u^{-\frac{1}{2}} e^{-\frac{u}{2}} du .$$

Differentiation ergibt die Dichte

$$g_1(x) = \frac{d\,G_1(x)}{dx} = \frac{1}{\sqrt{2\pi}} x^{-\frac{1}{2}} \cdot e^{-\frac{x}{2}} .$$

Dies ist die Dichte der in Abschnitt 5.3 behandelten Gammaverteilung mit den Parametern $n = \lambda = \frac{1}{2}$. Ihre charakteristische Funktion lautet

$$\psi(u) = (1 - 2iu)^{-\frac{1}{2}} .$$

Die unabhängigen Zufallsvariablen $Z_1^2, Z_2^2, \ldots, Z_n^2$ sind alle gammaverteilt mit dieser charakteristischen Funktion. Somit ist die charakteristische Funktion der Zufallsvariablen χ_n^2 gleich der n-ten Potenz dieser charakteristischen Funktion. Damit lautet die

> **Charakteristische Funktion** der Chi-Quadrat-Verteilung:
> $$\psi_{\chi_n^2}(u) = (1 - 2iu)^{-\frac{n}{2}} .$$

Dies ist aber die charakteristische Funktion der Gammaverteilung mit dem Parameter $\lambda = \frac{1}{2}$ und dem zweiten Parameter $\frac{n}{2}$. Damit erhält man aus Abschnitt 5.3 die

Dichte der Chi-Quadrat-Verteilung mit n Freiheitsgraden

$$g_n(x) = \begin{cases} 0 & \text{für } x < 0 \\ \dfrac{1}{2^{\frac{n}{2}}\Gamma(\frac{n}{2})} x^{\frac{n}{2}-1} e^{-\frac{x}{2}} & \text{für } x \geq 0\,. \end{cases}$$

In der nachfolgenden Abbildung sind verschiedene Dichten graphisch dargestellt.

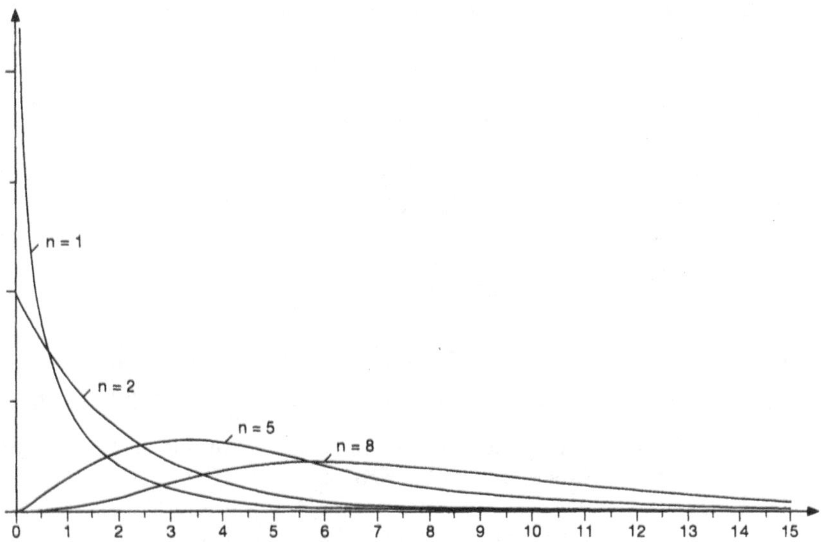

Dichten von Chi-Quadrat-Verteilungen

Die **Quantile** der Chi-Quadrat-Verteilung mit n Freiheitsgraden bezeichnen wir mit

$$\chi^2_{n;\alpha} \text{ bzw. } \chi^2_{n;1-\alpha} \quad \text{mit } P(\chi^2_n \leq \chi^2_{n;\alpha}) = \alpha\,;\; P(\chi^2_n \leq \chi^2_{n;1-\alpha}) = 1-\alpha.$$

Da die Chi-Quadrat-Verteilungen **nicht symmetrisch** sind, müssen beidseitige Quantile tabelliert werden (Tabelle 4 im Anhang).

Die Zufallsvariable $\frac{\chi_n^2}{n}$ besitzt die Kenngrößen

$$\text{Erwartungswert: } E\left(\frac{\chi_n^2}{n}\right) = 1 \text{ ; Varianz: } \mathrm{Var}\left(\frac{\chi_n^2}{n}\right) = \frac{2n}{n^2} = \frac{2}{n} .$$

Aus der Tschebyscheffschen Ungleichung (s. Abschnitt 1.4.2) folgt für jedes $\varepsilon > 0$

$$P\left(\left|\frac{\chi_n^2}{n} - 1\right| > \varepsilon\right) \leq \frac{2}{n} .$$

Wegen

$$\lim_{n\to\infty} P\left(\left|\frac{\chi_n^2}{n} - 1\right| > \varepsilon\right) = 0$$

konvergiert $\frac{\chi_n^2}{n}$ stochastisch gegen Eins (vgl. Kap. VI Abschnitt 1).

Aus der Definition der Chi-Quadrat-Verteilung folgt unmittelbar der

Additionssatz für Chi-Quadrat-Verteilungen:

Es seien Y_i unabhängige $\chi_{n_i}^2$-verteilte Zufallsvariable mit den Freiheitsgraden n_i für $i = 1, 2, \ldots, m$. Dann ist die Summe $\sum_{i=1}^{m} Y_i$ ebenfalls χ^2-verteilt mit $\sum_{i=1}^{m} n_i$ Freiheitsgraden.

Approximation der Chi-Quadrat-Verteilung durch die Normalverteilung

Für große n ist nach dem zentralen Grenzwertsatz $\chi_n^2 = \sum_{i=1}^{n} Z_i^2$ ungefähr normalverteilt. Mit dem Erwartungswert n und der Varianz 2n kann dann für $n > 30$ folgende Näherung benutzt werden:

$$P(\chi_n^2 \leq x) = P\left(\frac{\chi_n^2 - n}{\sqrt{2n}} \leq \frac{x-n}{\sqrt{2n}}\right) \approx \Phi\left(\frac{x-n}{\sqrt{2n}}\right).$$

Damit erhält man für die Quantile der Chi-Quadrat-Verteilung mit n Freiheitsgraden die Approximation

$$\alpha = P(\chi_n^2 \leq \chi^2_{n;\alpha}) \approx \Phi\left(\frac{\chi^2_{n;\alpha} - n}{\sqrt{2n}}\right) = \Phi(z_\alpha) .$$

Damit gilt für $n > 30$ die Näherung

$\chi^2_{n;\alpha} \approx n + \sqrt{2n} \cdot z_\alpha$; $z_\alpha = \alpha$-Quantil der Standard-Normalverteilung.

5.8.2. Die t-Verteilung

Es sei Z eine N(0;1)-verteilte Zufallsvariable und χ_n^2 eine davon unabhängige χ^2-verteilte Zufallsvariable mit n Freiheitsgraden. Dann heißt die Zufallsvariable

$$T_n = \frac{Z}{\sqrt{\chi_n^2/n}}$$

t-verteilt oder **Student-verteilt** mit **n Freiheitsgraden.**

Die t-Verteilung besitzt die **Dichte**

$$g_n(t) = \frac{\Gamma(\frac{n+1}{2})}{\sqrt{n\pi}\,\Gamma(\frac{n}{2})} \cdot \frac{1}{\left(1+\frac{t^2}{n}\right)^{\frac{n+1}{2}}} \qquad \text{für } -\infty < t < \infty.$$

Dabei stellt Γ die Gamma-Funktion dar.

Die Dichte der t-Verteilung ist **symmetrisch** zur y-Achse. In der nachfolgenden Abbildung sind verschiedene Dichten graphisch dargestellt.

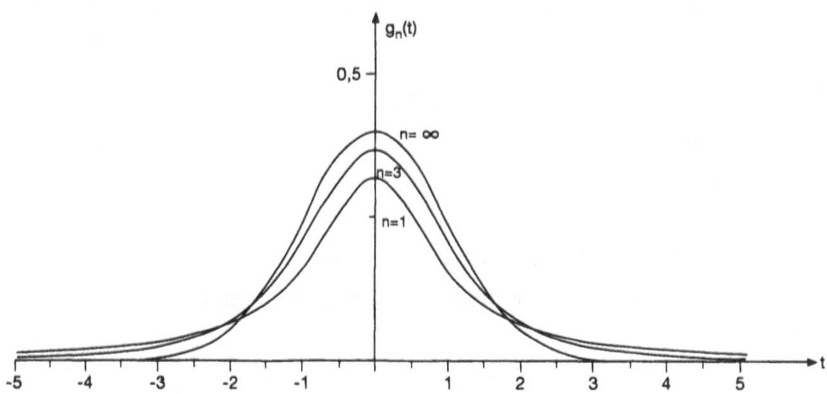

Dichten von t-Verteilungen

Das Integral

$$\int_0^\infty \frac{t^k}{\left(1+\frac{t^2}{n}\right)^{\frac{n+1}{2}}}\,dt$$

konvergiert für $k \geq n$ nicht. Daher existieren nur die Momente bis zur Ordnung $n-1$. Im Falle der Existenz sind wegen der Symmetrie die Momente ungerader Ordnung gleich Null.

Für n = 1 erhält man die in Abschnitt 1.3.2 behandelte **Cauchy-Verteilung** mit der Dichte

$$g_1(t) = \frac{1}{\pi(1+t^2)},$$

die keinen Erwartungswert besitzt.

Für $n \geq 2$ besitzt die Zufallsvariable T_n einen Erwartungswert, der wegen der Symmetrie der Dichte zur y-Achse gleich Null sein muß. T_2 besitzt keine Varianz. Für $n \geq 3$ gilt jedoch $\mathrm{Var}(T_n) = \frac{n}{n-2}$.

Zusammenfassung:

> Die **Parameter der t-Verteilung** mit n Freiheitsgraden lauten:
>
> $E(T_n) = 0$ für $n \geq 2$ und $\mathrm{Var}(T_n) = \frac{n}{n-2}$ für $n \geq 3$.

Die **Quantile** der t-Verteilung mit n Freiheitsgraden bezeichnen wir mit

$t_{n;\alpha}$ bzw. $t_{n;1-\alpha}$ mit $P(T_n \leq t_{n;\alpha}) = \alpha$; $P(T_n \leq t_{n;1-\alpha}) = 1-\alpha$.

Wegen der Symmetrie der Dichte zur y-Achse ist

> $t_{n;\alpha} = -t_{n;1-\alpha}$ für $0 < \alpha < 1$.

Deswegen genügt die Vertafelung der rechtsseitigen Quantile (Tabelle 3 im Anhang).

Approximation der t-Verteilung durch die Standard-Normalverteilung

Mit Hilfe der Stirlingschen Formel kann gezeigt werden, daß gilt

$$\lim_{n\to\infty} \frac{\Gamma(\frac{n+1}{2})}{\sqrt{n}\,\Gamma(\frac{n}{2})} = \frac{1}{\sqrt{2}}.$$

Ferner erhält man

$$\lim_{n\to\infty} \left(1 + \frac{t^2}{n}\right)^{\frac{n+1}{2}} = \lim_{n\to\infty} \left(1 + \frac{t^2/2}{n/2}\right)^{\frac{n}{2}} \sqrt{1 + \frac{t^2}{n}} = e^{\frac{t^2}{2}}.$$

Daraus folgt

$$\lim_{n\to\infty} g_n(t) = \frac{1}{\sqrt{2\pi}} \cdot e^{-\frac{t^2}{2}} = \varphi(t).$$

Die Dichte der t-Verteilung konvergiert also für $n \to \infty$ gegen die Dichte der Standard-Normalverteilung.

Für n > 30 gilt die Näherung

$P(T_n \le t) \approx \Phi(t)$; $\quad t_{n;\alpha} \approx z_\alpha$.

5.8.3. Die F-Verteilung

χ_m^2 und χ_n^2 seien zwei unabhängige Chi-Quadrat-verteilte Zufallsvariable mit m und n Freiheitsgraden. Dann heißt die Zufallsvariable

$$F_{m,n} = \frac{\frac{1}{m}\chi_m^2}{\frac{1}{n}\chi_n^2}$$

F-verteilt oder **Fisher-verteilt** mit (m, n) Freiheitsgraden. Die von den beiden Parametern m und n abhängige F-verteilte Zufallsvariable $F_{m,n}$ hat die Dichte

$$g_{m,n}(x) = \begin{cases} 0 & \text{für } x < 0\,, \\ \dfrac{\Gamma(\frac{m+n}{2})}{\Gamma(\frac{m}{2})\,\Gamma(\frac{n}{2})}\left(\dfrac{m}{n}\right)^{\frac{m}{2}} \cdot \dfrac{x^{\frac{m}{2}-1}}{\left(1+\frac{m}{n}x\right)^{\frac{m+n}{2}}} & \text{für } x \ge 0\,. \end{cases}$$

In der nachfolgenden Abbildung ist die Dichte der F-Verteilung mit (5, 10) Freiheitsgraden dargestellt.

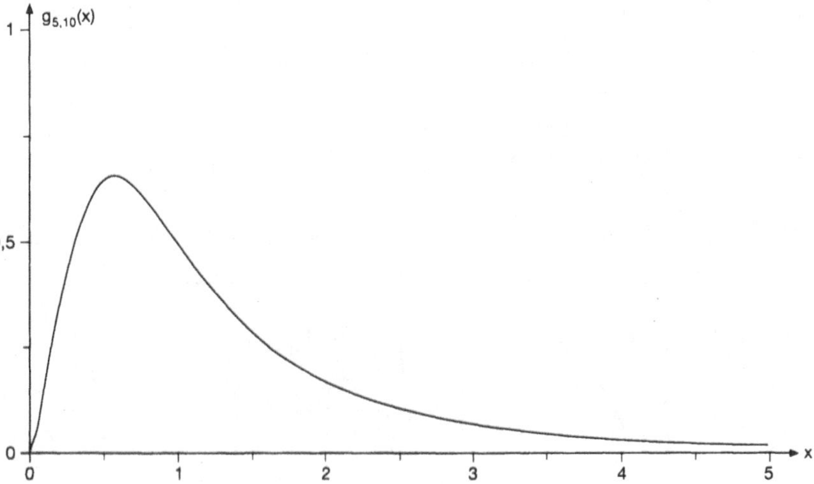

Dichte der F-Verteilung mit (5,10)-Freiheitsgraden

Die F-verteilte Zufallsvariable $F_{m,n}$ besitzt die Parameter

$$E(F_{m,n}) = \frac{n}{n-2} \quad \text{für } n > 2\,;$$

$$Var(F_{m,n}) = \frac{2n^2(m+n-2)}{m(n-2)^2(n-4)} \quad \text{für } n > 4.$$

Für $n \leq 2$ existiert der Erwartungswert nicht, für $n \leq 4$ keine Varianz.

Die **Quantile** der F-Verteilung mit (m, n) Freiheitsgraden bezeichnen wir mit $f_{m,n;\alpha}$ mit $P(F_{m,n} \leq f_{m,n;\alpha}) = \alpha$.

Aus der Definition der F-verteilten Zufallsvariaben $F_{m,n} = \frac{\frac{1}{m}\chi_m^2}{\frac{1}{n}\chi_n^2}$ folgt unmittelbar

$$\alpha = P(F_{m,n} \leq f_{m,n;\alpha}) = P\left(\frac{\frac{1}{m}\chi_m^2}{\frac{1}{n}\chi_n^2} \leq f_{m,n;\alpha}\right) = P\left(\frac{1}{f_{m,n;\alpha}} \leq \frac{\frac{1}{n}\chi_n^2}{\frac{1}{m}\chi_m^2}\right)$$

$$= P\left(F_{n,m} \geq \frac{1}{f_{m,n;\alpha}}\right) = 1 - P\left(F_{n,m} \leq \frac{1}{f_{m,n;\alpha}}\right).$$

Damit gilt

$$1-\alpha = P\left(F_{n,m} \leq \frac{1}{f_{m,n;\alpha}}\right) = P(F_{n,m} \leq f_{n,m;1-\alpha}).$$

Damit gilt für die Quantile bei Vertauschung der Freiheitsgrade die

Umrechnungsformel:

$$f_{n,m;1-\alpha} = \frac{1}{f_{m,n;\alpha}}; \quad f_{n,m;\alpha} = \frac{1}{f_{m,n;1-\alpha}}.$$

Wegen dieser Umrechnungsformel genügt die Vertafelung der rechtsseitigen Quantile (Tabelle 5 im Anhang).

Darstellung der F-Verteilung durch die t-Verteilung für m = 1

Für m = 1 gilt mit der Zufallsvariablen T_n der t-Verteilung

$$1-\alpha = P(F_{1,n} \leq f_{1,n;1-\alpha}) = P\left(\frac{Z^2}{\frac{1}{n}\chi_n^2} \leq f_{1,n;1-\alpha}\right)$$

$$= P\left(T_n^2 \leq f_{1,n;1-\alpha}\right) = P\left(-\sqrt{f_{1,n;1-\alpha}} \leq T_n \leq \sqrt{f_{1,n;1-\alpha}}\right)$$

$$= P\left(-t_{n;1-\frac{\alpha}{2}} \le T_n \le t_{n;1-\frac{\alpha}{2}}\right).$$

Zwischen den Quantilen der F-Verteilung mit (1, n) Freiheitsgraden und der t-Verteilung mit n-Freiheitsgraden besteht daher die Beziehung

$$\boxed{f_{1,n;1-\alpha} = t^2_{n;1-\frac{\alpha}{2}}\ .}$$

Grenzwerte der F-Verteilung (große Freiheitsgrade)

Nach Abschnitt 5.8.1 konvergiert die Folge der Zufallsvariablen $\frac{1}{n}\chi_n^2$, n=1, 2, ... stochastisch gegen Eins. Dann gilt mit den entsprechenden Quantilen der Chi-Quadrat-Verteilung

$$\alpha = \lim_{n\to\infty} P(F_{m,n} \le f_{m,n;\alpha}) = \lim_{n\to\infty} P\left(\frac{\frac{1}{m}\chi_m^2}{\frac{1}{n}\chi_n^2} \le f_{m,n;\alpha}\right)$$

$$= P\left(\tfrac{1}{m}\chi_m^2 \le f_{m,\infty;\alpha}\right) = P\left(\chi_m^2 \le m\cdot f_{m,\infty;\alpha}\right) = P\left(\chi_m^2 \le \chi^2_{m;\alpha}\right).$$

$$\alpha = \lim_{m\to\infty} P(F_{m,n} \le f_{m,n;\alpha}) = \lim_{m\to\infty} P\left(\frac{\frac{1}{m}\chi_m^2}{\frac{1}{n}\chi_n^2} \le f_{m,n;\alpha}\right)$$

$$= P\left(\chi_n^2 \ge \frac{n}{f_{\infty,n;\alpha}}\right) = 1 - P\left(\chi_n^2 \le \frac{n}{f_{\infty,n;\alpha}}\right).$$

Daraus folgt

$$1-\alpha = P\left(\chi_n^2 \le \frac{n}{f_{\infty,n;\alpha}}\right) = P\left(\chi_n^2 \le \chi^2_{n;1-\alpha}\right).$$

Durch Vergleich der entsprechenden Quantile erhält man die asymptotischen Näherungen

Für **große n** gilt	$f_{m,n;\alpha} \approx \dfrac{\chi^2_{m;\alpha}}{m}$	(Gleichheitszeichen für n=∞) ;
für **große m** gilt	$f_{m,n;\alpha} \approx \dfrac{n}{\chi^2_{n;1-\alpha}}$	(Gleichheitszeichen für m=∞) .

Darstellung der Binomialverteilung mit Hilfe einer F-Verteilung

Nach Kap. III Abschnitt 7.2 gilt für die Verteilungsfunktion F(m , p) der Binomialverteilung an jeder Stelle $m = 0, 1, 2, \geq \ldots, n$

$$\frac{dF(m,p)}{dp} = -\frac{n!}{m!\,(n-m-1)!}\,p^m(1-p)^{n-m-1}.$$

Wegen $F(m, 0) = 1$ folgt hieraus

$$\int_0^p \frac{dF(m,p)}{dp} = F(m,p) - F(m,0) = F(m,p) - 1.$$

Mit $k! = \Gamma(k+1)$ erhält man hieraus

$$1 - F(m,p) = \frac{\Gamma(n+1)}{\Gamma(m+1)\Gamma(n-m)} \int_0^p u^m(1-u)^{n-m-1}.$$

Mit der Substitution $u = \dfrac{(m+1)\,x}{(m+1)\,x + n - m}$; $1 - u = \dfrac{n-m}{(m+1)\,x + n - m}$;

$\dfrac{du}{dx} = \dfrac{(n-m)(m+1)}{[(m+1)\,x + n - m]^2}$; $u = 0 \Rightarrow x = 0$; $u = p \Rightarrow x = \dfrac{n-m}{m+1}\cdot\dfrac{p}{1-p}$

geht dieses Integral über in

$$\frac{\Gamma(n+1)\,(m+1)^{m+1}(n-m)^{n-m}}{\Gamma(m+1)\Gamma(n-m)} \cdot \int_0^{\frac{n-m}{m+1}\cdot\frac{p}{1-p}} \frac{x^m}{[(m+1)\,x + n - m]^{n+1}}\,dx$$

$$= \frac{\Gamma(n+1)\,(m+1)^{m+1}(n-m)^{n-m}}{\Gamma(m+1)\Gamma(n-m)\,(n-m)^{n+1}} \int_0^{\frac{n-m}{m+1}\cdot\frac{p}{1-p}} \frac{x^m}{\left(1 + \frac{m+1}{n-m}x\right)^{n+1}}\,dx$$

$$= \int_0^{\frac{n-m}{m+1}\cdot\frac{p}{1-p}} g_{2(m+1),\,2(n-m)}(x)\,dx = F_{2(m+1),\,2(n-m)}\left(\frac{n-m}{m+1}\cdot\frac{p}{1-p}\right).$$

Dabei ist $g_{2(m+1),\,2(n-m)}$ die Dichte der F-Verteilung mit den Freiheitsgraden $(2(m+1),\ 2(n-m))$. Damit gilt

Darstellung der Verteilungsfunktion einer Binomialverteilung durch die Verteilungsfunktion einer F-Verteilung:

Für jedes $m = 0, 1, \ldots, n$ gilt

$$\begin{aligned} F(m,p) &= \sum_{k=0}^{m} \binom{n}{k} \cdot p^k \cdot (1-p)^{n-k} \\ &= 1 - F_{2(m+1),\,2(n-m)}\left(\frac{n-m}{m+1} \cdot \frac{p}{1-p}\right) \\ &= 1 - P\left(F_{2(m+1),\,2(n-m)} \leq \frac{n-m}{m+1} \cdot \frac{p}{1-p}\right). \end{aligned}$$

Kapitel V: Allgemeine Zufallsvariable

In diesem Abschnitt sollen allgemeine Zufallsvariable betrachtet werden, die weder diskret noch stetig sind. Eine eindimensionale Zufallsvariable besteht meistens nur aus einem diskreten und stetigen Anteil. Sie kann z. B. durch Überlagerung einer stetigen und einer diskreten Zufallsvariablen entstehen. Die Definition einer allgemeinen Zufallsvariablen X wurde bereits in Kap. III Abschnitt 1 gebracht. Zufallsvariable, die weder einen diskreten noch einen stetigen Anteil haben, treten vor allem im mehrdimensionalen Fall auf. Falls X eine stetige Zufallsvariable ist, sind die Wahrscheinlichkeiten der zweidimensionalen Zufallsvariablen (X, Y) mit $Y = a + bX$, $a, b \in \mathbb{R}$, auf der Regressionsgeraden $y = a + bx$ konzentriert. Bei dieser zweidimensionalen Zufallsvariablen gibt es keinen diskreten und keinen stetigen Anteil, obwohl die beiden einzelnen Zufallsvariablen X und Y stetig sind.

Bei allgemeinen Zufallsvariablen spielt die Verteilungsfunktion eine zentrale Rolle. Erwartungswert und Varianz werden über das sog. Lebesgue-Stieltjes-Integral definiert. Es stellt eine Verallgemeinerung des Riemannschen Integrals dar, welches bei stetigen Zufallsvariablen verwendet wird.

Bei diskreten bzw. stetigen Zufallsvariablen gehen diese Intergrale über in die bereits dort benutzten Summen bzw. Riemann-Integrale. Eine wichtige Eigenschaft des Lebesgue-Stieltjes-Integrals ist die Additivität und die Linearität, so daß die bei diskreten und stetigen Zufallsvariablen bewiesenen Eigenschaften für den Erwartungswert und die Varianz auch im allgemeinen Fall gelten.

1. Eindimensionale Zufallsvariable

In diesem Abschnitt soll nur eine einzige allgemeine Zufallsvariable X betrachtet werden.

1.1. Verteilungsfunktion einer Zufallsvariablen

Von einer Zufallsvariablen wird allgemein verlangt, daß für jedes $x \in \mathbb{R}$ dem Ereignis $(X \leq x) = \{\omega \in \Omega \mid X(\omega) \leq x\} \subset \Omega$ eine Wahrscheinlichkeit zugeordnet ist. Dann heißt die durch

$$F(x) = P(X \le x) = P(\{\omega \in \Omega \,|\, X(\omega) \le x\}), \; x \in \mathbb{R}$$

definierte Funktion F die **Verteilungsfunktion** der Zufallsvariablen X. Die Zufallsvariable X muß weder diskret noch stetig sein. Daher dürfen zum Nachweis bestimmter Eigenschaften von F nur allgemein gültige Eigenschaften einer Wahrscheinlichkeit P benutzt werden.

Aus $x_1 < x_2$ folgt $\{\omega \,|\, X(\omega) \le x_1\} \subset \{\omega \,|\, X(\omega) \le x_2\}$. Für jede Wahrscheinlichkeit P ist aber $P(A) \le P(B)$ für $A \subset B$. Damit gilt

$$F(x_1) = P(\{\omega \,|\, X(\omega) \le x_1\}) \le P(\{\omega \,|\, X(\omega) \le x_2\}) = F(x_2) \text{ für } x_1 < x_2 .$$

Analog zum diskreten Fall besitzt jede Verteilungsfunktion F folgende Eigenschaften:

1.) F ist monoton nicht fallend, d.h. aus $x_1 < x_2$ folgt $F(x_1) \le F(x_2)$.

2.) F ist an jeder Stelle x rechtsseitig stetig mit $\lim\limits_{\substack{h \to 0 \\ h > 0}} F(x+h) = F(x)$.

3) Es gilt $\lim\limits_{x \to -\infty} F(x) = F(-\infty) = 0$ und $\lim\limits_{x \to +\infty} F(x) = F(+\infty) = 1$.

Der linksseitige Grenzwert $F(x-0) = \lim\limits_{\substack{h \to 0 \\ h > 0}} F(x-h)$ stimmt nur dann mit dem Funktionswert F(x) überein, wenn die Funktion F an der Stelle x stetig ist. Allgemein gilt

$$P(X = x) = F(x) - F(x-0).$$

Die Verteilungsfunktion F ist an der Stelle x genau dann stetig, wenn die Zufallsvariable X die Realisierung x nur mit Wahrscheinlichkeit Null annimmt, also für $P(X=x)=0$.

Wie bei diskreten Zufallsvariablen lassen sich aus der Verteilungsfunktion die Wahrscheinlichkeiten für Intervalle berechnen durch

$$P(a < X \le b) = F(b) - F(a);$$

$$P(a < X < b) = F(b-0) - F(a) = F(b) - P(X = b) - F(a);$$

$$P(a \le X \le b) = F(b) - F(a-0) = F(b) - F(a) + P(X = a);$$

$$P(X \le x) = F(x); \quad P(X < x) = F(x-0) = F(x) - P(X = x);$$

$$P(X = x) = F(x) - F(x-0);$$

$$P(X > x) = 1 - F(x);$$
$$P(X \geq x) = 1 - F(x-0) = 1 - F(x) + P(X = x).$$

Eine diskrete Zufallsvariable besitzt als Verteilungsfunktion eine **Treppenfunktion** (s. Kap. III Abschnitt 2.2).

Die Verteilungsfunktion einer stetigen Zufallsvariablen (Kap. IV Abschnitt 1.2) ist eine **stetige Funktion**. Da sie als Integral über die Dichte dargestellt werden kann, ist sie nicht nur stetig, sondern **absolut stetig**. Das bedeutet: Zu jeder beliebig kleinen Zahl $\varepsilon > 0$ existiert ein $\delta > 0$, so daß für beliebige disjunkte Intervalle (a_k, b_k), $a_k < b_k$, $k = 1, 2, \ldots, n$ mit

$$\sum_{k=1}^{n} (b_k - a_k) < \delta \quad \text{gilt} \quad \sum_{k=1}^{n} [F(b_k) - F(a_k)] < \varepsilon .$$

Allgemein ist jede absolut stetige Funktion fast überall differenzierbar und gleich dem unbestimmten Integral ihrer Ableitung. Die Ableitung existiert höchstens an endlich oder abzählbar unendlich vielen Stellen nicht. Diejenigen Punkte, an denen die Ableitung nicht existiert, besitzen zusammen die Wahrscheinlichkeit Null. Setzt man an diesen Stellen die Ableitungsfunktion beliebig fort, so erhält man eine **Dichte** $f(x)$. Jede Zufallsvariable X mit einer absolut stetigen Verteilungsfunktion $F(x)$ besitzt somit eine Dichte $f(x)$ und ist stetig. Die Dichte ist mit Ausnahme von höchstens abzählbar unendlich vielen Stellen gleich der Ableitung der Verteilungsfunktion.

Die Verteilungsfunktion F besitzt höchstens abzählbar unendlich viele Sprungstellen (Unstetigkeitsstellen). Zum Beweis dafür sei A_k die Menge derjenigen Punkte, an denen die Verteilungsfunktion einen Sprung macht, der größer oder gleich $1/k$ ist für $k = 1, 2, \ldots$. Da die Gesamtsumme der Sprunghöhen höchstens gleich Eins ist, besitzt die Menge A_k höchstens k Elemente. Dann ist aber die Menge aller Sprungstellen

$$A = \bigcup_{k=1}^{\infty} A_k$$

höchstens abzählbar unendlich.

Allgemein kann jede monoton nichtfallende Funktion als Summe von drei monoton nichtfallenden Funktionen dargestellt werden. Dabei ist die erste eine **Treppenfunktion**, die zweite eine **absolut stetige** und die dritte eine **stetige singuläre** Funktion, d.h. eine stetige nichtfallende Funktion, deren Ableitung fast überall, also bis auf höchstens abzählbar unendlich viele Stellen gleich Null ist. Damit läßt sich $F(x)$ als **Mischung** von drei Verteilungsfunktionen darstellen in der Form

$$F(x) = \alpha_1 F_1(x) + \alpha_2 F_2(x) + \alpha_3 F_3(x)$$
$$\text{mit } 0 \leq \alpha_i \leq 1 \text{ für } i = 1,2,3 \text{ und } \alpha_1 + \alpha_2 + \alpha_3 = 1.$$

$F_1(x)$ ist dabei als Treppenfunktion die Verteilungsfunktion einer diskreten Zufallsvariablen, $F_2(x)$ als absolut stetige Funktion Verteilungsfunktion einer stetigen Zufallsvariablen, die eine Dichte besitzt, während $F_3(x)$ eine singuläre Funktion ist. Dabei sind $\alpha_1, \alpha_2, \alpha_3$ die Wahrscheinlichkeiten, mit denen die Realisierung der gesamten Zufallsvariablen X in dem entsprechenden Bereich liegt. Damit ist die Zufallsvariable X eine Mischung einer diskreten, einer stetigen und einer singulären Zufallsvariablen. Die meisten der in der Praxis vorkommenden Zufallsvariablen sind nur Mischungen einer diskreten und einer stetigen. Dann gilt $\alpha_3 = 0$. Die **Zerlegung** kann für $\alpha_3 = 0$ folgendermaßen vorgenommen werden:

Abspaltung des diskreten Anteils: Falls die Verteilungsfunktion Sprungstellen besitzt, sei $W = \{x_1, x_2, x_3, \ldots\}$ die höchstens abzählbar unendliche Menge der Sprungstellen. $q_i = P(X = x_i) = F(x_i) - F(x_i - 0)$ $i = 1,2,3,\ldots$ sind als Sprunghöhen die entsprechenden Wahrscheinlichkeiten der Zufallsvariablen X mit der Summe

$$\alpha_1 = \sum_i q_i .$$

Durch $p_i = \frac{q_i}{\alpha_1}$ für $i = 1,2,3,\ldots$ wird die Verteilung (x_i, p_i), $i = 1,2,3,\ldots$ einer diskreten Zufallsvariablen X_1 erklärt mit der Verteilungsfunktion $F_1(x)$.

Der absolut stetige Anteil: Die Differenz $F(x) - \alpha_1 F_1(x)$ ist absolut stetig, falls die Zufallsvariable X keinen singulären Anteil hat. Dann ist diese Differenz fast überall differenzierbar. An den Stellen, an denen die Ableitung $g(x) = F'(x)$ nicht existiert, wird diese Funktion beliebig gesetzt. Somit ist

$$f(x) = \frac{1}{1-\alpha_1} \cdot g(x)$$

Dichte einer stetigen Zufallsvariablen X_2 mit der Verteilungsfunktion

$$F_2(x) = \frac{1}{1-\alpha_1} \cdot [F(x) - \alpha_1 F_1(x)].$$

Die Verteilungsfunktion F(x) ist dann eine Mischung einer Verteilungsfunktion einer diskreten und einer stetigen Zufallsvariablen mit

$$F(x) = \alpha_1 F_1(x) + \alpha_2 F_2(x) ,$$
$$\alpha_2 = 1 - \alpha_1 ; \ \alpha_1 = \text{Summe der Sprunghöhen von } F.$$

Beispiel: Die Verteilungsfunktion der Zufallsvariablen X mit dem Variationsbereich [0 ; 5] ist in der nachfolgenden Abbildung graphisch dargestellt.

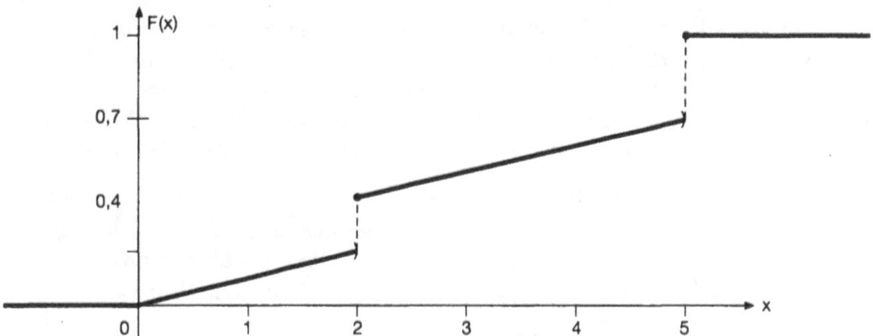

Allgemeine Verteilungsfunktion

Der diskrete Anteil liegt an den Stellen 2 und 5 mit $P(X=2) = 0{,}2$ und $P(X=5) = 0{,}3$. Dabei gilt $\alpha_1 = 0{,}5$. Die Zufallsvariable X_1 besitzt die Verteilung

$$\{(2\,;\ P(X_1=2)=0{,}4),\ (5\,;\ P(X_1=5)=0{,}6)\}\,.$$

Außerhalb der Stellen 0 ; 2 und 5 ist die Verteilungsfunktion F differenzierbar mit

$$F'(x) = 0 \quad \text{für } x < 0 \text{ und } x > 5\,;$$

$$F'(x) = 0{,}1 \quad \text{für } 1 < x < 2 \text{ und } 2 < x < 5.$$

Damit gilt mit $\alpha_2 = 0{,}5$

$$g(x) = \begin{cases} 0{,}1 & \text{für } 0 \le x \le 5 \\ 0 & \text{sonst} \end{cases} \;;\quad f(x) = 2\,g(x) = \begin{cases} 0{,}2 & \text{für } 0 \le x \le 5 \\ 0 & \text{sonst} \end{cases}.$$

f(x) ist Dichte der stetigen Zufallsvariablen X_2.

1.2. Kenngrößen einer Zufallsvariablen

Die bereits für diskrete und stetige Zufallsvariable eingeführten Kenngrößen sollen auf allgemeine Zufallsvariable übertragen werden.

1.2.1. Erwartungswert, Varianz und Standardabweichung

Bei diskreten Zufallsvariablen wird der Erwartungswert mit Hilfe von Summen, bei stetigen Zufallsvariablen über Integrale berechnet. Damit fehlt noch ein Verfahren zur Berechnung des Erwartungswertes einer singulären Zufallsvariablen. Erwartungswert und Varianz einer allgemeinen Zufallsvariablen können mit Hilfe des Lebesgue-Stieltjes-Integrals berechnet werden. Die Anwendung dieses allgemeinen Integralbegriffs auf diskrete bzw. stetige Zufallsvariable ergibt die dort benutzten Definitionsgleichungen.

Es sei X eine beliebige Zufallsvariable mit der Verteilungsfunktion F(x). Zunächst geht man von folgender Diskretisierung aus: Für jedes $h > 0$ sei X_h eine diskrete Zufallsvariable mit dem höchstens abzählbar unendlichen Wertevorrat $W(X_h) = \{kh, k=0, \pm 1, \pm 2, \ldots\}$ und den Wahrscheinlichkeiten

$$P(X_h = kh) = P\big((k-1)h < X \le kh\big) = F(kh) - F((k-1)h), \quad k = 0, \pm 1, \pm 2, \ldots$$

Falls die Wahrscheinlichkeiten der Zufallsvariablen X auf ein endliches Intervall [a, b] konzentriert sind mit $F(a) = 0$ und $F(b) = 1$ sind nur endlich viele dieser Wahrscheinlichkeiten von Null verschieden. Die diskrete Zufallsvariable X_h besitzt genau dann den Erwartungswert

$$E(X_h) = \sum_{k=-\infty}^{\infty} kh \cdot [F(kh) - F((k-1)h)],$$

wenn diese Reihe absolut konvergiert mit

$$\sum_{k=-\infty}^{\infty} |kh| \cdot [F(kh) - F((k-1)h)] < \infty .$$

Falls der Grenzwert

$$\lim_{h \to 0} \sum_{k=-\infty}^{\infty} |kh| \cdot [F(kh) - F((k-1)h)]$$

existiert, bezeichnet man ihn mit $\int_{-\infty}^{\infty} |x| \, dF(x)$. Dann existiert auch der Grenzwert

$$\lim_{h \to 0} E(X_h) = \lim_{h \to 0} \sum_{k=-\infty}^{\infty} kh \cdot [F(kh) - F((k-1)h)] = \int_{-\infty}^{\infty} x \, dF(x) .$$

Dieser Grenzwert ist gleich dem **Lebesgue-Stieltjes-Integral** über x bezüglich der Verteilungsfunktion F(x). Er wird als Erwartungswert $\mu = E(X)$ der allgemeinen Zufallsvariablen X definiert.

Entsprechend definiert man im Falle der Existenz die Varianz der Zufallsvariablen X durch

$$\sigma^2 = \mathrm{Var}(X) = \lim_{h \to 0} \sum_{k=-\infty}^{\infty} (k h - \mu)^2 \cdot [F(k h) - F((k-1) h)]$$

$$= \int_{-\infty}^{\infty} (x - \mu)^2 \, d F(x) = \lim_{h \to 0} \mathrm{Var}(X_h).$$

Erwartungswert, Varianz und Standardabweichung einer allgemeinen Zufallsvariablen:

Die allgemeine Zufallsvariable X besitze die Verteilungsfunktion F(x). Falls folgende Lebesgue-Stieltjes-Integrale existieren, besitzt die Zufallsvariable X die Kenngrößen

Erwartungswert $\mu = E(X) = \int_{-\infty}^{\infty} x \, d F(x)$, falls $\int_{-\infty}^{\infty} |x| \, d F(x) < \infty$;

Varianz $\sigma^2 = \mathrm{Var}(X) = \int_{-\infty}^{\infty} (x - \mu)^2 d F(x) = \int_{-\infty}^{\infty} x^2 \, d F(x) - \mu^2$;

Standardabweichung $\sigma = \sqrt{\mathrm{Var}(X)}$.

Bemerkungen zum Lebesgue-Stieltjes-Integral

1.) Für das Lebesgue-Stieltjes-Integral gilt

$$\int_{-\infty}^{x} d F(u) = F(x) ; \quad \int_{-\infty}^{\infty} d F(x) = 1.$$

2.) Bei **diskreten** Zufallsvariablen ist die Verteilungsfunktion F eine Treppenfunktion, wobei die Sprungstellen die Werte der Zufallsvariablen sind. Die Sprunghöhen sind die entsprechenden Wahrscheinlichkeiten. Dann gehen die Lebesgue-Stieltjes-Integrale über in die entsprechenden Summen, durch die im diskreten Fall Erwartungswert und Varianz erklärt werden.

3.) Bei **stetigen** Zufallsvariablen mit der Dichte f(x) gehen die Lebesgue-Stieltjes-Integrale über in die entsprechenden Riemannschen Integrale. Dabei muß nur $d F(x) = f(x) \, d x$ gesetzt werden.

4.) Auch das Lebesgue-Stieltjes-Integral ist **additiv** und **linear** mit

$$\int_{-\infty}^{\infty} [u(x)+v(x)] \, d F(x) = \int_{-\infty}^{\infty} u(x) \, d F(x) + \int_{-\infty}^{\infty} v(x) \, d F(x) ;$$

$$\int_{-\infty}^{\infty} [a+b\,u(x)]\,dF(x) = a\cdot\underbrace{\int_{-\infty}^{\infty} dF(x)}_{=1} + b\int_{-\infty}^{\infty} u(x)\,dF(x)$$

$$= a + b\int_{-\infty}^{\infty} u(x)\,dF(x)\,, \quad a,b\in\mathbb{R}.$$

5.) Das Lebesgue-Stieltjes-Integral ist **monoton** mit

$$\int_{-\infty}^{\infty} u(x)\,dF(x) \le \int_{-\infty}^{\infty} v(x)\,dF(x)\,, \text{ falls } u(x) \le v(x) \text{ für alle } x.$$

Mit diesen Eigenschaften erhält man die bereits oben angegebene Identität

$$\mathrm{Var}(X) = \int_{-\infty}^{\infty} x^2\,dF(x) - \mu^2 = E(X^2) - \mu^2 = E(X^2) - [E(X)]^2.$$

Falls eine Zufallsvariable X **keinen singulären Anteil** besitzt, erhält man mit der am Ende des Abschnitts 1.1 angegebenen Zerlegung die Größen

$$\mu = E(X) = \sum_i x_i\cdot P(X=x_i) + \int_{-\infty}^{\infty} x\cdot g(x)\,dx = \alpha_1\cdot E(X_1) + (1-\alpha_1)\cdot E(X_2).$$

$$E(X^2) = \sum_i x_i^2\cdot P(X=x_i) + \int_{-\infty}^{\infty} x^2\cdot g(x)\,dx = \alpha_1\cdot E(X_1^2) + (1-\alpha_1)\cdot E(X_2^2)\,;$$

$$\mathrm{Var}(X) = E(X^2) - \mu^2\,.$$

Beispiel (s. Beispiel aus Abschnitt 1.1): Für die in Abschnitt 1.1 dargestellte Zufallsvariable X erhält man folgende Werte:

$$\mu = E(X) = 2\cdot 0{,}2 + 5\cdot 0{,}3 + \int_0^5 0{,}1\,x\,dx = 1{,}9 + \frac{2{,}5}{2} = 3{,}15\,;$$

$$E(X^2) = 4\cdot 0{,}2 + 25\cdot 0{,}3 + 0{,}1\cdot\int_0^5 x^2\,dx = 0{,}8 + 7{,}5 + \frac{12{,}5}{3} = \frac{187}{15}\,;$$

$$\mathrm{Var}(X) = E(X^2) - \mu^2 \approx 2{,}5442.$$

Der Erwartungswert einer Funktion einer Zufallsvariablen

Es sei $y = g(x)$ eine reelle Funktion. Durch $Y(\omega) = g(X(\omega))$ wird eine Zufallsvariable $Y = g(X)$ erklärt, falls für jede reelle Zahl $y \in \mathbb{R}$ das Ereignis $\{\omega \in \Omega \mid g(X(\omega)) \leq y\}$ eine Wahrscheinlichkeit besitzt. Dann lautet die Verteilungsfunktion von Y

$$G(y) = P(Y \leq y) = P(\{\omega \in \Omega \mid g(X(\omega)) \leq y\}) = \int\limits_{\{x \mid g(x) \leq y\}} dF(x) .$$

Falls $Y = g(X)$ eine Zufallsvariable ist, gilt allgemein der

Funktionssatz:
Die Zufallsvariable X besitze die Verteilungsfunktion $F(x)$. Ferner sei $y = g(x)$ eine solche **reelle Funktion**, daß $Y = g(X)$ eine Zufallsvariable ist. Dann besitzt die Zufallsvariable $Y = g(X)$ genau dann einen Erwartungswert und zwar

$$E(Y) = E(g(X)) = \int_{-\infty}^{+\infty} g(x)\, dF(x),$$

falls dieses Integral absolut konvergiert mit

$$\int_{-\infty}^{+\infty} |g(x)|\, dF(x) < \infty .$$

Kenngrößen einer linearen Transformationen

Durch die lineare Transformation $y = a + bx;\ a, b \in \mathbb{R},\ b \neq 0$ geht die Zufallsvariable X über in $Y = a + bX$ mit der Verteilungsfunktion

$$G(y) = P(Y \leq y) = P(a + bX \leq y).$$

Division durch b ergibt

$$G(y) = P(Y \leq y) = \begin{cases} P\left(X \leq \frac{y-a}{b}\right) = F\left(\frac{y-a}{b}\right) & \text{für } b > 0 , \\ P\left(X \geq \frac{y-a}{b}\right) = 1 - F\left(\frac{y-a}{b} - 0\right) & \text{für } b < 0. \end{cases}$$

Dabei ist $F\left(\frac{y-a}{b} - 0\right) = F\left(\frac{y-a}{b}\right) - P\left(X = \frac{y-a}{b}\right)$ der linksseitige Grenzwert.

Falls X den Ewartungswert $\mu = E(X)$ und die Varianz $\sigma^2 = Var(X)$ besitzt, erhält man aus dem Funktionssatz die Kenngrößen

Erwartungswert:	$E(a+bX) = a+b\cdot E(X)$;	
Varianz:	$Var(a+bX) = b^2\cdot Var(X)$	für $a, b \in \mathbb{R}$.

Symmetrische Verteilungen

Eine Zufallsvariable X heißt **symmetrisch verteilt** zum Symmetrie-Punkt s, wenn die beiden Zufallsvariablen $X - s$ und $-(X - s) = s - X$ die gleiche Verteilungsfunktion besitzen. Diese beiden Verteilungsfunktionen lauten

$$P(X - s \leq y) = P(X \leq s + y) = F(s+y)$$

$$P(-X + s \leq y) = P(X \geq s - y) = 1 - P(X < s - y)$$

$$= 1 - F(s - y - 0) = 1 - F(s - y) + P(X = s - y).$$

Durch Gleichsetzen der beiden Verteilungsfunktionen erhält man die Symmetrie-Bedingung

$$F(s - y) - P(X = s - y) = 1 - F(s+y) \quad \text{für jeden Werte } y \in \mathbb{R}.$$

Wenn eine symmetrisch verteilte Zufallsvariable einen Erwartungswert $E(X)$ besitzt, folgt aus $E(X - s) = -E(X - s) = 0$

$$0 = E(X) - s, \quad \text{also } E(X) = s.$$

Falls eine symmetrisch verteilte Zufallsvariable einen Erwartungswert besitzt, stimmt der Erwartungswert mit der Symmetrie-Stelle überein.

Wie bei diskreten und stetigen Zufallsvariablen gelten auch hier im Falle der Existenz der Erwartungswerte und Varianzen die

Eigenschaften des Erwartungswertes:

$E(X + Y) = E(X) + E(Y)$ (**Additivität des Erwartungswertes**);

$E(aX + bY) = a\cdot E(X) + b\cdot E(Y)$ für $a, b \in \mathbb{R}$ (**Linearität des Erwartungswertes**);

$E\left(\sum_{i=1}^{n} X_i\right) = \sum_{i=1}^{n} E(X_i)$, falls die einzelnen Erwartungswerte $E(X_i)$, $i = 1, 2, \ldots, n$ existieren.

$Var(X + Y) = Var(X) + Var(Y) + 2\cdot Cov(X,Y)$, X und Y beliebig;

$Var(X + Y) = Var(X) + Var(Y)$ für **unabhängige (unkorrelierte)** X, Y;

$Var\left(\sum_{i=1}^{n} X_i\right) = \sum_{i=1}^{n} Var(X_i)$, falls $X_1, X_2, \ldots, X_n$ **paarweise unabhängig (unkorreliert)** sind;

$Cov(X,Y)$ = Kovarianz (s. Abschnitt 2.4).

1.2.2. Die Jensensche Ungleichung

Es sei X eine beliebige Zufallsvariable mit dem Erwartungswert μ. Die Funktion $g(x)$ sei im Variationsbereich von X definiert.

a) Die Funktion g sei **konvex.**

Dann geht durch den Punkt $P(\mu, g(\mu))$ eine Gerade $y = g(\mu) + c \cdot (x - \mu)$, die ganz unterhalb der Kurve liegt (s. nachfolgende Abbildung) mit

$$g(x) \geq g(\mu) + c \cdot (x - \mu) \quad \text{für alle x.}$$

Falls die Zufallsvariable $Y = g(X)$ einen Erwartungswert besitzt, gilt nach dem Transformationssatz und wegen der Monotonie des Lebesgue-Stieltjes-Integrals

$$E(g(X)) = \int_{-\infty}^{+\infty} g(x)\,dF(x) \geq \int_{-\infty}^{+\infty} [g(\mu) + c \cdot (x - \mu)]\,dF(x)$$

$$= g(\mu) \underbrace{\int_{-\infty}^{+\infty} dF(x)}_{=1} + c \underbrace{\int_{-\infty}^{+\infty} (x - \mu)]\,dF(x)}_{=0} = g(\mu).$$

Für konvexe Funktionen gilt somit

$$E(g(X)) \geq g(E(X)),$$

falls die Erwartungswerte existieren. Das Gleichheitszeichen gilt nur für eine deterministische Zufallsvariable mit $P(X = \mu) = 1$ oder für $g(x) \equiv a$.

b) Die Funktion g sei **konkav.**

Dann geht durch den Punkt $P(\mu, g(\mu))$ eine Gerade $y = g(\mu) + c \cdot (x - \mu)$, welche oberhalb der Kurve liegt mit

$$g(x) \leq g(\mu) + c \cdot (x - \mu) \quad \text{für alle x.}$$

Im Falle der Existenz der entsprechenden Erwartungswerte erhält man

$$E(g(X)) = \int_{-\infty}^{+\infty} g(x)\,dF(x) \leq \int_{-\infty}^{+\infty} [g(\mu) + c \cdot (x - \mu)]\,dF(x) = g(\mu), \text{ also}$$

$$E(g(X)) \leq g(E(X)).$$

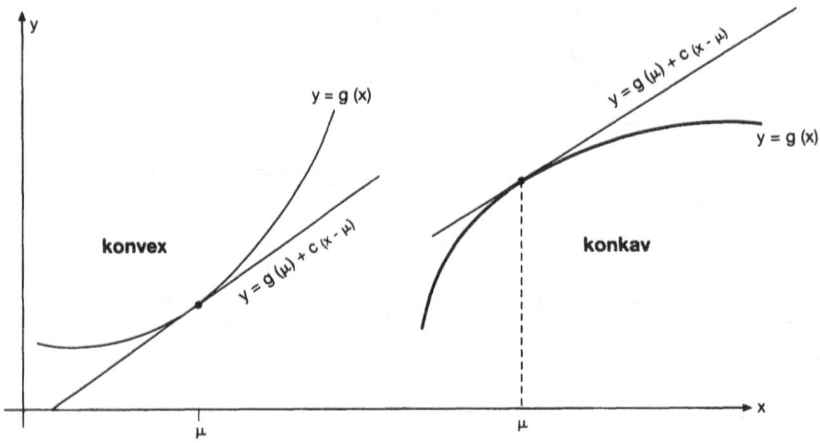

Beide Regeln heißen die

Jensensche Ungleichung :
Die Zufallsvariablen X und g(X) sollen einen Erwartungswert besitzen. Dann gilt

$$E(g(X)) \geq g(E(X)), \text{ falls } g(x) \text{ **konvex** ist und}$$

$$E(g(X)) \leq g(E(X)), \text{ falls } g(x) \text{ **konkav** ist.}$$

Das Gleichheitszeichen gilt nur bei deterministischen Zufallsvariablen mit $P(X=\mu) = 1$ oder für $g(x) \equiv a$.

Anwendungen:

1.) Zunächst wäre es naheliegend, als Streuungsmaß einer Zufallsvariablen den Erwartungswert $E(|X-\mu|)$ einzuführen. Aus Anwendungsgründen wurde jedoch die Varianz σ^2 bzw. Standardabweichung σ bevorzugt. Da die Wurzel eine konkave Funktion ist, folgt aus

$$|X-\mu| = \sqrt{(X-\mu)^2}$$

mit Hilfe der Jensenschen Ungleichung

$$E(|X-\mu|) = E\left(\sqrt{(X-\mu)^2}\right) \leq \sqrt{E\left((X-\mu)^2\right)} = \sigma ,$$

also

$$E(|X-\mu|) \leq \sigma.$$

Mit σ ist dann auch $E(|X-\mu|)$ klein.

2.) Die nichtnegative Zufallsvariable X mit $P(X > 0) = 1$ und dem Erwartungswert E(X) sei nicht deterministisch. Ferner soll die Zufallsvariable $\frac{1}{X}$ einen Erwartungswert besitzen. Da die Funktion $g(x) = \frac{1}{x}$ für $x > 0$ konvex ist, gilt

$$E\left(\frac{1}{X}\right) > \frac{1}{E(X)}.$$

1.2.3. Die Tschebyscheffsche Ungleichung

Wie bei diskreten und stetigen Zufallsvariablen gelten auch bei allgemeinen Zufallsvariablen folgende Ungleichungen.

Es sei X eine beliebige Zufallsvariable mit dem Erwartungswert μ und der Varianz Var(X). Dann gelten folgende Ungleichungen:

$$P(|X-\mu| \geq a) \leq \frac{Var(X)}{a^2}$$ (**Tschebyscheffsche Ungleichung**);

$$P(|X-\mu| < a) \geq 1 - \frac{Var(X)}{a^2}$$ für jede Konstante $a > 0$;

$$P(|X-\mu| \geq k\sigma) \leq \frac{1}{k^2}$$ für jedes $k > 1$;

$$P(|X-\mu| < k\sigma) = P(\mu - k\sigma < X < \mu + k\sigma) \geq 1 - \frac{1}{k^2}.$$

Interpretation:
Im Intervall $(\mu - k\sigma; \mu + k\sigma)$ liegt bei jeder Verteilung mindestens $100 \cdot (1 - \frac{1}{k^2})$ % der Wahrscheinlichkeitsmasse der Zufallsvariablen X.

Bei diesen Ungleichungen wird über die Verteilung der Zufallsvariablen X keine Voraussetzung gemacht. Nachfolgend sind für verschiedene ganzzahlige Werte k die unteren Schranken zusammengestellt, wobei zum Vergleich die entsprechenden Wahrscheinlichkeiten bei Normalverteilungen angegeben sind.

k	untere Schranke für $P(\mu - k\sigma < X < \mu + k\sigma)$ bei **beliebigen Zufallsvariablen**	exakte Werte bei **Normalverteilungen**
1	0	0,683
2	$\frac{3}{4}$	0,954
3	$\frac{8}{9}$	0,997

1.2.4. Momente einer Zufallsvariablen

Im Falle der Existenz heißt

$$E(X^k) = \int_{-\infty}^{+\infty} x^k \, dF(x)$$

das **k-te Moment** der Zufallsvariablen X. Das erste Moment ist der Erwartungswert. Entsprechend ist

$$\eta_k = E\left((X-\mu)^k\right) = \int_{-\infty}^{+\infty} (x-\mu)^k \, dF(x)$$

das **k-te zentrale Moment** der Zufallsvariablen X. Das zweite zentrale Moment ist die Varianz.

Analog zum diskreten und stetigen Fall sind folgende Parameter definiert

Variationskoeffizient: $\frac{\sigma}{\mu} = \frac{\sqrt{\mathrm{Var}(X)}}{E(X)}$;

Schiefe: $\frac{E\left((X-\mu)^3\right)}{\sigma^3}$;

Exzeß (Wölbung): $\frac{E\left((X-\mu)^4\right)}{\sigma^4} - 3$.

1.2.5. Der Median einer Zufallsvariablen

Definition und Bestimmung des Medians einer allgemeinen Zufallsvariablen kann unmittelbar aus derjenigen für diskrete Zufallsvariable (Kap. III Abschnitt 2.3.3) erfolgen.

Der Zahlenwert $\tilde{\mu}$ heißt **Median (Zentralwert)** der Zufallsvariablen X, wenn die beiden gleichwertigen Bedingungen erfüllt sind:

a) $P(X \le \tilde{\mu}) \ge \frac{1}{2}$ und $P(X \ge \tilde{\mu}) \ge \frac{1}{2}$;

b) $P(X < \tilde{\mu}) \le \frac{1}{2}$ und $P(X > \tilde{\mu}) \le \frac{1}{2}$.

Die Bestimmung des Medians aus der Verteilungsfunktion erfolgt nach dem bei diskreten Zufallsvariablen angegebenem Verfahren (s. Kap. III Abschnitt 2.3.3).

Bei **symmetrischen** Verteilungen ist der Median gleich dem Symmetriepunkt. Falls der Erwartungswert μ existiert, stimmt er bei symmetrischen Verteilungen mit dem Median überein.

1.2.6. Quantile einer Zufallsvariablen

Wie beim Median kann die Definition der Quantile von diskreten Zufallsvariablen unmittelbar übernommen werden (s. Kap. III Abschnitt 2.3.4).

Der Zahlenwert ξ_α heißt **α-Quantil** der Zufallsvariablen X, wenn die beiden gleichwertigen Bedingungen erfüllt sind:

a) $P(X \le \xi_\alpha) \ge \alpha$ und $P(X \ge \xi_\alpha) \ge 1-\alpha$;

b) $P(X < \xi_\alpha) \le \alpha$ und $P(X > \xi_\alpha) \le 1-\alpha$.

Die Bestimmung der Quantile aus der Verteilungsfunktion F erfolgt nach der für diskrete Zufallsvariable in Kap. III Abschnitt 2.3.4 beschriebenen Methode.

1.2.7. Charakteristische Funktionen

Es sei X eine beliebige Zufallsvariable mit der Verteilungsfunktion F(x). Dann ist in Analogie zum stetigen Fall die **charakteristische Funktion** der Zufallsvariablen X definiert durch

$$\psi_X(t) = \psi(t) = \int_{-\infty}^{\infty} e^{itx} \, dF(x), \ t \in \mathbb{R} .$$

Dabei ist i die imaginäre Einheit mit $i^2 = -1$. Die charakteristische Funktion ist der Erwartungswert der komplexwertigen Zufallsvariablen $e^{itX} = \cos(tX) + i\sin(tX)$ mit

$$E(e^{itX}) = E(\cos(tX)) + i\,E(\sin(tX)).$$

Für $t \in \mathbb{R}$ sind dabei $\cos(tX)$ und $\sin(tX)$ als Funktionen der Zufallsvariablen X wieder reelle Zufallsvariable.

Für die allgemeinen charakteristischen Funktionen gelten ähnliche Eigenschaften wie im diskreten und stetigen Fall (s. Kap. III Abschnitt 6 und Kap. IV Abschnitt 4).

Wegen $|e^{itx}| = 1$ konvergiert das Integral für jedes t absolut mit

$$|\psi(t)| \le \int_{-\infty}^{\infty} |e^{itx}| \, dF(x) = \int_{-\infty}^{\infty} dF(x) = 1.$$

Dabei gilt

$$\psi(0) = \int_{-\infty}^{\infty} dF(x)\,dx = 1.$$

Es gilt also

$$\psi(0) = 1; \quad |\psi(t)| \leq 1 \text{ für } -\infty < t < \infty .$$

Die charakteristische Funktion ist in t **(gleichmäßig) stetig.**

Wie im diskreten und stetigen Fall gelten folgende Aussagen:

1.) Falls die ersten n **Momente** $E(X^k), k = 1, 2, ..., n$ der Zufallsvariablen X existieren, ist die charakteristische Funktion n-mal differenzierbar mit

$$\psi^{(k)}(0) = i^k \cdot E(X^k) \text{ für } k = 1, 2, \ldots, n .$$

2.) Die charakteristische Funktion einer **linearen Transformation** lautet

$$\psi_{a+bX}(t) = e^{ita} \cdot \psi_X(bt); \; a, b \in \mathbb{R}, \; b \neq 0 .$$

3.) Die charakteristische Funktion einer **Summe** X + Y zweier unabhängiger Zufallsvariabler X und Y ist gleich dem Produkt der beiden einzelnen charakteristischen Funktionen:

$$\psi_{X+Y}(t) = \psi_X(t) \cdot \psi_Y(t) .$$

Die charakteristische Funktion der Summe $\sum_{i=1}^{n} X_i$ von n unabhängigen Zufallsvariablen ist gleich dem Produkt ihrer charakteristischen Funktionen:

$$\psi_{\sum\limits_{i=1}^{n} X_i}(t) = \prod_{i=1}^{n} \psi_{X_i}(t) .$$

Entsprechend gilt der

Umkehrsatz:
Die Verteilungsfunktion F(x) einer Zufallsvariablen X ist durch die charakteristische Funktion $\psi_X(t)$ bestimmt. Für beliebige $x_1, x_2 \in \mathbb{R}$ gilt

$$\tilde{F}(x_2) - \tilde{F}(x_1) = \lim_{T \to \infty} \int_{-T}^{+T} \frac{e^{-itx_1} - e^{-itx_2}}{2\pi i t} \cdot \psi_X(t)\,dt$$

mit

$$\tilde{F}(x) = \frac{1}{2}[F(x) + F(x-0)] .$$

Ferner gilt für jedes $x \in \mathbb{R}$

$$P(X = x) = F(x) - F(x-0) = \lim_{T \to \infty} \int_{-T}^{+T} e^{-itx} \cdot \psi_X(t)\,dt .$$

Konvergenzsatz:
Die Folge der Verteilungsfunktionen $F_n(x) = P(X_n \le x), n = 1, 2, ...$ konvergiert genau dann gegen eine Verteilungsfunktion F(x) an jeder Stetigkeitsstelle dieser Grenzfunktion F(x), wenn die charakteristischen Funktionen $\psi_n(t)$ der Zufallsvariablen $X_n, n = 1, 2, ...$ gegen eine an der Stelle t = 0 stetige Funktion $\psi(t)$ konvergieren. Dann ist $\psi(t)$ die charakteristische Funktion von F(x) bzw. der Zufallsvariablen X mit dieser Verteilungsfunktion.

2. Zweidimensionale beliebige Zufallsvariable

In diesem Abschnitt werden gleichzeitig zwei beliebige Zufallsvariable X und Y behandelt.

2.1. Die gemeinsame Verteilungsfunktion

Wir betrachten eine allgemeine zweidimensionale Zufallsvariable (X, Y) mit der (gemeinsamen) **Verteilungsfunktion**

$$F(x, y) = P(X \le x, Y \le y) = P(\{\omega \mid X(\omega) \le x\} \cap \{\omega \mid Y(\omega) \le y\}) .$$

F (x, y) besitzt folgende Eigenschaften:

1.) F(x, y) ist in beiden Variablen monoton nicht fallend, d. h. aus $x_1 < x_2$ und $y_1 < y_2$ folgt $F(x_1, y) \le F(x_2, y)$ und $F(x, y_1) \le F(x, y_2)$ für alle x, y.

2.) F(x, y) ist in jeder Variablen rechtsseitig stetig mit

$$\lim_{h \to 0, h>0} F(x+h, y) = F(x, y) ; \quad \lim_{k \to 0, k>0} F(x, y+k) = F(x, y) .$$

3.) Für jedes x und y gilt

$$\lim_{x \to -\infty} F(x, y) = F(-\infty, y) = 0 \text{ und } \lim_{y \to -\infty} F(x, y) = F(x, -\infty) = 0.$$

4.) Es gilt $\quad \lim\limits_{x \to +\infty} \lim\limits_{y \to +\infty} F(x, y) = F(+\infty, +\infty) = 1 .$

Diese vier Eigenschaften reichen zur Charakterisierung einer zweidimensionalen Verteilungsfunktion nicht aus. Zusätzlich muß noch folgende Eigenschaft erfüllt sein:

5.) Für alle reellen Zahlen $x_1 < x_2$ und $y_1 < y_2$ gilt

$$P(x_1<X \leq x_2, y_1<Y \leq y_2)= F(x_2,y_2) - F(x_2,y_1) - F(x_1,y_2) + F(x_1,y_1) \geq 0.$$

Dieser Wert stellt die Wahrscheinlichkeit dafür dar, daß die Realisierung der zweidimensionalen Zufallsvariablen (X, Y) in dem Rechteck mit den entsprechenden Eckpunkten liegt.

Daß man auf die Bedingung 5.) nicht verzichten kann, zeigt das

Beispiel: Die Funktion $F(x,y) = \begin{cases} 0 & \text{für } x+y<1, \\ 1 & \text{für } x+y \geq 1 \end{cases}$

erfüllt die Bedingungen 1.) bis 4.), nicht jedoch 5.). Sie kann keine gemeinsame Verteilungsfunktion sein wegen

$$P(0 < X \leq 1, 0 < Y \leq 1) = F(1,1) - F(1,0) - F(0,1) + F(0,0) = -1.$$

Dann wären Wahrscheinlichkeiten negativ.

Bei **diskreten** Zufallsvariablen ist $F(x,y)$ eine zweidimensionale **Treppenfunktion.** Falls (X,Y) eine **stetige** zweidimensionale Zufallsvariable ist, so ist die Funktion $F(x,y)$ **absolut stetig** und fast überall nach beiden Variablen differenzierbar mit der **Dichte**

$$\frac{\partial^2 F(x,y)}{\partial x \, \partial y} = f(x,y)$$

und

$$F(x,y) = P(X \leq x, Y \leq y) = \int_{-\infty}^{x} \int_{-\infty}^{y} f(u,v) \, du \, dv.$$

Die Verteilungsfunktionen der beiden Zufallsvariablen X und Y erhält man durch Grenzwertbildung

$$P(X \leq x) = F_1(x) = \lim_{y \to \infty} F(x,y) = F(x, +\infty);$$

$$P(Y \leq y) = F_2(y) = \lim_{x \to \infty} F(x,y) = F(+\infty, y).$$

Beispiel (entartete Verteilung): X sei eine stetige Zufallsvariable mit der Dichte $f(x)$ und der Verteilungsfunktion $F_1(x)$. Für $Y = X$ ist die Verteilungsfunktion der zweidimensionalen Zufallsvariablen (X,Y) gesucht. Man erhält sie in der Form

$$F(x,y) = P(X \leq x, Y \leq y) = P(X \leq x, X \leq y) .$$

Diese Verteilungsfunktion besitzt die Gestalt

$$F(x,y) = \begin{cases} F_1(x) & \text{für } x \leq y, \\ F_1(y) & \text{für } x > y. \end{cases}$$

Außerhalb der Geraden $y = x$ gilt $\frac{\partial^2 F(x,y)}{\partial x \partial y} = 0$. Die gemeinsame Verteilungsfunktion ist **singulär**. Die gemeinsame Verteilung ist auf der Geraden $y = x$ entartet. Obwohl die Zufallsvariablen X und Y jeweils stetig sind, ist die zweidimensionale Zufallsvariable (X, Y) nicht stetig, da sie keine gemeinsame Dichte besitzt.

2.2. Unabhängige Zufallsvariable

Zwei Zufallsvariable X und Y mit der gemeinsamen Verteilungsfunktion $F(x,y) = P(X \leq x, Y \leq y)$ und den einzelnen Verteilungsfunktionen $F_1(x) = P(X \leq x)$ und $F_2(y) = P(Y \leq y)$ heißen **unabhängig**, falls die Produktdarstellung

$$F(x,y) = P(X \leq x, Y \leq y) = P(X \leq x) \cdot P(Y \leq y) = F_1(x) \cdot F_2(y)$$

für alle Paare $(x,y) \in \mathbb{R}^2$ gilt.

2.3. Funktionen zweier Zufallsvariabler

Die beiden Zufallsvariablen X und Y sollen die gemeinsame Verteilungsfunktion $F(x,y)$ besitzen. Ferner sei $g(x,y)$ eine solche Funktion in den beiden Veränderlichen x und y, daß durch $Z(\omega) = g(X(\omega), Y(\omega))$ eine eindimensionale Zufallsvariable definiert wird. Dann muß für jedes $z \in \mathbb{R}$ die Wahrscheinlichkeit $P(Z \leq z) = P(\{\omega \mid g(X(\omega), Y(\omega)) \leq z\})$ berechenbar sein. Der Erwartungswert der Zufallsvariablen Z kann mit Hilfe des zweidimensionalen Lebesgue-Stieltjes-Integrals berechnet werden.

Mit dem Lebesgue-Stieltjes-Integral erhält man die Verteilungsfunktion der Zufallsvariablen $Z = g(X, Y)$ in der Form

$$P(Z \leq z) = P(g(X,Y) \leq z) = \int\limits_{\{(x,y)|g(x,y) \leq z\}} \int dF(x,y).$$

Auch hier gilt der

Funktionssatz:
Die zweidimensionale Zufallsvariable (X,Y) besitze die Verteilungsfunktion $F(x,y)$. Dann besitzt die Zufallsvariable $\mathbf{Z = g(X,Y)}$ genau dann den **Erwartungswert**

$$E(Z) = \int\limits_{-\infty}^{\infty} \int\limits_{-\infty}^{\infty} g(x,y)\, dF(x,y),$$

wenn dieses Integral absolut konvergiert mit

$$\int\limits_{-\infty}^{+\infty} \int\limits_{-\infty}^{+\infty} |g(x,y)|\, dF(x,y) < \infty.$$

2.3.1. Das Produkt zweier Zufallsvariabler

Das Produkt $Z = X \cdot Y$ zweier Zufallsvariabler besitzt die Verteilungsfunktion

$$G(z) = P(Z \leq z) = P(X \cdot Y \leq z) = \iint\limits_{x \cdot y \leq z} dF(x,y)$$

und im Falle der Existenz den Erwartungswert

$$E(X \cdot Y) = \int\limits_{-\infty}^{+\infty} \int\limits_{-\infty}^{+\infty} x \cdot y\, dF(x,y).$$

Bei unabhängigen Zufallsvariablen folgt aus $F(x,y) = F_1(x) \cdot F_2(y)$ die Produktdarstellung $dF(x,y) = dF_1(x) \cdot dF_2(y)$ und hieraus

$$E(X \cdot Y) = \int\limits_{-\infty}^{+\infty} \int\limits_{-\infty}^{+\infty} x \cdot y\, dF_1(x) \cdot dF_2(y) = \int\limits_{-\infty}^{+\infty} x\, dF_1(x) \cdot \int\limits_{-\infty}^{+\infty} y\, dF_2(y)$$
$$= E(X) \cdot E(Y).$$

Damit gilt wie im diskreten und stetigen Fall:

Die beiden Zufallsvariablen X und Y seien **unabhängig** und besitzen die Erwartungswerte $E(X)$ und $E(Y)$. Dann besitzt auch das Produkt $X \cdot Y$ einen Erwartungswert und es gilt

$$E(X \cdot Y) = E(X) \cdot E(Y).$$

2.3.2. Die Summe zweier Zufallsvariabler

Die Summe zweier Zufallsvariabler X und Y mit der gemeinsamen Verteilungsfunktion F(x, y) besitzt die Verteilungsfunktion

$$P(Z \leq z) = P(X+Y \leq z) = \iint\limits_{x+y \leq z} dF(x,y)$$

und im Falle der Existenz den Erwartungswert

$$\begin{aligned} E(X+Y) &= \int_{-\infty}^{+\infty}\int_{-\infty}^{+\infty} (x+y)\,dF(x,y) \\ &= \int_{-\infty}^{+\infty}\int_{-\infty}^{+\infty} x\,dF(x,y) + \int_{-\infty}^{+\infty}\int_{-\infty}^{+\infty} y\,dF(x,y) \\ &= \int_{-\infty}^{+\infty} x\,dF_1(x) + \int_{-\infty}^{+\infty} y\,dF_2(y) = E(X) + E(Y)\,. \end{aligned}$$

Damit ist die Additivität des Erwartungswertes auch für beliebige Zufallsvariable nachgewiesen.

2.4. Kovarianz und Korrelationskoeffizient

Für die **Kovarianz** der beiden Zufallsvariablen X und Y erhält man mit der Linearität des Erwartungswertes

$$\begin{aligned} Cov(X,Y) = \sigma_{XY} &= \int_{-\infty}^{+\infty}\int_{-\infty}^{+\infty} (x-\mu_X)(y-\mu_Y)\,dF(x,y) \\ &= E\Big((X-\mu_X)(Y-\mu_Y)\Big) = E(XY - \mu_X Y - \mu_Y X + \mu_X \mu_Y) \\ &= E(XY) - \mu_X E(Y) - \mu_Y E(X) + \mu_X \mu_Y = E(XY) - E(X)\cdot E(Y). \end{aligned}$$

Damit gilt auch für beliebige Zufallsvariable

$$\boxed{Cov(X, Y) = \sigma_{XY} = E(X\cdot Y) - E(X)\cdot E(Y).}$$

Der **Korrelationskoeffizient** ρ ist definiert durch

$$\rho = \rho(X, Y) = \frac{\text{Cov}(X, Y)}{\sqrt{\text{Var}(X)} \cdot \sqrt{\text{Var}(Y)}} = \frac{\sigma_{XY}}{\sigma_X \cdot \sigma_Y} \quad \text{für } \sigma_X, \sigma_Y > 0.$$

Die in Kap. III Abschnitt 3.6 bei diskreten Zufallsvariablen benutzte Abschätzung für den Korrelationskoeffizienten kann unmittelbar übernommen werden, da dort nur die Linearität des Erwartungswertes benutzt wurde. Für die Standardisierungen $X^* = \frac{X-\mu_X}{\sigma_X}$ und $Y^* = \frac{Y-\mu_Y}{\sigma_Y}$ gilt allgemein

$$\rho = \rho(X, Y) = E\left(\frac{X-\mu_X}{\sigma_X} \cdot \frac{Y-\mu_Y}{\sigma_Y}\right) = E(X^* \cdot Y^*)$$

und

$$0 \leq E\left((Y^* - \rho \cdot X^*)^2\right) = 1 - \rho^2.$$

Hieraus folgt allgemein

$$\rho^2 \leq 1, \text{ also } -1 \leq \rho \leq 1.$$

Für $\rho^2 = 1$ erhält man $E\left((Y^* - \rho \cdot X^*)^2\right) = 0$. Dann kann die Zufallsvariable $Y^* - \rho \cdot X^*$ mit Wahrscheinlichkeit Eins nur den Wert Null annehmen. Mit Wahrscheinlichkeit Eins gilt dann $Y^* - \rho \cdot X^* = 0$, also die lineare Beziehung $Y = \mu_Y + \frac{\sigma_Y}{\sigma_X} \cdot (X - \mu_X) = a + bX$. Das bedeutet

$$P(\{\omega \in \Omega \mid Y(\omega) = a + bX(\omega)\} = 1.$$

Der gesamte Bereich außerhalb der Geraden $y = a + bx$ besitzt dann die Wahrscheinlichkeit Null. Die gemeinsame Verteilung ist somit **entartet**.

Wir zeigen nun die Umkehrung, daß zwei Zufallsvariable mit einer solchen linearen Beziehung den Korrelationskoeffizienten $\rho = \pm 1$ besitzen.

X sei eine beliebige Zufallsvariable mit dem Erwartungswert μ und der Varianz σ^2. Ferner gelte mit Wahrscheinlichkeit Eins die lineare Beziehung $Y = a + bX$ mit $b \neq 0$. Da außerhalb der Geraden $y = a + bx$ keine Wahrscheinlichkeitsmaße liegt, ist die zweidimensionale Verteilungsfunktion **singulär** mit

$$dF(x, y) = \frac{\partial^2 F(x, y)}{\partial x \partial y} = 0 \quad \text{für } y \neq a + bx.$$

Damit erhält man

$$\sigma^2 = \text{Var}(X) = E(X^2) - \mu^2; \; E(Y) = a + b\mu; \; \text{Var}(Y) = b^2\sigma^2;$$

$$E(X \cdot Y) = E\big(X\,(a+b\,X)\big) = E(a\,X + b\,X^2) = a\,\mu + b(\sigma^2+\mu^2) \;;$$

$$\mathrm{Cov}(X\,,Y) = E(X \cdot Y) - E(X)\cdot E(Y) = a\,\mu + b(\sigma^2+\mu^2) - a\,\mu - b\,\mu^2 = b\,\sigma^2.$$

$$\rho = \frac{b\,\sigma^2}{\sigma \cdot |b| \cdot \sigma} = \begin{cases} +1 & \text{für} \quad b > 0\,; \\ -1 & \text{für} \quad b < 0\,. \end{cases}$$

Damit gelten allgemein die

> **Eigenschaften des Korrelationskoeffizienten:**
> Für den Korrelationskoeffizienten ρ gilt $-1 \le \rho \le 1$.
> $|\rho| = 1$ ist genau dann erfüllt, wenn zwischen den Zufallsvariablen X und Y mit Wahrscheinlichkeit Eins eine lineare Beziehung $Y = a + b\,X$ besteht, d. h.
>
> $$P(\{\omega \in \Omega \mid Y(\omega) = a+b\,X(\omega)\}) = 1.$$
>
> Für $\rho = +\,1$ ist die Steigung b positiv, für $\rho = -\,1$ ist sie negativ.
> Die gemeinsame Verteilung der beiden Zufallsvariablen ist dann auf der Geraden $a + b\,x$ **entartet.**

Die beiden Zufallsvariablen X und Y heißen **unkorreliert**, wenn ihr Korrelationskoeffizient verschwindet. Für unabhängige Zufallsvariable X und Y gilt $E(X \cdot Y) = E(X) \cdot E(Y)$. Dann ist die Kovarianz und damit der Korrelationskoeffizient ρ gleich Null. Unabhängige Zufallsvariable sind auch unkorreliert. Die Umkehrung gilt nicht. Ein Beispiel dafür wurde bereits in Kap. III Abschnitt 3.6 gebracht. Bei Normalverteilungen sind jedoch beide Begriffe gleichwertig.

Varianz einer Summe

Die beiden Zufallsvariablen X und Y sollen die Erwartungswerte μ_X und μ_Y sowie die Varianzen Var(X) und Var(Y) besitzen. Dann erhält man für die Varianz der Summe

$$\begin{aligned} \mathrm{Var}(X+Y) &= E\Big(\big([X-\mu_X]+[Y-\mu_Y]\big)^2\Big) \\ &= E([X-\mu_X]^2) + E([Y-\mu_Y]^2) + 2\cdot E\big((X-\mu_X)(Y-\mu_Y)\big) \\ &= \mathrm{Var}(X) + \mathrm{Var}(Y) + 2\,\mathrm{Cov}(X\,,Y)\,. \end{aligned}$$

Falls die Zufallsvariablen $X_1\,, X_2\,, \dots, X_n$ die Erwartungswerte $\mu_i = E(X_i)$ besitzen, lautet die Varianz der Summe

$$\begin{aligned}
\operatorname{Var}\Big(\sum_{i=1}^{n} X_i\Big) &= E\Big(\Big(\sum_{i=1}^{n} X_i - \mu_i\Big)^2\Big) = E\Big(\sum_{i=1}^{n}(X_i - \mu_i)\cdot\sum_{j=1}^{n}(X_j - \mu_j)\Big) \\
&= E\Big(\sum_{k=1}^{n}(X_k - \mu_k)^2 + \sum_{i \neq j}(X_i - \mu_i)(X_j - \mu_j)\Big) \\
&= \sum_{k=1}^{n} \operatorname{Var}(X_k) + \sum_{i \neq j} \operatorname{Cov}(X_i, X_j) \\
&= \sum_{k=1}^{n} \operatorname{Var}(X_k) + 2\sum_{i<j} \operatorname{Cov}(X_i, X_j)\,.
\end{aligned}$$

Damit gilt allgemein:

> **Varianz einer Summe:**
> Für die Varianz einer Summe gilt
>
> $\operatorname{Var}(X + Y) = \operatorname{Var}(X) + \operatorname{Var}(Y) + 2\cdot\operatorname{Cov}(X, Y)$, X und Y beliebig;
>
> $\operatorname{Var}(X + Y) = \operatorname{Var}(X) + \operatorname{Var}(Y)$ für **unkorrelierte** (unabhängige) X,Y;
>
> $\operatorname{Var}\sum_{i=1}^{n} X_i = \sum_{k=1}^{n} \operatorname{Var}(X_k) + 2\sum_{i<j} \operatorname{Cov}(X_i, X_j)\,.$
>
> $\operatorname{Var}\sum_{i=1}^{n} X_i = \sum_{i=1}^{n} \operatorname{Var}(X_i)$, falls $X_1, X_2, \dots, X_n$ **paarweise unkorreliert** (**unabhängig**) sind.

3. Mehrdimensionale Zufallsvariable

Unter einem n-dimensionalen Zufallsvektor $(X_1, X_2, \dots, X_n)$ versteht man einen Vektor, dessen Komponenten Zufallsvariable sind. Die (gemeinsame) Verteilungsfunktion ist eine Funktion in n Variablen

$$F(x_1, x_2, \dots, x_n) = P(X_1 \leq x_1, X_2 \leq x_2, \dots, X_n \leq x_n) = P\Big(\bigcap_{i=1}^{n}\{\omega \mid X_i(\omega) \leq x_i\}\Big).$$

Sie besitzt folgende Eigenschaften:

1.) $F(x_1, x_2, \dots, x_n)$ ist in jeder Variablen monoton nicht fallend.

2.) $F(x_1, x_2, \dots, x_n)$ ist in jeder Variablen rechtsseitig stetig.

3.) $\lim_{x_i \to -\infty} F(x_1, x_2, \dots, x_n) = 0$ für jedes i.

Die Verteilungsfunktion verschwindet, wenn mindestens eine der n Variablen gegen $-\infty$ konvergiert.

4.) $\lim\limits_{x_i \to +\infty,\, i=1,2,..,n} F(x_1, x_2, \ldots, x_n) = F(+\infty, +\infty, \ldots, +\infty) = 1.$

Die Bedingung 5.) der Nichtnegativität von Wahrscheinlichkeiten aus Abschnitt 2.1 läßt sich mit Hilfe von Operatoren auf den n-dimensionalen Fall übertragen. Man setzt

$$\Delta_h^{(i)} F(x_1, x_2, \ldots, x_n) = F(x_1, \ldots, x_{i-1}, x_i + h, x_{i+1}, \ldots, x_n) - F(x_1, x_2, \ldots, x_n) .$$

Damit lautet die Bedingung

5.) Für alle $x_1, x_2, \ldots, x_n \in \mathbb{R}$ und beliebige $h_i > 0$ gilt

$$\Delta_{h_1}^{(1)} \Delta_{h_2}^{(2)} \ldots \Delta_{h_n}^{(n)} F(x_1, x_2, \ldots, x_n) \geq 0.$$

Dabei werden die Operatoren Δ nacheinander angewandt. Dieser Ausdruck stellt die Wahrscheinlichkeit

$$P(x_1 < X_1 \leq x_1 + h_1, x_2 < X_2 \leq x_2 + h_2, \ldots, x_n < X_n \leq x_n + h_n)$$

dar.

Läßt man in der gemeinsamen Verteilungsfunktion jeweils $n-1$ Variable gegen unendlich gehen, so erhält man die Verteilungsfunktion der einzelnen Zufallsvariablen als

$$F_1(x_1) = F(x_1, +\infty, \ldots, +\infty) \,;\; F_2(x_2) = F(+\infty, x_2, +\infty, \ldots, +\infty) \,;$$
$$\ldots \,;\; F_i(x_i) = F(+\infty, \ldots, +\infty, x_i, +\infty, \ldots, +\infty) \,;$$
$$\ldots \,;\; F_n(x_n) = F(+\infty, \ldots, +\infty, x_n) .$$

Die n Zufallsvariablen $X_1, X_2, \ldots, X_n$ sind **unabhängig**, falls die Produktdarstellung gilt

$$F(x_1, x_2, \ldots, x_n) = F_1(x_1) \cdot F_2(x_2) \cdot \ldots \cdot F_n(x_n) .$$

Falls die n unabhängigen Zufallsvariablen $X_1, X_2, \ldots, X_n$ Erwartungswerte besitzen, existiert auch für die Produktvariable der Erwartungswert und es gilt

$$E(X_1 \cdot X_2 \cdot \ldots \cdot X_n) = E(X_1) \cdot E(X_2) \cdot \ldots \cdot E(X_n).$$

Kapitel VI: Grenzwertsätze

In den Grenzwertsätzen wird das asypmtotische Verhalten von Summen unabhängiger Zufallsvariabler bzw. ihres Mittelwerts untersucht, also der Zufallsvariablen

$$\sum_{k=1}^{n} X_k \quad \text{bzw.} \quad \bar{X} = \frac{1}{n}\sum_{k=1}^{n} X_k .$$

Realisierungen der Zufallsvariablen $\bar{X}$ sind die Mittelwerte $\bar{x}$ entsprechender Stichproben. Diese Gesetze werden vor allem bei der Parameterschätzung in der beurteilenden Statistik angewandt.

1. Das schwache Gesetz der großen Zahlen

Die Zufallsvariablen $X_1, X_2, \ldots, X_n$ seien paarweise unabhängig und besitzen alle den gleichen Erwartungswert μ und die gleiche Varianz σ^2. Dabei dürfen die Verteilungen der n Zufallsvariablen auch verschieden sein. Die Realisierungen dieser Zufallsvariablen können z. B. dadurch gebildet werden, daß das gleiche Zufallsexperiment n-mal unabhängig durchgeführt wird und bei jeder einzelnen Versuchsdurchführung die Realisierung der Zufallsvariablen X festgestellt wird. Dann beschreibt X_k die Realisierung der Zufallsvariablen X bei der k-ten Versuchsdurchführung. Die n Zufallsvariablen $X_1, X_2, \ldots, X_n$ sind dann unabhängig und besitzen alle die gleiche Verteilung und somit auch den gleichen Erwartungswert und die gleiche Varianz wie die Zufallsvariable X. Man nennt die Zufallsvariablen X_k auch "unabhängige Wiederholungen" von X.

Die Zufallsvariable des "arithmetischen Mittels"

$$\bar{X} = \frac{1}{n}\sum_{k=1}^{n} X_k$$

besitzt wegen der Unabhängigkeit der einzelnen Summanden die Parameter

$$E(\bar{X}) = E\left(\frac{1}{n}\sum_{k=1}^{n} X_k\right) = \frac{1}{n}\sum_{k=1}^{n} E(X_k) = \frac{1}{n} n\mu = \mu ;$$

$$\operatorname{Var}(\bar{X}) = \operatorname{Var}\left(\frac{1}{n}\sum_{k=1}^{n} X_k\right) = \frac{1}{n^2}\sum_{k=1}^{n} \operatorname{Var}(X_k) = \frac{1}{n^2} n\sigma^2 = \frac{\sigma^2}{n}.$$

Dabei gilt

$$\lim_{n\to\infty} \mathrm{Var}(\bar{X}) = \lim_{n\to\infty} \mathrm{Var}\left(\frac{1}{n}\sum_{k=1}^{n} X_k\right) = 0 .$$

Wendet man die Tschebyscheffsche Ungleichung (Kap. V Abschnitt 1.2.3) auf die Zufallsvariable $\bar{X}$ an, so erhält man für jedes $\varepsilon > 0$

$$P\left(\left|\frac{1}{n}\sum_{k=1}^{n} X_k - \mu\right| \geq \varepsilon\right) \leq \frac{\sigma^2}{n\varepsilon^2} .$$

Hieraus folgt

$$\lim_{n\to\infty} P\left(\left|\frac{1}{n}\sum_{k=1}^{n} X_k - \mu\right| \geq \varepsilon\right) = 0 \quad \text{für jedes } \varepsilon > 0.$$

Diese Konvergenz in Wahrscheinlichkeit nennt man das **schwache Gesetz der großen Zahlen.**

Man sagt auch:

Die Folge $Z_n = \frac{1}{n}\sum_{k=1}^{n} X_k$, $n = 1, 2, ...$ **konvergiert stochastisch** gegen μ.

Zusammenfassung:

Das schwache Gesetz der großen Zahlen:
Die Zufallsvariablen X_k, $k = 1, 2, ...$ seien paarweise unabhängig und besitzen alle den gleichen Erwartungswert μ und die gleiche Varianz σ^2. Dann gilt für jedes beliebig kleine $\varepsilon > 0$

$$P\left(\left|\frac{1}{n}\sum_{k=1}^{n} X_k - \mu\right| \geq \varepsilon\right) \leq \frac{\sigma^2}{n\varepsilon^2} \quad \text{(Tschebyscheffsche Ungleichung)} ;$$

$$\lim_{n\to\infty} P\left(\left|\frac{1}{n}\sum_{k=1}^{n} X_k - \mu\right| \geq \varepsilon\right) = \lim_{n\to\infty} P\left(\left\{\omega \left| \left|\frac{1}{n}\sum_{k=1}^{n} X_k(\omega) - \mu\right| \geq \varepsilon\right.\right\}\right) = 0 .$$

Interpretation: Wegen des schwachen Gesetzes der großen Zahlen liegen für große n die Realisierungen der Zufallsvariablen des arithmetischen Mittels $\bar{X}$ meistens in der Nähe des Zahlenwertes μ. Daher ist der Mittelwert $\bar{x}$ einer entsprechenden Stichprobe als Realisierung der Zufallsvariablen $\bar{X}$ im allgemeinen ein recht guter Schätzwert (Näherungswert) für den unbekannten Erwartungswert μ, also $\bar{x} \approx \mu$.

Das Bernoullische Gesetz der großen Zahlen

Aus dem schwachen Gesetz der großen Zahlen erhält man das bereits in Kap. II Abschnitt 7 beschriebene Bernoullische Gesetz der großen Zahlen. Das gleiche Zufallsexperiment werde n-mal unabhängig durchgeführt. Bei jedem Einzelexperiment besitze das Ereignis A die Wahrscheinlichkeit p. Mit

$$X_k = \begin{cases} 1, & \text{falls beim k-ten Versuch A eintritt,} \\ 0, & \text{sonst} \end{cases}$$

besitzt die Summenvariable $X = \sum_{k=1}^{n} X_k$ als Realisierung die absolute Häufigkeit $h_n(A)$ des Ereignisses A. Die Realisierung der Zufallsvariablen des Mittelwerts $\bar{X} = \frac{1}{n} \sum_{k=1}^{n} X_k = R_n(A)$ ist die relative Häufigkeit $r_n(A)$ in einer unabhängigen Versuchsserie vom Umfang n. Die Zufallsvariable X ist binomialverteilt mit dem Erwartungswert $E(X) = np$ und der Varianz $np(1-p)$.

Daraus folgt

$$E(R_n(A)) = p \; ; \; Var(R_n(A)) = \frac{p(1-p)}{n} \leq \frac{1}{4n} .$$

Die Bedingung $p(1-p) \leq \frac{1}{4}$ ist immer erfüllt, da $f(p) = p(1-p)$ eine nach unten geöffnete Parabel ist, die das Maximum an der Stelle $p = \frac{1}{2}$ annimmt. Falls jedoch über p Teilinformationen vorliegen, kann diese obere Grenze evtl. kleiner gewählt werden.

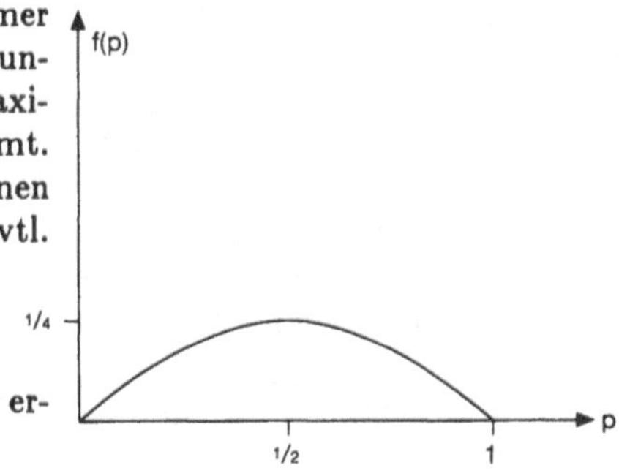

Die Tschebyscheffsche Ungleichung ergibt für jedes $\varepsilon > 0$

$$P\left(\left|R_n(A) - p\right| \geq \varepsilon\right) \leq \frac{p(1-p)}{n\varepsilon^2} \leq \frac{1}{4n\varepsilon^2} .$$

Hieraus erhält man das Bernoullische Gesetz der großen Zahlen

$$\lim_{n \to \infty} P\left(\left|R_n(A) - p\right| \geq \varepsilon\right) = 0 \quad \text{für jedes } \varepsilon > 0 .$$

Das schwache Gesetz der großen Zahlen kann noch verallgemeinert werden.

Das allgemeine schwache Gesetz der großen Zahlen:
Die Zufallsvariablen X_k, $k = 1, 2, \ldots$ seien paarweise unabhängig und besitzen die Erwartungswerte $E(X_k)$ und die Varianzen $Var(X_k)$.

Dabei gelte

$$\lim_{n\to\infty} \frac{1}{n}\sum_{k=1}^{n} E(X_k) = \mu \quad \text{und} \quad \lim_{n\to\infty} \frac{1}{n}\cdot\sqrt{\sum_{k=1}^{n} Var(X_k)} = 0.$$

Dann gilt für jedes $\varepsilon > 0$

$$\lim_{n\to\infty} P\left(\left|\frac{1}{n}\sum_{k=1}^{n} X_k - \mu\right| \geq \varepsilon\right) = 0 .$$

Stochastische Konvergenz der empirischen Verteilungsfunktion

Die Werte x_i der Stichprobe $x = (x_1, x_2, \ldots, x_n)$ seien unabhängige Realisierungen der Zufallsvariablen X mit der Verteilungsfunktion $F(x)$. Der Wert $F_n(x)$ der empirischen Verteilungsfunktion stellt nach Kap. I Abschnitt 1.2.4 die relative Häufigkeit der Stichprobenwerte dar, die kleiner oder gleich x sind. Der Funktionswert $F_n(x)$ hängt vom Zufall ab und ist somit Realisierung einer Zufallsvariablen $Y_n(x)$ mit dem Wertebereich

$$W = \{0, \tfrac{1}{n}, \tfrac{2}{n}, \tfrac{3}{n}, \ldots, \tfrac{n-1}{n}, 1\} .$$

Die Zufallsvariable $Y_n(x)$ besitzt genau dann die Realisierung $\frac{k}{n}$, wenn von den n Stichprobenwerten k kleiner oder gleich x und die übrigen $n-k$ größer als x sind. Dies ist genau dann der Fall, wenn in der Versuchsserie vom Umfang n das Ereignis $A = \{\omega |\ X(\omega) \leq x\}$ mit der jeweiligen Wahrscheinlichkeit $p = P(A) = F(x)$ genau k-mal eintritt. Damit beschreibt die Zufallsvariable $Y_n(x)$ die relative Häufigkeit des Ereignisses A mit

$$P\left(Y_n(x) = \tfrac{k}{n}\right) = \binom{n}{k}\cdot[F(x)]^k\cdot[1-F(x)]^{n-k} \quad \text{für } k = 0, 1, \ldots, n ;$$

$$E\left(Y_n(x)\right) = F(x) \quad \text{und} \quad Var(Y_n(x)) = \frac{F(x)\cdot[1-F(x)]}{n} \leq \frac{1}{4n} .$$

Aus dem Bernoullischen Gesetz erhält man unmittelbar

das schwache Gesetz der großen Zahlen für die empirische Verteilungsfunktion:
Die einzelnen Werte der Stichprobe $x = (x_1, x_2, ..., x_n)$ seien unabhängige Realisierungen der Zufallsvariablen X, welche die Verteilungsfunktion F(x) besitzt. Die empirische Verteilungsfunktion $F_n(x)$ sei Realisierung der Zufallsvariablen $Y_n(x)$. Dann gilt für jedes $x \in \mathbb{R}$ und jedes $\varepsilon > 0$

$$P\left(\left|Y_n(x) - F(x)\right| \geq \varepsilon\right) \leq \frac{1}{4n\varepsilon^2};$$

$$\lim_{n\to\infty} P\left(\left|Y_n(x) - F(x)\right| \geq \varepsilon\right) = 0 .$$

Auf Grund dieses Gesetzes kann der Wert $F_n(x)$ der empirischen Verteilungsfunktion an jeder Stelle x als Schätzwert für einen unbekannten Funktionswert F(x) der Verteilungsfunktion der Zufallsvariablen X benutzt werden.

2. Das starke Gesetz der großen Zahlen

Das schwache Gesetz der großen Zahlen macht Aussagen über die Konvergenz der Wahrscheinlichkeiten für Abweichungen einer Folge von Zufallsvariablen von einem festen Zahlenwert (stochastische Konvergenz). Im Gegensatz dazu untersucht man beim starken Gesetz der großen Zahlen die fast sichere Konvergenz. Sie ist eine stärkere Bedingung als die stochastische Konvergenz.

Eine Folge von Zufallsvariablen X_n **konvergiert fast sicher** gegen eine Zufallsvariable X, wenn die Menge aller Versuchsergebnisse ω, für die

$$\lim_{n\to\infty} X_n(\omega) = X(\omega)$$

nicht erfüllt ist, die Wahrscheinlichkeit Null besitzt. Die Menge der Versuchsergebnisse, auf der diese Konvergenz stattfindet, hat damit die Wahrscheinlichkeit Eins, also

$$P\left(\{\omega \in \Omega \mid \lim_{n\to\infty} X_n(\omega) = X(\omega)\}\right) = 1.$$

Die Folge der Zufallsvariablen X_n, $n = 1, 2, ...$ konvergiert genau dann fast sicher gegen die Zufallsvariable X, wenn gilt

$$\lim_{n\to\infty} P\left(\{\omega \in \Omega \mid \sup_{m \geq n} \left|X_m(\omega) - X(\omega)\right| \geq \varepsilon\right) = 0 .$$

Aus der fast sicheren Konvergenz folgt die stochastische. Die einfachste Form des starken Gesetzes der großen Zahlen erhält man in der folgenden Fassung.

Das starke Gesetz der großen Zahlen:
Für jedes n seien die Zufallsvariablen $X_1, X_2, \ldots, X_n$ unabhängig und besitzen alle die gleiche Verteilung und den Erwartungswert $E(X_k) = \mu$.
Dann konvergiert die Folge $Z_n = \frac{1}{n}\sum_{k=1}^{n} X_k$ fast sicher gegen μ, also

$$P\left(\lim_{n\to\infty} \frac{1}{n}\sum_{k=1}^{n} X_k = \mu\right) = P\left(\{\omega \in \Omega \mid \lim_{n\to\infty} \frac{1}{n}\sum_{k=1}^{n} X_k(\omega) = \mu\}\right) = 1.$$

Nach dem starken Gesetz der großen Zahlen gilt für jedes $\varepsilon > 0$

$$\lim_{n\to\infty} P\left(\sup_{m \geq n} \left|\frac{1}{m}\sum_{k=1}^{m} X_k - \mu\right| \geq \varepsilon\right) = 0 .$$

Zu jedem beliebigen $\varepsilon > 0$ und jedem beliebigen $\delta > 0$ gibt es dann einen Index n_0 mit

$$P\left(\sup_{m \geq n_0} \left|\frac{1}{m}\sum_{k=1}^{m} X_k - \mu\right| \geq \varepsilon\right) < \delta .$$

Gleichwertig damit ist

$$P\left(\sup_{m \geq n_0} \left|\frac{1}{m}\sum_{k=1}^{m} X_k - \mu\right| < \varepsilon\right) \geq 1 - \delta .$$

Das starke Gesetz der großen Zahlen besagt folgendes: Aus einer genügend großen Stichprobe kann mit Wahrscheinlichkeit Eins (fast sicher) der unbekannte Erwartungswert μ einer Zufallsvariablen X beliebig genau geschätzt werden.

Wie bei der Herleitung des Bernoullischen Gesetzes der großen Zahlen in Abschnitt 1 erhält man hieraus mit

$$X_k = \begin{cases} 1, & \text{falls beim k-ten Versuch A eintritt,} \\ 0, & \text{sonst} \end{cases}$$

unmittelbar die folgende Aussage:

Das Ereignis A besitze die Wahrscheinlichkeit p. In einer unabhängigen Versuchsserie vom Umfang n sei die relative Häufigkeit $r_n(A)$ die Realisierung der Zufallsvariablen $R_n(A)$. Dann konvergiert die Folge der Zufallsvariablen $R_n(A)$ fast sicher gegen p, d. h.

$$P\Big(\lim_{n\to\infty} R_n(A) = p\Big) = 1 - \lim_{n\to\infty} P\Big(\sup_{m\geq n} |R_m(A) - p| \geq \varepsilon\Big) = 1$$

für jedes $\varepsilon > 0$.

Damit kann mit Wahrscheinlichkeit Eins die unbekannte Wahrscheinlichkeit $p = P(A)$ eines beliebigen Ereignisses A durch die relative Häufigkeit in einer genügend langen unabhängigen Versuchsserie beliebig genau geschätzt werden.

Auch für die Folge der Zufallsvariablen, deren Realisierungen die empirische Verteilungsfunktion $F_n(x)$ einer Stichprobe vom Umfang n darstellt, gilt ein starkes Gesetz der großen Zahlen. Man nennt es den

Hauptsatz der mathematischen Statistik (Satz von Glivenko-Cantelli): Die Werte der Stichprobe $x = (x_1, x_2, \ldots, x_n)$ seien unabhängige Realisierungen der Zufallsvariablen X mit der Verteilungsfunktion $F(x)$. Die empirische Verteilungsfunktion $F_n(x)$ sei Realisierung der Zufallsvariablen $Y_n(x)$. Dann gilt

$$P\Big(\lim_{n\to\infty} \sup_{-\infty<x<+\infty} |Y_n(x) - F(x)| = 0\Big) = 1 ;$$

$$\lim_{N\to\infty} P\Big(\sup_{n\geq N} \sup_{-\infty<x<+\infty} |Y_n(x) - F(x)| \geq \varepsilon\Big) = 0$$

für jedes $\varepsilon > 0$.

Da die Folge der empirischen Verteilungsfunktionen mit Wahrscheinlichkeit Eins gleichmäßig gegen die Verteilungsfunktion $F(x)$ konvergiert, erhält man aus einer Stichprobe von genügend großem Umfang n mit Wahrscheinlichkeit Eins beliebig gute Informationen über eine unbekannte Verteilungsfunktion F einer Zufallsvariablen.

Das starke Gesetz der großen Zahlen kann noch verallgemeinert werden.

Verallgemeinerung des starken Gesetzes der großen Zahlen von Kolmogoroff:
Die Zufallsvariablen $X_1, X_2, X_3, \ldots$ seien vollständig unabhängig und besitzen die Varianzen $\mathrm{Var}(X_k), k = 1, 2, \ldots$ Dabei konvergiere die Reihe

$$\sum_{k=1}^{\infty} \frac{\mathrm{Var}(X_k)}{k^2} < \infty.$$

Dann gilt

$$P\Big(\lim_{n\to\infty} \frac{1}{n} \sum_{k=1}^{n} (X_k - E(X_k)) = 0 \Big) = 1.$$

Alle Varianzen der Zufallsvariablen X_k seien durch die gleiche Konstante c beschränkt, also

$$\mathrm{Var}(X_k) \leq c \quad \text{für alle k.}$$

Dann ist wegen $\sum_{k=1}^{\infty} \frac{\mathrm{Var}(X_k)}{k^2} \leq c \sum_{k=1}^{\infty} \frac{1}{k^2} < \infty$

die obige Bedingung erfüllt.

3. Der zentrale Grenzwertsatz

Der zentrale Grenzwertsatz besagt, daß unter bestimmten sehr allgemeinen Bedingungen die Folge der Verteilungsfunktionen standardisierter Summen unabhängiger Zufallsvariabler gegen die Verteilungsfunktion Φ der Standard-Normalverteilung konvergiert. Dann sind für große n die Summen der Ausgangsvariablen **näherungsweise normalverteilt**. Aus diesem Grund sind viele in der Praxis vorkommende Zufallsvariable ungefähr normalverteilt.

Für jedes $n = 1, 2, \ldots$ seien die Zufallsvariablen $X_1, X_2, X_3, \ldots, X_n$ unabhängig mit existierenden Erwartungswerten und Varianzen

$$E(X_k) = \mu_k \ ; \ \mathrm{Var}(X_k) = \sigma_k^2 \ \text{ für } k = 1, 2, \ldots, n.$$

Dann besitzt die Summenvariable $S_n = \sum_{k=1}^{n} X_k$ den Erwartungswert

$$E(S_n) = \sum_{k=1}^{n} E(X_k) = \sum_{k=1}^{n} \mu_k$$

und wegen der Unabhängigkeit der einzelnen Summanden die Varianz

$$\mathrm{Var}(S_n) = \sum_{k=1}^{n} \mathrm{Var}(X_k) = \sum_{k=1}^{n} \sigma_k^2 .$$

Die Standardisierte S_n^* von S_n hat die Gestalt

$$S_n^* = \frac{S_n - E(S_n)}{\sqrt{\mathrm{Var}(S_n)}} = \frac{\sum\limits_{k=1}^{n} (X_k - \mu_k)}{\sqrt{\sum\limits_{k=1}^{n} \sigma_k^2}} .$$

In der einfachsten Form lautet der zentrale Grenzwertsatz:

> **Zentraler Grenzwertsatz:**
> Für jedes $n = 1, 2, \ldots$ seien die Zufallsvariablen $X_1, X_2, X_3, \ldots, X_n$ unabhängig und besitzen die gleiche Verteilung, den Erwartungswert $\mu = E(X_k)$ und die Varianz $\mathrm{Var}(X_k) = \sigma^2$. Dann gilt für die Verteilungsfunktionen der standardisierten Summen
>
> $$\lim_{n\to\infty} P\left(\frac{\sum\limits_{k=1}^{n} X_k - n\mu}{\sqrt{n} \cdot \sigma} \le x \right) = \Phi(x) = \frac{1}{\sqrt{2\pi}} \cdot \int\limits_{-\infty}^{x} e^{-\frac{u^2}{2}} du .$$
>
> Dabei ist Φ die Verteilungsfunktion der Standard-Normalverteilung.

Anwendung:

Für große n ist die Zufallsvariable $\dfrac{\sum\limits_{k=1}^{n} X_k - n\mu}{\sqrt{n} \cdot \sigma}$ ungefähr standardnormalverteilt, also N(0 ; 1)-verteilt. Als Faustregel reicht im allgemeinen $n \geq 30$. Dann ist die Summe

$$\sum_{k=1}^{n} X_k \text{ ungefähr normalverteilt, genauer } N(n\mu;\ n\sigma^2)\text{-verteilt.}$$

Somit ist auch das arithmetische Mittel dieser n Zufallsvariablen

$$\bar{X} = \frac{1}{n} \sum_{k=1}^{n} X_k \text{ ungefähr normalverteilt und zwar } N(\mu;\ \tfrac{\sigma^2}{n})\text{-verteilt.}$$

Beispiel (Augensumme): Mit einem idealen Würfel werde 2 000-mal geworfen. Die Augenzahl beim k-ten Wurf sei Realisierung der Zufallsvariablen X_k. Nach Kap. III Abschnitt 7.1 besitzt diese Zufallsvariable mit $m = 6$ die Kenngrößen

$$E(X_k) = 3{,}5 ; \quad \mathrm{Var}(X_k) = \frac{35}{12} .$$

Die Zufallsvariable der Augensumme $S_{2000} = \sum_{k=1}^{2000} X_k$ ist nach dem zentralen Grenzwertsatz ungefähr normalverteilt mit

$E(S_{2000}) = 2000 \cdot 3{,}5 = 7\,000$; $\mathrm{Var}(S_{2000}) = 2000 \cdot \frac{35}{12} = \frac{17\,500}{3}$.

Gesucht ist eine Konstante c mit $P(7\,000 - c \le S_{2000} \le 7\,000 + c) \approx 0{,}98$.

Mit Hilfe der Standardisierung erhält man

$$
\begin{aligned}
0{,}98 &= P(7\,000 - c \le S_{2000} \le 7\,000 + c) \\
&= P\left(-\frac{c}{\sqrt{17\,500/3}} \le \frac{S_{2000} - 7\,000}{\sqrt{17\,500/3}} \le \frac{c}{\sqrt{17\,500/3}}\right) \\
&\approx 2 \cdot \Phi\left(\frac{c}{\sqrt{17\,500/3}}\right) - 1; \text{ aus } \Phi\left(\frac{c}{\sqrt{17\,500/3}}\right) \approx 0{,}99 \text{ folgt}
\end{aligned}
$$

$$\frac{c}{\sqrt{17\,500/3}} \approx 2{,}326 \; ; \; c \approx 177{,}7.$$

Daraus folgt für die Augensumme $P(6\,822 \le S_{2000} \le 7\,178) \approx 0{,}98$.

Die im zentralen Grenzwertsatz angegebene Bedingung für die Konvergenz gegen die Normalverteilung kann noch abgeschwächt werden.

Zentraler Grenzwertsatz mit der Ljapunoff-Bedingung:
Für jedes $n = 1, 2, \ldots$ seien die Zufallsvariablen $X_1, X_2, X_3, \ldots, X_n$ unabhängig. Sie sollen die Erwartungswerte $\mu_k = E(X_k)$, die Varianzen $\mathrm{Var}(X_k) = \sigma_k^2$ und die dritten absoluten zentralen Moment

$\eta_k = E\left(|X_k - \mu_k|^3\right)$ besitzen für $k = 1, 2, \ldots, n$. Mit

$$D_n = \sqrt{\sum_{k=1}^{n} \sigma_k^2} \; ; \quad B_n = \sqrt[3]{\sum_{k=1}^{n} \eta_k}$$

gelte die **Liapunoff - Bedingung:**

$$\lim_{n\to\infty} \frac{B_n}{D_n} = 0.$$

Dann gilt für die Verteilungsfunktionen der standardisierten Summen

$$\lim_{n\to\infty} P\left(\frac{\sum_{k=1}^{n} (X_k - \mu_k)}{D_n} \le x\right) = \Phi(x) = \frac{1}{\sqrt{2\pi}} \cdot \int_{-\infty}^{x} e^{-\frac{u^2}{2}} du \,.$$

Dabei ist Φ die Verteilungsfunktion der Standard-Normalverteilung.

Schwächer als die Ljapunoff-Bedingung ist die Lindeberg- Bedingung.

Zentraler Grenzwertsatz mit der Lindeberg-Bedingung:
Die Zufallsvariablen X_k besitzen den Erwartungswert μ_k, die Varianz σ_k und die Verteilungsfunktion $F_k(x)$ für $k = 1, 2, 3, \ldots$ Mit

$$D_n^2 = \sum_{k=1}^{n} \sigma_k^2$$

gelte für jedes $\varepsilon > 0$ die sog. Lindeberg - Bedingung

$$\lim_{n \to \infty} \frac{1}{D_n^2} \sum_{k=1}^{n} \int_{|x_k - \mu_k| > \varepsilon D_n} (x_k - \mu_k)^2 d\, F_k(x) = 0 .$$

Falls für jedes n die Zufallsvariablen $X_1, X_2, X_3, \ldots, X_n$ unabhängig sind, gilt

$$\lim_{n \to \infty} P\left(\frac{\sum_{k=1}^{n} (X_k - \mu_k)}{D_n} \le x \right) = \Phi(x) = \frac{1}{\sqrt{2\pi}} \cdot \int_{-\infty}^{x} e^{-\frac{u^2}{2}} du .$$

Dabei ist Φ die Verteilungsfunktion der Standard-Normalverteilung.

Interpretation: Die Lindeberg-Bedingung besagt im wesentlichen folgendes: Jeder der unabhängigen Summanden trägt zur Summe nur einen kleinen Anteil bei, d. h. keine Summanden sollen dominierend sein.

Bei vielen in der Praxis vorkommenden Zufallsvariablen kann man davon ausgehen, daß sie aus vielen unabhängigen nichtdominierenden Einzeleinflüssen additiv zusammengesetzt sind. Dann sind sie nach dem zentralen Grenzwertsatz wenigstens näherungsweise normalverteilt. Deswegen spielt die Normalverteilung in der Statistik eine zentrale Rolle.

Kapitel VII: Statistische Methoden (Schlußweisen)

In der Wahrscheinlichkeitsrechnung geht man zunächst davon aus, daß die Wahrscheinlichkeiten bzw. die Verteilungen der entsprechenden Zufallsvariablen bekannt sind. Dabei sind viele Verteilungstypen durch einen oder mehrere Parameter festgelegt. Wegen des zentralen Grenzwertsatzes sind z. B. viele in der Praxis vorkommende Zufallsvariable wenigstens näherungsweise normalverteilt. Damit kennt man jedoch die beiden Parameter μ und σ^2 noch nicht. Mit Hilfe statistischer Methoden sollen für sie Näherungswerte bestimmt werden.

In der **beurteilenden Statistik** sollen solche Fragen mit Hilfe geeigneter Stichproben gelöst werden. Dabei werden mit Hilfe von Beobachtungswerten (Realisierungen) von Zufallsvariablen Aussagen über die Verteilung der entsprechenden Grundgesamtheit gemacht. Als Hilfsmittel dienen dabei vor allem die Gesetze der großen Zahlen aus Kap. VI.

In diesem Kapitel sollen zunächst nur die grundlegenden Verfahren der Statistik behandelt werden. Im wesentlichen handelt es sich dabei um statistische Verfahren, bei denen Parameter untersucht werden, durch welche die Verteilung einer Zufallsvariablen eindeutig festgelegt ist. Auf Beispiele wird weitgehend verzichtet. In Kapitel VIII werden die Verfahren auf spezielle Probleme angewandt. Dort sind auch Beispiele zu finden.

Parameterfreie Methoden werden in Kapitel XI behandelt.

In der **Parameterschätzung** (Abschnitt 2) sollen möglichst gute Näherungswerte (Schätzwerte) für einen oder mehrere unbekannte Parameter einer Wahrscheinlichkeitsverteilung bestimmt werden.

Beispiele dafür sind:
- die unbekannte Wahrscheinlichkeit eines Ereignisses A
- der Erwartungswert oder die Varianz einer Zufallsvariablen X
- der Median oder ein Quantil einer Wahrscheinlichkeitsverteilung
- die Kovarianz oder der Korrelationskoeffizient zweier Zufallsvariabler.

Dabei werden die Schätzwerte mit Hilfe einer Schätzfunktion aus einer geeigneten Stichprobe berechnet. Falls nur ein einziger Schätzwert angegeben wird, wird eine sog. **Punkt-Schätzung** vorgenommen.

In der **Intervall-Schätzung** (Abschnitt 3) wird mit Hilfe einer Schätzfunktion aus den Stichprobenwerten ein ganzes Intervall (Vertrauensintervall) ermittelt, das nach Möglichkeit den unbekannten Parameterwert auch tatsächlich enthalten soll.

Mit Hilfe von **Parametertests** (Abschnitt 5) sollen Hypothesen über unbekannte Parameter auf "ihre Richtigheit hin" überprüft werden.

Durch **Anpassungstests** (Abschnitt 6) soll geprüft werden, ob die Verteilungsfunktion F(x) einer Zufallsvariablen X gleich einer hypothetischen Verteilungsfunktion $F_0(x)$ ist oder zu einer bestimmten Klasse von Verteilungen gehört, z. B. ob eine Zufallsvariable X normalverteilt oder Poisson-verteilt ist.

In Abschnitt 7 wird in **Unabhängigkeitstests** geprüft, ob zwei Zufallsvariable unabhängig sind. In **Homogenitätstests** werden mehrere Verteilungen auf Gleichheit getestet.

Da die Stichprobenwerte im allgemeinen vom Zufall abhängen, sind in der beurteilenden Statistik in der Regel absolut sichere Aussagen kaum möglich. Die Güte einer solchen Aussage hängt meistens vom Stichprobenumfang n ab.

1. Definition einer Stichprobenfunktion (Statistik)

Die n Werte einer Stichprobe $x = (x_1, x_2, \ldots, x_n)$ sollen durch Zufallsexperimente gewonnen werden. Dann kann jeder Stichprobenwert x_i als Realisierung einer Zufallsvariablen X_i aufgefaßt werden für $i = 1, 2, \ldots, n$. Damit ist die sog. Zufallsstichprobe Realisierung der n-dimensionalen Zufallsvariablen $X = (X_1, X_2, \ldots, X_n)$. Bei vielen Stichprobenerhebungen wird gefordert, daß die n Zufallsvariablen $X_1, X_2, \ldots, X_n$ unabhängig sind. Dann spricht man von einer **unabhängigen** Stichprobe. Sind diese unabhängigen Zufallsvariablen auch noch identisch verteilt, so heißt die Stichprobe **einfach**. Falls die n Stichprobenwerte unabhängige Realisierungen der gleichen Zufallsvariablen X sind, handelt es sich um eine einfache Stichprobe. Wenn nichts anderes angegeben ist, werden ausschließlich einfache Stichproben benutzt.

Zur Durchführung eines statistischen Verfahrens wird oft nicht die Stichprobe selbst, sondern ein daraus berechneter Funktionswert

$$t_n = g_n(x_1, x_2, \ldots, x_n)$$

benutzt. Dieser Funktionswert ist Realisierung einer Zufallsvariablen

$$T_n = g_n(X_1, X_2, \ldots, X_n).$$

Eine solche durch die Stichprobe bestimmte Zufallsvariable heißt eine **Stichprobenfunktion** oder **Statistik**. Falls sie zur Schätzung eines Parameters benutzt wird, nennt man sie auch **Schätzfunktion**. Wird die Stichprobenfunktion zur Durchführung eines Tests benutzt, heißt sie **Testfunktion**.

Die Verteilung der Stichprobenfunktion T_n hängt von den Verteilungen der einzelnen Zufallsvariablen X_i und von der Funktion g ab. Falls die Verteilungsfunktionen der Zufallsvariablen X_i von einem oder mehreren unbekannten Parametern abhängt, so ist dies auch für die Verteilungsfunktion der Stichprobenfunktion T_n der Fall. Bei kleinem Stichprobenumfang n muß die Verteilung der Schätzfunktion exakt berechnet werden. In diesem Fall benutzt man für das statistische Verfahren die exakte Verteilung. Bei großem Stichprobenumfang n ist die Stichprobenfunktion wegen des zentralen Grenzwertsatzes oft näherungsweise normalverteilt. Dann benutzt man für große n als Näherung diese asymptotische Grenzverteilung. Bei einfachen Stichproben lassen sich die Kenngrößen der Stichprobenfunktion, z. B. die Varianz, meistens relativ einfach berechnen.

Oft wird zur Durchführung eines statistischen Verfahrens eine Testverteilung aus Kap. IV Abschnitt 5.8 benutzt.

2. Punkt-Schätzung für einen Parameter

Die Verteilung einer Zufallsvariablen X hänge von einem unbekannten Parameter θ ab. Ziel der Punkt-Schätzung ist es, für den unbekannten Parameter θ aus einer Stichprobe möglichst gute Schätzwerte abzuleiten.

2.1. Allgemeine Schätzfunktionen

Die Schätzwerte für den unbekannten Parameter θ sind meistens Realisierungen einer Schätzfunktion (Stichprobenfunktion)

$$T_n = g_n(X_1, X_2, ..., X_n) .$$

Die Verteilung der Schätzfunktion muß von dem zu schätzenden Parameter θ abhängen.

Damit die Realisierungen der Schätzfunktion meistens sehr gute Schätzwerte für den unbekannten Parameter liefern, müssen an die Schätzfunktion bestimmte Forderungen gestellt werden, z. B. Bedingungen, die gewährleisten, daß das schwache Gesetz der großen Zahlen aus Kap. VI Abschnitt 1 erfüllt ist. Im allgemeinen gibt es für den gleichen Parameter verschiedene Schätzfunktionen. Ziel der Parameterschätzung ist es dann, aus der Menge der möglichen Schätzfunktionen solche auszuwählen, die gewisse optimale Eigenschaften besitzen.

2.2. Erwartungstreue (unverzerrte) Schätzfunktionen

Eine Schätzfunktion $T_n = g_n(X_1, X_2, \ldots, X_n)$ für den Parameter θ heißt **erwartungstreu** oder **unverzerrt**, wenn sie den Erwartungswert

$$E(T_n) = E(g_n(X_1, X_2, \ldots, X_n)) = \theta$$

besitzt. Sie heißt **asymptotisch erwartungstreu**, falls gilt

$$\lim_{n \to \infty} E(T_n) = \lim_{n \to \infty} E(g_n(X_1, X_2, \ldots, X_n)) = \theta .$$

Ist eine Schätzfunktion erwartungstreu, so wird bei einer großen Anzahl von Stichproben der mittlere Schätzfehler in der Nähe von Null liegen. Bei einer erwartungstreuen Schätzfunktion können die einzelnen Schätzwerte zwar vom genauen Parameterwert abweichen, doch werden sich auf Dauer die positiven und negativen Schätzfehler gegenseitig aufheben, so daß man "im Durchschnitt" eine genaue Schätzung des unbekannten Parameters erhält.

2.3. Die Verzerrung (der Bias) einer Schätzfunktion

Die Güte einer Schätzfunktion kann durch den Erwartungswert

$$E\left((T_n - \theta)^2\right)$$

beschrieben werden. Dieser Erwartungswert heißt **mittlerer quadratischer Fehler (mean squared error = MSE)**. Bei erwartungstreuen Schätzfunktionen gilt wegen $E(T_n) = \theta$ die Beziehung

$$E\left((T_n - \theta)^2\right) = E\left([T_n - E(T_n)]^2\right) = \mathrm{Var}(T_n).$$

Damit ist bei erwartungstreuen Schätzfunktionen der mittlere quadratische Fehler gleich der Varianz der Schätzfunktion. Die Differenz

$$E(T_n) - \theta$$

heißt die **Verzerrung** (der **Bias**) der Schätzfunktion. Allgemein gilt

$$\begin{aligned} E\left((T_n-\theta)^2\right) &= E\left(T_n^2 - 2\theta T_n + \theta^2\right) \\ &= E\left([T_n^2 - (E(T_n))^2] + [(E(T_n))^2 - 2\theta T_n + \theta^2]\right) \\ &= Var(T_n) + [E(T_n) - \theta]^2. \end{aligned}$$

Der mittlere quadratische Fehler unterscheidet sich von der Varianz der Schätzfunktion um das Quadrat der Verzerrung.

2.4. Konsistente Schätzfunktionen

Eine Folge von Schätzfunktionen $T_n = g_n(X_1, X_2, \ldots, X_n)$, $n = 1, 2, \ldots$ heißt **konsistent** bezüglich θ, wenn für jedes $\varepsilon > 0$ gilt

$$\lim_{n\to\infty} P\left(|T_n - \theta| \geq \varepsilon\right) = 0 .$$

Eine Folge konsistenter Schätzfunktionen konvergiert also stochastisch gegen den zu schätzenden Parameter. Bei großem Stichprobenumfang n liegt der Schätzwert einer Schätzfunktion, die zu einer Folge konsistenter Schätzfunktionen gehört, meistens in der unmittelbaren Nähe des zu schätzenden Parameters θ. Eine Schätzfunktion T_n, die zu einer Folge konsistenter Schätzfunktionen gehört, nennen wir auch konsistent.

Eine Folge von erwartungstreuen Schätzfunktionen T_n, $n = 1, 2, \ldots$ ist z. B. konsistent, wenn folgende Bedingung erfüllt ist:

Jede Schätzfunktion T_n besitzt eine Varianz $Var(T_n)$ mit

$$\lim_{n\to\infty} Var(T_n) = \lim_{n\to\infty} E\left((T_n - \theta)^2\right) = 0.$$

Hieraus folgt mit der Tschebyscheffschen Ungleichung

$$P\left(|T_n - \theta| \geq \varepsilon\right) \leq \frac{Var(T_n)}{\varepsilon^2} \quad \text{für jedes } \varepsilon > 0$$

die Behauptung

$$\lim_{n\to\infty} P\left(|T_n - \theta| \geq \varepsilon\right) = 0 \quad \text{für jedes } \varepsilon > 0.$$

2.5 Wirksamste (effiziente) Schätzfunktionen

Falls es für den gleichenParameter θ mehrere erwartungstreue und konsistente Schätzfunktionen gibt, wird man zur speziellen Schätzung diejenige mit der kleinsten Varianz bevorzugen. Je kleiner die Varianz ist, umso weniger streuen die Schätzwerte um den wirklichen Parameter θ. Aus diesem Grund wird man versuchen, eine erwartungstreue und konsistente Schätzfunktion mit **minimaler Varianz** zu finden. Diese Schätzfunktion kann dann in der Menge der erwartungstreuen Schätzfunktionen nicht mehr "verbessert" werden.

Eine erwartungstreue Schätzfunktion T_n^* heißt **wirksamste Schätzfunktion** oder **effizient**, wenn es keine andere erwartungstreue Schätzfunktion mit einer kleineren Varianz gibt. Dann gilt

$$\mathrm{Var}(T_n^*) \leq \mathrm{Var}(T_n) \text{ für jede erwartungstreue Schätzfunktion } T_n .$$

Die wirksamste Schätzfunktion besitzt also unter allen erwartungstreuen Schätzfunktionen die **kleinste Varianz.**

Ist T_n^* eine effiziente Schätzfunktion und T_n eine beliebige erwartungstreue Schätzfunktion, so heißt der Quotient

$$W(T_n) = \frac{\mathrm{Var}(T_n^*)}{\mathrm{Var}(T_n)}$$

die **Wirksamkeit (Effizienz)** der Schätzfunktion T_n. Es gilt $0 < W(T_n) \leq 1$.

Für eine wirksamste Schätzfunktion T_n^* ist die Wirksamkeit W gleich Eins.

Eine Folge konsistenter Schätzfunktionen T_n, $n = 1, 2, \ldots$ heißen **asymptotisch wirksamste Schätzfunktionen**, wenn gilt

$$\lim_{n\to\infty} \frac{\mathrm{Var}(T_n^*)}{\mathrm{Var}(T_n)} = 1 .$$

2.6. Die Ungleichung von Rao-Cramér

Unter bestimmten recht allgemeinen **Regularitätsbedingungen** kann eine untere Schranke für die Varianz einer erwartungstreuen Schätzfunktion angegeben werden. Durch den Parameter θ sei die Dichte $f(x;\theta)$ einer stetigen Zufallsvariablen X bzw. die Verteilung $P(X = x_k; \theta)$, $k = 1, 2, \ldots$ einer diskreten Zufallsvariablen X eindeutig bestimmt. Die untere Schranke für die Varianz einer erwartungstreuen regulären Schätzung soll hier nur für eine stetige Zufallsvariable hergeleitet werden, für diskrete verläuft der Beweis entsprechend.

Die Zufallsvariablen $X_1, X_2, \dots, X_n$, deren Realisierungen die Stichprobenwerte sind, seien unabhängig und besitzen alle die Dichte $f(x;\theta)$. Dann besitzt die n-dimensionale Zufallsvariable $(X_1, X_2, \dots, X_n)$ die gemeinsame Dichte

$$L(x_1, x_2, \dots, x_n; \theta) = f(x_1;\theta) \cdot f(x_2;\theta) \cdot \dots \cdot f(x_n;\theta) .$$

$T_n = g_n(X_1, X_2, \dots, X_n)$ sei eine erwartungstreue Schätzfunktion mit dem Erwartungswert $E(T_n) = \theta$. Dann gilt

$$\theta = E(T_n) = \int_{-\infty}^{+\infty} \dots \int_{-\infty}^{+\infty} g_n(x_1, x_2, \dots, x_n) \cdot L(x_1, x_2, \dots x_n; \theta)\, dx_1\, dx_2 \dots dx_n .$$

Das Integral über die gemeinsame Dichte ist ebenfalls gleich Eins mit

$$1 = \int_{-\infty}^{+\infty} \dots \int_{-\infty}^{+\infty} L(x_1, x_2, \dots x_n; \theta)\, dx_1\, dx_2 \dots dx_n .$$

Wir nehmen an, diese beiden Gleichungen seien nach θ differenzierbar und die Integration sei mit der Differentiation vertauschbar. Falls diese sog. **Regularitätsbedingungen** erfüllt sind, muß auch die Dichte $f(x;\theta)$ nach dem Parameter θ differenzierbar sein. Dann erhält man mit

$$\frac{\partial \ln L}{\partial \theta} = \frac{1}{L} \cdot \frac{\partial L}{\partial \theta}; \quad \frac{\partial L}{\partial \theta} = \frac{\partial \ln L}{\partial \theta} \cdot L$$

durch Differentiation der obigen beiden Gleichungen nach dem Parameter θ folgende Gleichungen, wobei nur über den Bereich intergriert wird, in dem die Dichte f nicht verschwindet

$$1 = \int \dots \int g_n(x_1, x_2, \dots, x_n) \frac{\partial \ln L}{\partial \theta} L\, dx_1\, dx_2 \dots dx_n .$$

$$0 = \int \dots \int \frac{\partial L}{\partial \theta}\, dx_1\, dx_2 \dots dx_n = \int \dots \int \frac{\partial \ln L}{\partial \theta} L\, dx_1\, dx_2 \dots dx_n .$$

Wird die zweite Gleichung mit θ multipliziert und von der ersten subtrahiert, so erhält man

$$1 = \int \dots \int [g_n(x_1, x_2, \dots, x_n) - \theta] \frac{\partial \ln L}{\partial \theta} L\, dx_1\, dx_2 \dots dx_n .$$

Hieraus folgt mit der Darstellung $L = \sqrt{L} \cdot \sqrt{L}$ durch Quadrieren

$$1 = \left(\int \dots \int [g_n(x_1, x_2, \dots, x_n) - \theta] \sqrt{L} \; \frac{\partial \ln L}{\partial \theta} \sqrt{L} \, dx_1 \, dx_2 \dots dx_n \right)^2.$$

Nach der Chauchy-Schwarzschen Ungleichung ergibt sich hieraus

$$1 \leq \underbrace{\int \dots \int [g_n(x_1, \dots, x_n) - \theta]^2 \cdot L \, dx_1 \dots dx_n}_{= \operatorname{Var}(T_n)} \cdot \int \dots \int \left(\frac{\partial \ln L}{\partial \theta} \right)^2 L \, dx_1 \dots dx_n.$$

Hieraus folgt

$$\operatorname{Var}(T_n) \geq \frac{1}{\int \dots \int \left(\frac{\partial \ln L}{\partial \theta} \right)^2 L \, dx_1 \dots dx_n}.$$

Für den Nenner der rechten Seite erhält man

$$\ln L = \sum_{k=1}^{n} \ln f(x_i; \theta)$$

$$\left(\frac{\partial \ln L}{\partial \theta} \right)^2 = \left(\sum_{k=1}^{n} \frac{\partial \ln f(x_k; \theta)}{\partial \theta} \right)^2$$

$$= \sum_{k=1}^{n} \left(\frac{\partial \ln f(x_k; \theta)}{\partial \theta} \right)^2 + \sum_{i \neq j} \frac{\partial \ln f(x_i; \theta)}{\partial \theta} \cdot \frac{\partial \ln f(x_j; \theta)}{\partial \theta}.$$

$$\int_{-\infty}^{+\infty} f(x_i; \theta) \, dx = 1$$

ergibt durch Differentiation nach θ

$$0 = \int_{-\infty}^{+\infty} \frac{\partial f(x_i; \theta)}{\partial \theta} dx = \int \frac{\partial \ln f(x_i; \theta)}{\partial \theta} \cdot f(x_i; \theta) \, dx.$$

Damit gilt für die Summe der gemischten Produkte

$$\sum_{i \neq j} \int \dots \int \frac{\partial \ln f(x_i; \theta)}{\partial \theta} \cdot \frac{\partial \ln f(x_j; \theta)}{\partial \theta} L \, dx_1 \dots dx_n = 0.$$

Für die Summe der Quadrate erhält man

$$\int \ldots \int \left(\frac{\partial \ln L}{\partial \theta} \right)^2 L \, dx_1 \ldots dx_n =$$

$$= \sum_{k=1}^{n} \int \ldots \int \left(\frac{\partial \ln f(x_k ; \theta)}{\partial \theta} \right)^2 f(x_1; \theta) \, f(x_2 ; \theta) \ldots f(x_n ; \theta) \, dx_1 \, dx_2 \ldots dx_n$$

$$= n \cdot \int \left(\frac{\partial \ln f(x ; \theta)}{\partial \theta} \right)^2 f(x ; \theta) \, dx.$$

Bei diskreten Zufallsvariablen verläuft die Abschätzung entsprechend. Damit gilt die

Ungleichung von Rao-Cramér:
In einer einfachen (unabhängigen, identisch verteilten) Stichprobe sei T_n eine **reguläre erwartungstreue Schätzfunktion** für den Parameter θ. Dann gilt für die Varianz dieser Schätzfunktion

$$\operatorname{Var}(T_n) \geq \frac{1}{n \cdot \int\limits_{-\infty}^{+\infty} \left(\frac{\partial \ln f(x; \theta)}{\partial \theta} \right)^2 \cdot f(x; \theta) \, dx}$$

bei stetigen Zufallsvariablen;

$$\operatorname{Var}(T_n) \geq \frac{1}{n \cdot \sum\limits_{k} \left(\frac{\partial \ln P(X = x_k ; \theta)}{\partial \theta} \right)^2 \cdot P(X = x_k; \theta)}$$

bei diskreten Zufallsvariablen (summiert wird über den Wertevorrat).

Die in den Nennern auftretenden Größen

$$I(\theta) = \int\limits_{-\infty}^{+\infty} \left(\frac{\partial \ln f(x; \theta)}{\partial \theta} \right)^2 \cdot f(x; \theta) \, dx \quad \text{(im stetigen Fall) ;}$$

$$I(\theta) = \sum_{k} \left(\frac{\partial \ln P(X = x_k ; \theta)}{\partial \theta} \right)^2 \cdot P(X = x_k; \theta) \quad \text{(im diskreten Fall)}$$

nennt man **Fisher-Information.**

Die rechte Seite (untere Schranke) in der Ungleichung von Rao-Cramér gibt die minimale Varianz einer reguären erwartungstreuen Schätzfunktion an. Falls diese Varianz von einer Schätzfunktion angenommen wird, ist diese Schätzfunktion **wirksamst.**

2.7. Maximum-Likelihood-Schätzung

Die Schätzung nach der Maximum-Likelihood-Methode wurde bereits in den zwanziger Jahren dieses Jahrhunderts von dem berühmten englischen Statistiker **R. A. Fisher** vorgeschlagen. Sie liefert Schätzfunktionen, die im allgemeinen recht brauchbare Eigenschaften besitzen. Mit dieser Methode können Schätzwerte für die Parameter bestimmt werden, die eine diskrete bzw. eine stetige Verteilung festlegen. Maximiert wird dabei die sog. Likelihood-Funktion.

2.7.1. Die Likelihood-Funktion einer diskreten Verteilung

Von einer diskreten Zufallsvariablen Y sei der Wertevorrat bekannt. Die Wahrscheinlichkeiten für die einzelnen Werte sollen von m unbekannten Parametern $\theta_1, \theta_2, \dots, \theta_m$ abhängen. Dafür schreibt man

$$P(Y = y_k) \;=\; p\,(y_k, \theta_1, \theta_2, \dots, \theta_m).$$

Mit den m Parametern ist dann auch die Verteilung der Zufallsvariablen Y bekannt. Als Beispiel dafür sei die Poisson-Verteilung erwähnt, die durch den einzigen Parameter $\theta_1 = \lambda$ bestimmt ist. Die Normalverteilung ist durch die beiden Parameter μ und σ^2 eindeutig bestimmt. Die Polynomialverteilung ist wegen $\sum_{j=1}^{r} p_j = 1$ durch $r-1$ Parameter eindeutig festgelegt.

Bezüglich der Zufallsvariablen Y wird eine **einfache Stichprobe** vom Umfang n gezogen. In der Stichprobe $x = (x_1, x_2, \dots, x_n)$ seien also die Stichprobenwerte unabhängige Realisierungen der Zufallsvariablen Y. Wegen der Unabhängigkeit ist die Wahrscheinlichkeit dieser Stichprobe gleich dem Produkt der Wahrscheinlichkeiten für die einzelnen Werte

$$L(x_1, x_2, \dots, x_n, \theta_1, \theta_2, \dots, \theta_m) = \prod_{i=1}^{n} p\,(x_i, \theta_1, \theta_2, \dots, \theta_m).$$

Die von den m unbekannten Parametern $\theta_1, \theta_2, \dots, \theta_m$ abhängige Funktion L heißt **Likelihood - Funktion.** Sie stellt die Wahrscheinlichkeit dar, mit der man bei der Durchführung des Zufallsexperiments die gezogene Stichprobe erhält.

2.7.2. Die Likelihood-Funktion einer stetigen Verteilung

Die Dichte einer stetigen Zufallsvariablen Y hänge von m unbekannten Parametern ab. Dafür schreibt man $f(y) = f(y, \theta_1, \theta_2, \dots, \theta_m)$. Für eine einfache Stichprobe aus dieser Grundgesamtheit ist die **Likelihood-Funktion** das Produkt der Funktionswerte der Dichte an den entsprechenden Stellen

$$L(x_1, x_2, \dots, x_n, \theta_1, \theta_2, \dots, \theta_m) = \prod_{i=1}^{n} f(x_i, \theta_1, \theta_2, \dots, \theta_m).$$

2.7.3. Das Maximum-Likelihood-Prinzip

Nach dem Maximum-Likelihood-Prinzip werden die m unbekannten Parameter so bestimmt, daß die Likelihood-Funktion maximal wird. Falls die Likelihood-Funktion nach den Parametern nicht stetig differenzierbar ist, muß das Maximum mit Hilfe numerischer Methoden berechnet werden. Falls die Funktion L jedoch nach allen m Variablen stetig differenzierbar ist, setzt man alle m partiellen Ableitungen gleich Null und erhält das Gleichungssystem

$$\frac{\partial L}{\partial \theta_1} = 0 \; ; \; \frac{\partial L}{\partial \theta_2} = 0 \; ; \dots ; \; \frac{\partial L}{\partial \theta_m} = 0 \, .$$

Da Wahrscheinlichkeiten und Dichten nichtnegativ sind und außerdem der natürliche Logarithmus eine streng monoton wachsende Funktion ist, nimmt die Likelihood-Funktion an denjenigen Stellen das Maximum an, an denen der Logarithmus ln L maximal wird. Wegen

$$\begin{aligned} \ln L(x_1, x_2, \dots, x_n, \theta_1, \theta_2, \dots, \theta_m) &= \sum_{i=1}^{n} \ln p(x_i, \theta_1, \theta_2, \dots, \theta_m) \quad \text{bzw.} \\ &= \sum_{i=1}^{n} \ln f(x_i, \theta_1, \theta_2, \dots, \theta_m) \end{aligned}$$

ist es häufig einfacher, das äquivalente Gleichungssystem

$$\frac{\partial \ln L}{\partial \theta_1} = 0 \; ; \; \frac{\partial \ln L}{\partial \theta_2} = 0 \; ; \dots ; \; \frac{\partial \ln L}{\partial \theta_m} = 0$$

zu lösen.

Beispiel: Die stetige Zufallsvariable Y besitze die Verteilungsfunktion

$$F(y) = \begin{cases} 0 & \text{für } y \le 0 \, ; \\ 1 - e^{-b y^r} & \text{für } y > 0 \quad \text{mit } b, r > 0 \end{cases}$$

mit der Dichte

$$f(y) = \begin{cases} 0 & \text{für } y \le 0 \, ; \\ r b y^{r-1} e^{-b y^r} & \text{für } y > 0 \, . \end{cases}$$

Für eine einfache Stichprobe $x = (x_1, x_2, \dots, x_n)$ lautet die Likelihood-Funktion

$$L(b) = \prod_{i=1}^{n} r\, b\, x_i^{r-1} e^{-b x_i^r} = (r\, b)^n \cdot \prod_{i=1}^{n} x_i^{r-1} e^{-b x_i^r} ;$$

$$\ln L(b) = \ln\left(r^n \cdot (x_1 \cdot x_2 \cdot \dots \cdot x_n)^{r-1}\right) + n \cdot \ln b - b \cdot \sum_{i=1}^{n} x_i^r .$$

Differentiation ergibt

$$\frac{d \ln b}{db} = \frac{n}{b} - \sum_{i=1}^{n} x_i^r = 0 .$$

Daraus erhält man die Maximum-Likelihood-Schätzung

$$\hat{b} = \frac{n}{\sum_{i=1}^{n} x_i^r} .$$

Beispiel (Polynomialverteilung): m unvereinbare Ereignisse $A_1, A_2, \dots, A_m$ sollen eine vollständige Ereignisdisjunktion darstellen. Dann tritt bei jeder Versuchsdurchführung genau eines dieser m Ereignisse ein. Die unbekannten Wahrscheinlichkeiten $p_k = P(A_k)$, $k = 1, 2, \dots, m$ sollen geschätzt werden.

Dazu wird das entsprechende Zufallsexperiment n-mal unabhängig durchgeführt. Die absolute Häufigkeit des Ereignisses A_k sei h_k. Unter Berücksichtigung der Reihenfolge besitzt das eingetretene Ereignis die Wahrscheinlichkeit (Likelihood-Funktion)

$$L = p_1^{h_1} \cdot p_2^{h_2} \cdot \ldots \cdot p_m^{h_m} .$$

Daraus folgt

$$\ln L = \sum_{k=1}^{m} h_k \cdot \ln p_k .$$

Wegen

$$\sum_{k=1}^{m} p_k = 1 \quad \text{und} \quad \sum_{k=1}^{m} h_k = n \text{ , d.h.}$$

$$p_m = 1 - \sum_{k=1}^{m-1} p_k ; \quad h_m = n - \sum_{k=1}^{m-1} h_k$$

erhält man die logarithmierte Likelihood-Funktion

$$\ln L = \sum_{k=1}^{m-1} h_k \cdot \ln p_k + \left(n - \sum_{k=1}^{m-1} h_k\right) \cdot \ln\left(1 - \sum_{k=1}^{m-1} p_k\right) .$$

Partielle Differentiation ergibt

$$\frac{\partial \ln L}{\partial p_i} = \frac{h_i}{p_i} - \frac{n - \sum_{k=1}^{m-1} h_k}{1 - \sum_{k=1}^{m-1} p_k} = \frac{h_i}{p_i} - \frac{h_m}{p_m} = 0\,;\; i = 1, 2, \dots, m-1.$$

Diese Gleichung gilt trivialerweise auch noch für $i = m$. Aus ihr folgt

$$h_i \cdot p_m = h_m \cdot p_i \quad \text{für } i = 1, 2, \dots, m.$$

Summation über i ergibt

$$\sum_{i=1}^{m} h_i \cdot p_m = n \cdot p_m = \sum_{i=1}^{m} p_i \, h_m = h_m \,.$$

Daraus erhält man den Schätzwert $\hat{p}_m = \frac{h_m}{n}$. Aus der obigen Gleichung

$$\frac{h_i}{p_i} - \frac{h_m}{p_m} = 0 \quad \text{für } i = 1, 2, \dots, m-1$$

erhält man wegen

$$\frac{h_i}{\hat{p}_i} = \frac{h_m}{\hat{p}_m} = n$$

als **Maximum-Likelihood-Schätzungen** die **relativen Häufigkeiten**

$$\hat{p}_i = \frac{h_i}{n} = r_n(A_i) \quad \text{für } i = 1, 2, \dots, m.$$

2.7.4. Eigenschaften der Maximum-Likelihood-Schätzungen

Unter bestimmten recht allgemeinen Bedingungen besitzen die Maximum-Likelihood-Schätzungen für den Parameter θ folgende Eigenschaften:

a) sie sind **konsistent**;

b) sie sind **asymptotisch wirksamst**;

c) sie sind **asymptotisch normalverteilt** mit dem Erwartungswert $\mu = \theta$ und der

$$\text{Varianz } \sigma^2 = \frac{1}{n \cdot \int\limits_{-\infty}^{+\infty} \left(\frac{\partial \ln f(x;\theta)}{\partial \theta} \right)^2 \cdot f(x;\theta)\, dx}$$

(bei stetigen Zufallsvariablen)

$$= \frac{1}{n \cdot \sum_k \left(\frac{\partial \ln P(X = x_k ; \theta)}{\partial \theta} \right)^2 \cdot P(X = x_k ; \theta)}$$

(bei diskreten Zufallsvariablen).

Diese Varianz stellt in der Ungleichung von Rao-Cramér die untere Schranke dar.

2.8. Die Momentenmethode

Oft lassen sich die Parameter einer Verteilung durch Momente ausdrücken, sind also Funktionen bestimmter Momente der Zufallsvariablen. Dann werden die unbekannten Momente der Grundgesamtheit geschätzt durch die entsprechenden Momente einer Stichprobe und in die Funktion eingesetzt.

Das k-te zentrale Moment $\eta_k = E\left((X - \mu)^k\right)$ wird geschätzt durch

$$\hat{\eta}_k = \frac{1}{n} \sum_{i=1}^{n} (x_i - \bar{x})^k \quad \text{für } k = 2, 3, \ldots.$$

Beispiel (Schiefe): Zur Schätzung der Schiefe

$$\gamma = \frac{\eta_3}{\sigma^3} = \frac{E\left((X - \mu)^3\right)}{\sigma^3}$$

benutzt man die Schätzungen

$$\hat{\eta}_3 = \frac{1}{n} \sum_{i=1}^{n} (x_i - \bar{x})^3 ; \quad \hat{\sigma} = \sqrt{\frac{1}{n} \sum_{i=1}^{n} (x_i - \bar{x})^2} ; \quad \hat{\gamma} = \frac{\hat{\eta}_3}{\hat{\sigma}^3} .$$

Beispiel (Exponentialverteilung): Die Exponentialverteilung mit der Dichte

$$f(x) = \begin{cases} \lambda \cdot e^{-\lambda x} & \text{für } x \geq 0 \\ 0 & \text{sonst} \end{cases}$$

besitzt den Erwartungswert $E(X) = \frac{1}{\lambda}$, also $\lambda = \frac{1}{E(X)}$. Mit Hilfe der Momentenmethode erhält man die Schätzung $\hat{\lambda} = \frac{1}{\bar{x}}$.

Die Schätzungen durch die Momentenmethode sind im allgemeinen **wenig wirksam**. Aus diesem Grund werden die Maximum-Likelihood-Schätzungen in der Regel bevorzugt.

2.9. Kleinste - Quadrate - Schätzer

Dieses Schätzprinzip wurde bereits in Kap. I Abschnitt 2.3 bei der Regressionsrechnung benutzt. Die Parameter werden so geschätzt, daß die Summe bestimmter Abweichungsquadrate minimal wird.

Beispiel: Aus einer Stichprobe soll μ so geschätzt werden, daß

$$f(\mu) = \sum_{i=1}^{n} (x_i - \mu)^2$$

minimal wird. Differentiation nach μ ergibt die Bestimmungsgleichung

$$f'(\mu) = -2 \sum_{i=1}^{n} (x_i - \mu) = 0$$

mit der Lösung

$$\hat{\mu} = \frac{1}{n} \sum_{i=1}^{n} x_i = \bar{x}\,.$$

Wegen $f''(\mu) = 2n > 0$ handelt es sich tatsächlich um ein Minimum.

2.10. Schätzung einer Verteilungsfunktion

Zur Schätzung einer unbekannten Verteilungsfunktion $F(x)$ einer Zufallsvariablen X benutzt man die empirische Verteilungsfunktion $\tilde{F}_n(x)$ einer einfachen Stichprobe vom Umfang n.
Die Zufallsvariable $Y_n(x)$, deren Realisierungen diese empirische Verteilungsfunktion sind, ist nach Kap. VI Abschnitt 1 **erwartungstreu** und **konsistent** für jedes x.

Nach dem Hauptsatz der mathematischen Statistik (Kap.VI Abschnitt 2) konvergiert sie mit Wahrscheinlichkeit Eins gleichmäßig gegen die Verteilungsfunktion $F(x)$. Damit erhält man wenigstens für große n recht brauchbare Schätzungen.

3. Konfidenzintervalle für einen Parameter

3.1. Allgemeine Konfidenzintervalle

Bei der Punkt - Schätzung in Abschnitt 2 wird für einen unbekannten Parameter θ als Schätzwert die Realisierung einer Zufallsvariablen, also ein Zahlenwert angegeben. Auch wenn die Schätzfunktion T_n noch so gute Eigenschaften aufweist, wird der Schätzwert in der Regel vom tatsächlichen

Wert mehr oder weniger stark abweichen. Aus diesem Grund ist es naheliegend, ein ganzes Intervall anzugeben, das wenigstens in den meisten Fällen den unbekannten Parameter tatsächlich enthält. Als Schätzergebnis erhält man dann ein Intervall, dessen Grenzen Realisierungen von zwei Stichprobenfunktionen sind. Solche Intervalle heißen **Konfidenz-** oder **Vertrauensintervalle.** Man hofft oder vertraut darauf, daß der unbekannte Parameter θ auch tatsächlich im berechneten Konfidenzintervall enthalten ist. Die Angabe eines Vertrauensintervalls ist gleichwertig mit der Aussage, der unbekannte Parameter sei in dem Intervall enthalten.

Je nach Problemstellung ist man an einem der nachfolgenden Konfidenzintervalle interessiert:

a) $[\theta_u, \theta_o]$ (zweiseitig) ; gleichwertige Aussage $\theta_u \leq \theta \leq \theta_o$;

b) $(-\infty, \theta_o]$ (einseitig) ; Aussage $\theta \leq \theta_o$;

$[\theta_u, +\infty)$ (einseitig) ; Aussage $\theta_u \leq \theta$.

Bei einseitigen Konfidenzintervallen kann in der unbeschränkten Richtung eine natürliche Grenze auftreten, die nicht über- bzw. unterschritten werden kann. So ist z. B. für eine unbekannte Wahrscheinlichkeit p die untere Grenze mindestens gleich Null und die obere höchstens gleich Eins.

Im allgemeinen kann man nicht erreichen, daß sämtliche Konfidenzintervalle den unbekannten Parameter auch tatsächlich enthalten. Aus diesem Grund gibt man sich eine (zulässige) **Irrtumswahrscheinlichkeit α** vor. α ist die Wahrscheinlichkeit, mit der das Verfahren ein Intervall liefert, das den Parameter nicht enthält. Mit der **Konfidenzwahrscheinlichkeit (Vertrauenswahrscheinlichkeit** oder **Sicherheitswahrscheinlichkeit)** $\gamma = 1-\alpha$ liefert das Verfahren eine richtige Aussage, also ein Intervall, welches den unbekannten Parameterwert tatsächlich enthält.

Zunächst bestimmt man wie in Abschnitt 2 eine oder zwei Stichprobenfunktionen

$$G_u = g_u(X_1, X_2, \ldots, X_n); \quad G_o = g_o(X_1, X_2, \ldots, X_n) \quad \text{mit}$$

a) $P(G_u \leq \theta \leq G_o) = 1-\alpha$ (bei zweiseitigen Konfidenzintervallen);

b) $P(\theta \leq G_o) = 1-\alpha$ bzw. $P(\theta \geq G_u) = 1-\alpha$

(bei einseitigen Konfidenzintervallen) .

Dadurch erhält man Intervalle, deren Grenzen Zufallsvariable sind. Man nennt diese Zufallsintervalle $[G_u, G_o]$, $(-\infty, G_o]$ bzw. $[G_u, +\infty)$ **Konfidenzintervalle zum Konfidenzniveau $\gamma = 1-\alpha$.** Ihre Realisierungen sind (empirische) Vertrauensintervalle. Die Bezeichnung empirisch wird wie bei der empirischen Verteilungsfunktion einer Stichprobe meistens weggelassen, so daß die Bezeichnung Konfidenzintervall sowohl für das Zufallsintervall als auch für dessen Realisierungen verwendet wird.

Falls man viele solche Konfidenzintervalle zum gleichen Niveau $\gamma = 1-\alpha$ berechnet, kann wegen der Gesetze der großen Zahlen davon ausgegangen werden, daß auf Dauer etwa $100 \cdot \gamma$ % dieser Intervalle den unbekannten Parameter θ auch tatsächlich enthalten. Welche der Intervalle den wirklichen Parameter jedoch nicht enthalten, darüber ist keine Aussage möglich.

Bei zweiseitigen Konfidenzintervallen ist die Breite $G_o - G_u$ für die Güte der Intervallschätzung entscheidend. Je kleiner der Erwartungswert dieser Differenz $E(G_o - G_u)$ ist, umso besser ist die Intervallschätzung. Die Sicherheit bei einer solchen Schätzung hängt von $\gamma = 1-\alpha$ ab. Im allgemeinen hängt die Breite des Konfidenzintervalls vom Konfidenzniveau γ und vom Stichprobenumfang n ab. Eine Vergrößerung von γ hat bei gleichem Stichprobenumfang n in der Regel eine Verbreiterung des Intervalls zur Folge. Sicherere Aussagen werden also unpräziser. Bei konstant gehaltenem γ wird das Konfidenzintervall bei einer Vergrößerung des Stichprobenumfangs n in der Regel schmaler, die Aussage also präziser.

Bei **stetigen Verteilungen** gibt es im allgemeinen zum jedem beliebigen Konfidenzniveau γ mit $0 < \gamma < 1$ Konfidenzintervalle. Dabei gibt es meistens beliebig viele zweiseitige. In einem solchen Fall wird man sich häufig für das mit der kleinsten (mittleren) Länge entscheiden.

Im **diskreten Fall** gibt es nicht zu jedem vorgegebenen Konfidenzniveau γ ein Konfidenzintervall. Hier werden Konfidenzintervalle zum Niveau $\gamma^* \geq \gamma$ bestimmt, wobei das tatsächliche Niveau γ^* möglichst nahe bei γ sein soll.

3.2. Konfidenzintervalle nach Clopper-Pearson im stetigen Fall

Bei stetigen Zufallsvariablen lassen sich in der Regel zu jedem beliebigen Konfidenzniveau $1-\alpha$ Konfidenzintervalle bestimmen. Dabei sind bei einseitigen Konfidenzintervallen wegen

$$P(\theta \leq G_o) = 1-\alpha \quad \text{bzw.} \quad P(\theta \geq G_u) = 1-\alpha$$

die Grenzen festgelegt. Bei zweiseitigen Konfidenzintervallen gilt

$$P(G_u > \theta) + P(G_o < \theta) = \alpha.$$

Für beliebige $\alpha_1, \alpha_2 > 0$ mit $\alpha_1 + \alpha_2 = \alpha$ erhält man die Konfidenzgrenzen aus

$$P(G_u > \theta) = \alpha_1 ; \quad P(G_o < \theta) = \alpha_2 .$$

Im Falle $\alpha_1 = \alpha_2 = \frac{\alpha}{2}$ heißt das zweiseitige Konfidenzintervall **zentral**. Meistens bestimmt man zentrale zweiseitige Konfidenzintervalle.

Die Schätzfunktion $U = T_n(X_1, X_2, \ldots, X_n)$ besitze die vom zu schätzenden Parameter θ abhängige Dichte $g(u, \theta)$. Zu jedem möglichen Parameterwert θ bestimmt man die Quantile $v(\theta)$ und $w(\theta)$ der stetigen Verteilung aus

$$\int_{-\infty}^{v(\theta)} g(u,\theta)\,du = \alpha_1 \left(= \tfrac{\alpha}{2}\right); \quad \int_{w(\theta)}^{+\infty} g(u,\theta)\,du = \alpha_2 \left(= \tfrac{\alpha}{2}\right); \quad \alpha_1 + \alpha_2 = \alpha.$$

Dann gilt für jedes θ

$$\int_{v(\theta)}^{w(\theta)} g(u,\theta)\,du \;=\; P\big(v(\theta) \le U \le w(\theta)\big) \;=\; 1 - \alpha.$$

Die beiden Kurven $v(\theta)$ und $w(\theta)$ bilden somit (für jedes θ) einen **Konfidenzbereich** K zum Niveau $1 - \alpha$. Dieser Konfidenzbereich ist in der nachfolgenden Abbildung graphisch dargestellt.

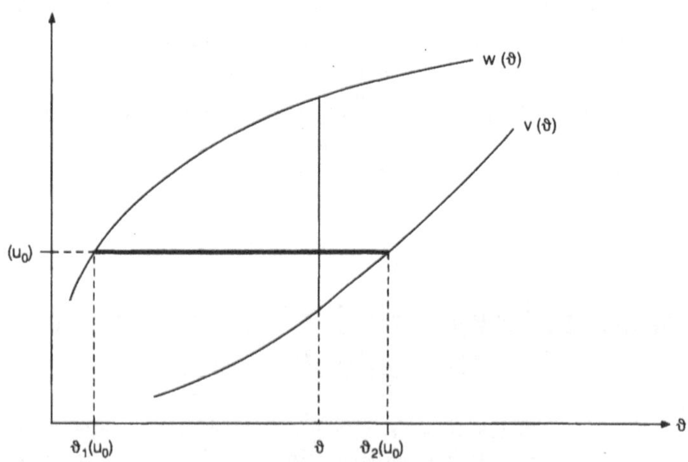

Konfidenzintervalle nach Clopper-Pearson

Die beiden Kurven $v(\theta)$ und $w(\theta)$ seien stetig und streng monoton wachsend, so daß die inversen Funktionen existieren. Dann gilt

$$P(v(\theta) \leq U \leq w(\theta)) = P(w^{-1}(U) \leq \theta \leq v^{-1}(U)) = 1-\alpha.$$

Somit ist $\left[w^{-1}(U)\, ;\, v^{-1}(U)\right]$ ein Konfidenzintervall zum Niveau $1-\alpha$.

Aus der Realisierung u_o der Schätzfunktion U erhält man das

(empirische) Konfidenzintervall

$$\left[w^{-1}(u_o)\, ;\, v^{-1}(u_o)\right].$$

Dieses Konfidenzintervall erhält man aus der obigen Abbildung folgendermaßen: Durch den Punkt u_o werde eine Parallele zur θ-Achse gezogen. Dann erhält man nach der obigen Abbildung die untere Grenze $\theta_1(u_o)$ und die obere Grenze $\theta_2(u_o)$ durch Auflösung der Gleichungen

$$u_o = w(\theta_1) = v(\theta_2)\,.$$

Setzt man diese Werte in die Gleichungen für die Funktionen $v(\theta)$ und $w(\theta)$ ein, so ergeben sich die

Konfidenzintervalle für θ zum Niveau $1-\alpha$:
u_o sei die Realisierung der Schätzfunktion $U = T_n(X_1, X_2, \ldots, X_n)$, welche die Dichte $g(u, \theta)$ besitzt. Dann werden die Grenzen θ_1 und θ_2 für das zweiseitige Konfidenzintervall $[\theta_1, \theta_2]$ bestimmt aus

$$\int_{u_o}^{+\infty} g(u,\theta_1)\,du = \alpha_2 \; (= \tfrac{\alpha}{2})\,; \quad \int_{-\infty}^{u_o} g(u,\theta_2)\,du = \alpha_1 \; (= \tfrac{\alpha}{2})\,; \; \alpha_1 + \alpha_2 = \alpha.$$

Mit $\alpha_1 = 0\,;\, \alpha_2 = \alpha$ bzw. $\alpha_1 = \alpha\,;\, \alpha_2 = 0$ erhält man durch Weglassen der anderen Grenze **einseitige** Konfidenzintervalle für θ der Form

$$[\theta_1, +\infty) \text{ bzw } (-\infty, \theta_2]\,.$$

3.3. Konfidenzintervalle nach Clopper-Pearson im diskreten Fall

Die diskrete Schätzfunktion $U = T_n(X_1, X_2, \ldots, X_n)$ besitze die von θ abhängige Verteilung

$$(u_k, P(U = u_k; \theta)),\; k = 1, 2, \ldots. \;,$$

wobei die Werte bereits der Größe nach (aufsteigend) geordnet sind. Im allgemeinen existiert dann nicht zu jedem beliebigen Niveau $1-\alpha$ ein Konfidenzintervall. Zu vorgegebenem $1-\alpha$ bestimmt man daher Vertrauensintervalle, deren Niveau mindestens gleich $1-\alpha$ ist und versucht dabei, möglichst nahe an $1-\alpha$ heranzukommen, also

$$P(G_u \leq \theta \leq G_o) \geq 1-\alpha ;$$

$$P(\theta \leq G_o) \geq 1-\alpha \quad \text{bzw.} \quad P(\theta \geq G_u) \geq 1-\alpha .$$

Zu jedem möglichen Parameterwert θ bestimmt man in Analogie zu Abschnitt 3.2

$$v(\theta) \text{ maximal} \quad \text{mit} \sum_{u_k < v(\theta)} P(U = u_k; \theta) \leq \alpha_1 \left(\leq \tfrac{\alpha}{2}\right);$$

$$w(\theta) \text{ minimal} \quad \text{mit} \sum_{u_k > w(\theta)} P(U = u_k; \theta) \leq \alpha_2 \left(\leq \tfrac{\alpha}{2}\right).$$

Daraus erhält man das tatsächliche Konfidenzniveau

$$1-\alpha^* = \sum_{v(\theta) \leq u_k \leq w(\theta)} P(U = u_k; \theta) \geq 1-\alpha_1-\alpha_2 = 1-\alpha.$$

Die Grenzen der Konfidenzintervalle werden wie in Abschnitt 3.2 bestimmt. Dann erhält man entsprechend

Konfidenzintervalle für θ zum Niveau $\geq 1-\alpha$:
Die diskrete Schätzfunktion $U = T_n(X_1, X_2, \dots, X_n)$ besitze die Verteilung $(u_k, P(U = u_k; \theta))$, $k = 1, 2, \dots$. Diese Zufallsvariable U besitze die Realisierung u_0. Dann werden die Grenzen θ_1 und θ_2 für das zweiseitige Konfidenzintervall $[\theta_1, \theta_2]$ bestimmt aus

$$\sum_{u_k > u_0} P(U = u_k; \theta_1) \leq \alpha_2 \left(\leq \tfrac{\alpha}{2}\right); \sum_{u_k < u_0} P(U = u_k; \theta_2) \leq \alpha_1 \left(\leq \tfrac{\alpha}{2}\right);$$

$$\alpha_1 + \alpha_2 = \alpha.$$

Das tatsächliche Konfidenzniveau beträgt

$$\gamma^* = 1-\alpha^* = 1 - \sum_{u_k > u_0} P(U = u_k; \theta_1) - \sum_{u_k < u_0} P(U = u_k; \theta_2) \geq 1-\alpha.$$

Mit $\alpha_1 = 0$; $\alpha_2 = \alpha$ bzw. $\alpha_1 = \alpha$; $\alpha_2 = 0$ erhält man durch Weglassen der anderen Grenze **einseitige** Konfidenzintervalle für θ der Form

$[\theta_1, +\infty)$ bzw $(-\infty, \theta_2]$.

3.4. Konfidenzintervalle bei großem Stichprobenumfang n

Viele (asymptotisch) erwartungstreue Schätzfunktionen sind asymptotisch normalverteilt. Dann lassen sich bei großem Stichprobenumfang n aus dieser Grenzverteilung näherungsweise Konfindenzintervalle bestimmen. Das Konfidenzniveau ist dann ungefähr gleich $1-\alpha$, wobei die Genauigkeit mit wachsendem Stichprobenumfang n wächst.

3.4.1. Konfidenzintervalle bei regulären Maximum-Likelihood-Schätzungen

Nach Abschnitt 2.7.4 sind die Maximum-Likelihood-Schätzungen T_n unter allgemeinen Regularitätsbedingungen **asymptotisch normalverteilt** mit dem **Erwartungswert** $E(T_n) \approx \theta$
und der **Varianz**

$$\operatorname{Var}(T_n) \approx \frac{1}{n \cdot \int\limits_{-\infty}^{+\infty} \left(\frac{\partial \ln f(x;\theta)}{\partial \theta}\right)^2 \cdot f(x;\theta)\,dx}$$

(bei stetigen Zufallsvariablen)

$$\approx \frac{1}{n \cdot \sum\limits_k \left(\frac{\partial \ln P(X=x_k;\theta)}{\partial \theta}\right)^2 \cdot P(X=x_k;\theta)}$$

(bei diskreten Zufallsvariablen).

Diese Varianz liegt in der Nähe der Varianz der wirksamsten Schätzfunktion (untere Schranke in der Ungleichung von Rao-Cramér).

Bei großem Stichprobenumfang n benutzt man in diesem Fall zur Bestimmung von Konfidenzintervallen die Standardisierung

$$\frac{T_n-\theta}{\sqrt{\operatorname{Var}(T_n)}},$$ die ungefähr $N(0;1)$- verteilt ist.

Da im allgemeinen der zu schätzende Parameter auch in der Varianz $\operatorname{Var}(T_n)$ auftritt, ist die Auflösung meistens nicht sehr einfach. Falls eine Auflösung nach θ möglich ist, können hieraus mit Hilfe der Quantile der Standard-Normalverteilung bei großem Stichprobenumfang n näherungsweise Konfidenzintervalle für den Parameter θ bestimmt werden. Auf eine komplizierte Auflösung kann verzichtet werden, falls für die unbekannte Varianz $Var(T_n)$ eine konsistente Schätzfunktion bekannt ist. In diesem Fall kann die in Abschnitt 3.4.2 beschriebene Methode benutzt werden.

3.4.2. Allgemeine asymptotische Konfidenzintervalle

Falls der Verteilungstyp der Grundgesamtheit nicht bekannt ist, weiß man nicht, ob die Regularitätsbedingungen erfüllt sind. Insbesondere kann die Varianz der asymptotischen Normalverteilung aus Abschnitt 3.4.1 nicht berechnet werden. In vielen Fällen kann jedoch auf Grund des zentralen Grenzwertsatzes davon ausgegangen werden, daß eine (asymptotisch) erwartungstreue Testgröße T_n asymptotisch normalverteilt ist. Dann ist

$$\frac{T_n - \theta}{\sqrt{Var(T_n)}} \text{ ungefähr } N(0;1)\text{- verteilt.}$$

Falls für $Var(T_n)$ eine konsistente Schätzfunktion existiert mit den Realisierungen $\hat{\sigma}^2$, kann durch sie die unbekannte Varianz geschätzt werden. Bei großem Stichprobenumfang n ist die Testgröße mit dieser Schätzung wieder ungefähr normalverteil. Damit erhält man

asymptotische Konfidenzintervalle für den Parameter θ zum Niveau $1-\alpha$:

zweiseitige:

$$\left[t_n - z_{1-\frac{\alpha}{2}} \cdot \sqrt{\hat{\sigma}^2}\,;\; t_n + z_{1-\frac{\alpha}{2}} \cdot \sqrt{\hat{\sigma}^2}\right]$$

einseitige:

$$\left[t_n - z_{1-\alpha} \cdot \sqrt{\hat{\sigma}^2}\,;\; +\infty\right);\quad \left(-\infty\,;\; t_n + z_{1-\alpha} \cdot \sqrt{\hat{\sigma}^2}\right]$$

t_n = erwartungstreuer Schätzwert für θ ;

$\hat{\sigma}^2$ = konsistenter Schätzwert für die Varianz der Schätzfunktion;

$z_{1-\frac{\alpha}{2}}$, $z_{1-\alpha}$ = Quantile der Standard-Normalverteilung.

3.5. Konfidenzintervalle für die Differenz zweier Parameter

Zum Vergleich der entsprechenden Parameter zweier verschiedener Zufallsvariabler bietet sich ein ein- oder zweiseitiges Konfidenzintervall für die Differenz dieser Parameter an. θ_1 sei der Parameter der ersten, θ_2 der entsprechende Parameter der zweiten Zufallsvariablen.

Beispiele dafür sind:

a) die Heilungswahrscheinlichkeiten zweier verschiedener Medikamente;
b) die Ausschußwahrscheinlichkeiten zweier verschiedener Maschinen;
c) die Erwartungswerte oder die Varianzen der Zufallsvariablen der Gewichte von Paketen, die von zwei verschiedenen Maschinen abgepackt werden ;
d) die mittlere Reaktionszeit vor und nach dem Genuß einer bestimmten Menge Alkohol;
e) die mittleren Erträge bei Verwendung zweier verschiedener Düngemittel.

Zur Bestimmung des Konfidenzintervalls für die Differenz $\theta_2 - \theta_1$ eignen sich je nach Problemstellung entweder verbundene oder unverbundene Stichproben.

Verbundene Stichproben

Bei verbundenen Stichproben werden beide Merkmale am gleichen Individuum gemessen. Dann entsteht eine zweidimensionale Stichprobe

$$(x, y) = ((x_1, y_1), (x_2, y_2), \ldots, (x_n, y_n))$$

vom Umfang n. Solche verbundene Stichproben werden in Beispiel d) benutzt und auch bei e), falls bei der Versuchsdurchführung n verschiedene Parzellen in zwei Teile geteilt werden, wobei jeweils eine Hälfte mit dem einen, die andere Hälfte mit dem anderen Mittel gedüngt werden.

Zur Bestimmung eines Vertrauensintervalls können dann meistens die **Differenzen** der beiden verbunden Stichprobenwerte benutzt werden.

Nichtverbundene Stichproben

Falls die beiden Meßwerte an verschiedenen Individuen festgestellt werden, spricht man von nichtverbundenen Stichproben. Dann benutzt man in der Regel zwei unabhängige einfache Stichproben

$$(x_1, x_2, \ldots, x_{n_1}) \text{ und } (y_1, y_2, \ldots, y_{n_2}),$$

deren Umfänge n_1 und n_2 verschieden sein können.

Zur Bestimmung von Konfidenzintervallen verwendet man meistens die **Differenz** geeigneter Schätzfunktionen für die einzelnen Parameter. Da diese voneinander unabhängig sind, kann ihre Verteilung relativ einfach bestimmt werden. Bei großen Stichprobenumfängen n_1 und n_2 eignen sich z. B. die Maximum-Likelihood-Schätzungen aus Abschnitt 3.4.1, die näherungsweise normalverteilt sind.

4. Konfidenzbereiche

In diesem Abschnitt werden vor allem für mehrere Parameter bzw. für eine unbekannte Verteilungsfunktion simultane Konfidenzbereiche bestimmt.

4.1. Konfidenzbereiche für ein- oder mehrdimensionale Parameter

Zur Schätzung eines einzigen Parameters gibt man im allgemeinen ein Intervall an. Man könnte aber auch andere Bereiche auswählen z. B. eine Vereinigung von disjunkten Intervallen.

Falls man gleichzeitig m Parameter schätzen möchte, ist es sinnvoll, m-dimensionale zufällige Konfidenzbereiche $\mathfrak{K} \subset \mathbb{R}^m$ zu bestimmen, die den Parametervektor $(\theta_1, \theta_2, \dots, \theta_m)$ mit einer Wahrscheinlichkeit von mindestens $1-\alpha$ enthalten, also mit

$$P\left((\theta_1, \theta_2, \dots, \theta_m) \in \mathfrak{K}\right) \geq 1-\alpha.$$

Ihre Realisierungen sind dann die (empirischen) Konfidenzbereiche. Ein Beispiel dafür ist ein zweidimensionaler Konfidenzbereich für den Erwartungswert μ und die Varianz σ^2 einer Normalverteilung.

Die Bestimmung solcher allgemeiner Bereiche ist dann wichtig, wenn die Schätzfunktionen für die einzelnen Parameter nicht unabhängig sind. Dann muß die von allen Parametern abhängige gemeinsame Verteilung bestimmt werden.

Bei unabhängigen Schätzfunktionen kann aus den einzelnen Konfidenzintervallen sehr einfach ein **simultaner** Konfidenzquader für sämtliche m Parameter bestimmt werden.

Simultane Konfidenzintervalle bei unabhängigen Schätzfunktionen

Für die Parameter θ_k seien bereits zum Niveau $1-\alpha_k$ einzelne Konfidenzintervalle $[G_u^{(k)}\,;\,G_o^{(k)}]$ bestimmt worden mit

$$P\left(G_u^{(k)} \le \theta_k \le G_o^{(k)}\right) = 1-\alpha_k \qquad \text{für } k = 1,2,\dots,m.$$

Auch im Falle $\alpha_k = \alpha$ für alle k ist $1-\alpha$ das Konfidenzniveau nur für ein einzelnes Konfidenzintervall.

Im Falle der Unabhängigkeit der einzelnen Schätzfunktionen erhält man

$$P\left(G_u^{(k)} \le \theta_k \le G_o^{(k)}, k = 1,2,\dots,m\right) = \prod_{k=1}^{n} (1-\alpha_k) = 1-\alpha^*.$$

Das Konfidenzniveau $1-\alpha^*$ des gesamten Quaders ist also gleich dem Produkt der m einzelnen Konfidenzwahrscheinlichkeiten. Es handelt sich um das Konfidenzniveau für sämtliche m simultane Konfidenzintervalle.

Bei abhängigen Zufallsvariablen sind solche Konfidenzquader im allgemeinen sehr schwer zu bestimmen. Oft lassen sich andere Bereiche z. B. Ellipsen wesentlich einfacher berechnen.

4.2 Konfidenzstreifen für eine stetige Verteilungsfunktion

Zur Bestimmung eines Konfidenzbereichs für eine stetige Verteilungsfunktion benutzt man die theoretischen Grundlagen des Kolmogorow-Smirnow-Tests aus Abschnitt 6.2.

F (x) sei die unbekannte stetige Verteilungsfunktion der Grundgesamtheit, $Y_n(x)$ beschreibe die empirische Verteilungsfunktion $F_n(x)$. Dann gilt nach Abschnitt 6.2

$$P\left(D_n = \sup_{x\in\mathbb{R}} |Y_n(x) - F(x)| \le d_{n;1-\alpha}\right) = 1-\alpha .$$

Damit erhält man für die gesamte Verteilungsfunktion F (x) aus der empirischen Verteilungsfunktion den empirischen zweiseitigen Konfidenzbereich

$$F_n(x) - d_{n;1-\alpha} \le F(x) \le F_n(x) + d_{n;1-\alpha}.$$

Entsprechend erhält man einseitige Konfidenzbereiche

$$F_n(x) - d^+_{n;1-\alpha} \leq F(x) \; ; \; F(x) \leq F_n x) + d^+_{n;1-\alpha}$$

$$\text{mit} \quad d^+_{n;1-\alpha} \approx d_{n;1-2\alpha}$$

(Quantile s. Abschnitt 6.2 u. Tab. 6 im Anhang).

Zur Berechnung des gesamten Konfidenzstreifens muß von der empirischen Verteilungsfunktion ein konstantes Quantil subtrahiert bzw. dazuaddiert werden.

5. Parametertests

Jede Annahme über einen oder mehrere unbekannte Parameterwerte einer Verteilung heißt Parameterhypothese. Unter einem **Parametertest** versteht man ein statistisches Verfahren, das zur Nachprüfung (Ablehnung oder Nichtablehnung) einer Parameterhypothese dient.

Die Menge aller Zahlen, welche für den unbekannten Parameter einer Verteilung als mögliche Werte in Frage kommen, heißt Parametermenge Θ. Die Parametermenge hängt vom Informationsstand ab, den man über die betrachtete Verteilung hat.

5.1. Test eines einzigen Parameters

5.1.1. Nullhypothesen und Alternativen

Bezüglich eines einzigen Parameters θ untersucht man im allgemeinen eine sog.

Nullhypothese H_0 der Art

$$\text{a)}\ \theta = \theta_0 \; ; \quad \text{b)}\ \theta \leq \theta_0 \; ; \quad \text{c)}\ \theta \geq \theta_0 \, .$$

Dabei ist θ_0 ein durch das Testproblem vorgegebener bzw. gerade noch zulässiger Grenzwert. Falls die Nullhypothese falsch ist, so ist die sog. **Alternative H_1** richtig und umgekehrt.

Nullhypothese und Alternative zerlegen die Parametermenge Θ in zwei disjunkte Teile Θ_0 und Θ_1. Dabei besteht Θ_0 aus denjenigen Parameterwerten, für welche die Nullhypothese richtig ist. Θ_1 ist das Komplement von

Θ_0. Damit erhält man die Darstellung

$$H_0: \theta \in \Theta_0 \; ; \; H_1: \theta \in \Theta_1 .$$

Die Nullhypothese H_0 ist falsch, wenn die Alternative H_1 richtig ist und umgekehrt. Eine Hypothese heißt **einfache Hypothese**, wenn sie nur aus einem einzigen Element besteht. Hypothesen, die nicht einfach sind, nennt man **zusammengesetzt**.

Nullhypothese H_0	Alternative H_1	Gestalt von H_1
$\theta = \theta_0$	$\theta \neq \theta_0$	zweiseitig
$\theta \leq \theta_0$	$\theta > \theta_0$	einseitig
$\theta \geq \theta_0$	$\theta < \theta_0$	einseitig

5.1.2. Testdurchführung

Nach der Aufstellung der Nullhypothese benutzt man im allgemeinen folgende

Testdurchführung:

1. Man gebe ein **Signifikanzniveau** (**Testniveau**) α vor. Dabei ist α die maximale Wahrscheinlichkeit dafür, daß die Nullhypothese H_0 zu unrecht abgelehnt wird.
2. Man entscheide sich für eine geeignete Testfunktion

   $$T = g_n(X_1, X_2, \ldots, X_n).$$

   Dabei hänge die Verteilungsfunktion der Testfunktion T vom zu testenden Parameter θ ab mit $F_\theta(t) = P(T \leq t \mid \theta)$.
3. Man bestimme einen Ablehnungsbereich (kritischen Bereich) K mit
   $P(T \in K \mid \theta) \leq \alpha$ für alle $\theta \in \Theta_0$.
4. Testentscheidung: Falls die aus der Stichprobe berechnete Realisierung $t_{ber.}$ der Testfunktion T im kritischen Bereich K liegt, wird die Nullhypothese H_0 abgelehnt und die Alternative H_1 angenommen. Andernfalls kann die Nullhypothese nicht abgelehnt werden.

5.1.3. Irrtumswahrscheinlichkeiten

Bei dieser Testdurchführung sind zwei Fehlentscheidungen möglich.

Fehler erster Art: Ein Fehler erster Art wird gemacht, wenn die Nullhypothese zu Unrecht abgelehnt wird. Ein solcher Fehler wird begangen, wenn $\theta \in \Theta_0$ ist und das Ereignis $(T \in K)$ eintritt. Die Wahrscheinlichkeit, einen Fehler erster Art zu machen, hängt vom tatsächlichen Parameterwert aus der Parametermenge Θ_0 der Nullhypothese ab. Diese von θ abhängige

Irrtumswahrscheinlichkeit 1. Art lautet

$$\alpha(\theta) = P(T \in K | \theta) \quad \text{für } \theta \in \Theta_0 .$$

Nach dem 3. Schritt ist die Irrtumswahrscheinlichkeit 1. Art höchstens gleich α.

Bei einfachen Nullhypothesen $H_0: \theta = \theta_0$ ist die Irrtumswahrscheinlichkeit 1. Art eindeutig bestimmt durch $\alpha = P(T \in K | \theta_0)$. Bei zusammengesetzten Nullhypothesen kann die tatsächliche Irrtumswahrscheinlichkeit 1. Art kleiner als die zulässige obere Grenze α sein. Sie hängt vom wahren Parameter $\theta \in \Theta_0$ ab.

Fehler zweiter Art: Ein Fehler zweiter Art wird gemacht, wenn die Nullhypothese zu Unrecht nicht abgelehnt wird. Ein solcher Fehler entsteht dann, wenn $\theta \in \Theta_1$ ist und das Ereignis $(T \notin K)$ eintritt. Auch diese Fehlerwahrscheinlichkeit hängt vom tatsächlichen Wert aus $\theta \in \Theta_1$ ab. Die von θ abhängige

Irrtumswahrscheinlichkeit 2. Art lautet

$$\beta(\theta) = P(T \notin K | \theta) = 1 - P(T \in K | \theta) \quad \text{für } \theta \in \Theta_1 .$$

Beide Irrtumswahrscheinlichkeiten können bei großem Stichprobenumfang im allgemeinen nur dann gleichzeitig klein gemacht werden, wenn die beiden durch die Nullhypothese bestimmten Parametermengen Θ_0 und Θ_1 einen positiven Abstand voneinander haben.

Falls beide Mengen jedoch fließend ineinander übergehen, kann die Irrtumswahrscheinlichkeit β im ungünstigsten Fall fast gleich $1 - \alpha$ werden. Dies ist meistens dann der Fall, wenn die Nullhypothese falsch ist, der wirkliche Parameterwert jedoch in der Nähe des Grenzpunktes θ_0 liegt. Aus diesem Grund sollte man im Falle einer Nichtablehnung die Nullhypothese nicht annehmen, sondern nur sagen, das Stichprobenergebnis stehe nicht in signifikantem Widerspruch zur Nullhypothese H_0.

5.1.4. Gütefunktion und Operationscharakteristik

Beide Irrtumswahrscheinlichkeiten können in Abhängigkeit vom wirklichen Parameter θ ausgedrückt werden durch die

Gütefunktion des Parametertests

$$g(\theta) = P(T \in K \mid \theta) \quad \text{für } \theta \in \Theta \text{ , } K = \text{Ablehnungsbereich von } H_0 .$$

Dabei gilt für die Irrtumswahrscheinlichkeit 1. Art

$$\alpha(\theta) = g(\theta) \quad \text{für } \theta \in \Theta_0 .$$

Die Irrtumswahrscheinlichkeit 2. Art läßt sich darstellen als

$$\beta(\theta) = 1 - g(\theta) \quad \text{für } \theta \in \Theta_1 .$$

Beide Fehlerwahrscheinlichkeiten lassen sich auch ausdrücken durch die

Operationscharakteristik (OC)

$$L(\theta) = 1 - g(\theta) .$$

Der beste Test wäre natürlich der mit der Gütefunktion

$$g(\theta) = \begin{cases} 0 & \text{für } \theta \in \Theta_0 ; \\ 1 & \text{für } \theta \in \Theta_1 . \end{cases}$$

Dieser Test würde immer mit Wahrscheinlichkeit Eins eine richtige Entscheidung liefern. Einen solchen Test gibt es jedoch im allgemeinen nicht.

Ein Test mit der Gütefunktion $g(\theta)$ besitzt genau dann das **Signifikanzniveau** α (maximale Irrtumswahrscheinlichkeit 1. Art), wenn gilt

$$\sup_{\theta \in \Theta_0} g(\theta) = \alpha .$$

Bei vielen Gütefunktionen $g(\theta)$ wird das Supremum (Maximum) an der Stelle θ_0 angenommen, auch wenn die Nullhypothese zusammengesetzt ist.

Die Irrtumswahrscheinlichkeit 1. Art $\alpha(\theta)$ ist durch das Signifikanzniveau α beschränkt mit $\alpha(\theta) \leq \alpha$. Für die Wahrscheinlichkeit des Fehlers zweiter Art ist wegen $\beta(\theta) = 1 - g(\theta)$ der Verlauf der Gütefunktion im Bereich Θ_1 maßgebend. Je größer die Gütefunktion in diesem Bereich ist, umso kleiner ist die Irrtumswahrscheinlichkeit 2. Art.

Ein Test zum Niveau α heißt **unverfälscht**, wenn gilt

$$g(\theta) \geq \alpha \quad \text{für alle } \theta \in \Theta_1 .$$

Bei einem unverfälschten Test ist die Wahrscheinlichkeit, die Nullhypothese abzulehnen, wenn sie richtig ist, nie größer als wenn sie falsch ist. Die meisten der in der Praxis benutzten Tests sind unverfälscht. In der nachfolgenden Abbildung sind Gütefunktionen unverfälschter Tests dargestellt.

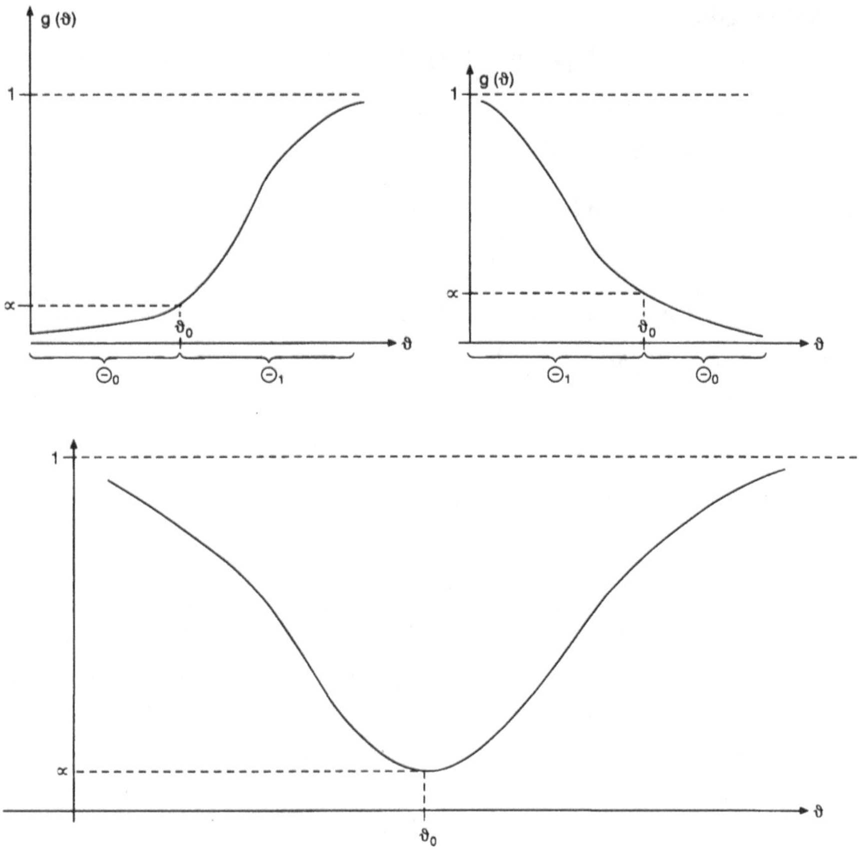

Gütefunktionen unverfälschter Tests

Unter allen Tests zum Niveau α sind natürlich diejenigen interessant, bei denen die Irrtumswahrscheinlichkeit 2. Art $\beta(\theta)$ minimal wird.

In Analogie zur Parameterschätzung heißt eine Folge $T_n, n = 1, 2, \ldots$ von Tests **konsistent**, wenn gilt

$$\lim_{n \to \infty} g(\theta) = 1 \quad \text{für jedes } \theta \in \Theta_1 .$$

Die Konsistenz sichert, daß die Irrtumswahrscheinlichkeit 2. Art mit wachsendem Stichprobenumfang n gegen Null konvergiert.

Ein Test zum Niveau α mit der Gütefunktion $g(\theta)$ heißt **gleichmäßig besser** als der Test zum Niveau α mit der Gütefunktion $\tilde{g}(\theta)$, wenn gilt

$$g(\theta) \geq \tilde{g}(\theta) \quad \text{für alle } \theta \in \Theta_1 .$$

5.1.5. Interpretation der Entscheidungsregeln

Die Nullhypothese H_0 wird dann abgelehnt, wenn das Stichprobenergebnis in signifikantem Widerspruch zu ihr steht. Dann entscheidet man sich für die Alternative H_1. Man behauptet also, die Alternative sei richtig. Bei gleichem Signifikanzniveau α sind auf Dauer höchstens ungefähr $100 \cdot \alpha$ % dieser Ablehnungsentscheidungen falsch.

Zu keiner Ablehnung der Nullhypothese kommt man, wenn das Stichprobenergebnis nicht in signifikantem Widerspruch zu H_0 steht. Damit ist aber H_0 noch keineswegs bestätigt. Das Stichprobenergebnis steht nicht im Widerspruch zu H_0 und läßt somit eine Ablehnung nicht zu.

5.1.6. Aufstellung der Nullhypothese

Zur Aufstellung einer Nullhypothese darf keinesfalls die gleiche Stichprobe benutzt werden, die auch zur Testdurchführung verwendet werden soll.

Bei einer Ablehnung der Nullhypothese ist die Irrtumswahrscheinlichkeit immer höchstens gleich α. Bei einer Nichtablehnung kann die entspechende Irrtumswahrscheinlichkeit 2. Art sehr groß werden, unter Umständen sogar fast $1-\alpha$. Aus diesem Grund sollte man bestrebt sein, nach Möglichkeit zu einer Ablehnung der Nullhypothese zu gelangen. Diese Asymmetrie muß bereits bei der Aufstellung von Hypothese und Alternative berücksichtigt werden. Ist z. B. p eine unbekannte Ausschußwahrscheinlichkeit, so sollte der Hersteller zu einer Entscheidung für $p < p_0$ gelangen. Aus diesem Grund sollte er den Test von H_0: $p \geq p_0$ gegen H_1: $p < p_0$ durchführen.

Falls eine Verbraucherzentrale der Überzeugung ist, die Behauptung des Herstellers $p < p_0$ sei falsch, so sollte sie H_0: $p \leq p_0$ gegen H_1: $p > p_0$ testen. Falls bei diesem Test die Nullhypothese abgelehnt wird, ist die Irrtumswahrscheinlichkeit höchstens gleich α. Dann ist der Hersteller mit großer Sicherheit einer falschen Aussage überführt. Kann bei diesem Test die Nullhypothese nicht abgelehnt werden, so steht das Ergebnis nicht im Widerspruch zur Behauptung des Herstellers.

Wenn man z. B. von $\theta > \theta_0$ überzeugt ist, so sollte dieser Bereich als Alternative H_1 gewählt werden.

5.1.7. Bestimmung der kritischen Grenzen

Falls die Testfunktion T eine **stetige Zufallsvariable** ist mit einer von θ abhängigen Dichte, können die Ablehnungsbereiche in der Regel so gewählt werden, daß die Gütefunktion an der Grenzstelle θ_0 genau den Wert α besitzt, also mit $g(\theta_0) = \alpha$. Bei **diskreten Zufallsvariablen** ist nicht jedes

Niveau α erreichbar. Dann versucht man wie bei den Konfidenzintervallen in $g(\theta_0) \geq \alpha$ möglichst nahe an α heranzukommen. Dann ist $\alpha^* = g(\theta_0) \leq \alpha$ das tatsächliche Signifikanzniveau.

a) Test $H_0 : \theta = \theta_0$ gegen $H_1 : \theta \neq \theta_0$

Zu vorgegebenem α bestimmt man die Grenzen c_u maximal und c_o minimal mit

$$P(T < c_u \mid \theta = \theta_0) \leq \frac{\alpha}{2} \quad \text{und} \quad P(T > c_o \mid \theta = \theta_0) \leq \frac{\alpha}{2} .$$

Testentscheidung : Ist die Realisierung $t_{ber.}$ der Testgröße T entweder kleiner als c_u oder oder größer als c_o, so wird die Nullhypothese H_0 abgelehnt. Andernfalls wird die Nullhypothese nicht abgelehnt.

Damit lautet der Ablehnungsbereich $K = (-\infty \,;\, c_u) \cup (c_o \,;\, +\infty)$. Hier gehören die Grenzen nicht zum Ablehnungsbereich.

Die Gütefunktion ist $g(\theta) = 1 - P(c_u \leq T \leq c_o \mid \theta)$.

Insbesondere bei diskreten Testgrößen nimmt man oft die Grenzen zum Ablehnungsbereich. Mit

$$P(T \leq c_u^* \mid \theta = \theta_0) \leq \frac{\alpha}{2} \quad \text{und} \quad P(T > c_o^* \mid \theta = \theta_0) \leq \frac{\alpha}{2}$$

lautet der Ablehnungsbereich $K = (-\infty \,;\, c_u^*] \cup [c_o^* \,;\, +\infty)$.

b) Test $H_0 : \theta \leq \theta_0$ gegen $H_1 : \theta > \theta_0$

Zu vorgegebenem α bestimmt man die Ablehnungsgrenze c minimal mit

$$P(T > c \mid \theta = \theta_0) \leq \alpha.$$

Testentscheidung : Ist die Realisierung $t_{ber.}$ der Testgröße T größer als c, so wird die Nullhypothese H_0 abgelehnt. Sonst wird die Nullhypothese nicht abgelehnt.

Damit lautet der Ablehnungsbereich $K = (c \,;\, +\infty)$.

Gütefunktion: $g(\theta) = P(T > c \mid \theta)$.

Auch hier kann man die Grenzen zum Ablehnungsbereich zählen durch

$$P(T \geq c^* \mid \theta = \theta_0) \leq \alpha; \quad K = [c^* \,;\, +\infty).$$

c) Test $H_0 : \theta \geq \theta_0$ gegen $H_1 : \theta < \theta_0$

Zu vorgegebenem α bestimmt man die Ablehnungsgrenze c maximal mit

$$P(T < c \mid \theta = \theta_0) \leq \alpha.$$

Testentscheidung : Ist die Realisierung $t_{ber.}$ der Testgröße T kleiner als c, so wird die Nullhypothese H_0 abgelehnt. Andernfalls wird sie nicht abgelehnt. Damit lautet der Ablehnungsbereich $K = (-\infty; c)$.

Gütefunktion: $g(\theta) = P(T < c \mid \theta)$.

Falls die Grenze zum Ablehnungsbereich gehören soll, benutzt man

$$P(T \leq c^* \mid \theta = \theta_0) \leq \alpha \text{ mit dem Ablehnungsbereich } K = (-\infty; c^*].$$

Die Unterscheidung, ob die Ablehnungsgrenzen zum Ablehnungsbereich K gehören sollen oder nicht, ist nur bei diskreten Testfunktionen wichtig. Bei der Benutzung von Tabellen muß der Anwender wissen, ob die Grenzen zum Ablehnungsbereich gehören oder nicht. Bei stetigen Testgrößen dagegen spielt es keine Rolle, ob die Grenzen zum Ablehnungsbereich gezählt werden oder nicht, da die Grenzen in diesem Fall die Wahrscheinlichkeit Null besitzen.

Als Ablehnungsbereiche wurden oben Intervalle bestimmt. Man könnte aber auch andere nichtzusammenhängende Bereiche wählen. Zur Festlegung dieser Bereiche darf jedoch das Stichprobenergebnis keinesfalls benutzt werden, da in diesem Fall jede Manipulation möglich wäre. Bei jeder Realisierung einer stetigen Testgröße könnte so zu jedem Signifikanzniveau α ein Ablehnungsbereich bestimmt werden, der diese Realisierung enthält. Mit einer solchen Manipulation könnte dann jede Hypothese abgelehnt werden.

5.2. Test auf eine bestimmte Differenz zweier Parameter (Zweistichproben-Tests)

In Analogie zu den Konfidenzintervallen für die Differenz $\theta_2 - \theta_1$ der Parameter zweier Grundgesamtheiten (Abschnitt 3.5) soll getestet werden, ob diese Differenz gleich, kleiner oder größer als eine vorgegebene Konstante d ist. d = 0 ergibt als Spezialfall Tests auf Gleichheit der beiden Parameter.

Nullhypothese H_0	Alternative H_1	Gestalt von H_1
$\theta_2 - \theta_1 = d$	$\theta_2 - \theta_1 \neq d$	zweiseitig
$\theta_2 - \theta_1 \leq d$	$\theta_2 - \theta_1 > d$	einseitig
$\theta_2 - \theta_1 \geq d$	$\theta_2 - \theta_1 < d$	einseitig

Wie in Abschnitt 3.5 werden zur Testdurchführung je nach Problemstellung verbundene oder nichtverbundene (unabhängige) Stichproben benutzt.

6. Anpassungstests

Zur Überprüfung, ob die unbekannte Verteilung einer Zufallsvariablen X gleich einer vorgegebenen hypothetischen Verteilung ist, werden Anpassungstests benutzt. Dabei verwendet man zwei verschiedene Testverfahren.

Der **Chi-Quadrat-Anpassungstest** kann für beliebige Verteilungen benutzt werden. Allerdings ist die Testgröße nur asymptotisch Chi-Quadrat-verteilt. Aus diesem Grund muß der Stichprobenumfang n entsprechend groß sein. Dieser Test ist auch dann anwendbar, wenn man nur wissen möchte, ob die Verteilung zu einer bestimmten von Parametern abhängigen Klasse von Verteilungen gehört. Beispiele sind Tests auf Normalverteilung, auf Poisson-Verteilung, auf Exponentialverteilung oder auf Binomialverteilung. In diesem Fall müssen die unbekannten Parameter zunächst geschätzt werden. Dazu kann entweder die Maximum-Likelihood-Methode für die beobachteten Häufigkeiten bzw. Klassenhäufigkeiten oder die Minimum-Chi-Quadrat-Methode benutzt werden. Mit den geschätzten Parametern wird die hypothetische Verteilung bestimmt. Dabei muß die Anzahl der Freiheitsgrade der Testverteilung um die Anzahl der geschätzten Parameter verringert werden.

Bei Verteilungsfunktionen wird bei diesem Test eine Klasseneinteilung benutzt. Dabei werden die Klassenhäufigkeiten der Stichprobe mit den erwarteten Klassenhäufigkeiten verglichen. Durch diese Klasseneinteilung entsteht ein gewisser Informationsverlust.

Der **Kolmogorow-Smirnow-Test** könnte ebenfalls zum Test beliebiger Verteilungsfunktionen benutzt werden. Der Test vergleicht die empirische Verteilungsfunktion der Stichprobe mit der hypothetischen Verteilungsfunktion. Die Quantile der Testgröße können bei beliebigem Stichprobenumfang mit Hilfe kombinatorischer Methoden aus der zu testenden Verteilungsfunktion bestimmt werden. Bei diskreten Verteilungen hängen diese Quantile von der zu testenden Verteilungsfunktion ab und sind im allgemeinen Fall nicht sehr einfach zu bestimmen. Bei stetigen Verteilungsfunktionen sind diese Quantile jedoch nur noch vom Stichprobenumfang n und nicht mehr von der zu testenden Verteilungsfunktion $F_0(x)$ abhängig. Ihre asymptotische Verteilung ist dabei bekannt. Aus diesem Grund benutzt man diesen Test vorwiegend bei stetigen Verteilungen.

Wendet man den Test mit den für stetige Zufallsvariable berechneten verteilungsunabhängigen Quantilen auf diskrete Verteilungen an, so ist der Test **konservativ**. Die Irrtumswahrscheinlichkeit α ist dann höchstens kleiner, die Irrtumswahrscheinlichkeit 2. Art entsprechend größer.

Im Gegensatz zum Chi-Quadrat-Test sollen beim Kolmogorow-Smirnow-Test keine Parameter geschätzt werden, da sich wegen der Schätzung von Parametern die Testverteilung ändert. Bei einer Parameterschätzung ist der Test ebenfalls **konservativ.**

Zur Testdurchführung wird eine **einfache Stichprobe** $(x_1, x_2, \dots, x_n)$ vom Umfang n benutzt. Die Zufallsvariablen $X_1, X_2, \dots, X_n$, welche die einzelnen Stichprobenwerte beschreiben, müssen also unabhängig sein und alle die gleiche zu testende Verteilung besitzen. Weil die verwendete Testgröße nur asymptotisch Chi-Quadrat-verteilt ist, sollte bei diesen Tests der Stichprobenumfang n möglichst groß sein.

6.1. Chi-Quadrat-Anpassungstests

6.1.1. Der Chi-Quadrat-Anpassungstest für die Wahrscheinlichkeiten $p_1, p_2, \dots, p_r$ einer Polynomialverteilung

Es sei $A_1, A_2, \dots, A_r$ eine vollständige Ereignisdisjunktion, also paarweise unvereinbare Ereignisse, von denen bei jeder Versuchsdurchführung genau eines eintreten muß.

Mit fest vorgegebenen Wahrscheinlichkeiten $p_1, p_2, \dots, p_r$ mit

$$p_i > 0 \text{ für alle i und } \sum_{i=1}^{r} p_i = 1$$

soll die Nullhypothese

$$H_0: \; P(A_1) = p_1; \; P(A_2) = p_2; \dots; \; P(A_r) = p_r$$

getestet werden.

Wegen $\sum_{i=1}^{r} p_i = 1$ sind nicht r, sondern nur $r-1$ Wahrscheinlichkeiten zu testen.

Der Test wird mit Hilfe einer unabhängigen Versuchsserie vom Umfang n durchgeführt, in der festgestellt wird, wie oft die einzelnen Ereignisse A_i eintreten.

In der unabhängigen Versuchsserie vom Umgang n beschreibe die Zufallsvariable Y_i die Anzahl der Versuche, bei denen das Ereignis A_i eintritt, also die absolute Häufigkeit von A_i. Bei richtiger Nullhypothese H_0 ist die Zufallsvariable Y_i binomialverteilt mit den Parametern

$$E(Y_i) = n\,p_i\,; \quad Var(Y_i) = n\,p_i\,(1-p_i) \qquad \text{für } i = 1, 2, \ldots, r.$$

Für große n ist die Zufallsvariable Y_i ungefähr normalverteilt. Dann sind die Zufallsvariablen

$$Z_i = \frac{Y_i - n\,p_i}{\sqrt{n\,p_i}}$$

ebenfalls näherungsweise normalverteilt mit

$$E(Z_i) = 0\,; \quad Var(Z_i) = \frac{1}{n\,p_i} \cdot Var(Y_i) = 1 - p_i \quad \text{für } i = 1, 2, \ldots, r.$$

Wegen

$$\sum_{i=1}^{r} Y_i = n$$

sind die Zufallsvariablen Y_i und damit die Zufallsvariablen Z_i nicht unabhängig.

Aus $\sum_{i=1}^{r} p_i = 1$ folgt $\sum_{i=1}^{r} (Y_i - n\,p_i) = 0$.

Die Stichprobenfunktion

$$V = \sum_{i=1}^{r} \frac{(Y_i - n\,p_i)^2}{n\,p_i}$$

heißt **Pearsonsche Testfunktion.** Sie ist **asymptotisch Chi-Quadrat-verteilt mit r − 1 Freiheitsgraden**, falls die Nullhypothese H_0 richtig ist. Die Approximation durch die asymptotische Chi-Quadrat-Verteilung kann bereits dann verwendet werden, wenn gilt:

Von den erwarteten Häufigkeiten $n\,p_i$ sind höchstens 20 % kleiner als 5, aber alle mindestens gleich Eins.

Ist diese Bedingung nicht erfüllt, so müssen von der Ereignissen A_i manche zusammengefaßt werden, so daß für die zusammengefaßte Ereignisdisjunktion diese Bedingung erfüllt ist. Andernfalls muß der Stichprobenumfang n vergrößert werden.

Testdurchführung:

1. Die hypothetischen Wahrscheinlichkeiten der Nullhypothese lauten

$$H_0: \; P(A_1) = p_1 \, ; \; P(A_2) = p_2 \, ; \dots ; \; P(A_r) = p_r \, .$$

Von den erwarteten Häufigkeiten $n\,p_i$ seien höchstens 20 % kleiner als 5, aber alle mindestens gleich Eins. Andernfalls müssen Ereignisse zusammengefaßt oder der Stichprobenumfang n vergrößert werden.

2. Man bestimme die absoluten Häufigkeiten $h_1, h_2, \dots, h_r$ der Ereignisse $A_1, A_2, \dots, A_r$ in einer Versuchsserie vom Umfang n.

3. Man berechne die Testgröße

$$v = \sum_{i=1}^{r} \frac{(h_i - n\,p_i)^2}{n\,p_i} = \frac{1}{n} \sum_{i=1}^{r} \frac{h_i^2}{p_i} - n.$$

4. Man bestimme das $(1-\alpha)$-Quantil $\chi^2_{r-1;1-\alpha}$ der Chi-Quadrat-Verteilung mit $r-1$ Freiheitsgraden.

5. Testentscheidung: Ist $v > \chi^2_{r-1;1-\alpha}$, so wird die Nullhypothese H_0 abgelehnt. Andernfalls wird sie nicht abgelehnt.

In der Testgröße werden die auftretenden absoluten Häufigkeiten h_i mit den erwarteten Häufigkeiten $n\,p_i$ verglichen. Je weniger diese Werte voneinander abweichen, umso kleiner wird die Testgröße v. Sie verschwindet genau dann, wenn sämtliche Häufigkeiten mit den erwarteten Häufigkeiten übereinstimmen. Kleine Abweichungen können auf den Zufall zurückgeführt werden, größere stehen in signifikantem Widerspruch zur Nullhypothese. Aus diesem Grund benutzt man zur Testentscheidung nur das $(1-\alpha)$-Quantil der Chi-Quadrat-Verteilung (einseitiger Test).

Falls die Nullhypothese auf Grund des Stichprobenergebnisses nicht abgelehnt werden kann, folgt daraus noch keineswegs, daß sie richtig ist. Die entsprechende Irrtumswahrscheinlichkeit 2. Art kann bei einer Nichtablehnung sehr groß sein, besonders dann, wenn die Nullhypothese falsch ist, aber die tatsächlichen Wahrscheinlichkeiten in der Nähe der hypothetischen Wahrscheinlichkeiten liegen. In einem solchen Fall steht das Stichprobenergebnis nicht in signifikantem Widerspruch zur Nullhypothese.

Der Chi-Quadrat-Test ist **konsistent** und **unverfälscht**.

Test auf Gleichheit aller r Wahrscheinlichkeiten (Spezialfall)

Als Spezialfall wird häufig der Test auf Gleichheit aller r Wahrscheinlichkeiten benutzt mit der Nullhypothese

$$H_0: P(A_1) = P(A_2) = P(A_r) = \frac{1}{r}.$$

Hier vereinfacht sich die Berechnung der Testgröße

$$v = \frac{r}{n} \sum_{i=1}^{r} h_i^2 - n.$$

Beispiel (Roulette): Zum Test auf Gleichheit aller 37 Zahlen beim Roulette soll dieser Test für $r = 37$ durchgeführt werden. Wegen

$$n\,p_i = \frac{n}{37} \geq 5$$

benötigt man zur Testdurchführung mindestens 185 Ausspielungen. Der Test werde mit Hilfe von 400 Ausspielungen durchgeführt.

Zur Irrtumswahrscheinlichkeit α erhält man die Ablehnungsgrenze

$$\chi^2_{36\,;\,0{,}95} = 50{,}998.$$

$$v = \frac{37}{400} \sum_{i=1}^{37} h_i^2 - 400 > 50{,}998$$

ist erfüllt für

$$\sum_{i=1}^{37} h_i^2 > 4\,876.$$

Falls die Quadratsumme aller 37 Häufigkeiten bei 400 Ausspielungen grösser als 4 876 ist, kann die Nullhypothese der Gleichwahrscheinlichkeit aller 37 Zahlen mit der Irrtumswahrscheinlichkeit $\alpha = 0{,}05$ abgelehnt werden.

Test einer einzigen Wahrscheinlichkeit

Mit diesem Test kann auch die Wahrscheinlichkeit p eines einzigen Ereignisses A getestet werden. Dazu setzt man

$A_1 = A$ und $A_2 = \bar{A}$ (Komplement von A).

6.1.2. Der Chi-Quadrat-Anpassungstest für eine beliebige Verteilung

Es sei F eine unbekannte Verteilungsfunktion einer Zufallsvariablen Y. Mit dem Chi-Quadrat-Anpassungstest können zwei Arten von Hypothesen getestet werden:

a) $H_0: F = F_0$; $H_1: F \neq F_0$.

Dabei ist F_0 eine hypothetische (fest vorgegebene) Verteilungsfunktion.

b) H_0: F gehört zu einer Klasse von Verteilungsfunktionen, die durch m (unbekannte) Parameter $\theta_1, \theta_2, \dots, \theta_m$ eindeutig bestimmt sind.

H_1 : F gehört nicht zu dieser Klasse.

Testdurchführung:

1. Die x-Achse (Wertemenge) wird in $r \geq 2$ disjunkte Intervalle zerlegt:
$A_1 = (-\infty; z_1]$; $A_2 = (z_1; z_2]$; ...; $A_{r-1} = (z_{r-2}; z_{r-1}]$;
$A_r = (z_{r-1}; +\infty)$ mit $z_1 < z_2 < \dots < z_{r-1}$.

2. Man bestimme die Klassenhäufigkeiten h_i, also die Anzahl der Stichprobenwerte, die in der Klasse A_i liegen.

3. Für die Zufallsvariable X mit der Verteilungsfunktion F_0 werden die hypothetischen Klassenwahrscheinlichkeiten $P(X \in A_i) = p_i$ berechnet für $i = 1, 2, \dots, r$. Im Fall b) hängen diese Klassenwahrscheinlichkeiten von den m unbekannten Parametern ab, also $p_i(\theta_1, \theta_2, \dots, \theta_m)$.

4. Im Falle b) gibt es für die Parameterschätzung zwei Möglichkeiten:
α) Die Parameterwerte werden so geschätzt, daß die Wahrscheinlichkeit für alle r beobachteten Klassenhäufigkeiten maximal ist (Maximum-Likelihood-Prinzip für die Klassenhäufigkeiten). Diese Werte werden in die nachfolgende Testfunktion eingesetzt.
β) Man bestimme nach der Minimum-Chi-Quadrat-Methode die m Parameter so, daß die von den Parametern abhängige Testgröße

$$v = \sum_{i=1}^{r} \frac{(h_i - n p_i)^2}{n p_i} = \frac{1}{n} \sum_{i=1}^{r} \frac{h_i^2}{p_i} - n$$

minimal wird (vgl. Witting, H.; Nölle, G. [1970]).

Im Fall α) wird diese Testgröße direkt berechnet.

Die Klasseneinteilung ist dabei so vorzunehmen, daß für mindestens 80% der Klassen die erwarteten Klassenhäufigkeiten $n p_i$ mindestens gleich 5 und die restlichen mindestens gleich Eins sind. Andernfalls müssen Klassen zusammengefaßt werden.

5. Man bestimme das $(1-\alpha)$-Quantil $\chi^2_{r-m-1;1-\alpha}$ der Chi-Quadrat-Verteilung mit $r-m-1$ Freiheitsgraden. Dabei ist m die Anzahl der geschätzten Parameter.

6. Testentscheidung: Im Falle $v > \chi^2_{r-m-1;1-\alpha}$ wird die Nullhypothese H_0 abgelehnt, sonst nicht.

Hinweis zur Testentscheidung

Durch die Klasseneinteilung wird in Wirklichkeit nur getestet, ob die Zufallsvariable die mit Hilfe der hypothetischen Verteilungsfunktion F_0 berechneten Klassenwahrscheinlichkeiten besitzt. Falls man zu einer Ablehnung dieser Klassenwahrscheinlichkeiten gelangt, kann gleichzeitig die Nullhypothese abgelehnt werden. Wäre die Nullhypothese nämlich richtig, so müßten auch die daraus berechneten Klassenwahrscheinlichkeiten korrekt sein.

Bei einer Nichtablehnung tritt neben der Irrtumswahrscheinlichkeit 2. Art ein zusätzliches Problem auf. Falls die berechneten Klassenwahrscheinlichkeiten richtig wären, müßte die Nullhypothese noch keineswegs richtig sein. Die tatsächliche Verteilungsfunktion könnte ja von F_0 abweichen und trotzdem die gleichen Klassenwahrscheinlichkeiten liefern. Dieses zusätzliche Problem kann vernachlässigt werden, wenn die Klasseneinteilung sehr fein gewählt wird. Dazu benötigt man allerdings einen sehr großen Stichprobenumfang n.

Die Yatessche Stetigkeitskorrektur

Die Chi-Quadrat-verteilte Testgröße ist stetig. Daher wird im allgemeinen das tatsächliche Quantil von dem der Chi-Quadrat-Verteilung abweichen. Falls man beim Test der diskreten Verteilung die Testgröße aus der stetigen Verteilung ohne Korrektur berechnet, besteht die Tendenz, die Nullhypothese zu oft abzulehnen. Aus diesem Grund sollte die Testgröße ähnlich wie bei der Approximation der Binomialverteilung durch eine Normalverteilung korrigiert werden. **Yates** hat gezeigt, daß bei der korrigierten Testgröße

$$v = \sum_{i=1}^{r} \frac{\left(|h_i - n p_i| - \frac{1}{2}\right)^2}{n p_i}$$

die Chi-Quadrat-Approximation verbessert wird. Diese Korrektur muß nur bei einem Freiheitsgrad benutzt werden. Bei mehr als einem Freiheitsgrad kann auf die Korrektur verzichtet werden.

Anzahl der Klassen

Wegen der Klassenbesetzung sollte man nicht zu viele Klassen wählen. Andererseits ist bei einer kleinen Klassenzahl der Informationsverlust, der durch die Klasseneinteilung entsteht, groß. Es hat sich als brauchbar erwiesen, die Klassenanzahl ungefähr $\sqrt{n}$ zu wählen.

6.2. Kolmogorow-Smirnow-Einstichproben-Test

Eine Zufallsvariable X besitze eine unbekannte Verteilungsfunktion F(x), die **stetig** sei. Getestet werden soll eine der drei Hypothesen:

a) $H_0 : F(x) = F_0(x)$ für alle x ;
$H_1 : F(x) \neq F_0(x)$ für mindestens ein x (zweiseitig);

b) $H_0 : F(x) \leq F_0(x)$ für alle x ;
$H_1 : F(x) > F_0(x)$ für mindestens ein x (einseitig);

c) $H_0 : F(x) \geq F_0(x)$ für alle x ;
$H_1 : F(x) < F_0(x)$ für mindestens ein x (einseitig).

Dabei ist $F_0(x)$ eine fest vorgegebene hypothetische stetige Verteilungsfunktion.

Nach dem in Kap. VI Abschnitt 2 angegebenen Hauptsatz der mathematischen Statistik konvergiert die Folge der Zufallsvariablen, welche die empirischen Verteilungsfunktionen einfacher Stichproben beschreiben, mit Wahrscheinlichkeit Eins gleichmäßig gegen die Verteilungsfunktion der entsprechenden Zufallsvariablen. Daher kann der **zweiseitige Test** immer durchgeführt werden.

Bemerkungen zu den Alternativen bei den einseitigen Tests b) und c)

Falls bis auf die Stetigkeit keine weiteren Voraussetzungen gemacht werden, besteht die Gefahr, daß bei den beiden einseitigen Tests die Alternativen zu selten erkannt werden, auch wenn sie richtig sind. Obwohl die vorgegebene Irrtumswahrscheinlichkeit 1. Art α eingehalten wird, kann die Irrtumswahrscheinlichkeit 2. Art unter Umständen sehr groß werden. Dann wird die Güte sehr schlecht. Dies ist besonders dann der Fall, wenn sich die unbekannte Verteilungsfunktion F und die hypothetische Verteilungsfunktion F_0 schneiden (durchdringen) und der Stichprobenumfang n nicht sehr groß ist.

Bei vielen praktischen Problemen ist jedoch bekannt, daß eine solche Durchdringung gar nicht möglich ist. Daher betrachtet man oft das

Modell:
Die beiden Verteilungsfunktionen F und F_0 können sich nicht schneiden, wobei Berührungen möglich sind.

Dadurch werden bei den einseitigen Tests die Alternativen eingeschränkt. Für den zweiseitigen Test benötigt man keine Voraussetzung.

Bei diesem Modell lauten die einseitigen Tests

b') $H_0 : F(x) \leq F_0(x)$ für alle x ;

$H_1 : F(x) \geq F_0(x)$ für alle x

und $F(x) > F_0(x)$ für mindestens ein x (einseitig);

c') $H_0 : F(x) \geq F_0(x)$ für alle x ;

$H_1 : F(x) \leq F_0(x)$ für alle x

und $F(x) < F_0(x)$ für mindestens ein x (einseitig).

Zur Testdurchführung wird aus einer einfachen Stichprobe $(x_1, x_2, \ldots, x_n)$ vom Umfang n nach Kap. I Abschnitt 1.2.4 die **empirische Verteilungsfunktion** berechnet mit

$$F_n(x) = \frac{\text{Anzahl der Stichprobenwerte, die kleiner oder gleich x sind}}{n}.$$

Für die einzelnen Tests benutzt man die daraus berechneten

Testgrößen

a) $d_n = \sup\limits_{x \in \mathbb{R}} |F_n(x) - F_0(x)| = \max(d_n^+; d_n^-)$;

b) $d_n^+ = \sup\limits_{x \in \mathbb{R}} (F_n(x) - F_0(x))$;

c) $d_n^- = \sup\limits_{x \in \mathbb{R}} (F_0(x) - F_n(x))$.

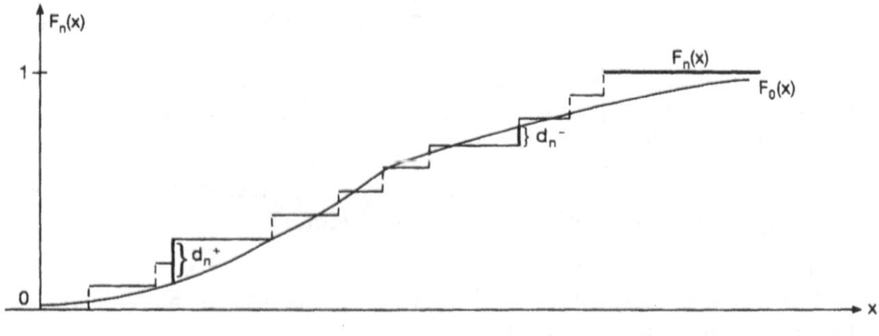

Die Testgröße d_n ist der maximale Abstand der empirischen Verteilungsfunktion $F_n(x)$ der Stichprobe von der hypothetischen Verteilungsfunktion $F_0(x)$.

Die Verteilungen der Zufallsvariablen D_n, D_n^+, D_n^-, deren Realisierungen die obigen Testgrößen darstellen, sind nur vom Stichprobenumfang n und nicht von der Verteilungsfunktion $F_0(x)$ abhängig, falls $F_0(x)$ stetig ist. Es handelt sich somit um **verteilungsfreie** (verteilungsunabhängige) Teststatistiken. Aus Symmetrie-Gründen sind die **Verteilungen von D_n^- und D_n^+ gleich.**

Die Quantile dieser Zufallsvariablen können für kleine n mit Hilfe kombinatorischer Überlegungen abgeleitet werden. Allerdings ist diese Herleitung nicht elementar. In Gibbons, J. D. [1971] werden für die Verteilungen der beiden Testgrößen geschlossene Formeln angegeben. Falls die Verteilungsfunktion $F_0(x)$ stetig ist, gilt:

$$P\left(D_n < \frac{1}{2n} + v\right) = \begin{cases} 0 & \text{für } v \leq 0\,; \\ \displaystyle\int\limits_{\frac{1}{2n}-v}^{\frac{1}{2n}+v} \int\limits_{\frac{3}{2n}-v}^{\frac{3}{2n}+v} \cdots\cdots \int\limits_{\frac{2n-1}{2n}-v}^{\frac{2n-1}{2n}+v} f(u_1, u_2, \ldots, u_n)\, du_n \ldots du_1 & \\ & \text{für } 0 < v < \frac{2n-1}{2n}\,; \\ 1 & \text{für } v \geq \frac{2n-1}{2n}\,. \end{cases}$$

$$P\left(D_n^+ < c\right) = \begin{cases} 0 & \text{für } c \leq 0\,; \\ \displaystyle\int\limits_{1-c}^{1} \int\limits_{\frac{n-1}{n}-c}^{u_n} \cdots\cdots \int\limits_{\frac{2}{n}-c}^{u_3} \int\limits_{\frac{1}{n}-c}^{u_2} f(u_1, u_2, \ldots, u_n)\, du_1 \ldots du_n & \\ & \text{für } 0 < c < 1\,; \\ 1 & \text{für } c \geq 1 \end{cases}$$

mit

$$f(u_1, u_2, \dots, u_n) = \begin{cases} n! & \text{für } 0 < u_1 < u_2 < \dots < u_n < 1; \\ 0 & \text{sonst.} \end{cases}$$

$$P(D_n^+ > c) = (1-c)^n + c \sum_{j=1}^{[n(1-c)]} \binom{n}{j} \left(1 - c - \frac{j}{n}\right)^{n-j} \left(c + \frac{j}{n}\right)^{j-1}$$

für $0 < c < 1$.

Asymptotisch lassen sich die Verteilungen wesentlich einfacher berechnen. Es gilt nämlich der

Satz von Kolmogorow-Smirnow: Falls $F_0(x)$ die tatsächliche Verteilungsfunktion ist, gilt für jedes $\lambda > 0$

$$\lim_{n\to\infty} P\left(D_n \le \frac{\lambda}{\sqrt{n}}\right) = Q_1(\lambda) = 1 - 2\sum_{k=1}^{\infty} (-1)^{k-1} e^{-2k^2\lambda^2};$$

$$\lim_{n\to\infty} P\left(D_n^+ \le \frac{\lambda^+}{\sqrt{n}}\right) = Q_2(\lambda^+) = 1 - e^{-2(\lambda^+)^2}.$$

Für $\lambda \le 0$ gilt dabei $Q_1(\lambda) = Q_2(\lambda) = 0$.

Diese Grenzwerte heißen **Kolmogorow-Smirnow-Verteilungen.**

Die Approximationen

$$P\left(D_n \le \frac{\lambda}{\sqrt{n}}\right) \approx Q_1(\lambda)\,; \quad P\left(D_n^+ \le \frac{\lambda^+}{\sqrt{n}}\right) \approx Q_2(\lambda^+)$$

sind bereits für $n \ge 40$ recht brauchbar.

Aus

$$P\left(D_n^+ \le \frac{\lambda_{1-\alpha}^+}{\sqrt{n}}\right) \approx 1 - e^{-2(\lambda_{1-\alpha}^+)^2} = 1 - \alpha$$

erhält man die für $n \ge 40$ brauchbare Näherung

$$\lambda_{1-\alpha}^+ \approx \sqrt{-\frac{1}{2}\ln\alpha}$$

Für $Q_1(\lambda) \ge 0{,}80$ ist folgende Näherung recht gut

$$Q_1(\lambda) = 1 - 2\sum_{k=1}^{\infty} (-1)^{k-1} e^{-2k^2\lambda^2} \approx 1 - 2e^{-\lambda^2}.$$

Damit kann man für $n \geq 40$ die Quantile der Testgröße D_n aus denen für D_n^+ sehr einfach berechnen.

$$P(D_n \leq \frac{\lambda_{1-\alpha}}{\sqrt{n}}) \approx 1-2e^{-2\lambda_{1-\alpha}^2} = 1-\alpha$$

ergibt

$$\lambda_{1-\alpha} \approx \sqrt{-\tfrac{1}{2}\ln\tfrac{\alpha}{2}} \quad \text{für } 1-\alpha \geq 0{,}80.$$

> Für $n \geq 40$ gilt für die Quantile der Testgrößen die Näherung
>
> $$P(D_n^+ \leq \frac{\lambda_{1-\alpha}^+}{\sqrt{n}}) = P(D_n^- \leq \frac{\lambda_{1-\alpha}^+}{\sqrt{n}}) \approx 1-\alpha \quad \text{für } \lambda_{1-\alpha}^+ = \sqrt{-\tfrac{1}{2}\ln\alpha} \quad ;$$
>
> $$P(D_n \leq \frac{\lambda_{1-\alpha}}{\sqrt{n}}) \approx 1-\alpha \quad \text{für } \lambda_{1-\alpha} = \sqrt{-\tfrac{1}{2}\ln\tfrac{\alpha}{2}}\ , \text{ falls } 1-\alpha \geq 0{,}80.$$

Bei kleinem α ($\alpha \leq 0{,}20$) genügt die Vertafelung der Quantile einer der beiden Testgrößen D_n^+ oder D_n.

In

$$P(D_n \leq d_{n;1-2\alpha}) = 1-2\alpha\ ; \quad P(D_n^+ \leq d_{n;1-\alpha}^+) = 1-\alpha$$

gilt für $\alpha \leq 0{,}2$ die Approximation

> $$d_{n;1-2\alpha} \approx d_{n;1-\alpha}^+ \ .$$

Diese Näherung ist sehr gut. Für $0{,}005 \leq \alpha \leq 0{,}05$ unterscheiden sich die beiden Quantile um höchstens eine Einheit in der fünften Dezimalen.

In Tabelle 6 im Anhang sind die für $n \leq 40$ Quantile $d_{n,1-\alpha}$ für den zweiseitigen und Quantile $d_{n,1-\alpha}^+ = d_{n,1-\alpha}^-$ für die einseitigen Tests vertafelt.

Praktische Durchführung des Tests
Getestet werden soll eine der drei zu Beginn des Abschnitts angegebenen Hypothesen a) b) oder c) bzw. b') oder c').

1. Schritt : **Berechnung der Testgröße:**

Aus einer Stichprobe vom Umfang n bestimme man die empirische Verteilungsfunktion

$$F_n(x) = \frac{\text{Anzahl der Stichprobenwerte, die kleiner oder gleich x sind}}{n}.$$

Die Sprungstellen von F_n seien $x_1^*, x_2^*, x_3^*, \ldots$.
Wegen der Stetigkeit der Verteilungsfunktion sind mit Wahrscheinlichkeit Eins sämtliche n Stichprobenwerte verschieden, so daß es im allgemeinen genau n Sprungstellen mit der gleichen Sprunghöhe $\frac{1}{n}$ gibt. Durch Runden können vor allem bei großem Stichprobenumfang n trotzdem gleiche Werte entstehen. Je nach Test berechne man die Testgrößen

a) $d_n = \max(d_n^+, d_n^-)$; $d_n^+; d_n^-$ werden nach b) und c) berechnet ;

b) $d_n^+ = \max\left\{\max\limits_{i=1,2,\ldots}\left(F_n(x_i^*) - F_0(x_i^*)\right);\ 0\right\}$;

c) $d_n^- = \max\left\{\max\limits_{i=1,2,\ldots}\left(F_0(x_i^*) - F_n(x_{i-1}^*)\right);\ 0\right\}$ mit $F_n(x_0^*) = 0$.

2. Schritt: **Bestimmung der Quantile:**

Man gebe ein Testniveau α vor.
Dazu bestimme man beim zweiseitigen Test a) das $(1-\alpha)$-Quantil $d_{n;1-\alpha}$ und bei den einseitigen Tests b) oder c) das $(1-2\alpha)$-Quantil $d_{n;1-2\alpha}$. Für $n < 40$ benutzt man dabei Tabelle 6 im Anhang und für $n \geq 40$ die Näherung

$$d_{n;1-\alpha} \approx \sqrt{-\frac{1}{2n}\ln\frac{\alpha}{2}} \quad ; \quad d_{n;1-2\alpha} \approx \sqrt{-\frac{1}{2n}\ln\alpha} .$$

3. Schritt: **Testentscheidung:**

a) Für $d_n \geq d_{n;1-\alpha}$ wird H_0: " $F(x) = F_0(x)$ für alle x" abgelehnt, d. h. H_1 : " $F(x) \neq F_0(x)$ für mindestens ein x" wird angenommen.

b) bzw. b') Im Falle $d_n^+ \geq d_{n;1-2\alpha}$ wird H_0 abgelehnt und H_1 angenommen.

c) bzw. c') Im Falle $d_n^- \geq d_{n;1-2\alpha}$ wird H_0 abgelehnt und H_1 angenommen.

Eigenschaften des Kolmogorow-Smirnow-Tests:

1.) Der Kolmogorow-Smirnow-Test ist **konsistent**, aber **nicht unverfälscht**.

2.) Für $n \to \infty$ wird durch diesen Test jede Abweichung der Verteilung der Grundgesamtheit von der hypothetischen Verteilung festgestellt.

3.) Voraussetzung für den Test ist die Stetigkeit der hypothetischen Verteilungsfunktion $F_0(x)$, weil in diesem Fall die Verteilung der Testgröße von $F_0(x)$ unabhängig ist. Wendet man den Test zusammen mit den aus der stetigen Verteilung bestimmten Quantilen auf die Verteilung einer diskreten Zufallsvariablen an, so ist er **konservativ**. Die Irrtumswahrscheinlichkeit 1. Art ist höchstens kleiner als α. Damit ist die Güte eventuell geringer.

4.) Im Gegensatz zum Chi-Quadrat-Test dürfen keine unbekannten Parameter geschätzt werden. Doch auch gegenüber solchen Schätzungen ist der Test **konservativ**, wenn die stetigen Quantile benutzt werden.

6.3. Vergleich des Kolmogorow-Smirnow-Tests mit dem Chi-Quadrat-Test

Der Chi-Quadrat-Test hat den Vorteil, daß er nicht nur auf stetige, sondern auch auf diskrete Verteilungen angewandt werden kann. Gleichzeitig können unbekannte Parameter geschätzt werden, ohne daß das Signifikanzniveau geändert wird. Der Nachteil dieses Tests besteht in der benötigten Klasseneinteilung, die oft willkürlich gewählt wird. Durch eine Klasseneinteilung geht Information über die Stichprobe verloren. In Wirklichkeit testet man somit nicht die Verteilung, sondern daraus abgeleitete Klassenwahrscheinlichkeiten. Die Testgröße ist nur asymptotisch Chi-Quadrat-verteilt. Daher handelt es sich um einen asymptotischen Test, der nur bei sehr großem Stichprobenumfang angewandt werden sollte.

Der Kolmogorow-Smirnow-Test hat den Vorteil, daß über die empirische Verteilungsfunktion zur Testdurchführung jeder einzelne Stichprobenwert ohne Informationsverlust benutzt wird. Bei stetiger hypothetischer Verteilungsfunktion $F_0(x)$ ist die Verteilung der Testgröße für jeden beliebigen Stichprobenumfang n exakt berechenbar und meistens vertafelt. Aus diesem Grund sollte bei stetig verteilten Grundgesamtheiten der Kolmogorow-Smirnow-Test dem Chi-Quadrat-Test vorgezogen werden.
Der Kolmogorow-Smirnow-Test hat außerdem noch den Vorteil, daß er nicht nur für zweiseitige, sondern auch für einseitige Tests benutzt werden kann.

Da beim Test auf gewisse Verteilungstypen wie z. B. beim Test auf Normal- oder auf Exponentialverteilung Parameter geschätzt werden müssen, sollte hierfür der Chi-Quadrat-Test benutzt werden.

7. Unabhängigkeits- und Homogenitätstests - Kontingenztafeln

Der in Abschnitt 6.1 dargestellte Chi-Quadrat-Anpassungstest kann auch zum Test auf Unabhängigkeit zweier Zufallsvariabler benutzt werden. Dazu wird der gemeinsame Wertebereich der beiden Zufallsvariablen in Klassen eingeteilt. Zur Testdurchführung in Abschnitt 7.1 benutzt man die Kontingenztafeln aus Kap. I Abschnitt 2.1.2. Das gleiche Testverfahren wird in Abschnitt 7.3 zum Test auf Gleichheit mehrerer verschiedener Wahrscheinlichkeitsverteilungen benutzt. Mit Hilfe des Kolmogorow-Smirnow-Zweistichproben-Tests werden die Verteilungsfunktionen zweier stetig verteilter Zufallsvariabler miteinander verglichen. Bei kleinem Stichprobenumfang n wird die Unabhängigkeit zweier Ereignisse mit dem exakten Test von Fisher in Abschnitt 7.2 getestet.

7.1. Der Chi-Quadrat-Unabhängigkeitstest

Gleichzeitig werden zwei Zufallsvariable X und Y betrachtet. Mit Hilfe einer zweidimensionalen Stichprobe

$$(x, y) = ((x_1, y_1), (x_2, y_2), \ldots, (x_n, y_n))$$

soll die

Nullhypothese H_0: Die beiden Zufallsvariablen X und Y sind unabhängig

getestet werden.

Zur Testdurchführung wird der Wertevorrat der Zufallsvariablen X in m disjunkte Klassen $S_1, S_2, \ldots, S_m$ und der Wertevorrat von Y in r disjunkte Klassen $G_1, G_2, \ldots, G_r$ eingeteilt.

h_{jk} sei die Anzahl (absolute Häufigkeit) derjenigen Stichprobenpaare, deren x-Wert zur Klasse S_j und deren y-Wert zur Klasse G_k gehört. Die Klasseneinteilung muß so vorgenommen werden, daß alle $m\,r$ absoluten Häufigkeiten mindestens gleich 5 sind. Die absoluten Häufigkeiten werden in der nachfolgenden **Kontingenztafel** übersichtlich dargestellt.

X \ Y	G_1	G_2	...	G_k	...	G_r	Summe
S_1	h_{11}	h_{12}	...	h_{1k}	...	h_{1r}	$h_{1\cdot}$
S_2	h_{21}	h_{22}	...	h_{2k}	...	h_{2r}	$h_{2\cdot}$
$\vdots$	$\vdots$	$\vdots$		$\vdots$		$\vdots$	$\vdots$
S_j	h_{j1}	h_{j2}	...	h_{jk}	...	h_{jr}	$h_{j\cdot}$
$\vdots$	$\vdots$	$\vdots$		$\vdots$		$\vdots$	$\vdots$
S_m	h_{m1}	h_{m2}	...	h_{mk}	...	h_{mr}	$h_{m\cdot}$
Summe	$h_{\cdot 1}$	$h_{\cdot 2}$	...	$h_{\cdot k}$	...	$h_{\cdot r}$	$h_{\cdot\cdot} = n$

Die gemeinsamen Klassenwahrscheinlichkeiten bezeichnen wir mit

$$p_{jk} = P(X \in S_j\,; Y \in G_k)\,;\ j = 1, 2, \ldots, m\,;\ \ k = 1, 2, \ldots, r.$$

Durch Summenbildung erhält man hieraus die Randwahrscheinlichkeiten

$$P(X \in S_j) = p_{j\cdot} = \sum_{k=1}^{r} p_{jk} \quad \text{für } j = 1, 2, \ldots, m\,;$$

$$P(Y \in G_k) = p_{\cdot k} = \sum_{j=1}^{m} p_{jk} \quad \text{für } k = 1, 2, \ldots, r.$$

Falls die Nullhypothese richtig ist, gilt die Produktdarstellung

$$p_{jk} = P(X \in S_j\,; Y \in G_k) = P(X \in S_j) \cdot P(Y \in G_k) = p_{j\cdot}\, p_{\cdot k}$$
$$\text{für } j = 1, 2, \ldots, m \ \text{ und } \ k = 1, 2, \ldots, r.$$

Die Wahrscheinlichkeiten $p_{j\cdot}$ und $p_{\cdot k}$ sind nicht bekannt. Um den Chi-Quadrat-Test aus Abschnitt 6.1 anwenden zu können, müssen diese Wahrscheinlichkeiten nach dem Maximum-Likelihood-Prinzip geschätzt werden. Nach Abschnitt 2.7.3 sind die relativen Häufigkeiten die Maximum-Likelihood-Schätzungen der unbekannten Wahrscheinlichkeiten, also

$$\hat{p}_{j\cdot} = \frac{h_{j\cdot}}{n} = \frac{\sum_{k=1}^{m} h_{jk}}{n}\,; \quad \hat{p}_{\cdot k} = \frac{h_{\cdot k}}{n} = \frac{\sum_{j=1}^{r} h_{jk}}{n}.$$

Wir betrachten nun die $m\,r$ Ereignisse

$$A_{jk} = (X \in S_j\,; Y \in G_k)\,;\ j = 1, 2, \ldots, m\,;\ \ k = 1, 2, \ldots, r.$$

Falls die Nullhypothese der Unabhängigkeit richtig ist, besitzen diese Ereignisse die Wahrscheinlichkeiten

$$P(A_{jk}) = p_{jk} = p_{j\cdot}\, p_{\cdot k}\,.$$

Die Zufallsvariable Y_{jk} beschreibe in einer unabhängigen Versuchsserie vom Umfang n die Anzahl derjenigen Versuche, bei denen das Ereignis A_{jk} eintritt. Diese Zufallsvariable besitzt dann den Erwartungswert

$$\mu_{jk} = E(Y_{jk}) = n\, p_{j\cdot}\, p_{\cdot k}\, .$$

Diese erwarteten Klassenhäufigkeiten besitzen die Maximum-Likelihood-Schätzungen

$$\hat{\mu}_{jk} = n \cdot \frac{h_{j\cdot}}{n} \cdot \frac{h_{\cdot k}}{n} = \frac{h_{j\cdot}\, h_{\cdot k}}{n}.$$

Da $m + r - 2$ Parameter geschätzt wurden, ist nach Abschnitt 6.1.2 die Testgröße

$$V = \sum_{j=1}^{m} \sum_{k=1}^{r} \frac{\left(Y_{jk} - \frac{h_{j\cdot}\, h_{\cdot k}}{n}\right)^2}{\frac{h_{j\cdot}\, h_{\cdot k}}{n}} = n \sum_{j=1}^{m} \sum_{k=1}^{r} \frac{\left(Y_{jk} - \frac{h_{j\cdot}\, h_{\cdot k}}{n}\right)^2}{h_{j\cdot}\, h_{\cdot k}}$$

näherungsweise Chi-Quadrat-verteilt, falls H_0 richtig ist. Insgesamt gibt es $m\, r$ Klassen. Geschätzt wurden $m + r - 2$ Parameter. Damit lautet die Anzahl der Freiheitsgrade $m\,r - (m + r - 2) - 1 = (m-1)(r-1)$.

Für die Realisierung dieser Zufallsvariablen erhält man durch elementare Rechnung

$$v = n \sum_{j=1}^{m} \sum_{k=1}^{r} \frac{\left(h_{jk} - \frac{h_{j\cdot}\, h_{\cdot k}}{n}\right)^2}{h_{j\cdot}\, h_{\cdot k}} = n \cdot \left(\sum_{j=1}^{m} \sum_{k=1}^{r} \frac{h_{jk}^2}{h_{j\cdot}\, h_{\cdot k}} - 1 \right).$$

Testdurchführung:
Man teile den Wertevorrat der Zufallsvariablen X in m Klassen und den von Y in r Klassen ein. Dabei sei h_{jk} die Anzahl der Stichprobenpaare, deren x-Werte in der j-ten Klasse von X und deren y-Werte in der k-ten Klasse von Y liegen.
Von den festgestellten Klassenhäufigkeiten seien höchstens 20 % kleiner als 5, aber alle mindestens gleich Eins. Andernfalls müssen Klassen zusammengefaßt oder der Stichprobenumfang n vergrößert werden.

Man berechne die Testgröße

$$v = n \cdot \left(\sum_{j=1}^{m} \sum_{k=1}^{r} \frac{h_{jk}^2}{h_{j\cdot}\, h_{\cdot k}} - 1 \right).$$

Mit dem $(1-\alpha)$-Quantil $\chi^2_{(m-1)(r-1);1-\alpha}$ der Chi-Quadrat-Verteilung mit $(m-1)(r-1)$ Freiheitsgraden erhält man die

Testentscheidung: Ist $v > \chi^2_{(m-1)(r-1);1-\alpha}$, so wird die Hypothese der Unabhängigkeit der beiden Zufallsvariablen X und Y abgelehnt.

Vierfeldertafel

Im Falle $m = r = 2$ gibt es insgesamt vier gemeinsame Häufigkeiten. Dann heißt die Kontingenztafel eine **Vierfeldertafel.** Mit einer solchen Vierfeldertafel kann z. B. getestet werden, ob die beiden **Ereignisse A** und **B unabhängig** sind.

	B	$\bar{B}$	Zeilensummen
A	h_{11}	h_{12}	$h_{1\cdot}$
$\bar{A}$	h_{21}	h_{22}	$h_{2\cdot}$
Spalten-summen	$h_{\cdot 1}$	$h_{\cdot 2}$	$h_{\cdot\cdot} = n$

Dann stimmen die Häufigkeiten überein mit

$$h_{11} = h_n(A \cap B)\ ;\ h_{12} = h_n(A \cap \bar{B})\ ;\ h_{21} = h_n(\bar{A} \cap B)\ ;\ h_{22} = h_n(\bar{A} \cap \bar{B})\ .$$

Die Testgröße besitzt dann die einfach zu berechnende Darstellung

$$v = \frac{n \cdot (h_{11} h_{22} - h_{12} h_{21})^2}{h_{1\cdot}\, h_{2\cdot}\, h_{\cdot 1}\, h_{\cdot 2}}\ .$$

Die **Anzahl der Freiheitsgrade** ist gleich **Eins.**

Die Yatessche Stetigkeitskorrektur

a) Bei kleinen Stichprobenumfängen $n < 20$ sollte der Chi-Quadrat-Test mit Hilfe der Vierfeldertafel nicht verwendet werden. In diesem Fall benutzt man den exakten Test von Fisher aus Abschnitt 7.2.

b) Für $20 \le n \le 200$ eignet sich die nach Yates **korrigierte Teststatistik**

$$v = \frac{n \cdot \left(|\, h_{11} h_{22} - h_{12} h_{21} | - \frac{n}{2} \right)^2}{h_{1\cdot}\, h_{2\cdot}\, h_{\cdot 1}\, h_{\cdot 2}}\ .$$

c) Für $n > 200$ kann auf diese Korrektur verzichtet werden.

Beispiel (Test auf Unabhängigkeit zweier Ereignisse): Von 1000 zufällig ausgewählten Personen ließen sich 190 gegen Grippe impfen. Von den geimpften erkrankten danach 16 und von den nicht geimpften 121 an Grippe. Hier werden also gleichzeitig die Ereignisse G (geimpft); $\bar{G}$ (nicht geimpft); E (erkrankt) und $\bar{E}$ (nicht erkrankt) untersucht.

Mit $\alpha = 0{,}05$ soll getestet werden, ob die beiden Ereignisse G und E voneinander unabhängig sind. Nachfolgend ist die Vierfeldertafel für die absoluten Häufigkeiten dargestellt.

	E (erkrankt)	$\bar{E}$ (nicht erkrankt)	Summe
G (geimpft)	16	174	190
$\bar{G}$ (nicht geimpft)	121	689	810
Summe	137	863	1000

Die Testgröße lautet

$$v = \frac{1000 \cdot (16 \cdot 689 - 121 \cdot 174)^2}{190 \cdot 810 \cdot 137 \cdot 863} = 5{,}529.$$

Das 0,95-Quantil der Chi-Quadrat-Verteilung mit einem Freiheitsgrad beträgt

$$\chi^2_{1\,;\,0,95} = 3{,}84.$$

Wegen $v > 3{,}84$ wird die Nullhypothese der Unabhängigkeit der beiden Ereignisse abgelehnt. Die beiden Ereignisse E und G sind also abhängig. Von den geimpften erkrankten 8,42 % , von den nichtgeimpften dagegen 14,94 %. Dieser Unterschied ist signifikant. Man kann also davon ausgehen, daß durch die Impfung die Krankheitsquote gesenkt wird.
Mit Hilfe der nach Yates korrigierten Teststatistik erhält man die Testgröße $v = 4{,}99$, welche ebenfalls die Ablehnung der Unabhängigkeit der beiden Ereignisse zur Folge hat.

7.2. Der exakte Test von Fisher bei Vierfeldertafeln

Bei kleinem Stichprobenumfang n soll folgende Nullhypothese getestet werden:

H_0: die beiden Ereignisse A und B sind unabhängig.

Bei kleinem Stichprobenumfang $n < 20$ kann aus einer Vierfeldertafel der Unabhängigkeitstest mit Hilfe der Chi-Quadrat-Verteilung nicht durchgeführt werden, auch wenn die Yates-Korrektur berücksichtigt wird.

	B	$\bar{B}$	**Zeilensummen**
A	h_{11}	h_{12}	$h_{1\cdot}$
$\bar{A}$	h_{21}	h_{22}	$h_{2\cdot}$
Spalten-summen	$h_{\cdot 1}$	$h_{\cdot 2}$	$n = h_{\cdot\cdot}$

Der exakte Test von Fisher benutzt nur die Testgröße h_{11}, also die absolute Häufigkeit (Besetzungszahl) der ersten Klasse. Man betrachtet sämtliche möglichen Vierfeldertafeln, welche die **gleichen Randsummen wie die beobachtete Vierfeldertafel** besitzen. Durch die Besetzungszahl h_{11} ist jede dieser Vierfeldertafeln mit fest vorgegebenen Randsummen eindeutig bestimmt.

Die absolute Häufigkeit h_{11} sei Realisierung der Zufallsvariablen V. Diese Testgröße V ist hypergeometrisch verteilt (vgl. Kap. III Abschnitt 7.5). Zur Berechnung der Wahrscheinlichkeiten geht man von den beobachteten Randsummen $h_{\cdot 1}, h_{\cdot 2}, h_{1\cdot}$ und $h_{2\cdot}$ aus, wobei die Gültigkeit der Nullhypothese der Unabhängigkeit vorausgesetzt wird.

Gegeben seien n Elemente, von denen $h_{\cdot 1}$ die Eigenschaft B besitzen, während die restlichen $n - h_{\cdot 1} = h_{\cdot 2}$ diese Eigenschaft nicht aufweisen. Aus den n Elementen werden $h_{1\cdot}$ ausgewählt. Dann ist die Wahrscheinlichkeit dafür, daß k dieser ausgewählten Elemente die Eigenschaft B besitzen, gleich

$$P(V = k) = \frac{\binom{h_{\cdot 1}}{k}\binom{h_{\cdot 2}}{h_{1\cdot} - k}}{\binom{n}{h_{1\cdot}}} = \frac{h_{1\cdot}!\, h_{2\cdot}!\, h_{\cdot 1}!\, h_{\cdot 2}!}{n!\, k!\, (h_{\cdot 1} - k)!\, (h_{1\cdot} - k)!\, (h_{\cdot 2} - h_{1\cdot} + k)!}$$

für $k \leq h_{\cdot 1}$ und $h_{\cdot 1} - k \leq h_{\cdot 2}$.

Die beobachtete Vierfeldertafel besitzt die Wahrscheinlichkeit

$$P(V = h_{11}) = \frac{h_{1\cdot}!\, h_{2\cdot}!\, h_{\cdot 1}!\, h_{\cdot 2}!}{n!\, h_{11}!\, h_{12}!\, h_{21}!\, h_{22}!} .$$

Im Zähler dieses Bruchs steht bei jeder möglichen Kontingenztafel das Produkt der Fakultäten aller vier Randhäufigkeiten. Im Nenner steht das Produkt der Fakultät von n und der Fakultäten der vier Besetzungszahlen.

Als Testgröße wird die Zellenbesetzung V benutzt. Mit Hilfe der oben berechneten Wahrscheinlichkeiten P(V = k) berechnet man beim zweiseitigen Test

$$c_u \text{ maximal mit } \sum_{k \leq c_u} P(V = k) \leq \frac{\alpha}{2};$$

$$c_o \text{ minimal mit } \sum_{k \geq c_o} P(V = k) \leq \frac{\alpha}{2}.$$

Testentscheidung für den zweiseitigen Test

Gilt für die beobachtete Häufigkeit $h_{11} \leq c_u$ oder $h_{11} \geq c_o$, so wird die Nullhypothese der Unabhängigkeit der beiden Ereignisse A und B abgelehnt. Die Grenzen gehören zum Ablehungsbereich.

Dieser exakte Test von Fisher hat den Vorteil, daß mit ihm im Gegensatz zum Chi-Quadrat-Unabhängigkeitstest auch **einseitige Hypothesen** getestet werden können.

Beispiel: Von 15 an einer bestimmten Krankheit leidenden Personen wurde 10 ein bestimmtes Medikament verabreicht. Davon wurden 5 geheilt. Von den restlichen 5 Personen, die das Medikament nicht erhielten, wurden 2 geheilt. Die Kontingenztafel wird so aufgestellt, daß die Besetzungszahl h_{11} am kleinsten ist. Mit den Ereignissen M: "das Medikament wurde der Person" verabreicht und G: "die Person wurde geheilt" erhält man die Vierfeldertafel.

	G	$\bar{G}$	Zeilensummen
$\bar{M}$	2	3	**5**
M	5	5	**10**
Spalten-summen	**7**	**8**	**15**

Mit der Irrtumswahrscheinlichkeit $\alpha = 0{,}1$ teste man die Nullhypothese H_0 : ohne Medikament ist die Heilungswahrscheinlichkeit nicht kleiner als mit dem Medikament.

Für diesen einseitigen Test werden die Wahrscheinlichkeiten für die Vierfeldertafeln mit $k = h_{11} \leq 2$ berechnet. Neben der beobachteten Vierfeldertafel gibt es noch die beiden Vierfeldertafeln mit den Besetzungen

1	4
6	4

und

0	5
7	3

Bei den vorgegebenen Randsummen besitzt die Zufallsvariable V die Wahrscheinlichkeiten

$$P(V = 2) = \frac{5! \cdot 10! \cdot 7! \cdot 8!}{15! \cdot 2! \cdot 3! \cdot 5! \cdot 5!} \approx 0{,}39161 ;$$

$$P(V = 1) = \frac{5! \cdot 10! \cdot 7! \cdot 8!}{15! \cdot 1! \cdot 4! \cdot 6! \cdot 4!} \approx 0{,}16317 ;$$

$$P(V = 0) = \frac{5! \cdot 10! \cdot 7! \cdot 8!}{15! \cdot 0! \cdot 5! \cdot 7! \cdot 3!} \approx 0{,}01865 .$$

Falls die Nullhypothese richtig ist, gilt

$$P(V \leq 2) \approx 0{,}5734.$$

Damit kann die Nullhypothese nicht abgelehnt werden. Von den Personen ohne Medikament wurden zwar nur 40 % geheilt, von denen mit dem Medikament dagegen 50 %. Dieser Unterschied ist noch nicht signifikant, er kann bei einem so kleinen Stichprobenumfang $n = 15$ auf den Zufall zurückgeführt werden.
Mit der Irrtumswahrscheinlichkeit $\alpha = 0{,}02$ könnte die Nullhypothese nur dann abgelehnt werden, wenn von den fünf Personen ohne Medikament keine einzige geheilt würde.

7.3. Der Chi-Quadrat-Homogenitätstest – Test auf Gleichheit mehrerer Verteilungen

In einem sog. Homogenitätstest soll getestet werden, ob m **unabhängige Zufallsvariablen** $X_1, X_2, \ldots, X_m$ die **gleiche Wahrscheinlichkeitsverteilung** besitzen. Dabei muß vorausgesetzt werden, daß der Wertebereich aller m Zufallsvariabler gleich ist. Dieser gemeinsame Wertebereich wird in r disjunkte Klassen $G_1, G_2, \ldots, G_r$ eingeteilt.

Mit dieser Klasseneinteilung wird getestet, ob alle m Zufallsvariable die gleichen Klassenwahrscheinlichkeiten besitzen, also die

$$\text{Nullhypothese } H_0 : p_{jk} = P(X_j \in G_k) = p_k \quad \text{für } j = 1, 2, \ldots, m; \; k = 1, 2, \ldots, r.$$

Zur Testdurchführung wird bezüglich jeder der m Zufallsvariablen eine einfache Stichprobe gezogen. Dabei dürfen die Stichprobenumfänge verschieden groß sein. Die Anzahl der Werte der j-ten Stichprobe, die in der Klasse G_k liegen, bezeichnen wir mit h_{jk}. Diese Häufigkeiten werden in die Kontingenztafel aus Abschnitt 7.1 eingetragen, wobei die Zeilensumme $h_{j\cdot}$ gleich dem Umfang der j-ten Stichprobe ist.

Die Zufallsvariable Y_{jk} besitze als Realisierung die absolute Klassenhäufigkeit h_{jk}.

Falls die Nullhypothese richtig ist, sind die Testgrößen

$$V_j = \sum_{k=1}^{r} \frac{(Y_{jk} - h_{j\cdot}\, p_k)^2}{h_{j\cdot}\, p_k}$$

asymptotisch Chi-Quadrat-verteilt mit $r - 1$ Freiheitsgraden.

Wegen der Unabhängigkeit der einzelnen Zufallsvariablen X_j ist die Summe

$$V = \sum_{j=1}^{r} V_j = \sum_{j=1}^{m} \sum_{k=1}^{r} \frac{(Y_{jk} - h_{j\cdot}\, p_k)^2}{h_{j\cdot}\, p_k}$$

asymptotisch Chi-Quadrat-verteilt mit $m(r-1)$ Freiheitsgraden. Die unbekannten Wahrscheinlichkeiten p_k werden aus der gesamten Stichprobe vom Umfang $n = h_{\cdot\cdot} = \sum_{j=1}^{m} h_{j\cdot}$ nach der Maximum-Likelihood-Methode geschätzt. Damit erhält man die Schätzwerte

$$\hat{p}_k = \frac{h_{\cdot k}}{n} \quad \text{für } k = 1, 2, \ldots, r.$$

Wegen $\sum_{k=1}^{r} p_k = 1$ müssen nur $r - 1$ Parameter geschätzt werden.

Dann ist die

Testgröße

$$V = \sum_{j=1}^{m} \sum_{k=1}^{r} \frac{\left(Y_{jk} - \frac{h_{j\cdot}\, h_{\cdot k}}{n}\right)^2}{\frac{h_{j\cdot}\, h_{\cdot k}}{n}} = n \sum_{j=1}^{m} \sum_{k=1}^{r} \frac{\left(Y_{jk} - \frac{h_{j\cdot}\, h_{\cdot k}}{n}\right)^2}{h_{j\cdot}\, h_{\cdot k}}$$

asymptotisch Chi-Quadrat-verteilt mit $m(r-1) - (r-1) = (m-1)(r-1)$ Freiheitsgraden, falls H_0 richtig ist. Die Testgröße für diesen Homogenitätstest stimmt mit der Testgröße des Unabhängigkeitstests aus Abschnitt 7.1 überein.

Testdurchführung:
Man teile den gemeinsamen Wertevorrat aller m Zufallsvariablen in r Klassen $G_1, G_2, \ldots, G_r$ ein. Bezüglich jeder der m Zufallsvariablen X_j, $j = 1, 2, \ldots, m$ ziehe man eine einfache Stichprobe vom Umfang $n_j = h_{j\cdot}$. Es sei h_{jk} die Anzahl der Werte der j-ten Stichprobe, die zur Klasse G_k gehören.
Von den Klassenhäufigkeiten h_{jk} seien höchstens 20 % kleiner als 5, aber alle mindestens gleich Eins. Andernfalls müssen Klassen zusammengefaßt oder die Stichprobenumfänge vergrößert werden.

Aus der Kontingenztafel aus Abschnitt 7.1 berechne man die Testgröße

$$v = n \cdot \left(\sum_{j=1}^{m} \sum_{k=1}^{r} \frac{h_{jk}^2}{h_{j\cdot}\, h_{\cdot k}} - 1 \right).$$

Man bestimme das $(1-\alpha)$-Quantil $\chi^2_{(m-1)(r-1);1-\alpha}$ der Chi-Quadrat-Verteilung mit $(m-1)(r-1)$ Freiheitsgraden.

Testentscheidung: Ist $v > \chi^2_{(m-1)(r-1);1-\alpha}$, so wird die Hypothese, daß die m Zufallsvariablen die gleiche Verteilung besitzen, abgelehnt.

Test auf Gleichheit der Wahrscheinlichkeiten zweier Biomialverteilungen

Es soll getestet werden, ob in zwei verschiedenen Grundgesamtheiten das Ereignis A die gleiche Wahrscheinlichkeit besitzt. Zu diesem Test benutzt man die Vierfeldertafel

	A	$\bar{A}$	Zeilensummen
1. Grundgesamtheit	h_{11}	h_{12}	$h_{1\cdot}$
2. Grundgesamtheit	h_{21}	h_{22}	$h_{2\cdot}$
Spaltensummen	$h_{\cdot 1}$	$h_{\cdot 2}$	$n = h_{\cdot\cdot}$

Der Test wird wie in Abschnitt 7.1 durchgeführt. Dabei muß für $20 \leq n \leq 200$ die Yates-Korrektur berücksichtigt werden. Für $n < 20$ sollte der exakte Test von Fisher aus Abschnitt 7.2 verwendet werden.

7.4. Der Kolmogorow-Smirnow-Zweistichproben-Test

Die beiden Zufallsvariablen X und Y sollen **stetige** (unbekannte) Verteilungsfunktionen $F(x) = P(X \leq x)$ und $G(y) = P(Y \leq y)$ besitzen.

Getestet werden soll eine der drei Hypothesen:

a) $H_0 : F(x) = G(x)$ für alle x ;
$H_1 : F(x) \neq G(x)$ für mindestens ein x (zweiseitig);

b) $H_0 : F(x) \leq G(x)$ für alle x ;
$H_1 : F(x) > G(x)$ für mindestens ein x (einseitig);

c) $H_0 : F(x) \geq G(x)$ für alle x ;
$H_1 : F(x) < G(x)$ für mindestens ein x (einseitig).

Wie beim Kolmogorow-Smirnow-Einstichproben-Test treten beim zweiseitigen Test a) keine Probleme auf.

Bemerkungen zu den Alternativen bei den einseitigen Tests b) und c)

Falls über die beiden Zufallsvariablen X und Y mit den Verteilungsfunktionen F und G bis auf die Stetigkeit keine weiteren Voraussetzungen gemacht werden, besteht die Gefahr, daß bei den einseitigen Tests b) und c) die richtigen Alternativen zu selten erkannt werden. Während die Irrtumswahrscheinlichkeit 1. Art α eingehalten wird, kann die Irrtumswahrscheinlichkeit 2. Art sehr groß und damit die Güte sehr schlecht sein. Dies ist besonders dann der Fall, wenn sich die beiden Verteilungsfunktionen F und G gegenseitig durchdringen und der Stichprobenumfang n nicht allzu groß ist. Aus diesem Grund werden die einseitigen Tests meistens nur unter speziellen Modellvoraussetzungen angewandt. Vorausgesetzt sei das folgende

Modell:

Die beiden Verteilungsfunktionen F und G sollen sich nicht schneiden, wobei Berührungen zulässig sind.

Aus

$$F(x) \leq P(X \leq x) \leq P(Y \leq x) = G(x) \quad \text{für alle } x$$

folgt

$$P(X > x) \geq P(Y > x).$$

Bei diesem Modell nennt man X **"stochastisch größer"** als Y oder Y **"stochastisch kleiner** als X".
Ein Spezialfall davon sind die **additiven Lokationsmodelle** in Kap. XI Abschnitt 10.

Unter dieser Modellvoraussetzung werden folgende einseitigen Alternativen getestet:

b') $H_0 : F(x) \leq G(x)$ für alle x ;
$H_1 : F(x) \geq G(x)$ für alle x
und $F(x) > G(x)$ für mindestens ein x (einseitig);

c') $H_0 : F(x) \geq G(x)$ für alle x ;
$H_1 : F(x) \leq G(x)$ für alle x
und $F(x) < G(x)$ für mindestens ein x (einseitig)

Zur Testdurchführung berechnet man aus zwei unabhängigen Stichproben vom Umfang n_1 und n_2

$$(x_1, x_2, \dots, x_{n_1}) \;;\quad (y_1, y_2, \dots, y_{n_2})$$

die empirischen Verteilungsfunktionen

$$F_{n_1}(z) = \frac{\text{Anzahl der x-Werte, die kleiner oder gleich z sind}}{n_1} \;;$$

$$G_{n_2}(z) = \frac{\text{Anzahl der y-Werte, die kleiner oder gleich z sind}}{n_2} .$$

Als Testgröße benutzt man die maximale Abweichung

a) $$d_{n_1, n_2} = \sup_{z \in \mathbb{R}} | F_{n_1}(z) - G_{n_2}(z) | \;;$$

b) $$d^+_{n_1, n_2} = \sup_{z \in \mathbb{R}} (F_{n_1}(z) - G_{n_2}(z)) \;;$$

c) $$d^-_{n_1, n_2} = \sup_{z \in \mathbb{R}} (G_{n_2}(z) - F_{n_1}(z)) .$$

Unter der Voraussetzung $F(x) = G(x)$ sind alle $n_1 + n_2$ Werte der beiden Stichproben Realisierungen der gleichen Zufallsvariablen mit der Verteilungsfunktion F. Wegen der vorausgesetzten Stetigkeit sind mit Wahrscheinlichkeit Eins sämtliche Stichprobenwerte verschieden. Zur Berechnung der Verteilung der Testgrößen benutzt man die der Größe nach geordnete vereinigte Stichprobe. Von den $n_1 + n_2$ Plätzen der gesamten Stichprobe können n_1 mit x-Werten belegt werden. Dafür gibt es insgesamt

$$\binom{n_1 + n_2}{n_1} = \frac{(n_1 + n_2)!}{n_1! \cdot n_2!}$$

verschiedene Kombinationen, von denen jede gleichwahrscheinlich ist. Für jede dieser Kombinationen lassen sich die Werte der Testgrößen bestimmen.

Als Beispiel wählen wir $n_1 = 2$ und $n_2 = 4$. Hier gibt es insgesamt 15 verschiedene Kombinationen. Für die Stichprobe x y y x y y erhält man

Stichprobenwert	x	y	y	x	y	y
$F_{n_1}(z)$	1/2	1/2	1/2	1	1	1
$G_{n_2}(z)$	0	1/4	1/2	1/2	3/4	1
$F_{n_1}(z) - G_{n_2}(z)$	1/2	1/4	0	1/2	1/4	0

Bei dieser Kombination ist $d_{2;4} = \frac{1}{2}$.

Bei kleinen Stichprobenumfängen können die Quantile der Testgrößen mit Hilfe aller möglichen Stichprobenkombinationen exakt berechnet werden. Die Verteilungen der Testgrößen sind unabhängig von der Verteilungsfunktion $F(x)$. Wie beim Kolmogorow-Smirnow-Einstichprobentest handelt es sich um **verteilungsfreie Teststatistiken.** Im Falle $n_1 = n_2 = n$ vereinfacht sich die Berechnung.

Asymptotisch lassen sich wie beim Einstichproben-Test die Quantile wesentlich einfacher berechnen. Analog zu Abschnitt 7.2 gilt der

Satz von Kolmogorow-Smirnow: Im Falle F = G gilt für jedes $\lambda > 0$

$$\lim_{n_1, n_2 \to \infty} P\left(D_{n_1, n_2} \le \lambda \sqrt{\frac{n_1 + n_2}{n_1 \cdot n_2}}\right) = Q_1(\lambda) = 1 - 2 \sum_{k=1}^{\infty} (-1)^{k-1} e^{-2k^2\lambda^2};$$

$$\lim_{n_1, n_2 \to \infty} P\left(D^+_{n_1, n_2} \le \lambda^+ \sqrt{\frac{n_1 + n_2}{n_1 \cdot n_2}}\right) = Q_2(\lambda^+) = 1 - e^{-2(\lambda^+)^2}.$$

Für $\lambda \le 0$ gilt dabei $Q_1(\lambda) = Q_2(\lambda^+) = 0$.

Diese Grenzwerte heißen **Kolmogorow-Smirnow-Verteilungen.**

Die Approximationen

$$P\left(D_{n_1, n_2} \le \lambda \sqrt{\frac{n_1 + n_2}{n_1 \cdot n_2}}\right) \approx Q_1(\lambda);$$

$$P\left(D^+_{n_1, n_2} \le \lambda^+ \sqrt{\frac{n_1 + n_2}{n_1 \cdot n_2}}\right) \approx Q_2(\lambda^+)$$

sind bereits für $n_1 + n_2 \ge 40$ recht brauchbar.

Damit erhält man für die $(1-\alpha)$-Quantile die Näherung

$$d_{n_1, n_2; 1-\alpha} \approx \lambda_{1-\alpha} \sqrt{\frac{n_1 + n_2}{n_1 \cdot n_2}} \quad \text{mit} \quad Q_1(\lambda_{1-\alpha}) = 1 - \alpha.$$

Die Quantile für $D^+_{n_1, n_2}$ sind einfach zu berechnen. Aus

$$Q_2(\lambda^+_{1-\alpha}) = 1 - e^{-2(\lambda^+_{1-\alpha})^2} = 1 - \alpha$$

fogt $\lambda^+_{1-\alpha} = \sqrt{-\frac{1}{2}\ln\alpha}$.

Daraus erhält man die $(1-\alpha)$-Quantile

$$d^+_{n_1, n_2; 1-\alpha} \approx \sqrt{-\frac{1}{2}\ln\alpha} \cdot \sqrt{\frac{n_1 + n_2}{n_1 \cdot n_2}}$$

Nach Abschnitt 7.2 ist für $Q_1(\lambda) \ge 0{,}80$ folgende Näherung recht gut

$$Q_1(\lambda) = 1 - 2 \sum_{k=1}^{\infty} (-1)^{k-1} e^{-2k^2\lambda^2} \approx 1 - 2e^{-2\lambda^2}.$$

Damit kann man für $n_1 + n_2 \ge 40$ die Quantile der Testgröße D_{n_1, n_2} aus denen für $D^+_{n_1, n_2}$ sehr einfach berechnen durch

$$\lambda_{1-\alpha} \approx \sqrt{-\tfrac{1}{2}\ln\tfrac{\alpha}{2}} \quad \text{für } 1-\alpha \geq 0{,}80.$$

Für **gleiche Stichprobenumfänge** $n_1 = n_2 = n \leq 40$ sind kritische Werte (Ablehungsgrenzen) in Tabelle 7 im Anhang zusammengestellt.

Für **unterschiedliche Stichprobenumfänge** n_1, n_2 sind Ablehnungsgrenzen in Bradley, J. V. [1968] angegeben. In Hollander, M.; Wolfe, D.-A. [1973] sind die exakten Überschreitungswahrscheinlichkeiten aufgeführt.

Bestimmung der Quantile der Testgrößen:

a) Für $n_1 + n_2 < 40$ müssen die Quantile mit Hilfe kombinatorischer Methoden berechnet oder aus Tabellen abgelesen werden.

Bei kleinem α ($\alpha \leq 0{,}2$) genügt wegen

$$d_{n_1, n_2; 1-2\alpha} \approx d^+_{n_1, n_2; 1-\alpha}$$

die Vertafelung einer der beiden Testgrößen (Tab. 7 im Anhang).

b) Für $n_1 + n_2 \geq 40$ erhält man die Näherungen

$$d^+_{n_1, n_2; 1-\alpha} \approx \sqrt{-\tfrac{1}{2}\ln\alpha} \cdot \sqrt{\frac{n_1 + n_2}{n_1 \cdot n_2}}$$

$$d_{n_1, n_2; 1-\alpha} \approx \lambda_{1-\alpha} \cdot \sqrt{\frac{n_1 + n_2}{n_1 \cdot n_2}} \quad \text{mit} \quad Q_1(\lambda_{1-\alpha}) = 1-\alpha.$$

$$d_{n_1, n_2; 1-\alpha} \approx \sqrt{-\tfrac{1}{2}\ln\tfrac{\alpha}{2}} \cdot \sqrt{\frac{n_1 + n_2}{n_1 \cdot n_2}} \quad \text{für } 1-\alpha \geq 0{,}80.$$

Es gilt $d^-_{n_1, n_2; 1-\alpha} = d^+_{n_1, n_2; 1-\alpha}$.

Testentscheidungen

Nullhypothese H_0	Alternative H_1	Ablehnungsbereich von H_0
a) $F(x) = G(x)$ für alle x	$F(x) \neq G(x)$ für mindestens ein x	$d_{n_1, n_2} \geq d_{n_1, n_2; 1-\alpha}$
b) $F(x) \leq G(x)$ für alle x	$F(x) > G(x)$ für mindestens ein x	$d^+_{n_1, n_2} \geq d^+_{n_1, n_2; 1-\alpha}$
c) $F(x) \geq G(x)$ für alle x	$F(x) < G(x)$ für mindestens ein x	$d^-_{n_1, n_2} \geq d^+_{n_1, n_2; 1-\alpha}$

bzw.

NullhypotheseH_0	Alternative H_1	Ablehnungsbereich von H_0
b') $F(x) \leq G(x)$ für alle x	$F(x) \geq G(x)$ für alle x $F(x) > G(x)$ für mindestens ein x	$d^+_{n_1,n_2} \geq d^+_{n_1,n_2;1-\alpha}$
c') $F(x) \geq G(x)$	F(x)∪	

Kapitel VIII : Statistische Methoden bei speziellen Parametern und Verteilungen

In diesem Kapitel sollen die in Kap. VII behandelten statistischen Methoden auf spezielle Verteilungen angewandt werden. Falls nichts anderes erwähnt ist, soll es sich bei den benutzten Stichproben immer um **einfache Stichproben**, also um unabhängige Realisierungen der gleichen Zufallsvariablen X oder um Realisierungen unabhängiger identisch verteilter Zufallsvariabler handeln. Für Parameterschätzungen und Tests werden meistens dieselben Stichprobenfunktionen benutzt.

1. Erwartungswerte

Es sei $\mu = E(X)$ der unbekannte Erwartungswert einer beliebigen Zufallsvariablen X. Er soll mit Hilfe einer Stichprobe $x = (x_1, x_2, \dots, x_n)$ vom Umfang n geschätzt werden. Für die Punktschätzung darf der Stichprobenumfang n und die Verteilung von X beliebig sein. Zur Berechnung von Konfidenzintervallen oder bei Parametertests muß die Zufallsvariable jedoch entweder normalverteilt oder der Stichprobenumfang n mindestens gleich 30 sein, damit die asymptotische Normalverteilung der Testgröße $\bar{X}$ benutzt werden kann.

1.1. Schätzung eines beliebigen Erwartungswerts

Der Stichprobenwert x_i sei Realisierung der Zufallsvariablen X_i, die den Erwartungswert $E(X_i) = \mu$ besitzt. Als Schätzfunktion für den unbekannten Erwartungswert μ benutzt man eine Linearkombination der Zufallsvariablen X_i, also

$$T_n = \alpha_1 X_1 + \alpha_2 X_2 + \dots + \alpha_n X_n = \sum_{i=1}^{n} \alpha_i X_i , \quad \alpha_i \in \mathbb{R}.$$

Aus $E(X_i) = \mu$ für alle i und der Linearität des Erwartungswertes folgt

$$E(T_n) = \sum_{i=1}^{n} \alpha_i E(X_i) = \mu \sum_{i=1}^{n} \alpha_i .$$

Für alle α_i mit $\sum_{i=1}^{n} \alpha_i = 1$ ist die Schätzfunktion T_n **erwartungstreu** für μ. Die wirksamste dieser erwartungstreuen Schätzfunktionen muß die kleinste Varianz besitzen.

1.1.1. Schätzung aus einer einfachen Stichprobe

Bei einer einfachen (unabhängigen) Stichprobe sind die n Zufallsvariablen $X_i, i = 1, 2, \dots, n$ unabhängig. Sie sollen alle die gleiche Varianz σ^2 besitzen. Dann lautet die Varianz der Schätzfunktion T_n

$$\operatorname{Var}(T_n) = \sum_{i=1}^{n} \alpha_i^2 \operatorname{Var}(X_i) = \sigma^2 \cdot \sum_{i=1}^{n} \alpha_i^2 .$$

Davon ist das Minimum gesucht unter der Nebenbedingung $\sum_{i=1}^{n} \alpha_i = 1$ (Bedingung für eine erwartungstreue Schätzfunktion).

Mit $\alpha_n = 1 - \sum_{i=1}^{n-1} \alpha_i$ lautet die zu minimierende Funktion

$$\sum_{i=1}^{n-1} \alpha_i^2 + \left(1 - \sum_{i=1}^{n-1} \alpha_i\right)^2 = \min.$$

Partielle Ableitung nach α_k ergibt

$$2\alpha_k - 2\underbrace{\left(1 - \sum_{i=1}^{n-1} \alpha_i\right)}_{=\alpha_n} = 2\alpha_k - 2\alpha_n = 0 \quad \text{für } k = 1, 2, \dots, n-1.$$

Daraus folgt $\alpha_1 = \alpha_2 = \dots = \alpha_n = \frac{1}{n}$, also $T_n = \bar{X}$.

Die Schätzfunktion des Stichprobenmittels $\bar{X}$ besitzt bei einfachen Stichproben die kleinste Varianz und zwar

$$\operatorname{Var}(\bar{X}) = \frac{\sigma^2}{n} .$$

Wegen $\lim_{n\to\infty} \operatorname{Var}(\bar{X}) = 0$ ist diese Schätzfunktion auch **konsistent**.

Bei normalverteilten Zufallsvariablen (Abschnitt 3.2.1) ist die Schätzfunktion $\bar{X}$ auch wirksamst.

Zusammenfassung:

> Für den Erwartungswert $\mu =$ E(X) ist bei einfachen Stichproben die Schätzfunktion
>
> $$\bar{X} = \frac{1}{n}\sum_{i=1}^{n} X_i \quad \text{mit}$$
>
> $$E(\bar{X}) = \mu\,; \quad Var(\bar{X}) = \frac{\sigma^2}{n}$$
>
> **erwartungstreu** und **konsistent.**
> Bei **normalverteilten** Grundgesamtheiten ist sie auch **wirksamst** (**effizient**).

1.1.2. Schätzung aus einer unabhängigen Stichprobe mit verschiedenen bekannten Varianzen

Die Zufallsvariablen $X_1, X_2, \ldots, X_n$, deren Realisierungen die Stichprobenwerte ergeben, seien unabhängig. Sie sollen alle den gleichen unbekannten Erwartungswert μ besitzen. Die Varianzen $Var(X_i) = \sigma_i^2 > 0$ seien bekannt, jedoch nicht alle gleich. Dann besitzt die erwartungstreue Schätzfunktion

$$T_n = \sum_{i=1}^{n} \alpha_i X_i \quad \text{mit} \quad \sum_{i=1}^{n} \alpha_i = 1$$

die Varianz

$$Var(T_n) = \sum_{i=1}^{n} \alpha_i^2\, Var(X_i) = \sum_{i=1}^{n} \alpha_i^2 \sigma_i^2 .$$

Wegen

$$\alpha_n = 1 - \sum_{i=1}^{n-1} \alpha_i$$

muß zur Berechnung der minimalen Varianz das Minimum der folgenden Funktion bestimmt werden

$$\sum_{i=1}^{n-1} \alpha_i^2 \sigma_i^2 + \left(1 - \sum_{i=1}^{n-1} \alpha_i\right)^2 \sigma_n^2 = \min.$$

Partielle Ableitung nach α_k ergibt

$$2\alpha_k \sigma_k^2 - 2\underbrace{\left(1 - \sum_{i=1}^{n-1} \alpha_i\right)}_{=\alpha_n} \sigma_n^2 = 2\alpha_k\sigma_k^2 - 2\alpha_n\sigma_n^2 = 0, \; k = 1, 2, \ldots, n-1$$

mit der Lösung

$$\alpha_k = \frac{\sigma_n^2}{\sigma_k^2}\alpha_n \quad \text{für } k = 1, 2, \dots, n-1.$$

Diese Gleichung gilt auch noch für k = n.

Aus $\sum_{i=1}^{n} \alpha_i = 1$ folgt hieraus durch Summation

$$\alpha_n \sigma_n^2 \cdot \sum_{i=1}^{n} \frac{1}{\sigma_i^2} = 1 \; ; \; \alpha_n = \frac{1}{\sigma_n^2 \sum_{i=1}^{n} \frac{1}{\sigma_i^2}} \; ; \; \alpha_k = \frac{1}{\sigma_k^2 \sum_{i=1}^{n} \frac{1}{\sigma_i^2}}$$

für $k = 1, 2, \dots, n$.

Mit diesen Werten lautet die Varianz der Schätzfunktion

$$\text{Var}(T_n) = \sum_{i=1}^{n} \alpha_i^2 \sigma_i^2 = \frac{1}{\left(\sum_{i=1}^{n} \frac{1}{\sigma_i^2}\right)^2} \sum_{i=1}^{n} \frac{1}{\sigma_i^2} = \frac{1}{\sum_{i=1}^{n} \frac{1}{\sigma_i^2}} .$$

Falls alle n Varianzen σ_i^2 durch die gleiche Konstante c beschränkt sind, also für $\sigma_i^2 \le c$ für alle i gilt

$$\text{Var}(T_n) \le \frac{c}{n} \; ; \qquad \lim_{n\to\infty} \text{Var}(T_n) = 0.$$

Dann ist die Schätzung T_n auch **konsistent**. Bei normalverteilten Grundgesamtheiten kann diese Schätzfunktion nicht wirksamst sein, da die in Abschnitt 1.1.1 bestimmte Schätzfunktion $\bar{X}$ eine kleinere Varianz besitzt.

Im Falle $\sigma_i^2 = \sigma$ für alle i (gleiche Varianzen) erhält man wie in Abschnitt 1.1.1 als Schätzfunktion die Zufallsvariable $\bar{X}$ des arithmetischen Mittels.

Zusammenfassung:

Die Zufallsvariablen $X_1, X_2, \dots, X_n$ seien paarweise unabhängig mit dem gleichen unbekannten Erwartungswert μ und den bekannten Varianzen $\text{Var}(X_k) = \sigma_k^2 > 0$ für $k = 1, 2, \dots$. Dann ist für jedes n

$$T_n = \sum_{i=1}^{n} \frac{1}{\sigma_i^2 \sum_{k=1}^{n} \frac{1}{\sigma_k^2}} X_i$$

eine **erwartungstreue** Schätzfunktion für den Erwartungswert μ. Diese Schätzfunktion besitzt unter allen Linearkombinationen der X_i die kleinste Varianz.

1.1.3. Schätzung aus einer abhängigen Stichprobe mit gleichen Varianzen und identischen Korrelationskoeffizienten

Die Zufallsvariablen $X_1, X_2, \dots$ sollen alle den gleichen Erwartungswert $E(X_i) = \mu$ und die gleiche Varianz $Var(X_i) = \sigma^2$ besitzen. Sie seien jedoch nicht unkorreliert. Für festes n sollen jedoch alle Paare (X_i, X_j) der Zufallsvariablen $X_1, X_2, \dots, X_n$ den gleichen Korrelationskoeffizienten

$$\rho(X_i, X_j) = \frac{E\big((X_i - \mu)(X_j - \mu)\big)}{\sigma^2} = \frac{\operatorname{cov}(X_i, X_j)}{\sigma^2} = \rho_n, \; i \neq j$$

besitzen. Unter allen erwartungstreuen Schätzfunktionen

$$T_n = \sum_{i=1}^{n} \alpha_i X_i, \quad \sum_{i=1}^{n} \alpha_i = 1$$

besitzt aus Symmetrie-Gründen wie in Abschnitt 1.1.1 die Schätzfunktion

$$\bar{X} = \frac{1}{n} \sum_{i=1}^{n} X_i \quad \text{mit} \quad E(\bar{X}) = \mu$$

die kleinste Varianz. Mit $Cov(X_i, X_j) = \rho_n \sigma^2$ erhält man die Varianz der Schätzfunktion

$$\begin{aligned}
Var(\bar{X}) &= E\big((\bar{X} - \mu)^2\big) = E\left(\frac{1}{n} \sum_{i=1}^{n} (X_i - \mu) \cdot \frac{1}{n} \sum_{j=1}^{n} (X_j - \mu)\right) \\
&= \frac{1}{n^2} E\left(\sum_{k=1}^{n} (X_k - \mu)^2 + \underbrace{\sum_{i \neq j} (X_i - \mu)(X_j - \mu)}_{n(n-1) \text{ Summanden}}\right) \\
&= \frac{1}{n^2}\left(n\sigma^2 + n(n-1)\rho_n \sigma^2\right) = \frac{\sigma^2}{n} + \frac{n-1}{n} \rho_n \sigma^2 .
\end{aligned}$$

Bei dieser Abhängigkeitsstruktur ist die erwartungstreue Schätzfunktion $\bar{X}$ nur dann konsistent, wenn für $n \to \infty$ die Korrelationskoeffizienten ρ_n gegen Null konvergieren, also für

$$\lim_{n \to \infty} \rho_n = 0.$$

1.2. Konfidenzintervalle für den Erwartungswert

Konfidenzintervalle für μ werden aus der Schätzfunktion $\bar{X} = \frac{1}{n} \sum_{i=1}^{n} X_i$ aus einer einfachen Stichprobe berechnet.

Falls die Grundgesamtheit normalververteilt ist, so ist auch die Schätzfunktion $\bar{X}$ normalverteilt und zwar $N(\mu; \frac{\sigma^2}{n})$-verteilt. Dann sind die nachnachfolgend angegebenen Konfidenzintervalle auch für kleine Stichprobenumfänge n exakt. Ist die Grundgesamtheit jedoch nicht normalverteilt, so ist nach dem zentralen Grenzwertsatz $\bar{X}$ für große n (Faustregel: $n \geq 30$) näherungsweise normalverteilt. Dann können die nachfolgenden Konfidenzintervalle als Näherungen aufgefaßt werden.

> Voraussetzungen für die in diesen Abschnitt berechneten Konfidenzintervalle:
> Die Grundgesamtheit ist **normalverteilt**. Dann sind die Konfidenzintervalle für jeden beliebigen Stichprobenumfang n exakt.
> Ist die Grundgesamtheit **nicht normalverteilt**, so muß der Stichprobenumfang n mindestens gleich 30 sein. Dann sind die angegebenen Konfidenzintervalle Näherungslösungen, die umso besser werden, je größer n ist.

1.2.1. Konfidenzintervalle für μ bei bekannter Varianz σ^2

Die Varianz σ^2 der Zufallsvariablen sei bekannt, nicht jedoch der Erwartungswert μ. Mit den Kenngrößen bei einfachen Stichproben

$$E(\bar{X}) = \mu \; ; \quad Var(\bar{X}) = \frac{\sigma^2}{n}$$

erhält man aus $\bar{X}$ die Standardisierung $\frac{\bar{X}-\mu}{\sigma}\sqrt{n}$. Bei normalverteilten Grundgesamtheiten ist diese Standardisierung exakt, sonst bei großen Stichprobenumfängen n näherungsweise $N(0;1)$-verteilt.

Bei zweiseitigen Konfidenzintervallen haben die zentralen die kürzeste Länge. Mit dem $(1-\frac{\alpha}{2})$-Quantil

$$z_{1-\frac{\alpha}{2}} \quad \text{mit} \quad \Phi(z_{1-\frac{\alpha}{2}}) = 1-\frac{\alpha}{2}$$

erhält man

$$P\left(-z_{1-\frac{\alpha}{2}} \leq \frac{\bar{X}-\mu}{\sigma}\sqrt{n} \leq z_{1-\frac{\alpha}{2}}\right) = 2\Phi(z_{1-\frac{\alpha}{2}})-1 = 1-\alpha.$$

Die Ereignisse

$$\left(-z_{1-\frac{\alpha}{2}} \leq \frac{\bar{X}-\mu}{\sigma}\sqrt{n}\right) \text{ und } \left(\frac{\bar{X}-\mu}{\sigma}\sqrt{n} \leq z_{1-\frac{\alpha}{2}}\right)$$

lassen sich durch Multiplikation mit $\frac{\sigma}{\sqrt{n}}$ und anschließender Addition von

μ umformen in die äquivalenten Darstellungen

$$\left(\mu \leq \bar{X} + z_{1-\frac{\alpha}{2}} \cdot \frac{\sigma}{\sqrt{n}}\right) \text{ und } \left(\bar{X} - z_{1-\frac{\alpha}{2}} \cdot \frac{\sigma}{\sqrt{n}} \leq \mu\right).$$

Damit gilt

$$P\left(\bar{X} - z_{1-\frac{\alpha}{2}} \cdot \frac{\sigma}{\sqrt{n}} \leq \mu \leq \bar{X} + z_{1-\frac{\alpha}{2}} \cdot \frac{\sigma}{\sqrt{n}}\right) = 1 - \alpha.$$

Damit lautet das **zweiseitige zentrale Konfidenzintervall** zum Konfidenzniveau $1-\alpha$

$$\left[\bar{X} - z_{1-\frac{\alpha}{2}} \cdot \frac{\sigma}{\sqrt{n}} ; \bar{X} + z_{1-\frac{\alpha}{2}} \cdot \frac{\sigma}{\sqrt{n}}\right].$$

Einseitige Konfidenzintervalle zum Konfidenzniveau $1-\alpha$ erhält man aus

$$P\left(-z_{1-\alpha} \leq \frac{\bar{X}-\mu}{\sigma}\sqrt{n}\right) = P\left(\frac{\bar{X}-\mu}{\sigma}\sqrt{n} \leq z_{1-\alpha}\right) = 1-\alpha$$

$$P\left(\mu \leq \bar{X} + z_{1-\alpha} \cdot \frac{\sigma}{\sqrt{n}}\right) = P\left(\mu \geq \bar{X} - z_{1-\alpha} \cdot \frac{\sigma}{\sqrt{n}} \leq \mu\right) = 1 - \alpha$$

in der Form

$$\left[\bar{X} - z_{1-\alpha} \cdot \frac{\sigma}{\sqrt{n}} ; +\infty\right); \left(-\infty ; \bar{X} + z_{1-\alpha} \cdot \frac{\sigma}{\sqrt{n}}\right].$$

Zusammenfassung:

Konfidenzintervalle für den Erwartungswert μ zum Niveau $1-\alpha$ bei bekannter Varianz σ^2:

a) zweiseitige:

$$\left[\bar{x} - z_{1-\frac{\alpha}{2}} \cdot \frac{\sigma}{\sqrt{n}} ; \bar{x} + z_{1-\frac{\alpha}{2}} \cdot \frac{\sigma}{\sqrt{n}}\right] \text{ mit } \Phi(z_{1-\frac{\alpha}{2}}) = 1-\frac{\alpha}{2}.$$

b) einseitige:

$$\left[\bar{x} - z_{1-\alpha} \cdot \frac{\sigma}{\sqrt{n}} ; +\infty\right); \left(-\infty ; \bar{x} + z_{1-\alpha} \cdot \frac{\sigma}{\sqrt{n}}\right]; \Phi(z_{1-\alpha}) = 1 - \alpha.$$

$\bar{x}$ = Mittelwert einer Stichprobe vom Umfang n.
$z_{1-\frac{\alpha}{2}}$, $z_{1-\alpha}$ sind Quantile der Standard-Normalverteilung.
Bei normalverteilten Zufallsvariablen sind diese Intervalle für jedes n exakt, bei nicht normalverteilten liefern sie für $n \geq 30$ im allgemeinen brauchbare Näherungen.

Die zweiseitigen zentralen Konfidenzintervalle sind symmetrisch zum Mittelwert $\bar{x}$ der Stichprobe. Ihre **Breite**

$$d = 2 \cdot z_{1-\frac{\alpha}{2}} \cdot \frac{\sigma}{\sqrt{n}}$$

hängt nur von der Irrtumswahrscheinlichkeit α und dem Stichprobenumfang n, nicht jedoch von den Stichprobenwerten ab. Deswegen kann die maximal zugelassene Breite l eines zu bestimmenden Konfidenzintervalls bereits vor Versuchsbeginn vorgegeben werden. Zusätzlich sei das Konfidenzniveau $1-\alpha$ vorgegeben. Konfidenzintervalle, deren Breite d nicht größer als l sind, müssen dann einen Stichprobenumfang n besitzen mit

$$n \geq \frac{4 \cdot z^2_{1-\frac{\alpha}{2}} \cdot \sigma^2}{l^2}.$$

Mit diesem minimalen Stichprobenumfang n gilt dann für die Breite d des Konfidenzintervalls $d \leq l$.

1.2.2. Konfidenzintervalle für μ bei unbekannter Varianz σ^2

Falls die Varianz nicht bekannt ist, so ist es naheliegend, sie durch die Stichprobenvarianz s^2 zu schätzen. Die Stichprobenvarianz ist Realisierung der Zufallsvariablen

$$S^2 = \frac{1}{n-1} \sum_{i=1}^{n} (X_i - \bar{X})^2$$

(vgl. Abschnitt 2.1.2). In diesem Fall benutzt man die Stichprobenfunktion

$$\frac{\bar{X}-\mu}{S} \sqrt{n}.$$

Bei einer normalverteilten Grundgesamtheit ist diese Stichprobenfunktion **t-verteilt mit n − 1 Freiheitsgraden.** Bei nicht normalverteilten Grundgesamtheiten benutzt man wieder die Approximation für $n \geq 30$. Damit können die Formeln aus Abschnitt 1.2.1 unmittelbar übernommen werden, wobei die Quantile der Standard-Normalverteilung durch die der t-Verteilung mit $n-1$ Freiheitsgraden ersetzt werden müssen.

Zusammenfassung:

Konfidenzintervalle für den Erwartungswert μ zum Niveau $1-\alpha$ bei unbekannter Varianz σ^2:

a) zweiseitige:

$$\left[\bar{x} - t_{n-1;1-\frac{\alpha}{2}} \cdot \frac{s}{\sqrt{n}} ; \bar{x} + t_{n-1;1-\frac{\alpha}{2}} \cdot \frac{s}{\sqrt{n}}\right] ;$$

b) einseitige:

$$\left[\bar{x} - t_{n-1;1-\alpha} \cdot \frac{s}{\sqrt{n}} ; +\infty\right); \left(-\infty ; \bar{x} + t_{n-1;1-\alpha} \cdot \frac{s}{\sqrt{n}}\right].$$

$\bar{x}$ = Mittelwert, s = Standardabweichung einer Stichprobe vom Umfang n. Dabei sind $t_{n-1;1-\frac{\alpha}{2}}$ und $t_{n-1;1-\alpha}$ Quantile t-Verteilung mit $n-1$ Freiheitsgraden. Bei normalverteilten Zufallsvariablen sind diese Intervalle für jedes n exakt, bei nicht normalverteilten liefern sie für $n \geq 30$ im allgemeinen brauchbare Näherungen.

Die **Breite** des zweiseitigen zentralen Konfidenzintervalls

$$d = 2 \cdot t_{1-\frac{\alpha}{2}} \cdot \frac{s}{\sqrt{n}}$$

hängt von der Standardabweichung s der Stichprobe und damit vom Zufall ab. Bei fest vorgegebenem α und n kann die maximale Länge nicht vor der Stichprobenerhebung vorgegeben werden. Die Breite d ist Realisierung der Zufallsvariablen

$$D = 2 \cdot t_{1-\frac{\alpha}{2}} \cdot \frac{S}{\sqrt{n}} .$$

Nach Abschnitt 2.3 gilt $E(S) < \sigma$ für $\sigma > 0$. Daraus folgt

$$E(D) < 2 \cdot t_{1-\frac{\alpha}{2}} \cdot \frac{\sigma}{\sqrt{n}} ; \qquad \lim_{n\to\infty} E(D) = 0 .$$

1.3. Test eines Erwartungswertes

Zum Test des Erwartungswertes μ muß wie bei der Bestimmung von Vertrauensintervallen in Abschnitt 1.2 die Grundgesamtheit normalverteilt oder aber der Stichprobenumfang n mindestens gleich 30 sein. Bei Normalverteilungen sind die Verteilungen der Testgrößen bei beliebigem n exakt.

Andernfalls liefern sie wegen des zentralen Grenzwertsatzes für $n \geq 30$ brauchbare Näherungen.

Wie bei den Konfidenzintervallen muß unterschieden werden, ob die Varianz bekannt oder unbekannt ist.

1.3.1. Test eines Erwartungswertes μ bei bekannter Varianz σ^2

Die Varianz σ^2 der Zufallsvariablen sei bekannt. Dann ist die standardisierte Zufallsvariable

$$Z = \frac{\bar{X} - \mu_0}{\sigma} \sqrt{n}$$

standard-normalverteilt, falls μ_0 der Erwartungswert von X ist. Mit der Realisierung aus einer einfachen Stichprobe

$$\frac{\bar{x} - \mu_0}{\sigma} \sqrt{n} \; ; \; \bar{x} = \text{Mittelwert der Stichprobe vom Umfang n}$$

und den Quantilen der Standard-Normalverteilung gelangt man zu den

Testentscheidungen

Nullhypothese H_0	Alternative H_1	Ablehnungsbereich von H_0
a) $\mu = \mu_0$	$\mu \neq \mu_0$	$\left\lvert \frac{\bar{x} - \mu_0}{\sigma} \sqrt{n} \right\rvert > z_{1-\alpha/2}$
b) $\mu \leq \mu_0$	$\mu > \mu_0$	$\frac{\bar{x} - \mu_0}{\sigma} \sqrt{n} > z_{1-\alpha}$
c) $\mu \geq \mu_0$	$\mu < \mu_0$	$\frac{\bar{x} - \mu_0}{\sigma} \sqrt{n} < -z_{1-\alpha}$

Benutzt werden die Quantile der Standard-Normalverteilung.

Sämtliche drei Tests sind **unverfälscht.**

1.3.2. Test eines Erwartungswertes μ bei unbekannter Varianz

Falls die Varianz der Zufallsvariablen nicht bekannt ist, schätzt man die Standardabweichung σ durch die Standardabweichung s der Stichprobe. Damit erhält man wie in Abschnitt 1.2.2 die Testgröße

$$T = \frac{\bar{X} - \mu_0}{S} \sqrt{n} \, ,$$

die t-verteilt ist mit $n - 1$ Freiheitsgraden, falls μ_0 der Erwartungswert der Zufallsvariablen X ist. Mit Hilfe der Realisierung

$\frac{\bar{x} - \mu_0}{s} \sqrt{n}$, $\bar{x}$ = Mittelwert, s = Standardabweichung einer Stichprobe

vom Umfang n und den Quantilen der t-Verteilung mit $n - 1$ Freiheitsgraden erhält man die

Testentscheidungen

Nullhypothese H_0	Alternative H_1	Ablehnungsbereich von H_0
a) $\mu = \mu_0$	$\mu \neq \mu_0$	$\left\| \frac{\bar{x} - \mu_0}{s} \sqrt{n} \right\| > t_{n-1;1-\alpha/2}$
b) $\mu \leq \mu_0$	$\mu > \mu_0$	$\frac{\bar{x} - \mu_0}{s} \sqrt{n} > t_{n-1;1-\alpha}$
c) $\mu \geq \mu_0$	$\mu < \mu_0$	$\frac{\bar{x} - \mu_0}{s} \sqrt{n} < -t_{n-1;1-\alpha}$

Benutzt werden die Quantile der t-Verteilung mit $n - 1$ Freiheitsgraden.

Alle drei Tests sind **unverfälscht**.

1.4. Vergleich zweier Erwartungswerte

Die Erwartungswerte μ_X und μ_Y zweier Zufallsvariabler X und Y sollen miteinander verglichen werden. Dabei seien entweder beide Zufallsvariable **normalverteilt** oder die **Stichprobenumfänge entsprechend groß.**

1.4.1. Vergleich bei verbundenen Stichproben

Falls an n verschiedenen Individuen die Realisierungen der beiden Zufallsvariablen X und Y gemessen werden, entsteht eine sog. verbundene (zweidimensionale) Stichprobe

$$(x, y) = ((x_1, y_1), (x_2, y_2), \ldots, (x_n, y_n)).$$

Die beiden Zufallsvariablen besitzen die unbekannten Erwartungswerte $\mu_X = E(X)$ und $\mu_Y = E(Y)$.

Zum Vergleich dieser Erwartungswerte benutzt man die Differenzen der verbundenen Stichprobenwerte

$$d_i = x_i - y_i \quad \text{für } i = 1, 2, \ldots, n.$$

Die Stichprobe der Differenzen

$$d = (d_1, d_2, \ldots, d_n)$$

besitze den Mittelwert

$$\bar{d} = \bar{x} - \bar{y} = \frac{1}{n}\sum_{i=1}^{n} d_i = \frac{1}{n}\sum_{i=1}^{n} (x_i - y_i)$$

und die Varianz

$$s_d^2 = \frac{1}{n-1}\sum_{i=1}^{n} (d_i - \bar{d})^2 = \frac{1}{n-1}\Big(\sum_{i=1}^{n} d_i^2 - n\bar{d}^2\Big).$$

1.4.1.1. Konfidenzintervalle bei verbundenen Stichproben

Die Stichprobengröße

$$t = \sqrt{n} \cdot \frac{\bar{x} - \bar{y} - (\mu_X - \mu_Y)}{s_d}$$

ist Realisierung einer t-verteilten Zufallsvariablen mit $n-1$ Freiheitsgraden, falls μ_X und μ_Y die Erwartungswerte der beiden Zufallsvariablen sind.

Mit den Quantilen der t-Verteilung mit $n-1$ Freiheitsgraden, den Mittelwerten $\bar{x}$ und $\bar{y}$ sowie der Standardabweichung s_d der Stichprobe der Differenzen $x_i - y_i$ erhält man

Konfidenzintervalle für $\mu_X - \mu_Y$ bei verbundenen Stichproben zum Niveau $1-\alpha$:

zweiseitige:

$$\left[\bar{x} - \bar{y} - t_{n-1;1-\frac{\alpha}{2}} \cdot \frac{s_d}{\sqrt{n}} \; ; \; \bar{x} - \bar{y} + t_{n-1;1-\frac{\alpha}{2}} \cdot \frac{s_d}{\sqrt{n}}\right];$$

einseitige:

$$\left[\bar{x} - \bar{y} - t_{n-1;1-\alpha} \cdot \frac{s_d}{\sqrt{n}} \; ; +\infty\right); \quad \left(-\infty \; ; \bar{x} - \bar{y} + t_{n-1;1-\alpha} \cdot \frac{s_d}{\sqrt{n}}\right].$$

s_d = Standardabweichung der Stichprobe der Differenzen $x_i - y_i$.
Benutzt werden die Quantile der t-Verteilung mit $n-1$ Freiheitsgraden.

1.4.1.2. Tests bei verbundenen Stichproben

Es soll getestet werden, ob die Differenz $\mu_X - \mu_Y$ der beiden Erwartungswerte gleich, kleiner oder größer als eine fest vorgegebene Konstante c ist. Dabei ergibt c = 0 als Spezialfall den **Test auf Gleichheit** der beiden Erwartungswerte.

Im Falle $\mu_X - \mu_Y = c$ besitzt die Zufallsvariable der Differenzen den Erwartungswert $E(X) - E(Y) = \mu_X - \mu_Y = c$. Dann ist die Standardisierung

$$T = \frac{\bar{D} - c}{S_d} \sqrt{n}$$

(ungefähr) t - verteilt mit n – 1 Freiheitsgraden.

Mit der Testgröße

$$\frac{\bar{d} - c}{s_d} \sqrt{n}$$

$\bar{d} = \bar{x} - \bar{y}$ = Mittelwert, s_d = Standardabweichung der Stichprobe der Differenzen $d_i = x_i - y_i$ erhält man für die drei verschiedenen Tests die

Testentscheidungen

Nullhypothese H_0	Alternative H_1	Ablehnungsbereich von H_0
a) $\mu_X - \mu_Y = c$	$\mu_X - \mu_Y \neq c$	$\left\| \frac{\bar{d} - c}{s_d} \sqrt{n} \right\| > t_{n-1\,;\,1-\alpha/2}$
b) $\mu_X - \mu_Y \leq c$	$\mu_X - \mu_Y > c$	$\frac{\bar{d} - c}{s_d} \sqrt{n} > t_{n-1\,;\,1-\alpha}$
c) $\mu_X - \mu_Y \geq c$	$\mu_X - \mu_Y < c$	$\frac{\bar{d} - c}{s_d} \sqrt{n} < -t_{n-1\,;\,1-\alpha}$

Benutzt werden die Quantile der t-Verteilung mit n – 1 Freiheitsgraden.
$\bar{d}$ = Mittelwert , s_d = Standardabweichung der Stichprobe der Differenzen $x_i - y_i$.

1.4.2. Vergleich bei nichtverbundenen Stichproben

In diesem Abschnitt sollen die unbekannten Erwartungswerte $\mu_X = E(X)$ und $\mu_Y = E(Y)$ zweier **unabhängiger Zufallsvariabler** X und Y miteinander verglichen werden.

Zur Durchführung des entsprechenden statistischen Verfahrens benutzt man zwei unabhängige einfache Stichproben vom Umfang n_1 bzw. n_2, also n_1 unabhängige Realisierungen der Zufallsvariablen X sowie n_2 unabhängige Realisierungen der Zufallsvariablen Y

$$x = (x_1, x_2, \dots, x_{n_1}) \;;\; y = (y_1, y_2, \dots, y_{n_2}) \;.$$

Dabei seien entweder die jeweiligen Zufallsvariablen normalverteilt oder die Stichprobenumfänge entsprechend groß.

Die beiden Stichproben besitzen die Mittelwerte und Varianzen

$$\bar{x} = \frac{1}{n_1} \sum_{i=1}^{n_1} x_i \;; \quad \bar{y} = \frac{1}{n_2} \sum_{j=1}^{n_2} y_j \;;$$

$$s_x^2 = \frac{1}{n_1 - 1} \sum_{i=1}^{n_1} (x_i - \bar{x})^2 \;; \quad s_y^2 = \frac{1}{n_2 - 1} \sum_{j=1}^{n_2} (y_j - \bar{y})^2 \,.$$

1.4.2.1. Vergleich der Erwartungswerte bei bekannten Varianzen

Die Varianzen $\sigma_X^2 = \mathrm{Var}(X)$ und $\sigma_Y^2 = \mathrm{Var}(Y)$ seien bekannt. Dann besitzt die Zufallsvariable $\bar{X} - \bar{Y}$ die Parameter

Erwartungswert: $E(\bar{X} - \bar{Y}) = \mu_X - \mu_Y$;

Varianz: $\sigma_d^2 = \mathrm{Var}(\bar{X} - \bar{Y}) = \frac{\sigma_X^2}{n_1} + \frac{\sigma_Y^2}{n_2}$.

Bei normalverteilten Grundgesamtheiten oder großen Stichprobenumfängen erhält man hieraus die N(0 ; 1)- verteilte Testgröße

$$T = \frac{\bar{X} - \bar{Y} - (\mu_X - \mu_Y)}{\sqrt{\frac{\sigma_X^2}{n_1} + \frac{\sigma_Y^2}{n_2}}} \,.$$

Konfidenzintervalle für die Differenz der Erwartungswerte

Aus der obigen Testgröße erhält man mit den Quantilen der Standard-Normalverteilung, den Mittelwerten $\bar{x}$ und $\bar{y}$ sowie der bekannten Standardabweichung

$$\sigma_d = \sqrt{\mathrm{Var}(\bar{X} - \bar{Y})} = \sqrt{\frac{\sigma_X^2}{n_1} + \frac{\sigma_Y^2}{n_2}}$$

Konfidenzintervalle zum Niveau $1-\alpha$ für $\mu_X - \mu_Y$ bei nichtverbundenen Stichproben mit bekannten Varianzen:

zweiseitige:

$$\left[\bar{x}-\bar{y}-z_{1-\frac{\alpha}{2}}\cdot\sqrt{\frac{\sigma_X^2}{n_1}+\frac{\sigma_Y^2}{n_2}}\ ;\ \bar{x}-\bar{y}+z_{1-\frac{\alpha}{2}}\cdot\sqrt{\frac{\sigma_X^2}{n_1}+\frac{\sigma_Y^2}{n_2}}\right];$$

einseitige:

$$\left[\bar{x}-\bar{y}-z_{1-\alpha}\cdot\sqrt{\frac{\sigma_X^2}{n_1}+\frac{\sigma_Y^2}{n_2}}\ ;+\infty\right);\left(-\infty\ ;\bar{x}-\bar{y}+z_{1-\alpha}\cdot\sqrt{\frac{\sigma_X^2}{n_1}+\frac{\sigma_Y^2}{n_2}}\right].$$

Benutzt werden die Quantile der Standard-Normalverteilung.

Test der Differenz der beiden Erwartungswerte

Zum Test auf eine bestimmte Differenz c der beiden Erwartungswerte benutzt man die

$$\text{Testgröße}\quad z_{ber.} = \frac{\bar{x}-\bar{y}-c}{\sqrt{\frac{\sigma_X^2}{n_1}+\frac{\sigma_Y^2}{n_2}}}.$$

Mit den Quantilen der Standard-Normalverteilung erhält man die

Testentscheidungen

Nullhypothese H_0	Alternative H_1	Ablehnungsbereich von H_0
a) $\mu_X - \mu_Y = c$	$\mu_X - \mu_Y \neq c$	$\lvert z_{ber.} \rvert > z_{1-\alpha/2}$
b) $\mu_X - \mu_Y \leq c$	$\mu_X - \mu_Y > c$	$z_{ber.} > z_{1-\alpha}$
c) $\mu_X - \mu_Y \geq c$	$\mu_X - \mu_Y < c$	$z_{ber.} < -z_{1-\alpha}$

1.4.2.2. Vergleich der Erwartungswerte bei unbekannten, aber gleichen Varianzen

Oft kann man davon ausgehen, daß die beiden unbekannten Varianzen Var(X) und Var(Y) gleich sind. Die Zufallsvariablen S_X^2 und S_Y^2 beschreiben die Varianzen der beiden einzelnen Stichproben. Im Falle der Normalverteilung sind die beiden unabhängigen Zufallsvariablen

$$\frac{(n_1-1)\,S_X^2}{\sigma^2} \quad \text{und} \quad \frac{(n_2-1)\,S_Y^2}{\sigma^2}$$

Chi-Quadrat-verteilt mit n_1-1 und n_2-1 Freiheitsgraden. Wegen der Unabhängigkeit ist dann die Summe

$$W = \frac{(n_1-1)\,S_X^2}{\sigma^2} + \frac{(n_2-1)\,S_Y^2}{\sigma^2}$$

ebenfalls Chi-Quadrat-verteilt mit n_1+n_2-2 Freiheitsgraden. Die Zufallsvariable $\bar{X}-\bar{Y}$ besitzt die Parameter

$$E(\bar{X}-\bar{Y}) = \mu_X - \mu_Y; \quad \operatorname{Var}(\bar{X}-\bar{Y}) = \sigma^2 \cdot \left(\frac{1}{n_1} + \frac{1}{n_2}\right).$$

Dabei ist σ^2 die gemeinsame unbekannte Varianz.

Dann ist die Zufallsvariable

$$Z = \frac{\bar{X}-\bar{Y}-(\mu_X-\mu_Y)}{\sigma \cdot \sqrt{\frac{1}{n_1}+\frac{1}{n_2}}}$$

N (0 ; 1)-verteilt. Der Quotient

$$T = \frac{Z \cdot \sqrt{n_1+n_2-2}}{\sqrt{W}} = \frac{\bar{X}-\bar{Y}-(\mu_X-\mu_Y)}{\sqrt{(n_1-1)\,S_X^2+(n_2-1)\,S_Y^2}} \cdot \sqrt{\frac{n_1 n_2 (n_1+n_2-2)}{n_1+n_2}}$$

ist t-verteilt mit n_1+n_2-2 Freiheitsgraden.

Konfidenzintervalle für die Differenz der Erwartungswerte

Die beiden Stichproben vom Umfang n_1 und n_2 besitzen die Mittelwerte $\bar{x}$ und $\bar{y}$ sowie die Varianzen s_x^2 und s_y^2.

Daraus berechnet man die Standardabweichung

$$s_d = \sqrt{\frac{(n_1+n_2)\cdot\left((n_1-1)\,s_x^2+(n_2-1)\,s_y^2\right)}{n_1 n_2 (n_1+n_2-2)}}.$$

Mit den Quantilen der t-Verteilung mit n_1+n_2-2 Freiheitsgraden erhält man

Konfidenzintervalle für $\mu_X - \mu_Y$ zum Niveau $1-\alpha$ bei gleichen, aber unbekannten Varianzen:

zweiseitige:

$$\left[\bar{x} - \bar{y} - t_{n_1+n_2-2\,;\,1-\frac{\alpha}{2}} \cdot s_d\,;\; \bar{x} - \bar{y} + t_{n_1+n_2-2\,;\,1-\frac{\alpha}{2}} \cdot s_d\right];$$

einseitige:

$$\left[\bar{x} - \bar{y} - t_{n_1+n_2-2\,;1-\alpha} \cdot s_d ; +\infty\right) ; \left(-\infty\,;\,\bar{x} - \bar{y} + t_{n_1+n_2-2\,;1-\alpha} \cdot s_d\right].$$

Test der Differenz der Erwartungswerte

Zum Test einer bestimmten Differenz c der beiden Erwartungswerte berechnet man aus den Mittelwerten $\bar{x}$ und $\bar{y}$ und den Varianzen s_x^2 und s_y^2 der beiden unabhängigen Stichproben vom Umfang n_1 und n_2 die

Testgröße

$$t_{ber.} = \frac{\bar{x} - \bar{y} - c}{\sqrt{(n_1 - 1)\,s_x^2 + (n_2 - 1)\,s_y^2}} \cdot \sqrt{\frac{n_1\,n_2\,(n_1 + n_2 - 2)}{n_1 + n_2}}\,.$$

Mit den Quantilen der t-Verteilung mit $n_1 + n_2 - 2$ Freiheitsgraden erhält man die

Testentscheidungen

Nullhypothese H_0	Alternative H_1	Ablehnungsbereich von H_0
a) $\mu_X - \mu_Y = c$	$\mu_X - \mu_Y \neq c$	$\lvert t_{ber.} \rvert > t_{n_1+n_2-2\,;\,1-\alpha/2}$
b) $\mu_X - \mu_Y \leq c$	$\mu_X - \mu_Y > c$	$t_{ber.} > t_{n_1+n_2-2\,;\,1-\alpha}$
c) $\mu_X - \mu_Y \geq c$	$\mu_X - \mu_Y < c$	$t_{ber.} < -t_{n_1+n_2-2\,;\,1-\alpha}$

1.4.2.3. Vergleich der Erwartungswerte bei unbekannten, aber ungleichen Varianzen (Behrens-Fisher-Problem)

Falls die Varianzen σ_X^2 und σ_Y^2 der beiden Zufallsvariablen X und Y nicht bekannt und auch nicht gleich sind, ist auch bei normalverteilten Zufallsvariablen das Schätz- und Testproblem für die Differenz der beiden Erwartungswerte nur näherungsweise lösbar. Die Zufallsvariable

$$T = \frac{\bar{X} - \bar{Y} - (\mu_X - \mu_Y)}{\sqrt{\frac{S_x^2}{n_1} + \frac{S_y^2}{n_2}}}$$

ist näherungsweise t-verteilt. Die Anzahl f der Freiheitsgrade beträgt nach dem sog. **Behrens-Fisher-Problem** (s. Hartung, J. [1982]) ungefähr

$$f \approx \frac{\left(\frac{s_x^2}{n_1} + \frac{s_y^2}{n_2}\right)^2}{\frac{1}{n_1 - 1}\left(\frac{s_x^2}{n_1}\right)^2 + \frac{1}{n_2 - 1}\left(\frac{s_y^2}{n_2}\right)^2}$$

(dieser Wert muß gerundet werden).

Konfidenzintervalle für die Differenz der Erwartungswerte

Die Stichproben vom Umfang n_1 und n_2 besitzen die Mittelwerte $\bar{x}$ und $\bar{y}$ sowie die Varianzen s_x^2 und s_y^2. Aus der obigen Formel bestimme man durch Runden den Freiheitsgrad f. Dann erhält man mit den Quantilen der t-Verteilung mit f Freiheitsgraden als Näherungen

Konfidenzintervalle für $\mu_X - \mu_Y$ zum Niveau $1 - \alpha$ bei beliebigen unbekannten Varianzen:

zweiseitige:

$$\left[\bar{x} - \bar{y} - t_{f;1-\frac{\alpha}{2}} \cdot \sqrt{\frac{s_x^2}{n_1} + \frac{s_y^2}{n_2}}\ ;\ \bar{x} - \bar{y} + t_{f;1-\frac{\alpha}{2}} \cdot \sqrt{\frac{s_x^2}{n_1} + \frac{s_y^2}{n_2}}\right];$$

einseitige:

$$\left[\bar{x} - \bar{y} - t_{f;1-\alpha} \cdot \sqrt{\frac{s_x^2}{n_1} + \frac{s_y^2}{n_2}}\ ;\ \infty\right); \left(-\infty\ ;\ \bar{x} - \bar{y} + t_{f;1-\alpha} \cdot \sqrt{\frac{s_x^2}{n_1} + \frac{s_y^2}{n_2}}\right]$$

Benutzt werden die Quantile der t-Verteilung mit f Freiheitsgraden (s. o).

Test der Differenz der Erwartungswerte

Mit den in Abschnitt 1.4.2.1 angegebenen Größen berechne man die Testgröße

$$t_{ber.} = \frac{\bar{x} - \bar{y} - c}{\sqrt{\frac{s_x^2}{n_1} + \frac{s_y^2}{n_2}}}.$$

Mit den Quantilen der t-Verteilung mit f Freiheitsgraden (s. o.) erhält man die

Testentscheidungen

Nullhypothese H_0	Alternative H_1	Ablehnungsbereich von H_0
a) $\mu_X - \mu_Y = c$	$\mu_X - \mu_Y \neq c$	$\mid t_{ber.} \mid > t_{f;1-\alpha/2}$
b) $\mu_X - \mu_Y \leq c$	$\mu_X - \mu_Y > c$	$t_{ber.} > t_{f;1-\alpha}$
c) $\mu_X - \mu_Y \geq c$	$\mu_X - \mu_Y < c$	$t_{ber.} < -t_{f;1-\alpha}$

1.5. Vergleich mehrerer Erwartungswerte

Die m Zufallsvariablen $X_1, X_2, \ldots, X_m$ sollen die gleiche Varianz besitzen. Bei **Normalverteilungen** werden Tests auf Gleichheit aller m Erwartungswerte in der einfachen Varianzanalyse mit festen Effekten (Kap. X) durchgeführt. Bei unverbundenen Stichproben benutzt man die einfache Varianzanalyse aus Abschnitt 1, bei verbundenen Stichproben die doppelte Varianzanalyse mit einfacher Klassenbesetzung aus Abschnitt 2.1.

Ohne Normalverteilungsannahme werden die entsprechenden Tests in Kap. XI Abschnitt 12.1.2 (Kruskal-Wallis-Test) und Abschnitt 12.2 (Friedman-Test) behandelt.

2. Varianzen und Standardabweichungen

Die Varianz $Var(X) = \sigma^2$ einer beliebigen Zufallsvariablen X sei nicht bekannt. Zur Schätzung und Durchführung von Tests benutzt man eine einfache Stichprobe $x = (x_1, x_2, \ldots, x_n)$ vom Umfang n.

2.1. Schätzung einer beliebigen Varianz

Zur Schätzung einer unbekannten Varianz σ^2 werden die beiden Fälle unterschieden, bei denen der Erwartungswert $\mu = E(X)$ bekannt bzw. nicht bekannt ist.

2.1.1. Schätzung der Varianz bei bekanntem Erwartungswert

Falls der Erwartungswert μ der Zufallsvariablen X bekannt ist, benutzt man zur Schätzung für σ^2 die Schätzfunktion

$$T_n = \hat{S}^2 = \frac{1}{n}\sum_{i=1}^{n}(X_i - \mu)^2 .$$

Aus

$$Var(X_i) = E\Big((X_i - \mu)^2\Big) = \sigma^2$$

folgt wegen der Additivität des Erwartungswertes

$$E(\hat{S}^2) = \frac{1}{n}\sum_{i=1}^{n} Var(X_i) = \sigma^2.$$

Die Schätzfunktion ist somit **erwartungstreu.**

Falls für die identisch verteilten Zufallsvariablen X_i das vierte zentrale Moment

$$\eta_4 = E\Big((X_i - \mu)^4\Big)$$

existiert, lautet die Varianz der Zufallsvariablen $(X_i - \mu)^2$

$$Var\Big((X_i - \mu)^2\Big) = E\Big((X_i - \mu)^4\Big) - \sigma^4 = \eta_4 - \sigma^4 .$$

Dann folgt aus der Unabhängigkeit der Zufallsvariablen $(X_i - \mu)^2$ und der Addititvität der Varianz bei unabhängigen Zufallsvariablen

$$Var(\hat{S}^2) = \frac{1}{n^2}\cdot n\cdot(\eta_4 - \sigma^4) = \frac{\eta_4 - \sigma^4}{n} \quad \text{mit} \quad \lim_{n\to\infty} Var(\hat{S}^2) = 0.$$

Dann ist die Schätzfunktion $\hat{S}^2$ auch **konsistent.**

Bei normalverteilten Grundgesamtheiten (s. Abschnitt 3.2) ist sie auch **wirksamst** (effizient). Bei bekanntem Erwartungswert μ erhält man aus einer einfachen Stichprobe in

$$\hat{s}^2 = \frac{1}{n}\sum_{i=1}^{n}(x_i - \mu)^2 \approx \sigma^2$$

Schätzwerte für eine unbekannte Varianz, die alle geforderten Eigenschaften erfüllen.

Zusammenfassung:

> Der Erwartungswert μ der Zufallsvariable X sei bekannt, nicht aber die Varianz. Dann ist in einer einfachen Stichprobe vom Umfang n für die Varianz σ^2 die Schätzfunktion
>
> $$\hat{S}^2 = \frac{1}{n}\sum_{i=1}^{n}(X_i - \mu)^2$$
>
> **erwartungstreu** für σ^2.
>
> Falls das vierte Moment η_4 der Zufallsvariablen X existiert, gilt
>
> $$\operatorname{Var}(\hat{S}^2) = \frac{\eta_4 - \sigma^4}{n} \quad \text{mit} \quad \lim_{n\to\infty} \operatorname{Var}(\hat{S}^2) = 0.$$
>
> Dann ist die Schätzfunktion $\hat{S}^2$ auch **konsistent.**
>
> Bei **Normalverteilungen** ist sie auch **wirksamst (effizient).**

2.1.2. Schätzung der Varianz bei unbekanntem Erwartungswert

Falls der Erwartungswert μ nicht bekannt ist, wäre es wohl naheliegend, in der in Abschnitt 2.1.1 angegebenen Näherung den unbekannten Erwartungswert μ durch den Mittlelwert $\bar{x}$ der Stichprobe zu ersetzen. Dann erhält man die Schätzfunktion

$$T_n = \frac{1}{n}\sum_{i=1}^{n}(X_i - \bar{X})^2 = \frac{1}{n}\Big(\sum_{i=1}^{n} X_i^2 - n\bar{X}^2\Big).$$

Die Zufallsvariable $\bar{X}$ besitzt als Realisierung den Mittelwert $\bar{x}$ der Stichprobe (vgl. Abschnitt 1.1.1).

Aus $\sigma^2 = \operatorname{Var}(X_i) = E(X_i^2) - \mu^2$ folgt $E(X_i^2) = \sigma^2 + \mu^2$; $i = 1, 2, \ldots, n$.

$E(\bar{X}) = \mu$ und $\operatorname{Var}(\bar{X}) = \frac{\sigma^2}{n}$ ergibt entsprechend

$$E(\bar{X}^2) = \operatorname{Var}(\bar{X}) + [E(\bar{X})]^2 = \frac{\sigma^2}{n} + \mu^2.$$

Damit erhält man

$$\begin{aligned}
E(T_n) &= \frac{1}{n}\Big(\sum_{i=1}^{n} E(X_i^2) - n\,E(\bar{X}^2)\Big) \\
&= \frac{1}{n}\Big(\sum_{i=1}^{n} (\sigma^2 + \mu^2) - n\big(\frac{\sigma^2}{n} + \mu^2\big)\Big) \\
&= \frac{1}{n}\Big(n\sigma^2 + n\mu^2 - \sigma^2 - n\mu^2\Big) = \frac{n-1}{n}\sigma^2 < \sigma^2.
\end{aligned}$$

Diese Schätzfunktion ist **nicht erwartungstreu**. Sie würde im Mittel zu kleine Schätzwerte für die Varianz liefern.

Die Schätzfunktion

$$S^2 = \frac{1}{n-1}\sum_{i=1}^{n}(X_i-\bar{X})^2 = \frac{1}{n-1}\left(\sum_{i=1}^{n}X_i^2 - n\bar{X}^2\right) = \frac{n}{n-1}T_n$$

ist wegen $E(S^2) = \frac{n}{n-1}E(T_n) = \sigma^2$ **erwartungstreu** für σ^2.

Die Eigenschaft der Erwartungstreue ist der Grund dafür, daß bei der Berechnung der Stichprobenvarianz s^2 die Summe der quadratischen Abweichungen nicht durch n, sondern durch $n-1$ dividiert wird. Dann erhält man auch bei kleinem Stichprobenumfang in

$$\sigma^2 \approx s^2 = \frac{1}{n-1}\sum_{i=1}^{n}(x_i-\bar{x})^2 = \frac{1}{n-1}\left(\sum_{i=1}^{n}x_i^2 - n\bar{x}^2\right)$$

erwartungstreue Schätzwerte für eine unbekannte Varianz σ^2. Die Zufallsvariable

$$S^{*2} = \frac{1}{n}\sum_{i=1}^{n}(X_i-\bar{X})^2 = T_n$$

ist wegen $E(S^{*2}) = \frac{n-1}{n}\sigma^2$ nicht erwartungstreu, jedoch asymptotisch erwartungstreu. Bei einem großen Stichprobenumfang n spielt es keine wesentliche Rolle, ob die quadratische Abweichungssumme durch $n-1$ oder durch n dividiert wird. Bei einem Stichprobenumfang von $n = 5$ findet jedoch wegen

$$E(S^{*2}) = \frac{n-1}{n}\sigma^2 = 0{,}8\,\sigma^2$$

auf Dauer eine Unterschätzung der Varianz um 20 % statt.

Die Varianz der Schätzfunktion S^2

Wegen $E(S^2) = \sigma^2$ lautet die Varianz von S^2

$$\mathrm{Var}(S^2) = E(S^4) - \sigma^4.$$

Zur Berechnung von $E(S^4)$ benutzen wir folgende Umformung:

$$\begin{aligned}(n-1)S^2 &= \sum_{i=1}^{n}(X_i-\bar{X})^2 = \sum_{i=1}^{n}[(X_i-\mu)-(\bar{X}-\mu)]^2 \\ &= \sum_{i=1}^{n}(X_i-\mu)^2 - 2(\bar{X}-\mu)\sum_{i=1}^{n}(X_i-\mu) + n(\bar{X}-\mu)^2 \\ &= \sum_{i=1}^{n}(X_i-\mu)^2 - 2(\bar{X}-\mu)\,n(\bar{X}-\mu) + n(\bar{X}-\mu)^2\end{aligned}$$

$$= \sum_{i=1}^{n} (X_i - \mu)^2 - n(\bar{X} - \mu)^2 .$$

Quadrieren ergibt

$$(n-1)^2 S^4 = \left(\sum_{i=1}^{n} (X_i - \mu)^2 - n(\bar{X} - \mu)^2\right)^2$$

$$= \left(\sum_{i=1}^{n} (X_i - \mu)^2\right)^2 - 2n(\bar{X} - \mu)^2 \sum_{i=1}^{n} (X_i - \mu)^2 + n^2(\bar{X} - \mu)^4.$$

Bei der nachfolgenden Rechnung wird die Unabhängigkeit der Zufallsvariablen X_i benutzt sowie die Eigenschaften:

$$E(X_i - \mu) = 0 ; \quad E\left((X_i - \mu)^2\right) = \sigma^2; \quad E\left((X_i - \mu)^4\right) = \eta_4 .$$

$$E\left((X_i - \mu)^2 \cdot (X_j - \mu)^2\right) = E\left((X_i - \mu)^2\right) \cdot E\left((X_j - \mu)^2\right) = \sigma^4 \text{ für } i \neq j .$$

Damit erhält man

$$\text{a) } E\left(\sum_{i=1}^{n} (X_i - \mu)^2\right)^2 = E\left(\left(\sum_{i=1}^{n} (X_i - \mu)^2\right) \cdot \left(\sum_{j=1}^{n} (X_j - \mu)^2\right)\right)$$

$$= E\left(\sum_{k=1}^{n} (X_k - \mu)^4\right) + E\Big(\underbrace{\sum_{i \neq j} (X_i - \mu)^2 \cdot (X_j - \mu)^2}_{n(n-1) \text{ Summanden}}\Big)$$

$$= n\,\eta_4 + n(n-1)\,\sigma^4.$$

$$\text{b) } E\left((\bar{X} - \mu)^2 \sum_{i=1}^{n} (X_i - \mu)^2\right) = E\left(\frac{1}{n} \sum_{j=1}^{n} (X_j - \mu)\right)^2 \cdot \left(\sum_{i=1}^{n} (X_i - \mu)^2\right)$$

$$= \frac{1}{n^2} E\left(\left(\sum_{k=1}^{n} (X_k - \mu)^2 + \sum_{j \neq l} (X_j - \mu) \cdot (X_l - \mu)\right) \cdot \left(\sum_{i=1}^{n} (X_i - \mu)^2\right)\right)$$

$$= \underbrace{\frac{1}{n^2} E\left(\left(\sum_{k=1}^{n} (X_k - \mu)^2\right) \cdot \left(\sum_{i=1}^{n} (X_i - \mu)^2\right)\right)}_{\text{stimmt mit a) überein}}$$

$$+ \frac{1}{n^2} \underbrace{E\left(\left(\sum_{j \neq l} (X_j - \mu) \cdot (X_l - \mu)\right) \cdot \left(\sum_{i=1}^{n} (X_i - \mu)^2\right)\right)}_{= 0}$$

$$= \frac{1}{n^2} \cdot \left(n\,\eta_4 + n(n-1)\,\sigma^4\right) = \frac{\eta_4 + (n-1)\sigma^4}{n} .$$

c) $$E\left((\bar{X}-\mu)^4\right) = E\left(\left(\frac{1}{n}\sum_{i=1}^{n}(X_i-\mu)\right)^2\cdot\left(\frac{1}{n}\sum_{j=1}^{n}(X_j-\mu)\right)^2\right)$$

$$= \frac{1}{n^4}E\left(\left(\sum_{k=1}^{n}(X_k-\mu)^2+\sum_{i\neq j}(X_i-\mu)\cdot(X_j-\mu)\right)\cdot\right.$$

$$\left.\cdot\left(\sum_{\nu=1}^{n}(X_\nu-\mu)^2+\sum_{u\neq v}(X_u-\mu)\cdot(X_v-\mu)\right)\right)$$

$$=\frac{1}{n^4}E\left(\sum_{k=1}^{n}(X_k-\mu)^4+\sum_{k\neq\nu}(X_k-\mu)^2(X_\nu-\mu)^2+2\sum_{i\neq j}(X_i-\mu)^2(X_j-\mu)^2+R\right).$$

Bei den in R zusammengefaßten restlichen Summanden tritt jeweils ein einzelner Faktor $X_i-\mu$ auf, so daß der Erwartungswert verschwindet. Damit gilt

$$E\left((\bar{X}-\mu)^4\right) = \frac{1}{n^4}\left(n\,\eta_4+3\,n\,(n-1)\,\sigma^4\right).$$

Mit der obigen Zerlegung erhält man

$$E\left((n-1)^2S^4\right) = (n-1)^2E(S^4)$$

$$= n\eta_4+n\,(n-1)\,\sigma^4 - 2n\,\frac{\eta_4+(n-1)\,\sigma^4}{n}+\frac{1}{n^2}\left(n\,\eta_4+3\,n\,(n-1)\,\sigma^4\right)$$

$$= \frac{(n-1)^2}{n}\eta_4+(n-1)\frac{n^2-2n+3}{n}\sigma^2;$$

$$E(S^4) = \frac{1}{n}\eta_4+\frac{n^2-2n+3}{(n-1)\,n}\sigma^4.$$

Subtraktion von σ^4 ergibt die gesuchte Varianz.

Zusammenfassung:

Die Schätzfunktion $S^2=\frac{1}{n-1}\sum_{i=1}^{n}(X_i-\bar{X})^2$

besitzt den **Erwartungswert** $E(S^2)=\sigma^2$ und die **Varianz**

$$Var(S^2)=E(S^4)-\sigma^4=\frac{1}{n}\eta_4-\frac{n-3}{n(n-1)}\sigma^4,$$

falls das vierte zentrale Moment $\eta_4=E\left((X_i-\mu)^4\right)$ existiert.

Dann gilt $\lim_{n\to\infty}Var(S^2)=0$, d.h. die Schätzfuntion S^2 ist **konsistent.**

Bei **normalverteilten** Zufallsvariablen lautet das vierte zentrale Moment $\eta_4 = 3\sigma^4$. Dann erhält man durch elementare Rechnung

$$\mathrm{Var}(S^2) = \frac{2\sigma^4}{n-1} \text{ bei Normalverteilungen.}$$

2.2. Schätzung der Standardabweichung

T_n sei eine erwartungstreue Schätzfunktion für σ^2 mit $E(T_n) = \sigma^2$. Dann kann $\sqrt{T_n}$ als Schätzfunktion für σ benutzt werden. Da die Wurzelfunktion $g(x) = \sqrt{x}$ konkav ist, gilt nach der Jensenschen Ungleichung (vgl. 1.2.2 Kap. V Abschnitt 1.2.2)

$$E\left(\sqrt{T_n}\right) < E(T_n) = \sigma \text{ , falls } \mathrm{Var}(T_n) > 0.$$

Die Schätzfunktion $\sqrt{T_n}$ ist also **nicht erwartungstreu für** $\sigma > 0$. Durch sie wird die Standardabweichung σ unterschätzt.

So gilt z. B für die Schätzfunktion $S = \sqrt{\frac{1}{n-1} \sum_{i=1}^{n} (X_i - \bar{X})^2}$

$$\boxed{E(S) < \sigma, \text{ falls } \sigma > 0.}$$

In Abschnitt 3.5 wird bei Normalverteilungen eine erwartungstreue Schätzfunktion für σ angegeben. Bei Normalverteilungen ist die Schätzfunktion S asymptotisch erwartungstreu für σ.

2.3. Konfidenzintervalle für eine Varianz

Zur Bestimmung von Konfidenzintervallen für eine unbekannte Varianz σ^2 einer Zufallsvariablen X muß bei kleinem Stichprobenumfang n die Zufallsvariable X normalverteilt sein. Falls die Zufallsvariable X nicht normalverteilt ist, dürfen auch bei großem Stichprobenumfang n im Gegensatz zu den Vertrauensintervallen für den Erwartungswert μ die für Normalverteilungen berechneten Konfidenzintervalle nicht als Näherungslösungen benutzt werden. Für diesen Fall werden in Abschnitt 2.3.3 Näherungslösungen angegeben.

2.3.1. Konfidenzintervalle für die Varianz einer Normalverteilung bei bekanntem Erwartungswert

Die Zufallsvariable X sei normalverteilt mit dem bekannten Erwartungswert μ und der unbekannten Varianz σ^2. Dann sind in einer einfachen Stichprobe vom Umfang n die Zufallsvariablen $X_1, X_2, .., X_n$ $N(\mu; \sigma^2)$-verteilt. Ihre Standardisierungen

$$Z_i = \frac{X_i - \mu}{\sigma}$$

sind dann unabhängige $N(0;1)$-verteilte Zufallsvariable. Somit ist die Quadratsumme

$$\sum_{i=1}^{n} Z_i^2 = \sum_{i=1}^{n} \frac{(X_i - \mu)^2}{\sigma^2} = \frac{n}{\sigma^2} \frac{1}{n} \sum_{i=1}^{n} (X_i - \mu)^2 = \frac{n \hat{S}^2}{\sigma^2}$$

Chi-Quadrat-verteilt mit n Freiheitsgraden. Dabei ist

$$\hat{S}^2 = \frac{1}{n} \sum_{i=1}^{n} (X_i - \mu)^2$$

die für σ^2 erwartungstreue Schätzfunktion aus Abschnitt 2.1.1, falls der Erwartungswert μ bekannt ist.

Einseitige Konfidenzintervalle:

$\chi^2_{n;\alpha}$ und $\chi^2_{n;1-\alpha}$ seien die α- bzw. $(1-\alpha)$-Quantile der Chi-Quadrat-Verteilung mit n Freiheitsgraden. Dann gilt

$$1 - \alpha = P\left(\frac{n\hat{S}^2}{\sigma^2} \le \chi^2_{n;1-\alpha}\right) = P\left(\sigma^2 \ge \frac{n\hat{S}^2}{\chi^2_{n;1-\alpha}}\right);$$

$$1 - \alpha = P\left(\frac{n\hat{S}^2}{\sigma^2} \ge \chi^2_{n;\alpha}\right) = P\left(\sigma^2 \le \frac{n\hat{S}^2}{\chi^2_{n;\alpha}}\right).$$

Damit erhält man zum Konfidenzniveau $1-\alpha$ die einseitigen Konfidenzintervalle

$$\left[\frac{n\hat{S}^2}{\chi^2_{n;1-\alpha}} ; +\infty\right); \quad \left(0 ; \frac{n\hat{S}^2}{\chi^2_{n;\alpha}}\right].$$

Zweiseitige Konfidenzintervalle:

Die zweiseitigen Konfidenzintervalle sollen zentral bestimmt werden, so daß links und rechts vom Konfidenzintervall jeweils die Wahrscheinlichkeitsmasse $\frac{\alpha}{2}$ liegt mit

$$\frac{\alpha}{2} = P\left(\frac{n\hat{S}^2}{\sigma^2} \geq \chi^2_{n;1-\frac{\alpha}{2}}\right) = P\left(\frac{n\hat{S}^2}{\sigma^2} \leq \chi^2_{n;\frac{\alpha}{2}}\right).$$

Damit gilt

$$1-\alpha = P\left(\chi^2_{n;\frac{\alpha}{2}} \leq \frac{n\hat{S}^2}{\sigma^2} \leq \chi^2_{n;1-\frac{\alpha}{2}}\right)$$

$$= P\left(\frac{n\hat{S}^2}{\chi^2_{n;1-\frac{\alpha}{2}}} \leq \sigma^2 \leq \frac{n\hat{S}^2}{\chi^2_{n;\frac{\alpha}{2}}}\right).$$

Damit erhält man zum Niveau $1-\alpha$ das zweiseitige Konfidenzintervall

$$\left[\frac{n\hat{S}^2}{\chi^2_{n;1-\frac{\alpha}{2}}}\,;\;\frac{n\hat{S}^2}{\chi^2_{n;\frac{\alpha}{2}}}\right].$$

Zusammenfassung:

Konfidenzintervalle für σ^2 zum Niveau $1-\alpha$ bei Normalverteilungen mit bekanntem Erwartungswert μ:
Die normalverteilte Zufallsvariable X besitze den bekannten Erwartungswert μ. Aus einer einfachen Stichprobe vom Umfang n erhält man für die Varianz σ^2 den Schätzwert

$$\hat{s}^2 = \frac{1}{n}\sum_{i=1}^{n}(x_i-\mu)^2.$$

Mit den Quantilen der Chi-Quadrat-Verteilung mit n Freiheitsgraden erhält man für die unbekannte Varianz σ^2 zum Konfidenzniveau $1-\alpha$ **Konfidenzintervalle:**

zweiseitige: $$\left[\frac{n\hat{s}^2}{\chi^2_{n;1-\frac{\alpha}{2}}}\,;\;\frac{n\hat{s}^2}{\chi^2_{n;\frac{\alpha}{2}}}\right];$$

einseitige: $$\left[\frac{n\hat{s}^2}{\chi^2_{n;1-\alpha}}\,;+\infty\right);\;\left(0\,;\;\frac{n\hat{s}^2}{\chi^2_{n;\alpha}}\right].$$

2.3.2. Konfidenzintervalle für die Varianz einer Normalverteilung bei unbekanntem Erwartungswert

Sind die unabhängigen Zufallsvariablen $X_1, X_2, \dots, X_n$ alle $N(\mu;\sigma^2)$-verteilt, so ist die Zufallsvariable

$$\frac{(n-1)\,S^2}{\sigma^2} = \frac{\sum_{i=1}^{n} (X_i - \bar{X})^2}{\sigma^2}$$

Chi-Quadrat-verteilt mit n – 1 Freiheitsgraden.

Damit können die Konfidenzintervalle genauso wie in Abschnitt 2.3.1 bestimmt werden, wobei $n\hat{S}^2$ durch $(n-1)\,S^2$ ersetzt werden muß. Die Quantile müssen aus der Chi-Quadrat-Verteilung mit n – 1 Freiheitsgraden bestimmt werden.

Konfidenzintervalle für σ^2 zum Niveau $1-\alpha$ bei Normalverteilungen mit unbekanntem Erwartungswert:
Der Erwartungswert der normalverteilten Zufallsvariablen X sei nicht bekannt. Mit der Varianz

$$s^2 = \frac{1}{n-1} \sum_{i=1}^{n} (x_i - \bar{x})^2$$

einer einfachen Stichprobe vom Umfang n und den Quantilen der Chi-Quadrat-Verteilung mit $n-1$ Freiheitsgraden erhält man für die unbekannte Varianz σ^2 zum Konfidenzniveau $1-\alpha$ die **Konfidenzintervalle:**

zweiseitige: $$\left[\frac{(n-1)\,s^2}{\chi^2_{n-1;1-\frac{\alpha}{2}}}\,;\,\frac{(n-1)\,s^2}{\chi^2_{n-1;\frac{\alpha}{2}}}\right];$$

einseitige: $$\left[\frac{(n-1)\,s^2}{\chi^2_{n-1;1-\alpha}}\,;+\infty\right);\quad \left(0\,;\,\frac{(n-1)\,s^2}{\chi^2_{n-1;\alpha}}\right].$$

2.3.3. Konfidenzintervalle für die Varianz bei beliebigen Verteilungen und großem Stichprobenumfang

Bei nicht normalverteilten Zufallsvariablen ist auch bei großem Stichprobenumfang n die in Abschnitt 2.3.2 benutzte Testgröße

$$\frac{(n-1)\,S^2}{\sigma^2}$$

nicht näherungsweise Chi-Quadrat-verteilt. Aus diesem Grund dürfen die dort berechneten Konfidenzintervalle nicht als Näherungslösungen übernommen werden.

Für große n ist nach dem zentralen Grenzwertsatz die Zufallsvariable S^2 näherungsweise normalverteilt mit dem Erwartungswert $E(S^2) = \sigma^2$. Falls das vierte zentrale Moment η_4 der Zufallsvariablen X_i existiert, ist die Varianz der erwartungstreuen Schätzfunktion S^2 in Abschnitt 2.1.2 berechnet worden. Für große n gilt für diese Varianz die Näherung

$$\operatorname{Var}(S^2) \approx \frac{\eta_4 - \sigma^4}{n} .$$

Dann ist die standardisierte Schätzfunktion

$$Z = \frac{S^2 - \sigma^2}{\sqrt{\frac{\eta_4 - \sigma^4}{n}}}$$

näherungsweise $N(0;1)$-verteilt. Falls das achte zentrale Moment der Zufallsvariablen X_i existiert, kann die Varianz $\operatorname{Var}(S^2)$ mit Hilfe der Momentenmethode konsistent geschätzt werden. Damit erhält man als Näherungslösungen

Konfidenzintervalle für σ^2 zum Niveau $1-\alpha$ bei beliebigen Verteilungen und großem Stichprobenumfang:

Aus einer Stichprobe von großem Umfang n bestimme man die Varianz s^2 und das vierte zentrale Moment

$$m_4 = \frac{1}{n} \sum_{i=1}^{n} (x_i - \bar{x})^4.$$

Mit den Quantilen der Standard-Normalverteilung erhält man für σ^2 approximative Konfidenzintervalle :

zweiseitige: $$\left[s^2 - z_{1-\frac{\alpha}{2}} \sqrt{\frac{m_4 - (s^2)^2}{n}} \, ; \; s^2 + z_{1-\frac{\alpha}{2}} \sqrt{\frac{m_4 - (s^2)^2}{n}} \right];$$

einseitige:

$$\left[s^2 - z_{1-\alpha} \sqrt{\frac{m_4 - (s^2)^2}{n}} \, ; \; +\infty \right); \quad \left(0 \, ; \; s^2 + z_{1-\alpha} \sqrt{\frac{m_4 - (s^2)^2}{n}} \right].$$

2.4. Konfidenzintervalle für die Standardabweichung

Konfidenzintervalle für die Standardabweichung σ erhält man unmittelbar aus den Konfidenzintervallen für die Varianz σ^2 dadurch, daß aus den Grenzen die (positive) Quadratwurzel gezogen wird. Die untere Grenze für σ^2 ist ja mindestens gleich Null. Dabei bleibt das Konfidenzniveau $1-\alpha$ erhalten.

$$P(G_u \leq \sigma^2 \leq G_o) = 1 - \alpha$$

ist gleichwertig mit

$$P(\sqrt{G_u} \leq \sigma \leq \sqrt{G_o}) = 1 - \alpha .$$

Damit gilt:

$[G_u \,;\, G_o]$ sei ein Konfidentintervall für σ^2 zum Niveau $1 - \alpha$.

Dann ist

$\left[\sqrt{G_u} \,;\, \sqrt{G_o}\,\right]$ ein Konfidenzintervall für σ zum Niveau $1 - \alpha$.

Entsprechend erhält man aus

$$P(\sigma^2 \geq G_u) = 1 - \alpha \quad \text{und} \quad P(\sigma^2 \leq G_o) = 1 - \alpha$$

einseitige Konfidenzintervalle für σ zum Niveau $1 - \alpha$

$$\left[\sqrt{G_u} \,;\, \infty\right) \,;\, \left(-\infty \,;\, \sqrt{G_o}\right] .$$

2.5. Test der Varianz

Beim Test der Varianz σ^2 benötigt man bei kleinem Stichprobenumfang n wie bei der Bestimmung von Konfidenzintervallen die Voraussetzung der Normalverteilung (Abschnitt 2.5.1 und 2.5.2). Bei nichtnormalverteilten Zufallsvariablen wird in Abschnitt 2.5.3 für einen großen Stichprobenumfang n eine Näherungslösung angegeben.

2.5.1. Test der Varianz bei Normalverteilungen und bekanntem Erwartungswert

Falls der Erwartungswert μ der normalverteilten Zufallsvariablen X_i bekannt ist, benutzt man zum Test der Varianz nach Abschnitt 2.3.1 die

Testgröße

$$\frac{n\hat{S}^2}{\sigma^2} = \frac{\sum\limits_{i=1}^{n} (X_i - \mu)^2}{\sigma^2} ,$$

die bei beliebigem Stichprobenumfang n **Chi-Quadrat-verteilt** ist mit n

Freiheitsgraden, falls σ^2 die Varianz der unabhängigen Zufallsvariablen X_i ist. Aus einer Stichprobe vom Umfang n berechnet man die Testgröße

$$\frac{n\hat{s}^2}{\sigma_0^2} = \frac{1}{\sigma_0^2}\sum_{i=1}^{n}(x_i-\mu)^2 .$$

Dann erhält man mit den Quantilen der Chi-Quadrat-Verteilung mit n Freiheitsgraden die

Testentscheidungen

Nullhypothese H_0	Alternative H_1	Ablehnungsbereich von H_0
a) $\sigma^2 = \sigma_0^2$	$\sigma^2 \neq \sigma_0^2$	$\frac{n\hat{s}^2}{\sigma_0^2} < \chi^2_{n;\frac{\alpha}{2}}$ oder $> \chi^2_{n;1-\frac{\alpha}{2}}$
b) $\sigma^2 \leq \sigma_0^2$	$\sigma^2 > \sigma_0^2$	$\frac{n\hat{s}^2}{\sigma_0^2} > \chi^2_{n;1-\alpha}$
c) $\sigma^2 \geq \sigma_0^2$	$\sigma^2 < \sigma_0^2$	$\frac{n\hat{s}^2}{\sigma_0^2} < \chi^2_{n;\alpha}$

Benutzt werden die Quantile der Chi-Quadrat-Verteilung mit n Freiheitsgraden.

2.5.2. Test der Varianz bei Normalverteilungen und unbekanntem Erwartungswert

Falls der Erwartungswert μ der normalverteilten Zufallsvariablen X_i nicht bekannt ist, wählt man nach Abschnitt 2.3.2 die

Testgröße

$$\frac{(n-1)S^2}{\sigma^2} = \frac{\sum_{i=1}^{n}(X_i-\bar{X})^2}{\sigma^2},$$

die **Chi-Quadrat-verteilt** ist mit **n − 1 Freiheitsgraden**, falls σ^2 die richtige Varianz ist. Aus einer Stichprobe vom Umfang n berechne man die Testgröße

$$\frac{(n-1)s^2}{\sigma_0^2} = \frac{1}{\sigma_0^2}\sum_{i=1}^{n}(x_i-\bar{x})^2 .$$

Dann erhält man mit den Quantilen der Chi-Quadrat-Verteilung mit n − 1 Freiheitsgraden die

Testentscheidungen

Nullhypothese H_0	Alternative H_1	Ablehnungsbereich von H_0
a) $\sigma^2 = \sigma_0^2$	$\sigma^2 \neq \sigma_0^2$	$\frac{(n-1)s^2}{\sigma_0^2} < \chi^2_{n-1;\frac{\alpha}{2}}$ oder $> \chi^2_{n-1;1-\frac{\alpha}{2}}$
b) $\sigma^2 \leq \sigma_0^2$	$\sigma^2 > \sigma_0^2$	$\frac{(n-1)s^2}{\sigma_0^2} > \chi^2_{n-1;1-\alpha}$
c) $\sigma^2 \geq \sigma_0^2$	$\sigma^2 < \sigma_0^2$	$\frac{(n-1)s^2}{\sigma_0^2} < \chi^2_{n-1;\alpha}$

Benutzt werden die Quantile der Chi-Quadrat-Verteilung mit $n-1$ Freiheitsgraden.

Die beiden **einseitigen Tests** b) und c) sind **unverfälscht**. Für die Gütefunktion gilt $g(\sigma^2) \geq \alpha$ für $\sigma^2 \in \Theta_1$, falls die Alternative richtig ist. Die Wahrscheinlichkeit, die Nullhypothese abzulehnen, falls sie richtig ist, ist nicht größer als wenn sie falsch ist.

Der **zweiseitige Test** a)

$$H_0 : \sigma^2 = \sigma_0^2 \ ; \ H_1 : \sigma^2 \neq \sigma_0^2$$

ist jedoch **nicht unverfälscht**. Dies wirkt sich besonders bei kleinen Stichprobenumfängen n aus. Dazu bestimmen wir die

Gütefunktion des zweiseitigen Tests

Für die Gütefunktion $g(\sigma^2)$ des zweiseitigen (zentralen) Tests gilt

$$\alpha = g(\sigma_0^2) = P\left(\frac{(n-1)S^2}{\sigma_0^2} < \chi^2_{n-1;\frac{\alpha}{2}}\right) + P\left(\frac{(n-1)S^2}{\sigma_0^2} > \chi^2_{n-1;1-\frac{\alpha}{2}}\right).$$

Ist $\sigma^2 \neq \sigma_0^2$ der tatsächliche Parameter, so ist die Stichprobenfunktion $\frac{(n-1)S^2}{\sigma^2}$ Chi-Quadrat-verteilt, während $\frac{(n-1)S^2}{\sigma_0^2}$ nicht mehr Chi-Quadrat-verteilt ist.
Wir setzen

$$\frac{(n-1)S^2}{\sigma_0^2} = \frac{(n-1)S^2}{\sigma^2} \cdot \frac{\sigma^2}{\sigma_0^2} = \chi^2_{n-1} \cdot \frac{\sigma^2}{\sigma_0^2} = \chi^2_{n-1} \cdot \lambda \, .$$

Dabei ist χ^2_{n-1} die Chi-Quadrat-verteilte Zufallsvariable und $\lambda = \frac{\sigma^2}{\sigma_0^2}$ das Verhältnis der beiden Parameter. Dann folgt daraus

$$g(\sigma^2) = P\left(\chi^2_{n-1} < \frac{\chi^2_{n-1;\frac{\alpha}{2}}}{\lambda}\right) + P\left(\chi^2_{n-1} > \frac{\chi^2_{n-1;1-\frac{\alpha}{2}}}{\lambda}\right)$$

$$= F\left(\frac{\chi^2_{n-1;\frac{\alpha}{2}}}{\lambda}\right) + 1 - F\left(\frac{\chi^2_{n-1;1-\frac{\alpha}{2}}}{\lambda}\right).$$

Dabei ist F die Verteilungsfunktion der Chi-Quadrat-Verteilung mit $n-1$ Freiheitsgraden.

In Abhängigkeit von $\lambda = \frac{\sigma^2}{\sigma_0^2}$ ist die Gütefunktion $g\left(\frac{\sigma^2}{\sigma_0^2}\right)$ für die Stichprobenumfänge n= 10, n = 20 und n = 101 graphisch dargestellt. An der Stelle $\frac{\sigma^2}{\sigma_0^2} = \lambda = 1$ nimmt die Gütefunktion den Wert $\alpha = 0{,}05$ an. Dieser Funktionswert wird jedoch links davon unterschritten, so daß der Test **nicht unverfälscht** ist.

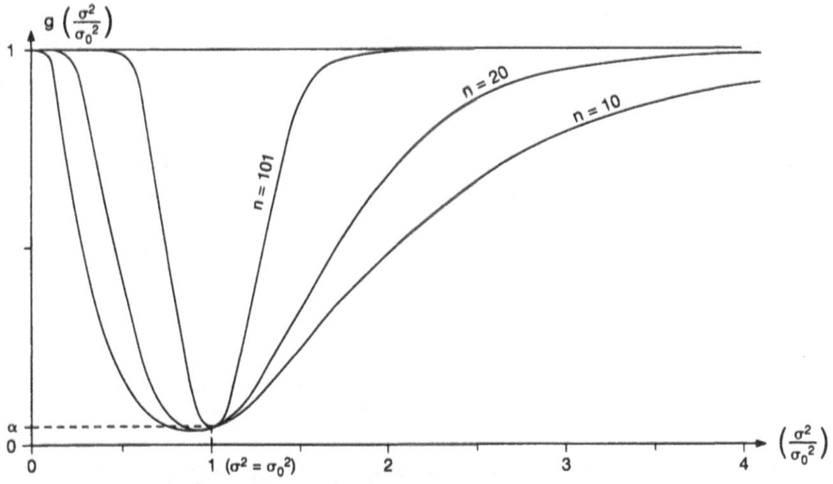

Gütefunktion eines verfälschten zweiseitigen Tests

Es ist jedoch möglich, auch diesen zweiseitigen Test unverfälscht zu machen. Dazu darf die Irrtumswahrscheinlichkeit α nicht gleichmäßig auf die beiden Ablehnungsbereiche aufgeteilt werden.

Wir betrachten die Ablehnungsbereiche

$$\chi^2_{\text{ber.}} < \chi^2_{n-1;\alpha_1} \quad \text{oder} > \chi^2_{n-1;1-\alpha_2} \quad \text{mit } \alpha_1 + \alpha_2 = \alpha .$$

Mit $\theta = \frac{1}{\lambda}$ geht die oben berechnete Gütefunktion über in

$$g(\theta) = F\left(\theta \cdot \chi^2_{n-1;\alpha_1}\right) + 1 - F\left(\theta \cdot \chi^2_{n-1;1-\alpha_2}\right).$$

Der Test ist genau dann unverfälscht, wenn die Funktion $g(\theta)$ das Minimum an der Stelle $\theta = 1$ annimmt.

Differentiation nach θ ergibt mit der Dichte f der Chi-Quadrat-Verteilung

$$g'(\theta) = \chi^2_{n-1;\alpha_1} \cdot f\left(\theta \cdot \chi^2_{n-1;\alpha_1}\right) - \chi^2_{n-1;1-\alpha_2} \cdot f\left(\theta \cdot \chi^2_{n-1;1-\alpha_2}\right).$$

Damit erhält man aus $g'(1) = 0$ für das Minimum die Bedingung

$$\chi^2_{n-1;\alpha_1} \cdot f\left(\chi^2_{n-1;\alpha_1}\right) = \chi^2_{n-1;1-\alpha_2} \cdot f\left(\chi^2_{n-1;1-\alpha_2}\right).$$

Die Dichte der Chi-Quadrat-Verteilung lautet

$$f(x) = c\, e^{-\frac{x}{2}} x^{\frac{n-3}{2}}$$

In der obigen Bestimmungsgleichung kann die Konstante c gekürzt werden. Elementare Umformung ergibt die Bestimmungsgleichung

$$\left(\frac{\chi^2_{n-1;\alpha_1}}{\chi^2_{n-1;1-\alpha_2}}\right)^{\frac{n-1}{2}} = e^{-\frac{1}{2}\left(\chi^2_{n-1;\alpha_1} - \chi^2_{n-1;1-\alpha_2}\right)} .$$

Die Lösungen α_1 und α_2 dieser Gleichung ergeben unverfälschte Tests.

2.5.3. Test der Varianz bei beliebigen Verteilungen und großem Stichprobenumfang n

Bei beliebigen Verteilungen und großem Stichprobenumfang n ist nach Abschnitt 2.3.3 die Zufallsvariable

$$Z = \frac{S^2 - \sigma^2}{\sqrt{\frac{\eta_4 - \sigma^4}{n}}}$$

ungefähr N(0;1)-verteilt. Der Nenner wird geschätzt durch

$$\eta_4 \approx m_4 = \frac{1}{n}\sum_{i=1}^{n}(x_i-\bar{x})^4 \; ; \; \sigma^2 \approx s^2.$$

Aus einer Stichprobe mit großem Umfang n berechnet man die Testgröße

$$z_{ber.} = \frac{s^2-\sigma_0^2}{\sqrt{\dfrac{m_4-s^4}{n}}}.$$

Mit den Quantilen der Standard-Normalverteilung erhält man die

Testentscheidungen

Nullhypothese H_0	Alternative H_1	Ablehnungsbereich von H_0
a) $\sigma^2 = \sigma_0^2$	$\sigma^2 \neq \sigma_0^2$	$\lvert z_{ber.}\rvert > z_{1-\alpha/2}$
b) $\sigma^2 \leq \sigma_0^2$	$\sigma^2 > \sigma_0^2$	$z_{ber.} > z_{1-\alpha}$
c) $\sigma^2 \geq \sigma_0^2$	$\sigma^2 < \sigma_0^2$	$z_{ber.} < -z_{1-\alpha}$

Benutzt werden die Quantile der Standard-Normalverteilung.

2.6. Vergleich der Varianzen zweier unabhängiger Normalverteilungen

Zum Vergleich der Varianzen σ_X^2 und σ_Y^2 zweier unabhängiger normalverteilter Zufallsvariabler X und Y berechnet man aus den beiden Stichproben

$$x = (x_1, x_2, \ldots, x_{n_1}) \; ; \; y = (y_1, y_2, \ldots, y_{n_2})$$

die Varianzen

$$s_x^2 = \frac{1}{n_1-1}\sum_{i=1}^{n_1}(x_i-\bar{x})^2 \quad \text{und} \quad s_y^2 = \frac{1}{n_2-1}\sum_{j=1}^{n_2}(y_j-\bar{y})^2.$$

Diese Größen sind Realisierungen der Zufallsvariablen

$$S_X^2 = \frac{1}{n_1-1}\sum_{i=1}^{n_1}(X_i-\bar{X})^2 \quad \text{und} \quad S_Y^2 = \frac{1}{n_2-1}\sum_{j=1}^{n_2}(Y_j-\bar{Y})^2.$$

Die Testgrößen

$$\frac{(n_1-1)\,S_X^2}{\sigma_X^2} \quad \text{und} \quad \frac{(n_2-1)\,S_Y^2}{\sigma_Y^2}$$

sind unabhängig und Chi-Quadrat-verteilt mit $n_1 - 1$ bzw $n_2 - 1$ Freiheitsgraden. Dann ist die Testgröße

$$F = \frac{S_Y^2}{\sigma_Y^2} : \frac{S_X^2}{\sigma_X^2} = \frac{S_Y^2}{S_X^2} \cdot \frac{\sigma_X^2}{\sigma_Y^2}$$

nach Abschnitt 5.8.3 F-verteilt mit $(n_2 - 1, n_1 - 1)$ Freiheitsgraden.

2.6.1. Konfidenzintervalle für den Quotienten σ_X^2 / σ_Y^2

Mit den Quantilen der F-Verteilung mit $(n_2 - 1, n_1 - 1)$ Freiheitsgraden gilt nach den obigen Ausführungen

$$1 - \alpha = P\left(f_{n_2 - 1, n_1 - 1; \frac{\alpha}{2}} \le \frac{S_Y^2}{S_X^2} \cdot \frac{\sigma_X^2}{\sigma_Y^2} \le f_{n_2 - 1, n_1 - 1; 1 - \frac{\alpha}{2}}\right)$$

$$= P\left(\frac{S_X^2}{S_Y^2} \cdot f_{n_2 - 1, n_1 - 1; \frac{\alpha}{2}} \le \frac{\sigma_X^2}{\sigma_Y^2} \le \frac{S_X^2}{S_Y^2} \cdot f_{n_2 - 1, n_1 - 1; 1 - \frac{\alpha}{2}}\right).$$

Da die linksseitigen Quantile der F-Verteilung nicht vertafelt sind, benutzt man die Umrechnungsformel aus Kap. IV Abschnitt 5.8.3

$$f_{n_2 - 1, n_1 - 1; \frac{\alpha}{2}} = \frac{1}{f_{n_1 - 1, n_2 - 1; 1 - \frac{\alpha}{2}}}.$$

Damit erhält man

Konfidenzintervalle für den Quotienten σ_X^2/σ_Y^2 zum Niveau $1 - \alpha$ bei Normalverteilungen:

zweiseitige:

$$\left[\frac{s_x^2}{s_y^2} \cdot \frac{1}{f_{n_1 - 1, n_2 - 1; 1 - \frac{\alpha}{2}}} \; ; \; \frac{s_x^2}{s_y^2} \cdot f_{n_2 - 1, n_1 - 1; 1 - \frac{\alpha}{2}}\right] ;$$

einseitige:

$$\left[\frac{s_x^2}{s_y^2} \cdot \frac{1}{f_{n_1 - 1, n_2 - 1; 1 - \alpha}}\right) \; ; \; \left(0 \; ; \; \frac{s_x^2}{s_y^2} \cdot f_{n_2 - 1, n_1 - 1; 1 - \alpha}\right].$$

Benutzt werden Quantile der F-Verteilung mit $(n_1 - 1, n_2 - 1)$ bzw. mit $(n_2 - 1, n_1 - 1)$ Freiheitsgraden.

2.6.2. Test des Quotienten σ_X^2/σ_Y^2

Getestet werden soll, ob der Quotient σ_X^2/σ_Y^2 kleiner, gleich oder größer als eine vorgegebene positive Konstante d ist.

a) $H_0: \sigma_X^2/\sigma_Y^2 = d$ ist gleichwertig mit $\sigma_X^2 = d \cdot \sigma_Y^2$;

b) $H_0: \sigma_X^2/\sigma_Y^2 \leq d$ ist äquivalent mit $\sigma_X^2 \leq d \cdot \sigma_Y^2$;

c) $H_0: \sigma_X^2/\sigma_Y^2 \geq d$ ist gleichwertig mit $\sigma_X^2 \geq d \cdot \sigma_Y^2$.

d = 1 ergibt als Spezialfall Tests auf **Gleichheit der beiden Varianzen.**

Für die Testgröße S_X^2/S_Y^2 gilt

$$1-\alpha = P\left(\frac{S_X^2}{S_Y^2} \cdot \frac{\sigma_Y^2}{\sigma_X^2} > f_{n_1-1,n_2-1;1-\alpha}\right)$$

$$= P\left(\frac{S_X^2}{S_Y^2} > \frac{\sigma_X^2}{\sigma_Y^2} \cdot f_{n_1-1,n_2-1;1-\alpha}\right).$$

Falls $\sigma_X^2/\sigma_Y^2 = d$ richtig ist, gilt

$$1-\alpha = P\left(\frac{S_X^2}{S_Y^2} > d \cdot f_{n_1-1,n_2-1;1-\alpha}\right).$$

Im Falle $\sigma_X^2/\sigma_Y^2 > d$ gibt es eine Zahl $k > 1$ mit $\sigma_X^2/\sigma_Y^2 = kd$.

Dann gilt

$$P\left(\frac{S_X^2}{S_Y^2} > k\,d\,f_{n_1-1,n_2-1;1-\alpha}\right) \leq P\left(\frac{S_X^2}{S_Y^2} > d\,f_{n_1-1,n_2-1;1-\alpha}\right) = 1-\alpha.$$

Damit ist $s_x^2/s_y^2 > d \cdot f_{n_1-1,n_2-1;1-\alpha}$ der Ablehnungsbereich der Nullhypothese b) $H_0: \sigma_X^2/\sigma_Y^2 \leq d$.

Für $\sigma_X^2/\sigma_Y^2 < d$ gibt es eine Zahl $k < 1$ mit $\sigma_X^2/\sigma_Y^2 = kd$. Dann gilt

$$\alpha = P\left(\frac{S_X^2}{S_Y^2} \cdot \frac{\sigma_Y^2}{\sigma_X^2} < f_{n_1-1,n_2-1;\alpha}\right)$$

$$= P\left(\frac{S_X^2}{S_Y^2} < \frac{\sigma_X^2}{\sigma_Y^2} \cdot f_{n_1-1, n_2-1; \alpha} \right);$$

$$P\left(\frac{S_X^2}{S_Y^2} < k d \cdot f_{n_1-1, n_2-1; \alpha} \right) \leq P\left(\frac{S_X^2}{S_Y^2} < d \cdot f_{n_1-1, n_2-1; \alpha} \right) = \alpha .$$

Damit ist $s_x^2/s_y^2 < d \cdot f_{n_1-1, n_2-1; \alpha} = \dfrac{d}{f_{n_2-1, n_1-1; 1-\alpha}}$

der Ablehnungsbereich der Nullhypothese c) $H_0: \sigma_X^2/\sigma_Y^2 \geq d$.

Mit den Stichprobenvarianzen und den Quantilen der F-Verteilung mit $(n_1 - 1, n_2 - 1)$ bzw. $(n_2 - 1, n_1 - 1)$ Freiheitsgraden erhält man die

Testentscheidungen

Nullhypothese H_0	Alternative H_1	Ablehnungsbereich von H_0
a) $\frac{\sigma_X^2}{\sigma_Y^2} = d$	$\frac{\sigma_X^2}{\sigma_Y^2} \neq d$	$\frac{s_x^2}{s_y^2} > d \cdot f_{n_1-1, n_2-1; 1-\frac{\alpha}{2}}$ oder $< \dfrac{d}{f_{n_2-1, n_1-1; 1-\frac{\alpha}{2}}}$
b) $\frac{\sigma_X^2}{\sigma_Y^2} \leq d$	$\frac{\sigma_X^2}{\sigma_Y^2} > d$	$\frac{s_x^2}{s_y^2} > d \cdot f_{n_1-1, n_2-1; 1-\alpha}$
c) $\frac{\sigma_X^2}{\sigma_Y^2} \geq d$	$\frac{\sigma_X^2}{\sigma_Y^2} < d$	$\frac{s_x^2}{s_y^2} < \dfrac{d}{f_{n_2-1, n_1-1; 1-\alpha}}$

2.7. Test auf Gleichheit der Varianzen von m Normalverteilungen (Bartlett-Test)

Die m unabhängigen Zufallsvariablen X_i seien normalverteilt mit den (unbekannten) Varianzen σ_i^2, $i = 1, 2, \dots, m$. Getestet werden soll die Nullhypothese

$$H_0: \sigma_1^2 = \sigma_2^2 = \dots = \sigma_m^2 \quad \text{(Gleichheit aller m Varianzen)} .$$

Zum Test benutzt man bezüglich der Zufallsvariablen X_i die Stichprobe vom Umfang n_i

$$x_i = (x_{i1}, x_{i2}, \dots, x_{in_i}) \quad \text{für } i = 1, 2, \dots, m.$$

Sie besitzt die Kenngrößen

$$\text{Mittelwert:} \quad \bar{x}_i = \frac{1}{n_i} \sum_{j=1}^{n_i} x_{ij} \ ; \ \text{Varianz } s_i^2 = \frac{1}{n_i - 1} \sum_{j=1}^{n_i} (x_{ij} - \bar{x}_i)^2 .$$

Falls die Nullhypothese richtig ist mit der gemeinsamen Varianz σ^2, sind die m unabhängigen Zufallsvariablen

$$\frac{(n_i - 1) S_i^2}{\sigma^2}, \ i = 1, 2, \dots, m$$

jeweils Chi-Quadrat-verteilt mit $n_i - 1$ Freiheitsgraden. Die unbekannte gemeinsame Varianz σ^2 kann dann geschätzt werden durch

$$\hat{\sigma}^2 = s^2 = \frac{1}{n-m} \sum_{i=1}^{m} (n_i - 1) s_i^2 \quad \text{mit} \quad n = \sum_{i=1}^{m} n_i .$$

Bartlett hat gezeigt, daß die Testgröße

$$\chi^2 = \frac{1}{C}\left[(n-m) \ln S^2 - \sum_{i=1}^{m} (n_i - 1) \ln S_i^2\right]$$

mit

$$C = 1 + \frac{1}{3(n-1)}\left(\sum_{i=1}^{m} \frac{1}{n_i - 1} - \frac{1}{n-m}\right)$$

asymptotisch Chi-Quadrat-verteilt ist mit $m - 1$ Freiheitsgraden. Mit dem Quantil dieser Chi-Quadrat-Verteilung und der obigen Stichprobenvarianz s^2 lautet die

Testentscheidung:

Im Falle $\frac{1}{C}\left[(n-m) \ln s^2 - \sum_{i=1}^{m} (n_i - 1) \ln s_i^2\right] > \chi^2_{m-1;\,1-\alpha}$ wird die Nullhypothese H_0 abgelehnt, sonst nicht.

3. Normalverteilungen

In diesem Abschnitt sei vorausgesetzt, daß die Zufallsvariable X normalverteilt, also $N(\mu; \sigma^2)$-verteilt ist mit der Dichte

$$f(x; \mu; \sigma^2) = \frac{1}{\sqrt{2\pi}\,\sigma} e^{-\frac{(x-\mu)^2}{2\sigma^2}}$$

Punktschätzungen für den Erwartungswert μ und die Varianz σ^2 wurden bereits in den Abschnitten 1.1 und 2.1 behandelt. Bei Normalverteilungen wurden in den Abschnitten 1 und 2 Konfidenzintervalle und Tests für diese Parameter angegeben. Aus diesem Grund können wir uns auf die Maximum-Likelihood-Schätzungen beschränken. Ferner werden aus der Dichte die wirksamsten Schätzfunktionen bestimmt.

3.1. Maximum-Likelihood-Schätzungen

Aus der Stichprobe $x = (x_1, x_2, \ldots, x_n)$ erhält man die Likelihood-Funktion

$$L(x_1, x_2, \ldots, x_n; \mu; \sigma^2) = \frac{1}{(\sqrt{2\pi})^n (\sigma^2)^{n/2}} e^{-\frac{1}{2\sigma^2} \sum_{i=1}^{n} (x_i - \mu)^2}$$

Logarithmieren ergibt

$$\ln L = -n \ln \sqrt{2\pi} - \frac{n}{2} \ln \sigma^2 - \frac{1}{2\sigma^2} \sum_{i=1}^{n} (x_i - \mu)^2 .$$

Partielle Differentiation nach μ liefert

$$\frac{\partial \ln L}{\partial \mu} = \frac{1}{\sigma^2} \sum_{i=1}^{n} (x_i - \mu) = 0.$$

Mit $\sum_{i=1}^{n} x_i = n\mu$

erhält man als Maximum-Likelihood-Schätzung den Mittelwert der Stichprobe, also

$$\hat{\mu} = \bar{x} = \frac{1}{n} \sum_{i=1}^{n} x_i .$$

Zur Bestimmung der Maximum-Likelihood-Schätzung für die Varianz muß $\ln L$ nach σ^2 (nicht nach σ) differenziert werden mit

$$\frac{\partial \ln L}{\partial \sigma^2} = -\frac{n}{2\sigma^2} + \frac{1}{2\sigma^4} \sum_{i=1}^{n} (x_i - \mu)^2 = 0.$$

Mit dem Schätzwert $\hat{\mu} = \bar{x}$ erhält man hieraus die Lösung

$$\hat{\sigma}^2 = \frac{1}{n} \sum_{i=1}^{n} (x_i - \bar{x})^2 = \frac{n-1}{n} s^2.$$

Maximum-Likelihood-Schätzungen bei Normalverteilungen:

$$\hat{\mu} = \bar{x} = \frac{1}{n}\sum_{i=1}^{n} x_i \, ; \qquad \hat{\sigma}^2 = \frac{1}{n}\sum_{i=1}^{n}(x_i - \bar{x})^2 = \frac{n-1}{n}s^2 .$$

Die Maximum-Likelihood-Schätzung für den Erwartungswert μ ist erwartungstreu (s. Abschnitt 1.1.1), die Schätzung für die Varianz σ^2 dagegen nicht. Sie ist jedoch asymptotisch erwartungstreu (s. Abschnitt 2.1.2).

3.2. Die wirksamsten Schätzfunktionen

Bei normalverteilten Grundgesamtheiten ist die Schätzfunktionen $\bar{X}$ für den Erwartungswert μ wirksamst (effizient), während die Schätzfunktion

$$T_n = \frac{1}{n}\sum_{i=1}^{n}(X_i - \mu)^2$$

bei bekanntem Erwartungswert μ für die Varianz effizient ist. Zum Nachweis dieser Eigenschaften zeigen wir, daß von beiden Schätzfunktionen in der Ungleichung von Rao-Cramér (s. Abschnitt 1.1.1) die untere Schranke für die Varianz angenommen wird, nämlich die Varianz

$$\frac{1}{n \cdot \int\limits_{-\infty}^{+\infty} \left(\frac{\partial \ln f(x;\vartheta)}{\partial \vartheta}\right)^2 \cdot f(x;\vartheta)\, dx} .$$

Die logarithmierte Dichte lautet

$$\ln f(x\,;\mu\,;\sigma^2) = -\frac{(x-\mu)^2}{2\sigma^2} - \ln\sqrt{2\pi} - \ln\sqrt{\sigma^2}.$$

3.2.1. Effizienz der Schätzfunktion $\bar{X}$ für μ

Mit $\quad \dfrac{\partial \ln f(x\,;\mu\,;\sigma^2)}{\partial \mu} = \dfrac{x-\mu}{\sigma^2}$

erhält man die minimale Varianz in der Ungleichung von Rao-Cramér

$$\frac{1}{n \cdot \int\limits_{-\infty}^{+\infty} \left(\frac{\partial \ln f(x;\vartheta)}{\partial \vartheta}\right)^2 \cdot f(x;\vartheta)\, dx} = \frac{1}{n \cdot \int\limits_{-\infty}^{+\infty} \frac{(x-\mu)^2}{\sigma^4} \cdot f(x\,;\mu\,;\sigma^2)\, dx}$$

$$= \frac{\sigma^4}{n\,\sigma^2} = \frac{\sigma^2}{n} = \mathrm{Var}(\bar{X}) \quad \text{(s. Abschnitt 1.1.1).}$$

Damit ist bei normalverteilten Zufallsvariablen die Zufallsvariable $\bar{X}$ des Stichprobenmittels die wirksamste Schätzfunktion für den Erwartungswert.

3.2.2. Effizienz der Schätzfunktion $T_n = \frac{1}{n}\sum_{i=1}^{n}(X_i-\mu)^2$ für σ^2.

Bei bekanntem Erwartungswert μ erhält man bei Normalverteilungen

$$\frac{\partial \ln f(x;\sigma^2)}{\partial \sigma^2} = \frac{(x-\mu)^2}{2\sigma^4} - \frac{1}{2\sigma^2}.$$

Dann lautet die minimale Varianz

$$\frac{1}{n\cdot\int\limits_{-\infty}^{+\infty}\left(\frac{\partial \ln f(x;\vartheta)}{\partial\vartheta}\right)^2\cdot f(x;\vartheta)\,dx} = \frac{1}{n\cdot\int\limits_{-\infty}^{+\infty}\left(\frac{(x-\mu)^2}{2\sigma^4}-\frac{1}{2\sigma^2}\right)^2\cdot f(x;\mu;\sigma^2)\,dx}$$

$$= \frac{1}{n\cdot\int\limits_{-\infty}^{+\infty}\left(\frac{(x-\mu)^4}{4\sigma^8} - \frac{(x-\mu)^2}{2\sigma^6} + \frac{1}{4\sigma^4}\right)\cdot f(x;\mu;\sigma^2)\,dx}$$

$$= \frac{1}{n\cdot\left(\frac{E((X-\mu)^4)}{4\sigma^8} - \frac{\sigma^2}{2\sigma^6} + \frac{1}{4\sigma^4}\right)} = \frac{1}{n\cdot\left(\frac{3\sigma^4}{4\sigma^8} - \frac{\sigma^2}{2\sigma^6} + \frac{1}{4\sigma^4}\right)} = \frac{2\sigma^4}{n}.$$

Dabei wurde das vierte zentrale Moment $\eta_4 = E\big((X-\mu)^4\big) = 3\sigma^4$ der Normalverteilung benutzt (Kap. IV Abschnitt 5.7.2).

Nach Abschnitt 2.1.1 besitzt die Schätzfunktion $T_n = \frac{1}{n}\sum_{i=1}^{n}(X_i-\mu)^2$ die Varianz

$$\mathrm{Var}(T_n) = \frac{\eta_4 - \sigma^4}{n} = \frac{2\sigma^4}{n}.$$

Diese Varianz stimmt mit der unteren Schranke überein. Damit ist T_n die wirksamste Schätzfunktion für σ^2, falls der Erwartungswert μ bekannt ist.

3.3. Die Verteilung der Zufallsvariablen

$$\frac{1}{\sigma^2}\sum_{i=1}^{n}(X_i-\mu)^2$$

Bei normalverteilten Zufallsvariablen mit bekanntem Erwartungswert ist die Testgröße

$$\chi_n^2 = \frac{1}{\sigma^2}\sum_{i=1}^{n}(X_i-\mu)^2$$

Chi-Quadrat-verteilt mit n Freiheitsgraden. Nach Kap. IV Abschnitt 5.8.1 besitzt diese Zufallsvariable die Kenngrößen

$$E(\chi_n^2) = n\ ;\ Var(\chi_n^2) = 2n.$$

Für $T_n = \frac{\sigma^2}{n}\chi_n^2$ erhält man hieraus die bereits angegebenen Parameter

$$E(T_n) = \frac{\sigma^2}{n}E(\chi_n^2) = \frac{\sigma^2}{n}n = \sigma^2;$$

$$Var(T_n) = \frac{\sigma^4}{n^2}Var(\chi_n^2) = \frac{\sigma^4}{n^2}2n = \frac{2\sigma^4}{n}.$$

3.4. Asymptotische Effizienz von S^2

Bei normalverteilten Zufallsvariablen mit unbekanntem Erwartungswert ist

$$\chi_{n-1}^2 = \frac{1}{\sigma^2}\sum_{i=1}^{n}(X_i-\bar{X})^2 = \frac{n-1}{\sigma^2}S^2$$

Chi-Quadrat-verteilt mit $n-1$ Freiheitsgraden. Mit $S^2 = \frac{\sigma^2}{n-1}\cdot\chi_{n-1}^2$ erhält man

$$E(S^2) = \frac{\sigma^2}{n-1}E(\chi_{n-1}^2) = \frac{\sigma^2}{n-1}(n-1) = \sigma^2\ ;$$

$$Var(S^2) = \frac{\sigma^4}{(n-1)^2}Var(\chi_{n-1}^2) = \frac{\sigma^4}{(n-1)^2}2(n-1) = \frac{2\sigma^4}{n-1}.$$

Diese Varianz ist größer als die der wirksamsten Schätzfunktion aus Abschnitt 3.2.2. Doch ist S^2 **asymptotisch wirksamste Schätzfunktion** für σ^2.

3.5. Schätzung der Standardabweichung

Gesucht ist die Dichte h(s) der Zufallsvariablen $S = \sqrt{\frac{1}{n-1} \sum_{i=1}^{n} (X_i - \bar{X})^2}$.

Die Zufallsvariable $Y = \frac{(n-1) S^2}{\sigma^2}$ ist bei normalverteilten Zufallsvariablen Chi-Quadrat-verteilt mit $n-1$ Freiheitsgraden. Nach Kap. IV Abschnitt 5.8.1 besitzt die Zufallsvariable Y die Dichte $g(y) = 0$ für $y < 0$ und

$$g(y) = \frac{1}{2^{\frac{n-1}{2}} \Gamma\left(\frac{n-1}{2}\right)} e^{-\frac{y}{2}} y^{\frac{n-3}{2}} \quad \text{für } y \geq 0.$$

Zunächst wird die Dichte $w(s^2)$ der Zufallsvariablen S^2 bestimmt. Dabei ist s^2 die Variable und nicht s. Man erhält sie aus g(y) durch die Substitution

$$y = \frac{n-1}{\sigma^2} s^2 \; ; \; dy = \frac{n-1}{\sigma^2} ds^2$$

$$w(s^2) = \frac{1}{2^{\frac{n-1}{2}} \Gamma\left(\frac{n-1}{2}\right)} e^{-\frac{(n-1) s^2}{2\sigma^2}} \cdot \left(\frac{n-1}{\sigma^2} s^2\right)^{\frac{n-3}{2}} \cdot \frac{n-1}{\sigma^2}$$

$$= \frac{(n-1)^{\frac{n-1}{2}}}{2^{\frac{n-1}{2}} \Gamma\left(\frac{n-1}{2}\right) \sigma^{n-1}} e^{-\frac{(n-1) s^2}{2\sigma^2}} \cdot (s^2)^{\frac{n-3}{2}}.$$

Mit der Substitution $s = \sqrt{s^2}$; $s^2 = (s)^2$; $ds^2 = 2s\,ds$ erhält man hieraus die **Dichte h(s) der Zufallsvariablen S** in der Form

$$h(s) = \frac{(n-1)^{\frac{n-1}{2}}}{2^{\frac{n-1}{2}} \Gamma\left(\frac{n-1}{2}\right) \sigma^{n-1}} e^{-\frac{(n-1) s^2}{2\sigma^2}} \cdot s^{n-3} \cdot 2s$$

$$= \frac{(n-1)^{\frac{n-1}{2}}}{2^{\frac{n-3}{2}} \Gamma\left(\frac{n-1}{2}\right) \sigma^{n-1}} e^{-\frac{(n-1) s^2}{2\sigma^2}} \cdot s^{n-2} \quad \text{für } s > 0.$$

Den Erwartungswert der Zufallsvariablen S erhält man als

$$E(S) = \int_0^\infty s\, h(s)\, ds$$

$$= \frac{(n-1)^{\frac{n-1}{2}}}{2^{\frac{n-3}{2}}\Gamma\left(\frac{n-1}{2}\right)\sigma^{n-1}} \int_0^\infty s^{n-1} e^{-\frac{(n-1)s^2}{2\sigma^2}} ds .$$

Mit der Substitution $\frac{(n-1)s^2}{2\sigma^2} = z$; $s = \sqrt{\frac{2z}{n-1}} \cdot \sigma$; $\frac{(n-1)s}{\sigma^2} ds = dz$;

$ds = \frac{\sigma}{\sqrt{n-1}\sqrt{2z}} dz$ geht dieses Integral über in

$$E(S) = \frac{(n-1)^{\frac{n-1}{2}}}{2^{\frac{n-3}{2}}\Gamma\left(\frac{n-1}{2}\right)\sigma^{n-1}} \int_0^\infty \left(\frac{2\sigma^2 z}{n-1}\right)^{\frac{n-1}{2}} e^{-z} \frac{\sigma}{\sqrt{n-1}\sqrt{2z}} dz$$

$$= \frac{\sqrt{2}\,\sigma}{\sqrt{n-1}\,\Gamma\left(\frac{n-1}{2}\right)} \underbrace{\int_0^\infty z^{\frac{n}{2}-1} e^{-z} dz}_{=\Gamma(\frac{n}{2})} = \frac{\sqrt{2}\,\Gamma(\frac{n}{2})}{\sqrt{n-1}\,\Gamma\left(\frac{n-1}{2}\right)} \cdot \sigma < \sigma.$$

Aus der Stirlingschen Formel folgt

$$\lim_{n\to\infty} \frac{\Gamma(\frac{n}{2})}{\sqrt{n-1}\,\Gamma\left(\frac{n-1}{2}\right)} = \frac{1}{\sqrt{2}} .$$

Damit gilt

$$\lim_{n\to\infty} E(S) = \sigma.$$

Die Schätzfunktion S ist für σ **asymptotisch erwartungstreu.**

Ihre Varianz lautet

$$Var(S) = E(S^2) - [E(S)]^2$$

$$\sigma^2 - \frac{2\Gamma^2(\frac{n}{2})}{(n-1)\Gamma^2\left(\frac{n-1}{2}\right)}\sigma^2 = \left(1 - \frac{2\Gamma^2(\frac{n}{2})}{(n-1)\Gamma^2\left(\frac{n-1}{2}\right)}\right)\sigma^2 .$$

Die Schätzfunktion

$$S' = \sqrt{\frac{n-1}{2}}\,\frac{\Gamma\left(\frac{n-1}{2}\right)}{\Gamma\left(\frac{n}{2}\right)}\,S = \frac{1}{\sqrt{2}}\,\frac{\Gamma\left(\frac{n-1}{2}\right)}{\Gamma\left(\frac{n}{2}\right)}\sqrt{\sum_{i=1}^{n}(X_i - \bar{X})^2}$$

ist bei normalverteilten Zufallsvariablen bei jedem beliebigen Stichprobenumfang n erwartungstreu für σ mit

$$E(S') = \sigma ;$$

$$\operatorname{Var}(S') = \frac{n-1}{2} \frac{\Gamma^2\left(\frac{n-1}{2}\right)}{\Gamma^2\left(\frac{n}{2}\right)} \operatorname{Var}(S) = \left(\frac{n-1}{2} \frac{\Gamma^2\left(\frac{n-1}{2}\right)}{\Gamma^2\left(\frac{n}{2}\right)} - 1 \right) \sigma^2.$$

Wegen

$$\lim_{n\to\infty} \frac{n-1}{2} \frac{\Gamma^2\left(\frac{n-1}{2}\right)}{\Gamma^2\left(\frac{n}{2}\right)} = 1$$

konvergiert diese Varianz gegen Null. Allgemein gilt

$$\operatorname{Var}(S') \approx \frac{\sigma^2}{2n} \text{ für große n.}$$

Damit ist die Schätzfunktion S' **konsistent** für σ.

Bestimmung der Varianz der wirksamsten Schätzfunktion für σ

Zur Bestimmung der Varianz der wirksamsten regulären Schätzfunktion für σ bei Normalverteilungen berechnen wir

$$\int_{-\infty}^{+\infty} \left(\frac{\partial \ln f(x; \mu ; \sigma)}{\partial \sigma} \right)^2 \cdot f(x; \mu ; \sigma)\, dx$$

Aus

$$\ln f(x; \mu ; \sigma) = - \frac{(x-\mu)^2}{2\sigma^2} - \ln\sqrt{2\pi} - \frac{1}{2} \ln \sigma^2$$

erhält man

$$\frac{\partial \ln f(x; \mu ; \sigma)}{\partial \sigma} = \frac{(x-\mu)^2}{\sigma^3} - \frac{1}{\sigma}$$

$$\int_{-\infty}^{+\infty} \left(\frac{\partial \ln f(x; \mu ; \sigma)}{\partial \sigma} \right)^2 \cdot f(x; \mu ; \sigma)\, dx =$$

$$= \int_{-\infty}^{+\infty} \left(\frac{(x-\mu)^4}{\sigma^6} - 2\frac{(x-\mu)^2}{\sigma^4} + \frac{1}{\sigma^2} \right) f(x; \mu ; \sigma)\, dx$$

$$= \frac{\eta_4}{\sigma^6} - 2\frac{\sigma^2}{\sigma^4} + \frac{1}{\sigma^2} = \frac{3\sigma^4}{\sigma^6} - 2\frac{\sigma^2}{\sigma^4} + \frac{1}{\sigma^2} = \frac{2}{\sigma^2}.$$

Damit lautet die Varianz der regulären wirksamsten Schätzung $\frac{\sigma^2}{2n}$. Die Wirksamkeit der Schätzfunktion S' konvergiert gegen Eins. Sie ist somit asymptotisch wirksamst.

Zusammenfassung:

Bei Normalverteilungen ist die Schätzfunktion

$$S = \sqrt{\frac{1}{n-1}\sum_{i=1}^{n}(X_i - \bar{X})^2}$$

für σ **nicht erwartungstreu**, sondern nur **asymptotisch erwartungstreu** mit

$$E(S) = \frac{\sqrt{2}\,\Gamma\left(\frac{n}{2}\right)}{\sqrt{n-1}\,\Gamma\left(\frac{n-1}{2}\right)}\cdot\sigma\,; \qquad \lim_{n\to\infty} E(S) = \sigma.$$

$$S' = \sqrt{\frac{n-1}{2}}\,\frac{\Gamma\left(\frac{n-1}{2}\right)}{\Gamma\left(\frac{n}{2}\right)}\cdot S = \frac{1}{\sqrt{2}}\,\frac{\Gamma\left(\frac{n-1}{2}\right)}{\Gamma\left(\frac{n}{2}\right)}\sqrt{\sum_{i=1}^{n}(X_i - \bar{X})^2}$$

ist für σ **erwartungstreu, konsistent** und **asymptotisch wirksamst** mit

$$\operatorname{Var}(S') = \left(\frac{n-1}{2}\,\frac{\Gamma^2\left(\frac{n-1}{2}\right)}{\Gamma^2\left(\frac{n}{2}\right)} - 1\right)\cdot\sigma^2 \approx \frac{\sigma^2}{2n} \text{ für große n.}$$

3.6. Test auf Normalverteilung

Zum Test, ob eine Zufallsvariable normalverteilt ist, sollte der Kolmogorow-Smirnow-Test aus Kap. VII Abschnitt 6.2 nur dann benutzt werden, wenn der Erwartungswert und die Varianz fest vorgegeben sind. In diesem Fall handelt es sich um den Test einer bestimmten Normalverteilung. Für diesen Test kann auch der Chi-Quadrat-Anpassungstest verwendet werden.

Falls man jedoch nur untersuchen möchte, ob eine allgemeine Normalverteilung vorliegt, benutzt man den Chi-Quadrat-Test. Dabei müssen die beiden unbekannten Parameter μ und σ^2 zunächst geschätzt werden. Die Schätzung erfolgt am besten mit Hilfe der Maximum-Likelihood-Methode für die beobachteten Klassenhäufigkeiten. Die Parameter werden so bestimmt, daß die Wahrscheinlichkeit für die eingetretenen Klassenhäufigkeiten maximal ist. Mit diesen geschätzten Parametern wird dann der Test durchgeführt. Die Parameter können auch mit der Minimum-Chi-Quadrat-Methode aus Kap. VII Abschnitt 6.1.2 geschätzt werden.

Falls r Klassen benutzt werden, ist die Testgröße näherungsweise **Chi-Quadrat-verteilt mit $r-3$ Freiheitsgraden.**

4. Wahrscheinlichkeiten - Binomialverteilungen

Zur Schätzung einer unbekannten Wahrscheinlichkeit $p = P(A)$ eines beliebigen Ereignisses A benutzt man im allgemeinen die relative Häufigkeit des Ereignisses A in einer unabhängigen Versuchsserie vom Umfang n (Bernoulli-Kette). Dabei muß darauf geachtet werden, daß die n Versuche unabhängig und jedesmal unter denselben Bedingungen durchgeführt werden. Dann ist die Zufallsvariable X, deren Realisierungen die absoluten Häufigkeiten sind, binomialverteilt.

4.1 Schätzung einer Wahrscheinlichkeit

Als Schätzfunktion für eine unbekannte Wahrscheinlichkeit $p = P(A)$ eignet sich auf Grund des Bernoullischen (schwachen) Gesetzes der großen Zahlen (vgl. Kap. VI Abschnitt 1) die Zufallsvariable der relativen Häufigkeit

$$R_n(A) = \frac{1}{n} \cdot X$$

in einer unabhängigen Versuchsserie vom Umfang n. Dabei beschreibt die Zufallsvariable X die absolute Häufigkeit des Ereignisses A mit $p = P(A)$.

Die Zufallsvariable X ist binomialverteilt mit den Parametern p und n. Es gilt

$$P(X=k) = P(R_n(A) = \tfrac{k}{n}) = \binom{n}{k} p^k (1-p)^{n-k}, \; k = 0, 1, 2, \ldots, n;$$

$$E(R_n(A) = p \; ; \; Var(R_n(A)) = \frac{p(1-p)}{n} \leq \frac{1}{4n} \; ; \quad \lim_{n \to \infty} Var(R_n(A)) = 0.$$

Die Schätzfunktion $R_n(A)$ ist somit **erwartungstreu** und **konsistent** für p.

Zur Berechnung der Varianz der wirksamsten regulären Schätzfunktion in der Ungleichung von Rao-Cramér nehmen wir an, daß bei einer unabhängigen Versuchsdurchführung vom Umfang n bei jedem Versuch nur feststellbar ist, ob das Ereignis A eingetreten ist oder nicht. Dann gilt für die Indikatorvariable

$$X = \begin{cases} 1, & \text{falls A eintritt} \\ 0, & \text{sonst} \end{cases}$$

$$P(X = 0; p) = 1 - p \; ; \; P(X = 1; p) = p.$$

Differentiation nach dem Parameter p ergibt

$$\frac{\partial \ln P(X=0;\,p)}{\partial p} = -\frac{1}{1-p}\;; \qquad \frac{\partial \ln P(X=1;\,p)}{\partial p} = \frac{1}{p}\,.$$

Damit erhält man für den Nenner der Ungleichung von Rao-Cramér

$$n\left(\frac{1}{1-p}+\frac{1}{p}\right) = \frac{n}{p\,(1-p)}\;.$$

Die wirksamste Schätzfunktion U besitzt damit die Varianz

$$\operatorname{Var}(U) = \frac{p\,(1-p)}{n}\,.$$

Die Zufallsvariable $R_n(A)$ der relativen Häufigkeit nimmt die kleinste Varianz an. Sie ist somit **wirksamste** Schätzfunktion für die unbekannte Wahrscheinlichkeit p.

Zusammenfassung:

> In einer unabhängigen Versuchsserie vom Umfang n ist die Zufallsvariable $R_n(A)$ der relativen Häufigkeit eine **erwartungstreue, konsistente** und **wirksamste** Schätzung für die Wahrscheinlichkeit $p = P(A)$ mit
>
> $$\operatorname{Var}\big(R_n(A)\big) = \frac{p\,(1-p)}{n} \le \frac{1}{4n}\;; \qquad \lim_{n\to\infty} \operatorname{Var}(R_n(A)) = 0.$$

4.2. Die Maximum-Likelihood-Schätzung einer unbekannten Wahrscheinlichkeit

In einer unabhängigen Versuchsserie vom Umfang n sei das Ereignis A genau m-mal eingetreten. Dann besitzt diese Stichprobe unter Berücksichtigung der Reihenfolge die Wahrscheinlichkeit (Likelihood-Funktion)

$$L(m\,;p) \;=\; p^m \cdot (1-p)^{n-m}.$$

Logarithmieren ergibt

$$\ln L(m\,;p) \;=\; m\cdot \ln p + (n-m)\cdot \ln(1-p)\;.$$

Differentiation nach p ergibt

$$\frac{d \ln L(m\,;p)}{dp} \;=\; \frac{m}{p} - \frac{n-m}{1-p} = 0\;;$$

$$m(1-p) \;=\; p(n-m)\;;\quad m = p\,n\;;\quad \hat{p} = \frac{m}{n}\,.$$

Die Maximum-Likelihood-Schätzung $\hat{p} = \frac{m}{n}$ ist also die **relative Häufigkeit** des Ereignisses A.

4.3. Konfidenzintervalle für eine unbekannte Wahrscheinlichkeit

Bei großem Stichprobenumfang n kann die Approximation durch die Normalverteilung benutzt werden. In diesem Fall lassen sich die Konfidenzintervalle näherungsweise relativ einfach berechnen.

Bei kleinem Stichprobenumfang n darf jedoch diese Approximation nicht verwendet werden. In diesem Fall bestimmt man die Vertrauensintervalle nach der in Kap. VII Abschnitt 3.3 beschriebenen Methode. Dabei müssen die Grenzen direkt aus der Binomialverteilung bestimmt. Die Binomialverteilung kann jedoch durch die F-Verteilung dargestellt werden.

4.3.1. Konfidenzintervalle für p bei großem Stichprobenumfang

Der Stichprobenumfang n sei so groß, daß $np(1-p) > 9$ erfüllt ist. Wenn bekannt ist, daß p in der Nähe von 0,5 liegt, muß n nicht wesentlich größer als 36 sein. Falls man z. B. aus Voruntersuchungen weiß, daß p zwischen 0,1 und 0,5 liegt, nimmt die Funktion $f(p) = p(1-p)$ in diesem Bereich das Minimum an der Stelle 0,1 an mit $f(0{,}1) = 0{,}1 \cdot 0{,}9 = 0{,}09$. Dann gilt für den minimalen Stichprobenumfang

$$n > \frac{9}{0{,}1 \cdot 0{,}9} = 100\,.$$

Die binomialverteilte Zufallsvariable X beschreibe die absolute Häufigkeit des Ereignisses A in einer unabhängigen Versuchsserie vom Umfang n.

Dann ist X ungefähr normalverteilt mit dem Erwartungswert $E(X) = np$ und der Varianz $Var(X) = n(1-p)$. Die Standardisierung

$$Z = \frac{X - np}{\sqrt{np(1-p)}}$$

ist dann ungefähr $N(0;1)$-verteilt.

Zum Konfidenzniveau $1-\alpha$ soll ein ein zweiseitiges zentrales Konfidenzintervall bestimmt werden. Für jedes $z > 0$ gilt

$$\begin{aligned} 2\Phi(z) - 1 &\approx P\left(-z \le \frac{X - np}{\sqrt{np(1-p)}} \le z\right) = P\left(\frac{(X-np)^2}{np(1-p)} \le z^2\right) \\ &= P\left(X^2 - 2npX + n^2p^2 - z^2 np(1-p) \le 0\right). \end{aligned}$$

Mit der Zufallsvariablen $\bar{X} = \frac{X}{n}$ der relativen Häufigkeit erhält man die Nullstellen der quadratischen Gleichung in der Form

$$G_{u,o} = \frac{1}{n+z^2}\left(X + \frac{z^2}{2} \mp z\sqrt{\frac{X(n-X)}{n} + \frac{z^2}{4}}\right)$$

$$= \frac{n}{n+z^2}\left(\bar{X} + \frac{z^2}{2n} \mp z\sqrt{\frac{\bar{X}(1-\bar{X})}{n} + \frac{z^2}{4n^2}}\right).$$

Damit gilt

$$2\Phi(z) - 1 = P\left(-z \leq \frac{X-np}{\sqrt{np(1-p)}} \leq z\right) = P(G_u \leq p \leq G_o).$$

Für ein zweiseitiges zentrales Konfidenzintervall zum Niveau $1-\alpha$ werden die Quantile der Standard-Normalverteilung bestimmt aus

$$2\Phi(z) - 1 = 1 - \alpha\,; \quad \Phi(z) = 1 - \frac{\alpha}{2} \quad \text{mit } z = z_{1-\alpha/2}.$$

Mit der relativen Häufigkeit r_n des Ereignisses A erhält man für das zweiseitige (empirische) Konfidenzintervall die Grenzen

$$p_{u,o} = \frac{n}{n+z^2}\left(r_n + \frac{z^2}{2n} \mp z\sqrt{\frac{r_n(1-r_n)}{n} + \frac{z^2}{4n^2}}\right)\,; \quad z = z_{1-\alpha/2}.$$

Ersetzt man die Quantile durch $z = z_{1-\alpha}$, so erhält man durch Weglassen der anderen Grenze einseitige Konfidenzintervalle zum Niveau $1-\alpha$.

Zusammenfassung:

Konfidenzintervalle für p zum Niveau $1-\alpha$ bei großem Stichprobenumfang n:
r_n sei die relative Häufigkeit des Ereignisses A in einer unabhängigen Versuchsserie vom Umfang n.
Mit den Quantilen der Standard-Normalverteilung erhält man für die Wahrscheinlichkeit p ein
zweiseitiges Konfidenzintervall $[p_u\,; p_o]$ mit

$$p_{u,o} = \frac{n}{n+z^2}\left(r_n + \frac{z^2}{2n} \mp z\sqrt{\frac{r_n(1-r_n)}{n} + \frac{z^2}{4n^2}}\right)\,; \quad z = z_{1-\alpha/2}.$$

Mit den Quantilen $z = z_{1-\alpha}$ erhält man durch Weglassen der anderen Grenze **einseitige Konfidenzintervalle** für p zum Niveau α.

Die Grenzen des empirischen Konfidenzintervalls können auch mit Hilfe der **absoluten Häufigkeit h_n** des Ereignisses A bestimmt werden durch

$$p_{u,o} = \frac{1}{n+z^2}\left(h_n + \frac{z^2}{2} \mp z\sqrt{\frac{h_n(n-h_n)}{n} + \frac{z^2}{4}}\right); \quad z = z_{1-\alpha/2}.$$

Das zweiseitige Konfidenzintervall besitzt die

$$\textbf{Länge } l = \frac{2zn}{n+z^2}\cdot\sqrt{\frac{r_n(1-r_n)}{n} + \frac{z^2}{4n^2}} \quad ; z = z_{1-\alpha/2}$$

Diese Länge konvergiert gegen Null, falls n gegen unendlich konvergiert.

Beispiel (Wahrscheinlichkeit einer Knabengeburt): In der Bundesrepublik Deutschland waren im Jahre 1989 unter den 681 537 Lebendgeburten insgesamt 349 179 männlich (Quelle: Statistisches Jahrbuch 1990-vorläufiges Ergebnis). Für die Wahrscheinlichkeit p, daß ein neugeborenes Kind ein Knabe ist, erhält man hieraus den Schätzwert

$$\hat{p} = \frac{349\,179}{681\,537} = 0{,}51234 = r_n.$$

Gesucht ist ein zweiseitiges Konfidenzintervall für p zum Niveau 0,99. Mit dem 0,995-Quantil $z_{0,995} = 2{,}57583$ erhält man aus der obigen Formel das Konfidenzintervall für die Wahrscheinlichkeit p einer Knabengeburt

$$[0{,}51078;\ 0{,}51391].$$

4.3.2. Konfidenzintervalle für p bei kleinem Stichprobenumfang

Bei kleinem Stichprobenumfang n müssen die empirischen Konfidenzintervalle direkt aus der Binomialverteilung bestimmt werden. Das empirische Konfidenzintervall soll aus der Realisierung m der absoluten Häufigkeit in einer unabhängigen Versuchsserie vom Umfang n bestimmt werden. Die Berechnung der Konfidenzgrenzen geschieht nach Clopper-Pearson (Kap. VII Abschnitt 3.3).

In der Versuchsserie von Umgang n sei das Ereignis A genau m-mal eingetreten. Dann erhält man die Grenzen des empirischen Konfidenzintervalls mit $u_o = m$ als Lösungen der Gleichungen

$$\sum_{k=0}^{m-1}\binom{n}{k} p_o^k (1-p_o)^{n-k} = \alpha_1;$$

$$\sum_{k=m+1}^{n} \binom{n}{k} p_u^k (1-p_u)^{n-k} = \alpha_1 ;$$

$$m = h_n(A) = \text{absolute Häufigkeit von A} ;\ \alpha_1 + \alpha_2 = \alpha .$$

Da die Funktionen auf der linken Seite in p stetig sind, ist jeweils das Gleichheitszeichen erreichbar.

Dann besitzt das **empirische Konfidenzintervall** $[p_u ; p_o]$ ein Niveau, das mindestens gleich $1 - \alpha_1 - \alpha_2$ ist.

Die beiden Bestimmungsgleichungen für p_u und p_o können numerisch gelöst werden. Besser eignet sich jedoch die in Kap. IV Abschnitt 5.8.4 angegebene Darstellung der Binomialverteilung durch die F-Verteilung. Danach gilt für jedes $m = 0, 1, 2, \ldots, n$

$$\begin{aligned} F(m, p) &= \sum_{k=0}^{m} \binom{n}{k} \cdot p^k \cdot (1-p)^{n-k} \\ &= 1 - F_{2(m+1);2(n-m)}\left(\frac{n-m}{m+1} \cdot \frac{p}{1-p}\right). \end{aligned}$$

Damit gilt

$$\begin{aligned} \alpha_1 &= \sum_{k=m+1}^{n} \binom{n}{k} p_u^k (1-p_u)^{n-k} = 1 - \sum_{k=0}^{m} \binom{n}{k} p_u^k (1-p_u)^{n-k} \\ &= F_{2(m+1);2(n-m)}\left(\frac{n-m}{m+1} \cdot \frac{p_u}{1-p_u}\right). \end{aligned}$$

Mit dem α_1-Quantil c_u der F-Verteilung mit $(2(m+1);2(n-m))$ Freiheitsgraden erhält man hiermit

$$\frac{n-m}{m+1} \cdot \frac{p_u}{1-p_u} = c_u ; \quad p_u = \frac{(m+1)\,c_u}{n-m+(m+1)\,c_u} .$$

$$\alpha_2 = \sum_{k=0}^{m-1} \binom{n}{k} p_o^k (1-p_o)^{n-k} = 1 - F_{2m;2(n-m+1)}\left(\frac{n-m+1}{m} \cdot \frac{p_o}{1-p_o}\right);$$

$$F_{2m;2(n-m+1)}\left(\frac{n-m+1}{m} \cdot \frac{p_o}{1-p_o}\right) = 1 - \alpha_2 .$$

Mit dem $(1-\alpha_2)$-Quantil c_o der F-Verteilung mit $(2m;2(n-m+1))$ Freiheitsgraden ergibt sich

$$\frac{n-m+1}{m} \cdot \frac{p_o}{1-p_o} = c_o ; \quad p_o = \frac{m\,c_o}{n-m+1+m\,c_o} .$$

Damit erhält man

Konfidenzintervalle für p zum Niveau $\geq 1-\alpha$ bei kleinem Stichprobenumfang n:		
zweiseitige:	$[p_u ; p_o]$;	p_u; p_o s. o. mit $\alpha_1 = \alpha_2 = \frac{\alpha}{2}$;
einseitige:	$[p_u ; 1]$;	p_u s. o. mit $\alpha_1 = \alpha$;
	$[0 ; p_o]$;	p_o s. o. mit $\alpha_2 = \alpha$.

Beispiel: In einer unabhängigen Versuchsserie vom Umfang $n = 50$ trat das Ereignis A 10-mal ein. Gesucht ist ein zweiseitiges Konfidenzintervall für die Wahrscheinlichkeit $p = P(A)$, dessen Niveau mindestens gleich 0,95 ist.

Mit $n = 50$; $m = 10$; $\alpha_1 = \alpha_2 = 0{,}025$ erhält man für die entsprechenden F-Verteilungen die Quantile $c_u = 0{,}45549$; $c_o = 1{,}88018$ und daraus das

Konfidenzintervall für p : $[0{,}11 ; 0{,}31]$.

4.4. Test einer Wahrscheinlichkeit

Zum Test einer Wahrscheinlichkeit $p = P(A)$ verwendet man wie bei der Bestimmung von Konfidenzintervallen bei großem Stichprobenumfang die Approximation durch die Normalverteilung, während bei kleinem Stichprobenumfang die Binomialverteilung benutzt wird.

4.4.1. Test von p bei großem Stichprobenumfang

Für die hypothetische Grenzsstelle p_0 gelte $n p_0 (1 - p_0) > 9$. Dann ist die Zufallsvariable $R_n(A)$, deren Realisierungen die relativen Häufigkeiten in einer unabhängigen Versuchsserie vom Umfang n sind, ungefähr normalverteilt. Ist p_0 die richtige Wahrscheinlichkeit, so ist die Standardisierung

$$Z = \frac{R_n(A) - p_0}{\sqrt{p_0(1 - p_0)}} \sqrt{n}$$

ungefähr standard-normalverteilt.

Mit der relativen Häufigkeit r_n des Ereignisses A in einer unabhängigen Versuchsserie vom Umfang n und den Quantilen der Standard-Normalverteilung gelangt man zu den

Testentscheidungen

Nullhypothese H_0	Alternative H_1	Ablehnungsbereich von H_0
a) $p = p_0$	$p \neq p_0$	$\left\| \frac{r_n - p_0}{\sqrt{p_0(1-p_0)}}\sqrt{n} \right\| > z_{1-\alpha/2}$
b) $p \leq p_0$	$p > p_0$	$\frac{r_n - p_0}{\sqrt{p_0(1-p_0)}}\sqrt{n} > z_{1-\alpha}$
c) $p \geq p_0$	$p < p_0$	$\frac{r_n - p_0}{\sqrt{p_0(1-p_0)}}\sqrt{n} < -z_{1-\alpha}$

Benutzt werden die Quantile der Standard-Normalverteilung.

Alle drei Tests sind **unverfälscht**.

4.4.2. Test von p bei kleinem Stichprobenumfang

Bei kleinem Stichprobenumfang n benutzt man als Testgröße die binomialverteilte Zufallsvariable X, deren Realisierungen die absoluten Häufigkeiten h_n des Ereignisses A in einer unabhängigen Versuchsserie vom Umfang n sind. Ist p_0 die tatsächliche Wahrscheinlichkeit des Ereignisses A, so gilt

$$P(X=k) = \binom{n}{k} p_0^k (1-p_0)^{n-k} \quad \text{für } k = 0, 1, \ldots, n.$$

Zu vorgegebenen Irrtumswahrscheinlichkeiten werden die ganzzahligen Ablehnungsgrenzen c_u und c_o bestimmt aus

$$c_u = c_u(\alpha_1) \quad \text{maximal mit} \quad \sum_{k=0}^{c_u} \binom{n}{k} p_0^k (1-p_0)^{n-k} \leq \alpha_1;$$

$$c_o = c_o(\alpha_2) \quad \text{minimal mit} \quad \sum_{k=c_o}^{n} \binom{n}{k} p_0^k (1-p_0)^{n-k} \leq \alpha_2;$$

$$\alpha_1 + \alpha_2 = \alpha.$$

Mit den daraus bestimmten kritischen Grenzen und der absoluten Häufigkeit h_n des Ereignisses A in einer Versuchsserie vom Umfang n erhält man zum Testniveau $\alpha^* \leq \alpha$ die

Testentscheidungen

Nullhypothese H_0	Alternative H_1	Ablehnungsbereich von H_0
a) $p = p_0$	$p \neq p_0$	$h_n \leq c_u(\frac{\alpha}{2})$ oder $h_n \geq c_o(\frac{\alpha}{2})$
b) $p \leq p_0$	$p > p_0$	$h_n \geq c_o(\alpha)$
c) $p \geq p_0$	$p < p_0$	$h_n \leq c_u(\alpha)$

Hinweis: Die Grenzen gehören zum Ablehnungsbereich.

Die exakten Signifikanzniveaus α^* für die einzelnen Tests sind:

a) $\alpha^* = \sum\limits_{k=0}^{c_u} \binom{n}{k} p_0^k (1-p_0)^{n-k} + \sum\limits_{k=c_o}^{n} \binom{n}{k} p_0^k (1-p_0)^{n-k} \leq \alpha$;

b) $\alpha^* = \sum\limits_{k=c_o}^{n} \binom{n}{k} p_0^k (1-p_0)^{n-k} \leq \alpha$;

c) $\alpha^* = \sum\limits_{k=0}^{c_u} \binom{n}{k} p_0^k (1-p_0)^{n-k} \leq \alpha$.

4.5 Vergleich zweier Wahrscheinlichkeiten

Es sollen die beiden Wahrscheinlichkeiten $p_1 = P_1(A)$ und $p_2 = P_2(A)$ eines Ereignisses A in zwei verschiedenen Grundgesamtheiten miteinander verglichen werden, z. B. die Heilungswahrscheinlichkeiten zweier verschiedener Medikamente oder die Ausschußwahrscheinlichkeiten zweier Maschinen. Zur Bestimmung von Konfidenzintervallen für die Differenz oder zum Test der Differenz der Wahrscheinlichkeiten werden in zwei unabhängigen Versuchsserien vom Umfang n_1 bzw. n_2 die absoluten Häufigkeiten $h_1(A)$ bzw. $h_2(A)$ des Ereignisses A berechnet.

4.5.1. Test auf Gleichheit zweier Wahrscheinlichkeiten bei beliebigen Stichprobenumfängen

Getestet werden soll eine der Hypothesen

a) $H_0 : p_1 = p_2$; $H_1 : p_1 \neq p_2$;

b) $H_0 : p_1 \leq p_2$; $H_1 : p_1 > p_2$;

c) $H_0 : p_1 \geq p_2$; $H_1 : p_1 < p_2$.

Sowohl der ein- als auch die beiden zweiseitigen Tests können mit Hilfe des exakten Tests von Fisher (Vierfeldertafel) aus Kap. VII Abschnitt 7.3 durchgeführt werden. Dieser Test eignet sich besonders bei kleinen Stichprobenumfängen.

Bei großen Stichprobenumfängen mit $n_1 + n_2 \geq 20$ kann der zweiseitige Test mit dem Chi-Quadrat-Unabhängigkeitstests aus Kap. VII Abschnitt 7.3 durchgeführt werden.

4.5.2. Test auf Gleichheit zweier Wahrscheinlichkeiten bei großen Stichprobenumfängen

In diesem Abschnitt nehmen wir an, daß die beiden Stichprobenumfänge so groß sind, daß die Binomialverteilungen durch Normalverteilungen approximiert weren können. In der ersten Versuchsserie vom Umfang n_1 besitze das Ereignis A die absolute Häufigkeit h_1, in der zweiten Versuchsserie vom Umfang n_2 die absolute Häufigkeit h_2. Für die relativen Häufigkeiten r_1 und r_2 gelte

$$n_1 r_1 (1 - r_1) > 9 \quad \text{und} \quad n_2 r_2 (1 - r_2) > 9 .$$

Im Falle $p_1 = p_2$ ist die gesamte Serie vom Umfang $n = n_1 + n_2$ binomialverteilt mit dem Parameter $p = p_1 = p_2$. Die unbekannte Wahrscheinlichkeit p wird aus der gesamten Serie geschätzt. Die Maximum-Likelihood-Schätzung ist die relative Häufigkeit

$$\hat{p} = \frac{h_1 + h_2}{n_1 + n_2} = r_{ges.}$$

Die Zufallsvariablen der relativen Häufigkeiten R_1 und R_2 sind asymptotisch normalverteilt. Im Falle $p_1 = p_2 = p$ gilt

$$E(R_1) = p \; ; \; Var(R_1) = \frac{p(1-p)}{n_1} ;$$

$$E(R_2) = p \; ; \; Var(R_2) = \frac{p(1-p)}{n_2} .$$

Wegen der Unabhängigkeit der beiden Zufallsvariablen ist die Differenz ungefähr normalverteilt mit

$$E(R_1 - R_2) = 0\,;$$
$$\mathrm{Var}(R_1 - R_2) = \mathrm{Var}(R_1) + \mathrm{Var}(R_2) = p(1-p)\left(\frac{1}{n_1} + \frac{1}{n_2}\right).$$

Da die Schätzfunktion für p konsistent ist, ist die Testgröße

$$Z = \frac{R_1 - R_2}{\sqrt{r_{ges.}(1 - r_{ges.})\left(\frac{1}{n_1} + \frac{1}{n_2}\right)}}$$

unter der Nullhypothese $H_0: p_1 = p_2$ ungefähr standard-normalverteilt.

Mit den Realisierungen

$$z_{ber.} = \frac{r_1 - r_2}{\sqrt{r_{ges.}(1 - r_{ges.})\left(\frac{1}{n_1} + \frac{1}{n_2}\right)}}\,; \qquad r_{ges.} = \frac{h_1 + h_2}{n_1 + n_2}$$

und den Quantilen der Standard-Normalverteilung erhält man die

Testentscheidungen

Nullhypothese H_0	Alternative H_1	Ablehnungsbereich von H_0
a) $p_1 = p_2$	$p_1 \neq p_2$	$\lvert z_{ber.} \rvert > z_{1-\frac{\alpha}{2}}$
b) $p_1 \leq p_2$	$p_1 > p_2$	$z_{ber.} > z_{1-\alpha}$
c) $p_1 \geq p_2$	$p_1 < p_2$	$z_{ber.} < -z_{1-\alpha}$

4.5.3. Konfidenzintervalle für die Differenz zweier Wahrscheinlichkeiten bei großen Stichprobenumfängen

Falls die beiden Wahrscheinlichkeiten p_1 und p_2 verschieden sind, müssen sie aus den beiden einzelnen Stichproben geschätzt werden. Dann ist die Stichprobenfunktion

$$Z = \frac{R_1 - R_2 - (p_1 - p_2)}{\sqrt{\frac{r_1(1-r_1)}{n_1} + \frac{r_2(1-r_2)}{n_2}}}$$

ungefähr standard-normalverteilt.

Mit den Quantilen der Standard-Normalverteilung erhält man

Konfidenzintervalle für die Differenz $p_1 - p_2$ zum Niveau $1-\alpha$:

zweiseitige: $[c_u; c_o]$ mit

$$c_{u,o} = r_1 - r_2 \mp z_{1-\frac{\alpha}{2}} \sqrt{\frac{r_1(1-r_1)}{n_1} + \frac{r_2(1-r_2)}{n_2}} \;;$$

einseitige: $$\left[-1 \;;\; r_1 - r_2 + z_{1-\alpha} \sqrt{\frac{r_1(1-r_1)}{n_1} + \frac{r_2(1-r_2)}{n_2}}\right];$$

$$\left[r_1 - r_2 - z_{1-\alpha} \sqrt{\frac{r_1(1-r_1)}{n_1} + \frac{r_2(1-r_2)}{n_2}} \;;\; +1\right].$$

r_1, r_2 sind die relativen Häufigkeiten des Ereignisses A in den einzelnen Serien vom Umfang n_1 bzw. n_2.

4.6. Test auf Gleichheit mehrerer Wahrscheinlichkeiten

Zum Test auf Gleichheit der Wahrscheinlichkeiten von m unabhängigen Binomialverteilungen kann bei großen Stichprobenumfängen unmittelbar der Homogenitätstest aus Kap. VII Abschnitt 7.3 verwendet werden. Dabei erhält man eine Kontingenztafel mit m Zeilen und zwei Spalten.

4.7. Test auf Binomialverteilung

Die Zufallsvariable Y besitze den Wertevorrat $W = \{0, 1, ..., m\}$. Falls Y binomialverteilt ist, gilt

$$p_k = P(Y = k) = \binom{m}{k} \cdot p^k \cdot (1-p)^{m-k} \text{ für } k = 0, 1, \ldots, m.$$

Zum Test der Nullhypothese

H_0 : Y ist binomialverteilt mit dem Parameter m und einer unbekannten Wahrscheinlichkeit p

wird eine Stichprobe vom Umfang n gezogen. Insgesamt muß also n-mal eine Bernoulli-Serie vom Umfang m erzeugt werden. Die Realisierungen der Zufallsvariablen Y werden in einer Häufigkeitstabelle zusammengestellt

Werte von Y	0	1	2	....	m	Summe
Häufigkeiten	h_0	h_1	h_2	....	h_m	n

Jedes einzelne Experiment besteht also aus m unabhängigen Versuchen. Insgesamt werden n solche Serien betrachtet. Da die Zufallsvariable Y die Anzahl der Versuche in einer Serie vom Umfang m beschreibt, bei denen das Ereignis A eintritt, ist das Einzelexperiment ingesamt $n = m \cdot \sum_{k=0}^{m} h_k$-mal durchgeführt worden. In dieser Gesamtserie ist das Ereignis A

$\sum_{k=1}^{m} k\, h_k$ - mal eingetreten.

Daraus erhält man die Maximum-Likelihood-Schätzung für den unbekannten Parameter p

$$\hat{p} = \frac{\sum_{k=1}^{m} k\, h_k}{m \sum_{k=0}^{m} h_k} = \frac{\sum_{k=1}^{m} k\, h_k}{m\, n}.$$

Mit dieser Schätzung wird der Chi-Quadrat-Anpassungstest aus Kap. VII Abschnitt 6.1.2 durchgeführt.

Mit der geschätzten Wahrscheinlichkeit $\hat{p}$ für das Ereignis A berechnet man die geschätzten Wahrscheinlichkeiten der Zufallsvariablen Y

$$\hat{p}_k = P(Y = k) = \binom{m}{k} \cdot \hat{p}^k \cdot (1 - \hat{p})^{m-k} \quad \text{für } k = 0, 1, \ldots, m.$$

Falls mindestens 80 % der Häufigkeiten mindestens gleich 5 und die restlichen mindestens gleich Eins sind, müssen keine Klassen zusammengefaßt werden. Dann erhält man mit den beobachteten Häufigkeiten h_k, den geschätzten Wahrscheinlichkeiten $\hat{p}_k$ und dem Stichprobenumfang $n = \sum_{k=0}^{m} h_k$ die Testgröße

$$v = \sum_{k=0}^{m} \frac{(h_k - n\,\hat{p}_k)^2}{n\,\hat{p}_k} = \frac{1}{n} \sum_{k=0}^{m} \frac{h_k^2}{\hat{p}_k} - n\,; \quad n = \sum_{k=0}^{m} h_k.$$

Insgesamt gibt es m + 1 Klassen. Da ein Parameter geschätzt wird, ist die Testgröße Chi-Quadrat-verteilt mit m − 1 Freiheitsgraden.

Beispiel (Knabengeburten): Bei 100 Familien mit drei Kindern wurde die Anzahl der Knaben festgestellt. Dabei erhielt man das folgende Ergebnis

Anzahl der Knaben	0	1	2	3	Summe
Häufigkeiten	12	34	40	14	100

Der Test auf Binomialverteilung soll mit $\alpha = 0{,}05$ durchgeführt werden.

Für die Wahrscheinlichkeit einer Knabengeburt erhält man den Schätzwert

$$\hat{p} = \frac{1 \cdot 34 + 2 \cdot 40 + 3 \cdot 14}{3 \cdot 100} = 0{,}52.$$

Hieraus erhält man die geschätzten Wahrscheinlichkeiten der Binomialverteilung

$$\hat{p}_0 = 0{,}48^3 = 0{,}110592 \; ; \; \hat{p}_1 = 3 \cdot 0{,}48^2 \cdot 0{,}52 = 0{,}359424 \; ;$$

$$\hat{p}_2 = 3 \cdot 0{,}48 \cdot 0{,}52^2 = 0{,}389376 \; ; \; \hat{p}_3 = 0{,}52^3 = 0{,}140608.$$

Multiplikation dieser Wahrscheinlichkeiten mit 100 ergibt die erwarteten Klassenhäufigkeiten.

Die Testgröße lautet $v = 0{,}2142$. Sie ist Realisierung einer Chi-Quadrat-verteilten Zufallsvariablen mit $4 - 1 - 1 = 2$ Freiheitsgraden. Das 95%-Quantil dieser Verteilung ist 5,991. Damit kann die Nullhypothese der Binomialverteilung nicht abgelehnt werden. Das Ergebnis steht nicht im Widerspruch zu einer Binomialverteilung.

5. Poisson-Verteilungen

Eine Poisson-Verteilung ist nach Kap. III Abschnitt 7.6 durch den Parameter $\lambda > 0$ eindeutig bestimmt durch

$$P(X = k) = \frac{\lambda^k}{k!} \cdot e^{-\lambda} \quad \text{für } k = 0, 1, 2, \ldots$$

Die Kenngrößen lauten: $E(X) = \text{Var}(X) = \lambda$.

5.1. Schätzung des Parameters

5.1.1. Schätzung durch das Stichprobenmittel $\bar{x}$

Wegen $E(X_i) = \text{Var}(X_i) = \lambda$ gilt für die Schätzfunktion $\bar{X}$

$$E(\bar{X}) = \lambda; \quad \text{Var}(\bar{X}) = \frac{\lambda}{n}.$$

Daher ist $\bar{X}$ für λ **erwartungstreu** und **konstistent**. Zur Berechnung der Varianz der wirksamsten regulären Schätzfunktion U wird der Nenner in der Ungleichung von Rao-Cramér berechnet.

$$\ln P(X = k\,; \lambda) = k \ln \lambda \; - \; \lambda \; - \ln k!\;;$$

$$\frac{\partial \ln P(X = k\,; \lambda)}{\partial \lambda} = \frac{k}{\lambda} - 1\;;$$

$$\frac{1}{\operatorname{Var}(U)} = n \sum_{k=0}^{\infty} \left(\frac{d \ln P(X = k; \lambda)}{d\lambda} \right)^2 \cdot P(X = k\,; \lambda)$$

$$= n \sum_{k=0}^{\infty} \left(\frac{k-\lambda}{\lambda} \right)^2 \cdot P(X = k\,; \lambda) = \frac{n}{\lambda^2} \sum_{k=0}^{\infty} (k-\lambda)^2 \cdot P(X = k\,; \lambda)$$

$$= \frac{n}{\lambda^2} \cdot \operatorname{Var}(X) = \frac{n}{\lambda}\,.$$

Damit gilt für die wirksamste reguläre Schätzfunktion U

$$\operatorname{Var}(U) = \frac{\lambda}{n} = \frac{E(X)}{n} = E(\bar{X})\,.$$

Die Schätzfunktion $\bar{X}$ ist deshalb **wirksamste** Schätzfunktion für den Parameter λ. Die Schätzung

$$\hat{\lambda} = \bar{x}$$

besitzt somit alle geforderten Eigenschaften.

5.1.2. Schätzung durch die Stichprobenvarianz s^2

Wegen $\operatorname{Var}(X) = \lambda$ kann der Parameter λ auch durch die Stichprobenvarianz s^2 geschätzt werden, also durch $\lambda \approx s^2$. Wegen $E(S^2) = \lambda$ ist auch diese Schätzung **erwartungstreu**. Sie ist auch **konsistent**. Nach Abschnitt 5.1.1 ist jedoch das Stichprobenmittel $\bar{X}$ die wirksamste Schätzfunktion für λ. Die Schätzfunktion S^2 besitzt eine größere Varianz als $\bar{X}$, denn allgemein läßt sich bei Poisson-verteilten Zufallsvariablen folgende Ungleichung beweisen

$$\operatorname{Var}(S^2) > \operatorname{Var}(\bar{X})\,.$$

5.1.3. Maximum-Likelihood-Schätzung

Die einfache Stichprobe $x = (x_1, x_2, \dots, x_n)$ besitzt die Likelihood-Funktion

$$L(x_1, x_2, \dots, x_n; \lambda) = \prod_{i=1}^{n} \frac{e^{-\lambda} \cdot \lambda^{x_i}}{x_i!} = e^{-n\lambda} \cdot \lambda^{\sum_{i=1}^{n} x_i} \cdot \frac{1}{\prod_{i=1}^{n} x_i!} ;$$

$$\ln L(x_1, x_2, \dots, x_n; \lambda) = -n\lambda + \sum_{i=1}^{n} x_i \cdot \ln \lambda - \ln \prod_{i=1}^{n} x_i! ;$$

Ableitung nach λ ergibt

$$\frac{\partial \ln L(x_1, x_2, \dots, x_n; \lambda)}{\partial \lambda} = -n + \frac{\sum_{i=1}^{n} x_i}{\lambda} = 0.$$

Hieraus erhält man die Maximum-Likelihood-Schätzung

$$\hat{\lambda} = \frac{1}{n} \sum_{i=1}^{n} x_i = \bar{x} .$$

Das Stichprobenmittel $\bar{x}$ ist somit die Maximum-Likelihood-Schätzung für λ.

5.2. Konfidenzintervalle für den Parameter

Zur Berechnung von Konfidenzintervallen für λ kann bei großen Stichprobenumfängen die Approximation durch die Normalverteilung benutzt werden. Falls nur eine einzige Realisierung m der Zufallsvariablen X vorliegt, wird das Konfidenzintervall analog zu dem der Binomialverteilung nach der Methode von Clopper-Pearson bestimmt.

5.2.1. Konfidenzintervalle für λ bei großem Stichprobenumfang

Bei großem Stichprobenumfang n (Faustregel: $n\lambda(1-\lambda) > 9$) ist die Zufallsvariable $\bar{X}$ des Mittelwerts ungefähr normalverteilt mit

$$E(\bar{X}) = \lambda \quad \text{und} \quad Var(\bar{X}) = \frac{\lambda}{n} .$$

Mit der Standardisierung

$$Z = \frac{\bar{X} - \lambda}{\sqrt{\lambda}} \sqrt{n}$$

erhält man

$$2\Phi(z)-1 \approx P\left(-z \leq \frac{\bar{X}-\lambda}{\sqrt{\lambda}}\cdot\sqrt{n} \leq z\right) = P\left((\bar{X}-\lambda)^2 \leq \lambda\cdot\frac{z^2}{n}\right)$$

$$= P\left(\bar{X}^2 - \left(2\bar{X}+\frac{z^2}{n}\right)\lambda + \lambda^2 \leq 0\right).$$

Die Nullstellen der quadratischen Gleichung lauten

$$\lambda_{u,o} = \bar{X} + \frac{z^2}{n} \mp \sqrt{\frac{2z^2\bar{X}}{n} + \frac{z^4}{n^2}}$$

Damit gilt approximativ

$$P\left(\bar{X}+\frac{z^2}{n} - \sqrt{\frac{2z^2\bar{X}}{n} + \frac{z^4}{n^2}} \leq \lambda \leq \bar{X}+\frac{z^2}{n} + \sqrt{\frac{2z^2\bar{X}}{n} + \frac{z^4}{n^2}}\right) \approx 2\Phi(z) - 1.$$

Somit erhält man

Konfidenzintervalle für λ zum Niveau $1-\alpha$ bei großem Stichprobenumfang:
$\bar{x}$ sei der Mittelwert einer Stichprobe mit großem Umgang n von einer Poisson-verteilten Zufallsvariablen.
Für den Parameter λ erhält man mit den Quantilen der Standard-Normalverteilung ein **zweiseitiges Konfidenzintervall**
$[\lambda_u ; \lambda_o]$ mit

$$\lambda_{u,o} = \bar{x} + \frac{z^2_{1-\alpha/2}}{n} \mp \sqrt{\frac{2z^2_{1-\alpha/2}\,\bar{x}}{n} + \frac{z^4_{1-\alpha/2}}{n^2}}$$

Mit den Quantilen $z = z_{1-\alpha}$ erhält man durch Weglassen der anderen Grenze **einseitige Konfidenzintervalle** für λ zum Niveau $1-\alpha$.

5.2.2. Konfidenzintervalle für λ aus einer einzigen Realisierung

Falls nur eine einzige Realisierung der Poisson-verteilten Zufallsvariablen X vorliegt wie z. B. die absolute Häufigkeit bei seltenen Ereignissen, wird das Konfidenzintervall nach dem Verfahren von Clopper-Pearson (Kap. VII Abschnitt 3.3) bestimmt. Es sei m die Realisierung der Poisson-verteilten Zufallsvariablen.

Die Grenzen λ_u und λ_o werden bestimmt aus

$$\sum_{k=0}^{m} \frac{\lambda_o^k}{k!}\cdot e^{-\lambda_o} = \alpha_1 \;;$$

$$\sum_{k=m}^{\infty} \frac{\lambda_u^k}{k!}\cdot e^{-\lambda_u} = \alpha_2 \;; \alpha_1 + \alpha_2 = \alpha\,.$$

Da die Funktionen auf der linken Seite stetig sind, ist jeweils die Gleichheit erreichbar. Dann besitzt das empirische Konfidenzintervall $[\lambda_u ; \lambda_o]$ ein Niveau, das mindestens gleich $1-\alpha$ ist.

Zur Berechnung der Grenzen λ_u und λ_o eignet sich die in Kap. III Abschnitt 7.6 angegebene Darstellung der Poisson-Verteilung durch die **Chi-Quadrat-Verteilung.**

An jeder Stelle $m = 0, 1, 2, \ldots$ gilt für die Verteilungsfunktion

$$P(X \leq m) = \sum_{k=0}^{m} \frac{\lambda^k}{k!} \cdot e^{-\lambda} = 1 - P(\chi^2_{2(m+1)} \leq 2\lambda) .$$

Dabei ist die Zufallsvariable $\chi^2_{2(m+1)}$ Chi-Quadrat-verteilt mit $2(m+1)$ Freiheitsgraden.

Hieraus erhält man

$$\alpha_1 = \sum_{k=0}^{m} \frac{\lambda_o^k}{k!} \cdot e^{-\lambda_o} = 1 - P(\chi^2_{2(m+1)} \leq 2\lambda_o);$$

$$P(\chi^2_{2(m+1)} \leq 2\lambda_o) = 1 - \alpha_1 \quad \text{mit} \quad \lambda_o = \frac{1}{2}\chi^2_{2(m+1);1-\alpha_1};$$

$$\alpha_2 = \sum_{k=m}^{\infty} \frac{\lambda_u^k}{k!} \cdot e^{-\lambda_u} = 1 - \sum_{k=0}^{m-1} \frac{\lambda_u^k}{k!} \cdot e^{-\lambda_u}$$

$$= P(\chi^2_{2m} \leq 2\lambda_u) \quad \text{mit } \lambda_u = \frac{1}{2}\chi^2_{2m;\alpha_2} .$$

Mit den Quantilen der Chi-Quadrat-Verteilungen mit den angegebenen Freiheitsgraden erhält man

Konfidenzintervalle für λ aus einer einzigen Realisierung m zum Niveau $\geq 1-\alpha$:

zweiseitige: $\left[\frac{1}{2}\chi^2_{2m;\frac{\alpha}{2}} ; \frac{1}{2}\chi^2_{2(m+1);1-\frac{\alpha}{2}} \right]$;

einseitige: $\left[\frac{1}{2}\chi^2_{2m;\alpha} ; +\infty \right)$; $\left(0 ; \frac{1}{2}\chi^2_{2(m+1);1-\alpha} \right]$.

5.3. Test des Parameters

Wie bei der Bestimmung von Konfidenzintervallen (Abschnitt 5.2) benutzt man bei großen Stichprobenumfängen die asymptotisch normalverteilte Testgröße. Bei einer einzigen Realisierung wird die Poisson-Verteilung exakt durch eine Chi-Quadrat-Verteilung dargestellt.

5.3.1 Test von λ bei großem Stichprobenumfang

Bei großem Stichprobenumfang n benutzt man nach Abschnitt 5.2.1 die näherungsweise **standard-normalverteilte Testgröße**

$$Z = \frac{\bar{X} - \lambda_0}{\sqrt{\lambda_0}} \sqrt{n}$$

Mit der Realisierung $z = \frac{\bar{x} - \lambda_0}{\sqrt{\lambda_0}} \sqrt{n}$ und den Quantilen der Standard-Normal-Verteilung erhält man die

Testentscheidungen

Nullhypothese H_0	Alternative H_1	Ablehnungsbereich von H_0
a) $\lambda = \lambda_0$	$\lambda \neq \lambda_0$	$\left\lvert \frac{\bar{x} - \lambda_0}{\sqrt{\lambda_0}} \sqrt{n} \right\rvert > z_{1-\frac{\alpha}{2}}$
b) $\lambda \leq \lambda_0$	$\lambda > \lambda_0$	$\frac{\bar{x} - \lambda_0}{\sqrt{\lambda_0}} \sqrt{n} > z_{1-\alpha}$
c) $\lambda \geq \lambda_0$	$\lambda < \lambda_0$	$\frac{\bar{x} - \lambda_0}{\sqrt{\lambda_0}} \sqrt{n} < -z_{1-\alpha}$

5.3.2. Test aus einer einzigen Realisierung

Von der Poisson-verteilten Zufallsvariablen X liege nur eine einzige Realisierung vor, z. B. eine absolute Häufigkeit bei seltenen Ereignissen. Ist λ_0 der tatsächliche Parameter, so gilt

$$P(X = k) = \frac{\lambda_0^k}{k!} \cdot e^{-\lambda_0} \quad \text{für } k = 0, 1, 2, \ldots$$

Zu vorgegebenen Irrtumswahrscheinlichkeiten werden die ganzzahligen Werte c_u und c_o bestimmt aus

$c_u = c_u(\alpha_2)$ maximal mit

$$\alpha_2 \geq \sum_{k=0}^{c_u} \frac{\lambda_0^k}{k!} \cdot e^{-\lambda_0} = 1 - P(\chi^2_{2(c_u+1)} \leq 2\lambda_0) ;$$

$c_o = c_o(\alpha_1)$ minimal mit

$$\alpha_1 \geq \sum_{k=c_o}^{\infty} \frac{\lambda_0^k}{k!} \cdot e^{-\lambda_0} = 1 - \sum_{k=0}^{c_o-1} \frac{\lambda_0^k}{k!} \cdot e^{-\lambda_0} = P(\chi^2_{2c_o} \leq 2\lambda_0) ;$$

$$\alpha_1 + \alpha_2 = \alpha .$$

Dabei wurde die Darstellung durch die Chi-Quadrat-Verteilung benutzt
$P(X \leq m) = \sum_{k=0}^{m} \frac{\lambda^k}{k!} \cdot e^{-\lambda} = 1 - P(\chi^2_{2(m+1)} \leq 2\lambda)$ (s. Abschnitt 5.2.2).

Mit der **Realisierung** m der Poisson-verteilten Zufallsvariablen und den oben berechneten Quantilen erhält man zum Signifikanzniveau $\alpha^* \leq \alpha$ die

Testentscheidungen

Nullhypothese H_0	Alternative H_1	Ablehnungsbereich von H_0
a) $\lambda = \lambda_0$	$\lambda \neq \lambda_0$	$m \leq c_u(\frac{\alpha}{2})$ oder $m \geq c_o(\frac{\alpha}{2})$
b) $\lambda \leq \lambda_0$	$\lambda > \lambda_0$	$m \geq c_o(\alpha)$
c) $\lambda \geq \lambda_0$	$\lambda < \lambda_0$	$m \leq c_u(\alpha)$

Die Grenzen gehören zum Ablehnungsbereich.

Die exakten Signifikanzniveaus α^* für die einzelnen Tests sind:

a) $$\alpha^* = \sum_{k=0}^{c_u} \frac{\lambda_0^k}{k!} \cdot e^{-\lambda_0} + \sum_{k=c_o}^{\infty} \frac{\lambda_0^k}{k!} \cdot e^{-\lambda_0} \leq \alpha ;$$

b) $$\alpha^* = \sum_{k=c_o}^{\infty} \frac{\lambda_0^k}{k!} \cdot e^{-\lambda_0} \leq \alpha ;$$

c) $$\alpha^* = \sum_{k=0}^{c_u} \frac{\lambda_0^k}{k!} \cdot e^{-\lambda_0} \leq \alpha .$$

5.4. Test auf Poisson-Verteilung

Zum Test auf Poisson-Verteilung benutzt man eine Stichprobe vom Umfang $n = \sum_k h_k$

Werte k	0	1	2	....	k	....
Häufigkeiten	h_0	h_1	h_2	....	h_k	....

Der unbekannte Parameter λ wird durch das Stichprobenmittel geschätzt mit

$$\hat{\lambda} = \bar{x} = \frac{\sum_k k\,h_k}{n} = \frac{\sum_k k\,h_k}{\sum_k h_k}.$$

Mit den Wahrscheinlichkeiten

$$\hat{p}_k = \frac{\hat{\lambda}^k}{k!}\,e^{-\hat{\lambda}} \quad \text{für } k = 0, 1, 2, \ldots$$

und den absoluten Häufigkeiten h_k wird der Chi-Quadrat-Anpassungstest aus Kap. VII Abschnitt 6.1.2 durchgeführt. Im Falle $n\,p_k < 5$ müssen Klassen zusammengefaßt werden, insbesondere alle von einem bestimmten Index an. Die Chi-Quadrat-verteilte Testgröße besitzt $r-2$ Freiheitsgrade, wobei r die Anzahl der benutzten Klassen ist.

Beispiel: Die Zufallsvariable Y beschreibe die Anzahl der während einer Minute in einer Telefonzentrale ankommenden Gespäche. Zum Test auf Poisson-Verteilung mit $\alpha = 0{,}05$ wurden während 500 Minuten jeweils die Anzahl der pro Minute ankommenden Gespräche gezählt. Dabei ergab sich das folgende Ergebnis

Anzahl der Gespräche	0	1	2	3	4	5	6	7	8	9	10
Häufigkeiten	252	185	45	10	3	2	1	0	0	1	1

Der Schätzwert für den Parameter λ lautet

$$\hat{\lambda} = \bar{x} = 0{,}704.$$

Aus $\hat{p}_k = \frac{\hat{\lambda}^k}{k!}\,e^{-\hat{\lambda}}$ erhält man die geschätzten Wahrscheinlichkeiten

$$\hat{p}_0 = e^{-0{,}704} = 0{,}4946\ ;\ \hat{p}_1 = 0{,}704 \cdot \hat{p}_0 = 0{,}3482\ ;$$

$$\hat{p}_2 = \frac{0{,}704}{2} \cdot \hat{p}_1 = 0{,}1226\ ;\ \sum_{k=3}^{\infty} \hat{p}_k = 0{,}0346.$$

Von k = 3 an werden alle Werte zu einer Klasse mit der Klassenhäufigkeit 18 zusammengefaßt. Für die Testgröße erhält man den Wert $\chi^2_{\text{ber.}} = 5{,}13$. Die Chi-Quadrat-verteilte Testgröße besitzt 2 Freiheitsgrade mit dem 95%-Quantil $\chi^2_{2;0{,}95} = 5{,}991$. Da dieses Quantil von der Testgröße nicht überschritten wird, kann die Nullhypothese der Poisson-Verteilung nicht abgelehnt werden.

5.5 Test auf Gleichheit mehrerer Poisson-Verteilungen

m Zufallsvariable seien unabhängig und alle Poisson-verteilt mit den Parametern λ_i, $i = 1, 2, \ldots, m$. Zum Test der Nullhypothese

$$H_0 : \lambda_1 = \lambda_2 = \ldots = \lambda_m$$

kann der Chi-Quadrat-Homogenitätstest aus Kap. VII Abschnitt 7.3 benutzt werden.

a) Von jeder Zufallsvariablen liege genau ein Stichprobenwert vor

Falls die m Zufallsvariablen den gleichen Parameter λ besitzen, sind für große Werte λ die Zufallsvariablen

$$V_i = \frac{X_i - \lambda}{\sqrt{\lambda}}$$

näherungsweise normalverteilt. Dann ist die Quadratsumme

$$\chi^2 = \sum_{i=1}^{m} \frac{(X_i - \lambda)^2}{\lambda}$$

näherungsweise Chi-Quadrat-verteilt mit m Freiheitsgraden.
Zum Test der Nullhypothese

$$H_0 : \lambda_1 = \lambda_2 = \ldots = \lambda_m = \lambda$$

mit vorgegebenem λ benutzt man diese Testgröße.

Für $\lambda \geq 5$ ist diese Testgröße bei beliebigem m näherungsweise Chi-Quadrat-verteilt. Für $1 \leq \lambda < 5$ ist die Approximation für $5 < m < 15$ ebenfalls gut. Für $\lambda < 1$ muß m größer als 15 sein.

Falls jedoch nur alle m Parameter auf Gleichheit getestet werden sollen, muß dieser unbekannte Parameter durch das Stichprobenmittel geschätzt werden. Dann erhält man die Testgröße

$$\chi^2_{\text{ber.}} = \sum_{i=1}^{m} \frac{(x_i - \bar{x})^2}{\bar{x}} = \frac{m \sum_{i=1}^{m} x_i^2}{\sum_{i=1}^{m} x_i} - \sum_{i=1}^{m} x_i .$$

Sie ist Realisierung einer Zufallsvariablen, die näherungsweise Chi-Quadrat-verteilt ist mit $m-1$ Freiheitsgraden.

Beispiel: Von 4 Poisson-verteilten Zufallsvariablen liegen die Meßwerte $x_1 = 18$; $x_2 = 24$; $x_3 = 19$ und $x_4 = 22$ vor. Zum Test auf Gleichheit der Parameter mit $\alpha = 0{,}05$ erhält man den Schätzwert $\hat{\lambda} = \bar{x} = 20{,}75$.
Damit lautet die Testgröße $\chi^2_{\text{ber.}} = 1{,}096$.
Das 95%-Quantil der Chi-Quadrat-Verteilung mit $4-1 = 3$ Freiheitsgraden ist $\chi^2_{3\,;\,0{,}95} = 7{,}815$. Damit kann die Nullhypothese der Gleichheit der vier Parameter nicht abgelehnt werden.

b) Von jeder Zufallsvariablen liegen mehrere Stichprobenwerte vor

Von jeder der m Zufallsvariablen sollen mehrere Stichprobenwerte vorliegen. Dann kann der Chi-Quadrat-Homogenitätstest aus Kap. VII Abschnitt 7.3 angewandt werden. Der gemeinsame Parameter wird wieder durch den Mittelwert aller Meßwerte geschätzt. Die einzelnen Klassenwahrscheinlichkeiten werden mit Hilfe dieses geschätzten Parameterwertes berechnet. Diese Klassenwahrscheinlichkeiten stimmen dann für alle m Zufallsvariablen überein. Falls der Wertebereich jeweils in r Klassen eingeteilt wird, besitzt die Chi-Quadrat-verteilte Testgröße $m\,r-2$ Freiheitsgrade.

6. Exponentialverteilungen

Eine Exponentialverteilung ist nach Kap. IV Abschnitt 5.2 durch einen einzigen Parameter $\lambda > 0$, die konstante Ausfallrate bestimmt. Eine exponentialverteilte Zufallsvariable T besitzt die Dichte

$$f(t) = \begin{cases} 0 & \text{für } t < 0\,, \\ \lambda \cdot e^{-\lambda t} & \text{für } t \geq 0\,,\ \lambda > 0, \end{cases}$$

die Verteilungsfunktion

$$F(t) = \begin{cases} 0 & \text{für } t < 0\,, \\ 1 - e^{-\lambda t} & \text{für } t \geq 0 \end{cases}$$

und die Kenngrößen

$$E(T) = \frac{1}{\lambda}; \quad Var(T) = \frac{1}{\lambda^2}.$$

6.1. Parameterschätzung

$t_1, t_2, \ldots, t_n$ seien die festgestellten Lebensdauern von n bereits ausgefallenen Objekten mit dem Mittelwert $\bar{t} = \frac{1}{n}\sum_{i=1}^{n} t_i$. Dann gilt für die Zufallsvariable des Stichprobenmittels $\bar{T}$

$$E(\bar{T}) = \frac{1}{\lambda}; \quad Var(\bar{T}) = \frac{1}{n\lambda^2}.$$

Durch die Substitution $\lambda = \frac{1}{\mu}$ geht die Dichte über in

$$f(t;\mu) = \frac{1}{\mu}\cdot e^{-\frac{1}{\mu}t}.$$

Für den Nenner der Rao-Cramérschen Ungleichung erhält man

$$\ln f(t;\mu) = -\frac{t}{\mu} - \ln\mu;$$

$$\frac{\partial \ln f(t;\mu)}{\partial\mu} = \frac{t}{\mu^2} - \frac{1}{\mu} = \frac{t-\mu}{\mu^2} = \lambda^2(t - \frac{1}{\lambda});$$

$$\int_{-\infty}^{\infty} \left[\frac{\partial \ln f(t;\mu)}{\partial\mu}\right]^2 \cdot f(t;\mu)\,dt = \lambda^4 \cdot \int_{-\infty}^{\infty} (t-\frac{1}{\lambda})^2 \cdot f(t;\lambda)\,dt$$

$$= \lambda^4 \cdot Var(T) = \frac{\lambda^4}{\lambda^2} = \lambda^2 = \frac{1}{\mu^2}.$$

Die wirksamste Schätzfunktion U für $\mu = \frac{1}{\lambda}$ besitzt somit die Varianz

$$Var(U) = \frac{\mu^2}{n} = \frac{1}{n\lambda^2}.$$

Damit ist $\bar{T}$ die wirksamste Schätzfunktion für $\frac{1}{\lambda}$.

Die durch die Momentenmethode gewonnene Schätzfunktion $\frac{1}{\bar{T}}$ ist nicht erwartungstreu für den Parameter λ. Die Funktion $g(\bar{t}) = \frac{1}{\bar{t}}$ ist im positiven Bereich $\bar{t} > 0$ konvex. Daher folgt aus der Jensenschen Ungleichung (Kap. V Abschnitt 1.2.2)

$$E\left(\frac{1}{\bar{T}}\right) > \frac{1}{E(\bar{T})} = \lambda .$$

Durch $\hat{\lambda} = \frac{1}{\bar{t}}$ würde auf Dauer der Parameter überschätzt. Die Schätzfunktion $\frac{1}{\bar{T}}$ ist jedoch **asymptotisch erwartungstreu** für λ.

6.2. Maximum-Likelihood-Schätzung

Die Stichprobe der Lebensdauern $(t_1, t_2, \ldots, t_n)$ besitzt die Likelihood-Funktion

$$L(t_1, t_2, \ldots, t_n; \lambda) = \lambda^n \cdot e^{-\lambda \sum_{i=1}^{n} t_i} \quad \text{mit}$$

$$\ln L = n \cdot \ln \lambda - \lambda \sum_{i=1}^{n} t_i .$$

Aus

$$\frac{\partial \ln L}{\partial \lambda} = \frac{n}{\lambda} - \sum_{i=1}^{n} t_i = 0$$

erhält man die Maximum Likelihood-Schätzung

$$\hat{\lambda} = \frac{1}{\bar{t}} .$$

6.3. Konfidenzintervalle für den Parameter

Die unabhängigen Zufallsvariablen $T_1, T_2, \ldots, T_n$ seien exponentialverteilt mit dem gleichen Parameter λ. Dann sind die transformierten Zufallsvariablen $Y_i = 2\lambda T_i$ ebenfalls exponentialverteilt mit dem Erwartungswert

$$E(Y_i) = 2\lambda E(T_i) = 2 .$$

Daher ist $\lambda^* = \frac{1}{2}$ der Parameter der Zufallsvariablen Y_i. Nach Kap. IV Abschnitt 5.4 ist dann die Summe

$$\sum_{i=1}^{n} Y_i = 2\lambda \sum_{i=1}^{n} T_i$$ **Chi-Quadrat-verteilt** mit $2n$ Freiheitsgraden.

Somit gilt $$1 - \alpha = P\left(\chi^2_{2n;\frac{\alpha}{2}} \leq 2\lambda \sum_{i=1}^{n} T_i \leq \chi^2_{2n;1-\frac{\alpha}{2}}\right)$$

$$= P\left(\frac{\chi^2_{2n;\frac{\alpha}{2}}}{2\sum_{i=1}^{n} T_i} \le \lambda \le \frac{\chi^2_{2n;1-\frac{\alpha}{2}}}{2\sum_{i=1}^{n} T_i} \right).$$

Mit den Quantilen der Chi-Quadrat-Verteilung mit $2n$ Freiheitsgraden und der Summe $\sum_{i=1}^{n} t_i$ der n Lebensdauern erhält man

Konfidenzintervalle für den Parameter λ zum Niveau $1-\alpha$:

zweiseitige: $$\left[\frac{\chi^2_{2n;\frac{\alpha}{2}}}{2\sum_{i=1}^{n} t_i} ; \frac{\chi^2_{2n;1-\frac{\alpha}{2}}}{2\sum_{i=1}^{n} t_i} \right];$$

einseitige: $$\left[\frac{\chi^2_{2n;\alpha}}{2\sum_{i=1}^{n} t_i} ; \infty \right) ; \left(0 ; \frac{\chi^2_{2n;1-\alpha}}{2\sum_{i=1}^{n} t_i} \right].$$

6.4. Test des Parameters

Zum Test des Parameters λ benutzt man die Testfunktion

$$V = 2\lambda_0 \sum_{i=1}^{n} T_i .$$

Sie ist **Chi-Quadrat-verteilt** mit **$2n$** Freiheitsgraden, falls λ_0 der richtige Parameter ist. Falls jedoch $\lambda < \lambda_0$ der wirkliche Parameter ist, so ist die Zufallsvariable V nicht mehr Chi-Quadrat-verteilt, sondern die Zufallsvariable

$$V = 2\lambda \sum_{i=1}^{n} T_i$$

mit

$$P(2\lambda \sum_{i=1}^{n} T_i < \chi^2_{2n;\alpha}) = \alpha.$$

Unter der Nullhypothese b) gilt $\frac{\lambda_0}{\lambda} \ge 1$. Daraus folgt

$$\alpha = P(2\lambda \sum_{i=1}^{n} T_i < \chi^2_{2n;\alpha}) = P(2\lambda_0 \sum_{i=1}^{n} T_i < \frac{\lambda_0}{\lambda} \cdot \chi^2_{2n;\alpha})$$
$$\ge P(2\lambda_0 \sum_{i=1}^{n} T_i < \chi^2_{2n;\alpha}) .$$

$2\lambda_0 \sum_{i=1}^{n} t_i < \chi^2_{2n;\alpha}$ ist der Ablehnungsbereich beim einseitigen Test b). Analog erhält man den Ablehnungsbereich aus der nachfolgenden Tabelle für den einseitigen Test c).
Mit der Summe $\sum_{i=1}^{n} t_i$ der n beobachteten Lebensdauern und den Quantilen der Chi-Quadrat-Verteilung mit 2n Freiheitsgraden erhält man die

Testentscheidungen

Nullhypothese H_0	Alternative H_1	Ablehnungsbereich von H_0
a) $\lambda = \lambda_0$	$\lambda \neq \lambda_0$	$2\lambda_0 \sum_{i=1}^{n} t_i < \chi^2_{2n;\frac{\alpha}{2}}$ oder $> \chi^2_{2n;1-\frac{\alpha}{2}}$
b) $\lambda \leq \lambda_0$	$\lambda > \lambda_0$	$2\lambda_0 \sum_{i=1}^{n} t_i < \chi^2_{2n;\alpha}$
c) $\lambda \geq \lambda_0$	$\lambda < \lambda_0$	$2\lambda_0 \sum_{i=1}^{n} t_i > \chi^2_{2n;1-\alpha}$

6.5. Test auf Exponentialverteilung

Beim Test auf eine bestimmte Exponentialverteilung mit fest vorgegebenem Parameter λ_0 kann der Kolmogorow-Smirnow-Test oder der Chi-Quadrat-Anpassungstest benutzt werden. Mit der Verteilungsfunktion

$$P(T \leq t) = 1 - e^{-\lambda_0 t} \quad \text{für } t \geq 0$$

kann die Klasseneinteilung so vorgenommen werden, daß alle r Klassenwahrscheinlichkeiten gleich $\frac{1}{r}$ sind. Dabei ist r so zu wählen, daß die erwarteten Klassenhäufigkeiten $n \cdot \frac{1}{r}$ mindestens gleich 5 sind. Aus $\frac{n}{r} \geq 5$ folgt $r \leq \frac{n}{5}$.
Die $r-1$ Grenzpunkte $a_1, a_2, \ldots, a_{r-1}$ berechnet man folgendermaßen

$$\frac{k}{r} = P(T \leq a_k) = 1 - e^{-\lambda_0 a_k}\,;\; e^{-\lambda_0 a_k} = 1 - \frac{k}{r}\,;$$

$$a_k = -\frac{\ln\left(1 - \frac{k}{r}\right)}{\lambda_0} \quad \text{für } k = 1, 2, \ldots, r-1.$$

Damit erhält man die Klassen

$$A_1 = [0; a_1)\,;\; A_2 = [a_1; a_2)\,;\; \ldots\,;$$
$$A_{r-1} = [a_{r-2}; a_{r-1})\,;\; A_r = [a_{r-1}; \infty)$$
$$\text{mit } p_k = P(T \in A_k) = \frac{1}{r} \quad \text{für } k = 1, 2, \ldots, r.$$

Damit wird der Chi-Quadrat-Anpassungstest aus Kap. VII Abschnitt 6.1.2 durchgeführt. Die Testgröße besitzt $r-1$ Freiheitsgrade.

Falls man nur auf Exponentialverteilung testen möchte, muß der Parameter nach der Maximum-Likelihood-Methode für die beobachteten Klassenhäufigkeiten oder nach der Minimum-Chi-Quadrat-Methode geschätzt werden (s. Kap. VII Abschnitt 6.2.1). Damit wird dann der Chi-Quadrat-Anpassungstest mit $r-2$ Freiheitsgraden durchgeführt.

7. Die gleichmäßige Verteilung

Von der in Kap. IV Abschnitt 5.1 behandelten gleichmäßigen Verteilung soll zuerst der Spezialfall $a = 0$ und $b = \theta > 0$, also die Verteilung mit einem einzigen Parameter ausführlich untersucht werden. Dabei stellt sich heraus, daß die Ungleichung von Rao-Cramér nicht erfüllt ist. Für den allgemeinen Fall werden anschließend Schätzungen für beide Parameter sowie Tests angegeben.

7.1. Die gleichmäßige Verteilung in $[0;\theta]$

Die Zufallsvariable X sei in $[0;\theta], \theta > 0$ gleichmäßig verteilt. Die Dichte f und die Verteilungsfunktion F lauten

$$f(x) = \begin{cases} \frac{1}{\theta} & \text{für } 0 \le x \le \theta, \\ 0 & \text{sonst.} \end{cases} ; \quad F(x) = \begin{cases} 0 & \text{für } x \le \theta, \\ \frac{x}{\theta} & \text{für } 0 \le x \le \theta, \\ 1 & \text{für } x \ge \theta. \end{cases}$$

Die Kenngrößen erhält man aus Kap. IV Abschnitt 5.1 mit $a=0$ und $b=\theta$

$$E(X) = \frac{\theta}{2}; \quad Var(X) = \frac{\theta^2}{12}.$$

7.1.1. Schätzung von θ durch das Stichprobenmittel $\bar{x}$

Für die Zufallsvariable $\bar{X}$ des Mittelwerts einer unabhängigen Stichprobe gilt

$$E(\bar{X}) = \frac{\theta}{2}; \quad Var(\bar{X}) = \frac{\theta^2}{12\,n}.$$

Daher ist $2\bar{X}$ eine **erwartungstreue** und **konsistente** Schätzfunktion für den Parameter θ mit

$$E(2\bar{X}) = \theta \,; \quad Var(2\bar{X}) = 4 \cdot Var(\bar{X}) = \frac{\theta^2}{3n}.$$

7.1.2. Maximum-Likelihood-Schätzung des Parameters θ

Für eine unabhängige Stichprobe $(x_1, x_2, \dots, x_n)$ vom Umfang n lautet die Likelihood-Funktion

$$L(x_1, x_2, \dots, x_n; \theta) = \begin{cases} \frac{1}{\theta^n}, & \text{falls } x_1, x_2, \dots, x_n \leq \theta, \\ 0, & \text{sonst.} \end{cases}$$

Diese Funktion wird am größten, wenn θ möglichst klein, aber nicht kleiner als alle n Stichprobenwerte ist. Damit erhält man als Maximum-Likelihood-Schätzung den maximalen Stichprobenwert

$$\hat{\theta} = \max(x_1, x_2, \dots, x_n) = x_{max} = x_{(n)} \text{ (größte Rangzahl).}$$

Hier erhält man die Lösung nicht durch Differenzieren. Der Grund dafür liegt in der Tatsache, daß die Dichte an den Rändern 0 und θ nicht stetig und somit auch nicht differenzierbar ist.

Der maximale Stichprobenwert $x_{max} = x_{(n)}$ ist Realisierung der Zufallsvariablen X_{max}. Das Ereignis $(X_{max} \leq x)$ tritt genau dann ein, wenn alle n Stichprobenwerte höchstens gleich x sind. Wegen der Unabhängigkeit erhält man für $0 \leq x \leq \theta$ die Verteilungsfunktion der Zufallsvariablen X_{max} in der Form

$$G(x) = P(X_{max} \leq x) = P(X_1 \leq x, X_2 \leq x, \dots, X_n \leq x) = \left(\frac{x}{\theta}\right)^n = \frac{x^n}{\theta^n}.$$

Differentiation ergibt die Dichte der Schätzfunktion X_{max}

$$g(x) = \frac{n}{\theta^n} \cdot x^{n-1} \quad \text{für } 0 \leq x \leq \theta; \quad g(x) = 0 \text{ sonst.}$$

Daraus erhält man den Erwartungswert

$$E(X_{max}) = \frac{n}{\theta^n} \cdot \int_0^\theta x^n \, dx = \frac{n}{\theta^n} \cdot \frac{\theta^{n+1}}{n+1} = \frac{n}{n+1}\theta.$$

Das Stichprobenmaximum ist somit nicht erwartungstreu, sondern nur **asymptotisch erwartungstreu** für θ. Hieraus erhält man in

$$T_n = \frac{n+1}{n} X_{max}$$

eine erwartungstreue Schätzfunktion für θ.

$$E(X_{max}^2) = \frac{n}{\theta^n}\int_0^\theta x^{n+1}\,dx = \frac{n}{\theta^n}\frac{\theta^{n+2}}{n+2} = \frac{n}{n+2}\theta^2 .$$

Elementare Rechnung ergibt

$$Var(X_{max}) = E(X_{max}^2) - [E(X_{max})]^2 = \frac{n\,\theta^2}{(n+2)(n+1)^2} ;$$

$$Var(T_n) = Var(\frac{n+1}{n} X_{max}) = \frac{(n+1)^2}{n^2} Var(X_{max}) = \frac{1}{n(n+2)}\theta^2 .$$

Damit ist T_n auch eine **konsistente** Schätzfunktion.

Für den Nenner der Rao-Cramérschen Ungleichung erhält man

$$\ln f(x;\theta) = -\ln\theta ; \quad \frac{\partial \ln f(x;\theta)}{\partial\theta} = -\frac{1}{\theta} ;$$

$$\int_0^\theta \left(\frac{\partial \ln f(x;\theta)}{\partial\theta}\right)^2 \cdot f(x;\theta)\,dx = \frac{1}{\theta^2} .$$

Für jede reguläre Schätzfunktion U müßte somit gelten $Var(U) \geq \frac{\theta^2}{n}$.

Die beiden erwartungstreuen Schätzfunktionen $2\bar{X}$ und $\frac{n+1}{n} X_{max}$ besitzen jedoch eine kleinere Varianz. Somit kann diese Dichte keine reguläre Dichte sein. Die Voraussetzungen der Regulariätsbedingung zur Herleitung der Rao-Cramérschen Ungleichung sind hier nicht erfüllt.

Zusammenfassung:

Die Maximum-Likelihood-Schätzung des Parameters θ einer in $[0;\theta]$ gleichmäßig verteilten Zufallsvariablen ist das Stichprobenmaximum x_{max}. Die Schätzfunktion X_{max} ist **asymptotisch erwartungstreu** mit den Parametern

Erwartungswert : $E(X_{max}) = \frac{n}{n+1}\theta$;

Varianz : $Var(X_{max}) = E(X_{max}^2) - [E(X_{max})]^2 = \frac{n\,\theta^2}{(n+2)(n+1)^2}$.

Die Schätzfunktion

$$T_n = \frac{n+1}{n} X_{max}$$

ist **erwartungstreu** und **konsistent** mit

$$E(T_n) = \theta ; \quad Var(T_n) = \frac{1}{n(n+2)}\theta^2 .$$

7.1.3. Konfidenzintervalle für den Parameter θ

Konfidenzintervalle für den Parameter θ sollen mit Hilfe der asymptotisch erwartungstreuen Schätzfunktion X_{max} bestimmt werden. Durch eine einfache Umrechnung erhält man auch Konfidenzintervalle aus der erwartungstreuen Schätzfunktion $\frac{n+1}{n} \cdot X_{max}$.

Zunächst soll ein zweiseitiges Konfidezintervall abgeleitet werden mit der unteren Grenze X_{max}.

Mit der Dichte der Schätzfunktion X_{max} ist eine Konstante c, $0 < c < 1$ gesucht mit

$$1-\alpha = P\left(X_{max} \leq \theta \leq \frac{X_{max}}{c}\right) = P(c\theta \leq X_{max} \leq \theta)$$

$$= \frac{n}{\theta^n} \int_{c\theta}^{\theta} x^{n-1} dx = \frac{n}{\theta^n} \cdot \frac{\theta^n - c^n \cdot \theta^n}{n} = 1 - c^n .$$

Hieraus erhält man $c = \sqrt[n]{\alpha}$ und

$$P\left(X_{max} \leq \theta \leq \frac{X_{max}}{\sqrt[n]{\alpha}}\right) = 1 - \alpha .$$

Einseitige Konfidenzintervalle erhält man aus

$$1-\alpha = P\left(\frac{X_{max}}{a} \leq \theta\right) = P(X_{max} \leq a \cdot \theta)$$

$$= \frac{n}{\theta^n} \int_0^{a\theta} x^{n-1} dx = \frac{n}{\theta^n} \cdot \frac{a^n \cdot \theta^n}{n} = a^n \quad \text{mit } a = \sqrt[n]{1-\alpha} .$$

Daraus ergibt sich $P\left(\frac{X_{max}}{\sqrt[n]{1-\alpha}} \leq \theta\right) = 1 - \alpha .$

$$1-\alpha = P\left(\theta \leq b \cdot X_{max}\right) = P\left(X_{max} \geq \frac{\theta}{b}\right)$$

$$= \frac{n}{\theta^n} \int_{\theta/b}^{\theta} x^{n-1} dx = \frac{n}{\theta^n} \cdot \frac{\theta^n - \frac{\theta^n}{b^n}}{n} = 1 - \frac{1}{b^n} .$$

Mit der Lösung $b = \frac{1}{\sqrt[n]{\alpha}}$ erhält man

$$P\left(\theta \leq \frac{X_{max}}{\sqrt[n]{\alpha}}\right) = 1 - \alpha.$$

Aus den letzten beiden einseitigen Konfidenzintervallen folgt

$$P\left(\frac{X_{max}}{\sqrt[n]{1-\frac{\alpha}{2}}} \leq \theta \leq \frac{X_{max}}{\sqrt[n]{\frac{\alpha}{2}}}\right) = 1-\alpha .$$

Mit dem maximalen Stichprobenwert x_{max} erhält man

Konfidenzintervalle für den Parameter θ zum Niveau $1-\alpha$:

zweiseitige: $\left[x_{max}\ ;\ \frac{x_{max}}{\sqrt[n]{\alpha}}\right]$ und $\left[\frac{x_{max}}{\sqrt[n]{1-\frac{\alpha}{2}}}\ ;\ \frac{x_{max}}{\sqrt[n]{\frac{\alpha}{2}}}\right]$;

einseitige: $\left[\frac{x_{max}}{\sqrt[n]{1-\alpha}}\ ;\ \infty\right)$; $\left(0\ ;\ \frac{x_{max}}{\sqrt[n]{\alpha}}\right]$.

7.1.4. Test des Parameters θ

Für die Tests des Parameters θ erhält man mit dem maximalen Stichprobenwert x_{max} einer Stichprobe vom Umfang n aus Abschnitt 7.1.3 unmittelbar die

Testentscheidungen

Nullhypothese H_0	Alternative H_1	Ablehnungsbereich von H_0
a) $\theta = \theta_0$	$\theta \neq \theta_0$	$\frac{x_{max}}{\sqrt[n]{\alpha/2}} < \theta_0$ oder $\frac{x_{max}}{\sqrt[n]{1-\alpha/2}} > \theta_0$
b) $\theta \leq \theta_0$	$\theta > \theta_0$	$\frac{x_{max}}{\sqrt[n]{1-\alpha}} > \theta_0$
c) $\theta \geq \theta_0$	$\theta < \theta_0$	$\frac{x_{max}}{\sqrt[n]{\alpha}} < \theta_0$

7.2. Die gleichmäßige Verteilung in [a;b]

Eine in $[a\,;b]$, $a < b$ gleichmäßig verteilte Zufallsvariable X besitzt die

Dichte $f(x) = \begin{cases} \frac{1}{b-a} & \text{für } a \leq x \leq b;\ a<b, \\ 0 & \text{sonst} \end{cases}$

und die

$$\text{Verteilungsfunktion } F(x) = \begin{cases} 0 & \text{für } x \le a, \\ \frac{x-a}{b-a} & \text{für } a \le x \le b, \\ 1 & \text{für } x \ge b. \end{cases}$$

7.2.1. Maximum-Likelihood-Schätzungen der Parameter

Eine unabhängige Stichprobe $(x_1, x_2, \dots, x_n)$ besitzt die die Likelihood-Funktion

$$L(x_1, x_2, \dots, x_n; a; b) = \begin{cases} \frac{1}{(b-a)^n}, & \text{falls } a \le x_1, x_2, \dots, x_n \le b, \\ 0, & \text{sonst.} \end{cases}$$

Diese Funktion wird maximal für

$$a = x_{min} = x_{(1)} = \text{kleinster Stichprobenwert};$$

$$b = x_{max} = x_{(n)} = \text{größter Stichprobenwert}.$$

Damit erhält man die Maximum-Likelihood-Schätzungen

$$\boxed{\hat{a} = x_{min}; \quad \hat{b} = x_{max}.}$$

Wie in Abschnitt 7.1.2 erhält man für $a \le x \le b$ die Verteilungsfunktion des Maximums

$$G(x) = P(X_{max} \le x) = \left(\frac{x-a}{b-a}\right)^n$$

mit der Dichte

$$g(x) = \frac{n}{(b-a)^n} \cdot (x-a)^{n-1} \text{ für } a \le x \le b; \; g(x) = 0 \text{ sonst.}$$

Daraus erhält man den Erwartungswert

$$E(X_{max}) = \frac{n}{(b-a)^n} \int_a^b x \cdot (x-a)^{n-1}\, dx.$$

Mit der Substitution $x - a = u$; $dx = du$ geht dieses Integral über in

$$E(X_{max}) = \frac{n}{(b-a)^n} \int_0^{b-a} (u+a)\, u^{n-1}\, du = \frac{n}{(b-a)^n} \left[\frac{(b-a)^{n+1}}{n+1} + \frac{a(b-a)^n}{n} \right]$$

$$= \frac{n}{n+1}(b-a) + a = \frac{n}{n+1}b + \frac{a}{n+1}.$$

Die Schätzfunktion X_{max} ist nur **asymptotisch erwartungstreu für b.**

Die Dichte der Zufallsvariablen des Stichprobenminimums X_{min} erhält man folgendermaßen:

Für $a \le x \le b$ gilt für die stetig verteilte Zufallsvariable X

$$P(X > x) = 1 - P(X \le x) = 1 - \frac{x-a}{b-a} = \frac{b-x}{b-a}.$$

$$P(X_{min} > x) = P(X_1 > x, \dots, X_n > x) = \left(\frac{b-x}{b-a}\right)^n.$$

$$H(x) = P(X_{min} \le x) = 1 - P(X_{min} > x) = 1 - \left(\frac{b-x}{b-a}\right)^n.$$

Damit besitzt das Minimum X_{min} die Dichte $h(x) = \frac{n}{(b-a)^n} \cdot (b-x)^{n-1}$ und den Erwartungswert

$$E(X_{min}) = \frac{n}{(b-a)^n} \int_a^b x \cdot (b-x)^{n-1} dx.$$

Mit der Substitution $b - x = u$; $dx = -du$ geht dieses Integral über in

$$\frac{n}{(b-a)^n} \int_0^{b-a} (b-u) u^{n-1} du = \frac{n}{(b-a)^n} \left[\frac{b(b-a)^n}{n} - \frac{(b-a)^{n+1}}{n+1} \right]$$

$$= b - \frac{n}{n+1}(b-a) = \frac{n}{n+1}a + \frac{b}{n+1}.$$

Auch diese Schätzfunktion ist nur **asymptotisch erwartungstreu für den Parameter a.**

Zusammenfassung:

Die Maximum-Likelihood-Schätzungen der Parameters a und b einer in $[a; b]$ gleichmäßig verteilten Zufallsvariablen sind

$\hat{a} = x_{min}$ (Stichprobenminimum) ; $\hat{b} = x_{max}$ (Stichprobenmaximum) .

Die Schätzfunktionen besitzen die **Erwartungswerte**

$$E(X_{min}) = \frac{n}{n+1}a + \frac{b}{n+1};$$

$$E(X_{max}) = \frac{n}{n+1}b + \frac{a}{n+1}.$$

Beide Schätzfunktionen sind **asymptotisch erwartungstreu.**

7.2.2. Test auf gleichmäßige Verteilung

1.) Falls getestet werden soll, ob die Zufallsvariable X in dem fest vorgegebenem Intervall [a ; b] gleichmäßig verteilt ist, sollte zuerst geprüft werden, ob das Stichprobenminimum nicht kleiner als a_0 und das Maximum nicht größer als b_0 ist. Ist eine dieser Bedingungen verletzt, so kann die Hypothese ohne Test abgelehnt werden, da im Falle der Gleichverteilung alle Stichprobenwerte zwischen a_0 und b_0 liegen müssen. Zur Testdurchführung sollte hier der Kolmogorow-Smirnow-Test aus Kap. VII Abschnitt 6.2 dem Chi-Quadrat-Test vorgezogen werden.
Bei der Anwendung des Chi-Quadrat-Anpassungstests können jedoch sämtliche r Klassen gleichwahrscheinlich gewählt werden mit der

Klassenwahrscheinlichkeit $p = \frac{1}{r}$ und der Klassenbreite $d = \frac{b_0 - a_0}{r}$.

Dabei muß die Bedingung $\frac{n}{r} \geq 5$ erfüllt sein, also $r \leq \frac{n}{5}$. Damit erhält man die Klassen

$$A_1 = [a_0 ; a_0 + d] \; ; \; A_2 = [a_0 + d ; a_0 + 2d] \; ; \; \ldots\ldots$$

$$A_{r-1} = [a_0 + (r-2)d ; a_0 + (r-1)d] \; ; \; A_r = [a_0 + (r-1)d ; b_0] \; .$$

Die Testgröße besitzt dann r − 1 Freiheitsgrade.

2.) Falls nur getestet werden soll, ob die Zufallsvariable X in irgendeinem Intervall gleichmäßig verteilt ist, müssen die Grenzen a und b zunächst mit Hille der Maximum-Likelihood-Schätzung der Klassenhäufigkeiten oder der Minimum-Chi-Quadrat-Methode geschätzt werden. Die Testgröße besitzt dann r − 3 Freiheitsgrade.

8. Kovarianz und Korrelationskoeffizient

Die zweidimensionale Zufallsvariable (X, Y) mit der (gemeinsamen) Verteilungsfunktion

$$F(x, y) = P(X \leq x, Y \leq y) = P(\{\omega \mid X(\omega) \leq x\} \cap \{\omega \mid Y(\omega) \leq y\})$$

besitze die Kovarianz

$$\sigma_{XY} = \text{Cov}(X, Y) = E\big((X - \mu_X)(Y - \mu_Y)\big) = E(X \cdot Y) - E(X) \cdot E(Y)$$

und den Korrelationskoeffizienten

$$\rho = \rho(X, Y) = \frac{\text{Cov}(X, Y)}{\sqrt{\text{Var}(X)} \cdot \sqrt{\text{Var}(Y)}} = \frac{\sigma_{XY}}{\sigma_X \cdot \sigma_Y} \quad \text{für } \sigma_X, \sigma_Y > 0$$

mit $-1 \leq \rho \leq 1$ (vgl. Kap. V Abschnitt 3, Kap. III Abschnitt 3.6 und Kap. IV Abschnitt 2.6).

Im Falle $\rho = 0$ heißen die beiden Zufallsvariablen unkorreliert. Bei Normalverteilungen ist die Unkorreliertheit gleichbedeutend mit der Unabhängigkeit.

8.1. Schätzung der Parameter

Zur Schätzung der Kovarianz σ_{XY} und des Korrelationskoeffizienten ρ berechnet man aus einer zweidimensionalen Stichprobe

$$(x\,,y) = \big((x_1,y_1)\,,(x_2,y_2)\,,\ldots,(x_n,y_n)\big)$$

die Kovarianz

$$s_{xy} = \frac{1}{n-1}\sum_{i=1}^{n}(x_i-\bar{x})(y_i-\bar{y}) = \frac{1}{n-1}\Big(\sum_{i=1}^{n}x_i y_i - n\,\bar{x}\,\bar{y}\Big)$$

und den Korrelationskoeffizienten (nach Bravais-Pearson)

$$r = r_{xy} = \frac{s_{xy}}{s_x \cdot s_y} = \frac{\sum_{i=1}^{n}(x_i-\bar{x})(y_i-\bar{y})}{\sqrt{\Big(\sum_{i=1}^{n}(x_i-\bar{x})^2\Big)\cdot\Big(\sum_{i=1}^{n}(y_i-\bar{y})^2\Big)}}$$

$$= \frac{\sum_{i=1}^{n}x_i y_i - n\,\bar{x}\,\bar{y}}{\sqrt{\Big(\sum_{i=1}^{n}x_i^2 - n\,\bar{x}^2\Big)\cdot\Big(\sum_{i=1}^{n}y_i^2 - n\,\bar{y}^2\Big)}}\,.$$

Diese Stichprobengrößen sind Realisierungen der Zufallsvariablen

$$S_{XY} = \frac{1}{n-1}\sum_{i=1}^{n}(X_i-\bar{X})(Y_i-\bar{Y}) = \frac{1}{n-1}\Big(\sum_{i=1}^{n}X_i Y_i - n\,\bar{X}\,\bar{Y}\Big)$$

bzw.

$$R_n = R_n(X\,,Y) = \frac{S_{XY}}{S_X \cdot S_Y} = \frac{\sum_{i=1}^{n}(X_i-\bar{X})(Y_i-\bar{Y})}{\sqrt{\Big(\sum_{i=1}^{n}(X_i-\bar{X})^2\Big)\cdot\Big(\sum_{i=1}^{n}(Y_i-\bar{Y})^2\Big)}}$$

$$= \frac{\sum_{i=1}^{n}X_i Y_i - n\,\bar{X}\,\bar{Y}}{\sqrt{\Big(\sum_{i=1}^{n}X_i^2 - n\,\bar{X}^2\Big)\cdot\Big(\sum_{i=1}^{n}Y_i^2 - n\,\bar{Y}^2\Big)}}$$

Zur Schätzung und für Tests benutzt man in Analogie zum eindimensionalen Fall eine zweidimensionale einfache Stichprobe. Die n zweidimensionalen Zufallsvariablen (X_i, Y_i), $i = 1, 2, ..., n$ sollen jeweils die Kovarianz σ_{XY} und den Korrelationskoeffizienten ρ besitzen. Ferner seien die zweidimensionalen Zufallsvariablen unabhängig mit

$$P(X_1 \leq c_1, Y_1 \leq d_1 ; X_2 \leq c_2, Y_2 \leq d_2 ; ... ; X_n \leq c_n, Y_n \leq d_n) =$$
$$= P(X_1 \leq c_1, Y_1 \leq d_1) \cdot P(X_2 \leq c_2, Y_2 \leq d_2) \cdot ... \cdot P(X_n \leq c_n, Y_n \leq d_n)$$

für beliebige Zahlenpaare (c_i, d_i). Sowohl die Zufallsvariablen X_i als auch die Zufallsvariablen Y_i sind untereinander unabhängig. Für $i \neq j$ sind dann auch X_i und Y_j unabhängig.

8.1.1. Schätzung der Kovarianz

Als Schätzfunktion für die unbekannte Kovarianz benutzt man

$$S_{XY} = \frac{1}{n-1} \sum_{i=1}^{n} (X_i - \bar{X})(Y_i - \bar{Y}) = \frac{1}{n-1} \left(\sum_{i=1}^{n} X_i Y_i - n \bar{X} \bar{Y} \right).$$

Durch elementare Rechnung erhält man

$$\frac{1}{n-1} \sum_{i=1}^{n} (X_i - \bar{X})(Y_i - \bar{Y}) = \frac{1}{n} \sum_{k=1}^{n} X_k Y_k - \frac{1}{n(n-1)} \sum_{i \neq j}^{n} X_i Y_j .$$

Für die Erwartungswerte der Summanden gilt

$$E(X_k \cdot Y_k) = E(X \cdot Y) \quad \text{für } k = 1, 2, ..., n$$

und wegen der Unabhängigkeit der Zufallsvariablen mit verschiedenen Indizes

$$E(X_i \cdot Y_j) = E(X) \cdot E(Y) \quad \text{für alle } i \neq j.$$

Da es ingesamt $n(n-1)$ Paare (X_i, Y_j) mit $i \neq j$ gibt, erhält man den Erwartungswert

$$E(S_{XY}) = E\left(\frac{1}{n-1} \sum_{i=1}^{n} (X_i - \bar{X})(Y_i - \bar{Y}) \right) =$$
$$= E(X \cdot Y) - E(X) \cdot E(Y) = \mathrm{Cov}(X,Y) = \sigma_{XY} .$$

Damit ist $\frac{1}{n-1} \sum_{i=1}^{n} (X_i - \bar{X})(Y_i - \bar{Y})$ eine **erwartungstreue** Schätzfunktion für die Kovarianz. Falls die Momente $E(X^2Y^2)$ existieren, ist diese Schätz-Schätzfunktion auch **konsistent**. Dann erhält man mit

$$\boxed{\mathrm{Cov}(X,Y) = \sigma_{XY} \approx s_{xy} = \frac{1}{n-1} \sum_{i=1}^{n} (x_i - \bar{x})(y_i - \bar{y})}$$

bei großem Stichprobenumfang n im allgemeinen recht brauchbare Schätzwerte für die unbekannte Kovarianz zweier beliebiger Zufallsvariabler.

8.1.2. Schätzung des Korrelationskoeffizienten

Die Schätzfunktion

$$R_n = \frac{\sum_{i=1}^{n} (X_i - \bar{X})(Y_i - \bar{Y})}{\sqrt{\left(\sum_{i=1}^{n} (X_i - \bar{X})^2\right) \cdot \left(\sum_{i=1}^{n} (Y_i - \bar{Y})^2\right)}}$$

ist nicht erwartungstreu, sondern nur **asymptotisch erwartungstreu** für den Korrelationskoeffizienten ρ mit

$$\lim_{n \to \infty} E(R_n) = \rho.$$

Falls die vierten Momente der Zufallsvariablen X und Y existieren, ist die Schätzfunktion R_n **konsistent** für ρ. Dann erhält man bei großem Stichprobenumfang n in

$$\rho \approx r$$

im allgemeinen recht brauchbare Schätzwerte.

8.1.3. Maximum-Likelihood-Schätzung des Korrelationskoeffizienten ρ bei Normalverteilungen

Falls die zweidimensionale Zufallsvariable (X, Y) normalverteilt ist mit dem Korrelationskoeffizienten ρ, erhält man als Maximum-Likelihood-Schätzung des Korrelationskoefizienten ρ den Korrelationskoeffizienten $r_n = r(x, y)$ einer zweidimensionalen Stichprobe, also $\hat{\rho} = r_n$. Der Schätzwert r_n ist Realisierung der Zufallsvariablen R_n. Bei Normalverteilungen gilt

$$E(R_n) = \rho\left[1 - \frac{1}{2n}(1 - \rho^2) + O\left(\frac{1}{n^2}\right)\right];$$

$$\operatorname{Var}(R_n) = \frac{(1 - \rho^2)^2}{n - 1}\left(1 + \frac{11\rho^2}{2n}\right) + O\left(\frac{1}{n^3}\right).$$

Für große n ist dabei $O\left(\frac{1}{n^k}\right) = \frac{c_k}{n^k}$ mit einer Konstante c_k. Bei Normalverteilungen wird bei kleinen Stichprobenumfängen n durch die Schätzfunktion R_n der Parameter ρ unterschätzt.

8.2. Test des Korrelationskoeffizienten bei Normalverteilungen

Für die nachfolgenden Tests wird vorausgesetzt, daß die zweidimensionale Zufallsvariable (X , Y) normalverteilt ist.

8.2.1. Test von $\rho = 0$ (Test auf Unabhängigkeit)

Im Falle $\rho = 0$ sind die beiden normalverteilten Zufallsvariablen X und Y unabhängig. Aus diesem Grund handelt es sich bei dem zweiseitigen Test um einen Test auf Unabhängigkeit der beiden Zufallsvariablen. Bei normalverteilten Zufallsvariablen ist nach R. A. Fisher die Testgröße

$$T = \sqrt{n-2}\,\frac{R_n}{\sqrt{1-R_n^2}}\ ; \quad R_n \text{ s. Abschnitt 8.1}$$

t-verteilt mit n − 2 Freiheitsgraden.

Mit dem Korrelationskoeffizienten r einer zweidimensionalen unabhängigen Stichprobe vom Umfang n und den Quantilen der t-Verteilung mit n − 2 Freiheitsgraden erhält man die

Testentscheidungen

Nullhypothese H_0	Alternative H_1	Ablehnungsbereich von H_0
a) $\rho = 0$	$\rho \neq 0$	$\left\lvert \sqrt{n-2}\,\frac{r}{\sqrt{1-r^2}} \right\rvert > t_{n-2;1-\alpha/2}$
b) $\rho \leq 0$	$\rho > 0$	$\sqrt{n-2}\,\frac{r}{\sqrt{1-r^2}} > t_{n-2;1-\alpha}$
c) $\rho \geq 0$	$\rho < 0$	$\sqrt{n-2}\,\frac{r}{\sqrt{1-r^2}} < -t_{n-2;1-\alpha}$

Beispiel: Wie groß muß der Betrag $|r|$ des Korrelationskoeffizienten einer Stichprobe vom Umfang n = 200 zweier normalverteilter Zufallsvariabler mindestens sein, damit man mit einer Irrtumswahrscheinlichkeit von α = 0,05 die Nullhypothese der Unabhängigkeit der beiden Zufallsvariablen ablehnen kann?

Mit dem Quantil $t_{198;0,975} = 1{,}972$ erhält man aus a) die Bedingung

$$\frac{|r|}{\sqrt{1-r^2}} > \frac{1{,}972}{\sqrt{198}}\ .$$

Quadrieren ergibt

$$\frac{r^2}{1-r^2} > 0{,}01964\ ;\ r^2 > 0{,}01964 - 0{,}01964\,r^2\ ;\ r^2 > 0{,}01926;\ |r| > 0{,}139.$$

8.2.2. Test von ρ mit der Fisher-Transformation

Für $\rho \neq 0$ ist die Verteilung von R_n schief. Die Schiefe ist umso größer, je näher $|\rho|$ bei Eins liegt. R. A. Fisher hat gezeigt, daß für große n ($n \geq 50$, falls $|\rho|$ nicht zu große Werte annimmt) die Testgröße

$$U_n = \frac{1}{2}\ln\frac{1+R_n}{1-R_n}\quad ;\quad R_n \text{ s. Abschnitt 8.1}$$

näherungsweise normalverteilt ist mit

$$E(U_n) = \frac{1}{2}\ln\frac{1+\rho}{1-\rho} + \frac{\rho}{2(n-1)}\ ;\quad Var(U_n) = \frac{1}{n-3}.$$

Dann ist

$$Z = \frac{\sqrt{n-3}}{2}\left(\ln\frac{1+R_n}{1-R_n} - \ln\frac{1+\rho}{1-\rho}\right)$$

für große n näherungsweise standard-normalverteilt. Mit dem Korrelationskoeffizienten r einer zweidimensionalen unabhängigen Stichprobe vom Umfang n und den Quantilen der Standard-Normalverteilung erhält man die

Testentscheidungen

Nullhypothese H_0	Alternative H_1	Ablehnungsbereich von H_0
a) $\rho = \rho_0$	$\rho \neq \rho_0$	$\frac{\sqrt{n-3}}{2}\left\|\ln\frac{1+r}{1-r} - \ln\frac{1+\rho_0}{1-\rho_0}\right\| > z_{1-\frac{\alpha}{2}}$
b) $\rho \leq \rho_0$	$\rho > \rho_0$	$\frac{\sqrt{n-3}}{2}\left(\ln\frac{1+r}{1-r} - \ln\frac{1+\rho_0}{1-\rho_0}\right) > z_{1-\alpha}$
c) $\rho \geq \rho_0$	$\rho < \rho_0$	$\frac{\sqrt{n-3}}{2}\left(\ln\frac{1+r}{1-r} - \ln\frac{1+\rho_0}{1-\rho_0}\right) < -z_{1-\alpha}$

Beispiel: Zum Test der Nullhypothese H_0: $\rho \leq 0{,}4$ mit $\alpha = 0{,}05$ wird aus einer Stichprobe vom Umfang $n = 80$ der Korrelationskoeffizient $r = 0{,}475$ berechnet. Daraus erhält man die Testgröße

$$\frac{\sqrt{n-3}}{2}\left(\ln\frac{1+r}{1-r} - \ln\frac{1+\rho_0}{1-\rho_0}\right) = \frac{\sqrt{77}}{2}\left(\ln\frac{1+0{,}475}{1-0{,}475} - \ln\frac{1+0{,}4}{1-0{,}4}\right) = 0{,}8148.$$

Da die Testgröße das Quantil $z_{1-\alpha} = z_{0,95} = 1{,}65$ nicht übersteigt, kann die Nullhypothese nicht abgelehnt werden. Die Abweichung ist nicht signifikant. Sie kann auf den Zufall zurückgeführt werden.

8.2.3. Test auf Gleichheit zweier Korrelationskoeffizienten

Gegeben seien zwei voneinander unabhängige normalverteilte zweidimensionale Zufallsvariable (X_1, Y_1) und (X_2, Y_2) mit den jeweiligen Korrelationskoeffizienten

$$\rho_1 = \rho(X_1, Y_1) \text{ und } \rho_2 = \rho(X_2, Y_2)\,.$$

Zum Test auf Gleichheit der beiden Korrelationskoeffizienten wird bezüglich (X_1, Y_1) eine einfache Stichprobe vom Umfang n_1 mit dem empirischen Korrelationskoeffizienten r_1 und bezüglich (X_2, Y_2) eine einfache Stichprobe vom Umfang n_2 mit dem empirischen Korrelationskoeffizienten r_2 gezogen. Diese Stichprobenkorrelationen sind Realisierungen der beiden unabhängigen Zufallsvariablen $R_{n_1}^{(1)}$ und $R_{n_2}^{(2)}$. Nach Abschnitt 8.2.2 sind die beiden Fisher-Transformationen

$$U_1 = \frac{1}{2}\ln\frac{1+R_{n_1}^{(1)}}{1-R_{n_1}^{(1)}}\,; \quad U_2 = \frac{1}{2}\ln\frac{1+R_{n_2}^{(2)}}{1-R_{n_2}^{(2)}}$$

näherungsweise normalverteilt mit den Varianzen

$$\operatorname{Var}(U_1) = \frac{1}{n_1-3}\,; \quad \operatorname{Var}(U_2) = \frac{1}{n_2-3}\,.$$

Falls beide Korrelationskoeffizienten ρ_1 und ρ_2 gleich sind, ist die Differenz $U_1 - U_2$ asymptotisch normalverteilt mit dem Erwartungswert 0 und der Varianz

$$\operatorname{Var}(U_1 - U_2) = \operatorname{Var}(U_1) + \operatorname{Var}(U_2) = \frac{1}{n_1-3} + \frac{1}{n_2-3}\,.$$

Dann ist die standardisierte Testgröße

$$Z = \frac{U_1 - U_2}{\sqrt{\frac{1}{n_1-3} + \frac{1}{n_2-3}}} = \frac{\frac{1}{2}\ln\frac{1+R_{n_1}^{(1)}}{1-R_{n_1}^{(1)}} - \frac{1}{2}\ln\frac{1+R_{n_2}^{(2)}}{1-R_{n_2}^{(2)}}}{\sqrt{\frac{1}{n_1-3} + \frac{1}{n_2-3}}}$$

für große n_1 und n_2 näherungsweise $N(0;1)$-verteilt. Mit der Realisierung dieser Zufallsvariablen

$$z_{ber.} = \frac{\frac{1}{2}\ln\frac{1+r_1}{1-r_1} - \frac{1}{2}\ln\frac{1+r_2}{1-r_2}}{\sqrt{\frac{1}{n_1-3}+\frac{1}{n_2-3}}}$$

und den Quantilen der Standard-Normalverteilung erhält man die

Testentscheidungen

Nullhypothese H_0	Alternative H_1	Ablehnungsbereich von H_0
a) $\rho_1 = \rho_2$	$\rho_1 \neq \rho_2$	$\lvert z_{ber.} \rvert > z_{1-\frac{\alpha}{2}}$
b) $\rho_1 \leq \rho_2$	$\rho_1 > \rho_2$	$z_{ber.} > z_{1-\alpha}$
c) $\rho_1 \geq \rho_2$	$\rho_1 < \rho_2$	$z_{ber.} < -z_{1-\alpha}$

Falls man die Nullhypothese der Gleichheit beider Korrelationskoeffizienten nicht ablehnen kann, läßt sich aus beiden Stichproben eine **gemeinsame Schätzfunktion** $c_1U_1+c_2U_2$ für den gleichen Korrelationskoeffizienten folgendermaßen bestimmen:

Zuerst wird der gemeinsame Erwartungswert ξ der beiden Fisher-Transformationen U_1 und U_2 geschätzt. Aus $E(U_1) = E(U_2) = \xi$ folgt

$$E(c_1U_1+c_2U_2) = c_1E(U_1) + c_2E(U_2) = (c_1 + c_2)\xi .$$

Für eine erwartungstreue Schätzfunktion muß also gelten $c_1 + c_2 = 1$. Daraus soll nun die Schätzfunktion mit der kleinsten Varianz bestimmt werden.

$$\mathrm{Var}(c_1U_1+c_2U_2) = c_1^2\,\mathrm{Var}(U_1) + c_2^2\,\mathrm{Var}(U_2)$$

$$= \frac{c_1^2}{n_1-3} + \frac{c_2^2}{n_2-3} = \frac{c_1^2}{n_1-3} + \frac{(1-c_1)^2}{n_1-3} = \min.$$

Differentiation nach c_1 ergibt die Gleichung

$$\frac{2c_1}{n_1-3} - \frac{2(1-c_1)}{n_2-3} = 0.$$

Division durch 2 und Multiplikation mit $(n_1-3)(n_2-3)$ liefert

$$(n_2-3)c_1 + (n_1-3)c_1 = n_1-3$$

$$c_1 = \frac{n_1-3}{(n_1-3)+(n_2-3)}\,;\quad c_2 = \frac{n_2-3}{(n_1-3)+(n_2-3)}\,.$$

Damit erhält man die gemeinsame **wirksamste** Schätzfunktion

$$T = \frac{(n_1-3)\,U_1 + (n_2-3)\,U_2}{(n_1-3)+(n_2-3)} .$$

Sie besitzt die Varianz

$$\mathrm{Var}(T) = \frac{(n_1-3)^2\,\mathrm{Var}(U_1) + (n_2-3)^2\,\mathrm{Var}(U_2)}{[(n_1-3)+(n_2-3)]^2} = \frac{1}{(n_1-3)+(n_2-3)} .$$

Die Realisierungen dieser Schätzfunktion sind

$$\hat{\xi} = \frac{(n_1-3)\,u_1 + (n_2-3)\,u_2}{(n_1-3)+(n_2-3)} =$$

$$= \frac{(n_1-3)\frac{1}{2}\ln\frac{1+r_1}{1-r_1} + (n_2-3)\frac{1}{2}\ln\frac{1+r_2}{1-r_2}}{(n_1-3)+(n_2-3)} .$$

Hieraus erhält man den Schätzwert für den gemeinsamen Korrelationskoeffizienten ρ

$$\frac{1}{2}\ln\frac{1+\hat{\rho}}{1-\hat{\rho}} = \hat{\xi} \quad ; \quad \hat{\rho} = \frac{e^{2\hat{\xi}}-1}{e^{2\hat{\xi}}+1} .$$

Beispiel: Die Stichprobe vom Umfang $n_1 = 52$ aus der ersten normalverteilten Grundgesamtheit besitze den Korrelationskoeffizienten $r_1 = 0{,}64$, die Stichprobe vom Umfang $n_2 = 84$ aus der zweiten normalverteilten Grundgesamtheit den Korrelationskoeffizienten $r_2 = 0{,}73$. Getestet werden soll mit $\alpha = 0{,}1$ die Nullhypothese, daß die beiden zweidimensionalen Zufallsvariablen den gleichen Korrelationskoeffizienten besitzen.

Die Testfunktion besitzt die Realisierung

$$|z_{ber.}| = \left| \frac{\frac{1}{2}\cdot\ln\frac{1+0{,}64}{1-0{,}64} - \frac{1}{2}\cdot\ln\frac{1+0{,}73}{1-0{,}73}}{\sqrt{\frac{1}{52-3}+\frac{1}{84-3}}} \right| = 0{,}94 < z_{0{,}95} = 1{,}645.$$

Damit kann die Nullhypothese der Gleichheit von ρ_1 und ρ_2 nicht abgelehnt werden. Aus

$$\hat{\xi} = \frac{(52-3)\cdot\frac{1}{2}\cdot\ln\frac{1+0{,}64}{1-0{,}64} + (84-3)\cdot\frac{1}{2}\cdot\ln\frac{1+0{,}73}{1-0{,}73}}{(52-3)+(84-3)} = 0{,}86444$$

erhält man den Schätzwert für den gemeinsamen Korrelationskoeffizienten

$$\hat{\rho} = \frac{e^{2\hat{\xi}} - 1}{e^{2\hat{\xi}} + 1} = 0{,}6985.$$

8.2.4. Test auf Gleichheit mehrerer Korrelationskoeffizienten

Die unabhängigen zweidimensionalen normalverteilten Zufallsvariablen (X_i, Y_i) sollen die Korrelationskoeffizienten $\rho_i = \rho(X_i, Y_i)$ besitzen für $i = 1, 2, \ldots, m$. Getestet werden soll die Nullhypothese

$$H_0: \rho_1 = \rho_2 = \ldots = \rho_m .$$

Von jeder zweidimensionalen Zufallsvariablen (X_i, Y_i) liege eine Stichprobe von Umfang n_i vor mit dem empirischen Korrelationskoeffizienten r_i. Dieser Wert ist Realisierung der Zufallsvariablen $R_{n_i}^{(i)}$. Diese Zufallsvariablen sind unabhängig. Nach Abschnitt 8.2.2 ist die Zufallsvariable $U_i = \frac{1}{2}\ln\frac{1 + R_{n_i}^{(i)}}{1 - R_{n_i}^{(i)}}$ asymptotisch normalverteilt mit der Varianz $\frac{1}{n_i - 3}$.

Falls die Nullhypothese H_0 richtig ist, besitzen diese Zufallsvariablen asymptotisch den gleichen Erwartungswert $E(U_i) = \xi = \frac{1}{2}\ln\frac{1+\rho}{1-\rho}$. Dann sind die unabhängigen Zufallsvariablen $\sqrt{n_i - 3} \cdot (U_i - \xi)$ asymptotisch standard-normalverteilt. Bei bekanntem ξ ist die Quadratsumme

$$\sum_{i=1}^{m} (n_i - 3)(U_i - \xi)^2 = \sum_{i=1}^{m} (n_i - 3)\left(\frac{1}{2}\ln\frac{1 + R_{n_i}^{(i)}}{1 - R_{n_i}^{(i)}} - \xi\right)^2$$

asymptotisch Chi-Quadrat-verteilt mit m Freiheitsgraden. Der unbekannte Erwartungswert ξ wird in Analogie zu den Ausführungen aus Abschnitt 8.2.3 geschätzt durch

$$\hat{\xi} = \frac{\sum_{i=1}^{m} (n_i - 3)\, u_i}{\sum_{i=1}^{m} (n_i - 3)} = \frac{\sum_{i=1}^{m} (n_i - 3)\frac{1}{2}\ln\frac{1 + r_i}{1 - r_i}}{\sum_{i=1}^{m} (n_i - 3)}.$$

Die zugehörige Schätzfunktion

$$T = \frac{\sum_{i=1}^{m} (n_i - 3)\, U_i}{\sum_{i=1}^{m} (n_i - 3)} = \frac{\sum_{i=1}^{m} (n_i - 3)\frac{1}{2}\ln\frac{1 + R_i}{1 - R_i}}{\sum_{i=1}^{m} (n_i - 3)}$$

besitzt dann die Varianz

$$\mathrm{Var}(T) = \frac{1}{\sum_{i=1}^{m} (n_i - 3)} .$$

Dann ist die Testgröße

$$\chi^2 = \sum_{i=1}^{m} (n_i - 3)(u_i - \hat{\xi})^2 = \sum_{i=1}^{m} (n_i - 3)(u_i^2 - 2\,u_i\,\hat{\xi} + \hat{\xi}^2)$$

$$= \sum_{i=1}^{m} (n_i - 3)\,u_i^2 - \frac{\left(\sum_{i=1}^{m} (n_i - 3)\,u_i\right)^2}{\sum_{i=1}^{m} (n_i - 3)}$$

Realisierung einer Zufallsvariablen, die asymptotisch **Chi-Quadrat-verteilt** ist mit **$m - 1$ Freiheitsgraden.**

Mit $u_i = \frac{1}{2}\ln\frac{1+r_i}{1-r_i}$; $\chi^2_{\text{ber.}} = \sum_{i=1}^{m} (n_i - 3)\,u_i^2 - \frac{\left(\sum_{i=1}^{m} (n_i - 3)\,u_i\right)^2}{\sum_{i=1}^{m} (n_i - 3)}$

und den $(1-\alpha)$-Quantilen der $\chi^2_{m-1;1-\alpha}$ der Chi-Quadrat-Verteilung mit $m - 1$ Freiheitsgraden erhält man die

Testentscheidung:

Im Falle $\chi^2_{\text{ber.}} > \chi^2_{m-1;1-\alpha}$ wird die Nullhypothese abgelehnt, sonst steht das Ergebnis nicht in signifikantem Widerspruch zur Nullhypothese.

Falls alle Korrelationskoeffizienten gleich sind, erhält man aus dem obigen Schätzwert $\hat{\xi}$ einen Schätzwert des gemeinsamen Korrelationskoeffizienten ρ durch Lösen der Gleichung

$$\frac{1}{2}\cdot\ln\frac{1+\hat{\rho}}{1-\hat{\rho}} = \hat{\xi} \quad \text{als} \quad \hat{\rho} = \frac{e^{2\hat{\xi}} - 1}{e^{2\hat{\xi}} + 1} .$$

Beispiel: Aus fünf verschiedenen Grundgesamtheiten wurden Stichproben der Längen $n_1 = 23$; $n_2 = 18$; $n_3 = 25$; $n_4 = 28$ und $n_5 = 31$ gezogen mit den empirischen Korrelationskoeffizienten $r_1 = 0{,}27$; $r_2 = 0{,}21$; $r_3 = 0{,}32$; $r_4 = 0{,}28$; $r_5 = 0{,}33$. Der Test auf Gleichheit der Korrelationskoeffizienten der fünf Grundgesamtheiten soll mit $\alpha = 0{,}05$ durchgeführt werden.

Hier erhält man die Werte:

$u_1 = 0{,}2769$; $u_2 = 0{,}2132$; $u_3 = 0{,}3316$; $u_4 = 0{,}2877$; $u_5 = 0{,}3428$;

$\chi^2_{\text{ber.}} = 9{,}9940 - \frac{32{,}8221^2}{110} = 0{,}3714 < \chi^2_{4;0{,}95} = 9{,}488$. Daher kann die Nullhypothese der Gleichheit der fünf Korrelationskoeffizienten $\rho_1,\dots,\rho_5$ nicht abgelehnt werden. Für den gemeinsamen Korrelationskoeffizienten ρ erhält man aus

$\hat{\xi} = \frac{32{,}8221}{110} = 0{,}2984$ den Schätzwert $\hat{\rho} = \frac{e^{2\hat{\xi}} - 1}{e^{2\hat{\xi}} + 1} = 0{,}2898$.

8.3. Konfidenzintervalle für den Korrelationskoeffizienten bei Normalverteilungen

Zur Bestimmung von Konfidenzintervallen für den Korrelationskoeffizienten ρ bei Normalverteilungen benutzt man die Fisher-Transformation aus Abschnitt 8.2.2. Danach ist die Testgröße

$$Z = \frac{\sqrt{n-3}}{2}\left(\ln\frac{1+R_n}{2} - \ln\frac{1+\rho}{1-\rho}\right)$$

asymptotisch standard-normalverteilt. Mit den Quantilen der Standard-Normalverteilung erhält man hieraus

$$1-\alpha = P\left(-\frac{2z_{1-\alpha/2}}{\sqrt{n-3}} \le \ln\frac{1+R_n}{1-R_n} - \ln\frac{1+\rho}{1-\rho} \le \frac{2z_{1-\alpha/2}}{\sqrt{n-3}}\right)$$

$$= P\left(\ln\frac{1+R_n}{1-R_n} - \frac{2z_{1-\alpha/2}}{\sqrt{n-3}} \le \ln\frac{1+\rho}{1-\rho} \le \ln\frac{1+R_n}{1-R_n} + \frac{2z_{1-\alpha/2}}{\sqrt{n-3}}\right).$$

Mit $A = \ln\frac{1+R_n}{1-R_n} - \frac{2z_{1-\alpha/2}}{\sqrt{n-3}}$; $B = \ln\frac{1+R_n}{1-R_n} + \frac{2z_{1-\alpha/2}}{\sqrt{n-3}}$

erhält man hieraus

$$1-\alpha = P\left(A \le \ln\frac{1+\rho}{1-\rho} \le B\right) = P\left(e^A \le \frac{1+\rho}{1-\rho} \le e^B\right)$$

$$= P\left(e^A - 1 - \rho e^A \le \rho \le e^B - 1 - \rho e^B\right)$$

$$= P\left(\frac{e^A-1}{e^A+1} \le \rho \le \frac{e^B-1}{e^B+1}\right).$$

Damit erhält man

Konfidenzintervalle für den Korrelationskoeffizienten ρ zum Niveau $1-\alpha$ bei Normalverteilungen:

zweiseitige: $\left[\frac{e^a-1}{e^a+1}\,;\ \frac{e^b-1}{e^b+1}\right]$ mit $a = \ln\frac{1+r}{1-r} - \frac{2\,z_{1-\alpha/2}}{\sqrt{n-3}}$

$$b = \ln\frac{1+r}{1-r} + \frac{2\,z_{1-\alpha/2}}{\sqrt{n-3}}\,;$$

einseitige: $\left[-1\,;\ \frac{e^b-1}{e^b+1}\right]$ mit $b = \ln\frac{1+r}{1-r} + \frac{2\,z_{1-\alpha}}{\sqrt{n-3}}$

$\left[\frac{e^a-1}{e^a+1}\,;\ 1\right]$ mit $a = \ln\frac{1+r}{1-r} - \frac{2\,z_{1-\alpha}}{\sqrt{n-3}}$.

r = Korrelationskoeffizient einer Stichprobe vom Umfang n.

Kapitel IX : Varianzanalyse

Auf die Ausprägungen eines bestimmten Merkmals haben oft verschiedene Einflußfaktoren unterschiedliche Wirkung. So hängt z. B. der Ertrag oft von der Sorte, der Düngung, dem Anbauort oder der Anbauart ab. Die verschiedenen Werte (Realisierungen) eines (Einfluß-) Faktors bezeichnet man als Stufen des Faktors. Mit der vom englischen Statistiker R. A. Fisher entwickelten Varianzanalyse ist es möglich, solche verschiedenartige Einflüsse statistisch nachzuweisen oder verschiedene Effekte zu schätzen. Das Verfahren besteht darin, daß die Summe der Abstandsquadrate vom Gesamtmittel additiv in verschiedene Komponenten zerlegt wird, von denen jede einem speziellen Faktor zugeordnet ist. Dabei verschwinden die Summen der gemischten Produkte. Bei dieser Quadratsummenzerlegung werden gleichzeitig die zu den einzelnen Summen gehörenden Freiheitsgrade aufgeteilt.

Im allgemeinen sind die drei nachfolgenden Modelle von Interesse:

a) Bei sog. **festen Effekten** werden bestimmte Stufen des Faktors fest ausgewählt. Ziel der Varianzanalyse ist es dann, die mittleren Effekte (Erwartungswerte) der einzelnen Stufen und deren Wechselwirkungen zu schätzen und einen Test auf Gleichheit der Erwartungswerte aller Stufen durchzuführen. Die Schätzungen werden meistens einfacher, falls sog. **Reparametrisierungsbedingungen** vorgegeben werden. Dabei spaltet man den mittleren Gesamteinfluß aller Stufen ab. Die Erwartungswerte der verschiedenen zusätzlichen Einflüsse besitzen dann die gewichteten Mittelwerte (Summen) Null. Feste Effekte werden mit griechischen Buchstaben bezeichnet.

b) Bei **zufälligen Effekten** sind die Stufen des Faktors Realisierungen von Zufallsvariablen. Sie werden also nicht fest sondern zufällig ausgewählt. Ein Beispiel dafür ist die Auswahl einiger Bullen aus einer bestimmten Population zur Weiterzucht. Bei zufälligen Effekten zerlegt man die Gesamtvarianz in die Summe verschiedener Varianzkomponenten, die auf einzelne Faktoren zurückzuführen sind. Ziel der Varianzanalyse ist es dann, diese Varianzkomponenten zu schätzen bzw. zu testen.

c) Bei **gemischten Effekten** werden die Stufen einiger Faktoren fest, die Stufen anderer Faktoren zufällig ausgewählt.

Zur **Schätzung** von Erwartungswerten, Wechselwirkungen oder Varianzkomponenten benötigt man **keine Verteilungsannahme** über die Zufallsvariablen. Bei beliebigen Verteilungen erhält man erwartungstreue Schätzfunktionen.

Die **Normalverteilungsannahme** benötigt man erst zur Bestimmung von **Konfidenzintervallen** oder für die **Tests** der Effekte oder der Varianzkomponenten. Bei Normalverteilungen sind unter bestimmten Bedingungen (Nullhypothesen) die Zufallsvariablen gewisser Quadratsummen, die noch durch deren Erwartungswert dividiert werden müssen, Chi-Quadrat-verteilt und voneinander unabhängig. Falls noch die Erwartungswerte der gemittelten Quadratsummen übereinstimmen, ist ihr Quotient F-verteilt. Dadurch erhält man entsprechende Testgrößen. Manchmal sind diese Testgrößen bei festen und zufälligen Effekten identisch, manchmal aber auch verschieden. Aus diesem Grund sollte man vor Aufstellung der entsprechenden Testgröße zuerst nachprüfen, welche der gemittelten Quadratsummen den gleichen Erwartungswert besitzen, falls die zu testende Nullhypothese richtig ist. Der Quotient ist dann F-verteilt.

Im allgemeinen **unbalancierten** Fall dürfen die Stichprobenumfänge der einzelnen Gruppen verschieden groß sein. Dann sind die Formeln im allgemeinen recht kompliziert. Der unbalancierte Fall hat auch den Nachteil, daß manchmal nicht alle Varianzkomponenten einzeln getestet werden können. Dieses Problem tritt bei **balancierten** Daten (gleiche Klassenbesetzungen) nicht auf. Hier ist es möglich, sämtliche Varianzkomponenten einzeln zu testen. Aus diesem Grund wird in der Praxis meistens der balancierte Fall benutzt.

Die Varianzanalyse ist ein sehr umfassendes Gebiet. Die Darstellungen werden bei mehr als zwei Faktoren sehr unübersichtlich. Daher beschränken wir uns auf die Behandlung eines oder zweier Faktoren.

In der **einfachen Varianzanalyse** (Abschnitt 1) soll nur der Einfluß eines einzigen Faktors untersucht werden.

Bei festen Effekten können die Tests für die einfache Varianzanalyse auch ohne Normalverteilungsannahme, also parameterfrei, durchgeführt werden und zwar mit dem Kruskal-Wallis-Test aus Kap. XI Abschnitt 12.1.2.

Bei der **doppelten Varianzanalyse mit vollständiger Kreuzklassifikation** (Abschnitt 2) liegen zwei verschiedene Faktoren vor, bei denen noch eine Wechselwirkung auftreten kann, deren Ursache auf bestimmte Kombinationen der einzelnen Stufen der beiden Faktoren zurückzuführen sind.

Bei der doppelten Varianzanalyse mit festen Effekten und einfacher Klassenbesetzung können die entsprechenden Tests auch ohne Verteilungsannahme mit dem (verteilungsfreien) Friedman-Test aus Kap. XI Abschnitt 12.2 durchgeführt werden.

Bei der **hierarchischen zweistufigen Klassifikation** (Abschnitt 3) treten beim übergeordneten Faktor alle Stufen auf, die aufgeteilt werden in Stufen des untergeordneten Faktors.

1. Einfache Varianzanalyse

Bei der einfachen Varianzanalyse wird nur der Einfluß eines einzigen Faktors untersucht.

1.1. Einfache Varianzanalyse bei festen Effekten

Die m Zufallsvariablen $X_1, X_2, \ldots, X_m$ seien unabhängig und sollen alle die gleiche (unbekannte) Varianz σ_e^2 besitzen, während die (unbekannten) Erwartungswerte $\mu_i = E(X_i)$ verschieden sein dürfen. Über die Verteilung der Zufallsvariablen X_i benötigt man zur Schätzung der Parameter keine weitere Voraussetzung. Nur zur Bestimmung von Konfidenzintervallen und für Tests wird die Normalverteilung benötigt.

Beispiele für solche Modelle sind die Erträge in Abhängigkeit von der Sorte oder der Düngung.

Ein **Test auf Gleichheit der m Varianzen** kann bei Normalverteilungen mit Hilfe des Bartlett-Tests aus Kap. VIII Abschnitt 2.7 durchgeführt werden. Bei nichtnormalverteilten stetigen Zufallsvariablen kann der χ^2-Test von Scheffé aus Abschnitt 1.1.8.2 benutzt werden.

Mit der Darstellung $X_i = \mu_i + E_i$ erhält man die unabhängigen Zufallsvariablen $E_1, E_2, \ldots, E_m$, welche alle den Erwartungswert 0 und die gleiche Varianz σ_e^2 besitzen. Die sog. Fehlervariable E_i beschreibt die zufällige Schwankung der Zufallsvariablen X_i um den **festen Effekt** μ_i.

Zur Schätzung und für Tests der Parameter μ_i und σ_e^2 wird eine sog. Varianzanalyse durchgeführt. Dazu wird bezüglich jeder der m Zufallsvariablen X_i eine unabhängige Stichprobe vom Umfang n_i

$$x_i = (x_{i1}, x_{i2}, \ldots, x_{in_i})$$

gezogen. Die Stichprobenwerte x_{ij} sind Realisierungen der unabhängigen Zufallsvariablen

$$X_{ij} = \mu_i + E_{ij}$$

mit $E(X_{ij}) = \mu_i$ und $Var(X_{ij}) = \sigma_e^2$ für $j = 1, 2, \ldots, n_i$; $i = 1, 2, \ldots, m$.

Damit erhält man das

Modell:

Die Zufallsvariablen X_{ij} besitzen die Darstellung

$$X_{ij} = \mu_i + E_{ij} \quad \text{für } j = 1, 2, \ldots, n_i \,;\; i = 1, 2, \ldots, m \,.$$

Dabei sind die Zufallsvariablen E_{ij} unabhängig mit

$$E(E_{ij}) = 0 \quad \text{und} \quad Var(E_{ij}) = \sigma_e^2 \quad \text{für alle i und j.}$$

Die Erwartungswerte $\mu_i = E(X_{ij})$ stellen sog. **feste Effekte** dar, um welche die Fehlervariablen E_{ij} mit konstanter Varianz σ_e^2 schwanken.

1.1.1. Quadratsummenzerlegung bei unbalancierten Daten

In diesem Abschnitt wird die Summe der Abstandsquadrate aller Stichprobenwerte vom Gesamtmittel bei unbalancierten Daten zerlegt. Die einzelnen Stichprobenumfänge dürfen dabei beliebig sein.

Die i-te Stichprobe $x_i = (x_{i1}, x_{i2}, \ldots, x_{in_i})$ besitzt die Größen

Stichprobenumfang: n_i;

Summe der Stichprobenwerte: $x_{i\cdot} = \sum_{j=1}^{n_i} x_{ij}$;

Mittelwert: $\bar{x}_{i\cdot} = \frac{x_{i\cdot}}{n_i} = \frac{1}{n_i} \sum_{j=1}^{n_i} x_{ij}$;

Varianz: $s_i^2 = \frac{1}{n_i - 1} \sum_{j=1}^{n_i} (x_{ij} - \bar{x}_{i\cdot})^2$ für $i = 1, 2, \ldots, m$.

Die Stichprobenwerte x_{ij} jeder Gruppe werden zusammen mit den Umfängen n_i, den Summen $x_{i\cdot}$ und Mittelwerten $\bar{x}_{i\cdot}$ für $i = 1, 2, \ldots, m$ in der nachfolgenden Tabelle übersichtlich dargestellt.

Schema für die einfache Varianzanalyse

Gruppe	Stichprobenwerte	Gruppen-umfang	Zeilen-summe	Gruppen-mittel
1	$x_{11}\ x_{12}\ x_{13}\ \cdots\cdots\ x_{1n_1}$	n_1	$x_1.$	$\bar{x}_1.$
2	$x_{21}\ x_{22}\ x_{23}\ \cdots\cdots\ x_{2n_2}$	n_2	$x_2.$	$\bar{x}_2.$
3	$x_{31}\ x_{32}\ x_{33}\ \cdots\cdots\ x_{3n_3}$	n_3	$x_3.$	$\bar{x}_3.$
⋮	....	⋮	⋮	⋮
i	$x_{i1}\ x_{i2}\ x_{i3}\ \cdots\cdots\ x_{in_i}$	n_i	$x_i.$	$\bar{x}_i.$
⋮	....	⋮	⋮	⋮
m	$x_{m1}\ x_{m2}\ x_{m3}\ \cdots\ x_{mn_m}$	n_m	$x_m.$	$\bar{x}_m.$
Gesamt	Summe	n	$x..$	$\bar{x} = \frac{x..}{n}$

Das Gruppenmittel $\bar{x}_i.$ ist allgemein ein erwartungstreuer Schätzwert für den Erwartungswert μ_i und die Stichprobenvarianz s_i^2 ein solcher für die Varianz σ_e^2. Für die zugehörigen Schätzfunktionen (Zufallsvariablen), deren Realisierungen diese Schätzwerte sind, gilt damit

$$E(\bar{X}_i.) = \mu_i\ ;\ E\Big(\frac{1}{n_i - 1}\sum_{j=1}^{n_i}(X_{ij} - \bar{X}_i.)^2\Big) = \sigma_e^2 \quad \text{für } i = 1, 2, \ldots, m.$$

Die m Einzelstichproben werden zu einer Gesamtstichprobe

$$x = (x_1, x_2, \ldots, x_m) = (x_{11}, \ldots, x_{1n_1}; x_{21}, \ldots, x_{2n_2}; \ldots; x_{m1}, \ldots, x_{mn_m})$$

vom Umfang $n = \sum_{i=1}^{m} n_i$ zusammengefaßt mit dem Gesamtmittel

$$\bar{x} = \frac{1}{n}\sum_{i=1}^{m}\sum_{j=1}^{n_i} x_{ij} = \frac{1}{n}\sum_{i=1}^{m} x_i. = \frac{x..}{n} = \sum_{i=1}^{m}\frac{n_i}{n}\bar{x}_i.$$

Das Gesamtmittel ist gleich dem im Verhältnis der Stichprobenumfänge gewichteten Mittel der einzelnen Gruppenmittel.

Für die Summe $q_{ges.}$ der Abweichungsquadrate aller Stichprobenwerte vom Gesamtmittelwert $\bar{x}$ wird folgende Zerlegung durchgeführt

$$q_{ges.} = \sum_{i=1}^{m}\sum_{j=1}^{n_i}(x_{ij} - \bar{x})^2 = \sum_{i=1}^{m}\sum_{j=1}^{n_i}[(x_{ij} - \bar{x}_i.) + (\bar{x}_i. - \bar{x})]^2$$

$$= \sum_{i=1}^{m} \sum_{j=1}^{n_i} (\bar{x}_{i\cdot} - \bar{x})^2 + \sum_{i=1}^{m} \sum_{j=1}^{n_i} (x_{ij} - \bar{x}_{i\cdot})^2 + 2 \underbrace{\sum_{i=1}^{m} \sum_{j=1}^{n_i} (x_{ij} - \bar{x}_{i\cdot})(\bar{x}_{i\cdot} - \bar{x})}_{=0} .$$

$$q_{ges.} = \sum_{i=1}^{m} \sum_{j=1}^{n_i} (x_{ij} - \bar{x})^2 = \underbrace{\sum_{i=1}^{m} n_i (\bar{x}_{i\cdot} - \bar{x})^2}_{= q_{zw}} + \underbrace{\sum_{i=1}^{m} \sum_{j=1}^{n_i} (x_{ij} - \bar{x}_{i\cdot})^2}_{= q_{in}} .$$

Für die nachfolgende Rechnung benutzt man die allgemein gültige Eigenschaft

$$\sum_{\nu=1}^{N} (z_\nu - \bar{z})^2 = \sum_{\nu=1}^{N} z_\nu^2 - N\bar{z}^2 ; \quad \bar{z} = \frac{1}{N} \sum_{\nu=1}^{N} z_\nu \quad \text{(Mittelwert).}$$

Damit ist die gesamte Quadratsumme

$$q_{ges.} = \sum_{i=1}^{m} \sum_{j=1}^{n_i} (x_{ij} - \bar{x})^2 = \sum_{i=1}^{m} \sum_{j=1}^{n_i} x_{ij}^2 - \frac{x_{\cdot\cdot}^2}{n}$$

additiv zerlegbar in die Summe der Abstandsquadrate der Gruppenmittel von ihrem gewichteten Mittel (= Gesamtmittel)

$$q_{zw} = \sum_{i=1}^{m} n_i (\bar{x}_{i\cdot} - \bar{x})^2 = \sum_{i=1}^{m} \frac{x_{i\cdot}^2}{n_i} - \frac{x_{\cdot\cdot}^2}{n}$$

und in die Summe der Abstandsquadrate der einzelnen Gruppenwerte von ihrem Gruppenmittel (Rest)

$$q_{in} = \sum_{i=1}^{m} \sum_{j=1}^{n_i} (x_{ij} - \bar{x}_{i\cdot})^2 = \sum_{i=1}^{m} \sum_{j=1}^{n_i} x_{ij}^2 - \sum_{i=1}^{m} \frac{x_{i\cdot}^2}{n_i} .$$

Für die praktische Testdurchführung ist es sinnvoll, zuerst $q_{ges.}$ und q_{zw} zu berechnen und daraus die Differenz $q_{in} = q_{ges.} - q_{zw}$. Für die zugehörigen Zufallsvariablen erhält man aus

$$E(X_{ij}) = \mu_i ; \quad Var(X_{ij}) = \sigma_e^2$$

und den Eigenschaften des Erwartungswertes und der Varianz von Summen unabhängiger Zufallsvariabler unmittelbar

$$E(X_{i\cdot}) = n_i \mu_i ; \quad Var(X_{i\cdot}) = n_i \sigma_e^2 \quad \text{für } i = 1, 2, \ldots, m ;$$

$$E(X_{\cdot\cdot}) = \sum_{i=1}^{m} n_i \mu_i ; \quad Var(X_{\cdot\cdot}) = \sum_{i=1}^{m} n_i \sigma_e^2 = n \sigma_e^2 .$$

Für jede beliebige Zufallsvariable Y gilt $E(Y^2) = Var(Y) + [E(Y)]^2$.

Wendet man diese Formel auf die obigen Zufallsvariablen an, so erhält man unmittelbar

$$E(X_{ij}^2) = \sigma_e^2 + \mu_i^2; \quad E(X_{i\cdot}^2) = n_i \sigma_e^2 + n_i^2 \mu_i^2; \quad E(X_{\cdot\cdot}^2) = n\sigma_e^2 + \Big(\sum_{i=1}^m n_i \mu_i\Big)^2.$$

Mit dem gewichteten Mittel

$$\bar{\mu} = \sum_{i=1}^m \frac{n_i}{n} \mu_i = \frac{1}{n} \sum_{i=1}^m n_i \mu_i$$

erhält man für die Testgrößen die Erwartungswerte

$$\begin{aligned}
E(Q_{ges.}) &= E\Big(\sum_{i=1}^m \sum_{j=1}^{n_i} X_{ij}^2 - \frac{X_{\cdot\cdot}^2}{n}\Big) = \sum_{i=1}^m \sum_{j=1}^{n_i} E(X_{ij}^2) - \frac{1}{n} E(X_{\cdot\cdot}^2) \\
&= \sum_{i=1}^m \sum_{j=1}^{n_i} (\sigma_e^2 + \mu_i^2) - \sigma_e^2 - \frac{1}{n}\Big(\sum_{i=1}^m n_i \mu_i\Big)^2 \\
&= n\sigma_e^2 + \sum_{i=1}^m n_i \mu_i^2 - \sigma_e^2 - n\Big(\underbrace{\sum_{i=1}^m \frac{n_i}{n} \mu_i}_{=\bar{\mu}}\Big)^2 \\
&= (n-1)\sigma_e^2 + \sum_{i=1}^m n_i (\mu_i - \bar{\mu})^2.
\end{aligned}$$

$$\begin{aligned}
E(Q_{zw}) &= E\Big(\sum_{i=1}^m n_i (\bar{X}_{i\cdot} - \bar{X})^2\Big) = \sum_{i=1}^m \frac{1}{n_i} E(X_{i\cdot}^2) - \frac{1}{n} E(X_{\cdot\cdot}^2) \\
&= \sum_{i=1}^m (\sigma_e^2 + n_i \mu_i^2) - \sigma_e^2 - n \cdot \Big(\underbrace{\sum_{i=1}^m \frac{n_i}{n} \mu_i}_{=\bar{\mu}}\Big)^2 \\
&= (m-1)\,\sigma_e^2 + \sum_{i=1}^m n_i (\mu_i - \bar{\mu})^2.
\end{aligned}$$

$$\begin{aligned}
E(Q_{in}) &= E\Big(\sum_{i=1}^m \sum_{j=1}^{n_i} (X_{ij} - \bar{X}_{i\cdot})^2\Big) = \sum_{i=1}^m \sum_{j=1}^{n_i} E(X_{ij}^2) - \sum_{i=1}^m \frac{1}{n_i} E(X_{i\cdot}^2) \\
&= \sum_{i=1}^m \sum_{j=1}^{n_i} (\sigma_e^2 + \mu_i^2) - \sum_{i=1}^m (\sigma_e^2 + n_i \mu_i^2) = (n-m)\,\sigma_e^2.
\end{aligned}$$

Division durch die entsprechenden Freiheitsgrade ergibt

$$E\left(\frac{Q_{in}}{n-m}\right) = \sigma_e^2 \;;\; E\left(\frac{Q_{zw}}{m-1}\right) = \sigma_e^2 + \frac{1}{m-1}\sum_{i=1}^{m} n_i(\mu_i - \bar{\mu})^2;$$

$$E\left(\frac{Q_{ges.}}{n-1}\right) = \sigma_e^2 + \frac{1}{n-1}\sum_{i=1}^{m} n_i(\mu_i - \bar{\mu})^2$$

$$\text{mit } \bar{\mu} = \sum_{i=1}^{m} \frac{n_i}{n}\mu_i = \frac{1}{n}\sum_{i=1}^{m} n_i\mu_i \text{ (gewichtetes Mittel)}.$$

In diesem Modell ist die Schätzfunktion $\frac{Q_{in}}{n-m}$ immer **erwartungstreu** für die unbekannte Varianz σ_e^2. Die beiden anderen Schätzfunktionen $\frac{Q_{zw}}{m-1}$ und $\frac{Q_{ges}}{n-1}$ sind nur dann erwartungstreu für σ_e^2, falls alle m Erwartungswerte μ_i gleich sind. Andernfalls sind deren Erwartungswerte größer als σ_e^2. Dann würde durch sie die Varianz überschätzt.

In der nachfolgenden Tabelle werden die Schätzgrößen und die gemittelten Summen zusammen mit ihren Erwartungswerten nochmals zusammengestellt.

Tafel der einfachen Varianzanalyse bei festen Effekten und unbalancierten Daten

Abstands-quadrate	Summen der Abstandsquadrate	Frei-heits-grade	gemit-telte Summen	Erwartungswerte der gemittelten Summen
zwischen den Gruppenmittel	$q_{zw} = \sum_{i=1}^{m} \frac{x_{i.}^2}{n_i} - \frac{x_{..}^2}{n}$	$m-1$	$\frac{q_{zw}}{m-1}$	$\sigma_e^2 + \frac{a}{m-1}$
innerhalb der Gruppen (Rest)	$q_{in} = \sum_{i=1}^{m}\sum_{j=1}^{n_i} x_{ij}^2 - \sum_{i=1}^{m} \frac{x_{i.}^2}{n_i}$	$n-m$	$\frac{q_{in}}{n-m}$	$\boxed{\sigma_e^2}$
Gesamt	$q_{ges.} = \sum_{i=1}^{m}\sum_{j=1}^{n_i} x_{ij}^2 - \frac{x_{..}^2}{n}$	$n-1$	$\frac{q_{ges.}}{n-1}$	$\sigma_e^2 + \frac{a}{n-1}$

$a = \sum_{i=1}^{m} n_i(\mu_i - \bar{\mu})^2$ mit $\bar{\mu} = \sum_{i=1}^{m} \frac{n_i}{n}\mu_i = \frac{1}{n}\sum_{i=1}^{m} n_i\mu_i$;

m = Anzahl der Gruppen; n_i = Umfang der i-ten Gruppe; $n = \sum_{i=1}^{m} n_i$.

1.1.2. Quadratsummenzerlegung bei balancierten Daten

Wir nehmen an, daß alle m Gruppenumfänge gleich r sind (balancierte Daten). Dann erhält man mit $n_i = r$ für alle i folgende Größen:

Umfang der gesamten Stichprobe: $n = m\,r$;

Zeilensummen: $x_{i\cdot} = \sum_{j=1}^{r} x_{ij}$; Zeilenmittelwert $\bar{x}_{i.} = \frac{x_{i\cdot}}{r}$;

Stichprobenvarianzen: $s_i^2 = \frac{1}{r-1}\sum_{j=1}^{r}(x_{ij}-\bar{x}_{i\cdot})^2$, $i = 1, 2, \ldots, m$;

Gesamtmittel: $\bar{x} = \frac{x_{\cdot\cdot}}{m\,r} = \frac{1}{m}\sum_{i=1}^{m}\bar{x}_{i\cdot}$ (Mittelwert der Einzelmittel);

$\bar{\mu} = \frac{1}{m}\sum_{i=1}^{m}\mu_i$ (arithmetisches Mittel der Erwartungswerte) ;

$\frac{a}{m-1} = \frac{r}{m-1}\sum_{i=1}^{m}(\mu_i-\bar{\mu})^2$.

Damit erhält man die

Tafel der einfachen Varianzanalyse bei festen Effekten und balancierten Daten

Abstandsquadrate	Summen der Abstandsquadrate	Freiheitsgrade	gemittelte Summen	Erwartungswerte der gemittelten Summen
zwischen den Gruppenmittel	$q_{zw} = \frac{1}{r}\sum_{i=1}^{m} x_{i\cdot}^2 - \frac{x_{\cdot\cdot}^2}{m\,r}$	$m-1$	$\frac{q_{zw}}{m-1}$	$\sigma_e^2 + \frac{r\,c}{m-1}$
innerhalb der Gruppen (Rest)	$q_{in} = \sum_{i=1}^{m}\sum_{j=1}^{r} x_{ij}^2 - \frac{1}{r}\sum_{i=1}^{m} x_{i\cdot}^2$	$m(r-1)$	$\frac{q_{in}}{m(r-1)}$	$\boxed{\sigma_e^2}$
Gesamt	$q_{ges.} = \sum_{i=1}^{m}\sum_{j=1}^{r} x_{ij}^2 - \frac{x_{\cdot\cdot}^2}{m\,r}$	$m\,r-1$	$\frac{q_{ges.}}{m\,r-1}$	$\sigma_e^2 + \frac{r\,c}{m\,r-1}$

$c = \sum_{i=1}^{m}(\mu_i-\bar{\mu})^2$; $\bar{\mu} = \frac{1}{m}\sum_{i=1}^{m}\mu_i$; m = Anzahl der Gruppen ;

r = konstante Gruppenbesetzung.

1.1.3. Schätzwerte für die Parameter des Modells

Wegen $E(\bar{X}_{i\cdot}) = \mu_i$; $\text{Var}(\bar{X}_{i\cdot}) = \frac{\sigma_e^2}{n_i}$ sind die Zufallsvariablen der Gruppenmittel $\bar{X}_{i\cdot}$ erwartungstreue und konsistente Schätzfunktionen für die Erwartungswerte μ_i. Damit erhält man in

$$\hat{\mu}_i = \bar{x}_{i\cdot} \quad \text{für } i = 1, 2, \ldots, m$$

wenigstens für große Stichprobenumfänge n_i recht brauchbare Schätzwerte. Für die Varianz σ_e^2 ist $\frac{Q_{in}}{n-m}$ $\left(= \frac{Q_{in}}{m(r-1)} \text{ bei balancierten Daten}\right)$ eine erwartungstreue Schätzfunktion mit

$$\hat{\sigma}_e^2 = \frac{q_{in}}{n-m} \quad \left(= \frac{q_{in}}{m(r-1)} \text{ bei balancierten Daten}\right).$$

1.1.4. Konfidenzintervalle und Tests von σ_e^2 bei Normalverteilungen

Falls alle Zufallsvariablen X_j normalverteilt sind mit der Varianz σ_e^2, so ist die Zufallsvariable Q_{in}/σ_e^2 Chi-Quadrat-verteilt mit $n-m$ Freiheitsgraden. Mit den Quantilen dieser Chi-Quadrat-Verteilung erhält man z. B. das zweiseitige Konfidenzintervall aus

$$1-\alpha = P\left(\chi^2_{n-m;\alpha/2} \le \frac{Q_{in}}{\sigma_e^2} \le \chi^2_{n-m;1-\alpha/2}\right)$$

$$= P\left(\frac{Q_{in}}{\chi^2_{n-m;1-\alpha/2}} \le \sigma_e^2 \le \frac{Q_{in}}{\chi^2_{n-m;\alpha/2}}\right).$$

Damit erhält man die

Konfidenzintervalle für σ_e^2 zum Niveau $1-\alpha$ bei Normalverteilungen:

zweiseitige : $$\left[\frac{q_{in}}{\chi^2_{n-m;1-\alpha/2}} \; ; \; \frac{q_{in}}{\chi^2_{n-m;\alpha/2}}\right];$$

einseitige: $$\left[\frac{q_{in}}{\chi^2_{n-m;1-\alpha}} \; ; \; \infty\right) \; ; \; \left(0 \; ; \; \frac{q_{in}}{\chi^2_{n-m;\alpha}}\right].$$

Benutzt werden Quantile der Chi-Quadrat-Verteilung mit n – m Freiheitsgraden.

Zum **Test der Varianz** σ_e^2 auf einen bestimmten Wert σ_0^2 benutzt man die Testfunktion

$$T = \frac{Q_{in}}{\sigma_0^2} .$$

Sie ist Chi-Quadrat-verteilt mit n – m Freiheitsgraden, falls σ_0^2 die tatsächliche Varianz ist. Mit der Realisierung q_{in}/σ_0^2 und den Quantilen der Chi-Quadrat-Verteilung mit n – m Freiheitsgraden erhält man die

Testentscheidungen:

Nullhypothese H_0	Alternative H_1	Ablehnungsbereich von H_0
a) $\sigma_e^2 = \sigma_0^2$	$\sigma_e^2 \neq \sigma_0^2$	$\frac{q_{in}}{\sigma_0^2} < \chi^2_{n-m;\frac{\alpha}{2}}$ oder $> \chi^2_{n-m;1-\frac{\alpha}{2}}$
b) $\sigma_e^2 \leq \sigma_0^2$	$\sigma_e^2 > \sigma_0^2$	$\frac{q_{in}}{\sigma_0^2} > \chi^2_{n-m;1-\alpha}$
c) $\sigma_e^2 \geq \sigma_0^2$	$\sigma_e^2 < \sigma_0^2$	$\frac{q_{in}}{\sigma_0^2} < \chi^2_{n-m;\alpha}$

1.1.5. Test auf Gleichheit der Erwartungswerte bei Normalverteilungen

Wie in Abschnitt 1.1.4 benötigt man zu der Testdurchführung in diesem Abschnitt als Voraussetzung die Normalverteilung der Zufallsvariablen X_i. Die einzelnen Stufen des Faktors haben keinen unterschiedlichen Einfluß, wenn folgende Nullhypothese richtig ist

$$H_0 : \mu_1 = \mu_2 = ... = \mu_m \quad \text{(Gleichheit aller Erwartungswerte)} .$$

Die Alternative H_1 besagt, daß mindestens zwei der Erwartungswerte verschieden sind.

Falls die Nullhypothese richtig ist, sind auch $\frac{Q_{zw}}{m-1}$ und $\frac{Q_{ges.}}{n-1}$ erwartungstreue Schätzfunktionen für die Varianz σ_e^2. Ferner ist dann Q_{zw}/σ_e^2 Chi-Quadrat-verteilt mit m – 1 Freiheitsgraden und von Q_{in}/σ_e^2 unabhängig. Dann ist der Quotient

$$V = \frac{Q_{zw}/(m-1)\sigma_e^2}{Q_{in}/(n-m)\sigma_e^2} = \frac{Q_{zw}/(m-1)}{Q_{in}/(n-m)}$$

F-verteilt mit $(m-1, n-m)$ Freiheitsgraden.

Mit dem $(1-\alpha)$-Quantil $f_{m-1,n-m;1-\alpha}$ der F-Verteilung mit den Freiheitsgraden $(m-1, n-m)$ erhält man die

Testentscheidung:

Im Falle $\frac{q_{zw}/(m-1)}{q_{in}/(n-m)} > f_{m-1,\, n-m;\, 1-\alpha}$ wird die Nullhypothese der Gleichheit aller m Erwartungswerte abgelehnt. Andernfalls wird H_0 nicht abgelehnt. Dann steht das Stichprobenergebnis nicht in signifikantem Widerspruch zur Nullhypothese.

Beispiel: Bei der Untersuchung der Weizenerträge [in dz/ha] in Abhängigkeit von 3 verschiedenen Düngemitteln erhielt man die folgenden Erträge

Dünge-mittel	Erträge	Gruppen-umfang	Zeilen-summe	Gruppen-mittel
1	54,2 52,9 59,1 56,8	4	223	55,75
2	51,0 56,8 55,7	3	163,5	54,5
3	58,6 51,2 54,5 57,2 61	5	282,5	56,5.
Gesamt	Summe	12	669	55,75

Da die Stichprobenumfänge verschieden sind, handelt es sich um den nichtbalancierten Fall. Hieraus erhält man

$$\sum_{i=1}^{3} \frac{x_{i\cdot}^2}{n_i} = \frac{223^2}{4} + \frac{163{,}5^2}{3} + \frac{282{,}5^2}{5} = 37\,304{,}25\ ;$$

$$\sum_{i=1}^{3} \sum_{j=1}^{n_i} x_{ij}^2 = 37\,403{,}32\ ;$$

$$q_{zw} = 7{,}5\ ;\quad q_{ges.} = 106{,}57\ ;\quad q_{in} = q_{ges.} - q_{zw} = 99{,}07\ .$$

Damit erhält man die Tafel der Varianzanalyse

Abstands-quadrate	Summen der Abstandsquadrate	Frei-heits-grade	gemit-telte Summen	Erwartungswerte der gemittelten Summen
zwischen den Gruppenmittel	$q_{zw} = 7{,}5$	2	3,75	$\sigma_e^2 + \frac{a}{2}$
innerhalb der Gruppen (Rest)	$q_{in} = 99{,}07$	9	11,01	$\boxed{\sigma_e^2}$
Gesamt	$q_{ges.} = 106{,}57$	11	9,689	$\sigma_e^2 + \frac{a}{11}$

$$a = 4(\mu_1 - \bar{\mu})^2 + 3(\mu_2 - \bar{\mu})^2 + 5(\mu_3 - \bar{\mu})^2 \;;\; \bar{\mu} = \frac{1}{12}(4\mu_1 + 3\mu_2 + 5\mu_3).$$

Hieraus erhält man die Schätzwerte:

$$\hat{\mu} = 55{,}75 \;;\quad \hat{\sigma}_e^2 = 11{,}01.$$

Zum Test auf Gleichheit der Erwartungswerte mit $\alpha = 0{,}05$ erhält man die Testgröße

$$v = \frac{q_{zw}/2}{q_{in}/9} = \frac{3{,}75}{11{,}01} = 0{,}341.$$

Das 0,95-Quantil der F-Verteilung mit (2, 9) Freiheitsgraden lautet $f_{2;\,9;\,0{,}95} = 4{,}26$. Wegen $v < 4{,}26$ kann die Nullhypothese der Gleichheit der drei Erwartungswerte nicht abgelehnt werden.

1.1.6. Simultane (multiple) Vergleiche von m Erwartungswerten bei Normalverteilungen

Bei dem in Abschnitt 1.1.5 beschriebenen Test handelt es sich um einen globalen Test. Falls die Nullhypothese der Gleichheit aller m Erwartungswerte abgelehnt wird, möchte man herausfinden, welche Erwartungswerte paarweise verschieden sind. Dazu könnte man zwar jeweils zwei der Erwartungswerte mit dem t-Test aus Kap. VIII Abschnitt 1.4.2.3 miteinander vergleichen, wozu insgesamt $\frac{m(m-1)}{2}$ verschiedene Tests notwendig wären. Falls man bei jedem einzelnen Test das gleiche Signifikanzniveau α benutzt, ist das gesamte Signifikanzniveau α^* für die simultane (gleichzeitige) Durchführung aller Tests wesentlich gößer als α. Im Falle der Unabhängigkeit aller Tests gilt sogar

$$\alpha^* = 1-(1-\alpha)^{\frac{m(m-1)}{2}}$$

Im allgemeinen Fall stellt $\alpha^* = 1-(1-\alpha)^{\frac{m(m-1)}{2}}$ eine obere Schranke für das Signifikanzniveau bei der simultanen Durchführung sämtlicher Tests dar. In der obigen Gleichung könnte man z. B. die obere Grenze α^* für das simultane Signifikanzniveau vorgeben und daraus das α für die einzelnen Tests berechnen.

Nachfolgend werden für normalverteilte Zufallsvariable zwei multiple Vergleiche für alle Kombinationen behandelt, bei denen das Signifikanzniveau des simultanen Tests höchstens gleich α ist.

1.1.6.1. Der Scheffé-Test

Die Zufallsvariablen X_i seien $N(\mu_i;\sigma^2)$-verteilt für $i = 1, 2, \ldots, m$. Die einzelnen Stichprobenumfänge n_i bzgl. der Zufallsvariablen X_i dürfen dabei beliebig sein (**unbalancierter Fall**). Als Testgrößen benutzt man die Beträge der Differenzen je zweier Stichprobenmittel

$$|\,\bar{x}_{i\cdot} - \bar{x}_{k\cdot}\,| \quad \text{für alle Paare } i < k.$$

Unterschiede werden global zwischen denjenigen Erwartungswerten μ_i und μ_k festgestellt, bei denen die Differenz $|\,\bar{x}_{i\cdot} - \bar{x}_{k\cdot}\,|$ die **Grenzdifferenz** g_{ik} übersteigt. Diese Grenzdifferenzen lauten bei diesem Modell allgemein

$$g_{ik} = \sqrt{(m-1)\cdot\frac{q_{in}}{n-m}\cdot\left(\frac{1}{n_i}+\frac{1}{n_k}\right)\cdot f_{m-1,\,n-m;\,1-\alpha}}\;;$$

$$q_{in} = \sum_{i=1}^{m}\sum_{j=1}^{n_i} x_{ij}^2 - \sum_{i=1}^{m}\frac{x_{i\cdot}^2}{n_i} \quad \text{(s. Abschnitt 1.1.1)}\;; \qquad \frac{q_{in}}{n-m} = s^2.$$

Dabei ist $f_{m-1,\,n-m;\,1-\alpha}$ das $(1-\alpha)$-Quantil der F-Verteilung mit $(m-1,\,n-m)$ Freiheitsgraden.

$n = \sum_{i=1}^{n} n_i$ ist die Summe aller m Stichprobenumfänge.

Im **balancierten Fall** mit $n_i = r$ sind alle Grenzdifferenzen g_{ik} gleich

$$g = \sqrt{(m-1)\cdot\frac{q_{in}}{m(r-1)}\cdot\frac{2}{r}\cdot f_{m-1,\,m(r-1);\,1-\alpha}}$$

Beispiel s. Abschnitt 2.1.1.5.

1.1.6.2. Der Tukey-Test

Auch der Tukey-Test benötigt die Normalverteilungsannahme sowie die Gleichheit der Varianzen. Er darf nur im **balancierten** Fall, also bei gleichen Stichprobenumfängen $n_i = r$ für alle i angewandt werden. Als Testgrößen benutzt man wie beim Scheffé-Test die Beträge der Differenzen je zweier Stichprobenmittel

$$|\bar{x}_{i\cdot} - \bar{x}_{k\cdot}| \quad \text{für alle Paare } i < k.$$

Die Zufallsvariablen X_{ij} des Modells seien $N(\mu_i; \sigma_e^2)$-verteilt und voneinander unabhängig. Dann besitzt im balancierten Fall die Zufallsvariable

$$Q_{m;m(r-1)} = \frac{\max\limits_{i,k=1,\ldots,m} \left|(\bar{X}_{i\cdot} - \mu_i) - (\bar{X}_{k\cdot} - \mu_k)\right|}{\sqrt{\dfrac{Q_{in}}{m\,r\,(r-1)}}}$$

die Verteilung der sog. **Studentisierten Spannweite.**

Nach Miller, R. G., Jr. [1981] hat die Verteilungsfunktion der Studentisierten Spannweite mit m und ν Freiheitsgraden die Darstellung

$$P(Q_{m;\nu} \le q) =$$

$$= \int_0^{\infty} \left\{ m \int_{-\infty}^{+\infty} \varphi(y)[\Phi(y) - \Phi(y - qx)]^{m-1} dy \right\} \cdot \frac{\nu^{\nu/2}}{\Gamma\left(\frac{\nu}{2}\right) \cdot 2^{(\nu/2)-1}} \cdot x^{\nu-1} e^{-\nu x^2/2} dx.$$

Dabei ist φ die Dichte und Φ die Verteilungsfunktion der Standard-Normalverteilung und Γ die Gamma-Funktion.

Mit dem $(1-\alpha)$-Quantil $q_{m,m(r-1);1-\alpha}$ der Studentisierten Spannweite (s. Tafel 8 im Anhang) lautet dann die

konstante Grenzdifferenz

$$d = \sqrt{\frac{1}{r} \cdot \frac{q_{in}}{m(r-1)}} \cdot q_{m;m(r-1);1-\alpha} ;$$

$$q_{in} = \sum_{i=1}^{m} \sum_{j=1}^{r} x_{ij}^2 - \frac{1}{r} \sum_{i=1}^{m} x_{i\cdot}^2 \text{ (s. Abschnitt 1.1.2)} ; \quad \frac{q_{in}}{m(r-1)} = s^2 ;$$

r = konstanter Stichprobenumfang.

Zum Signifikanzniveau α erhält man die

Testentscheidungen :

Unterschiede werden global zwischen denjenigen Erwartungswerten μ_i und μ_k festgestellt, bei denen die Differenz $|\,\overline{x}_{i\cdot} - \overline{x}_{k\cdot}\,|$ die **Grenzdifferenz** d überschreitet.

Beispiel s. Abschnitt 2.1.1.5.

1.1.7. Test auf Gleichheit der Erwartungswerte ohne Normalverteilungsannahme

Falls die Zufallsvariablen X_{ij} nicht normalverteilt sind, kann der Test auf Gleichheit der m Erwartungswerte durchgeführt werden mit dem Kruskal-Wallis-Test aus Kap. XI Abschnitt 12.1.2. Bei diesem parameterfreien Test benötigt man nur die **Stetigkeit** der Verteilungsfunktionen. Dabei werden die m Verteilungsfunktionen auf Gleichheit getestet.

1.1.8. Test auf Gleichheit von m Varianzen

Die Zufallsvariable X_i besitze die Varianz σ_i^2 für $i = 1, 2, \ldots, m$. Getestet werden soll die Nullhypothese

$$H_0 : \sigma_1^2 = \sigma_2^2 = \ldots. = \sigma_m^2 \quad \text{(Gleichheit der Varianzen)}.$$

1.1.8.1. Der Bartlett-Test bei Normalverteilungen

Bei Normalverteilungen eignet sich der Bartlett-Test aus Kap. VIII Abschnitt 2.7.

1.1.8.2. Der χ^2-Test von Scheffé bei stetigen Verteilungen

Der χ^2-Test von Scheffé setzt keine Normalverteilung voraus, sondern die **Stetigkeit** der Zufallsvariablen sowie die Existenz der vierten Momente. Da es sich um einen asymptotischen Test handelt, müssen die Stichprobenumfänge groß sein; Faustregel : $n_i \geq 10$ für alle i.

Die Testgröße berechnet man folgendermaßen:

$$w_i = \ln\left[\frac{1}{n_i - 1} \sum_{j=1}^{n_i} (x_{ij} - \overline{x}_{i\cdot})^2\right] \quad \text{für } i = 1, 2, \ldots, m\,;$$

$$w = \frac{1}{n-m} \sum_{i=1}^{m} (n_i - 1)\, w_i\,; \quad n = \sum_{i=1}^{m} n_i\,;$$

$$c = 2 + \frac{n-m}{n}\left[\frac{1}{n\,(\bar{x}..)^2}\sum_{i=1}^{m}\sum_{j=1}^{n_i}(x_{ij}-\bar{x}_i.)^4 - 3\right];$$

$$\chi^2_{ber.} = \frac{1}{c}\sum_{i=1}^{n}(n_i-1)(w_i-w)^2.$$

Dieser Wert ist Realisierung einer Zufallsvariablen, die asymptotisch Chi-Quadrat-verteilt ist mit $m-1$ Freiheitsgraden.

Mit dem $(1-\alpha)$-Quantil $\chi^2_{m-1;1-\alpha}$ der Chi-Quadrat-Verteilung mit $m-1$ Freiheitsgraden erhält man die

Testentscheidung: Im Falle $\chi^2_{ber.} > \chi^2_{m-1;1-\alpha}$ wird die Nullhypothese der Gleichheit aller m Varianzen abgelehnt.

1.1.9. Andere Modelldarstellung

Das Modell $X_{ij} = \mu_i + E_{ij}$ kann folgendermaßen umgeschrieben werden.

Mit

$$\mu = \bar{\mu} = \sum_{i=1}^{m}\frac{n_i}{n}\mu_i \quad \text{(gewichtetes Mittel)}\ ; \quad \alpha_i = \mu_i - \bar{\mu}$$

erhält man

$$X_{ij} = \mu + \alpha_i + E_{ij} \quad \text{für } j = 1,2,\dots,n_i\ ;\ i = 1,2,\dots,m.$$

Dabei gilt

$$\bar{\alpha} = \sum_{i=1}^{m}\frac{n_i}{n}\alpha_i = \sum_{i=1}^{m}\frac{n_i}{n}(\mu_i-\bar{\mu}) = \bar{\mu}-\bar{\mu} = 0.$$

$\bar{\alpha}$ ist das gewichtete Mittel der einzelnen α-Werte. Bei **balancierten Daten** ($n_i = r$ für alle i) gilt also

$$\sum_{i=1}^{m}\alpha_i = 0.$$

Diese Bedingung heißt **Reparametrisierungsbedingung.**

Dabei kann μ als mittlerer Einfluß aller m Gruppen und α_i als zusätzlicher fester Einfluß der i-ten Gruppe (Stufe) interpretiert werden.

Die Nullhypothese gleicher Erwartungswerte

$$H_0: \quad \mu_1 = \mu_2 = \dots\dots = \mu_m$$

ist dann identisch mit der Nullhypothese

$$H_0: \quad \alpha_1 = \alpha_2 = \dots\dots = \alpha_m = 0\,.$$

1.2. Einfache Varianzanalyse bei zufälligen Effekten

Bei vielen Problemen ist kein fester Einfluß der einzelnen Gruppen, sondern ein zufälliger Einfluß vorhanden. Ein solcher Fall liegt z. B. vor, wenn aus einer Menge von Tieren oder Pflanzen zufällig einige zur Weiterzucht ausgewählt werden. Wir betrachten das folgende

Modell:

$$X_{ij} = \mu + A_i + E_{ij} \;,\; j = 1, 2, \ldots, n_i \;;\; i = 1, 2, \ldots, m.$$

Dabei sind A_i voneinander unabhängige Zufallsvariable mit dem Erwartungswert $E(A_i) = 0$ und der Varianz $Var(A_i) = \sigma_a^2$. Die Zufallsvariablen E_{ij} sind ebenfalls voneinander und von den A_i unabhängig mit dem Erwartungswert $E(E_{ij}) = 0$ und der Varianz $Var(E_{ij}) = \sigma_e^2$. Damit ist μ der konstante Erwartungswert der Zufallsvariablen X_{ij} mit

$$E(X_{ij}) = \mu \;;\quad Var(X_{ij}) = \sigma_a^2 + \sigma_e^2 \;.$$

Im Gegensatz zum Modell mit festen Effekten sind für festes i die Zufallsvariablen $X_{i1}, X_{i2}, X_{i3}, \ldots, X_{in_i}$ aus der gleichen Zeile nicht unabhängig (unkorreliert).

Für $j \neq k$ lautet die Kovarianz

$$Cov(X_{ij}, X_{ik}) = E\big((X_{ij} - \mu)(X_{ik} - \mu)\big) = E\big((A_i + E_{ij})(A_i + E_{ik})\big)$$

$$= E(A_i^2) + 0 = Var(A_i) = \sigma_a^2$$

und der Korrelationskoeffizient

$$\rho(X_{ij}, X_{ik}) = \frac{\sigma_a^2}{\sigma_a^2 + \sigma_e^2} \qquad \text{für } j \neq k.$$

Für $i \neq i'$ gilt jedoch

$$Cov(X_{ij}, X_{i'k}) = E\big((A_i + E_{ij})(A_{i'} + E_{i'k})\big) = 0 \;.$$

Verschiedene Zufallsvariablen sind also nur dann korreliert (abhängig), wenn ihre Realisierungen in der gleichen Stufe des Faktors stehen.

1.2.1. Quadratsummenzerlegung bei unbalancierten Daten

Die Quadratsummenzerlegung wird wie in Abschnitt 1.1.1 durchgeführt. Mit den dort eingeführten Bezeichnungen erhält man

$$E(X_{ij}) = \mu \;;\quad Var(X_{ij}) = \sigma_a^2 + \sigma_e^2 \;;$$

$$X_{i\cdot} = \sum_{j=1}^{n_i} X_{ij} = n_i\,\mu + n_i\,A_i + \sum_{j=1}^{n_i} E_{ij}\,;$$

$$E(X_{i\cdot}) = n_i\,\mu\,; \quad Var(X_{i\cdot}) = n_i^2\,\sigma_a^2 + n_i\,\sigma_e^2\,;$$

$$X_{\cdot\cdot} = n\,\mu + \sum_{i=1}^{m} n_i\,A_i + \sum_{i=1}^{m}\sum_{j=1}^{n_i} E_{ij}\,;$$

$$E(X_{\cdot\cdot}) = n\,\mu\,; \quad Var(X_{\cdot\cdot}) = \sum_{i=1}^{m} n_i^2\,\sigma_a^2 + n\,\sigma_e^2\,.$$

Aus der allgemeinen Eigenschaft $E(Y^2) = Var(Y) + [E(Y)]^2$ folgt wie in Abschnitt 1.1.1

$$E(X_{ij}^2) = \sigma_a^2 + \sigma_e^2 + \mu^2\,;$$

$$E(X_{i\cdot}^2) = n_i^2\,\sigma_a^2 + n_i\,\sigma_e^2 + n_i^2\,\mu^2\,;$$

$$E(X_{\cdot\cdot}^2) = \sum_{i=1}^{m} n_i^2\,\sigma_a^2 + n\,\sigma_e^2 + n^2\,\mu^2\,.$$

$$\begin{aligned}
E(Q_{in}) &= \sum_{i=1}^{m}\sum_{j=1}^{n_i} E(X_{ij}^2) - \sum_{i=1}^{m} \frac{1}{n_i}\,E(X_{i\cdot}^2) \\
&= n(\sigma_a^2 + \sigma_e^2 + \mu^2) - \sum_{i=1}^{m}\left(n_i\,\sigma_a^2 + \sigma_e^2 + n_i\,\mu^2\right) \\
&= n\,\sigma_a^2 + n\,\sigma_e^2 + n\,\mu^2 - n\,\sigma_a^2 - m\,\sigma_e^2 - n\,\mu^2 = (n-m)\,\sigma_e^2\,.
\end{aligned}$$

$$\begin{aligned}
E(Q_{zw}) &= \sum_{i=1}^{m} \frac{1}{n_i} E(X_{i\cdot}^2) - \frac{1}{n}\,E(X_{\cdot\cdot}^2) \\
&= \sum_{i=1}^{m}\left(n_i\,\sigma_a^2 + \sigma_e^2 + n_i\,\mu^2\right) - \frac{1}{n}\sum_{i=1}^{m} n_i^2\,\sigma_a^2 - \sigma_e^2 - n\,\mu^2 \\
&= n\,\sigma_a^2 + m\,\sigma_e^2 + n\,\mu^2 - \frac{1}{n}\sum_{i=1}^{m} n_i^2\,\sigma_a^2 - \sigma_e^2 - n\,\mu^2 \\
&= (m-1)\,\sigma_e^2 + \sigma_a^2\left(n - \frac{1}{n}\sum_{i=1}^{m} n_i^2\right).
\end{aligned}$$

$$\begin{aligned}
E(Q_{ges.}) &= \sum_{i=1}^{m}\sum_{j=1}^{n_i} E(X_{ij}^2) - \frac{1}{n}\,E(X_{\cdot\cdot}^2) \\
&= n\,(\sigma_a^2 + \sigma_e^2 + \mu^2) - \frac{1}{n}\sum_{i=1}^{m} n_i^2\,\sigma_a^2 - \sigma_e^2 - n\,\mu^2 \\
&= (n-1)\,\sigma_e^2 + \sigma_a^2\left(n - \frac{1}{n}\sum_{i=1}^{m} n_i^2\right).
\end{aligned}$$

Damit gilt allgemein

$$E\left(\frac{Q_{in}}{n-m}\right) = \sigma_e^2 \;;\; E\left(\frac{Q_{zw}}{m-1}\right) = \sigma_e^2 + \sigma_a^2 \cdot \frac{n - \frac{1}{n}\sum_{i=1}^{m} n_i^2}{m-1} \;;$$

$$E\left(\frac{Q_{ges.}}{n-1}\right) = \sigma_e^2 + \sigma_a^2 \cdot \frac{n - \frac{1}{n}\sum_{i=1}^{m} n_i^2}{n-1} .$$

Damit erhält man die

Tafel der einfachen Varianzanalyse bei zufälligen Effekten und unbalancierten Daten

Abstands-quadrate	Summen der Abstandsquadrate	Frei-heits-grade	gemit-telte Summen	Erwartungswerte der gemittelten Summen
zwischen den Gruppenmittel	$q_{zw} = \sum_{i=1}^{m} \frac{x_{i.}^2}{n_i} - \frac{x_{..}^2}{n}$	$m-1$	$\frac{q_{zw}}{m-1}$	$\sigma_e^2 + \sigma_a^2 \cdot \frac{b}{m-1}$
innerhalb der Gruppen	$q_{in} = \sum_{i=1}^{m}\sum_{j=1}^{n_i} x_{ij}^2 - \sum_{i=1}^{m} \frac{x_{i.}^2}{n_i}$	$n-m$	$\frac{q_{in}}{n-m}$	$\boxed{\sigma_e^2}$
Gesamt	$q_{ges.} = \sum_{i=1}^{m}\sum_{j=1}^{n_i} x_{ij}^2 - \frac{x_{..}^2}{n}$	$n-1$	$\frac{q_{ges.}}{n-1}$	$\sigma_e^2 + \sigma_a^2 \cdot \frac{b}{n-1}$

Dabei ist $b = n - \frac{1}{n}\sum_{i=1}^{m} n_i^2$;
m = Anzahl der Gruppen; n_i = Umfang der i-ten Gruppe; $n = \sum_{i=1}^{m} n_i$.

1.2.2. Quadratsummenzerlegung bei balancierten Daten

Bei balancierten Daten folgt aus $n_i = r$ und $n = m\,r$

$$b = m\,r - \frac{1}{m\,r} m\,r^2 = r(m-1) .$$

Damit vereinfachen sich die Formeln in der

Tafel der einfachen Varianzanalyse bei zufälligen Effekten und balancierten Daten

Abstands-quadrate	Summen der Abstandsquadrate	Frei-heits-grade	gemit-telte Summen	Erwartungs-werte der gem. Summen
zwischen den Gruppenmittel	$q_{zw} = \frac{1}{r}\sum_{i=1}^{m} x_{i\cdot}^2 - \frac{x_{\cdot\cdot}^2}{mr}$	$m-1$	$\frac{q_{zw}}{m-1}$	$\sigma_e^2 + r\cdot\sigma_a^2$
innerhalb der Gruppen	$q_{in} = \sum_{i=1}^{m}\sum_{j=1}^{r} x_{ij}^2 - \frac{1}{r}\sum_{i=1}^{m} x_{i\cdot}^2$	$m(r-1)$	$\frac{q_{in}}{m(r-1)}$	$\boxed{\sigma_e^2}$
Gesamt	$q_{ges.} = \sum_{i=1}^{m}\sum_{j=1}^{r} x_{ij}^2 - \frac{x_{\cdot\cdot}^2}{mr}$	$mr-1$	$\frac{q_{ges.}}{mr-1}$	$\sigma_e^2 + \frac{r(m-1)}{rm-1}\sigma_a^2$

m = Anzahl der Gruppen ; r = konstante Gruppenbesetzung.

1.2.3. Schätzwerte für die Parameter des Modells

Zur Bestimmung von Schätzwerten benötigt man keinerlei Voraussetzung über die Verteilungen der Zufallsvariablen. Wesentlich ist nur, daß die Modellannahmen erfüllt sind.

1.2.3.1. Schätzung des Erwartungswerts μ

Der Gesamtmittelwert $\bar{x} = \frac{x_{\cdot\cdot}}{n}$ ist Realisierung der Zufallsvariablen

$$\bar{X} = \frac{X_{\cdot\cdot}}{n}$$

Aus

$$E(X_{\cdot\cdot}) = n\mu \;;\; Var(X_{\cdot\cdot}) = \sum_{i=1}^{m} n_i^2\sigma_a^2 + n\sigma_e^2$$

folgt

$$E(\bar{X}) = \mu \;;\; Var(\bar{X}) = \frac{1}{n^2}\sum_{i=1}^{m} n_i^2\sigma_a^2 + \frac{\sigma_e^2}{n} = \sum_{i=1}^{m}\left(\frac{n_i}{n}\right)^2\sigma_a^2 + \frac{\sigma_e^2}{n}.$$

Diese Varianz konvergiert für $n \to \infty$ gegen Null, falls $\frac{n_i}{n}$ gegen Null konvergiert. Diese Bedingung ist in balancierten Fall erfüllt. Dann ist $\bar{X}$ eine **erwartungstreue** und **konsistente Schätzfunktion** für μ mit den Schätzwerten

$$\boxed{\hat{\mu} = \bar{x} = \frac{x_{\cdot\cdot}}{n}.}$$

1.2.3.2. Schätzung der Fehlervarianz σ_e^2

Für die Varianz σ_e^2 ist $\frac{Q_{in}}{n-m}$ $\left(= \frac{Q_{in}}{m(r-1)} \text{ bei balancierten Daten}\right)$ eine erwartungstreue Schätzfunktion mit den Realisierungen

$$\hat{\sigma}_e^2 = \frac{q_{in}}{n-m} \quad \left(= \frac{q_{in}}{m(r-1)} \text{ bei balancierten Daten}\right).$$

1.2.3.3. Schätzung der Varianzkomponente σ_a^2

Aus

$$E\left(\frac{Q_{zw}}{m-1}\right) = \sigma_e^2 + \sigma_a^2 \cdot \frac{n - \frac{1}{n}\sum_{i=1}^{m} n_i^2}{m-1} \quad ; \quad E\left(\frac{Q_{in}}{n-m}\right) = \sigma_e^2$$

folgt

$$\sigma_a^2 \cdot \frac{n - \frac{1}{n}\sum_{i=1}^{m} n_i^2}{m-1} = E\left(\frac{Q_{zw}}{m-1}\right) - E\left(\frac{Q_{in}}{n-m}\right) = E\left(\frac{Q_{zw}}{m-1} - \frac{Q_{in}}{n-m}\right);$$

$$\sigma_a^2 = E\left(\frac{m-1}{n - \frac{1}{n}\sum_{i=1}^{m} n_i^2} \cdot \left(\frac{Q_{zw}}{m-1} - \frac{Q_{in}}{n-m}\right)\right).$$

Somit ist $\frac{m-1}{n - \frac{1}{n}\sum_{i=1}^{m} n_i^2} \cdot \left(\frac{Q_{zw}}{m-1} - \frac{Q_{in}}{n-m}\right)$ eine **erwartungstreue Schätzfunktion für die Varianz σ_a^2**. Diese Schätzfunktion hat allerdings den Nachteil, daß ihre Realisierungen auch negativ sein können.

Im **balancierten** Fall (gleiche Klassenbesetzung r) besitzt die für σ_a^2 erwartungstreue Schätzfunktion die einfachere Gestalt

$$\frac{1}{r} \cdot \left(\frac{Q_{zw}}{m-1} - \frac{Q_{in}}{m(r-1)}\right).$$

Damit erhält man für die Varianzkomponente σ_a^2 die Schätzwerte

$$\begin{aligned} \hat{\sigma}_a^2 &= \frac{m-1}{n - \frac{1}{n}\sum_{i=1}^{m} n_i^2} \cdot \left(\frac{q_{zw}}{m-1} - \frac{q_{in}}{n-m}\right) \quad \text{(im allgemeinen Fall)} \\ &= \frac{1}{r} \cdot \left(\frac{q_{zw}}{m-1} - \frac{q_{in}}{m(r-1)}\right) \quad \text{(im balancierten Fall).} \end{aligned}$$

1.2.4. Konfidenzintervalle für die Varianz σ_e^2 bei Normalverteilungen

Analog zu Abschnitt 1.1.4 seien die Zufallsvariablen normalverteilt. Dann sind die Zufallsvariablen X_{ij} alle $N(\mu; \sigma_e^2 + \sigma_a^2)$-verteilt. Somit ist die Zufallsvariable Q_{in}/σ_e^2 auch im unbalancierten Fall (verschiedene Stichprobenumfänge) **Chi-Quadrat-verteilt** mit **n − m Freiheitsgraden.**

Wie in Abschnitt 1.1.4 erhält man

Konfidenzintervalle für σ_e^2 zum Niveau $1-\alpha$ bei Normalverteilungen:

zweiseitige: $$\left[\frac{q_{in}}{\chi^2_{n-m;1-\alpha/2}} \; ; \; \frac{q_{in}}{\chi^2_{n-m;\alpha/2}}\right];$$

einseitige: $$\left[\frac{q_{in}}{\chi^2_{n-m;1-\alpha}} \; ; \; \infty\right) \; ; \; \left(0 \; ; \; \frac{q_{in}}{\chi^2_{n-m;\alpha}}\right].$$

1.2.5. Konfidenzintervalle für σ_a^2/σ_e^2 und $(\sigma_e^2+\sigma_a^2)/\sigma_e^2$ bei Normalverteilungen und balancierten Daten

Bei Normalverteilungen ist im balancierten Fall ($n_i = r$ für alle i) nach Rasch, D. [1976] die Zufallsvariable $\dfrac{Q_{zw}}{\sigma_e^2 + r\cdot\sigma_a^2}$ **Chi-Quadrat-verteilt** mit **m − 1 Freiheitsgraden** und von Q_{in}/σ_e^2 unabhängig. Dann ist

$$F = \frac{Q_{in}/m(r-1)}{Q_{zw}/(m-1)} \cdot \frac{\sigma_e^2 + r\cdot\sigma_a^2}{\sigma_e^2} = \frac{Q_{in}/m(r-1)}{Q_{zw}/(m-1)} \cdot \left(1 + r\cdot\frac{\sigma_a^2}{\sigma_e^2}\right)$$

F-verteilt mit $(m(r-1), m-1)$ Freiheitsgraden.

Mit den Quantilen $f_{\frac{\alpha}{2}}$ und $f_{1-\frac{\alpha}{2}}$ der F-Verteilung mit $(m(r-1), m-1)$ Freiheitsgraden gilt

$$1-\alpha = P\left(f_{\frac{\alpha}{2}} \cdot \frac{Q_{zw}/(m-1)}{Q_{in}/m(r-1)} - 1 \le r\cdot\frac{\sigma_a^2}{\sigma_e^2} \le f_{1-\frac{\alpha}{2}} \cdot \frac{Q_{zw}/(m-1)}{Q_{in}/m(r-1)} - 1\right)$$

$$= P\left(f_{\frac{\alpha}{2}} \cdot \frac{Q_{zw}/(m-1)}{r\cdot Q_{in}/m(r-1)} - \frac{1}{r} \le \frac{\sigma_a^2}{\sigma_e^2} \le f_{1-\frac{\alpha}{2}} \cdot \frac{Q_{zw}/(m-1)}{r\cdot Q_{in}/m(r-1)} - \frac{1}{r}\right).$$

Damit erhält man

Konfidenzintervalle für σ_a^2/σ_e^2 zum Niveau $1-\alpha$ bei Normalverteilungen:

zweiseitige:

$$\left[f_{\frac{\alpha}{2}} \cdot \frac{q_{zw}/(m-1)}{r \cdot q_{in}/m(r-1)} - \frac{1}{r} \; ; \; f_{1-\frac{\alpha}{2}} \cdot \frac{q_{zw}/(m-1)}{r \cdot q_{in}/m(r-1)} - \frac{1}{r} \right];$$

einseitige:

$$\left[f_{\alpha} \cdot \frac{q_{zw}/(m-1)}{r \cdot q_{in}/m(r-1)} - \frac{1}{r} \; ; \; \infty \right); \quad \left(0 \; ; \; f_{1-\alpha} \cdot \frac{q_{zw}/(m-1)}{r \cdot q_{in}/m(r-1)} - \frac{1}{r} \right].$$

Quantile der F-Verteilung mit $(m(r-1), m-1)$ Freiheitsgraden.

Aus $1 + \dfrac{\sigma_a^2}{\sigma_e^2} = \dfrac{\sigma_e^2 + \sigma_a^2}{\sigma_e^2}$ erhält man unmittelbar

Konfidenzintervalle für $(\sigma_e^2 + \sigma_a^2)/\sigma_e^2$ zum Niveau $1-\alpha$ bei Normalverteilungen:

zweiseitige:

$$\left[f_{\frac{\alpha}{2}} \cdot \frac{q_{zw}/(m-1)}{r \cdot q_{in}/m(r-1)} + \frac{r-1}{r} \; ; \; f_{1-\frac{\alpha}{2}} \cdot \frac{q_{zw}/(m-1)}{r \cdot q_{in}/m(r-1)} + \frac{r-1}{r} \right];$$

einseitige:

$$\left[f_{\alpha} \cdot \frac{q_{zw}/(m-1)}{r \cdot q_{in}/m(r-1)} + \frac{r-1}{r} \; ; \; \infty \right); \quad \left(0 \; ; \; f_{1-\alpha} \cdot \frac{q_{zw}/(m-1)}{r \cdot q_{in}/m(r-1)} + \frac{r-1}{r} \right].$$

Dabei sind die Quantile der F-Verteilung mit $(m(r-1), m-1)$ Freiheitsgraden zu verwenden.

Wegen $\rho = \rho(X_{ij}, X_{ik}) = \dfrac{\sigma_a^2}{\sigma_a^2 + \sigma_e^2}$ für $j \neq k$ handelt es sich hier um Konfidenzintervalle für $\frac{1}{\rho}$. Daraus können direkt **Konfidenzintervalle für den Korrelationskoeffizienten** ρ berechnet werden.

1.2.6. Test der Fehlervarianz σ_e^2 bei Normalverteilungen

Zum Test der Nullhypothese $H_0: \sigma_e^2 = \sigma_0^2$ benutzt man wie in Abschnitt 1.1.4 die **Testfunktion**

$$T = \frac{Q_{in}}{\sigma_0^2} ,$$

welche Chi-Quadrat-verteilt ist mit $n - m$ Freiheitsgraden, falls σ_0^2 die tatsächliche Fehlervarianz ist.

1.2.7. Test der Nullhypothese $H_0 : \sigma_a^2 = 0$ bei Normalverteilungen

Die einzelnen Stufen des Faktors A haben keinen unterschiedlichen zufälligen Einfluß auf das Merkmal, falls die Nullhypothese

$$H_0 : \sigma_a^2 = 0$$

richtig ist. Dann nehmen die Zufallsvariablen A_i mit Wahrscheinlichkeit Eins nur den Wert Null an.

Falls die Nullhypothese richtig ist, ist auch im unbalancierten Fall die Zufallsvariable Q_{zw}/σ_e^2 **Chi-Quadrat-verteilt** mit **$m - 1$ Freiheitsgraden** und von Q_{in}/σ_e^2 unabhängig. Dann ist der Quotient

$$\frac{Q_{zw}/(m-1)}{Q_{in}/(n-m)}$$

F-verteilt mit $(m-1, n-m)$ Freiheitsgraden. Somit verläuft der Test genauso wie in Abschnitt 1.1.5.

Mit dem $(1-\alpha)$- Quantil $f_{m-1, n-m; 1-\alpha}$ der F-Verteilung lautet die **Testentscheidung :**

Im Falle $\dfrac{q_{zw}/(m-1)}{q_{in}/(n-m)} > f_{m-1, n-m; 1-\alpha}$ wird die Nullhypothese H_0 abgelehnt. Dann wird ein zufälliger unterschiedlicher Einfluß der einzelnen Stufen statistisch nachgewiesen. Sonst steht das Stichprobenergebnis nicht in signifikantem Widerspruch zur Nullhypothese H_0.

Beispiel: Aus einer Population wurden zufällig fünf Bullen ausgewählt. Von jeweils 4 Töchtern dieser Bullen wurden die Milchfettmengenleistungen festgestellt und in der nachfolgenden Tabelle zusammengestellt.

Bulle	Milchfettmengen				Gruppenumfang	Zeilensumme	Gruppenmittel
B_1	120	142	131	129	4	522	130,5
B_2	108	147	134	118	4	507	126,75
B_3	128	135	141	111	4	515	128,75
B_4	122	105	119	112	4	458	114,5
B_5	114	138	141	126	4	519	129,75
Gesamt				Summe	20	2 521	126,05

Da alle Stichprobenumfänge gleich 4 sind, handelt es sich um den balancierten Fall. Aus den Daten erhält man

$$\frac{1}{4}\sum_{i=1}^{5} x_{i\cdot}^2 = 318\,470{,}75\ ; \quad \sum_{i=1}^{5}\sum_{j=1}^{4} x_{ij}^2 = 320\,741\ .$$

Hieraus und mit $x_{\cdot\cdot} = 2\,521$ ergibt sich die Tafel

Abstandsquadrate	Summen der Abstandsquadrate	Freiheitsgrade	gemittelte Summen	Erwartungswerte der gem. Summen
zwischen den Gruppenmittel	$q_{zw} = 698{,}70$	4	174,675	$\sigma_e^2 + 4\sigma_a^2$
innerhalb der Gruppen (Rest)	$q_{in} = 2\,270{,}25$	15	151,35	$\boxed{\sigma_e^2}$
Gesamt	$q_{ges.} = 2\,968{,}95$	19	156,26	$\sigma_e^2 + \frac{16}{19}\sigma_a^2$

Hieraus erhält man die Schätzwerte:

Erwartungswert : $\hat{\mu} = 126{,}05$;

Restvarianz: $\hat{\sigma}_e^2 = 151{,}35$;

Anteil der Väter an der Varianz : $4\,\hat{\sigma}_a^2 = 174{,}675 - 151{,}35$;

$$\hat{\sigma}_a^2 = 5{,}83\ .$$

Zum Test mit $\alpha = 0{,}05$ der Nullhypothese $H_0 : \sigma_a^2 = 0$

erhält man die Testgröße $\dfrac{q_{zw}/4}{q_{in}/15} = \dfrac{174{,}675}{151{,}35} = 1{,}154.$

Das 0,95-Quantil der F-Verteilung mit (4, 15) Freiheitsgraden lautet $f_{4,15;0,95} = 3{,}06$. Auf Grund des Stichprobenergebnisses kann die Nullhypothese nicht abgelehnt werden. Es läßt sich kein signifikanter Anteil an der Varianz des Merkmals feststellen, der auf die Väter zurückzuführen ist.

Nach Abschnitt 1.2 besitzen für $j \neq k$ die Zufallsvariablen X_{ij} und X_{ik} den Korrelationskoeffizient $\rho = \rho(X_{ij}, X_{ik}) = \dfrac{\sigma_a^2}{\sigma_a^2 + \sigma_e^2}$.

Einen Schätzwert erhält man aus den obigen Daten

$$\hat{\rho} = \frac{5{,}83}{5{,}83 + 151{,}35} = 0{,}0371.$$

2. Zweifache Varianzanalyse bei Kreuzklassifikation

Bei der zweifachen Varianzanalyse wird gleichzeitig der Einfluß zweier Faktoren auf ein bestimmtes Merkmal untersucht. Ein Beispiel dafür ist der Weizenertrag in Abhängigkeit von der Sorte und der Düngung. Hier ist der eine Faktor (A) die Sorte, der andere (Faktor B) das Düngemittel. Vom Faktor A (Zeileneinfluß) sollen a, vom Faktor B insgesamt b Stufen in den Versuch einbezogen werden. Insgesamt gibt es bei diesem Versuchsplan a b verschiedene Klassen. Die Effekte der beiden Faktoren sollen sich additiv überlagern. Dabei kann noch eine Wechselwirkung auftreten, die auf gewisse Kombinationen der beiden Faktoren zurückzuführen ist.

2.1. Einfache Klassenbesetzung

Bei diesem Modell wird der Fall behandelt, daß jede der a b Klassen (Zellen) nur einen Stichprobenwert enthält.

Die a Stufen des (Zeilen-) Faktors A werden als Zeilennummern, die b Stufen des (Spalten-) Faktors B als Spaltennummern eingetragen. Dann besteht die gesamte Stichprobe x aus a b Elementen

$$x_{ij}\ ;\ i = 1, 2, \ldots, a\ ;\ \ j = 1, 2, \ldots, b.$$

Diese Stichprobenwerte werden in einer Kontingenztafel übersichtlich dargestellt, wobei gleichzeitig noch die Zeilensummen und Spaltensummen sowie deren Mittelwerte berechnet werden.

Schema der zweifachen Varianzanalyse bei einfacher Klassenbesetzung

A Zeilen-nummer	B Spaltennummer 1	2	.....	j	.....	b	Zeilen-summen	Zeilen-mittel
1	x_{11}	x_{12}	.....	x_{1j}	......	x_{1b}	$x_{1\cdot}$	$\bar{x}_{1\cdot}$
2	x_{21}	x_{22}	.....	x_{2j}	......	x_{2b}	$x_{2\cdot}$	$\bar{x}_{2\cdot}$
	....						$\vdots$	
i	x_{i1}	x_{i2}	.....	x_{ij}	......	x_{ib}	$x_{i\cdot}$	$\bar{x}_{i\cdot}$
	....						$\vdots$	$\vdots$
a	x_{a1}	x_{a2}	.....	x_{aj}	......	x_{ab}	$x_{a\cdot}$	$\bar{x}_{a\cdot}$
Spalten-summen	$x_{\cdot 1}$	$x_{\cdot 2}$	.....	$x_{\cdot j}$	......	$x_{\cdot b}$	$x_{\cdot\cdot}$	
Spalten-mittel	$\bar{x}_{\cdot 1}$	$\bar{x}_{\cdot 2}$	.....	$\bar{x}_{\cdot j}$	......	$\bar{x}_{\cdot b}$		$\bar{x}$

Dabei erhält man:

Mittelwert der i-ten Stufe des Faktors A: $\bar{x}_{i\cdot} = \frac{1}{b}\sum_{j=1}^{b} x_{ij} = \frac{x_{i\cdot}}{b}$;

Mittelwert der j-ten Stufe des Faktors B: $\bar{x}_{\cdot j} = \frac{1}{a}\sum_{i=1}^{a} x_{ij} = \frac{x_{\cdot j}}{a}$.

Da es sich um den balancierten Fall handelt, ist das Gesamtmittel $\bar{x}$ gleich dem arithmetischen Mittel der Mittelwerte der einzelnen Stufen der jeweiligen Faktoren, also

$$\text{Gesamtmittel:}\quad \bar{x} = \frac{x_{\cdot\cdot}}{ab} = \frac{1}{a}\sum_{i=1}^{a} \bar{x}_{i\cdot} = \frac{1}{b}\sum_{j=1}^{b} \bar{x}_{\cdot j} .$$

2.1.1. Feste Effekte bei einfacher Klassenbesetzung

Bei diesem Modell sollen sich die festen Effekte der beiden Faktoren A und B additiv überlagern. Ferner sollen keine Wechselwirkungen auftreten. In Analogie zu Abschnitt 1.1.9 gelte die

Modellvoraussetzung

$$X_{ij} = \mu + \alpha_i + \beta_j + E_{ij} \;,\; i = 1,2,\dots,a \;;\; j = 1,2,\dots,b .$$

Dabei seien die Zufallsvariablen E_{ij} unabhängig mit dem Erwartungswert $E(E_{ij}) = 0$ und der gleichen Varianz $Var(E_{ij}) = \sigma_e^2$ für alle i, j.

Da es sich um den balancierten Fall handelt, gelten die

Reparametrisierungsbedingungen

$$\sum_{i=1}^{a} \alpha_i = 0 \; ; \; \sum_{j=1}^{b} \beta_j = 0 \, .$$

Dabei kann μ als mittlerer Einfluß aller a b Stufen, α_i als zusätzlicher fester Einfluß der i-ten Stufe des Faktors A und β_j als zusätzlicher fester Einfluß der j-ten Stufe des Faktors B interpretiert werden.

Es gilt

$$E(X_{ij}) = \mu + \alpha_i + \beta_j \; ; \quad Var(X_{ij}) = \sigma_e^2 \, .$$

2.1.1.1. Quadratsummenzerlegung

Analog zu Abschnitt 1.1.1 bilden wir zunächst die Zufallsvariablen der Zeilen- und Spaltensummen. Dabei wird berücksichtigt, daß die Summe der α_i und die der β_j verschwindet.

$$X_{i\cdot} = \sum_{j=1}^{b} X_{ij} = b(\mu + \alpha_i) + E_{i\cdot} \; ;$$

$$X_{\cdot j} = \sum_{i=1}^{a} X_{ij} = a(\mu + \beta_j) + E_{\cdot j} \; ;$$

$$X_{\cdot\cdot} = ab\mu + E_{\cdot\cdot} \; ;$$

$$X_{ij}^2 = (\mu + \alpha_i + \beta_j)^2 + 2(\mu + \alpha_i + \beta_j) E_{ij} + E_{ij}^2 \; ;$$

$$X_{i\cdot}^2 = b^2(\mu + \alpha_i)^2 + E_{i\cdot}^2 + 2b(\mu + \alpha_i) E_{i\cdot} \; ;$$

$$X_{\cdot j}^2 = a^2(\mu + \beta_j)^2 + E_{\cdot j}^2 + 2a(\mu + \beta_j) E_{\cdot j} \; ;$$

$$X_{\cdot\cdot}^2 = a^2 b^2 \mu^2 + 2ab\mu E_{\cdot\cdot} + E_{\cdot\cdot}^2 \, .$$

Da die Zufallsvariablen E_{ij} unabhängig sind mit dem Erwartungswert 0 und der Varianz σ_e^2, gilt

$$E(E_{ij}) = E(E_{i\cdot}) = E(E_{\cdot j}) = E(E_{\cdot\cdot}) = 0 \; ;$$

$$E(E_{ij}^2) = Var(E_{ij}) = \sigma_e^2 \; ;$$

$$E(E_{i\cdot}^2) = b\sigma_e^2 \; ; \quad E(E_{\cdot j}^2) = a\sigma_e^2 \; ; \quad E(E_{\cdot\cdot}^2) = ab\sigma_e^2 \, .$$

Hieraus erhält man

$$E(X_{ij}) = \mu + \alpha_i + \beta_j\,; \qquad E(X_{ij}^2) = (\mu + \alpha_i + \beta_j)^2 + \sigma_e^2\,;$$

$$E(X_{i\cdot}) = b(\mu+\alpha_i)\,; \qquad E(X_{i\cdot}^2) = b^2(\mu+\alpha_i)^2 + b\sigma_e^2\,;$$

$$E(X_{\cdot j}) = a(\mu+\beta_j)\,; \qquad E(X_{\cdot j}^2) = a^2(\mu+\beta_j)^2 + a\sigma_e^2\,;$$

$$E(X_{\cdot\cdot}) = ab\mu\,; \qquad E(X_{\cdot\cdot}^2) = a^2b^2\mu^2 + ab\sigma_e^2\,.$$

Die Summe der Abstandsquadrate aller a b Stichprobenwerte vom Gesamtmittel wird folgendermaßen zerlegt:

$$q_{ges.} = \sum_{i=1}^{a}\sum_{j=1}^{b}(x_{ij}-\bar{x})^2 = \sum_{i=1}^{a}\sum_{j=1}^{b}[(\bar{x}_{i\cdot}-\bar{x})+(\bar{x}_{\cdot j}-\bar{x})+(x_{ij}-\bar{x}_{i\cdot}-\bar{x}_{\cdot j}+\bar{x})]^2$$

$$= \underbrace{\sum_{i=1}^{a}\sum_{j=1}^{b}(\bar{x}_{i\cdot}-\bar{x})^2}_{=q_A} + \underbrace{\sum_{i=1}^{a}\sum_{j=1}^{b}(\bar{x}_{\cdot j}-\bar{x})^2}_{=q_B} + \underbrace{\sum_{i=1}^{a}\sum_{j=1}^{b}(x_{ij}-\bar{x}_{i\cdot}-\bar{x}_{\cdot j}+\bar{x})^2}_{=q_{Rest}} + R\,.$$

Wie bei der einfachen Varianzanalyse verschwindet die Summe der gemischten Produkte. Es gilt also $R = 0$.

Für die einzelnen Abstandsquadrate erhält man durch elementare Umformung folgende Darstellungen:

Mittelwerte des Faktors A vom Gesamtmittel:

$$q_A = b\sum_{i=1}^{a}(\bar{x}_{i\cdot}-\bar{x})^2 = \frac{1}{b}\sum_{i=1}^{a}x_{i\cdot}^2 - \frac{x_{\cdot\cdot}^2}{ab}\,;$$

Mittelwerte des Faktors B vom Gesamtmittel:

$$q_B = a\sum_{j=1}^{b}(\bar{x}_{\cdot j}-\bar{x})^2 = \frac{1}{a}\sum_{j=1}^{b}x_{\cdot j}^2 - \frac{x_{\cdot\cdot}^2}{ab}\,;$$

Gesamt:

$$q_{ges.} = \sum_{i=1}^{a}\sum_{j=1}^{b}(x_{ij}-\bar{x})^2 = \sum_{i=1}^{a}\sum_{j=1}^{b}x_{ij}^2 - \frac{x_{\cdot\cdot}^2}{ab}\,;$$

Rest (Fehlerabweichung):

$$q_{Rest} = q_{ges.} - q_A - q_B\,.$$

Aus

$$\sum_{i=1}^{a} \alpha_i = \sum_{j=1}^{b} \beta_j = 0$$

folgt

$$\sum_{i=1}^{a} (\mu + \alpha_i)^2 = a\,\mu^2 + \sum_{i=1}^{a} \alpha_i^2 \ ; \quad \sum_{j=1}^{b} (\mu + \beta_j)^2 = b\,\mu^2 + \sum_{j=1}^{b} \beta_j^2 \ ;$$

$$\sum_{i=1}^{a} \sum_{j=1}^{b} (\mu + \alpha_i + \beta_j)^2 = a\,b\,\mu^2 + b \sum_{i=1}^{a} \alpha_i^2 + a \sum_{j=1}^{b} \beta_j^2 \,.$$

Mit diesen Eigenschaften erhält man für die zugehörigen Zufallsvariablen die Erwartungswerte

$$\begin{aligned}
E(Q_A) &= \frac{1}{b} \sum_{i=1}^{a} E(X_{i\cdot}^2) - \frac{E(X_{\cdot\cdot}^2)}{a\,b} \\
&= b \sum_{i=1}^{a} (\mu + \alpha_i)^2 + a\,\sigma_e^2 - a\,b\,\mu^2 - \sigma_e^2 \\
&= b\Big(a\,\mu^2 + \sum_{i=1}^{a} \alpha_i^2\Big) + (a-1)\,\sigma_e^2 - a\,b\,\mu^2 \\
&= (a-1)\,\sigma_e^2 + b \sum_{i=1}^{a} \alpha_i^2 \,.
\end{aligned}$$

Analog erhält man (aus Symmetrie-Gründen)

$$E(Q_B) = (b-1)\,\sigma_e^2 + a \sum_{j=1}^{b} \beta_j^2 \,.$$

$$\begin{aligned}
E(Q_{ges.}) &= \sum_{i=1}^{a} \sum_{j=1}^{b} E(X_{ij}^2) - \frac{E(X_{\cdot\cdot}^2)}{a\,b} \\
&= \sum_{i=1}^{a} \sum_{j=1}^{b} (\mu + \alpha_i + \beta_j)^2 + a\,b\,\sigma_e^2 - a\,b\,\mu^2 - \sigma_e^2 \\
&= a\,b\,\mu^2 + b \sum_{i=1}^{a} \alpha_i^2 + a \sum_{j=1}^{b} \beta_j^2 + a\,b\,\sigma_e^2 - a\,b\,\mu^2 - \sigma_e^2 \\
&= (a\,b-1)\,\sigma_e^2 + b \sum_{i=1}^{a} \alpha_i^2 + a \sum_{j=1}^{b} \beta_j^2 .
\end{aligned}$$

$$\begin{aligned}
E(Q_{Rest}) &= E(Q_{ges.}) - E(Q_A) - E(Q_B) \\
&= (a\,b - 1 - a + 1 - b + 1)\sigma_e^2 = (a-1)(b-1)\sigma_e^2 \,.
\end{aligned}$$

Division durch die jeweilige Anzahl der Freiheitsgrade ergibt

$$E\left(\frac{Q_{Rest}}{(a-1)(b-1)}\right) = \sigma_e^2 ;$$

$$E\left(\frac{Q_A}{a-1}\right) = \sigma_e^2 + \frac{b}{a-1}\sum_{i=1}^{a}\alpha_i^2 ;$$

$$E\left(\frac{Q_B}{b-1}\right) = \sigma_e^2 + \frac{a}{b-1}\sum_{j=1}^{b}\beta_j^2 ;$$

$$E\left(\frac{Q_{ges.}}{ab-1}\right) = \sigma_e^2 + \frac{b}{ab-1}\sum_{i=1}^{a}\alpha_i^2 + \frac{a}{ab-1}\sum_{j=1}^{b}\beta_j^2 .$$

Damit erhält man die

Tafel der doppelten Varianzanalyse bei festen Effekten und einfacher Klassenbesetzung

Abstands-quadrate	Summen der Abstandsquadrate	gemittelte Summen	Erwartungswerte der gem. Summen
Mittelwerte von A vom Gesamtmittel	$q_A = \frac{1}{b}\sum_{i=1}^{a} x_{i.}^2 - \frac{x_{..}^2}{ab}$	$\frac{q_A}{a-1}$	$\sigma_e^2 + \frac{b}{a-1}\sum_{i=1}^{a}\alpha_i^2$
Mittelwerte von B vom Gesamtmittel	$q_B = \frac{1}{a}\sum_{j=1}^{b} x_{.j}^2 - \frac{x_{..}^2}{ab}$	$\frac{q_B}{b-1}$	$\sigma_e^2 + \frac{a}{b-1}\sum_{j=1}^{b}\beta_j^2$
Rest	$q_{Rest} = q_{ges.} - q_A - q_B$	$\frac{q_{Rest}}{(a-1)(b-1)}$	$\boxed{\sigma_e^2}$
Gesamt	$q_{ges} = \sum_{i=1}^{a}\sum_{j=1}^{b} x_{ij}^2 - \frac{x_{..}^2}{ab}$	$\frac{q_{ges.}}{ab-1}$	$\tilde{\sigma}^2$

$$\tilde{\sigma}^2 = \sigma_e^2 + \frac{b}{ab-1}\sum_{i=1}^{a}\alpha_i^2 + \frac{a}{ab-1}\sum_{j=1}^{b}\beta_j^2 ;$$

a = Anzahl der Stufen des Zeilenfaktors A; b = Anzahl der Stufen des Spaltenfaktors B. Die Anzahl der Freiheitsgrade steht jeweils im Nenner der gemittelten Summen.

2.1.1.2. Schätzwerte für die Parameter des Modells

Wegen $E(\bar{X}) = \mu$ und $\operatorname{Var}(\bar{X}) = \frac{\sigma_e^2}{ab}$ ist $\bar{X} = \frac{X_{..}}{ab}$ eine erwartungstreue und konsistente Schätzfunktion für den Parameter μ.

Aus $E(X_{i\cdot}) = b(\mu + \alpha_i)$; $\operatorname{Var}(X_{i\cdot}) = b\sigma_e^2$ folgt

$$E(\bar{X}_{i\cdot}) = \mu + \alpha_i \; ; \; \operatorname{Var}(\bar{X}_{i\cdot}) = \frac{\sigma_e^2}{b} \, .$$

Für β_j erhält man die analoge Formel, also

$$\alpha_i = E(\bar{X}_{i\cdot} - \bar{X}) \; ; \quad \beta_j = E(\bar{X}_{\cdot j} - \bar{X}) \, .$$

Damit erhält man aus den Mittelwerten erwartungstreue Schätzwerte

$$\boxed{\hat{\mu} = \bar{x} \; ; \quad \hat{\alpha}_i = \bar{x}_{i\cdot} - \bar{x} \; ; \quad \hat{\beta}_j = \bar{x}_{\cdot j} - \bar{x}.}$$

$\frac{Q_{Rest}}{(a-1)(b-1)}$ ist eine erwartungstreue Schätzfunktion für die Fehlervarianz σ_e^2 mit den Realisierungen

$$\boxed{\hat{\sigma}_e^2 = \frac{q_{Rest}}{(a-1)(b-1)} \, .}$$

2.1.1.3. Tests und Konfidenzintervalle für σ_e^2 bei Normalverteilungen

Bei normalverteilten Zufallsvariablen ist die Zufallsvariable Q_{Rest}/σ_e^2 Chi-Quadrat-verteilt mit $(a-1)(b-1)$ Freiheitsgraden. Damit können unter Beachtung der Freiheitsgrade wie in Abschnitt 1.1.4 Konfidenzintervalle und Tests der Fehlervarianz σ_e^2 durchgeführt werden.

2.1.1.4. Test auf unterschiedlichen Einfluß der Stufen eines Faktors bei Normalverteilungen

Unter der Voraussetzung der Normalverteilung sollen folgende Nullhypothesen getestet werden:

H_A: $\alpha_1 = \alpha_2 = ... = \alpha_a = 0$ (kein unterschiedlicher Einfluß des Faktors A);

H_B: $\beta_1 = \beta_2 = ... = \beta_b = 0$ (kein unterschiedlicher Einfluß des Faktors B).

Falls die jeweilige Nullhypothese richtig ist, gilt :

$$V_A = \frac{Q_A/(a-1)}{Q_{Rest}/[(a-1)(b-1)]}$$

ist F-verteilt mit $(a-1,(a-1)(b-1))$ Freiheitsgraden ;

$$V_B = \frac{Q_B/(b-1)}{Q_{Rest}/[(a-1)(b-1)]}$$

ist F-verteilt mit $(b-1,\ (a-1)(b-1))$ Freiheitsgraden.

Mit den $(1-\alpha)$-Quantilen der entsprechenden F-Verteilung erhält man die

Testentscheidungen:

a) Im Falle $v_A = \dfrac{q_A/(a-1)}{q_{Rest}/[(a-1)(b-1)]} > f_{a-1,(a-1)(b-1);1-\alpha}$

wird H_A abgelehnt, sonst nicht.

b) Im Falle $v_B = \dfrac{q_B/(b-1)}{q_{Rest}/[(a-1)(b-1)]} > f_{b-1,(a-1)(b-1);1-\alpha}$

wird H_B abgelehnt, sonst nicht.

Beispiel: In der nachfolgenden Tabelle sind Weizenerträge in Abhängigkeit von der Sorte und vom Anbauort gemessen worden. Unter der Normalverteilungsannahme soll mit $\alpha = 0{,}05$ getestet werden, ob die Sorte (Faktor A) oder der Anbauort (Faktor B) einen unterschiedlichen Einfluß auf den mittleren Ertrag hat.

A Sorte	B Anbauort 1	2	3	4	Zeilen-summen	Zeilenmittel
1	15	16	15	19	65	16,25
2	12	14	18	22	66	16,50
3	13	15	20	21	69	17,25
4	14	18	17	23	72	18
5	17	13	19	22	71	17,75
Summen	71	76	89	107	343	16,25
Mittel	14,2	15,2	17,8	21,4		$17{,}15 = \bar{x}$

Mit a = 5 und b = 4 erhält man folgende Werte:

$$q_A = \frac{1}{4}\sum_{i=1}^{5} x_{i\cdot}^2 - \frac{343^2}{20} = 9{,}30\,; \quad q_b = \frac{1}{5}\sum_{j=1}^{4} x_{\cdot j}^2 - \frac{343^2}{20} = 154{,}95;$$

$$q_{ges.} = \sum_{i=1}^{5}\sum_{j=1}^{4} x_{ij}^2 - \frac{343^2}{20} = 208{,}55\,; \; q_{Rest} = q_{ges.} - q_A - q_B = 44{,}30.$$

Abstands-quadrate	Summen der Abstandsquadrate	gemittelte Summen	Erwartungswerte
Mittelwerte von A vom Gesamtmittel	$q_A = 9{,}30$	2,323	$\sigma_e^2 + \sum_{i=1}^{5} \alpha_i^2$
Mittelwerte von B vom Gesamtmittel	$q_B = 154{,}95$	51,65	$\sigma_e^2 + \frac{5}{3}\sum_{j=1}^{4} \beta_j^2$
Rest	$q_{Rest} = 44{,}30$	3,692	$\boxed{\sigma_e^2}$
Gesamt	$q_{ges} = 208{,}55$	10,976	

Zum Test auf verschiedenen Einfluß der Sorte (Faktor A) lautet die Testgröße

$$v_A = \frac{2{,}323}{3{,}692} = 0{,}63.$$

Das 95 %-Quantil der F-Verteilung mit (4, 12) Freiheitsgraden beträgt 3,26. Weil dieses Quantil von der Testgröße nicht überschritten wird, kann ein unterschiedlicher Einfluß der Sorte nicht festgestellt werden.

Zum Test des Einflusses des Anbauorts (Faktor B) erhält man die Testgröße

$$v_B = \frac{51{,}56}{3{,}692} = 13{,}99.$$

Dieser Wert ist größer als das 95 %-Quantil 3,49 der F-Verteilung mit (3, 12) Freiheitsgraden. Damit muß die Nullhypothese, daß der Anbauort keinen unterschiedlichen Einfluß auf den Ertrag hat, abgelehnt werden. Der Anbauort hat also verschiedenen Einfluß auf den mittleren Ertrag.

Als Schätzwert für die Varianz in diesem Modell erhält man $\hat{\sigma}_e^2 = 3{,}692$.

2.1.1.5. Multiple Vergleiche bei Normalverteilungen

Bei den globalen Tests auf unterschiedlichen Einfluß eines Faktors aus Abschnitt 2.1.1.4 werde die Nullhypothese, daß der entsprechende Faktor keinen unterschiedlichen Einfluß besitzt, abgelehnt. Dann kann man wie in Abschnitt 1.1.6 herausfinden, welche Stufen des Faktors einen unterschiedlichen mittleren Einfluß besitzen.

Wie in Abschnitt 1.1.6 werden bezüglich des Faktors A alle Differenzen $|\bar{x}_{i\cdot} - \bar{x}_{k\cdot}|$ und bezüglich des Faktors B die Differenzen $|\bar{x}_{\cdot j} - \bar{x}_{\cdot l}|$ berechnet. Bei denjenigen Paaren, deren Differenzen die Grenzdifferenz überschreiten, wird ein unterschiedlicher mittlerer Einfluß festgestellt.

Scheffé-Test (s. Abschnitt 1.1.6.1):

Grenzen beim Faktor A:

$$g_A = \sqrt{(a-1) \cdot \frac{q_{Rest}}{(a-1)(b-1)} \cdot \frac{2}{b} \cdot f_{a-1,\,(a-1)(b-1);\,1-\alpha}} \quad ;$$

Grenzen beim Faktor B:

$$g_B = \sqrt{(b-1) \cdot \frac{q_{Rest}}{(a-1)(b-1)} \cdot \frac{2}{a} \cdot f_{b-1,\,(a-1)(b-1);\,1-\alpha}}$$

Benutzt werden die Quantile der F-Verteilung mit den angegebenen Freiheitsgraden.

Tukey-Test (s. Abschnitt 1.1.6.2)

Grenzen beim Faktor A: $d_A = \sqrt{\frac{1}{b} \cdot \frac{q_{Rest}}{(a-1)(b-1)}} \cdot q_{a,\,(a-1)(b-1);\,1-\alpha}$;

Grenzen beim Faktor B: $d_B = \sqrt{\frac{1}{a} \cdot \frac{q_{Rest}}{(a-1)(b-1)}} \cdot q_{b,\,(a-1)(b-1);\,1-\alpha}$.

Benutzt werden die Quantile der Studentisierten Spannweite (Tab. 8).

Beispiel (s. Abschnitt 2.1.1.4): Bei dem in Abschnitt 2.1.1.4 behandelten Beispiel wurde ein unterschiedlicher Einfluß des Anbauorts (Faktor B) auf den Ertrag festgestellt. Für den multiplen Vergleich erhält man die Werte

$|\bar{x}_{\cdot 1} - \bar{x}_{\cdot 2}| = 1$; $|\bar{x}_{\cdot 1} - \bar{x}_{\cdot 3}| = 3{,}6$; $|\bar{x}_{\cdot 1} - \bar{x}_{\cdot 4}| = 7{,}2$; $|\bar{x}_{\cdot 2} - \bar{x}_{\cdot 3}| = 2{,}6$;

$|\bar{x}_{\cdot 2} - \bar{x}_{\cdot 4}| = 6{,}2$; $|\bar{x}_{\cdot 3} - \bar{x}_{\cdot 4}| = 3{,}6$.

Beim Scheffé-Test erhält man für $\alpha = 0{,}05$ den Grenzwert

$$g_B = \sqrt{3 \cdot 3{,}692 \cdot \frac{2}{5} \cdot f_{3\,,\,12\,;\,0{,}95}} = \sqrt{3 \cdot 3{,}692 \cdot \frac{2}{5} \cdot 3{,}49} = 3{,}932.$$

Mit diesem Test wird ein Unterschied zwischen den Anbauorten 1 und 4 sowie zwischen 2 und 4 erkannt.

Beim Tukey-Test lautet für $\alpha = 0{,}05$ der Grenzwert

$$d_B = \sqrt{\frac{1}{5} \cdot \frac{q_{Rest}}{(a-1)(b-1)}} \cdot q_{4\,,\,12\,;\,0{,}95} = \sqrt{\frac{1}{5} \cdot 3{,}692} \cdot 4{,}20 = 3{,}61.$$

Damit werden auch mit diesem Test die gleichen Unterschiede wie beim Scheffé-Test festgestellt.

2.1.1.6. Test auf unterschiedlichen Einfluß der Stufen eines Faktors ohne Normalverteilungsannahme

Falls die Zufallsvariablen X_{ij} nicht normalverteilt sind, kann der Test auf unterschiedlichen Einfluß der Stufen eines Faktors mit dem parameterfreien Friedman-Test aus Kap. XI Abschnitt 12.2 durchgeführt werden.

2.1.2. Zufällige Effekte bei einfacher Klassenbesetzung

Falls beide Effekte zufällig sind, betrachtet man die

Modellvoraussetzung

$$X_{ij} = \mu + A_i + B_j + E_{ij}\,; \quad i = 1, 2, \ldots, a\,; \; j = 1, 2, \ldots, b\,.$$

Dabei sei μ eine Konstante (Gesamterwartunsgwert). Die Zufallsvariablen A_i, B_j und E_{ij} seien voneinander unabhängig und besitzen alle den Erwartungswert Null, also

$$E(A_i) = E(B_j) = E(E_{ij}) = 0 \text{ für alle } i, j\,.$$

Die Varianzkomponenten der Zufallsvariablen seien

$$Var(A_i) = \sigma_a^2\,; \quad Var(B_j) = \sigma_b^2\,; \quad Var(E_{ij}) = \sigma_e^2 \quad \text{für alle } i, j\,.$$

Daraus folgt

$$E(X_{ij}) = \mu\,; \quad Var(X_{ij}) = \sigma_a^2 + \sigma_b^2 + \sigma_e^2\,.$$

Bei diesem Modell sind die Zufallsvariablen X_{ij} nicht unkorreliert. Es gilt

$$\operatorname{Cov}(X_{ij}, X_{ik}) = E((A_i + B_j + E_{ij})(A_i + B_k + E_{ik})) = \sigma_a^2 ;$$

$$\rho(X_{ij}, X_{ik}) = \frac{\sigma_a^2}{\sigma_a^2 + \sigma_b^2 + \sigma_e^2} \quad \text{für } j \neq k ;$$

$$\operatorname{Cov}(X_{ij}, X_{i'j}) = E((A_i + B_j + E_{ij})(A_{i'} + B_j + E_{i'j})) = \sigma_b^2 ;$$

$$\rho(X_{ij}, X_{i'j}) = \frac{\sigma_b^2}{\sigma_a^2 + \sigma_b^2 + \sigma_e^2} \quad \text{für } i \neq i' ;$$

$$\operatorname{Cov}(X_{ij}, X_{i'k}) = 0 \quad \text{für } i \neq i' \text{ und } j \neq k.$$

Zufallsvariable, deren Realisierungen in der gleichen Zeile bzw. Spalte des Schemas stehen, sind korreliert, die übrigen nicht.

2.1.2.1. Quadratsummenzerlegung

Für die Zerlegung der Summe aller Abstandsquadrate erhält man folgende Werte

$$E(X_{ij}) = \mu ; \quad \operatorname{Var}(X_{ij}) = \sigma_a^2 + \sigma_b^2 + \sigma_e^2 ;$$

$$X_{i\cdot} = b(\mu + A_i) + \sum_{j=1}^{b} B_j + \sum_{j=1}^{b} E_{ij} ;$$

$$E(X_{i\cdot}) = b\mu ; \quad \operatorname{Var}(X_{i\cdot}) = b^2\sigma_a^2 + b\sigma_b^2 + b\sigma_e^2 ;$$

$$X_{\cdot j} = a(\mu + B_j) + \sum_{i=1}^{a} A_i + \sum_{i=1}^{a} E_{ij} ;$$

$$E(X_{\cdot j}) = a\mu ; \quad \operatorname{Var}(X_{\cdot j}) = a^2\sigma_b^2 + a\sigma_a^2 + a\sigma_e^2 ;$$

$$X_{\cdot\cdot} = \sum_{i=1}^{a} b(\mu + A_i) + a\sum_{j=1}^{b} B_j + \sum_{i=1}^{a}\sum_{j=1}^{b} E_{ij} ;$$

$$E(X_{\cdot\cdot}) = ab\mu ; \quad \operatorname{Var}(X_{\cdot\cdot}) = b^2a\sigma_a^2 + a^2b\sigma_b^2 + ab\sigma_e^2 .$$

Mit $E(Y^2) = \operatorname{Var}(Y) + [E(Y)]^2$ folgt hieraus

$$E(X_{ij}^2) = \sigma_a^2 + \sigma_b^2 + \sigma_e^2 + \mu^2 ;$$

$$E(X_{i\cdot}^2) = b(b\sigma_a^2 + \sigma_b^2 + \sigma_e^2 + b\mu^2) ;$$

$$E(X_{\cdot j}^2) = a(a\sigma_b^2 + \sigma_a^2 + \sigma_e^2 + a\mu^2) ;$$

$$E(X_{\cdot\cdot}^2) = ab(b\sigma_a^2 + a\sigma_b^2 + \sigma_e^2) + a^2b^2\mu^2 .$$

Mit Hilfe der Quadratsummenzerlegung aus Abschnitt 2.1.1.1 erhält man

$$\begin{aligned} E(Q_A) &= \frac{1}{b}\sum_{i=1}^{a} E(X_{i\cdot}^2) - \frac{E(X_{\cdot\cdot}^2)}{ab}; \\ &= ab\sigma_a^2 + a\sigma_b^2 + a\sigma_e^2 + ab\mu^2 - b\sigma_a^2 - a\sigma_b^2 - \sigma_e^2 - ab\mu^2 \\ &= (a-1)\sigma_e^2 + b(a-1)\sigma_a^2 . \end{aligned}$$

Aus Symmetriegründen folgt

$$E(Q_B) = (b-1)\sigma_e^2 + a(b-1)\sigma_b^2 .$$

$$\begin{aligned} E(Q_{ges.}) &= \sum_{i=1}^{a}\sum_{j=1}^{b} E(X_{ij}^2) - \frac{E(X_{\cdot\cdot}^2)}{ab} \\ &= ab(\sigma_a^2 + \sigma_b^2 + \sigma_e^2 + \mu^2) - b\sigma_a^2 - a\sigma_b^2 - \sigma_e^2 - ab\mu^2 \\ &= (ab-1)\sigma_e^2 + b(a-1)\sigma_a^2 + a(b-1)\sigma_b^2 . \end{aligned}$$

$$\begin{aligned} E(Q_{Rest}) &= E(Q_{ges.}) - E(Q_A) - E(Q_B) \\ &= (ab-1-a+1-b+1)\sigma_e^2 = (a-1)(b-1)\sigma_e^2 . \end{aligned}$$

Division durch die jeweilige Anzahl der Freiheitsgrade ergibt

$$E\left(\frac{Q_{Rest}}{(a-1)(b-1)}\right) = \sigma_e^2 ;$$

$$E\left(\frac{Q_A}{a-1}\right) = \sigma_e^2 + b\sigma_a^2 ; \quad E\left(\frac{Q_B}{b-1}\right) = \sigma_e^2 + a\sigma_b^2 ;$$

$$E\left(\frac{Q_{ges.}}{ab-1}\right) = \sigma_e^2 + \frac{b(a-1)}{ab-1}\sigma_a^2 + \frac{a(b-1)}{ab-1}\sigma_b^2 .$$

Tafel der doppelten Varianzanalyse bei zufälligen Effekten und einfacher Klassenbesetzung

Abstands-quadrate	Summen der Abstandsquadrate	gemittelte Summen	Erwartungswerte
Mittelwerte von A vom Gesamtmittel	$q_A = \frac{1}{b}\sum_{i=1}^{a} x_{i\cdot}^2 - \frac{x_{\cdot\cdot}^2}{ab}$	$\frac{q_A}{a-1}$	$\sigma_e^2 + b\sigma_a^2$
Mittelwerte von B vom Gesamtmittel	$q_B = \frac{1}{a}\sum_{j=1}^{b} x_{\cdot j}^2 - \frac{x_{\cdot\cdot}^2}{ab}$	$\frac{q_B}{b-1}$	$\sigma_e^2 + a\sigma_b^2$
Rest	$q_{Rest} = q_{ges.} - q_A - q_B$	$\frac{q_{Rest}}{(a-1)(b-1)}$	$\boxed{\sigma_e^2}$
Gesamt	$q_{ges} = \sum_{i=1}^{a}\sum_{j=1}^{b} x_{ij}^2 - \frac{x_{\cdot\cdot}^2}{ab}$	$\frac{q_{ges.}}{ab-1}$	$\tilde{\sigma}^2$

$$\tilde{\sigma}^2 = \sigma_e^2 + \frac{b(a-1)}{ab-1}\sigma_a^2 + \frac{a(b-1)}{ab-1}\sigma_b^2 ;$$

a = Anzahl der Stufen des Zeilenfaktors A ; b = Anzahl der Stufen des Spaltenfaktors B. Die Anzahl der Freiheitsgrade steht im Nenner der gemittelten Summe.

2.1.2.2. Schätzwerte für die Parameter des Modells

Die Schätzfunktion $\bar{X} = \frac{X_{\cdot\cdot}}{ab}$ besitzt die Kenngrößen

$$E(\bar{X}) = \mu; \quad Var(\bar{X}) = \frac{1}{a^2b^2}Var(X_{\cdot\cdot}) = \frac{\sigma_a^2}{a} + \frac{\sigma_b^2}{b} + \frac{\sigma_e^2}{ab}.$$

Damit ist $\bar{X}$ eine erwartungstreue Schätzfunktion für μ. Sie ist für $a, b \to \infty$ auch konsistent mit den Schätzwerten

$$\hat{\mu} = \bar{x} = \frac{x_{\cdot\cdot}}{ab}.$$

$\frac{Q_{Rest}}{(a-1)(b-1)}$ ist eine erwartungstreue Schätzfunktion für σ_e^2. Ferner gilt

$$\sigma_a^2 = E\left(\frac{1}{b}\left(\frac{Q_A}{a-1} - \frac{Q_{Rest}}{(a-1)(b-1)}\right)\right);$$

$$\sigma_b^2 = E\left(\frac{1}{a}\left(\frac{Q_B}{b-1} - \frac{Q_{Rest}}{(a-1)(b-1)}\right)\right).$$

Damit erhält man für die Varianzkomponenten die erwartungstreuen Schätzwerte

$$\hat{\sigma}_a^2 = \frac{1}{b}\left(\frac{q_A}{a-1} - \frac{q_{Rest}}{(a-1)(b-1)}\right); \quad \hat{\sigma}_b^2 = \frac{1}{a}\left(\frac{q_B}{b-1} - \frac{q_{Rest}}{(a-1)(b-1)}\right);$$

$$\hat{\sigma}_e^2 = \frac{q_{Rest}}{(a-1)(b-1)} .$$

2.1.2.3. Tests und Konfidenzintervalle bei Normalverteilungen

Bei normalverteilten Zufallsvariablen sind in Analogie zu Abschnitt 1.2.4 die nachfolgenden drei Zufallsvariablen unabhängig und **Chi-Quadrat-verteilt** mit den angegebenen Freiheitsgraden:

$\dfrac{Q_{Rest}}{\sigma_e^2}$ ist Chi-Quadrat verteilt mit $(a-1)(b-1)$ Freiheitsgraden;

$\dfrac{Q_A}{\sigma_e^2 + b\,\sigma_a^2}$ ist Chi-Quadrat verteilt mit $a-1$ Freiheitsgraden;

$\dfrac{Q_B}{\sigma_e^2 + a\,\sigma_b^2}$ ist Chi-Quadrat verteilt mit $b-1$ Freiheitsgraden.

Daraus erhält man

Konfidenzintervalle für σ_e^2 zum Niveau $1-\alpha$ bei Normalverteilungen:

zweiseitige: $\left[\dfrac{q_{Rest}}{\chi^2_{(a-1)(b-1);1-\alpha/2}} ; \dfrac{q_{Rest}}{\chi^2_{(a-1)(b-1);\alpha/2}}\right]$;

einseitige: $\left[\dfrac{q_{Rest}}{\chi^2_{(a-1)(b-1);1-\alpha}} ; \infty\right)$; $\left(0 ; \dfrac{q_{Rest}}{\chi^2_{(a-1)(b-1);\alpha}}\right]$.

Zum **Test der Fehlervarianz** $\sigma_e^2 = \sigma_0^2$ benutzt man wie in Abschnitt 1.1.4 die **Testfunktion**

$$T = \frac{Q_{in}}{\sigma_0^2} ,$$

welche Chi-Quadrat-verteilt ist mit $(a-1)(b-1)$ Freiheitsgraden, falls σ_0^2 die tatsächliche Fehlervarianz ist.

Der Quotient

$$F = \frac{Q_{Rest}/(a-1)(b-1)}{Q_A/(a-1)} \cdot \frac{\sigma_e^2 + b\,\sigma_a^2}{\sigma_e^2}$$

$$= \frac{Q_{Rest}/(a-1)(b-1)}{Q_A/(a-1)} \cdot \left(1 + b\frac{\sigma_a^2}{\sigma_e^2}\right)$$

ist F-verteilt mit $((a-1)(b-1), a-1)$ Freiheitsgraden.

Damit erhält man mit den Quantilen der F-Verteilung mit den Freiheitsgraden $((a-1)(b-1),\ a-1)$

Konfidenzintervalle für σ_a^2/σ_e^2 zum Niveau $1-\alpha$ bei Normalverteilungen:

zweiseitige:

$$\left[f_{\frac{\alpha}{2}} \cdot \frac{q_A/(a-1)}{b \cdot q_{Rest}/(a-1)(b-1)} - \frac{1}{b}\ ;\ f_{1-\frac{\alpha}{2}} \cdot \frac{q_A/(a-1)}{b \cdot q_{Rest}/(a-1)(b-1)} - \frac{1}{b}\right].$$

Quantile der F-Verteilung mit $((a-1)(b-1), a-1)$ Freiheitsgraden. Mit den Quantilen f_α und $f_{1-\alpha}$ erhält man durch Weglassen der anderen Grenze einseitige Konfidenzintervalle.

Entsprechend erhält man

Konfidenzintervalle für σ_b^2/σ_e^2 zum Niveau $1-\alpha$ bei Normalverteilungen:

zweiseitige:

$$\left[f_{\frac{\alpha}{2}} \cdot \frac{q_B/(b-1)}{a \cdot q_{Rest}/(a-1)(b-1)} - \frac{1}{a}\ ;\ f_{1-\frac{\alpha}{2}} \cdot \frac{q_B/(b-1)}{a \cdot q_{Rest}/(a-1)(b-1)} - \frac{1}{a}\right].$$

Quantile der F-Verteilung mit $((a-1)(b-1), b-1)$ Freiheitsgraden. Mit den Quantilen f_α und $f_{1-\alpha}$ erhält man durch Weglassen der anderen Grenze einseitige Konfidenzintervalle.

2.1.2.4. Test auf unterschiedlichen Einfluß der Stufen eines Faktors bei Normalverteilungen

Unter der Voraussetzung der Normalverteilung sollen folgende Nullhypothesen getestet werden:

$$H_A : \sigma_a^2 = 0 \text{ (kein unterschiedlicher Einfluß des Faktors A) ;}$$

$$H_B : \sigma_b^2 = 0 \text{ (kein unterschiedlicher Einfluß des Faktors B) .}$$

Unter der jeweiligen Nullhypothese H_A bzw. H_B ist

$$V_A = \frac{Q_A/(a-1)}{Q_{Rest}/[(a-1)(b-1)]}$$

F-verteilt mit $(a-1, (a-1)(b-1))$ Freiheitsgraden ;

$$V_B = \frac{Q_B/(b-1)}{Q_{Rest}/[(a-1)(b-1)]}$$

ist F-verteilt mit $(b-1, (a-1)(b-1))$ Freiheitsgraden.

Damit erhält die

Testentscheidungen:

a) Im Falle $v_A = \dfrac{q_A/(a-1)}{q_{Rest}/[(a-1)(b-1)]} > f_{a-1, (a-1)(b-1); 1-\alpha}$

wird H_A abgelehnt, sonst nicht.

b) Im Falle $v_B = \dfrac{q_B/(b-1)}{q_{Rest}/[(a-1)(b-1)]} > f_{b-1, (a-1)(b-1); 1-\alpha}$

wird H_B abgelehnt, sonst nicht.

Die Testfunktionen stimmen mit denen bei festen Effekten aus Abschnitt 2.1.1.4 überein.

2.1.3. Gemischte Effekte bei einfacher Klassenbesetzung

Behandelt werden soll nur der Fall, daß die Effekte des Zeilenfaktors A fest und die des Spaltenfaktors B zufällig sind. Der andere Fall kann durch Vertauschung der Zeilen und Spalten auf diesen zurückgeführt werden.

Modellvoraussetzung

$$X_{ij} = \mu + \alpha_i + B_j + E_{ij} \; ; \; i = 1, 2, \ldots, a \; ; \; j = 1, 2, \ldots, b \, .$$

Dabei seien μ und α_i konstante Effekte mit der Reparametrisierungsbedingung $\sum_{i=1}^{a} \alpha_i = 0$. Die Zufallsvariablen B_j und E_{ij} seien voneinander unabhängig und besitzen alle den Erwartungswert Null, also

$$E(B_j) = E(E_{ij}) = 0 \qquad \text{für alle } i, j$$

und die Varianzen

$$\mathrm{Var}(B_j) = \sigma_b^2 \; ; \quad \mathrm{Var}(E_{ij}) = \sigma_e^2 \quad \text{für alle } i, j.$$

Daraus folgt

$$E(X_{ij}) = \mu + \alpha_i \; ; \qquad \mathrm{Var}(X_{ij}) = \sigma_b^2 + \sigma_e^2 \, .$$

Für die Zufallsvariablen X_{ij} erhält man die Kovarianzen und Korrelationskoeffizienten

$$\mathrm{Cov}(X_{ij}, X_{ik}) = E((B_j + E_{ij})(B_k + E_{ik})) = 0 \quad \text{für } j \neq k \, ;$$

$$\mathrm{Cov}(X_{ij}, X_{i'j}) = E((B_j + E_{ij})(B_j + E_{i'j})) = \sigma_b^2 \quad \text{für } i \neq i' \, ;$$

$$\rho(X_{ij}, X_{i'j}) = \frac{\sigma_b^2}{\sigma_b^2 + \sigma_e^2} \quad \text{für } i \neq i' \, ;$$

$$\mathrm{Cov}(X_{ij}, X_{i'k}) = 0 \quad \text{für } i \neq i' \text{ und } j \neq k.$$

Nur Zufallsvariable in der gleichen Stufe des Faktors B sind korreliert.

2.1.3.1. Quadratsummenzerlegung

Für die Zerlegung der Summe aller Abstandsquadrate erhält man folgende Werte

$$E(X_{ij}) = \mu + \alpha_i \; ; \qquad \mathrm{Var}(X_{ij}) = \sigma_b^2 + \sigma_e^2 \; ;$$

$$E(X_{i\cdot}) = b(\mu + \alpha_i) \; ; \quad \mathrm{Var}(X_{i\cdot}) = b(\sigma_b^2 + \sigma_e^2) \; ;$$

$$E(X_{\cdot j}) = a\mu \; ; \qquad \mathrm{Var}(X_{\cdot j}) = a^2\sigma_b^2 + a\sigma_e^2 \; ;$$

$$E(X_{\cdot\cdot}) = ab\mu \; ; \qquad \mathrm{Var}(X_{\cdot\cdot}) = a^2 b\sigma_b^2 + ab\sigma_e^2 \; ;$$

Mit $E(Y^2) = \mathrm{Var}(Y) + [E(Y)]^2$ erhält man hieraus

$$E(X_{ij}^2) = \sigma_b^2 + \sigma_e^2 + (\mu + \alpha_i)^2;$$

$$E(X_{i\cdot}^2) = b(\sigma_b^2 + \sigma_e^2) + b^2(\mu + \alpha_i)^2 \; ;$$

$$E(X_{\cdot j}^2) = a(a\sigma_b^2 + \sigma_e^2) + a^2\mu^2 \; ;$$

$$E(X_{\cdot\cdot}^2) = ab(a\sigma_b^2 + \sigma_e^2) + a^2 b^2 \mu^2 \, .$$

Mit Hilfe der Quadratsummenzerlegung aus Abschnitt 2.1.1.1 erhält man durch elementare Rechnung

$$E(Q_A) = \frac{1}{b}\sum_{i=1}^{a} E(X_{i\cdot}^2) - \frac{E(X_{\cdot\cdot}^2)}{ab} = (a-1)\sigma_e^2 + b\sum_{i=1}^{a}\alpha_i^2 ;$$

$$E(Q_B) = \frac{1}{a}\sum_{j=1}^{b} E(X_{\cdot j}^2) - \frac{E(X_{\cdot\cdot}^2)}{ab} = (b-1)\sigma_e^2 + a(b-1)\sigma_b^2 .$$

$$E(Q_{ges.}) = \sum_{i=1}^{a}\sum_{j=1}^{b} E(X_{ij}^2) - \frac{E(X_{\cdot\cdot}^2)}{ab}$$

$$= (ab-1)\sigma_e^2 + b\sum_{i=1}^{a}\alpha_i^2 + a(b-1)\sigma_b^2 .$$

$$E(Q_{Rest}) = E(Q_{ges.}) - E(Q_A) - E(Q_B) = (a-1)(b-1)\sigma_e^2 .$$

Division durch die jeweilige Anzahl der Freiheitsgrade ergibt die

Tafel der doppelten Varianzanalyse bei gemischten Effekten (A fest und B zufällig) mit einfacher Klassenbesetzung

Abstands-quadrate der	Summen der Abstandsquadrate	gemittelte Summen	Erwartungswerte
Mittelwerte von A vom Gesamtmittel	$q_A = \frac{1}{b}\sum_{i=1}^{a} x_{i\cdot}^2 - \frac{x_{\cdot\cdot}^2}{ab}$	$\frac{q_A}{a-1}$	$\sigma_e^2 + \frac{b}{a-1}\sum_{i=1}^{a}\alpha_i^2$
Mittelwerte von B vom Gesamtmittel	$q_B = \frac{1}{a}\sum_{j=1}^{b} x_{\cdot j}^2 - \frac{x_{\cdot\cdot}^2}{ab}$	$\frac{q_B}{b-1}$	$\sigma_e^2 + a\sigma_b^2$
Rest	$q_{Rest} = q_{ges.} - q_A - q_B$	$\frac{q_{Rest}}{(a-1)(b-1)}$	$\boxed{\sigma_e^2}$
Gesamt	$q_{ges} = \sum_{i=1}^{a}\sum_{j=1}^{b} x_{ij}^2 - \frac{x_{\cdot\cdot}^2}{ab}$	$\frac{q_{ges.}}{ab-1}$	$\tilde{\sigma}^2$

$$\tilde{\sigma}^2 = \sigma_e^2 + \frac{b}{ab-1}\sum_{i=1}^{a}\alpha_i^2 + \frac{a(b-1)}{ab-1}\sigma_b^2 ;$$

a = Anzahl der Stufen des Zeilenfaktors A ; b = Anzahl der Stufen des Spaltenfaktors B.

Bemerkung: Bei diesem gemischten Modell stimmt der Erwartungswert von $\frac{Q_A}{a-1}$ mit dem entsprechenden Erwartungswert bei festen Effekten aus Abschnitt 2.1.1.1 überein, während der Erwartungswert von $\frac{Q_B}{b-1}$ gleich dem entsprechenden Erwartungswert bei zufälligen Effekten aus Abschnitt 2.1.2.1 ist.

2.1.3.2. Schätzwerte für die Parameter des Modells

Bei diesem Modell erhält man die Schätzwerte

$$\hat{\mu} = \bar{x} = \frac{x_{..}}{a\,b}\ ; \quad \hat{\alpha}_i = \bar{x}_{i.} - \bar{x} \quad \text{für } i = 1, 2, \ldots, a\ ;$$

$$\hat{\sigma}_e^2 = \frac{q_{Rest}}{(a-1)(b-1)}\ ;$$

$$\hat{\sigma}_b^2 = \frac{1}{a}\left(\frac{q_B}{b-1} - \frac{q_{Rest}}{(a-1)(b-1)}\right).$$

2.1.3.3. Tests und Konfidenzintervalle der Parameter bei Normalverteilungen

Bei normalverteilten Zufallsvariablen sind die nachfolgenden Zufallsvariablen unabhängig und **Chi-Quadrat-verteilt** mit den angegebenen Freiheitsgraden:

$\frac{Q_{Rest}}{\sigma_e^2}$ ist Chi-Quadrat verteilt mit $(a-1)(b-1)$ Freiheitsgraden;

$\frac{Q_B}{\sigma_e^2 + a \cdot \sigma_b^2}$ ist Chi-Quadrat verteilt mit $b-1$ Freiheitsgraden.

Damit können sämtliche Formeln aus Abschnitt 2.1.2.3 direkt übernommen werden.

2.1.3.4 Test auf unterschiedlichen Einfluß der Stufen eines Faktors bei Normalverteilungen

Unter der Voraussetzung der Normalverteilung sollen folgende Nullhypothesen getestet werden:

H_A: $\alpha_1 = \alpha_2 = \ldots = \alpha_a = 0$ (kein unterschiedlicher Einfluß des Faktors A);

H_B: $\sigma_b^2 = 0$ (kein unterschiedlicher Einfluß des Faktors B).

Mit den Quantilen der F-Verteilung mit den entsprechenden Freiheitsgraden erhält man die

Testentscheidungen:

a) Im Falle $v_A = \frac{q_A/(a-1)}{q_{Rest}/(a-1)(b-1)} > f_{a-1,\,(a-1)(b-1);\,1-\alpha}$

wird H_A abgelehnt, sonst nicht.

b) Im Falle $v_B = \frac{q_B/(b-1)}{q_{Rest}/(a-1)(b-1)} > f_{b-1,(a-1)(b-1);1-\alpha}$

wird H_B abgelehnt, sonst nicht.

2.2. Zweifache Varianzanalyse bei mehrfacher gleicher Klassenbesetzung ohne Wechselwirkung

In diesem Abschnitt sollen für jede der ab Kombinationen der einzelnen Stufen r unabhängige Beobachtungswerte vorliegen. Damit sind alle ab Zellen mit r Stichprobenwerten besetzt. Es handelt sich somit um den **balancierten** Fall. In diesem Abschnitt werden keine Wechselwirkungen untersucht.

Die Klasse (i,j) enthält die r Stichprobenwerte

$$x_{ijk}, \; k = 1, 2, \ldots, r$$

mit den (Zellen-) Summen

$$x_{ij\cdot} = \sum_{k=1}^{r} x_{ijk} \quad \text{für } i = 1, 2, \ldots, a; \; j = 1, 2, \ldots, b.$$

Zur Datenaufbereitung eignet sich hier die Darstellung der abr Beobachtungswerte in dem

Schema der zweifachen Varianzanalyse bei mehrfacher gleicher Klassenbesetzung

A-Klassen	B-Klassen							Summen	Mittelwerte
	1	2	.....	j	.....	b			
1	x_{111}	x_{121}	.....	x_{1j1}	.....	x_{1b1}			
	x_{112}	x_{122}	.....	x_{1j2}	.....	x_{1b2}			
	.....	.....	.....	.....	.....	.....			
	x_{11r}	x_{12r}	.....	x_{1jr}	.....	x_{1br}			
Summen	$x_{11\cdot}$	$x_{12\cdot}$	.....	$x_{1j\cdot}$	.....	$x_{1b\cdot}$		$x_{1\cdot\cdot}$	$\bar{x}_{1\cdot\cdot}$
⋮	.....	.....	.....	.....	.....	.....		⋮	⋮
⋮	.....	.....	.....	.....	.....	.....		⋮	⋮

a	x_{a11} x_{a21} ..... x_{aj1} ..... x_{ab1} x_{a12} x_{a22} ..... x_{aj2} ..... x_{ab2} . . . . x_{a1r} x_{a2r} ..... x_{ajr} ..... x_{abr}		
Summen	$x_{a1\cdot}$ $x_{a2\cdot}$ ..... $x_{aj\cdot}$ ..... $x_{ab\cdot}$	$x_{a\cdot\cdot}$	$\bar{x}_{a\cdot\cdot}$
Gesamt-summen	$x_{\cdot 1\cdot}$ $x_{\cdot 2\cdot}$ ..... $x_{\cdot j\cdot}$ ..... $x_{\cdot b\cdot}$	$x_{\cdots}$	$\bar{x}_{\cdots}$

Die Stichprobenwerte x_{ijk} seien Realisierungen der Zufallsvariablen X_{ijk}.

2.2.1. Feste Effekte ohne Wechselwirkung

Modellvoraussetzung

$X_{ijk} = \mu + \alpha_i + \beta_j + E_{ijk}$, $i = 1,2,\dots,a$; $j = 1,2,\dots,b$; $k = 1,2,\dots,r$.

Dabei seien die Zufallsvariablen E_{ijk} unabhängig mit dem Erwartungswert $E(E_{ijk}) = 0$ und der Varianz $Var(E_{ijk}) = \sigma_e^2$ für alle i, j, k.

Da es sich um den balancierten Fall handelt, gelten die

Reparametrisierungsbedingungen

$$\sum_{i=1}^{a} \alpha_i = 0 \; ; \; \sum_{j=1}^{b} \beta_j = 0 \, .$$

Damit gilt

$$E(X_{ijk}) = \mu + \alpha_i + \beta_j \; ; \quad Var(X_{ijk}) = \sigma_e^2 \, .$$

Mit den Zellensummen $x_{ij\cdot} = \sum_{k=1}^{r} x_{ijk}$ erhält man die

Mittelwerte der Zellen: $\bar{x}_{ij\cdot} = \frac{x_{ij\cdot}}{r} = \frac{1}{r}\sum_{k=1}^{r} x_{ijk}$.

Mittelwert der i-ten Stufe des Faktors A:

$$\bar{x}_{i\cdot\cdot} = \frac{x_{i\cdot\cdot}}{br} = \frac{1}{br}\sum_{j=1}^{b}\sum_{k=1}^{r} x_{ijk} \quad \text{für } i = 1,2,\dots,a.$$

Mittelwert der j-ten Stufe des Faktors B:

$$\bar{x}_{\cdot j \cdot} = \frac{x_{\cdot j \cdot}}{a\,r} = \frac{1}{a\,r}\sum_{i=1}^{a}\sum_{k=1}^{r} x_{ijk} \quad \text{für } j = 1, 2, \ldots, b$$

Gesamtmittel:

$$\bar{x} = \bar{x}_{\ldots} = \frac{x_{\ldots}}{a\,b\,r} = \frac{1}{a\,b\,r}\sum_{i=1}^{a}\sum_{j=1}^{b}\sum_{k=1}^{r} x_{ijk}$$

$$= \frac{1}{a}\sum_{i=1}^{a}\bar{x}_{i\cdot\cdot} = \frac{1}{b}\sum_{j=1}^{b}\bar{x}_{\cdot j\cdot}\,.$$

Da alle Klassenbesetzungen gleich sind, ist das Gesamtmittel gleich dem Mittelwert der Zeilen- und der Spaltenmittel.

2.2.1.1. Quadratsummenzerlegung

Wir bilden die Zerlegung

$$q_{ges.} = \sum_{i=1}^{a}\sum_{j=1}^{b}\sum_{k=1}^{r}(x_{ijk} - \bar{x})^2$$

$$= \sum_{i=1}^{a}\sum_{j=1}^{b}\sum_{k=1}^{r}\left[(\bar{x}_{i\cdot\cdot} - \bar{x}) + (\bar{x}_{\cdot j\cdot} - \bar{x}) + (x_{ijk} - \bar{x}_{i\cdot\cdot} - \bar{x}_{\cdot j\cdot} + \bar{x})\right]^2$$

$$= \underbrace{\sum_{i=1}^{a}\sum_{j=1}^{b}\sum_{k=1}^{r}(\bar{x}_{i\cdot\cdot} - \bar{x})^2}_{= q_A} + \underbrace{\sum_{i=1}^{a}\sum_{j=1}^{b}\sum_{k=1}^{r}(\bar{x}_{\cdot j\cdot} - \bar{x})^2}_{= q_B} +$$

$$+ \underbrace{\sum_{i=1}^{a}\sum_{j=1}^{b}\sum_{k=1}^{r}(x_{ijk} - \bar{x}_{i\cdot\cdot} - \bar{x}_{\cdot j\cdot} + \bar{x})^2}_{= q_{Rest}} + R\,.$$

Auch hier verschwindet die Summe der gemischten Produkte. Es gilt also $R = 0$.

Für die einzelnen Abstandsquadrate erhält man durch elementare Umformung folgende Darstellungen:

Abweichungen der Mittelwerte des Faktors A vom Gesamtmittel:

$$q_A = b\,r\sum_{i=1}^{a}(\bar{x}_{i\cdot\cdot} - \bar{x})^2 = \frac{1}{b\,r}\sum_{i=1}^{a} x_{i\cdot\cdot}^2 - \frac{x_{\ldots}^2}{a\,b\,r}\,;$$

Abweichungen der Mittelwerte des Faktors B vom Gesamtmittel:

$$q_B = a\,r \sum_{j=1}^{b} (\bar{x}_{\cdot j \cdot} - \bar{x})^2 = \frac{1}{a\,r} \sum_{j=1}^{b} x_{\cdot j \cdot}^2 - \frac{x_{\cdots}^2}{a\,b\,r};$$

Gesamte Abweichungssumme:

$$q_{ges.} = \sum_{i=1}^{a} \sum_{j=1}^{b} \sum_{k=1}^{r} (x_{ijk} - \bar{x})^2 = \sum_{i=1}^{a} \sum_{j=1}^{b} \sum_{k=1}^{r} x_{ijk}^2 - \frac{x_{\cdots}^2}{a\,b\,r};$$

Rest (Fehlerabweichung):

$$q_{Rest} = q_{ges.} - q_A - q_B\,.$$

Elementare Rechnung ergibt die Erwartungswerte und Varianzen:

$$\begin{aligned}
E(X_{ijk}) &= \mu + \alpha_i + \beta_j\,; & Var(X_{ijk}) &= \sigma_e^2\,;\\
E(X_{ij\cdot}) &= r(\mu + \alpha_i + \beta_j)\,; & Var(X_{ij\cdot}) &= r\,\sigma_e^2\,;\\
E(X_{i\cdot\cdot}) &= b\,r(\mu + \alpha_i)\,; & Var(X_{i\cdot\cdot}) &= b\,r\,\sigma_e^2\,;\\
E(X_{\cdot j\cdot}) &= a\,r(\mu + \beta_j)\,; & Var(X_{\cdot j\cdot}) &= a\,r\,\sigma_e^2\,;\\
E(X_{\cdots}) &= a\,b\,r\,\mu\,; & Var(X_{\cdots}) &= a\,b\,r\,\sigma_e^2\,.
\end{aligned}$$

$E(Y^2) = Var(Y) + [E(Y)]^2$ und $\sum_{i=1}^{a} \alpha_i = \sum_{j=1}^{b} \beta_j = 0$ ergibt durch elementare Rechnung

$$E(Q_A) = \frac{1}{b} \sum_{i=1}^{a} E(X_{i\cdot\cdot}^2) - \frac{E(X_{\cdots}^2)}{a\,b} = (a-1)\,\sigma_e^2 + b\,r \sum_{i=1}^{a} \alpha_i^2\,;$$

$$E(Q_B) = (b-1)\,\sigma_e^2 + a\,r \sum_{j=1}^{b} \beta_j^2\,;$$

$$\begin{aligned}
E(Q_{ges.}) &= \sum_{i=1}^{a} \sum_{j=1}^{b} \sum_{k=1}^{r} E(X_{ijk}^2) - \frac{E(X_{\cdots}^2)}{a\,b\,r}\\
&= (a\,b\,r - 1)\,\sigma_e^2 + b\,r \sum_{i=1}^{a} \alpha_i^2 + a\,r \sum_{j=1}^{b} \beta_j^2\,;\\
E(Q_{Rest}) &= E(Q_{ges.}) - E(Q_A) - E(Q_B) = (a\,b\,r - a - b + 1)\,\sigma_e^2\,.
\end{aligned}$$

Division durch die jeweilige Anzahl der Freiheitsgrade liefert die

Tafel der doppelten Varianzanalyse bei festen Effekten und mehrfacher balancierter Klassenbesetzung ohne Wechselwirkung

Abstands-quadrate	Summen der Abstandsquadrate	Freiheits-grade	Erwartungswerte der gem. Summen
Mittelwerte von A vom Gesamtmittel	$q_A = \frac{1}{br}\sum_{i=1}^{a} x_{i..}^2 - \frac{x_{...}^2}{abr}$	$a-1$	$\sigma_e^2 + \frac{br}{a-1}\sum_{i=1}^{a} \alpha_i^2$
Mittelwerte von B vom Gesamtmittel	$q_B = \frac{1}{ar}\sum_{j=1}^{b} x_{.j.}^2 - \frac{x_{...}^2}{abr}$	$b-1$	$\sigma_e^2 + \frac{ar}{b-1}\sum_{j=1}^{b} \beta_j^2$
Rest	$q_{Rest} = q_{ges.} - q_A - q_B$	$abr-a-b+1$	$\boxed{\sigma_e^2}$
Gesamt	$q_{ges} = \sum_{i,j,k} x_{ijk}^2 - \frac{x_{...}^2}{abr}$	$abr-1$	$\tilde{\sigma}^2$

$$\tilde{\sigma}^2 = \sigma_e^2 + \frac{br}{abr-1}\sum_{i=1}^{a} \alpha_i^2 + \frac{ar}{abr-1}\sum_{j=1}^{b} \beta_j^2 ;$$

a = Anzahl der Stufen des Zeilenfaktors A ; b = Anzahl der Stufen des Spaltenfaktors B. r = konstante Besetzungzahl jeder Klasse. Die Anzahl der Freiheitsgrade steht jeweils im Nenner der gemittelten Summen.

2.2.1.2. Schätzwerte für die Parameter des Modells

$\bar{X} = \frac{X_{...}}{abr}$ ist wegen $E(\bar{X}) = \mu$ und $Var(\bar{X}) = \frac{\sigma_e^2}{abr}$ eine erwartungstreue und konsistente Schätzfunktion für den Parameter μ.

Aus $E(X_{i..}) = br(\mu + \alpha_i)$; $Var(X_{i..}) = br\sigma_e^2$ folgt

$$E(\bar{X}_{i..}) = \mu + \alpha_i ; \quad Var(\bar{X}_{i..}) = \frac{\sigma_e^2}{br} .$$

Für β_j erhält man die analoge Formel. Daraus folgt

$$\alpha_i = E(\bar{X}_{i..} - \bar{X}) ; \quad \beta_j = E(\bar{X}_{.j.} - \bar{X}).$$

Somit erhält man aus den Mittelwerten erwartungstreue Schätzwerte

$$\boxed{\hat{\mu} = \bar{x} ; \quad \hat{\alpha}_i = \bar{x}_{i..} - \bar{x} ; \quad \hat{\beta}_j = \bar{x}_{.j.} - \bar{x} .}$$

$\frac{Q_{Rest}}{a\,b\,r - a - b + 1}$ ist eine erwartungstreue Schätzfunktion für die Fehlervarianz σ_e^2 mit den Schätzwerten

$$\hat{\sigma}_e^2 = \frac{q_{Rest}}{a\,b\,r - a - b + 1} .$$

2.2.1.3. Tests und Konfidenzintervalle für σ_e^2 bei Normalverteilungen

Bei normalverteilten Zufallsvariablen ist die Zufallsvariable Q_{Rest}/σ_e^2 Chi-Quadrat-verteilt mit $a\,b\,r - a - b + 1$ Freiheitsgraden. Damit können unter Beachtung der Freiheitsgrade wie in Abschnitt 1.1.4 Konfidenzintervalle und Tests der Fehlervarianz σ_e^2 durchgeführt werden.

2.2.1.4. Test auf unterschiedlichen Einfluß der Stufen eines Faktors bei Normalverteilungen

Unter der Voraussetzung der Normalverteilung sollen folgende Nullhypothesen getestet werden:

H_A: $\alpha_1 = \alpha_2 = ... = \alpha_a = 0$ (kein unterschiedlicher Einfluß des Faktors A);

H_B: $\beta_1 = \beta_2 = ... = \beta_b = 0$ (kein unterschiedlicher Einfluß des Faktors B).

Falls die jeweilige Nullhypothese richtig ist, gilt :

$$V_A = \frac{Q_A/(a-1)}{Q_{Rest}/(a\,b\,r - a - b + 1)}$$

ist F-verteilt mit $(a-1\,,\ a\,b\,r - a - b + 1)$ Freiheitsgraden ;

$$V_B = \frac{Q_B/(b-1)}{Q_{Rest}/(a\,b\,r - a - b + 1)}$$

ist F-verteilt mit $(b-1\,,\ a\,b\,r - a - b + 1)$ Freiheitsgraden .

Mit den Quantilen der F-Verteilung erhält man die

Testentscheidungen:

a) Im Falle $v_A = \frac{q_A/(a-1)}{q_{Rest}/(a\,b\,r - a - b + 1)} > f_{a-1,\,a\,b\,r-a-b+1\,;\,1-\alpha}$

wird H_A abgelehnt, sonst nicht.

b) Im Falle $v_B = \frac{q_B/(b-1)}{q_{Rest}/(a\,b\,r - a - b + 1)} > f_{b-1,\,a\,b\,r-a-b+1\,;\,1-\alpha}$

wird H_B abgelehnt, sonst nicht.

2.2.2. Zufällige Effekte ohne Wechselwirkung

Modellvoraussetzung

$$X_{ijk} = \mu + A_i + B_j + E_{ijk}\,;\; i = 1,2,\dots,a\,;\; j = 1,2,\dots,b;\; k=1,2,\dots,r.$$

Dabei sei μ eine Konstante (Gesamterwartungswert). Die Zufallsvariablen A_i, B_j und E_{ijk} seien voneinander unabhängig und besitzen alle den Erwartungswert Null und die Varianzen

$$\mathrm{Var}(A_i) = \sigma_a^2\,;\; \mathrm{Var}(B_j) = \sigma_b^2\;;\; \mathrm{Var}(E_{ijk}) = \sigma_e^2 \quad \text{für alle } i, j, k\,.$$

Dabei gilt

$$E(X_{ijk}) = \mu; \quad \mathrm{Var}(X_{ijk}) = \sigma_a^2 + \sigma_b^2 + \sigma_e^2\,.$$

Die Zufallsvariablen X_{ijk} und $X_{ijk'}$ aus der gleichen Zelle besitzen die Kovarianz

$$\mathrm{Cov}(X_{ijk}, X_{ijk'}) = \sigma_a^2 + \sigma_b^2$$

und den Korrelationskoeffizienten

$$\rho(X_{ijk}, X_{ijk'}) = \frac{\sigma_a^2 + \sigma_b^2}{\sigma_a^2 + \sigma_b^2 + \sigma_e^2} \quad \text{für } k \neq k'\,.$$

Für Zufallsvariablen in der gleichen Stufe des A-Faktors, aber in verschiedenen Stufen des B-Faktors gilt wegen $j \neq j'$

$$\mathrm{Cov}(X_{ijk}, X_{ij'k'}) = \sigma_a^2\,;$$

$$\rho(X_{ijk}, X_{ij'k'}) = \frac{\sigma_a^2}{\sigma_a^2 + \sigma_b^2 + \sigma_e^2} \quad \text{für } j \neq j'\,.$$

Für Zufallsvariablen in der gleichen Stufe des B-Faktors, aber in verschiedenen Stufen des A-Faktors gilt wegen $i \neq i'$

$$\mathrm{Cov}(X_{ijk}, X_{i'jk'}) = \sigma_b^2\,;$$

$$\rho(X_{ijk}, X_{i'jk'}) = \frac{\sigma_b^2}{\sigma_a^2 + \sigma_b^2 + \sigma_e^2} \quad \text{für } i \neq i'\,.$$

2.2.2.1. Quadratsummenzerlegung

Hier erhält man

$$E(X_{ijk}) = \mu\,; \qquad \mathrm{Var}(X_{ijk}) = \sigma_a^2 + \sigma_b^2 + \sigma_e^2\,;$$

$$E(X_{i\cdot\cdot}) = br\mu\,; \qquad \mathrm{Var}(X_{i\cdot\cdot}) = br(br\sigma_a^2 + r\sigma_b^2 + \sigma_e^2)\,;$$

$$E(X_{.j.}) = a\,r\,\mu\,; \quad Var(X_{.j.}) = a\,r\,(a\,r\,\sigma_b^2 + r\,\sigma_a^2 + \sigma_e^2)\,;$$
$$E(X_{...}) = a\,b\,r\,\mu\,; \quad Var(X_{...}) = a\,b\,r\,(b\,r\,\sigma_a^2 + a\,r\,\sigma_b^2 + \sigma_e^2)\,;$$

$$E(Q_A) = (a-1)\sigma_e^2 + b\,r\,(a-1)\,\sigma_a^2\,;$$
$$E(Q_B) = (b-1)\sigma_e^2 + a\,r\,(b-1)\,\sigma_b^2\,;$$
$$E(Q_{ges.}) = (a\,b\,r-1)\,\sigma_e^2 + b\,r\,(a-1)\,\sigma_a^2 + a\,r\,(b-1)\,\sigma_b^2\,;$$
$$E(Q_{Rest}) = (a\,b\,r - a - b + 1)\,\sigma_e^2\,.$$

Tafel der doppelten Varianzanalyse bei zufälligen Effekten und mehrfacher balancierter Klassenbesetzung ohne Wechselwirkung

Abstands-quadrate	Summen der Abstandsquadrate	gemittelte Summen	Erwartungswerte der gem. Summen
Mittelwerte von A vom Gesamtmittel	$q_A = \frac{1}{b\,r}\sum_{i=1}^{a} x_{i..}^2 - \frac{x_{...}^2}{a\,b\,r}$	$\frac{q_A}{a-1}$	$\sigma_e^2 + b\,r\,\sigma_a^2$
Mittelwerte von B vom Gesamtmittel	$q_B = \frac{1}{a\,r}\sum_{j=1}^{b} x_{.j.}^2 - \frac{x_{...}^2}{a\,b\,r}$	$\frac{q_B}{b-1}$	$\sigma_e^2 + a\,r\,\sigma_b^2$
Rest	$q_{Rest} = q_{ges.} - q_A - q_B$	$\frac{q_{Rest}}{a\,b\,r-a-b+1}$	$\boxed{\sigma_e^2}$
Gesamt	$q_{ges} = \sum_{ijk} x_{ijk}^2 - \frac{x_{...}^2}{a\,b\,r}$	$\frac{q_{ges}}{a\,b\,r-1}$	$\tilde{\sigma}^2$

$$\tilde{\sigma}^2 = \sigma_e^2 + \frac{b\,r\,(a-1)}{a\,b\,r-1}\sigma_a^2 + \frac{a\,r\,(b-1)}{a\,b\,r-1}\sigma_b^2\,;$$

a = Anzahl der Stufen des Zeilenfaktors A ; b = Anzahl der Stufen des Spaltenfaktors B. r = konstante Zellenbesetzungszahl. Die Anzahl der Freiheitsgrade steht im Nenner der gemittelten Summe.

2.2.2.2. Schätzwerte für die Parameter des Modells

Die Schätzfunktion $\bar{X} = \frac{X_{...}}{a\,b\,r}$ besitzt die Kenngrößen

$$E(\bar{X}) = \mu\,; \quad Var(\bar{X}) = \frac{1}{a^2 b^2 r^2} Var(X_{...}) = \frac{\sigma_a^2}{a} + \frac{\sigma_b^2}{b} + \frac{\sigma_e^2}{a\,b\,r}\,.$$

Damit ist $\bar{X}$ eine erwartungstreue Schätzfunktion für μ. Sie ist für $a, b \to \infty$ auch konsistent mit den Schätzwerten

$$\hat{\mu} = \bar{x}\,.$$

$\frac{Q_{Rest}}{a\,b\,r - a - b + 1}$ ist eine erwartungstreue Schätzfunktion für σ_e^2.

Ferner gilt

$$\sigma_a^2 = E\left(\frac{1}{br}\left(\frac{Q_A}{a-1} - \frac{Q_{Rest}}{a\,b\,r - a - b + 1}\right)\right);$$

$$\sigma_b^2 = E\left(\frac{1}{ar}\left(\frac{Q_B}{b-1} - \frac{Q_{Rest}}{a\,b\,r - a - b + 1}\right)\right).$$

Damit erhält man für die drei Varianzkomponenten die erwartungstreuen Schätzwerte

$$\hat{\sigma}_e^2 = \frac{q_{Rest}}{a\,b\,r - a - b + 1}; \quad \hat{\sigma}_a^2 = \frac{1}{br}\left(\frac{q_A}{a-1} - \frac{q_{Rest}}{a\,b\,r - a - b + 1}\right);$$

$$\hat{\sigma}_b^2 = \frac{1}{ar}\left(\frac{q_B}{b-1} - \frac{q_{Rest}}{a\,b\,r - a - b + 1}\right).$$

2.2.2.3. Tests und Konfidenzintervalle für die Parameter bei Normalverteilungen

Bei normalverteilten Zufallsvariablen sind die nachfolgenden drei Zufallsvariablen unabhängig und Chi-Quadrat-verteilt mit den angegebenen Freiheitsgraden:

$\frac{Q_{Rest}}{\sigma_e^2}$ ist Chi-Quadrat verteilt mit $a\,b\,r - a - b + 1$ Freiheitsgraden;

$\frac{Q_A}{\sigma_e^2 + b\,r\,\sigma_a^2}$ ist Chi-Quadrat verteilt mit $a - 1$ Freiheitsgraden;

$\frac{Q_B}{\sigma_e^2 + a\,r\,\sigma_b^2}$ ist Chi-Quadrat verteilt mit $b - 1$ Freiheitsgraden.

Daraus erhält man

Konfidenzintervalle für σ_e^2 zum Niveau $1-\alpha$ bei Normalverteilungen:

zweiseitige:

$$\left[\frac{q_{Rest}}{\chi^2_{a\,b\,r-a-b+1;\,1-\alpha/2}}\,;\, \frac{q_{Rest}}{\chi^2_{a\,b\,r-a-b+1;\,\alpha/2}}\right];$$

einseitige:

$$\left[\frac{q_{Rest}}{\chi^2_{a\,b\,r-a-b+1;\,1-\alpha}}\,;\,\infty\right);\quad \left(0\,;\,\frac{q_{Rest}}{\chi^2_{a\,b\,r-a-b+1;\,\alpha}}\right].$$

Zum **Test der Fehlervarianz** $\sigma_e^2 = \sigma_0^2$ benutzt man wie in Abschnitt 1.1.4 die **Testfunktion**

$$T = \frac{Q_{in}}{\sigma_0^2},$$

die Chi-Quadrat-verteilt ist mit $abr - a - b + 1$ Freiheitsgraden, falls σ_0^2 die tatsächliche Fehlervarianz ist.

Der Quotient

$$\frac{Q_{Rest}/(abr-a-b+1)}{Q_A/(a-1)} \cdot \frac{\sigma_e^2 + br\sigma_a^2}{\sigma_e^2}$$

$$= \frac{Q_{Rest}/(abr-a-b+1)}{Q_A/(a-1)} \cdot \left(1 + br\frac{\sigma_a^2}{\sigma_e^2}\right)$$

ist F-verteilt mit $(abr - a - b + 1, a - 1)$ Freiheitsgraden.

Damit erhält man

Konfidenzintervalle für σ_a^2/σ_e^2 zum Niveau $1-\alpha$ bei Normalverteilungen:
zweiseitige:

$$\left[f_{\frac{\alpha}{2}} \cdot \frac{q_A/(a-1)}{br\,q_{Rest}/(abr-a-b+1)} - \frac{1}{br}\,;\; f_{1-\frac{\alpha}{2}} \cdot \frac{q_A/(a-1)}{br\,q_{Rest}/(abr-a-b+1)} - \frac{1}{br}\right]$$

Mit dem α- bzw. $(1-\alpha)$-Quantil erhält man durch Weglassen der anderen Grenze einseitige Konfidenzintervalle.
$f_{\alpha/2}, f_{1-\alpha/2}$ sind Quantile der F-Verteilung mit $(abr-a-b+1, a-1)$ Freiheitsgraden.

Entsprechend lauten

Konfidenzintervalle für σ_b^2/σ_e^2 zum Niveau $1-\alpha$ bei Normalverteilungen:
zweiseitige:

$$\left[f_{\frac{\alpha}{2}} \cdot \frac{q_B/(b-1)}{ar\,q_{Rest}/(abr-a-b+1)} - \frac{1}{ar}\,;\; f_{1-\frac{\alpha}{2}} \cdot \frac{q_B/(b-1)}{ar\,q_{Rest}/(abr-a-b+1)} - \frac{1}{ar}\right]$$

Mit dem α- bzw. $(1-\alpha)$-Quantil erhält man durch Weglassen der anderen Grenze einseitige Konfidenzintervalle.
$f_{\alpha/2}, f_{1-\alpha/2}$ sind Quantile der F-Verteilung mit $(abr-a-b+1, b-1)$ Freiheitsgraden.

2.2.2.4. Tests auf unterschiedlichen Einfluß der Stufen eines Faktors bei Normalverteilungen

Unter der Voraussetzung der Normalverteilung sollen folgende Nullhypothesen getestet werden:

$H_A: \sigma_a^2 = 0$ (kein unterschiedlicher Einfluß des Faktors A) ;

$H_B: \sigma_b^2 = 0$ (kein unterschiedlicher Einfluß des Faktors B) .

Falls die jeweilige Nullhypothese H_A bzw. H_B richtig ist, gilt:

$$V_A = \frac{Q_A/(a-1)}{Q_{Rest}/(abr-a-b+1)}$$

ist F-verteilt mit $(a-1\,,\ abr-a-b+1)$ Freiheitsgraden ;

$$V_B = \frac{Q_B/(b-1)}{Q_{Rest}/(abr-a-b+1)}$$

ist F-verteilt mit $(b-1\,,\ abr-a-b+1)$ Freiheitsgraden.

Mit den Quantilen der F-Verteilung erhält man die

Testentscheidungen:

a) Falls $v_A = \frac{q_A/(a-1)}{q_{Rest}/(abr-a-b+1)} > f_{a-1,abr-a-b+1;1-\alpha}$

ist, wird H_A abgelehnt, sonst nicht.

b) Im Falle $v_B = \frac{q_B/(b-1)}{q_{Rest}/(abr-a-b+1)} > f_{b-1,abr-a-b+1;1-\alpha}$

wird H_B abgelehnt, sonst nicht.

Diese Testfunktionen stimmen mit denen bei festen Effekten aus Abschnitt 2.2.1.4 überein.

2.2.3. Gemischte Effekte ohne Wechselwirkung

Die Effekte des Faktors A sollen fest, die des Faktors B zufällig sein. Damit betrachtet man das

Modell

$$X_{ijk} = \mu + \alpha_i + B_j + E_{ijk}\,;\ i = 1,2,\dots,a\,;\ j = 1,2,\dots,b\,;\ k=1,2,\dots,r.$$

μ ist der Gesamterwartungswert und α_i der zusätzliche mittlere Einfluß der i-ten Stufe des Faktors A mit der Reparametrisierungsbedingung

$$\sum_{i=1}^{a} \alpha_i = 0 .$$

Die Zufallsvariablen B_j und E_{ijk} seien voneinander unabhängig und besitzen alle den Erwartungswert Null und die Varianzen

$$\mathrm{Var}(B_j) = \sigma_b^2 \;;\quad \mathrm{Var}(E_{ijk}) = \sigma_e^2 \quad \text{für alle } i, j, k .$$

Damit gilt

$$E(X_{ijk}) = \mu + \alpha_i \;;\quad \mathrm{Var}(X_{ijk}) = \sigma_b^2 + \sigma_e^2 .$$

Die Berechnung der Erwartungswerte verläuft ähnlich wie in den Abschnitten 2.2.1 und 2.2.2. Man erhält die

Tafel der doppelten Varianzanalyse bei gemischten Effekten (A fest, B zufällig) mit mehrfacher balancierter Klassenbesetzung ohne Wechselwirkung

Abstands-quadrate	Summen der Abstandsquadrate	gemittelte Summen	Erwartungswerte der gem. Summen
Mittelwerte von A vom Gesamtmittel	$q_A = \frac{1}{br}\sum_{i=1}^{a} x_{i..}^2 - \frac{x_{...}^2}{abr}$	$\frac{q_A}{a-1}$	$\sigma_e^2 + \frac{br}{a-1}\sum_{i=1}^{a}\alpha_i^2$
Mittelwerte von B vom Gesamtmittel	$q_B = \frac{1}{ar}\sum_{j=1}^{b} x_{.j.}^2 - \frac{x_{...}^2}{abr}$	$\frac{q_B}{b-1}$	$\sigma_e^2 + ar\sigma_b^2$
Rest	$q_{Rest} = q_{ges.} - q_A - q_B$	$\frac{q_{Rest}}{abr-a-b+1}$	$\boxed{\sigma_e^2}$
Gesamt	$q_{ges} = \sum_{ijk} x_{ijk}^2 - \frac{x_{...}^2}{abr}$	$\frac{q_{ges}}{abr-1}$	$\tilde{\sigma}^2$

$$\tilde{\sigma}^2 = \sigma_e^2 + \frac{br}{abr-1}\sum_{i=1}^{a}\alpha_i^2 + \frac{ar(b-1)}{abr-1}\sigma_b^2 \;;$$

a = Anzahl der Stufen des Zeilenfaktors A ; b = Anzahl der Stufen des Spaltenfaktors B. r = konstante Zellenbesetzungszahl. Die Anzahl der Freiheitsgrade steht im Nenner der gemittelten Summe.

2.3. Zweifache Varianzanalyse bei Wechselwirkung mit balancierten Daten

In diesem Abschnitt sollen nicht nur die einzelnen Stufen der beiden Faktoren A und B einen Einfluß auf das entsprechende Merkmal besitzen. Ein zusätzlicher Einfluß kann noch auf bestimmte Kombinationen der Stufen der einzelnen Faktoren zurückgeführt werden. Derartige Einflüsse nennt man **Wechselwirkungen** zwischen den Faktoren. Es soll nur der **balancierte** Fall gleicher Klassenbesetzung behandelt werden. Für jede Klasse (Zelle) (i,j) liegen $r > 1$ Stichprobenwerte

$$x_{ijk}\,,\ k = 1,2,\dots,r\,;\ i = 1,2,\dots,a\,;\ j = 1,2,\dots,b$$

vor. Damit können die Bezeichnungen aus Abschnitt 2.2 unmittelbar übernommen werden. Zusätzlich muß noch die Wechselwirkung berücksichtigt werden. Bei der Quadratsummenzerlegung wird von der dort berechneten Restsumme der auf die Wechselwirkung zurückzuführende Anteil abgespalten.

2.3.1. Wechselwirkung bei festen Effekten

Modellvoraussetzung

$$X_{ijk} = \mu + \alpha_i + \beta_j + \gamma_{ij} + E_{ijk}\,,$$
$$i = 1,2,\dots,a\,;\ j = 1,2,\dots,b;\ k = 1,2,\dots,r.$$

Dabei seien die Zufallsvariablen E_{ijk} unabhängig mit dem Erwartungswert $E(E_{ijk}) = 0$ und der Varianz $Var(E_{ijk}) = \sigma_e^2$ für alle i, j, k.

Für den balancierten Fall gelten die

Reparametrisierungsbedingungen

$$\sum_{i=1}^{a} \alpha_i = 0\,;\ \sum_{j=1}^{b} \beta_j = 0\,;\ \sum_{i=1}^{a} \gamma_{ij} = 0\,;\ \sum_{j=1}^{b} \gamma_{ij} = 0 \text{ für alle } i,j.$$

Die einzelnen Zufallsvariablen besitzen die Kenngrößen

$$E(X_{ijk}) = \mu + \alpha_i + \beta_j + \gamma_{ij}\,;\ Var(X_{ijk}) = \sigma_e^2\,.$$

2.3.1.1. Quadratsummenzerlegung

Mit den Bezeichnungen aus Abschnitt 2.2.1 und 2.2.1.1 bildet man die Quadratsummenzerlegung mit

$$(x_{ijk} - \bar{x})^2 =$$
$$= [(\bar{x}_{i\cdot\cdot} - \bar{x}) + (\bar{x}_{\cdot j\cdot} - \bar{x}) + (x_{ijk} - \bar{x}_{ij\cdot}) + (\bar{x}_{ij\cdot} - \bar{x}_{i\cdot\cdot} - \bar{x}_{\cdot j\cdot} + \bar{x})]^2 .$$

Beim Ausquadrieren und Summieren verschwindet die Summe R der gemischten Produkte. Damit erhält man die Summe der Abweichungsquadrate

$$q_{ges.} = q_A + q_B + q_{A \times B} + q_{in} .$$

Gesamte Abweichungssumme:

$$q_{ges.} = \sum_{i=1}^{a} \sum_{j=1}^{b} \sum_{k=1}^{r} (x_{ijk} - \bar{x})^2 = \sum_{i=1}^{a} \sum_{j=1}^{b} \sum_{k=1}^{r} x_{ijk}^2 - \frac{x_{\cdots}^2}{a\,b\,r} ;$$

innerhalb der Stufen des Faktors A:

$$q_A = \sum_{i=1}^{a} \sum_{j=1}^{b} \sum_{k=1}^{r} (\bar{x}_{i\cdot\cdot} - \bar{x})^2 = b\,r \sum_{i=1}^{a} (\bar{x}_{i\cdot\cdot} - \bar{x})^2 = \frac{1}{b\,r} \sum_{i=1}^{a} x_{i\cdot\cdot}^2 - \frac{x_{\cdots}^2}{a\,b\,r} ;$$

innerhalb der Stufen des Faktors B:

$$q_B = \sum_{i=1}^{a} \sum_{j=1}^{b} \sum_{k=1}^{r} (\bar{x}_{\cdot j\cdot} - \bar{x})^2 = a\,r \sum_{j=1}^{b} (\bar{x}_{\cdot j\cdot} - \bar{x})^2 = \frac{1}{a\,r} \sum_{j=1}^{b} x_{\cdot j\cdot}^2 - \frac{x_{\cdots}^2}{a\,b\,r} ;$$

innerhalb der Klassen (Rest):

$$q_{in} = \sum_{i=1}^{a} \sum_{j=1}^{b} \sum_{k=1}^{r} (x_{ijk} - \bar{x}_{ij\cdot})^2 = \sum_{i=1}^{a} \sum_{j=1}^{b} \sum_{k=1}^{r} x_{ijk}^2 - \frac{1}{r} \sum_{i=1}^{a} \sum_{j=1}^{b} x_{ij\cdot}^2 ;$$

Wechselwirkung:

$$q_{A \times B} = q_{ges.} - q_A - q_B - q_{in} .$$

Elementare Rechnung liefert

$$\begin{aligned}
E(X_{ijk}) &= \mu + \alpha_i + \beta_j + \gamma_{ij} ; & Var(X_{ijk}) &= \sigma_e^2 ; \\
E(X_{ij\cdot}) &= r(\mu + \alpha_i + \beta_j + \gamma_{ij}) ; & Var(X_{ij\cdot}) &= r\,\sigma_e^2 ; \\
E(X_{i\cdot\cdot}) &= b\,r(\mu + \alpha_i) ; & Var(X_{i\cdot\cdot}) &= b\,r\,\sigma_e^2 ; \\
E(X_{\cdot j\cdot}) &= a\,r(\mu + \beta_j) ; & Var(X_{i\cdot\cdot}) &= a\,r\,\sigma_e^2 ; \\
E(X_{\cdots}) &= a\,b\,r\,\mu ; & Var(X_{\cdots}) &= a\,b\,r\,\sigma_e^2 .
\end{aligned}$$

Folgende Erwartungswerte können direkt aus Abschnitt 2.2.1.1 übernommen werden, da sie durch die Wechselwirkung nicht verändert werden:

$$E(Q_A) = (a-1)\sigma_e^2 + br\sum_{i=1}^{a}\alpha_i^2 ;$$

$$E(Q_B) = (b-1)\sigma_e^2 + ar\sum_{j=1}^{b}\beta_j^2 .$$

Bei den nachfolgenden Quadraten verschwinden wegen der Reparametrisierungsbedingungen die Summen der gemischten Produkte.

$$\begin{aligned}
E(Q_{ges.}) &= \sum_{i=1}^{a}\sum_{j=1}^{b}\sum_{k=1}^{r} E(X_{ijk}^2) - \frac{E(X_{...}^2)}{abr} \\
&= \sum_{i=1}^{a}\sum_{j=1}^{b}\sum_{k=1}^{r} (\mu+\alpha_i+\beta_j+\gamma_{ij})^2 + abr\sigma_e^2 - \sigma_e^2 - abr\mu^2 \\
&= \sum_{i=1}^{a}\sum_{j=1}^{b}\sum_{k=1}^{r} (\mu^2+\alpha_i^2+\beta_j^2+\gamma_{ij}^2) + abr\sigma_e^2 - \sigma_e^2 - abr\mu^2 \\
&= (abr-1)\sigma_e^2 + br\sum_{i=1}^{a}\alpha_i^2 + ar\sum_{j=1}^{b}\beta_j^2 + r\sum_{i=1}^{a}\sum_{j=1}^{b}\gamma_{ij}^2 ;
\end{aligned}$$

$$\begin{aligned}
E(Q_{in}) &= \sum_{i=1}^{a}\sum_{j=1}^{b}\sum_{k=1}^{r} E(X_{ijk}^2) - \frac{1}{r}\sum_{i=1}^{a}\sum_{j=1}^{b} E(X_{ij.}^2) \\
&= abr\mu^2 + br\sum_{i=1}^{a}\alpha_i^2 + ar\sum_{j=1}^{b}\beta_j^2 + r\sum_{i=1}^{a}\sum_{j=1}^{b}\gamma_{ij}^2 + abr\sigma_e^2 \\
&\qquad - ab\sigma_e^2 - r\sum_{i=1}^{a}\sum_{j=1}^{b}(\mu^2+\alpha_i^2+\beta_j^2+\gamma_{ij}^2) \\
&= ab(r-1)\sigma_e^2 .
\end{aligned}$$

$$\begin{aligned}
E(Q_{A\times B}) &= E(Q_{ges.}) - E(Q_A) - E(Q_B) - E(Q_{in}) \\
&= (a-1)(b-1)\sigma_e^2 + r\sum_{i=1}^{a}\sum_{j=1}^{b}\gamma_{ij}^2 .
\end{aligned}$$

Division durch die Anzahl der Freiheitsgrade ergibt die

Tafel der doppelten Varianzanalyse mit Wechselwirkung bei festen Effekten und balancierten Daten

Abstands-quadrate	Summen der Abstandsquadrate	gemittelte Summen	Erwartungswerte der gemittelten Summen
Mittelwerte von A vom Gesamtmittel	$q_A = \frac{1}{b\,r}\sum_{i=1}^{a} x_{i\cdot\cdot}^2 - \frac{x_{\cdot\cdot\cdot}^2}{a\,b\,r}$	$\frac{q_A}{a-1}$	$\sigma_e^2 + \frac{b\,r}{a-1}\sum_{i=1}^{a}\alpha_i^2$
Mittelwerte von B vom Gesamtmittel	$q_B = \frac{1}{a\,r}\sum_{j=1}^{b} x_{\cdot j\cdot}^2 - \frac{x_{\cdot\cdot\cdot}^2}{a\,b\,r}$	$\frac{q_B}{b-1}$	$\sigma_e^2 + \frac{a\,r}{b-1}\sum_{j=1}^{b}\beta_j^2$
Wechsel-wirkung	$q_{A\times B} = q_{ges.} - q_A - q_B - q_{in}$	$\frac{q_{A\times B}}{(a-1)(b-1)}$	$\sigma_e^2 + \frac{r}{(a-1)(b-1)}\sum_{i\,j}\gamma_{ij}^2$
Innerhalb der Beobachtungs-gruppen (Rest)	$q_{in} = \sum_{i\,j\,k} x_{ijk}^2 - \frac{1}{r}\sum_{i\,j} x_{ij\cdot}^2$	$\frac{q_{in}}{a\,b(r-1)}$	$\boxed{\sigma_e^2}$
Gesamt	$q_{ges} = \sum_{i\,j\,k} x_{ijk}^2 - \frac{x_{\cdot\cdot\cdot}^2}{a\,b\,r}$	$\frac{q_{ges}}{a\,b\,r-1}$	$\tilde{\sigma}^2$

$$\tilde{\sigma}^2 = \sigma_e^2 + \frac{b\,r}{a\,b\,r-1}\sum_{i=1}^{a}\alpha_i^2 + \frac{a\,r}{a\,b\,r-1}\sum_{j=1}^{b}\beta_j^2 + \frac{r}{a\,b\,r-1}\sum_{i=1}^{a}\sum_{j=1}^{b}\gamma_{ij}^2 \;;$$

a = Anzahl der Stufen des Zeilenfaktors A ; b = Anzahl der Stufen des Spaltenfaktors B; r = konstante Zellenbesetzungszahl. Die Anzahl der Freiheitsgrade steht im Nenner der gemittelten Summe.

2.3.1.2. Schätzwerte für die Parameter des Modells

Die Parameter μ, α_i und β_j werden wie in Abschnitt 2.2.1.2 geschätzt durch

$$\hat{\mu} = \bar{x}\;;\quad \hat{\alpha}_i = \bar{x}_{i\cdot\cdot} - \bar{x}\;;\quad \hat{\beta}_j = \bar{x}_{\cdot\cdot j} - \bar{x}\,.$$

Wegen $E(\bar{X}_{ij\cdot}) = \mu + \alpha_i + \beta_j + \gamma_{ij}$ erhält man die Schätzwerte für die Konstanten der Wechselbeziehungen

$$\hat{\gamma}_{ij} = \bar{x}_{ij\cdot} - \hat{\alpha}_i - \hat{\beta}_j \quad \text{für } i = 1,2,\dots,a;\; j = 1,2,\dots,b.$$

$\frac{Q_{in}}{a\,b(r-1)}$ ist eine erwartungstreue Schätzfunktion für die Fehlervarianz σ_e^2 mit den Schätzwerten

$$\hat{\sigma}_e^2 = \frac{q_{in}}{a\,b(r-1)}\,.$$

2.3.1.3. Tests und Konfidenzintervalle für σ_e^2 bei Normalverteilungen

Bei normalverteilten Zufallsvariablen ist die Zufallsvariable Q_{in}/σ_e^2 Chi-Quadrat-verteilt mit $ab(r-1)$ Freiheitsgraden. Damit können unter Beachtung der Freiheitsgrade wie in Abschnitt 1.1.4 Konfidenzintervalle und Tests der Fehlervarianz σ_e^2 durchgeführt werden.

2.3.1.4. Tests auf unterschiedlichen Einfluß der Stufen der Faktoren und auf Wechselwirkung bei Normalverteilungen

Unter der Voraussetzung der Normalverteilung sollen folgende Nullhypothesen getestet werden:

H_A: $\alpha_1 = \alpha_2 = ... = \alpha_a = 0$ (kein unterschiedlicher Einfluß des Faktors A);

H_B: $\beta_1 = \beta_2 = ... = \beta_b = 0$ (kein unterschiedlicher Einfluß des Faktors B);

$H_{A \times B}$: $\gamma_{ij} = 0$ für alle i, j (keine Wechselwirkung) .

Falls die jeweilige Nullhypothese richtig ist, gilt :

$$V_A = \frac{Q_A/(a-1)}{Q_{in}/ab(r-1)}$$

ist F-verteilt mit $(a-1, ab(r-1))$ Freiheitsgraden ;

$$V_B = \frac{Q_B/(b-1)}{Q_{in}/ab(r-1)}$$

ist F-verteilt mit $(b-1, ab(r-1))$ Freiheitsgraden ;

$$V_{A \times B} = \frac{Q_{A \times B}/(a-1)(b-1)}{Q_{in}/ab(r-1)}$$

ist F-verteilt mit $((a-1)(b-1), ab(r-1))$ Freiheitsgraden .

Mit den Quantilen der F-Verteilungen erhält man die

Testentscheidungen:

a) Im Falle $v_A = \dfrac{q_A/(a-1)}{q_{in}/ab(r-1)} > f_{a-1, ab(r-1); 1-\alpha}$

wird H_A abgelehnt, sonst nicht.

b) Falls $v_B = \dfrac{q_B/(b-1)}{q_{in}/ab(r-1)} > f_{b-1, ab(r-1); 1-\alpha}$ ist ,

wird H_B abgelehnt, sonst nicht.

c) Im Falle $v_{A\times B} = \dfrac{q_{A\times B}/(a-1)(b-1)}{q_{in}/a\,b\,(r-1)} > f_{(a-1)(b-1),\, a\,b\,(r-1);\, 1-\alpha}$

wird $H_{A\times B}$ abgelehnt, d. h. eine Wechselwirkung ist vorhanden.

Beispiel: Um die Auswirkung der Ernährungsweise auf den Blutdruck zu untersuchen, wurden aus 3 Altersklassen (jung, mittel, alt) jeweils 10 Vegetarier und 10 Nichtvegetarier zufällig ausgewählt und der Blutdruck bestimmt. Dabei ergab sich die folgende Tabelle, in der die durchschnittlichen Blutdruckwerte der jeweiligen 10 Personen angegeben sind.

		Alter		
$\bar{x}_{ij\cdot}$		jung	mittel	alt
Ernährung	vegetarisch	123	140	157
	nicht vegetarisch	125	150	175

Die Summe der Quadrate aller Meßwerte ist dabei 1 285 600.
Dabei sei das Modell mit Wechselwirkungen und festen Effekten erfüllt.

Der Faktor A sei die Ernährung und B das Alter mit a = 2 und b = 3. Jede der 6 Zellen enthält r = 10 Meßwerte mit den Summen $x_{ij\cdot} = 10 \cdot \bar{x}_{ij\cdot}$.

Durch Summenbildung erhält man folgende Werte:

$\bar{x} = 145;\ \dfrac{x_{\cdots}^2}{a\,b\,r} = 60 \cdot \bar{x}^2 = 1\,261\,500;$

$q_A = \frac{10}{3}(420^2 + 450^2) - 1\,261\,500 = 1\,500;$

$q_B = \frac{10}{2}(248^2 + 290^2 + 332^2) - 1\,261\,500 = 17\,640;$

$q_{in} = 1\,285\,600 - 10\,(123^2+140^2+157^2+125^2+150^2+175^2) = 4\,320;$

$q_{ges.} = 1\,285\,600 - 1\,261\,500 = 24\,100;$

$q_{A\times B} = 640.$

Damit erhält man die Tafel

Abstands-quadrate	Summen der Abstandsquadrate	gemittelte Summen	Erwartungswerte der gemittelten Summen
Mittelwerte Ernährung vom Gesamtmittel	$q_A = 1\,500$	1500	$\sigma_e^2 + 30 \sum_{i=1}^{2} \alpha_i^2$
Mittelwerte Alter vom Gesamtmittel	$q_B = 17\,640$	8 820	$\sigma_e^2 + 10 \sum_{j=1}^{3} \beta_j^2$
Wechselwirkung	$q_{A \times B} = 640$	320	$\sigma_e^2 + 5 \sum_{i=1}^{2} \sum_{j=1}^{3} \gamma_{ij}^2$
Innerhalb der Beobachtungs-gruppen (Rest)	$q_{in} = 4\,320$	80	$\boxed{\sigma_e^2}$
Gesamt	$q_{ges} = 24\,100$	408,47	

Test der Hypothesen des unterschiedlichen Einflusses:

Unter der Voraussetzung der Normalverteilung sollen mit $\alpha = 0{,}05$ folgende Nullhypothesen getestet werden:

H_A: $\alpha_1 = \alpha_2 = 0$; kein unterschiedlicher Einfluß der Ernährung ;

H_B: $\beta_1 = \beta_2 = \beta_3 = 0$; kein unterschiedlicher Einfluß des Alters ;

$H_{A \times B}$: $\gamma_{ij} = 0$ für alle i, j ; keine Wechselwirkung .

a) $$v_A = \frac{q_A/(a-1)}{q_{in}/ab(r-1)} = \frac{1\,500}{80} = 18{,}75\,.$$

Das 0,95-Quantil lautet $f_{1,54;0,95} = 4{,}02$. Da die Testgröße dieses Quantil überschreitet, wird H_A abgelehnt. Die Ernährung hat also verschiedenen Einfluß auf den Blutdruck.

b) $$v_B = \frac{q_B/(b-1)}{q_{in}/ab(r-1)} = \frac{8\,820}{80} = 110{,}25.$$

Bei diesem großen Zahlenwert ist ein Vergleich mit dem Quantil überflüssig. Auch das Alter hat einen signifikanten Einfluß auf den Blutdruck.

c) $$v_{A \times B} = \frac{q_{A \times B}/(a-1)(b-1)}{q_{in}/ab(r-1)} = \frac{320}{80} = 4\,.$$

Das entsprechende Quantil $f_{2,54;0,95} = 3{,}17$ wird von der Testgröße überschritten. Damit wird auch $H_{A \times B}$ abgelehnt, d. h. es ist auch eine Wechselwirkung vorhanden.

Schätzwerte für die Parameter des Modells:

Für die Parameter des Modells erhält man folgende Schätzwerte:

$$\hat{\mu} = 145;$$

$$\hat{\alpha}_1 = \frac{1}{3}(123 + 140 + 157) - 145 = -5;$$

$$\hat{\alpha}_2 = \frac{1}{3}(125 + 150 + 175) - 145 = 5;$$

$$\hat{\beta}_1 = \frac{1}{2}(123 + 125) - 145 = -21; \quad \hat{\beta}_2 = 0; \quad \hat{\beta}_3 = 21;$$

$$\hat{\sigma}_e^2 = \frac{q_{in}}{54} = \frac{4\,320}{54} = 80.$$

2.3.2. Wechselwirkung bei zufälligen Effekten

Modellvoraussetzung

$$X_{ijk} = \mu + A_i + B_j + G_{ij} + E_{ijk};$$

$$i = 1, 2, \ldots, a; \; j = 1, 2, \ldots, b; \; k = 1, 2, \ldots, r.$$

Die Zufallsvariablen A_i, B_j, G_{ij} und E_{ijk} seien voneinander unabhängig und besitzen alle den Erwartungswert Null. Dann ist μ der Erwartungswert aller Zufallsvariabler X_{ijk}. Für die Varianzen der Zufallsvariablen gelte

$$\mathrm{Var}(A_i) = \sigma_a^2; \quad \mathrm{Var}(B_j) = \sigma_b^2; \quad \mathrm{Var}(G_{ij}) = \sigma_{ab}^2;$$

$$\mathrm{Var}(E_{ijk}) = \sigma_e^2 \quad \text{für alle } i, j, k.$$

Hieraus folgt

$$E(X_{ijk}) = \mu; \quad \mathrm{Var}(X_{ijk}) = \sigma_a^2 + \sigma_b^2 + \sigma_{ab}^2 + \sigma_e^2.$$

2.3.2.1. Quadratsummenzerlegung

Elementare Rechnung ergibt

$$E(X_{ij\cdot}) = r\mu\,; \quad Var(X_{ij\cdot}) = r^2(\sigma_a^2 + \sigma_b^2 + \sigma_{ab}^2) + r\sigma_e^2\,;$$
$$E(X_{i\cdot\cdot}) = br\mu\,; \quad Var(X_{i\cdot\cdot}) = br(br\sigma_a^2 + r\sigma_b^2 + r\sigma_{ab}^2 + \sigma_e^2)\,;$$
$$E(X_{\cdot j\cdot}) = ar\mu\,; \quad Var(X_{\cdot j\cdot}) = ar(ar\sigma_b^2 + r\sigma_a^2 + r\sigma_{ab}^2 + \sigma_e^2)\,;$$
$$E(X_{\cdot\cdot\cdot}) = abr\mu\,; \quad Var(X_{\cdot\cdot\cdot}) = abr(br\sigma_a^2 + ar\sigma_b^2 + r\sigma_{ab}^2 + \sigma_e^2).$$

Für die Quadratsummenzerlegung erhält man

$$E(Q_A) = \frac{1}{br}\sum_{i=1}^{a} E(X_{i\cdot\cdot}^2) - \frac{1}{abr}E(X_{\cdot\cdot\cdot}^2)$$
$$= (a-1)\sigma_e^2 + (a-1)br\sigma_a^2 + (a-1)r\sigma_{ab}^2\,;$$

$$E(Q_B) = \frac{1}{ar}\sum_{j=1}^{b} E(X_{\cdot j\cdot}^2) - \frac{1}{abr}E(X_{\cdot\cdot\cdot}^2)$$
$$= (b-1)\sigma_e^2 + (b-1)ar\sigma_b^2 + (b-1)r\sigma_{ab}^2\,;$$

$$E(Q_{in}) = \sum_{i=1}^{a}\sum_{j=1}^{b}\sum_{k=1}^{r} E(X_{ijk}^2) - \frac{1}{r}\sum_{i=1}^{a}\sum_{j=1}^{b} E(X_{ij\cdot}^2)$$
$$= ab(r-1)\sigma_e^2\,;$$

$$E(Q_{ges.}) = \sum_{i=1}^{a}\sum_{j=1}^{b}\sum_{k=1}^{r} E(X_{ijk}^2) - \frac{1}{abr}E(X_{\cdot\cdot\cdot}^2)$$
$$= (abr-1)\sigma_e^2 + (a-1)br\sigma_a^2 + (b-1)ar\sigma_b^2 + (ab-1)r\sigma_{ab}^2;$$

$$E(Q_{A\times B}) = E(Q_{ges.}) - E(Q_A) - E(Q_B) - E(Q_{in})$$
$$= (a-1)(b-1)\sigma_e^2 + (a-1)(b-1)r\sigma_{ab}^2\,.$$

Division durch die Anzahl der Freiheitsgrade ergibt die

Tafel der doppelten Varianzanalyse mit Wechselwirkung bei zufälligen Effekten und balancierten Daten

Abstands-quadrate	Summen der Abstandsquadrate	gemittelte Summen	Erwartungswerte der gemittelten Summen
Mittelwerte von A vom Gesamtmittel	$q_A = \frac{1}{br}\sum_{i=1}^{a} x_{i..}^2 - \frac{x_{...}^2}{abr}$	$\frac{q_A}{a-1}$	$\sigma_e^2 + r\sigma_{ab}^2 + br\sigma_a^2$
Mittelwerte von B vom Gesamtmittel	$q_B = \frac{1}{ar}\sum_{j=1}^{b} x_{.j.}^2 - \frac{x_{...}^2}{abr}$	$\frac{q_B}{b-1}$	$\sigma_e^2 + r\sigma_{ab}^2 + ar\sigma_b^2$
Wechsel-wirkung	$q_{A\times B} = q_{ges.} - q_A - q_B - q_{in}$	$\frac{q_{A\times B}}{(a-1)(b-1)}$	$\sigma_e^2 + r\sigma_{ab}^2$
Innerhalb der Beobachtungs-gruppen (Rest)	$q_{in} = \sum_{ijk} x_{ijk}^2 - \frac{1}{r}\sum_{ij} x_{ij.}^2$	$\frac{q_{in}}{ab(r-1)}$	$\boxed{\sigma_e^2}$
Gesamt	$q_{ges} = \sum_{ijk} x_{ijk}^2 - \frac{x_{...}^2}{abr}$	$\frac{q_{ges}}{abr-1}$	$\tilde{\sigma}^2$

$$\tilde{\sigma}^2 = \sigma_e^2 + \frac{(a-1)br}{abr-1}\sigma_a^2 + \frac{(b-1)ar}{abr-1}\sigma_b^2 + \frac{(ab-1)r}{abr-1}\sigma_{ab}^2 ;$$

a = Anzahl der Stufen des Zeilenfaktors A ; b = Anzahl der Stufen des Spaltenfaktors B ; r = konstante Zellenbesetzungszahl. Die Anzahl der Freiheitsgrade steht im Nenner der gemittelten Summe.

2.3.2.2. Schätzwerte der Parameter des Modells

Als Schätzfunktion für den Erwartungswert wird das gesamte Stichprobenmittel benutzt, also

$$\hat{\mu} = \bar{x} = \frac{x_{...}}{abr} .$$

Für die Varianzkomponenten erhält man die erwartungstreuen Schätzwerte

$$\hat{\sigma}_e^2 = \frac{q_{in}}{ab(r-1)} ;$$

$$\hat{\sigma}_{ab}^2 = \frac{1}{r}\left(\frac{q_{A\times B}}{(a-1)(b-1)} - \frac{q_{in}}{ab(r-1)}\right);$$

$$\hat{\sigma}_a^2 = \frac{1}{br}\left(\frac{q_A}{a-1} - \frac{q_{A\times B}}{(a-1)(b-1)}\right);$$

$$\hat{\sigma}_b^2 = \frac{1}{ar}\left(\frac{q_B}{b-1} - \frac{q_{A\times B}}{(a-1)(b-1)}\right).$$

2.3.2.3. Tests und Konfidenzintervalle für σ_e^2 bei Normalverteilungen

Bei normalverteilten Zufallsvariablen ist die Zufallsvariable Q_{in}/σ_e^2 Chi-Quadrat-verteilt mit $ab(r-1)$ Freiheitsgraden. Damit können unter Beachtung der Freiheitsgrade wie in Abschnitt 1.1.4 Konfidenzintervalle und Tests der Fehlervarianz σ_e^2 durchgeführt werden.

2.3.2.4. Tests auf unterschiedlichen Einfluß der Stufen der beiden Faktoren und auf Wechselwirkung bei Normalverteilungen

Unter der Voraussetzung der Normalverteilung sollen folgende Nullhypothesen getestet werden:

$H_A: \sigma_a^2 = 0$ (kein unterschiedlicher Einfluß des Faktors A);

$H_B: \sigma_b^2 = 0$ (kein unterschiedlicher Einfluß des Faktors B);

$H_{A\times B}: \sigma_{ab}^2 = 0$ (keine Wechselwirkung) .

Bei diesem Modell dürfen nicht unmittelbar die Testgrößen aus dem Modell mit festen Effekten übernommen werden. Der Grund dafür sind die Erwartungswerte der gemittelten Summen.

a) Test der Nullhypothese H_A:

Falls diese Nullhypothese richtig ist, besitzen die beiden Zufallsvariablen $\frac{Q_A}{a-1}$ und $\frac{Q_{A\times B}}{(a-1)(b-1)}$ den gleichen Erwartungswert $\sigma_e^2 + r\sigma_{ab}^2$ und sind voneinander unabhängig. Dann ist die Testgröße

$$V_A = \frac{Q_A/(a-1)}{Q_{A\times B}/(a-1)(b-1)}$$

F-verteilt mit $(a-1, (a-1)(b-1))$ Freiheitsgraden. Mit den Quantilen der F-Verteilung erhält man die

Testentscheidung:

Im Falle $v_A = \dfrac{q_A/(a-1)}{q_{A\times B}/(a-1)(b-1)} > f_{a-1,\,(a-1)(b-1);\,1-\alpha}$ wird H_A abgelehnt, sonst nicht.

b) Test der Nullhypothese H_B:

Falls diese Nullhypothese richtig ist, besitzen die beiden Zufallsvariablen $\frac{Q_B}{b-1}$ und $\frac{Q_{A\times B}}{(a-1)(b-1)}$ den gleichen Erwartungswert $\sigma_e^2 + r\sigma_{ab}^2$ und sind voneinander unabhängig. Die Testgröße.

$$V_B = \frac{Q_B/(b-1)}{Q_{A\times B}/[(a-1)(b-1)]}$$

ist dann F-verteilt mit $(b-1, (a-1)(b-1))$ Freiheitsgraden. Damit erhält man die

Testentscheidung:

Im Falle $v_B = \frac{q_B/(b-1)}{q_{A\times B}/[(a-1)(b-1)]} > f_{b-1,\ (a-1)(b-1);\,1-\alpha}$ wird H_B abgelehnt, sonst nicht.

c) Test der Nullhypothese $H_{A\times B}$:

Falls diese Nullhypothese richtig ist, besitzen die beiden Zufallsvariablen $\frac{Q_{A\times B}}{(a-1)(b-1)}$ und $\frac{Q_{in}}{ab(r-1)}$ den gleichen Erwartungswert σ_e^2 und sind von-voneinander unabhängig. Dann ist die Testgröße.

$$V_{A\times B} = \frac{Q_{A\times B}/(a-1)(b-1)}{Q_{in}/[ab(r-1)]}$$

F-verteilt mit $((a-1)(b-1), ab(r-1))$ Freiheitsgraden. Damit erhält man die

Testentscheidung:

Im Falle $v_{A\times B} = \frac{q_{A\times B}/(a-1)(b-1)}{q_{in}/[ab(r-1)]} > f_{(a-1)(b-1),\,ab(r-1);\,1-\alpha}$ wird $H_{A\times B}$ abgelehnt, sonst nicht.

Bemerkung: In a) und b) unterscheiden sich die Testfunktionen von denen bei festen Effekten aus Abschnitt 2.3.1. Im Gegensatz zu den festen Effekten tritt bei den zufälligen Effekten im Nenner der Testgröße die Summe der Abweichungsquadrate der Wechselwirkung auf.

2.3.3. Wechselwirkung bei gemischten Effekten

In diesem Abschnitt soll ein Modell mit Wechselwirkung behandelt werden, bei dem ein Effekt fest und der andere zufällig ist. Durch Vertauschen der beiden Faktoren kann immer erreicht werden, daß der Faktor A feste und der Faktor B zufällige Effekte besitzt. Es soll nur der **balancierte** Fall gleicher Klassenbesetzung mit r Werten pro Klasse behandelt werden. Das Modell soll einmal ohne und einmal mit Reparametrisierungsbedingungen untersucht werden. Dabei stellt sich heraus, daß in beiden Fällen die benutzten Varianzkomponenten verschiedene Bedeutung haben. Aus diesem Grund muß der Anwender genau darauf achten, welches Modell tatsächlich vorliegt. Allgemein gelte die

Modellvoraussetzung:

$$X_{ijk} = \mu + \alpha_i + B_j + G_{ij} + E_{ijk}\ ;$$
$$i = 1,2,\ldots,a\ ;\ \ j = 1,2,\ldots,b;\quad k = 1,2,\ldots,r.$$

Dabei seien α_i, $i = 1,2,\ldots,a$ feste Effekte. Die Zufallsvariablen B_j, G_{ij} und E_{ijk} besitzen alle den Erwartungswert 0 und die Varianzen

$$\operatorname{Var}(B_j) = \sigma_b^2\ ;\ \ \operatorname{Var}(G_{ij}) = \sigma_{ab}^2;\ \ \operatorname{Var}(E_{ijk}) = \sigma_e^2 \text{ für alle } i, j, k\ .$$

Ferner gelte:

1) Die Zufallsvariablen B_j und E_{ijk} seien untereinander und von allen übrigen Zufallsvariablen unabhängig.

2) Für jedes feste i seien die Zufallsvariablen $G_{i1}, G_{i2}, \ldots, G_{ib}$ voneinander unabhängig.

Unter diesen Voraussetzungen gilt allgemein

$$E(X_{ijk}) = \mu + \alpha_i\ ;\ \ \operatorname{Var}(X_{ijk}) = \sigma_b^2 + \sigma_{ab}^2 + \sigma_e^2 \text{ für alle } i, j, k\ .$$

2.3.3.1. Das Modell ohne Reparametrisierungsbedingungen

Anstelle von Reparametrisierungsbedingungen sei neben 1) und 2) noch vorausgesetzt, daß für jedes j die Zufallsvariablen G_{ij}, $i = 1,2,\ldots,a$ voneinander unabhängig sind. Dann sind alle angegebenen Zufallsvariablen voneinander unabhängig.

Damit erhält man für die Quadratsummenzerlegung die Größen:

$$X_{ij\cdot} = r(\mu + \alpha_i + B_j + G_{ij}) + E_{ij\cdot}\,;$$

$$E(X_{ij\cdot}) = r(\mu + \alpha_i)\,; \quad Var(X_{ij\cdot}) = r(r\sigma_b^2 + r\sigma_{ab}^2 + \sigma_e^2)\,;$$

$$X_{i\cdot\cdot} = r(b\mu + b\alpha_i + \sum_{j=1}^{b} B_j + \sum_{j=1}^{b} G_{ij}) + E_{i\cdot\cdot}\,;$$

$$E(X_{i\cdot\cdot}) = rb(\mu + \alpha_i)\,; \quad Var(X_{i\cdot\cdot}) = br(r\sigma_b^2 + r\sigma_{ab}^2 + \sigma_e^2)\,;$$

$$X_{\cdot j\cdot} = ar\mu + r\sum_{i=1}^{a}\alpha_i + arB_j + r\sum_{i=1}^{a} G_{ij} + E_{\cdot j\cdot}\,;$$

$$E(X_{\cdot j\cdot}) = ar\mu + r\sum_{i=1}^{a}\alpha_i\,; \quad Var(X_{\cdot j\cdot}) = ar(ar\sigma_b^2 + r\sigma_{ab}^2 + \sigma_e^2)\,;$$

$$X_{\cdots} = abr\mu + br\sum_{i=1}^{a}\alpha_i + ar\sum_{j=1}^{b} B_j + rG_{\cdot\cdot} + E_{\cdots}\,;$$

$$E(X_{\cdots}) = abr\mu + br\sum_{i=1}^{a}\alpha_i\,; \quad Var(X_{\cdots}) = abr(ar\sigma_b^2 + r\sigma_{ab}^2 + \sigma_e^2).$$

Mit $E(Y^2) = Var(Y) + [E(Y)]^2$ und $\bar{\alpha} = \frac{1}{a}\sum_{i=1}^{a}\alpha_i$ erhält man

$$E(X_{ijk}^2) = \sigma_b^2 + \sigma_{ab}^2 + \sigma_e^2 + (\mu + \alpha_i)^2\,;$$

$$E(X_{ij\cdot}^2) = r(r\sigma_b^2 + r\sigma_{ab}^2 + \sigma_e^2) + r^2(\mu + \alpha_i)^2\,;$$

$$E(X_{i\cdot\cdot}^2) = br(r\sigma_b^2 + r\sigma_{ab}^2 + \sigma_e^2) + r^2b^2(\mu + \alpha_i)^2\,;$$

$$E(X_{\cdot j\cdot}^2) = ar(ar\sigma_b^2 + r\sigma_{ab}^2 + \sigma_e^2) + a^2r^2(\mu + \bar{\alpha})^2\,;$$

$$E(X_{\cdots}^2) = abr(ar\sigma_b^2 + r\sigma_{ab}^2 + \sigma_e^2) + a^2b^2r^2(\mu + \bar{\alpha})^2.$$

Bei den nachfolgenden Umformungen wird folgende Eigenschaft benutzt:

$$\sum_{i=1}^{a}(\mu + \alpha_i)^2 - a(\mu + \bar{\alpha})^2 = \sum_{i=1}^{a}(\alpha_i - \bar{\alpha})^2\,.$$

$$\begin{aligned} E(Q_A) &= \frac{1}{br}\sum_{i=1}^{a} E(X_{i\cdot\cdot}^2) - \frac{1}{abr}E(X_{\cdots}^2) \\ &= a(r\sigma_b^2 + r\sigma_{ab}^2 + \sigma_e^2) + br\sum_{i=1}^{a}(\mu + \alpha_i)^2 \\ &\quad - (ar\sigma_b^2 + r\sigma_{ab}^2 + \sigma_e^2) - abr(\mu + \bar{\alpha})^2 \\ &= (a-1)\sigma_e^2 + (a-1)r\sigma_{ab}^2 + br\sum_{i=1}^{a}(\alpha_i - \bar{\alpha})^2\,. \end{aligned}$$

$$E(Q_B) = \frac{1}{ar}\sum_{j=1}^{b} E(X_{.j.}^2) - \frac{1}{abr}E(X_{...}^2)$$

$$= b(ar\sigma_b^2 + r\sigma_{ab}^2 + \sigma_e^2) + arb(\mu + \bar{\alpha})^2$$

$$-(ar\sigma_b^2 + r\sigma_{ab}^2 + \sigma_e^2) - abr(\mu + \bar{\alpha})^2$$

$$= (b-1)\sigma_e^2 + ar(b-1)\sigma_b^2 + r(b-1)\sigma_{ab}^2 .$$

$$E(Q_{in}) = \sum_{i=1}^{a}\sum_{j=1}^{b}\sum_{k=1}^{r} E(X_{ijk}^2) - \frac{1}{r}\sum_{i=1}^{a}\sum_{j=1}^{b} E(X_{ij.}^2)$$

$$= abr(\sigma_b^2 + \sigma_{ab}^2 + \sigma_e^2) + br\sum_{i=1}^{a}(\mu + \alpha_i)^2$$

$$-ab(r\sigma_b^2 + r\sigma_{ab}^2 + \sigma_e^2) - br\sum_{i=1}^{a}(\mu + \alpha_i)^2$$

$$= ab(r-1)\sigma_e^2 .$$

$$E(Q_{ges.}) = \sum_{i=1}^{a}\sum_{j=1}^{b}\sum_{k=1}^{r} E(X_{ijk}^2) - \frac{1}{abr}E(X_{...}^2)$$

$$= abr(\sigma_b^2 + \sigma_{ab}^2 + \sigma_e^2) + br\sum_{i=1}^{a}(\mu + \alpha_i)^2$$

$$-(ar\sigma_b^2 + r\sigma_{ab}^2 + \sigma_e^2) - abr(\mu + \bar{\alpha})^2$$

$$= (abr-1)\sigma_e^2 + ar(b-1)\sigma_b^2 + (ab-1)r\sigma_{ab}^2 + br\sum_{i=1}^{a}(\alpha_i - \bar{\alpha})^2 .$$

$$E(Q_{A\times B}) = E(Q_{ges.}) - E(Q_A) - E(Q_B) - E(Q_{in})$$

$$= (a-1)(b-1)\sigma_e^2 + (a-1)(b-1)r\sigma_{ab}^2 .$$

Division durch die Anzahl der Freiheitsgrade ergibt die

Tafel der doppelten Varianzanalyse mit Wechselwirkung mit gemischten Effekten (A fest, B zufällig) ohne Reparametrisierungsbedingungen bei balancierten Daten

Abstands-quadrate	Summen der Abstandsquadrate	gemittelte Summen	Erwartungswerte der gemittelten Summen
Mittelwerte von A vom Gesamtmittel	$q_A = \frac{1}{br}\sum_{i=1}^{a} x_{i..}^2 - \frac{x_{...}^2}{abr}$	$\frac{q_A}{a-1}$	$\sigma_e^2 + r\sigma_{ab}^2 + \frac{br}{a-1}\sum_{i=1}^{a}(\alpha_i - \bar{\alpha})^2$
Mittelwerte von B vom Gesamtmittel	$q_B = \frac{1}{ar}\sum_{j=1}^{b} x_{.j.}^2 - \frac{x_{...}^2}{abr}$	$\frac{q_B}{b-1}$	$\sigma_e^2 + r\sigma_{ab}^2 + ar\sigma_b^2$
Wechsel-wirkung	$q_{A\times B} = q_{ges.} - q_A - q_B - q_{in}$	$\frac{q_{A\times B}}{(a-1)(b-1)}$	$\sigma_e^2 + r\sigma_{ab}^2$
Innerhalb der Beobachtungs-gruppen (Rest)	$q_{in} = \sum_{ijk} x_{ijk}^2 - \frac{1}{r}\sum_{ij} x_{ij.}^2$	$\frac{q_{in}}{ab(r-1)}$	$\boxed{\sigma_e^2}$
Gesamt	$q_{ges} = \sum_{ijk} x_{ijk}^2 - \frac{x_{...}^2}{abr}$	$\frac{q_{ges}}{abr-1}$	$\tilde{\sigma}^2$

$$\tilde{\sigma}^2 = \sigma_e^2 + \frac{br}{abr-1}\sum_{i=1}^{a}(\alpha_i - \bar{\alpha})^2 + \frac{(b-1)ar}{abr-1}\sigma_b^2 + \frac{(ab-1)r}{abr-1}\sigma_{ab}^2;$$

a = Anzahl der Stufen des Zeilenfaktors A ; b = Anzahl der Stufen des Spaltenfaktors B; r = konstante Zellenbesetzungszahl. Die Anzahl der Freiheitsgrade stehen im Nenner der gemittelten Summen.

Tests auf unterschiedlichen Einfluß der Faktoren und auf Wechselwirkung bei Normalverteilungen

Unter der Normalverteilungsannahme erhält man für die Tests der Nullhypothesen

H_A: $\alpha_1 = \alpha_2 = \ldots = \alpha_a$ (kein unterschiedlicher Einfluß des Faktors A);

H_B: $\sigma_a^2 = 0$ (kein unterschiedlicher Einfluß des Faktors B);

$H_{A\times B}$: $\sigma_{ab}^2 = 0$ (keine Wechselwirkung)

mit den Quantilen der F-Verteilung die

Testentscheidungen:

a) Im Falle $v_A = \dfrac{q_A/(a-1)}{q_{A\times B}/(a-1)(b-1)} > f_{a-1,\ (a-1)(b-1);\,1-\alpha}$ wird H_A abgelehnt, sonst nicht.

b) Im Falle $v_B = \dfrac{q_B/(b-1)}{q_{A\times B}/(a-1)(b-1)} > f_{b-1,\ (a-1)(b-1);\,1-\alpha}$

wird H_B abgelehnt, sonst nicht.

c) falls $v_{A\times B} = \dfrac{q_{A\times B}/(a-1)(b-1)}{q_{in}/ab(r-1)} > f_{(a-1)(b-1),\,ab(r-1);\,1-\alpha}$

ist, wird $H_{A\times B}$ abgelehnt, sonst nicht.

Schätzungen der Parameter des Modells

Da keine Reparametrisierungsbedingungen vorgegeben sind, können die Parameter μ und α_i nicht direkt geschätzt werden. Wegen

$$E(\bar{X}_{ij\cdot}) = \mu + \alpha_i \,; \quad E(\bar{X}) = \mu + \bar{\alpha}$$

können jedoch die Summen $(\mu + \alpha_i)$, $i = 1, 2, \dots, a$ und $\mu + \bar{\alpha}$ geschätzt werden. Wegen

$$\bar{\alpha} = \frac{1}{a}\sum_{i=1}^{a} \alpha_i$$

können aus diesen Schätzungen die Parameter selbst geschätzt werden.

Die Varianzkomponenten σ_e^2 ; σ_a^2 und σ_{ab}^2 werden wie in Abschnitt 2.3.2.2 geschätzt.

2.3.3.2. Das Modell mit Reparametrisierungsbedingungen

Für das in Abschnitt 2.3.3 beschriebene gemischte Modell seien die Bedingungen 1) und 2) erfüllt. Zusätzlich werden noch Reparametrisierungsbedingungen eingeführt. Durch diese Bedingungen wird das Modell sehr stark geändert. Aus diesem Grund werden die entsprechenden Größen in diesem Modell immer mit einem $*$ versehen. Es gelte also die

Modellvoraussetzung:

$$X_{ijk} = \mu^* + \alpha_i^* + B_j^* + G_{ij}^* + E_{ijk} ;$$
$$i = 1,2,\dots,a ; \; j = 1,2,\dots,b; \; k=1,2,\dots,r.$$

Die Zufallsvariablen B_j^*, G_{ij}^* und E_{ijk} besitzen alle den Erwartungswert Null und die Varianzen

$$\mathrm{Var}(B_j^*) = \sigma_b^{*2} ; \; \mathrm{Var}(G_{ij}^*) = \sigma_{ab}^{*2} ; \; \mathrm{Var}(E_{ijk}) = \sigma_e^2 \quad \text{für alle } i,j,k .$$

Diese Zufallsvariablen sollen die Bedingungen 1) und 2) aus Abschnitt 2.3.3 erfüllen. Zusätzlich gelten noch die

Reparametrisierungsbedingungen

$$\sum_{i=1}^{a} \alpha_i^* = 0 ; \; \sum_{i=1}^{a} G_{ij}^* = 0 \quad \text{für alle } j = 1,2,\dots,b .$$

Dann verschwindet $\bar{\alpha}^* = \frac{1}{a}\sum_{i=1}^{a} \alpha_i^*$. Durch die zweite Bedingung werden allerdings die Zufallsvariablen G_{ij}^* und G_{kj}^* für $k \neq j$ korreliert (abhängig) mit der Kovarianz $\mathrm{Cov}(G_{ij}^*, G_{kj}^*) = \sigma_G^*$ für $k \neq j$.

Aus $\sum_{i=1}^{a} G_{ij} = 0$ folgt

$$0 = \mathrm{Var}(\sum_{i=1}^{a} G_{ij}^*) = \sum_{i=1}^{a} \mathrm{Var}(G_{ij}^*) + \sum_{i \neq k} \mathrm{Cov}(G_{ij}^*, G_{kj}^*)$$
$$= a \cdot \sigma_{ab}^{*2} + a(a-1)\sigma_G^* .$$

Hieraus folgt

$$\sigma_G^* = -\frac{1}{a-1}\sigma_{ab}^{*2} .$$

Damit erhält man den Korrelationskoeffizienten

$$\rho = \rho(G_{ij}, G_{kj}) = \frac{\mathrm{Cov}(G_{ij}, G_{kj})}{\sigma_{ab}^{*2}} = -\frac{1}{a-1} \quad \text{für } i \neq k .$$

Elementare Rechnung, die ähnlich wie in Abschnitt 2.3.3.1 verläuft, liefert die

Tafel der doppelten Varianzanalyse mit Wechselwirkung und gemischten Effekten (A fest, B zufällig) mit Reparametrisierungsbedingungen bei balancierten Daten

Abstands-quadrate	Summen der Abstandsquadrate	gemittelte Summen	Erwartungswerte der gemittelten Summen
Mittelwerte von A vom Gesamtmittel	$q_A = \frac{1}{br}\sum_{i=1}^{a} x_{i..}^2 - \frac{x_{...}^2}{abr}$	$\frac{q_A}{a-1}$	$\sigma_e^2 + \frac{ar}{a-1}\sigma_{ab}^{*2} + \frac{br}{a-1}\sum_{i=1}^{a}\alpha_i^2$
Mittelwerte von B vom Gesamtmittel	$q_B = \frac{1}{ar}\sum_{j=1}^{b} x_{.j.}^2 - \frac{x_{...}^2}{abr}$	$\frac{q_B}{b-1}$	$\sigma_e^2 + ar\sigma_b^{*2}$
Wechsel-wirkung	$q_{A\times B} = q_{ges.} - q_A - q_B - q_{in}$	$\frac{q_{A\times B}}{(a-1)(b-1)}$	$\sigma_e^2 + \frac{ar}{a-1}\sigma_{ab}^{*2}$
Innerhalb der Beobachtungs-gruppen (Rest)	$q_{in} = \sum_{ijk} x_{ijk}^2 - \frac{1}{r}\sum_{i,j} x_{ij.}^2$	$\frac{q_{in}}{ab(r-1)}$	$\boxed{\sigma_e^2}$
Gesamt	$q_{ges} = \sum_{ijk} x_{ijk}^2 - \frac{x_{...}^2}{abr}$	$\frac{q_{ges}}{abr-1}$	$\tilde{\sigma}^2$

Tests auf unterschiedlichen Einfluß der Faktoren und auf Wechselwirkung bei Normalverteilungen

Unter der Normalverteilungsannahme sollen folgende Hypothesen getestet werden

$$H_A: \alpha_1^* = \alpha_2^* = \ldots = \alpha_a^* = 0$$

(kein unterschiedlicher Einfluß des Faktors A);

$$H_B: \sigma_b^{*2} = 0 \quad \text{(kein unterschiedlicher Einfluß des Faktors B);}$$

$$H_{A\times B}: \sigma_{ab}^{*2} = 0 \quad \text{(keine Wechselwirkung)}\,.$$

a) Zum Test der Nullhypothese H_A wird hier die gleiche Testfunktion wie in Abschnitt 2.3.2.4 benutzt mit der

Testentscheidung:

Falls $v_A = \dfrac{q_A/(a-1)}{q_{A\times B}/(a-1)(b-1)} > f_{a-1,\ (a-1)(b-1);1-\alpha}$ ist,

wird H_A abgelehnt, sonst nicht.

b) Zum Test der Nullhypothese H_B muß hier eine andere Testfunktion als in Abschnitt 2.3.2.4 verwendet werden. Falls die Nullhypothese H_B richtig ist, besitzen $\dfrac{Q_B}{b-1}$ und $\dfrac{Q_{in}}{ab(r-1)}$

gleiche Erwartungswerte. Daher muß hier die Testfunktion

$$V_B = \frac{Q_B/(b-1)}{Q_{in}/ab(r-1)}$$

benutzt werden mit der

Testentscheidung:

Falls $v_B = \dfrac{q_B/(b-1)}{q_{in}/ab(r-1)} > f_{b-1,\ ab(r-1);1-\alpha}$ ist, wird H_B

abgelehnt, sonst nicht.

c) Zum Test der Nullhypothese $H_{A\times B}$ kann wieder die Testfunktion aus Abschnitt 2.3.2.4 benutzt werden mit der

Testentscheidung:

Im Falle $v_{A\times B} = \dfrac{q_{A\times B}/(a-1)(b-1)}{q_{in}/ab(r-1)} > f_{(a-1)(b-1),\,ab(r-1);1-\alpha}$

wird $H_{A\times B}$ abgelehnt, sonst nicht.

Schätzungen der Parameter des Modells

Wegen der Reparametrisierungsbedingungen können die Parameter direkt geschätzt werden durch

$$\hat{\mu}^* = \bar{x}\ ;\ \hat{\alpha}_i^* = \bar{x}_{i..} - \bar{x} \quad \text{für } i = 1, 2, \dots, a\,.$$

Für die Varianzkomponenten erhält man in diesem Modell erwartungstreue Schätzwerte

$$\hat{\sigma}_e^2 = \frac{q_{in}}{ab(r-1)}\ ;$$

$$\hat{\sigma}_b^{*2} = \frac{1}{a\,r}\left(\frac{q_B}{b-1} - \frac{q_{in}}{a\,b\,(r-1)}\right);$$

$$\hat{\sigma}_{a\,b}^{*2} = \frac{a-1}{a\,r}\left(\frac{q_{A\times B}}{(a-1)(b-1)} - \frac{q_{in}}{a\,b\,(r-1)}\right).$$

2.3.3.3. Vergleich der beiden Modelle aus Abschnitt 2.3.3.1 und 2.3.3.2

Bei den beiden Modellen ergaben sich für gemittelten Summen völlig verschiedene Erwartungswerte mit Ausnahme der Fehlervarianz σ_e^2. Aus diesem Grund müssen die Varianzkomponenten in den einzelnen Modellen verschiedene Bedeutungen haben. Für σ_b^2 bzw. σ_b^{*2} mußten auch verschiedene Testfunktionen verwendet werden.

Zum Vergleich schreiben wir analog zu Abschnitt 1.1.6 das erste Modell um. Mit

$$\bar{\alpha} = \frac{1}{a}\sum_{i=1}^{a}\alpha_i\,; \quad \bar{G}_{\cdot j} = \frac{1}{a}\sum_{i=1}^{a} G_{ij} \quad \text{erhält man}$$

$$X_{ijk} = \underbrace{(\mu + \bar{\alpha})}_{=\mu^*} + \underbrace{(\alpha_i - \bar{\alpha})}_{=\alpha_i^*} + \underbrace{(B_j + \bar{G}_{\cdot j})}_{=B_j^*} + \underbrace{(G_{ij} - \bar{G}_{\cdot j})}_{=G_{ij}^*} + E_{ijk}\,.$$

Damit geht dieses Modell über in

$$X_{ijk} = \mu^* + \alpha_i^* + B_j^* + G_{ij}^* + E_{ijk}\,;$$
$$i = 1, 2, \ldots, a\,;\; j = 1, 2, \ldots, b;\; k = 1, 2, \ldots, r.$$

Dieses Modell erfüllt die Reparametrisierungsbedingungen aus Abschnitt 2.3.3.2.

Mit dieser Abspaltung erhält man wegen der Voraussetzungen 1) und 2)

$$\sigma_b^{*2} = \mathrm{Var}\,(B_j^*) = \mathrm{Var}\,(B_j + \bar{G}_{\cdot j}) = \mathrm{Var}\,(B_j + \frac{1}{a}\sum_{i=1}^{a} G_{ij}) = \sigma_b^2 + \frac{1}{a}\sigma_{a\,b}^2\,;$$

$$\begin{aligned}\sigma_{a\,b}^{*2} &= \mathrm{Var}(G_{ij}^*) = \mathrm{Var}(G_{ij} - \frac{1}{a}\sum_{v=1}^{a} G_{vj})\\ &= \mathrm{Var}\left((1-\frac{1}{a})\,G_{ij} - \frac{1}{a}\sum_{v\neq i} G_{vj}\right) = \frac{(a-1)^2}{a^2}\sigma_{a\,b}^2 + \frac{a-1}{a^2}\sigma_{a\,b}^2\\ &= \frac{a-1}{a}\,\sigma_{a\,b}^2\,.\end{aligned}$$

Die Varianzkomponenten der beiden Modelle erfüllen also die Bedingung

$$\sigma_b^{*2} = \sigma_b^2 + \frac{1}{a}\sigma_{ab}^2; \quad \sigma_{ab}^{*2} = \frac{a-1}{a}\sigma_{ab}^2.$$

Dieses Ergebnis erhält man auch durch direkten Vergleich der Erwartungswerte der gemittelten Summen aus den beiden Tafeln

$$\sigma_e^2 + a r \sigma_b^{*2} = \sigma_e^2 + r\sigma_{ab}^2 + a r \sigma_b^2$$

$$\sigma_e^2 + \frac{a r}{a-1}\sigma_{ab}^{*2} = \sigma_e^2 + r\sigma_{ab}^2.$$

3. Zweifache Varianzanalyse mit hierarchischer Klassifikation

Bei einer hierarchischen Klassifikation betrachtet man über- und untergeordnete Faktoren. Beim übergeordneten Faktor A treten alle a Stufen auf. Die Stufen des untergeordneten Faktors B können als weitere Unterteilung der einzelnen Stufen des Faktors A interpretiert werden. Im nichtbalancierten Fall kann die Anzahl der Untergruppen für die einzelnen Stufen des Faktors A verschieden groß sein.

Zunächst wird der allgemeine unbalancierte Fall behandelt. Dazu werden folgende Größen eingeführt:

Der Hauptfaktor A besitze die a Stufen $A_1, A_2, \ldots, A_a$. Die i-te Stufe A_i dieses Faktors werde zerlegt in die b_i Stufen $B_{i1}, B_{i2}, \ldots, B_{ib_i}$ des untergeordneten Faktors B für $i = 1, 2, \ldots, a$. Die Stufe B_{ij} enthalte die n_{ij} Stichprobenwerte $x_{ij1}, x_{ij2}, \ldots, x_{ijn_{ij}}$.

Schema für die doppelte Varianzanalyse mit hierarchischer Klassifikation bei unbalancierten Daten

Stufen des Faktors A	A_1	.....	A_i	....	A_a
Stufen des Faktors B	B_{11} ..... B_{1b_1}	.....	B_{i1} ..... B_{ib_i}	....	B_{a1} ...... B_{ab_a}
Beobachtungswerte	x_{111} .... x_{1b_11} x_{112} .... x_{1b_12} $\vdots$ $\vdots$ $x_{11n_{11}} \ldots x_{1b_1n_{1b_1}}$	....	x_{i11} ..... x_{ib_i1} x_{i12} ...... x_{ib_i2} $\vdots$ $\vdots$ $x_{i1n_{i1}} \ldots x_{ib_in_{ib_i}}$	....	x_{a11} .... x_{ab_a1} x_{a12} .... x_{ab_a2} $\vdots$ $\vdots$ $x_{a1n_{a1}} \ldots x_{ab_an_{ab_a}}$
Summe je B-Klasse	$x_{11\cdot}$ ...... $x_{1b_1\cdot}$	.....	$x_{i1\cdot}$ ...... $x_{ib_i\cdot}$	....	$x_{a1\cdot}$ .... $x_{ab_a\cdot}$
Summe je A-Klasse	$x_{1\cdot\cdot}$	.....	$x_{i\cdot\cdot}$	....	$x_{a\cdot\cdot}$

Die gesamte Stichprobe besitzt folgende Größen:

Umfang : $n = n_{\cdot\cdot} = \sum_{i=1}^{a} \sum_{j=1}^{b_i} n_{ij}$;

Gesamtmittel: $\bar{x} = \bar{x}_{\cdot\cdot\cdot} = \frac{1}{n} \sum_{i=1}^{a} \sum_{j=1}^{b_i} \sum_{k=1}^{n_{ib_i}} x_{ijk} = \frac{1}{n} \sum_{i=1}^{a} \sum_{j=1}^{b_i} x_{ij\cdot} = \frac{1}{n} \sum_{i=1}^{a} x_{i\cdot\cdot}$.

Die Stufe A_i des Hauptfaktors enthält

$$n_{i\cdot} = \sum_{j=1}^{b_i} n_{ij}$$

Stichprobenwerte mit dem Gruppenmittel

$$\bar{x}_{i\cdot\cdot} = \frac{x_{i\cdot\cdot}}{n_{i\cdot}} = \frac{1}{n_{i\cdot}} \sum_{j=1}^{b_i} \sum_{k=1}^{n_{ib_i}} x_{ijk} .$$

Die Stufe B_{ij} des untergeordneten Faktors B besitzt n_{ij} Stichprobenwerte mit dem

Mittelwert: $\bar{x}_{ij\cdot} = \frac{x_{ij\cdot}}{n_{ij}} = \frac{1}{n_{ij}} \sum_{k=1}^{n_{ij}} x_{ijk}$.

3.1. Feste Effekte

Bei festen Effekten gelte mit festgewählten Parametern die

Modellvoraussetzung:

$$X_{ijk} = \mu + \alpha_i + \beta_{ij} + E_{ijk} \;;$$
$$i = 1, 2, \ldots, a \;;\; j = 1, 2, \ldots, b_i \;;\; k = 1, 2, \ldots, n_{ij} \,.$$

Dabei sind die E_{ijk} unabhängige Zufallsvariable mit dem Erwartungswert $E(E_{ijk}) = 0$ und der Varianz $\mathrm{Var}(E_{ijk}) = \sigma_e^2$.

Ferner gelten die

Reparametrisierungsbedingungen

$$\sum_{i=1}^{a} n_{i\cdot}\,\alpha_i = 0 \;;\quad \sum_{j=1}^{b_i} n_{ij}\,\beta_{ij} = 0 \quad \text{für jedes } i = 1, 2, \ldots, a.$$

Damit lauten die Kenngrößen der einzelnen Zufallsvariablen

$$E(X_{ijk}) = \mu + \alpha_i + \beta_{ij} \;;\quad \mathrm{Var}(X_{ijk}) = \sigma_e^2 \,.$$

3.1.1. Quadratsummenzerlegung

Bezüglich des Gesamtmittelwertes $\bar{x}$ bildet man die Quadratsummenzerlegung

$$(x_{ijk} - \bar{x})^2 = [(\bar{x}_{i\cdot\cdot} - \bar{x}) + (\bar{x}_{ij\cdot} - \bar{x}_{i\cdot\cdot}) + (x_{ijk} - \bar{x}_{ij\cdot})]^2 \,.$$

Beim Ausquadrieren und Summieren verschwindet die Summe R der gemischten Produkte. Daher gilt

$$\underbrace{\sum_{ijk}(x_{ijk} - \bar{x})^2}_{= q_{ges.}} = \underbrace{\sum_{ijk}(\bar{x}_{i\cdot\cdot} - \bar{x})^2}_{= q_A} + \underbrace{\sum_{ijk}(\bar{x}_{ij\cdot} - \bar{x}_{i\cdot\cdot})^2}_{= q_{B \text{ in } A}} + \underbrace{\sum_{ijk}(x_{ijk} - \bar{x}_{ij\cdot})^2}_{= q_{in}} \,.$$

Gesamte Abweichungssumme vom Mittelwert:

$$q_{ges.} = \sum_{ijk}(x_{ijk} - \bar{x})^2 = \sum_{ijk} x_{ijk}^2 - \frac{x_{\cdots}^2}{n} \;;\quad n = n_{\cdot\cdot} = \sum_{ij} n_{ij} \;;$$

Abweichungen der Mittelwerte des Hauptfaktors A vom Gesamtmittel:

$$q_A = \sum_{ijk}(\bar{x}_{i\cdot\cdot} - \bar{x})^2 = \sum_{i=1}^{a} \frac{x_{i\cdot\cdot}^2}{n_{i\cdot}} - \frac{x_{\cdots}^2}{n} \;;\quad n_{i\cdot} = \sum_{j=1}^{b_i} n_{ij} \;;$$

Abweichungen der Mittelwerte der B-Stufen von den Mittelwerten der A-Stufen:

$$q_{B\ in\ A} = \sum_{ijk} (\bar{x}_{ij\cdot} - \bar{x}_{i\cdot\cdot})^2 = \sum_{i=1}^{a} \sum_{j=1}^{b_i} \frac{x_{ij\cdot}^2}{n_{ij}} - \sum_{i=1}^{a} \frac{x_{i\cdot\cdot}^2}{n_{i\cdot}} \quad ;$$

Abweichungen der B-Stufen von ihren Mittelwerten (Rest):

$$\begin{aligned} q_{in} &= q_{ges.} - q_A - q_{B\ in\ A} \\ &= \sum_{ijk} x_{ijk}^2 - \sum_{i=1}^{a} \sum_{j=1}^{b_i} \frac{x_{ij\cdot}^2}{n_{ij}} \ . \end{aligned}$$

Aus der Modellvoraussetzung erhält man

$$E(X_{ijk}) = \mu + \alpha_i + \beta_{ij} \ ; \qquad Var(X_{ijk}) = \sigma_e^2 \ ;$$

$$X_{ij\cdot} = \sum_{k=1}^{n_{ij}} X_{ijk} = n_{ij}(\mu + \alpha_i + \beta_{ij}) + \sum_{k=1}^{n_{ij}} E_{ijk} \ ;$$

$$E(X_{ij\cdot}) = n_{ij}(\mu + \alpha_i + \beta_{ij}) \ ; \quad Var(X_{ij\cdot}) = n_{ij}\sigma_e^2 \ ;$$

$$X_{i\cdot\cdot} = \sum_{j=1}^{b_i} n_{ij}(\mu + \alpha_i + \beta_{ij}) + \sum_{j=1}^{b_i} \sum_{k=1}^{n_{ij}} E_{ijk} \ ;$$

$$E(X_{i\cdot\cdot}) = n_{i\cdot}(\mu + \alpha_i) \ ; \qquad Var(X_{i\cdot\cdot}) = n_{i\cdot}\,\sigma_e^2 \ ;$$

$$X_{\cdot\cdot\cdot} = n\mu + \sum_{i=1}^{a} \sum_{j=1}^{b_i} \sum_{k=1}^{n_{ij}} E_{ijk} \ ;$$

$$E(X_{\cdot\cdot\cdot}) = n\mu \ ; \quad Var(X_{\cdot\cdot\cdot}) = n\sigma_e^2 \ ; \quad n = \sum_{i=1}^{a} \sum_{j=1}^{b_i} n_{ij} \ .$$

Mit $E(Y^2) = Var(Y) + [E(Y)]^2$ erhält man hieraus

$$\begin{aligned} E(X_{ijk}^2) &= (\mu + \alpha_i + \beta_{ij})^2 + \sigma_e^2 \ ; \\ E(X_{ij\cdot}^2) &= n_{ij}^2(\mu + \alpha_i + \beta_{ij})^2 + n_{ij}\sigma_e^2 \ ; \\ E(X_{i\cdot\cdot}^2) &= n_{i\cdot}^2(\mu + \alpha_i)^2 + n_{i\cdot}\,\sigma_e^2 \ ; \\ E(X_{\cdot\cdot\cdot}^2) &= n^2\mu^2 + n\sigma_e^2 \ . \end{aligned}$$

Zusammen mit den Reparametrisierungbedingungen erhält man hieraus die Erwartungswerte

$$E(Q_A) = \sum_{i=1}^{a} \frac{E(X_{i\cdot\cdot}^2)}{n_{i\cdot}} - \frac{E(X_{\cdot\cdot\cdot}^2)}{n} = \sum_{i=1}^{a} \left(n_{i\cdot}(\mu + \alpha_i)^2 + \sigma_e^2\right) - n\mu - \sigma_e^2$$

$$= (a-1)\sigma_e^2 + \sum_{i=1}^{a} n_{i\cdot}\alpha_i^2 \;;$$

$$E(Q_{B\text{ in }A}) = \sum_{i=1}^{a}\sum_{j=1}^{b_i} \frac{E(X_{ij\cdot}^2)}{n_{ij}} - \sum_{i=1}^{a} \frac{E(X_{i\cdot\cdot}^2)}{n_{i\cdot}}$$

$$= \sum_{i=1}^{a}\sum_{j=1}^{b_i}\left(n_{ij}(\mu+\alpha_i+\beta_{ij})^2+\sigma_e^2\right) - \sum_{i=1}^{a}\left(n_{i\cdot}(\mu+\alpha_i)^2+\sigma_e^2\right)$$

$$= \sum_{i=1}^{a}\sum_{j=1}^{b_i}\left(n_{ij}(\mu^2+\alpha_i^2+\beta_{ij}^2)+\sigma_e^2\right) - n\mu^2 - \sum_{i=1}^{a} n_{i\cdot}\alpha_i^2 - a\sigma_e^2$$

$$= (b.-a)\sigma_e^2 + \sum_{i=1}^{a}\sum_{j=1}^{b_i} n_{ij}\beta_{ij}^2 \qquad \text{mit } b. = \sum_{i=1}^{a} b_i\,;$$

$$E(Q_{in}) = \sum_{i,j,k} E(X_{ijk}^2) - \sum_{i=1}^{a}\sum_{j=1}^{b_i}\frac{E(X_{ij\cdot}^2)}{n_{ij}}$$

$$= \sum_{i,j,k}\left((\mu+\alpha_i+\beta_{ij})^2+\sigma_e^2\right) - \sum_{i=1}^{a}\sum_{j=1}^{b_i}\left(n_{ij}(\mu+\alpha_i+\beta_{ij})^2+\sigma_e^2\right)$$

$$= (n-b.)\sigma_e^2\,.$$

$$E(Q_{ges.}) = (n-1)\sigma_e^2 + \sum_{i=1}^{a} n_{i\cdot}\alpha_i^2 + \sum_{i=1}^{a}\sum_{j=1}^{b_i} n_{ij}\beta_{ij}^2\,.$$

Damit erhält man die

Tafel der doppelten Varianzanalyse mit hierarchischer Klassifikation mit festen Effekten und unbalancierten Daten

Abstands-quadrate	Summen der Abstandsquadrate	gemittelte Summen	Erwartungswerte der gemittelten Summen
Mittelwerte von A vom Gesamtmittel	$q_A = \sum_{i=1}^{a} \frac{x_{i\cdot\cdot}^2}{n_{i\cdot}} - \frac{x_{\cdot\cdot\cdot}^2}{n}$	$\frac{q_A}{a-1}$	$\sigma_e^2 + \frac{1}{a-1}\sum_{i=1}^{a} n_{i\cdot}\alpha_i^2$
Mittelwerte der B - Stufen von den A-Stufen	$q_{B\text{in }A} = \sum_{ij}\frac{x_{ij\cdot}^2}{n_{ij}} - \sum_{i=1}^{a}\frac{x_{i\cdot\cdot}^2}{n_{i\cdot}}$	$\frac{q_{B\text{ in }A}}{b.-a}$	$\sigma_e^2 + \frac{1}{b.-a}\sum_{ij} n_{ij}\beta_{ij}^2$
Innerhalb der B - Stufen (Rest)	$q_{in} = q_{ges.} - q_A - q_{B\text{ in}A}$ $= \sum_{ijk} x_{ijk}^2 - \sum_{ij}\frac{x_{ij\cdot}^2}{n_{ij}}$	$\frac{q_{in}}{n-b.}$	$\boxed{\sigma_e^2}$
Gesamt	$q_{ges} = \sum_{ijk} x_{ijk}^2 - \frac{x_{\cdot\cdot\cdot}^2}{n}$	$\frac{q_{ges}}{n-1}$	$\tilde{\sigma}^2$

$$\tilde{\sigma}^2 = \sigma_e^2 + \frac{1}{n-1}\sum_{i=1}^{a} n_{i\cdot}\,\alpha_i^2 + \frac{1}{n-1}\sum_{i=1}^{a}\sum_{j=1}^{b_i} n_{ij}\,\beta_{ij}^2 ;$$

a = Anzahl der Stufen des Hauptfaktors A ;

$b. = \sum_{i=1}^{a} b_i$ = Anzahl der Stufen des Nebenfaktors B ;

$$n_{i\cdot} = \sum_{j=1}^{b_i} n_{ij} ; \quad n = n.. = \sum_{i=1}^{a}\sum_{j=1}^{b_i} n_{ij} .$$

Darstellung bei balancierten Daten

Bei balancierten Daten sind alle Gruppen gleich stark besetzt mit
a = Anzahl der Stufen des Hauptfaktors A ;
$b_1 = b_2 = \dots = b_a = b$ = konstante Anzahl der Unterfaktoren ;
$n_{ij} = r$ = konstante Besetzungszahl der Unterfaktoren.

Dann lauten die

Reparametrisierungsbedingungen

$$\sum_{i=1}^{a} \alpha_i = 0 ; \quad \sum_{j=1}^{b} \beta_{ij} = 0 \quad \text{für jedes } i = 1, 2, \dots, a .$$

Damit erhält man

$$b. = a\,b ; \quad n_{i\cdot} = b\,r ; \quad n = n.. = a\,b\,r \text{ und die}$$

Tafel der doppelten Varianzanalyse mit hierarchischer Klassifikation mit festen Effekten und balancierten Daten

Abstands-quadrate	Summen der Abstandsquadrate	gemittelte Summen	Erwartungswerte der gemittelten Summen
Mittelwerte von A vom Gesamtmittel	$q_A = \sum_{i=1}^{a} \frac{x_{i\cdot\cdot}^2}{n_{i\cdot}} - \frac{x_{\cdot\cdot\cdot}^2}{n}$	$\frac{q_A}{a-1}$	$\sigma_e^2 + \frac{b\,r}{a-1}\sum_{i=1}^{a}\alpha_i^2$
Mittelwerte der B - Stufen von den A-Stufen	$q_{B\,in\,A} = \sum_{ij} \frac{x_{ij\cdot}^2}{n_{ij}} - \sum_{i=1}^{a} \frac{x_{i\cdot\cdot}^2}{n_{i\cdot}}$	$\frac{q_{B\,in\,A}}{a(b-1)}$	$\sigma_e^2 + \frac{r}{a(b-1)}\sum_{ij}\beta_{ij}^2$
Innerhalb der B - Stufen (Rest)	$q_{in} = q_{ges.} - q_A - q_{B\,in\,A}$ $= \sum_{ijk} x_{ijk}^2 - \sum_{ij} \frac{x_{ij\cdot}^2}{n_{ij}}$	$\frac{q_{in}}{a\,b(r-1)}$	$\boxed{\sigma_e^2}$
Gesamt	$q_{ges} = \sum_{ijk} x_{ijk}^2 - \frac{x_{\cdot\cdot\cdot}^2}{n}$	$\frac{q_{ges}}{a\,b\,r-1}$	$\tilde{\sigma}^2$

$$\tilde{\sigma}^2 = \sigma_e^2 + \frac{b\,r}{a\,b\,r-1} \sum_{i=1}^{a} \alpha_i^2 + \frac{r}{a\,b\,r-1} \sum_{i=1}^{a} \sum_{j=1}^{b} \beta_{ij}^2 \;;$$

a = Anzahl der Stufen des Hauptfaktors A ; b = konstante Anzahl der Unterfaktoren; r = konstante Besetzungszahl der Unterfaktoren.

3.1.2. Schätzungen der Parameter

Die Schätzwerte werden für den allgemeinen unbalancierten Fall angegeben. Für den balancierten Fall vereinfachen sich diese Werte wegen

$$b. = a\,b\;;\quad n_{i\cdot} = b\,r\;;\quad n = n.. = a\,b\,r.$$

$$\hat{\mu} = \bar{x} = \frac{x...}{n..}\;;\quad \hat{\alpha}_i = \bar{x}_{i}.. - \bar{x} = \frac{x_{i}..}{n_{i\cdot}} - \bar{x} \quad \text{für } i = 1,2,\dots,a$$

$$\hat{\beta}_{ij} = \frac{x_{ij\cdot}}{n_{ij}} - \hat{\mu} - \hat{\alpha}_i = \bar{x}_{ij\cdot} - \hat{\mu} - \hat{\alpha}_i\,;\ j = 1,2,\dots,b_i\;;\ i = 1,2,\dots,a.$$

$$\hat{\sigma}_e^2 = \frac{q_{in}}{n-b.}\;.$$

3.1.3. Tests und Konfidenzintervalle für σ_e^2 bei Normalverteilungen

Zur Bestimmung von Konfidenzintervallen und für Tests der Fehlervarianz σ_e^2 benötigt man die Voraussetzung der Normalverteilung. Als Testgröße benutzt man wie in Abschnitt 1.1.4 die Zufallsvariable Q_{in}/σ_e^2, welche Chi-Quadrat-verteilt ist mit $n-b.$ Freiheitsgraden.

3.1.4. Tests auf unterschiedlichen Einfluß der Faktoren bei Normalverteilungen

Die a Stufen des Hauptfaktors A haben keinen unterschiedlichen mittleren Einfluß, falls folgende Hypothese richtig ist:

$$H_A\colon\ \alpha_1 = \alpha_2 = \dots = \alpha_a = 0\;.$$

Unter dieser Hypothese ist die Testgröße $\frac{Q_A/(a-1)}{Q_{in}/(n-b.)}$ Chi-Quadrat-verteilt mit $(a-1\,,\,n-b.)$ Freiheitsgraden.

Mit den Quantilen dieser F-Verteilung erhält man die

Testentscheidung:

Im Falle $\frac{q_A/(a-1)}{q_{in}/(n-b.)} > f_{a-1,\ n-b.\,;\,1-\alpha}$ wird H_A abgelehnt, sonst nicht.

Alle Stufen des Unterfaktors B_{ij} haben keinen unterschiedlichen mittleren Einfluß, falls die Hypothese

$$H_B : \beta_{i1} = \beta_{i2} = ... = \beta_{ib_i} = 0 \quad \text{für jedes } i = 1, 2, ..., a$$

richtig ist. Unter dieser Hypothese H_B ist die Testgröße $\frac{Q_{B \text{ in } A}/(b. - a)}{Q_{in}/(n - b.)}$ Chi-Quadrat-verteilt mit $(b. - a, n - b.)$ Freiheitsgraden.

Mit den Quantilen dieser F-Verteilung erhält man die

Testentscheidung:

Im Falle $\frac{q_{B \text{ in } A}/(b. - a)}{q_{in}/(n - b.)} > f_{b. - a,\ n - b.\ ; 1 - \alpha}$ wird H_B abgelehnt, sonst nicht.

3.2. Zufällige Effekte

Bei zufälligen Effekten gelte die

Modellvoraussetzung:

$$X_{ijk} = \mu + A_i + B_{ij} + E_{ijk} ;$$
$$i = 1, 2, ..., a ; \quad j = 1, 2, ..., b_i ; \quad k = 1, 2, ..., n_{ij} .$$

Dabei sind die A_i, B_{ij} und E_{ijk} unabhängige Zufallsvariable mit dem Erwartungswert 0 und den Varianzen

$$Var(A_i) = \sigma_a^2 \ ; \quad Var(B_{ij}) = \sigma_b^2 \ ; \quad Var(E_{ijk}) = \sigma_e^2 \quad \text{für alle } i, j, k .$$

Damit lauten die Kenngrößen der einzelnen Zufallsvariablen

$$E(X_{ijk}) = \mu ; \qquad Var(X_{ijk}) = \sigma_a^2 + \sigma_b^2 + \sigma_e^2 .$$

In diesem Modell erhält man folgende Kovarianzen und Korrelationskoeffizienten

$$Cov(X_{ijk}, X_{i'j'k'}) = 0 \qquad \text{für } i \neq i' ;$$

$$Cov(X_{ijk}, X_{ijk'}) = \sigma_a^2 + \sigma_b^2 ,$$

$$\rho(X_{ijk}, X_{ijk'}) = \frac{\sigma_a^2 + \sigma_b^2}{\sigma_a^2 + \sigma_b^2 + \sigma_e^2} \qquad \text{für } k \neq k' ;$$

$$\mathrm{Cov}(X_{ijk}, X_{ij'k'}) = \sigma_a^2 ,$$

$$\rho(X_{ijk}, X_{ij'k'}) = \frac{\sigma_a^2}{\sigma_a^2 + \sigma_b^2 + \sigma_e^2} \qquad \text{für } j \neq j' .$$

Auch für dieses Modell soll zunächst der unbalancierte Fall behandelt werden.

3.2.1. Quadratsummenzerlegung

Die Quadratsummenzerlegung kann aus Abschnitt 3.1.1 übernommen werden. Zur Berechnung der Erwartungswerte benutzt man ähnlich wie bei festen Effekten die Kenngrößen:

$$E(X_{ijk}) = \mu ; \qquad \mathrm{Var}(X_{ijk}) = \sigma_a^2 + \sigma_b^2 + \sigma_e^2 ;$$

$$E(X_{ij\cdot}) = n_{ij}\,\mu ; \qquad \mathrm{Var}(X_{ij\cdot}) = n_{ij}^2(\sigma_a^2 + \sigma_b^2) + n_{ij}\,\sigma_e^2 ;$$

$$E(X_{i\cdot\cdot}) = n_{i\cdot}\,\mu ; \quad \mathrm{Var}(X_{i\cdot\cdot}) = n_{i\cdot}^2\,\sigma_a^2 + \sum_{j=1}^{b_i} n_{ij}^2\sigma_b^2 + n_{i\cdot}\,\sigma_e^2 ;$$

$$E(X_{\cdots}) = n\,\mu ; \qquad \mathrm{Var}(X_{\cdots}) = \sum_{i=1}^{a} n_{i\cdot}^2\,\sigma_a^2 + \sum_{i=1}^{a}\sum_{j=1}^{b_i} n_{ij}^2\sigma_b^2 + n\,\sigma_e^2 .$$

Mit den Darstellungen aus Abschnitt 3.1.1 erhält man durch elementare Rechnung

$$E(Q_A) = (a-1)\,\sigma_e^2 + \sigma_a^2\left(n - \frac{1}{n}\sum_{i=1}^{a} n_{i\cdot}^2\right) + \sigma_b^2\left(\sum_{i=1}^{a}\sum_{j=1}^{b_i} n_{ij}^2\left(\frac{1}{n_{i\cdot}} - \frac{1}{n}\right)\right);$$

$$E(Q_{B\text{ in }A}) = (b_\cdot - a)\,\sigma_e^2 + \sigma_b^2\left(n - \sum_{i=1}^{a}\frac{1}{n_{i\cdot}}\sum_{j=1}^{b_i} n_{ij}^2\right);$$

$$E(Q_{in}) = (n - b_\cdot)\,\sigma_e^2 .$$

Damit erhält man die

Tafel der doppelten Varianzanalyse mit hierarchischer Klassifikation mit zufälligen Effekten und unbalancierten Daten

Abstands-quadrate	Summen der Abstandsquadrate	gemittelte Summen	Erwartungswerte der gemittelten Summen
Mittelwerte von A vom Gesamtmittel	$q_A = \sum_{i=1}^{a} \frac{x_{i..}^2}{n_{i\cdot}} - \frac{x_{...}^2}{n}$	$\frac{q_A}{a-1}$	$\sigma_e^2 + c_2\sigma_a^2 + c_3\sigma_b^2$
Mittelwerte der B - Stufen von den A-Stufen	$q_{B\,in\,A} = \sum_{ij} \frac{x_{ij\cdot}^2}{n_{ij}} - \sum_{i=1}^{a} \frac{x_{i..}^2}{n_{i\cdot}}$	$\frac{q_{B\,in\,A}}{b.-a}$	$\sigma_e^2 + c_1\sigma_b^2$
Innerhalb der B - Stufen (Rest)	$q_{in} = q_{ges.} - q_A - q_{B\,inA}$ $= \sum_{ijk} x_{ijk}^2 - \sum_{ij} \frac{x_{ij\cdot}^2}{n_{ij}}$	$\frac{q_{in}}{n-b.}$	$\boxed{\sigma_e^2}$
Gesamt	$q_{ges} = \sum_{ijk} x_{ijk}^2 - \frac{x_{...}^2}{n}$	$\frac{q_{ges}}{n-1}$	$\tilde{\sigma}^2$

a = Anzahl der Stufen des Hauptfaktors A ;

$b. = \sum_{i=1}^{n} b_i$ = Anzahl der Stufen des Nebenfaktors B.

$$n_{i\cdot} = \sum_{j=1}^{b_i} n_{ij} \; ; \quad n = n.. = \sum_{i=1}^{a} \sum_{j=1}^{b_i} n_{ij} \; .$$

$$c_1 = \frac{1}{b.-a}\left(n - \sum_{i=1}^{a} \frac{1}{n_{i\cdot}} \sum_{j=1}^{b_i} n_{ij}^2\right); \quad c_2 = \frac{1}{a-1}\left(n - \frac{1}{n}\sum_{i=1}^{a} n_{i\cdot}^2\right);$$

$$c_3 = \frac{1}{a-1}\left(\sum_{i=1}^{a} \sum_{j=1}^{b_i} n_{ij}^2 \left(\frac{1}{n_{i\cdot}} - \frac{1}{n}\right)\right).$$

Darstellung bei balancierten Daten

Bei balancierten Daten erhält man mit den Bezeichnungen aus Abschnitt 3.1.1 mit b = konstante Anzahl der Unterfaktoren ; r = konstante Besetzungszahl der Unterfaktoren und

$$b. = ab \; ; \quad n_{i\cdot} = br; \quad n = n.. = abr$$

für die Konstanten c_1, c_2 und c_3 die Werte

$$c_1 = \frac{1}{a(b-1)}\left(a\,b\,r - \sum_{i=1}^{a} \frac{1}{b\,r} \sum_{j=1}^{b} r^2\right) = \frac{1}{a(b-1)}\,(a\,b\,r - a\,r) = r\,;$$

$$c_2 = \frac{1}{a-1}\left(a\,b\,r - \frac{1}{a\,b\,r} \sum_{i=1}^{a} b^2 r^2\right) = \frac{1}{a-1}\,(a\,b\,r - b\,r) = b\,r\,;$$

$$c_3 = \frac{1}{a-1} \sum_{i=1}^{a} \sum_{j=1}^{b} r^2 \left(\frac{1}{b\,r} - \frac{1}{a\,b\,r}\right) = r\,.$$

Damit erhält man die

Tafel der doppelten Varianzanalyse mit hierarchischer Klassifikation mit zufälligen Effekten und balancierten Daten

Abstands-quadrate	Summen der Abstandsquadrate	gemittelte Summen	Erwartungswerte der gemittelten Summen
Mittelwerte von A vom Gesamtmittel	$q_A = \sum_{i=1}^{a} \frac{x_{i..}^2}{n_{i\cdot}} - \frac{x_{...}^2}{n}$	$\frac{q_A}{a-1}$	$\sigma_e^2 + r\sigma_b^2 + b\,r\,\sigma_a^2$
Mittelwerte der B - Stufen von den A-Stufen	$q_{B\,in\,A} = \sum_{ij} \frac{x_{ij\cdot}^2}{n_{ij}} - \sum_{i=1}^{a} \frac{x_{i..}^2}{n_{i\cdot}}$	$\frac{q_{B\,in\,A}}{a(b-1)}$	$\sigma_e^2 + r\sigma_b^2$
Innerhalb der B - Stufen (Rest)	$q_{in} = q_{ges.} - q_A - q_{B\,in A}$ $= \sum_{ijk} x_{ijk}^2 - \sum_{ij} \frac{x_{ij\cdot}^2}{n_{ij}}$	$\frac{q_{in}}{a\,b(r-1)}$	$\boxed{\sigma_e^2}$
Gesamt	$q_{ges} = \sum_{ijk} x_{ijk}^2 - \frac{x_{...}^2}{n}$	$\frac{q_{ges}}{a\,b\,r-1}$	$\tilde{\sigma}^2$

Anzahl der Stufen des Hauptfaktors A ; b = konstante Anzahl der Unterfaktoren B für jede Stufe des Hauptfaktors A;
r = konstante Besetzungszahl der Unterfaktoren.

3.2.2. Schätzungen der Parameter

Aus dem unbalancierten bzw. balancierten Fall erhält man für die Varianzkomponenten mit den oben angegebenen Konstanten die nachfolgenden erwartungstreuen Schätzwerte. Jeweils der erste Schätzwert gilt für den unbalancierten, der zweite für den balancierten Fall.

$$\hat{\sigma}_e^2 = \frac{q_{in}}{n - b.} = \frac{q_{in}}{a\,b(r-1)}\;;$$

$$\hat{\sigma}_b^2 = \frac{1}{c_1}\left(\frac{q_{B\text{ in }A}}{b.-a} - \frac{q_{in}}{n-b.}\right) = \frac{1}{r}\left(\frac{q_{B\text{ in }A}}{a(b-1)} - \frac{q_{in}}{ab(r-1)}\right) ;$$

$$\hat{\sigma}_a^2 = \frac{1}{c_2}\left[\frac{q_A}{a-1} - \frac{c_3}{c_1}\frac{q_{B\text{ in }A}}{b.-a} - \left(1-\frac{c_3}{c_1}\right)\frac{q_{in}}{n-b.}\right]$$

$$= \frac{1}{br}\left(\frac{q_A}{a-1} - \frac{q_{B\text{ in }A}}{a(b-1)}\right).$$

3.2.3. Tests der Varianzkomponenten bei Normalverteilungen

Für die nachfolgenden Tests wird Normalverteilung benötigt.

a) Test und Konfidenzintervalle der Fehlervarianz σ_e^2

Die Testgröße $\frac{Q_{in}}{n-b.}$ im unbalancierten bzw. $\frac{Q_{in}}{ab(r-1)}$ im balancierten Fall ist unter der Normalverteilungsannahme Chi-Quadrat-verteilt mit $n-b.$ (bzw. $ab(r-1)$) Freiheitsgraden. Daraus lassen sich Tests und Konfidenzintervalle für σ_e^2 wie im Abschnitt 1.1.4 bestimmen.

b) Test der der Nullhypothese H_B : $\sigma_b^2 = 0$ im allgemeinen Fall

Dieser Test kann sowohl im balancierten als auch im unbalancierten Fall durchgeführt werden. Falls die Nullhypothese richtig ist, ist die Testgröße

$\frac{Q_{B\text{ in }A}/(b.-a)}{Q_{in}/(n-b.)}$ im allgemeinen Fall bzw. $\frac{Q_{B\text{ in }A}/a(b-1)}{Q_{in}/ab(r-1)}$ im balancierten Fall F-verteilt mit $(b.-a, n-b.)$ bzw. $(a(b-1), ab(r-1))$ Freiheitsgraden. Damit kann der Test wie in Abschnitt 3.1.4 durchgeführt werden.

c) Test der der Nullhypothese H_A : $\sigma_a^2 = 0$ im balancierten Fall

Falls die Nullhypothese H_A richtig ist, besitzen im balancierten Fall die beiden Zufallsbariablen $\frac{Q_A}{a-1}$ und $\frac{Q_{B\text{ in }A}}{a(b-1)}$ die gleichen Erwartungswerte und sind voneinander unabhängig. Dann ist die Testgröße

$$\frac{Q_A/(a-1)}{Q_{B\text{ in }A}/a(b-1)}$$

F-verteilt mit $(a-1, a(b-1))$ Freiheitsgraden. Mit dem entsprechenden Quantil erhält man die

Testentscheidung:

Falls $\frac{q_A/(a-1)}{q_{B \text{ in } A}/a(b-1)} > f_{a-1,\ a(b-1);\ 1-\alpha}$ ist, wird H_B abgelehnt, sonst nicht.

d) Test der der Nullhypothese H_A : $\sigma_a^2 = 0$ im unbalancierten Fall

Im unbalancierten Fall kann diese Nullhypothese nicht unmittelbar getestet werden. Man kann jedoch nach b) zunächst die Nullhypothese H_B: $\sigma_b^2 = 0$ testen. Falls diese Nullhypothese nicht abgelehnt werden kann, ist es möglich gleichzeitig die

$$\text{Hypothese: } \sigma_a^2 = \sigma_b^2 = 0$$

zu testen. Falls diese gesamte Nullhypothese richtig ist, besitzen die Zufallsvariablen $\frac{Q_A}{a-1}$ und $\frac{Q_{in}}{n-b.}$ den gleichen Erwartungswert σ_e^2 . Dann ist der Quotient F-verteilt mit den entsprechenden Freiheitsgraden.

Weil die Nullhypothese H_A nur im balancierten Fall direkt (allein) getestet werden kann, wird in der Praxis meistens nur der balancierte Fall benutzt.

3.3. Gemischte Effekte

Wir betrachten den unbalancierten Fall in dem gemischten

Modell:

$$X_{ijk} = \mu + \alpha_i + B_{ij} + E_{ijk} ;$$
$$i = 1, 2, \ldots, a ; \ j = 1, 2, \ldots, b_i ; \quad k = 1, 2, \ldots, n_{ij} .$$

Dabei sind die B_{ij} und E_{ijk} unabhängige Zufallsvariable mit dem Erwartungswert 0 und den Varianzen

$$\text{Var}(B_{ij}) = \sigma_b^2 ; \quad \text{Var}(E_{ijk}) = \sigma_e^2 \quad \text{für alle } i, j, k.$$

Für die festen Effekte α_i der Stufen des Hauptfaktors A gelte die

Reparametrisierungsbedingung

$$\sum_{i=1}^{a} n_{i.} \alpha_i = 0 .$$

Damit lauten die Kenngrößen der einzelnen Zufallsvariablen

$$E(X_{ijk}) = \mu + \alpha_i ; \quad \text{Var}(X_{ijk}) = \sigma_b^2 + \sigma_e^2 .$$

Aus der Modellvoraussetzung erhält man

$$X_{ij\cdot} = n_{ij}\,(\mu + \alpha_i + B_{ij}) + \sum_{k=1}^{n_{ij}} E_{ijk}\ ;$$

$$E(X_{ij\cdot}) = n_{ij}\,(\mu + \alpha_i)\ ;\quad Var(X_{ij\cdot}) = n_{ij}^2\sigma_b^2 + n_{ij}\sigma_e^2\ ;$$

$$X_{i\cdot\cdot} = \sum_{j=1}^{b_i} n_{ij}\,(\mu + \alpha_i + B_{ij}) + \sum_{j=1}^{b_i}\sum_{k=1}^{n_{ij}} E_{ijk}\ ;$$

$$E\,(X_{i\cdot\cdot}) = n_{i\cdot}\,(\mu + \alpha_i)\ ;\quad Var(X_{i\cdot\cdot}) = \sum_{j=1}^{b_i} n_{ij}^2\,\sigma_b^2 + n_{i\cdot}\,\sigma_e^2\ ;$$

$$X_{\cdot\cdot\cdot} = n\,\mu + \sum_{i=1}^{a}\sum_{j=1}^{b_i} n_{ij}\,B_{ij} + \sum_{i=1}^{a}\sum_{j=1}^{b_i}\sum_{k=1}^{n_{ij}} E_{ijk}\ ;$$

$$E(X_{\cdot\cdot\cdot}) = n\,\mu\ ;\qquad Var(X_{\cdot\cdot\cdot}) = \sum_{i=1}^{a}\sum_{j=1}^{b_i} n_{ij}^2\sigma_b^2 + n\,\sigma_e^2\,.$$

$$E(X_{ijk}^2) = (\mu + \alpha_i)^2 + \sigma_b^2 + \sigma_e^2\ ;$$

$$E(X_{ij\cdot}^2) = n_{ij}^2\,(\mu + \alpha_i)^2 + n_{ij}^2\,\sigma_b^2 + n_{ij}\sigma_e^2\ ;$$

$$E(X_{i\cdot\cdot}^2) = n_{i\cdot}^2\,(\mu + \alpha_i)^2 + \sum_{j=1}^{b_i} n_{ij}^2\,\sigma_b^2 + n_{i\cdot}\,\sigma_e^2\ ;$$

$$E(X_{\cdot\cdot\cdot}^2) = n^2\mu^2 + \sum_{i=1}^{a}\sum_{j=1}^{b_i} n_{ij}^2\sigma_b^2 + n\,\sigma_e^2\,.$$

Zusammen mit der Reparametrisierungsbedingung erhält man hieraus die Erwartungswerte

$$\begin{aligned} E(Q_A) &= \sum_{i=1}^{a}\frac{E(X_{i\cdot\cdot}^2)}{n_{i\cdot}} - \frac{E(X_{\cdot\cdot\cdot}^2)}{n} = \sum_{i=1}^{a}\Big(n_{i\cdot}\,(\mu + \alpha_i)^2 + \frac{1}{n_{i\cdot}}\sum_{j=1}^{b_i} n_{ij}^2\,\sigma_b^2 + \sigma_e^2\Big) \\ &\quad - n\,\mu^2 - \frac{1}{n}\sum_{i=1}^{a}\sum_{j=1}^{b_i} n_{ij}^2\sigma_b^2 - \sigma_e^2 \\ &= (a-1)\sigma_e^2 + \sum_{i=1}^{a} n_{i\cdot}\,\alpha_i^2 + \sigma_b^2\sum_{i=1}^{a}\sum_{j=1}^{b_i} n_{ij}^2\Big(\frac{1}{n_{i\cdot}} - \frac{1}{n}\Big)\ ; \end{aligned}$$

$$\begin{aligned} E(Q_{B\text{ in }A}) &= \sum_{i=1}^{a}\sum_{j=1}^{b_i}\frac{E(X_{ij\cdot}^2)}{n_{ij}} - \sum_{i=1}^{a}\frac{E(X_{i\cdot\cdot}^2)}{n_{i\cdot}} \\ &= \sum_{i=1}^{a}\sum_{j=1}^{b_i}\Big(n_{ij}\,(\mu + \alpha_i)^2 + n_{ij}\,\sigma_b^2 + \sigma_e^2\Big) - \\ &\quad - \sum_{i=1}^{a}\Big(n_{i\cdot}\,(\mu + \alpha_i)^2 + \frac{1}{n_{i\cdot}}\sum_{j=1}^{b_i} n_{ij}^2\,\sigma_b^2 + \sigma_e^2\Big) \end{aligned}$$

$$= (b. - a)\sigma_e^2 + \sigma_b^2\left(n - \sum_{i=1}^{a} \frac{1}{n_{i\cdot}} \sum_{j=1}^{b_i} n_{ij}^2\right);$$

$$E(Q_{in}) = \sum_{ijk} E(X_{ijk}^2) - \sum_{i=1}^{a} \sum_{j=1}^{b_i} \frac{E(X_{ij\cdot}^2)}{n_{ij}}$$

$$= \sum_{ijk}\left((\mu + \alpha_i)^2 + \sigma_b^2 + \sigma_e^2\right) - \sum_{i=1}^{a} \sum_{j=1}^{b_i}\left(n_{ij}(\mu + \alpha_i)^2 + n_{ij}\sigma_b^2 + \sigma_e^2\right)$$

$$= (n - b.)\,\sigma_e^2 .$$

Damit erhält man die

Tafel der doppelten Varianzanalyse mit hierarchischer Klassifikation mit gemischten Effekten und unbalancierten Daten

Abstands- quadrate	Summen der Abstandsquadrate	gemittelte Summen	Erwartungswerte der gemittelten Summen
Mittelwerte von A vom Gesamtmittel	$q_A = \sum_{i=1}^{a} \frac{x_{i\cdot\cdot}^2}{n_{i\cdot}} - \frac{x_{\cdot\cdot\cdot}^2}{n}$	$\frac{q_A}{a-1}$	$\sigma_e^2 + c_3\sigma_b^2 + \frac{1}{a-1}\sum_{i=1}^{a} n_{i\cdot}\,\alpha_i^2$
Mittelwerte der B - Stufen von den A-Stufen	$q_{B\,in\,A} = \sum_{ij} \frac{x_{ij\cdot}^2}{n_{ij}} - \sum_{i=1}^{a} \frac{x_{i\cdot\cdot}^2}{n_{i\cdot}}$	$\frac{q_{B\,in\,A}}{b.-a}$	$\sigma_e^2 + c_1\sigma_b^2$
Innerhalb der B - Stufen (Rest)	$q_{in} = q_{ges.} - q_A - q_{B\,inA}$ $= \sum_{ijk} x_{ijk}^2 - \sum_{ij} \frac{x_{ij\cdot}^2}{n_{ij}}$	$\frac{q_{in}}{n-b.}$	$\boxed{\sigma_e^2}$
Gesamt	$q_{ges} = \sum_{ijk} x_{ijk}^2 - \frac{x_{\cdot\cdot\cdot}^2}{n}$	$\frac{q_{ges}}{n-1}$	

a = Anzahl der Stufen des Hauptfaktors A ;

$b. = \sum_{i=1}^{n} b_i$ = Anzahl der Stufen des Nebenfaktors B.

$$n_{i\cdot} = \sum_{j=1}^{b_i} n_{ij}\;;\; n = n.. = \sum_{i=1}^{a} \sum_{j=1}^{b_i} n_{ij} .$$

$$c_1 = \frac{1}{b.-a}\left(n - \sum_{i=1}^{a} \frac{1}{n_{i\cdot}} \sum_{j=1}^{b_i} n_{ij}^2\right);\quad c_3 = \frac{1}{a-1} \sum_{i=1}^{a} \sum_{j=1}^{b_i} n_{ij}^2 \left(\frac{1}{n_{i\cdot}} - \frac{1}{n}\right).$$

Bei **balancierten Daten** ist nach Abschnitt 3.2.1 $c_1 = c_3 = r$.

Damit können die Tests und Schätzungen ähnlich wie in den Abschnitten 3.1 und 3.2 durchgeführt werden.

Kapitel X :
Regressionsanalyse

Bei der **Korrelationsanalyse** (vgl. Kap. VIII Abschnitt 8 bei zweidimensionalen Zufallsvariablen und Kap. I Abschnitt 2.3 bei zweidimensionalen Stichproben) wird der Zusammenhang zweier Zufallsvariabler bzw. Merkmale untersucht. Falls eine solcher Zusammenhang besteht, interessiert dort nicht, ob die Ursache dafür eines der beiden Merkmale ist. Die Abhängigkeit könnte ja andere Ursachen haben. Ziel der Korrelationsanalyse ist es also nicht, ein Merkmal als unabhängig, das andere als davon abhängig zu erkennen. Beide Merkmale werden dort gleichrangig (symmetrisch) behandelt. Das "Ursache-Wirkung-Prinzip" wird bei der Korrelationsanalyse nicht näher untersucht. Als Maß für den (linearen) Zusammenhang dient der Korrelationskoeffizient.

In der **Regressionsanalyse** dagegen sollen Ursache und Wirkung des Zusammenhangs (Abhängigkeit) von Merkmalen festgestellt werden. Man möchte von einem oder gleichzeitig mehreren Merkmalen auf ein bestimmtes Merkmal schließen. Die Regressionsanalyse beschäftigt sich mehr oder weniger mit einem funktionalen Zusammenhang. Ihr Ziel ist es jedoch nicht, eine Zufallsvariable Y (Merkmal) im mathematischen Sinne eindeutig als Funktion anderer Zufallsvariabler darzustellen. Dieser funktionale Zusammenhang wird nur für die bedingten Erwartungswerte untersucht, um welche die abhängige Zufallsvariable streut. Die unabhängigen Zufallsvariablen heißen **Regressoren**, die abhängige **Regressand**. Eine derartige Abhängigkeit heißt **Regression von Y bezüglich der anderen Zufallsvariablen.**

Im ersten Abschnitt wird die einfache Regression bei einer einzigen unabhängigen Einflußgröße behandelt. Abschnitt 1.2 beschäftigt sich mit der einfachen linearen Regression, bei der die Regressionsfunktion eine Gerade ist.

In Abschnitt 2 wird die allgemeine multiple lineare Regression bei p Einflußgrößen mit Hilfe des Matrizenkalküls dargestellt. Die Regressionsfunktion ist dabei eine lineare Funktion der $p+1$ Regressionskoeffizienten. Als Spezialfall können hieraus unmittelbar die Formeln der einfachen linearen Regression abgeleitet werden.

In Abschnitt 3 werden die Formeln der allgemeinen multiplen Regression auf die einfache quadratische Regression übertragen.

Wie bei der Varianzanalyse benötigt man zur Parameterschätzung keine Verteilungsannahme. Die Normalverteilung wird zur Bestimmung von Konfidenzintervallen und für Testdurchführungen vorausgesetzt.

1. Einfache Regression - Regression bei einer einzigen unabhängigen Variablen

Bei der einfachen Regression hängt die Verteilung der abhängigen Zufallsvariablen Y von den Werten einer einzigen Variablen bzw. von den Realisierungen einer einzigen Zufallsvariablen X ab. Bei diesem Modell gibt es im Gegensatz zur multiplen Regression nur einen einzigen Regressor.

Bei den stochastischen Zusammenhängen wird im allgemein zwischen zwei verschiedenen Modellen unterschieden, die jedoch unter speziellen Voraussetzungen ineinander übergeführt werden können.

1.1. Das allgemeine Regressionsmodell

<u>Modell I:</u>

Für jede reelle Zahl x aus einem bestimmten Bereich gebe es eine von dem Parameter x abhängige Zufallsvariable Y(x). Der Erwartungswert der Zufallsvariablen Y(x) hänge dabei von x ab, während die Varianz der Zufallsvariablen Y(x) unabhängig von x immer gleich σ^2 ist. Damit gilt

$$E(Y(x)) = f(x)\ ; \quad Var(Y(x)) = \sigma^2 \text{ für alle } x.$$

Für jeden fest gewählten Parameterwert x erhält man also eine Zufallsvariable Y(x).

Beispiele:
- Der Bremsweg Y in Abhängigkeit von der Geschwindigkeit x.
- Der Sauerstoffgehalt Y in Abhängigkeit von der Wassertiefe x.
- Der Blutdruck Y in Abhängigkeit vom Alter x.

Wie bei der einfachen Varianzanalyse können die Zufallsvariablen additiv dargestellt werden in der Form

$$Y(x) = f(x) + E\ .$$

Dabei ist E eine Zufallsvariable (Fehlervariable) mit dem Erwartungswert Null und der Varianz $Var(E) = \sigma^2$.

Die Funktion f(x) heißt **Regressionsfunktion**. Um diese Regressionsfunktion schwanken die Realisierungen der Zufallsvariablen Y(x) mit konstanter Varianz σ^2.

Modell II:

Die zweidimensionale stetige Zufallsvariable (X, Y) besitze die gemeinsame Dichte f(x, y). Die Randdichte von X sei $f_1(x)$. Dann lautet nach Kap. IV Abschnitt 2.4 im Falle der Existenz der bedingte Erwartungswert von Y unter der Bedingung (X = x)

$$f(x) = E(Y|X = x) = \frac{1}{f_1(x)} \int_{-\infty}^{+\infty} y\, f(x,y)\, dy .$$

Damit kann die bedingte Zufallsvariable Y | (X=x) analog zum Modell I dargestellt werden in der Form

$$Y \,|\, (X{=}x) = f(x) + E(x)$$

mit den Erwartungswerten

$$E(Y \,|\, (X{=}x)) = f(x) \; ; \; E(E(x)) = 0$$

und den Varianzen

$$\mathrm{Var}(Y \,|\, (X{=}x)) = \mathrm{Var}(E(x)) .$$

Für beliebige zweidimensionale stetige Zufallsvariable hängt im Gegensatz zum Modell I die Varianz von x ab.

Bei **normalverteilten** zweidimensionalen Zufallsvariablen (X , Y) gilt nach Kap. IV Abschnitt 5.7.5 mit $E(X) = \mu_X$; $E(Y) = \mu_Y$; $\mathrm{Var}(X) = \sigma_X^2$; $\mathrm{Var}(Y) = \sigma_Y^2$ und dem Korrelationskoeffizienten ρ

$$E(Y|X{=}x) = \mu_Y + \rho \frac{\sigma_Y}{\sigma_X}(x - \mu_X) .$$

Aus der dort angegebenen bedingten Dichte f(y| x) folgt unmittelbar

$$\mathrm{Var}(Y \,|\, X{=}x) = \mathrm{Var}(E(x)) = \sigma_Y^2 (1 - \rho^2) = \sigma^2.$$

Diese Varianz hängt nicht von x ab. Daher gilt die Darstellung

$$Y|\,(X{=}x) = \underbrace{\mu_Y + \rho \frac{\sigma_Y}{\sigma_X}(x - \mu_X)}_{= f(x)} + E .$$

Dabei ist E eine $N(0; \sigma^2)$-verteilte Zufallsvariable .

Diese Darstellung stimmt mit dem Modell I überein, wobei die Regressionsfunktion f(x) eine **Gerade** ist.

Beispiele:
- Der Fettgehalt Y der Milch in Abhängigkeit vom Rohfaseranteil X im Futter.
- Das Körpergewicht Y in Abhängigkeit von der Körpergröße X.

Allgemein betrachten wir das

> **Regressionsmodell:**
>
> $$Y(x) = f(x) + E .$$
>
> Dabei besitze die Zufallsvariable (Fehlervariable) E den Erwartungswert 0 und die von x unabhängige Varianz σ^2.

Viele Regressionsfunktionen sind durch Parameter eindeutig bestimmt wie z. B. eine Regressionsgerade oder Regressionsparabel. Falls sie durch p + 1 Parameter $\beta_0, \beta_1, \dots, \beta_p$ eindeutig festgelegt ist, besitzt sie die Darstellung

$$y = f(\beta_0, \beta_1, \dots, \beta_p, x) .$$

Ziel der Regressionsanalyse ist es, die Parameter sowie die Varianz σ^2 zu schätzen und zu testen. Ferner soll getestet werden, ob tatsächlich eine Regressionsfunktion eines bestimmten Typs z. B. eine Gerade oder eine Parabel vorliegt. Wie bei der Varianzanalyse benötigt man zur Schätzung der Parameter keine Verteilungsannahme. Die Schätzung erfolgt mit der **Methode der kleinsten Quadrate**. Diese Methode stimmt bei Normalverteilungen mit dem Maximum-Likelihood-Prinzip überein. Die Normalverteilungsannahme wird jedoch zur Berechnung von Konfidenzintervallen und zu Testdurchführungen benötigt.

Bei der Regressionsanalyse werden im allgemeinen zu fest vorgegebenen Werten $x_1, x_2, \dots, x_n$ Realisierungen $y_i = y(x_i)$ der Zufallsvariablen

$$Y_i = Y(x_i) = f(x_i) + E_i$$

bestimmt. Dabei sind die Zufallsvariablen E_i wie bei der Varianzanalyse voneinander unabhängig mit

$$E(E_i) = 0 \text{ ; } Var(E_i) = \sigma^2 .$$

1.2. Einfache lineare Regression

Bei der einfachen linearen Regression ist die Regressionsfunktion eine

Gerade

$$f(x) = \beta_0 + \beta_1 x$$

mit dem **Achsenabschnitt** β_0 und dem **Regressionskoeffizienten** (Steigung) β_1. Damit geht man von folgendem Modell aus

$$Y(x) = \beta_0 + \beta_1 x + E \qquad \text{mit } E(E) = 0 \text{ und } Var(E) = \sigma^2 .$$

Ziel der Regressionsanalyse ist es, die drei unbekannten Parameter β_0, β_1 und σ^2 zu schätzen bzw. zu testen und nachzuprüfen, ob die Regressionsfunktion tatsächlich eine Gerade ist. Zur Durchführung bestimmt man zu n vorgegebenen Werten x_i die zugehörigen Stichprobenwerte (Beobachtungswerte) y_i für $i = 1, 2, \ldots, n$, also eine Stichprobe aus n Wertepaaren (x_i, y_i) für $i = 1, 2, \ldots, n$. Der zu x_i gehörende Stichprobenwert y_i ist dann Realisierung der Zufallsvariablen

$$Y_i = \beta_0 + \beta_1 x_i + E_i \qquad \text{mit } E(E_i) = 0 \text{ und } Var(E_i) = \sigma^2 .$$

Auch wenn die Parameterwerte x_i fest vorgegeben werden, kann von der x-Stichprobe der Mittelwert $\bar{x}$ und die Varianz s_x^2 sowie die Kovarianz der zweidimensionalen Stichprobe berechnet werden.

Die einfache lineare Regressionsanalyse kann allgemein mit der in Abschnitt 2 benutzten Matrizendarstellung sehr kompakt durchgeführt werden. Dieses einfache Modell kann jedoch auch ohne Matrizendarstellung behandelt werden, was besonders für diejenigen Anwender interessant ist, die über keine oder nur geringe Kenntnisse der Matrizenrechnung verfügen. Die in diesem Abschnitt gewonnenen Ergebnisse können direkt aus denen der multiplen linearen Regression aus Abschnitt 2 gewonnen werden, indem dort $p = 1$ gesetzt wird. Damit ein direkter Vergleich möglich ist, sollen auch die gleichen Bezeichnungen benutzt werden. Aus diesem Grund wird im Gegensatz zu Kap. I Abschnitt 2.3 der Achsenabschnitt der empirischen Regressionsgeraden mit b_0 und die Steigung mit b_1 bezeichnet.

1.2.1. Schätzung der Parameter der Regressionsgeraden

Achsenabschnitt β_0 und Regressionskoeffizient β_1 sollen bei Normalverteilungen nach der **Maximum-Likelihood-Methode** geschätzt werden. Im Falle der Normalverteilung besitzt Y_i die Dichte

$$f_i(y) = \frac{1}{\sqrt{2\pi}\,\sigma}\, e^{-\frac{(y - \beta_0 - \beta_1 x_i)^2}{2\sigma^2}} .$$

Dann lautet die Likelihood-Funktion der y-Stichprobe

$$L = \frac{1}{(\sqrt{2\pi}\,\sigma)^n}\, e^{-\frac{\sum_{i=1}^{n} (y_i - \beta_0 - \beta_1 x_i)^2}{2\sigma^2}} ;$$

$$\ln L = -\frac{\sum_{i=1}^{n} (y_i - \beta_0 - \beta_1 x_i)^2}{2\sigma^2} - n \cdot \ln\left(\sqrt{2\pi}\,\sigma\right) ;$$

$\frac{\partial \ln L}{\partial \beta_0} = 0$ und $\frac{\partial \ln L}{\partial \beta_1} = 0$ ergibt die Gleichungen

$$\sum_{i=1}^{n} (y_i - \beta_0 - \beta_1 x_i) = 0 \; ; \quad \sum_{i=1}^{n} x_i (y_i - \beta_0 - \beta_1 x_i) = 0 \; .$$

Diese Gleichungen erhält man auch im allgemeinen Fall ohne Normalverteilungsannahme mit der in Kap. I Abschnitt 2.3 benutzten **Methode der kleinsten (vertikalen) Abstandsquadrate.** Summation ergibt das Gleichungssystem

$$\begin{aligned} \beta_0 \quad &+ \quad \bar{x}\beta_1 &&= \bar{y} \\ n\bar{x}\beta_0 \quad &+ \sum_{i=1}^{n} x_i^2 \beta_1 &&= \sum_{i=1}^{n} x_i y_i \; . \end{aligned}$$

Es besitzt die Lösung

$$\hat{\beta}_1 = b_1 = \frac{\sum_{i=1}^{n} (x_i - \bar{x})(y_i - \bar{y})}{\sum_{i=1}^{n} (x_i - \bar{x})^2} = \frac{\sum_{i=1}^{n} x_i y_i - n\bar{x}\bar{y}}{\sum_{i=1}^{n} x_i^2 - n\bar{x}^2} = \frac{s_{xy}}{s_x^2} = r\frac{s_y}{s_x} \; ;$$

$$\hat{\beta}_0 = b_0 = \bar{y} - \hat{\beta}_1 \bar{x} \; ;$$

(empirische) **Regressionsgerade:**

$$\hat{y} - \bar{y} = b_1(x - \bar{x}) = \frac{s_{xy}}{s_x^2}(x - \bar{x}) \quad \text{für } s_x^2 > 0.$$

Die Forderung $s_x^2 > 0$ ist auch plausibel. Falls die Varianz der x-Werte verschwindet, werden alle Messungen an der gleichen Stelle x vorgenommen. Dann kann keine Ausgleichsgerade konstruiert werden, da alle Punkte vertikal übereinander liegen.

Die Regressionsgerade $f(x) = \beta_0 + \beta_1 x$ wird somit durch die empirische Regressionsgerade (s. Kap. I Abschnitt 2.3) geschätzt mit

$$\hat{y}(x) = \hat{f}(x) = \bar{y} + b_1(x - \bar{x}) \; .$$

Diese nach der Methode der kleinsten Abstandsquadrate gewonnenen Schätzwerte benutzt man auch im allgemeinen Fall, in dem keine Normalverteilung vorliegt. Als Schätzung der Regressionsgeraden erhält man die Regressionsgerade von y bezüglich x der zweidimensionalen Stichprobe. Sie geht durch den Punkt mit den Koordinaten $\bar{x}$ und $\bar{y}$ der beiden Stichprobenmittelwerte.

Die Schätzwerte b_1 und b_0 sind Realisierungen der **Zufallsvariablen**

$$B_1 = \frac{\sum_{i=1}^{n} (x_i - \bar{x})(Y_i - \bar{Y})}{\sum_{i=1}^{n} (x_i - \bar{x})^2} = \frac{\sum_{i=1}^{n} (x_i - \bar{x}) Y_i}{\sum_{i=1}^{n} (x_i - \bar{x})^2} \quad \text{und} \quad B_0 = \bar{Y} - B_1 \bar{x}.$$

Im Zähler der Zufallsvariablen B_1 darf $\bar{Y}$ weggelassen werden wegen

$$\underbrace{\sum_{i=1}^{n} (x_i - \bar{x})}_{=0} \cdot \bar{Y} = 0 \cdot \bar{Y} = 0.$$

Aus der Modellgleichung folgt

$$E(Y_i) = \beta_0 + \beta_1 x_i \, ; \; E(\bar{Y}) = \beta_0 + \beta_1 \bar{x} \, ; \; E(Y_i - \bar{Y}) = \beta_1 (x_i - \bar{x}).$$

Da die x-Werte fest vorgegeben wurden, erhält man hiermit

$$E(B_1) = \frac{\sum_{i=1}^{n} (x_i - \bar{x}) E(Y_i - \bar{Y})}{\sum_{i=1}^{n} (x_i - \bar{x})^2} = \frac{\sum_{i=1}^{n} \beta_1 (x_i - \bar{x})^2}{\sum_{i=1}^{n} (x_i - \bar{x})^2} = \beta_1 \, ;$$

$$E(B_0) = E(\bar{Y}) - \bar{x} \cdot E(B_1) = \beta_0 + \beta_1 \bar{x} - \beta_1 \bar{x} = \beta_0 \, .$$

Beide Schätzfunktionen sind also **erwartungstreu**.

Aus $Var(Y_i) = \sigma^2$ folgt mit den Eigenschaften der Varianz

$$\sigma^2_{B_1} = Var(B_1) = \frac{\sum_{i=1}^{n} (x_i - \bar{x})^2 Var(Y_i)}{\left(\sum_{i=1}^{n} (x_i - \bar{x})^2\right)^2} = \frac{\sigma^2}{\sum_{i=1}^{n} (x_i - \bar{x})^2} \, .$$

Zur Berechnung der Varianz von B_0 wird zuerst die **Unkorreliertheit der Zufallsvariablen $\bar{Y}$ und B_1** gezeigt. Aus der Modellgleichung erhält man

$$Y_i - \bar{Y} = \beta_1 (x_i - \bar{x}) + (E_i - \bar{E}) \, .$$

Daraus folgt

$$B_1 - \beta_1 = \frac{\sum_{i=1}^{n} (x_i - \bar{x}) \left(Y_i - \bar{Y} - \beta_1 (x_i - \bar{x})\right)}{\sum_{i=1}^{n} (x_i - \bar{x})^2}$$

$$= \frac{\sum_{i=1}^{n} (x_i - \bar{x})(E_i - \bar{E})}{\sum_{i=1}^{n} (x_i - \bar{x})^2} = \frac{\sum_{i=1}^{n} (x_i - \bar{x}) E_i}{\sum_{i=1}^{n} (x_i - \bar{x})^2} \, .$$

Wegen $\sum\limits_{i=1}^{n}(x_i - \bar{x}) = 0$ darf im Zähler $\bar{E}$ weggelassen werden.

Mit $\bar{Y} - E(\bar{Y}) = \bar{E}$ und weil für alle i die Erwartungswerte $E(E_i \cdot \bar{E})$ übereinstimmen, erhält man

$$\mathrm{Cov}(B_1, \bar{Y}) = E\big((B_1 - \beta_1)(\bar{Y} - E(\bar{Y}))\big) = \frac{\sum\limits_{i=1}^{n}(x_i - \bar{x})\,E\big((E_i \cdot \bar{E})\big)}{\sum\limits_{i=1}^{n}(x_i - \bar{x})^2} = 0,$$

also die Unkorreliertheit der Zufallsvariablen B_1 und $\bar{Y}$.

Wegen dieser Unkorreliertheit erhält man mit $\mathrm{Var}(\bar{Y}) = \frac{\sigma^2}{n}$

$$\begin{aligned}\sigma_{B_0}^2 &= \mathrm{Var}(B_0) = \mathrm{Var}(\bar{Y} - B_1\bar{x}) = \mathrm{Var}(\bar{Y}) + \bar{x}^2\,\mathrm{Var}(B_1)\\ &= \sigma^2\left(\frac{1}{n} + \frac{\bar{x}^2}{\sum\limits_{i=1}^{n}(x_i - \bar{x})^2}\right) = \sigma^2\,\frac{\sum\limits_{i=1}^{n}(x_i - \bar{x})^2 + n\bar{x}^2}{n\sum\limits_{i=1}^{n}(x_i - \bar{x})^2}\\ &= \sigma^2\,\frac{\sum\limits_{i=1}^{n}x_i^2 - n\bar{x}^2 + n\bar{x}^2}{n\sum\limits_{i=1}^{n}(x_i - \bar{x})^2} = \sigma^2\,\frac{\sum\limits_{i=1}^{n}x_i^2}{n\sum\limits_{i=1}^{n}(x_i - \bar{x})^2}.\end{aligned}$$

Aus den Eigenschaften der Kovarianz erhält man

$$\mathrm{Cov}(B_0, B_1) = \mathrm{Cov}(\bar{Y} - B_1\bar{x}, B_1)$$

$$= \underbrace{\mathrm{Cov}(\bar{Y}, B_1)}_{=0} - \bar{x}\cdot\mathrm{Cov}(B_1, B_1) = -\bar{x}\cdot\mathrm{Var}(B_1) = -\frac{\bar{x}\sigma^2}{\sum\limits_{i=1}^{n}(x_i - \bar{x})^2}.$$

Daraus erhält man den Korrelationskoeffizienten

$$\rho(B_0, B_1) = \frac{\mathrm{Cov}(B_0, B_1)}{\sqrt{\mathrm{Var}(B_0)\cdot\mathrm{Var}(B_1)}} = -\bar{x}\cdot\sqrt{\frac{\mathrm{Var}\,B_1)}{\mathrm{Var}(B_0)}}$$

$$= -\frac{\bar{x}}{\sqrt{\frac{1}{n}\sum\limits_{i=1}^{n}x_i^2}}.$$

Zusammenfassung:

Die Schätzfunktion $B_1 = \dfrac{\sum_{i=1}^{n}(x_i - \bar{x})(Y_i - \bar{Y})}{\sum_{i=1}^{n}(x_i - \bar{x})^2}$ ist **erwartungstreu** mit

$$E(B_1) = \beta_1 \; ; \qquad \sigma^2_{B_1} = \operatorname{Var}(B_1) = \frac{\sigma^2}{\sum_{i=1}^{n}(x_i - \bar{x})^2} .$$

Die Schätzfunktion $B_0 = \bar{Y} - B_1\bar{x}$ ist ebenfalls **erwartungstreu** mit

$$E(B_0) = \beta_0 \; ;$$

$$\sigma^2_{B_0} = \operatorname{Var}(B_0) = \sigma^2\left(\frac{1}{n} + \frac{\bar{x}^2}{\sum_{i=1}^{n}(x_i - \bar{x})^2}\right) = \sigma^2 \frac{\sum_{i=1}^{n} x_i^2}{n\sum_{i=1}^{n}(x_i - \bar{x})^2}$$

Die Zufallsvariablen $\bar{Y}$ und B_1 sind **unkorreliert** mit $\operatorname{Cov}(\bar{Y}, B_1) = 0$.

B_0 und B_1 besitzen die

Kovarianz $\sigma_{B_0 B_1} = \operatorname{Cov}(B_0, B_1) = -\bar{x} \cdot \operatorname{Var}(B_1) = -\dfrac{\bar{x}\sigma^2}{\sum_{i=1}^{n}(x_i - \bar{x})^2}$

und den

Korrelationskoeffizienten $\rho(B_0, B_1) = -\dfrac{\bar{x}}{\sqrt{\frac{1}{n}\sum_{i=1}^{n} x_i^2}}$.

Nur für $\bar{x} = 0$ sind die Zufallsvariablen B_0 und B_1 unkorreliert.

Beispiel: Bei der Untersuchung der Milchmenge y [Kg] in Abhängigkeit vom Fettgehalt [%] ergaben sich folgende Meßwerte

x_i	3,1	3,2	3,4	3,5	3,5	3,6	3,6	3,7	3,8	3,9
y_i	26,3	24,7	22,8	18,4	23,6	18,7	22,6	20,8	21,7	17,9

Diese Stichprobe besitzt folgende Kenngrößen:

$\bar{x} = 3,53$; $s_x^2 = 0,06233$; $\bar{y} = 21,75$; $s_y^2 = 7,8783$;

Kovarianz $s_{xy} = -0,53056$; Korrelationskoeffizient $r(x, y) = -0,757$.

Daraus erhält man $b_1 = -8,51$; $b_0 = 51,79$ und die

empirische Regressionsgerade: $\hat{y} = 51,79 - 8,51\,x$.

In der nachfolgenden Abbildung ist die Punktwolke und die empirische Regressionsgerade (Ausgleichsgerade) graphisch dargestellt.

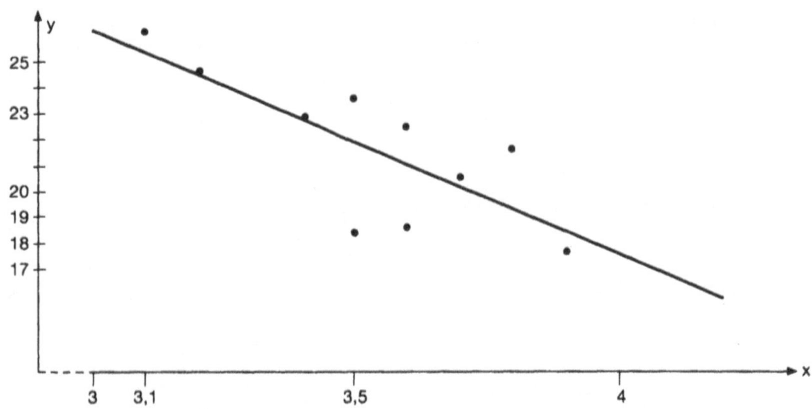

Regressionsgerade

1.2.2. Quadratsummenzerlegung (Varianzanalyse bezüglich $\bar{y}$)

Die Methoden der Varianzanalyse können auch bei der Regressionsanalyse angewandt werden.

Dem Stichprobenpaar (x_i, y_i) wird der Wert auf der Regressionsgeraden

$$\hat{y}_i = b_0 + b_1 x_i = \bar{y} + b_1(x_i - \bar{x})$$

zugeordnet. Wegen $\bar{\hat{y}} = \bar{y}$ besitzen die y-Werte auf der Regressionsgeraden den gleichen Mittelwert wie die y-Werte der Stichprobe.

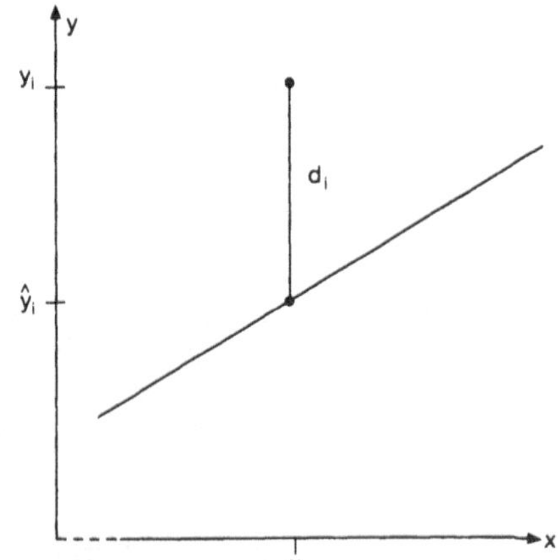

$$\begin{aligned} d_i &= y_i - \hat{y}_i = y_i - b_0 - b_1 x_i \\ &= y_i - \bar{y} - b_1(x_i - \bar{x}) \end{aligned}$$

ist der vorzeichenbehaftete vertikale Abstand des Punktes (x_i, y_i) von der Regressionsgeraden. Die Summe der Quadrate dieser (vertikalen) Abstände bezeichnet man mit q_{Rest}. Nach Kap. I Abschnitt 2.3 lautet diese Summe

$$\begin{aligned} q_{Rest} &= \sum_{i=1}^{n} (y_i - \hat{y}_i)^2 = \sum_{i=1}^{n} d_i^2 = \sum_{i=1}^{n} (y_i - b_0 - b_1 x_i)^2 \\ &= (n-1) s_y^2 (1 - r)^2 = (n-1) s_y^2 - (n-1) b_1^2 s_x^2 \,. \end{aligned}$$

Mit $\bar{y} = \bar{\hat{y}}$ bildet man wie bei der Varianzanalyse die bereits in Kap. I Abschnitt 2.3 durchgeführte Quadratsummenzerlegung

$$q_{ges.} = \sum_{i=1}^{n} (y_i - \bar{y})^2 = \sum_{i=1}^{n} [(y_i - \hat{y}_i) + (\hat{y}_i - \bar{y})]^2 \quad \sum_{i=1}^{n} [(y_i - \hat{y}_i) + (\hat{y}_i - \bar{\hat{y}})]^2$$

$$= \underbrace{\sum_{i=1}^{n} (\hat{y}_i - \bar{\hat{y}})^2}_{= q_1} + \underbrace{\sum_{i=1}^{n} (y_i - \hat{y}_i)^2}_{= q_{Rest}} .$$

Auch hier verschwindet die Summe der gemischten Produkte. Die einzelnen Summanden haben folgende Bedeutung:

Gesamte Abweichungssumme der y-Werte von ihrem Mittelwert $\bar{y}$:

$$q_{ges.} = \sum_{i=1}^{n} (y_i - \bar{y})^2 = \sum_{i=1}^{n} y_i^2 - n\bar{y}^2 = (n-1)\, s_y^2 ;$$

Summe der Abweichungsquadrate von der Regressionsgeraden:

$$q_{Rest} = \sum_{i=1}^{n} (y_i - \hat{y}_i)^2 = (n-1)(s_y^2 - b_1^2 s_x^2) .$$

Summe der Abweichungsquadrate auf der Regressionsgeraden:

$$q_1 = \sum_{i=1}^{n} (\hat{y}_i - \bar{\hat{y}})^2 = \sum_{i=1}^{n} \hat{y}_i^2 - n\bar{y}^2 = (n-1)\, b_1^2 s_x^2 .$$

Zur Berechnung der Erwartungswerte der entsprechenden Zufallsvariablen benutzt man die Modellgleichung

$$Y_i = \beta_0 + \beta_1 x_i + E_i \qquad \text{mit } E(E_i) = 0 \text{ und } Var(E_i) = \sigma^2$$

und die allgemein gültige Formel $E(Z^2) = Var(Z) + [E(Z)]^2$.

$$E(Y_i) = \beta_0 + \beta_1 x_i \; ; \; Var(Y_i) = \sigma^2 ; \; E(Y_i^2) = (\beta_0 + \beta_1 x_i)^2 + \sigma^2 ;$$

$$E(\bar{Y}) = \beta_0 + \beta_1 \bar{x} \; ; \; Var(\bar{Y}) = \frac{\sigma^2}{n} ; \; E(\bar{Y}^2) = (\beta_0 + \beta_1 \bar{x})^2 + \frac{\sigma^2}{n} .$$

Aus

$$\hat{Y}_i = B_0 + B_1 x_i = \bar{Y} + B_1(x_i - \bar{x})$$

erhält man mit den Erwartungswerten aus Abschnitt 1.2.1 und wegen der dort gezeigten Unkorreliertheit der Zufallsvariablen $\bar{Y}$ und B_1

$$E(\hat{Y}_i) = E(B_0) + x_i \cdot E(B_1) = \beta_0 + \beta_1 x_i ;$$

$$Var(\hat{Y}_i) = Var(\bar{Y} + B_1(x_i - \bar{x})) = Var(\bar{Y}) + (x_i - \bar{x})^2 \, Var(B_1)$$

$$= \frac{\sigma^2}{n} + \frac{(x_i - \bar{x})^2 \sigma^2}{\sum_{i=1}^{n} (x_i - \bar{x})^2} \; ;$$

$$E(\hat{Y}_i^2) = (\beta_0 + \beta_1 x_i)^2 + \frac{\sigma^2}{n} + \frac{(x_i - \bar{x})^2 \sigma^2}{\sum_{i=1}^{n} (x_i - \bar{x})^2} \; .$$

Für die Zufallsvariablen, deren Realisierungen die obigen Abweichungsquadrate sind, erhält man mit den Ergebnissen aus Abschnitt 2.1.1 die Erwartungswerte

$$E(Q_1) = E\Big((n-1) B_1^2 s_x^2\Big) = (n-1)\, s_x^2\, E(B_1^2)$$

$$= (n-1)\, s_x^2 \Big(\mathrm{Var}(B_1) + [E(B_1)]^2\Big) = \sum_{i=1}^{n} (x_i - \bar{x})^2 \left(\frac{\sigma^2}{\sum_{i=1}^{n} (x_i - \bar{x})^2} + \beta_1^2\right)$$

$$= \sigma^2 + \sum_{i=1}^{n} (x_i - \bar{x})^2 \beta_1^2 = \sigma^2 + (n-1)\, s_x^2 \beta_1^2.$$

$$E(Q_{ges.}) = \sum_{i=1}^{n} E(Y_i^2) - n\,E(\bar{Y}^2)$$

$$= \sum_{i=1}^{n} \Big((\beta_0 + \beta_1 x_i)^2 + \sigma^2\Big) - n(\beta_0 + \beta_1 \bar{x})^2 - \sigma^2$$

$$= n\beta_0^2 + \beta_1^2 \sum_{i=1}^{n} x_i^2 + 2\beta_0\beta_1 n\bar{x} + n\sigma^2 - n\beta_0^2 - n\beta_1^2\bar{x}^2 - 2\beta_0\beta_1 n\bar{x} - \sigma^2$$

$$= (n-1)(\sigma^2 + s_x^2 \beta_1^2).$$

$$E(Q_{Rest}) = E(Q_{ges.}) - E(Q_1) = (n-2)\,\sigma^2 \, .$$

Damit erhält man die

Tafel der Varianzanalyse bezüglich des Mittelwertes $\bar{y}$

Variationsursache	Summen der Abweichungsquadrate	Freiheitsgrade	gemittelte Summen	Erwartungswerte der gemittelten Summen
auf der Regressionsgeraden	$q_1 = (n-1)\, b_1^2 s_x^2$	1	q_1	$\sigma^2 + (n-1)\, s_x^2 \beta_1^2$
von der Regressionsgeraden	$q_{Rest} = (n-1)(s_y^2 - b_1^2 s_x^2)$	$n-2$	$s^2 = \frac{q_{Rest}}{n-2}$	$\boxed{\sigma^2}$
Gesamt	$q_{ges.} = (n-1)\, s_y^2$	$n-1$	s_y^2	$\sigma^2 + s_x^2 \beta_1^2$

Der Quotient

$$\frac{q_1}{q_{ges.}} = b_1^2 \frac{s_x^2}{s_y^2} = r^2$$

ist das in Kap. I Abschnitt 2.3 behandelte **Bestimmtheitsmaß**. Es stellt denjenigen Anteil an der Gesamtvarianz der y-Werte dar, der auf die Regressionsgerade zurückzuführen ist. Der Quotient $q_{Rest}/q_{ges.}$ ist als restlicher Anteil an der Gesamtvarianz das **Unbestimmtheitsmaß**.

Nur im Fall $\beta_1 = 0$ besitzen alle drei gemittelten Summen den gleichen Erwartungswert σ^2. Dann ist die Regressionsgerade horizontal und alle Zufallsvariablen Y_i haben unabhängig von x den gleichen Erwartungswert β_0. Die Zufallsvariable Y ist dann von x unabhängig.

1.2.3. Schätzungen von σ^2, $\sigma_{B_0}^2$, $\sigma_{B_1}^2$ und $\sigma_{B_0 B_1}$

Falls die Modellannahme der linearen Regression erfüllt ist, erhält man mit der Zufallsvariablen

$$S^2 = \frac{Q_{Rest}}{n-2} = \frac{n-1}{n-2}\left(S_y^2 - B_1^2 s_x^2\right) = \frac{1}{n-2}\sum_{i=1}^{n}(Y_i - \hat{Y}_i)^2$$

wegen

$$E\left(\frac{Q_{Rest}}{n-2}\right) = \sigma^2 \quad \text{(s. Abschnitt 1.2.2)}$$

eine **erwartungstreue Schätzfunktion** für die Varianz σ^2 mit den Schätzwerten

$$\boxed{\hat{\sigma}^2 = s^2 = \frac{q_{Rest}}{n-2} = \frac{n-1}{n-2}\left(s_y^2 - b_1^2 s_x^2\right) = \frac{1}{n-2}\sum_{i=1}^{n}(y_i - \hat{y}_i)^2 .}$$

Für diese Schätzung müssen die Parameter der Regressionsgeraden nicht bekannt sein. Sie ist erwartungstreu, auch wenn die Zufallsvariablen nicht normalverteilt sind. Die einzige Forderung ist die Modellvoraussetzung.

Für die Varianzen der Zufallsvariablen B_0 und B_1, deren Realisierungen die Parameter b_0 und b_1 der empirischen Regressionsgeraden sind, und die Kovarianz $\hat{\sigma}_{B_0 B_1} = \text{Cov}(B_0, B_1)$ erhält man mit s^2 nach Abschnitt 1.2.1 die **erwartungstreuen Schätzwerte**

$$\hat{\sigma}^2_{B_0} = s^2_{b_0} = s^2\left(\frac{1}{n} + \frac{\bar{x}^2}{\sum\limits_{i=1}^{n}(x_i - \bar{x})^2}\right) = s^2\,\frac{\sum\limits_{i=1}^{n} x_i^2}{n\sum\limits_{i=1}^{n}(x_i - \bar{x})^2}\,;$$

$$\hat{\sigma}^2_{B_1} = s^2_{b_1} = \frac{s^2}{\sum\limits_{i=1}^{n}(x_i - \bar{x})^2}\,;$$

$$\hat{\sigma}_{B_0B_1} = s_{b_0b_1} = -\frac{\bar{x}\,s^2}{\sum\limits_{i=1}^{n}(x_i - \bar{x})^2}\,;\; s^2 = \frac{q_{Rest}}{n-2} = \frac{1}{n-2}\sum_{i=1}^{n}(y_i - \hat{y}_i)^2\,.$$

Beispiel: Für das bereits behandelte Beispiel erhält man die Summe der Abstandsquadrate von der empirischen Regressionsgeraden

$$q_{Rest} = (n-1)(s_y^2 - b_1^2 s_x^2) = 9\cdot(7{,}8783 - (8{,}51)^2 0{,}06233) = 30{,}28\,.$$

Daraus erhält man die Schätzwerte für die einzelnen Varianzen

$$\hat{\sigma}^2 = s^2 = \frac{30{,}28}{8} = 3{,}785\,;$$

$$\hat{\sigma}^2_{B_0} = s^2_{b_0} = 3{,}785\left(\frac{1}{10} + \frac{3{,}53^2}{9\cdot 0{,}06233}\right) = 84{,}455\,;$$

$$\hat{\sigma}^2_{B_1} = s^2_{b_1} = \frac{3{,}785}{9\cdot 0{,}06233} = 6{,}747.$$

1.2.4. Tests und Konfidenzintervalle bei Normalverteilungen

Die unabhängigen Zufallsvariablen Y_i seien normalverteilt. Dann sind im linearen Regressionsmodell die Fehlervariablen E_i normalverteilt. Die Testgröße $\frac{(n-2)\,S^2}{\sigma^2}$ ist dann Chi-Quadrat-verteilt mit $n-2$ Freiheitsgraden, falls σ^2 die Varianz ist.

Die Zufallsvariable des Regressionskoeffizienten

$$B_1 = \frac{\sum\limits_{i=1}^{n}(x_i - \bar{x})\,Y_i}{\sum\limits_{i=1}^{n}(x_i - \bar{x})^2}$$

ist dann als Linearkombination unabhängiger normalverteilter Zufallsvariabler ebenfalls normalverteilt. Ihre Standardisierung

$$\frac{B_1-\beta_1}{\sigma_{B_1}} = \frac{B_1-\beta_1}{\sigma}\sqrt{\sum_{i=1}^{n}(x_i-\bar{x})^2}$$

ist N(0 ; 1)-verteilt. Falls die Varianz σ^2 bekannt ist, wird diese Testgröße benutzt. Andernfalls wird die Varianz σ^2 geschätzt durch

$$s^2 = \frac{q_{Rest}}{n-2} = \frac{1}{n-2}\sum_{i=1}^{n}(y_i-\hat{y}_i)^2 .$$

Es läßt sich zeigen, daß die beiden Zufallsvariablen B_1 und $S^2 = \frac{Q_{Rest}}{n-2}$ unabhängig sind. Dann ist die Testgröße

$$\frac{B_1-\beta_1}{S_{B_1}} = \frac{B_1-\beta_1}{S}\sqrt{\sum_{i=1}^{n}(x_i-\bar{x})^2} \quad \text{t-verteilt mit } n-2 \text{ Freiheitsgraden.}$$

Da $\bar{Y}$ und B_1 unabhängig sind, ist auch $B_0 = \bar{Y} - B_1\bar{x}$ normalverteilt. Ihre Standardisierung

$$\frac{B_0-\beta_0}{\sigma_{B_0}} = \frac{B_0-\beta_0}{\sigma}\sqrt{\frac{n\sum_{i=1}^{n}(x_i-\bar{x})^2}{\sum_{i=1}^{n}x_i^2}}$$

ist N(0 ; 1)-verteilt. Ferner sind B_0 und S^2 unabhängig. Damit ist die Testgröße

$$\frac{B_0-\beta_0}{S_{B_0}} = \frac{B_0-\beta_0}{S}\sqrt{\frac{n\sum_{i=1}^{n}(x_i-\bar{x})^2}{\sum_{i=1}^{n}x_i^2}} \quad \text{t-verteilt mit } n-2 \text{ Freiheitsgraden.}$$

Zur Testdurchführung werden nach Abschnitt 2.1 und 2.3 folgende Varianzen benutzt:

$$s^2 = \frac{q_2}{n-2} = \frac{n-1}{n-2}\left(s_y^2 - b^2 s_x^2\right) = \frac{1}{n-2}\sum_{i=1}^{n}(y_i-\hat{y}_i)^2 ;$$

$$s_{b_0}^2 = s^2\frac{\sum_{i=1}^{n}x_i^2}{n\sum_{i=1}^{n}(x_i-\bar{x})^2} ; \qquad s_{b_1}^2 = \frac{s^2}{\sum_{i=1}^{n}(x_i-\bar{x})^2} .$$

Mit den Quantilen der t-Verteilung und der Chi-Quadrat-Verteilung mit jeweils $n-2$ Freiheitsgrade erhält man zum Signifikanzniveau α die

Testentscheidungen bei Normalverteilungen:

Nullhypothese H_0	Alternative H_1	Ablehnungsbereich von H_0
$\beta_0 = \beta_0'$	$\beta_0 \neq \beta_0'$	$\left\lvert \frac{b_0 - \beta_0'}{s_{b_0}} \right\rvert > t_{n-2;1-\alpha/2}$
$\beta_0 \leq \beta_0'$	$\beta_0 > \beta_0'$	$\frac{b_0 - \beta_0'}{s_{b_0}} > t_{n-2;1-\alpha}$
$\beta_0 \geq \beta_0'$	$\beta_0 < \beta_0'$	$\frac{b_0 - \beta_0'}{s_{b_0}} < -t_{n-2;1-\alpha}$
$\beta_1 = \beta_1'$	$\beta_1 \neq \beta_1'$	$\left\lvert \frac{b_1 - \beta_1'}{s_{b_1}} \right\rvert > t_{n-2;1-\alpha/2}$
$\beta_1 \leq \beta_1'$	$\beta_1 > \beta_1'$	$\frac{b_1 - \beta_1'}{s_{b_1}} > t_{n-2;1-\alpha}$
$\beta_1 \geq \beta_1'$	$\beta_1 < \beta_1'$	$\frac{b_1 - \beta_1'}{s_{b_1}} < -t_{n-2;1-\alpha}$
$\sigma^2 = \sigma_0^2$	$\sigma^2 \neq \sigma_0^2$	$(n-2)s^2/\sigma_0^2 < \chi^2_{n-2;\frac{\alpha}{2}}$ oder $(n-2)s^2/\sigma_0^2 > \chi^2_{n-2;1-\frac{\alpha}{2}}$
$\sigma^2 \leq \sigma_0^2$	$\sigma^2 > \sigma_0^2$	$(n-2)s^2/\sigma_0^2 > \chi^2_{n-2;1-\alpha}$
$\sigma^2 \geq \sigma_0^2$	$\sigma^2 < \sigma_0^2$	$(n-2)s^2/\sigma_0^2 < \chi^2_{n-2;\alpha}$

Test auf Unabhängigkeit (horizontale Regressionsgerade; $H_0 : \beta_1 = 0$):

Falls die Nullhypothese $H_0 : \beta_1 = 0$ richtig ist, liegt ein Testproblem aus der Varianzanalyse vor mit $\mu = \beta_0$. Dann ist die Regressionsgerade horizontal und sämtliche Zufallsvariable $Y(x)$ besitzen den konstanten Erwartungswert $E(Y(x)) = \beta_0$. Benutzt wird die Tafel aus Abschnitt 1.2.1.

Unter der Nullhypothese ist bei Normalverteilungen die Testgröße

$$\frac{Q_1}{Q_{Rest}/(n-2)} = \frac{Q_1}{S^2} \quad \text{F-verteilt mit } (1, n-2) \text{ Freiheitsgraden.}$$

Mit den Quantilen dieser F-Verteilung erhält man die

Testentscheidung:

Im Falle $\frac{q_1}{q_{Rest}/(n-2)} = \frac{q_1}{s^2} > f_{1;n-2;1-\alpha}$ wird die Nullhypothese H_0 abgelehnt, sonst nicht.

Mit den Testgrößen aus Abschnitt 1.2.3 erhält zum Signifikanzniveau α

> **zweiseitige Konfidenzintervalle zum Niveau $1-\alpha$ bei Normalverteilungen:**
>
> a) für den Achsenabschnitt β_0:
>
> $$\left[b_0 - s_{b_0} \cdot t_{n-2;1-\alpha/2} \,;\, b_0 + s_{b_0} \cdot t_{n-2;1-\alpha/2}\right];$$
>
> b) für den Regressionskoeffizienten β_1:
>
> $$\left[b_1 - s_{b_1} \cdot t_{n-2;1-\alpha/2} \,;\, b_1 + s_{b_1} \cdot t_{n-2;1-\alpha/2}\right];$$
>
> c) für die Varianz σ^2: $$\left[\frac{(n-2)\,s^2}{\chi^2_{n-2;1-\alpha/2}} \,;\, \frac{(n-2)\,s^2}{\chi^2_{n-2;\alpha/2}}\right].$$
>
> **Einseitige Konfidenzintervalle** erhält man dadurch, daß $\alpha/2$ durch α ersetzt und eine Grenze weggelassen wird.

Beispiel (Fortsetzung): Zum Konfidenzniveau $\gamma = 1-\alpha = 0{,}90$ sollen in dem bereits behandelten Beispiel Konfidenzintervalle für β_0, β_1 und σ^2 bestimmt werden.

Mit $t_{8;0,95} = 1{,}86$; $b_0 = 51{,}79$, $s^2_{b_0} = 84{,}455$; $b_1 = -8{,}51$, $s^2_{b_1} = 6{,}747$; $s^2 = 3{,}785$ erhält man das Konfidenzintervall für β_0

$$[51{,}79 - 9{,}19 \cdot 1{,}86 \,;\, 51{,}79 + 9{,}19 \cdot 1{,}86] = [\,34{,}7 \,;\, 68{,}9\,]$$

und das Konfidenzintervall für β_1

$$[-8{,}51 - 2{,}597 \cdot 1{,}86 \,;\, -8{,}51 + 2{,}597 \cdot 1{,}86] = [-13{,}3 \,;\, -3{,}7].$$

Für die Varianz σ^2 lautet zum Niveau 0,90 das Konfidenzintervall

$$\left[\frac{8 \cdot 3{,}785}{15{,}507} \,;\, \frac{8 \cdot 3{,}785}{2{,}733}\right] = [\,1{,}95 \,;\, 11{,}08].$$

1.2.5. Simultane Tests und gemeinsame Konfidenzbereiche für β_0 und β_1 bei Normalverteilungen

Die in Abschnitt 1.2.4 angegebenen Test und Konfidenzintervalle sind nur jeweils für einen einzigen Parameter β_0 oder β_1 gültig. Die Wahrscheinlichkeit dafür, daß ein einzelner Parameter im Konfidenzintervall liegt, ist gleich $1-\alpha$. Dies ist jedoch nicht die Wahrscheinlichkeit dafür, daß beide Parameter gleichzeitig in dem jeweiligen Konfidenzintervall liegen. Entsprechend ist die Irrtumswahrscheinlichkeit für jeden einzelnen Test gleich α. Auch hier handelt es sich nicht um die Irrtumswahrscheinlichkeit bei gleichzeitiger Durchführung der beiden Tests.

Getestet werden soll die

$$\text{Nullhypothese } H_0: \ \beta_0 = \beta_0' \ \text{ und } \beta_1 = \beta_1' \text{ , also } f(x) = \beta_0' + \beta_1' x.$$

Zur Testdurchführung wird die Summe der Abstandsquadrate q_G von der tatsächlichen Regressionsgeraden $f(x) = \beta_0 + \beta_1 x$ zerlegt in

$$\begin{aligned} q_G &= \sum_{i=1}^{n} (y_i - \beta_0 - \beta_1 x_i)^2 \\ &= \sum_{i=1}^{n} \Big((y_i - b_0 - b_1 x_i) + (b_0 + b_1 x_i - \beta_0 - \beta_1 x_i)\Big)^2 \\ &= \underbrace{\sum_{i=1}^{n} (y_i - b_0 - b_1 x_i)^2}_{= q_{Rest}} + \underbrace{\sum_{i=1}^{n} (b_0 + b_1 x_i - \beta_0 - \beta_1 x_i)^2}_{= q_R} \end{aligned}$$

Auch hier verschwindet die Summe der gemischten Produkte.

Nach Abschnitt 1.2.2 gilt $E(Q_{Rest}) = (n-2)\sigma^2$.

Der zweite Summand stellt die Summe der (vertikalen) Abweichungsquadrate der Punkte auf der empirischen von der tatsächlichen Regressionsgeraden dar mit

$$\begin{aligned} q_R &= \sum_{i=1}^{n} (b_0 + b_1 x_i - \beta_0 - \beta_1 x_i)^2 = \sum_{i=1}^{n} [(b_0 - \beta_0) + (b_1 - \beta_1) x_i]^2 \\ &= \sum_{i=1}^{n} (b_0 - \beta_0)^2 + \sum_{i=1}^{n} (b_1 - \beta_1)^2 x_i^2 + 2\sum_{i=1}^{n} (b_0 - \beta_0)(b_1 - \beta_1) x_i \\ &= n(b_0 - \beta_0)^2 + (b_1 - \beta_1)^2 \sum_{i=1}^{n} x_i^2 + 2(b_0 - \beta_0)(b_1 - \beta_1)\, n\bar{x}\,. \end{aligned}$$

q_R ist Realisierung der Zufallsvariablen Q_R. Zur Berechnung des nachfolgenden Erwartungswertes werden die Ergebnisse aus Abschnitt 1.2.1 benutzt

$$E(Q_R) = n\,E\left((B_0-\beta_0)^2\right) + E\left((B_1-\beta_1)^2\right)\sum_{i=1}^{n} x_i^2$$
$$+\,2n\bar{x}\,E\left((B_0-\beta_0)(B_1-\beta_1)\right)$$
$$= n\,\mathrm{Var}(B_0) + \mathrm{Var}(B_1)\sum_{i=1}^{n} x_i^2 + 2n\bar{x}\,\mathrm{Cov}(B_0,B_1)$$
$$= \sigma^2\frac{n\sum_{i=1}^{n} x_i^2}{n\sum_{i=1}^{n}(x_i-\bar{x})^2} + \sigma^2\frac{\sum_{i=1}^{n} x_i^2}{\sum_{i=1}^{n}(x_i-\bar{x})^2} - \sigma^2\frac{2n\bar{x}\bar{x}}{\sum_{i=1}^{n}(x_i-\bar{x})^2}$$
$$= 2\sigma^2\frac{\sum_{i=1}^{n} x_i^2 - n\bar{x}^2}{\sum_{i=1}^{n}(x_i-\bar{x})^2} = 2\sigma^2\frac{\sum_{i=1}^{n}(x_i-\bar{x})^2}{\sum_{i=1}^{n}(x_i-\bar{x})^2} = 2\sigma^2\,.$$

$$E(Q_G) = E(Q_R) + E(Q_{Rest}) = n\sigma^2.$$

Damit erhält man für diese Zerlegung die

Tafel der Varianzanalyse bezüglich der theoretischen Regressionsgeraden

Variations-ursache	Summen der Abweichungsquadrate	Frei-heits-grade	gemit-telte Summen	Erwartungs-werte
zwischen den Regressions-geraden	$q_R = \sum_{i=1}^{n}(b_0+b_1x_i-\beta_0-\beta_1x_i)^2$	2	$\frac{q_R}{2}$	σ^2
von der emp. Regressions-geraden	$q_{Rest} = (n-1)(s_y^2 - b_1^2 s_x^2)$	$n-2$	$s^2 = \frac{q_{Rest}}{n-2}$	σ^2
Gesamt	$q_G = \sum_{i=1}^{n}(y_i-\beta_0-\beta_1x_i)^2$	n	$\frac{q_G}{n}$	σ^2

Die Zufallsvariablen $\frac{Q_R}{\sigma^2}$ und $\frac{Q_{Rest}}{\sigma^2}$ sind im Falle der Normalverteilung voneinander unabhängig und Chi-Quadrat-verteilt mit 2 bzw. $n-2$ Freiheitsgraden. Dann ist

$$\frac{Q_R/2\sigma^2}{Q_{Rest}/(n-2)\sigma^2} = \frac{Q_R}{2S^2}$$

$$= \frac{n(B_0-\beta_0)^2 + (B_1-\beta_1)^2 \sum_{i=1}^{n} x_i^2 + 2(B_0-\beta_0)(B_1-\beta_1)n\bar{x}}{2S^2}$$

F-verteilt mit (2, n − 2) Freiheitsgraden.

Damit erhält man zum Signifikanzniveau α die

Testdurchführung für H_0: $\beta_0 = \beta_0'$ und $\beta_1 = \beta_1'$, also $f(x) = \beta_0' + \beta_1' x$ bei **Normalverteilungen**:

1. Schritt: Mit den Werten b_0, b_1 der empirischen Regressionsgeraden berechne man

$$q_R = n(b_0-\beta_0')^2 + (b_1-\beta_1')^2 \sum_{i=1}^{n} x_i^2 + 2(b_0-\beta_0')(b_1-\beta_1')n\bar{x}\,.$$

2. Schritt: Man berechne

$$s^2 = \frac{q_{Rest}}{n-2} = \frac{1}{n-2}\sum_{i=1}^{n}(y_i-\hat{y}_i)^2 = \frac{n-1}{n-2}(s_y^2 - b_1^2 s_x^2)\,.$$

Daraus erhält man die **Testgröße** $\dfrac{q_R}{2s^2}$.

3. Schritt: Man bestimme das $(1-\alpha)$-Quantil $f_{2,n-2;1-\alpha}$ der F-Verteilung mit $(2, n-2)$ Freiheitsgraden.

4. Schritt (Testentscheidung):

Im Falle $\dfrac{q_R}{2s^2} > f_{2,n-2;1-\alpha}$ wird die Nullhypothese H_0 abgelehnt.

Gemeinsame Konfidenzbereiche für β_0 und β_1:

Mit dem $(1-\alpha)$-Quantil $f_{1-\alpha} = f_{2,n-2;1-\alpha}$ der F-Verteilung mit $(2, n-2)$ Freiheitsgraden erhält man für die oben angegebene Testgröße

$$P\left(\frac{n(B_0-\beta_0)^2 + (B_1-\beta_1)^2 \sum_{i=1}^{n} x_i^2 + 2(B_0-\beta_0)(B_1-\beta_1)n\bar{x}}{2S^2} \le f_{1-\alpha}\right) = 1-\alpha.$$

Dadurch ist ein gemeinsamer Konfidenzbereich für die Paare (β_0, β_1) definiert. Aus der empirischen Regressionsgeraden $y = b_0 + b_1 x$ und der Varianz

$$s^2 = \frac{q_2}{n-2} = \frac{n-1}{n-2}\left(s_y^2 - b_1^2 s_x^2\right)$$

erhält man

empirische Konfidenzbereiche zum Niveau $1-\alpha$ bei Normalverteilungen :

$$\left\{(\beta_0, \beta_1) \;\middle|\; \frac{n\,(b_0-\beta_0)^2 + (b_1-\beta_1)^2 \sum_{i=1}^{n} x_i^2 + 2(b_0-\beta_0)\,(b_1-\beta_1)\,n\,\bar{x}}{2\,s^2} \le f_{1-\alpha}\right\}$$

Alle Zahlenpaare (β_0, β_1), die bei festem Konfidenzniveau $1-\alpha$ diese Ungleichung erfüllen, stellen als Lösungsmenge eine **Ellipse** mit dem Mittelpunkt (b_0, b_1) dar. **Gemeinsame Konfidenzbereiche** sind **Ellipsenflächen**. In der nachfolgenden Abbildung ist eine solche Ellipse dargestellt. Die Achsen der Ellipse sind genau dann parallel zu den Koordinatenachsen, wenn das gemischte Glied verschwindet. Dies ist nur für $\bar{x} = 0$ möglich. Dann sind die beiden normalverteilten Zufallsvariablen B_0 und B_1 unabhängig (unkorreliert).

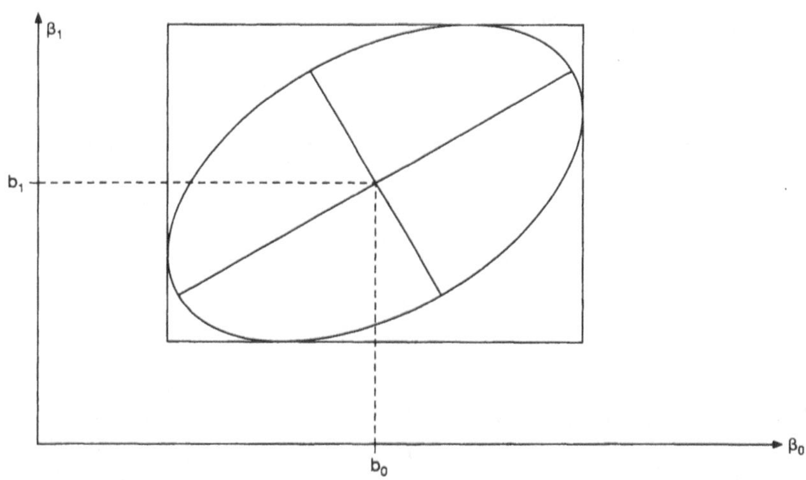

Simultane Konfidenzintervalle für β_0 und β_1 nach Scheffé

Interessant sind achsenparallele Rechtecke als Konfidenzbereiche. Dann liegen mit der entsprechenden Konfidenzwahrscheinlichkeit $\gamma = 1-\alpha$ beide Parameter gleichzeitig in dem entsprechenden Achsenintervall. Aus diesem Grund bestimmt man nach H. Scheffé ein achsenparalleles Rechteck, das die Ellipse vollständig enthält. Dann ist allerdings der Konfidenzbereich und somit auch die Konfidenzwahrscheinlichkeit des Rechtecks größer als die für die Ellipse. Die Aussage ist zwar sicherer, dafür allerdings unpräziser.

Mit $c = f_{2,n-2;1-\alpha}$ besitzt die Ellipse die Gleichung

$$g(\beta_0, \beta_1) = $$
$$n(\beta_0 - b_0)^2 + (\beta_1 - b_1)^2 \sum_{i=1}^{n} x_i^2 + 2(\beta_0 - b_0)(\beta_1 - b_1)\, n\bar{x} - 2cs^2 = 0.$$

Zunächst suchen wir die Koordinaten des höchsten und tiefsten Ellipsenpunktes. Durch diese beiden Punkte gehen die zur β_0-Achse parallelen Rechtecksseiten. Die Ableitung der Funktion nach β_0 erhält man aus der Ableitungsregel für implizite Funkionen mit Hilfe partieller Ableitungen in der Form

$$h'(\beta_0) = -\frac{g_{\beta_1}(\beta_0, \beta_1)}{g_{\beta_0}(\beta_0, \beta_1)} .$$

Die Ellipse hat genau dann an der Stelle β_0 eine waagrechte Tangente, falls gilt

$$g_{\beta_1}(\beta_0, \beta_1) = \frac{\partial g(\beta_0, \beta_1)}{\partial \beta_1} = 0 .$$

Damit erhält man

$$2(\beta_1 - b_1) \sum_{i=1}^{n} x_i^2 + 2(\beta_0 - b_0)\, n\bar{x} = 0 ;$$

$$(\beta_1 - b_1) \sum_{i=1}^{n} x_i^2 + (\beta_0 - b_0)\, n\bar{x} = 0 .$$

Hieraus folgt

$$(\beta_1 - b_1) = -(\beta_0 - b_0) \frac{n\bar{x}}{\sum_{i=1}^{n} x_i^2} .$$

Setzt man diesen Ausdruck in die Ellipsengleichung ein, so erhält man

$$n(\beta_0 - b_0)^2 + (\beta_0 - b_0)^2 \cdot \frac{n^2\bar{x}^2}{\sum_{i=1}^{n} x_i^2} - 2(\beta_0 - b_0)^2 \cdot \frac{(n\bar{x})^2}{\sum_{i=1}^{n} x_i^2} = 2cs^2 ;$$

$$n(\beta_0 - b_0)^2 - (\beta_0 - b_0)^2 \cdot \frac{n^2\bar{x}^2}{\sum_{i=1}^{n} x_i^2} = 2cs^2 ;$$

$$n(\beta_0 - b_0)^2 \cdot \left[1 - \frac{n\bar{x}^2}{\sum_{i=1}^{n} x_i^2} \right] = 2cs^2 ; \quad n(\beta_0 - b_0)^2 \cdot \frac{\sum_{i=1}^{n} (x_i - \bar{x})^2}{\sum_{i=1}^{n} x_i^2} = 2cs^2;$$

$$(\beta_0 - b_0)^2 = 2cs^2 \cdot \frac{\sum_{i=1}^{n} x_i^2}{n \sum_{i=1}^{n} (x_i - \bar{x})^2} = 2cs_{b_0}^2 \quad \text{(vgl. Abschnitt 1.2.1).}$$

Die Lösungen dieser quadratischen Gleichung sind die Randpunkte des Intervalls

$$b_0 - s_{b_0} \cdot \sqrt{2c} \leq \beta_0 \leq b_0 + s_{b_0} \cdot \sqrt{2c} \ .$$

Die maximalen Werte für β_1 erhält man durch zyklisches Vertauschen

$$g_{\beta_0}(\beta_0, \beta_1) = \frac{\partial g(\beta_0, \beta_1)}{\partial \beta_0} = 0 \ ;$$

$$2n(\beta_0 - b_0) + 2(\beta_1 - b_1) n \bar{x} = 0 \ ; \ (\beta_0 - b_0) = -(\beta_1 - b_1)\bar{x} \ ;$$

$$n(\beta_1 - b_1)^2 \bar{x}^2 + (\beta_1 - b_1)^2 \sum_{i=1}^{n} x_i^2 - 2(\beta_1 - b_1)^2 n \bar{x}^2 = 2cs^2 \ ;$$

$$(\beta_1 - b_1)^2 \left(\sum_{i=1}^{n} x_i^2 - n\bar{x}^2 \right) = 2cs^2 \ ;$$

$$(\beta_1 - b_1)^2 \sum_{i=1}^{n} (x_i - \bar{x})^2 = 2cs^2 \ ;$$

$$(\beta_1 - b_1)^2 = 2c \frac{s^2}{\sum_{i=1}^{n} (x_i - \bar{x})^2} = 2cs_{b_1}^2 \ .$$

Daraus erhält man

$$b_1 - s_{b_1} \cdot \sqrt{2c} \leq \beta_1 \leq b_1 + s_{b_1} \cdot \sqrt{2c} \ .$$

Das durch

$$b_0 - s_{b_0} \cdot \sqrt{2c} \leq \beta_0 \leq b_0 + s_{b_0} \cdot \sqrt{2c} \ ; \ b_1 - s_{b_1} \cdot \sqrt{2c} \leq \beta_1 \leq b_1 + s_{b_1} \cdot \sqrt{2c}$$

mit $c = f_{2, n-2; 1-\alpha}$ beschriebene Rechteck enthält (berührt) die Ellipse und stellt daher einen Konfidenzbereich dar, dessen Konfidenzwahrscheinlichkeit größer als $1 - \alpha$ ist. Damit erhält man

simultane Konfidenzintervalle nach Scheffé für β_0 und β_1 zum Niveau $\geq 1-\alpha$ bei Normalverteilungen:

$$\left[b_0 - s_{b_0} \cdot \sqrt{2 f_{2, n-2; 1-\alpha}} \; ; \; b_0 + s_{b_0} \cdot \sqrt{2 f_{2, n-2; 1-\alpha}} \right];$$

$$\left[b_1 - s_{b_1} \cdot \sqrt{2 f_{2, n-2; 1-\alpha}} \; ; \; b_1 + s_{b_1} \cdot \sqrt{2 f_{2, n-2; 1-\alpha}} \right];$$

s_{b_0}, s_{b_1} s. Abschnitt 1.2.3.

Das Rechteck mit diesen Seiten ist ein gemeinsamer Konfidenzbereich für die beiden Paramenter.

Beispiel (Fortsetzung): Mit dem 90%-Quantil $f_{2,8;\,0{,}90} = 3{,}113$ erhält man zum Niveau $\gamma = 0{,}90$ die beiden simultanen Konfidenzintervalle

für β_0:

$$\left[51{,}79 - 9{,}19 \cdot \sqrt{6{,}226} \; ; \; 51{,}79 + 9{,}19 \cdot \sqrt{6{,}226}\right] = [\, 28{,}9 \; ; \; 74{,}7 \,];$$

für β_1:

$$\left[-8{,}51 - 2{,}597 \cdot \sqrt{6{,}226} \; ; \; -8{,}51 + 2{,}597 \cdot \sqrt{6{,}226}\right] = [-14{,}99 \; ; \; -2{,}02].$$

Die gemeinsamen Konfidenzintervalle sind breiter als die beiden einzelnen.

1.2.6. Konfidenzintervalle für die Erwartungswerte $\beta_0 + \beta_1 x_0$ an einer festen Stelle x_0 bei Normalverteilungen

Unter der Normalverteilungsannahme soll für jede feste Stelle x_0 ein Konfidenzintervall für den Erwartungswert $E(Y(x_0)) = \beta_0 + \beta_1 x_0$ bestimmt werden. Dazu betrachten wir die Zufallsvariable der empirischen Regressionsgeraden

$$B_0 + B_1 x_0 = \bar{Y} - B_1 \bar{x} + B_1 x_0 = \bar{Y} + (x_0 - \bar{x}) B_1 .$$

Die Zufallsvariablen $\bar{Y}$ und B_1 sind nach Abschnitt 1.2.1 und 1.2.4 unabhängig (unkorreliert) und normalverteilt. Daraus folgt

$$E(B_0 + B_1 x_0) = E(B_0) + x_0 E(B_1) = \beta_0 + \beta_1 x_0 .$$

$$\operatorname{Var}(B_0 + B_1 x_0) = \operatorname{Var}(\bar{Y} + (x_0 - \bar{x}) B_1) = \operatorname{Var}(\bar{Y}) + (x_0 - \bar{x})^2 \operatorname{Var}(B_1)$$

$$= \frac{\sigma^2}{n} + (x_0 - \bar{x})^2 \frac{\sigma^2}{\sum\limits_{i=1}^{n} (x_i - \bar{x})^2} = \sigma^2 \left[\frac{1}{n} + \frac{(x_0 - \bar{x})^2}{\sum\limits_{i=1}^{n} (x_i - \bar{x})^2} \right].$$

Als Linearkombination normalverteilter Zufallsvariabler ist die Zufallsvariable $B_0 + B_1 x_0$ normalverteilt. Dann ist ihre Standardisierung

$$Z = \frac{B_0 + B_1 x_0 - \beta_0 - \beta_1 x_0}{\sigma \cdot \sqrt{\frac{1}{n} + \frac{(x_0 - \bar{x})^2}{\sum\limits_{i=1}^{n} (x_i - \bar{x})^2}}} \qquad N(0;1)\text{-verteilt.}$$

Da die Zufallsvariablen B_0 und B_1 von S^2 unabhängig sind, ist auch Z unabhängig von der mit $n-2$ Freiheitsgraden Chi-Quadrat-verteilten Zufallsvariablen $\frac{(n-2)S^2}{\sigma^2}$. Dann ist der Quotient

$$\frac{Z\sigma}{S} = \frac{B_0 + B_1 x_0 - \beta_0 - \beta_1 x_0}{S \cdot \sqrt{\frac{1}{n} + \frac{(x_0 - \bar{x})^2}{\sum\limits_{i=1}^{n} (x_i - \bar{x})^2}}}$$

t-verteilt mit $n-2$ Freiheitsgraden. Mit dem Quantil $t_{n-2;1-\alpha/2}$ der t-Verteilung mit $n-2$ Freiheitsgraden erhält man für jeden Wert x_0

Konfidenzintervalle für $\beta_0 + \beta_1 x_0$ (x_0 fest) zum Niveau $1-\alpha$ bei Normalverteilungen:

$[g_u(x_0);\ g_o(x_0)]$ mit

$$g_{u,o}(x_0) = b_0 + b_1 x_0 \mp t_{n-2;1-\alpha/2} \cdot s \cdot \sqrt{\frac{1}{n} + \frac{(x_0 - \bar{x})^2}{\sum\limits_{i=1}^{n} (x_i - \bar{x})^2}};$$

$$s^2 = \frac{q_{Rest}}{n-2} = \frac{1}{n-2} \sum_{i=1}^{n} (y_i - \hat{y}_i)^2.$$

Die beiden Funktionen $g_u(x_0)$ und $g_o(x_0)$ sind bei variablem x_0 Äste einer Hyperbel. Der Konfidenzgürtel ist an der Stelle $x_0 = \bar{x}$ am schmalsten.

Beispiel (Fortsetzung): Für das bereits behandelte Beispiel ist in der nachfolgenden Abbildung zum Niveau $\gamma = 0{,}9$ der Konfidenzgürtel für jeden einzelnen Erwartungswert $\mu(x_0) = \beta_0 + \beta_1 x_0$ skizziert.

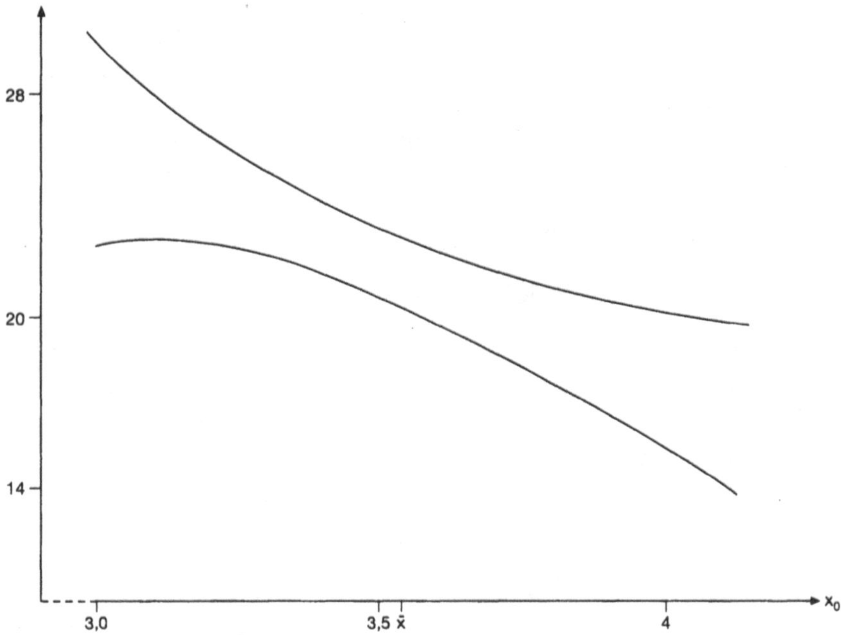

Konfidenzintervalle für $\beta_0+\beta_1 x_0$

1.2.7. Simultane Konfidenzstreifen für die gesamte Regressionsgerade bei Normalverteilungen

In Abschnitt 1.2.6 wurden Konfidenzintervalle für den Erwartungswert $E(Y(x_0)) = \beta_0 + \beta_1 x_0$ an einer bestimmten Stelle x_0 angegeben. In diesem Abschnitt soll ein simultaner Konfidenzbereich für die gesamte Regressionsgerade $E(Y(x)) = \beta_0 + \beta_1 x$ bestimmt werden.
Unter der Normalverteilungsannahme besitzt die Zufallsvariable

$$(B_0 + B_1 x - \beta_0 - \beta_1 x)^2$$

nach Abschnitt 1.2.6 den Erwartungswert

$$E\Big((B_0 + B_1 x - \beta_0 - \beta_1 x)^2\Big) = \operatorname{Var}(B_0 + B_1 x) = \sigma^2 \left[\frac{1}{n} + \frac{(x-\bar{x})^2}{\sum\limits_{i=1}^{n}(x_i-\bar{x})^2}\right].$$

Die Zufallsvariable

$$\frac{(B_0 + B_1 x - \beta_0 - \beta_1 x)^2}{\sigma^2 \left[\frac{1}{n} + \frac{(x-\bar{x})^2}{\sum\limits_{i=1}^{n}(x_i-\bar{x})^2}\right]} \quad \text{und} \quad \frac{Q_{Rest}}{\sigma^2} = \frac{(n-2)\,S^2}{\sigma^2}$$

sind Chi-Quadrat-verteilt mit 2 bzw. $n-2$ Freiheitsgraden. Da B_0 und B_1 von S^2 unabhängig sind, sind auch diese beiden Chi-Quadrat-verteilten Zufallsvariablen unabhängig. Dann ist der Quotient

$$\frac{(B_0 + B_1 x - \beta_0 - \beta_1 x)^2}{2S^2\left[\frac{1}{n} + \frac{(x-\bar{x})^2}{\sum\limits_{i=1}^{n}(x_i - \bar{x})^2}\right]}$$ F-verteilt mit $(2, n-2)$ Freiheitsgraden.

Mit dem $(1-\alpha)$-Quantil $f_{2,n-2;1-\alpha}$ dieser F-Verteilung gilt dann

$$P\left((B_0+B_1 x - \beta_0 - \beta_1 x)^2 \le 2S^2 f_{2,n-2;1-\alpha}\left[\frac{1}{n} + \frac{(x-\bar{x})^2}{\sum\limits_{i=1}^{n}(x_i-\bar{x})^2}\right]\right) = 1-\alpha$$

Durch Wurzelziehen erhält man daraus

simultane Konfidenzstreifen für die gesamte Regressionsgerade $f(x) = \beta_0 + \beta_1 x$ zum Niveau $1-\alpha$ bei Normalverteilungen :

$[v_u(x);\ v_o(x)]$ mit

$$v_{u,o}(x) = b_0 + b_1 x \mp s \cdot \sqrt{2 f_{2,n-2;1-\alpha}\left[\frac{1}{n} + \frac{(x-\bar{x})^2}{\sum\limits_{i=1}^{n}(x_i-\bar{x})^2}\right]};$$

$$s^2 = \frac{q_{Rest}}{n-2} = \frac{1}{n-2}\sum_{i=1}^{n}(y_i - \hat{y}_i)^2 .$$

Die beiden Funktionen $v_u(x)$ und $v_o(x)$ sind Äste einer Hyperbel. Der Konfidenzstreifen ist an der Stelle $x_0 = \bar{x}$ am schmalsten.

1.2.8. Prognose-Intervalle für die Realisierungen der Zufallsvariablen $Y(x_0)$ bei Normalverteilungen

In Abschnitt 1.2.6 wurde ein Konfidenzintervall für den Erwartungswert $\mu(x_0) = \beta_0 + \beta_1 x_0$ der Zufallsvariablen $Y(x_0)$ angegeben. Mit Hilfe des Schätzwertes $\hat{y}(x_0) = b_0 + b_1 x_0$ soll bei Normalverteilungen ein (empirisches) Konfidenzintervall (Prognose-Intervall) für die Realisierung $y(x_0)$ der Zufallsvariablen $Y(x_0) = \beta_0 + \beta_1 x_0 + E$ bestimmt werden. Weil die Fehlervariable E von B_0 und B_1 unabhängig ist, folgt mit der in Abschnitt 1.2.6 angegebenen Varianz

$$Y(x_0) = \beta_0 + \beta_1 x_0 + E \quad ; \hat{Y}(x_0) = B_0 + B_1 x_0 \quad ;$$

$$Y(x_0) - \hat{Y}(x_0) = \beta_0 + \beta_1 x_0 - B_0 - B_1 x_0 + E$$

$$E\Big(Y(x_0) - \hat{Y}(x_0)\Big) = 0 \; ;$$

$$\operatorname{Var}\Big(Y(x_0) - \hat{Y}(x_0)\Big) = \operatorname{Var}(B_0 + B_1 x_0) + \operatorname{Var}(E)$$

$$= \sigma^2 \left[\frac{1}{n} + \frac{(x_0 - \bar{x})^2}{\sum\limits_{i=1}^{n} (x_i - \bar{x})^2} \right] + \sigma^2 = \sigma^2 \left[1 + \frac{1}{n} + \frac{(x_0 - \bar{x})^2}{\sum\limits_{i=1}^{n} (x_i - \bar{x})^2} \right].$$

Mit der Zufallsvariablen der geschätzten Varianz $S^2 = \frac{Q_{Rest}}{n-2}$ ist

$$T = \frac{Y(x_0) - B_0 - B_1 x_0}{S \cdot \sqrt{1 + \frac{1}{n} + \frac{(x_0 - \bar{x})^2}{\sum\limits_{i=1}^{n} (x_i - \bar{x})^2}}}$$

t-verteilt mit $n-2$ Freiheitsgraden. Mit dem Quantil $t_{n-2;1-\alpha/2}$ erhält man für jeden Wert x_0

Prognose-Intervalle für die Realisierung $y(x_0)$ der Zufallsvariablen $Y = \beta_0 + \beta_1 x_0 + E$ zum Niveau $1 - \alpha$ bei Normalverteilungen:

$[w_u(x_0); w_o(x_0)]$ mit

$$w_{u,o}(x_0) = b_0 + b_1 x_0 \mp t_{n-2;1-\alpha/2} \cdot s \cdot \sqrt{1 + \frac{1}{n} + \frac{(x_0 - \bar{x})^2}{\sum\limits_{i=1}^{n} (x_i - \bar{x})^2}} \; ;$$

$$s^2 = \frac{q_{Rest}}{n-2} = \frac{1}{n-2} \sum_{i=1}^{n} (y_i - \hat{y}_i)^2 .$$

1.2.9. Test auf Linearität der Regression bei Normalverteilungen

Unter der Normalverteilungsannahme soll folgende Nullhypothese getestet werden

H_0 : die Regressionsfunktion ist eine Gerade.

Die Testdurchführung erfolgt wie bei der Varianzanalyse mit Hilfe der Quadratsummenzerlegung. Um Gruppenabweichungen bilden zu können, müssen zu mindestens einem x-Wert mindestens zwei y-Werte gehören.

In der gesamten Stichprobe sollen m verschiedene x-Werte $x_1^*, x_2^*, \ldots, x_m^*$ vorkommen. Zu x_i^* gebe es die y-Werte $y_{i1}, y_{i2}, y_{i3}, \ldots, y_{in_i}$. Damit benutzt man das

Schema für die Varianzanalyse

Gruppe	Stichprobenwerte	Gruppen-umfang	Zeilen-summe	Gruppen-mittel
x_1^*	$y_{11}\ y_{12}\ y_{13} \cdots\cdots\ y_{1n_1}$	n_1	$y_{1\cdot}$	$\bar{y}_{1\cdot}$
x_2^*	$y_{21}\ y_{22}\ y_{23} \cdots\cdots\ y_{2n_2}$	n_2	$y_{2\cdot}$	$\bar{y}_{2\cdot}$
x_3^*	$y_{31}\ y_{32}\ y_{33} \cdots\cdots\ y_{3n_3}$	n_3	$y_{3\cdot}$	$\bar{y}_{3\cdot}$
$\vdots$	$\cdots\cdots\cdots\cdots$	$\vdots$	$\vdots$	$\vdots$
x_i^*	$y_{i1}\ y_{i2}\ y_{i3} \cdots\cdots\ y_{in_i}$	n_i	$y_{i\cdot}$	$\bar{y}_{i\cdot}$
$\vdots$	$\cdots\cdots\cdots\cdots$	$\vdots$	$\vdots$	$\vdots$
x_m^*	$y_{m1}\ y_{m2}\ y_{m3} \cdots\cdots\ y_{mn_m}$	n_m	$y_{m\cdot}$	$\bar{y}_{m\cdot}$
Gesamt	Summe	n	$y_{\cdot\cdot}$	$\bar{y} = \frac{y_{\cdot\cdot}}{n}$

Die gesamte Stichprobe vom Umfang $n = \sum_{i=1}^{m} n_i$ besitzt die Kenngrößen:

Mittelwert und Varianz aller x - Werte:

$$\bar{x} = \frac{1}{n} \sum_{i=1}^{m} n_i\, x_i^* \ ;\ s_x^2 = \frac{1}{n-1} \sum_{i=1}^{m} n_i\,(x_i^* - \bar{x})^2 = \frac{1}{n-1}\Big(\sum_{i=1}^{m} n_i\, x_i^{*2} - n\,\bar{x}^2\Big).$$

Die einzelnen y-Stichproben besitzen die Kenngrößen:

Gruppenmittel: $\bar{y}_{i\cdot} = \frac{1}{n_i} \sum_{j=1}^{n_i} y_{ij} = \frac{y_{i\cdot}}{n_i}\ ;\ i = 1, 2, \ldots, m\ ;$

Gesamtmittel: $\bar{y} = \frac{y_{\cdot\cdot}}{n} = \frac{1}{n} \sum_{i=1}^{m} \sum_{j=1}^{n_i} y_{ij} = \frac{1}{n} \sum_{i=1}^{m} y_{i\cdot} = \frac{1}{n} \sum_{i=1}^{m} n_i\, \bar{y}_i\ ;$

Gesamtvarianz: $s_y^2 = \frac{1}{n-1}\Big(\sum_{i=1}^{m} \sum_{j=1}^{n_i} y_{ij}^2 - n\,\bar{y}^2 \Big);$

Kovarianz: $s_{xy} = \frac{1}{n-1}\Big(\sum_{i=1}^{m} x_i^*\, y_{i\cdot} - n\,\bar{x}\,\bar{y}\Big).$

$$b_1 = \frac{s_{xy}}{s_x^2} \quad \text{und} \quad b_0 = \bar{y} - b_1 \bar{x} \text{ ergibt die}$$

empirische Regressionsgerade $\hat{y} = b_0 + b_1 x$.

Zerlegt wird die Summe der (vertikalen) Abweichungsquadrate aller Punkte von der empirischen Regressionsgeraden mit $\hat{y} = b_0 + b_1 x_i$

$$q_{ges} = \sum_{i=1}^{m} \sum_{j=1}^{n_i} (y_{ij} - b_0 - b_1 x_i^*)^2 = \sum_{i=1}^{m} \sum_{j=1}^{n_i} \Big((y_{ij} - \bar{y}_{i\cdot}) + (\bar{y}_{i\cdot} - b_0 - b_1 x_i^*) \Big)^2$$

$$= \underbrace{\sum_{i=1}^{m} \sum_{j=1}^{n_i} (y_{ij} - \bar{y}_{i\cdot})^2}_{= q_{in}} + \underbrace{\sum_{i=1}^{m} n_i (\bar{y}_{i\cdot} - b_0 - b_1 x_i^*)^2}_{= q_{Reg}} .$$

Die Summe der gemischten Produkte verschwindet. Dabei erhält man:

Gesamte Abweichungssumme:

$$q_{ges} = \sum_{i=1}^{m} \sum_{j=1}^{n_i} (y_{ij} - b_0 - b_1 x_i^*)^2 = (n-1)(s_y^2 - b_1^2 s_x^2) .$$

Abweichungsquadrate innerhalb der Gruppen (Rest):

$$q_{in} = \sum_{i=1}^{m} \sum_{j=1}^{n_i} (y_{ij} - \bar{y}_{i\cdot})^2 = \sum_{i=1}^{m} \sum_{j=1}^{n_i} y_{ij}^2 - \sum_{i=1}^{m} \frac{y_{i\cdot}^2}{n_i} .$$

Gruppenmittel von der Regressionsgeraden:

$$q_{Reg} = \sum_{i=1}^{m} \sum_{j=1}^{n_i} (\bar{y}_{i\cdot} - b_0 - b_1 x_i^*)^2 = \sum_{i=1}^{m} n_i (\bar{y}_{i\cdot} - b_0 - b_1 x_i^*)^2.$$

Zur Berechnung der Erwartungswerte wird vorausgesetzt, daß eine lineare Regression vorliegt, wobei allerdings die Parameter nicht bekannt sein müssen. Dann gilt die Modellgleichung

$$Y_{ij} = \beta_0 + \beta_1 x_i^* + E_{ij} \quad \text{mit } E(E_{ij}) = 0 \text{ und } Var(E_{ij}) = \sigma^2 .$$

Dabei sind die Zufallsvariablen E_{ij} unabhängig und normalverteilt. Daraus folgt

$$E(Y_{ij}) = \beta_0 + \beta_1 x_i^*; \ Var(Y_{ij}) = \sigma^2; \ E(Y_{ij}^2) = (\beta_0 + \beta_1 x_i^*)^2 + \sigma^2;$$

$$E(Y_{i\cdot}) = n_i (\beta_0 + \beta_1 x_i^*); \ Var(Y_{i\cdot}) = n_i \sigma^2 ;$$

$$E\left(\frac{Y_{i\cdot}^2}{n_i} \right) = n_i (\beta_0 + \beta_1 x_i^*)^2 + \sigma^2 .$$

$$E(Q_{in}) = \sum_{i=1}^{m}\sum_{j=1}^{n_i} E(Y_{ij}^2) - \sum_{i=1}^{m} E\left(\frac{Y_{i\cdot}^2}{n_i}\right)$$

$$= \sum_{i=1}^{m} n_i\left((\beta_0 + \beta_1 x_i^*)^2 + \sigma^2\right) - \sum_{i=1}^{m}\left(n_i(\beta_0 + \beta_1 x_i^*)^2 + \sigma^2\right)$$

$$= (n-m)\,\sigma^2.$$

$$E(Q_{ges.}) = (n-1)\left(E(S_Y^2) - s_x^2\, E(B_1^2)\right).$$

Nach Abschnitt 1.2.2 (vgl. Tafel der Varianzanalyse bezüglich des Mittelwertes $\bar{y}$) gilt

$$E(S_Y^2) = \sigma^2 + s_x^2\,\beta_1^2\,.$$

Nach Abschnitt 1.2.1 ist $E(B_1) = \beta_0$ und $Var(B_1) = \frac{\sigma^2}{(n-1)\,s_x^2}$ mit

$$E(B_1^2) = Var(B_1) + [E(B_1)]^2 = \frac{\sigma^2}{(n-1)\,s_x^2} + \beta_1^2\,.$$

Daraus folgt

$$E(Q_{ges}) = (n-1)\left[\sigma^2 + s_x^2\beta_1^2 - s_x^2\left(\frac{\sigma^2}{(n-1)\,s_x^2} + \beta_1^2\right)\right]$$

$$= (n-1)\,\sigma^2 - \sigma^2 = (n-2)\,\sigma^2.$$

$$E(Q_{Reg}) = E(Q_{ges.}) - E(Q_{in}) = (m-2)\,\sigma^2.$$

Somit erhält man die

Tafel der Varianzanalyse beim Test auf lineare Regression

Abstands-quadrate	Summen der Abweichungsquadrate	Frei-heits-grade	gemit-telte Summen	Erwartungswerte der gemittelten Summen
Gruppenmittel von der Regres-sionsgeraden	$q_{Reg.} = \sum_{i=1}^{m} n_i(\bar{y}_{i\cdot} - b_0 - b_1 x_i^*)^2$	$m-2$	$\frac{q_{Reg.}}{m-2}$	σ^2
innerhalb der Gruppen (Rest)	$q_{in} = \sum_{i=1}^{m}\sum_{j=1}^{n_i} y_{ij}^2 - \sum_{i=1}^{m}\frac{y_{i\cdot}^2}{n_i}$	$n-m$	$\frac{q_{in}}{n-m}$	σ^2
Gesamt	$q_{ges} = (n-1)\,(s_y^2 - b_1^2 s_x^2)$	$n-2$	$\frac{q_{ges.}}{n-2}$	σ^2

Falls die Nullhypothese richtig ist, sind unter der Normalverteilungsannahme die beiden Zufallsvariablen

$\frac{Q_{Reg.}}{\sigma^2}$ und $\frac{Q_{in}}{\sigma^2}$ Chi-Quadrat-verteilt mit $m-2$ bzw. $n-m$ Freiheitsgraden und voneinander unabhängig. Dann ist die Testgröße

$$F = \frac{Q_{Reg.}/(m-2)}{Q_{in}/(n-m)} \text{ F-verteilt mit } (m-2, n-m) \text{ Freiheitsgraden.}$$

Mit dem $(1-\alpha)$-Quantil $f_{m-2,n-m;\,1-\alpha}$ dieser F-Verteilung erhält man die

Testentscheidung:

Im Falle $\frac{q_{Reg.}/(m-2)}{q_{in}/(n-m)} > f_{m-2,n-m;\,1-\alpha}$ wird die Nullhypothese der linearen Regression abgelehnt, andernfalls nicht.

Beispiel: Bei der Untersuchung des Fettgehalts y [in %] der Milch in Abhängigkeit des Rohfaseranteils [in %] im Futter bei einer bestimmten Kuh wurden die in der nachfolgenden Tabelle angegebenen Werte gemessen.
a) Es soll ein Test auf lineare Regression mit der Irrtumswahrscheinlichkeit $\alpha = 0{,}05$ durchgeführt werden.

b) Gesucht ist ferner ein Schätzwert für die unbekannte Varianz σ^2 des Regressionsmodells.

Rohfaser-anteil x_i^*	Stichprobenwerte					Gruppen-umfang	Zeilen-summe	Gruppen-mittel
12	3,3	3,4	3,0	2,9	3,1	5	15,7	3,14
14	3,5	3,8	3,3	3,5	3,4	5	17,5	3,50
16	3,5	3,7	3,4	3,6	3,7	5	17,9	3,58
18	3,7	4,1	3,7	3,6	4,0	5	19,1	3,82
20	4,1	3,9	4,2	3,9	4,0	5	20,1	4,02
Gesamt			Summe			25	90,3	$\bar{y} = 3{,}612$

Da alle fünf Gruppenumfänge gleich sind, ist das Gesamtmittel $\bar{y}$ gleich dem arithmetischen Mittel der Gruppenmittel. Entsprechend ist $\bar{x}$ das arithmetische Mittel der fünf verschiedenen x-Werte.

Mit m = 5 und n = 25 erhält man folgende Größen

$$\bar{x} = 16 \; ; \; s_x^2 = \frac{1}{24}(6\,600 - 25 \cdot 16^2) = 8{,}3333 \; ;$$

Gesamtmittel $\bar{y} = 3{,}612$;

$$s_y^2 = \frac{1}{24}(329{,}03 - 25 \cdot 3{,}612^2) = 0{,}11943 \; ;$$

$$s_{xy} = \frac{1}{24}(1\,465{,}6 - 25 \cdot 16 \cdot 3{,}612) = 0{,}8667.$$

Hieraus erhält man

$$r = 0{,}869 \; ; \; b_1 = \frac{s_{xy}}{s_x^2} = 0{,}104 \; ; \; b_0 = \bar{y} - b_1\bar{x} = 1{,}948 \text{ und die}$$

empirische Regressionsgerade $\hat{y} = 1{,}948 + 0{,}104\,x$.

Die Schätzwerte der einzelnen Gruppen auf der Regressionsgeraden sind

$\hat{y}_1 = 1{,}948 + 0{,}104 \cdot 12 = 3{,}196$;

$\hat{y}_2 = 3{,}404$; $\hat{y}_3 = 3{,}612$; $\hat{y}_4 = 3{,}82$; $\hat{y}_5 = 4{,}028$.

Summe der Abstandsquadrate der Gruppenmittel von der Regressionsgeraden

$$q_{Reg.} = 5 \cdot \sum_{i=1}^{5} (\bar{y}_{i\cdot} - \hat{y}_i)^2 = 5\Big((3{,}14 - 3{,}196)^2 + (3{,}5 - 3{,}404)^2 + (3{,}58 - 3{,}612)^2 + (3{,}82 - 3{,}82)^2 + (4{,}02 - 4{,}028)^2\Big) = 0{,}0672.$$

Summe der Abstandsquadrate aller Werte von der Regressionsgeraden

$$q_{ges.} = (n-1)(s_y^2 - b^2 s_x^2) = 24(0{,}11943 - 0{,}104^2 \cdot 8{,}3333) = 0{,}7032 \; .$$

Summe der Abweichungsquadrate innerhalb der Gruppen (Rest)

$$q_{in} = q_{ges.} - q_{Reg.} = 0{,}7032 - 0{,}0672 = 0{,}636.$$

Daraus erhält man die Testgröße

$$\frac{q_{Reg.}/(m-2)}{q_{in}/(n-m)} = \frac{0{,}0672/3}{0{,}636/20} = 0{,}704 \; .$$

Das 0,95-Quantil der F-Verteilung mit (3, 20) Freiheitsgraden ist $f_{3,20;\,0,95} = 3{,}10$. Da dieses Quantil von der Testgröße nicht überschritten wird, kann die Nullhypothese, daß eine lineare Regression vorliegt, nicht abgelehnt werden.

Als Schätzwert für die Varianz σ^2 erhält man

$$\hat{\sigma}^2 = s^2 = \frac{q_{in}}{n-m} = \frac{0{,}636}{20} = 0{,}0318 \; .$$

1.2.10. Lineare Regression mit $\bar{x} = 0$

Falls der Mittelwert $\bar{x}$ der x-Werte verschwindet, besitzt die empirische Regressionsgerade die einfachere Darstellung

$$\hat{y} = \bar{y} + b_1 x .$$

Dann stimmt der Achsenabschnitt b_0 mit dem Mittelwert $\bar{y}$ überein. Wegen

$$\operatorname{Cov}(B_0, B_1) = -\frac{\bar{x}\,\sigma^2}{\sum\limits_{i=1}^{n}(x_i - \bar{x})^2} = 0 \quad \text{für } \bar{x} = 0$$

sind dann die Testgrößen $B_0 = \bar{Y}$ und B_1 unkorreliert, unter der Normalverteilungsannahme also auch unabhängig. Im Falle $\bar{x} = 0$ sind die Hauptachsen der gemeinsamen Konfidenzellipsen für β_0 und β_1 achsenparallel. Wegen dieser Eigenschaft ist es oft sinnvoll, durch $\tilde{x} = x - \bar{x}$ eine Parallelverschiebung in Richtung x-Achse vorzunehmen. Der Mittelwert dieser transformierten x-Werte verschwindet dann.

1.2.11. Vergleich der Parameter zweier Regressionsgeraden bei Normalverteilungen

Gegeben seien zwei voneinander unabhängige lineare Regressionsmodelle

$$Y^{(1)}(x) = \beta_0^{(1)} + \beta_1^{(1)} x + E^{(1)} ;$$

$$Y^{(2)}(x) = \beta_0^{(2)} + \beta_1^{(2)} x + E^{(2)} .$$

Die Zufallsvariablen $E^{(1)}$ und $E^{(2)}$ seien unabhängig und normalverteilt mit dem Erwartungswert 0 und den Varianzen σ_1^2 und σ_2^2.

Bezüglich beider Grundgesamtheiten sei bereits eine Regressionsanalyse mit zwei unabhängigen Stichproben

$$\left(x_1^{(1)}, y_1^{(1)}\right), \left(x_2^{(1)}, y_2^{(1)}\right), \dots, \left(x_{n_1}^{(1)}, y_{n_1}^{(1)}\right) \quad \text{(Umfang } n_1\text{)} ;$$

$$\left(x_1^{(2)}, y_1^{(2)}\right), \left(x_2^{(2)}, y_2^{(2)}\right), \dots, \left(x_{n_2}^{(2)}, y_{n_2}^{(2)}\right) \quad \text{(Umfang } n_2\text{)}$$

durchgeführt mit den jeweiligen empirischen Regressionsgeraden

$$\hat{y}^{(1)} = b_0^{(1)} + b_1^{(1)} x \;;\quad \hat{y}^{(2)} = b_0^{(2)} + b_1^{(2)} x$$

und den Summen der Abweichungsquadraten von der jeweiligen Regressionsgeraden

$$q_{Rest}^{(1)} \text{ und } q_{Rest}^{(2)} .$$

1.2.11.1. Vergleich der beiden Varianzen

Zunächst sollen die beiden Varianzen getestet werden. Als Schätzwerte für diese Varianzen erhält man

$$s_1^2 = \frac{q_{Rest}^{(1)}}{n_1 - 2} \quad \text{bzw.} \quad s_2^2 = \frac{q_{Rest}^{(2)}}{n_2 - 2}.$$

Die beiden Zufallsvariablen $\frac{Q_{Rest}^{(1)}}{\sigma_1^2}$ und $\frac{Q_{Rest}^{(2)}}{\sigma_2^2}$ sind unter der Normalverteilungsannahme unabhängig und Chi-Quadrat-verteilt mit $n_1 - 1$ bzw. $n_2 - 1$ Freiheitsgraden. Dann ist der Quotient

$$\frac{Q_{Rest}^{(1)}}{\sigma_1^2} : \frac{Q_{Rest}^{(2)}}{\sigma_2^2} = \frac{Q_{Rest}^{(1)}}{Q_{Rest}^{(2)}} \cdot \frac{\sigma_2^2}{\sigma_1^2}$$

F-verteilt mit $(n_1 - 1, n_2 - 1)$ Freiheitsgraden. Dann gilt

$$1-\alpha = P\left(f_{n_1-1,n_2-1;\frac{\alpha}{2}} \le \frac{Q_{Rest}^{(1)}}{Q_{Rest}^{(2)}} \cdot \frac{\sigma_2^2}{\sigma_1^2} \le f_{n_1-1,n_2-1;1-\frac{\alpha}{2}}\right)$$

$$= P\left(\frac{1}{f_{n_2-1,n_1-1;1-\frac{\alpha}{2}}} \le \frac{Q_{Rest}^{(1)}}{Q_{Rest}^{(2)}} \cdot \frac{\sigma_2^2}{\sigma_1^2} \le f_{n_1-1,n_2-1;1-\frac{\alpha}{2}}\right).$$

Aus Kap. VIII Abschnitt 2.6.1 erhält man mit $d = 1$ zum Signifikanzniveau α die

Testentscheidungen

Nullhypothese H_0	Alternative H_1	Ablehnungsbereich von H_0
a) $\sigma_1^2 = \sigma_2^2$	$\sigma_1^2 \ne \sigma_2^2$	$\frac{q_{Rest}^{(1)}}{q_{Rest}^{(2)}} > f_{n_1-1,n_2-1;1-\frac{\alpha}{2}}$ oder $< \frac{1}{f_{n_2-1,n_1-1;1-\frac{\alpha}{2}}}$
b) $\sigma_1^2 \le \sigma_2^2$	$\sigma_1^2 > \sigma_2^2$	$\frac{q_{Rest}^{(1)}}{q_{Rest}^{(2)}} > f_{n_1-1,n_2-1;1-\alpha}$
c) $\sigma_1^2 \ge \sigma_2^2$	$\sigma_1^2 < \sigma_2^2$	$\frac{q_{Rest}^{(1)}}{q_{Rest}^{(2)}} < \frac{1}{f_{n_2-1,n_1-1;1-\alpha}}$

1.2.11.2. Vergleich der beiden Regressionskoeffizienten $\beta_1^{(1)}$ und $\beta_1^{(2)}$

Zum Vergleich der beiden Regressionskoeffizienten $\beta_1^{(1)}$ und $\beta_1^{(2)}$ wird vorausgesetzt, daß die Varianzen σ_1^2 und σ_2^2 beider Modelle gleich σ^2 sind. Dann sind die Zufallsvariablen $B_1^{(1)}$ und $B_1^{(2)}$, deren Realisierungen die Steigungen $b_1^{(1)}$ und $b_1^{(2)}$ sind, unabhängig und normalverteilt und zwar nach

$$N\left(\beta_1^{(1)};\ \frac{\sigma^2}{\sum\limits_{i=1}^{n_1}\left((x_i^{(1)}-\bar{x}^{(1)}\right)^2}\right) \text{ und } N\left(\beta_1^{(2)};\ \frac{\sigma^2}{\sum\limits_{i=1}^{n_2}\left((x_i^{(2)}-\bar{x}^{(2)}\right)^2}\right).$$

Dann ist auch die Differenz $B_1^{(1)} - B_1^{(2)}$ normalverteilt und zwar

$$N\left(\beta_1^{(1)} - \beta_1^{(2)};\ \frac{\sigma^2}{\sum\limits_{i=1}^{n_1}\left((x_i^{(1)}-\bar{x}^{(1)}\right)^2} + \frac{\sigma^2}{\sum\limits_{i=1}^{n_2}\left((x_i^{(2)}-\bar{x}^{(2)}\right)^2}\right)\text{- verteilt.}$$

Die unbekannte Varianz σ^2 wird geschätzt durch

$$s^2 = \frac{q_{Rest}}{n_1 + n_2 - 4} = \frac{q_{Rest}^{(1)} + q_{Rest}^{(2)}}{n_1 + n_2 - 4}\ .$$

Dann ist die **Testgröße:**

$$t_{ber.} = \frac{\left(b_1^{(1)} - b_1^{(2)}\right)\sqrt{n_1 + n_2 - 4}}{\sqrt{\left(q_{Rest}^{(1)} + q_{Rest}^{(2)}\right)\left[\frac{1}{\sum\limits_{i=1}^{n_1}\left(x_i^{(1)} - \bar{x}^{(1)}\right)^2} + \frac{1}{\sum\limits_{i=1}^{n_2}\left(x_i^{(2)} - \bar{x}^{(2)}\right)^2}\right]}}$$

Realisierung einer t-verteilten Zufallsvariablen mit $n_1 + n_2 - 4$ Freiheitsgraden, falls beide Regressionskoeffizienten gleich sind.

Mit den Quantilen dieser t-Verteilung erhält man zum Signifikanzniveau α die

Testentscheidungen

Nullhypothese H_0	Alternative H_1	Ablehnungsbereich von H_0
a) $\beta_1^{(1)} = \beta_1^{(2)}$	$\beta_1^{(1)} \neq \beta_1^{(2)}$	$\lvert t_{ber.}\rvert > t_{n_1+n_2-4;1-\alpha/2}$
b) $\beta_1^{(1)} \leq \beta_1^{(2)}$	$\beta_1^{(1)} > \beta_1^{(2)}$	$t_{ber.} > t_{n_1+n_2-4;1-\alpha}$
c) $\beta_1^{(1)} \geq \beta_1^{(2)}$	$\beta_1^{(1)} < \beta_1^{(2)}$	$t_{ber.} < -t_{n_1+n_2-4;1-\alpha}$

Mit Hilfe der obigen Testgröße T mit der Realisierung $t_{ber.}$ können auch **Konfidenzintervalle** für die Differenz $\beta_1^{(1)} - \beta_1^{(2)}$ bestimmt werden.

Der zweiseitige Test a) wird in Abschnitt 2.12.1 als Anwendung linearer Hypothesen bei der multiplen Regression behandelt.

1.2.11.3. Vergleich der beiden Achsenabschnitte

Auch zum Vergleich der beiden Achsenabschnitte sei die Gleichheit der Varianzen vorausgesetzt. Dann erhält man analog zum vorhergehenden Abschnitt die die Testgröße

$$t_{ber.} = \frac{\left(b_0^{(1)} - b_0^{(2)}\right)\sqrt{n_1 + n_2 - 4}}{\sqrt{\left(q_{Rest}^{(1)} + q_{Rest}^{(2)}\right) \cdot \left[\frac{1}{n_1} + \frac{1}{n_2} + \frac{\left(\bar{x}^{(1)}\right)^2}{\sum\limits_{i=1}^{n_1}\left(x_i^{(1)} - \bar{x}^{(1)}\right)^2} + \frac{\left(\bar{x}^{(2)}\right)^2}{\sum\limits_{i=1}^{n_2}\left(x_i^{(2)} - \bar{x}^{(2)}\right)^2}\right]}}$$

Sie ist Realisierung einer t-verteilten Zufallsvariablen mit $n_1 + n_2 - 4$ Freiheitsgraden, falls beide Achsenabschnitte gleich sind.

Mit den Quantilen dieser t-Verteilung lautet zum Signifikanzniveau α die

Testentscheidungen

Nullhypothese H_0	Alternative H_1	Ablehnungsbereich von H_0
a) $\beta_0^{(1)} = \beta_0^{(2)}$	$\beta_0^{(1)} \neq \beta_0^{(2)}$	$\lvert t_{ber.} \rvert > t_{n_1+n_2-4;1-\alpha/2}$
b) $\beta_0^{(1)} \leq \beta_0^{(2)}$	$\beta_0^{(1)} > \beta_0^{(2)}$	$t_{ber.} > t_{n_1+n_2-4;1-\alpha}$
c) $\beta_0^{(1)} \geq \beta_0^{(2)}$	$\beta_0^{(1)} < \beta_0^{(2)}$	$t_{ber.} < -t_{n_1+n_2-4;1-\alpha}$

Mit Hilfe der Testgröße T mit der Realisierung $t_{ber.}$ können **Konfidenzintervalle** für die Differenz $\beta_0^{(1)} - \beta_0^{(2)}$ bestimmt werden.

Der zweiseitige Test a) wird in Abschnitt 2.12.3 als Anwendung linearer Hypothesen bei der multiplen Regression behandelt.

1.2.11.4. Test auf Gleichheit der beiden Regresionsgeraden

s. Abschnitt 2.12.3

1.2.12. Transformation auf Linearität

Manchmal ist es möglich, ein nichtlineares Regressionsmodell auf ein lineares zu transformieren. Dazu betrachten wir das

Beispiel: Bei einem natürlichen Wachstumsprozeß liege folgende Regression vor

$$Y(x) = e^{\alpha+\beta x + E} = e^{\alpha+\beta x} \cdot e^{E} = e^{\alpha+\beta x} \cdot \tilde{E} .$$

Dabei seien α und β Konstanten. Die Zufallsvariable E besitze den Erwartungswert 0 und die Varianz σ^2. Die Fehlervariable $\tilde{E}$ ist in diesem Modell multiplikativ.

Durch Logarithmieren (mit dem natürlichen Logarithmus) geht diese Gleichung über in

$$W(x) = \ln Y(x) = \alpha + \beta x + E .$$

Bezüglich der transformierten Zufallsvariablen $W(x) = \ln Y(x)$ liegt dann eine lineare Regression vor. Dabei ist wesentlich, daß im Ausgangsmodell die Fehlervariable E im Exponenten steht. Zu beachten ist, daß im transformierten Modell nicht mehr die Zufallsvariable Y(x), sondern deren Logarithmus die abhängige Variable ist.

Das Regressionsmodell

$$Y(x) = e^{\alpha+\beta x} + E$$

läßt sich dagegen nicht in ein lineares Modell überführen. Man könnte zwar versuchen, nur die Regressionsfunktion zu logarithmieren. Dadurch bleibt jedoch die Fehlervariable nicht meht additiv.

In der nachfolgenden Tabelle sind einige Regressionsmodelle angegeben, die sich in ein lineares Modell transformieren lassen.

Ausgangsmodell	transformiertes Modell
$Y(x) = \alpha + \beta x^k + E$	$Y(x) = \alpha + \beta z + E \,;\; z = x^k$
$Y(x) = e^{\alpha+\beta x + E}$	$\ln Y(x) = \alpha + \beta x + E$
$Y(x) = \alpha x^{\beta} e^{E} ;\; \alpha, x > 0$	$\ln Y(x) = \ln\alpha + \beta z + E \,;\; z = \ln x$
$Y(x) = \dfrac{1}{\alpha + \beta x + E}$	$\dfrac{1}{Y(x)} = \alpha + \beta x + E$
$Y(x) = \alpha e^{\frac{\beta}{x} + E} ;\; \alpha, x > 0$	$\ln Y(x) = \ln\alpha + \beta z + E \,;\; z = \frac{1}{x}$

2. Multiple lineare Regression bei p unabhängigen Variablen

2.1. Das allgemeine lineare Regressionsmodell

Bei der multiplen linearen Regression ist die Regressionsfunktion eine lineare Funktion von p unabhängigen Variablen

$$f(x_1, x_2, \dots, x_p) = \beta_0 + \beta_1 x_1 + \beta_2 x_2 + \dots + \beta_p x_p = \beta_0 + \sum_{j=1}^{p} \beta_j x_j .$$

Der einzige Regressand Y hängt dabei von p Regressoren ab in der Form

$$Y(x_1, x_2, \dots, x_p) = \beta_0 + \beta_1 x_1 + \beta_2 x_2 + \dots + \beta_p x_p + E .$$

Dabei besitzt die Fehlervariable E den Erwartungswert 0 und die Varianz σ^2. Für die Parameterschätzung ist keine Verteilungsannahme notwendig, die Voraussetzung der Normalverteilung benötigt man nur zur Bestimmung von Konfidenzintervallen und für Tests.

Zu jeder festen Wertekombination $(x_{i1}, x_{i2}, \dots, x_{ip})$ der p Variablen gibt es einen Beobachtungswert y_i mit

$$y_i = \beta_0 + \beta_1 x_{i1} + \beta_2 x_{i2} + \dots + \beta_p x_{ip} + e_i \quad \text{für } i = 1, 2, \dots, n.$$

Dabei sind die sog. Residuen e_i unabhängige Realisierungen der Zufallsvariablen E. Der Beobachtungswert y_i ist daher Realisierung der Zufallsvariablen (Modellannahme)

$$Y_i = \beta_0 + \beta_1 x_{i1} + \beta_2 x_{i2} + \dots + \beta_p x_{ip} + E_i \quad \text{für } i = 1, 2, \dots, n.$$

Die Zufallsvariablen E_i sind unkorreliert mit

$$E(E_i) = 0 \; ; \; Var(E_i) = \sigma^2 \text{ für alle } i \; ; \; Cov(E_i, E_j) = 0 \text{ für } i \neq j .$$

Die Modellgleichungen lassen sich in Matrizenform übersichtlich darstellen

$$\begin{pmatrix} y_1 \\ y_2 \\ \vdots \\ y_n \end{pmatrix} = \begin{pmatrix} 1 & x_{11} & \cdots & x_{1p} \\ 1 & x_{21} & \cdots & x_{2p} \\ \vdots & \vdots & \vdots & \vdots \\ 1 & x_{n1} & \cdots & x_{np} \end{pmatrix} \cdot \begin{pmatrix} \beta_0 \\ \beta_1 \\ \vdots \\ \beta_p \end{pmatrix} + \begin{pmatrix} e_1 \\ e_2 \\ \vdots \\ e_n \end{pmatrix} .$$

Die Spaltenvektoren $\vec{y}$, $\vec{\beta}$ und $\vec{e}$ sowie die Matrix X sind folgendermaßen erklärt

$$\vec{y} = \begin{pmatrix} y_1 \\ y_2 \\ \vdots \\ y_n \end{pmatrix} ; \quad \vec{e} = \begin{pmatrix} e_1 \\ e_2 \\ \vdots \\ e_n \end{pmatrix} ; \quad \vec{\beta} = \begin{pmatrix} \beta_0 \\ \beta_1 \\ \vdots \\ \beta_p \end{pmatrix} ; \quad X = \begin{pmatrix} 1 & x_{11} & \cdots & x_{1p} \\ 1 & x_{21} & \cdots & x_{2p} \\ \vdots & \vdots & \vdots & \vdots \\ 1 & x_{n1} & \cdots & x_{np} \end{pmatrix} .$$

Damit gehen die Modellgleichungen über in

$$\vec{y} = X\vec{\beta} + \vec{e} \quad \text{bzw.} \quad \vec{Y} = X\vec{\beta} + \vec{E} \ .$$

Für die beobachteten Werte (Realisierungen) werden kleine Buchstaben, für die entsprechenden Zufallsvariablen große Buchstaben benutzt. Zeilenvektoren bezeichnen wir mit $\vec{y}^{\,T}$, $\vec{\beta}^{\,T}$ und $\vec{e}^{\,T}$.

In der $n \times (p + 1)$-Matrix X setzt man $x_{i0} = 1$ für $i = 1,,2,\dots,n$. Die transponierte Matrix von X ist X^T.

Der **Erwartungswert eines Zufallsvektors** wird komponentenweise gebildet durch

$$E(\vec{E}) = \vec{0} \ ; \quad E(\vec{Y}) = X\vec{\beta} \ .$$

Dabei gilt für den transponierten Zeilenvektor

$$E(\vec{Y}^{\,T}) = (E(Y_1), E(Y_2), \dots, E(Y_p)) \ .$$

Die **Kovarianzmatrix V($\vec{E}$)** der Zufallsvariablen $E_1, E_2, \dots, E_n$ kann dargestellt werden als **Erwartungswert der Matrix**

$$\vec{E}^{\,T} \cdot \vec{E} = \begin{pmatrix} E_1^2 & E_1E_2 & & E_1E_n \\ E_2E_1 & E_2^2 & & E_2E_n \\ \vdots & \vdots & & \vdots \\ E_nE_1 & E_nE_2 & & E_n^2 \end{pmatrix}$$

$$V(\vec{E}) \ = \ E(\vec{E} \cdot E^T) \ = \ \sigma^2 \cdot I_n \ .$$

Dabei wird der Erwartungswert elementenweise gebildet. I_n ist die n-dimensionale Einheitsmatrix.

2.2. Kleinste-Quadrate-Schätzungen

Die p + 1 Parameter β_k, k = 0, 1, 2, ..., p des Modells werden nach der Methode der kleinsten Abweichungsquadrate geschätzt. Die Schätzwerte werden mit $\hat{\beta}_i = b_i$ bezeichnet. Sie werden so bestimmt, daß die Summe

$$q = \sum_{i=1}^{n} (y_i - b_0 - b_1 x_{i1} - b_2 x_{i2} - \dots - b_p x_{ip})^2 = \sum_{i=1}^{n} \hat{e}_i^2$$

$$= \sum_{i=1}^{n} \Big(y_i - \sum_{k=0}^{p} x_{ik} b_k \Big)^2$$

minimal ist. Partielle Ableitungen nach den einzelnen Parametern ergibt mit $x_{i0} = 1$ die p + 1 Gleichungen

$$\frac{\partial q}{\partial b_m} = -2 \sum_{i=1}^{n} \Big(y_i - \sum_{k=0}^{p} x_{ik} b_k \Big) x_{im} = 0 \quad \text{für } m = 0, 1, 2, \dots, p\,.$$

Damit erhält man das

System der Normalgleichungen:

$$\sum_{k=0}^{p} b_k \cdot \sum_{i=1}^{n} x_{ik} x_{im} = \sum_{i=1}^{n} y_i x_{im} \qquad \text{für } m = 0, 1, 2, \dots, p\,.$$

Dieses Gleichungssystem kann mit dem Vektor $\vec{b}^T = (b_0, b_1, \dots, b_p)$ übersichtlich dargestellt werden in der Matrizenform

$$X^T X \vec{b} = X^T \vec{y}\,.$$

Die Matrix

$$X^T X = \begin{pmatrix} 1 & 1 & \cdots & 1 \\ x_{11} & x_{21} & \cdots & x_{n1} \\ \vdots & \vdots & & \vdots \\ x_{1p} & x_{2p} & \cdots & x_{np} \end{pmatrix} \cdot \begin{pmatrix} 1 & x_{11} & \cdots & x_{1p} \\ 1 & x_{21} & \cdots & x_{2p} \\ \vdots & \vdots & & \vdots \\ 1 & x_{n1} & \cdots & x_{np} \end{pmatrix}$$

$$= \begin{pmatrix} n & \sum x_{i1} & \sum x_{i2} & & \sum x_{ip} \\ \sum x_{i1} & \sum x_{i1}^2 & \sum x_{i1} x_{i2} & & \sum x_{i1} x_{ip} \\ \vdots & \vdots & \vdots & & \vdots \\ \sum x_{ip} & \sum x_{ip} x_{i1} & \sum x_{ip} x_{i2} & & \sum x_{ip}^2 \end{pmatrix}$$

ist eine **symmetrische** quadratische $(p+1)$-reihige Matrix. Wir setzen allgemein voraus, daß sie den **vollen Rang p + 1** hat. Die Matrix X^TX ist **positiv definit.** Für jeden beliebigen Verktor $\vec{x}$ erhält man mit dem Vektor

$$\vec{z} = X\vec{x} = (z_0, z_1, \ldots, z_p)^T$$

$$\vec{x}^T X^T X \vec{x} = \vec{z}^T \vec{z} = \sum_{k=0}^{p} z_k^2 \geq 0 .$$

Das Produkt (quadratische Form) verschwindet genau dann, wenn alle z_k gleich Null sind. Dann ist $\vec{z}$ der Nullvektor. Da die Matrix X den vollen Rang p+1 besitzt, sind die Spaltenvektoren der Matrix X linear unabhängig. Dann folgt aber aus $X\vec{x} = \vec{z} = \vec{0}$ die Bedingung $\vec{x} = \vec{0}$. Damit gilt für jeden Verktor $\vec{x}$

$$\vec{x}^T X^T X \vec{x} \geq 0 ; \quad \vec{x}^T X^T X \vec{x} = 0 \quad \text{nur für } \vec{x} = \vec{0}.$$

Da die Matrix X^TX den vollen Rang besitzt, existiert ihre Inverse. Somit besitzt das Gleichungssystem die eindeutig bestimmte Lösung

$$\boxed{\vec{b} = (X^TX)^{-1}X^T\vec{y} .}$$

Die Komponenten b_k dieses Lösungsvektors sind die Schätzwerte b_k der Regressionskoeffizienten β_k. Es sind Realisierungen der Zufallsvariablen B_k.

Aus

$$E(\vec{Y}) = X\vec{\beta}$$

erhält man für den zugehörigen Zufallsvektor den Erwartungswert

$$E(\vec{B}) = E((X^TX)^{-1}X^T\vec{Y}) = (X^TX)^{-1}X^T E(\vec{Y}) = (X^TX)^{-1}X^TX\vec{\beta} = \vec{\beta} .$$

Damit sind die **Schätzfunktionen B_k erwartungstreu (unverfälscht)** für β_k mit

$$\boxed{E(\vec{B}) = \vec{\beta} , \quad \text{d.h.} \quad E(B_k) = \beta_k \quad \text{für } k = 0, 1, 2, \ldots, p .}$$

Bei normalverteilten Zufallsvariablen stimmen diese Kleinste-Quadrate-Schätzer mit den **Maximum-Likelihood-Schätzern** überein.

Die **Kovarianzmatrix des Schätzvektors $\vec{B}$** erhält man in der Form

$$V(\vec{B}) = E\left((\vec{B} - \vec{\beta})(\vec{B}^T - \vec{\beta}^T)\right)$$

$$= E\left((X^TX)^{-1}X^T[\vec{Y} - E(\vec{Y})] \cdot [\vec{Y}^T - E(\vec{Y}^T)]\, X(X^TX)^{-1} \right)$$
$$= (X^TX)^{-1}X^T E(\vec{E} \cdot \vec{E}^{\,T})\, X(X^TX)^{-1}$$
$$= (X^TX)^{-1}X^T[\sigma^2 \cdot I_n]\, X(X^TX)^{-1} = (X^TX)^{-1} \cdot \sigma^2.$$

Die inverse Matrix $C = (X^TX)^{-1}$ enthält somit sämtliche Varianzen und Kovarianzen der Schätzfunktionen.

Zusammenfassung:

Es sei $C = \begin{pmatrix} c_{00} & c_{01} & \cdots & c_{0p} \\ c_{10} & c_{11} & \cdots & c_{1p} \\ \vdots & \vdots & \vdots & \vdots \\ c_{p0} & c_{p1} & \cdots & c_{pp} \end{pmatrix} = (X^TX)^{-1}$ die inverse Matrix von X^TX.

Dann lauten die **Varianzen und Kovarianzen der Schätzfunktionen**:

$$\sigma^2_{B_k} = Var(B_k) = \sigma^2 \cdot c_{kk} \quad \text{für } k = 0,1,2,\dots,p;$$
$$\sigma_{B_kB_m} = Cov(B_k, B_m) = \sigma^2 \cdot c_{km} \quad \text{für } k \neq m.$$

Wegen $Cov(B_k, B_m) = Cov(B_m, B_k)$ ist die Matrix C **symmetrisch** mit $C^T = C$, d. h. $c_{km} = c_{mk}$ für $m, k = 0, 1, \dots, p$.

2.3. Quadratsummenzerlegung

Zu jedem beobachteten Wert y_i sei

$$\hat{y}_i = \sum_{k=0}^{p} x_{ik} b_k$$

der durch die Regression geschätzte Wert. Der daraus gebildete Vektor besitzt die Darstellung $\vec{\hat{y}} = X\vec{b}$.

Damit bildet man die Quadratsummenzerlegung

$$q_{ges.} = \sum_{i=1}^{n} y_i^2 = \sum_{i=1}^{n} [(y_i - \hat{y}_i) + \hat{y}_i]^2$$

$$= \underbrace{\sum_{i=1}^{n} (y_i - \hat{y}_i)^2}_{= q_{Rest}} + \underbrace{\sum_{i=1}^{n} \hat{y}_i^2}_{= q_{Reg}} + \underbrace{2\sum_{i=1}^{n} (y_i - \hat{y}_i)\hat{y}_i}_{= 0} .$$

Mit Hilfe der Vektorschreibweise erhält man für die einzelnen Summanden die Werte

$$\sum_{i=1}^{n} (y_i - \hat{y}_i)\hat{y}_i = (\vec{y}^{\,T} - \vec{\hat{y}}^{\,T})\vec{\hat{y}} = (\vec{y}^{\,T} - \vec{b}^{\,T}X^T)X\vec{b}$$

$$= \vec{y}^{\,T}X\vec{b} - \vec{b}^{\,T}\underbrace{X^TX\vec{b}}_{= X^T\vec{y}} = \vec{y}^{\,T}X\vec{b} - \vec{b}^{\,T}X^T\vec{y}$$

$$= \vec{y}^{\,T}X\vec{b} - (\vec{b}^{\,T}X^T\vec{y})^T = \vec{y}^{\,T}X\vec{b} - \vec{y}^{\,T}X\vec{b} = 0.$$

Gesamt:

$$q_{ges.} = \sum_{i=1}^{n} y_i^2 = \vec{y}^{\,T}\vec{y} .$$

Quadrate auf der Regressionshyperebene:

$$q_{Reg.} = \sum_{i=1}^{n} \hat{y}_i^2 = \vec{\hat{y}}^{\,T}\vec{\hat{y}} = (X\vec{b})^TX\vec{b} = \vec{b}^{\,T}\underbrace{X^TX\vec{b}}_{=X^T\vec{y}} = \vec{b}^{\,T}X^T\vec{y} .$$

Abweichungen von der Regressionshyperebene:

$$q_{Rest} = \sum_{i=1}^{n} (y_i - \hat{y}_i)^2 = q_{ges.} - q_{Reg.} = \vec{y}^{\,T}\vec{y} - \vec{b}^{\,T}X^T\vec{y}$$
$$= \vec{y}^{\,T}\vec{y} - \vec{b}^{\,T}X^TX\vec{b} = (\vec{y} - X\vec{b})^T(\vec{y} - X\vec{b}) .$$

Durch elementare Rechnung erhält man die Erwartungswerte der Zufallsvariablen

$$E(Q_{ges.}) = n\sigma^2 + \vec{\beta}^{\,T}X^TX\vec{\beta} ;$$
$$E(Q_{Reg.}) = (p+1)\sigma^2 + \vec{\beta}^{\,T}X^TX\vec{\beta} ;$$
$$E(Q_{Rest}) = (n-p-1)\sigma^2.$$

Wegen der positiven Definitheit der Matrix X^TX ist $\vec{\beta}^{\,T}X^TX\vec{\beta} \geq 0$.

$S^2 = \dfrac{Q_{Rest}}{n-p-1}$ ist eine **erwartungstreue Schätzfunktion für σ^2**.

Diese Größen sind in der Tafel der Varianzanalyse in Abschnitt 2.6 zusammengestellt.

2.4. Schätzungen der Varianzen und Kovarianzen

Falls die Modellannahme der linearen Regression erfüllt ist, erhält man in der Zufallsvariablen

$$S^2 = \frac{Q_{Rest}}{n-p-1} \quad \text{wegen} \quad E(S^2) = \sigma^2$$

eine **erwartungstreue Schätzfunktion für σ^2**.

Nach Abschnitt 2.2 besitzen die Zufallsvariablen B_k die Varianzen und Kovarianzen

$$\sigma^2_{B_k} = Var(B_k) = \sigma^2 c_{kk} \; ; \; \sigma_{B_k B_m} = Cov(B_k, B_m) = \sigma^2 c_{km} \, .$$

Damit erhält man mit s^2 die erwartungstreuen Schätzwerte

$$\hat{\sigma}^2_{B_k} = s^2_{b_k} = s^2 c_{kk} \; ; \quad \hat{\sigma}_{B_k B_m} = s_{b_k b_m} = s^2 c_{km} \, .$$

Zusammenfassung:

erwartungstreue Schätzwerte für die Varianzen und Kovarianzen:

$$\hat{\sigma}^2 = s^2 = \frac{q_{Rest}}{n-p-1} = \frac{1}{n-p-1} \sum_{i=1}^{n} (y_i - \hat{y}_i)^2 ;$$

$$\hat{\sigma}^2_{B_k} = s^2_{b_k} = s^2 c_{kk} \; ; \quad \hat{\sigma}_{B_k B_m} = s_{b_k b_m} = s^2 c_{km} \, .$$

Dabei sind c_{km} die Elemente der inversen Matrix $C = (X^T X)^{-1}$; $m, k = 0, 1, 2, \ldots, p$ (s. Abschnitt 2.2).

2.5. Tests und Konfidenzintervalle bei Normalverteilungen

Die Zufallsvariablen E_i seien normalverteilt mit dem Erwartungswert 0 und der Varianz σ^2. Wegen $\vec{B} = (X^T X)^{-1} X^T \vec{Y}$ ist jede Komponente dieses Vektors eine Linearkombination der unabhängigen normalverteilten Zufallsvariablen $Y_1, Y_2, \ldots, Y_n$. Eine solche Linearkombination ist ebenfalls normalverteilt. Damit sind die Schätzfunktionen B_k normalverteilt mit den Parametern (s. Abschnitt 2.2)

$$E(B_k) = \beta_k \; ; \; Var(B_k) = \sigma^2 c_{kk} \quad \text{für } k = 0, 1, 2, \ldots, p.$$

Dann sind die Standardisierungen

$$\frac{B_k - \beta_k}{\sigma \sqrt{c_{kk}}} \quad \text{N(0 ; 1) - verteilt.}$$

Falls die Varianz σ^2 bekannt ist, kann diese Testgröße benutzt werden. Andernfalls muß die unbekannte Varianz σ^2 geschätzt werden durch

$$s^2 = \frac{q_{Rest}}{n-p-1} \; .$$

Die Zufallsvariable $\frac{Q_{Rest}}{\sigma^2} = (n-p-1)\frac{S^2}{\sigma^2}$ ist Chi-Quadrat-verteilt mit $n-p-1$ Freiheitsgraden und von B_k unabhängig, falls σ^2 die Varianz ist. Dann ist der Quotient

$$\frac{B_k - \beta_k}{S \sqrt{c_{kk}}} \quad \text{t-verteilt mit } n-p-1 \text{ Freiheitsgraden.}$$

Mit den Quantilen dieser t-Verteilung erhält man hieraus

Konfidenzintervalle für den einzelnen Regressionskoeffizienten β_k zum Niveau $1-\alpha$ bei Normalverteilungen:

zweiseitige: $\left[b_k - s\sqrt{c_{kk}}\, t_{n-p-1;1-\alpha/2} \, ; b_k + s\sqrt{c_{kk}}\, t_{n-p-1;1-\alpha/2}\right]$;

einseitige:

$$\left[b_k - s\sqrt{c_{kk}}\, t_{n-p-1;1-\alpha} \, ; \infty\right) ; \left(-\infty \, ; b_k + s\sqrt{c_{kk}}\, t_{n-p-1;1-\alpha}\right] ;$$

$$s^2 = \frac{q_{Rest}}{n-p-1} = \frac{1}{n-p-1}\sum_{i=1}^{n} (y_i - \hat{y}_i)^2 \; ;$$

c_{kk} sind die Diagonalelemente von $C = (X^T X)^{-1}$ (s. Abschnitt 2.2) .

Entsprechend erhält man zum Signifikanzniveau α die

Testentscheidungen

Nullhypothese H_0	Alternative H_1	Ablehnungsbereich von H_0
a) $\beta_k = \beta_k'$	$\beta_k \neq \beta_k'$	$\left\lvert \frac{b_k - \beta_k'}{s\sqrt{c_{kk}}} \right\rvert > t_{n-p-1;1-\alpha/2}$
b) $\beta_k \leq \beta_k'$	$\beta_k > \beta_k'$	$\frac{b_k - \beta_k'}{s\sqrt{c_{kk}}} > t_{n-p-1;1-\alpha}$
c) $\beta_k \geq \beta_k'$	$\beta_k < \beta_k'$	$\frac{b_k - \beta_k'}{s\sqrt{c_{kk}}} < -t_{n-p-1;1-\alpha}$

$$s^2 = \frac{q_{Rest}}{n-p-1} = \frac{1}{n-p-1} \sum_{i=1}^{n} (y_i - \hat{y}_i)^2 ;$$

c_{kk} sind die Diagonalelemente von $C = (X^T X)^{-1}$ (s. Abschnitt 2.2).

Für die Überprüfung der Varianz benutzt man die Chi-Quadrat-verteilte Testfunktion

$$\frac{Q_{Rest}}{\sigma^2} = (n-p-1)\frac{S^2}{\sigma^2} .$$

Damit erhält man

zweiseitige Konfidenzintervalle für die Varianz σ^2 zum Niveau $1-\alpha$ bei Normalverteilungen:

$$\left[\frac{(n-p-1)\,s^2}{\chi^2_{n-p-1\,;\,1-\alpha/2}} ; \frac{(n-p-1)\,s^2}{\chi^2_{n-p-1\,;\,\alpha/2}} \right] .$$

Mit dieser Testgröße lassen sich unmittelbar Tests für die Varianz σ^2 durchführen.

2.6. Simultane Tests und Konfidenzbereiche bei Normalverteilungen

Die in Abschnitt 2.5 abgeleiteten Konfidenzintervalle und Tests sind jeweils nur auf einen einzigen Parameter anwendbar. Die Konfidenzwahrscheinlichkeit ist nur für einen einzigen Parameter gleich $1-\alpha$. Zum gleichzeitigen Test aller $p + 1$ Regressionskoeffizienten oder zur Bestimmung eines gemeinsamen Konfidenzbereichs wird die in Abschnitt 2.3 durchgeführte Quadratsummenzerlegung dargestellt in der

Tafel der Varianzanalyse bezüglich der Quadratsummenzerlegung

Variationsursache	Quadratsummen	Freiheitsgrade	gemittelte Summen	Erwartungswerte der gemittelten Summen
Regression	$q_{Reg.} = \vec{b}^T X^T X \vec{b}$	$p+1$	$\frac{q_{Reg.}}{p+1}$	$\sigma^2 + \frac{\vec{\beta}^T X^T X \vec{\beta}}{p+1}$
Rest (Fehler)	$q_{Rest} = \vec{y}^T \vec{y} - \vec{b}^T X^T X \vec{b}$	$n-p-1$	$\frac{q_{Rest}}{n-p-1}$	$\boxed{\sigma^2}$
Gesamt	$q_{ges.} = \vec{y}^T \vec{y}$	n	$\frac{q_{ges.}}{n}$	$\sigma^2 + \frac{\vec{\beta}^T X^T X \vec{\beta}}{n}$

2.6.1. Test der Nullhypothese $H_0 : \vec{\beta} = \vec{0}$

Unter der Normalverteilungsannahme soll folgende Nullhypothese getestet werden:

$$H_0: \ \vec{\beta} = \vec{0}, \ \text{d.h.} \ \beta_0 = \beta_1 = \ldots = \beta_p = 0.$$

Unter der Nullhypothese sind die Zufallsvariablen

$$\frac{Q_{Reg.}}{\sigma^2} \quad \text{und} \quad \frac{Q_{Rest}}{\sigma^2} = \frac{(n-p-1)\,S^2}{\sigma^2}$$

unabhängig und Chi-Quadrat-verteilt mit $(p+1)$ bzw. $(n-p-1)$ Freiheitsgraden. Dann ist der Quotient

$$F = \frac{Q_{Reg.}}{(p+1)\,S^2}$$

F-verteilt mit $(p+1, n-p-1)$ Freiheitsgraden.

Falls die Nullhypothese nicht richtig ist, ist wegen der positiven Definitheit der Matrix $X^T X$ der Summand $\frac{\vec{\beta}^T X^T X \vec{\beta}}{p+1}$ positiv. Daher benutzt man die mit den Quantilen der F-Verteilung die

Testentscheidung:

Im Falle $\frac{q_{Reg.}/(p+1)}{q_{Rest}/(n-p-1)} = \frac{q_{Reg.}}{(p+1)\,s^2} > f_{p+1;\,n-p-1;\,1-\alpha}$ wird die Nullhypothese H_0 abgelehnt. Dann sind nicht alle Regressionskoeffizienten gleich Null.

2.6.2. Test der Nullhypothese H_0: $\vec{\beta} = \vec{\beta}'$

Getestet werden soll die Nullhypothese

$$\vec{\beta} = \vec{\beta}', \quad \text{d.h.} \quad \beta_k = \beta_k' \text{ für } k = 0, 1, \dots, p \text{ (simultaner Test).}$$

Dabei sind β_k' fest vorgegebene Werte. Auch für diesen Test kann die obige Tafel der Varianzanalyse verwendet werden, allerdings mit der folgenden Änderung:

Alle Regressionskoeffizienten des linearen Modells werden ersetzt durch $\tilde{\beta}_k = \beta_k - \beta_k'$. Durch diese Transformation gehen die Vektoren $\vec{\beta}$ über in $\vec{\beta} - \vec{\beta}'$ und $\vec{b}$ in $\vec{b} - \vec{\beta}'$.

$q_{Reg} = \vec{b}^T X^T X \vec{b}$ geht dabei über in $(\vec{b}^T - \vec{\beta}'^T) X^T X (\vec{b} - \vec{\beta}')$ mit

$$E\left((\vec{B}^T - \vec{\beta}'^T) X^T X (\vec{B} - \vec{\beta}')\right) = (p+1)\sigma^2 + (\vec{\beta}^T - \vec{\beta}'^T) X^T X (\vec{\beta} - \vec{\beta}').$$

Bei richtiger Nullhypothese ist die Testgröße

$$F = \frac{(\vec{B}^T - \vec{\beta}'^T) X^T X (\vec{B} - \vec{\beta}')}{(p+1) S^2}$$

F-verteilt mit $(p+1, n-p-1)$ Freiheitsgraden. Damit erhält man mit den Quantilen dieser F-Verteilung zum Signifikanznivaeu α die

Testentscheidung:

Im Falle $\dfrac{(\vec{b}^T - \vec{\beta}'^T) X^T X (\vec{b} - \vec{\beta}')}{(p+1) s^2} > f_{p+1;\, n-p-1;\, 1-\alpha}$ wird die Nullhypothese H_0 abgelehnt.

Dabei ist $s^2 = \dfrac{q_{Rest}}{n-p-1} = \dfrac{1}{n-p-1} \sum_{i=1}^{n} (y_i - \hat{y}_i)^2$.

2.6.3. Gemeinsame Konfidenzbereiche für sämtliche p + 1 Regressionskoeffizienten β_i bei Normalverteilungen

Mit dem $(1-\alpha)$-Quantil $f_{1-\alpha} = f_{p+1;\, n-p-1;\, 1-\alpha}$ der F-Verteilung mit $(p+1, n-p-1)$ Freiheitsgraden erhält man mit der in Abschnitt 2.6.2 angegebenen Testgröße die Wahrscheinlichkeit

$$P\left(\frac{(\vec{B}^T - \vec{\beta}^T) X^T X (\vec{B} - \vec{\beta})}{(p+1) S^2} \le f_{p+1;\, n-p-1;\, 1-\alpha}\right)$$

$$= P\left(\frac{\sum_{i=1}^{n} \sum_{k=0}^{p} \sum_{m=0}^{p} (B_k - \beta_k)(B_m - \beta_m) x_{ik} x_{im}}{(p+1) S^2} \le f_{1-\alpha} \right) = 1 - \alpha.$$

Dadurch ist ein gemeinsamer Konfidenzbereich für sämtliche p + 1 Regressionskoeffizienten bestimmt.

Mit den empirischen Regressionskoeffizientengeraden b_k und der Stichprobenvarianz

$$s^2 = \frac{q_{Rest}}{n-p-1} = \frac{1}{n-p-1} \sum_{i=1}^{n} (y_i - \hat{y}_i)^2$$

erhält man

simultane Konfidenzbereiche für sämtliche β_k zum Niveau $1-\alpha$ bei Normalverteilungen:

$$\left\{ (\beta_0, \beta_1, \dots, \beta_p) \;\middle|\; \frac{(\vec{b}^T - \vec{\beta})^T X^T X (\vec{b} - \vec{\beta})}{(p+1)s^2} \le f_{p+1;n-p-1;1-\alpha} \right\} =$$

$$\left\{ (\beta_0, \beta_1, \dots, \beta_p) \;\middle|\; \frac{\sum_{i=1}^{n} \sum_{k=0}^{p} \sum_{m=0}^{p} (b_k - \beta_k)(b_m - \beta_m) x_{ik} x_{im}}{(p+1)s^2} \le f_{1-\alpha} \right\}.$$

Alle (p + 1)-Tupel $(\beta_0, \beta_1, \dots, \beta_p)$, die bei festem α diese Ungleichungen erfüllen, stellen als Lösungsmenge ein **Ellipsoid** dar mit dem Mittelpunkt $(b_0, b_1, \dots, b_p)$.

Analog zu Abschnitt 1.2.5 können diese Ellipsoide einbettet werden in achsenparallele Quader. Der so erhaltene Konfidenzbereich ist größer, also unpräziser als das Ellipsoid und besitzt eine Konfidenzwahrscheinlichkeit $\ge 1-\alpha$. Damit erhält man

Simultane Konfidenzintervalle nach Scheffé für alle Regressionskoeffizienten $\beta_0, \beta_1, \dots, \beta_p$ zum Niveau $\ge 1-\alpha$ bei Normalverteilungen:

$$\left[b_k - \sqrt{(p+1)s^2 c_{kk} f_{p+1;n-p-1;1-\alpha}} \,;\, b_k + \sqrt{(p+1)s^2 c_{kk} f_{p+1;n-p-1;1-\alpha}} \right]$$

$$s^2 = \frac{q_{Rest}}{n-p-1} = \frac{1}{n-p-1} \sum_{i=1}^{n} (y_i - \hat{y}_i)^2 \,;$$

c_{kk} sind die Diagonalelemente der Matrix $C = (X^T X)^{-1}$ (s. Abschnitt 2.2).

2.7. Konfidenzintervalle für den Erwartungswert $\beta_0 + \beta_1 x_{01} + \ldots + \beta_p x_{0p}$ bei Normalverteilungen

Für fest vorgegebene Werte $x_{01}, x_{02}, \ldots, x_{0p}$ soll unter der Normalverteilungsannahme ein Konfidenzintervall für die Regressionsfunktion

$$E(Y(x_{01}, x_{02}, \ldots, x_{0p})) = \beta_0 + \beta_1 x_{01} + \ldots + \beta_p x_{0p}$$

bestimmt werden. Die Zufallsvariable der Schätzung der Regressionsfunktion an dieser Stelle

$$B_0 + B_1 x_{01} + \ldots + B_p x_{0p}$$

ist normalverteilt mit dem Erwartungswert

$$E(B_0 + B_1 x_{01} + \ldots + B_p x_{0p}) = \beta_0 + \beta_1 x_{01} + \ldots + \beta_p x_{0p}$$

und der Varianz

$$\begin{aligned} \operatorname{Var}(B_0 + B_1 x_{01} + \ldots + B_p x_{0p}) &= \\ &= \sum_{k=0}^{p} x_{0k}^2 \cdot \operatorname{Var}(B_k) + \sum_{k \neq m} x_{0k} \cdot x_{0m} \cdot \operatorname{Cov}(B_k, B_m) \\ &= \sum_{k=0}^{p} x_{0k}^2 \cdot \sigma^2 \cdot c_{kk} + \sum_{k \neq m} x_{0k} \cdot x_{0m} \cdot \sigma^2 \cdot c_{km} . \end{aligned}$$

Mit der Matrix $C = (X^T X)^{-1}$ und dem Vektor $\vec{x}^T = (1, x_{01}, x_{02}, \ldots, x_{0p})$ kann diese Varianz dargestellt werden in der Form

$$\operatorname{Var}(B_0 + B_1 x_{01} + \ldots + B_p x_{0p}) = \sigma^2 \vec{x}^T C \vec{x} .$$

Die Varianz σ^2 wird nach Abschnitt 2.4 geschätzt durch $s^2 = \frac{q_{Rest}}{n-p-1}$. Dann ist die Testgröße

$$T_{n-p-1} = \frac{B_0 + B_1 x_{01} + \ldots + B_p x_{0p} - (\beta_0 + \beta_1 x_{01} + \ldots + \beta_p x_{0p})}{S \cdot \sqrt{\vec{x}^T C \vec{x}}}$$

t-verteilt mit $n-p-1$ Freiheitsgraden.

Mit dem $(1-\frac{\alpha}{2})$ – Quantil $t_{n-p-1;1-\alpha/2}$ der t-Verteilung mit $n-p-1$ Freiheitsgraden erhält man an jeder Stelle $(x_{01}, x_{02}, \ldots, x_{0p})$

Konfidenzintervalle für $\beta_0 + \beta_1 x_{01} + \dots + \beta_p x_{0p}$ zum Niveau $1-\alpha$ bei Normalverteilungen:

$[g_u; g_o]$ mit

$$g_{u,o} = b_0 + b_1 x_{01} + \dots + b_p x_{0p} \mp t_{n-p-1;1-\alpha/2} \cdot s \cdot \sqrt{\vec{x}^T C \vec{x}} \;;$$

$$\vec{x}^T = (1, x_{01}, x_{02}, \dots, x_{0p}) \;;\; C = (X^T X)^{-1} \text{ (s. Abschnitt 2.2);}$$

$$s^2 = \frac{q_{Rest}}{n-p-1} = \frac{1}{n-p-1} \sum_{i=1}^{n} (y_i - \hat{y}_i)^2.$$

2.8. Simultanes Konfidenzband bei Normalverteilungen

Unter der Normalverteilungsannahme soll ein Konfidenzband für die gesamte Regressionshyperebene $\beta_0 + \beta_1 x_1 + \dots + \beta_p x_p$ bestimmt werden.

Die Zufallsvariable

$$[B_0 + B_1 x_1 + \dots + B_p x_p - (\beta_0 + \beta_1 x_1 + \dots + \beta_p x_p)]^2$$

besitzt nach Abschnitt 2.7 den Erwartungswert

$$E\left([B_0 + B_1 x_1 + \dots + B_p x_p - (\beta_0 + \beta_1 x_1 + \dots + \beta_p x_p)]^2\right)$$

$$= \operatorname{Var}(B_0 + B_1 x_1 + \dots + B_p x_p) = \sigma^2 \vec{x}^T C \vec{x}$$

$$\text{mit } \vec{x}^T = (1, x_1, x_2, \dots, x_p).$$

Die Zufallsvariablen

$$\frac{(B_0 + B_1 x_1 + \dots + B_p x_p - (\beta_0 + \beta_1 x_1 + \dots + \beta_p x_p))^2}{\sigma^2 \vec{x}^T C \vec{x}}$$

und

$$\frac{Q_{Rest}}{\sigma^2} = \frac{(n-p-1) S^2}{\sigma^2}$$

sind unabhängig und Chi-Quadrat-verteilt mit $p+1$ bzw. $n-p-1$ Freiheitsgraden. Dann ist der Quotient

$$\frac{(B_0 + B_1x_1 + \ldots + B_px_p - (\beta_0 + \beta_1x_1 + \ldots + \beta_px_p))^2}{(p+1)\,S^2\vec{x}^T C\vec{x}}$$

F-verteilt mit $(p + 1, n - p - 1)$ Freiheitsgraden.

Mit dem $(1-\alpha)$-Quantil $f_{1-\alpha} = f_{p+1,n-p-1;1-\alpha}$ dieser F-Verteilung gilt dann

$$P\left(\frac{(B_0 + B_1x_1 + \ldots + B_px_p - (\beta_0 + \beta_1x_1 + \ldots + \beta_px_p))^2}{(p+1)\,S^2\vec{x}^T C\vec{x}} \le f_{1-\alpha}\right) = 1-\alpha.$$

Daraus erhält man

simultane Konfidenzbereiche für die Regressionsfunktion $\beta_0 + \beta_1x_1 + \ldots + \beta_px_p$ zum Niveau $1-\alpha$ bei Normalverteilungen:

$[v_u; v_o]$ mit

$$v_{u,o} = b_0 + b_1x_1 + \ldots + b_px_p \mp s\cdot\sqrt{(p+1)f_{p+1;n-p-1;1-\alpha}\,\vec{x}^T C\vec{x}}$$

$\vec{x}^T = (1, x_1, x_2, \ldots, x_p)$; $C = (X^TX)^{-1}$ (s. Abschnitt 2.2);

$$s^2 = \frac{q_{Rest}}{n-p-1} = \frac{1}{n-p-1}\sum_{i=1}^{n}(y_i - \hat{y}_i)^2.$$

2.9. Prognose-Intervalle für die Realisierungen bei Normalverteilungen

In Abschnitt 2.7 wurde ein Konfidenzintervall für den Erwartungswert der Zufallsvariablen

$$Y = Y(x_{01}, x_{02}, \ldots, x_{0p}) = \beta_0 + \beta_1x_{01} + \ldots + \beta_px_{0p} + E$$

bei unbekannten Regressionskoeffizienten angegeben. Aus dem Schätzwert

$$\hat{y} = b_0 + b_1x_{01} + \ldots + b_px_{0p}$$

soll ein empirisches Konfidenzintervall für die Realisierung der Zufallsvariablen $Y(x_{01}, x_{02}, \ldots, x_{0p})$ bestimmt werden. Aus den obigen Darstellungen folgt

$$\begin{aligned} Y - \hat{Y} &= Y(x_{01}, x_{02}, \ldots, x_{0p}) - (B_0 + B_1x_{01} + \ldots + B_px_{0p}) \\ &= \beta_0 + \beta_1x_{01} + \ldots + \beta_px_{0p} - (B_0 + B_1x_{01} + \ldots + B_px_{0p}) + E. \end{aligned}$$

Die $N(0,\sigma^2)$-verteilte Zufallsvariable E ist von allen B_i unabhängig. Damit folgt mit den Ergebnissen aus Abschnitt 2.7

$$E(Y-\hat{Y}) = 0 ;$$

$$\begin{aligned} \operatorname{Var}(Y-\hat{Y}) &= \operatorname{Var}(B_0 + B_1 x_{01} + \dots + B_p x_{0p}) + \operatorname{Var}(E) \\ &= \sigma^2 \vec{x}^T C \vec{x} + \sigma^2 \quad \text{mit } \vec{x}^T = (1, x_{01}, x_{02}, \dots, x_{0p}). \end{aligned}$$

Daher ist die Zufallsvariable

$$Y-\hat{Y} \quad N\Big(0 ;\ \sigma^2(1+\vec{x}^T C \vec{x})\Big)\text{- verteilt.}$$

Mit der geschätzten Varianz ist die Zufallsvariable

$$\frac{Y-\hat{Y}}{S\cdot\sqrt{1+\vec{x}^T C \vec{x}}}$$

t-verteilt mit $n-p-1$ Freiheitgraden. Mit dem Quantil $t_{n-p-1;1-\alpha/2}$ der t-Verteilung mit $n-p-1$ Freiheitsgraden erhält man an jeder Stelle $(x_{01}, x_{02}, \dots, x_{0p})$

> **Konfidenzintervalle (Prognose-Intervalle) bei Normalverteilungen für die Realisierung $y = y(x_{01}, x_{02}, \dots, x_{0p}) = \beta_0 + \beta_1 x_{01} + \dots + \beta_p x_{0p} + e$:**
>
> $[w_u ;\ w_o]$ mit
>
> $$w_{u,o} = b_0 + b_1 x_{01} + \dots + b_p x_{0p} \mp t_{n-p-1;1-\alpha/2} \cdot s \cdot \sqrt{1+\vec{x}^T C \vec{x}} ;$$
>
> $$\vec{x}^T = (1, x_{01}, x_{02}, \dots, x_{0p}) ; \quad C = (X^T X)^{-1} \quad \text{(s. Abschnitt 2.2)};$$
>
> $$s^2 = \frac{q_{Rest}}{n-p-1} = \frac{1}{n-p-1}\sum_{i=1}^{n}(y_i-\hat{y}_i)^2.$$

2.10. Kleinste-Quadrate-Schätzungen unter linearen Nebenbedingungen

Die Regressionskoeffizienten sollen lineare Nebenbedingungen der Form

$$A\vec{\beta} = \vec{c}$$

erfüllen. Dabei sei A eine $q \times (p+1)$-Matrix mit dem **vollen Rang** q und $\vec{c}$ ein $(p+1)$-dimensionaler Spaltenvektor.

Beispiel:

$$A = \begin{pmatrix} 0 & 0 & 1 & 0 \\ 0 & 0 & 0 & 1 \end{pmatrix} \cdot \vec{\beta} = \vec{0}$$

bedeutet $\beta_2 = \beta_3 = 0$.

Die Kleinste-Quadrate-Schätzung unter diesen Nebenbedingungen erhält man mit Hilfe der Lagrange-Methode durch Differentiation der Lagrange-Funktion

$$q = \sum_{i=1}^{n} \left(y_i - \sum_{k=0}^{p} x_{ik}\beta_k\right)^2 + \vec{\lambda}^T \cdot (A\vec{\beta} - \vec{c})$$

nach allen Parametern. Dabei ist $\vec{\lambda}^T$ ein Vektor mit q Komponenten.

Differentiation nach den p + 1 Regressionskoeffizienten ergibt die **Normalgleichungen**

$$\boxed{-2X^T\vec{y} + 2X^TX\vec{\beta} + A^T\vec{\lambda} = \vec{0}\,.}$$

Die Lösungsvektoren dieses Gleichungssystems mit Nebenbedingungen bezeichnen wir mit $\vec{b}_N$ und $\vec{\lambda}_N$, den Lösungsvektor ohne Nebenbedingungen mit $\vec{b}$. Aus den Normalgleichungen folgt

$$\begin{aligned} \vec{\beta}_N = \vec{b}_N &= \underbrace{(X^TX)^{-1}X^T\vec{y}}_{=\vec{b}} - \tfrac{1}{2}(X^TX)^{-1}A^T\vec{\lambda}_N \\ &= \vec{b} - \tfrac{1}{2}(X^TX)^{-1}A^T\vec{\lambda}_N\,. \end{aligned}$$

Aus der Nebenbedingung erhält man

$$\vec{c} = A\vec{b}_N = A\vec{b} - \tfrac{1}{2}A(X^TX)^{-1}A^T\vec{\lambda}_N\,.$$

Da die Matrix X^TX positiv definit ist und A den vollen Rang besitzt, ist auch $A(X^TX)^{-1}A^T$ positiv definit und besitzt eine Inverse. Damit folgt aus dieser Gleichung

$$-\tfrac{1}{2}\vec{\lambda}_N = [A(X^TX)^{-1}A^T]^{-1}(\vec{c} - A\vec{b})\,.$$

Hiermit erhält man den

Schätzvektor für die Regressionskoeffizienten unter der linearen Nebenbedingung $A\vec{\beta} = \vec{c}$:

$$\vec{b}_N = \vec{b} + (X^TX)^{-1}A^T[A(X^TX)^{-1}A^T]^{-1}(\vec{c} - A\vec{b})\,.$$

Dabei ist $\vec{b}$ der Schätzvektor ohne Nebenbedingungen.

2.11. Tests linearer Hypothesen bei Normalverteilungen

Für die Regressionskoeffizienten $\beta_0, \beta_1, \dots, \beta_p$ soll die lineare Hypothese

$$H: \quad A\vec{\beta} = \vec{c}$$

getestet werden. Dabei sei wie in Abschnitt 2.10 A eine $q \times (p+1)$-Matrix mit dem vollen Rang q und $\vec{c}$ ein $(p + 1)$-dimensionaler Spaltenvektor.

Beispiel:

$$H: \quad A = \begin{pmatrix} 0 & 0 & 1 & 0 \\ 0 & 0 & 0 & 1 \end{pmatrix} \cdot \vec{\beta} = \vec{0}$$

bedeutet $H: \ \beta_2 = \beta_3 = 0$.

Zur Testdurchführung benutzt man die beiden Testgrößen

$$q_{Rest/o} = \sum_{i=1}^{n} (y_i - \hat{y}_i)^2 = (\vec{y} - X\vec{b})^T(\vec{y} - X\vec{b}) = \vec{y}^T\vec{y} - \vec{b}^T X^T X\vec{b}$$

(ohne Nebenbedingungen)

und

$$q_{Rest/N} = (\vec{y} - X\vec{b}_N)^T(\vec{y} - X\vec{b}_N)$$

(reduziertes Modell mit Nebenbedingungen).

$$\begin{aligned} q_{Rest/N} &= (\vec{y} - X\vec{b}_N)^T(\vec{y} - X\vec{b}_N) \\ &= \Big((\vec{y} - X\vec{b}) - X(\vec{b}_N - \vec{b})\Big)^T \Big((\vec{y} - X\vec{b}) - X(\vec{b}_N - \vec{b})\Big) \\ &= \underbrace{(\vec{y} - X\vec{b})^T(\vec{y} - X\vec{b})}_{= q_{Rest/o}} + (\vec{b} - \vec{b}_N)^T X^T X(\vec{b} - \vec{b}_N) + 0 \end{aligned}$$

(die gemischten Produkte verschwinden wegen $X^T(\vec{y} - X\vec{b}) = 0$).

Nach Abschnitt 2.10 gilt

$$\vec{b} - \vec{b}_N = (X^TX)^{-1}A^T[A(X^TX)^{-1}A^T]^{-1}(A\vec{b} - \vec{c}) .$$

Damit erhält man

$$\begin{aligned} q_{Rest/N} &= q_{Rest/o} + (A\vec{b} - \vec{c})^T[A(X^TX)^{-1}A^T]^{-1} A(X^TX)^{-1}X^TX \cdot \\ &\qquad \cdot (X^TX)^{-1}A^T[A(X^TX)^{-1}A^T]^{-1}(A\vec{b} - \vec{c}) \\ &= q_{Rest/o} + (A\vec{b} - \vec{c})^T[A(X^TX)^{-1}A^T]^{-1}(A\vec{b} - \vec{c}) . \end{aligned}$$

Der zweite Summand ist nicht negativ, da mit X^TX auch $A(X^TX)^{-1}A^T$ positiv definit ist.

Nach Searle, R.S. [1971] und Seber, G.A.F. [1977] gilt ferner

$$E\left(Q_{Rest/N} - Q_{Rest/o}\right) = q\sigma^2 + (A\vec{\beta} - \vec{c})^T [A(X^TX)^{-1}A^T]^{-1}(A\vec{\beta} - \vec{c}).$$

Falls die Hypothese H richtig ist, ist die Testgröße

$$F = \frac{(Q_{Rest/N} - Q_{Rest/o})/q}{Q_{Rest/o}/(n-p-1)} = \frac{(A\vec{B} - \vec{c})^T [A(X^TX)^{-1}A^T]^{-1}(A\vec{B} - \vec{c})}{q S^2}$$

F-verteilt mit $(q, n-p-1)$ Freiheitsgraden. Damit erhält man die

Testdurchführung für die lineare Hypothese H: $A\vec{\beta} = \vec{c}$:

A sei eine $q \times (p+1)$- Matrix mit vollem Rang q.

1. Schritt: Man berechne ohne Nebenbedingungen nach Abschnitt 2.2

$$\vec{b} = (X^TX)^{-1}X^T\vec{y} \;;$$

$$q_{Rest/o} = \sum_{i=1}^{n} (y_i - \hat{y}_i)^2 = (\vec{y} - X\vec{b})^T(\vec{y} - X\vec{b}) \;; \quad s^2 = \frac{q_{Rest/o}}{n-p-1}.$$

2. Schritt: Man berechne die Testgröße

$$f_{ber.} = \frac{(A\vec{b} - \vec{c})^T [A(X^TX)^{-1}A^T]^{-1}(A\vec{b} - \vec{c})}{q s^2} = \frac{(q_{Rest/N} - q_{Rest/o})/q}{q_{Rest/o}/(n-p-1)}.$$

Dabei erhält man die Abweichungsquadrate $q_{Rest/N}$ und $q_{Rest/o}$ aus den Regressionsanalysen mit bzw. ohne Nebenbedingung.

3. Schritt: Man bestimme das $(1-\alpha)$-Quantil $f_{q,n-p-1;1-\alpha}$ der F-Verteilung mit $(q, n-p-1)$ Freiheitsgraden.

4. Schritt (Testentscheidung): Im Falle $f_{ber.} > f_{q,n-p-1;1-\alpha}$ wird die lineare Hypothese H: $A\vec{\beta} = \vec{c}$ abgelehnt.

Spezialfälle:

2.11.1. Test der Nullhypothese H_0: $\vec{\beta} = \vec{0}$.

Diesen bereits in Abschnitt 2.6.1 behandelten Test erhält man aus dem obigen Test mit der (p+1)-reihigen Einheitsmatrix $A = I$ und $\vec{c} = \vec{0}$. In diesem Fall erhält man mit $q = p + 1$ die aus der Regressionsanalyse ohne Nebenbedingungen berechnete Testgröße

$$f_{ber.} = \frac{\vec{b}^T (X^T X) \vec{b}}{(p+1)s^2} = \frac{q_{Reg.}}{(p+1)s^2},$$

die unter der Nullhypothese H_0 Realisierung einer mit $(p + 1, n - p - 1)$ Freiheitsgraden F-verteilten Zufallsvariablen ist. Die Testgröße ist aus der Regressionsanalyse ohne Nebenbedingungen zu berechnen, also

$$s^2 = \frac{1}{n-p-1} \sum_{i=1}^{n} (y_i - \hat{y}_i)^2 .$$

Mit dem Quantil der F-Verteilung erhält man die

Testentscheidung: Im Falle $f_{ber.} > f_{p+1, n-p-1; 1-\alpha}$ wird die Nullhypothese H_0 abgelehnt.

2.11.2. Test der Nullhypothese H_0: $\vec{\beta} = \vec{\beta}'$.

Mit $A = I$ und $\vec{c} = \vec{\beta}'$ erhält man den bereits in Abschnitt 2.6.2 behandelten Test mit der

Testentscheidung:

Im Falle $\dfrac{(\vec{b}^T - \vec{\beta}'^T) X^T X (\vec{b} - \vec{\beta}')}{(p+1)s^2} > f_{p+1, n-p-1; 1-\alpha}$ wird die Nullhypothese H_0 abgelehnt. Benutzt wird das $(1-\alpha)$-Quantil der F-Verteilung mit $(p + 1, n - p - 1)$ Freiheitsgraden. Dabei stammen alle Größen aus der Regressionsanalyse ohne Nebenbedingungen.

2.11.3. Test der Nullhypothese H_0: $\beta_k = \beta_k'$ für festes k (Test eines einzelnen Regressionskoeffizienten).

Diesen bereits in Abschnitt 2.5 behandelten Test erhält man mit dem (p+1)-dimensionalen Zeilenvektor $A = \vec{a}^T = (0, 0, \dots, 0, 1, 0, \dots, 0)$, der an der (k+1)-ten Stelle eine Eins und sonst lauter Nullen besitzt. $\vec{c}$ ist dann der Skalar β_k'. Mit

$$\vec{a}^T\vec{b} = b_k \quad \text{und} \quad \vec{a}^T(X^TX)^{-1}\vec{a} = c_{kk}$$

$$(= \text{Diagonalelement von } C = (X^TX)^{-1})$$

geht die Testgröße über in

$$f_{ber.} = \frac{(b_k - \beta_k')^2}{s^2 c_{kk}}.$$

Sie ist unter der Nullhypothese H_0 Realisierung einer F-verteilten Zufallsvariablen mit $(1, n-p-1)$-Freiheitgraden.

Mit dem Quantil der F-Verteilung erhält man die

Testentscheidung: Im Falle $f_{ber.} > f_{1,n-p-1;1-\alpha}$ wird die Nullhypothese H_0 abgelehnt.

Die Wurzel aus der obigen Testgröße

$$\frac{b_k - \beta_k'}{s\sqrt{c_{kk}}}$$

ist Realisierung einer t-verteilten Zufallsvariablen mit $n-p-1$ Freiheitsgraden, also die in Abschnitt 2.5 für die zweiseitigen Tests benutzte Testgröße. Dabei ist die Testgröße ist aus der Regressionsanalyse ohne Nebenbedingungen zu berechnen.

2.11.4. Test der Hypothese H: $\beta_{i_1} = \beta_{i_2} = \ldots = \beta_{i_r} = 0$.

Diesen Test erhält man mit dem Vektor $\vec{c} = \vec{0}$ und der $r \times (p+1)$-Matrix

$$A = \left(a_{uv},\ u = 1, 2, \ldots, q\ ;\ v = 0, 1, \ldots, p\right)$$

mit $a_{1j_1} = a_{2j_2} = \ldots = a_{rj_r} = 1$; die restlichen Elemente sind Null (s. obiges Beispiel mit $r = 2$; $j_1 = 2$; $j_2 = 3$).

Dieser Test wird sehr oft benötigt. Falls die Nullhypothese erfüllt ist, haben die entsprechenden Regressoren keinen Einfluß auf den Regressanden Y.

Bei diesem speziellen Test ist die Regressionsanalyse mit Nebenbedingungen sehr einfach durchzuführen. Mit $\beta_{i_1} = \beta_{i_2} = \ldots = \beta_{i_r} = 0$ sind für das reduzierte Modell nur noch die restlichen $p+1-r$ Parameter nach der Methode der kleinsten Abweichungsquadrate zu schätzen mit der Geamtabweichung $q_{Rest/N}$. Mit $q = r$ erhält man die sehr einfache

Testgröße:

$$f_{ber.} = \frac{(q_{Rest/N} - q_{Rest/O})/r}{q_{Rest/O}/(n-p-1)} .$$

Sie ist unter der Nullhypothese H_0 Realisierung einer Zufallsvariablen, die F-verteilt ist mit $(r, n-p-1)$ Freiheitsgraden.

Mit dem Quantil der F-Verteilung erhält man die

Testentscheidung: Im Falle $f_{ber.} > f_{r, n-p-1; 1-\alpha}$ wird die Nullhypothese H_0 abgelehnt.

Aus der allgemeinen Formel des Tests linearer Hypothesen lassen sich durch Spezialisierung viele spezielle Tests ableiten. Sie kann aber auch zum Vergleich mehrerer unabhängiger linearer Regressionen benutzt werden. Ein Beispiel wird im nachfolgenden Abschnitt gebracht.

2.12. Vergleich zweier Regressionsgeraden bei Normalverteilungen

In Abschnitt 1.2.11 wurden bei Normalverteilungen die Regressionsparameter zweier Regressionsgeraden miteinander verglichen. Die dort für die zweiseitigen Tests angegebenen Formeln können aus dem in Abschnitt 2.11 beschriebenen Test abgeleitet werden. Zusätzlich wird ein Test auf Gleichheit zweier Regressionsgeraden behandelt.

Gegeben seien zwei unabhängige einfache Regressionen

$$Y^{(1)}(x) = \beta_0^{(1)} + \beta_1^{(1)} x + E^{(1)} ;$$

$$Y^{(2)}(x) = \beta_0^{(2)} + \beta_1^{(2)} x + E^{(2)} .$$

Die Zufallsvariablen $E^{(1)}$ und $E^{(2)}$ seien unabhängig und normalverteilt mit dem Erwartungswert 0 und der gleichen Varianz σ^2.

Bezüglich beider Grundgesamtheiten sei bereits eine Regressionsanalyse aus zwei unabhängigen Stichproben

$$\left(x_1^{(1)}, y_1^{(1)}\right), \left(x_2^{(1)}, y_2^{(1)}\right), \;\ldots\ldots\; ,\left(x_{n_1}^{(1)}, y_{n_1}^{(1)}\right) \quad (\text{Umfang } n_1) ;$$

$$\left(x_1^{(2)}, y_1^{(2)}\right), \left(x_2^{(2)}, y_2^{(2)}\right), \;\ldots\ldots\; ,\left(x_{n_2}^{(2)}, y_{n_2}^{(2)}\right) \quad (\text{Umfang } n_2)$$

durchgeführt mit den jeweiligen empirischen Regressionsgeraden

$$\hat{y}^{(1)} = b_0^{(1)} + b_1^{(1)} x \ ; \ \hat{y}^{(2)} = b_0^{(2)} + b_1^{(2)} x$$

und den Summen der Abweichungsquadraten von der jeweiligen Regressionsgeraden

$$q_{Rest}^{(1)} \text{ und } q_{Rest}^{(2)} .$$

Beide Regressionsanalysen können aber auch gemeinsam durchgeführt werden. Dazu setzt man

$$X_1 = \begin{pmatrix} 1 & x_1^{(1)} \\ 1 & x_2^{(1)} \\ \vdots & \vdots \\ 1 & x_{n_1}^{(1)} \end{pmatrix} ; X_2 = \begin{pmatrix} 1 & x_1^{(2)} \\ 1 & x_2^{(2)} \\ \vdots & \vdots \\ 1 & x_{n_2}^{(2)} \end{pmatrix} ; \vec{\beta} = \begin{pmatrix} \beta_0^{(1)} \\ \beta_1^{(1)} \\ \beta_0^{(2)} \\ \beta_1^{(2)} \end{pmatrix} ; \vec{b} = \begin{pmatrix} b_0^{(1)} \\ b_1^{(1)} \\ b_0^{(2)} \\ b_1^{(2)} \end{pmatrix} .$$

Der Vektor $\vec{y}$ besteht aus sämtlichen Beobachtungswerten mit

$$\vec{y}^T = \left(y_1^{(1)}, \dots, y_{n_1}^{(1)}, y_1^{(2)}, \dots, y_{n_2}^{(2)}\right).$$

Damit kann die gemeinsame Regressionsanalyse mit allen $n = n_1 + n_2$ Beobachtungswerten durchgeführt werden. Wegen

$$X^T X = \begin{pmatrix} X_1^T X_1 & O \\ O & X_2^T X_2 \end{pmatrix}$$

ist der gemeinsame Regressionsvektor $\vec{b}$ zusammengesetzt aus den beiden Regressionsvektoren der getrennten Regressionsanalysen. Ferner ist die Quadratsumme aller Abweichungen von der gemeinsamen Regressionshyperebene gleich der Summe der beiden Quadratsummen bezüglich der einzelnen Regressionsgeraden, also

$$q_{Rest} = q_{Rest}^{(1)} + q_{Rest}^{(2)} .$$

Wegen der besonderen Struktur der Matrix X gilt

$$(X^T X)^{-1} = \begin{pmatrix} (X_1^T X_1)^{-1} & O \\ O & (X_2^T X_2)^{-1} \end{pmatrix} .$$

Nach Abschnitt 2.2 enthalten die Matrizen

$$(X_1^T X_1)^{-1} = C^{(1)} = \begin{pmatrix} c_{00}^{(1)} & c_{01}^{(1)} \\ c_{10}^{(1)} & c_{11}^{(1)} \end{pmatrix}; \quad (X_2^T X_2)^{-1} = C^{(2)} = \begin{pmatrix} c_{00}^{(2)} & c_{01}^{(2)} \\ c_{10}^{(2)} & c_{11}^{(2)} \end{pmatrix}$$

bis auf den Faktor σ^2 die Varianzen und Kovarianzen der Schätzfunktionen für die jeweiligen Regressionskoeffizienten. Die Elemente dieser Matrizen können direkt aus Abschnitt 1.2.1 übernommen werden.

2.12.1. Test von H_0: $\beta_1^{(1)} = \beta_1^{(2)}$

Zum Test der Nullhypothese $H_0: \beta_1^{(1)} = \beta_1^{(2)}$ (gleiche Steigungen) setzt man in der Formel aus Abschnitt 2.11

$$A = (0, 1, 0, -1)\,; \quad \vec{c} = 0 \quad \text{mit} \quad A\vec{\beta} = \beta_1^{(1)} - \beta_1^{(2)} = 0.$$

Damit erhält man $A\vec{b} - \vec{c} = A\vec{b} = b_1^{(1)} - b_1^{(2)}$;

$$A(X^T X)^{-1} A^T = \left(c_{10}^{(1)}, c_{11}^{(1)}, -c_{10}^{(2)}, -c_{11}^{(2)}\right) \cdot \begin{pmatrix} 0 \\ 1 \\ 0 \\ -1 \end{pmatrix} = c_{11}^{(1)} + c_{11}^{(2)}.$$

Bei der gesamten Regression handelt es sich um 4 Parameter. Daher ist

$$s^2 = \frac{q_{Rest}}{n_1 + n_2 - 4} = \frac{q_{Rest}^{(1)} + q_{Rest}^{(2)}}{n_1 + n_2 - 4}.$$

eine erwartungstreue Schätzung der Varianz σ^2. Nach Abschnitt 1.2.1 gilt

$$c_{11}^{(j)} = \frac{1}{\sigma^2} \operatorname{Var}(B_1^{(j)}) = \frac{1}{\sum_{i=1}^{n_j} \left(x_i^{(j)} - \bar{x}^{(j)}\right)^2} \quad \text{für } j = 1, 2.$$

Dabei ist $\bar{x}^{(j)}$ der Mittelwert der x-Werte der j-ten Stichprobe. Mit $q = 1$ erhält man die

Testgröße:

$$f_{ber.} = \frac{\left(b_1^{(1)} - b_1^{(2)}\right)^2 (n_1 + n_2 - 4)}{\left(q_{Rest}^{(1)} + q_{Rest}^{(2)}\right) \left[\frac{1}{\sum_{i=1}^{n_1} \left(x_i^{(1)} - \bar{x}^{(1)}\right)^2} + \frac{1}{\sum_{i=1}^{n_2} \left(x_i^{(2)} - \bar{x}^{(2)}\right)^2} \right]},$$

die unter der Nullhypothese H_0 Realisierung einer F-verteilten Zufallsvariablen ist mit $(1, n_1+n_2-4)$ Freiheitsgraden. Mit dem $(1-\alpha)$-Quantil $f_{1, n_1+n_2-4; 1-\alpha}$ erhält man die

Testentscheidung:

Im Falle $f_{ber.} > f_{1, n_1+n_2-4; 1-\alpha}$ wird die Nullhypothese abgelehnt.

Die Quadratwurzel aus der Testgröße ergibt unmittelbar die in Abschnitt 1.2.11.2 für den zweiseitigen Test benutzte Testgröße, die t-verteilt ist mit $n_1 + n_2 - 4$ Freiheitsgraden.

2.12.2. Test von $H_0: \beta_0^{(1)} = \beta_0^{(2)}$

Zum Test auf gleichen Achsenabschnitt H_0: $\beta_0^{(1)} = \beta_0^{(2)}$ benutzt man die Matrix

$$A = (1, 0, -1, 0) \quad \text{und} \quad \vec{c} = 0.$$

Damit erhält man

$$A\vec{b} - \vec{c} = A\vec{b} = b_0^{(1)} - b_0^{(2)}; \quad A(X^TX)^{-1}A^T = c_{00}^{(1)} + c_{00}^{(2)}.$$

Nach Abschnitt 1.2.1 gilt

$$c_{00}^{(j)} = \frac{1}{n_j} + \frac{(\bar{x}^{(j)})^2}{\sum_{i=1}^{n_j} \left(x_i^{(j)} - \bar{x}^{(j)}\right)^2} \quad \text{für } j = 1, 2.$$

Damit erhält man die

Testgröße

$$f_{ber.} = \frac{\left(b_0^{(1)} - b_0^{(2)}\right)^2 (n_1 + n_2 - 4)}{\left(q_{Rest}^{(1)} + q_{Rest}^{(2)}\right)\left[\frac{1}{n_1} + \frac{1}{n_2} + \frac{(\bar{x}^{(1)})^2}{\sum_{i=1}^{n_1}\left(x_i^{(1)} - \bar{x}^{(1)}\right)^2} + \frac{(\bar{x}^{(2)})^2}{\sum_{i=1}^{n_2}\left(x_i^{(2)} - \bar{x}^{(2)}\right)^2}\right]}$$

als Realisierung einer F-verteilten Zufallsvariablen mit $(1, n_1+n_2-4)$ Freiheitsgraden, falls die Nullhypothese H_0 richtig ist.

Mit dem $(1-\alpha)$-Quantil $f_{1, n_1+n_2-4; 1-\alpha}$ erhält man die

Testentscheidung:

Im Falle $f_{ber.} > f_{1, n_1+n_2-4; 1-\alpha}$ wird die Nullhypothese abgelehnt.

Auch hier ergibt die Quadratwurzel die in Abschnitt 1.2.11.3 für den zweiseitigen Test benutzte Testgröße, die t-verteilt ist mit n_1+n_2-4 Freiheitsgraden.

2.12.3. Test auf Gleichheit zweier Regressionsgeraden

Bei diesem Test wird gleichzeitig die Nullhypothese

$$H_0: \beta_0^{(1)} = \beta_0^{(2)} \quad \text{und} \quad \beta_1^{(1)} = \beta_1^{(2)},$$

also die Identität der beiden Regressionsgeraden getestet. Man benutzt in Abschnitt 2.11 die Matrix

$$A = \begin{pmatrix} 1 & 0 & -1 & 0 \\ 0 & 1 & 0 & -1 \end{pmatrix} \quad \text{und den Vektor } \vec{c} = \begin{pmatrix} 0 \\ 0 \end{pmatrix} \text{ mit } q = 2.$$

Daraus folgt

$$A\vec{b} = \begin{pmatrix} b_0^{(1)} - b_0^{(2)} \\ b_1^{(1)} - b_1^{(2)} \end{pmatrix}; \quad A(X^TX)^{-1}A^T = C^{(1)} + C^{(2)}.$$

Damit erhält man die

Testgröße:

$$f_{ber.} = \frac{\left(b_0^{(1)} - b_0^{(2)}\,;\, b_1^{(1)} - b_1^{(2)}\right)\cdot\left[(C^{(1)} + C^{(2)}\right]^{-1}\cdot\begin{pmatrix} b_0^{(1)} - b_0^{(2)} \\ b_0^{(1)} - b_0^{(2)} \end{pmatrix}}{2\cdot\dfrac{q_{Rest}^{(1)} + q_{Rest}^{(2)}}{n_1 + n_2 - 4}}$$

mit $C^{(1)} = (X_1^TX_1)^{-1}$; $C^{(1)} = (X_1^TX_1)^{-1}$ (s. Abschnitt 2.2).

Sie ist unter H_0 Realisierung einer Zufallsvariablen, die F-verteilt ist mit $(2, n_1 + n_2 - 4)$ Freiheitsgraden.

Mit dem $(1-\alpha)$-Quantil $f_{2, n_1+n_2-4; 1-\alpha}$ erhält man die

Testentscheidung:

Im Falle $f_{ber.} > f_{2, n_1+n_2-4; 1-\alpha}$ wird die Nullhypothese H_0 abgelehnt.

2.13. Test auf Gleichheit mehrerer Regressionsgeraden

Zum Test auf Gleichheit von r verschiedenen Regressionsgeraden kann das in Abschnitt 2.12.3 benutzte Verfahren direkt verallgemeinert werden. Zunächst wird bezüglich sämtlicher Beobachtungen vom Umfang $n = \sum_{k=1}^{r} n_k$ eine Regressionsanalyse durchgeführt mit der Matrix X und den aus 2r Komponenten bestehenden Vektoren $\vec{\beta}$ und $\vec{b}$

$$X = \begin{pmatrix} X_1 & O & \cdots & O \\ O & X_2 & \cdots & O \\ \vdots & \vdots & & \vdots \\ O & O & \ldots & X_r \end{pmatrix} ; \vec{\beta} = \begin{pmatrix} \beta_0^{(1)} \\ \beta_1^{(1)} \\ \vdots \\ \beta_0^{(r)} \\ \beta_1^{(r)} \end{pmatrix} ; \vec{b} = \begin{pmatrix} b_0^{(1)} \\ b_1^{(1)} \\ \vdots \\ b_0^{(r)} \\ b_1^{(r)} \end{pmatrix} .$$

Dann kann unmittelbar der Test linearer Hypothesen aus Abschnitt 2.11 angewandt werden, wobei A eine Matrix mit $2r-2$ Zeilen und 2r Spalten ist. In jeder Zeile von A steht an der entsprechenden Vergleichsstelle eine 1 bzw. -1, während die restlichen Elemente gleich Null sind.

Die Testfunktion kann unmittelbar aus den Abstandsquadraten der allgemeinen und der unter der Nullhypothese (Nebenbedingungen) reduzierten Regressionsanalyse gewonnen werden.

$$q_{Rest/o} = \sum_{i=1}^{n} (y_i - \hat{y}_i)^2 \quad \text{(ohne Nebenbedingungen)}$$

wird bezüglich aller 2r Regressionskoeffizienten berechnet.

Falls alle r Regressionsgeraden gleich sind (reduziertes Modell mit Nebenbedingungen), gibt es im Modell nur noch zwei Parameter β_0^* und β_1^*. Diese werden geschätzt durch b_0^* und b_1^* mit

$$\begin{aligned} q_{Rest/N} &= \sum_{k=1}^{r} \sum_{j=1}^{n_i} \left(y_{kj} - b_0^* - b_1^* x_j^{(k)}\right)^2 \\ &= \sum_{k=1}^{r} \sum_{j=1}^{n_i} (y_{kj} - \bar{y}_{..})^2 - (b_1^*)^2 \sum_{k=1}^{r} \sum_{j=1}^{n_i} \left(x_j^{(k)} - \bar{x}\right)^2 = \min . \end{aligned}$$

Die Lösung lautet

$$b_1^* = \frac{\sum_{k=1}^{r} \sum_{j=1}^{n_i} (y_{kj} - \bar{y}_{..})^2 \cdot (x_j^{(k)} - \bar{x})}{\sum_{k=1}^{r} \sum_{j=1}^{n_i} \left(x_j^{(k)} - \bar{x}\right)^2} ;$$

$\bar{y}_{..} = \frac{1}{n} \sum_{k=1}^{r} \sum_{j=1}^{n_i} y_{kj}$ (Gesamtmittel aller y-Werte) ; $n = \sum_{k=1}^{r} n_k$;

$\bar{x}$ = Gesamtmittel aller x-Werte.

Daraus erhält man die Testgröße

$$f_{ber.} = \frac{(q_{Rest/N} - q_{Rest/o})/(2r-2)}{q_{Rest/o}/(n-2r)} , \quad n = \sum_{k=1}^{r} n_k ,$$

die unter der Nullhypothese H_0 Realisierung einer mit $(2r-2, n-2r)$ Freiheitsgraden F-verteilten Zufallsvariablen ist.

Mit dem $(1-\alpha)$-Quantil $f_{2r-2, n-2r; 1-\alpha}$ erhält man die

Testentscheidung:

Im Falle $f_{ber.} > f_{2r-2, n-2r; 1-\alpha}$ wird die Nullhypothese der Gleichheit der beiden Regressionsgeraden abgelehnt.

Bemerkung: Mit der in diesem Abschnitt benutzten Methode können auch Steigungen oder Achsenabschnitte mehrerer Regressionsgeraden auf Gleichheit getestet werden.

3. Einfache quadratische Regression

Vorgegeben sei das Regressionsmodell

$$Y(x) = \beta_0 + \beta_1 x + \beta_2 x^2 + E ,$$

wobei die Fehlervariable E den Erwartungswert 0 und die Varianz σ^2 besitzt. Zu Testdurchführungen und zur Bestimmung von Konfidenzintervallen wird die Normalverteilungsannahme benötigt. Die Regressionsfunktion

$$f(x) = \beta_0 + \beta_1 x + \beta_2 x^2$$

ist eine Parabel. Wie bei der linearen Regression gehört zu dem Wert x_i die Realisierung y_i der Zufallsvariablen $Y(x_i)$ für $i = 1, 2, \ldots, n$.

Die Regressionsanalyse soll auf zwei verschiedene Arten durchgeführt werden:

a) Die Schätzung der Parameter wurde bereits in Kap. I Abschnitt 2.3.4 durch die Minimierung der Summe der vertikalen Abweichungsquadrate der Punkte von der Regressionsparabel durchgeführt.

b) Mit $x_1 = x$ und $x_2 = x^2$ wird das Ausgangsmodell in ein multiples Regressionsmodell übergeführt mit $p = 2$, also mit $p + 1 = 3$ Parametern. Die Bezeichnung der Parameter ist bereits so gewählt, daß beide Formeln unmittelbar ineinander übergehen.

3.1. Schätzung der Parameter

Die Schätzung der Regressionskoeffizienten soll sowohl durch die Minimierung der vertikalen Abstandsquadrate von der Regressionsparabel bei einfacher Regression als auch aus dem multiplen Regressionsmodell erfolgen. Dadurch wird die Möglichkeit geschaffen, beide Verfahren direkt miteinander zu vergleichen.

3.1.1. Schätzung aus den Abständen von der Parabel:

Aus der Stichprobe (x_i, y_i), $i = 1, 2, \ldots, n$ wird die unbekannte Regressionsparabel geschätzt durch die empirische Regressionsparabel (Ausgleichsparabel)

$$\hat{y} = b_0 + b_1 x + b_2 x^2 ,$$

bezüglich derer nach dem **Prinzip der kleinsten Quadrate** die Summe der (vertikalen) Abstandsquadrate minimal ist.

Nach Kap. I Abschnitt 2.3.5 erhält man das lineare Gleichungssystem, wobei in den Summen von $i = 1$ bis n summiert wird.

$$\begin{array}{|lllll|} b_0\, n & + b_1 \sum x_i & + b_2 \sum x_i^2 & = & \sum y_i \\ b_0 \sum x_i & + b_1 \sum x_i^2 & + b_2 \sum x_i^3 & = & \sum x_i y_i \\ b_0 \sum x_i^2 & + b_1 \sum x_i^3 & + b_2 \sum x_i^4 & = & \sum x_i^2 y_i \end{array}$$

Es sei vorausgesetzt, daß dieses lineare Gleichungssystem eindeutig lösbar ist. Der Stichprobenwert y_i ist Realisierung der Zufallsvariablen Y_i. Unter der Modellannahme gilt

$$Y_i = \beta_0 + \beta_1 x_i + \beta_2 x_i^2 + E_i ;$$

$$E(Y_i) = \beta_0 + \beta_1 x_i + \beta_2 x_i^2 ; \quad Var(Y_i) = \sigma^2 \quad \text{für} \quad i = 1, 2, \dots, n .$$

Die Schätzwerte b_0, b_1 und b_2 sind Realisierungen der Zufallsvariablen B_0, B_1 und B_2. Ersetzt man in dem obigen Gleichungssystem die Schätzwerte b_i durch die entsprechenden Zufallsvariablen B_i, so erhält man mit der Erwartungswertbildung das Gleichungssystem für die drei Erwartungswerte

$$\begin{aligned}
E(B_0)\,n + E(B_1)\sum x_i + E(B_2)\sum x_i^2 &= \beta_0 n + \beta_1 \sum x_i + \beta_2 \sum x_i^2 \\
E(B_0)\sum x_i + E(B_1)\sum x_i^2 + E(B_2)\sum x_i^3 &= \beta_0 \sum x_i + \beta_1 \sum x_i^2 + \beta_1 \sum x_i^3 \\
E(B_0)\sum x_i^2 + E(B_1)\sum x_i^3 + E(B_2)\sum x_i^4 &= \beta_0 \sum x_i^2 + \beta_1 \sum x_i^3 + \beta_1 \sum x_i^4 .
\end{aligned}$$

Dieses Gleichungssystem besitzt die Lösung

$$\boxed{E(B_0) = \beta_0 ; \quad E(B_1) = \beta_1 ; \quad E(B_2) = \beta_2 ,}$$

wie man durch zeilenweisen Vergleich der rechten und linken Seiten sofort sieht. Die Lösung ist aber eindeutig. Damit ist gezeigt, daß die entsprechenden Zufallsvariablen **erwartungstreue** Schätzfunktionen sind.

Das Gleichungssystem soll nun in **Matrizenschreibweise** dargestellt werden. Mit der Matrix D

$$D = \begin{pmatrix} n & \sum x_i & \sum x_i^2 \\ \sum x_i & \sum x_i^2 & \sum x_i^3 \\ \sum x_i^2 & \sum x_i^3 & \sum x_i^4 \end{pmatrix}$$

läßt sich das Gleichungssystem darstellen in der Form

$$\begin{pmatrix} n & \sum x_i & \sum x_i^2 \\ \sum x_i & \sum x_i^2 & \sum x_i^3 \\ \sum x_i^2 & \sum x_i^3 & \sum x_i^4 \end{pmatrix} \cdot \begin{pmatrix} b_0 \\ b_1 \\ b_2 \end{pmatrix} = \begin{pmatrix} \sum y_i \\ \sum x_i y_i \\ \sum x_i^2 y_i \end{pmatrix} .$$

Mit der inversen Matrix D^{-1} erhält man hieraus die Lösung

$$\begin{pmatrix} b_0 \\ b_1 \\ b_2 \end{pmatrix} = D^{-1} \cdot \begin{pmatrix} \sum y_i \\ \sum x_i y_i \\ \sum x_i^2 y_i \end{pmatrix}.$$

3.1.2. Schätzung mit Hilfe der multiplen linearen Regression

Mit $x_1 = x$, $x_{i1} = x_i$ und $x_2 = x^2$; $x_{i2} = x_i^2$ für $i = 1, 2, \ldots, n$ erhält man nach Abschnitt 2.1 die Matrix

$$X^T X = \begin{pmatrix} 1 & 1 & \cdots & 1 \\ x_1 & x_2 & \cdots & x_n \\ x_1^2 & x_2^2 & \cdots & x_n^2 \end{pmatrix} \cdot \begin{pmatrix} 1 & x_1 & x_1^2 \\ 1 & x_2 & x_2^2 \\ \vdots & \vdots & \vdots \\ 1 & x_n & x_n^2 \end{pmatrix} = \begin{pmatrix} n & \sum x_i & \sum x_i^2 \\ \sum x_i & \sum x_i^2 & \sum x_i^3 \\ \sum x_i^2 & \sum x_i^3 & \sum x_i^4 \end{pmatrix} = D.$$

Damit können alle Ergebnisse der multiplen linearen Regression mit $p = 2$ auf die quadratische Regression übertragen werden. Insbesondere erhält man aus Abschnitt 2.1 die Eigenschaft der Erwartungstreue der Schätzfunktionen B_0, B_1 und B_2.

Die Ergebnisse aus Abschnitt 2 sollen nun auf den Spezialfall der quadratischen Regression übertragen werden.

3.2. Bestimmung der Matrix $C = (X^T X)^{-1}$

Die Bestimmung der $C = (X^T X)^{-1} = D^{-1}$ geschieht mit Hilfe der Adjunkten. Die Matrix

$$D = \begin{pmatrix} n & \sum x_i & \sum x_i^2 \\ \sum x_i & \sum x_i^2 & \sum x_i^3 \\ \sum x_i^2 & \sum x_i^3 & \sum x_i^4 \end{pmatrix}$$

besitzt die Determinante

$$\Delta = n \sum x_i^2 \sum x_i^4 + 2 \sum x_i \sum x_i^2 \sum x_i^3 - \left(\sum x_i\right)^2 \sum x_i^4 - \left(\sum x_i^2\right)^3 - n\left(\sum x_i^3\right)^2.$$

Damit erhält man

$$D^{-1} = (X^TX)^{-1} = C = \begin{pmatrix} c_{00} & c_{01} & c_{02} \\ c_{10} & c_{11} & c_{12} \\ c_{20} & c_{21} & c_{22} \end{pmatrix} =$$

$$\frac{1}{\Delta}\begin{bmatrix} \sum x_i^2 \sum x_i^4 - \left(\sum x_i^3\right)^2 & \sum x_i^2 \sum x_i^3 - \sum x_i \sum x_i^4 & \sum x_i \sum x_i^3 - \left(\sum x_i^2\right)^2 \\ \sum x_i^2 \sum x_i^3 - \sum x_i \sum x_i^4 & n\sum x_i^4 - \left(\sum x_i^2\right)^2 & \sum x_i \sum x_i^2 - n\sum x_i^3 \\ \sum x_i \sum x_i^3 - \left(\sum x_i^2\right)^2 & \sum x_i \sum x_i^2 - n\sum x_i^3 & n\sum x_i^2 - \left(\sum x_i\right)^2 \end{bmatrix}$$

Explizite Form der Regressionskoeffizienten

Aus

$$\begin{pmatrix} b_0 \\ b_1 \\ b_2 \end{pmatrix} = D^{-1} \cdot \begin{pmatrix} \sum y_i \\ \sum x_i y_i \\ \sum x_i^2 y_i \end{pmatrix} = C \cdot \begin{pmatrix} \sum y_i \\ \sum x_i y_i \\ \sum x_i^2 y_i \end{pmatrix}$$

erhält man die erwartungstreuen Schätzwerte

$$b_0 = c_{00}\sum y_i + c_{01}\sum x_i y_i + c_{02}\sum x_i^2 y_i$$

$$= \frac{1}{\Delta}\Bigg(\left[\sum x_i^2 \sum x_i^4 - \left(\sum x_i^3\right)^2\right]\sum y_i + \left[\sum x_i^2 \sum x_i^3 - \sum x_i \sum x_i^4\right]\sum x_i y_i$$

$$+ \left[\sum x_i \sum x_i^3 - \left(\sum x_i^2\right)^2\right]\sum x_i^2 y_i\Bigg);$$

$$b_1 = c_{10}\sum y_i + c_{11}\sum x_i y_i + c_{12}\sum x_i^2 y_i$$

$$= \frac{1}{\Delta}\Bigg(\left[\sum x_i^2 \sum x_i^3 - \sum x_i \sum x_i^4\right]\sum y_i + \left[n\sum x_i^4 - \left(\sum x_i^2\right)^2\right]\sum x_i y_i$$

$$+ \left[\sum x_i \sum x_i^2 - n\sum x_i^3\right]\sum x_i^2 y_i\Bigg);$$

$$b_2 = c_{20}\sum y_i + c_{21}\sum x_i y_i + c_{22}\sum x_i^2 y_i$$

$$= \frac{1}{\Delta}\Bigg(\left[\sum x_i \sum x_i^3 - \left(\sum x_i^2\right)^2\right]\sum y_i + \left[\sum x_i \sum x_i^2 - n\sum x_i^3\right]\sum x_i y_i$$

$$+ \left[n\sum x_i^2 - \left(\sum x_i\right)^2\right]\sum x_i^2 y_i\Bigg) \quad (\Delta \text{ s. o.}).$$

Beispiel: Für den gesamten Anhalteweg y [in m] in Abhängigkeit von der Geschwindigkeit x [in km/h] eines bestimmten PKW's ergaben sich folgende Meßwerte (in der dritten Zeile sind bereits die Schätzwerte auf der empirischen Regressiongeraden eingetragen):

x_i	20	30	50	60	70	80	90	100	120	150
y_i	9	12	24	36	41	57	65	72	108	152
$\hat{y}_i$	7,79	12,84	26	34,11	43,24	53,40	64,57	76,77	104,22	153,06

Diese Stichprobe besitzt folgende Kenngrößen:

$\sum x_i = 770$; $\bar{x} = 77$; $\sum x_i^2 = 73\,700$; $\sum x_i^3 = 8\,063\,000$;

$\sum x_i^4 = 964\,370\,000$;

$\sum y_i = 576$; $\bar{y} = 57{,}6$; $\sum x_i y_i = 60\,140$; $\sum x_i^2 y_i = 6\,991\,400$.

Damit erhält man die Matrix

$$D = X^T X = \begin{pmatrix} 10 & 770 & 73\,700 \\ 770 & 73\,700 & 8\,063\,000 \\ 73\,700 & 8\,063\,000 & 964\,370\,000 \end{pmatrix} .$$

Die inverse Matrix lautet

$$C = D^{-1} = (X^T X)^{-1} = \begin{pmatrix} c_{00} & c_{01} & c_{02} \\ c_{10} & c_{11} & c_{12} \\ c_{20} & c_{21} & c_{22} \end{pmatrix}$$

$$= \begin{pmatrix} 1{,}65412 & -0{,}04047148 & 0{,}0002119651 \\ -0{,}04047148 & 0{,}0011493 & -0{,}000006516232 \\ 0{,}0002119651 & -0{,}000006516232 & 0{,}0000000393195 \end{pmatrix} .$$

Daraus erhält man den Vektor der Regressionskoeffizienten

$$\begin{pmatrix} b_0 \\ b_1 \\ b_2 \end{pmatrix} = C \cdot \begin{pmatrix} \sum y_i \\ \sum x_i y_i \\ \sum x_i^2 y_i \end{pmatrix} = \begin{pmatrix} 0{,}751797 \\ 0{,}249756 \\ 0{,}005104068 \end{pmatrix}$$

und die Gleichung der empirischen Regressionsparabel

$$\hat{y} = 0{,}751797 + 0{,}249756\,x + 0{,}005104068\,x^2 .$$

Die Schätzwerte auf der empirischen Regressionsparabel sind in der dritten Zeile der obigen Tabelle eingetragen. In der nachfolgenden Abbildung ist die empirische Regressionsgerade zusammen mit den Meßwerten graphisch dargestellt.

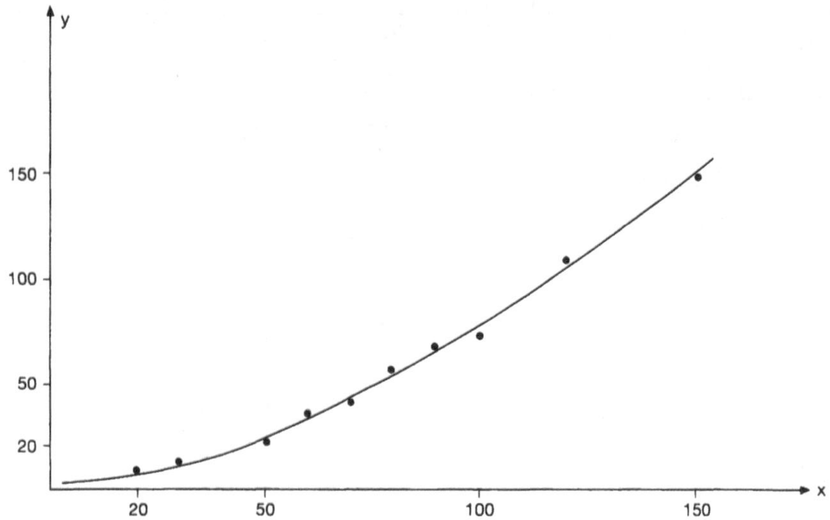

Regressionsparabel

3.3. Schätzungen der Varianzen und Kovarianzen

Die Varianzen und Kovarianzen der Schätzfunktionen B_0, B_1 und B_2 erhält man nach Abschnitt 2.4. mit Hilfe der Kovarianzmatrix des Schätzvektors $\vec{B}$ mit der in Abschnitt 3.2 dargestellten Matrix C in der Form

$$V(\vec{B}) = (X^T X)^{-1} \cdot \sigma^2 = C \cdot \sigma^2 \text{, also}$$

$$\begin{pmatrix} \operatorname{Var}(B_0) & \operatorname{Cov}(B_0, B_1) & \operatorname{Cov}(B_0, B_2) \\ \operatorname{Cov}(B_1, B_0) & \operatorname{Var}(B_1) & \operatorname{Cov}(B_1, B_2) \\ \operatorname{Cov}(B_2, B_0) & \operatorname{Cov}(B_2, B_1) & \operatorname{Var}(B_2) \end{pmatrix} = \begin{pmatrix} c_{00} & c_{01} & c_{02} \\ c_{10} & c_{11} & c_{12} \\ c_{20} & c_{21} & c_{22} \end{pmatrix} \cdot \sigma^2$$

Die unbekannte Varianz σ^2 wird erwartungstreu geschätzt durch

$$\hat{\sigma}^2 = s^2 = \frac{1}{n-3}\sum_{i=1}^{n}(y_i - \hat{y}_i)^2 = \frac{1}{n-3}\sum_{i=1}^{n}(y_i - b_0 - b_1 x_i - b_2 x_i^2)^2 .$$

Damit erhält man die Schätzwerte

$$\begin{pmatrix} \mathrm{Var}(B_0) & \mathrm{Cov}(B_0, B_1) & \mathrm{Cov}(B_0, B_2) \\ \mathrm{Cov}(B_1, B_0) & \mathrm{Var}(B_1) & \mathrm{Cov}(B_1, B_2) \\ \mathrm{Cov}(B_2, B_0) & \mathrm{Cov}(B_2, B_1) & \mathrm{Var}(B_2) \end{pmatrix} \approx \begin{pmatrix} c_{00} & c_{01} & c_{02} \\ c_{10} & c_{11} & c_{12} \\ c_{20} & c_{21} & c_{22} \end{pmatrix} \cdot s^2$$

Für die Varianzen der Schätzfunktionen erhält man die Schätzwerte

$$\hat{\sigma}_{B_0} = s_{b_0}^2 = c_{00}\, s^2 = \left[\sum x_i^2 \sum x_i^4 - \left(\sum x_i^3\right)^2\right] \cdot \frac{s^2}{\Delta};$$

$$\hat{\sigma}_{B_1} = s_{b_1}^2 = c_{11}\, s^2 = \left[n \sum x_i^4 - \left(\sum x_i^2\right)^2\right] \cdot \frac{s^2}{\Delta};$$

$$\hat{\sigma}_{B_2} = s_{b_2}^2 = c_{22}\, s^2 = \left[n \sum x_i^2 - \left(\sum x_i\right)^2\right] \cdot \frac{s^2}{\Delta} .$$

Beispiel: Für das bereits behandelte Beispiel erhält man die geschätzte Varianz

$$\hat{\sigma}^2 = s^2 = \frac{1}{7}\sum_{i=1}^{10}(y_i - \hat{y}_i)^2 = \frac{66{,}06}{7} = 9{,}4370.$$

Die Schätzwerte für die Varianzen der Schätzfunktionen B_0, B_1 und B_2 lauten

$$\hat{\sigma}_{B_0} = s_{b_0}^2 = c_{00}\, s^2 = 1{,}65412 \cdot 9{,}4370 = 15{,}61 ;$$

$$\hat{\sigma}_{B_1} = s_{b_1}^2 = c_{11}\, s^2 = 0{,}0011493 \cdot 9{,}4370 = 0{,}0108 ;$$

$$\hat{\sigma}_{B_2} = s_{b_2}^2 = c_{22}\, s^2 = 0{,}0000000393195 \cdot 9{,}4370 = 0{,}000000371.$$

3.4. Tests und Konfidenzintervalle bei Normalverteilungen

In diesem Fall können die Formeln aus Abschnitt 2.5 unmittelbar übertragen werden mit $p = 2$. Man erhält einzelne

Konfidenzintervalle für den Regressionskoeffizienten β_k zum Niveau $1-\alpha$ bei Normalverteilungen

zweiseitige: $\left[b_k - s_{b_k} \cdot t_{n-3;1-\alpha/2}\,;\, b_k + s_{b_k} \cdot t_{n-3;1-\alpha/2}\right]$;

einseitige:

$$\left[b_k - s_{b_k} \cdot t_{n-3;1-\alpha}\,;\,\infty\right);\left(-\infty\,;\, b_k + s_{b_k} \cdot t_{n-3;1-\alpha}\right].$$

s_{b_k} s. Abschnitt 3.3 für $k = 0, 1, 2$.

Beispiel: Für das bereits behandelte Beispiel erhält man zu $\alpha = 0{,}1$ das Quantil $t_{7;0,95} = 1{,}895$. Mit den Regressionskoeffizienten aus Abschnitt 3.2 und deren Varianzen aus Abschnitt 3.3 erhält man die Konfidenzintervalle zum Konfidenzniveau 0,95

$$0{,}751797 - \sqrt{15{,}61} \cdot 1{,}895 \leq \beta_0 \leq 0{,}751797 + \sqrt{15{,}61} \cdot 1{,}895\,;$$

Konfidenzintervall für β_0 : $[-6{,}74;\ 8{,}24]$;

$$0{,}249756 - \sqrt{0{,}0108} \cdot 1{,}895 \leq \beta_1 \leq 0{,}249756 + \sqrt{0{,}0108} \cdot 1{,}895\,;$$

Konfidenzintervall für β_1 : $[0{,}053;\ 0{,}447]$;

Grenzen für β_2: $0{,}005104068 \mp \sqrt{0{,}000000371} \cdot 1{,}895$;

Konfidenzintervall für β_2 : $[0{,}00395;\ 0{,}00626]$.

Entsprechend erhält man für die Tests der einzelnen Regressionskoeffizienten zum Signifikanzniveau α die

Testentscheidungen

Nullhypothese H_0	Alternative H_1	Ablehnungsbereich von H_0
a) $\beta_k = \beta_k'$	$\beta_k \neq \beta_k'$	$\left\| \frac{b_k - \beta_k'}{s_{b_k}} \right\| > t_{n-3;1-\alpha/2}$
b) $\beta_k \leq \beta_k'$	$\beta_k > \beta_k'$	$\frac{b_k - \beta_k'}{s_{b_k}} > t_{n-3;1-\alpha}$
c) $\beta_k \geq \beta_k'$	$\beta_k < \beta_k'$	$\frac{b_k - \beta_k'}{s_{b_k}} < -t_{n-3;1-\alpha}$

s_{b_k} s. Abschnitt 3.3 für $k = 0, 1, 2$; Quantile der t-Verteilung mit $n-3$ Freiheitsgraden.

Beispiel: In dem obigen Beispiel sollen mit $\alpha = 0{,}01$ folgende Hypothesen getestet werden:

a) $H_0: \beta_2 = 0$ (keine quadratische Regression)

$$\left| \frac{b_2}{s_{b_2}} \right| = \frac{0{,}005104068}{\sqrt{0{,}000000371}} = 8{,}38.$$

Da diese Testgröße das Quantil $t_{7;0,99} = 2{,}998$ überschreitet, wird die Nullhypothese abgelehnt.

b) $H_0: \beta_0 = 0$ (Regressionsparabel der Grundgesamtheit geht durch den Koordinatenursprung)

$$\left| \frac{b_0}{s_{b_0}} \right| = \frac{0{,}751797}{\sqrt{15{,}61}} = 0{,}1903.$$

Da diese Testgröße das Quantil $t_{7;0,99} = 2{,}998$ nicht überschreitet, kann die Nullhypothese nicht abgelehnt werden.

Für die Überprüfung der Varianz benutzt man die Chi-Quadrat-verteilte Testfunktion

$$\frac{Q_{Rest}}{\sigma^2} = (n-3)\frac{S^2}{\sigma^2}$$

Damit erhält man mit den Quantilen dieser Chi-Quadrat-Verteilung

zweiseitige Konfidenzintervalle für die Varianz σ^2 zum Niveau $1-\alpha$ bei Normalverteilungen:

$$\left[\frac{(n-3)\,s^2}{\chi^2_{n-3;1-\alpha/2}}\,;\,\frac{(n-3)\,s^2}{\chi^2_{n-3;\alpha/2}}\right].$$

Mit dieser Testgröße lassen sich unmittelbar **Tests für die Varianz** σ^2 durchführen.

3.5. Gemeinsame Konfidenzbereiche bei Normalverteilungen

Gemeinsame Konfidenzbereiche für sämtliche drei Regressionskoeffizienten ergeben sich unmittelbar aus der allgemeinen Formel aus Abschnitt 2.6.3. Mit dem $(1-\alpha)$-Quantil $= f_{3,n-3;1-\alpha}$ der F-Verteilung mit $(3, n-3)$ Freiheitsgraden erhält man

Konfidenzbereiche für alle β_k zum Niveau $1-\alpha$ bei Normalverteilungen :

$$\left\{(\beta_0, \beta_1, \beta_2) \;\middle|\; \frac{(\vec{b}-\vec{\beta})^T \cdot X^T X \cdot (\vec{b}-\vec{\beta})}{3\,s^2} \le f_{3,n-3;1-\alpha}\right\}.$$

Dabei ist $\vec{\beta}^T = (\beta_0, \beta_1, \beta_2)$ der Vektor der Regressionskoeffizienten.

$$s^2 = \frac{1}{n-3}\sum_{i=1}^{n}(y_i-\hat{y}_i)^2 = \frac{q_{Rest}}{n-3}.$$

Entsprechend erhält man nach Abschnitt 2.6.3

Simultane Konfidenzintervalle nach Scheffé für die Regressionskoeffizienten $\beta_0, \beta_1, \beta_2$ zum Niveau $\geq 1-\alpha$ bei Normalverteilungen :

$$\left[b_k - \sqrt{3\,s^2_{b_k}\cdot f_{3,n-3;1-\alpha}}\,;\; b_k + \sqrt{3\,s^2_{b_k}\cdot f_{3,n-3;1-\alpha}}\right];$$

s_{b_k} s. Abschnitt 3.3 für $k = 0, 1, 2$.

3.6. Konfidenzintervalle für den Erwartungswert $\beta_0 + \beta_1 x_0 + \beta_2 x_0^2$ bei Normalverteilungen

Für einen fest vorgegebenen Wert x_0 soll unter der Normalverteilungsannahme ein Konfidenzintervall für den Funktionswert

$$E(Y(x_0)) = \beta_0 + \beta_1 x_0 + \beta_2 x_0^2$$

bestimmt werden. Die Grenzen erhält man aus Abschnitt 2.7 mit dem $(1-\frac{\alpha}{2})$-Quantil $t_{n-3;\,1-\alpha/2}$ der t-Verteilung mit $n-p-1$ Freiheitsgraden

Konfidenzintervalle für $\beta_0 + \beta_1 x_0 + \beta_2 x_0^2$ zum Niveau $1-\alpha$ bei Normalverteilungen:

$[g_u;\, g_o]$ mit

$$g_{u,o} = b_0 + b_1 x_0 + b_2 x_0^2 \mp t_{n-3;\,1-\alpha/2} \cdot s \cdot \sqrt{\vec{x}^T \cdot C \cdot \vec{x}}\ ;$$

$$\vec{x}^T = (1, x_0, x_0^2)\ ;\ C = (X^T X)^{-1}\ ;\ s^2 = \frac{1}{n-3} \sum_{i=1}^{n} (y_i - \hat{y}_i)^2 = \frac{q_{Rest}}{n-3}.$$

3.7. Simultanes Konfidenzband für die gesamte Regressionsparabel bei Normalverteilungen

In Abschnitt 3.6 wurden Kondifenzintervalle für den Erwartungswert an einer festen Stelle x_0 bestimmt, also für den Funktionswert der Regressionsparabel an einer festen Stelle. In diesem Abschnitt soll ein simultaner Konfidenzbereich für die gesamte Regressionsparabel bestimmt werden.

Ein simultanes Konfidenzband erhält man unmittelbar aus der Formel des Abschnitt 2.8. Mit dem $(1-\alpha)$-Quantil $f_{3;n-3;\,1-\alpha}$ der F-Verteilung mit $(3;n-3)$ Freiheitsgraden erhält man

simultane Konfidenzbereiche für die Regressionsparabel $\beta_0 + \beta_1 x + \beta_2 x^2$ zum Niveau $1-\alpha$ bei Normalverteilungen:

$[v_u;\, v_o]$ mit

$$v_{u,o} = b_0 + b_1 x + b_2 x^2 \mp s \cdot \sqrt{3 \cdot f_{3;n-3;\,1-\alpha}\, \vec{x}^T \cdot C \cdot \vec{x}}\ ;$$

$$\vec{x}^T = (1, x, x^2)\ ;\ C = (X^T X)^{-1}\ ;\ s^2 = \frac{1}{n-3} \sum_{i=1}^{n} (y_i - \hat{y}_i)^2 = \frac{q_{Rest}}{n-3}.$$

3.8. Prognose-Intervalle für die Realisierungen der Zufallsvariablen $Y(x_0)$ bei Normalverteilungen

Prognose-Intervalle erhält man unmittelbar aus Abschnitt 2.9 mit dem $(1-\frac{\alpha}{2})$- Quantil der t-Verteilung mit $n-3$ Freiheitsgraden

> **Konfidenzintervalle (Prognose-Intervalle) bei Normalverteilungen für die Realisierung $y = y(x) = \beta_0 + \beta_1 x_0 + \beta_2 x_0^2 + e$ zum Niveau $1-\alpha$:**
>
> $[w_u; w_o]$ mit
>
> $$w_{u,o} = b_0 + b_1 x_0 + b_2 x_0^2 \mp t_{n-3;1-\alpha/2} \cdot s \cdot \sqrt{1 + \vec{x}^T \cdot C \cdot \vec{x}}\,;$$
>
> $$\vec{x}^T = (1, x_0, x_0^2)\,;\ C = (X^T X)^{-1}\,;\ s^2 = \frac{1}{n-3}\sum_{i=1}^{n}(y_i - \hat{y}_i)^2 = \frac{q_{Rest}}{n-3}\,.$$

Beispiel (s. Abschnitt 3.2) : Für das in Abschnitt 3.2 behandelte Beispiel soll bei einer Geschwindigkeit von 100 km/h zur Konfidenzwahrscheinlichkeit $1-\alpha = 0{,}95$ ein Prognose-Intervall für den Bremsweg bestimmt werden.

Mit $\vec{x}^T = (1, 100, 10\,000)$ und der Matrix C aus Abschnitt 3.2 erhält man

$\vec{x}^T \cdot C \cdot \vec{x} = 0{,}19066$ und hieraus die Grenzen

$$0{,}751797 + 0{,}249756 \cdot 100 + 0{,}005104068 \cdot 10\,000 \mp 1{,}895 \cdot \sqrt{9{,}4370} \cdot \sqrt{1{,}19066}$$

des Prognose-Intervalls für den Bremsweg bei einer Geschwindigkeit von 100 km/h

$$[70{,}42\,;\ 83{,}12]\,.$$

3.9. Tests linearer Hypothesen bei Normalverteilungen

Für die Regressionskoeffizienten $\beta_0, \beta_1, \beta_2$ sollen lineare Hypothesen der Art

$$H:\ A\vec{\beta} = \vec{c} \qquad \text{mit } \vec{\beta}^T = (\beta_0, \beta_1, \beta_2)\,;\quad \vec{c}^T = (c_0, c_1, c_2)$$

getestet werden. Dabei ist A eine Matrix mit drei Spalten und $q \le 3$ Zeilen mit vollem Rang q.

Zum Test können die in Abschnitt 2.11 angegebenen Formeln benutzt werden mit der Testgröße

$$F = \frac{(A\vec{B} - \vec{c})^T [A(X^T X)^{-1} A^T]^{-1} (A\vec{B} - \vec{c})}{q S^2},$$

die F-verteilt ist mit $(q, n-3)$ Freiheitsgraden, falls die Hypothese H richtig ist.

Zum Signifikanzniveau α erhält man die

Testdurchführung für die lineare Hypothese H : $A\vec{\beta} = \vec{c}$:

A sei eine $q \times 3$- Matrix mit vollem Rang q.

1. Schritt: Man berechne ohne Nebenbedingungen die Summe der kleinsten Abweichungsquadrate

$$s^2 = \frac{1}{n-3} \sum_{i=1}^{n} (y_i - \hat{y}_i)^2 = \frac{1}{n-3} \sum_{i=1}^{n} (y_i - b_0 - b_1 x_i - b_2 x_i^2)^2 .$$

2. Schritt: Man berechne die Testgröße

$$f_{ber.} = \frac{(A\vec{b} - \vec{c})^T [A(X^T X)^{-1} A^T]^{-1} (A\vec{b} - \vec{c})}{q s^2}.$$

3. Schritt: Man bestimme das $(1-\alpha)$-Quantil $f_{q,n-3;1-\alpha}$ der F-Verteilung mit $(q, n-3)$ Freiheitsgraden.

4. Schritt (Testentscheidung): Im Falle $f_{ber.} > f_{q,n-3;1-\alpha}$ wird die lineare Hypothese H: $A\vec{\beta} = \vec{c}$ abgelehnt.

Spezialfälle:

3.9.1. Test der Nullhypothese $H_0: \vec{\beta} = \vec{\beta}'$

Mit $A = I$ und $\vec{c} = \vec{\beta}'$ erhält man diesen Test mit der

Testentscheidung:

Im Falle $\frac{(\vec{b}^T - \vec{\beta}'^T) X^T X (\vec{b} - \vec{\beta}')}{3 s^2} > f_{3,n-3;1-\alpha}$ wird die Nullhypothese H_0 abgelehnt.

3.9.2. Test der Nullhypothese H_0: $\beta_k = \beta_k'$ für festes k:

Dieser Test wurde bereits in Abschnitt 3.4 behandelt (Test eines einzelnen Regressionskoeffizienten) .
Im Spezialfall H_0: $\beta_2 = 0$ wird getestet, ob überhaupt quadratische oder eine lineare Regression vorliegt.

3.9.3. Test der Nullhypothese H_0: $\beta_1 = \beta_2 = 0$:

Bei diesem Test handelt es sich um ein varianzanalytisches Problem. Der Test wird durchgeführt mit der speziellen Matrix

$$A = \begin{pmatrix} 0 & 1 & 0 \\ 0 & 0 & 1 \end{pmatrix} \quad \text{mit } A \cdot \vec{\beta} = \begin{pmatrix} \beta_1 \\ \beta_2 \end{pmatrix} = \begin{pmatrix} 0 \\ 0 \end{pmatrix}.$$

$$\vec{c} = \vec{0} \text{ ; } A \cdot \vec{b} = \begin{pmatrix} b_1 \\ b_2 \end{pmatrix} \text{ ; } A(X^TX)^{-1}A^T = \begin{pmatrix} c_{11} & c_{12} \\ c_{21} & c_{22} \end{pmatrix}$$

ergibt die Testgröße

$$f_{ber.} = \frac{(b_1, b_2)\begin{pmatrix} c_{11} & c_{12} \\ c_{21} & c_{22} \end{pmatrix}^{-1}\begin{pmatrix} b_1 \\ b_2 \end{pmatrix}}{2s^2},$$

die unter der Nullhypothese H_0 Realisierung einer F-verteilten Zufallsvariablen mit (2, n − 2) Freiheitsgraden ist.

Mit dem (1 − α)-Quantil $f_{3,n-3;1-\alpha}$ dieser F-Verteilung erhält man die

Testentscheidung:

Im Falle $f_{ber.} > f_{q,n-3;1-\alpha}$ wird die Nullhypothese H_0 abgelehnt.

Kapitel XI : Nichtparametrische (verteilungsfreie) statistische Methoden

Bei den meisten bisher behandelten statistischen Verfahren mußte entweder der Typ der Verteilungsfunktion bekannt sein (z. B. Normal-, Binomial-, Poisson- oder Exponentialverteilung) oder aber der Stichprobenumfang n so groß sein, damit man mit Hilfe der Grenzwertsätze (z. B. des zentralen Grenzwertsatzes) Näherungsformeln erhalten konnte. Falls der Verteilungstyp der Grundgesamtheit nicht bekannt ist, ist es vor allem bei kleinem Stichprobenumfang n häufig möglich, eine Testfunktion zu bestimmen, deren Verteilung nicht von der speziellen Gestalt der Verteilungsfunktion der entsprechenden Zufallsvariablen abhängt. Solche Verfahren nennt man **verteilungsfreie Verfahren**. Bereits bei den **Kolmogorow-Smirnow-Tests** in Kap. VII Abschnitt 6.2 und 7.4 wurden solche verteilungsfreie Verfahren behandelt. Die einzige Bedingung ist dabei die Stetigkeit der Verteilungsfunktionen. Ein weiteres Besipiel ist der exakte Test von Fisher aus Kap. VII Abschnitt 7.2.

Bei **nichtparametrischen (parameterfreien) Methoden** handelt es sich um Verfahren, die keine Aussagen über Parameter der Verteilungsfunktion der Grundgesamtheit machen, z. B. über die Parameter einer Normal- oder Poisson-Verteilung. Allerdings zählt man die Bestimmung eines Konfidenzintervalls oder Tests des Medians oder eines Quantils einer beliebigen Verteilung ebenfalls zu nichtparametrischen Methoden.

1. Iterationstest (Test auf Zufälligkeit)

Der Iterationstest (Runs-Test) soll hier nur für zwei Merkmalsausprägungen behandelt werden. Er kann auf mehrere Merkmale übertragen werden. Die Problemstellung soll aufgezeigt werden an dem einführenden

Beispiel: 6 Jungen (J) und 8 Mädchen (M) stehen in einer Warteschlange und zwar in folgender Reihenfolge:

M M J M M J J J J J M M M M

Getestet werden soll die Nullhypothese

H_0: die Gruppierung der Kinder erfolgte bezüglich des Geschlechts zufällig.

Zur Testdurchführung wird der sog. Iterationstest benutzt:

Gegeben sind n_1 Elemente mit der Eigenschaft A und n_2 Elemente mit der Eigenschaft B. Sämtliche $n = n_1 + n_2$ Elemente sind in einer bestimmten Reihenfolge angeordnet, wobei nur die Eigenschaft A oder B interessiere. Damit soll folgende Nullhypothese getestet werden:

H_0 : die beobachtete Reihenfolge ist bezüglich A und B zufällig.

Unter einer **Iteration** (einem **Run**) versteht man eine längste Folge von einem oder mehreren aufeinanderfolgenden gleichen Symbolen.

In dem obigen Beispiel gibt es die 5 Iterationen

M M J M M J J J J M M M M

Testgröße

Als Testgröße verwendet man die Zufallsvariable R, deren Realisierung die **Anzahl der Iterationen** in der Reihenfolge der Beobachtungen ist. Falls die Anzahl der Iterationen zu groß oder zu klein ist, soll die Nullhypothese abgelehnt werden. Die Anzahl der Iterationen ist mindestens gleich zwei, aber höchstens gleich $2n_1 + 1$ bzw. $2n_2 + 1$, je nachdem, welcher der beiden Umfänge kleiner ist.

Insgesamt gibt es

$$\frac{(n_1 + n_2)!}{n_1! \cdot n_2!} = \binom{n_1 + n_2}{n_1} = \binom{n_1 + n_2}{n_2}$$

verschiedene Anordnungen aller n Elemente. Falls die Nullhypothese richtig ist, besitzt jede dieser Anordnungen die gleiche Wahrscheinlichkeit.

Zur Berechnung der Wahrscheinlichkeiten $P(R = k)$ der Zufallsvariablen R unter der Nullhypothese H_0 muß unterschieden werden, ob k gerade oder ungerade ist.

1. Fall: $k = 2r$ (gerade): Dies ist nur möglich, wenn es von beiden Arten jeweils r Iterationen gibt. Die Anzahl der günstigen Fälle erhält man durch folgende Überlegung:
Die n_1 (bzw. n_2) Elemente mit der Merkmalsausprägung A (bzw. B) werden zufällig in r Zellen verteilt, von denen keine leer sein darf. Dies kann folgendermaßen durchgeführt werden. Alle Elemente werden numeriert. Vom ersten bis zum zweitletzten Element werden in dieser Reihe $r-1$ Stück zufällig ausgewählt und gekennzeichnet. Dann werden die Elemente in der numerierten Reihenfolge bis jeweils zum nächsten gekennzeichneten der Reihe nach den ersten $r-1$ Zellen zugeordnet. Die restlichen Elemente kommen in die r-te Zelle. Für beide Gruppen gibt es dafür jeweils

$$\binom{n_1 - 1}{r - 1} \; ; \; \binom{n_2 - 1}{r - 1} \quad \text{verschiedene Verteilungsmöglichkeiten.}$$

Aus den beiden Verteilungen werden in dieser Reihenfolge die 2r Iterationen gebildet. Für den Beginn mit A-Elementen gibt es dafür insgesamt

$$\binom{n_1 - 1}{r - 1} \cdot \binom{n_2 - 1}{r - 1}$$

verschiedene Möglichkeiten. Die gleiche Anzahl erhält man für den Beginn mit B-Elementen. Daraus folgt

$$P(R = 2r) = \frac{2\binom{n_1 - 1}{r - 1} \cdot \binom{n_2 - 1}{r - 1}}{\binom{n_1 + n_2}{n_1}} .$$

2. Fall: $k = 2r + 1$ (ungerade): Falls die erste Iteration aus A-Elementen besteht, gibt es $(r + 1)$ Iterationen der A-Elemente und r Iterationen der B-Elemente. Andernfalls gibt es $(r + 1)$ Iterationen der B-Elemente und r Iterationen der A-Elemente. Damit erhält man nach den kombinatorischen Überlegungen aus dem 1. Fall

$$P(R = 2r + 1) = \frac{\binom{n_1 - 1}{r} \cdot \binom{n_2 - 1}{r - 1} + \binom{n_1 - 1}{r - 1} \cdot \binom{n_2 - 1}{r}}{\binom{n_1 + n_2}{n_1}} .$$

Zusammenfassung:

Die Zufallsvariable R besitze als Realisierung die Anzahl der Iterationen von n_1 bzw. n_2 Elementen mit der gleichen Eigenschaft. Dann gilt unter der Nullhypothese H_0 der Zufälligkeit der Reihenfolge

$$P(R = 2r) = \frac{2\binom{n_1 - 1}{r - 1} \cdot \binom{n_2 - 1}{r - 1}}{\binom{n_1 + n_2}{n_1}} ;$$

$$P(R = 2r + 1) = \frac{\binom{n_1 - 1}{r} \cdot \binom{n_2 - 1}{r - 1} + \binom{n_1 - 1}{r - 1} \cdot \binom{n_2 - 1}{r}}{\binom{n_1 + n_2}{n_1}} .$$

Die Zufallsvariable R besitzt nach Gibbons, J. D. [1971] unter der Nullhypothese die Kenngrößen

$$E(R) = 1 + \frac{2 n_1 n_2}{n_1 + n_2} \; ; \; Var(R) = \frac{2 n_1 n_2 (2 n_1 n_2 - n_1 - n_2)}{(n_1 + n_2)^2 (n_1 + n_2 - 1)} .$$

Bei kleinen Stichprobenumfängen können die Quantile der Zufallsvariablen R direkt berechnet werden. Dabei ist darauf zu achten, daß es sich um eine diskrete Zufallsvariable handelt, so daß die vorgegebene Irrtumswahrscheinlichkeit 1. Art α meistens unterschritten wird, was den Fehler 2. Art vergrößert. Mit den kritischen Grenzen

$$r_{\frac{\alpha}{2}} \quad \text{maximal mit} \quad P\left(R \leq r_{\frac{\alpha}{2}}\right) \leq \frac{\alpha}{2} \;;$$

$$r_{1-\frac{\alpha}{2}} \quad \text{minimal mit} \quad P\left(R \geq r_{1-\frac{\alpha}{2}}\right) \leq \frac{\alpha}{2}$$

erhält man zum Signifikanzniveau $\alpha^* = P\left(R \leq r_{\frac{\alpha}{2}}\right) + P\left(R \geq r_{1-\frac{\alpha}{2}}\right) \leq \alpha$ die

Testentscheidung: Falls für die Anzahl r der Iterationen

$$r \leq r_{\frac{\alpha}{2}} \quad \text{oder} \quad r \geq r_{1-\frac{\alpha}{2}}$$

gilt, wird die Nullhypothese der Zufälligkeit der Anordnungen abgelehnt.

Bemerkung zu den Ablehnungsgrenzen

Die kritischen Grenzen $r_{\frac{\alpha}{2}}$ und $r_{1-\frac{\alpha}{2}}$ gehören hier zum Ablehnungsbereich.

Beispiel : In dem obigen Beispiel gibt es 5 Iterationen. Der zweiseitige Test soll mit $\alpha = 0{,}2$ durchgeführt werden. Die Anzahl der möglichen Iterationen liegt zwischen zwei und 13. $n_1 = 6$ und $n_2 = 8$ ergibt

$$P(R = 2) = \frac{2}{\binom{14}{6}} = \frac{2}{3\,003} \;;$$

$$P(R = 3) = \frac{\binom{5}{1}\cdot\binom{7}{0} + \binom{5}{0}\cdot\binom{7}{1}}{\binom{14}{6}} = \frac{12}{3\,003} \;;$$

$$P(R = 4) = \frac{2\binom{5}{1}\cdot\binom{7}{1}}{\binom{14}{6}} = \frac{70}{3\,003} \;;$$

$$P(R = 5) = \frac{\binom{5}{2}\cdot\binom{7}{1} + \binom{5}{1}\cdot\binom{7}{2}}{\binom{14}{6}} = \frac{175}{3\,003} \,.$$

Daraus folgt $P(R \leq 5) = \frac{259}{3\,003} = 0{,}0862 < \frac{\alpha}{2}$. Damit kann die Nullhypothese mit $\alpha = 0{,}2$ abgelehnt werden. Mit $\alpha = 0{,}1$ könnte man die Nullhypothese nicht ablehnen.

Asymptotisches Verhalten der Testgröße

Die Stichprobenumfänge n_1 und n_2 sollen so gegen unendlich konvergieren, daß mit $n = n_1 + n_2$ gilt $\frac{n_1}{n} = \lambda$. Daraus folgt $\frac{n_2}{n} = 1 - \lambda$. Aus $n_1 = \lambda n$ und $n_2 = (1-\lambda)n$ erhält man

$$E\left(\frac{R}{n}\right) = \frac{1}{n} + 2\lambda(1-\lambda)\ ;\ \lim_{n\to\infty} E\left(\frac{R}{n}\right) = 2\lambda(1-\lambda).$$

Entsprechend erhält man

$$\lim_{n\to\infty} \mathrm{Var}\left(\frac{R}{\sqrt{n}}\right) = 4\lambda^2(1-\lambda)^2.$$

Wald, A. und Wolfowitz, J. [1940] haben gezeigt, daß unter der Nullhypothese H_0 die Zufallsvariable

$$Z = \frac{R - 2\lambda(1-\lambda)n}{2\lambda(1-\lambda)\sqrt{n}}\ ;\quad n = n_1 + n_2\ ;\ \lambda = \frac{n_1}{n}$$

asymptotisch normalverteilt ist. Die Normalverteilungsapproximation

$$Z = \frac{R - 2\frac{n_1 \cdot n_2}{n}}{2\frac{n_1}{n}\cdot\frac{n_2}{n}\cdot\sqrt{n}}\ ;\ n = n_1 + n_2$$

ist bereits ab $n_1, n_2 > 20$ recht brauchbar.

2. Der allgemeine Vorzeichen-Test

Zum Test, ob der Genuß einer bestimmten Menge Alkohol die Reaktionszeit auf ein bestimmtes Signal beeinflußt, ist es naheliegend, die Reaktionszeiten vor und nach dem Alkoholgenuß festzustellen und ihre Differenzen zu berechnen. Falls kein Einfluß vorhanden ist, sind die Abweichungen zufällig. Dann müßten etwa die Hälfte der Differenzen positiv und die andere Hälfte negativ sein. Zur Testdurchführung eignet sich der Vorzeichen-Test. Dieser Test kann auch zum Test eines Medians oder zum Test auf Symmetrie einer Verteilung verwendet werden.

2.1 Vorzeichen-Test bei stetigen Zufallsvariablen

Wir betrachten eine stetige Zufallsvariable Y. Wegen der Stetigkeit gilt dann $P(Y = 0) = 0$. Getestet werden soll eine der Hypothesen:

a) $P(Y > 0) = \frac{1}{2}$; damit gleichwertig ist $P(Y < 0) = \frac{1}{2}$;

b) $P(Y > 0) \leq \frac{1}{2}$; damit gleichwertig ist $P(Y < 0) \geq \frac{1}{2}$;

c) $P(Y > 0) \geq \frac{1}{2}$; damit gleichwertig ist $P(Y < 0) \leq \frac{1}{2}$.

Zur Testdurchführung berechnet man aus einer unabhängigen Stichprobe

$$y = (y_1, y_2, \dots, y_n)$$

die Anzahl der positiven Stichprobenwerte. Im Falle $P(Y > 0) = P(Y < 0) = 1/2$, tritt ein Wert $y_i = 0$ nur mit Wahrscheinlichkeit 0 auf. Trotzdem kann es vor allem wegen Rundungen vorkommen, daß manche Stichprobenwerte gleich Null sind. Dann spricht man von **Bindungen**. Dieser Fall wird in Abschnitt 2.2 behandelt. Wie gehen zunächst von Stichproben ohne Bindungen aus, d.h. wir setzen voraus, daß alle n Stichprobenwerte von 0 verschieden sind. Wegen der vorausgesetzten Stetigkeit ist das mit Wahrscheinlichkeit Eins der Fall.

Die Zufallsvariable Z besitze als Realisierung die Anzahl der positiven Stichprobenwerte. Unter der Nullhypothese a) $P(Y > 0) = P(Y < 0) = 0{,}5$ ist diese Zufallsvariable binomialverteilt mit den Parametern n (Stichprobenumfang) und $p = 0{,}5$. Damit gilt

$$P(Z = k) = \binom{n}{k} \cdot \frac{1}{2^n} \quad \text{für } k = 0, 1, \dots, n.$$

Da die Testgröße Z diskret ist, kann im allgemeinen eine vorgegebene Irrtumswahrscheinlichkeit α nicht exakt eingehalten werden. Unter der Nullhypothese a) ist wegen $p = \frac{1}{2}$ die Verteilung von Z symmetrisch.

Die kritischen Grenzen werden bestimmt durch

a) $k_{\alpha/2}$ maximal mit $\frac{\alpha^*}{2} = P(Z \leq k_{\alpha/2}) = \sum_{k=0}^{k_{\alpha/2}} \binom{n}{k} \cdot \frac{1}{2^n} \leq \frac{\alpha}{2}$.

b), c) k_α maximal mit $\alpha^* = P(Z \leq k_\alpha) = \sum_{k=0}^{k_\alpha} \binom{n}{k} \cdot \frac{1}{2^n} \leq \alpha$.

Dabei gilt

$$P(Z \geq n - k_\alpha) = P(Z \leq k_\alpha) .$$

Mit der Anzahl z der positiven Stichprobenwerte erhält man zum Signifikanzniveau $\alpha^* \leq \alpha$ die

Testentscheidungen

Nullhypothese H_0	Alternative H_1	Ablehnungsbereich von H_0
a) $P(Y > 0) = \frac{1}{2}$	$P(Y > 0) \neq \frac{1}{2}$	$z \leq k_{\frac{\alpha}{2}}$ oder $z \geq n - k_{\frac{\alpha}{2}}$
b) $P(Y > 0) \leq \frac{1}{2}$	$P(Y > 0) > \frac{1}{2}$	$z \geq n - k_\alpha$
c) $P(Y > 0) \geq \frac{1}{2}$	$P(Y > 0) < \frac{1}{2}$	$z \leq k_\alpha$

z = Anzahl der positiven Stichprobenwerte; $k_{\alpha/2}$, k_α s. o.

Bei großen Stichprobenumfängen ist die Testgröße Z ungefähr normalverteilt. Wegen p = 0,5 genügt bereits n > 36. Dann kann die Binomialverteilung approximiert werden durch

$$P(Z \leq k_\alpha) \approx \Phi\left(\frac{k_\alpha + 0{,}5 - \frac{n}{2}}{0{,}5 \cdot \sqrt{n}}\right);$$

$$k_\alpha \approx \frac{n}{2} - 0{,}5 + \frac{\sqrt{n}}{2} \cdot z_\alpha .$$

2.2. Vorzeichen-Test bei beliebigen Zufallsvariablen (Bindungen)

Bei beliebigen Zufallsvariablen kann die Wahrscheinlichkeit $P(Y=0)$ von Null verschieden sein. Dann werden im Vorzeichen-Test folgende Nullhypothesen getestet:

a') $P(Y > 0) = P(Y < 0)$;

b') $P(Y > 0) \leq P(Y < 0)$;

c') $P(Y > 0) \geq P(Y < 0)$.

Besonders im Fall $P(Y=0) > 0$ werden Bindungen auftreten, also Stichprobenwerte verschwinden.

Zunächst könnte man die verschwindenden Stichprobenwerte gleichmäßig auf die positiven und negativen Werte aufteilen. Die Zuordnung kann aber auch zufällig (gleichwahrscheinlich) erfolgen, z. B durch Werfen einer Münze. Falls Wappen auftritt, wird der Wert positiv, sonst negativ gewertet.

Besser ist es jedoch, in einem solchen Fall die Werte der **Bindungen** einfach **wegzulassen** und den obigen Test mit dem reduzierten Stichprobenumfang durchzuführen. Dann bleibt der Test **konservativ**, d.h. die Irrtumswahrscheinlichkeit 1. Art wird nicht vergrößert.

Zum Nachweis, daß der Test konservativ bleibt, gehen wir allgemein von einem festen Stichprobenumfang N aus. Dabei seien m Stichprobenwerte positiv und r negativ. Damit wird der Vorzeichen-Test aus Abschnitt 2.1 mit diesen $n = m + r$ Werten ohne Bindung (reduzierte Stichprobe) durchgeführt. Wir nehmen an, die entsprechende Nullhypothese sei richtig und K der (kritische) Ablehnungsbereich des Tests. Die Zufallsvariable W beschreibe die Anzahl der von Null verschiedenen Stichprobenwerten aus der gesamten Stichprobe vom Umfang N mit

$$p_n = P(W = n)\ ;\ n = 0, 1, \ldots, N\ ;\quad \sum_{n=0}^{N} p_n = 1.$$

Für jedes n gilt dann bei richtiger Nullhypothese

$$P(Z \in K \mid W = n) \leq \alpha.$$

Aus dem Satz von der vollständigen Ereignisdisjunktion erhält man hiermit

$$P(Z \in K) = \sum_{n=0}^{N} P(Z \in K \mid W = n) \cdot p_n \leq \alpha \sum_{n=0}^{N} p_n = \alpha.$$

Damit ist gezeigt, daß die Bindungswerte weggelassen werden können, ohne daß sich die Irrtumswahrscheinlichkeit vergrößert.

2.3. Test auf zufällige Abweichungen bei verbundenen Stichproben

Beispiel: Bei 300 zufällig ausgewählten Personen wurden die Reaktionszeiten auf zwei verschiedene Reizsignale gemessen. Dabei waren bei 171 Personen die Reaktionszeiten auf das zweite Signal größer und bei 124 kleiner als auf das erste Signal. Bei den restlichen 5 Personen wurden gleiche Zeiten gemessen. Mit diesem Ergebnis soll getestet werden, ob die positiven Differenzen allgemein eine größere Wahrscheinlichkeit besitzen als die negativen Differenzen. Bei der gezogenen Stichprobe handelt es sich um eine verbundene Stichprobe (Meßwerte am gleichen Individuum).

Zur Anwendung des Vorzeichen-Tests gehen wir von einer verbundenen Stichprobe

$$(x, y) = \big((x_1, y_1), (x_2, y_2), \ldots, (x_n, y_n)\big)$$

vom Umfang n aus. Dabei sind die Stichprobenwerte x_i unabhängige Realisierungen der Zufallsvariablen X und die y_i entsprechende Realisierungen der Zufallsvariablen Y. Da es sich um eine verbundene Stichprobe handelt, sind die beiden Zufallsvariablen voneinander abhängig.

Getestet werden soll eine der drei Hypothesen

a') $P(Y - X > 0) = P(Y - X < 0)$;

b') $P(Y - X > 0) \leq P(Y - X < 0)$;

c') $P(Y - X > 0) \geq P(Y - X < 0)$.

Mit der Differenzenvariablen $D = Y - X$ kann unmittelbar der Vorzeichen-Test benutzt werden, wobei die Bindungen nach Abschnitt 2.2 einfach weggelassen werden.

Als **Testgröße** dient die Zufallsvariable Z, deren Realisierung die **Anzahl der positiven Differenzen** ist. Sie ist binomialverteilt mit $p = 0{,}5$ und $n =$ Anzahl der nichtverschwindenden Stichprobenwerte.

Beispiel: In dem obigen Beispiel soll der einseitige Test b') durchgeführt werden mit $\alpha = 0{,}01$. Mit $n = 295$ kann die Approximation durch die Normalverteilung benutzt werden mit

$$P(Z \leq k_{0,01}) \approx \Phi\left(\frac{k_{0,01} + 0{,}5 - 147{,}5}{\sqrt{73{,}75}}\right) = 0{,}01 ;$$

$$\frac{k_{0,01} - 147}{\sqrt{73{,}75}} = -2{,}326 ; \quad k_{0,01} = 127; \quad n - k_{0,01} = 168.$$

Da die Anzahl der positiven Differenzen 171 die kritische Grenz $n - k_{0,01} = 168$ überschreitet, kommt man zur Testentscheidung: Die Wahrscheinlichkeit für eine positive Differenz ist größer als die für eine negative Differenz.

3. Der Mann-Withney-U Test

Die Zufallsvariablen X und Y sollen die beiden unbekannten Verteilungsfunktion $F(x) = P(X \leq x)$ und $G(y) = P(Y \leq y)$ besitzen. Wie beim Kolmogorow-Smirnow-Zweistichproben-Test (s. Kap. VII Abschnitt 7.4) werden mit dem Mann-Withney-Test folgende Hypothesen getestet:

a) $H_0 : F(z) = G(z)$ für alle z ;

$H_1 : F(z) \neq G(z)$ für mindestens ein z (zweiseitig);

b) $H_0 : F(z) \leq G(z)$ für alle z ;

$H_1 : F(z) > G(z)$ für mindestens ein z (einseitig);

c) $H_0 : F(z) \geq G(z)$ für alle z ;

$H_1 : F(z) < G(z)$ für mindestens ein z (zweiseitig).

Bei den beiden einseitigen Tests besteht wie beim Kolmogorow-Smirnow-Test die Gefahr, daß die richtige Alternative sehr oft nicht erkannt wird. Dann kann die Irrtumswahrscheinlichkeit 2. Art sehr groß werden. Aus diesem Grund ist es sinnvoll, nicht mehr alle Alternativen zuzulassen, sondern nur noch folgende

b') $H_1 : F(z) \geq G(z)$ für alle z ;

$F(z) > G(z)$ für mindestens ein z

(X ist stochastisch kleiner als Y) ;

c') $H_1 : F(z) \leq G(z)$ für alle z ;

$F(z) < G(z)$ für mindestens ein z

(X ist stochastisch größer als Y) .

Bei den Alternativen b') und c') wird vorausgesetzt, daß sich die beiden Verteilungsfunktionen F und G nicht schneiden (durchdringen), wobei Berührungen zulässig sind. Aus diesem Grund werden wir uns nur auf die beiden Alternativen b') und c') beschränken.

Zur Testdurchführung benutzt man zwei unabhängige Stichproben vom Umfang n_1 und n_2

$$(x_1, x_2, \dots, x_{n_1}) ; \quad (y_1, y_2, \dots, y_{n_2}) .$$

Dabei sind die Werte x_i unabhängige Realisierungen der Zufallsvariablen X_i mit der Verteilungsfunktion F und die Werte y_i unabhängige Realisierungen der Zufallsvariablen Y mit der Verteilungsfunktion G.

Zur Berechnung der Testgröße werden die beiden Stichproben zu einer einzigen Stichprobe vom Umfang $n = n_1 + n_2$ zusammengesetzt und der Größe nach geordnet.

3.1. Stichproben ohne Bindungen

Falls beide Verteilungsfunktionen F und G stetig sind, treten mit Wahrscheinlichkeit Eins keine Bindungen auf, d. h. keine x- und y-Werte stimmen überein. Bindungen sind dann im wesentlichen auf das Runden zurückzuführen und werden in Abschnitt 3.2 behandelt. In diesem Abschnitt sei also

$$P(X = Y) = 0$$

vorausgesetzt. Dann treten mit Wahrscheinlichkeit Eins keine Bindungen zwischen den x- und y-Werten auf. Dabei dürfen x-Werte und y-Werte untereinander gleich sein.

Als Testgröße wählt man

$$U_{n_1;n_2} = \sum_{i=1}^{n_1} \sum_{j=1}^{n_2} D_{ij} \quad \text{mit} \quad D_{ij} = \begin{cases} 1 & \text{für } Y_j < X_i, \quad i = 1,2,\dots,n_1; \\ 0 & \text{für } Y_j > X_i, \quad j = 1,2,\dots,n_2. \end{cases}$$

Die Testgröße $U_{n_1;n_2}$ gibt an, wie oft insgesamt x-Werte auf y-Werte folgen.

Beispiel: In der geordneten Stichprobe x y y x x x x y y x x folgen auf die ersten beide y-Werte jeweils 6 x-Werte und auf die letzten beiden y-Werte zwei x-Werte. Daher besitzt diese Stichprobe die Testgröße

$$u_{4;7} = 6 + 6 + 2 + 2 = 16.$$

Falls die Nullhypothese a) H_0: $F(z) = G(z)$ für alle z richtig ist, gilt

$$E(D_{ij}) = P(D_{ij} = 1) = \frac{1}{2}.$$

$$\mathrm{Var}(D_{ij}) = E(D_{ij}^2) - [E(D_{ij})]^2 = \frac{1}{4}.$$

Der Wertebereich der Zufallsvariablen $U_{n_1;n_2}$ ist $\{0, 1, 2, \dots, n_1 \cdot n_2\}$. Unter der Nullhypothese a) gilt dabei

$$E(U_{n_1;n_2}) = \frac{n_1 \cdot n_2}{2}.$$

Die Zufallsvariablen D_{ij} sind nicht unabhängig. Mit der Testgröße des **Wilcoxon-Rangsummentests** aus Abschnitt 8 gilt allgemein die Beziehung

$$\boxed{W^{(1)}_{n_1;n_2} = U_{n_1;n_2} + \frac{n_1 \cdot (n_1 + 1)}{2}.}$$

Damit können die Quantile für den U-Test aus denen des Wilcoxon-Rangsummentests berechnet werden und umgekehrt. In Abschnitt 8 ist ein Beispiel zur Berechnung der Quantile angegeben. Damit besitzen beide Testgrößen die gleiche Varianz (vgl. Abschnitt 8)

$$\operatorname{Var}(U_{n_1;n_2}) = \operatorname{Var}(W^{(1)}_{n_1;n_2}) = \frac{n_1 \cdot n_2 \cdot (n_1 + n_2 + 1)}{12}.$$

Unter der Nullhypothese a) ist die Verteilung der Zufallsvariablen $U_{n_1;n_2}$ **symmetrisch** mit

$$P(U_{n_1;n_2} = k) = P(U_{n_1;n_2} = n_1 \cdot n_2 - k).$$

Aus den $n_1 + n_2$ Plätzen für alle Stichprobenwerte können zur Belegung mit x-Werten n_1 Plätze auf $\binom{n_1+n_2}{n_1}$ verschiedene Arten ausgewählt werden. Zur Berechnung der einzelnen Wahrscheinlichkeiten muß daher nur die Anzahl der k günstigen Fälle $r_{n_1;n_2}(k)$ bestimmt werden mit

$$P(U_{n_1;n_2} = k) = \frac{r_{n_1;n_2}(k)}{\binom{n_1+n_2}{n_1}}.$$

Dabei gilt allgemein die **Rekursionsformel**

$$r_{n_1;n_2}(k) = r_{n_1;n_2-1}(k) + r_{n_1-1;n_2}(k - n_1 - n_2).$$

Zur praktischen Rechnung nutzt man die Symmetrie aus und

$r_{i;j}(0) = 1$; $r_{i;j}(u) = 0$ für $u < 0$; $r_{0;j}(k) = r_{i;0}(k) = 0$ für $k \neq 0$.

Mit der Realisierung $u_{n_1;n_2}$ und den kritischen Grenzen

$$u_{n_1;n_2;\alpha/2} \quad \text{maximal mit} \quad \frac{\alpha^*}{2} = P\left(U_{n_1;n_2} \leq u_{n_1;n_2;\alpha/2}\right) \leq \frac{\alpha}{2}$$

$$u_{n_1;n_2;\alpha} \quad \text{maximal mit} \quad \alpha^* = P\left(U_{n_1;n_2} \leq u_{n_1;n_2;\alpha}\right) \leq \alpha$$

erhält man zum Signifikanzniveau $\alpha^* \leq \alpha$ die

Testentscheidungen

Nullhypothese H_0	Alternative H_1	Ablehnungsbereich von H_0
a) $F(z) = G(z)$	$F(z) \neq G(z)$	$u_{n_1;n_2} \leq u_{n_1;n_2;\alpha/2}$ oder $\geq n_1 \cdot n_2 - u_{n_1;n_2;\alpha/2}$
b') $F(z) \leq G(z)$	$F(z) \geq G(z)$ und $F(z) > G(z)$ für mindestens ein z	$u_{n_1;n_2} \leq u_{n_1;n_2;\alpha}$
c') $F(z) \geq G(z)$	$F(z) \leq G z)$ und $F(z) < G(z)$ für mindestens ein z	$u_{n_1;n_2} \geq n_1 \cdot n_2 - u_{n_1;n_2;\alpha}$

Asymptotische Verteilung von $U_{n_1;n_2}$

Nach Pfanzagl, J. [1974] kann bereits ab n_1, $n_2 \geq 4$ und $n_1 + n_2 \geq 30$ die Normalverteilungsapproximation benutzt werden. Dann ist die Testgröße

$$Z = \frac{U_{n_1;n_2} - \frac{n_1 \cdot n_2}{2}}{\sqrt{\frac{n_1 \cdot n_2 \cdot (n_1 + n_2 + 1)}{12}}}$$

ungefähr N(0 ; 1)-verteilt.

3.2. Stichproben mit Bindungen

Im Falle $P(X = Y) > 0$ werden öfters x- und y-Werte übereinstimmen. Dann ist für $X_i = Y_j$ die Zufallsvariable D_{ij} nicht definiert. Falls nur x-Werte bzw. y-Werte gleich sind, ist die Testgröße erklärt. Einen konservativen Test erhält man dadurch, daß für sämtliche Bindungen alle Kombinationsmöglichkeiten der gleichen x- und y-Werte berechnet und daraus jeweils der größte resultierende Wert k' zur Entscheidung genommen wird. Falls jedoch viele Bindungen auftreten, benutzt man besser die Testgröße

$$U^B_{n_1;n_2} = \sum_{i=1}^{n_1} \sum_{j=1}^{n_2} D_{ij} \quad \text{mit } D_{ij} = \begin{cases} 1 & \text{für } X_i > Y_j\,, \\ 0 & \text{für } X_i = Y_j\,, \\ -1 & \text{für } X_i > Y_j\,. \end{cases}$$

Mit

$$\pi^+ = P(X > Y) \text{ und } \pi^- = P(X < Y)$$

besitzt diese Testgröße den Erwartungswert

$$E(U^B_{n_1;n_2}) = n_1 n_2 (\pi^+ - \pi^-).$$

Unter der Nullhypothese a) verschwindet der Erwartungswert

$$E(U^B_{n_1;n_2} | H_0) = 0 .$$

Falls zwischen den x- und y-Werten m Bindungsgruppen mit jeweils b_j gleichen Elementen bestehen, lautet die Varianz nach Noether, G. E. [1967]

$$\mathrm{Var}(U^B_{n_1;n_2} | H_0) = \frac{n_1 n_2 n}{3} \cdot \left(1 - \frac{\sum\limits_{j=1}^{m} (b_j^3 - b_j)}{n \cdot (n^2 - 1)}\right); \; n = n_1 + n_2.$$

Damit ist die Zufallsvariable

$$Z = \frac{U^B_{n_1;n_2}}{\sqrt{\frac{n_1 n_2 n}{3} \cdot \left(1 - \frac{\sum\limits_{j=1}^{m} (b_j^3 - b_j)}{n \cdot (n^2 - 1)}\right)}}$$

unter der Nullhypothese a) asymptotisch N (0 ; 1)-verteilt.

4. Ranggrößen (Order statistics)

Bei vielen nichtparametrischen Methoden müssen die Werte der Stichprobe der Größe nach geordnet werden. Diese Methode wurde bereits bei der Bestimmung des Medians und von Quantilen sowie bei der Berechnung der empirischen Verteilungsfunktion benutzt.

4.1. Die Rangzahlen einer Stichprobe

Gegeben sei eine Stichprobe

$$x = (x_1, x_2, \dots, x_n)$$

eines quantitativen Merkmals. Die Werte der Stichprobe werden der Größe nach (aufsteigend) geordnet in der Rangfolge

$$x_{(1)} \leq x_{(2)} \leq x_{(3)} \leq \dots \leq x_{(n)} .$$

$x_{(1)}$ ist dabei der kleinste und $x_{(n)}$ der größte Stichprobenwert. Falls alle n Stichprobenwerte voneinander verschieden sind, ist die Anordnung eindeutig. Dies ist in der Regel der Fall, wenn die Stichprobenwerte Realisierungen stetiger Zufallsvariabler sind. Dann ist die Wahrscheinlichkeit für identische Werte gleich Null. Durch Runden können allerdings auch hier gleiche Werte entstehen. Falls in der Stichprobe gleiche Werte vorkommen, ist die Anordnungsreihenfolge nicht mehr eindeutig.

Beispiel: Die Stichprobe

Nummer i	1	2	3	4	5	6	7	8	9
x_i	12	24	36	10	26	15	8	35	19

geht über in die geordnete Stichprobe

$x_{(1)}$	$x_{(2)}$	$x_{(3)}$	$x_{(4)}$	$x_{(5)}$	$x_{(6)}$	$x_{(7)}$	$x_{(8)}$	$x_{(9)}$
8	10	12	15	19	24	26	35	36

Bei Zufallsstichproben sind die geordneten Stichprobenwerte

$$x_{(1)}, x_{(2)}, x_{(3)}, \dots, x_{(n)}$$

Realisierungen der sog.

Ordnungsstatistiken $X_{(1)}, X_{(2)}, X_{(3)}, \dots, X_{(n)}$.

Jedem Stichprobenwert x_i wird als **Rang** $r_i = R(x_i)$ die Platznummer von x_i in der geordneten Stichprobe zugewiesen. Falls alle n Stichprobenwerte verschieden sind, ist diese Rangzuordnung eindeutig. Treten mehrere gleichgroße Stichprobenwerte auf, so spricht man von **Bindungen**. Dann ist die Rangzuweisung nicht mehr eindeutig. In einem solchen Fall bildet man das arithmetische Mittel aller für die gleiche Bindungsgruppe zu vergebenden Rangzahlen. Dieser **Durchschnittsrang** wird dann jedem Element der Gruppe als Rangzahl zugeordnet. Für die Summe aller Ränge gilt auch bei Durchschnittsrängen

$$\sum_{i=1}^{n} r_i = 1+2+3+\dots+n = \sum_{i=1}^{n} i = \frac{n\,(n+1)}{2} .$$

Beispiel: In der nachfolgenden Stichprobe gehören zu den beiden gleichen Werten $x_4 = x_8 = 2$ die Ränge 2 und 3. Daher erhält jeder der beiden Werte den Durchschnittsrang $\frac{2+3}{2} = 2{,}5$. Die Stichprobenwerte $x_2 = x_5 = 3$ erhalten den Durchschnittsrang $\frac{4+5}{2} = 4{,}5$. Der Durchschnittsrang für $x_6 = x_7 = x_{10} = 6$ ist $\frac{8+9+10}{3} = 9$.

x_i	4	3	5	2	3	6	6	1	2	6
r_i	6	4,5	7	2,5	4,5	9	9	1	2,5	9

Bei Zufallsstichproben sind die Rangzahlen

$r_1 = R(x_1)$; $r_2 = R(x_2)$; .... ; $r_n = R(x_n)$ Realisierungen der sog.

Rangstatistiken $R_1 = R(X_1)$; $R_2 = R(X_2)$; .... ; $R_n = R(X_n)$.

4.2. Verteilungen der Rangstatistiken im stetigen Fall

In diesem Abschnitt sei allgemein vorausgesetzt, daß die Werte der Ausgangsstichprobe $x = (x_1, x_2, \dots, x_n)$ unabhängige Realisierungen einer stetigen Zufallsvariablen mit der (stetigen) Verteilungsfunktion F sind. Dann treten mit Wahrscheinlichkeit Eins keine Bindungen auf, d.h. mit Wahrscheinlichkeit Eins sind alle Rangzahlen ganzzahlig. Die Rangzahl r_i ist die Anzahl der Stichprobenwerte, die nicht größer als x_i sind. R_i ist eine diskrete Zufallsvariable mit dem Wertevorrat $W(R_i) = \{1, 2, \dots, n\}$. Wegen

$$\sum_{i=1}^{n} R_i = 1+2+3+\dots+n = \frac{n(n+1)}{2}$$

sind die Zufallsvariablen R_i der Rangzahlen voneinander abhängig. Aus Symmetriegründen (ein Beweis ist bei Hajek, J. [1969] zu finden) gilt für jede Permutation $k_1, k_2, \dots, k_n$ der Zahlen $1, 2, \dots, n$

$$P(R_1 = k_1, R_2 = k_2, \dots, R_n = k_n) = \frac{1}{n!}.$$

Die Wahrscheinlichkeit $P(R_i = k)$ erhält man durch Summation der Wahrscheinlichkeiten aller Permutationen mit $k_i = k$. Da es ingesamt $(n-1)!$ verschiedene solche Permutationen mit $k_i = k$ gibt, folgt

$$P(R_i = k) = \frac{(n-1)!}{n!} = \frac{1}{n} \quad \text{für } k = 1, 2, \dots, n.$$

Jede der n Zufallsvariablen R_i ist somit gleichverteilt auf $\{1, 2, \ldots, n\}$. Nach Kap. III Abschnitt 7.1 gilt

$$E(R_i) = \frac{n+1}{2}; \quad Var(R_i) = \frac{n^2-1}{12} \quad \text{für } i = 1, 2, \ldots, n.$$

Nach Büning, H.; Trenkler, G. [1978] besitzen die Zufallsvariablen der Rangzahlen die Kovarianz und den Korrelationskoeffizienten

$$Cov(R_i, R_j) = -\frac{n+1}{12}; \quad \rho(R_i, R_j) = -\frac{1}{n-1} \quad \text{für } i \neq j.$$

Zusammenfassung:

> Für die Zufallsvariablen R_i der Rangzahlen gilt bei stetigen Verteilungen:
>
> $$P(R_1 = k_1, R_2 = k_2, \ldots, R_n = k_n) = \frac{1}{n!}$$
>
> für jede Permutation $k_1, k_2, \ldots, k_n$ der Zahlen $1, 2, \ldots, n$;
>
> $$P(R_i = k) = \frac{1}{n} \quad \text{für } k = 1, 2, \ldots, n;$$
>
> $$E(R_i) = \frac{n+1}{2}; \quad Var(R_i) = \frac{n^2-1}{12} \quad \text{für } i = 1, 2, \ldots, n;$$
>
> Kovarianz: $Cov(R_i, R_j) = -\frac{n+1}{12}$;
>
> Korrelationskoeffizient: $\rho(R_i, R_j) = -\frac{1}{n-1}$ für $i \neq j$.

Lineare Rangstatistiken

Bei vielen Testproblemen benutzt man lineare Rangstatistiken der Gestalt

$$T = \sum_{i=1}^{n} c_i \cdot R_i \quad \text{mit reellen Zahlen } c_i.$$

Mit den obigen Ergebnissen erhält man

$$E(T) = \sum_{i=1}^{n} c_i \cdot E(R_i) = \frac{n+1}{2} \cdot \sum_{i=1}^{n} c_i.$$

$$Var(T) = Var\Big(\sum_{i=1}^{n} c_i \cdot R_i\Big) = \sum_{i=1}^{n} c_i^2 \cdot Var(R_i) + \sum_{i \neq j} c_i c_j Cov(R_i, R_j)$$

$$= \frac{n^2-1}{12} \cdot \sum_{i=1}^{n} c_i^2 - \frac{n+1}{12} \cdot \sum_{i \neq j} c_i c_j$$

$$= \frac{n^2-1}{12} \cdot \sum_{i=1}^{n} c_i^2 - \frac{n+1}{12} \cdot \left[\left(\sum_{i=1}^{n} c_i \right)^2 - \sum_{i=1}^{n} c_i^2 \right]$$

$$= \frac{(n-1)(n+1)}{12} \cdot \sum_{i=1}^{n} c_i^2 + \frac{n+1}{12} \cdot \sum_{i=1}^{n} c_i^2 - \frac{n+1}{12} \cdot n^2 \cdot \bar{c}^2$$

$$= \frac{n(n+1)}{12} \cdot \left[\sum_{i=1}^{n} c_i^2 - n\,\bar{c}^2 \right] \qquad \text{mit } \bar{c} = \frac{1}{n} \sum_{i=1}^{n} c_i \,.$$

Zusammenfassung:

> Für die lineare Rangstatistik $T = \sum_{i=1}^{n} c_i \cdot R_i$, $c_i \in \mathbb{R}$ gilt
>
> $$E(T) = \sum_{i=1}^{n} c_i \cdot E(R_i) = \frac{n+1}{2} \cdot \sum_{i=1}^{n} c_i = \frac{n(n+1)\bar{c}}{2} \,;$$
>
> $$\operatorname{Var}(T) = \frac{n(n+1)}{12} \cdot \left[\sum_{i=1}^{n} c_i^2 - n\,\bar{c}^2 \right] \qquad \text{mit } \bar{c} = \frac{1}{n} \sum_{i=1}^{n} c_i \,.$$

4.3. Verteilungen der Ordnungsstatistiken im stetigen Fall

In diesem Abschnitt sei vorausgesetzt, daß die Grundgesamtheit stetig verteilt ist mit der Verteilungsfunktion F und der Dichte f. Die Stichprobenwerte x_i seien unabhängige Realisierungen der Zufallsvariablen Y mit dieser Dichte f. Wegen der Stetigkeit gilt für die Ordnungsstatistiken mit Wahrscheinlichkeit Eins

$$X_{(1)} < X_{(2)} < X_{(3)} < \ldots\ldots < X_{(n)} \,.$$

4.3.1. Dichten der einzelnen Ordnungsstatistiken

Für die k-te Ordnungsstatistik $X_{(k)}$ tritt das Ereignis $(X_{(k)} \le z)$ genau dann ein, wenn von den n Stichprobenwerten der Ausgangsstichprobe mindestens k nicht größer als z sind. Jeder einzelne Stichprobenwert ist mit Wahrscheinlichkeit $F(z)$ nicht größer als z. Die Zufallsvariable, deren Realisierungen die Anzahl der Stichprobenwerte x_i mit $x_i \le z$ sind, ist binomialverteilt mit den Parametern n und $p = F(z)$. Damit gilt

$$P(X_{(k)} \leq z) = \sum_{i=k}^{n} \binom{n}{i} \cdot [F(z)]^{i} \cdot [1-F(z)]^{n-i} \qquad \text{für } k = 1, 2, \dots, n.$$

Differentiation nach z ergibt die Dichte

$$f_{(k)}(z) = \frac{d}{dz} \sum_{i=k}^{n} \binom{n}{i} \cdot [F(z)]^{i} \cdot [1-F(z)]^{n-i}$$

$$= \sum_{i=k}^{n} i \cdot \binom{n}{i} \cdot [F(z)]^{i-1} \cdot [1-F(z)]^{n-i} \cdot f(z)$$

$$- \sum_{i=k}^{n} (n-i) \cdot \binom{n}{i} \cdot [F(z)]^{i} \cdot [1-F(z)]^{n-i-1} \cdot f(z).$$

Wegen $(n-i) \cdot \binom{n}{i} = (i+1) \cdot \binom{n}{i+1}$ geht die zweite Summe mit $i+1 = j$ über in

$$\sum_{i=k}^{n} (i+1) \cdot \binom{n}{i+1} \cdot [F(z)]^{i} \cdot [1-F(z)]^{n-i-1} \cdot f(z)$$

$$= \sum_{j=k+1}^{n} j \cdot \binom{n}{j} \cdot [F(z)]^{j-1} \cdot [1-F(z)]^{n-j} \cdot f(z)$$

$$= \sum_{i=k+1}^{n} i \binom{n}{i} \cdot [F(z)]^{i-1} \cdot [1-F(z)]^{n-i} \cdot f(z) .$$

Subtraktion ergibt die

Dichte der Ordnungsstatistik $X_{(k)}$:

$$f_{(k)}(z) = k \cdot \binom{n}{k} \cdot [F(z)]^{k-1} \cdot [1-F(z)]^{n-k} \cdot f(z) ;$$

$$f_{(1)}(z) = n \cdot [1-F(z)]^{n-1} \cdot f(z) \qquad (k=1) ;$$

$$f_{(n)}(z) = n \cdot [F(z)]^{n-1} \cdot f(z) \qquad (k=n) .$$

4.3.2. Momente der Ordnungsstatistiken einer in [0,1] gleichmäßig verteilten Zufallsvariablen

Nach Gibbons, J. D. [1971] gilt für eine in [0, 1] gleichmäßig verteilte Grundgesamtheit

$$E(X_{(k)}) = \frac{k}{n+1} \; ; \; \operatorname{Var}(X_{(k)}) = \frac{k(n-k+1)}{(n+1)^2(n+2)}, \; k = 1, 2, \ldots, n;$$

$$E\left(X_{(k)} \cdot X_{(m)}\right) = \frac{k(m+1)}{(n+1)(n+2)} \quad \text{für } k < m \; ;$$

Kovarianzen:

$$\operatorname{Cov}\left(X_{(k)}, X_{(m)}\right) = \frac{k(n-m+1)}{(n+1)^2(n+2)} \quad \text{für } k < m \; ;$$

Korrelationskoeffizienten:

$$\rho\left(X_{(k)}, X_{(m)}\right) = \sqrt{\frac{k(n-m+1)}{m(n-k+1)}} \quad \text{für } k < m \; ;$$

$$\rho\left(X_{(1)}, X_{(n)}\right) = \frac{1}{n} \quad (k = 1; m = n) \, .$$

4.3.3. Asymptotische Approximation der Erwartungswerte und Varianzen der Ordnungsstatistiken

Die Erwartungswerte und Momente der Ordnungsstatistiken hängen von der speziellen Verteilungsfunktion F ab. Für große Stichprobenumfänge n gelten nach Gibbons, J. D. [1971] im stetigen Fall die Näherungen

$$E\left(X_{(k)}\right) \approx F^{-1}\left(\frac{k}{n+1}\right);$$

$$\operatorname{Var}\left(X_{(k)}\right) \approx \frac{k(n-k+1)}{(n+1)^2(n+2)}\left[f\left(F^{-1}\left(\frac{k}{n+1}\right)\right)\right]^{-2}.$$

Dabei ist F^{-1} die Umkehrfunktion der Verteilungsfunktion mit

$$x = F^{-1}(y) \;\Leftrightarrow\; y = F(x).$$

4.3.4. Konvergenz der Ordnungsstatistiken

Für $0 < q < 1$ sei ξ_q das q-Quantil der stetigen Verteilungsfunktion F mit $F(\xi_q) = q$. Die Dichte f sei an der Stelle ξ_q mit $F(\xi_q) = q$ stetig und positiv. Dann ist die Verteilungsfunktion F an der Stelle ξ_q streng monoton wachsend und das Quantil ξ_q eindeutig bestimmt. Es sei $k = [nq] + 1$, wobei $[nq]$ der ganzzahlige Anteil von nq ist.

4.3.4.1. Stochastische Konvergenz der Ordnungsstatistiken

Nach Fisz, M. [1970] konvergiert unter der obigen Voraussetzung die Folge der Ordnungsstatistiken $X_{([n\,q]+1)}$ für n gegen unendlich stochastisch gegen das Quantil ξ_q.

Für jedes $\varepsilon > 0$ gilt daher

$$\lim_{n\to\infty} P\left(\left|X_{([n\,q]+1)} - \xi_q\right| \ge \varepsilon\right) = 0.$$

4.3.4.2. Asymptotische Verteilung der Ordnungsstatistiken

Die Dichte f sei an der Stelle ξ_q mit $F(\xi_q) = q$ stetig und positiv. Damit ist das q-Quantil ξ_q eindeutig bestimmt. Mit den obigen Bezeichnungen betrachten wir die Folge der Zufallsvariablen

$$Y_{[n\,q]+1} = \sqrt{\frac{n}{q(1-q)}} \cdot f(\xi_q) \cdot \left(X_{([n\,q]+1)} - \xi_q \right).$$

Dann konvergiert nach Fisz, M. [1971] für $n\to\infty$ die Folge der Verteilungsfunktionen der Zufallsvariablen $Y_{[n\,q]+1}$ gegen die Verteilungsfunktion der Standard-Normalverteilung. Für jedes y gilt daher

$$\lim_{n\to\infty} P\left(Y_{([n\,q]+1)} \le y\right) = \Phi(y) = \frac{1}{\sqrt{2\pi}} \int_{-\infty}^{y} e^{-\frac{u^2}{2}} du.$$

Nach diesem Grenzwertsatz ist für große n die Ordnungsstatistik $X_{([n\,q]+1)}$ näherungsweise normalverteilt mit dem

$$\text{Erwartungswert } E\left(X_{([n\,q]+1)}\right) \approx \xi_q$$

und der Varianz

$$\operatorname{Var}\left(X_{([n\,q]+1)}\right) \approx \frac{q(1-q)}{n} \cdot \frac{1}{[f(\xi_q)]^2},$$

also asymptotisch

$$N\left(\xi_q\,;\ \frac{q(1-q)}{n} \cdot \frac{1}{[f(\xi_q)]^2}\right)\text{- verteilt.}$$

Hieraus und aus der in Abschnitt 4.3.4.1 angegebenen stochastischen Konvergenz folgt

$$\lim_{n\to\infty} E\left(X_{([n\,q]+1)}\right) = \xi_q\,; \quad \lim_{n\to\infty} \operatorname{Var}\left(X_{([n\,q]+1)}\right) = 0.$$

Für $f(\xi_q) > 0$ ist daher die Ordnungsstatistik $X_{([n\,q]+1)}$ an der Stetigkeitsstelle ξ_q eine **asymptotisch erwartungstreue** und **konsistente Schätzfunktion** für das **q-Quantil** ξ_q.

4.3.5. Gemeinsame Dichte von Ordnungsstatistiken

Nach Gibbons, J. D. [1971] besitzen im stetigen Fall alle n Ordnungsstatistiken $X_{(1)}, X_{(2)}, X_{(3)}, \ldots, X_{(n)}$ die

gemeinsame Dichte

$$f(z_1, z_2, \ldots, z_n) = \begin{cases} n! \cdot f(z_1) \cdot f(z_2) \cdot \ldots \cdot f(z_n) & \text{für } z_1 < z_2 < \ldots < z_n ; \\ 0 & \text{sonst.} \end{cases}$$

Daraus können durch Integration weitere gemeinsame Dichten berechnet werden. Die Dichte der beiden Ordnungsstatistiken $X_{(k)}$ und $X_{(m)}$, $k < m$ lautet

$$f_{X_{(k)}X_{(m)}}(z_k, z_m) =$$

$$= \begin{cases} \frac{n!}{(k-1)!(m-k-1)!(n-m)!} [F(z_k)]^{k-1} \cdot [F(z_m) - F(z_k)]^{m-k-1} \cdot \\ \qquad \cdot [1 - F(z_k)]^{n-m} \cdot f(z_k) \cdot f(z_m) \quad \text{für } z_k < z_m ; \\ 0 \qquad \text{sonst} . \end{cases}$$

4.3.6. Die Verteilung der Spannweite

Die Spannweite ist definiert als Differenz des größten und des kleinsten Stichprobenwertes. Sie ist Realisierung der Zufallsvariablen

$$D = X_{(n)} - X_{(1)}.$$

Mit $k = 1$ und $m = n$ erhält man aus Abschnitt 4.3.5 die gemeinsame Dichte der beiden äußeren Ordnungsstatistiken in der Form

$$f_{X_{(1)}X_{(n)}}(z_1, z_n) = \begin{cases} n(n-1)[F(z_n) - F(z_1)]^{n-2} \cdot f(z_1) \cdot f(z_n) & \text{für } z_1 < z_n; \\ 0 & \text{sonst.} \end{cases}$$

Nach Kap. IV Abschnitt 2.5.5 besitzt die Spannweite $D = X_{(n)} - X_{(1)}$ die Dichte

$$h(y) = \int_{-\infty}^{\infty} f_{X_{(1)}X_{(n)}}(x - y, x)\, dx$$

$$= n(n-1) \int_{-\infty}^{\infty} [F(x) - F(x-y)]^{n-2} f(x-y) f(x)\, dx .$$

5. Vorzeichen-Rangtest (Symmetrie-Test) nach Wilcoxon

Im gewöhnlichen Vorzeichen-Test in Abschnitt 2 wird nur

$$P(Y > 0) = P(Y < 0)$$

getestet, also die Hypothese, daß positive und negative Werte gleichwahrscheinlich sind. Über die Verteilung der beiden Bereiche wird dabei keine Aussage gemacht. Falls die Hypothese richtig ist, könnten ja die positiven Werte sehr groß und die negativen betragsmäßig sehr klein sein, so daß keine Symmetrie entsteht. In diesem Abschnitt sollen die positiven und negativen Werte auf Symmetrie untersucht werden.

Die Verteilung einer Zufallsvariablen X ist genau dann symmetrisch zum Punkt θ_0, falls gilt

$$P(X \leq \theta_0 - x) = P(X \geq \theta_0 + x) \text{ für alle } x.$$

Im diskreten Fall ist das Stabdiagramm symmetrisch zum Punkt $x = \theta_0$, im stetigen Fall ist die Dichte symmetrisch zu θ_0 mit $f(\theta_0 - x) = f(\theta_0 + x)$.

Getestet werden soll die Nullhypothese

$$H_0: \text{ die Verteilung ist symmetrisch zum Punkt } \theta_0 .$$

Die Symmetrie-Stelle θ_0 ist gleichzeitig der Median $\tilde{\mu}$, also $\theta_0 = \tilde{\mu}$. Falls der Erwartungswert existiert, stimmt auch er mit der Symmetrie-Stelle θ_0 überein.

Bei einer symmetrischen Verteilung mit der Symmetrie-Stelle θ_0 ist die Zufallsvariable $Y = X - \theta_0$ symmetrisch um 0 verteilt. Dann besitzen die beiden Zufallsvariablen Y und $-Y$ die gleiche Verteilung.

Aus einer Stichprobe $x = (x_1, x_2, \ldots, x_n)$ berechnet man die transformierte Stichprobe

$$y = x - \theta_0 = (x_1 - \theta_0, x_2 - \theta_0, \ldots, x_n - \theta_0) = (y_1, y_2, \ldots, y_n).$$

Falls die Nullhypothese H_0 richtig ist, werden sich die positiven und negativen Differenzen "ähnlich verhalten".

5.1. Der Vorzeichen-Rangtest ohne Bindungen

In diesem Abschnitt wird vorausgesetzt, daß die Zufallsvariable X stetig ist. Dann gilt für die Symmetrie-Stelle θ_0 (= Median) wegen $P(X = \theta_0) = 0$

$$P(X < \theta_0) = P(X > \theta_0) = \tfrac{1}{2}.$$

Somit sind in der transformierten Stichprobe y mit Wahrscheinlichkeit Eins alle n Werte voneinander und von Null verschieden (keine Bindungen). Falls Bindungen auftreten, wird der Test in Abschnitt 5.2 behandelt.

Die nach Wilcoxon benannte Testgröße wird folgendermaßen berechnet:

1) Zunächst werden für die Beträge $|y_i| = |x_i - \theta_0|$ der transformierten Stichprobe die Rangzahlen bestimmt.

2) Der Stichprobenwert y_i besitze in dieser Anordnung den Rang r_i.

Als Testgröße w_n^+ wird die Summe der Ränge der positiven y-Werte bestimmt. Sie lautet

$$w_n^+ = \sum_{i=1}^{n} c_i \cdot r_i \quad \text{mit} \quad c_i = \begin{cases} 1, \text{ falls } y_i > 0; \\ 0, \text{ falls } y_i < 0. \end{cases}$$

Als Testgröße könnte auch die Summe der Ränge der negativen y-Werte w_n^- berechnet werden mit

$$w_n^- = \sum_{i=1}^{n} (1 - c_i) \cdot r_i \quad \text{mit} \quad c_i = \begin{cases} 1, \text{ falls } y_i > 0; \\ 0, \text{ falls } y_i < 0. \end{cases}$$

Da die Summe aller Ränge gleich $\frac{n(n+1)}{2}$ ist, gilt

$$w_n^+ + w_n^- = \frac{n(n+1)}{2}.$$

w_n^+ bzw. w_n^- sind Realisierungen der Zufallsvariablen W_n^+ bzw. W_n^-. Falls die Nullhypothese der Symmetrie der Verteilung zur Stelle θ_0 richtig ist, besitzen beide Zufallsvariablen die gleiche Verteilung und somit auch den gleichen Erwartungswert. Aus

$$W_n^+ + W_n^- = \frac{n(n+1)}{2}$$

folgt

$$E(W_n^+) = E(W_n^-) = \frac{n(n+1)}{4}, \text{ falls } H_0 \text{ richtig ist.}$$

Die Testgröße kann dargestellt werden in der Form

$$W_n^+ = \sum_{i=1}^{n} i \cdot Z_i \quad \text{mit } Z_i = \begin{cases} 1, \text{ falls } Y_i > 0; \\ 0, \text{ falls } Y_i < 0. \end{cases}$$

Unter der Nullhypothese H_0 gilt

$$E(Z_i) = E(Z_i^2) = P(Z_i > 0) = \frac{1}{2}; \quad Var(Z_i) = \frac{1}{4}.$$

Aus der Unabhängigkeit der Zufallsvariablen Z_i folgt unter der Nullhypothese

$$E(W_n^+ | H_0) = \sum_{i=1}^{n} i \cdot \frac{1}{2} = \frac{n(n+1)}{4};$$

$$Var(W_n^+ | H_0) = \sum_{i=1}^{n} i^2 \cdot \frac{1}{4} = \frac{n(n+1)(2n+1)}{24}.$$

Die Verteilung der Testgröße W_n^+

Die Testgröße W_n^+ hat den Wertevorrat $\{0, 1, 2, \ldots, \frac{n(n+1)}{2}\}$. Die Realisierung 0 tritt ein, wenn alle n Stichprobenwerte y_i negativ sind. Sind sämtliche Stichprobenwerte y_i positiv, so ist die Realisierung gleich $\frac{n(n+1)}{2}$.

Unter der Nullhypothese H_0 ist W_n^+ **symmetrisch verteilt** um den Erwartungswert $\frac{n(n+1)}{4}$.

Die Wahrscheinlichkeiten $P(W_n^+ = k)$ können durch folgende kombinatorische Überlegung bestimmt werden:

Falls die i-te Rangzahl r_i durch einen positiven Stichprobenwert y_i erzeugt wird, soll die i-te Stelle mit einem +, sonst mit einem − besetzt werden. Dadurch entsteht eine Kette aus n Symbolen

$$+ - - + \ldots\ldots - - + - + .$$

Unter der Nullhypothese steht an jeder Stelle unabhängig von den übrigen mit Wahrscheinlichkeit 0,5 ein +. Insgesamt gibt es dann 2^n gleichwahrscheinliche Belegungsmöglichkeiten. Dabei setzen wir

$$P(W_n^+ = k) = \frac{u_n(k)}{2^n}.$$

Unter Berücksichtigung der Symmetrie können dann alle günstigen Fälle $u_n(k)$ kombinatorisch bestimmt werden. Speziell gilt

$$u_n(0) = u_n\left(\frac{n(n+1)}{2}\right) = 1.$$

Beispiel: $n = 6$; dann ist $w_{max}^+ = \frac{6 \cdot 7}{2} = 21$. Insgesamt gibt es $2^6 = 64$ verschiedene Möglichkeiten. Die Verteilung ist symmetrisch zum Erwartungswert

$$E(W_6^+) = \frac{6 \cdot 7}{4} = 10{,}5 \quad \text{mit} \quad P(W_6^+ = k) = P(W_6^+ = 21 - k).$$

Daher genügt die Berechnung der Wahrscheinlichkleiten für $k = 11, 12, \ldots,$ 21. Die übrigen erhält man mit der obigen Formel.

k	Rangtupel der positiven Differenzen	$u_6(k)$	$P(W_6^+ = k)$
21	(1,2,3,4,5,6)	1	$\frac{1}{64}$
20	(2,3,4,5,6)	1	$\frac{1}{64}$
19	(1,3,4,5,6)	1	$\frac{1}{64}$
18	(1,2,4,5,6); (3,4,5,6)	2	$\frac{2}{64}$
17	(1,2,3,5,6); (2,4,5,6)	2	$\frac{2}{64}$
16	(1,2,3,4,6); (2,3,5,6); (1,4,5,6)	3	$\frac{3}{64}$
15	(1,2,3,4,5); (2,3,4,6); (1,3,5,6); (4,5,6)	4	$\frac{4}{64}$
14	(2,3,4,5); (1,3,4,6); (1,2,5,6); (3,5,6)	4	$\frac{4}{64}$
13	(1,3,4,5); (1,2,4,6); (2,5,6); (3,4,6)	4	$\frac{4}{64}$
12	(1,2,4,5); (1,2,3,6); (2,4,6); (3,4,5)	4	$\frac{4}{64}$
11	(1,2,3,5); (2,3,6); (2,4,5); (1,4,6); (2,3,6); (5,6)	6	$\frac{6}{64}$

Rekursionsformel für $u_n(k)$

Die Verteilung der Zufallsvariablen W_{n-1}^+ sei bekannt, also die Wahrscheinlichkeiten

$$P(W_{n-1}^+ = k) = \frac{u_{n-1}(k)}{2^{n-1}} \quad \text{für } k = 0, 1, 2, \ldots, \frac{(n-1)\,n}{2}.$$

Mit der n-ten Stichprobenvariablen Y_n bilden wir die vollständige Ereignisdisjunktion

$$(Y_n > 0)\,;\,(Y_n < 0) \quad \text{mit } P(Y_n > 0) = P(Y_n < 0) = \tfrac{1}{2}.$$

Dann erhält man mit dem Satz von der vollständigen Ereignisdisjunktion

$$\frac{u_n(k)}{2^n} = P(W_n^+ = k)$$

$$= P(W_n^+ = k \mid Y_n > 0)\cdot P(Y_n > 0) + P(W_n^+ = k \mid Y_n < 0)\cdot P(Y_n < 0)$$

$$= \tfrac{1}{2}\cdot P(W_{n-1}^{+} = k-n) + \tfrac{1}{2}\cdot P(W_{n-1}^{+} = k)$$

$$= \tfrac{1}{2}\cdot \frac{u_{n-1}(k-n)}{2^{n-1}} + \tfrac{1}{2}\cdot \frac{u_{n-1}(k)}{2^{n-1}} = \frac{u_{n-1}(k-n)+u_{n-1}(k)}{2^{n}} .$$

Somit gilt allgemein die

Rekursionsformel:

$$u_n(k) = u_{n-1}(k-n) + u_{n-1}(k) \quad \text{mit} \quad u_n(0) = u_n\left(\frac{n(n+1)}{2}\right) = 1.$$

Asymptotische Verteilung von W_n^+

In der Darstellung

$$W_n^+ = \sum_{i=1}^{n} i\cdot Z_i \quad \text{mit} \quad Z_i = \begin{cases} 1, \text{ falls } Y_i > 0; \\ 0, \text{ falls } Y_i < 0 \end{cases}$$

sind die einzelnen Summenvariablen Z_i voneinander unabhängig. Daher gilt für die Summe der zentrale Grenzwertsatz. Dann konvergiert die Folge der Verteilungsfunktionen der standardisierten Summen

$$Z_n = \frac{W_n^+ - E(W_n^+)}{\sqrt{Var(W_n^+)}} = \frac{W_n^+ - \frac{n(n+1)}{4}}{\sqrt{\frac{n(n+1)(2n+1)}{24}}}$$

gegen die Verteilungsfunktion Φ der Standard-Normalverteilung. Mit der Stetigkeitskorrektur 0,5 erhält man für $\mathbf{n > 20}$ die brauchbare Näherung

$$P(W_n^+ \le k) = P(W_n^+ \le k+0{,}5) \approx \Phi\left(\frac{k+0{,}5 - \frac{n(n+1)}{4}}{\sqrt{\frac{n(n+1)(2n+1)}{24}}}\right).$$

Mit der Summe w_n^+ der positiven Differenzen $x_i - \theta_0$ und den kritischen Grenzen $w_{n;\alpha/2}^+$ maximal mit $\frac{\alpha^*}{2} = P(W_n^+ \le w_{n;\alpha/2}^+) \le \frac{\alpha}{2}$ erhält man für den zweiseitigen Test zum Signifikanzniveau $\alpha^* \le \alpha$ die

Testentscheidung:

Im Falle $w_n^+ \le w_{n;\alpha/2}^+$ oder $w_n^+ \ge \frac{n(n+1)}{2} - w_{n;\alpha/2}^+$

wird die Nullhypothese H_0 (Symmetrie um θ_0) abgelehnt.

Ein Beispiel ist in Abschnitt 6.4 zu finden.

Kritische Werte sind für $n \leq 60$ in Tab. 9 im Anhang vertafelt.

5.2. Der Vorzeichen-Rangtest bei Bindungen

Falls die Zufallsvariable X diskret ist, werden Stichprobenwerte mit gleichem Betrag, also Bindungen auftreten. Im Falle $P(X = \theta_0) > 0$ entstehen auch Nulldifferenzen $y_i = x_i - \theta_0$. Diese Nulldifferenzen werden einfach weggelassen und der Test mit dem reduzierten Stichprobenumfang durchgeführt. Durch die Reduzierung des Stichprobenumfangs wird allerdings die Macht des Tests verschlechtert.

Falls von den nichtverschwindenden y-Werten Beträge gleich sind, benutzt man **Durchschnittsränge**. Dadurch ändert sich der Erwartungswert der reduzierten Testgröße W_n^+ nicht. Die Varianz wird jedoch verkleinert. Falls es bezüglich der Testgröße insgesamt m verschiedene Bindungsgruppen gibt mit jeweils b_j ranggleichen Elementen für $j = 1, 2, \ldots, m$, gilt nach Hollander, M.; Wolfe, D. A. [1973] unter der Nullhypothese

$$E(W_n^+ \mid H_0) = \frac{n(n+1)}{4};$$

$$\operatorname{Var}(W_n^+ \mid H_0) = \frac{n(n+1)(2n+1)}{24} - \frac{1}{48} \sum_{j=1}^{m} (b_j^3 - b_j).$$

Für $n > 25$ ist die standardisierte Zufallsvariable

$$Z_n = \frac{W_n^+ - \frac{n(n+1)}{4}}{\sqrt{\frac{n(n+1)(2n+1)}{24} - \frac{1}{48} \sum_{j=1}^{m} (b_j^3 - b_j)}}$$

näherungsweise $N(0;1)$-verteilt. Mit dieser Testgröße kann dann der Test durchgeführt werden.

6. Schätzung und Test des Medians im stetigen Fall

Zur Anwendung statistischer Verfahren bezüglich des Medians wird in diesem Abschnitt vorausgesetzt, daß die Zufallsvariable X stetig ist mit der unbekannten Verteilungsfunktion F und der unbekannten Dichte f. Nach Kap. IV Abschnitt 1.3.3 ist der Median $\tilde{\mu}$ einer stetigen Zufallsvariablen mit der Verteilungsfunktion F erklärt durch

$$F(\tilde{\mu}) = P(X < \tilde{\mu}) = P(X \leq \tilde{\mu}) = \frac{1}{2} .$$

Damit der Median eindeutig bestimmt ist, muß die Dichte f an der Stelle $\tilde{\mu}$ stetig und positiv sein. Dann ist die Verteilungsfunktion an der Stelle $\tilde{\mu}$ mit $F(\tilde{\mu}) = 0{,}5$ streng monoton wachsend.

6.1. Schätzung des Medians

Zur Schätzung des Medians $\tilde{\mu}$ benutzt man nach Kap. I Abschnitt 1.4.4 den Median einer Stichprobe vom Umfang n

$$\tilde{x} = \begin{cases} x_{(\frac{n+1}{2})} & \text{, falls n ungerade ist ;} \\ \frac{1}{2}\cdot\left(x_{(\frac{n}{2})} + x_{(\frac{n}{2}+1)}\right) & \text{, falls n gerade ist .} \end{cases}$$

Er ist Realisierung der Zufallsvariablen

$$\tilde{X} = \begin{cases} X_{(\frac{n+1}{2})} & \text{, falls n ungerade ist} \\ \frac{1}{2}\cdot\left(X_{(\frac{n}{2})} + X_{(\frac{n}{2}+1)}\right) & \text{, falls n gerade ist .} \end{cases}$$

Dabei sind die Ordnungsstatistiken $X_{(k)}$ in Abschnitt 3 erklärt.

Dichte der Schätzfunktion $\tilde{X}$

Die Dichte der Schätzfunktion $\tilde{X}$ wird nach Abschnitt 4.3 bestimmt. Dazu benötigt man die beiden Fallunterscheidungen:

a) n ungerade:

Für ungerades n besitzt die Ordnungsstatistik $\tilde{X} = X_{(\frac{n+1}{2})}$ nach Abschnitt 4.3.1 die

Dichte: $g_M(y) = \frac{n+1}{2} \cdot \binom{n}{\frac{n+1}{2}} \cdot [F(y)]^{\frac{n-1}{2}} \cdot [1-F(y)]^{\frac{n-1}{2}} \cdot f(y).$

b) n gerade:

In diesem Fall ist $\tilde{X} = \frac{1}{2} \cdot \left(X_{(\frac{n}{2})} + X_{(\frac{n}{2}+1)}\right)$. Nach Abschnitt 4.3.5 besitzen die beiden Ordnungsstatistiken $X_{(\frac{n}{2})}$ und $X_{(\frac{n}{2}+1)}$ die gemeinsame Dichte

$$f(u,v) = \frac{n!}{[(\frac{n}{2}-1)!]^2} [F(u)]^{\frac{n}{2}-1} [1-F(v)]^{\frac{n}{2}-1} f(u) f(v) \quad \text{für } u < v;$$
$$(= 0 \text{ sonst}).$$

Nach Kap. IV Abschnitt 2.5.4 bilden wir die Funktionen

$$x = v; \quad y = \frac{u+v}{2}.$$

Mit der Funktionaldeterminante $|J| = 2$ erhält man die Randdichte der Zufallsvariablen $\tilde{X}$ unmittelbar in der Form

$$g_M(y) = \frac{2n!}{[(\frac{n}{2}-1)!]^2} \int_y^{\infty} [F(2y-x)]^{\frac{n}{2}-1} [1-F(x)]^{\frac{n}{2}-1} f(2y-x) f(x)\, dx.$$

Eigenschaften der Schätzfunktion $\tilde{X}$

In Abschnitt 4.3.4 erhält man mit $q = \frac{1}{2}$ den Median $\tilde{\mu} = \xi_{0,5}$ als 0,5-Quantil. Dann folgt aus den dort angegebenen Eigenschaften, daß die Folge der Zufallsvariablen

$$X_{([\frac{n}{2}]+1)} \; ; \; n = 1,2,...$$

stochastisch gegen $\tilde{\mu}$ konvergiert. Ferner ist die Folge asymptotisch erwartungstreu und konsistent bezüglich $\tilde{\mu}$.

Damit ist $\tilde{X}$ eine **asymptotisch erwartungstreue** und **konsistente Schätzfunktion** für den Median $\tilde{\mu}$.

6.2. Konfidenzintervalle für den Median

Aus einer Stichprobe vom Umfang n sollen Konfidenzintervalle für den Median einer stetigen Verteilung mit Hilfe von Ordnungsstatistiken $X_{(k)}$ bestimmt werden.

a) Einseitige Konfidenzintervalle

Das Ereignis $(X_{(m)} \leq \tilde{\mu})$ tritt genau dann ein, wenn mindestens m Stichprobenwerte nicht größer als der Median $\tilde{\mu}$ sind. Jeder der n Stichprobenwerte ist mit Wahrscheinlichkeit 0,5 nicht größer als der Median. Die Zufallsvariable Z, welche die Anzahl der Stichprobenwerte beschreibt, die den Median nicht übersteigen, ist binomialverteilt mit den Parametern n und p = 0,5 (vgl. Vorzeichentest aus Abschnitt 2.1). Daher gilt

$$P(X_{(m)} \leq \tilde{\mu}) = \frac{1}{2^n} \cdot \sum_{i=m}^{n} \binom{n}{i}.$$

Die Zahl m wird maximal bestimmt mit $\frac{1}{2^n} \cdot \sum\limits_{i=m}^{n} \binom{n}{i} \geq 1 - \alpha.$

Gleichwertig damit ist

$$\alpha^* = \frac{1}{2^n} \cdot \sum_{i=0}^{m-1} \binom{n}{i} = 1 - \frac{1}{2^n} \cdot \sum_{i=m}^{n} \binom{n}{i} \leq \alpha.$$

Damit gilt

$$m = 1 + k_\alpha, \quad k_\alpha \text{ maximal mit } \alpha^* = \frac{1}{2^n} \cdot \sum_{i=0}^{k_\alpha} \binom{n}{i} \leq \alpha.$$

Das Ereignis $(\tilde{\mu} \leq X_{(r)})$ tritt genau dann ein, wenn links vom Median $\tilde{\mu}$ höchstens r − 1 Stichprobenwerte liegen. Die Wahrscheinlichkeit dafür ist

$$P(\tilde{\mu} \leq X_{(r)}) = \frac{1}{2^n} \cdot \sum_{i=0}^{r-1} \binom{n}{i}.$$

r wird minimal gewählt mit $\frac{1}{2^n} \cdot \sum\limits_{i=0}^{r-1} \binom{n}{i} \geq 1 - \alpha.$ Gleichwertig damit ist

$$\alpha^* = \frac{1}{2^n} \cdot \sum_{i=r}^{n} \binom{n}{i} \leq \alpha.$$

Wegen $p = \frac{1}{2}$ ist die Binomialverteilung symmetrisch. Aus

$$\frac{1}{2^n} \cdot \sum_{i=r}^{n} \binom{n}{i} = \frac{1}{2^n} \cdot \sum_{i=0}^{n-r} \binom{n}{i}$$

folgt

$$r = n - k_\alpha; \; k_\alpha \text{ s. o.}\;.$$

b) Zweiseitige Konfidenzintervalle:

Wegen der vorausgesetzten Stetigkeit gilt

$$P(X_{(m)} \leq \tilde{\mu}) = P(X_{(m)} \leq \tilde{\mu} \leq X_{(r)}) + P(\tilde{\mu} \geq X_{(r)}).$$

Daraus folgt

$$P(X_{(m)} \le \tilde{\mu} \le X_{(r)}) = P(X_{(m)} \le \tilde{\mu}) - P(X_{(r)} \le \tilde{\mu})$$

$$= \frac{1}{2^n} \cdot \sum_{i=m}^{n} \binom{n}{i} - \frac{1}{2^n} \cdot \sum_{i=r}^{n} \binom{n}{i} = \frac{1}{2^n} \cdot \sum_{i=m}^{r-1} \binom{n}{i}.$$

m wird maximal und r minimal bestimmt mit $\frac{1}{2^n} \cdot \sum_{i=m}^{r-1} \binom{n}{i} \ge 1-\alpha.$

Zentrale Konfindenzintervalle erhält man aus

$$\frac{1}{2^n} \cdot \sum_{i=0}^{m-1} \binom{n}{i} \le \frac{\alpha}{2} \quad \text{und} \quad \frac{1}{2^n} \cdot \sum_{i=r}^{n} \binom{n}{i} \le \frac{\alpha}{2}$$

mit $m = 1 + k_{\frac{\alpha}{2}}$; $r = n - k_{\frac{\alpha}{2}}$; $k_{\alpha/2}$ maximal mit $\frac{\alpha^*}{2} = \frac{1}{2^n} \sum_{i=0}^{k_{\alpha/2}} \binom{n}{i} \le \frac{\alpha}{2}.$

Quantile bei großem Stichprobenumfang

Bei großem Stichprobenumfang $n > 36$ kann die Binomialverteilung approximiert werden durch die Normalverteilung. Dann erhält man das Quantil k_α mit der Stetigkeitskorrektur aus

$$P(X \le k_\alpha) = \frac{1}{2^n} \cdot \sum_{i=0}^{k_\alpha} \binom{n}{i} \approx \Phi\left(\frac{k_\alpha + 0{,}5 - \frac{n}{2}}{0{,}5 \cdot \sqrt{n}} \right) = \alpha$$

$$k_\alpha \approx -0{,}5 + \frac{n}{2} + \frac{\sqrt{n}}{2} \cdot z_\alpha .$$

Dieser Wert muß ganzzahlig abgerundet werden.

Zusammenfassung:

Konfidenzintervalle für den Median $\tilde{\mu}$ zum Niveau $1-\alpha^* \ge 1-\alpha$:
Mit den kritischen Grenzen k_α bzw. $k_{\frac{\alpha}{2}}$ der Binomialverteilung mit den Parametern n und p = 0,5 und den entsprechenden Ordnungsgrößen erhält man für den Median $\tilde{\mu}$ Konfidenzintervalle

zweiseitige: $\left[x_{(1+k_{\alpha/2})} ; x_{(n-k_{\alpha/2})}\right]$

einseitige: $\left[x_{(1+k_\alpha)} ; \infty\right) ; \left(-\infty ; x_{(n-k_\alpha)}\right]$.

Beispiel: Von einer Maschine werden Konservendosen automatisch abgefüllt. Die Zufallsvariable X beschreibe das Gewicht der Füllmenge [in Gramm]. Zur Bestimmung eines zweiseitigen Konfidenzintervalls für den Median $\tilde{\mu}$ wurden 40 Dosen zufällig ausgewählt und deren Inhalt gewogen. Dabei erhielt man die folgenden verschiedenen Werte:

500,4; 501,6; 501,9; 501,8; 499,8; 502,1; 500,5; 507,1; 500,2; 504,4;
504,8; 502,8; 508,0; 505,1; 498,6; 499,9; 497,5; 502,3; 505,3; 498,3;
502,7; 504,6; 500,1; 503,0; 495,7; 504,0; 501,4; 503,2; 501,7; 506,7;
501,5; 505,8; 503,1; 497,1; 502,4; 501,6; 502,5; 501,0; 503,6; 500,9.

Diese Werte werden der Größe nach geordnet.

495,7; 497,1; 497,5; 498,3; 498,6; 499,8; 499,9; 500,1; 500,2; 500,4;
500,5; 500,9; 501,0; 501,4; 501,5; 501,6; 501,6; 501,7; 501,8; 501,9;
502,1; 502,3; 502,4; 502,5; 502,7; 502,8; 503,0; 503,1; 503,2; 503,6;
504,0; 504,4; 504,6; 504,8; 505,1; 505,3; 505,8; 506,7; 507,1; 508,0.

Da der Stichprobenumfang n gerade ist, erhält man als Schätzwert für den Median

$$\tilde{\mu} \approx \frac{1}{2}\left(x_{(20)} + x_{(21)}\right) = 502 .$$

Zur Bestimmung des Konfidenzintervalls wird das Quantil der Binomialverteilung mit Hilfe der Normalverteilungsapproximation berechnet. $\alpha = 0{,}05$ ergibt das Quantil für das zweiseitige Konfidenzintervall

$$k_{0,025} \approx -0{,}5 + \frac{40}{2} + \frac{\sqrt{40}}{2} \cdot z_{0,025} \quad ;$$

$z_{0,025} = -1{,}96$ ergibt den abgerundeten Wert $k_{0,025} = 13$.

Damit erhält man für den unbekannten Median $\tilde{\mu}$ zum Konfidenzniveau $1 - \alpha = 0{,}95$ das zweiseitige Konfidenzintervall

$$[x_{(14)} ; x_{(27)}] = [501{,}4 ; 503{,}0].$$

6.3. Der Vorzeichen-Test für den Median

Für den Median $\tilde{\mu}$ einer stetigen Zufallsvariablen X gilt

$$P(X > \tilde{\mu}) = P(X < \tilde{\mu}) = \frac{1}{2} .$$

Mit $Y = X - \tilde{\mu}$ geht diese Gleichung über in

$$P(Y > 0) = P(Y < 0) = \frac{1}{2} .$$

Damit kann der Vorzeichen-Test aus Abschnitt 2.1 unmittelbar zum Test des Medians $\tilde{\mu}$ benutzt werden. In der Stichprobe werden alle Werte, die mit dem hypothetischen Grenzwert $\tilde{\mu}_0$ übereinstimmen, weggelassen. Als Testgröße benutzt man die Anzahl z derjenigen Stichprobenwerte, welche größer als $\tilde{\mu}_0$ sind. Falls $\tilde{\mu}_0$ der tatsächliche Median ist, ist diese Testgröße Realisierung einer binomialverteilten Zufallsvariablen mit den Parametern $p = 0{,}5$ und dem um die Bindungen bereinigten Stichprobenumfang n. Damit erhält man zum Signifikanzniveau $\alpha^* \leq \alpha$ die

Testentscheidungen

Nullhypothese H_0	Alternative H_1	Ablehnungsbereich von H_0
a) $\tilde{\mu} = \tilde{\mu}_0$	$\tilde{\mu} \neq \tilde{\mu}_0$	$z \leq k_{\frac{\alpha}{2}}$ oder $z \geq n - k_{\frac{\alpha}{2}}$
b) $\tilde{\mu} \leq \tilde{\mu}_0$	$\tilde{\mu} > \tilde{\mu}_0$	$z \geq n - k_\alpha$
c) $\tilde{\mu} \geq \tilde{\mu}_0$	$\tilde{\mu} < \tilde{\mu}_0$	$z \leq k_\alpha$

z = Anzahl der Stichprobenwerte mit $x_i > \tilde{\mu}_0$;

k_α, $k_{\alpha/2}$ maximal mit

$$\alpha^* = \frac{1}{2^n} \cdot \sum_{i=0}^{k_\alpha} \binom{n}{i} \leq \alpha \quad \text{bzw.} \quad \frac{\alpha^*}{2} = \frac{1}{2^n} \cdot \sum_{i=0}^{k_{\alpha/2}} \binom{n}{i} \leq \frac{\alpha}{2};$$

n = Anzahl der Stichprobenwerte mit $x_i \neq \tilde{\mu}_0$.

Beispiel: Ein Fabrikant behauptet der Median der Zufallsvariablen X, der die Gewichte [in g] der in seiner Firma abgepackten Gewürze beschreibt, sei größer als 10 g. Mit $\alpha = 0{,}05$ soll diese Behauptung getestet werden.

Dazu werden 400 Tüten zufällig ausgewählt und gewogen. Wieviele dieser Tüten müssen mindestens 10 g schwer sein, damit die Behauptung des Herstellers als statistisch gesichert angesehen werden kann?

Hier wird der einseitige Test der Nullhypothese b) $H_0: \tilde{\mu} \leq \tilde{\mu}_0$ gegen die Alternative $\tilde{\mu} > \tilde{\mu}_0$ benutzt. Da der Stichprobenumfang $n = 400$ groß ist, kann die Binomialverteilung durch die Normalverteilung approximiert werden mit

$$P(Z \leq k_{0,95}) \approx \Phi\left(\frac{k_{0,95} + 0{,}5 - \frac{n}{2}}{0{,}5 \cdot \sqrt{n}}\right)$$

$$k_{0,95} \approx -0{,}5 + \frac{400}{2} + \frac{\sqrt{400}}{2} \cdot 1{,}645 = 216 \text{ (aufgerundet).}$$

Es müssen also mindestens 216 Tüten ein Mindestgewicht von 10 g haben, damit man sich für die Behauptung des Herstellers (Alternative) entscheiden kann.

6.4. Test des Medians bei symmetrischen Verteilungen (Vorzeichen-Rangtest)

Beim gewöhnlichen Vorzeichen-Test geht in die Teststatistik nur die Anzahl der (positiven) Vorzeichen ein. Die genauen Werte spielen dabei keine Rolle. Falls die Verteilung (um den Median) symmetrisch ist, kann der Vorzeichen-Rangtest aus Abschnitt 5 benutzt werden, der effizienter ist als der gewöhnliche Vorzeichen-Test. Bei einer symmetrischen Verteilung stimmt der Symmetrie-Punkt mit dem Median $\tilde{\mu}$ überein.

In diesem Abschnitt gelte also die Voraussetzung:

Die **Verteilung ist symmetrisch mit dem unbekannten Median** $\tilde{\mu}$, der mit der Symmetrie-Stelle θ übereinstimmt. Bezüglich $\tilde{\mu}$ können auch einseitige Tests durchgeführt werden. Zum Test der Nullhypothesen

$$\text{a) } \tilde{\mu} = \tilde{\mu}_0 \ ; \quad \text{b) } \tilde{\mu} \le \tilde{\mu}_0 \ ; \quad \text{c) } \tilde{\mu} \ge \tilde{\mu}_0$$

benutzt man die Rangsumme w_n^+ der positiven Differenzen $x_i - \tilde{\mu}_0$. Mit den kritischen Grenzen der Wilcoxon-Testgröße mit

$$w^+_{n;\alpha/2} \text{ maximal mit } \frac{\alpha^*}{2} = P(W_n^+ \le w^+_{n;\alpha/2}) \le \frac{\alpha}{2} \,,$$

$$w^+_{n;\alpha} \text{ maximal mit } \alpha^* = P(W_n^+ \le w^+_{n;\alpha}) \le \alpha$$

erhält man zum Signifikanzniveau $\alpha^* \le \alpha$ die

Testentscheidungen

Nullhypothese H_0	Alternative H_1	Ablehnungsbereich von H_0
a) $\tilde{\mu} = \tilde{\mu}_0$	$\tilde{\mu} \neq \tilde{\mu}_0$	$w_n^+ \le w^+_{n;\alpha/2}$ oder $w_n^+ \ge \frac{n(n+1)}{2} - w^+_{n;\alpha/2}$
b) $\tilde{\mu} \le \tilde{\mu}_0$	$\tilde{\mu} > \tilde{\mu}_0$	$w_n^+ \ge \frac{n(n+1)}{2} - w^+_{n;\alpha}$
c) $\tilde{\mu} \ge \tilde{\mu}_0$	$\tilde{\mu} < \tilde{\mu}_0$	$w_n^+ \le w^+_{n;\alpha}$

w_n^+ = Anzahl der positiven Differenzen $x_i - \tilde{\mu}_0$;

Kritische Grenzen s. Tab. 9.

Beispiel: In dem in Abschnitt 6.2 behandelten Beispiel sei die Verteilung symmetrisch. Unter dieser Voraussetzung soll mit $\alpha = 0{,}05$

a) $H_0: \tilde{\mu} = 502$ gegen $H_1: \tilde{\mu} \neq 502$ getestet werden.

Zur Testdurchführung bilden wir die Differenzen $y_i = x_i - 502$, wobei die positiven Differenzen fett gedruckt sind

y_i	− 1,6	− 0,4	− 0,1	− 0,2	− 2,2	**0,1**	− 1,5	**5,1**	− 1,8	**2,4**
$R(\|y_i\|)$	20,5	7	1,5	3	26	1,5	19	38	22	27

2,8	**0,8**	**6,0**	**3,1**	− 3,4	− 2,1	− 4,5	**0,3**	**3,3**	− 3,7
29	13	39	30	32	25	35	4,5	31	33

0,7	**2,6**	− 1,9	**1,0**	− 6,3	**2,0**	− 0,6	**1,2**	− 0,3	**4,7**
12	28	23	14,5	40	24	10,5	18	4,5	36

− 0,5	**3,8**	**1,1**	− 4,9	**0,4**	− 0,4	**0,5**	− 1,0	**1,6**	− 1,1
9,5	34	16,5	37	7	7	9,5	14,5	20,5	16,5

Die Rangsumme der positiven Differenzen lautet

$$w_{40}^+ = 433.$$

Das Quantil wird wegen $n > 25$ mit der Approximation durch die Normalverteilung bestimmt. Insgesamt gibt es $m = 7$ Bindungsgruppen. 6 besitzen jeweils $b_j = 2$ Elemente und eine drei Elemente. Damit besitzt die Testgröße die Parameter

$$E(W_{40}^+ \mid H_0) = \frac{40 \cdot 41}{4} = 410;$$

$$Var(W_{40}^+ \mid H_0) = \frac{40 \cdot 41 \cdot 81}{24} - \frac{1}{48} \cdot [6 \cdot 6 + 1 \cdot 24] = 5\,533{,}75.$$

$$P(W_{40}^+ \le w_{40;0{,}025}^+) \approx \Phi\left(\frac{w_{40;0{,}025}^+ + 0{,}5 - 410}{\sqrt{5\,533{,}75}}\right) = 0{,}025;$$

$$w_{40;0{,}025}^+ \approx 409{,}5 - \sqrt{5\,533{,}75} \cdot (-1{,}96) \approx 264\,.$$

Die Testgröße $w_{40}^+ = 433$ liegt in der Nähe des Erwartungswertes. Sie unterschreitet dieses Quantil nicht und ist auch nicht größer als $820 - w_{40;0,025}^+$. Somit kann die Nullhypothese nicht abgelehnt werden.

7. Schätzungen und Tests von Quantilen im stetigen Fall

In diesem Abschnitt sei für $0 < q < 1$ der Zahlenwert ξ_q das q-Quantil der stetigen Verteilungsfunktion F mit $F(\xi_q) = q$. Dabei sei die Dichte f an der Stelle ξ_q mit $F(\xi_q) = q$ stetig und positiv. Dann ist die Verteilungsfunktion F an der Stelle ξ_q streng monoton wachsend und das q-Quantil ξ_q eindeutig bestimmt.

7.1. Schätzwerte für ein Quantil

Als Schätzwert für ein unbekanntes Quantil ξ_q benutzt man aus einer Stichprobe vom Umfang n mit dem ganzzahligen Anteil $[n q]$ nach Kap. I Abschnitt 1.4.5 das empirische Quantil

$$\hat{\xi}_q = \begin{cases} x_{([n q] + 1)}, & \text{falls } n q \text{ nicht ganzzahlig ist ;} \\ \frac{1}{2}\left(x_{(nq)} + x_{(nq+1)}\right), & \text{falls } n q \text{ ganzzahlig ist.} \end{cases}$$

Es ist Realisierung der Zufallsvariablen

$$\Xi_q = \begin{cases} X_{([n q] + 1)}, & \text{falls } n q \text{ nicht ganzzahlig ist ;} \\ \frac{1}{2}\left(X_{(nq)} + X_{(nq+1)}\right), & \text{falls } n q \text{ ganzzahlig ist.} \end{cases}$$

Nach Abschnitt 4.3.4.1 konvergiert die Folge der Zufallsvariablen $X_{([n q] + 1)}$ für n gegen unendlich stochastisch gegen das Quantil ξ_q. Damit ist auch Ξ_q eine **asymptotisch erwartungstreue** und **konsistente Schätzfunktion** für das q-Quantil ξ_q.

7.2. Konfidenzintervalle für ein Quantil

Konfidenzintervalle für das q-Quantil ξ_q einer stetigen Verteilung werden wie beim Median mit Hilfe von Ordnungsstatistiken bestimmt. Die Bestimmung der Grenzen erfolgt genauso, wobei die benutzte Testgröße binomialverteilt ist mit den Parametern n und q. Für $q \neq 0{,}5$ ist die Testgröße nicht mehr symmetrisch, so daß die Quantile an beiden Enden bestimmt werden müssen.

Einseitige Konfidenzintervalle

Das Ereignis $(X_{(m)} \leq \xi_q)$ tritt genau dann ein, wenn mindestens m Stichprobenwerte nicht größer als ξ_q sind. Jeder der n Stichprobenwerte ist unabhängig von den anderen Stichprobenwerten mit der gleichen Wahrscheinlichkeit q nicht größer als ξ_q. Die Zufallsvariable Z, welche die Anzahl der Stichprobenwerte beschreibt, welche kleiner oder gleich ξ_q sind, ist binomialverteilt mit den Parametern n und q. Daher gilt

$$P(X_{(m)} \leq \xi_q) = \sum_{i=m}^{n} \binom{n}{i} \cdot q^i \cdot (1-q)^{n-i}.$$

Zur Bestimmung eines einseitigen Konfidenzintervalls zum Niveau $1-\alpha$ wird m minimal gewählt mit

$$\sum_{i=m}^{n} \binom{n}{i} \cdot q^i \cdot (1-q)^{n-i} \geq 1-\alpha.$$

Gleichwertig damit ist die Bedingung m maximal mit

$$\sum_{i=0}^{m-1} \binom{n}{i} \cdot q^i \cdot (1-q)^{n-i} = 1 - \sum_{i=m}^{n} \binom{n}{i} \cdot q^i \cdot (1-q)^{n-i} \leq \alpha.$$

Damit gilt

$$m = 1 + k_\alpha\,; \quad k_\alpha \text{ maximal mit } \alpha^* = \sum_{i=0}^{k_\alpha} \binom{n}{i} \cdot q^i \cdot (1-q)^{n-i} \leq \alpha\,;$$

$$P\left(X_{(1+k_\alpha)} \leq \xi_q \right) = 1 - \alpha^* \geq 1 - \alpha.$$

Das Ereignis $(\xi_q \leq X_{(r)})$ tritt genau dann ein, wenn links von ξ_q höchstens $r-1$ Stichprobenwerte liegen. Die Wahrscheinlichkeit dafür ist

$$P(\xi_q \leq X_{(r)}) = \sum_{i=0}^{r-1} \binom{n}{i} \cdot q^i \cdot (1-q)^{n-i} \geq 1-\alpha.$$

Mit dem minimalen r aus

$$\alpha^* = \sum_{i=r}^{n} \binom{n}{i} \cdot q^i \cdot (1-q)^{n-i} \leq \alpha$$

erhält man

$$P\left(\xi_q \leq X_{(r)}\right) = 1 - \alpha^* \geq 1 - \alpha.$$

Zweiseitige Konfidenzintervalle

Wegen der vorausgesetzten Stetigkeit gilt

$$P(X_{(m)} \leq \xi_q) = P\,(X_{(m)} \leq \xi_q \leq X_{(r)}) + P(X_{(r)} \leq \xi_q)\,.$$

Daraus folgt

$$P\,(X_{(m)} \leq \xi_q \leq X_{(r)}) = P\,(X_{(m)} \leq \xi_q) - P\,(\,X_{(r)} \leq \xi_q)$$

$$= \sum_{i=m}^{n} \binom{n}{i} \cdot q^i \cdot (1-q)^{n-i} - \sum_{i=r}^{n} \binom{n}{i} \cdot q^i \cdot (1-q)^{n-i}$$

$$= \sum_{i=m}^{r-1} \binom{n}{i} \cdot q^i \cdot (1-q)^{n-i}\,.$$

Für das zweiseitige Konfidenzintervall ist **m maximal** und **r minimal** zu wählen mit

$$\sum_{i=m}^{r-1} \binom{n}{i} \cdot q^i \cdot (1-q)^{n-i} \geq 1 - \alpha.$$

Gleichwertig damit ist:

$$\sum_{i=0}^{m-1} \binom{n}{i} \cdot q^i \cdot (1-q)^{n-i} + \sum_{i=r}^{n} \binom{n}{i} \cdot q^i \cdot (1-q)^{n-i} \leq \alpha\,.$$

Zentrale zweiseitige Konfidenzintervalle erhält man in der Form

$$\sum_{i=0}^{m-1} \binom{n}{i} \cdot q^i \cdot (1-q)^{n-i} \leq \frac{\alpha}{2} \text{ und } \sum_{i=r}^{n} \binom{n}{i} \cdot q^i \cdot (1-q)^{n-i} \leq \frac{\alpha}{2}\,.$$

Dann ist

$$1 - \alpha^* = 1 - \sum_{i=0}^{m-1} \binom{n}{i} \cdot q^i \cdot (1-q)^{n-i} - \sum_{i=r+1}^{n} \binom{n}{i} \cdot q^i \cdot (1-q)^{n-i} \geq 1 - \alpha$$

das tatsächliche Konfidenzniveau.

Zusammenfassung:

Konfidenzintervalle für das q-Quantil ξ_q mit $F(\xi_q) = q$ zum Niveau $1-\alpha^* \geq 1-\alpha$:

Einseitige:

$[x_{(m)}; \infty)$; m maximal mit $\alpha^* = \sum_{i=0}^{m-1} \binom{n}{i} \cdot q^i \cdot (1-q)^{n-i} \leq \alpha$;

$(-\infty; x_{(r)}]$; r minimal mit $\alpha^* = \sum_{i=r}^{n} \binom{n}{i} \cdot q^i \cdot (1-q)^{n-i} \leq \alpha$.

Zweiseitige:

$[x_{(m)}; x_{(r)}]$; m maximal, r minimal mit

$$\alpha^* = \sum_{i=0}^{m-1} \binom{n}{i} \cdot q^i \cdot (1-q)^{n-i} + \sum_{i=r}^{n} \binom{n}{i} \cdot q^i \cdot (1-q)^{n-i} \leq \alpha .$$

Praktische Berechnung der kritischen Grenzen m und r

a) Bei kleinem Stichprobenumfang n müssen die kritischen Grenzen direkt aus der Binomialverteilung nach der angegebenen Formel berechnet werden. Dabei kann die in Kap. III Abschnitt 7.2 angegebene Darstellung durch die F-Verteilung benutzt werden mit

$$\sum_{i=0}^{m-1} \binom{n}{i} \cdot q^i \cdot (1-q)^{n-i} = 1 - F_{2m;\,2(n-m+1)}\left(\frac{n-m+1}{m} \cdot \frac{q}{1-q}\right).$$

b) Bei großem Stichprobenumfang mit $nq(1-q) > 9$ kann die Approximation der Binomialverteilung durch die Normalverteilung verwendet werden mit

$$\sum_{i=0}^{m-1} \binom{n}{i} \cdot q^i \cdot (1-q)^{n-i} \approx \Phi\left(\frac{m-0{,}5-nq}{\sqrt{nq(1-q)}}\right).$$

Beispiel: Bezüglich einer stetigen Zufallsvariablen liege eine Stichprobe vom Umfang $n = 1000$ vor. Für das 0,90-Quantil $\xi_{0,90}$ ist ein Schätzwert und ein zweiseitiges Konfidenzintervall zum Konfidenzniveau $1-\alpha = 0{,}95$ gesucht. Welche Rangstatistiken müssen dazu benutzt werden?

a) Schätzwert für $\xi_{0,90}$: Da $nq = 900$ ganzzahlig ist, lautet der Schätzwert

$$\hat{\xi}_{0,90} = \frac{1}{2}\left(x_{(900)} + x_{(901)}\right).$$

b) Konfidenzintervall: Wegen $n\,q\,(1-q) = 90$ werden die Quantile aus der Normalverteilungsapproximation bestimmt durch

$$\sum_{i=0}^{m-1} \binom{1000}{i} \cdot 0{,}9^{i} \cdot 0{,}1^{n-i} \approx \Phi\left(\frac{m-0{,}5-900}{\sqrt{90}}\right) = 0{,}025\,;$$

$$m \approx 900{,}5 + \sqrt{90}\cdot(-1{,}96) = 882 \text{ (gerundet).}$$

$$\sum_{i=r}^{n} \binom{1000}{i} \cdot 0{,}9^{i} \cdot 0{,}1^{n-i} = 1 - \sum_{i=0}^{r-1} \binom{1000}{i} \cdot 0{,}9^{i} \cdot 0{,}1^{n-i} = 0{,}025;$$

$$r \approx 900{,}5 + \sqrt{90}\cdot 1{,}96 = 919 \text{ (gerundet).}$$

Damit erhält man für das 90%-Quantil $\xi_{0,90}$ das zweiseitige Konfidenzintervall

$$[x_{(882)}\,;\, x_{(919)}]\,.$$

7.3. Tests von Quantilen

Getestet werden soll, ob das q-Quantil ξ_q einer stetigen Verteilung gleich, kleiner oder größer als ein fest vorgegebener Zahlenwert $\tilde{\xi}_q$ ist. Falls die Nullhypothese

$$H_0:\ \xi_q = \tilde{\xi}_q$$

richtig ist, gilt wegen $P(X_i = \tilde{\xi}_q) = 0$ für jede der n Stichprobenvariablen

$$P(X_i < \tilde{\xi}_q) = q \quad \text{und} \quad P(X_i > \tilde{\xi}_q) = 1-q\,.$$

Zunächst soll der einseitige Test

b) $H_0:\ \xi_q \le \tilde{\xi}_q$ gegen die Alternative $H_1:\ \xi_q > \tilde{\xi}_q$

behandelt werden. Falls $\xi_q \le \tilde{\xi}_q$ das tatsächliche q-Quantil ist, gilt

$$1-q = P(X_i > \xi_q) \ge P(X_i > \tilde{\xi}_q) = 1-q\,.$$

Als Testgröße Z wählt man daher die Anzahl der positiven Differenzen in der Stichprobe vom Umfang n

$$x - \tilde{\xi}_q = (x_1 - \tilde{\xi}_q, x_2 - \tilde{\xi}_q, \ldots, x_n - \tilde{\xi}_q)\,.$$

Die Nullhypothese H_0 soll abgelehnt werden, wenn mindestens r Differenzen positiv sind. Falls $\tilde{\xi}_q$ das tatsächliche q-Quantil ist, ist jede Differenz mit Wahrscheinlichkeit $1-q$ positiv. Dann ist Z binomialverteilt mit den Parametern n und $1-q$. Damit ist r minimal zu bestimmen mit

$$\alpha^* = \sum_{i=r}^{n} \binom{n}{i} \cdot (1-q)^i \cdot q^{n-i} \leq \alpha .$$

Falls $\xi_q \geq \tilde{\xi}_q$ das tatsächliche q-Quantil ist, gilt

$$P(X_i > \tilde{\xi}_q) \geq P(X_i > \xi_q) = 1-q .$$

Daher wird beim Test

c) H_0: $\xi_q \geq \tilde{\xi}_q$ gegen die Alternative H_1: $\xi_q < \tilde{\xi}_q$.

die Nullhypothese H_0 abgelehnt werden, falls höchstens m Differenzen positiv sind. Dabei ist m maximal zu bestimmen mit

$$\alpha^* = \sum_{i=0}^{m} \binom{n}{i} \cdot (1-q)^i \cdot q^{n-i} \leq \alpha .$$

Beim zweiseitigen Test

a) H_0: $\xi_q = \tilde{\xi}_q$ gegen die Alternative H_1: $\xi_q \neq \tilde{\xi}_q$

ist $\hat{m}$ maximal und $\hat{r}$ minimal zu wählen mit

$$\alpha^* = \sum_{i=0}^{\hat{m}} \binom{n}{i} \cdot (1-q)^i \cdot q^{n-i} + \sum_{i=\hat{r}}^{n} \binom{n}{i} \cdot (1-q)^i \cdot q^{n-i} \leq \alpha .$$

Mit der Anzahl z der positiven Differenzen $x_i - \tilde{\xi}_q$ erhält man zum Signifikanzniveau $\alpha^* \leq \alpha$ die

Testentscheidungen

Nullhypothese H_0	Alternative H_1	Ablehnungsbereich von H_0
a) $\xi_q = \tilde{\xi}_q$	$\xi_q \neq \tilde{\xi}_q$	$z \leq \hat{m}$ oder $z \geq \hat{r}$ ($\hat{m}, \hat{r}$ s. o.)
b) $\xi_q \leq \tilde{\xi}_q$	$\xi_q > \tilde{\xi}_q$	$z \geq r$ (s. o.)
c) $\xi_q \geq \tilde{\xi}_q$	$\xi_q < \tilde{\xi}_q$	$z \leq m$ (s. o.)

z = Anzahl der positiven Stichprobenwerte $x_i - \hat{\xi}_q$.

Bei großem Stichprobenumfang n mit $n q (1-q) > 9$ kann die Binomialverteilung durch die Normalverteilung approximiert werden mit

$$\sum_{i=0}^{m} \binom{n}{i} \cdot q^i \cdot (1-q)^{n-i} \approx \Phi\left(\frac{m+0{,}5-nq}{\sqrt{nq(1-q)}}\right);$$

$$\sum_{i=r}^{n} \binom{n}{i} \cdot (1-q)^i \cdot q^{n-i} = 1 - \sum_{i=0}^{r-1} \binom{n}{i} \cdot (1-q)^i \cdot q^{n-i}$$

$$\approx 1 - \Phi\left(\frac{r-0{,}5-nq}{\sqrt{nq(1-q)}}\right).$$

8. Wilcoxon-Rangsummentest

Der Wilcoxon-Rangsummentest eignet sich zum Vergleich zweier **stetiger** Verteilungsfunktionen. Für zwei unbekannte stetige Verteilungsfunktionen $F(x) = P(X \le x)$ und $G(y) = P(Y \le y)$ soll eine der folgenden Hypothesen getestet werden

a) $H_0 : F(z) = G(z)$ für alle z ;
$H_1 : F(z) \neq G(z)$ für mindestens ein z (zweiseitig);

b) $H_0 : F(z) \le G(z)$ für alle z ;
$H_1 : F(z) > G(z)$ für mindestens ein z (einseitig);

c) $H_0 : F(z) \ge G(z)$ für alle z ;
$H_1 : F(z) < G(z)$ für mindestens ein z (einseitig).

Bei den beiden einseitigen Tests besteht wie beim Mann-Withney-Test (Abschnitt 3) und beim Kolmogorow-Smirnow-Test die Gefahr, daß die richtige Alternative häufig nicht erkannt wird. Dann wird die Irrtumswahrscheinlichkeit 2. Art unter Umständen sehr groß. Aus diesem Grund ist es sinnvoll, wie beim Mann-Withney-Test nicht mehr alle Alternativen zuzulassen, sondern nur noch folgende

b') $H_1 : F(z) \ge G(z)$ für alle z ;
$F(z) > G(z)$ für mindestens ein z
(X ist stochastisch kleiner als Y) .

c') $H_1 : F(z) \leq G(z)$ für alle z ;

$F(z) < G(z)$ für mindestens ein z

(X ist stochastisch größer als Y) .

Zur Testdurchführung benutzt man zwei unabhängige Stichproben vom Umfang n_1 und n_2

$$(x_1, x_2, \dots, x_{n_1}) \; ; \quad (y_1, y_2, \dots, y_{n_2}).$$

Dabei sind die x-Werte unabhängige Realisierungen der Zufallsvariablen X und die y-Werte unabhängige Realisierungen der Zufallsvariablen Y. Die beiden Stichproben werden zu einer einzigen Stichprobe

$$z = (x_1, x_2, \dots, x_{n_1}, y_1, y_2, \dots, y_{n_2}) = (z_1, z_2, \dots, z_n)$$

vom Umfang $n = n_1 + n_2$ zusammengefaßt. Diese Stichprobe wird in aufsteigender Rangfolge geordnet

$$z_{(1)} \leq z_{(2)} \leq z_{(3)} \leq \dots\dots \leq z_{(n_1+n_2)} \,.$$

Wegen der vorausgesetzten Stetigkeit sind mit Wahrscheinlichkeit Eins alle n Ränge verschieden, so daß gleiche Ränge (Bindungen) im wesentlichen auf das Runden zurückzuführen sind.

Als Testgröße benutzt man entweder die Summe der Ränge der x-Werte in der gesamten Stichprobe

$$w^{(1)}_{n_1 ; n_2} = \sum_{i=1}^{n_1} R(x_i)$$

oder die Summe der Ränge der y-Werte

$$w^{(2)}_{n_1 ; n_2} = \sum_{j=1}^{n_2} R(y_j) \,.$$

In der Praxis wird man sich für die Rangsumme der Stichprobe mit dem kleineren Umfang entscheiden, da dann der Rechenaufwand am geringsten ist. Wegen

$$w^{(1)}_{n_1 ; n_2} + w^{(2)}_{n_1 ; n_2} = \sum_{i=1}^{n_1} R(x_i) + \sum_{j=1}^{n_2} R(y_j) = \sum_{i=1}^{n} i = \frac{n(n+1)}{2} \; ; \; n = n_1 + n_2$$

ist jede Testgröße durch die andere eindeutig bestimmt. Aus diesem Grund kann man sich auf die Untersuchung von $w^{(1)}_{n_1 ; n_2}$ beschränken. Diese Größe ist Realisierung der Zufallsvariablen $W^{(1)}_{n_1 ; n_2}$. Sie stellt eine lineare Rangstatistik aller $n_1 + n_2$ Ränge dar. In der Rangstatistik aus Abschnitt 4.2

$$T = \sum_{i=1}^{n_1+n_2} c_i \cdot R_i$$

setzt man $c_1 = c_2 = ... = c_{n_1} = 1$; $c_{n_1+1} = c_{n_1+2} = ... = c_{n_1+n_2} = 0.$
Dann folgt unmittelbar

$$\sum_{i=1}^{n} c_i = \sum_{i=1}^{n} c_i^2 = n_1 \; ; \quad \bar{c} = \frac{n_1}{n} \; ;$$

$$\left[\sum_{i=1}^{n} c_i^2 - n\,\bar{c}^2\right] = n_1 - \frac{n_1^2}{n_1+n_2} = \frac{n_1^2 + n_1 \cdot n_2 - n_1^2}{n_1+n_2} = \frac{n_1 \cdot n_2}{n_1+n_2}.$$

Falls beide Verteilungsfunktionen gleich sind (Nullhypothese a)), gilt

$$E(W^{(1)}_{n_1;n_2}) = n_1 \cdot \frac{n+1}{2} = n_1 \cdot \frac{n_1+n_2+1}{2} \; ;$$

$$\operatorname{Var}(W^{(1)}_{n_1;n_2}) = \frac{n(n+1)}{12} \cdot \frac{n_1 \cdot n_2}{n} = \frac{n_1 \cdot n_2 \cdot (n_1+n_2+1)}{12}.$$

Aus Symmetrie-Gründen folgt unter der Nullhypothese a)

$$E(W^{(2)}_{n_1;n_2}) = n_2 \cdot \frac{n_1+n_2+1}{2} \; ;$$

$$\operatorname{Var}(W^{(2)}_{n_1;n_2}) = \frac{n_1 \cdot n_2 \cdot (n_1+n_2+1)}{12}.$$

Die Verteilung der Testgröße $W^{(1)}_{n_1;n_2}$

Für die Realisierungen der Zufallsvariablen $W^{(1)}_{n_1;n_2}$ gilt

kleinster Wert: $\quad 1+2+.....+n_1 = \dfrac{n_1(n_1+1)}{2}$;

größter Wert: $(n_2+1)+(n_2+2)+ .... +(n_2+n_1) = n_1 \cdot n_2 + \dfrac{n_1(n_1+1)}{2}$

$$= \frac{n_1(n_1+2n_2+1)}{2} = \frac{n_1(2n-n_1+1)}{2}.$$

Die Testgröße kann auch folgendermaßen dargestellt werden:

In der geordneten Stichprobe vom Umfang $n = n_1 + n_2$

$$(z_{(1)}, z_{(2)}, z_{(3)}, ..., z_{(n)})$$

setzt man die i-te Komponente v_i gleich Eins, falls an dieser Stelle ein x-Wert steht, sonst ist v_i gleich Null, also

$$v_i = \begin{cases} 1, & \text{falls } z_{(i)} \text{ ein Wert der Stichprobe x ist ;} \\ 0, & \text{falls } z_{(i)} \text{ ein Wert der Stichprobe y ist.} \end{cases} \quad \text{für } i = 1, 2, \ldots, n.$$

Diese Stichprobenwerte sind Realisierungen der Indikatorvariablen

$$V_i = \begin{cases} 1, & \text{falls } Z_{(i)} \text{ gleich einem } X_k \text{ ist;} \\ 0, & \text{sonst.} \end{cases} \quad \text{für } i = 1, 2, \ldots, n.$$

Damit gilt

$$W^{(1)}_{n_1;n_2} = \sum_{i=1}^{n} i \cdot V_i \,.$$

Unter der Nullhypothese a) H_0: $F = G$ gelten folgende Eigenschaften:

$$P(V_i = 1) = \frac{n_1}{n}\,;\ P(V_i = 0) = \frac{n_2}{n} \quad \text{für } i = 1, 2, \ldots, n;$$

$$E(V_i) = E(V_i^2) = \frac{n_1}{n}\,;$$

$$\begin{aligned} \operatorname{Var}(V_i) &= E(V_i^2) - [E(V_i)]^2 \\ &= \frac{n_1}{n} - \frac{n_1^2}{n^2} = \frac{n \cdot n_1 - n_1^2}{n^2} = \frac{n_1 \cdot n_2}{n^2}\,; \end{aligned}$$

$$\begin{aligned} E(V_i \cdot V_j) &= P(V_i = 1; V_j = 1) = P(V_j = 1 \mid V_i = 1) \cdot P(V_i = 1) \\ &= \frac{n_1 - 1}{n - 1} \cdot \frac{n_1}{n} \quad \text{für } i \neq j\,; \end{aligned}$$

$$\begin{aligned} \operatorname{Cov}(V_i, V_j) &= E(V_i \cdot V_j) - E(V_i) \cdot E(V_j) \\ &= \frac{n_1 - 1}{n - 1} \cdot \frac{n_1}{n} - \frac{n_1^2}{n^2} = -\frac{n_1 \cdot n_2}{n^2 (n-1)} \quad \text{für } i \neq j. \end{aligned}$$

Die exakte Verteilung der Testgröße $W^{(1)}_{n_1;n_2} = \sum_{i=1}^{n} i \cdot V_i$ kann mit Hilfe kombinatorischer Methoden bestimmt werden.

Insgesamt gibt es $\binom{n}{n_1} = \binom{n}{n_2}$ verschiedene Vektoren $\vec{v} = (v_1, v_2, \ldots, v_n)$, bei denen n_1 Komponenten gleich Eins und die restlichen n_2 Komponenten gleich Null sind. Im Falle $F = G$ besitzen alle diese Vektoren die gleiche Wahrscheinlichkeit. Damit gilt

$$P\left(W^{(1)}_{n_1;n_2} = k\right) = \frac{r_{n_1;n_2}(k)}{\binom{n_1 + n_2}{n_1}}\,.$$

Dabei ist $r_{n_1;n_2}(k)$ die Anzahl der verschiedenen Vektoren $\vec{v}$, für welche $W^{(1)}_{n_1;n_2} = k$ ist.

Die Verteilung von $W^{(1)}_{n_1;n_2}$ ist im Falle F = G **symmetrisch** zum Erwartungswert

$$E(W^{(1)}_{n_1;n_2}) = \sum_{i=1}^{n} i \cdot E(V_i) = \frac{n_1}{n} \sum_{i=1}^{n} i$$

$$= \frac{n_1}{n} \cdot \frac{n \cdot (n+1)}{2} = \frac{n_1 \cdot (n_1 + n_2 + 1)}{2} \quad .$$

Daher kann man sich bei der Berechnung der Wahrscheinlichkeiten auf eine Hälfte beschränken. Für die kleinste und größte Rangsumme gibt es nur einen einzigen günstigen Fall, also

$$r_{n_1;n_2}\left(\frac{n_1(n_1+1)}{2}\right) = r_{n_1;n_2}\left(\frac{n_1(n_1+2n_2+1)}{2}\right) = 1.$$

Allgemein gilt die **Rekursionsformel für $r_{n_1;n_2}(k)$:**

$$r_{n_1;n_2}(k) = r_{n_1-1;n_2}(k-n) + r_{n_1;n_2-1}(k) \; , \; n = n_1 + n_2 \, .$$

Dabei ist $r_{ij}(k) = 0$ für $k < \frac{i \cdot (i+1)}{2}$. Hieraus folgt

$$P\left(W^{(1)}_{n_1;n_2} = k\right) = \frac{r_{n_1;n_2}(k)}{\binom{n}{n_1}} = \frac{r_{n_1-1;n_2}(k-n) + r_{n_1;n_2-1}(k)}{\binom{n}{n_1}}$$

$$= \frac{n_1}{n} \cdot P\left(W^{(1)}_{n_1-1;n_2} = k-n\right) + \frac{n_2}{n} \cdot P\left(W^{(1)}_{n_1;n_2-1} = k\right), \; n = n_1 + n_2 \, .$$

Beispiel ($n_1 = 3$; $n_2 = 4$): Die Testgröße $W^{(1)}_{3;4}$ besitzt den Erwartungswert $E(W^{(1)}_{3;4}) = 12$ und den Wertebereich $\{6, 7, \ldots, 18\}$. Daher genügt die Berechnung der Wahrscheinlichkeiten für die Rangsummen von 6 bis 12. Die restlichen erhält man aus $P(W^{(1)}_{3;4} = 12+k) = P(W^{(1)}_{3;4} = 12-k)$. Insgesamt gibt es $\binom{7}{3} = 35$ verschiedene Möglichkeiten für die Rangaufteilungen.

k	Ränge der x-Werte	$r_{3;4}(k)$	$P(W_{3;4}^{+} = k)$
6	(1,2,3)	1	$\frac{1}{35}$
7	(1,2,4)	1	$\frac{1}{35}$
8	(1,2,5); (1,3,4)	2	$\frac{2}{35}$
9	(1,2,6); (1,3,5); (2,3,4)	3	$\frac{3}{35}$
10	(1,2,7); (1,3,6); (1,4,5); (2,3,5)	4	$\frac{4}{35}$
11	(1,3,7); (1,4,6); (2,3,6); (2,4,5)	4	$\frac{4}{35}$
12	(1,4,7); (1,5,6); (2,3,7); (2,4,6); (3,4,5)	5	$\frac{5}{35}$

Der Wilcoxon-Rangsummentest ist äquivalent zum **Mann-Withney-Test** aus Abschnitt 3 mit der Testgröße

$$U_{n_1;n_2} = \sum_{i=1}^{n_1} \sum_{j=1}^{n_2} D_{ij} \quad \text{mit} \quad D_{ij} = \begin{cases} 1 & \text{für } Y_j < X_i\,, \quad i = 1,2,\dots,n_1; \\ 0 & \text{für } Y_j > X_i, \quad j = 1,2,\dots,n_2\,. \end{cases}$$

Für jedes i beschreibt die Realisierung $\sum_{j=1}^{n_2} d_{ij}$ die Anzahl der Indizes j mit $y_j < x_i$, also die Anzahl der y-Werte, die links von x_i liegen. Addiert man zu dieser Zahl die Anzahl k_i der x-Werte, die kleiner als x_i sind, so erhält man den Rang von x_i. Damit gilt

$$\sum_{j=1}^{n_2} d_{ij} = R(x_i) - k_i\,.$$

Summation über alle i ergibt die Rangsumme aller x-Werte mit

$$\begin{aligned} u_{n_1;n_2} &= \sum_{i=1}^{n_1} \sum_{j=1}^{n_2} d_{ij} = \sum_{i=1}^{n_1} R(x_i) - \sum_{i=1}^{n_1} k_i \\ &= w_{n_1;n_2}^{(1)} - (1+2+3+\dots+n_1) \\ &= w_{n_1;n_2}^{(1)} - \frac{n_1 \cdot (n_1+1)}{2}\,. \end{aligned}$$

Damit gilt für die entsprechenden Zufallsvariablen die

Beziehung zwischen den Testgrößen beim **Wilcoxon**-Rangsummentest und dem **Mann-Withney**-Test

$$W^{(1)}_{n_1;n_2} = U_{n_1;n_2} + \frac{n_1 \cdot (n_1+1)}{2}.$$

Mit der Rangsumme $w^{(1)}_{n_1;n_2}$ der x-Werte und den kritischen Grenzen (Tab. 10)

$$w^{(1)}_{n_1;n_2;\alpha} \text{ maximal mit } \alpha^* = P\left(W^{(1)}_{n_1;n_2} \le w^{(1)}_{n_1;n_2;\alpha}\right) \le \alpha ;$$

$$w^{(1)}_{n_1;n_2;\alpha/2} \text{ maximal mit } \frac{\alpha^*}{2} = P\left(W^{(1)}_{n_1;n_2} \le w^{(1)}_{n_1;n_2;\alpha}\right) \le \frac{\alpha}{2}$$

erhält man zum Signifikanzniveau $\alpha^* \le \alpha$ die

Testentscheidungen

Nullhypothese H_0	Alternative H_1	Ablehnungsbereich von H_0
a) $F(z) = G(z)$	$F(z) \neq G(z)$	$w^{(1)}_{n_1;n_2} \le w^{(1)}_{n_1;n_2;\alpha/2}$ oder $\ge n_1(n_1+n_2+1) - w^{(1)}_{n_1;n_2;\alpha/2}$
b') $F(z) \le G(z)$	$F(z) \ge G(z)$ und $F(z) > G(z)$ für mindestens ein z	$w^{(1)}_{n_1;n_2} \le w^{(1)}_{n_1;n_2;\alpha}$
c') $F(z) \ge G(z)$	$F(z) \le G(z)$ und $F(z) < G(z)$ für mindestens ein z	$w^{(1)}_{n_1;n_2}$ $\ge n_1(n_1+n_2+1) - w^{(1)}_{n_1;n_2;\alpha}$

Kritische Grenzen sind in Tab. 10 im Anhang vertafelt. Bei Hollander, M.; Wolfe, D. A, [1973] sind die exakten Überschreitungswahrscheinlichkeiten angegeben.

Asymptotische Verteilung von $W^{(1)}_{n_1;n_2}$

Nach Pfanzagl, J. [1974] kann bereits ab $n_1, n_2 \ge 4$ und $n_1 + n_2 \ge 30$ die Normalverteilungsapproximation benutzt werden. Dann ist die Testgröße

$$Z = \frac{W^{(1)}_{n_1;n_2} - \frac{n_1(n_1+n_2+1)}{2}}{\sqrt{\frac{n_1 \cdot n_2 \cdot (n_1+n_2+1)}{12}}}$$

ungefähr N(0 ; 1)-verteilt.

Bindungen

Falls Bindungen (gleiche Stichprobenwerte) auftreten, werden Durchschnittsränge berechnet. Bei nur wenigen Bindungen können die Wahrscheinlichkeiten für die Rangsummen bei den aufgetretenen Bindungen direkt berechnet werden. Falls viele Bindungen vorkommen, benutzt man die Normalverteilungsapproximation. Dann bleibt zwar der Erwartungswert der Testgröße gleich, die Varianz ändert sich jedoch. Falls m Bindungsgruppen vorhanden sind mit jeweils b_j gleichen Elementen, gilt nach Hollander, M.; Wolfe, D. A, [1973]

$$E(W^{(1)}_{n_1;n_2}) = n_2 \cdot \frac{n_1+n_2+1}{2};$$

$$\mathrm{Var}(W^{(1)}_{n_1;n_2}) = \frac{n_1 \cdot n_2}{12} \cdot \left(n_1+n_2+1 - \frac{\sum\limits_{j=1}^{m} (b_i^3 - b_j)}{(n_1+n_2)(n_1+n_2-1)} \right).$$

Bei der Approximation durch die Normalverteilung sind diese Kenngrößen zu benutzen.

9. Vergleich zweier Verteilungsfunktionen bei unverbundenen Stichproben

In diesem Abschnitt sollen die unbekannten Verteilungsfunktionen F und G zweier unabhängiger Zufallsvariabler X und Y miteinander verglichen werden. Zum Test auf Gleichheit der beiden Verteilungsfunktionen F und G können verschiedene Testverfahren benutzt werden. In diesem Abschnitt sollen die gebräuchlichsten zusammengestellt werden, auch diejenigen, die bereits in früheren Kapiteln behandelt wurden.

Zur Testdurchführung werden zwei **nichtverbundene** (unabhängige) Stichproben benutzt. Verteilungsfunktionen bei **verbundenen** Stichproben können mit dem allgemeinen Vorzeichentest (Abschnitt 2.3) und dem Vorzeichen-Rangtest (Abschnitt 5) miteinander verglichen werden.

9.1. Der Chi-Quadrat-Homogenitätstest

Mit dem in Kap. VII Abschnitt 7.3 behandelten Verfahren kann getestet werden, ob zwei oder mehrere Zufallsvariable die gleiche Verteilung besitzen. Einseitige Alternativen sind bei diesem Test allerdings nicht möglich. Es wird **keine Stetigkeitsannahme** benötigt. Wegen der benutzten Klasseneinteilung werden jedoch nicht die tatsächlichen Stichprobenwerte benutzt, so daß dieser Test vor allem bei nicht sehr großen Stichprobenumfängen nicht sehr effizient ist.

9.2. Kolmogorow-Smirnow-Zweistichproben-Test

Der in Kap. VII Abschnitt 7.4 dargestellte Test benötigt die **Stetigkeit** der beiden Verteilungsfunktionen. Bei diesem Test können unter bestimmten Voraussetzungen auch zweiseitige Alternativen getestet werden. Er sollte dem Chi-Quadrat-Test vorgezogen werden.

9.3. Der Iterationstest von Wald-Wolfowitz

Mit dem in Abschnitt 1 beschriebenen Iterationstest läßt sich der folgende zweiseitige Test durchführen:

$$H_0 : F(z) = G(z) \quad \text{für alle } z \in \mathbb{R};$$

$$H_1 : F(z) \neq G(z) \quad \text{für mindestens ein } z \in \mathbb{R}.$$

Dabei seien die beiden Verteilungsfunktionen F und G **stetig**. Zur Testdurchführung werden zwei unabhängige Stichproben

$$x = (x_1, x_2, \dots, x_{n_1}); \quad y = (y_1, y_2, \dots, y_{n_2})$$

vom Umfang n_1 bzw. n_2 benutzt. Beide Stichproben werden zu einer einzigen Stichprobe

$$z = (x_1, x_2, \dots, x_{n_1}, y_1, y_2, \dots, y_{n_2}) = (z_1, z_2, \dots, z_n)$$

vom Umfang $n = n_1 + n_2$ vereinigt. Die Werte der gesamten Stichprobe werden der Größe nach geordnet. Wegen der vorausgesetzten Stetigkeit der beiden Verteilungsfunktionen sind mit Wahrscheinlichkeit Eins alle Stichprobenwerte voneinander verschieden, so daß gleiche Werte (Bindungen) im allgemeinen nur durch Runden entstehen. In dieser geordneten Stichprobe wird der entsprechende Wert mit x bezeichnet, falls er aus der Stichprobe x stammt, sonst mit y.

a) **Keine Bindungen:** Zwischen den x- und y-Werten sollen keine Bindungen auftreten, d. h. kein x-Wert soll mit einem y-Wert übereinstimmen. Dabei dürfen x-Werte bzw. y-Werte untereinander gleich sein. Dann entsteht eine Folge der Länge $n_1 + n_2$, wobei n_1 Elemente gleich x und die restlichen n_2 gleich y sind z. B.

$$x\,x\,y\,y\,y\,x\,.....\,x\,y\,x\,.$$

Falls die Nullhypothese H_0 richtig ist, kann man erwarten, daß die beiden Symbole "gut gemischt" sind.

Als **Testgröße** benutzt man die Zufallsvariable R, deren Realisierungen die **Anzahl der Iterationen** aus **Abschnitt** 1 sind. Falls die Anzahl der Iterationen zu klein ist, wird die Nullhypothese abgelehnt, andernfalls nicht. Mit der Anzahl r der Iterationen in der Stichprobe und der kritischen Grenze

$$r_\alpha \quad \text{maximal mit} \quad \alpha^* = P\,(R \leq r_\alpha) \leq \alpha$$

erhält man zum Signifikanzniveau $\alpha^* \leq \alpha$ die

Testentscheidung: Falls für die Anzahl r der Iterationen $r \leq r_\alpha$ gilt, wird die Nullhypothese der Gleichheit der beiden Verteilungsfunktionen abgelehnt. Die Alternative, daß die beiden Verteilungsfunktionen nicht identisch sind, wird dann angenommen. Die beiden Stichproben können somit nicht aus derselben Verteilung stammen.

Da die Testgröße R diskret ist, wird in der Regel das α nicht voll ausgeschöpft. Für $n_1, n_2 > 20$ wird die Approximation durch die Normalverteilung aus Abschnitt 1 benutzt.

Beispiel: Gegeben sind die beiden bereits der Größe nach geordneten Stichproben:

x_i : 100,1; 101,5; 102,3; 104,9; 106,3; 107,2; 108,1; 108,3

y_j : 105,1; 105,9; 108,5; 108,9; 109,3; 110,0; 111,3; 113,2; 115,6; 118,0

Diese Stichprobe liefert die Reihe

$$x\,x\,x\,x\,y\,y\,x\,x\,x\,x\,y\,y\,y\,y\,y\,y\,y\,y\,.$$

Die Anzahl der Iterationen ist $r = 4$. Der Test soll mit $\alpha = 0{,}01$ durchgeführt werden. Dabei gilt nach Abschnitt 1

$$P(R = 2) = \frac{2}{\binom{18}{8}} = \frac{2}{43758};$$

$$P(R = 3) = \frac{\binom{7}{1}\cdot\binom{9}{0} + \binom{7}{0}\cdot\binom{9}{1}}{\binom{18}{8}} = \frac{16}{437583};$$

$$P(R = 4) = \frac{2\binom{7}{1}\cdot\binom{9}{1}}{\binom{18}{8}} = \frac{126}{437583}.$$

$$P(R \leq 4) = P(R = 2) + P(R = 3) + P(R = 4) = \frac{144}{43758} = 0{,}0033 < 0{,}01.$$

Deswegen kann die Nullhypothese der Gleichheit der beiden Verteilungsfunktionen mit $\alpha = 0{,}01$ abgelehnt werden. Die Entscheidung lautet: Die beiden stetigen Zufallsvariablen X und Y besitzen nicht die gleiche Verteilungsfunktion.

b) **Auftreten von Bindungen**: Falls zwischen den x- und y-Werten Bindungen (Übereinstimmungen) bestehen, berechnet man sämtliche Iterationen für alle möglichen kombinierten geordneten Stichproben der Bindungen. Alle diese Iterationen werden dann mitgezählt. Für einen konservativen Test wird jeweils der größte Wert r benutzt.

9.4. Der Wilcoxon-Rangsummentest

Bei dem in Abschnitt 8 beschriebenen Wilcoxon-Rangsummentest gehen in die Rangbestimmung die genauen Werte der beiden Stichproben ein. Der Test benötigt als Voraussetzung die **Stetigkeit** der beiden Verteilungsfunktionen. Er läßt unter speziellen Modellvoraussetzungen zweiseitige Alternativen zu und ist im allgemeinen sehr effizient, so daß er den übrigen Tests nach Möglichkeit vorzuziehen ist.

10. Lagealternativen (additive Lokationsmodelle)

Oft ist bekannt, daß sich zwei Zufallsvariable X und Y nur durch eine (unbekannte) "additive Konstante" θ unterscheiden. Dieser **additive Lageparameter (Lokationsparameter)** θ kann z. B. ein zusätzlicher Ertrag sein, der auf eine bestimmte Behandlung zurückzuführen ist. Die Zufallsvariable X besitze die Verteilungsfunktion $P(X \leq x) = F(x)$. Dann hat die "linear transformierte" Zufallsvariable

$$Y = X + \theta \, ; \, \theta \in \mathbb{R}$$

die Verteilungsfunktion

$$G(y) = P(Y \leq y) = P(X \leq y - \theta) = F(y - \theta).$$

Die beiden Verteilungsfunktionen F und G gehen also durch Parallelverschiebung um θ bzw. $-\theta$ ineinander über. Im stetigen Fall erhält man die Dichte $g(y)$ der Zufallsvariablen Y durch Parallelverschiebung der Dichte $f(x)$ der Zufallsvariablen X um den Wert θ mit

$$g(y) = f(y - \theta) \quad \text{für alle } y.$$

Die beiden Dichten unterscheiden sich also nur durch die Lage.

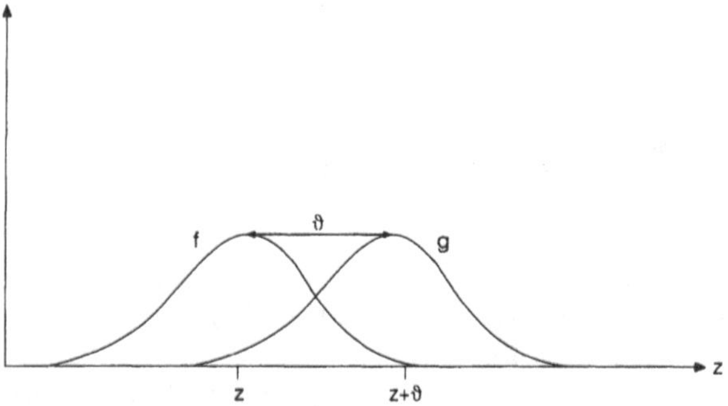

Dichten beim additiven Lokationsmodell

Falls die Erwartungswerte existieren, gilt

$$\mu_Y = E(Y) = E(X + \theta) = E(X) + \theta = \mu_X + \theta.$$

$\theta = \mu_Y - \mu_X$ ist dann die Differenz der Erwartungswerte und gleichzeitig auch die Differenz der beiden Mediane, also $\theta = \tilde{\mu}_Y - \tilde{\mu}_X$. Für $\theta > 0$ ist die Zufallsvariable Y **stochastisch größer** als X, für $\theta < 0$ **stochastisch kleiner**.

Beide Zufallsvariablen besitzen die gleiche Varianz. In diesem Abschnitt behandeln wir das allgemeine

additive Lagemodell (Lokationsmodell)

$$G(y) = F(y - \theta) \quad \text{für alle } y$$

mit einem unbekannten **Lageparameter (Lokationsparameter)** $\theta \in \mathbb{R}$. Der Parameter θ soll getestet werden. Ferner sollen Konfidenzintervalle für θ bestimmt werden.

Für $\theta > 0$ gilt $G(y) \leq F(y)$; aus $\theta < 0$ folgt $G(y) \geq F(y)$.

10.1. Tests und Konfidenzintervalle bei Normalverteilungen oder großen Stichproben

Im Falle der **Normalverteilung** wird zum Test der Differenz der beiden Erwartungswerte $\theta = \mu_Y - \mu_X$ (bei gleicher Varianz) der t-Test aus Kap. VIII Abschnitt 1.4.2.2 benutzt. Dieser Test kann auch für große Stichprobenumfänge allgemein approximativ angewandt werden. Konfidenzintervalle für θ erhält man mit den Formeln aus dem gleichen Abschnitt.

10.2. Test mit Hilfe des Rangsummentests

Falls die Zufallsvariablen des additiven Lokationsmodells **nicht normalverteilt** sind, ist man bei kleinen Stichproben auf parameterfreie Methoden angewiesen.

Die Verteilungsfunktionen F und G seien **stetig.** Dann soll im additiven Lagemodell eine der drei Nullhypothesen getestet werden:

a) $H_0: \theta = \theta_0$ (zweiseitig) ; b) $H_0: \theta \leq \theta_0$; c) $H_0: \theta \geq \theta_0$ (einseitig).

$\theta_0 = 0$ ergibt wegen der Modellvoraussetzung als Spezialfall den **Test auf Gleichheit der beiden Verteilungen** des additiven Lagemodells.

Für diesen Test kann der Wilcoxon-Rangsummentest aus Abschnitt 8 benutzt werden. Da sich die beiden Verteilungsfunktionen F und G wegen der Modellvoraussetzung nicht schneiden (durchdringen) können, sind die beiden einseitigen Alternativen in b') und c') eindeutig festgelegt. Aus diesem Grund wird der Rangsummentest von Wilcoxon oft nur bei additiven Lokationsmodellen formuliert. Dieser Test ist wesentlich effizienter als der t-Test. Zur Testdurchführung benutzt man zwei unabhängige Stichproben vom Umfang n_1 und n_2

$$x = (x_1, x_2, \dots, x_{n_1}) \,; \quad y = (y_1, y_2, \dots, y_{n_2}) \,.$$

Von den Werten der Stichprobe y wird zunächst der Grenzwert θ_0 subtrahiert. Dann bildet man die gemeinsame Stichprobe

$$z = (x_1, x_2, \dots, x_{n_1}, y_1 - \theta_0, y_2 - \theta_0, \dots, y_{n_2} - \theta_0).$$

Die transformierten Stichprobenwerte $y_i - \theta_0$ sind Realisierungen der Zufallsvariablen $\tilde{Y} = Y - \theta_0$. Nach der Modellannahme gilt

$$\tilde{Y} = Y - \theta_0 = X + (\theta - \theta_0) \,.$$

Es ist sinnvoll zur Rangsummenbildung die kürzere Stichprobe zu benutzen. Deswegen werden folgende Fallunterscheidungen gemacht:

1.Fall: $n_1 \leq n_2$:

Als Testgröße wird die Rangsumme der x-Werte in der Stichprobe z benutzt

$$w^{(1)}_{n_1;n_2} = \sum_{i=1}^{n_1} R(x_i) \,.$$

2.Fall: $n_1 > n_2$:

Hier berechnet man zunächst als Testgröße die Rangsumme der Werte $y_j - \theta_0$ in der Stichprobe z

$$w^{(2)}_{n_1;n_2} = \sum_{j=1}^{n_2} R(y_j - \theta_0)$$

und hieraus die Rangsumme der x-Werte durch

$$w^{(1)}_{n_1;n_2} = \frac{(n_1+n_2)(n_1+n_2+1)}{2} - w^{(2)}_{n_1;n_2} \,.$$

Im Falle $\theta > \theta_0$ werden die Ränge der Stichprobe x im allgemeinen klei-- ner sein als die der Stichprobe $y - \theta_0$, für $\theta < \theta_0$ sind die Ränge der Stichprobe x größer.

Mit der Rangsumme $w^{(1)}_{n_1;n_2}$ der x-Stichprobe in der transformierten Stichprobe z und den kritischen Grenzen (Tab. 10)

$$w^{(1)}_{n_1;n_2;\alpha} \text{ maximal mit } \alpha^* = P\left(W^{(1)}_{n_1;n_2} \leq w^{(1)}_{n_1;n_2;\alpha}\right) \leq \alpha \,,$$

$$w^{(1)}_{n_1;n_2;\alpha/2} \text{ maximal mit } \frac{\alpha^*}{2} = P\left(W^{(1)}_{n_1;n_2} \leq w^{(1)}_{n_1;n_2;\alpha/2}\right) \leq \frac{\alpha}{2}$$

erhält man zum Signifikanzniveau $\alpha^* \leq \alpha$ die

Testentscheidungen

Nullhypothese H_0	Alternative H_1	Ablehnungsbereich von H_0
a) $\theta = \theta_0$	$\theta \neq \theta_0$	$w^{(1)}_{n_1;n_2} \leq w^{(1)}_{n_1;n_2;\alpha/2}$ oder $\geq n_1(n_1+n_2+1) - w^{(1)}_{n_1;n_2;\alpha/2}$
b) $\theta \leq \theta_0$	$\theta > \theta_0$	$w^{(1)}_{n_1;n_2} \leq w^{(1)}_{n_1;n_2;\alpha}$
c) $\theta \geq \theta_0$	$\theta < \theta_0$	$w^{(1)}_{n_1;n_2} \geq n_1(n_1+n_2+1) - w^{(1)}_{n_1;n_2;\alpha}$

$w^{(1)}_{n_1;n_2}$ = Rangsumme der x-Stichprobe in der transformierten Stichprobe z.

10.3. Test von θ mit dem van der Waerden-Test

Die Verteilungsfunktionen F und G des additiven Lagemodells seien stetig. Der van der Waerden-Test benutzt im Gegensatz zum Rangsummentest nicht die Summe der Ränge der x-Werte in der Stichprobe

$$z = (x_1, x_2, \dots, x_{n_1}, y_1 - \theta_0, y_2 - \theta_0, \dots, y_{n_2} - \theta_0).$$

Die Testgröße des sog. **X-Tests** von van der Waerden lautet

$$X_{n_1;n_2} = \sum_{i=1}^{n_1+n_2} \Phi^{-1}\left(\frac{i}{n_1+n_2+1}\right) \cdot V_i$$

$$\text{mit} \quad V_i = \begin{cases} 1, & \text{falls } Z_{(i)} \text{ gleich einem } X_k \text{ ist;} \\ 0, & \text{sonst.} \end{cases} \quad \text{für } i = 1, 2, \dots, n_1 + n_2 .$$

Dabei ist Φ^{-1} die Inverse der Verteilungsfunktion Φ der Standard-Normalverteilung. Wegen der Symmetrie der Standard-Normalverteilung zur Stelle 0 gilt dabei

$$\Phi^{-1}\left(\frac{k}{n_1+n_2+1}\right) = \Phi^{-1}\left(\frac{n_1+n_2-k+1}{n_1+n_2+1}\right) \quad \text{für } k = 1, 2, \dots, n_1 + n_2.$$

Daraus folgt

$$\sum_{i=1}^{n_1+n_2} \Phi^{-1}\left(\frac{i}{n_1+n_2+1}\right) = 0.$$

Unter der Nullhypothese $\theta = \theta_0$ ist die Verteilung der Testgröße **symmetrisch zum Nullpunkt** (Erwartungswert). Die einzelnen Wahrscheinlichkeiten können durch kombinatorische Überlegungen berechnet werden, wobei man sich wegen der Symmetrie auf die Berechnung einer Hälfte beschränken kann mit

$$P(X_{n_1;n_2} = -k) = P(X_{n_1;n_2} = k).$$

Kritische Grenzen sind für $n \leq 50$ in Büning, H.; Trenkler, G. [1978] und Waerden, B. L. van der; Nievergelt, E. [1956] vertafelt.

Für die Testgröße gilt im Falle $\theta = \theta_0$

$$E(X_{n_1;n_2}) = 0;$$

$$\mathrm{Var}(X_{n_1;n_2}) = \frac{n_1 \cdot n_2}{(n_1+n_2)(n_1+n_2-1)} \cdot \sum_{i=1}^{n} \left[\Phi^{-1}\left(\frac{i}{n_1+n_2+1}\right)\right]^2$$

Die Testgröße besitzt die Realisierung

$$x_{n_1;n_2} = \sum_{i=1}^{n_1} \Phi^{-1}\left(\frac{R(x_i)}{n_1+n_2+1}\right); \quad R(x_i) = \text{Rang von } x_i.$$

Mit der Testgröße $x_{n_1;n_2}$ und den kritischen Grenzen

$$x_{n_1;n_2;\alpha} \text{ maximal mit } \alpha^* = P\left(X_{n_1;n_2} \leq x_{n_1;n_2;\alpha}\right) \leq \alpha,$$

$$x_{n_1;n_2;\alpha/2} \text{ maximal mit } \frac{\alpha^*}{2} = P\left(X_{n_1;n_2} \leq x_{n_1;n_2;\alpha/2}\right) \leq \frac{\alpha}{2}$$

erhält man zum Signifikanzniveau $\alpha^* \leq \alpha$ die

Testentscheidungen

Nullhypothese H_0	Alternative H_1	Ablehnungsbereich von H_0
a) $\theta = \theta_0$	$\theta \neq \theta_0$	$\lvert x_{n_1;n_2} \rvert \geq x_{n_1;n_2;\alpha/2}$
b) $\theta \leq \theta_0$	$\theta > \theta_0$	$x_{n_1;n_2} \leq x_{n_1;n_2;\alpha}$
c) $\theta \geq \theta_0$	$\theta < \theta_0$	$x_{n_1;n_2} \geq x_{n_1;n_2;1-\alpha}$

Asymptotische Verteilung von $X_{n_1;n_2}$

Für große Stichprobenumfänge (es genügt n > 50) ist die standardisierte Testgröße

$$Z = \frac{X_{n_1;n_2}}{\sqrt{\frac{n_1 \cdot n_2}{n(n-1)} \cdot \sum_{i=1}^{n} \left[\Phi^{-1}\left(\frac{i}{n+1}\right)\right]^2}} \quad ; n = n_1 + n_2$$

für $\theta = \theta_0$ näherungsweise standard-normalverteilt.

10.4. Test von θ mit dem Kolmogorow-Smirnow-Zweistichprobentest

Bei **stetigen** Verteilungen kann der Lageparameter θ des additiven Lagemodells auch mit dem in Kap. VII Abschnitt 7.4 beschriebenen nichtparametrischen Kolmogorow-Smirnow-Zweistichprobentest durchgeführt werden. Dabei sind wegen der Modellvoraussetzung die beiden einseitigen Alternativen in b') und c') eindeutig festgesetzt. Zur Berechnung der Testgröße benutzt man die empirische Verteilungsfunktion $F_{n_1}(z)$ der Stichprobe $(x_1, x_2, \ldots, x_{n_1})$ und die empirische Verteilungsfunktion $G_{n_2}(z)$ der transformierten Stichprobe $(y_1 - \theta_0, y_2 - \theta_0, \ldots, y_{n_2} - \theta_0)$. Die Stichprobenwerte $y_i - \theta_0$ sind Realisierungen der Zufallsvariablen $Y_i - \theta_0$. Nach der Modellvoraussetzung besitzt diese Zufallsvariable die Verteilungsfunktion

$$\tilde{G}(y) = P(Y - \theta_0 \leq y) = P(Y \leq y + \theta_0) = F(y + \theta_0 - \theta).$$

Im Falle $\theta = \theta_0$ gilt $\tilde{G} = F$, für $\theta > \theta_0$ ist $F(y) \geq \tilde{G}(y)$, aus $\theta < \theta_0$ folgt $F(y) \leq \tilde{G}(y)$.

Mit den kritischen Grenzen und den Testgrößen aus Kap. VII Abschnitt 7.4 erhält man daher die

Testentscheidungen

Nullhypothese H_0	Alternative H_1	Ablehnungsbereich von H_0
a) $\theta = \theta_0$	$\theta \neq \theta_0$	$d_{n_1;n_2} \geq d_{n_1;n_2;1-\alpha}$
b) $\theta \leq \theta_0$	$\theta > \theta_0$	$d^+_{n_1;n_2} \geq d^+_{n_1;n_2;1-\alpha}$
c) $\theta \geq \theta_0$	$\theta < \theta_0$	$d^-_{n_1;n_2} \geq d^+_{n_1;n_2;1-\alpha}$

Kritische Grenzen und Testgröße s. Kap. VII Abschnitt 7.4

10.5. Schätzungen des Lageparameters

Aus den beiden unabhängigen Stichproben

$$x = (x_1, x_2, \dots, x_{n_1}) \; ; \quad y = (y_1, y_2, \dots, y_{n_2})$$

soll eine Punktschätzung für den Lageparameter θ des additiven Lokationsmodells bestimmt werden. Dafür gibt es mehrere Möglichkeiten.

10.5.1. Schätzung durch den Stichprobenmittelwert

Falls die Erwartungswerte $\mu_X = E(X)$ und $\mu_Y = E(Y)$ existieren, gilt

$$\mu_Y - \mu_X = \theta.$$

Dann erhält man mit den beiden Stichprobenmittelwerten

$$\bar{x} = \frac{1}{n_1} \sum_{i=1}^{n_1} x_i \; ; \quad \bar{y} = \frac{1}{n_2} \sum_{j=1}^{n_2} y_j$$

in $\hat{\theta} = \bar{y} - \bar{x}$ erwartungstreue und konsistente Schätzwerte für den Parameter θ.

10.5.2. Schätzung durch den Stichprobenmedian

Falls bei stetigen Verteilungen die Mediane eindeutig bestimmt sind, erhält man mit den beiden Stichprobenmedianen $\tilde{x}$ und $\tilde{y}$ nach Abschnitt 6.1 in $\hat{\theta} = \tilde{y} - \tilde{x}$ **asymptotisch erwartungstreue** und **konsistente** Schätzwerte für den Lokationsparameter θ.

10.5.3. Schätzung mit Hilfe von Ranggrößen (Hodges-Lehmann)

Zunächst werden alle $n_1 \cdot n_2$ Differenzen

$$y_j - x_i \ ; \ \ i = 1, 2, \dots, n_1 \ ; \ \ j = 1, 2, \dots, n_2$$

gebildet und der Größe nach geordnet in der Form

$$d_{(1)} \leq d_{(2)} \leq d_{(3)} \leq \dots\dots \leq d_{(n_1 \cdot n_2)} .$$

Nach Hodge-Lehmann benutzt man als Schätzung für den Lageparameter θ den Median dieser geordneten Stichprobe , also

$$\hat{\theta} = d_{(k+1)} \text{, falls } n_1 \cdot n_2 = 2k + 1 \text{ (ungerade);}$$

$$\hat{\theta} = \frac{1}{2}\left(d_{(k)} + d_{(k+1)}\right) \text{, falls } n_1 \cdot n_2 = 2k \text{ (gerade).}$$

Nach Lehmann, E.L. [1974] ist diese Schätzfunktion **erwartungstreu**, wenn die Verteilungsfunktion F zu θ symmetrisch ist oder wenn beide Stichprobenumfänge gleich groß sind, also für $n_1 = n_2$.

10.6. Konfidenzintervall für den Lageparameter

Zur Bestimmung von verteilungsfreien Konfidenzintervallen für θ sei die **Stetigkeit** der Verteilungsfunktionen F vorausgesetzt. Konfidenzintervalle zum Niveau $\geq 1 - \alpha$ sollen aus den Zufallsvariablen der Differenzen aus Abschnitt 10.5.3 bestimmt werden. Von den $n_1 \cdot n_2$ Differenzen

$$Y_j - X_i \ ; \ \ i = 1, 2, \dots, n_1 \ ; \ \ j = 1, 2, \dots, n_2$$

werden die Ordnungsstatistiken gebildet

$$D_{(1)} < D_{(2)} < D_{(3)} < \dots < D_{(n_1 \cdot n_2)} .$$

Diese sind wegen der vorausgesetzten Stetigkeit der Verteilungsfunktion F mit Wahrscheinlichkeit Eins alle verschieden. Das Ereignis

$$(D_{(m)} \leq \theta)$$

tritt genau dann ein, wenn mindestens m der Differenzen $Y_j - X_i$ kleiner oder gleich θ , also höchstens $n_1 \cdot n_2 - m$ der Differenzen größer oder gleich θ sind.

$$Y_j - X_i \leq \theta \quad \text{ist gleichwertig mit} \quad (Y_j - \theta) - X_i \leq 0.$$

Ersetzt man in der Mann-Withney-Statistik aus Abschnitt 3 die Zufallsvariable Y_j durch $Y_j - \theta$, so tritt dieses Ereignis genau dann ein, wenn mit

$$U_{n_1;n_2} = \sum_{i=1}^{n_1} \sum_{j=1}^{n_2} D_{ij} \quad \text{mit} \quad D_{ij} = \begin{cases} 1 & \text{für } Y_j - \theta < X_i, \; i = 1,2,\dots,n_1; \\ 0 & \text{für } Y_j - \theta > X_i, \; j = 1,2,\dots,n_2 \end{cases}$$

das Ereignis

$(U_{n_1;n_2} \geq m)$ eintritt.

Damit gilt

$$\boxed{P(D_{(m)} \leq \theta) = P(U_{n_1;n_2} \geq m).}$$

Die Verteilung der Mann-Withney-Statistik wird allgemein unter der Nullhypothese berechnet, daß θ der richtige Lageparameter ist. Die Mann-Withney-Statistik kann nach Abschnitt 8 dargestellt werden durch die Wilcoxon-Statistik

$$U_{n_1;n_2} = W^{(1)}_{n_1;n_2} - \frac{n_1 \cdot (n_1+1)}{2}.$$

Damit erhält man mit der obigen Darstellung

$$\begin{aligned} P(\theta \leq D_{(m)}) &= 1 - P(D_{(m)} < \theta) = 1 - P(U_{n_1;n_2} \geq m) \\ &= P(U_{n_1;n_2} < m) = P(U_{n_1;n_2} \leq m-1) \\ &= P\left(W^{(1)}_{n_1;n_2} \leq \frac{n_1 \cdot (n_1+1)}{2} + m - 1\right) \leq \frac{\alpha}{2}. \end{aligned}$$

Daraus folgt mit dem Quantil der Wilcoxon-Statistik

$$\frac{n_1 \cdot (n_1+1)}{2} + m - 1 = w^{(1)}_{n_1;n_2;\alpha/2} \quad ;$$

$$m = 1 + w^{(1)}_{n_1;n_2;\alpha/2} - \frac{n_1 \cdot (n_1+1)}{2}.$$

$$\begin{aligned} P(D_{(n_1 \cdot n_2 - r)} \leq \theta) &= P(U_{n_1;n_2} \geq n_2 \cdot n_2 - r) = P(U_{n_1;n_2} \leq r) \\ &= P\left(W^{(1)}_{n_1;n_2} \leq \frac{n_1 \cdot (n_1+1)}{2} + r\right) \leq \frac{\alpha}{2} \end{aligned}$$

ergibt

$$r = w^{(1)}_{n_1;n_2;\alpha/2} - \frac{n_1 \cdot (n_1+1)}{2} = m - 1.$$

Damit erhält man

zweiseitige Konfindenzintervalle für θ zum Niveau $\geq 1-\alpha$:

Mit den Realisierungen $d_{(k)}$ der oben angegebenen Ordnungsstatistiken $D_{(k)}$ erhält man für den Lokationsparameter θ zum Niveau $\geq 1-\alpha$ die zweiseitigen Konfidenzintervalle

$$\left[d_{(r+1)}\,;\,d_{(n_1\cdot n_2-r)}\right] \quad \text{mit} \quad r = w^{(1)}_{n_1;n_2;\alpha/2} - \frac{n_1\cdot(n_1+1)}{2}\,;$$

$w^{(1)}_{n_1;n_2;\alpha/2}$ kritische Grenzen der Wilcoxon-Rangsummen-Statistik.

Einseitige Konfidenzintervalle erhält man mit dem α-Quantil durch Weglassen einer Grenze.

11. Variabilitätsalternativen

Bei den in Abschnitt 10 behandelten additiven Lokationsmodellen unterscheiden sich die Verteilungsfunktionen bzw. Dichten der beiden Zufallsvariablen X und $Y = X + \theta$ nur durch eine Parallelverschiebung. Dadurch ändert sich die Lage der Verteilung und somit der Erwartungswert und der Median, nicht jedoch die Varianz. Bei einer Maßstabsänderung dagegen werden alle Werte mit dem gleichen Faktor $\theta > 0$ multipliziert.

Behandelt wird die Transformation

$$X = \theta\cdot Y \quad \text{mit einem sog. } \textbf{Variabilitätsparameter } \theta > 0.$$

Falls die Zufallsvariable X die Verteilungsfunktion F, den Erwartungswert $E(X) = \mu_X$, den Median $\tilde{\mu}_X$ und die Varianz $Var(X) = \sigma^2_X$ besitzt, hat die Zufallsvariable $Y = \frac{1}{\theta}\cdot X$, $\theta > 0$ die Verteilungsfunktion

$$G(y) = P(Y \leq y) = P(X \leq \theta y) = F(\theta y),\ y \in \mathbb{R}$$

und die Kenngrößen

$$\mu_Y = E(Y) = \frac{1}{\theta}\cdot\mu_X\,;\quad \tilde{\mu}_Y = \frac{1}{\theta}\cdot\tilde{\mu}_X\,;\quad \sigma^2_Y = Var(Y) = \frac{1}{\theta^2}\cdot\sigma^2_X\,.$$

Neben der Standardabweichung ändert sich auch der Erwartungswert multiplikativ. Der Variabilitätsparameter θ ändert neben der Streuung auch den Erwartungswert und den Median und damit die Lage der Verteilung. Daher kann ein Test des Parameters θ im allgemeinen nicht interpretiert werden als Test auf Gleichheit der beiden Varianzen. Nur für $\mu_X = \mu_Y = 0$ sind die Erwartungswerte gleich. Dann stellt der Test des Variabilitätsparameters θ einen Vergleich der beiden Varianzen dar.

Allgemein gilt für $X = \theta \cdot Y$

$$E(X - \mu_X) = \theta \cdot E(Y - \mu_Y) \ ; \quad Var(X) = \theta^2 \cdot Var(Y) \ .$$

Die transformierten Zufallsvariablen $X' = X - \mu_X$ und $Y' = Y - \mu_Y$ besitzen jeweils den Erwartungswert 0. In der Praxis sind die beiden Erwartungswerte μ_X und μ_Y jedoch nicht bekannt. Falls sie bekannt wären, könnte man daraus sehr einfach den Parameter $\theta = \mu_X/\mu_Y$ berechnen.

Bei verteilungsfreien Methoden wird üblicherweise als Lageparameter der **Median** benutzt. Nur für $F(0) = \frac{1}{2}$ besitzen beide Zufallsvariable den gleichen Median $\tilde{\mu}_Y = \tilde{\mu}_X = 0$.

Für die beiden Verteilungsfunktionen F und G der Zufallsvariablen X und Y gelte die

Modellvoraussetzung:

$$G(y) = P(Y \leq y) = P(X \leq \theta y) = F(\theta y)$$

für alle $y \in \mathbb{R}$ mit einem unbekannten **Skalierungsparameter** $\theta > 0$.

Im Falle $\theta > 1$ ($\theta < 1$) streuen die x-Werte stärker (schwächer) als die y-Werte. Für $\theta = 1$ stimmen beide Verteilungsfunktionen überein. Sonst können die beiden Verteilungsfunktionen nicht miteinander verglichen werden, da sie sich im allgemeinen durchdringen. An der Stelle $z = 0$ besitzen beide Verteilungsfunktionen unter der Modellvoraussetzung immer den gleichen Funktionswert $F(0) = G(0)$.

Falls die Verteilungsfunktion F im Variationsbereich von X streng monoton wachsend ist, gilt dort:

Aus $\theta < 1$ folgt $G(z) > F(z)$ für $z < 0$ und $G(z) < F(z)$ für $z > 0$.

Aus $\theta > 1$ folgt $G(z) < F(z)$ für $z < 0$ und $G(z) > F(z)$ für $z > 0$.

Falls man nur das Verhältnis $\theta = \sigma_X/\sigma_Y$ der beiden Varianzen testen möchte ($\theta = 1$ bedeutet die Gleichheit der beiden Varianzen), müssen die Zufallsvariablen $X' = X - \mu_X$ und $Y' = Y - \mu_Y$ betrachtet werden. Für ihre Verteilungsfunktionen gilt dann die obige Modellvoraussetzung. Auf diese Transformation kann man nur im Falle $\mu_X = 0$ verzichten.

Damit mit Wahrscheinlichkeit Eins keine Bindungen auftreten, sei die **Stetigkeit** der Verteilungsfunktionen vorausgesetzt.

Die Testdurchführung geschieht mit Hilfe linearer Rangstatistiken. Dabei werden extrem großen bzw. kleinen Stichprobenwerten niedrige Rangzahlen und den mittleren Stichprobenwerten große Rangzahlen zugeordnet. Kleine (große) Rangsummen für eine der beiden Stichproben sprechen dann für eine große (kleine) Streuung.

11.1. Transformation auf additive Lagemodelle

Falls der Wertevorrat der Zufallsvariablen X nur aus positiven reellen Zahlen besteht, geht die Modellgleichung $X = \theta \cdot Y$ durch Logarithmieren über in

$$\ln X = \ln Y + \ln \theta \; ; \quad \ln Y = \ln X - \ln \theta \, ,$$

also in ein additives Lagemodell bezüglich des logarithmierten Parameters $\theta' = -\ln \theta$. $\theta = 1$ entspricht dabei $\theta' = 0$. Dann können die Methoden aus Abschnitt 10 unmittelbar auf den Lageparameter θ' angewandt werden. Allerdings kann der Fall eintreten, daß der Erwartungswert der transformierten Zufallsvariablen $\ln X$ nicht exisitiert.

Falls Realisierungen der Zufallsvariablen X negativ sind, kann die Betragsgleichung $|X| = \theta \cdot |Y|$ logarithmiert werden mit

$$\ln|X| = \ln|Y| + \ln \theta \, .$$

11.2. Test des Skalierungsparameters

Bezüglich des unbekannten Skalierungsparameters θ sollen folgende Nullhypothesen getestet werden

$$\text{a) } \theta = 1 ; \qquad \text{b) } \theta \leq 1 ; \qquad \text{c) } \theta \geq 1 \, .$$

11.2.1. Test bei Normalverteilungen

Falls die Zufallsvariable X normalverteilt ist, besteht die Untersuchung des Variabilitätsparameters θ wegen

$$\theta^2 = \frac{\sigma_X^2}{\sigma_Y^2}$$

im Vergleich der beiden Varianzen. Dann können Tests und Konfidenzintervalle für θ^2 und θ mit Hilfe des F-Tests aus Kap. VIII Abschnitt 2.6 durchgeführt werden. Dabei muß der Erwartungswert der Zufallsvariablen X nicht bekannt sein.

11.2.2. Der Siegel-Tukey-Test

Falls die Zufallsvariable X nicht normalverteilt ist, benutzt man zur Testdurchführung zwei unabhängige Stichproben mit den Umfängen n_1 und n_2

$$x = (x_1, x_2, \dots, x_{n_1}) \; ; \quad y = (y_1, y_2, \dots, y_{n_2}).$$

Sie werden vereinigt zur Stichprobe

$$z = (z_1, z_2, \dots, z_n)$$

vom Umfang $n = n_1 + n_2$. Damit mit Wahrscheinlichkeit Eins keine Bindungen auftreten, sei die **Stetigkeit** der Zufallsvariablen X vorausgesetzt.

Nach Siegel, S.; Tukey, J. W. [1960] wird in der geordneten Stichprobe die Rangzuweisung der Reihe nach abwechselnd von außen nach innen vorgenommen. Die praktische Durchführung soll an dem folgenden Beispiel gezeigt werden.

Beispiel (n gerade):

	x	x	y	y	y	y	x	x	y	x
c_i	1	4	5	8	9	10	7	6	3	2

Bei **ungeradem n** wird der mittlere Stichprobenwert der gemeinsamen geordneten Reihe gestrichen und die Rangeinteilung für die restliche Stichprobe mit geradem Stichprobenumfang vorgenommen.

Die Rangzuweisung kann durch die nachfolgende allgemeine geschlossene Formel dargestellt werden

$$c_i = \begin{cases} 2i & \text{für gerades } i \text{ und } 1 < i \leq n/2, \\ 2i-1 & \text{für ungerades } i \text{ und } 1 \leq i \leq n/2, \\ 2(n-i)+2 & \text{für gerades } i \text{ und } n/2 < i \leq n, \\ 2(n-i)+1 & \text{für ungerades } i \text{ und } n/2 < i < n\,. \end{cases}$$

Als Testgröße wird die Rangsumme der Stichprobenwerte x_i benutzt, also die lineare Rangstatistik

$$S_{n_1;n_2} = \sum_{i=1}^{n} c_i \cdot V_i \;\; ; n = n_1 + n_2$$

$$\text{mit} \quad V_i = \begin{cases} 1, & \text{falls } Z_{(i)} \text{ gleich einem } X_k \text{ ist;} \\ 0, & \text{sonst.} \end{cases} \qquad \text{für } i = 1, 2, \ldots, n.$$

Im Falle $n_2 < n_1$ ist es sinnvoll, die Rangsumme der Stichprobe y zu berechnen. Subtraktion von der gesamten Rangsumme $\frac{n(n+1)}{2}$ ergibt dann die Testgröße $S_{n_1;n_2}$. Unter der Bedingung $H_0: \theta = 1$ stimmt die Verteilung von $S_{n_1;n_2}$ mit der Verteilung der **Wilcoxon-Statistik** $W^{(1)}_{n_1;n_2}$ aus Abschnitt 8 überein. Damit sind auch die Erwartungswerte und die Varianzen gleich mit

$$E(S_{n_1;n_2}) = E(W^{(1)}_{n_1;n_2}) = \frac{n_1(n_1 + n_2 + 1)}{2};$$

$$Var(S_{n_1;n_2}) = Var(W^{(1)}_{n_1;n_2}) = \frac{n_1 n_2 (n_1 + n_2 + 1)}{12}.$$

Damit kann auch die asymptotische Approximation durch die Normalverteilung unmittelbar übernommen werden. Die Verteilung ist **symmetrisch** zum Erwartungswert.

Mit den kritischen Grenzen $w^{(1)}_{n_1;n_2;\alpha}$ und $w^{(1)}_{n_1;n_2;\alpha}$ der Wilcoxon-Statistik und der Testgröße $s_{n_1;n_2}$ als Realisierung der Zufallsvariablen $S_{n_1;n_2}$ erhält man zum Signifikanzniveau $\leq \alpha$ die

Testentscheidungen

NullhypotheseH_0	Alternative H_1	Ablehnungsbereich von H_0
a) $\theta = 1$	$\theta \neq 1$	$s_{n_1;n_2} \geq w^{(1)}_{n_1;n_2;1\text{-}\alpha/2}$ oder $\leq w^{(1)}_{n_1;n_2;\alpha/2}$
b) $\theta \leq 1$	$\theta > 1$	$s_{n_1;n_2} \leq w^{(1)}_{n_1;n_2;\alpha}$
c) $\theta \geq 1$	$\theta < 1$	$s_{n_1;n_2} \geq w^{(1)}_{n_1;n_2;1-\alpha}$

Beispiel: In dem obigen Beispiel beträgt die Rangsumme $s_{5;5} = 20$. Mit der Irrtumswahrscheinlichkeit $\alpha = 0{,}05$ soll die Nullhypothese b) getestet werden. Weil die Testgröße nicht kleiner als die kritische Grenze $w^{(I)}_{5;5;0,05} = 19$ ist, kann die Nullhypothese $\theta \leq 1$ nicht abgelehnt werden.

Falls keine Bindungen auftreten, sind die Verteilungen der Siegel-Tukey-Statistik und der Wilcoxon-Statistik identisch. Diese Eigenschaft gilt bei Durchschnittsrängen nicht mehr. Der Siegel-Tukey-Test ist **konsistent**.

11.2.3. Der Mood-Test

Im Gegensatz zum Siegel-Tukey-Test, der den geordneten Stichprobenwerten an den beiden Rändern kleine Rangzahlen zuordnet, benutzt die Statistik von Mood, A. M. [1954] die Abweichungen der Ränge der x-Werte von der mittleren Rangzahl $\frac{n+1}{2}$. Auch hier wird die **Stetigkeit** der Zufallsvariablen X vorausgesetzt. Die lineare Rangstatistik in der zusammengesetzten Stichprobe $z = (z_1, z_2, \dots, z_n)$ vom Umfang $n = n_1 + n_2$ (s. Abschnitt 11.2.2) lautet

$$M_{n_1;n_2} = \sum_{i=1}^{n} \left(i - \frac{n+1}{2}\right)^2 \cdot V_i$$

mit $$V_i = \begin{cases} 1, & \text{falls } Z_{(i)} \text{ gleich einem } X_k \text{ ist;} \\ 0, & \text{sonst.} \end{cases} \qquad \text{für } i = 1, 2, \dots, n.$$

Je kleiner die Realisierung dieser Zufallsvariablen $M_{n_1;n_2}$ ist, um so weniger streuen die Werte der Stichprobe x und umgekehrt.

Unter der Nullhypothese $H_0: \theta = 1$ besitzt die Testgröße die Kenngrößen

$$E(M_{n_1;n_2}) = \frac{n_1(n^2-1)}{12};$$

$$\mathrm{Var}(M_{n_1;n_2}) = \frac{n_1 n_2 (n+1)(n^2-4)}{180}; \quad n = n_1 + n_2 .$$

Unter der Nullhypothese $H_0: \theta = 1$ kann die exakte Verteilung der Testgröße $M_{n_1;n_2}$ durch kombinatorische Überlegungen abgeleitet werden. Sie ist nur für $n_1 = n_2$ symmetrisch zum Erwartungswert.

Kritische Grenzen sind für $n_1 + n_2 \leq 20$ in Büning, H.; Trenkler, G. [1978] aufgeführt.

Asymptotische Verteilung von $M_{n_1;n_2}$

Für $n_1 + n_2 > 20$ ist unter der Nullhypothese $H_0\colon \theta = 1$ die standardisierte Zufallsvariable

$$Z = \frac{M_{n_1;n_2} - \frac{n_1(n^2-1)}{12}}{\sqrt{\frac{n_1 n_2 (n+1)(n^2-4)}{180}}} \quad ; \; n = n_1 + n_2$$

näherungsweise standard-normalverteilt.

Mit den Quantilen $m_{n_1;n_2;\alpha}$ der Mood-Statistik und der Testgröße $m_{n_1;n_2}$ als Realisierung der Zufallsvariablen $M_{n_1;n_2}$ erhält man zum Signifikanzniveau $\leq \alpha$ die

Testentscheidungen

Nullhypothese H_0	Alternative H_1	Ablehnungsbereich von H_0
a) $\theta = 1$	$\theta \neq 1$	$m_{n_1;n_2} \geq m_{n_1;n_2;1-\frac{\alpha}{2}}$ oder $\leq m_{n_1;n_2;\frac{\alpha}{2}}$
b) $\theta \leq 1$	$\theta > 1$	$m_{n_1;n_2} \geq m_{n_1;n_2;1-\alpha}$
c) $\theta \geq 1$	$\theta < 1$	$m_{n_1;n_2} \leq m_{n_1;n_2;\alpha}$

11.2.4. Der Ansari-Bradley-Test

In der gemeinsamen Stichprobe $z = (z_1, z_2, ..., z_n)$ mit $n = n_1 + n_2$ wird dem kleinsten und größten Stichprobenwert jeweils der Rang 1, dem zweitkleinsten und zweitgrößten der Rang 2 zugeordnet usw. Damit besitzen bei geradem n jeweils zwei Werte den gleichen Rang, bei ungeradem n hat der Median der gemeinsamen Stichprobe als einziger Wert nur einen Rang. Dadurch erhält man folgende Ränge

$$1, 2, 3, \ldots, \frac{n}{2}\,;\, \frac{n}{2}, \ldots, 3, 2, 1 \qquad \text{bei geradem } n\,;$$

$$1, 2, 3, \ldots, \frac{n-1}{2}\,;\, \frac{n+1}{2}, \frac{n-1}{2}, \ldots, 3, 2, 1 \quad \text{bei ungeradem } n\,.$$

Beide Stichproben zusammen besitzen dann folgende Rangsummen:

$$\sum_{i=1}^{n} R(z_i) = 2\,(1+2+\ldots+\tfrac{n}{2}) = 2\tfrac{1}{2}\,\tfrac{n}{2}(\tfrac{n}{2}+1) = \tfrac{n}{2}(\tfrac{n}{2}+1) \text{ für gerades } n;$$

$$\sum_{i=1}^{n} R(z_i) = 2\,(1+2+\ldots+\tfrac{n-1}{2}) + \tfrac{n+1}{2}$$
$$= 2\tfrac{1}{2}\,\tfrac{n-1}{2}\,(\tfrac{n-1}{2}+1) + \tfrac{n+1}{2} = \frac{(n+1)^2}{4} \text{ für ungerades } n.$$

Als Testgröße berechnet man die Summe der Ränge der kürzeren Stichprobe. Falls dies die Stichprobe y ist, kann mit Hilfe der obigen Formel für die gesamte Rangsumme die Rangsumme der Stichprobe x berechnet werden, so daß diese Testgröße immer zur Testentscheidung benutzt werden kann.

Die Testgröße der Summe der Ränge der Werte der Stichprobe x ist eine lineare Rangstatistik der Form

$$A_{n_1;n_2} = \sum_{i=1}^{n} \left(\frac{n+1}{2} - \left| i - \frac{n+1}{2} \right| \right) \cdot V_i$$

mit $V_i = \begin{cases} 1\,, \text{ falls } Z_{(i)} \text{ gleich einem } X_k \text{ ist;} \\ 0, \text{ sonst.} \end{cases}$ für $i = 1, 2, \ldots, n$.

Je kleiner die Realisierung der Testgröße $A_{n_1;n_2}$ ist, um so mehr streuen die Stichprobenwerte x_i.

Die Wahrscheinlichkeiten der Zufallsvariablen $A_{n_1;n_2}$ werden unter der Nullhypothese

$$H_0: \theta = 1$$

berechnet. Von den $n = n_1 + n_2$ Plätzen der vereinigten Stichprobe können n_1 Plätze mit x-Werten belegt werden. Dafür gibt es insgesamt $\binom{n_1+n_2}{n_1}$ verschiedene Belegungsmöglichkeiten, von denen unter H_0 alle gleichwahrscheinlich sind. Die Anzahl der für $(A_{n_1;n_2} = k)$ günstigen Fälle bezeichnen wir mit $r_{n_1,n_2}(k)$. Dann gilt

$$P(A_{n_1;n_2} = k) = \frac{r_{n_1,n_2}(k)}{\binom{n_1+n_2}{n_1}}.$$

Nach Gibbons, J D. [1971] gilt die Rekursionsformel

$$r_{n_1,n_2}(k) = r_{n_1-1,n_2}\left(k - \frac{n_1+1}{2}\right) + r_{n_1,n_2-1}(k) \text{ für ungerades } n_1 + n_2\,;$$

$$r_{n_1, n_2}(k) = r_{n_1-1, n_2}\left(k - \frac{n_1}{2}\right) + r_{n_1, n_2-1}(k) \quad \text{für gerades } n_1 + n_2 .$$

Kritische Grenzen sind für $n_1 + n_2 \leq 20$ in Hollander, M.; Wolfe, D.A. [1973] und in Ansari, A. R.; Bradley, R. A. [1960] angegeben. Dort wird auch gezeigt, daß unter der Nullhypothese $\theta = 1$ gilt

$$E(A_{n_1;n_2}) = \begin{cases} \dfrac{n_1(n_1+n_2+2)}{4}, & \text{falls } n_1+n_2 \text{ gerade;} \\[2ex] \dfrac{n_1(n_1+n_2+1)^2}{4(n_1+n_2)}, & \text{falls } n_1+n_2 \text{ ungerade.} \end{cases}$$

$$\mathrm{Var}(A_{n_1;n_2}) = \begin{cases} \dfrac{n_1 n_2[(n_1+n_2)^2-4]}{48(n_1+n_2-1)}, & \text{falls } n_1+n_2 \text{ gerade;} \\[2ex] \dfrac{n_1 n_2(n_1+n_2+1)[3+(n_1+n_2)^2]}{48(n_1+n_2)^2}, & \text{falls } n_1+n_2 \text{ ungerade.} \end{cases}$$

Ferner wird dort die **Konsistenz** des Tests bei allen drei Alternativen gezeigt. Bei geradem $n = n_1 + n_2$ ist die Verteilung symmetrisch zum Erwartungswert.

Approximation durch die Normalverteilung

Für $n_1 + n_2 \to \infty$ mit $\frac{n_1}{n_2} = \lambda$ (konstant) konvergieren die Verteilungsfunktionen der standardisierten Zufallsvariablen unter der Nullhypothese $H_0: \theta = 1$

$$\frac{A_{n_1;n_2} - E(A_{n_1;n_2})}{\sqrt{\mathrm{Var}(A_{n_1;n_2})}}$$

gegen die Verteilungsfunktion Φ der Standard-Normalverteilung. Für große n_1 und n_2 ist diese Zufallsvariable näherungsweise standard-normalverteilt.

Mit den Quantilen $a_{n_1;n_2;\alpha}$ und der Testgröße $a_{n_1;n_2}$ als Realisierung der Zufallsvariablen $A_{n_1;n_2}$ erhält man die

Testentscheidungen

Nullhypothese H_0	Alternative H_1	Ablehnungsbereich von H_0
a) $\theta = 1$	$\theta \neq 1$	$a_{n_1;n_2} \geq a_{n_1 n_2; 1-\alpha/2}$ oder $\leq a_{n_1 n_2; \alpha/2}$
b) $\theta \leq 1$	$\theta > 1$	$a_{n_1;n_2} \leq a_{n_1 n_2; \alpha}$
c) $\theta \geq 1$	$\theta < 1$	$a_{n_1;n_2} \geq a_{n_1 n_2; 1-\alpha}$

11.2.5. Der Klotz-Test

In Analogie zum Test von van der Waerden aus Abschnitt 10.3 benutzt dieser Test mit der gemeinsamen Stichprobe $z = (z_1, z_2, ..., z_n)$ vom Umfang $n = n_1 + n_2$ die Testfunktion

$$K_{n_1;n_2} = \sum_{i=1}^{n} \left[\Phi^{-1}\left(\frac{i}{n+1}\right)\right]^2 \cdot V_i \quad ; n = n_1 + n_2$$

$$\text{mit} \quad V_i = \begin{cases} 1\,, \text{ falls } Z_{(i)} \text{ gleich einem } X_k \text{ ist;} \\ 0, \text{ sonst.} \end{cases} \quad \text{für } i = 1, 2, \ldots, n.$$

Dabei ist Φ^{-1} die Inverse der Verteilungsfunktion Φ der Standard-Normalverteilung.

Kritische Grenzen sind für $n \leq 20$ bei Klotz, J. [1962] angegeben.

Die Testgröße besitzt unter der Nullhypothese H_0: $\theta = 1$ die Kenngrößen

$$E(K_{n_1;n_2}) = \frac{n_1}{n} \sum_{i=1}^{n} \left[\Phi^{-1}\left(\frac{i}{n+1}\right)\right]^2;$$

$$\mathrm{Var}(K_{n_1;n_2}) = \frac{n_1 n_2}{n(n-1)} \sum_{i=1}^{n} \left[\Phi^{-1}\left(\frac{i}{n+1}\right)\right]^4 - \frac{n_2}{n_1(n-1)} \cdot [E(K_{n_1;n_2})]^2;$$

$$n = n_1 + n_2 .$$

11.2.6. Der Sukhatme-Test

Die Teststatistik von Sukhatme, B. V. [1957] lautet bei **stetiger Verteilungsfunktion** F

$$T_{n_1;n_2} = \sum_{i=1}^{n_1} \sum_{j=1}^{n_2} D_{ij}$$

$$\text{mit } D_{ij} = \begin{cases} 1, & \text{für } Y_j < X_i < 0 \text{ oder } 0 < X_i < Y_j\,; \\ 0, & \text{sonst.} \end{cases}$$

Dieser Test hat den Vorteil, daß mit seiner Hilfe Konfidenzintervalle für den Parameter θ bestimmt werden können.

Unter der Nullhypothese $H_0: \theta = 1$ gilt

$$E(D_{ij}) = P(D_{ij} = 1) = \frac{1}{4}\,;$$

$$E(T_{n_1;n_2}) = \frac{n_1 n_2}{4}\,;$$

$$\operatorname{Var}(T_{n_1;n_2}) = \frac{n_1 n_2 (n_1 + n_2 + 7)}{48}\,.$$

Der kleinste Wert der Testgröße $T_{n_1;n_2}$ ist Null und der größte $\frac{n_1 n_2}{2}$. Die Verteilung von $T_{n_1;n_2}$ kann wie beim Mann-Withney-Test aus Abschnitt 3 durch kombinatorische Überlegungen abgeleitet werden. Sie ist allerdings nicht für alle n_1, n_2 symmetrisch. Daher ist es sinnvoll, die kritischen Grenzen zu bestimmen aus der

Approximation durch die Normalverteilung

Für $n_1 + n_2 \to \infty$ mit $\frac{n_1}{n_2} = \lambda$ (konstant) konvergieren die Verteilungsfunktionen der standardisierten Zufallsvariablen

$$\frac{T_{n_1;n_2} - \frac{n_1 n_2}{4}}{\sqrt{\frac{n_1 n_2 (n_1 + n_2 + 7)}{48}}}$$

unter $H_0: \theta = 1$ gegen die Verteilungsfunktion Φ der Standard-Normalverteilung. Für große n_1 und n_2 ist diese Zufallsvariable näherungsweise standard-normalverteilt.

Mit den kritischen Grenzen $t_{n_1;n_2;\alpha}$ und der Realisierung $t_{n_1;n_2}$ der Zufallsvariablen $T_{n_1;n_2}$ erhält zum Niveau $\leq \alpha$ die

Testentscheidungen

Nullhypothese H_0	Alternative H_1	Ablehnungsbereich von H_0
a) $\theta = 1$	$\theta \neq 1$	$t_{n_1;n_2} \geq t_{n_1;n_2;1-\alpha/2}$ oder $\leq t_{n_1;n_2;\alpha/2}$
b) $\theta \leq 1$	$\theta > 1$	$t_{n_1;n_2} \leq t_{n_1;n_2;\alpha}$
c) $\theta \geq 1$	$\theta < 1$	$t_{n_1;n_2} \geq t_{n_1;n_2;1-\alpha}$

11.3. Konfidenzintervalle

11.3.1. Konfidenzintervalle für θ bei Normalverteilungen

Wegen

$$\theta^2 = \sigma_X^2/\sigma_Y^2$$

können Konfidenzintervalle für θ^2 und somit für θ mit Hilfe des F-Tests aus Kap. VIII Abschnitt 2.6 durchgeführt werden.

11.3.2. Verteilungsfreie Konfidenzintervalle für θ

Zur Bestimmung eines verteilungsfreien Konfidenzintervalls für θ sei die **Stetigkeit** der Verteilungsfunktion F vorausgesetzt. Zur Berechnung der Konfidenzintervalle wird das in Abschnitt 10.6 für den Lageparameter benutzte Verfahren entsprechend auf die Sukhatme-Testgröße in Abschnitt übertragen. Anstelle der Differenzen werden Quotienten benutzt. Von den $n_1 \cdot n_2$ Quotienten

$$X_i/Y_j, \quad i = 1, 2, \ldots, n_1; \; j = 1, 2, \ldots, n_2$$

werden zunächst die Ordnungsstatistiken gebildet

$$D_{(1)} < D_{(2)} < D_{(3)} < \ldots < D_{(n_1 \cdot n_2)} \, .$$

Diese sind wegen der vorausgesetzten Stetigkeit der Verteilungsfunktion F mit Wahrscheinlichkeit Eins alle verschieden. Das Ereignis

$$(D_{(m)} < \theta)$$

tritt genau dann ein, wenn mindestens m der Quotienten X_i/Y_j kleiner oder gleich θ, also höchstens $n_1 \cdot n_2 - m$ der Quotienten größer als θ sind.

$$X_i/Y_j < \theta \quad \text{ist gleichwertig mit} \quad X_i < \theta Y_j \, .$$

In der Sukhatme-Statistik aus Abschnitt 11.7. wird die Zufallsvariable Y_i ersetzt durch θY_i, also durch

$$T_{n_1;n_2} = \sum_{i=1}^{n_1} \sum_{j=1}^{n_2} D_{ij}$$

$$\text{mit} \quad D_{ij} = \begin{cases} 1, & \text{für } \theta Y_j < X_i < 0 \text{ oder } 0 < X_i < \theta Y_j \, ; \\ 0, & \text{sonst.} \end{cases}$$

Die Verteilung der Sukhatme-Statistik wird unter der Bedingung berechnet, daß θ der richtige Parameter ist. Somit tritt das Ereignis $(D_{(m)} < \theta)$ genau dann ein, wenn

$$(T_{n_1;n_2} \geq m) \text{ eintritt.}$$

Wegen der vorausgesetzten Stetigkeit gilt daher

$$\boxed{P(D_{(m)} \leq \theta) = P(D_{(m)} < \theta) = P(T_{n_1;n_2} \geq m).}$$

Hieraus erhält man analog zu Abschnitt 10.6

zweiseitige Konfidenzintervalle für θ zum Niveau $\geq 1-\alpha$:

Mit den Realisierungen $d_{(k)}$ der oben angegebenen Ordnungsstatistiken $D_{(k)}$ erhält man für den Variabilitätsparameter θ zum Niveau $\geq 1-\alpha$ zweiseitige Konfidenzintervalle

$$\left[d_{(r+1)} \, ; \, d_{(n_1 \cdot n_2 - r)}\right];$$

$$r = t^{(1)}_{n_1;n_2;\alpha/2} = \text{Quantil der Sukhatme-Statistik (Abschnitt 11.2.6).}$$

Das Quantil wird am besten über die Normalverteilungsapproximation nach Abschnitt 11.2.6 berechnet, da für kleine Stichproben die Verteilung nicht exakt symmetrisch ist.

Einseitige Konfidenzintervalle ergeben sich mit dem α-Quantil durch Weglassen einer Grenze.

12. Vergleich mehrerer Verteilungsfunktionen

Die Erweiterung des Zwei-Stichprobenproblems aus Abschnitt 9 ist das m-Stichprobenproblem ($m \geq 3$), bei dem untersucht werden soll, ob m Zufallsvariable die gleiche Verteilungsfunktion besitzen. Es handelt sich also um einen Test auf Gleichheit von m Verteilungen.

Falls die Zufallsvariablen unabhängig sind, werden zur Testdurchführung in Abschnitt 12.1 **nichtverbundene** (unabhängige) Stichproben mit beliebigen Stichprobenlängen benutzt.

Mit dem Kruskal-Wallis-Test aus Abschnitt 12.1.2 können Tests für die einfache Varianzanalyse mit festen Effekten durchgeführt werden, falls die Zufallsvariablen stetig, jedoch nicht normalverteilt sind.

In Abschnitt 12.2 wird ein Test für **verbundene** Stichproben angegeben. Mit diesem Friedman-Test können Tests für die doppelte Varianzanalyse mit festen Effekten und einfacher Klassenbesetzung durchgeführt werden, falls die Zufallsvariablen stetig, aber nicht normalverteilt sind.

12.1. Tests bei nichtverbundenen Stichproben

Die Zufallsvariablen $X_1, X_2, \dots, X_m$ seien unabhängig und besitzen die Verteilungsfunktionen

$$F_i(z) = P(X_i \leq z)\ ,\ z \in \mathbb{R} \quad \text{für } i = 1, 2, \dots, m.$$

Getestet werden soll die Nullhypothese der Gleichheit aller m Verteilungsfunktionen, also

$$H_0 : F_1(z) = F_2(z) = \dots\dots = F_m(z) \quad \text{für alle } z.$$

Unter der **Normalverteilungsannahme** bei gleichen Varianzen wird der Parametertest in der einfachen Varianzanalyse (Abschnitt 1 Kap. IX) durchgeführt. Im Modell

$$X_i = \mu_i + E_i\ ; \quad E_i \text{ ist } N(0;\sigma^2)\text{-verteilt für } i = 1, 2, \dots, m$$

wird dort die Nullhypothese getestet

$$H_0^* : \mu_1 = \mu_2 = \dots = \mu_m\ .$$

Der bei der Varianzanalyse benutzte F-Test darf allerdings nicht angewandt werden, wenn die m Zufallsvariablen nicht normalverteilt sind.

Theoretisch könnte man nach Abschnitt 9 jeweils zwei Verteilungsfunktionen auf Gleichheit testen. Dazu müßten $\binom{m}{2}$ verschiedene Tests durchgeführt werden. Wird bei jedem dieser Tests die gleiche Irrtumswahrscheinlichkeit α benutzt, dann hat der simultane Test (auf Gleichheit aller m Verteilungsfunktionen) die maximale Irrtumswahrscheinlichkeit

$$\alpha^* = 1 - (1-\alpha)^{\binom{m}{2}}.$$

Für $\alpha = 0{,}05$ und $m = 5$ erhält man für den Gesamtvergleich evtl. die Irrtumswahrscheinlichkeit

$$\alpha^* = 1 - 0{,}95^{10} \approx 0{,}401.$$

Aus diesem Grund ist ein simultaner Test, der Unterschiede zwischen den m Verteilungsfunktionen feststellen soll, den Einzeltests vorzuziehen. Zum Test auf Gleichheit aller m Verteilungsfunktionen benutzt man m unabhängige Stichproben, die verschiedene Umfänge besitzen können:

Stichprobe bzgl. F_1: $x_{11}, x_{12}, \ldots, x_{1n_1}$;

Stichprobe bzgl. F_2: $x_{21}, x_{22}, \ldots, x_{2n_2}$;

....

Stichprobe bzgl. F_m: $x_{m1}, x_{m2}, \ldots, x_{mn_m}$.

12.1.1. Der Chi-Quadrat-Homogenitätstest

Mit dem in Kap. VII Abschnitt 7.3 behandelten Chi-Quadrat-Homogenitätstest kann getestet werden, ob m unabhängige Zufallsvariable die gleiche Verteilung besitzen. Dabei wird **keine Stetigkeitsannahme** benötigt. Wegen der Klasseneinteilung ist dieser Test vor allem bei kleinen Stichprobenumfängen nicht sehr effizient.

12.1.2. Der Kruskal-Wallis-Test

Die m unabhängigen Zufallsvariablen sollen **stetige Verteilungsfunktionen** $F_1, F_2, \ldots, F_m$ besitzen. Getestet wird die Nullhypothese

$$H_0: F_1(z) = F_2(z) = \ldots = F_m(z) \text{ für alle } z$$

gegen die Alternative

H_1: nicht alle m Verteilungsfunktionen sind gleich.

Zur Testdurchführung werden alle m Stichproben vereinigt zur Stichprobe

$$x_{11}, x_{12}, \dots, x_{1n_1}; x_{21}, x_{22}, \dots, x_{2n_2}; \dots; x_{m1}, x_{m2}, \dots, x_{mn_m}$$

mit dem Gesamtumfang

$$n = \sum_{i=1}^{m} n_i .$$

Diese Stichprobe wird der Größe nach geordnet. Der Stichprobenwert x_{ij} besitze dabei den Rang

$$R(x_{ij}) = r_{ij} \quad \text{für } j = 1, 2, \dots, n_i ; \; i = 1, 2, \dots, m.$$

Die i-te Stichprobe besitzt in der gesamten Stichprobe die Rangsumme

$$r_{i\cdot} = \sum_{j=1}^{n_i} r_{ij} .$$

Die einzelnen Ränge r_{ij} sind Realisierungen der Zufallsvariablen R_{ij}, entsprechend sind die berechneten Rangsummen $r_{i\cdot}$ der einzelnen Stichproben Realisierungen der Zufallsvariablen $R_{i\cdot}$.

Da die Summe aller n Ränge gleich $\sum_{k=1}^{n} k = \frac{n(n+1)}{2}$ ist, gilt unter der Nullhypothese H_0

$$E(R_{i\cdot} \mid H_0) = \frac{n_i}{n} \cdot \frac{n(n+1)}{2} = \frac{n_i(n+1)}{2} \qquad \text{für } i = 1, 2, \dots, m.$$

Als Testgröße könnte man die Zufallsvariable

$$T = \sum_{i=1}^{m} \left(R_{i\cdot} - \frac{n_i(n+1)}{2}\right)^2$$

benutzen.

Kruskall und Wallis schlugen jedoch folgende gewichtete Abweichungssumme vor, die asymptotisch Chi-Quadrat-verteilt ist

$$K = \frac{12}{n(n+1)} \sum_{i=1}^{m} \frac{1}{n_i} \left(R_{i\cdot} - \frac{n_i(n+1)}{2}\right)^2 = \frac{12}{n(n+1)} \sum_{i=1}^{m} \frac{R_{i\cdot}^2}{n_i} - 3(n+1).$$

Nur für $n_1 = n_2 = \dots = n_m$ (gleiche Stichprobenumfänge) stimmen die beiden Testgrößen T und K überein.

Die Verteilung von K unter der Nullhypothese H_0 kann mit Hilfe kombinatorischer Überlegungen berechnet werden. Wegen der Stetigkeit der Verteilungsfunktionen sind mit Wahrscheinlichkeit Eins alle n Ränge verschieden. Dann treten mit Wahrscheinlichkeit Eins keine Bindungen auf.

Die Anzahl der Möglichkeiten, $n = \sum_{i=1}^{m} n_i$ verschiedene Ränge auf die m Stichproben der jeweiligen Längen n_i zu verteilen, beträgt

$$\frac{n!}{n_1! \cdot n_2! \cdot \ldots \cdot n_m!} .$$

Unter der Nullhypothese H_0 sind alle Möglichkeiten gleichwahrscheinlich, so daß für jede feste Rangverteilung gilt

$$P(R_{11}=r_{11}, R_{12}=r_{12}, \ldots, R_{1n_1}=r_{1n_1}, \ldots, R_{mn_m}=r_{mn_m}) = \frac{n!}{n_1! \cdot n_2! \cdot \ldots \cdot n_m!} .$$

Ist a(k) die Anzahl der für das Ereignis (K = k) günstigen Fälle, so lautet die Wahrscheinlichkeit

$$P(K = k) = a(k) \cdot \frac{n_1! \cdot n_2! \cdot \ldots \cdot n_m!}{n!} .$$

Kritische Grenzen sind für $m = 3$ und $n_i \leq 5$ bei Büning, H.; Trenkler, G. [1978] und Hollander, M.; Wolfe, D. A. [1973] tabelliert.

Mit der Realisierung k und der kritischen Grenze

$$k_{n_1, n_2, \ldots, n_m; 1-\alpha} \text{ maximal mit } \alpha^* = P\left(K \geq k_{n_1, n_2, \ldots, n_m; 1-\alpha}\right) \leq \alpha$$

erhält man zum Signifikanzniveau $\alpha^* \leq \alpha$ die

Testentscheidung: Im Falle $k \geq k_{n_1, n_2, \ldots, n_m; 1-\alpha}$ wird die Nullhypothese H_0 abgelehnt, sonst nicht.

Bindungen

Falls g Bindungsgruppen mit jeweils b_k gleichen Werten auftreten, benutzt man nach Kruskal, W. H. [1952] die Testgröße

$$K^* = \frac{K}{1 - \frac{1}{n^3 - n} \sum_{k=1}^{g} (b_k^3 - b_k)} , \quad K \text{ s. o.}$$

Asymptotische Verteilung

Die Testgröße K^* ist unter der Nullhypothese H_0 asymptotisch Chi-Quadrat-verteilt mit $m-1$ Freiheitsgraden. Dabei hat sich gezeigt, daß die Näherung durch die Chi-Quadrat-Verteilung bereits für kleine Stichprobenumfänge recht gut ist.

Mit der Realisierung k^* der Testgröße K^* und dem $(1-\alpha)$-Quantil $\chi^2_{m-1;1-\alpha}$ der Chi-Quadrat-Verteilung mit $m-1$ Freiheitsgraden erhält man die

Testentscheidung: Im Falle $k^* \geq \chi^2_{m-1;1-\alpha}$ wird die Nullhypothese H_0 abgelehnt.

Bemerkung: Falls bei der **einfachen Varianzanalyse mit festen Effekten** die Zufallsvariablen stetig, aber nicht normalverteilt sind, kann der entsprechende Test mit dem Kruskal-Wallis-Test durchgeführt werden. Damit ist der Kruskal-Wallis-Test das nichtparametrische Gegenstück zum F-Test aus Kap. IX Abschnitt 1.1.5 .

12.2. Der Friedman-Test bei verbundenen Stichproben

Der Friedman-Test ist das nichtparametrische Gegenstück zum F-Test aus Kap. IX Abschnitt 2.1.1.4 für die **doppelte Varianzanalyse mit festen Effekten und einfacher Klassenbesetzung**. Falls im additiven Modell in Kap. IX Abschnitt 2.1.1

$$X_{ij} = \mu + \alpha_i + \beta_j + E_{ij} \quad , i = 1,2,\dots,n; \; j = 1,2,\dots,m$$

die Fehlervariablen E_{ij} nicht normalverteilt sind, darf zum Test auf Gleichheit der α_i bzw. β_j der F-Test aus Abschnitt 2.1.1.4 nicht benutzt werden. Wir beschränken uns auf den Test der Nullhypothese

$$H_0: \beta_1 = \beta_2 = \dots = \beta_m \, .$$

Der Test auf Gleichheit der α_i verläuft entsprechend. Dazu muß man im nachfolgenden Modell anstelle der Zeilen nur die entsprechenden Spalten untersuchen.

Vorausgesetzt wird nur die **Stetigkeit** der Zufallsvariablen X_{ij}.

Die n einzelnen Stufen des Faktors A werden als Blöcke, die m Stufen des Faktors B als Behandlungen bezeichnet. Der Stichprobenwert x_{ij} gehört dann zum i-ten Block und gleichzeitig zur j-ten Behandlung. Diese Werte werden wie bei der doppelten Varianzanalyse übersichtlich dargestellt in dem nachfolgendem Schema.

Block	Behandlung				
	1	2	j	.....	m
1	x_{11}	x_{12}	x_{1j}	.....	x_{1m}
2	x_{21}	x_{22}	x_{2j}	.....	x_{2m}
		⋮	⋮		
n	x_{n1}	x_{n2}	x_{nj}	.....	x_{nm}

Die obige Nullhypothese H_0 ist gleichwertig zur Nullhypothese

H_0: Die m Behandlungen haben gleiche mittlere (zufällige) Effekte.

Die Alternative lautet

H_1: Mindestens zwei der Behandlungen haben verschiedene Effekte.

Die Stichprobenwerte x_{ij} sind Realisierungen der Zufallsvariablen X_{ij}.

Als Modellvoraussetzung wird die Zeilenunabhängigkeit angenommen. Das bedeutet, daß die m-dimensionalen Zufallsvariablen

$$(X_{i1}, X_{i2}, \dots, X_{ij}, \dots, X_{im}) \ , \quad i = 1, 2, \dots, n$$

voneinander unabhängig sind.

In jedem Block werden die m Beobachtungswerte der Größe nach geordnet und ihnen Ränge zugewiesen. Dabei besitze der Stichprobenwert x_{ij} den Rang r_{ij}. Falls keine Bindungen auftreten, stehen in jeder Zeile als Rangzahlen die Zahlen 1 bis m mit der konstanten Rangsumme $\frac{m(m+1)}{2}$.

Block	Behandlung					Zeilen-summen
	1	2	j	.....	m	
1	r_{11}	r_{12}	r_{1j}	.....	r_{1m}	$\frac{m(m+1)}{2}$
2	r_{21}	r_{22}	r_{2j}	.....	r_{2m}	$\frac{m(m+1)}{2}$
		⋮	⋮			⋮
n	r_{n1}	r_{n2}	r_{nj}	.....	r_{nm}	$\frac{m(m+1)}{2}$
Spalten-summen	$r_{\cdot 1}$	$r_{\cdot 2}$	$r_{\cdot j}$	.....	$r_{\cdot m}$	$\frac{n\,m(m+1)}{2}$

Für jedes j sind $r_{1j}, r_{2j}, \ldots, r_{nj}$ die Ränge der j-ten Behandlung in allen n Blöcken. Während die Zeilensummen der Ränge konstant sind, hängen die

Spaltensummen $r_{\cdot j} = \sum_{i=1}^{n} r_{ij}, \; j = 1, 2, \ldots, m$

von den möglichen Unterschieden der Behandlung ab.

Die Rangzahlen r_{ij} sind Realisierungen der Zufallsvariablen R_{ij}.

Unter der Nullhypothese H_0 haben alle m Behandlungen die gleichen Effekte. Dann sind die Erwartungswerte aller Spaltensummen $R_{\cdot j}$ gleich, also

$$E(R_{\cdot 1}) = E(R_{\cdot 2}) = \ldots\ldots = E(R_{\cdot m}) .$$

Aus

$$\sum_{j=1}^{m} R_{\cdot j} = \frac{n\,m\,(m+1)}{2}$$

folgt

$$E(R_{\cdot j}) = \frac{n\,(m+1)}{2} \quad \text{für } j = 1, 2, \ldots, m.$$

Naheliegend wäre die Teststatistik

$$S = \sum_{j=1}^{m} \left[R_{\cdot j} - \frac{n\,(m+1)}{2}\right]^2 = \sum_{j=1}^{m} \left[\sum_{i=1}^{n} \left(R_{ij} - \frac{m+1}{2}\right)\right]^2 .$$

Friedman hat jedoch folgende Teststatistik vorgeschlagen, die asymptotisch Chi-Quadrat-verteilt ist

$$F_m = \frac{12}{n\,m\,(m+1)} \sum_{j=1}^{m} \left[R_{\cdot j} - \frac{n\,(m+1)}{2}\right]^2$$

$$= \frac{12}{n\,m\,(m+1)} \sum_{j=1}^{m} R_{\cdot j}^2 - 3\,n\,(m+1) .$$

Da die Zufallsvariablen R_{ij} unter der Nullhypothese H_0 auf $\{1, 2, \ldots, m\}$ gleichmäßig verteilt sind, folgt aus Kap. III Abschnitt 7.1

$$E(R_{ij}) = \frac{m+1}{2}; \quad Var(R_{ij}) = \frac{m^2-1}{12} .$$

Ferner gilt

$$Cov(R_{ij}, R_{ij'}) = -\frac{n+1}{12} \quad \text{für } j \neq j' .$$

Damit erhält man durch elementare Rechnung unter der Nullhypothese H_0

$$E(F_m | H_0) = m - 1 \; ; \; Var(F_m | H_0) = \frac{2(m-1)(n-1)}{n} .$$

Die Verteilungen der Testgrößen S und F_m können unter der Nullhypothese H_0 durch kombinatorische Überlegungen berechnet werden.

Unter der Nullhypothese sind in jedem Block alle m! Permutationen der Ränge $1, 2, \ldots, m$ gleichwahrscheinlich.

Wegen der Unabhängigkeit der Rangtupel der n Blöcke gibt es für die n Blöcke insgesamt $(m!)^n$ Rangaufteilungen, von denen jede die gleiche Wahrscheinlichkeit $\frac{1}{(m!)^n}$ besitzt.

Die Realisierungen der Testgröße F_m müssen dann für alle $(m!)^n$ Aufteilungen der Ränge auf die n Blöcke berechnet werden. Ist u(k) die Anzahl der für $(F_m = k)$ günstigen Fälle, so erhält man die Wahrscheinlichkeit

$$P(F_m = k) = \frac{u(k)}{(m!)^n} .$$

Kritische Grenzen sind bei Büning, H.; Trenkler, G. [1978] und Hollander, M.; Wolfe, D. A. [1973] tabelliert.

Mit der kritischen Grenze $f_{1-\alpha}$ der Friedman-Statistik F_m und der Realisierung f_m der Zufallsvariablen F_m erhält man die

Testentscheidung:

Im Falle $f_m \geq f_{1-\alpha}$ wird die Nullhypothese H_0 abgelehnt.

Bindungen

Bindungen spielen nur dann eine Rolle, wenn sie innerhalb des gleichen Blocks auftreten. Falls Bindungen vorhanden sind, wird die Testgröße F_m ersetzt durch

$$F_m^* = \frac{12 \sum_{j=1}^{m} \left[R_{.j} - \frac{n(m+1)}{2} \right]^2}{n m (m+1) - \frac{1}{m-1} \sum_{i=1}^{n} \left[\left(\sum_{j=1}^{g_i} b_{ij}^3 \right) - m \right]}$$

mit

g_i = Anzahl der Gruppen mit Bindungen im i-ten Block für $i = 1, 2, \ldots, n$;

b_{ij} = Anzahl der Bindungen in der j-ten Bindungsgruppe des i-ten Blocks für $j = 1, 2, \ldots, g_i$.

Asymptotische Verteilung

Nach Lehmann, E. L. [1975] ist die Testgröße F_m^* unter der Nullhypothese H_0 **asymptotisch Chi-Quadrat-verteilt** mit $m - 1$ Freiheitsgraden.

Literaturverzeichnis

Abramowitz, M.; Stegun, I.A. [1970]: Handbook of mathematical functions with formulas, graphs and mathematical tables. 9th printing, Washington

Ahrens, H.; Läuter, J. [1981]: Mehrdimensionale Varianzanalyse. Hypothesenprüfung, Dimensionserniedrigung, Diskrimination. 2. Auflage, Berlin

Anderson, O.; Popp, W.; Schaffranek, M.; Steinmetz, D.; Stenger, H. [1976]: Schätzen und Testen. Eine Einführung in die Wahrscheinlichkeitsrechnung und schließende Statistik, Berlin – New York

Anderson, O.; Popp, W.; Schaffranek, M.; Stenger, H.; Szameitat, K. [1978]: Grundlagen der Statistik. Amtliche Statistik und beschreibende Methoden, Berlin – New York

Ansari, A. R.; Bradley, R.A. [1960]: Rank-sum tests for dispersion. Ann. Math. Statist. 31, 1174 - 1189

Bamberg, G.; Baur, F. [1985]: Statistik. 9., überarbeitete und erweiterte Auflage, München – Wien

Basler, H. [1989]: Grundbegriffe der Wahrscheinlichkeitsrechnung und statistische Methodenlehre. 10. Auflage, Heidelberg

Bauer, H. [1990]: Maß- und Integrationstheorie, Berlin – New York

Bauer, H. [1991]: Wahrscheinlichkeitstheorie. 4., völlig überarbeitete und neugestaltete Auflage des Werkes: Wahrscheinlichkeitstheorie und Grundzüge der Maßtheorie, Berlin-New York

Behnen, K.; Neuhaus, G. [1984]: Grundkurs Stochastik. Eine integrierte Einführung in die Wahrscheinlichkeitstheorie und Mathematische Statistik, Stuttgart

Billeter-Fredy, E. P.; Vlach, V. [1982]: Grundlagen der statistischen Methodenlehre, Stuttgart

Bohley, P. [1985]: Statistik: Einführendes Lehrbuch für Wirtschafts- und Sozialwissenschaftler, München – Wien

Bortz, J. [1977]: Lehrbuch der Statistik für Sozialwissenschaftler, Berlin – Heidelberg – New York

Bosch, K. [1995]: Elementare Einführung in die Wahrscheinlichkeitsrechnung. 6. Auflage, Braunschweig – Wiesbaden

Bosch, K. [1997]: Elementare Einführung in die angewandte Statistik. 6. Auflage, Braunschweig – Wiesbaden

Bosch, K. [1986]: Aufgaben und Lösungen zur angewandten Statistik. 2. Auflage, Braunschweig – Wiesbaden

Bosch, K. [1986]: Angewandte Statistik. Einführung, Problemlösungen mit dem Mikrocomputer; mit 38 BASIC-Programmen, Braunschweig – Wiesbaden

Bosch, K. [1997]: Lexikon der Statistik. Nachschlagewerk für Anwender. 2. Auflage, München – Wien

Bosch, K. [1994]: Statistik für Nichtstatistiker. 2. Auflage, München – Wien

Bosch, K. [1996]: Großes Lehrbuch der Statistik, München – Wien

Bosch, K. [1996]: Grundzüge der Statistik. Einführung mit Beispielen, München – Wien

Bradley, J.V. [1968]: Distribution-free statistical tests. Englewood Cliffs, New Jersey

Bradley, J.V. [1976]: Probability, decision, statistics. Englewood Cliffs, New Jersey

Brook, R.J.; Arnold, G.C. [1985]: Applied regression analysis and experimental design, New York – Basel

Büning, H.; Trenkler, G. [1994]: Nichtparametrische statistische Methoden. 2., erweiterte und völlig überarbeitete Auflage, Berlin – New York

Chatfield, C. [1990]: Problem solving: a statistician's guide, London

CIBA – GEIGY AG [1980]: Wissenschaftliche Tabellen Geigy. 8., revidierte und erweiterte Auflage, Basel

Cochran, W.G. [1957]: Experimental Designs. 2nd edition, New York – London – Sydney

Cochran, W.G. [1977]: Sampling Techniques. 3nd edition, New York – London – Sydney

Cochran, W.G. [1982]: Contribution to Statistics, New York – Chichester – Brisbame – Toronto – Singapore

Collani, E. von [1989]: The economic design of control charts, Stuttgart

Cramér, H. [1966]: Mathematical methods of statistics. 11th printing, Princeton

D'Agostino, R.B.; Stephens, M.A. [1986]: Goodness-of-fit techniques, New York – Basel

Dinges, H.; Rost, H. [1982]: Prinzipien der Stochastik, Stuttgart

Dobson, A.J. [1983]: Introduction to statistical modelling, London – New York

Eberl, W.; Moesclin, O. [1982]: Mathematische Statistik, Berlin – New York

Edgington, E.S. [1987]: Randomization tests. 2nd edition, New York

Eggs, H. [1984, 1985]: Stochastik I: elementare Grundbegriffe, II: Zufallsgrößen, III: beurteilende Statistik; Frankfurt/Main – Aarau

Ehrenberg, A.S.C. [1975]: Data reduction; analysing and interpreting statistical data, London – New York

Ehrenberg, A.S.C. [1986]: Statistik oder der Umgang mit Daten. Eine praktische Einführung mit Übungen, Weinheim

Elpelt, B; Hartung, J. [1987]: Grundkurs Statistik: Lehr- und Übungsbuch der angewandten Statistik, München – Wien

Exner, H.; Schmitz, N. [1982]: Zufallszahlen für Simulationen. Skripten zur Mathematik, Münster

Feller, W. [1968]: An introduction to probability theory and its applications, volume I, 3rd edition, and volume II [1971], New York – London – Sydney

Ferschl, F. [1978]: Deskriptive Statistik, Würzburg – Wien

Fisz, M. [1971]: Wahrscheinlichkeitsrechnung und mathematische Statistik. 5., erw. Auflage, Berlin

Gänssler, P.; Stute, W. [1977]: Wahrscheinlichkeitstheorie, Berlin – Heidelberg – New York

Gallant, R. [1987]: Nonlinear statistical models, New York

Gibbons, J.D. [1971]: Nonparametric statistical inference, New York

Gnedenko, B.W. [1965]: Lehrbuch der Wahrscheinlichkeitsrechnung, Berlin

Gnedenko, B.W.; Beljajew, J.K.; Solowjew, A.D. [1968]: Mathematische Methoden der Zuverlässigkeitstheorie I, Berlin

Goldstein, H. [1979]: The design and analysis of longitudinal studies. Their role in the measurement of change, London – New York

Guttman, I. [1982]: Linear models: an introduction, New York

Haagen, K.; Pertler, R. [1976]: Methoden der Statistik. Band I, Stuttgart – Berlin

Hájek, J. [1969]: Nonparametric statistics, San Francisco

Hájek, J.; Šidák [1967]: Theory of rank tests, New York

Hald, A. [1952]: Statistical theory with engineering applications, New York

Hartung, J. [1995]: Statistik: Lehr- u. Handbuch d. angewandten Statistik. 10. Auflage, München – Wien

Hartung, J.; Elpelt, B. [1995]: Multivariate Statistik: Lehr- und Handbuch der angewandten Statistik. 5. Auflage, München – Wien

Hartung, J.; Heine, B. [1996]: Statistik-Übungen: deskriptive Statistik. 5. Auflage, München – Wien

Hartung, J.; Heine, B. [1996]: Statistik-Übungen: induktive Statistik. 3., durchgesehene und ergänzte Auflage, München – Wien

Heinhold, J.; Gaede, K.-W. [1972]: Ingenieur-Statistik. 3. Auflage, München – Wien

Hengst, M. [1967]: Einführung in die mathematische Statistik und ihre Anwendung, Mannheim

Hinderer, K. [1972]: Grundbegriffe der Wahrscheinlichkeitstheorie, Berlin – Heidelberg – New York

Hodges, J.L., Jr.; Lehmann, E.L. [1963]: Estimates of location based on rank tests, Ann. Math. Statist. 34, 598-611

Hollander, M.; Wolfe, D.A. [1973]: Nonparametric statistical methods, New York

John, P.W.M. [1971]: Statistical design and analysis of experiments, New York

Johnson, N.L.; Kotz, S. [1969, 1970]: Distributions in statistics. Vol. 1: Discrete distributions, vol. 2: Continuous univariate distributions-1, vol. 3: Continuous univariate distributions-2, Boston – New York

Kendall, M.G. [1970]: Rank correlation methods. 4th edition, London

Kendall, M.; Stuart, A.; Ord, K. [1987]: Kendall's advanced theory of statistics, volume 1: Distribution theory. 5th edition, London

Kendall, M.; Stuart, A. [1979]: The advanced theory of statistics, vol. 2: Inference and relationship. 4th edition, London

Klotz, J. [1962]: Nonparametric tests for scale. Ann. Math. Statist. 33, 498-512

Koch, K. R. [1980]: Parameterschätzung und Hypothesentests in linearen Modellen, Bonn

Kotz, S.; Johnson, N.L.; Read, C.B. [1976-1989]: Encyclopedia of Statistical Sciences, Volumes 1-9 and supplement volume, New York

Kraft, O. [1978]: Lineare statistische Modelle und optimale Versuchspläne, Göttingen

Krengel, U. [1988]: Einführung in die Wahrscheinlichkeitstheorie und Statistik, Braunschweig

Kres, H. [1975]: Statistische Tafeln zur multivariaten Analysis. Berlin – Heidelberg – New York.

Kreyszig, E. [1975]: Statistische Methoden und ihre Anwendungen. 5. Auflage, Göttingen

Krickeberg, K. [1963]: Wahrscheinlichkeitstheorie, Stuttgart

Krickeberg, K.; Ziezold, H. [1977]: Stochastische Methoden, Berlin – Heidelberg – New York

Krishnaiah, P.R. [1977]: Application of Statistics. Amsterdam – Ney York

Krishnaiah, P.R. [1978,1979,1980]: Developments in Statistics. Vol. 1,2,3. New York – London – Toronto – Sydney

Krishnaiah, P.R. [1980]: Analysis of variance. Handbook of statistics 1, Amsterdam – New York

Krishnaiah, P.R. [1982]: Classification Pattern Recognition and Reduction of Dimensionality. Handbook of statistics 2, Amsterdam – New York

Krishnaiah, P.R. [1983]: Times Series in the Frequency Domain. Handbook of statistics 3, Amsterdam – New York

Krishnaiah, P.R. [1980]: Nonparametric Methods. Handbook of statistics 4, Amsterdam – New York

Krishnaiah, P.R. [1985]: Time Series in the Time Domain. Handbook of statistics 5, Amsterdam – New York

Krishnaiah, P.R. [1988]: Sampling. Handbook of statistics 6, Amsterdam – New York

Krishnaiah, P.R. [1988]: Quality Control and Reliability. Handbook of statistics 7, Amsterdam – New York

Kruskal, W.H. [1952]: A nonparametric test for the several sample problem. Ann. Math. Statist. 23, 525-540

Kshirsagar, A.M. [1983]: A course in linear models, New York

Lamperti, J. [1966]: Probability: a survey of the mathematical theory, New York – Amsterdam

Ledermann, W. [1980]: Probability. Handbook of applicable mathematics, Volume II, Chichester – New York

Ledermann, W. [1984]: Statistics. Handbook of applicable mathematics, Volume VI, Part A, Part B, Chichester – New York

Lehmann, E.L. [1959]: Testing statistical Hypotheses, New. York

Lehmann, E.L. [1974]: Statistical methods based on ranks, Holden-Day – San Francisco

Lehmann, E.L. [1986]: Testing statistical hypotheses. 2nd edition, New York

Lehn, J.; Wegmann, H. [1985]: Einführung in die Statistik, Stuttgart

Lienert, G. A. [1973]: Verteilungsfreie Methoden in der Biostatistik, Band I und Band II [1978]. 2. völlig neu bearbeitete Auflage, Meisenheim

Lienert, G. A. [1975]: Verteilungsfreie Methoden in der Biostatistik, Tafelband, Meisenheim

Linder, A. [1964]: Statistische Methoden für Naturwissenschaftler, Mediziner und Ingenieure, 4. Auflage, Stutttgart

Linder, A; Berchtold, W. [1979]: Elementare statistische Methoden, Basel – Boston – Stuttgart

Mc Cullagh, P.; Nelder, J.A. [1989]: Generalized linear models. 2nd edition, London – New York

McLean, R.A.; Anderson, V.L. [1984]: Applied factorial and fractional designs, New York – Basel

Madansky, A. [1988]: Prescriptions for working statisticians, New York

Maritz, J.S. [1981]: Distribution-free statistical methods, London – New York

Mendenhall, W.; Beaver, R.J. [1991]: Introduction to probability and statistics. 8. edition, Boston

Miller, R. G., Jr. [1981]: Simultaneous statistical inference. 2nd edition, New York

Mood, A. M. [1954]: On the asymptotic efficiency of certain nonparametric two-sample tests. Ann. Math. Statist. 25, 514-522

Morgenstern, D. [1968]: Einführung in die Wahrscheinlichkeitsrechnung und mathematische Statistik. Grundlehren der mathematischen Wissenschaften, Bd. 124; 2. Auflage, Berlin – New York

Müller, P. H. [1991]: Lexikon der Stochastik. Wahrscheinlichkeitsrechnung und mathematische Statistik. 5., bearbeitete und wesentlich erweiterte Auflage, Berlin

Neter, J.; Wasserman, W.; Kutner, M.H. [1985]: Applied linear statistical models. 2nd edition. Regression, analysis of variance and experimental designs; Homewood, Illinois

Neveu, J. [1969]: Mathematische Grundlagen der Wahrscheinlichkeitstheorie, München – Wien

Noether, G.E. [1967]: Elements of nonparametric statistics, New York

Pawlowski, Z. [1971]: Einführung in die mathematische Statistik, Berlin

Pearson, E.S.; Hartley, H.O. [1970]: Biometrika tables for statisticians, vol. I, Cambridge – London

Pearson, E.S.; Hartley, H.O. [1972]: Biometrika tables for statisticians, vol. II, Cambridge – London

Pfanzagl, J. [1982]: Contributions to a general asymptotic statistical theory, Heidelberg – New York

Pfanzagl, J. [1983]: Allgemeine Methodenlehre der Statistik I: elementare Methoden, 6. Auflage, und [1974] II: höhere Methoden, 4. Auflage, Berlin – New York

Pfanzagl, J. [1985]: Asymptotic expansions for general statistical models, Heidelberg – New York

Pfanzagl, J. [1988]: Elementare Wahrscheinlichkeitsrechnung, Berlin

Piesch, W. [1975]: Statistische Konzentrationsmaße, Tübingen

Plachky, D.; Baringhaus, L.; Schmitz, N. [1978]: Stochastik I, Wiesbaden

Plachky, D. [1981]: Stochastik II, Wiesbaden

Pratt, J.W.; Gibbons, J.D. Concept of Nonparametric Theorie, New York – Heidelberg – Berlin

Precht, M. [1977]: Bio-Statistik, München-Wien

Prohorov, Y.; Rozanov, A.V. [1969]: Probability theory, Berlin – Heidelberg – New York

Puri, M.L. [1970]: Nonparametrics Techniques in Statistical Inference, Cambridge

Rao, C.R. [1973]: Lineare statistische Methoden und ihre Anwendungen, Berlin

Rasch, D. [1970]: Elementare Einführung in die mathematische Statistik. 2. berichtigte u. erw. Auflage, Berlin

Rasch, D. [1976]: Einführung in die mathematische Statistik I: Wahrscheinlichkeitsrechnung und Grundlagen der mathematischen Statistik, II: Anwendungen, Berlin

Rawlings, J.O. [1988]: Applied regression analysis: a research tool. Belmont, Calif.

Rényi, A. [1971]: Wahrscheinlichkeitsrechnung: mit einem Anhang über Informationstheorie. 3. Auflage, Berlin

Richter, H. [1966]: Wahrscheinlichkeitstheorie. 2. Auflage, Berlin – Heidelberg – New York

Riedwyl, H. [1975]: Graphische Gestaltung von Zahlenmaterial, Bern – Stuttgart

Riedwyl, H. [1978]: Angewandte mathematische Statistik in Wissenschaft, Administration und Technik, Bern – Stuttgart

Riedwyl, H. [1980]: Regressionsgerade und Verwandtes, Bern – Stuttgart

Röhr, M.; Lohse, H.; Ludwig, R. [1983]: Statistik für Soziologen, Pädagogen, Psychologen und Mediziner, Band 2: Statistische Verfahren, Thun – Frankfurt am Main

Ross, S. [1970]: Applied probability models with optimal application, San Francisco.

Rüger, B. [1985]: Induktive Statistik, München-Wien.

Sachs, L. [1984]: Angewandte Statistik: Anwendung statistischer Methoden. 6. Auflage, Berlin – Heidelberg – New York

Schach, S.; Schäfer, Th. [1978]: Regressions- und Varianzanalyse. Eine Einführung, Berlin – Heidelberg – New York

Schaich, E.; Hamerle, A. [1984]: Verteilungsfreie statistische Verfahren, Berlin – Heidelberg – New York – Tokyo.

Scheffe', H. [1959]: The analysis of variance, New York

Schmetterer, L. [1966]: Einführung in die mathematische Statistik. 2. Auflage, Wien – New York

Schmitz, N.; Lehmann, F. [1976]: Monte-Carlo-Methoden I, Meisenheim

Schneeweiß, H. [1971]: Ökonometrie, Würzburg – Wien

Schwarze, J. [1985]: Grundlagen der Statistik: beschreibende Verfahren. 3. Auflage, Herne – Berlin

Schwarze, J. [1986]: Grundlagen der Statistik: Wahrscheinlichkeitsrechnung und induktive Statistik, Herne – Berlin

Searle, S.R. [1971]: Linear models, New York

Searle, S.R. [1987]: Linear models for unbalanced data, New York

Seber, G.A.F. [1977]: Linear regression analysis, New York

Siegel, S.; Tukey, J.W. [1960]: A nonparametric sum of ranks procedure for relative spread in unpaired samples. J. Amer. Statist. Assoc. 55, 429-445

Smirnow, N.W.; Dunin-Barkowski, I.W. [1973]: Mathematische Statistik in der Technik. Kurzer Lehrgang. 3. Auflage, Berlin

Stange, K. [1970, 1971]: Angewandte Statistik. Erster Teil: Eindimensionale Probleme. Zweiter Teil: Mehrdimensionale Probleme, Berlin – Heidelberg – New York

Stange, K. [1977]: Bayes-Verfahren. Schätz- und Testverfahren bei Berücksichtigung von Vorinformationen, Berlin – Heidelberg – New York

Stenger, H. [1971]: Stichprobentheorie, Würzburg

Storm, R. [1976]: Wahrscheinlichkeitsrechnung, mathematische Statistik und statistische Qualitätskontrolle. 6. verb. Auflage, Leipzig

Sukhatme, B.V. [1957]: On certain two-sample nonparametric tests for variances. Ann. Math. Statist. 28, 188-194

Swoboda, H. [1974]: Knaurs Buch der modernen Statistik, München – Zürich

Timischl, W. [1990]: Biostatistik. Eine Einführung für Biologen, Wien – New York

Uhlmann, W. [1966]: Statistische Qualitätskontrolle, Stuttgart

Uhlmann, W. [1969]: Kostenoptimale Prüfpläne. Würzburg

Vincze, I. [1971, 1984]: Mathematische Statistik mit industriellen Anwendungen, Band 1, Budapest. Band 2: 2., erw. Aufl., Mannheim – Wien – Zürich

Vogel, W. [1970]: Wahrscheinlichkeitstheorie, Göttingen

Vogt, H. [1988]: Methoden der statistischen Qualitätskontrolle, Stuttgart

Waerden, B.L. van der [1971]: Mathematische Statistik. 3. Aufl.; Grundlehren der mathematischen Wissenschaften, Bd. 156, Berlin – New York

Waerden, B.L. van der; Nievergelt, E. [1956]: Tafeln zum Vergleich zweier Stichproben mittels X-Test und Zeichentest, Berlin – Heidelberg – New York

Wald, A: [1947]: Sequantial analysis, New York

Wald, A.; Wolfowitz, J. [1940]: On a test whether two samples are from the same population, Ann. Math. Statistics 11, 147-162

Walter, E. [1970]: Statistische Methoden. Lecture notes in economics, I, vol.38, II vol. 39, Berlin – Heidelberg – New York

Weber, E. [1972]: Grundriss der biologischen Statistik. 7., überarb. Aufl., Stuttgart

Weisberg, S. [1980]: Applied linear regression, New York

Wetzel, W. [1971]: Statistische Grundausbildung für Wirtschaftswissenschaftler: I. Beschreibende Statistik, Berlin – New York

Winkler, W. [1983]: Vorlesungen zur mathematischen Statistik, Stuttgart

Witting, H. [1974]: Mathematische Statistik. 2. Auflage, Stuttgart

Witting, H. [1985]: Mathematische Statistik I: Parametrische Verfahren bei festem Stichprobenumfang, Stuttgart

Witting, H.; Nölle, G. [1970]: Angewandte mathematische Statistik: optimale finite u. asymptotische Verfahren, Stuttgart

Yamane, T. [1969]: Statistics. An introductory analysis, 2nd edition, 3rd printing, New York – London – Tokyo

Tabellenanhang

Seite

Tab. 1: Verteilungsfunktion Φ(z) der Standard-Normalverteilung N(0; 1)

z	0,00	0,01	0,02	0,03	0,04	0,05	0,06	0,07	0,08	0,09
0,0	0,5000	0,5040	0,5080	0,5120	0,5160	0,5199	0,5239	0,5279	0,5319	0,5359
0,1	0,5398	0,5438	0,5478	0,5517	0,5557	0,5596	0,5636	0,5675	0,5714	0,5753
0,2	0,5793	0,5832	0,5871	0,5910	0,5948	0,5987	0,6026	0,6064	0,6103	0,6141
0,3	0,6179	0,6217	0,6255	0,6293	0,6331	0,6368	0,6406	0,6443	0,6480	0,6517
0,4	0,6554	0,6591	0,6628	0,6664	0,6700	0,6736	0,6772	0,6808	0,6844	0,6879
0,5	0,6915	0,6950	0,6985	0,7019	0,7054	0,7088	0,7123	0,7157	0,7190	0,7224
0,6	0,7257	0,7291	0,7324	0,7357	0,7389	0,7422	0,7454	0,7486	0,7517	0,7549
0,7	0,7580	0,7611	0,7642	0,7673	0,7704	0,7734	0,7764	0,7794	0,7823	0,7852
0,8	0,7881	0,7910	0,7939	0,7967	0,7995	0,8023	0,8051	0,8078	0,8106	0,8133
0,9	0,8159	0,8186	0,8212	0,8238	0,8264	0,8289	0,8315	0,8340	0,8365	0,8389
1,0	0,8413	0,8438	0,8461	0,8485	0,8508	0,8531	0,8554	0,8577	0,8599	0,8621
1,1	0,8643	0,8665	0,8686	0,8708	0,8729	0,8749	0,8770	0,8790	0,8810	0,8830
1,2	0,8849	0,8869	0,8888	0,8907	0,8925	0,8944	0,8962	0,8980	0,8997	0,9015
1,3	0,9032	0,9049	0,9066	0,9082	0,9099	0,9115	0,9131	0,9147	0,9162	0,9177
1,4	0,9192	0,9207	0,9222	0,9236	0,9251	0,9265	0,9279	0,9292	0,9306	0,9319
1,5	0,9332	0,9345	0,9357	0,9370	0,9382	0,9394	0,9406	0,9418	0,9429	0,9441
1,6	0,9452	0,9463	0,9474	0,9484	0,9495	0,9505	0,9515	0,9525	0,9535	0,9545
1,7	0,9554	0,9564	0,9573	0,9582	0,9591	0,9599	0,9608	0,9616	0,9625	0,9633
1,8	0,9641	0,9649	0,9656	0,9664	0,9671	0,9678	0,9686	0,9693	0,9699	0,9706
1,9	0,9713	0,9719	0,9726	0,9732	0,9738	0,9744	0,9750	0,9756	0,9761	0,9767
2,0	0,9772	0,9778	0,9783	0,9788	0,9793	0,9798	0,9803	0,9808	0,9812	0,9817
2,1	0,9821	0,9826	0,9830	0,9834	0,9838	0,9842	0,9846	0,9850	0,9854	0,9857
2,2	0,9861	0,9864	0,9868	0,9871	0,9875	0,9878	0,9881	0,9884	0,9887	0,9890
2,3	0,9893	0,9896	0,9898	0,9901	0,9904	0,9906	0,9909	0,9911	0,9913	0,9916
2,4	0,9918	0,9920	0,9922	0,9925	0,9927	0,9929	0,9931	0,9932	0,9934	0,9936
2,5	0,9938	0,9940	0,9941	0,9943	0,9945	0,9946	0,9948	0,9949	0,9951	0,9952
2,6	0,9953	0,9955	0,9956	0,9957	0,9959	0,9960	0,9961	0,9962	0,9963	0,9964
2,7	0,9965	0,9966	0,9967	0,9968	0,9969	0,9970	0,9971	0,9972	0,9973	0,9974
2,8	0,9974	0,9975	0,9976	0,9977	0,9977	0,9978	0,9979	0,9979	0,9980	0,9981
2,9	0,9981	0,9982	0,9982	0,9983	0,9984	0,9984	0,9985	0,9985	0,9986	0,9986
3,0	0,9987	0,9987	0,9987	0,9988	0,9988	0,9989	0,9989	0,9989	0,9990	0,9990
3,1	0,9990	0,9991	0,9991	0,9991	0,9992	0,9992	0,9992	0,9992	0,9993	0,9993
3,2	0,9993	0,9993	0,9994	0,9994	0,9994	0,9994	0,9994	0,9995	0,9995	0,9995
3,3	0,9995	0,9995	0,9995	0,9996	0,9996	0,9996	0,9996	0,9996	0,9996	0,9997
3,4	0,9997	0,9997	0,9997	0,9997	0,9997	0,9997	0,9997	0,9997	0,9997	0,9998
3,5	0,9998	0,9998	0,9998	0,9998	0,9998	0,9998	0,9998	0,9998	0,9998	0,9998
3,6	0,9998	0,9998	0,9999	0,9999	0,9999	0,9999	0,9999	0,9999	0,9999	0,9999
3,7	0,9999	0,9999	0,9999	0,9999	0,9999	0,9999	0,9999	0,9999	0,9999	0,9999
3,8	0,9999	0,9999	0,9999	0,9999	0,9999	0,9999	0,9999	0,9999	0,9999	0,9999
3,9	1,0000	1,0000	1,0000	1,0000	1,0000	1,0000	1,0000	1,0000	1,0000	1,0000

zu Tab. 1 :

Tabelliert sind die Werte der Verteilungsfunktion

$$\Phi(z) = P(Z \leq z) \quad \text{für} \quad z \geq 0 \ .$$

Ablesebeispiel: $\Phi(1{,}75) = 0{,}9599$.

Funktionswerte für **negative** Argumente: $\mathbf{\Phi(-z) \ = \ 1 - \Phi(z)}$.

Approximation nach Hastings für z > 0:

$$\Phi(z) \approx 1 - \frac{1}{\sqrt{2\pi}} \cdot e^{-\frac{z^2}{2}} \cdot \left(a_1 t + a_2 t^2 + a_3 t^3 + a_4 t^4 + a_5 t^5\right)$$

mit

$$t = \frac{1}{1 + bz} \ ;$$

$b = 0{,}2316419$; $a_1 = 0{,}319381530$; $a_2 = -0{,}356563782$;

$a_3 = 1{,}781477937$; $a_4 = -1{,}821255978$; $a_5 = 1{,}330274429$.

Für $z > 0$ erhält man Näherungswerte, die auf mindestens 7 Stellen genau sind.

Tab. 2: Quantile $z_{1-\alpha}$ der Standard-N(0; 1)-Normalverteilung

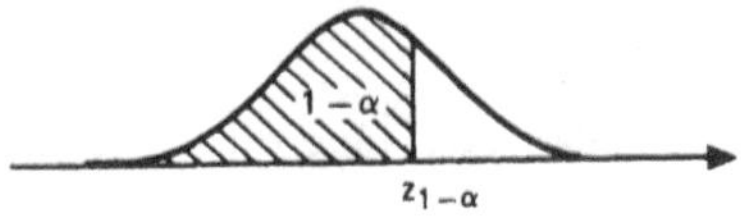

$1-\alpha$	$z_{1-\alpha}$	$1-\alpha$	$z_{1-\alpha}$	$1-\alpha$	$z_{1-\alpha}$	$1-\alpha$	$z_{1-\alpha}$
0,50	0,00000	0,75	0,67449	**0,950**	**1,64485**	0,9975	2,80703
0,51	0,02507	0,76	0,70630	0,955	1,69540	0,9976	2,82016
0,52	0,05015	0,77	0,73885	0,960	1,75069	0,9977	2,83379
0,53	0,07527	0,78	0,77219	0,965	1,81191	0,9978	2,84796
0,54	0,10043	0,79	0,80642	0,970	1,88079	0,9979	2,86274
0,55	0,12566	0,80	0,84162	**0,975**	**1,95996**	0,9980	2,87816
0,56	0,15097	0,81	0,87790	0,980	2,05375	0,9981	2,89430
0,57	0,17637	0,82	0,91537	0,985	2,17009	0,9982	2,91124
0,58	0,20189	0,83	0,95417	0,987	2,22621	0,9983	2,92905
0,59	0,22754	0,84	0,99446	0,989	2,29037	0,9984	2,94784
0,60	0,25335	0,85	1,03643	**0,9900**	**2,32635**	0,9985	2,96774
0,61	0,27932	0,86	1,08032	0,9905	2,34553	0,9986	2,98888
0,62	0,30548	0,87	1,12639	0,9910	2,36562	0,9987	3,01145
0,63	0,33185	0,88	1,17499	0,9915	2,38671	0,9988	3,03567
0,64	0,35846	0,89	1,22653	0,9920	2,40892	0,9989	3,06181
0,65	0,38532	**0,900**	**1,28155**	0,9925	2,43238	**0,9990**	**3,09023**
0,66	0,41246	0,905	1,31058	0,9930	2,45726	0,9991	3,12139
0,67	0,43991	0,910	1,34076	0,9935	2,48377	0,9992	3,15591
0,68	0,46770	0,915	1,37220	0,9940	2,51214	0,9993	3,19465
0,69	0,49585	0,920	1,40507	0,9945	2,54270	0,9994	3,23888
0,70	0,52440	0,925	1,43953	**0,9950**	**2,57583**	0,9995	3,29053
0,71	0,55338	0,930	1,47579	0,9955	2,61205	0,9996	3,35279
0,72	0,58284	0,935	1,51410	0,9960	2,65207	0,9997	3,43161
0,73	0,61281	0,940	1,55477	0,9965	2,69684	0,9998	3,54008
0,74	0,64335	0,945	1,59819	0,9970	2,74778	**0,9999**	**3,71902**

zu Tab. 2:

Für das Quantil $z_{1-\alpha}$ gilt $\Phi(z_{1-\alpha}) = 1-\alpha$.

Links vom Quantil $z_{1-\alpha}$ liegt die Wahrscheinlichkeitsmasse $1-\alpha$.

Ablesebeispiel: $z_{0,975} = 1{,}95996$.

Quantile für $0 < \alpha < 0{,}5$ erhält man aus $\mathbf{z}_\alpha = -\mathbf{z}_{1-\alpha}$.

Approximation nach Hastings für $0{,}5 \leq 1-\alpha < 1$:

$$z_{1-\alpha} \approx t - \frac{b_0 + b_1 t + b_2 t^2}{1 + c_1 t + c_2 t^2 + c_3 t^3} \quad \text{mit} \quad t = \sqrt{-2\ln(1-q)}\ ;$$

$b_0 = 2{,}515517$; $b_1 = 0{,}802853$; $b_2 = 0{,}010328$;

$c_1 = 1{,}432788$; $c_2 = 0{,}189269$; $c_3 = 0{,}001308$.

Die Näherungswerte sind auf mindestens drei Dezimalstellen genau.

Tab. 3: Quantile $t_{n;1-\alpha}$ der t-Verteilung mit n Freiheitsgraden

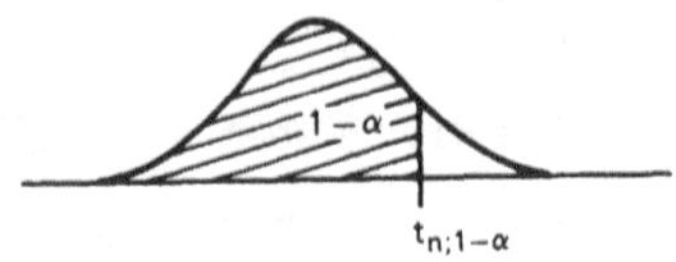

n \ 1 − α	0,900	0,950	0,975	0,990	0,995	0,999	n
1	3,078	6,314	12,706	31,821	63,657	318,309	1
2	1,886	2,920	4,303	6,965	9,925	22,327	2
3	1,638	2,353	3,182	4,541	5,841	10,215	3
4	1,533	2,132	2,776	3,747	4,604	7,173	4
5	1,476	2,015	2,571	3,365	4,032	5,893	5
6	1,440	1,943	2,447	3,143	3,707	5,208	6
7	1,415	1,895	2,365	2,998	3,499	4,785	7
8	1,397	1,860	2,306	2,896	3,355	4,501	8
9	1,383	1,833	2,262	2,821	3,250	4,297	9
10	1,372	1,812	2,228	2,764	3,169	4,144	10
11	1,363	1,796	2,201	2,718	3,106	4,025	11
12	1,356	1,782	2,179	2,681	3,055	3,930	12
13	1,350	1,771	2,160	2,650	3,012	3,852	13
14	1,345	1,761	2,145	2,624	2,977	3,787	14
15	1,341	1,753	2,131	2,602	2,947	3,733	15
16	1,337	1,746	2,120	2,583	2,921	3,686	16
17	1,333	1,740	2,110	2,567	2,898	3,646	17
18	1,330	1,734	2,101	2,552	2,878	3,610	18
19	1,328	1,729	2,093	2,539	2,861	3,579	19
20	1,325	1,725	2,086	2,528	2,845	3,552	20
21	1,323	1,721	2,080	2,518	2,831	3,527	21
22	1,321	1,717	2,074	2,508	2,819	3,505	22
23	1,319	1,714	2,069	2,500	2,807	3,485	23
24	1,318	1,711	2,064	2,492	2,797	3,467	24
25	1,316	1,708	2,060	2,485	2,787	3,450	25
26	1,315	1,706	2,056	2,479	2,779	3,435	26
27	1,314	1,703	2,052	2,473	2,771	3,421	27
28	1,313	1,701	2,048	2,467	2,763	3,408	28
29	1,311	1,699	2,045	2,462	2,756	3,396	29
30	1,310	1,697	2,042	2,457	2,750	3,385	30
40	1,303	1,684	2,021	2,423	2,704	3,307	40
50	1,299	1,676	2,009	2,403	2,678	3,261	50
60	1,296	1,671	2,000	2,390	2,660	3,232	60
70	1,294	1,667	1,994	2,381	2,648	3,211	70
80	1,292	1,664	1,990	2,374	2,639	3,195	80
90	1,291	1,662	1,987	2,369	2,632	3,182	90

Tab. 3 (Fortsetzung):

n \ $1-\alpha$	0,900	0,950	0,975	0,990	0,995	0,999	n
100	1,290	1,660	1,984	2,364	2,626	3,174	100
150	1,287	1,655	1,976	2,352	2,609	3,146	150
200	1,286	1,653	1,972	2,345	2,601	3,131	200
300	1,284	1,650	1,968	2,339	2,593	3,118	300
400	1,284	1,649	1,966	2,336	2,589	3,111	400
500	1,283	1,648	1,965	2,334	2,586	3,107	500
600	1,283	1,647	1,964	2,333	2,584	3,104	600
800	1,283	1,647	1,963	2,331	2,582	3,101	800
1000	1,282	1,646	1,962	2,330	2,581	3,098	1000
∞	1,282	1,646	1,960	2,326	2,576	3,090	∞

zu Tab. 3:

Für das Quantil $t_{n;1-\alpha}$ gilt $F(t_{n;1-\alpha}) = 1-\alpha$.

Links vom Quantil $t_{n;1-\alpha}$ liegt die Wahrscheinlichkeitsmasse $1-\alpha$.

Ablesebeispiel: $t_{20;0,99} = 2{,}528$.

Quantile für $0 < 1-\alpha < 0{,}5$ erhält man aus $\mathbf{t_{n;\alpha} = -\, t_{n;1-\alpha}}$.

Approximation für $0{,}5 \leq 1-\alpha < 1$:

$$t_{n;1-\alpha} \approx \frac{c_9 z_{1-\alpha}^9 + c_7 z_{1-\alpha}^7 + c_5 z_{1-\alpha}^5 + c_3 z_{1-\alpha}^3 + c_1 z_{1-\alpha}}{92\,160\, n^4}$$

mit

$z_{1-\alpha} =$ $(1-\alpha)$ - Quantil der Standard-Normalverteilung mit

$$\Phi(z_{1-\alpha}) = 1-\alpha \,.$$

$c_9 = 79$; $c_7 = 720\,n + 776$; $c_5 = 4\,800\,n^2 + 4\,560\,n + 1\,482$;

$c_3 = 23\,040\,n^3 + 15\,360\,n^2 + 4\,080\,n - 1\,920$;

$c_1 = 92\,160\,n^4 + 23\,040\,n^3 + 2\,880\,n^2 - 3\,600\,n - 945$.

zu Tab. 3

Formel von **Peitzer und Pratt für $n \geq 10$**:

$$t_{n;1-\alpha} \approx \sqrt{n \cdot e^{c \cdot z_{1-\alpha}^2} - n}$$

mit

$z_{1-\alpha} = (1-\alpha)$ - Quantil der Standard-Normalverteilung mit

$$\Phi(z_{1-\alpha}) = 1 - \alpha \;;$$

$$c = \frac{n - \frac{5}{6}}{\left(n - \frac{2}{3} + \frac{1}{10\,n}\right)^2} .$$

Diese Formel liefert bereits für $n = 3$ und $0{,}5 < q < 0{,}99$ Näherungswerte mit einer maximalen absoluten Abweichung von 0,8 vom tatsächlichen Quantil.

Für $n \to \infty$ konvergiert die Verteilungsfunktion der t-Verteilung gegen die Verteilungsfunktion der Standard-N(0; 1)-Normalverteilung mit

$$\lim_{n \to \infty} t_{n;1-\alpha} = z_{1-\alpha} \;;$$

$$t_{n;1-\alpha} \approx z_{1-\alpha} \quad \text{für} \quad n > 30.$$

Tab. 4: Quantile $\chi^2_{n;1-\alpha}$ der Chi-Quadrat-Verteilung (n Freiheitsgrade)

$1-\alpha$ / n	0,005	0,010	0,025	0,050	0,100	0,250	0,500
1	$0{,}3927{:}10^5$	$0{,}1571{:}10^4$	$0{,}9821{:}10^3$	$0{,}3932{:}10^2$	0,015791	0,1015	0,4549
2	0,01003	0,02010	0,05064	0,1026	0,2107	0,5754	1,3863
3	0,07172	0,1148	0,2158	0,3518	0,5844	1,2125	2,3660
4	0,2070	0,2971	0,4844	0,7107	1,064	1,9226	3,3567
5	0,4117	0,5543	0,8312	1,145	1,610	2,675	4,351
6	0,6757	0,8721	1,237	1,635	2,204	3,455	5,348
7	0,9893	1,239	1,690	2,167	2,833	4,255	6,346
8	1,344	1,646	2,180	2,733	3,490	5,071	7,344
9	1,735	2,088	2,700	3,325	4,168	5,899	8,343
10	2,156	2,558	3,247	3,940	4,865	6,737	9,342
11	2,603	3,053	3,816	4,575	5,578	7,584	10,341
12	3,074	3,571	4,404	5,226	6,304	8,438	11,340
13	3,565	4,107	5,009	5,892	7,042	9,299	12,340
14	4,075	4,660	5,629	6,571	7,790	10,165	13,399
15	4,601	5,229	6,262	7,261	8,547	11,037	14,339
16	5,142	5,812	6,908	7,962	9,312	11,912	15,338
17	5,697	6,408	7,564	8,672	10,085	12,792	16,338
18	6,265	7,015	8,231	9,390	10,865	13,675	17,338
19	6,844	7,633	8,907	10,117	11,651	14,562	18,338
20	7,434	8,260	9,591	10,851	12,443	15,452	19,337
21	8,034	8,897	10,283	11,591	13,240	16,344	20,337
22	8,643	9,542	10,982	12,338	14,041	17,240	21,337
23	9,260	10,196	11,689	13,091	14,848	18,137	22,337
24	9,886	10,856	12,401	13,848	15,659	19,037	23,337
25	10,520	11,524	13,120	14,611	16,473	19,940	24,337
26	11,160	12,198	13,844	15,379	17,292	20,843	25,336
27	11,808	12,879	14,573	16,151	18,114	21,749	26,336
28	12,461	13,565	15,308	16,928	18,939	22,657	27,336
29	13,121	14,256	16,047	17,708	19,768	23,557	28,336
30	13,787	14,953	16,791	18,493	20,599	24,478	29,336
31	14,458	15,655	17,539	19,281	21,434	25,390	30,336
32	15,134	16,362	18,291	20,072	22,271	26,304	31,336
33	15,815	17,074	19,047	20,867	23,110	27,219	32,336
34	16,501	17,789	19,806	21,664	23,952	28,136	33,336
35	17,192	18,509	20,569	22,465	24,797	29,054	34,336
36	17,887	19,233	21,336	23,269	25,643	29,973	35,336
37	18,586	19,960	22,106	24,075	26,492	30,893	36,336
38	19,289	20,691	22,878	24,884	27,343	31,815	37,335
39	19,996	21,426	23,654	25,695	28,196	32,737	38,335
40	20,707	22,164	24,433	26,509	29,051	33,660	39,335
41	21,421	22,906	25,215	27,326	29,907	34,585	40,335
42	22,138	23,650	25,999	28,144	30,765	35,510	41,335
43	22,859	24,398	26,785	28,965	31,625	36,436	42,335
44	23,584	25,148	27,575	29,787	32,487	37,363	43,335
45	24,311	25,901	28,366	30,612	33,350	38,291	44,335
46	25,041	26,657	19,160	31,439	34,215	39,220	45,335
47	25,775	27,416	29,956	32,268	35,081	40,149	46,335
48	26,511	28,177	30,755	33,098	35,949	41,079	47,335
49	27,249	28,941	31,555	33,930	36,818	42,010	48,335

Tabelle 4 (Fortsetzung):

$1-\alpha$ / n	0,750	0,900	0,950	0,975	0,990	0,995	0,999
1	1,323	2,706	3,841	5,024	6,635	7,879	10,828
2	2,773	4,605	5,991	7,378	9,210	10,597	13,816
3	4,108	6,251	7,815	9,348	11,345	12,838	16,266
4	5,385	7,779	9,488	11,143	13,277	14,860	18,467
5	6,626	9,236	11,070	12,833	15,086	16,750	20,515
6	7,841	10,645	12,592	14,449	16,812	18,548	22,458
7	9,037	12,017	14,067	16,013	18,475	20,278	24,322
8	10,219	13,362	15,507	17,535	20,090	21,955	26,124
9	11,389	14,684	16,919	19,023	21,666	23,589	27,877
10	12,549	15,987	18,307	20,483	23,209	25,188	29,588
11	13,701	17,275	19,675	21,920	24,725	26,757	31,264
12	14,845	18,549	21,026	23,337	26,217	28,300	32,909
13	15,984	19,812	22,362	24,736	27,688	29,819	34,528
14	17,117	21,064	23,685	26,119	29,141	31,319	36,123
15	18,245	22,307	24,996	27,488	30,578	32,801	37,697
16	19,369	23,542	26,296	28,845	32,000	34,267	39,252
17	20,489	24,769	27,587	30,191	33,409	35,718	40,790
18	21,605	25,989	28,869	31,526	34,805	37,156	42,312
19	22,718	27,204	30,144	32,852	36,191	38,582	43,820
20	23,828	28,412	31,410	34,170	37,566	39,997	45,315
21	24,935	29,615	32,671	35,479	38,932	41,401	46,797
22	26,039	30,813	33,924	36,781	40,289	42,796	48,268
23	27,141	32,007	35,172	38,076	41,638	44,181	49,728
24	28,241	33,196	36,415	39,364	42,980	45,559	51,179
25	29,339	34,382	37,652	40,646	44,314	46,928	52,620
26	30,435	35,563	38,885	41,923	45,642	48,290	54,052
27	31,528	36,741	40,113	43,195	46,963	49,645	55,476
28	32,620	37,916	41,337	44,461	48,278	50,993	56,892
29	33,711	39,087	42,557	45,722	49,588	52,336	58,301
30	34,800	40,256	42,773	46,979	50,892	53,672	59,703
31	35,887	41,422	44,985	48,232	52,191	55,003	61,098
32	36,973	42,585	46,194	49,480	53,486	56,328	62,487
33	38,058	43,745	47,400	50,725	54,776	57,648	63,870
34	39,141	44,903	48,602	51,966	56,061	58,964	65,247
35	40,223	46,059	49,802	53,203	57,342	60,275	66,619
36	41,304	47,212	50,998	54,437	58,619	61,581	67,985
37	42,383	48,363	52,192	55,668	59,893	62,883	69,346
38	43,462	49,513	53,384	56,896	61,162	64,181	70,703
39	44,539	50,660	54,572	58,120	62,428	65,476	72,055
40	45,616	51,805	55,758	59,342	63,691	66,766	73,402
41	46,692	52,949	56,942	60,561	64,950	68,053	74,745
42	47,766	54,090	58,124	61,777	66,206	69,336	76,084
43	48,840	55,230	59,304	62,990	67,459	70,616	77,419
44	49,913	56,369	60,481	64,201	68,710	71,893	78,750
45	50,985	57,505	61,656	65,410	69,957	73,166	80,077
46	52,056	58,641	62,830	66,617	71,201	74,437	81,400
47	53,127	59,744	64,001	67,821	72,443	75,704	82,720
48	54,196	60,907	65,171	69,023	73,683	76,969	84,037
49	55,265	62,038	66,339	70,222	74,919	78,231	85,351

Tabelle 4 (Fortsetzung):

$1-\alpha$ / n	0,005	0,010	0,025	0,050	0,100	0,250	0,500
50	27,991	29,707	32,357	34,764	37,689	42,942	49,335
60	35,534	37,485	40,482	43,188	46,459	52,294	59,335
70	43,275	45,442	48,758	51,739	55,329	61,698	69,334
80	51,172	53,540	57,153	60,391	64,278	71,145	79,334
90	59,196	61,754	65,647	69,126	73,291	80,625	89,335
100	67,238	70,065	74,222	77,929	82,358	90,133	99,334

$1-\alpha$ / n	0,750	0,900	0,950	0,975	0,990	0,995	0,999
50	56,334	63,167	67,505	71,420	76,154	79,490	86,661
60	66,981	74,397	79,082	83,298	88,379	91,952	99,607
70	77,577	85,527	90,531	95,023	100,425	104,215	112,317
80	88,130	96,578	101,879	106,629	112,329	116,321	124,839
90	98,650	107,565	113,145	118,136	124,116	128,299	137,208
100	109,141	118,498	124,342	129,561	135,807	140,169	149,449

zu Tab. 4:

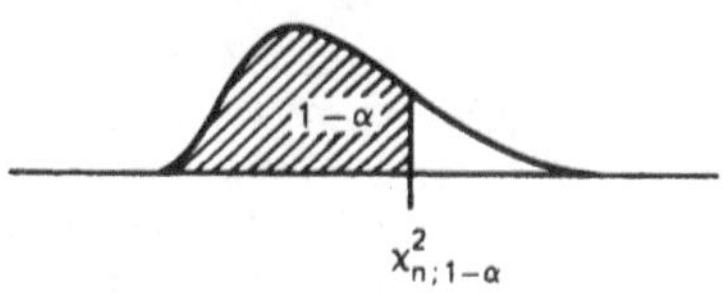

Für das Quantil $\chi^2_{n;1-\alpha}$ gilt $F(\chi^2_{n;1-\alpha}) = 1-\alpha$.
Links vom Quantil $\chi^2_{n;1-\alpha}$ liegt die Wahrscheinlichkeitsmasse $1-\alpha$.

Ablesebeispiel: $\chi^2_{35;0,99} = 57{,}342$.

Approximationen für $0 < \alpha < 1$:

$$\chi^2_{n;1-\alpha} \approx n \cdot \left[1 - \frac{2}{9n} + z_{1-\alpha} \cdot \sqrt{\frac{2}{9n}}\right]^3 \quad \text{für } n > 30\,;$$

$$z_{1-\alpha} = (1-\alpha)\text{-Quantil der Standard-Normalverteilung.}$$

$$\chi^2_{n;1-\alpha} \approx n + \sqrt{2n}\, z_{1-\alpha} \quad \text{für } n > 30\,;$$

$$z_{1-\alpha} = (1-\alpha)\text{-Quantil der Standard-Normalverteilung.}$$

$$\chi^2_{n;1-\alpha} \approx \frac{1}{2}\left[z_{1-\alpha} + \sqrt{2n-1}\,\right]^2 \quad \text{für } n > 100\,;$$

$$z_{1-\alpha} = (1-\alpha)\text{-Quantil der Standard-Normalverteilung.}$$

Tab. 5 : Quantile $f_{n_1;n_2;1-\alpha}$ der F-Verteilung mit (n_1, n_2) Freiheitsgraden

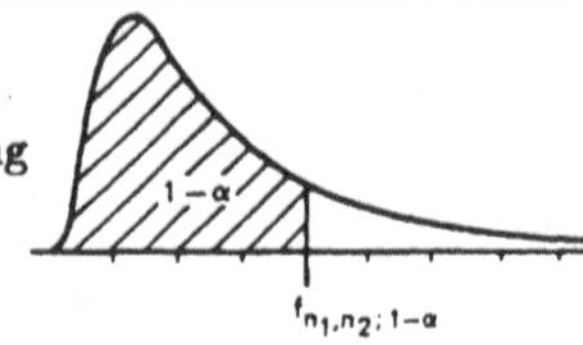

n_2	n_1 / $1-\alpha$	1	2	3	4	5	6	7	8	9	10
1	0,990	4052	4999	5403	5625	5764	5859	5928	5981	6022	6056
	0,975	647,8	799,5	864,2	899,6	921,8	937,1	948,2	956,7	963,3	968,6
	0,950	161,4	199,5	215,7	224,6	230,2	234,0	236,8	238,9	240,5	241,9
	0,900	39,86	49,50	53,59	55,83	57,24	58,20	58,91	59,44	59,86	60,20
2	0,990	98,50	99,00	99,17	99,25	99,30	99,33	99,36	99,37	99,39	99,40
	0,975	38,51	39,00	39,17	39,25	39,30	39,33	39,36	39,37	39,39	39,40
	0,950	18,51	19,00	19,16	19,25	19,30	19,33	19,35	19,37	19,38	19,40
	0,900	8,256	9,000	9,162	9,243	9,293	9,326	9,349	9,367	9,381	9,392
3	0,990	34,12	30,82	29,46	28,71	28,24	27,91	27,67	27,49	27,35	27,23
	0,975	17,44	16,04	15,44	15,10	14,88	14,73	14,62	14,54	14,47	14,42
	0,950	10,13	9,552	9,277	9,117	9,013	8,941	8,887	8,845	8,812	8,786
	0,900	5,538	5,462	5,391	5,343	5,309	5,285	5,266	5,252	5,240	5,230
4	0,990	21,20	18,00	16,69	15,98	15,52	15,21	14,98	14,80	14,66	14,55
	0,975	12,22	10,65	9,979	9,605	9,364	9,197	9,074	8,980	8,905	8,844
	0,950	7,709	6,944	6,591	6,388	6,256	6,163	6,094	6,041	5,999	5,964
	0,900	4,545	4,325	4,191	4,107	4,051	4,010	3,979	3,955	3,936	3,920
5	0,990	16,26	13,27	12,06	11,39	10,97	10,67	10,46	10,29	10,16	10,05
	0,975	10,01	8,434	7,764	7,388	7,416	6,978	6,853	6,757	6,681	6,619
	0,950	6,608	5,786	5,409	5,192	5,050	4,950	4,876	4,818	4,772	4,735
	0,900	4,060	3,780	3,619	3,520	3,453	3,405	3,368	3,339	3,316	3,297
6	0,990	13,75	10,92	9,780	9,148	8,746	8,466	8,260	8,102	7,976	7,874
	0,975	8,813	7,260	6,599	6,227	5,988	5,820	5,695	5,600	5,523	5,461
	0,950	5,987	5,143	4,757	4,534	4,387	4,284	4,207	4,147	4,099	4,060
	0,990	3,776	3,463	3,289	3,181	3,108	3,055	3,014	2,983	2,958	2,937
7	0,990	12,25	9,547	8,451	7,847	7,460	7,191	6,993	6,840	6,719	6,620
	0,975	8,073	6,542	5,890	5,523	5,285	5,119	4,995	4,899	4,823	4,761
	0,950	5,591	4,737	4,347	4,120	3,972	3,866	3,787	3,726	3,677	3,637
	0,900	3,589	3,257	3,074	2,961	2,883	2,827	2,785	2,752	2,725	2,703
8	0,990	11,26	8,649	7,591	7,006	6,632	6,371	6,178	6,029	5,911	5,814
	0,975	7,571	6,059	5,416	5,053	4,817	4,652	4,529	4,433	4,357	4,295
	0,950	5,318	4,459	4,066	3,838	3,687	3,581	3,500	3,438	3,388	3,347
	0,900	3,458	3,113	2,924	2,806	2,726	2,668	2,624	2,589	2,561	2,538
9	0,990	10,56	8,022	6,992	6,422	6,057	5,802	5,613	5,467	5,351	5,257
	0,975	7,209	5,715	5,078	4,718	4,484	4,320	4,197	4,102	4,026	3,964
	0,950	5,117	4,256	3,863	3,633	3,482	3,374	3,293	3,230	3,179	3,137
	0,900	3,360	3,006	2,813	2,693	2,611	2,551	2,505	2,469	2,440	2,146
10	0,990	10,04	7,559	6,552	5,994	5,636	5,386	5,200	5,057	4,942	4,849
	0,975	6,937	5,456	4,826	4,468	4,236	4,072	3,950	3,855	3,779	3,717
	0,950	4,965	4,103	3,708	3,478	3,326	3,217	3,135	3,072	3,020	2,978
	0,900	3,285	2,924	2,728	2,605	2,522	2,461	2,414	2,377	2,347	2,323

Tab. 5. Fortsetzung

n_2	n_1 / $1-\alpha$	11	12	13	14	15	16	17	18	19	20
1	0,990	6083	6106	6126	6143	6157	6170	6181	6192	6201	6209
	0,975	973,0	976,7	979,8	982,5	984,9	986,9	988,7	990,3	991,8	993,1
	0,950	243,0	243,9	244,7	245,4	245,9	246,5	246,9	247,3	247,7	248,0
	0,900	60,47	60,71	60,90	61,07	61,22	61,35	61,46	61,57	61,66	61,74
2	0,990	90,41	99,42	99,42	99,43	99,43	99,44	99,44	99,44	99,45	99,45
	0,975	39,41	39,41	39,42	39,43	39,43	39,44	39,44	39,44	39,45	39,45
	0,950	19,40	19,41	19,42	19,42	19,43	19,43	19,44	19,44	19,44	19,45
	0,900	9,401	9,408	9,415	9,420	9,425	9,429	9,433	9,436	9,439	9,441
3	0,990	27,13	27,05	26,98	26,92	26,87	26,83	26,79	26,75	26,72	26,69
	0,975	14,37	14,34	14,30	14,28	14,25	14,23	14,21	14,20	14,18	14,17
	0,950	8,763	8,745	8,729	8,715	8,703	8,692	8,683	8,675	8,667	8,660
	0,900	5,222	5,216	5,210	5,205	5,200	5,196	5,193	5,190	5,187	5,184
4	0,990	14,45	14,37	14,31	14,25	14,20	14,15	14,11	14,08	14,05	14,02
	0,975	8,794	8,751	8,715	8,684	8,657	8,633	8,611	8,592	8,575	8,560
	0,950	5,936	5,912	5,891	5,873	5,858	5,844	5,832	5,821	5,811	5,803
	0,900	3,907	3,896	3,886	3,878	3,870	3,864	3,858	3,853	3,849	3,844
5	0,990	9,263	9,888	9,825	9,770	9,722	9,680	9,643	9,610	9,580	9,553
	0,975	6,568	6,525	6,488	6,456	6,428	6,403	6,381	6,362	6,344	6,329
	0,950	4,704	4,678	4,655	4,636	4,619	4,604	4,590	4,578	4,568	4,558
	0,900	3,282	3,268	3,257	3,247	3,238	3,230	3,223	3,217	3,212	3,207
6	0,990	7,790	7,718	7,658	7,605	7,559	7,519	7,483	7,451	7,422	7,396
	0,975	5,410	5,366	5,329	5,297	5,269	5,244	5,222	5,202	5,184	5,168
	0,950	4,027	4,000	3,976	3,956	3,938	3,922	3,908	3,896	3,884	3,874
	0,900	2,919	2,905	2,892	2,881	2,871	2,863	2,855	2,848	2,842	2,836
7	0,990	6,538	6,469	6,410	6,359	6,314	6,275	6,240	6,209	6,181	6,155
	0,975	4,709	4,666	4,628	4,596	4,568	4,543	4,521	4,501	4,483	4,467
	0,950	3,603	3,575	3,550	3,529	3,511	3,494	3,480	3,467	3,455	3,445
	0,900	2,684	2,668	2,654	2,643	2,632	2,623	2,615	2,607	2,601	2,595
8	0,990	5,734	5,667	5,609	5,559	5,515	5,477	5,442	5,412	5,384	5,359
	0,975	4,243	4,200	4,162	4,130	4,101	4,076	4,054	4,034	4,016	3,999
	0,950	3,313	3,284	3,259	3,237	3,218	3,202	3,187	3,173	3,161	3,150
	0,900	2,519	2,502	2,488	2,475	2,464	2,455	2,446	2,438	2,431	2,425
9	0,990	5,178	5,111	5,055	5,005	4,962	4,924	4,890	4,860	4,833	4,808
	0,975	3,912	3,868	3,831	3,798	3,769	3,744	3,722	3,701	3,683	3,667
	0,950	3,102	3,073	3,048	3,025	3,006	2,989	2,974	2,960	2,948	2,936
	0,900	2,396	2,379	2,364	2,351	2,340	2,329	2,320	2,312	2,305	2,298
10	0,990	4,772	4,706	4,650	4,601	4,558	4,520	4,487	4,457	4,430	4,405
	0,975	3,665	3,621	3,583	3,550	3,522	3,496	3,474	3,453	3,435	3,419
	0,950	2,943	2,913	2,887	2,865	2,845	2,828	2,812	2,798	2,785	2,774
	0,900	2,302	2,284	2,269	2,255	2,244	2,233	2,224	2,215	2,208	2,201

Tab. 5. Fortsetzung

n_2	n_1 / $1-\alpha$	25	30	40	50	60	80	100	200	500	∞
1	0,990	6340	6261	6287	6303	6313	6326	6334	6350	6359	6366
	0,975	998,1	1001	1006	1008	1010	1012	1013	1016	1017	1018
	0,950	249,3	250,1	251,1	251,8	252,2	252,7	253,0	253,7	254,1	254,3
	0,900	62,06	62,26	62,53	62,69	62,79	62,93	63,01	63,17	63,26	63,33
2	0,990	99,46	99,47	99,47	99,48	99,48	99,49	99,49	99,49	99,50	99,50
	0,975	39,46	39,46	39,47	39,48	39,48	39,49	39,49	39,49	39,50	39,50
	0,950	19,46	19,46	19,47	19,48	19,48	19,48	19,49	19,49	19,49	19,50
	0,900	9,451	9,458	9,466	9,471	9,475	9,479	9,481	9,486	9,489	9,491
3	0,990	26,58	26,50	26,41	26,35	26,32	26,27	26,24	26,18	26,15	26,13
	0,975	14,12	14,08	14,04	14,01	13,99	13,97	13,96	13,93	13,91	13,90
	0,950	8,634	8,617	8,594	8,581	8,572	8,561	8,554	8,540	8,832	8,526
	0,900	5,175	5,168	5,160	5,155	5,151	5,147	5,144	5,139	5,136	5,134
4	0,990	13,91	13,84	13,75	13,69	13,65	13,61	13,58	13,52	13,49	13,46
	0,975	8,501	8,461	8,411	8,381	8,360	8,335	8,319	8,289	8,270	8,257
	0,950	5,769	5,746	5,717	5,699	5,688	5,673	5,664	5,646	5,635	5,628
	0,900	3,828	3,817	3,804	3,795	3,790	3,782	3,778	3,769	3,764	3,761
5	0,990	9,449	9,379	9,291	9,238	9,202	9,157	9,130	9,075	9,042	9,020
	0,975	6,268	6,227	6,175	6,144	6,123	6,096	6,080	6,048	6,028	6,015
	0,950	4,521	4,496	4,464	4,444	4,431	4,415	4,405	4,385	4,373	4,365
	0,900	3,187	3,174	3,157	3,147	3,140	3,132	3,126	3,116	3,109	3,105
6	0,990	7,296	7,229	7,143	7,091	7,057	7,013	9,987	6,934	6,902	6,880
	0,975	5,107	5,065	5,012	4,980	4,959	4,932	4,915	4,882	4,863	4,849
	0,950	3,774	3,808	3,774	3,754	3,740	3,722	3,712	3,690	3,677	3,669
	0,990	2,815	2,800	2,781	2,770	2,762	2,752	2,746	2,734	2,727	2,722
7	0,990	6,058	5,992	5,908	5,858	5,824	5,781	5,755	5,702	5,671	5,650
	0,975	4,405	4,362	4,309	4,276	4,254	4,227	4,210	4,176	4,156	4,142
	0,950	3,404	3,376	3,340	3,319	3,304	3,286	3,275	3,252	3,239	3,230
	0,900	2,571	2,555	2,535	2,523	2,514	2,504	2,497	2,484	2,476	2,471
8	0,990	5,263	5,198	5,116	5,065	5,032	4,989	4,963	4,911	4,880	4,859
	0,975	3,937	3,894	3,840	3,807	3,784	3,756	3,739	3,705	3,684	3,670
	0,950	3,108	3,079	3,043	3,020	3,005	2,986	2,975	2,951	2,937	2,928
	0,900	2,400	2,383	2,361	2,348	2,339	2,328	2,321	2,307	2,298	2,293
9	0,990	4,713	4,649	4,567	4,517	4,483	4,441	4,415	4,363	4,332	4,311
	0,975	3,604	3,560	3,505	3,472	3,449	3,421	3,403	3,368	3,347	3,333
	0,950	2,826	2,864	2,826	2,803	2,787	2,768	2,576	2,731	2,717	2,707
	0,900	2,272	2,255	2,232	2,218	2,208	2,196	2,189	2,174	2,165	2,159
10	0,990	4,311	4,247	4,165,	4,155	4,082	4,039	4,014	3,962	3,930	3,909
	0,975	3,355	3,311	3,255	3,221	3,198	3,169	3,152	3,116	3,094	3,080
	0,950	2,730	2,700	2,661	2,637	2,621	2,601	2,588	2,563	2,548	2,538
	0,900	2,174	2,155	2,132	2,117	2,107	2,095	2,087	2,071	2,062	2,055

Tab. 5. Fortsetzung

n_2	n_1 / $1-\alpha$	1	2	3	4	5	6	7	8	9	10
11	0,990	9,646	7,206	6,217	5,668	5,316	5,069	4,886	4,744	4,632	4,539
	0,975	6,724	5,256	4,630	4,257	4,044	3,881	3,759	3,664	3,588	3,526
	0,950	4,844	3,982	3,587	3,357	3,204	3,095	3,012	2,948	2,896	2,854
	0,900	3,225	2,860	2,660	2,536	2,451	2,389	2,342	2,304	2,274	2,248
12	0,990	9,330	6,927	5,953	5,412	5,064	4,821	4,640	4,499	4,388	4,296
	0,975	6,554	5,096	4,474	4,121	3,891	3,728	3,607	3,512	3,436	3,374
	0,950	4,747	3,885	3,490	3,259	3,106	2,996	2,913	2,849	2,796	2,753
	0,900	3,177	2,807	2,606	2,480	2,394	2,331	2,283	2,245	2,214	2,188
13	0,990	9,074	6,701	5,739	5,205	4,862	4,620	4,441	4,302	4,191	4,100
	0,975	6,414	4,965	4,347	3,996	3,767	3,604	3,483	3,388	3,312	3,250
	0,950	4,667	3,806	3,411	3,179	3,025	2,915	2,832	2,767	2,714	2,671
	0,900	3,136	2,763	2,560	2,434	2,347	2,283	2,234	2,195	2,164	2,138
14	0,990	8,862	6,515	5,564	5,035	4,695	4,456	4,278	4,140	4,030	3,939
	0,975	6,298	4,857	4,242	3,892	3,663	3,501	3,380	3,285	3,209	3,147
	0,950	4,600	3,739	3,344	3,112	2,958	2,848	2,764	2,699	2,646	2,602
	0,900	3,102	2,726	2,522	2,395	2,307	2,243	2,193	2,154	2,122	2,095
15	0,990	8,683	6,359	5,417	4,893	4,556	4,318	4,142	4,004	3,895	3,805
	0,975	6,200	4,765	4,153	3,804	3,576	3,415	3,293	3,199	3,123	3,060
	0,950	4,543	3,682	3,287	3,056	2,901	2,790	2,707	2,641	2,588	2,544
	0,900	3,073	2,965	2,490	2,361	2,273	2,208	2,158	2,119	2,086	2,059
16	0,990	8,531	6,226	5,292	4,773	4,437	4,202	4,026	3,890	3,780	3,691
	0,975	6,115	4,687	4,077	3,729	3,502	3,341	3,219	3,125	3,049	2,986
	0,950	4,494	3,634	3,239	3,007	2,852	2,741	2,657	2,591	2,538	2,494
	0,990	3,048	2,668	2,462	2,333	2,244	2,178	2,128	2,088	2,055	2,028
17	0,990	8,400	6,112	5,185	4,669	4,336	4,102	3,927	3,791	3,682	3,593
	0,975	6,042	4,619	4,011	3,665	4,438	3,277	3,156	3,061	2,985	2,922
	0,950	4,451	3,592	3,197	2,965	2,810	2,699	2,614	2,548	2,494	2,450
	0,900	3,026	2,645	2,437	2,308	2,218	2,152	2,102	2,061	2,028	2,001
18	0,990	8,285	6,013	5,092	4,579	4,248	4,015	3,841	3,705	3,597	3,508
	0,975	5,978	4,560	3,954	3,608	3,382	3,221	3,100	3,005	2,929	2,866
	0,950	4,414	3,555	3,160	2,928	2,773	2,661	2,577	2,510	2,456	2,412
	0,900	3,007	2,624	2,146	2,286	2,196	2,130	2,079	2,038	2,005	1,977
19	0,990	8,185	5,926	5,010	4,500	4,171	3,939	3,765	3,631	3,523	3,434
	0,975	5,922	4,508	3,903	3,559	3,333	3,172	3,051	2,956	2,880	2,817
	0,950	4,381	3,522	3,127	2,895	2,740	2,628	2,544	2,477	2,423	2,378
	0,900	2,990	2,606	2,397	2,266	2,176	2,109	2,058	2,017	1,984	1,956
20	0,990	8,096	5,849	4,938	4,431	4,103	3,871	3,699	3,564	3,457	3,368
	0,975	5,871	4,461	3,859	3,515	3,289	3,128	3,007	2,913	2,837	2,774
	0,950	4,351	3,493	3,098	2,866	2,711	2,599	2,514	2,477	2,393	2,348
	0,900	2,975	2,589	2,380	2,249	2,158	2,091	2,040	1,999	1,965	1,937

Tab. 5. Fortsetzung

n_2	n_1 / $1-\alpha$	11	12	13	14	15	16	17	18	19	20
11	0,990	4,462	4,397	4,342	4,293	4,251	4,213	4,180	4,150	4,123	4,099
	0,975	3,474	3,430	3,392	3,359	3,330	3,304	3,282	3,261	3,243	3,226
	0,950	2,818	2,788	2,761	2,739	2,179	2,701	2,685	2,671	2,658	2,646
	0,900	2,227	2,209	2,193	2,179	2,167	2,156	2,147	2,138	2,130	2,123
12	0,990	4,220	4,155	4,100	4,052	4,010	3,972	3,939	3,909	3,883	3,858
	0,975	3,321	3,277	3,239	3,206	3,177	3,152	3,129	3,108	3,090	3,073
	0,950	2,717	2,687	2,660	2,637	2,617	2,599	2,583	2,568	2,555	2,544
	0,900	2,166	2,147	2,131	2,117	2,105	2,094	2,084	2,075	2,067	2,060
13	0,990	4,025	3,960	3,905	3,857	3,815	3,778	3,745	3,716	3,689	3,665
	0,975	3,197	3,153	3,115	3,082	3,053	3,027	3,004	2,983	2,965	2,948
	0,950	2,635	2,604	2,577	2,533	2,533	2,515	2,499	2,484	2,471	2,459
	0,900	2,116	2,097	2,080	2,066	2,053	2,042	2,032	2,023	2,014	2,007
14	0,990	3,864	3,800	3,745	3,697	3,656	3,619	3,586	3,556	3,529	3,505
	0,975	3,095	3,050	3,012	2,978	2,949	2,923	2,900	2,879	2,861	2,844
	0,950	2,565	2,534	2,507	2,484	2,463	2,445	2,428	2,413	2,400	2,388
	0,900	2,073	2,054	2,037	2,022	2,010	1,998	1,988	1,978	1,970	1,962
15	0,990	3,730	3,666	3,612	3,564	3,522	3,485	3,452	3,423	3,396	3,372
	0,975	3,008	2,963	2,925	2,891	2,862	2,836	2,813	2,792	2,773	2,756
	0,950	2,507	2,475	2,448	2,424	2,403	2,385	2,368	2,353	2,340	2,328
	0,900	2,037	2,017	2,000	1,985	1,972	1,961	1,950	1,941	1,932	1,924
16	0,990	3,616	3,553	3,498	3,450	3,409	3,372	3,339	3,310	3,283	3,259
	0,975	2,934	2,889	2,851	2,817	2,788	2,761	2,738	2,717	2,698	2,681
	0,950	2,456	2,425	2,397	2,373	2,352	2,333	2,317	2,302	2,288	2,276
	0,990	2,005	1,985	1,968	1,953	1,940	1,928	1,917	1,908	1,899	1,891
17	0,990	3,519	3,455	3,401	3,353	3,312	3,275	3,242	3,212	3,186	3,162
	0,975	2,870	2,825	2,786	2,753	2,723	2,697	2,673	2,652	2,633	2,616
	0,950	2,413	2,381	2,353	2,329	2,308	2,289	2,272	2,257	2,243	2,230
	0,900	1,978	1,958	1,940	1,925	1,912	1,900	1,889	1,879	1,870	1,862
18	0,990	3,434	3,371	3,316	3,269	3,227	3,190	3,158	3,128	3,101	3,077
	0,975	2,814	2,769	2,730	2,696	2,667	2,640	2,617	2,596	2,576	2,559
	0,950	2,374	2,342	2,314	2,290	2,269	2,250	2,233	2,217	2,203	2,191
	0,900	1,954	1,933	1,916	1,900	1,887	1,875	1,864	1,854	1,845	1,837
19	0,990	3,360	3,297	3,242	3,195	3,153	3,116	3,084	3,054	3,027	3,003
	0,975	2,765	2,720	2,681	2,647	2,617	2,591	2,567	2,546	2,526	2,509
	0,950	2,340	2,308	2,280	2,256	2,234	2,215	2,198	2,182	2,168	2,155
	0,900	1,932	1,912	1,894	1,878	1,865	1,852	1,841	1,831	1,822	1,814
20	0,990	3,294	3,231	3,177	3,130	3,088	3,051	3,018	2,989	2,962	2,938
	0,975	2,721	2,676	2,637	2,603	2,573	2,547	2,523	2,501	2,482	2,464
	0,950	2,310	2,278	2,250	2,225	2,203	2,184	2,167	2,151	2,137	2,124
	0,900	1,913	1,892	1,875	1,859	1,845	1,833	1,821	1,811	1,802	1,794

Tab. 5. Fortsetzung

n_2	n_1 / $1-\alpha$	25	30	40	50	60	80	100	200	500	∞
11	0,990	4,005	3,941	3,860	3,810	3,776	3,734	3,708	3,656	3,624	3,602
	0,975	3,162	3,118	3,061	3,027	3,004	2,794	2,956	2,920	2,898	2,883
	0,950	2,601	2,570	2,531	2,507	2,490	2,469	2,457	2,431	2,415	2,404
	0,900	2,095	2,076	2,052	2,036	2,026	2,013	2,005	1,989	1,983	1,972
12	0,990	3,765	3,701	3,619	3,569	3,535	3,493	3,467	3,414	3,382	3,361
	0,975	3,008	2,963	2,906	2,871	2,848	2,818	2,800	2,763	2,740	2,725
	0,950	2,498	2,466	2,426	2,401	2,384	2,363	2,350	2,323	2,307	2,296
	0,900	2,031	2,011	1,986	1,970	1,960	1,946	1,938	1,921	1,911	1,904
13	0,990	3,571	3,507	3,425	3,375	3,341	3,298	3,272	3,219	3,187	3,165
	0,975	2,882	2,837	2,780	2,744	2,720	2,690	2,671	2,634	2,611	2,595
	0,950	2,412	2,380	2,339	2,314	2,297	2,275	2,261	2,234	2,218	2,206
	0,900	1,978	1,958	1,931	1,915	1,904	1,890	1,882	1,864	1,854	1,846
14	0,990	3,412	3,348	3,266	3,215	3,181	3,138	3,112	3,059	3,026	3,004
	0,975	2,778	2,732	2,674	2,638	2,614	2,583	2,565	2,526	2,503	2,487
	0,950	2,341	2,308	2,266	2,241	2,223	2,201	2,187	2,159	2,142	2,131
	0,900	1,933	1,912	1,885	1,869	1,857	1,843	1,834	1,816	1,805	1,797
15	0,990	3,278	3,214	3,132	3,081	3,047	3,004	2,977	2,923	2,891	2,868
	0,975	2,689	2,644	2,585	2,549	2,524	2,493	2,474	2,435	2,411	2,395
	0,950	2,280	2,247	2,204	2,178	2,160	2,137	2,123	2,095	2,078	2,066
	0,900	1,894	1,873	1,845	1,828	1,817	1,802	1,793	1,774	1,763	1,755
16	0,990	3,165	3,101	3,018	2,967	2,933	2,889	2,863	2,808	2,775	2,753
	0,975	2,614	2,568	2,509	2,472	2,447	2,415	2,396	2,357	2,333	2,316
	0,950	2,227	2,194	2,151	2,124	2,106	2,083	2,068	2,039	2,022	2,010
	0,990	1,860	1,839	1,811	1,793	1,782	1,766	1,757	1,738	1,726	1,718
17	0,990	3,068	3,003	2,920	2,869	2,835	2,791	2,764	2,709	2,676	2,653
	0,975	2,548	2,502	2,442	2,405	2,380	2,348	2,329	2,289	2,264	2,247
	0,950	2,181	2,148	2,104	2,077	2,058	2,035	2,020	1,991	1,973	1,960
	0,900	1,831	1,809	1,781	1,763	1,751	1,735	1,726	1,706	1,694	1,686
18	0,990	2,983	2,919	2,835	2,784	2,749	2,705	2,678	2,623	2,589	2,566
	0,975	2,491	2,444	2,384	2,347	2,321	2,289	2,269	2,229	2,204	2,187
	0,950	2,141	2,107	2,063	2,035	2,017	1,993	1,978	1,948	1,929	1,917
	0,900	1,805	1,783	1,754	1,736	1,723	1,707	1,698	1,678	1,665	1,657
19	0,990	2,909	2,844	2,761	2,709	2,674	2,630	2,602	2,547	2,512	2,489
	0,975	2,441	2,394	2,333	2,295	2,270	2,237	2,217	2,176	2,150	2,133
	0,950	2,106	2,071	2,026	1,999	1,980	1,955	1,940	1,910	1,891	1,878
	0,900	1,782	1,759	1,730	1,711	1,699	1,683	1,673	1,652	1,639	1,631
20	0,990	2,843	2,778	2,695	2,643	2,608	2,563	2,535	2,479	2,445	2,421
	0,975	2,396	2,349	2,287	2,249	2,223	2,190	2,170	2,128	2,103	2,085
	0,950	2,074	2,039	1,994	1,966	1,946	1,922	1,907	1,875	1,856	1,843
	0,900	1,761	1,738	1,708	1,690	1,677	1,660	1,650	1,629	1,616	1,607

Tab. 5. Fortsetzung

n_2	n_1 / $1-\alpha$	1	2	3	4	5	6	7	8	9	10
25	0,990	7,770	5,568	4,675	4,177	3,855	3,627	3,457	3,324	3,217	3,129
	0,975	5,686	4,291	3,694	3,353	3,129	2,969	2,848	2,753	2,677	2,613
	0,950	4,242	3,385	2,991	2,759	2,603	2,490	2,405	2,337	2,282	2,236
	0,900	2,918	2,528	2,317	2,184	2,092	2,024	1,971	1,929	1,895	1,866
30	0,990	7,562	5,390	4,510	4,018	3,699	3,473	3,304	3,173	3,067	2,979
	0,975	5,568	4,182	3,589	3,250	3,026	2,867	2,746	2,651	2,275	2,511
	0,950	4,171	3,316	2,922	2,690	2,534	2,421	2,334	2,266	2,211	2,165
	0,900	2,881	2,489	2,276	2,142	2,049	1,980	1,927	1,884	1,849	1,819
40	0,990	7,314	5,179	4,313	3,828	3,514	3,291	3,124	2,993	2,888	2,801
	0,975	5,424	4,051	3,463	3,126	2,904	2,744	2,624	2,529	2,452	2,388
	0,950	4,085	3,232	2,839	2,606	2,449	2,336	2,249	2,180	2,124	2,077
	0,900	2,835	2,440	2,226	2,091	1,997	1,927	1,873	1,829	1,793	1,763
50	0,990	7,171	5,057	4,199	3,720	3,048	3,186	3,020	2,890	2,785	2,698
	0,975	5,340	3,975	3,390	3,054	2,833	2,674	2,553	2,458	2,381	2,317
	0,950	4,034	3,183	2,790	2,557	2,400	2,286	2,199,	2,130	2,073	2,026
	0,900	2,809	2,412	2,197	2,061	1,966	1,895	1,840	1,796	1,760	1,729
60	0,990	7,077	4,977	4,126	3,649	3,339	3,119	2,953	2,823	2,718	2,632
	0,975	5,286	3,925	3,343	3,008	2,786	2,627	2,507	2,412	2,334	2,270
	0,950	4,001	3,510	2,758	2,525	2,368	2,254	2,167	2,097	2,040	1,993
	0,900	2,791	2,393	2,177	2,041	1,946	1,875	1,819	1,775	1,738	1,707
80	0,990	6,963	4,881	4,036	3,563	3,255	3,036	2,871	2,742	2,637	2,551
	0,975	5,218	3,864	3,284	2,950	2,730	2,571	2,450	2,355	2,277	2,213
	0,950	3,960	3,111	2,719	2,486	2,329	2,214	2,126	2,056	1,999	1,951
	0,900	2,769	2,370	2,514	2,016	1,921	1,849	1,793	1,748	1,711	1,680
100	0,990	6,895	4,824	3,984	3,513	3,206	2,988	2,823	2,694	2,590	2,503
	0,975	5,179	3,828	2,250	2,917	2,696	2,537	2,417	2,321	2,244	2,179
	0,950	3,936	3,087	2,696	2,463	2,305	2,191	2,103	2,032	1,975	1,927
	0,900	2,756	2,356	2,139	2,002	1,906	1,834	1,778	1,732	1,695	1,663
200	0,990	6,763	4,713	3,881	3,414	3,110	2,893	2,730	2,601	2,497	2,411
	0,975	5,100	3,758	3,182	2,850	2,630	2,472	2,351	2,256	2,178	2,113
	0,950	3,888	3,041	2,650	2,417	2,259	2,144	2,056	1,985	1,927	1,878
	0,900	2,731	2,329	2,111	1,973	1,876	1,804	1,747	1,701	1,663	1,631
500	0,990	6,686	4,648	3,821	3,357	3,054	2,838	2,675	2,547	2,443	2,357
	0,975	5,054	3,716	3,142	2,811	2,592	2,434	2,313	2,217	2,139	2,074
	0,950	3,860	3,014	2,623	2,390	2,232	2,117	2,028	1,957	1,899	1,850
	0,900	2,716	2,313	2,095	1,956	1,859	1,786	1,729	1,683	1,644	1,612
∞	0,990	6,635	4,605	3,782	3,319	3,017	2,802	2,639	2,511	2,407	2,321
	0,975	5,024	3,689	3,116	2,786	2,567	2,408	2,288	2,192	2,114	2,048
	0,950	3,841	2,996	2,605	2,372	2,214	2,099	2,010	1,938	1,880	1,831
	0,900	2,706	2,303	2,084	1,945	1,847	1,774	1,717	1,670	1,632	1,599

Tab. 5. Fortsetzung

n_2	n_1 / $1-\alpha$	11	12	13	14	15	16	17	18	19	20
25	0,990	3,056	2,993	2,939	2,892	2,850	2,813	2,780	2,751	2,724	2,699
	0,975	2,560	2,515	2,476	2,441	2,411	2,384	2,360	2,338	2,318	2,300
	0,950	2,198	2,165	2,136	2,111	2,089	2,069	2,051	2,035	2,021	2,007
	0,900	1,841	1,820	1,802	1,785	1,771	1,758	1,746	1,736	1,726	1,718
30	0,990	2,905	2,843	2,789	2,742	2,700	2,663	2,630	2,600	2,573	2,549
	0,975	2,458	2,412	2,372	2,338	2,307	2,280	2,255	2,233	2,213	2,195
	0,950	2,126	2,092	2,063	2,037	2,015	1,995	1,976	1,960	1,945	1,932
	0,900	1,794	1,773	1,754	1,737	1,722	1,709	1,697	1,686	1,676	1,667
40	0,990	2,727	2,665	2,611	2,563	2,522	2,484	2,451	2,421	2,394	2,369
	0,975	2,334	2,288	2,248	2,213	2,182	2,154	2,129	2,107	2,086	2,068
	0,950	2,038	2,003	1,974	1,947	1,924	1,904	1,885	1,868	1,853	1,839
	0,900	1,737	1,715	1,695	1,678	1,662	1,649	1,636	1,625	1,615	1,605
50	0,990	2,625	2,562	2,508	2,461	2,419	2,382	2,348	2,318	2,290	2,265
	0,975	2,263	2,216	2,176	2,140	2,109	2,081	2,056	2,033	2,012	1,993
	0,950	1,986	1,952	1,921	1,895	1,871	1,850	1,831	1,814	1,798	1,784
	0,900	1,703	1,680	1,660	1,643	1,627	1,613	1,600	1,588	1,578	1,568
60	0,990	2,559	2,496	2,442	2,394	2,352	2,315	2,281	2,251	2,223	2,198
	0,975	2,216	2,169	2,129	2,093	2,061	2,033	2,008	1,985	1,964	1,944
	0,950	1,952	1,917	1,887	1,860	1,836	1,815	1,796	1,778	1,763	1,748
	0,900	1,680	1,657	1,637	1,619	1,603	1,589	1,576	1,564	1,553	1,543
80	0,990	2,478	2,415	2,361	2,313	2,271	2,233	2,199	2,169	2,141	2,115
	0,975	2,158	2,111	2,071	2,035	2,003	1,974	1,948	1,925	1,904	1,884
	0,950	1,910	1,875	1,845	1,817	1,793	1,772	1,752	1,734	1,718	1,703
	0,900	1,653	1,629	1,609	1,590	1,574	1,559	1,546	1,534	1,523	1,513
100	0,990	2,430	2,367	2,313	2,265	2,223	2,185	2,151	2,120	2,092	2,067
	0,975	2,124	2,077	2,036	2,000	1,968	1,939	1,913	1,890	1,868	1,849
	0,950	1,886	1,850	1,819	1,792	1,768	1,746	1,726	1,708	1,691	1,676
	0,900	1,636	1,612	1,592	1,573	1,557	1,542	1,528	1,516	1,505	1,494
200	0,990	2,338	2,275	2,220	2,172	2,129	2,091	2,057	2,026	1,997	1,971
	0,975	2,058	2,010	1,969	1,932	1,900	1,870	1,844	1,820	1,798	1,778
	0,950	1,837	1,801	1,769	1,742	1,717	1,694	1,674	1,656	1,639	1,623
	0,900	1,603	1,579	1,558	1,539	1,522	1,507	1,493	1,480	1,468	1,458
500	0,990	2,283	2,220	2,166	2,117	2,075	2,036	2,002	1,970	1,942	1,915
	0,975	2,019	1,971	1,929	1,892	1,859	1,830	1,803	1,779	1,757	1,736
	0,950	1,808	1,772	1,740	1,712	1,686	1,664	1,643	1,625	1,607	1,592
	0,900	1,584	1,559	1,537	1,518	1,501	1,485	1,471	1,458	1,446	1,435
∞	0,990	2,248	2,185	2,130	2,081	2,039	2,000	1,965	1,934	1,905	1,878
	0,975	1,993	1,945	1,903	1,866	1,833	1,803	1,776	1,752	1,729	1,708
	0,950	1,789	1,752	1,720	1,692	1,666	1,644	1,623	1,604	1,587	1,571
	0,900	1,571	1,546	1,524	1,505	1,487	1,471	1,457	1,444	1,432	1,421

Tab. 5. Fortsetzung

n_2	n_1 / $1-\alpha$	25	30	40	50	60	80	100	200	500	∞
25	0,990	2,604	2,538	2,453	2,400	2,364	2,317	2,289	2,230	2,200	2,176
	0,975	2,230	2,182	2,118	2,079	2,052	2,017	1,996	1,952	1,926	1,908
	0,950	1,955	1,919	1,872	1,842	1,822	1,796	1,779	1,746	1,726	1,712
	0,900	1,683	1,659	1,627	1,607	1,593	1,576	1,565	1,542	1,527	1,517
30	0,990	2,453	2,386	2,299	2,245	2,208	2,160	2,131	2,070	2,032	2,006
	0,975	2,124	2,074	2,009	1,968	1,940	1,904	1,882	1,835	1,807	1,787
	0,950	1,878	1,841	1,792	1,761	1,740	1,712	1,695	1,660	1,638	1,622
	0,900	1,632	1,606	1,573	1,552	1,538	1,519	1,507	1,482	1,467	1,456
40	0,990	2,271	2,203	2,114	2,058	2,019	1,969	1,938	1,874	1,833	1,805
	0,975	1,994	1,943	1,875	1,832	1,803	1,764	1,741	1,691	1,659	1,637
	0,950	1,783	1,744	1,693	1,660	1,637	1,608	1,589	1,551	1,526	1,509
	0,900	1,568	1,541	1,506	1,483	1,467	1,447	1,434	1,406	1,389	1,377
50	0,990	2,167	2,098	2,007	1,949	1,909	1,857	1,825	1,757	1,713	1,683
	0,975	1,919	1,866	1,796	1,752	1,721	1,681	1,656	1,603	1,569	1,545
	0,950	1,727	1,687	1,634	1,599	1,576	1,544	1,525	1,484	1,457	1,438
	0,900	1,529	1,502	1,465	1,441	1,424	1,402	1,388	1,359	1,340	1,327
60	0,990	2,098	2,028	1,936	1,877	1,836	1,783	1,749	1,678	1,633	1,601
	0,975	1,869	1,815	1,744	1,699	1,667	1,625	1,599	1,543	1,508	1,482
	0,950	1,690	1,649	1,594	1,559	1,534	1,502	1,481	1,438	1,409	1,389
	0,900	1,504	1,476	1,437	1,413	1,395	1,372	1,358	1,326	1,306	1,291
80	0,990	2,015	1,944	1,849	1,788	1,746	1,690	1,655	1,579	1,530	1,494
	0,975	1,807	1,752	1,679	1,632	1,599	1,555	1,527	1,467	1,428	1,400
	0,950	1,644	1,602	1,545	1,508	1,482	1,448	1,426	1,379	1,347	1,325
	0,900	1,472	1,443	1,403	1,377	1,358	1,334	1,318	1,284	1,261	1,245
100	0,990	1,965	1,893	1,797	1,735	1,692	1,634	1,598	1,518	1,466	1,427
	0,975	1,770	1,715	1,640	1,592	1,558	1,512	1,483	1,420	1,378	1,347
	0,950	1,616	1,573	1,515	1,477	1,450	1,415	1,392	1,342	1,308	1,283
	0,900	1,453	1,423	1,382	1,355	1,336	1,310	1,293	1,257	1,232	1,214
200	0,990	1,868	1,794	1,694	1,629	1,583	1,521	1,481	1,391	1,328	1,279
	0,975	1,698	1,640	1,562	1,511	1,474	1,425	1,393	1,320	1,269	1,229
	0,950	1,561	1,516	1,455	1,415	1,386	1,346	1,321	1,263	1,221	1,189
	0,900	1,414	1,383	1,339	1,310	1,289	1,261	1,242	1,199	1,168	1,144
500	0,990	1,812	1,735	1,633	1,566	1,517	1,452	1,408	1,308	1,232	1,164
	0,975	1,655	1,596	1,515	1,462	1,423	1,370	1,336	1,254	1,192	1,137
	0,950	1,528	1,482	1,419	1,376	1,346	1,303	1,275	1,210	1,159	1,113
	0,900	1,391	1,358	1,313	1,282	1,260	1,229	1,209	1,160	1,122	1,087
∞	0,990	1,774	1,696	1,592	1,523	1,473	1,404	1,358	1,247	1,153	1,000
	0,975	1,626	1,588	1,484	1,428	1,388	1,333	1,296	1,205	1,128	1,000
	0,950	1,506	1,476	1,394	1,350	1,318	1,274	1,243	1,170	1,106	1,000
	0,900	1,375	1,342	1,295	1,263	1,240	1,207	1,850	1,130	1,082	1,000

zu Tab. 5:

Tabelliert sind nur rechtsseitige Quantile.

Für das Quantil $f_{n_1;n_2;1-\alpha}$ gilt $F(f_{n_1;n_2;1-\alpha}) = 1-\alpha$.

Links vom Quantil $f_{n_1;n_2;1-\alpha}$ liegt die Wahrscheinlichkeitsmasse $1-\alpha$.

Ablesebeispiel: $f_{18,12;0{,}95} = 2{,}568$.

linksseitige Quantile: $f_{n_1,n_2;\alpha} = \dfrac{1}{f_{n_2,n_1;1-\alpha}}$.

Beziehung zur t-Verteilung: $f_{1,n_2;1-\alpha} = [t_{n_2;1-\alpha}]^2$.

Beziehung zur Standard-Normalverteilung: $f_{1,\infty;1-\alpha} = [z_{1-\alpha}]^2$.

Grenzwerte:

$$f_{n_1,\infty;1-\alpha} = \frac{\chi^2_{n_1;\alpha}}{n_1}\ ;\quad f_{\infty,n_2;1-\alpha} = \frac{n_2}{\chi^2_{n_2;1-\alpha}}\ ;\quad f_{\infty,\infty;1-\alpha} = 1\ .$$

Harmonische Interpolation:

Gesucht ist das nichtvertafelte Quantil $f_{n_1,n_2;1-\alpha}$.

a) Vertafelt seien die Quantile mit dem Freiheitsgrad n_2, nicht jedoch die mit n_1. Mit Hilfe der vertafelten Quantile mit $(n_1' ; n_2)$ und $(n_1'' ; n_2)$ Freiheitsgraden mit $n_1' < n_1 < n_1''$ wird linear interpoliert mit den **reziproken Freiheitsgraden**

$$f_{n_1,n_2;1-\alpha} = f_{n_1',n_2;1-\alpha} + \frac{\frac{1}{n_1'} - \frac{1}{n_1}}{\frac{1}{n_1'} - \frac{1}{n_1''}} \cdot \left(f_{n_1'',n_2;1-\alpha} - f_{n_1',n_2;1-\alpha}\right)$$

$$= f_{n_1',n_2;1-\alpha} + \frac{n_1''(n_1 - n_1')}{n_1(n_1'' - n_1')} \cdot \left(f_{n_1'',n_2;1-\alpha} - f_{n_1',n_2;1-\alpha}\right)$$

b) Interpolation nach **Laubscher**:

Für die Freiheitsgrade $n_1' \le n_1 < n_1''$ und $n_2' \le n_2 < n_2''$ seien die Quantile $f_{n_1',n_2';1-\alpha}$, $f_{n_1',n_2'';1-\alpha}$, $f_{n_1'',n_2';1-\alpha}$ und $f_{n_1'',n_2'';1-\alpha}$ vertafelt. Dann erhält man mit den reziproken Freiheitsgraden die lineare Interpolation bei zwei Variablen

$$f_{n_1,n_2;1-\alpha} \approx (1-c_1)\cdot(1-c_2)\cdot f_{n_1',n_2';1-\alpha} + (1-c_1)\cdot c_2\cdot f_{n_1',n_2'';1-\alpha}$$
$$+ c_1\cdot(1-c_2)\cdot f_{n_1'',n_2';1-\alpha} + c_1\cdot c_2\cdot f_{n_1'',n_2'';1-\alpha}$$

mit $\quad c_1 = \dfrac{n_1''(n_1 - n_1')}{n_1(n_1'' - n_1')}$ und $\quad c_2 = \dfrac{n_2''(n_2 - n_2')}{n_2(n_2'' - n_2')}$.

Für $n_1' = n_1$ ist $c_1 = 0$, für $n_2' = n_2$ gilt $c_2 = 0$, also Fall a).

Approximationen nach Paulson für $n_2 \geq 3$:

$$z_{1-\alpha} = \frac{\left(1 - \frac{2}{9\,n_2}\right) \cdot [f_{n_1, n_2; 1-\alpha}]^{1/3} - \left(1 - \frac{2}{9\,n_1}\right)}{\sqrt{\frac{2}{9\,n_2} \cdot [f_{n_1, n_2; 1-\alpha}]^{2/3} + \frac{2}{9\,n_1}}} \quad ;$$

$z_{1-\alpha} = (1-\alpha)$-Quantil der Standard-Normalverteilung.

Tab. 6 : Kritische Grenzen beim Kolmogorow-Smirnow-Anpassungstest (Einstichprobentest)

Die Tabelle gibt folgende kritischen Grenzen an:

beim einseitigen Test: $d^+_{n;1-\alpha}$ maximal mit $P(D^+_n \leq d^+_{n;1-\alpha}) \leq 1-\alpha$;

beim einseitigen Test: $d_{n;1-\alpha}$ maximal mit $P(D_n \leq d_{n;1-\alpha}) \leq 1-\alpha$.

einseitig: $d^+_{n;1-\alpha}$	$\alpha = 0{,}005$	$\alpha = 0{,}01$	$\alpha = 0{,}025$	$\alpha = 0{,}05$	$\alpha = 0{,}1$
zweiseitig: $d_{n;1-\alpha}$	$\alpha = 0{,}01$	$\alpha = 0{,}02$	$\alpha = 0{,}05$	$\alpha = 0{,}1$	$\alpha = 0{,}2$
n = 1	0,995	0,990	0,975	0,950	0,900
2	0,929	0,900	0,842	0,776	0,864
3	0,829	0,785	0,708	0,636	0,565
4	0,734	0,689	0,624	0,565	0,493
5	0,669	0,627	0,563	0,509	0,447
6	0,617	0,577	0,519	0,468	0,410
7	0,576	0,538	0,483	0,436	0,381
8	0,542	0,507	0,454	0,410	0,358
9	0,513	0,480	0,430	0,387	0,339
10	0,489	0,457	0,409	0,369	0,323
11	0,468	0,437	0,391	0,352	0,308
12	0,449	0,419	0,375	0,338	0,296
13	0,432	0,404	0,361	0,325	0,285
14	0,418	0,390	0,349	0,314	0,275
15	0,404	0,377	0,338	0,304	0,266
16	0,392	0,366	0,327	0,295	0,258
17	0,381	0,355	0,318	0,286	0,250
18	0,371	0,346	0,309	0,279	0,244
19	0,361	0,337	0,301	0,271	0,237
20	0,352	0,329	0,294	0,265	0,232
21	0,344	0,321	0,287	0,259	0,226
22	0,337	0,314	0,281	0,253	0,221
23	0,330	0,307	0,275	0,247	0,216
24	0,323	0,301	0,269	0,242	0,212
25	0,317	0,295	0,264	0,238	0,208
26	0,311	0,290	0,259	0,233	0,204
27	0,305	0,284	0,254	0,229	0,200
28	0,300	0,279	0,250	0,225	0,197
29	0,295	0,275	0,246	0,221	0,193
30	0,290	0,270	0,242	0,218	0,190
31	0,285	0,266	0,238	0,214	0,187
32	0,281	0,262	0,234	0,211	0,184
33	0,277	0,258	0,231	0,208	0,182
34	0,273	0,254	0,227	0,205	0,179
35	0,269	0,251	0,224	0,202	0,177
36	0,265	0,247	0,221	0,199	0,174
37	0,262	0,244	0,218	0,196	0,172
38	0,258	0,241	0,215	0,194	0,170
39	0,255	0,238	0,213	0,191	0,168
40	0,252	0,235	0,210	0,189	0,165
Näherung für n > 40	$\frac{1{,}6276}{\sqrt{n}}$	$\frac{1{,}5174}{\sqrt{n}}$	$\frac{1{,}3581}{\sqrt{n}}$	$\frac{1{,}2239}{\sqrt{n}}$	$\frac{1{,}0730}{\sqrt{n}}$

Tab. 7 : Kritische Grenzen beim Kolmogorow-Smirnow-Zweistichproben-Test bei gleichen Stichprobenumfängen ($n_1 = n_2 = n$)

Angegeben sind die maximalen Zähler $z_{n,n;1-\alpha}$ und $z^+_{n,n;1-\alpha}$ der Quantile

$$d_{n,n;1-\alpha} = \frac{z_{n,n;1-\alpha}}{n} \text{ (zweiseitig) und } d^+_{n,n;1-\alpha} = \frac{z^+_{n,n;1-\alpha}}{n} \text{ (einseitig).}$$

Zur Berechnung der Quantile ist also noch eine Division durch n notwendig.
Die Grenzen gehören zum Ablehnungsbereich

einseitig: $d^+_{n;1-\alpha}$	$\alpha = 0{,}005$	$\alpha = 0{,}01$	$\alpha = 0{,}025$	$\alpha = 0{,}05$	$\alpha = 0{,}1$
zweiseitig: $d_{n;1-\alpha}$	$\alpha = 0{,}01$	$\alpha = 0{,}02$	$\alpha = 0{,}05$	$\alpha = 0{,}1$	$\alpha = 0{,}2$
n = 1	–	–	–	–	–
2	–	–	–	–	–
3	–	–	–	2	2
4	–	–	3	3	3
5	4	4	4	3	3
6	5	5	4	4	3
7	5	5	5	4	4
8	6	5	5	4	4
9	6	6	5	5	4
10	7	6	6	5	4
11	7	7	6	5	5
12	7	7	6	5	5
13	8	7	6	6	5
14	8	7	7	6	5
15	8	8	7	6	5
16	9	8	7	6	6
17	9	8	7	7	6
18	9	9	8	7	6
19	9	9	8	7	6
20	10	9	8	7	6
21	10	9	8	7	6
22	10	10	8	8	7
23	10	10	9	8	7
24	11	10	9	8	7
25	11	10	9	8	7
26	11	10	9	8	7
27	11	11	9	8	7
28	12	11	10	9	8
29	12	11	10	9	8
30	12	11	10	9	8
31	12	11	10	9	8
32	12	12	10	9	8
33	13	12	11	9	8
34	13	12	11	10	8
35	13	12	11	10	8
36	13	12	11	10	9
37	13	13	11	10	9
38	14	13	11	10	9
39	14	13	12	10	9
40	14	13	12	10	9
Näherung für n > 40	$\frac{2{,}3018}{\sqrt{n}}$	$\frac{2{,}1460}{\sqrt{n}}$	$\frac{1{,}9206}{\sqrt{n}}$	$\frac{1{,}7308}{\sqrt{n}}$	$\frac{1{,}5174}{\sqrt{n}}$

Tab. 8 : Quantile $q_{n_1;n_2;1-\alpha}$ der Studentisierten Spannweite

n_2	n_1 / $1-\alpha$	2	3	4	5	6	7	8	9	10	11	12	13	14	15
1	0,99	90,0	135	164	186	202	216	227	237	246	253	260	266	272	277
	0,95	18,0	27,0	32,8	37,1	40,4	43,1	45,4	47,4	49,1	50,6	52,0	53,2	54,3	55,4
2	0,99	14,0	19,0	22,3	24,7	26,6	28,2	29,5	30,7	31,7	32,6	33,4	34,1	34,8	35,4
	0,95	6,08	8,33	9,80	10,9	11,7	12,4	13,0	13,5	14,0	14,4	14,8	15,1	15,4	15,7
3	0,99	8,26	10,6	12,2	13,3	14,2	15,0	15,6	16,2	16,7	17,1	17,5	17,9	18,2	18,5
	0,95	4,50	5,91	6,83	7,50	8,04	8,48	8,85	9,18	9,46	9,72	9,95	10,0	10,3	10,5
4	0,99	6,51	8,12	9,17	9,96	10,6	11,1	11,5	11,9	12,3	12,6	12,8	13,1	13,3	13,5
	0,95	3,93	5,04	5,76	6,29	6,71	7,05	7,35	7,60	7,83	8,03	8,21	8,37	8,52	8,66
5	0,90	5,70	6,98	7,80	8,42	8,91	9,32	9,67	9,97	10,	10,5	10,7	10,9	11,1	11,2
	0,95	3,64	4,60	5,22	5,67	6,03	6,33	6,58	6,80	7,00	7,17	7,32	7,47	7,60	7,72
6	0,99	5,24	6,33	7,03	7,56	7,97	8,32	8,61	8,87	9,10	9,30	9,49	9,65	9,81	9,95
	0,95	3,46	4,34	4,90	5,30	5,63	5,90	6,12	6,32	6,49	6,65	6,79	6,92	7,03	7,14
7	0,99	4,95	5,92	6,54	7,01	7,37	7,68	7,94	8,17	8,37	8,55	8,71	8,86	9,00	9,12
	0,95	3,34	4,17	4,68	5,06	5,36	5,61	5,81	6,00	6,16	6,30	6,43	6,55	6,66	6,76
8	0,99	4,75	5,64	6,20	6,63	6,96	7,24	7,47	7,68	7,86	8,03	8,18	8,31	8,44	8,55
	0,95	3,26	4,04	4,53	4,89	5,17	5,40	5,60	5,77	5,92	6,05	6,17	6,29	6,39	6,48
9	0,99	4,60	5,43	5,96	6,35	6,66	6,92	7,13	7,33	7,50	7,65	7,78	7,91	8,02	8,13
	0,95	3,20	3,95	4,41	4,76	5,02	5,24	5,43	5,60	5,74	5,87	5,98	6,09	6,19	6,28
10	0,99	4,48	5,27	5,77	6,14	6,43	6,67	6,87	7,06	7,21	7,36	7,48	7,60	7,71	7,81
	0,95	3,15	3,88	4,33	4,65	4,91	5,12	5,31	5,46	5,60	5,72	5,83	5,94	6,03	6,11
12	0,99	4,32	5,05	5,50	5,84	6,10	6,32	6,51	6,67	6,81	6,94	7,06	7,17	7,26	7,36
	0,95	3,08	3,77	4,20	4,51	4,75	4,95	5,12	5,27	5,39	5,51	5,62	5,71	5,80	5,88
15	0,99	4,17	4,84	5,25	5,56	5,80	5,99	6,16	6,31	6,44	6,56	6,66	6,76	6,84	6,93
	0,95	3,01	3,67	4,08	4,37	4,59	4,78	4,94	5,08	5,20	5,31	5,40	5,49	5,57	5,65
18	0,99	4,07	4,70	5,09	5,38	5,60	5,79	5,94	6,08	6,20	6,31	6,41	6,50	6,60	6,66
	0,95	2,97	3,61	4,00	4,28	4,50	4,67	4,82	4,96	5,07	5,17	5,27	5,35	5,43	5,50
20	0,99	4,02	4,64	5,02	5,29	5,51	5,69	5,84	5,97	6,09	6,19	6,29	6,37	6,45	6,52
	0,95	2,95	3,58	3,96	4,23	4,44	4,62	4,77	4,90	5,01	5,11	5,20	5,28	5,36	5,43
24	0,99	3,96	4,55	4,91	5,17	5,37	5,54	5,69	5,81	5,92	6,02	6,11	6,19	6,26	6,33
	0,95	2,92	3,53	3,90	4,17	4,37	4,54	4,68	4,81	4,91	5,01	5,10	5,18	5,25	5,32
30	0,99	3,89	4,46	4,80	5,05	5,24	5,40	5,54	5,65	5,76	5,85	5,93	6,01	6,08	6,14
	0,95	2,89	3,49	3,85	4,10	4,30	4,46	4,60	4,72	4,82	4,92	5,00	5,08	5,15	5,21
40	0,99	3,82	4,37	4,70	4,93	5,11	5,27	5,39	5,50	5,60	5,69	5,76	5,84	5,90	5,96
	0,95	2,86	3,44	3,79	4,04	4,23	4,39	4,52	4,63	4,74	4,82	4,90	4,98	5,04	5,11
60	0,99	3,76	4,28	4,60	4,82	4,99	5,13	5,25	5,36	5,45	5,53	5,60	5,67	5,73	5,78
	0,95	2,83	3,40	3,74	3,98	4,16	4,31	4,44	4,55	4,65	4,73	4,81	4,88	4,94	5,00
120	0,99	3,70	4,20	4,50	4,71	4,87	5,01	5,12	5,21	5,30	5,38	5,44	5,50	5,56	5,61
	0,95	2,80	3,36	3,69	3,92	4,10	4,24	4,36	4,47	4,56	4,64	4,71	4,78	4,84	4,90
∞	0,99	3,64	4,12	4,40	4,60	4,76	4,88	4,99	5,08	5,16	5,23	5,29	5,35	5,40	5,45
	0,95	2,77	3,31	3,63	3,86	4,03	4,17	4,29	4,39	4,47	4,55	4,62	4,69	4,74	4,80

Tab. 8. Fortsetzung

n_2	n_1 / $1-\alpha$	16	17	18	19	20	22	24	26	28	30	32	34	36	38	40
1	0,99	282	286	290	294	298	305	311	316	321	326	330	334	338	342	345
	0,95	56,3	57,2	58,0	58,8	59,6	60,9	62,1	63,2	64,2	65,1	66,0	66,8	67,6	68,3	68,9
2	0,99	36,0	36,5	37,0	37,5	37,9	38,8	39,5	40,2	40,8	41,3	41,8	42,3	42,8	43,2	43,6
	0,95	15,9	16,1	16,4	16,6	16,8	17,1	17,4	17,7	18,0	18,3	18,5	18,7	18,9	19,1	19,3
3	0,99	18,8	19,1	19,3	19,6	19,8	20,2	20,5	20,9	21,2	21,4	21,7	22,0	22,2	22,4	22,6
	0,95	10,7	10,8	11,0	11,1	11,2	11,5	11,7	11,9	12,1	12,2	12,4	12,5	12,6	12,8	12,9
4	0,99	13,7	13,9	14,1	14,2	14,4	14,7	14,9	15,2	15,4	15,6	15,8	15,9	16,1	16,2	16,4
	0,95	8,79	8,91	9,03	9,13	9,23	9,42	9,58	9,74	9,87	10,0	10,1	10,2	10,3	10,4	10,5
5	0,99	11,4	11,5	11,7	11,8	11,9	12,2	12,4	12,5	12,7	12,9	13,0	13,1	13,3	13,4	13,5
	0,95	7,83	7,93	8,03	8,12	8,21	8,37	8,51	8,64	8,76	8,88	8,98	9,08	9,17	9,25	9,33
6	0,99	10,1	10,2	10,3	10,4	10,5	10,7	10,9	11,1	11,2	11,3	11,5	11,6	11,7	11,8	11,9
	0,95	7,24	7,34	7,43	7,51	7,59	7,73	7,86	7,98	8,09	8,19	8,28	8,37	8,45	8,53	8,60
7	0,99	9,24	9,35	9,46	9,55	9,65	9,81	9,97	10,1	10,2	10,4	10,5	10,6	10,7	10,8	10,9
	0,95	6,85	6,94	7,02	7,10	7,17	7,30	7,42	7,53	7,63	7,73	7,82	7,90	7,97	8,04	8,11
8	0,99	8,66	8,76	8,85	8,94	9,03	9,18	9,32	9,45	9,57	9,68	9,78	9,87	9,96	10,0	10,1
	0,95	6,57	6,65	6,73	6,80	6,87	7,00	7,11	7,21	7,31	7,40	7,48	7,55	7,62	7,69	7,76
9	0,99	8,23	8,33	8,41	8,49	8,57	8,72	8,85	8,97	9,07	9,18	9,27	9,36	9,44	9,52	9,59
	0,95	6,36	6,44	6,51	6,58	6,64	6,76	6,87	6,97	7,06	7,14	7,22	7,29	7,36	7,43	7,49
10	0,99	7,91	7,99	8,08	8,15	8,23	8,36	8,48	8,59	8,70	8,79	8,88	8,97	9,04	9,12	9,19
	0,95	6,19	6,27	6,34	6,40	6,47	6,58	6,69	6,78	6,87	6,95	7,02	7,09	7,16	7,22	7,28
12	0,99	7,44	7,52	7,59	7,66	7,73	7,85	7,96	8,07	8,16	8,25	8,33	8,40	8,47	8,54	8,60
	0,95	5,95	6,02	6,09	6,15	6,21	6,32	6,41	6,50	6,58	6,66	6,73	6,80	6,86	6,92	6,97
15	0,99	7,00	7,07	7,14	7,20	7,26	7,37	7,47	7,57	7,65	7,73	7,80	7,87	7,93	7,99	8,05
	0,95	5,72	5,79	5,85	5,90	5,96	6,06	6,15	6,23	6,31	6,38	6,45	6,51	6,56	6,62	6,67
18	0,99	6,73	6,79	6,85	6,91	6,97	7,07	7,16	7,25	7,33	7,40	7,46	7,53	7,59	7,64	7,70
	0,95	5,57	5,63	5,69	5,74	5,79	5,89	5,98	6,06	6,13	6,19	6,26	6,32	6,37	6,42	6,47
20	0,99	6,59	6,65	6,71	6,77	6,82	6,92	7,01	7,09	7,17	7,24	7,30	7,36	7,42	7,47	7,52
	0,95	5,49	5,55	5,61	5,66	5,71	5,81	5,89	5,97	6,04	6,10	6,16	6,22	6,28	6,33	6,37
24	0,99	6,39	6,45	6,51	6,56	6,61	6,70	6,79	6,87	6,94	7,00	7,06	7,12	7,17	7,22	7,27
	0,95	5,38	5,44	5,49	5,54	5,59	5,68	5,76	5,84	5,91	5,97	6,03	6,08	6,13	6,18	6,23
30	0,99	6,20	6,26	6,31	6,36	6,41	6,49	6,57	6,64	6,71	6,77	6,83	6,88	6,93	6,98	7,02
	0,95	5,27	5,33	5,38	5,43	5,48	5,56	5,64	5,71	5,77	5,83	5,89	5,94	5,99	6,04	6,08
40	0,99	6,02	6,07	6,12	1,17	6,21	6,29	6,36	6,43	6,49	6,55	6,60	6,65	6,70	6,74	6,78
	0,95	5,16	5,22	5,27	5,31	5,36	5,44	5,51	5,58	5,64	5,70	5,75	5,80	5,85	5,89	5,93
60	0,99	5,84	5,89	5,93	5,97	6,01	6,09	6,16	6,22	6,28	6,33	6,38	6,42	6,47	6,51	6,55
	0,95	5,06	5,11	5,15	5,20	5,24	5,32	5,39	5,45	5,51	5,57	5,62	5,66	5,71	5,75	5,79
120	0,99	5,66	5,71	5,75	5,79	5,83	5,90	5,96	6,02	6,07	6,12	6,16	6,20	6,24	6,28	6,32
	0,95	4,95	5,00	5,04	5,09	5,13	5,20	5,27	5,33	5,38	5,43	5,48	5,53	5,57	5,61	5,64
∞	0,99	5,49	5,53	5,57	5,61	5,65	5,71	5,77	5,82	5,87	5,91	5,95	5,99	6,03	6,06	6,09
	0,95	4,84	4,89	4,93	4,97	5,01	5,08	5,14	5,20	5,25	5,30	5,35	5,39	5,43	5,46	5,50

Tab. 9 : Kritische Werte für den Wilcoxon-Vorzeichen-Rangtest

n \ α	0,0001	0,0025	0,005	0,01	0,025	0,05	0,1	0,2
4	–	–	–	–	–	–	0	2
5	–	–	–	–	–	0	2	3
6	–	–	–	–	0	2	3	5
7	–	–	–	0	2	3	5	8
8	–	–	0	1	3	5	8	11
9	–	0	1	3	5	8	10	14
10	**0**	**1**	**3**	**5**	**8**	**10**	**14**	**18**
11	1	3	5	7	10	13	17	22
12	2	5	7	9	13	17	21	27
13	4	7	9	12	17	21	26	32
14	6	9	12	15	21	25	31	38
15	8	12	15	19	25	30	36	44
16	11	15	19	23	29	35	42	50
17	14	19	23	27	34	41	48	57
18	18	23	27	32	40	47	55	65
19	21	27	32	37	46	53	62	73
20	**26**	**32**	**37**	**43**	**52**	**60**	**69**	**81**
21	30	37	42	49	58	67	77	90
22	35	42	48	55	65	75	86	99
23	40	48	54	62	73	83	94	109
24	45	54	61	69	81	91	104	119
25	51	60	68	76	89	100	113	130
26	58	67	75	84	98	110	124	153
27	64	74	83	92	107	119	134	141
28	71	82	91	101	116	130	145	165
29	79	90	100	110	126	140	157	177
30	**86**	**98**	**109**	**120**	**137**	**151**	**169**	**190**
31	94	107	118	130	147	163	181	204
32	103	116	128	140	159	175	194	218
33	112	126	138	151	170	187	207	232
34	121	136	148	162	182	200	221	247
35	131	146	159	173	195	213	235	262
36	141	157	171	185	208	227	250	278
37	151	168	182	198	221	241	265	294
38	162	180	194	211	235	256	281	311
39	173	192	207	224	249	271	297	328
40	**185**	**204**	**220**	**238**	**264**	**286**	**313**	**346**
41	197	217	233	252	279	302	330	364
42	209	230	247	266	294	319	348	383
43	222	244	261	281	310	336	365	402
44	235	258	276	296	327	353	384	421
45	249	272	291	312	343	371	402	441
46	263	287	307	328	361	389	422	462
47	277	302	322	345	378	407	441	483
48	292	318	339	362	396	426	462	504
49	307	334	355	379	415	446	482	526
50	**323**	**350**	**373**	**397**	**434**	**466**	**503**	**549**
51	339	367	390	416	453	486	525	572
52	355	384	408	434	473	507	547	595
53	372	402	427	454	494	529	569	619
54	389	420	445	473	514	550	592	643
55	407	439	465	493	536	573	615	668
56	425	457	484	514	557	595	639	693
57	443	477	504	535	579	618	664	719
58	462	497	525	556	602	642	688	745
59	482	517	546	578	625	666	714	772
60	**501**	**537**	**567**	**600**	**648**	**690**	**739**	**799**

zu Tab. 9:

Tabelliert sind die linksseitigen Quantile $w^+_{n;\alpha}$ mit

$$P(W^+_n \le w^+_{n;\alpha}) \le \alpha \quad \text{und} \quad P(W^+_n \le w^+_{n;\alpha} + 1) > \alpha .$$

Die angegebenen Grenzen gehören zum Ablehnungsbereich.

Rechtsseitige Quantile erhält man durch

$$w^+_{n;1-\alpha} = \frac{n(n+1)}{2} - w^+_{n;\alpha} .$$

Asymptotische Approximation:

Für $n > 25$ gilt die Näherung

$$w^+_{n;\alpha} \approx \frac{n(n+1)}{2} - z_{1-\alpha} \cdot \sqrt{\frac{n(n+1)(2n+1)}{24} - \frac{1}{48} \sum_{j=1}^{m} (b_j^3 - b_j)}$$

mit $z_{1-\alpha} = (1-\alpha)$-Quantil der Standard-Normalverteilung mit

$$\Phi(z_{1-\alpha}) = 1 - \alpha ;$$

m = Anzahl der verschiedenen Bindungsgruppen mit jeweils b_j ranggleichen Elementen.

Falls keine Bindungen auftreten, setzt man $\frac{1}{48} \sum_{j=1}^{m} (b_j^3 - b_j) = 0$.

Tab. 10 : Kritische Werte $w^{(1)}_{n_1,n_2;\alpha}$ für den Wilcoxon-Rangsummen-Test

n_2	α	n_1 = 2	3	4	5	6	7	8	9	10	11	12	n_2
3	0,005	–	–										3
	0,010	–	–										
	0,025	–	–										
	0,05	–	6										
	0,10	3	7										
4	0,005	–	–	–									4
	0,010	–	–	–									
	0,025	–	–	10									
	0,05	–	6	11									
	0,10	–	7	13									
5	0,005	–	–	–	15								5
	0,010	–	–	10	16								
	0,025	–	6	11	17								
	0,05	–	7	12	19								
	0,10	3	8	14	20								
6	0,005	–	–	10	16	23							6
	0,010	–	–	11	17	24							
	0,025	–	7	12	18	26							
	0,05	–	8	13	20	28							
	0,10	3	9	15	22	30							
7	0,005	–	–	10	16	24	32						7
	0,010	–	6	11	18	25	34						
	0,025	–	7	13	20	27	36						
	0,05	3	8	14	21	29	39						
	0,10	4	10	16	23	32	41						
8	0,005	–	–	11	17	25	34	43					8
	0,010	–	6	12	19	27	35	45					
	0,025	–	8	14	21	29	38	49					
	0,05	3	9	15	23	31	41	51					
	0,10	4	11	17	25	34	44	55					
9	0,005	–	6	11	18	26	35	45	56				9
	0,010	–	7	13	20	28	37	47	59				
	0,025	–	8	14	22	31	40	51	62				
	0,05	3	10	16	24	33	43	54	66				
	0,10	4	11	19	27	36	46	58	70				
10	0,005	–	6	12	19	27	37	47	58	71			10
	0,010	–	7	13	21	29	39	49	61	74			
	0,025	3	9	15	23	32	42	53	65	78			
	0,05	4	10	17	26	35	45	56	69	82			
	0,10	5	12	20	28	38	49	60	73	87			
11	0,005	–	6	12	20	28	38	49	61	73	87		11
	0,010	–	7	14	22	30	40	51	63	77	91		
	0,025	3	9	16	24	34	44	55	68	81	96		
	0,05	4	11	18	27	37	47	59	72	86	100		
	0,10	5	13	21	30	40	51	63	76	91	106		
12	0,005	–	7	13	21	30	40	51	63	76	90	105	12
	0,010	–	8	15	23	32	42	53	66	79	94	109	
	0,025	4	10	17	26	35	46	58	71	84	99	115	
	0,05	5	11	19	28	38	49	62	75	89	104	120	
	0,10	7	14	22	32	42	54	66	80	94	110	127	

Tab. 10 : Fortsetzung

n_2	α	2	3	4	5	6	7	8	9	10	11	12	n_2
13	0,005	–	7	13	22	31	41	53	65	79	93	109	13
	0,010	3	8	15	24	33	44	56	68	82	97	113	
	0,025	4	10	18	27	37	48	60	73	88	103	119	
	0,05	5	12	20	30	40	52	64	78	92	108	125	
	0,10	7	15	23	33	44	56	69	83	98	114	131	
14	0,005	–	7	14	22	32	43	54	67	81	96	112	14
	0,010	3	8	16	25	34	45	58	71	85	100	116	
	0,025	4	11	19	28	38	50	62	76	91	106	123	
	0,05	6	13	21	31	42	54	67	81	96	112	129	
	0,10	8	16	25	35	46	59	72	86	102	118	136	
15	0,005	–	8	15	23	33	44	56	69	84	99	115	15
	0,010	3	9	17	26	36	47	60	73	88	103	120	
	0,025	4	11	20	29	40	52	65	79	94	110	127	
	0,05	6	13	22	33	44	56	69	84	99	116	133	
	0,10	8	16	26	37	48	61	75	90	106	123	141	
16	0,005	–	8	15	24	34	46	58	72	86	102	119	16
	0,010	3	9	17	27	37	49	62	76	91	107	124	
	0,025	4	12	21	30	42	54	67	82	97	113	131	
	0,05	6	14	24	34	46	58	72	87	103	120	138	
	0,10	8	17	27	38	50	64	78	93	109	127	145	
17	0,005	–	8	16	25	36	47	60	74	89	105	122	17
	0,010	3	10	18	28	39	51	64	78	93	110	127	
	0,025	5	12	21	32	43	56	70	84	100	117	135	
	0,05	6	15	25	35	47	61	75	90	106	123	142	
	0,10	9	18	28	40	52	66	81	97	113	131	150	
18	0,005	–	8	16	26	37	49	62	76	92	108	125	18
	0,010	4	10	19	29	40	52	66	81	96	113	131	
	0,025	5	13	22	33	45	58	72	87	103	121	139	
	0,05	7	15	26	37	49	63	77	93	110	127	146	
	0,10	9	19	30	42	55	69	84	100	117	135	155	
19	0,005	3	9	17	27	38	50	64	78	94	111	129	19
	0,010	4	10	19	30	41	54	68	83	99	116	134	
	0,025	5	13	23	34	46	60	74	90	107	124	143	
	0,05	7	16	27	38	51	65	80	96	113	131	150	
	0,10	10	20	31	43	57	71	87	103	121	139	159	
20	0,005	3	9	18	28	39	52	66	81	97	114	132	20
	0,010	4	11	20	31	43	56	70	85	102	119	138	
	0,025	5	14	24	35	48	62	77	93	110	128	147	
	0,05	7	17	28	40	53	67	83	99	117	135	155	
	0,10	10	21	32	45	59	74	90	107	125	144	164	
21	0,005	3	9	18	29	40	53	68	83	99	117	136	21
	0,010	4	11	21	32	44	58	72	88	105	123	142	
	0,025	6	14	25	37	50	64	79	95	113	131	151	
	0,05	8	17	29	41	55	69	85	102	120	139	159	
	0,10	11	21	33	47	61	76	92	110	128	148	169	
22	0,005	3	10	19	29	42	55	70	85	102	120	139	22
	0,010	4	12	21	33	45	59	74	90	108	126	145	
	0,025	6	15	26	38	51	66	81	98	116	135	155	
	0,05	8	18	30	43	57	72	88	105	123	143	163	
	0,10	11	22	35	48	63	79	95	113	132	152	173	

Column headers 2–12: n_1

Tab. 10 : Fortsetzung

		n_1										
n_2	α	13	14	15	16	17	18	19	20	21	22	n_2
13	0,005	125										13
	0,010	130										
	0,025	136										
	0,05	142										
	0,10	149										
14	0,005	129	147									14
	0,010	134	152									
	0,025	141	160									
	0,05	147	166									
	0,10	154	174									
15	0,005	133	151	171								15
	0,010	138	156	176								
	0,025	145	164	184								
	0,05	152	171	192								
	0,10	159	179	200								
16	0,005	136	155	175	196							16
	0,010	142	161	181	202							
	0,025	150	169	190	211							
	0,05	156	176	197	219							
	0,10	165	185	206	229							
17	0,005	140	159	180	201	223						17
	0,010	146	165	186	207	230						
	0,025	154	174	195	217	240						
	0,05	161	182	203	225	249						
	0,10	170	190	212	235	259						
18	0,005	144	163	184	206	228	252					18
	0,010	150	170	190	212	235	259					
	0,025	158	179	200	222	246	270					
	0,05	166	187	208	231	255	280					
	0,10	175	196	218	242	266	291					
19	0,005	148	168	189	210	234	258	283				19
	0,010	154	174	195	218	241	265	291				
	0,025	163	183	205	228	252	277	303				
	0,05	171	192	214	237	262	287	313				
	0,10	180	202	224	248	273	299	325				
20	0,005	151	172	193	215	239	263	289	315			20
	0,010	158	178	200	223	246	271	297	324			
	0,025	167	188	210	234	258	283	309	337			
	0,05	175	197	220	243	268	294	320	348			
	0,10	185	207	230	255	280	306	333	361			
21	0,005	155	176	198	220	244	269	295	322	349		21
	0,010	162	183	205	228	252	277	303	331	359		
	0,025	171	193	216	239	264	290	316	344	373		
	0,05	180	202	225	249	274	301	328	356	385		
	0,10	190	213	236	261	287	313	341	370	399		
22	0,005	159	180	202	225	249	275	301	328	356	386	22
	0,010	166	187	210	233	258	283	310	337	366	396	
	0,025	176	198	221	245	270	296	323	351	381	411	
	0,05	185	207	231	255	281	307	335	364	393	424	
	0,10	195	218	242	267	294	321	349	378	408	439	

Tab. 10 : Fortsetzung

							n_1								
n_2	α	**2**	**3**	**4**	**5**	**6**	**7**	**8**	**9**	**10**	**11**	**12**	**13**	**14**	n_2
23	0,005	3	10	19	30	43	57	71	88	105	123	142	163	184	**23**
	0,010	4	12	22	34	47	61	76	93	110	129	149	170	192	
	0,025	6	15	27	39	53	68	84	101	119	139	159	180	203	
	0,05	8	19	31	44	58	74	90	108	127	147	168	189	212	
	0,10	11	23	36	50	65	81	98	117	136	156	178	200	224	
24	0,005	3	10	20	31	44	58	73	90	107	126	146	166	188	**24**
	0,010	4	12	23	35	48	63	78	95	113	132	153	174	196	
	0,025	6	16	27	40	54	70	86	104	122	142	163	185	207	
	0,05	8	19	32	45	60	76	93	111	130	151	172	194	218	
	0,10	11	24	38	51	67	84	101	120	140	161	183	205	229	
25	0,005	3	11	20	32	45	60	75	92	110	129	149	170	192	**25**
	0,010	4	13	23	36	50	64	81	98	116	136	156	178	200	
	0,025	6	16	28	42	56	72	89	107	126	146	167	189	212	
	0,05	8	20	33	47	62	78	96	114	134	155	176	199	223	
	0,10	12	25	38	53	69	86	104	123	144	165	187	211	235	

						n_1							
n_2	α	**15**	**16**	**17**	**18**	**19**	**20**	**21**	**22**	**23**	**24**	**25**	n_2
23	0,005	207	230	255	280	307	335	363	393	424			**23**
	0,010	214	238	263	289	316	344	373	403	434			
	0,025	226	251	276	303	330	359	388	419	451			
	0,05	236	261	287	314	342	371	401	432	465			
	0,10	248	274	300	328	357	386	417	448	481			
24	0,005	211	235	260	286	313	341	370	400	431	464		**24**
	0,010	219	244	269	295	323	351	381	411	443	475		
	0,025	231	256	282	309	337	366	396	427	459	492		
	0,05	242	267	294	321	350	379	410	441	474	507		
	0,10	254	280	307	335	364	394	425	457	491	525		
25	0,005	216	240	265	292	319	348	377	408	439	472	505	**25**
	0,010	224	249	275	301	329	358	388	419	451	484	517	
	0,025	237	262	288	316	344	373	404	435	468	501	536	
	0,05	248	273	300	328	357	387	418	450	483	517	552	
	0,10	260	287	314	343	372	403	434	467	500	535	570	

zu Tab. 10:

Tabelliert sind die **linksseitigen** kritischen Werte für die Rangsummen der kürzeren Stichprobe x mit dem Umfang $n_1 \leq n_2$. Im Falle $n_1 > n_2$ werden die beiden Stichproben vertauscht.

$$w^{(1)}_{n_1, n_2; \alpha} \quad \text{maximal mit} \quad P\left(W^{(1)}_{n_1, n_2} \leq w^{(1)}_{n_1, n_2; \alpha}\right) \leq \alpha.$$

Die **rechtsseitigen** kritischen Werte erhält man aus der Symmetrie

$$w^{(1)}_{n_1, n_2; 1-\alpha} = n_1(n_1 + n_2 + 1) - w^{(1)}_{n_1, n_2; \alpha}.$$

Die Grenzen gehören zum Ablehnungsbereich.

Für die nichtaufgeführten Stichprobenumfänge benutzt man die in Kap. VII Abschnitt 8 angegebene Normalverteilungsapproximation.

Register

www.ingramcontent.com/pod-product-compliance
Lightning Source LLC
LaVergne TN
LVHW092118300926
849161LV00002B/174
* 9 7 8 3 4 8 6 2 4 6 7 0 4 *